Schmidt · Bilanz-Praxis

Bilanz-Praxis

Der Schlüssel
zur Handels- und Steuerbilanz

Für Einzelkaufleute,
Personengesellschaften,
Kapitalgesellschaften

von
Dr. Harald Schmidt
Steuerberater und Rechtsanwalt

5., neu bearbeitete Auflage

Haufe Verlagsgruppe
Freiburg · Berlin · München

Die Deutsche Bibliothek – CIP-Einheitsaufnahme

Schmidt, Harald:
Bilanz-Praxis: der Schlüssel zur Handels- und Steuerbilanz.
Für Einzelkaufleute, Personengesellschaften, Kapitalgesellschaften / von
Harald Schmidt. – 5., neu bearb. Aufl. – Freiburg i. Br.; Berlin; München:
Haufe-Verl.-Gruppe, 1999
   ISBN 3-448-03790-7

ISBN 3-448-03790-7   Best-Nr. 01119
1. Auflage 1988 (ISBN 3-448-01855-4)
2., überarbeitete und erweiterte Auflage 1990 (ISBN 3-448-02099-0)
3., überarbeitete und erweiterte Auflage 1993 (ISBN 3-448-02681-6)
4., neu bearbeitete Auflage 1997 (ISBN 3-448-03453-3)
5., neu bearbeitete Auflage 1999

© Rudolf Haufe Verlag, Freiburg i. Br. 1999
Lektorat: Dipl.-Wirtsch.-Ing. Joachim Müller-Seidel, Freiburg i. Br.
Alle Rechte, auch die des auszugsweisen Nachdrucks, der fotomechanischen Wiedergabe
(einschließlich Mikrokopie) sowie der Auswertung durch Datenbanken oder ähnliche Einrichtungen, vorbehalten.
Umschlag-Entwurf: Buttgereit & Heidenreich, Kommunikationsdesign, Haltern am See
Satz und Druck: F. X. Stückle, 77955 Ettenheim

Vorwort

Vorweg gesagt ...

BILANZ-PRAXIS soll den Praktiker beim Abschluß der Buchführung unterstützen. Der Bilanzbuchhalter und der Steuerberater sollen sie zur Hand nehmen, wenn die bis zur Saldenbilanz I fertige Hauptabschlußübersicht vor ihnen liegt und nun die Umbuchungen durchzuführen sind.

Hierbei wird davon ausgegangen, daß der Buchführung der Industriekontenrahmen oder der DATEV-Kontenrahmen SKR 04 zugrunde liegt. Deshalb werden jeweils Schemata nach diesen Kontenrahmen für die Abschlußbuchungen mitgeteilt. Liegt der Buchführung ein anderer Kontenrahmen zugrunde, sind die Abschlußbuchungen auf den entsprechenden Konten dieser Kontenrahmen durchzuführen.

Das Buch ist ebenso aufgebaut wie die beiden genannten Kontenrahmen. Der den Abschluß Erstellende kann so Konto auf Konto überprüfen, ob Umbuchungen durchzuführen sind. Die Erläuterungen finden sich dort, wo sie anhand des Kontenrahmens zu suchen sind. Daher hat das Buch die Funktion einer Checkliste, so daß der Abschließende nichts übersehen kann.

Da der Industriekontenrahmen und der DATEV-Kontenrahmen SKR 04 sich nach den Gliederungsschemata des Bilanzrichtlinien-Gesetzes für Bilanz und Gewinn- und Verlustrechnung richten, führt jede nach einem dieser Kontenrahmen geordnete Buchführung automatisch zu einem nach den Gliederungsschemata des Bilanzrichtlinien-Gesetzes geordneten Jahresabschluß. Zwar gelten die Gliederungsschemata des Bilanzrichtlinien-Gesetzes unmittelbar nur für Kapitalgesellschaften. Aber auch Einzelunternehmen und Personengesellschaften richten sich bei ihren Jahresabschlüssen nach diesen Schemata. Lediglich die Untergliederung der Jahresabschlüsse dieser Unternehmen geht nicht so weit, wie es nach dem Bilanzrichtlinien-Gesetz vorgeschrieben ist.

Wegen der Besonderheiten des Steuerrechts kann eine Steuerbilanz von der Handelsbilanz abweichen. Oft erstellen Kaufleute nur Bilanzen, die auch den Anforderungen des Steuerrechts entsprechen. Dann ist die Handelsbilanz gleichzeitig auch die Steuerbilanz. Es kann aber wegen der unterschiedlichen Interessen zwischen Anteilseignern und Geschäftsführung von Kapitalgesellschaften oder wegen der unterschiedlichen Zielsetzung von Handels- und Steuerrecht geboten sein, eine Handelsbilanz und eine Steuerbilanz aufzustellen. Deshalb wird auch gezeigt, wie aus einer reinen Handelsbilanz eine Steuerbilanz erstellt wird.

Seit der letzten Auflage waren die Neuerungen durch Gesetze, Richtlinien, Erlasse, Verfügungen und Urteile so umfangreich, daß viele Teile des Buches geändert und umgeschrieben werden mußten. Ab 1.1.1999 ist unsere Währung nur noch eine Unterwährung des Euro. Auch wenn wir noch weitere drei Jahre mit unserer vertrauten DM bezahlen können, werden Rechnungen bereits in Euro geschrieben, Bankkonten in Euro geführt, werden viele Unternehmen bereits ihre Buchhaltungen ganz oder zum Teil auf Euro umstellen, zumindest sich auf die Umstellung vorbereiten. Beim Jahresabschluß des Geschäftsjahrs, das nach dem 31.12.1998 endet, sind Forderungen, Ausleihungen und Verbindlichkeiten in Euro umzurechnen. Hier will das vorliegende Buch helfen. Mit BILANZ-PRAXIS haben Sie daher Ihre Buchhaltung und Ihren Jahresabschluß sicher im Griff.

Paderborn, im Oktober 1998   Harald Schmidt

Inhaltsverzeichnis

Seite

Vorwort 5
Abkürzungs- und Literaturverzeichnis 22
1 Grundlagen 27
1.1 Buchführung und Jahresabschluß 27
    1.1.1 Anfangsbilanz und Schlußbilanz 27
    1.1.2 Bestandskonten 27
    1.1.3 Erfolgskonten 27
    1.1.4 Privatkonto 28
    1.1.5 Betriebsvermögensvergleich 29
1.2 Ordnung der Konten 29
    1.2.1 Kontenrahmen 29
    1.2.2 Kontenplan 29
    1.2.3 Gliederungsschemata und Kontenrahmen 29
    1.2.4 Bilanz und Bestandskonten 30
    1.2.5 Gewinn- und Verlustrechnung und Erfolgskonten ... 33
1.3 Gliederung des Jahresabschlusses 36
    1.3.1 Jahresabschlüsse aller Unternehmen 36
    1.3.1.1 Gliederung nach den Grundsätzen ordnungsmäßiger Buchführung 36
    1.3.1.2 Vollständigkeitsgrundsatz 36
    1.3.1.3 Klarheitsgrundsatz 36
    1.3.1.4 Mindestgliederung 37
    1.3.2 Jahresabschlüsse der Kapitalgesellschaften 38
    1.3.2.1 Fristen 38
    1.3.2.2 Gliederungsgrundsätze 39
    1.3.2.3 Größenklassen der Kapitalgesellschaften 40
    1.3.2.4 Mindestgliederung der Bilanz 41
    1.3.2.5 Mindestgliederung der Gewinn- und Verlustrechnung . 45
    1.3.2.6 Anlagenspiegel 47
1.4 Steuerbilanz 55
    1.4.1 Maßgeblichkeit der Handelsbilanz für die Steuerbilanz . 55
    1.4.1.1 Bilanzierung 55
    1.4.1.2 Bewertung 56
    1.4.2 Abhängigkeit einer steuerrechtlich zulässigen Bilanzierung oder Bewertung vom Ansatz in der Handelsbilanz (sog. umgekehrte Maßgeblichkeit) 57
    1.4.2.1 Bilanzierung 57
    1.4.2.2 Bewertung 57
    1.4.2.3 Übereinstimmende Ausübung der Bilanzierungs- und Bewertungswahlrechte in Handels- und Steuerbilanz .. 58
    1.4.3 Abweichungen der Steuerbilanz gegenüber der Handelsbilanz 58

1.5	**Euro-Umstellung**		61
	1.5.1	Neue Währung ab 1.1.1999	61
	1.5.2	Umrechnung	61
	1.5.3	Rechnungen und Zahlungen in der Übergangszeit	63
	1.5.4	Buchführung	63
	1.5.5	Jahresabschluß	64
	1.5.5.1	Umstellung auf den Euro	64
	1.5.5.2	Ausgleich der Rundungsdifferenzen der Bilanz	64
	1.5.5.3	Vergleichbarkeit	65
	1.5.5.4	Gezeichnetes Kapital	65
	1.5.5.5	Sonderposten aus der Währungsumstellung auf den Euro und Euroumrechnungsrücklage	66
	1.5.5.5.1	Kursgewinne und -verluste	66
	1.5.5.5.2	Sonderposten aus der Währungsumstellung auf den Euro	66
	1.5.5.5.3	Euroumrechnungsrücklage	68
	1.5.5.6	Bilanzierungshilfe „Aufwendungen für die Währungsumstellung auf den Euro"	68
	1.5.5.7	Rückstellung für die Währungsumstellung auf den Euro	69
2	**Bilanz**		**70**
2.1	**Ausstehende Einlagen**		70
	2.1.1	Kommanditgesellschaften	70
	2.1.2	Kapitalgesellschaften	70
	2.1.3	Buchung und Bilanzierung	71
2.2	**Aufwendungen für die Ingangsetzung und Erweiterung des Geschäftsbetriebs/Aufwendungen für die Währungsumstellung auf den Euro**		74
	2.2.1	Bilanzierbarkeit	74
	2.2.2	Aufwendungen für die Ingangsetzung	75
	2.2.3	Aufwendungen für die Erweiterung	76
	2.2.4	Aufwendungen für die Währungsumstellung auf den Euro	77
	2.2.5	Buchung und Bilanzierung	77
	2.2.6	Ausschüttungssperre	79
	2.2.7	Steuerliche Behandlung	80
2.3	**Vermögensgegenstände**		81
	2.3.1	Arten	81
	2.3.2	Personelle Zuordnung	81
	2.3.2.1	Wirtschaftliches Eigentum	81
	2.3.2.2	Eigentumsvorbehalt	82
	2.3.2.3	Sicherungsübereignung	82
	2.3.2.4	Treuhand	82

2.3.2.5	Pensionsgeschäfte	83
2.3.2.6	Mietkaufvertrag	83
2.3.2.7	Rollende Ware	83
2.3.2.8	Kommissionsgeschäfte	84
2.3.2.9	Leasing	84
2.3.2.9.1	Operating-Leasing	84
2.3.2.9.2	Spezial-Leasing	84
2.3.2.9.3	Finanzierungs-Leasing über bewegliche Wirtschaftsgüter	84
2.3.2.9.4	Finanzierungs-Leasing über unbewegliche Wirtschaftsgüter	88
2.3.2.9.5	Sale-and-lease-back	90
2.3.2.9.6	Bilanzierung	91
2.3.3	Sachliche Zuordnung	91
2.3.3.1	Geschäftsvermögen/Betriebsvermögen	91
2.3.3.2	Handelsbilanz	92
2.3.3.2.1	Einzelkaufleute	92
2.3.3.2.2	Personengesellschaften	92
2.3.3.2.3	Kapitalgesellschaften	92
2.3.3.3	Steuerbilanz	92
2.3.3.3.1	Betriebsvermögen	92
2.3.3.3.2	Notwendiges Betriebsvermögen	93
2.3.3.3.3	Notwendiges Privatvermögen	93
2.3.3.3.4	Gewillkürtes Betriebsvermögen	94
2.3.3.3.5	Gemischt genutzte Wirtschaftsgüter	94
2.3.3.3.6	Personengesellschaften	95
2.3.3.3.7	Kapitalgesellschaften	99
2.3.4	Anlagegegenstände und Umlaufgegenstände	100
2.3.5	Wertansätze	103
2.4	**Anschaffungskosten**	**105**
2.4.1	Begriff	105
2.4.2	Anschaffungszeitpunkt	108
2.4.3	Umsatzsteuer	108
2.4.4	Finanzierungskosten	111
2.4.5	Zuschüsse	112
2.4.6	Nachträgliche Anschaffungskosten	115
2.4.7	Tausch	115
2.4.8	Sacheinlagen	119
2.4.9	Rente	120
2.4.10	Abstandszahlungen	120
2.4.11	Reisekosten	121
2.4.12	Unentgeltlicher Erwerb	121
2.4.13	Aufteilung auf Gebäude und Grund und Boden	124

2.5	**Herstellungskosten**		126
	2.5.1	Begriff	126
	2.5.2	Abgrenzung zum Erhaltungsaufwand	128
	2.5.3	Abgrenzung zu den Anschaffungskosten	131
	2.5.4	Herstellung	131
	2.5.4.1	Beginn und Ende der Herstellung	131
	2.5.4.2	Herstellung eines Vermögensgegenstandes	132
	2.5.4.3	Erweiterung eines Vermögensgegenstandes	135
	2.5.4.4	Wesentliche Verbesserung eines Vermögensgegenstandes	135
	2.5.4.5	Nachträgliche Herstellungsaufwendungen	139
	2.5.4.6	Anschaffungsnaher Aufwand	143
	2.5.4.7	Anschaffungsferner Aufwand	148
	2.5.4.8	Abgrenzung von Gebäudeaufwendungen	150
	2.5.4.9	Abbruch bei Gebäuden und Gebäudeteilen	154
	2.5.4.10	Abstandszahlungen	158
	2.5.4.11	Eigen- und Fremdherstellung	158
	2.5.4.12	Immaterielle Anlagegegenstände	159
	2.5.5	Umfang der Herstellungskosten	159
	2.5.5.1	Unter- und Obergrenzen der Aktivierung	159
	2.5.5.2	Einzelkosten und Gemeinkosten	161
	2.5.5.3	Herstellungseinzelkosten	162
	2.5.5.4	Herstellungsgemeinkosten	165
	2.5.5.5	Vorsteuer als Herstellungskosten	171
	2.5.6	Checkliste zur Ermittlung der Herstellungskosten	173
2.6	**Teilwert**		176
	2.6.1	Anwendungsfälle	176
	2.6.2	Bestimmung des Teilwerts	176
	2.6.3	Teilwertvermutung	177
	2.6.4	Widerlegung der Teilwertvermutung	178
2.7	**Vermögensgegenstände des Anlagevermögens**		179
2.8	**Immaterielle Anlagegegenstände**		180
	2.8.1	Immaterielle Einzelanlagen	180
	2.8.1.1	Begriff	180
	2.8.1.2	Bilanzierung	182
	2.8.1.3	Abgrenzung der immateriellen Anlagegegenstände von den Sachanlagen	183
	2.8.1.4	Entgeltlicher Erwerb	184
	2.8.2	Geschäfts- oder Firmenwert	186
	2.8.2.1	Begriff	186
	2.8.2.2	Wertermittlung	187
	2.8.2.3	Bilanzierung	189
	2.8.3	Praxiswert	193

2.8.4	Verschmelzungsmehrwert	193
2.8.5	Geleistete Anzahlungen auf immaterielle Vermögensgegenstände	194
2.9	**Sachanlagen**	**195**
2.9.1	Abgrenzungen	195
2.9.2	Grundstücke, Gebäude und Gebäudeteile	196
2.9.2.1	Eigene Grundstücke, Gebäude und Gebäudeteile	197
2.9.2.2	Betriebsvermögen des Unternehmers	197
2.9.2.2.1	Grundstücke und Grundstücksteile als notwendiges und gewillkürtes Betriebsvermögen	197
2.9.2.2.2	Grundstücksteile von untergeordnetem Wert	199
2.9.2.2.3	Grundstücke und Grundstücksteile im Gesamthandsvermögen einer Personengesellschaft	200
2.9.2.2.4	Grundstücke und Grundstücksteile im Sonderbetriebsvermögen	201
2.9.2.3	Gebäude	202
2.9.2.4	Gebäudeteile	203
2.9.2.4.1	Selbständige und unselbständige Gebäudeteile	203
2.9.2.4.2	Betriebsvorrichtungen	204
2.9.2.4.3	Scheinbestandteile	205
2.9.2.4.4	Einem schnellen Wandel des modischen Geschmacks unterliegende Einbauten	205
2.9.2.4.5	Mietereinbauten und Mieterumbauten	206
2.9.2.4.6	Sonstige selbständige Gebäudeteile	207
2.9.3	Bewegliche Sachanlagen	209
2.9.3.1	Begriff und Abgrenzungen	211
2.9.3.2	Bestandsmäßige Erfassung	214
2.9.3.2.1	Inventur der beweglichen Anlagegegenstände	214
2.9.3.2.2	Fortlaufendes Bestandsverzeichnis/Anlagekartei	214
2.9.3.2.3	Zusammenfassung mehrerer Gegenstände	215
2.9.3.2.4	Geringwertige Wirtschaftsgüter	216
2.9.3.2.5	Festwert	219
2.9.4	Geleistete Anzahlungen und Anlagen im Bau	220
2.9.4.1	Geleistete Anzahlungen auf Sachanlagen	220
2.9.4.2	Sachanlagen im Bau	221
2.10	**Finanzanlagen**	**222**
2.10.1	Begriff und Abgrenzungen	223
2.10.2	Bilanzierung	224
2.10.3	Arten	225
2.10.4	Beteiligungen	226
2.10.5	Anteile an verbundenen Unternehmen	229
2.10.6	Wertpapiere des Anlagevermögens	230
2.10.7	Ausleihungen	231

2.11 Vermögensgegenstände des Umlaufvermögens ... 239

2.12 Vorräte ... 240
- 2.12.1 Arten der Vorräte ... 240
- 2.12.2 Buchung der Vorräte ... 242
- 2.12.3 Inventur der Vorräte ... 243
  - 2.12.3.1 Ermittlung und Aufzeichnung ... 243
  - 2.12.3.2 Inventurstichtag und Inventuraufnahmetag ... 243
  - 2.12.3.3 Stichtagsinventur ... 244
  - 2.12.3.4 Permanente Inventur ... 245
  - 2.12.3.5 Einlagerungsinventur ... 247
  - 2.12.3.6 Zeitverschobene Inventur ... 248
  - 2.12.3.7 Stichprobeninventur ... 250
- 2.12.4 Bewertung der Vorräte ... 251
  - 2.12.4.1 Einzelbewertung ... 251
  - 2.12.4.2 Gruppenbewertung ... 252
  - 2.12.4.3 Festwert ... 253
  - 2.12.4.4 Bewertung nach unterstellten Verbrauchs- oder Veräußerungsfolgen ... 254
  - 2.12.4.5 Abschreibungen ... 259
- 2.12.5 Anzahlungen auf Vorräte ... 264
  - 2.12.5.1 Geleistete Anzahlungen ... 264
  - 2.12.5.2 Erhaltene Anzahlungen ... 265

2.13 Forderungen und sonstige Vermögensgegenstände ... 267
- 2.13.1 Begriff und Arten ... 267
- 2.13.2 Anschaffungskosten der Forderungen ... 268
- 2.13.3 Forderungen aus Lieferungen und Leistungen ... 269
  - 2.13.3.1 Abgrenzung der Forderungen aus Lieferungen und Leistungen von den sonstigen Vermögensgegenständen ... 270
  - 2.13.3.2 Bilanzierungszeitpunkt ... 272
  - 2.13.3.3 Mehrjährige Fertigung ... 274
  - 2.13.3.4 Wechselforderungen ... 276
- 2.13.4 Forderungen gegen verbundene Unternehmen und gegen Unternehmen, mit denen ein Beteiligungsverhältnis besteht ... 277
  - 2.13.4.1 Forderungen gegen verbundene Unternehmen ... 278
  - 2.13.4.2 Forderungen gegen Unternehmen, mit denen ein Beteiligungsverhältnis besteht ... 279
- 2.13.5 Sonstige Vermögensgegenstände ... 279
  - 2.13.5.1 Begriff und Arten ... 281
  - 2.13.5.2 Eingefordertes Kapital ... 281
  - 2.13.5.3 Eingeforderte Nachschüsse ... 284
  - 2.13.5.4 Forderungen aus Hilfsgeschäften ... 284

2.13.5.5	Auf langjähriger Übung beruhende Forderungen ...	285
2.13.6	Restlaufzeiten	286
2.13.7	Wertberichtigungen	287
2.13.7.1	Bewertung	287
2.13.7.2	Zweifelhafte Forderungen	289
2.13.7.3	Uneinbringliche Forderungen	290
2.13.7.4	Pauschalwertberichtigung	293
2.13.7.5	Buchung und Bilanzierung	296
2.14	**Wertpapiere des Umlaufvermögens**	**298**
2.14.1	Abgrenzungen	298
2.14.2	Anteile an verbundenen Unternehmen	299
2.14.3	Eigene Anteile	299
2.14.4	Sonstige Wertpapiere	299
2.15	**Flüssige Mittel**	**300**
2.15.1	Schecks	300
2.15.2	Kassenbestand	301
2.15.3	Bankguthaben	301
2.15.4	Bilanzierung	302
2.16	**Rechnungsabgrenzung**	**303**
2.16.1	Arten der Rechnungsabgrenzungsposten	303
2.16.2	Transitorische Rechnungsabgrenzungsposten	304
2.16.2.1	Bilanzierung	304
2.16.2.2	Voraussetzungen	306
2.16.2.3	Ausgaben und Einnahmen vor dem Abschlußstichtag .	306
2.16.2.4	Aufwand und Ertrag nach dem Abschlußstichtag ...	307
2.16.2.5	Bestimmte Zeit nach dem Abschlußstichtag	308
2.16.2.5.1	Transitorische Rechnungsabgrenzungsposten im engeren und im weiteren Sinne	308
2.16.2.5.2	Bestimmte Zeit	309
2.16.2.5.3	Ermittlung der Frist	313
2.16.3	Antizipative Rechnungsabgrenzungsposten	314
2.16.4	Sonderfälle aktiver Rechnungsabgrenzung	316
2.16.4.1	Zölle und Verbrauchsteuern auf Vorräte	316
2.16.4.2	Umsatzsteuer auf empfangene Anzahlungen	317
2.16.5	Damnum/Disagio	318
2.16.6	Latente Steuern bei Kapitalgesellschaften	321
2.16.7	Nicht durch Eigenkapital gedeckter Fehlbetrag	324
2.17	**Eigenkapital**	**325**
2.17.1	Einzelunternehmen und Personengesellschaften ...	325
2.17.1.1	Aktiv- und Passivkapital	327
2.17.1.2	Veränderungen des Eigenkapitals	327
2.17.1.3	Gewinnermittlung	328

2.17.1.4	Einlagen und Entnahmen	329
2.17.1.5	Grund für die Berücksichtigung von Einlagen und Entnahmen bei der Gewinnermittlung	329
2.17.1.6	Einlagen	329
2.17.1.7	Entnahmen	327
2.17.1.8	Besonderheiten bei Personengesellschaften	345
2.17.2	Kapitalgesellschaften	347
2.17.2.1	Bestandteile des Eigenkapitals	348
2.17.2.2	Gezeichnetes Kapital	349
2.17.2.3	Kapitalrücklage	351
2.17.2.4	Gewinnrücklagen	352
2.17.2.4.1	Gesetzliche Rücklage	352
2.17.2.4.2	Rücklage für eigene Anteile	353
2.17.2.4.3	Satzungsmäßige Rücklagen	354
2.17.2.4.4	Andere Gewinnrücklagen	354
2.17.2.5	Jahresüberschuß und Jahresfehlbetrag	355

2.18 Sonderposten mit Rücklageanteil ... 357
2.18.1	Grund für den Ansatz	358
2.18.2	Arten von Sonderposten mit Rücklageanteil	358
2.18.3	Bilanzierung	359
2.18.4	Auflösung	361
2.18.5	Wertberichtigungsposten	362
2.18.6	Ansparrücklage	363

2.19 Sonderposten aus der Währungsumstellung auf den Euro ... 372

2.20 Rückstellungen ... 373
2.20.1	Rückstellungsgründe	374
2.20.1.1	Handelsrechtliche und steuerrechtliche Passivierungsgebote	374
2.20.1.2	Handelsrechtliche Passivierungswahlrechte/steuerrechtliche Passivierungsverbote	375
2.20.1.3	Handelsrechtliches und steuerrechtliches Passivierungsverbot	375
2.20.2	Rückstellungen für ungewisse Verbindlichkeiten	375
2.20.2.1	Voraussetzungen	375
2.20.2.1.1	Verpflichtung	376
2.20.2.1.2	Ungewißheit	377
2.20.2.1.3	Wirtschaftliche Verursachung	378
2.20.2.1.4	Wahrscheinlichkeit der Inanspruchnahme	378
2.20.2.2	Höhe der Rückstellung	379
2.20.2.3	Rückstellungsgründe	380
2.20.2.3.1	Rechtsgeschäfte	380
2.20.2.3.2	Unerlaubte Handlungen	381

2.20.2.3.3	Grundstücksausbeute	383
2.20.2.3.4	Pachterneuerungsverpflichtung	383
2.20.2.3.5	Steuerberatungskosten	384
2.20.2.3.6	Rückständige Buchführungsarbeiten	384
2.20.2.3.7	Euro-Umstellung	385
2.20.2.3.8	Pensionsverpflichtungen	387
2.20.2.3.9	Jubiläumsverpflichtungen	388
2.20.2.3.10	Lohn- und Gehaltsfortzahlung im Krankheitsfall	391
2.20.2.3.11	Lohn- und Gehaltsfortzahlung im Todesfall	391
2.20.2.3.12	Urlaubsrückstand	392
2.20.2.3.13	Prozeßrisiko und Prozeßkosten	395
2.20.2.3.14	Wechselobligo	396
2.20.2.3.15	Latente Steuern	397
2.20.2.3.16	Gewerbesteuerrückstellung	400
2.20.3	Rückstellungen für drohende Verluste aus schwebenden Geschäften	404
2.20.3.1	Voraussetzungen	404
2.20.3.2	Abgrenzung zu den Rückstellungen für ungewisse Verbindlichkeiten	405
2.20.3.3	Unterschiedliche Bilanzierung in der Steuerbilanz und Übergangsregelung	406
2.20.3.4	Schwebende Geschäfte	409
2.20.3.4.1	Beschaffungsgeschäfte	409
2.20.3.4.2	Veräußerungsgeschäfte	413
2.20.3.4.3	Dauerschuldverhältnisse	415
2.20.3.4.3.1	Mietverhältnisse	416
2.20.3.4.3.2	Leasingverträge	418
2.20.3.4.3.3	Arbeitsverhältnisse	421
2.20.3.5	Ausgleich drohender Verluste	423
2.20.3.5.1	Standortvorteile	423
2.20.3.5.2	Einnahmen von dritter Seite	424
2.20.3.6	Abzinsung	425
2.20.4	Rückstellungen für unterlassene Instandhaltungsaufwendungen	426
2.20.5	Rückstellungen für unterlassene Abraumbeseitigungsaufwendungen	427
2.20.6	Aufwandsrückstellungen	428
2.20.7	Garantierückstellungen	428
2.20.7.1	Garantiearbeiten	428
2.20.7.2	Voraussetzungen	428
2.20.7.3	Bilanzierung	430
2.20.7.4	Höhe der Rückstellung	430
2.20.8	Rückstellungen für Produkthaftung	433
2.20.9	Auflösung von Rückstellungen	434

2.21	**Verbindlichkeiten**		436
2.21.1	Voraussetzungen		437
2.21.1.1	Erzwingbarkeit		437
2.21.1.2	Bestimmtheit		439
2.21.1.3	Wirtschaftliche Belastung		440
2.21.2	Bilanzierung		441
2.21.2.1	Bilanzierungsgebot		441
2.21.2.2	Saldierungsverbot		442
2.21.2.3	Betriebsvermögen		443
2.21.2.3.1	Steuerrechtliche Zurechnung		443
2.21.2.3.2	Gemischt genutzte Wirtschaftsgüter		444
2.21.2.3.3	Einzelunternehmen		445
2.21.2.3.4	Kapitalgesellschaften und Personengesellschaften		445
2.21.2.3.5	Treuhandverbindlichkeiten		448
2.21.2.3.6	Zurechnung nach Betriebsaufgabe und Betriebsveräußerung		448
2.21.2.3.7	Nahe Angehörige		449
2.21.3	Arten		452
2.21.3.1	Anleihen		452
2.21.3.2	Verbindlichkeiten gegenüber Kreditinstituten		453
2.21.3.3	Erhaltene Anzahlungen auf Bestellungen		463
2.21.3.4	Nach dem Abschlußstichtag rechtlich entstehende Verbindlichkeiten		464
2.21.3.5	Verbindlichkeiten aus Lieferungen und Leistungen		465
2.21.3.6	Wechselverbindlichkeiten		466
2.21.3.7	Verbindlichkeiten gegenüber verbundenen Unternehmen		467
2.21.3.8	Verbindlichkeiten gegenüber Unternehmen, mit denen ein Beteiligungsverhältnis besteht		467
2.21.3.9	Sonstige Verbindlichkeiten		467
2.21.4	Gliederung		471
2.21.5	Bewertung		473
3	**Gewinn- und Verlustrechnung**		479
3.1	**Umsatzerlöse**		479
3.1.1	Erlöse aus der gewöhnlichen Geschäftstätigkeit		483
3.1.2	Preisnachlässe und zurückgewährte Entgelte		484
3.1.2.1	Skonto		484
3.1.2.2	Rabatte		485
3.1.2.3	Boni		485
3.1.2.4	Zurückgewährte Entgelte		486
3.1.3	Jahresabschlußbuchungen		487

3.2	**Bestandsveränderungen**		490
	3.2.1	Bestände an fertigen und unfertigen Erzeugnissen	490
	3.2.2	Änderungen der Menge und des Wertes	492
	3.2.3	Jahresabschlußbuchungen	493
3.3	**Andere aktivierte Eigenleistungen**		499
	3.3.1	Korrekturposten zu den Aufwendungen	499
	3.3.2	Eigenleistungen eines früheren Geschäftsjahrs	500
	3.3.3	Selbst erzeugte Roh-, Hilfs- und Betriebsstoffe	500
3.4	**Sonstige betriebliche Erträge**		501
	3.4.1	Nebenerlöse und sonstige Erlöse	503
	3.4.2	Eigenverbrauch	503
	3.4.2.1	Gegenstands-Eigenverbrauch	504
	3.4.2.2	Leistungs-Eigenverbrauch	505
	3.4.2.3	Aufwendungs-Eigenverbrauch	506
	3.4.3	Erträge aus Werterhöhungen von Gegenständen des Anlagevermögens und des Umlaufvermögens außer Vorräten und Wertpapieren	509
	3.4.4	Erträge aus dem Abgang von Vermögensgegenständen	509
	3.4.5	Erträge aus der Auflösung von Sonderposten mit Rücklageanteil	510
	3.4.6	Erträge aus der Herabsetzung von Rückstellungen	511
	3.4.7	Erträge aus Euro-Rundungsdifferenzen	511
3.5	**Materialaufwand**		512
	3.5.1	Zusammensetzung des Materialaufwandes	515
	3.5.2	Aufwendungen für Roh-, Hilfs- und Betriebsstoffe und für bezogene Waren	515
	3.5.3	Aufwendungen für bezogene Leistungen	520
3.6	**Personalaufwand**		521
	3.6.1	Löhne und Gehälter	523
	3.6.2	Soziale Abgaben und Aufwendungen für Altersversorgung und für Unterstützung, davon für Altersversorgung	529
3.7	**Abschreibungen**		531
3.8	**Abschreibungen auf aktivierte Aufwendungen für die Ingangsetzung und Erweiterung des Geschäftsbetriebs sowie für die Währungsumstellung auf den Euro**		532
3.9	**Abschreibungen auf materielle und immaterielle Anlagegegenstände**		534
	3.9.1	Planmäßige Abschreibungen	534
	3.9.1.1	Allgemeines	534
	3.9.1.2	Lineare Abschreibung	542
	3.9.1.2.1	Anlagegegenstände außer Gebäuden und Geschäfts- oder Firmenwerten	542

3.9.1.2.2	Gebäude	556
3.9.1.2.3	Geschäfts- oder Firmenwerte und Praxiswerte	558
3.9.1.3	Degressive Abschreibung	559
3.9.1.3.1	Anlagegegenstände außer Gebäuden	559
3.9.1.3.2	Gebäude	563
3.9.1.4	Progressive Abschreibung	565
3.9.1.5	Leistungsbedingte Abschreibung	565
3.9.1.6	Abschreibung von Gebäudeteilen	567
3.9.1.7	Nachträgliche Herstellungsaufwendungen und anschaffungsnahe Aufwendungen bei Gebäuden	569
3.9.1.8	Abschreibung der geringwertigen Wirtschaftsgüter	570
3.9.1.9	Abschreibung kurzlebiger Anlagen	572
3.9.1.10	Planberichtigung und Planänderung	572
3.9.2	Außerplanmäßige Abschreibungen	576
3.9.2.1	Niederstwertprinzip	576
3.9.2.2	Niedrigerer Wert	577
3.9.2.3	Ansatz in der Steuerbilanz	579
3.9.3	Abschreibung im Rahmen vernünftiger kaufmännischer Beurteilung	581
3.9.4	Steuerrechtlich zulässige Abschreibungen	582
3.9.4.1	Umgekehrte Maßgeblichkeit im Rahmen der Abschreibung	582
3.9.4.2	Erhöhte Abschreibungen und Sonderabschreibungen	582
3.9.4.2.1	Absetzungen bei Gebäuden in Sanierungsgebieten und städtebaulichen Entwicklungsbereichen (§ 7 h EStG)	584
3.9.4.2.2	Erhöhte Absetzung bei Baudenkmalen (§ 7 i EStG)	584
3.9.4.2.3	Sonderabschreibungen im Fördergebiet (Fördergebietsgesetz)	584
3.9.4.2.4	Sonderabschreibung nach § 7 g EStG	587
3.9.4.3	Degressive und sonstige steuerrechtliche Abschreibungen	589
3.9.5	Beibehaltungsrecht und Zuschreibung	592
3.10	**Unübliche Abschreibungen auf Umlaufgegenstände**	594
3.11	**Sonstige betriebliche Aufwendungen**	596
3.11.1	Abgrenzungen	600
3.11.2	Verluste aus dem Abgang und Wertminderungen	601
3.11.3	Betriebliche Steuern	601
3.11.4	Aufwendungen aus Euro-Rundungsdifferenzen	602
3.12	**Erträge aus Beteiligungen**	603
3.13	**Erträge aus anderen Wertpapieren und Ausleihungen des Finanzanlagevermögens**	605
3.14	**Sonstige Zinsen und ähnliche Erträge**	609

3.15 Abschreibungen auf Finanzanlagen und auf Wertpapiere des Umlaufvermögens ... 610
    3.15.1   Abschreibungen auf Finanzanlagen ... 610
    3.15.2   Abschreibungen auf Wertpapiere des Umlaufvermögens 615

3.16 Zinsen und ähnliche Aufwendungen ... 616
    3.16.1   Ausweis der Aufwendungen ... 616
    3.16.2   Abschreibung des Damnums/Disagios ... 617
    3.16.2.1 Planmäßige Abschreibung ... 617
    3.16.2.2 Außerplanmäßige Abschreibung ... 621
    3.16.2.3 Buchung ... 621

3.17 Ergebnis der gewöhnlichen Geschäftstätigkeit ... 622

3.18 Außerordentliche Erträge und Aufwendungen ... 623
    3.18.1   Ausweis der Erträge und Aufwendungen ... 623
    3.18.2   Außerordentliche Erträge ... 623
    3.18.3   Außerordentliche Aufwendungen ... 624
    3.18.4   Außerordentliches Ergebnis ... 624

3.19 Steuern ... 625
    3.19.1   Steuern vom Einkommen und vom Ertrag ... 625
    3.19.2   Sonstige Steuern ... 626

4 Anhang, Lagebericht und Offenlegung ... 627
4.1 Anhang ... 627
    4.1.1   Allgemeine Angaben ... 627
    4.1.1.1 True and fair view ... 627
    4.1.1.2 Bilanzierungs- und Bewertungsmethoden ... 629
    4.1.1.3 Währungsumrechnung ... 629
    4.1.1.4 Abweichungen von der Gliederungsstetigkeit ... 630
    4.1.1.5 Nicht vergleichbare oder angepaßte Beträge ... 630
    4.1.1.6 Gliederungsergänzungen ... 630
    4.1.1.7 Mitzugehörigkeitsvermerk ... 630
    4.1.2   Angaben zur Bilanz ... 631
    4.1.2.1 Ingangsetzungs- und Erweiterungsaufwendungen/Aufwendungen für die Währungsumstellung auf den Euro 631
    4.1.2.2 Anlagenspiegel ... 631
    4.1.2.3 Planmäßige Abschreibung des Geschäfts- oder Firmenwerts ... 631
    4.1.2.4 Unterschiedsbeträge bei Bewertungsvereinfachungsverfahren ... 632
    4.1.2.5 Aktivierung von Fremdkapitalzinsen ... 632
    4.1.2.6 Antizipative Forderungen ... 633
    4.1.2.7 Disagio/Damnum ... 633
    4.1.2.8 Aktive latente Steuern ... 634

4.1.2.9	Gezeichnetes Kapital	634
4.1.2.10	Gewinn- oder Verlustvortrag	634
4.1.2.11	Sonderposten mit Rücklageanteil	635
4.1.2.12	Nicht passivierte Pensionsverpflichtungen	635
4.1.2.13	Passive latente Steuern	635
4.1.2.14	Sonstige Rückstellungen	635
4.1.2.15	Verbindlichkeiten	635
4.1.2.16	Antizipative Verbindlichkeiten	636
4.1.2.17	Eventualverbindlichkeiten	637
4.1.3	Angaben zur Gewinn- und Verlustrechnung	637
4.1.3.1	Angaben bei Anwendung des Umsatzkostenverfahrens	637
4.1.3.2	Angaben zu Sonderposten mit Rücklageanteil	638
4.1.3.3	Aus steuerlichen Gründen unterlassene Zuschreibungen	638
4.1.3.4	Steuerrechtliche Abschreibungen	639
4.1.3.5	Außerplanmäßige Abschreibungen der Anlagegegenstände und Abschreibungen beim Umlaufvermögen zur Verhinderung von Wertansatzänderungen wegen Wertschwankungen	639
4.1.3.6	Belastung des Geschäftsergebnisses durch Ertragsteuern	640
4.1.3.7	Außerordentliche Aufwendungen und Erträge	640
4.1.4	Sonstige Angaben	640
4.1.4.1	Organkredite	640
4.1.4.2	Anteilsbesitz	641
4.1.4.3	Geschäftsführung, Vorstand und Aufsichtsrat	641
4.1.5	Zusätzliche Angaben und Erläuterungen für mittelgroße und große Kapitalgesellschaften	641
4.1.5.1	Zusammengefaßte Posten	642
4.1.5.2	Sonstige Rückstellungen	642
4.1.5.3	Sonstige finanzielle Verpflichtungen	642
4.1.5.4	Ergebnisbeeinflussung durch steuerrechtliche Abschreibungen und Bildung von Sonderposten mit Rücklageanteil	642
4.1.5.5	Durchschnittliche Arbeitnehmerzahl	643
4.1.5.6	Organbezüge	643
4.1.5.7	Mutterunternehmen	643
4.1.5.8	Aufgliederung der Umsatzerlöse	643
4.2	**Lagebericht**	644
4.2.1	Inhalt des Lageberichts	644
4.2.2	Mußangaben	644
4.2.2.1	Geschäftsverlauf	645
4.2.2.2	Lage	645

	4.2.3	Sollangaben	646
	4.2.3.1	Nach Schluß des Geschäftsjahrs eingetretene Vorgänge von besonderer Bedeutung	646
	4.2.3.2	Voraussichtliche Entwicklung	646
	4.2.3.3	Forschung und Entwicklung	647
4.3	**Offenlegung**		648
	4.3.1	Verpflichtete Personen	648
	4.3.2	Offenzulegende Unterlagen	648
	4.3.3	Offenlegungspflichten	649
	4.3.3.1	Umfang	649
	4.3.3.2	Große Kapitalgesellschaften	650
	4.3.3.3	Mittelgroße Kapitalgesellschaften	650
	4.3.3.4	Kleine Kapitalgesellschaften	652
	4.3.4	GmbH & Co.-Richtlinie	652
Stichwortverzeichnis			653

Abkürzungs- und Literaturverzeichnis

Abs.	Absatz
ADS, 5. Auflage	Adler/Düring/Schmaltz, Rechnungslegung und Prüfung der Unternehmen, Kommentar zum HGB, AktG, GmbHG, PublG nach den Vorschriften des Bilanzrichtlinien-Gesetzes, 5. Aufl., Stuttgart 1987
ADS, 6. Auflage	Adler/Düring/Schmaltz, Rechnungslegung und Prüfung der Unternehmen, Kommentar zum HGB, AktG, GmbHG, PublG nach den Vorschriften des Bilanzrichtlinien-Gesetzes, 6. Aufl., Stuttgart 1995/1998
ADS, AktG	Adler/Düring/Schmaltz, Rechnungslegung und Prüfung der Aktiengesellschaft, Band 1: Rechnungslegung, 4. Aufl., Stuttgart 1968
AfA	Absetzung für Abnutzung
AG	Aktiengesellschaft
AktG	Aktiengesetz
Anm.	Anmerkung
Anw.	Anweisung
Art.	Artikel
Aufl.	Auflage
Ausschußbericht	Bericht der Abgeordneten Helmrich, Kleinert (Hannover) und Stiegler, Bundestagsdrucksache 10/4268 vom 18. 11. 1985
Baetge	Bilanzen, 3. Aufl., Düsseldorf 1994
Baumbach/ Duden/Hopt	Kommentar zum Handelsgesetzbuch, 29. Aufl., München 1995
BB	Der Betriebsberater
BBK	Buchführung, Bilanz, Kostenrechnung, Zeitschrift für das gesamte Rechnungswesen
Beck Bil-Komm.	Beck'scher Bilanz-Kommentar, Handels- und Steuerrecht, 3. Aufl., München 1995
Beck HdR	Beck'sches Handbuch der Rechnungslegung, München, Stand April 1998
Beck'sches StB-Handbuch	Beck'sches Steuerberater-Handbuch 1998/99, München 1998
BerlinFG	Berlinförderungsgesetz
BFH	Bundesfinanzhof
BFH/NV	Sammlung amtlich nicht veröffentlichter Entscheidungen des Bundesfinanzhofs
BGBl	Bundesgesetzblatt
BGH	Bundesgerichtshof
BGHZ	Sammlung der Bundesgerichtshof-Entscheidungen in Zivilsachen

Abkürzungs- und Literaturverzeichnis

BiRiLiG	Bilanzrichtlinien-Gesetz
BMF	Bundesminister der Finanzen
Bp-Kartei	Betriebsprüfungskartei der Oberfinanzdirektionen Düsseldorf, Köln und Münster
BR-Drs.	Bundesrats-Drucksache
BT-Drs.	Bundestags-Drucksache
DB	Der Betrieb
DStR	Deutsches Steuerrecht
EFG	Entscheidungen der Finanzgerichte
EGHGB	Einführungsgesetz zum Handelsgesetzbuch
EStDV	Einkommensteuer-Durchführungsverordnung
EStG	Einkommensteuergesetz
EStH	Einkommensteuerhinweise, Einkommensteuerhandbuch
ESt-Kartei	Einkommensteuer-Kartei der Oberfinanzdirektionen Düsseldorf, Köln und Münster
EStR	Einkommensteuerrichtlinien
Fachgutachten	Die Fachgutachten und Stellungnahmen des Instituts der Wirtschaftsprüfer auf dem Gebiet der Rechnungslegung und Prüfung, Stand: 16. Ergänzungslieferung Februar 1998, Düsseldorf 1998
FG	Finanzgericht
FinMin	Finanzminister
FN.	Fußnote
Friederich	Grundsätze ordnungsmäßiger Bilanzierung für schwebende Geschäfte, Düsseldorf 1975
Frotscher/ Bearbeiter	Kommentar zum Einkommensteuergesetz (Losebl.), Freiburg i. Br. 1981 ff.
Frotscher/Maas	Kommentar zum Körperschaftsteuergesetz und Umwandlungssteuergesetz (Losebl.), Freiburg i. Br. 1978 ff.
Fülling	Grundsätze ordnungsmäßiger Bilanzierung für Vorräte, Düsseldorf 1976
Geßler u. a.	Geßler/Hefermehl/Eckart/Kropff, Aktiengesetz, Band II §§ 76–147, München 1973, 1974
ggf.	gegebenenfalls
Glanegger u. a.	Kommentar zum Handelsgesetzbuch mit den Rechnungslegungsvorschriften nach dem Bilanzrichtlinien-Gesetz und den Steuern der kaufmännischen Personenunternehmen, 4. Aufl., Heidelberg 1996
GmbH	Gesellschaft mit beschränkter Haftung
GmbHG	Gesetz betreffend die Gesellschaften mit beschränkter Haftung
GmbHR	GmbH-Rundschau
GoB	Grundsätze ordnungsmäßiger Buchführung

Gross/Schruff	Der Jahresabschluß nach neuem Recht, Aufstellung, Prüfung, Offenlegung, Düsseldorf 1986
HdB	Handbuch der Bilanzierung (Losebl.), Freiburg i. Br. 1960 ff.
HdJ	Handbuch des Jahresabschlusses in Einzeldarstellungen, von Wysocki, Schulze-Osterloh (Herausgeber), Köln 1984 ff. (Loseblatt)
HdR	siehe Beck HdR
Herrmann/Heuer/ Raupach	Einkommensteuer- und Körperschaftsteuergesetz mit Nebengesetzen, Kommentar (Loseblatt)
HFA	Hauptfachausschuß des Instituts der Wirtschaftsprüfer
HFR	Höchstrichterliche Finanzrechtsprechung
HGB	Handelsgesetzbuch
Hopt, HGB	siehe Baumbach/Duden/Hopt
Husemann	Grundsätze ordnungsmäßiger Bilanzierung für Anlagegegenstände, 2. Aufl., Düsseldorf 1976
Hüttemann, GoB	Grundsätze ordnungsmäßiger Bilanzierung für Verbindlichkeiten, 2. Aufl., Düsseldorf 1976
Hüttemann, Verbindlichkeiten	Handbuch des Jahresabschlusses in Einzeldarstellungen (HdJ), Abt. III/8 (1988)
IdW	Die Fachgutachten und Stellungnahmen des Instituts der Wirtschaftsprüfer auf dem Gebiet der Rechnungslegung und Prüfung, Stand: 16. Ergänzungslieferung Februar 1998, Düsseldorf 1998
IKR	Industriekontenrahmen
INF	Die Information über Steuer und Wirtschaft
InvZulG	Investitionszulagengesetz
KapErhG	Gesetz über die Kapitalerhöhung aus Gesellschaftsmitteln und über die Gewinn- und Verlustrechnung vom 23. 12. 1959, BGBl I S. 789
KFR	Kommentierte Finanzrechtsprechung
KG	Kommanditgesellschaft
Kirchhof/Söhn	Einkommensteuergesetz, Kommentar, Loseblatt, Heidelberg
Knobbe-Keuk	Bilanz- und Unternehmenssteuerrecht, 9. Aufl., Köln 1993
Kölner Kommentar	Kölner Kommentar zum Aktiengesetz, Herausgeber Zöllner, W., Köln/Berlin/Bonn/München ab 1971
Kottke, K.	Sofortabschreibung geringwertiger Anlagegüter, Stuttgart 1986
Kropff	Aktiengesetz, Textausgabe des Aktiengesetzes vom 6. 9. 1965 und des Einführungsgesetzes zum Aktiengesetz vom 6. 9. 1965 mit Begründung des Regierungsentwurfs, Bericht des Rechtsausschusses des Deutschen Bundestags, Verweisungen und Sachverzeichnis, Düsseldorf 1965
Küting/Weber	Handbuch der Rechnungslegung, 4. Aufl., Stuttgart 1995

Abkürzungs- und Literaturverzeichnis

Leffson, GoB	Die Grundsätze ordnungsmäßiger Buchführung, 7. Aufl., Düsseldorf 1987
Littmann/Bitz/ Hellwig	Das Einkommensteuergesetz (Loseblatt)
Lohmann	Vertragsrecht, 2. Buch: Verpflichtungsverträge, Berlin, Köln, Mainz 1978
Mellerowicz/ Brönner	Rechnungslegung und Gewinnverwendung der Aktiengesellschaft; Sonderausgabe aus „Aktiengesetz", Großkommentar, Band II (3. Aufl.), Berlin 1970
n. F.	neue Fassung
OFD	Oberfinanzdirektion
Pelka/Bearbeiter	Beck'sches Steuerberater-Handbuch 1998/99, München 1998
PublG	Publizitätsgesetz
Rdn.	Randnummer
Regierungsentwurf	Regierungsentwurf zum Bilanzrichtlinien-Gesetz, Bundesratsdrucksache 257/83 vom 3. 6. 1983
RFH	Reichsfinanzhof
Richter	Das Sachanlagevermögen, Handbuch des Jahresabschlusses in Einzeldarstellungen (HdJ), Abt. II/1, Köln 1990
Rz	Randziffer
S.	Seite
s.	siehe
Schäfer	Grundsätze ordnungsmäßiger Bilanzierung für Forderungen, 2. Aufl., Düsseldorf 1977
ScheckG	Scheckgesetz
Schmidt/Bearbeiter	Einkommensteuergesetz, Kommentar, 17. Aufl., München 1998
StahlInvZulG	Stahlinvestitionszulagengesetz
StBp	Die steuerliche Betriebsprüfung
StEd	Steuer-Eildienst
Steuerberater Handbuch	Steuerberater-Handbuch 1998/99, 8. Aufl., Bonn 1998
StLex	Steuer-Lexikon
StRK	Steuerrechtskartei
Tipke	Die Steuerrechtsordnung, Köln 1993
Tipke/Kruse	Kommentar zur Abgabenordnung, Finanzgerichtsordnung (Loseblatt)
Tipke/Lang	Steuerrecht, 15. Aufl., Köln 1996
Tz.	Textziffer
Urt.	Urteil
UStR	Umsatzsteuerrichtlinien
Vfg.	Verfügung
VZ	Veranlagungszeitraum

WG	Wirtschaftsgut, Wirtschaftsgüter
Wöhe	Bilanzierung und Bilanzpolitik, 8. Aufl., München 1992
ZfB	Zeitschrift für Betriebswirtschaft
ZHR	Zeitschrift für das gesamte Handels- und Wirtschaftsrecht
ZonRFG	Zonenrandförderungsgesetz

＃ 1 Grundlagen

1.1 Buchführung und Jahresabschluß

1.1.1 Anfangsbilanz und Schlußbilanz

In der **Bilanz** wird das Verhältnis des Vermögens zu den Schulden dargestellt (§ 242 Abs. 1 HGB). Das geschieht in Form eines Kontos. Auf der linken Seite, der Aktivseite, werden die Vermögenswerte ausgewiesen, auf der rechten Seite, der Passivseite, die Schulden. Der Saldo ist das Eigenkapital. **1**

Eine solche Bilanz wird bei der Eröffnung des Unternehmens (Eröffnungsbilanz) und für den Schluß jedes Geschäftsjahrs aufgestellt (Schlußbilanz). Die Schlußbilanz eines Geschäftsjahrs ist gleichzeitig die Anfangsbilanz des folgenden Geschäftsjahrs (§ 252 Abs. 1 Nr. 1 HGB, Bilanzenzusammenhang).

1.1.2 Bestandskonten

Die Bilanzposten werden durch die Geschäftsvorfälle des laufenden Geschäftsjahrs verändert. Die Veränderungen werden auf den **Konten** der Buchführung dargestellt. Deshalb wird zu Beginn des Geschäftsjahrs die Anfangsbilanz in Konten aufgelöst. **2**

Die Anfangsbilanz enthält die Bestände des Betriebsvermögens, die Aktiva und die Passiva. Die Konten, auf die diese Bestände zu Beginn des Geschäftsjahrs übernommen werden, sind deshalb **Bestandskonten**. Sie gliedern sich entsprechend den Seitenbezeichnungen der Bilanz in Aktivkonten und Passivkonten.

Die **Aktivkonten** nehmen die Aktivbestände der Anfangsbilanz auf. Sie werden jeweils auf der Sollseite dieser Konten gebucht. Die Zugänge auf diesen Konten werden ebenfalls im Soll, die Abgänge im Haben gebucht. **3**

Die **Passivkonten** nehmen die Passivbestände der Anfangsbilanz jeweils auf den Habenseiten dieser Konten auf. Die Zugänge werden entsprechend im Haben, die Abgänge im Soll gebucht. **4**

Durch die Zu- und Abgänge auf den Konten aufgrund der laufenden Geschäftsvorfälle werden die Kontenbestände verändert. Die Bestände am Schluß des Geschäftsjahrs sind die Salden der Bestandskonten. Sie werden als Bilanzposten in der **Schlußbilanz** zusammengestellt. **5**

Der Saldo der Schlußbilanz ist bei Einzelunternehmen und Personengesellschaften das **Eigenkapital** am Schluß des Geschäftsjahrs. Das Eigenkapital am Schluß des Geschäftsjahrs ist höher oder niedriger als das Eigenkapital am Anfang des Geschäftsjahrs. Die Änderung beruht auf Geschäftsvorfällen und auf Privatvorgängen des abgelaufenen Geschäftsjahrs. **6**

1.1.3 Erfolgskonten

Die Geschäftsvorfälle werden im Laufe des Geschäftsjahrs nicht nur auf den Bestandskonten gebucht, sondern auch auf **Erfolgskonten** gegengebucht. Die das **7**

Kapital mindernden Geschäfte, die Aufwendungen, werden auf **Aufwandskonten** gebucht, die das Kapital erhöhenden Geschäfte auf **Ertragskonten**.

Beispiel:
Aufwandsbuchung: Lohnzahlung durch Banküberweisung
➤ *Lohnkonto*
  an Bankkonto

Ertragsbuchung: Warenverkauf an einen Kunden
➤ *Forderungen aus Lieferungen und Leistungen*
  an Umsatzerlöse

8 Die Salden der Aufwands- und Ertragskonten werden am Schluß des Geschäftsjahrs über **Gewinn- und Verlustkonto** abgeschlossen. Die Salden der Aufwandskonten werden auf der Sollseite, die Salden der Ertragskonten auf der Habenseite des Gewinn- und Verlustkontos zusammengetragen. Der Saldo des Gewinn- und Verlustkontos weist daher die betrieblich bedingte Veränderung des Kapitals, das Geschäftsergebnis, aus. Das Konto wird daher über Kapitalkonto abgeschlossen.

9 Die auf dem Gewinn- und Verlustkonto ausgewiesenen Salden der Erfolgskonten werden systematisch geordnet und so zur **Gewinn- und Verlustrechnung** zusammengestellt. Für Kapitalgesellschaften ist ihre Gliederung vorgeschrieben (§ 275 HGB). Die Gewinn- und Verlustrechnung ist wie die Schlußbilanz ein Teil des Jahresabschlusses (§ 242 Abs. 3 HGB).

1.1.4 Privatkonto

10 Im Laufe des Geschäftsjahrs werden dem Unternehmen Betriebsmittel für private Zwecke entnommen und Mittel aus dem Privatbereich eingelegt. Durch diese Privatvorgänge wird das Eigenkapital verändert, durch die **Entnahmen** gemindert und durch die **Einlagen** erhöht. Diese Kapitalveränderungen sind nicht betrieblich veranlaßt und dürfen sich daher nicht im Betriebsergebnis niederschlagen. Sie werden daher nicht auf dem Gewinn- und Verlustkonto, sondern auf dem **Privatkonto** gebucht.

Beispiel:
Entnahme: Begleichung einer Privatrechnung durch Überweisung vom betrieblichen Bankkonto:
➤ *Privatkonto an Bankkonto*

Einlage: Zuführung eines Privatgrundstücks
zum Betriebsvermögen:
➤ *Grundstückskonto an Privatkonto*

Da das Privatkonto die privat bedingten Kapitalveränderungen enthält, wird es über Kapitalkonto abgeschlossen.

1.1.5 Betriebsvermögensvergleich

Soweit der Unterschied des Kapitals am Schluß des Geschäftsjahrs gegenüber dem Kapital am Anfang des Geschäftsjahrs auf Privatvorgängen beruht, darf er sich nicht im Geschäftsergebnis auswirken. Die privat bedingten Kapitalverminderungen, die Entnahmen, müssen daher dem Kapitalunterschied wieder hinzugerechnet, die privat bedingten Kapitalerhöhungen, die Einlagen, von diesem wieder abgezogen werden. Daher ergibt sich das **Betriebsergebnis durch Kapitalvergleich** wie folgt: **11**

	Endkapital
–	Anfangskapital
+	Entnahmen
–	Einlagen
=	Gewinn/Verlust

Das Ergebnis entspricht dem Saldo des Gewinn- und Verlustkontos und damit dem Ergebnis der Gewinn- und Verlustrechnung. Es ist der durch **Betriebsvermögensvergleich** nach § 4 Abs. 1 EStG ermittelte Gewinn.

1.2 Ordnung der Konten

1.2.1 Kontenrahmen

Für ihrer Art nach verschiedene Vermögensgegenstände, Schulden und Rechnungsabgrenzungsposten werden jeweils besondere Aktiv- und Passivkonten (**Bestandskonten**) geführt. Soweit sich erfolgswirksame Geschäftsvorfälle unterscheiden, werden sie auf besonderen Aufwands- und Ertragskonten (**Erfolgskonten**) gebucht. Die Privatvorgänge werden auf **Privatkonten** erfaßt. **12**

Bei der Vielzahl der Konten kann leicht die Übersicht verlorengehen. Deshalb werden die Konten nach einem bestimmten Schema, dem **Kontenrahmen**, geordnet.

1.2.2 Kontenplan

Nach dem Muster eines solchen Kontenrahmens stellt der Kaufmann für sein Unternehmen einen **Kontenplan** auf. Hierin führt er alle Konten seines Unternehmens mit den Kontennummern und Kontenbezeichnungen des Musterkontenrahmens auf. Kommen später neue Konten hinzu, erhalten sie die betreffende Kontennummer und Kontenbezeichnung des Kontenrahmens. So bleibt stets die Übersicht gewahrt. **13**

1.2.3 Gliederungsschemata und Kontenrahmen

Auf den Bestandskonten der Buchführung werden die Änderungen des Betriebsvermögens von der Anfangs- zur Schlußbilanz dargestellt und auf den Erfolgs- **14** und Privatkonten die Geschäfts- und Privatvorgänge ausgewiesen. Es liegt daher nahe, die Kontenrahmen so zu gliedern, daß die Konten der Kontenrahmen mit den Posten der Gliederungen von Bilanz und Gewinn- und Verlustrechnung korrespondieren.

Durch das **Bilanzrichtlinien-Gesetz** (BiRiLiG) wurden die Rechnungslegungsvorschriften des Handelsgesetzbuchs (HGB) neu gefaßt. Gesetzliche Gliederungsschemata für Bilanz und Gewinn- und Verlustrechnung wurden nur für Kapitalgesellschaften geschaffen, für die Bilanz durch § 266 HGB und für die Gewinn- und Verlustrechnung durch § 275 HGB. Diese Vorschriften entsprechen den Grundsätzen ordnungsmäßiger Buchführung. Sie schreiben aber nicht für Unternehmen aller Rechtsformen Mindestgliederungen vor und gelten daher nicht unmittelbar auch für Einzelunternehmer und Personengesellschaften. Sie haben sich aber in der Praxis auch für deren Jahresabschlußgliederungen durchgesetzt.

Auf den Gliederungsschemata dieser Vorschriften sind der **Industriekontenrahmen des BDI (IKR)** und der **Spezialkontenrahmen SKR 04 der DATEV** aufgebaut. In den folgenden Übersichten werden der Industriekontenrahmen (IKR) und der Spezialkontenrahmen der DATEV SKR 04 jeweils einander gegenübergestellt.

1.2.4 Bilanz und Bestandskonten

15 Die Korrespondenz zwischen der Bilanz und den Bestandskonten aufgrund der Kontenrahmen ergibt sich aus der folgenden Übersicht.

Bilanz und Bestandskonten		
Bilanz	Bestandskonten	
	IKR	SKR 04
Aktivseite Sonderposten 1 Ausstehende Einlagen auf das gezeichnete Kapital	00	0000
Sonderposten 2 Aufwendungen für die Ingangsetzung und Erweiterung des Geschäftsbetriebs	01	0095
A. Anlagevermögen: I. Immaterielle Vermögensgegenstände: 1. Konzessionen, gewerbliche Schutzrechte und ähnliche Rechte und Werte sowie Lizenzen an solchen Rechten und Werten	02	0100
2. Geschäfts- oder Firmenwert	03	0150
3. geleistete Anzahlungen	04	0170

Ordnung der Konten 31

Bilanz und Bestandskonten			
Bilanz		Bestandskonten	
		IKR	SKR 04

II. Sachanlagen:
    1. Grundstücke, grundstücksgleiche Rechte
       und Bauten einschließlich der Bauten
       auf fremden Grundstücken
		05	0200

2. technische Anlagen und Maschinen		07	0400
3. andere Anlagen, Betriebs- und Geschäftsausstattung		08	0500
4. geleistete Anzahlungen und Anlagen im Bau		09	0700
III. Finanzanlagen: 1. Anteile an verbundenen Unternehmen		11	0800
2. Ausleihungen an verbundene Unternehmen		12	0810
3. Beteiligungen		13	0820
4. Ausleihungen an Unternehmen, mit denen ein Beteiligungsverhältnis besteht		14	0880
5. Wertpapiere des Anlagevermögens		15	0900
6. sonstige Ausleihungen		16	0930
B. Umlaufvermögen: I. Vorräte: 1. Roh-, Hilfs- und Betriebsstoffe		20	1000–1039
2. unfertige Erzeugnisse, unfertige Leistungen		21	1040–1049
3. fertige Erzeugnisse und Waren		22	1100–1179
4. geleistete Anzahlungen		23	1180

II. Forderungen und sonstige
    Vermögensgegenstände:
    1. Forderungen aus Lieferungen
       und Leistungen
		24	1200

2. Forderungen gegen verbundene Unternehmen		250	1260
3. Forderungen gegen Unternehmen, mit denen ein Beteiligungsverhältnis besteht		255	1280
4. sonstige Vermögensgegenstände		26	1300–1498

Bilanz und Bestandskonten		
Bilanz	Bestandskonten	
	IKR	SKR 04
III. Wertpapiere:		
1. Anteile an verbundenen Unternehmen	270	1500
2. eigene Anteile	271	1505
3. sonstige Wertpapiere	272–279	1510
IV. Schecks, Kassenbestand, Bundesbank- und Postgiroguthaben Guthaben bei Kreditinstituten:		
1. Bankguthaben	280	1800
2. Postgiroguthaben	285	1700
3. Schecks	286	1550
4. Bundesbank	287	1790
5. Kasse	288	1600
6. Nebenkassen	289	1610
C. **Rechnungsabgrenzungsposten:**		
1. Disagio	290	1940
2. Zölle und Verbrauchsteuern	291	1920
3. Umsatzsteuer auf erhaltene Anzahlungen	292	1930
4. Abgrenzung für voraussichtliche Steuerentlastung nachfolgender Geschäftsjahre	295	1950
5. sonstige Rechnungsabgrenzungsposten	293	1900
6. nicht durch Eigenkapital gedeckter Fehlbetrag	299	
Passivseite		
A. **Eigenkapital:**		
I. Kapital/gezeichnetes Kapital	30	2000–2900
II. Kapitalrücklage	31	2920
III. Gewinnrücklagen:		
1. gesetzliche Rücklage	321	2930
2. Rücklage für eigene Anteile	322	2940
3. satzungsmäßige Rücklagen	323	2950
4. andere Gewinnrücklagen	324	2960
IV. Gewinnvortrag/Verlustvortrag	33	2970
V. Jahresüberschuß/Jahresfehlbetrag	34	
B. **Sonderposten mit Rücklageanteil**	35	2980
C. **Wertberichtigungen**	36	

Bilanz und Bestandskonten			
Bilanz		Bestandskonten	
		IKR	SKR 04
D.	**Rückstellungen:**		
	1. Rückstellungen für Pensionen und ähnliche Verpflichtungen	37	3000
	2. Steuerrückstellungen	38	3020
	3. Rückstellung für latente Steuern	385	3060
	4. sonstige Rückstellungen	39	3070
E.	**Verbindlichkeiten:**		
	1. Anleihen,	41	3100
	davon konvertibel	410	3120
	2. Verbindlichkeiten gegenüber Kreditinstituten	42	3150
	3. erhaltene Anzahlungen auf Bestellungen	43	3250
	4. Verbindlichkeiten aus Lieferungen und Leistungen	44	3300
	5. Verbindlichkeiten aus der Annahme gezogener Wechsel und der Ausstellung eigener Wechsel	45	3350
	6. Verbindlichkeiten gegenüber verbundenen Unternehmen	46	3400
	7. Verbindlichkeiten gegenüber Unternehmen, mit denen ein Beteiligungsverhältnis besteht	47	3450
	8. sonstige Verbindlichkeiten,	48	3500
	davon aus Steuern	480–483	3700
	davon im Rahmen der sozialen Sicherheit	484	3740
F.	**Rechnungsabgrenzungsposten:**	49	3900

1.2.5 Gewinn- und Verlustrechnung und Erfolgskonten

In der nachstehenden Übersicht sind die Posten der Gewinn- und Verlustrechnung und die Erfolgskonten nach dem Gesamtkostenverfahren aufgebaut.

Nach § 275 HGB ist die Gewinn- und Verlustrechnung der Kapitalgesellschaften in Staffelform nach dem Gesamtkostenverfahren oder nach dem Umsatzkostenverfahren aufzustellen. Da in Deutschland i. d. R. das Gesamtkostenverfahren angewendet wird, folgt auch die nachstehende Übersicht diesem Aufbau.

Gewinn- und Verlustrechnung und Erfolgskonten	IKR	SKR 04
1. Umsatzerlöse	50	4000
2. Erhöhung oder Verminderung des Bestands an fertigen und unfertigen Erzeugnissen	52	4800
3. andere aktivierte Eigenleistungen	53	4820
4. sonstige betriebliche Erträge	54	4830
5. Materialaufwand:		
a) Aufwendungen für Roh-, Hilfs- und Betriebsstoffe und für bezogene Waren	60	5000
b) Aufwendungen für bezogene Leistungen	61	5900
6. Personalaufwand:		
a) Löhne und Gehälter		
a_1) Löhne	62	6010
a_2) Gehälter	63	6020
b) soziale Abgaben und Aufwendungen für Altersversorgung und für Unterstützung	64	6100– 6170
7. Abschreibungen:		
a) auf immaterielle Vermögensgegenstände des Anlagevermögens und Sachanlagen sowie auf aktivierte Aufwendungen für die Ingangsetzung und Erweiterung des Geschäftsbetriebs		
a_1) Abschreibungen auf aktivierte Aufwendungen für die Ingangsetzung und Erweiterung des Geschäftsbetriebs	650	6268
a_2) Abschreibungen auf immaterielle Vermögensgegenstände des Anlagevermögens	651	6200
Abschreibung auf den Geschäfts- oder Firmenwert		6205
außerplanmäßige Abschreibungen auf immaterielle Vermögensgegenstände		6210
a_3) Abschreibungen auf Grundstücke und Gebäude	652	6220
a_4) Abschreibungen auf technische Anlagen und Maschinen	653	6220
a_5) Abschreibungen auf andere Anlagen	654	6220
a_6) außerplanmäßige Abschreibungen auf Sachanlagen	655	6230
a_7) steuerrechtliche Abschreibungen auf Sachanlagen	656	6240
b) auf Vermögensgegenstände des Umlaufvermögens, soweit diese die in dem Unternehmen üblichen Abschreibungen überschreiten	657– 658	6270– 6287

Ordnung der Konten

Gewinn- und Verlustrechnung und Erfolgskonten	IKR	SKR 04
8. sonstige betriebliche Aufwendungen	66–70	6300–6999
9. Erträge aus Beteiligungen,		
a) aus verbundenen Unternehmen	550	7009
b) aus nicht verbundenen Unternehmen	555	7000
10. Erträge aus anderen Wertpapieren und Ausleihungen des Finanzanlagevermögens,		
a) aus verbundenen Unternehmen	560	7019
b) aus nicht verbundenen Unternehmern	565	7010
11. sonstige Zinsen und ähnliche Erträge	57	7100–7139
12. Abschreibungen auf Finanzanlagen und auf Wertpapiere des Umlaufvermögens	74	7200
13. Zinsen und ähnliche Aufwendungen	75	7300–7349
14. Ergebnis der gewöhnlichen Geschäftstätigkeit		
15. außerordentliche Erträge	58	7400
16. außerordentliche Aufwendungen	76	7500
17. außerordentliches Ergebnis		
18. Steuern vom Einkommen und vom Ertrag	77	7600–7644
19. sonstige Steuern	78	7650–7694
20. Jahresüberschuß/Jahresfehlbetrag		

1.3 Gliederung des Jahresabschlusses
1.3.1 Jahresabschlüsse aller Unternehmen
1.3.1.1 Gliederung nach den Grundsätzen ordnungsmäßiger Buchführung

17 Für **Einzelunternehmen und Personengesellschaften** werden bestimmte Mindestgliederungen nicht gesetzlich vorgeschrieben. Für sie gilt die allgemeine Vorschrift, daß sie eine das Verhältnis des Vermögens und der Schulden darstellende **Bilanz** und eine Gegenüberstellung der Aufwendungen und Erträge in einer **Gewinn- und Verlustrechnung** aufzustellen haben (§ 242 Abs. 1 und 2 HGB).

18 Bilanz und Gewinn- und Verlustrechnung bilden den **Jahresabschluß** (§ 242 Abs. 3 HGB). Er ist nach den Grundsätzen ordnungsmäßiger Buchführung aufzustellen. Er muß klar und übersichtlich sein (§ 243 Abs. 1 und 2 HGB). In der Forderung nach Klarheit und Übersichtlichkeit kommt der allgemeine Grundsatz ordnungsmäßiger Buchführung der **Klarheit** zum Ausdruck. Ferner hat der Jahresabschluß sämtliche Vermögensgegenstände, Schulden, Rechnungsabgrenzungsposten, Aufwendungen und Erträge zu enthalten (§ 246 Abs. 1 HGB). Das ist Ausfluß des Grundsatzes der **Vollständigkeit**.

19 In der Bilanz sind **gesondert auszuweisen** und **hinreichend aufzugliedern** (§ 247 Abs. 1 HGB):
- Anlage- und Umlaufvermögen,
- Eigenkapital,
- Schulden und
- Rechnungsabgrenzungsposten.

1.3.1.2 Vollständigkeitsgrundsatz

20 Nach dem **Grundsatz der Vollständigkeit** sind im Jahresabschluß alle Aktiven und Passiven, alle Aufwendungen und Erträge der Menge nach zu erfassen. Noch vorhandene, aber voll abgeschriebene Anlagegegenstände sind mindestens mit einem Erinnerungswert festzuhalten. Alle Konten der Buchführung, die einen Saldo ausweisen, sind in den Jahresabschluß zu übernehmen. Soll- und Habenseiten der einzelnen Konten dürfen vorher nicht saldiert werden, soweit die Zusammenfassung nicht für einen klaren Ausweis erforderlich ist. Im Jahresabschluß sind die sich so ergebenden Posten unverkürzt darzustellen[1].

1.3.1.3 Klarheitsgrundsatz

21 Nach dem **Grundsatz der Klarheit** müssen im Jahresabschluß die einzelnen Posten ihrer Art nach eindeutig bezeichnet und so geordnet werden, daß der Abschluß verständlich und übersichtlich ist. Nicht Zusammengehöriges darf nicht zusammengefaßt werden. Die Posten sind eindeutig, den Inhalt gut wiederge-

---
[1] Leffson, GoB, S. 220 ff.

bend, zu bezeichnen. Die Bilanz ist so tief zu gliedern, daß nach Herkunft und Art unterschiedliche Bilanzgegenstände getrennt ausgewiesen werden. In der Gewinn- und Verlustrechnung sind die Posten sachgerecht zu gliedern nach Aufwands- und Ertragsarten. Insbesondere ist hier zu trennen zwischen Erfolgsbestandteilen, die aus der dem Unternehmenszweck entsprechenden Geschäftstätigkeit hervorgehen, und den periodenfremden und den sonstigen außerordentlichen Erfolgsbestandteilen. Bestimmt das Gesetz eine Mindestgliederung, so ist diese um sinngemäße Positionen zu erweitern, wenn wesentliche Posten sonst nicht klar genug dargestellt werden[2].

1.3.1.4 Mindestgliederung

Aus den Grundsätzen der Vollständigkeit und der Klarheit ergeben sich daher für die Gliederung des Jahresabschlusses für Unternehmen aller Rechtsformen allgemein, mithin auch für Einzelunternehmen und Personengesellschaften, folgende Mindestanforderungen:

22

Mindestgliederung nach den Grundsätzen ordnungsmäßiger Buchführung	
Vollständigkeitsgrundsatz	Klarheitsgrundsatz
Alle Vermögensgegenstände, Schulden und Rechnungsabgrenzungsposten, die im Betriebsvermögen am Bilanzstichtag vorhanden sind, alle Aufwendungen und Erträge, die als Geschäftsvorfälle vorgekommen sind, müssen in Posten der Bilanz und der Gewinn- und Verlustrechnung unsaldiert erfaßt werden.	In einem Posten der Bilanz oder der Gewinn- und Verlustrechnung dürfen nur ihrer Art nach zusammengehörige Vermögensgegenstände, Schulden, Aufwendungen und Erträge zusammengefaßt ausgewiesen werden. Bestehen also wesentliche Unterscheidungsmerkmale, ist getrennt auszuweisen, also tiefer zu gliedern.

Die **Grenze** der in die Tiefe gehenden Gliederung liegt dort, wo die Übersichtlichkeit verlorengeht[3]. Wie tief zu gliedern ist, ergibt sich also aus den Unterschieden der einzelnen Posten der Bilanz und der Gewinn- und Verlustrechnung.

Da die geläufigen Kontenrahmen den Gliederungsschemata für die Jahresabschlüsse der Kapitalgesellschaften entsprechen und diese Gliederungsschemata auch mit den Grundsätzen ordnungsmäßiger Buchführung übereinstimmen[4], ist es zweckmäßig, den Gliederungen der Jahresabschlüsse für Einzelunternehmen und Personengesellschaften die Gliederungsschemata für Kapitalgesellschaften zugrunde zu legen.

---

[2] Leffson, GoB, S. 207 ff.
[3] Reinhard in: Küting/Weber, § 247 Rdn. 11.
[4] Siehe Rdn. 14.

1.3.2 Jahresabschlüsse der Kapitalgesellschaften
1.3.2.1 Fristen

23 Der Jahresabschluß ist für das Unternehmen ein wichtiges Steuerungsmittel. Die Geschäftsleitung ersieht hieraus, ob das abgelaufene Geschäftsjahr Erfolg gebracht hat. Im Vergleich mit den Zahlen der Vorjahre erkennt sie, worauf der Erfolg oder Mißerfolg zurückzuführen ist. Sie ist daher daran interessiert, bald nach Ablauf des Geschäftsjahrs den Jahresabschluß zur Verfügung zu haben. Deshalb ist die Frist für die Aufstellung des Jahresabschlusses von wesentlicher Bedeutung für eine ordnungsmäßige Rechnungslegung.

In den allgemeinen, für alle Unternehmen geltenden Rechnungslegungsvorschriften ist lediglich bestimmt, daß der Jahresabschluß innerhalb der einem ordnungsmäßigen Geschäftsgang entsprechenden Zeit aufzustellen ist (§ 243 Abs. 3 HGB). In den Spezialbestimmungen für die Kapitalgesellschaften ist aber konkret bestimmt, innerhalb welcher Fristen Jahresabschluß und Lagebericht aufzustellen sind. Diese Fristen hängen von der Größe der Kapitalgesellschaft[5] ab.

Aufstellungsfrist (§ 264 Abs. 1 Sätze 2 und 3 HGB)	
Große und mittelgroße Kapitalgesellschaften	In den ersten drei Monaten des folgenden Geschäftsjahrs sind Jahresabschluß und Lagebericht aufzustellen.
Kleine Kapitalgesellschaften	In den ersten drei Monaten des folgenden Geschäftsjahrs oder später, wenn dies einem ordnungsmäßigen Geschäftsgang entspricht, spätestens aber innerhalb der ersten sechs Monate des folgenden Geschäftsjahrs, ist der Jahresabschluß aufzustellen.

Aufstellung bedeutet lediglich die schriftliche Fassung. Diese hat noch keine Rechtswirkung nach außen. Das geschieht durch die Feststellung. Diese ist der rechtsverbindliche Gesellschafterakt. Bei einer GmbH ist daher zu unterscheiden:
- Aufstellung durch die Geschäftsführer und
- Feststellung durch die Gesellschafter.

Mittelgroße und große Kapitalgesellschaften sind prüfungspflichtig (§ 316 HGB). Geschäftsführer einer GmbH müssen Jahresabschluß und Lagebericht zunächst von den Abschlußprüfern prüfen lassen und dann unverzüglich nach der Aufstellung Jahresabschluß und Lagebericht den Gesellschaftern vorlegen. Hat die Gesellschaft einen Aufsichtsrat oder Beirat, ist auch dessen Bericht über das Ergebnis seiner Prüfung ebenfalls unverzüglich vorzulegen (§ 42a Abs. 1 GmbHG).

---

5 Siehe Rdn. 25.

Die Gesellschafter beschließen über die Feststellung und über die Verwendung des Geschäftsergebnisses. Das hat bei mittelgroßen und großen GmbH innerhalb von 8 Monaten, bei kleinen GmbH innerhalb von 11 Monaten nach Ablauf des Geschäftsjahrs zu erfolgen (§ 42a Abs. 2 GmbHG). Der Beschluß der Gesellschafter geschieht in einer Gesellschafterversammlung. Hierzu sind die Gesellschafter mittels eingeschriebenen Briefes einzuladen. Die Ladungsfrist beträgt nach § 51 Abs. 1 GmbHG mindestens eine Woche. Für die Einberufungsfrist zum Beschluß über Feststellung und Ergebnisverwendung wird das für zu kurz gehalten und hierfür eine Frist von einem Monat für angemessen angesehen. Es sind daher folgende Fristen zu beachten:

	Fristen	
	Mittelgroße und große GmbH	Kleine GmbH (kein Lagebericht erforderlich)
Aufstellung	3 Monate nach dem Abschlußstichtag	3 bis (soweit dies einem ordnungsgemäßen Geschäftsgang entspricht) 6 Monate nach dem Abschlußstichtag
Prüfung durch die Abschlußprüfer und durch den Aufsichtsrat	4 Monate	4 Monate
Ladung zur Gesellschafterversammlung	1 Monat	1 Monat
Feststellung und Beschluß über die Ergebnisverwendung	8 Monate nach dem Abschlußstichtag	11 Monate nach dem Abschlußstichtag

1.3.2.2 Gliederungsgrundsätze

Kapitalgesellschaften haben bei der Gliederung ihrer Bilanzen und Gewinn- und Verlustrechnungen folgende Grundsätze zu beachten (§ 265 HGB):
- **Beibehaltung** von Darstellung und Gliederung in aufeinanderfolgenden Geschäftsjahren.
- Angabe des entsprechenden **Betrags des Vorjahrs** bei jedem Posten. Bei unterschiedlichen Währungsangaben wegen der Umstellung auf Euro, s. Rdn. 64h.
- Angabe der **Mitzugehörigkeit** zu anderen Posten, falls ein Vermögensgegenstand oder eine Schuld unter mehrere Posten fällt.
- **Ausweis eigener Anteile** nur im Umlaufvermögen.
- Ergänzungen bei **mehreren Geschäftszweigen**.

- Zulässigkeit **weiterer Untergliederungen**.
- Zulässigkeit der **Hinzufügung neuer Posten**.
- **Änderungsmöglichkeit** der Gliederung und der Bezeichnung der mit arabischen Zahlen versehenen Posten.
- **Zusammenfassung** der mit arabischen Zahlen versehenen Posten.
- Ausweis von **Leerposten**, wenn im vorhergehenden Geschäftsjahr unter diesem Posten ein Betrag ausgewiesen worden ist.

1.3.2.3 Größenklassen der Kapitalgesellschaften

25 Die Kapitalgesellschaften werden nach § 267 HGB in drei Größenklassen eingeteilt, in
1. kleine Kapitalgesellschaften,
2. mittelgroße Kapitalgesellschaften und
3. große Kapitalgesellschaften.

Von der Zuordnung der Kapitalgesellschaft zu einer Größenklasse hängen beim Jahresabschluß ab:
- Aufstellungsfrist,
- Gliederung,
- Umfang der Pflichtangaben,
- Prüfung und
- Offenlegung.

Für die **Eingruppierung** der Kapitalgesellschaften sind zwei Grenzen mit je drei Merkmalen maßgebend:

Grenzen \ Merkmale	Bilanzsumme abzüglich Fehlbetrag	Umsatzerlöse	Zahl der Arbeitnehmer im Jahresdurchschnitt
Eingruppierung der Kapitalgesellschaften			
Grenze I	5,31 Mio. DM	10,62 Mio. DM	50
Grenze II	21,24 Mio. DM	42,48 Mio. DM	250

Fehlbetrag ist das Minuskapital, das auf der Aktivseite als Überschuß der Passivposten über die Aktivposten ausgewiesen wird, wenn das Eigenkapital durch Verluste aufgebraucht ist. Dieser Posten erhält die Bezeichnung „Nicht durch Eigenkapital gedeckter Fehlbetrag" (§ 268 Abs. 3 HGB).

Umsatzerlöse sind nach § 277 Abs. 1 HGB die Erlöse aus folgenden für die gewöhnliche Geschäftstätigkeit der Gesellschaft typischen Geschäften nach Abzug der Erlösschmälerungen und der Umsatzsteuer:
- Verkauf von Erzeugnissen und Waren,
- Vermietung oder Verpachtung und
- Dienstleistungen.

Die Zahl der **Arbeitnehmer** im Jahresdurchschnitt wird fingiert (§ 267 Abs. 5 HGB):
Zahl der Arbeitnehmer einschließlich der im Ausland beschäftigten Arbeitnehmer und ausschließlich der in ihrer Berufsausbildung Beschäftigten
am 31. März .....
+ am 30. Juni .....
+ am 30. September .....
+ am 31. Dezember .....
= Summe .....

Durchschnittszahl = Summe : 4

Kleine Kapitalgesellschaften sind Kapitalgesellschaften, die mindestens zwei Merkmale der Grenze I nicht überschreiten (§ 267 Abs. 1 HGB).

Mittelgroße Kapitalgesellschaften sind Kapitalgesellschaften, die mindestens zwei Merkmale der Grenze I überschreiten und mindestens zwei Merkmale der Grenze II nicht überschreiten (§ 267 Abs. 2 HGB).

Große Kapitalgesellschaften sind Kapitalgesellschaften, die mindestens zwei Merkmale der Grenze II überschreiten. Kapitalgesellschaften gelten aber auf jeden Fall dann als groß, wenn Aktien oder andere von ihr ausgegebene Wertpapiere an einer Börse in einem Mitgliedstaat der Europäischen Wirtschaftsgemeinschaft zum amtlichen Handel oder zum geregelten Markt zugelassen oder in den geregelten Freiverkehr einbezogen sind oder die Zulassung zum amtlichen Handel oder zum geregelten Markt beantragt ist (§ 267 Abs. 3 HGB).

Bei der **Neugründung** oder **Umwandlung** einer Kapitalgesellschaft kommt es darauf an, ob die Voraussetzungen für die Eingruppierung als kleine, mittelgroße oder große Kapitalgesellschaft am ersten Abschlußstichtag nach der Neugründung oder Umwandlung vorliegen (§ 267 Abs. 4 Satz 2 HGB).

Höhergestuft wird eine Kapitalgesellschaft, wenn an den Abschlußstichtagen von zwei aufeinanderfolgenden Geschäftsjahren mindestens zwei Merkmale der Grenze oberhalb der Kapitalgesellschaft überschritten werden (§ 267 Abs. 4 Satz 1 HGB).

Herabgestuft wird eine Kapitalgesellschaft, wenn an den Abschlußstichtagen von zwei aufeinanderfolgenden Geschäftsjahren mindestens zwei Merkmale der Grenze unterhalb der Kapitalgesellschaft unterschritten werden (§ 267 Abs. 4 Satz 1 HGB).

1.3.2.4 Mindestgliederung der Bilanz

Die Bilanz ist in **Kontoform** aufzustellen (§ 266 Abs. 1 Satz 1 HGB). **26**

Große und mittelgroße Kapitalgesellschaften haben in ihren **Bilanzen** mindestens **27** die in § 266 Abs. 2 und 3 HGB bezeichneten Posten gesondert und in der dort vorgeschriebenen Reihenfolge auszuweisen (§ 266 Abs. 1 Satz 2 HGB).

Aktivseite
A. Anlagevermögen:
   I. Immaterielle Vermögensgegenstände:
      1. Konzessionen, gewerbliche Schutzrechte und ähnliche Rechte und Werte sowie Lizenzen an solchen Rechten und Werten;
      2. Geschäfts- oder Firmenwert;
      3. geleistete Anzahlungen für immaterielle Vermögensgegenstände;
   II. Sachanlagen:
      1. Grundstücke, grundstücksgleiche Rechte und Bauten einschließlich der Bauten auf fremden Grundstücken;
      2. technische Anlagen und Maschinen;
      3. andere Anlagen, Betriebs- und Geschäftsausstattung;
      4. geleistete Anzahlungen auf Sachanlagen und Sachanlagen im Bau;
   III. Finanzanlagen:
      1. Anteile an verbundenen Unternehmen;
      2. Ausleihungen an verbundene Unternehmen;
      3. Beteiligungen;
      4. Ausleihungen an Unternehmen, mit denen ein Beteiligungsverhältnis besteht;
      5. Wertpapiere des Anlagevermögens;
      6. sonstige Ausleihungen.
B. Umlaufvermögen:
   I. Vorräte:
      1. Roh-, Hilfs- und Betriebsstoffe;
      2. unfertige Erzeugnisse, unfertige Leistungen;
      3. fertige Erzeugnisse und Waren;
      4. geleistete Anzahlungen auf Vorräte;
   II. Forderungen und sonstige Vermögensgegenstände;
      1. Forderungen aus Lieferungen und Leistungen;
      2. Forderungen gegen verbundene Unternehmen;
      3. Forderungen gegen Unternehmen, mit denen ein Beteiligungsverhältnis besteht;
      4. sonstige Vermögensgegenstände;
   III. Wertpapiere:
      1. Anteile an verbundenen Unternehmen;
      2. eigene Anteile;
      3. sonstige Wertpapiere;
   IV. Schecks, Kassenbestand, Bundesbank- und Postgiroguthaben, Guthaben bei Kreditinstituten.
C. Rechnungsabgrenzungsposten.

Passivseite
A. Eigenkapital:
   I. Gezeichnetes Kapital;

II. Kapitalrücklage;
III. Gewinnrücklagen:
  1. gesetzliche Rücklage;
  2. Rücklage für eigene Anteile;
  3. satzungsmäßige Rücklage;
  4. andere Gewinnrücklagen;
IV. Gewinnvortrag/Verlustvortrag;
V. Jahresüberschuß/Jahresfehlbetrag.
B. Rückstellungen:
  1. Rückstellungen für Pensionen und ähnliche Verpflichtungen;
  2. Steuerrückstellungen;
  3. sonstige Rückstellungen.
C. Verbindlichkeiten:
  1. Anleihen,
     davon konvertibel;
  2. Verbindlichkeiten gegenüber Kreditinstituten;
  3. erhaltene Anzahlungen auf Bestellungen;
  4. Verbindlichkeiten aus Lieferungen und Leistungen;
  5. Verbindlichkeiten aus der Annahme gezogener Wechsel und der Ausstellung eigener Wechsel;
  6. Verbindlichkeiten gegenüber verbundenen Unternehmen;
  7. Verbindlichkeiten gegenüber Unternehmen, mit denen ein Beteiligungsverhältnis besteht;
  8. sonstige Verbindlichkeiten,
     davon aus Steuern,
     davon im Rahmen der sozialen Sicherheit.
D. Rechnungsabgrenzungsposten.

Kleine Kapitalgesellschaften dürfen eine verkürzte Bilanz aufstellen, in der nur die in § 266 Abs. 2 und 3 HGB mit Buchstaben und römischen Zahlen bezeichneten Posten gesondert und in der vorgeschriebenen Reihenfolge aufgenommen werden (§ 266 Abs. 1 Satz 3 HGB).

28

Aktivseite
A. Anlagevermögen:
  I. Immaterielle Vermögensgegenstände
  II. Sachanlagen
  III. Finanzanlagen
B. Umlaufvermögen:
  I. Vorräte
  II. Forderungen und sonstige Vermögensgegenstände
  III. Wertpapiere
  IV. Schecks, Kassenbestand, Bundesbank- und Postgiroguthaben, Guthaben bei Kreditinstituten
C. Rechnungsabgrenzungsposten

Passivseite
A. Eigenkapital:
  I. Gezeichnetes Kapital
  II. Kapitalrücklage
  III. Gewinnrücklagen
  IV. Gewinnvortrag/Verlustvortrag
  V. Jahresüberschuß/Jahresfehlbetrag
B. Rückstellungen
C. Verbindlichkeiten
D. Rechnungsabgrenzungsposten

Aber auch kleine Kapitalgesellschaften müssen die Posten in der Bilanz hinreichend aufgliedern (§ 247 Abs. 1 HGB). Sie dürfen daher nicht pauschal den Ausweis aller im gesetzlichen Bilanzgliederungsschema mit arabischen Ziffern bezeichneten Posten weglassen. Ihre Mindestgliederung richtet sich auch nach den allgemein für alle Unternehmen geltenden Grundsätzen, die in Rdn. 17 ff. dargestellt sind. Soweit daher im Bilanzschema des § 266 mit arabischen Zahlen bezeichnete Posten aufgeführt sind, die sich wesentlich voneinander unterscheiden, sind sie nach dem Klarheitsgrundsatz ebenso wie von Einzelunternehmen und von Personengesellschaften auch von kleinen Kapitalgesellschaften getrennt auszuweisen. Hieraus kann sich ergeben, daß eine kleine Kapitalgesellschaft den einen oder anderen Posten noch zu untergliedern hat.

29 Außerdem sind bei allen Kapitalgesellschaften folgende **Sonderposten** zu bilanzieren, wenn hierfür die Voraussetzungen erfüllt sind:

Auf der Aktivseite:
- Ausstehende Einlagen auf das gezeichnete Kapital. Ausweis vor dem Anlagevermögen (§ 272 Abs. 1 HGB)
- Aufwendungen für die Ingangsetzung und Erweiterung des Geschäftsbetriebs. Ausweis vor dem Anlagevermögen und Erläuterung im Anhang (§ 269 HGB)
- Damnum oder Disagio. Gesonderter Ausweis unter den Rechnungsabgrenzungsposten oder Angabe im Anhang (§ 268 Abs. 6 HGB; hiervon sind kleine GmbH befreit, s. § 274a Nr. 4 HGB)
- Abgrenzungsposten für voraussichtliche Steuerentlastung nachfolgender Geschäftsjahre. Ausweis unter den Rechnungsabgrenzungsposten (§ 274 Abs. 2 HGB)
- Nicht durch Eigenkapital gedeckter Fehlbetrag. Ausweis am Schluß der Aktivseite (§ 268 Abs. 3 HGB)

Auf der Passivseite:
- Sonderposten mit Rücklageanteil. Ausweis vor den Rückstellungen (§ 273 Abs. 1 HGB)
- Erhaltene Anzahlungen auf Bestellungen. Ausweis unter den Verbindlichkeiten, soweit Anzahlungen auf Vorräte nicht von dem Posten „Vorräte" offen abgesetzt werden (§ 268 Abs. 5 HGB)

- Rückstellung für latente Steuern. Ausweis unter den Rückstellungen (§ 274 Abs. 1 HGB)

1.3.2.5 Mindestgliederung der Gewinn- und Verlustrechnung

Die Gewinn- und Verlustrechnung ist in **Staffelform** aufzustellen. Es kann das **Gesamtkostenverfahren** oder das **Umsatzkostenverfahren** angewendet werden. Dabei sind die in Abs. 2 (Gesamtkostenverfahren) oder in Abs. 3 (Umsatzkostenverfahren) von § 275 HGB bezeichneten Posten in der angegebenen Reihenfolge gesondert auszuweisen (§ 275 Abs. 1 HGB). 30

Beim **Gesamtkostenverfahren**, wie es in Deutschland üblich ist, werden folgende Erfolgsposten brutto nach § 275 Abs. 2 HGB als Posten der Gewinn- und Verlustrechnung ausgewiesen: 31

1. Umsatzerlöse
2. +6 Erhöhung des Bestands an fertigen und unfertigen Erzeugnissen
   − Verminderung des Bestands an fertigen und unfertigen Erzeugnissen
3. + andere aktivierte Eigenleistungen
4. + sonstige betriebliche Erträge
5. − Aufwendungen für Roh-, Hilfs- und Betriebsstoffe und für bezogene Waren
   − Aufwendungen für bezogene Leistungen
6. − Personalaufwand
7. − Abschreibungen
   a) auf immaterielle Vermögensgegenstände des Anlagevermögens und Sachanlagen sowie auf aktivierte Aufwendungen für die Ingangsetzung und Erweiterung des Geschäftsbetriebs
   b) auf Vermögensgegenstände des Umlaufvermögens, soweit diese die in der Kapitalgesellschaft üblichen Abschreibungen überschreiten
8. − sonstige betriebliche Aufwendungen
9. + Erträge aus Beteiligungen
10. + Erträge aus anderen Wertpapieren und Ausleihungen des Finanzanlagevermögens
11. + sonstige Zinsen und ähnliche Erträge
12. − Abschreibungen auf Finanzanlagen und auf Wertpapiere des Umlaufvermögens
13. − Zinsen und ähnliche Aufwendungen
14. = Ergebnis der gewöhnlichen Geschäftstätigkeit
15. + außerordentliche Erträge
16. − außerordentliche Aufwendungen
17. = außerordentliches Ergebnis

---

6 Die Rechenzeichen +, − und = sind nur aus Gründen der Erläuterung beigefügt. Sie bedeuten bei „+", daß der Posten hinzugerechnet, bei „−", daß der Posten abgezogen und bei „=", daß es sich um ein Zwischenergebnis oder ein Ergebnis handelt. In der Gewinn- und Verlustrechnung als Abschlußunterlage fehlen diese Rechenzeichen.

18. – Steuern vom Einkommen und vom Ertrag
19. – sonstige Steuern
20. = Jahresüberschuß/Jahresfehlbetrag

32 Alternativ kann die Gewinn- und Verlustrechnung auch nach dem **Umsatzkostenverfahren** aufgestellt werden. Die Gliederung der Gewinn- und Verlustrechnung ist in § 275 Abs. 3 HGB geregelt. Grundsätzlich wird die Gewinn- und Verlustrechnung auch hier in Staffelform aufgestellt. Auch hier werden im ersten Posten die Umsatzerlöse ausgewiesen.

Dann werden die Herstellungskosten der zur Erzielung der Umsatzerlöse erbrachten Leistungen auf einem Herstellungskonto gebucht.

Soll	Herstellungskonto	Haben
Anfangsbestände fertige und unfertige Erzeugnisse		Endbestände fertiger und unfertiger Erzeugnisse
Herstellungseinzelkosten		Saldo = Herstellungskosten der zur Erzielung der Umsatzerlöse erbrachten Leistungen
Fertigungsgemeinkosten, die sachlich mit der Produktion zusammenhängen und auf den Zeitraum der Herstellung entfallen		

Der Saldo des Herstellungskontos wird als Posten 2 „Herstellungskosten der zur Erzielung der Umsatzerlöse erbrachten Leistungen" in der Gewinn- und Verlustrechnung angesetzt. Die Differenz zwischen dem Posten „Umsatzerlöse" und dem Posten „Herstellungskosten der zur Erzielung der Umsatzerlöse erbrachten Leistungen" wird als Posten 3 „Bruttoergebnis vom Umsatz" ausgewiesen.

Zusätzlich zum Gesamtkostenverfahren werden noch in dieser Gliederung die Posten „Vertriebskosten" und „allgemeine Verwaltungskosten" ausgewiesen. Die übrigen Posten der Gewinn- und Verlustrechnung stimmen in beiden Abschlußverfahren überein. Die Gewinn- und Verlustrechnung nach dem Umsatzkostenverfahren hat also folgendes Gliederungsschema:

1. Umsatzerlöse
2. –[7] Herstellungskosten der zur Erzielung der Umsatzerlöse erbrachten Leistungen
3. = Bruttoergebnis vom Umsatz
4. – Vertriebskosten
5. – allgemeine Verwaltungskosten
6. + sonstige betriebliche Erträge
7. – sonstige betriebliche Aufwendungen
8. + Erträge aus Beteiligungen

---

[7] Siehe Fußnote 6.

Gliederung des Jahresabschlusses

9. + Erträge aus anderen Wertpapieren und Ausleihungen des Finanzanlagevermögens
10. + sonstige Zinsen und ähnliche Erträge
11. − Abschreibungen auf Finanzanlagen und auf Wertpapiere des Umlaufvermögens
12. − Zinsen und ähnliche Aufwendungen
13. = Ergebnis der gewöhnlichen Geschäftstätigkeit
14. + außerordentliche Erträge
15. − außerordentliche Aufwendungen
16. = außerordentliches Ergebnis
17. − Steuern vom Einkommen und vom Ertrag
18. − sonstige Steuern
19. = Jahresüberschuß/Jahresfehlbetrag

Das Umsatzkostenverfahren wird von den deutschen Kaufleuten selten angewendet. Es ist aber weltweit gebräuchlicher als das Gesamtkostenverfahren. Es wurde daher zugelassen, um den deutschen Unternehmen zu ermöglichen, ihren Jahresabschluß in einer international vergleichbaren Form aufzustellen[8].

Durch Vergleich der Umsatzerlöse eines Unternehmens in aufeinanderfolgenden Geschäftsjahren kann der Bilanzleser erkennen, ob sich das Unternehmen positiv oder negativ entwickelt hat. Das kann für kleine und mittelgroße Kapitalgesellschaften gefährlich sein. Daher dürfen sie Posten der Gewinn- und Verlustrechnung in einem Posten „**Rohergebnis**" zusammenfassen (§ 276 HGB).

Rohergebnis	
Gesamtkostenverfahren	Umsatzkostenverfahren
Umsatzerlöse + Erhöhung des Bestands fertiger und unfertiger Erzeugnisse − Verminderung des Bestands fertiger und unfertiger Erzeugnisse + andere aktivierte Eigenleistungen + sonstige betriebliche Erträge − Materialaufwand = Rohergebnis	Umsatzerlöse − Herstellungskosten der zur Erzielung der Umsatzerlöse erbrachten Leistungen = Bruttoergebnis vom Umsatz + sonstige betriebliche Erträge = Rohergebnis

1.3.2.6 Anlagenspiegel

Der Posten **Aufwendungen für die Ingangsetzung und Erweiterung des Geschäftsbetriebs** und **jeder einzelne Posten des Anlagevermögens** sind in der

---
8 Ausschußbericht, S. 107.

Bilanz oder im Anhang in ihrer Entwicklung von der Anfangs- zur Schlußbilanz des Geschäftsjahrs darzustellen (§ 268 Abs. 2 HGB). Diese horizontale Gliederung wird auch **Anlagenspiegel** oder **Anlagengitter** genannt.

Kleine Kapitalgesellschaften[9] sind von der Pflicht, Anlagenspiegel aufzustellen, befreit (§ 274a Nr. 1 HGB).

Die einzelnen Posten werden in den einzelnen Spalten des Anlagenspiegels gesondert mit folgenden Werten ausgewiesen (§ 268 Abs. 2 Satz 2 HGB):
- Gesamte Anschaffungs- und Herstellungskosten
- Zugänge des Geschäftsjahrs
- Abgänge des Geschäftsjahrs
- Umbuchungen des Geschäftsjahrs
- Zuschreibungen des Geschäftsjahrs und
- Abschreibungen in ihrer gesamten Höhe

35 Die **Abschreibungen** des Geschäftsjahrs sind entweder in der Bilanz bei dem betreffenden Posten zu vermerken oder im Anhang in einer der Gliederung des Anlagevermögens entsprechenden Aufgliederung anzugeben (§ 268 Abs. 2 Satz 3 HGB). Für die Abschreibungen sind daher in der horizontalen Gliederung der Bilanz oder im Anhang zwei Spalten vorzusehen:
- Abschreibungen in ihrer gesamten Höhe und
- Abschreibungen des Geschäftsjahrs.

36 Zu jedem Posten ist auch der entsprechende **Betrag des Vorjahrs** anzugeben (§ 265 Abs. 2 HGB). Bei Umstellung auf Euro ist der Vorjahresbetrag ebenfalls in Euro mitzuteilen (s. Rdn. 64h).

36a Der Anlagenspiegel wird nach folgendem **Muster** aufgestellt:

Anlagenspiegel / Anlagengitter									
Posten	Anschaffungs- oder Herstellungskosten	Zugänge	Abgänge	Umbuchungen	Zuschreibungen	Abschreibungen	Abschreibungen	Buchwert zum Schluß des Geschäftsjahrs	Buchwert des Vorjahres
	historisch	des Geschäftsjahres				kumuliert	des Geschäftsjahres		
1	2	3	4	5	6	7	8	9	10

37 Für die **Ingangsetzungs- und Erweiterungsaufwendungen** besteht ein Aktivierungswahlrecht (§ 269 HGB). In Spalte 2 werden daher nur insoweit die gesamten Aufwendungen hierfür ausgewiesen, als vom Aktivierungswahlrecht Gebrauch gemacht wird.

---

[9] Siehe Rdn. 25.

Für jeden zu Beginn des Geschäftsjahrs noch vorhandenen Posten des **Anlage-** 38
vermögens werden die in den Vorjahren angefallenen Anschaffungs- und Herstellungskosten aufgeführt. Scheidet ein Anlagegegenstand aus, werden seine bei seinem damaligen Zugang gebuchten Anschaffungs- oder Herstellungskosten von der Gesamtsumme der Anschaffungs- und Herstellungskosten des betreffenden Bilanzpostens gemindert.

In Spalte 2 des Anlagenspiegels werden daher die gesamten Anschaffungs- und Herstellungskosten eines jeden einzelnen Postens aufgeführt. Das sind alle hierfür angefallenen Anschaffungs- und Herstellungskosten von Beginn des Geschäftsbetriebs an, also die historischen Anschaffungs- und Herstellungskosten. Auch wenn ein Posten abgeschrieben ist, wird er mit den Anschaffungs- und Herstellungskosten solange aufgeführt, bis er ausscheidet. Scheidet ein Posten aus, werden seine gesamten Anschaffungs- oder Herstellungskosten subtrahiert. Ist daher ein Anlagegegenstand in früheren Geschäftsjahren ausgeschieden, erscheinen seine damaligen Anschaffungs- und Herstellungskosten nicht mehr.

Beispiel:
Der Bilanzposten „technische Anlagen und Maschinen" enthält zu Beginn des Jahres 04 drei Maschinen:

Maschine 1: angeschafft im Januar 01 für	*80 000 DM*
Maschine 2: angeschafft im Januar 02 für	*70 000 DM*
Maschine 3: angeschafft im Januar 03 für	*50 000 DM*
Summe der Anschaffungskosten	*200 000 DM*

Anhand dieses Beispiels wird die Entwicklung des Anlagenspiegels für das Jahr 04 gezeigt.

In Spalte 2 werden die Anschaffungskosten aller im Posten „technische Anlagen und Maschinen" aufgeführten Anlagegegenstände ausgewiesen, im Beispiel also 200 000 DM.

Zugänge sind mengenmäßige Zunahmen des Betriebsvermögens. Sie werden mit 39
ihren Anschaffungs- oder Herstellungskosten ausgewiesen, ohne daß vorher Abschreibungen gekürzt wurden. Für entgeltlich erworbene immaterielle Anlagen und Aufwendungen für die Ingangsetzung und Erweiterung des Geschäftsbetriebs, die in Ausübung des Aktivierungswahlrechts aktiviert wurden, wird der Betrag in der jeweiligen Eingangsrechnung als Zugang gebucht[10].

Beispiel:
Im Januar 04 wird eine Maschine 4 angeschafft für 90 000 DM. In der Spalte „Zugänge" werden 90 000 DM ausgewiesen.

---
10 Lorson in: Küting/Weber, § 268 Rdn. 73 ff.

40 Geringwertige Anlagegegenstände, deren Anschaffungs- oder Herstellungskosten, vermindert um einen darin enthaltenen Vorsteuerbetrag, nicht mehr als 100 DM betragen haben oder nicht mehr als 800 DM betragen haben und die bei ihrer Anschaffung oder Herstellung auf einem besonderen Konto oder in einem besonderen Verzeichnis erfaßt worden sind, können im Jahr der Anschaffung oder Herstellung in voller Höhe abgeschrieben werden und brauchen auch nicht in ein Bestandsverzeichnis aufgenommen zu werden[11].

41 Ebenfalls brauchen Zugänge zu einem zulässigerweise angesetzten **Festwert** nicht in ein Bestandsverzeichnis aufgenommen zu werden[12]. Unter diesen Voraussetzungen werden also **geringwertige Anlagegegenstände** und **Zugänge zu einem Festwert** als Aufwand behandelt. Das hat zur Folge, daß **geringwertige Anlagegegenstände** im Anlagenspiegel nicht erfaßt werden. Sie erscheinen deshalb auch nicht in den kumulierten Anschaffungs- oder Herstellungskosten und nicht in den kumulierten Abschreibungen.

42 Die in einem **Festwert** zusammengefaßten Sachanlagen sind zunächst mit ihren Anschaffungs- oder Herstellungskosten zu erfassen und im Anlagenspiegel aufzuführen. Als Zu- und Abgänge werden nur die Auf- und Abstockungen des Festwerts an den etwa alle drei Jahre stattfindenden körperlichen Bestandsaufnahmen (§ 240 Abs. 3 HGB) erfaßt.

43 In der Praxis werden die geringwertigen Wirtschaftsgüter mit Anschaffungskosten von 100 DM bis 800 DM bei der Anschaffung als Zugang in den Anlagespiegel übernommen. Im Regelfall wird im Zugangsjahr auch der Abgang gebucht. Sind die geringwertigen Wirtschaftsgüter im Verhältnis zu den übrigen Anlagen wesentlich, wird ein anderer Abgang fingiert, z. B. ein Abgang jeweils im 5. Jahr. Dann werden im Vortrag die Anschaffungs- oder Herstellungskosten der letzten vier Jahre gezeigt und neben den Zugängen die Bruttowerte des ältesten Jahres als Abgang aus den kumulierten Abschreibungen umgegliedert[13].

44 Durch die Erfassung der geringwertigen Anlagegegenstände bis 800 DM Anschaffungskosten im Anlagenspiegel wird dieser sehr aufgebläht. Werden die geringwertigen Anlagen zudem noch mit den übrigen technischen Anlagen und Maschinen und den Gegenständen der Betriebs- und Geschäftsausstattung jeweils zusammen erfaßt und im Anlagenspiegel entwickelt, werden diese Posten unübersichtlich. Sie verlieren zudem an Aussagekraft. Zudem ist es sinnwidrig, kurzlebige und langlebige Anlagen zusammen im Anlagenspiegel zu erfassen und zu entwickeln. Diese Gesichtspunkte treffen auch auf Zugänge zu einem Festwert zu.

Daher sollten, wie es vorstehend vertreten wurde, geringwertige Anlagegegenstände, die sofort abgeschrieben werden, und Zugänge zu einem Festwert, die sofort als Aufwand gebucht werden, nicht als Zugänge im Anlagenspiegel erfaßt

---

[11] R 31 Abs. 3 Satz 1 EStR.
[12] R 31 Abs. 3 Satz 2 EStR.
[13] Schnicke/Schmidt-Wendt, in: Beck Bil-Komm., § 268 HGB Rdn. 54.

Gliederung des Jahresabschlusses

werden. Nur die Aufstockungen des Festwertes sind hiernach als Zugänge und die Abstockungen als Abgänge zu erfassen.

Abgänge sind mengenmäßige Abnahmen des Betriebsvermögens. Sie sind in Höhe der für den ausgeschiedenen Vermögensgegenstand insgesamt aufgewendeten Anschaffungs- oder Herstellungskosten auszuweisen. **45**

Beispiel:
Im vorstehenden Beispiel wird die Maschine 1 im Januar 04 verkauft. Es ist in Spalte 4 ein Abgang in Höhe von 80 000 DM auszuweisen.

Ingangsetzungs- und Erweiterungsaufwendungen sind keine Vermögensgegenstände, sondern werden lediglich als Bilanzierungshilfe aktiviert (§ 269 HGB). Sind diese Aufwendungen nach § 282 HGB abgeschrieben, ist ein aktivierbarer Wert nicht mehr vorhanden. Sind daher Ingangsetzungs- und Erweiterungsaufwendungen abgeschrieben, sind die hierfür in der Spalte „Anschaffungs- und Herstellungskosten" ausgewiesenen Anschaffungskosten in dieser Spalte und die hierfür in der Spalte 7 „Abschreibungen kumuliert" ausgewiesenen Abschreibungen dort abzusetzen. Der Ausweis eines Abgangs erübrigt sich daher. **46**

Mit den Ansätzen in den Spalten 2, 3 und 4 hängen die **kumulierten Abschreibungen** in Spalte 7 zusammen. Der Einfachheit halber sollen in dem vorstehenden Beispiel alle vier Maschinen linear mit 10 % abgeschrieben werden. Zu Beginn des Jahres 04 sind daher für die Maschinen folgende Abschreibungen aufgelaufen: **47**

Maschine 1:	3 x 8000 DM =	24 000 DM
Maschine 2:	2 x 7000 DM =	14 000 DM
Maschine 3:	1 x 5000 DM =	5 000 DM
Maschine 4:	0 DM =	0 DM
insgesamt		43 000 DM

Die Maschine 1 ist im Januar 04 abgegangen. Es dürfen daher die hierauf entfallenden Abschreibungen nicht mehr ausgewiesen werden. Von dem Gesamtbetrag der Abschreibungen Anfang 04 sind also 24000 DM zu mindern. Im Laufe des Jahres 04 kommen die Abschreibungen für die Maschinen 2, 3 und 4 hinzu. Ende 04 betragen die Abschreibungen daher insgesamt:

Gesamtbetrag Anfang 04	43 000 DM
Abgang Maschine 1	− 24 000 DM
Rest	19 000 DM
Abschreibung Maschine 2	+ 7 000 DM
Abschreibung Maschine 3	+ 5 000 DM
Abschreibung Maschine 4	+ 9 000 DM
Abschreibung insgesamt	40 000 DM

Dieser Gesamtbetrag der Abschreibungen für das Jahr 04 wird in Spalte 7 eingetragen.

Bei der Abschreibung ist darauf zu achten, daß die Anlagen nicht auf 0 DM, sondern auf den Erinnerungswert von 1 DM abzuschreiben sind, solange sie sich noch im Betriebsvermögen befinden. Ingangsetzungs- und Erweiterungsaufwendungen sind hingegen keine Vermögensgegenstände, sondern lediglich eine Bilanzierungshilfe. Wurden sie beim Zugang in Ausübung des Aktivierungswahlrechts aktiviert und sind sie im Laufe der Zeit abgeschrieben, ist ein Wert nicht mehr vorhanden. Es ist dann auch kein Erinnerungswert mehr auszuweisen.

48 Umbuchungen sind formelle Umschreibungen von einem Bilanzposten auf einen anderen. Der umzubuchende Vermögensgegenstand wird mit seinen Anschaffungs- oder Herstellungskosten in den Umbuchungsspalten der betroffenen Bilanzposten ausgewiesen, bei dem einen Posten mit dem Vorzeichen „+", bei dem anderen Posten mit dem Vorzeichen „–". Entsprechend sind auch die Anschaffungs- und Herstellungskosten und die kumulierten Abschreibungen zu berichtigen.

Umbuchungen werden also mit den historischen Anschaffungs- oder Herstellungskosten bei dem einen Posten addiert und bei dem anderen Posten subtrahiert. Ebenso werden die kumulierten Abschreibungen des umgebuchten Gegenstandes zum einen Posten addiert und beim anderen Posten subtrahiert.

49 Zuschreibungen sind werterhöhende Korrekturen, also rückgängig gemachte Abschreibungen. Sie werden vorgenommen, wenn zuviel abgeschrieben wurde.

Die Zuschreibungen des abgelaufenen Geschäftsjahrs werden in der Anfangsbilanz des folgenden Geschäftsjahrs mit den kumulierten Abschreibungen saldiert[14].

Beispiel:
Die Maschine 2 wurde im Jahr 03 in Höhe von 10 000 DM außerplanmäßig abgeschrieben. Im Jahr 04 erweist sich, daß die Gründe für die außerplanmäßige Abschreibung nicht mehr bestehen.

Anfang 04 waren wegen der außerplanmäßigen Abschreibung im Jahr 03 die kumulierten Abschreibungen um 10 000 DM höher und betrugen somit 53 000 DM. Nach dem Abgang der Maschine 1 betragen daher die in Spalte 7 auszuweisenden kumulierten Abschreibungen 50 000 DM. Die Zuschreibung wird in Spalte 6 angesetzt und erhöht den Buchwert des Postens „Maschinen" um 10 000 DM. Die kumulierten Abschreibungen werden vom folgenden Geschäftsjahr an um die Zuschreibung gemindert. Daher sind die kumulierten Abschreibungen in der Anfangsbilanz des folgenden Geschäftsjahrs mit den Zuschreibungen zu saldieren.

In der folgenden Übersicht wird der Posten „Maschinen" im Anlagenspiegel dargestellt. Der besonderen Übersicht wegen werden die einzelnen Maschinen in ihrer Entwicklung dargestellt. Im Anlagenspiegel wird aber nur der Posten „Maschinen" ausgewiesen.

---

14 Ausschußbericht, BT-Drs. 10/4268 vom 18.11.1985, S. 105.

Gliederung des Jahresabschlusses 53

Posten	Anschaffungs- oder Herstellungskosten	Zugänge	Abgänge	Umbuchungen	Zuschreibungen	Abschreibungen	Abschreibungen	Buchwert zum Schluß des Geschäftsjahrs	Buchwert des Vorjahres
	historisch		des Geschäftsjahres			kumuliert	des Geschäftsjahres		
1	2	3	4	5	6	7	8	9	10
M1	80 000		80 000			0	0	0	56 000
M2	70 000				10 000	31 000	7 000	49 000	46 000
M3	50 000					10 000	5 000	40 000	45 000
M4	0	90 000				9 000	9 000	81 000	0
Masch.	200 000	90 000	80 000		10 000	50 000	(21 000)	170 000	147 000

Der Posten Maschinen entwickelt sich also von der Anfangs- zur Schlußbilanz:

Anschaffungskosten 1.1.04	200 000 DM
Zugänge	+ 90 000 DM
Abgänge	− 80 000 DM
Zuschreibungen	+ 10 000 DM
Abschreibungen, kumuliert	− 50 000 DM
Buchwert am 31.12.04	170 000 DM

Die Abschreibungen des Geschäftsjahrs in Spalte 8 werden in der Bilanz lediglich vermerkt. Dieser Betrag ist also nicht Teil der Entwicklung des Postens „Maschinen" von der Eröffnungsbilanzspalte zur Schlußbilanzspalte. Daher ist der Betrag von 21 000 DM eingeklammert.

Aus dem Anlagespiegel soll der Bilanzleser **wirtschaftliche Rückschlüsse** 50 ziehen können auf die Zusammensetzung der Sachanlagen. Aus dem Verhältnis der kumulierten Abschreibungen abzüglich der Zuschreibungen zur Summe aus kumulierten Anschaffungs- oder Herstellungskosten und Zugängen abzüglich der Abgänge läßt sich nämlich erkennen, zu welchem Prozentsatz die unter dem Bilanzposten ausgewiesenen Anlagen im Durchschnitt abgeschrieben sind. Nehmen wir hierzu unser Beispiel:

Abschreibungen (kumuliert)	50 000 DM
Zuschreibungen	− 10 000 DM
	40 000 DM
Anschaffungs- oder Herstellungskosten	200 000 DM
Zugänge	+ 90 000 DM
Abgänge	− 80 000 DM
	210 000 DM

40 000 x 100 : 210 000 = 19,04 %

Die Maschinen sind im Durchschnitt zu 19,04 % abgeschrieben. Sie sind also noch verhältnismäßig neu.

Aus dem Verhältnis der Jahresabschreibungen, die in Spalte 8 vermerkt sind, zu den Anschaffungs- oder Herstellungskosten zuzüglich der Zugänge und abzüglich der Abgänge, im Beispiel 21 000 x 100 : 210 000 DM = 10 %, ist zu erkennen, daß die Maschinen im Durchschnitt mit 10 % abgeschrieben werden. Der Bilanzleser kann hieraus schließen, daß die Gesellschaft sich bei den Abschreibungen im Rahmen hält oder zu niedrig abschreibt, was auf wirtschaftliche Schwierigkeiten schließen lassen kann.

Werden aber sehr kurzlebige Anlagen, wie es in der Regel die geringwertigen Wirtschaftsgüter sind, mit Anlagen längerer Nutzungsdauer zusammengefaßt, lassen sich solche Schlüsse nicht ziehen. Damit wird der Zweck des Anlagespiegels nicht mehr erreicht. Hiermit kann gerechtfertigt werden, die geringwertigen Wirtschaftsgüter nicht im Anlagenspiegel aufzuführen.

Nach § 152 Abs. 6 AktG a.F. waren Wertberichtigungsposten zugelassen, die ebenfalls in einem Anlagenspiegel zu entwickeln waren. Hierdurch ließen sich ähnliche wirtschaftliche Schlüsse ziehen wie beim heutigen Anlagenspiegel. Auch damals wurde es schon für sinnwidrig gehalten, für kurzlebige und langlebige Anlagen einen gemeinsamen Wertberichtigungsposten im Anlagenspiegel zu entwickeln[15]. Das spricht dafür, die geringwertigen Anlagen nicht im Anlagenspiegel aufzunehmen.

---

[15] Kropff, Aktiengesetz, Begründung des Regierungsentwurfs, Düsseldorf 1965, S. 234.

1.4 Steuerbilanz
1.4.1 Maßgeblichkeit der Handelsbilanz für die Steuerbilanz
1.4.1.1 Bilanzierung

Für Gewerbetreibende, die buchführungspflichtig sind oder die freiwillig Bücher **51** führen, richtet sich die Bilanzierung in der Steuerbilanz nach den handelsrechtlichen **Grundsätzen ordnungsmäßiger Buchführung** (§ 5 Abs. 1 Satz 1 EStG). Handelsrechtliche **Bilanzierungsgebote** und **Bilanzierungsverbote** beruhen auf dem Vollständigkeitsgrundsatz, dem Realisationsprinzip, dem Imparitätsprinzip oder dem Grundsatz der Periodenabgrenzung. Ist also handelsrechtlich die Aktivierung oder Passivierung geboten oder verboten, entspricht das diesen Grundsätzen ordnungsmäßiger Buchführung. Nach § 5 Abs. 1 Satz 1 EStG sind daher die handelsrechtlichen Bilanzierungsgebote oder Bilanzierungsverbote auch in der Steuerbilanz maßgebend.

Handelsrechtliches			
Gebot		Verbot	
der Aktivierung	der Passivierung	der Aktivierung	der Passivierung
führt unabhängig von der tatsächlichen Bilanzierung in der Handelsbilanz in der Steuerbilanz zur			
Aktivierung	Passivierung	Nicht-Aktivierung	Nicht-Passivierung

Die steuerrechtliche Bilanzierung ist nur an handelsrechtliche Bilanzierungsge- **52** bote und -verbote gebunden. Bei handelsrechtlichen **Bilanzierungswahlrechten** ist § 5 Abs. 1 Satz 1 EStG so auszulegen, wie es dem Sinn und Zweck der steuerrechtlichen Gewinnermittlung entspricht. Hiernach soll der volle Gewinn steuerlich erfaßt werden. Es kann daher nicht im Belieben des Kaufmanns stehen, sich durch Nichtaktivierung von Wirtschaftsgütern, die handelsrechtlich aktiviert werden dürfen, oder durch den Ansatz eines Passivpostens, der handelsrechtlich nicht geboten ist, ärmer zu machen, als er ist[16]. Bei handelsrechtlichen Bilanzierungswahlrechten ist daher in der Steuerbilanz so zu bilanzieren, daß ein höchstmöglicher Gewinn versteuert wird. Daraus ergibt sich:

Handelsrechtliches Wahlrecht	
der Aktivierung	der Passivierung
führt unabhängig von der tatsächlichen Bilanzierung in der Handelsbilanz in der Steuerbilanz	
zur Aktivierung	zur Nicht-Passivierung

---
[16] BFH, Beschluß des Großen Senats vom 3. 2. 1969, Gr. S. 2/68, BStBl II 1969 S. 291.

53 Nur für **Vermögensgegenstände** ergibt sich aus einem handelsrechtlichen Aktivierungswahlrecht ein Aktivierungsgebot in der Steuerbilanz. Handelsrechtliche **Bilanzierungshilfen** lösen keine Aktivierungspflicht in der Steuerbilanz aus. Sie werden lediglich aus handelsrechtlichen Gründen gewährt und haben daher keinerlei Auswirkung auf die Bilanzierung in der Steuerbilanz.

1.4.1.2 Bewertung

54 In der Steuerbilanz sind die steuerrechtlichen Vorschriften über Bewertung und Absetzung für Abnutzung oder Substanzverringerung zu befolgen (§ 5 Abs. 6 EStG). Das ist der sogenannte **Bewertungsvorbehalt**.

Es gibt steuerrechtliche Vorschriften, welche die Bewertung zwingend regeln, z. B. die Abschreibungsvorschriften des § 7 EStG. Diese **Bewertungsgebote** sind in der Steuerbilanz zu befolgen, selbst wenn das Handelsrecht eine andere Bewertung vorschreibt.

Andere steuerrechtliche Vorschriften gewähren **Bewertungswahlrechte**, die im Rahmen handelsrechtlicher Bewertung ausgeübt werden. Ist die handelsrechtliche Bewertung zwingend vorgeschrieben, ist das auch in der Steuerbilanz maßgebend, unabhängig davon, ob in der Handelsbilanz entsprechend bewertet worden ist. Wurde in der Handelsbilanz ein handelsrechtliches Bewertungsgebot nicht befolgt, ist die Handelsbilanz unrichtig. An eine unrichtige Handelsbilanz ist die Steuerbilanz nicht gebunden. Besteht auch handelsrechtlich ein Bewertungswahlrecht, so kommt es für den Wertansatz in der Steuerbilanz auf die tatsächliche handelsrechtliche Bewertung an.

Bewertung		
Steuerrecht	Handelsrecht	Wertansatz in der Steuerbilanz
Bewertungsgebot	Bewertungsgebot	Steuerrechtlich gebotener Wertansatz
	Bewertungswahlrecht	
Bewertungswahlrecht	Bewertungsgebot	Handelsrechtlich gebotener Wertansatz
	Bewertungswahlrecht	Wertansatz in der Handelsbilanz

55 Besteht in Handelsbilanz und Steuerbilanz ein gleichlautendes **Methodenwahlrecht** hinsichtlich der Abschreibung, so ist in der Steuerbilanz die Abschreibungsmethode anzuwenden, die in der Handelsbilanz gewählt worden ist[17]. Aller-

---

[17] BFH, Urteil vom 24. 1. 1990 I R 17/89, BStBl 1990 II S. 681.

dings sind aufgrund des Bewertungsvorbehalts in der Steuerbilanz die Abschreibungsbeträge der Höhe nach begrenzt.

Die Methodenwahl in der Handelsbilanz ist auch für die Gebäudeabschreibung maßgeblich. Die Grundsätze des BFH-Urteils vom 24. 1. 1990[18], wonach die Ausübung der degressiven Abschreibung bei beweglichen Wirtschaftsgütern von der Wahl der degressiven Abschreibung in der Handelsbilanz abhängt, gilt auch für Gebäude. Die Finanzverwaltung ist der Auffassung, die Wahl der degressiven Gebäudeabschreibung in der Steuerbilanz setze eine Abschreibung nach den Abschreibungssätzen gemäß § 7 Abs. 5 EStG in der Handelsbilanz voraus. Geschehe das nicht, führe das in der Steuerbilanz zum Ansatz der linearen Absetzung für Abnutzung mit den Abschreibungsbeträgen nach § 7 Abs. 4 EStG[19].

1.4.2 Abhängigkeit einer steuerrechtlich zulässigen Bilanzierung oder Bewertung vom Ansatz in der Handelsbilanz (sog. umgekehrte Maßgeblichkeit)

1.4.2.1 Bilanzierung

Es gibt **steuerrechtliche Passivierungswahlrechte**. Sie dürfen nur dann in der Steuerbilanz ausgeübt werden, wenn in der Handelsbilanz gleichlautend passiviert worden ist (§ 5 Abs. 1 Satz 2 EStG). Aus diesem Grunde gewährt das Handelsrecht die Möglichkeit, Passivposten unter der Bezeichnung „**Sonderposten mit Rücklageanteil**" auszuweisen (§ 247 Abs. 3 HGB).

Passivposten, deren Bilanzierung in der Steuerbilanz von einer Passivierung in der Handelsbilanz abhängig ist, sind:
- Reinvestitionsrücklage (§ 6b EStG[20]),
- Euroumrechnungsrücklage (§ 6d EStG),
- Rücklage für Ersatzbeschaffung (R 35 EStR).

Kapitalgesellschaften dürfen diese Posten nur insoweit bilden, als das Steuerrecht die Anerkennung des Wertansatzes bei der steuerrechtlichen Gewinnermittlung davon abhängig macht, daß der Sonderposten in der Handelsbilanz gebildet wird. Das ist ausnahmslos der Fall. Diese Posten dürfen daher auch von Kapitalgesellschaften in den Handelsbilanzen passiviert werden. Sie sind in der Bilanz oder im Anhang vor den Rückstellungen auszuweisen unter Angabe der steuerlichen Vorschriften, nach denen sie gebildet worden sind (§ 273 HGB).

1.4.2.2 Bewertung

In der Steuerbilanz werden erhöhte Abschreibungen, Sonderabschreibungen und die Übertragung stiller Reserven auf Ersatzwirtschaftsgüter aus steuerpolitischen Gründen zugelassen. Es besteht ein **Abwertungswahlrecht**. Seine Ausübung

---
18 S. FN 17.
19 BMF, Schreiben vom 30.12.1994 IV B 2 - S 2139 - 49/94, BB 1995 S. 196; s. Rdn. 1267 ff.
20 R 41 b Abs. 2 EStR.

hängt von einer gleichlautenden Abwertung in der Handelsbilanz ab. Um das zu ermöglichen, ist es nach § 254 HGB zugelassen, Vermögensgegenstände des Anlage- oder des Umlaufvermögens mit dem steuerrechtlich zulässigen niedrigeren Wert anzusetzen.

1.4.2.3 Übereinstimmende Ausübung der Bilanzierungs- und Bewertungswahlrechte in Handels- und Steuerbilanz

57a Steuerrechtliche Wahlrechte bei der Gewinnermittlung sind in Übereinstimmung mit der handelsrechtlichen Jahresbilanz auszuüben (§ 5 Abs. 1 Satz 2 EStG). Steuerrechtliche Passivierungswahlrechte und steuerrechtliche erhöhte Abschreibungen, Sonderabschreibungen und die Übertragung stiller Reserven auf Ersatzwirtschaftsgüter dürfen daher im steuerrechtlichen Jahresabschluß nur ausgeübt werden, wenn sie in der Handelsbilanz geltend gemacht worden sind.

1.4.3 Abweichungen der Steuerbilanz gegenüber der Handelsbilanz

58 Handelsrechtliche **Bilanzierungshilfen**, z. B. Aufwendungen für die Ingangsetzung und Erweiterung des Geschäftsbetriebs bei Kapitalgesellschaften, werden in der Steuerbilanz nicht angesetzt.

59 Bei **Bilanzierungswahlrechten** kann in Handelsbilanz und Steuerbilanz abweichend bilanziert werden:
- Ein handelsrechtliches **Aktivierungswahlrecht** bedeutet in der Steuerbilanz ein Aktivierungsgebot[21]. Wird in der Handelsbilanz nicht aktiviert, weicht die Steuerbilanz von der Handelsbilanz ab.
- Ein handelsrechtliches **Passivierungswahlrecht** führt in der Steuerbilanz zu einem Passivierungsverbot[22]. Hier besteht keine Übereinstimmung zwischen Handelsbilanz und Steuerbilanz, wenn in der Handelsbilanz passiviert wird.

60 Abweichungen zwischen Handels- und Steuerbilanz kommen insbesondere bei der **Bewertung** vor, wenn steuerrechtlich die Bewertung unterschiedlich zum Handelsrecht geregelt ist und in der Handelsbilanz von den handelsrechtlichen Bewertungsmöglichkeiten Gebrauch gemacht wird[23].

61 Wird nur eine Handelsbilanz aufgestellt, so sind die Ansätze oder Beträge, die den steuerlichen Vorschriften nicht entsprechen, durch **Zusätze** oder **Anmerkungen** den steuerlichen Vorschriften anzupassen. Es kann aber auch neben der Handelsbilanz eine **Steuerbilanz** aufgestellt werden (§ 60 Abs. 2 EStDV).

62 Wird neben der Handelsbilanz eine **Steuerbilanz** aufgestellt, so hat die Steuerbilanz gegenüber der Handelsbilanz Abweichungen, die Mehr- oder Mindergewinne ergeben. Diese steuerlichen Mehr- oder Mindergewinne gegenüber den handelsrechtlichen Gewinnen erhöhen oder vermindern im folgenden Jahr das steuerliche Betriebsvermögen gegenüber dem handelsrechtlichen Kapital.

---
[21] S. Rdn. 51.
[22] S. Rdn. 52.
[23] S. Rdn. 54.

Steuerbilanz

Beispiel:
Unternehmen A kauft am 15.12.00 das Unternehmen B. Auf den Geschäfts- oder Firmenwert entfällt ein Betrag von 750 000 DM. In der Handelsbilanz zum 31.12.00 aktiviert A 600 000 DM und schreibt in den folgenden Jahren je 200 000 DM ab. In der Steuerbilanz aktiviert A den vollen Betrag und schreibt ihn auf 15 Jahre ab, wie es gesetzlich vorgeschrieben ist (§ 7 Abs. 1 Satz 3 EStG).

Es sollen die Unterschiede des Betriebsvermögens in der Steuerbilanz gegenüber dem Kapital in der Handelsbilanz an den einzelnen Stichtagen ermittelt werden. Das geschieht in folgenden Schritten:

1. Entwicklung der Bilanzansätze der Handelsbilanz (HB) und der Steuerbilanz (StB).

2. Ermittlung der Unterschiede der Bilanzansätze der Steuerbilanz zu denen der Handelsbilanz an den einzelnen Stichtagen, sog. Vermögensunterschiede (VU).
StB – HB = VU

3. Ermittlung der Gewinnunterschiede (GU) der Steuerbilanz gegenüber der Handelsbilanz an den einzelnen Bilanzstichtagen.
$VU_s - VU_v = GU$
VU_s: Vermögensunterschied am Schluß des Geschäftsjahrs
VU_v: Vermögensunterschied am Schluß des Vorjahrs

Entwicklung des Geschäftswerts in HB und StB:

	HB	StB
31.12.00	600 000	750 000
Abschreibung	200 000	50 000
31.12.01	400 000	700 000
Abschreibung	200 000	50 000
31.12.02	200 000	650 000
Abschreibung	200 000	50 000
31.12.03	0	600 000
Abschreibung	0	50 000
31.12.04	0	550 000

usw. bis zur Vollabschreibung des Geschäftswerts in der StB.

Vermögens- und Gewinnunterschiede der Steuerbilanz gegenüber der Handelsbilanz an den einzelnen Stichtagen:

Geschäftswert	HB	StB	VU	GU
31.12.00	600 000	750 000	150 000	+ 150 000
31.12.01	400 000	700 000	300 000	+ 150 000
31.12.02	200 000	650 000	450 000	+ 150 000
31.12.03	0	600 000	600 000	+ 150 000
31.12.04	0	550 000	550 000	− 50 000
31.12.05	0	500 000	500 000	− 50 000

usw. bis zur Vollabschreibung des Geschäftswerts in der StB.

Der Mehrgewinn der Steuerbilanz gegenüber der Handelsbilanz ist gleichzeitig der Unterschied des steuerlichen Betriebsvermögens gegenüber dem Kapital in der Handelsbilanz. Dieser Unterschied entwickelt sich an den einzelnen Bilanzstichtagen wie folgt:

Mehrgewinn 00 = Kapitalunterschied 31.12.00	150 000 DM
+ Mehrgewinn 01	+ 150 000 DM
Kapitalunterschied 31.12.01	300 000 DM
+ Mehrgewinn 02	+ 150 000 DM
Kapitalunterschied 31.12.02	450 000 DM
+ Mehrgewinn 03	+ 150 000 DM
Kapitalunterschied 31.12.03	600 000 DM
− Mindergewinn 04	− 50 000 DM
Kapitalunterschied 31.12.04	550 000 DM
− Mindergewinn 05	− 50 000 DM
Kapitalunterschied 31.12.05	500 000 DM

usw. bis zur Vollabschreibung des Geschäftswerts in der Steuerbilanz.

63 Einzelunternehmen und Personengesellschaften rechnen die Kapitalunterschiede dem Betriebsvermögen in der Steuerbilanz hinzu. Das Betriebsvermögen oder das Kapital der Steuerbilanz ist also zu den einzelnen Stichtagen um die Unterschiedsbeträge höher als das Kapital in der Handelsbilanz.

64 Kapitalgesellschaften weisen aber ein festes Nennkapital aus. In der Steuerbilanz darf das Kapital nicht mit einem höheren Betrag ausgewiesen werden. Deshalb werden die Kapitalabweichungen als **Ausgleichsposten** dargestellt. Weichen mehrere Posten in Handelsbilanz und Steuerbilanz voneinander ab, so sind diese Abweichungen in einer Plus-Minus-Rechnung darzustellen. Im Ausgleichsposten saldieren sich die Abweichungen, so daß nur ein Ausgleichsposten entwickelt wird.

1.5 Euro-Umstellung

1.5.1 Neue Währung ab 1.1.1999

Am 1.1.1999 beginnt die Übergangszeit zur Einführung des Euro. Sie dauert bis zum 31.12.2001. **64a**

Am ersten Tag dieser Übergangsphase werden die Wechselkurse der Teilnehmerstaaten in Euro festgelegt. Sie bleiben dann unveränderlich.

Zu diesem Zeitpunkt, also am 1.1.1999, wird der Euro die Währung der Mitgliedstaaten. Der Euro tritt damit an die Stelle der nationalen Währungen. Die nationalen Währungen sind dann für die Übergangszeit nur noch Untereinheiten des Euro. Sie sind damit praktisch nur noch unterschiedliche Bezeichnungen der Einheitswährung Euro. Mit Ablauf der Übergangszeit fallen die nationalen Währungen als Untereinheiten des Euro endgültig weg.

Innerhalb der Übergangszeit ist für jedermann freigestellt, die neue Währung zu nutzen oder noch in den bisherigen nationalen Währungen Rechnungen auszustellen, zu zahlen, zu buchen und zu bilanzieren. Es gilt hier der Grundsatz: „Kein Zwang, keine Behinderung."

1.5.2 Umrechnung

Die Werte der bisherigen nationalen Währungen bleiben bestehen. Die Umstellung auf den Euro ist also keine Währungsreform. Die nationalen Währungen werden lediglich zum 1.1.1999 in Euro umgerechnet. **64b**

Am 1.1.1999 werden die Wechselkurse für die Umrechnung der einzelnen nationalen Währungen der Teilnehmerstaaten in Euro festgelegt. Die Umrechnung erfolgt mit einem Kurs von sechs signifikanten Stellen, d. h. fünf Stellen hinter dem Komma.

Beispiel:
100 000 DM sollen in Euro umgerechnet werden. Der Kurs DM/Euro soll aus Vereinfachungsgründen mit 1,91919 festgelegt sein. 100 000 DM : 1,91919 = 52 105,31526 Euro.

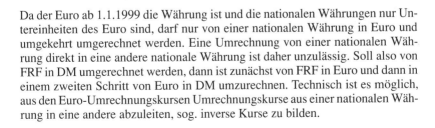

Da der Euro ab 1.1.1999 die Währung ist und die nationalen Währungen nur Untereinheiten des Euro sind, darf nur von einer nationalen Währung in Euro und umgekehrt umgerechnet werden. Eine Umrechnung von einer nationalen Währung direkt in eine andere nationale Währung ist daher unzulässig. Soll also von FRF in DM umgerechnet werden, dann ist zunächst von FRF in Euro und dann in einem zweiten Schritt von Euro in DM umzurechnen. Technisch ist es möglich, aus den Euro-Umrechnungskursen Umrechnungskurse aus einer nationalen Währung in eine andere abzuleiten, sog. inverse Kurse zu bilden.

Beispiel:
Der deutsche Unternehmer U hat eine Forderung über 300 000 FRF gegen den französischen Unternehmer F. Der Umrechnungskurs FRF/Euro soll 5,75757 betragen.
a) Umrechnung FRF/Euro: 300 000 FRF : 5,75757 = 52 105,31526 Euro
b) Umrechnung Euro/DM: 52 105,31526 × 1,91919 = 100 000 DM.
Die Wechselkurse wurden für die Beispiele so gewählt, um ein einfaches Umrechnungsergebnis zu erhalten.

Technisch könnte, da die Bezugsgröße Euro für jeweils zwei Währungen feststeht, von einer Währung direkt in die andere umgerechnet werden. Es bestehen im vorstehenden Beispiel folgende Beziehungen zwischen FRF, DM und Euro:

1 Euro = 1,91919 DM
1 Euro = 5,75757 FRF
1,91919 DM = 5,75757 FRF

Hieraus läßt sich direkt von DM in FRF umrechnen:
$$\frac{1,91919}{1,91919} = \frac{5,75757}{1,91919}$$
1 DM = 5,75757 : 1,91919 FRF
     = 3,00000 FRF

Umgekehrt könnte man von FRF direkt in DM umrechnen:
$$\frac{5,75757}{5,75757} = \frac{1,91919}{5,75757}$$
1 FRF = 1,91919 : 5,75757 DM
      = 1/3 DM
      = 0,33333 DM

Diese Umrechnung ist in der Euro-Verordnung I nicht beschrieben. Für Software zur Umrechnung der Währungen kann es problematisch sein, bei der Umrechnung von einer Währung in eine andere den Zwischenschritt über den Euro zu gehen. Nach Art. 4 Abs. 4 der Euro-Verordnung I ist es aber zulässig, einfachere Umrechnungsverfahren anzuwenden, wenn diese zum selben Ergebnis führen. Dann müßte eigentlich auch die direkte Umrechnung von einer nationalen Währung in eine andere zulässig sein, da jeweils die Bezugsgröße Euro dieselbe ist.

64c Die Umrechnungsergebnisse sind anschließend auf zwei Stellen hinter dem Komma zu **runden**. Hierbei sind die üblichen Rundungsregeln zu beachten: Ist die dritte Stelle hinter dem Komma 5 oder größer, wird die zweite Stelle hinter dem Komma aufgerundet. Ist die dritte Stelle hinter dem Komma kleiner als 5, wird die zweite Stelle hinter dem Komma nicht verändert.

Beispiel:
5,44445 DM. Die dritte Stelle hinter dem Komma ist kleiner als 5, so daß eigentlich die zweite Stelle hinter dem Komma nicht aufgerundet werden dürfte. Aber da die fünfte Stelle hinter dem Komma ≥ 5 ist, wird die vierte Stelle hinter dem Komma auf 5 aufgerundet. Daher wird auch die dritte

Stelle hinter dem Komma auf 5 aufgerundet. Das führt auch zur Aufrundung der zweiten Stelle hinter dem Komma. 5,44445 DM wird also auf 5,45 DM aufgerundet.

1.5.3 Rechnungen und Zahlungen in der Übergangszeit

In der Übergangszeit können Rechnungen in nationaler Währung oder in Euro ausgestellt werden. Schecks oder Wechsel können ebenfalls auf Euro oder auf nationale Währung lauten. Bei Überweisungen auf Bankkonto erfolgt die Gutschrift in der Währung, in welcher der Gläubiger das Bankkonto führt. Ist es ein Konto über eine von der Überweisung unterschiedliche Währung, so rechnet die Bank in die Währung um, über die das Konto geführt wird. **64d**

Beispiel:
Unternehmen A hat dem Unternehmen C eine Rechnung über Forderungen aus Lieferungen und Leistungen in Höhe von 4 310 DM zuzüglich 690 DM USt geschickt. C hat bereits auf Euro umgestellt und rechnet den Forderungsbetrag von A um: 5 000 DM : 1,91919 = 2 605,26576 DM. Er rundet den Betrag und überweist 2 605,27 Euro. Die Bank rechnet den überwiesenen Betrag in DM um, da das bei ihr von A geführte Konto in DM lautet: 2 605,27 × 1,91919 = 5 000,00813 DM. Nach Aufrundung schreibt die Bank 5 000,01 DM gut.

A erzielt aus der Rundung einen **Ertrag** in Höhe von 0,01 DM. Er bucht:

⇨ Forderungen aus Lieferungen und Leistungen   5 000,00 DM
    an USt   690,00 DM
    an Umsatzerlöse   4 310,00 DM

⇨ Bank   5 000,01 DM
    an Forderungen aus Lieferungen und Leistungen   5 000,00 DM
    an Erträge aus Rundungsdifferenzen   0,01 DM

Es können sich auch **Aufwendungen** aus Rundungsdifferenzen ergeben. Bei einer Rechnung über 862 DM zuzüglich 138 DM USt betrüge die Überweisung von C an A in Euro 1000 : 1,91919 = 521,05315, gerundet 521,05 Euro. Durch Umrechnung ergibt das 521,05 × 1,91919 = 999,99395, gerundet 999,99 DM.

Die Erträge und Aufwendungen aus Rundungsdifferenzen können auf ein besonderes Aufwandskonto und ein besonderes Ertragskonto gebucht werden. Ergibt der Saldo zwischen beiden Konten einen Aufwand, so ist dieser unter den **„sonstigen Aufwendungen"** (s. Rdn. 1419a), ergibt er einen Ertrag, ist er unter den **„sonstigen Erträgen"** (s. Rdn. 1201a) auszuweisen.

1.5.4 Buchführung

Es steht den Unternehmen frei, wann und in welchem Umfang sie ihre **Buchführung** auf den Euro umstellen. Für die Umstellung der Buchhaltung insgesamt ist die Umstellung nach dem Stichtag eines Jahresabschlusses zweckmäßig. Dann **64e** werden die Bestände bei den Eröffnungsbuchungen als Anfangsbestände auf den Bestandskonten vorgetragen. Bei dieser Gelegenheit können sie in Euro umgerechnet werden. Die Erfolgskonten haben noch keine Salden.

Es können auch **Teile der Finanzbuchhaltung** auf Euro umgestellt werden, während andere Teilbereiche während der Übergangszeit in DM fortgeführt werden. Stellen wichtige Geschäftsfreunde auf den Euro um, kann es zweckmäßig sein, die Kontokorrentsachkonten und die Personenkonten ebenfalls umzustellen.

1.5.5 Jahresabschluß

1.5.5.1 Umstellung auf den Euro

64f Nach § 244 HGB n. F. ist der Jahresabschluß in Euro aufzustellen. Damit wäre ab 1.1.1999 in Euro zu bilanzieren. Automatisch findet die **Umstellung** auf den Euro aber erst am Ende der Übergangszeit, also am 1.1.2002 statt. In der Übergangszeit hat der nationale Gesetzgeber die Möglichkeit, die Verwendung des Euro fakultativ neben der Verwendung der bisherigen nationalen Währungseinheit zuzulassen. Daher wurde in Artikel 42 Abs. 1 EGHGB n.F. bestimmt, daß der Jahresabschluß in der Übergangszeit auch in DM aufgestellt werden darf, letztmalig für das im Jahr 2001 endende Geschäftsjahr.

In der Umstellungszeit sind die Währungsangaben in Buchführung und Jahresabschluß voneinander unabhängig. Es können also die Buchführung oder Teile davon in Euro bzw. DM geführt werden, während im Gegensatz dazu der Jahresabschluß in DM bzw. Euro erfolgt.

Die Wahlfreiheit gilt auch für die Rechnungslegungspflicht nach dem **Publizitätsgesetz** und für die **Steuerbilanz** der Unternehmen. § 5 PublG verweist hinsichtlich der Pflicht zur Aufstellung des Jahresabschlusses auf § 242 HGB. § 60 EStDV verlangt nicht, die Steuerbilanz zwingend in DM aufzustellen.

Die Umstellung auf Euro ist lediglich eine **Umschreibung der Posten des Jahresabschlusses von DM in Euro.** Die Werte der Posten ändern sich nicht, nur die Währungsangaben. Die Posten werden nicht neu bewertet, sondern durch Umrechnung nach dem festgelegten Umrechnungskurs werden die DM-Werte in Euro-Werte überführt.

1.5.5.2 Ausgleich der Rundungsdifferenzen der Bilanz

64g Die Posten werden unter Anwendung des festen Umrechnungskurses in Euro umgerechnet. Sie haben dann zunächst mehr als zwei Nachkommastellen. Anschließend werden die Posten auf zwei Stellen nach dem Komma gerundet.

Da zunächst jeder einzelne Bilanzposten gerundet wird und dann die Bilanzsummen gebildet werden, kann es vorkommen daß die Bilanzseiten nicht summengleich sind. Die Differenzen werden minimal sein, meist nur die Nachkommastellen betreffen und über den Betrag von insgesamt 1 Euro nicht hinausgehen. Da aber die Bilanzseiten betragsmäßig gleich sein müssen, sind auch noch so geringe durch Rundungen entstandene Differenzen auszugleichen.

Es wird diskutiert, die Differenzen erfolgsneutral über das Eigenkapital oder erfolgswirksam zu buchen. Die Entscheidung dieser Frage kann von theoretischem Interesse sein. Wegen der unbedeutenden Differenzen kann sie aber in der Praxis dahingestellt bleiben, so daß für die Praxis sowohl die erfolgsneutrale als auch die erfolgswirksame Behandlung zulässig ist[24].

1.5.5.3 Vergleichbarkeit

Wird der Jahresabschluß **in Euro aufgestellt**, ist zu beachten, daß die Vergleichbarkeit mit dem Vorjahresabschluß gewährleistet ist. Hieraus folgt: **64h**

Die **Vorjahreszahlen**, die nach § 265 Abs. 2 HGB den Posten der Bilanz und der Gewinn- und Verlustrechnung beizufügen sind (s. Rdn. 24), sind in nach dem 31.12.1998 endenden Geschäftsjahren in Euro anzugeben. Ist daher der vorhergehende Jahresabschluß in DM aufgestellt, sind die Vorjahreszahlen in Euro umzurechnen. Das gilt auch für den für das erste nach dem 31.12.1998 endende Geschäftsjahr in Euro aufgestellten Jahresabschluß, obwohl der Jahresabschluß für das vorhergehende Geschäftsjahr noch zwingend in DM aufzustellen war (Art. 42 Abs. 2 Sätze 1 und 2 EGHGB n.F.).

Das gilt entsprechend auch für die Angabe der Vorjahreszahlen im **Anlagenspiegel** (Art. 42 Abs. 2 Satz 3 EGHGB n. F., s. Rdn. 36).

1.5.5.4 Gezeichnetes Kapital

Die Umstellung der Bilanz auf Euro führt beim gezeichneten Kapital zu „krummen" Beträgen. Das gezeichnete Kapital hat aber bei den Kapitalgesellschaften glatte Nennbeträge. Es ist zulässig, die nächste Kapitalerhöhung abzuwarten, bis dahin das gezeichnete Kapital in DM fortzuführen und durch die Kapitalerhöhung das Nennkapital wieder auf einen glatten Betrag in Euro zu bringen (s. Rdn. 844a). **64i**

Wird der Jahresabschluß in Euro aufgestellt, wird also das gezeichnete Kapital abweichend hiervon bis zur nächsten Kapitalerhöhung in DM ausgewiesen. Das darf aber nur in der Vorspalte der Bilanz geschehen. In der Hauptspalte der Bilanz ist das gezeichnete Kapital in Euro auszuweisen (Art. 42 Abs. 3 Satz 1 EGHGB n.F.). Es ist auch der Fall denkbar, daß Unternehmen in der Übergangszeit weiterhin in DM bilanzieren, aber das gezeichnete Kapital in Euro darstellen. Für diesen Fall müssen sie das gezeichnete Kapital in der Vorspalte in Euro und in der Hauptspalte in DM ausweisen (Art. 42 Abs. 3 Satz 2 EGHGB n.F.). In beiden Fällen, also der Aufstellung des Jahresabschlusses in Euro bei Weiterführung des gezeichneten Kapitals in DM und der Aufstellung des Jahresabschlusses in DM und der Umstellung des gezeichneten Kapitals in Euro, kann statt des Ausweises in

---
[24] Küting, K./Dawo, S., BBK, Fach 12 S. 6163 ff., 6171.

der Vorspalte das gezeichnete Kapital auch im Anhang angegeben werden (Art. 42 Abs. 3 Satz 3 EGHGB n.F.), s. Rdn. 1511a.

1.5.5.5 Sonderposten aus der Währungsumstellung auf den Euro und Euroumrechnungsrücklage

1.5.5.5.1 Kursgewinne und -verluste

64k Da am 1.1.1999 die Wechselkurse der Teilnehmerstaaten für die Umrechnung ihrer nationalen Währungen in Euro unwiderruflich und für die Zukunft unveränderlich festgesetzt werden (s. Rdn. 64a), sind in dem nach dem 31.12.1998 endenden Geschäftsjahr hierauf beruhende Wechselkursgewinne und Wechselkursverluste eingetreten. Ausleihungen, Forderungen und Verbindlichkeiten, die auf Währungseinheiten der an der Wirtschafts- und Währungsunion teilnehmenden anderen Mitgliedstaaten oder auf ECU lauten, sind zum nächsten auf den 31.12.1998 folgenden Stichtag im Jahresabschluß mit dem festgelegten Umrechnungskurs umzurechnen und anzusetzen (Art. 43 Satz 1 EGHGB n.F.). Hierunter fallen nach der Gesetzesbegründung[25] auch Wertpapiere mit Forderungs- bzw. Verbindlichkeitscharakter, (z. B. Anleihen, nicht aber Aktien oder Beteiligungen), Schecks, Bundesbank- und Postgiroguthaben sowie Guthaben bei Kreditinstituten.

Soweit sich hieraus **Kursverluste** ergeben, sind sie nach dem Imparitätsprinzip im Jahresabschluß des Geschäftsjahrs, das nach dem 31.12.1998 endet, auszuweisen. Da der Wechselkurs unveränderlich feststeht, sind eigentlich auch sich ergebende **Kursgewinne** bereits in dem nach dem 31.12.1998 endenden Geschäftsjahr realisiert.

1.5.5.5.2 Sonderposten aus der Währungsumstellung auf den Euro

64 l Es ist aber zulässig, die Erträge aus der Währungsumstellung in einem gesonderten Posten unter der Bezeichnung „**Sonderposten aus der Währungsumstellung auf den Euro**" nach dem Eigenkapital einzustellen (s. Rdn. 886a). Dieser Posten ist insoweit – über Ertrag – aufzulösen, als die Ausleihungen, Forderungen und Verbindlichkeiten, für die er gebildet worden ist, aus dem Vermögen des Unternehmens ausscheiden, spätestens am Schluß des fünften nach dem 31.12.1998 endenden Geschäftsjahrs (Art. 43 Sätze 2 und 3 EGHGB n.F.).

Beispiel:
M fertigt Spezialmaschinen an und hat am 20.7.1998 eine Maschine für 600 000 FRF an F in Straßburg geliefert. Fälligkeit der Zahlung am 20.1.1999.
Kurs am 20.7.1998 0,3 DM/FRF
Anschaffungskosten der Forderung: 600 000 FRF × 0,3 =   180 000 DM

---

25 BR-Drs. 725/97.

Umrechnungskurse am 1.1.1999: 1,91919 DM/Euro
5,75757 FRF/Euro
600 000 FRF/5,75757 = 104 210,63053 Euro
104 210,63053 Euro × 1,91919 = 200 000,00001 DM   *200 000 DM*
Währungsgewinn   *20 000 DM*
Das Geschäftsjahr von M stimmt mit dem Kalenderjahr überein. M bucht in 1999 weiterhin in DM und stellt seinen Jahresabschluß zum 31.12.1999 ebenfalls in DM auf.

M weist die Forderung in seiner Bilanz zum 31.12.1998 mit den Anschaffungskosten von 180 000 DM aus. Stellt M seine Buchführung in 1999 noch nicht auf Euro um und führt er sein Bankkonto noch in DM, so schreibt ihm die Bank, wenn F am 20.1.1999 überweist, 200 000 DM gut. M bucht:

ᐅ Bank   200 000 DM
  an Forderungen aus Lieferungen und Leistungen   180 000 DM
  an sonstige betriebliche Erträge (s. Rdn. 1179)   20 000 DM

Ist die Forderung am 31.12.1999 noch nicht beglichen, so muß er sie mit dem festen Umrechnungskurs in DM umrechnen und bucht daher zum 31.12.1999:

ᐅ Euro-Forderungen   200 000 DM
  an Forderungen aus Lieferungen   180 000 DM
  an sonstige betriebliche Erträge   20 000 DM

oder

ᐅ Euro-Forderungen   200 000 DM
  an Forderungen aus Lieferungen   180 000 DM
  an Sonderposten aus der Währungsumstellung auf den Euro   20 000 DM

Passiviert M den Sonderposten aus der Währungsumstellung auf den Euro und überweist F im Jahr 2000 den Forderungsbetrag, so schreibt die Bank M 200 000 DM gut. M bucht:

ᐅ Bank   200 000 DM
  an Euro-Forderungen   200 000 DM

ᐅ Sonderposten aus der Währungsumstellung auf den Euro   20 000 DM
  an sonstige betriebliche Erträge   20 000 DM

Zur Bildung des Sonderpostens wird auch die Buchung über „sonstige betriebliche Aufwendungen" vorgeschlagen[26]. Dann wäre zum 31.12.1999 zu buchen:

ᐅ Euro-Forderungen   200 000 DM
  an Forderungen aus Lieferungen   180 000 DM
  an sonstige betriebliche Erträge   20 000 DM

ᐅ sonstige betriebliche Aufwendungen   20 000 DM
  an Sonderposten aus der Währungsumstellung auf den Euro   20 000 DM

---
[26] Küting, K./Dawo, S., BBK, Fach 12 S. 6163 ff., 6174.

Durch die zweite Buchung wäre der in der ersten Buchung erfaßte Ertrag wieder neutralisiert. Bei Begleichung der Forderung im Jahr 2000 wäre auch hier der Ertrag zu erfassen und daher zu buchen:

⇨ Bank	200 000 DM
an Euro-Forderungen	200 000 DM
⇨ Sonderposten aus der Währungsumstellung auf den Euro	20 000 DM
an sonstige betriebliche Erträge	20 000 DM

In den „Sonderposten aus der Währungsumstellung auf den Euro" können auch Erträge eingestellt werden, die sich aus der Aktivierung von Vermögensgegenständen aufgrund der Festlegung der Wechselkurse ergeben. Auch hierfür gelten die vorstehenden Ausführungen zur Auflösung (Art. 43 Abs. 2 EGHGB n.F.).

1.5.5.5.3 Euroumrechnungsrücklage

64m Wird der Sonderposten in der Handelsbilanz ausgewiesen, darf in der Steuerbilanz ein entsprechender Passivposten mit der Bezeichnung „**Euroumrechnungsrücklage**" gebildet werden, deren Entwicklung der Passivierung in der Handelsbilanz folgt. Auch in diese Rücklage können wie in den „Sonderposten aus der Währungsumstellung auf den Euro" Erträge eingestellt werden, die sich aus der Aktivierung von Wirtschaftsgütern aufgrund der Festlegung der Wechselkurse ergeben (§ 6d EStG). Hiermit können auch in der steuerlichen Gewinnermittlung die Währungsgewinne neutralisiert werden, bis die zugrundeliegenden Forderungen, Ausleihungen, Verbindlichkeiten usw. aus dem Betriebsvermögen ausscheiden oder die Fünfjahresfrist abgelaufen ist (s. Rdn. 56, 871 und 886b).

64n Der „Sonderposten aus der Währungsumstellung auf den Euro" und entsprechend auch die „Euroumrechnungsrücklage" setzen sich aus Umrechnungserträgen vieler Einzelposten zusammen. Wenn einer der Einzelposten, für die sie gebildet worden ist, aus dem Betriebsvermögen ausscheidet, ist ein entsprechender Teil des Passivpostens in der Handelsbilanz und in der Steuerbilanz über Ertrag aufzulösen. Es muß daher über die Einzelbestandteile des Passivpostens in Handels- und Steuerbilanz genau Buch geführt werden.

1.5.5.6 Bilanzierungshilfe „Aufwendungen für die Währungsumstellung auf den Euro"

64 o Die Umstellung auf den Euro verursacht den Unternehmen erheblichen Aufwand. Die Betriebsergebnisse werden hierdurch spürbar verschlechtert werden. Soweit alle Unternehmen in den Teilnehmerstaaten davon betroffen sind, teilen alle das gleiche Schicksal. Der Gewinn jedes Unternehmens ist durch die Umstellung betroffen, so daß untereinander die Vergleichbarkeit bestehen bleibt.

Es gibt aber Unterschiede des deutschen Bilanzrechts gegenüber dem Bilanzrecht der übrigen Teilnehmerstaaten, das die Betriebsergebnisse deutscher Unternehmen gegenüber denjenigen der anderen Teilnehmerstaaten aufgrund der Umstellung auf den Euro wesentlich ungünstiger erscheinen lassen wird. Das liegt daran, daß im deutschen Handelsrecht nicht die aufgrund der Bilanzrichtlinie 78/660 EWG bestehende Möglichkeit eingeräumt worden ist, Aufwendungen für die Herstellung von immateriellen Vermögensgegenständen des Anlagevermögens zu aktivieren. Hierfür besteht vielmehr im deutschen Handelsrecht ein Aktivierungsverbot (§ 248 Abs. 2 HGB, s. Rdn. 330).

Durch die Umstellung auf den Euro werden in erheblichem Maße Aufwendungen für die Herstellung immaterieller Vermögensgegenstände des Anlagevermögens verursacht. Man denke nur an die Aufwendungen für die Umstellung der Buchhaltungsprogramme durch eigene Techniker. Werden solche Aufwendungen von Unternehmen in den anderen Teilnehmerstaaten aktiviert und können sie von deutschen Unternehmen infolge des Aktivierungsverbots nicht aktiviert werden, sind die Betriebsergebnisse deutscher Unternehmen insofern negativ ausgewiesen. Hierdurch könnte der Eindruck entstehen, daß für deutsche Unternehmen die Umstellung auf den Euro mit größerem Aufwand verbunden ist als für Unternehmen anderer Mitgliedstaaten der Europäischen Union.

Aus diesem Grunde dürfen die Aufwendungen für die Währungsumstellung auf den Euro als **Bilanzierungshilfe** aktiviert werden, soweit es sich um selbstgeschaffene immaterielle Vermögensgegenstände des Anlagevermögens handelt. Der Posten ist in der Bilanz unter der Bezeichnung „Aufwendungen für die Währungsumstellung auf den Euro" vor dem Anlagevermögen auszuweisen (Art. 44 Abs. 1 Sätze 1 und 2 EGHGB n.F.). **64p**

Der Posten ist also wie der Posten „Aufwendungen für die Ingangsetzung und Erweiterung des Geschäftsbetriebs" als Bilanzierungshilfe ausgestaltet (s. Rdn. 74) und vor dem Anlagevermögen auszuweisen (s. Rdn. 81). Diese Bilanzierungshilfe ist aber nicht, wie die Aktivierungsmöglichkeit für Ingangsetzungs- und Erweiterungskosten, gesetzlich den Kapitalgesellschaften vorbehalten (s. Rdn. 75). Sie kann auch nach dem Wortlaut des Gesetzes von jedem Unternehmen in Anspruch genommen werden (zur Bilanzierung s. Rdn. 80 ff.). Von Kapitalgesellschaften ist der Posten im Anhang zu erläutern (Art. 44 Abs. 1 Satz 4 EGHGB, s. Rdn. 1496).

Wie der Posten „Aufwendungen für die Ingangsetzung und Erweiterung des Geschäftsbetriebs" (s. Rdn. 1242 ff.) ist auch der Posten „Aufwendungen für die Währungsumstellung auf den Euro" in jedem folgenden Geschäftsjahr zu mindestens einem Viertel durch **Abschreibung** zu tilgen (s. Rdn. 1242 ff.). **64q**

1.5.5.7 Rückstellung für die Währungsumstellung auf den Euro

Die Frage, ob die Unternehmen für Aufwendungen, die sich aus der Umstellung auf den Euro ergeben, Rückstellungen bilden können, ergibt sich nicht unmittelbar aus den neuen Vorschriften. Sie ist zu beantworten aufgrund der allgemeinen Grundsätze, nach denen Rückstellungen gebildet werden. Daher wird die Antwort auf diese Frage dort gegeben (s. Rdn. 924a ff.). **64r**

2 Bilanz

2.1 Ausstehende Einlagen

65

Konten	
IKR	SKR 04

00 Ausstehende Einlagen
    bei Kapitalgesellschaften:
    auf das gezeichnete Kapital
    bei Kommanditgesellschaften:
    ausstehende Kommanditeinlagen
  001 noch nicht eingeforderte
        Einlagen
  002 eingeforderte Einlagen
	0001 Ausstehende Einlagen auf das gezeichnete Kapital, nicht eingefordert
	0040 Ausstehende Einlagen auf das gezeichnete Kapital, eingefordert
	0050 Aussteh. Einlagen auf das
	–59 Komplementär-Kapital, nicht eingefordert
	0060 Aussteh. Einlagen auf das
	–69 Komplementär-Kapital, eingefordert
	0070 Aussteh. Einlagen auf das
	–79 Kommanditkapital, nicht eingefordert
	0080 Aussteh. Einlagen auf das
	–89 Kommanditkapital, eingefordert

2.1.1 Kommanditgesellschaften

66 Bei einer **Kommanditgesellschaft** verpflichten sich die Kommanditisten zur Zahlung einer bestimmten Vermögenseinlage. Ihre Haftung gegenüber den Gläubigern ist auf den Betrag dieser Vermögenseinlage beschränkt (§ 161 Abs. 1 HGB).

Der Kommanditist haftet den Gläubigern der Gesellschaft bis zur Höhe seiner Einlage unmittelbar. Soweit die Einlage geleistet ist, haftet der Kommanditist nicht (§ 171 Abs. 1 HGB).

Der auf die Einlage noch nicht geleistete Betrag ist die **ausstehende Einlage**. Bei der Kommanditgesellschaft wird damit also die Höhe der unmittelbaren Haftung der Kommanditisten gegenüber den Gläubigern der Gesellschaft ausgedrückt. Da der Kommanditist zur Zahlung der Einlage verpflichtet ist, stellt die ausstehende Einlage eine Forderung der Gesellschaft gegenüber dem Kommanditisten dar.

2.1.2 Kapitalgesellschaften

67 Bei den **Kapitalgesellschaften** beziehen sich die ausstehenden Einlagen auf das gezeichnete Kapital. Gezeichnetes Kapital ist bei der Aktiengesellschaft das Grundkapital und bei der GmbH das Stammkapital (§ 152 AktG, § 5 GmbHG).

Das Grundkapital der **Aktiengesellschaft** ist in Aktien zerlegt (§ 1 Abs. 2 AktG). Grundkapital und Aktien lauten auf einen Nennbetrag in Deutsche Mark (§ 6 AktG). Die Summe der Nennbeträge der Aktien ergeben den Nennbetrag des Grundkapitals. Bei der Ausgabe der Aktien leisten die Aktionäre Einlagen. Sind die Aktionäre zu Bareinlagen verpflichtet, haben sie den eingeforderten Betrag einzuzahlen. Dieser kann auch geringer als der Nennbetrag sein, muß aber mindestens ein Viertel des Nennbetrags umfassen (§ 36a Abs. 1 AktG).

Bei der **GmbH** ist das Stammkapital in Stammeinlagen aufgeteilt, welche die Gesellschafter übernehmen. Der Gesamtbetrag der Stammeinlagen entspricht dem Betrag des Stammkapitals (§ 5 Abs. 3 Satz 3 GmbHG). Soweit Bareinlagen zu leisten sind, beträgt die Mindesteinzahlung ein Viertel. Darüber hinaus muß aber einschließlich der Sacheinlagen auf das Stammkapital mindestens ein Betrag von 25000 DM eingezahlt werden (§ 7 Abs. 2 GmbHG).

Die Differenz zwischen der Summe der eingezahlten Einlagen und dem Grundkapital bei der Aktiengesellschaft oder dem Stammkapital bei der GmbH ist die **ausstehende Einlage auf das gezeichnete Kapital**. Sie stellt wie bei der Kommanditgesellschaft eine Forderung der Gesellschaft gegen die Gesellschafter dar. Außerdem ist sie ein Korrekturposten zum gezeichneten Kapital[27].

2.1.3 Buchung und Bilanzierung

Beispiel:
A, B und C gründen die A & B KG. A und B sind persönlich haftende Gesellschafter, C ist Kommanditist. C ist zu einer Bareinlage in Höhe von 200 000 DM verpflichtet. Er zahlt 50 000 DM auf seine Einlage.

Es wird gebucht:
1) ausstehende Kommanditeinlage C   200 000 DM
   an Kapitalkonto C   200 000 DM
2) Guthaben bei Kreditinstituten   50 000 DM
   an ausstehende Kommanditeinlage C   50 000 DM

Bilanzierung:

Aktiva			Passiva
ausstehende Kommanditeinlagen	150 000	Kapitalkonto C	200 000

---

[27] Lorson/Knop, in: Küting/Weber, § 268 Rdn. 188.

68 Bei **Kommanditgesellschaften** können auch die bedungenen, aber nicht eingeforderten Einlagen ausgewiesen werden. Das ist aber nicht zwingend. Ausstehende Kommanditeinlagen sind aber stets auszuweisen, wenn sie eingefordert sind.

69 Bei **Kapitalgesellschaften** kann es vorkommen, daß Einlagen auf das gezeichnete Kapital nicht oder nicht in voller Höhe eingefordert worden sind. Dann gibt es folgende Möglichkeiten der **Bilanzierung**:
a) Ausweis der ausstehenden Einlagen auf der Aktivseite vor dem Anlagevermögen und Vermerk der eingeforderten Einlagen (§ 272 Abs. 1 Satz 2 HGB),
b) offene Minderung der nicht eingeforderten ausstehenden Einlagen vom Passivposten „Gezeichnetes Kapital", Ausweis des Differenzbetrags als Posten „Eingefordertes Kapital" auf der Passivseite und Ausweis des noch nicht eingezahlten Betrags gesondert unter den Forderungen im Umlaufvermögen auf der Aktivseite unter der Bezeichnung „Nicht eingezahltes eingefordertes Kapital" (§ 272 Abs. 1 Satz 3 HGB).

Beispiel:
Gezeichnetes Kapital	*1 000 000 DM*
ausstehende Einlagen	*500 000 DM*
davon eingefordert	*200 000 DM*

Im Fall a wird gebucht:
1) ausstehende Einlagen	1 000 000 DM
an gezeichnetes Kapital	1 000 000 DM
2) Bankguthaben	500 000 DM
an ausstehende Einlagen	500 000 DM
3) eingeforderte ausstehende Einlagen	200 000 DM
an ausstehende Einlagen	200 000 DM

70 Im **Bilanzgliederungsschema** von § 266 HGB, das auch Einzelunternehmen und Personengesellschaften zugrunde legen können, beginnen die Posten mit „A. Anlagevermögen". Wird dem Anlagevermögen aber der Sonderposten „Ausstehende Einlagen" vorangestellt, so wird dieser als Posten „A" ausgewiesen. Denn die Gliederung der Bilanz beginnt stets mit der Hauptposition „A". Folgt dann als nächstes das Anlagevermögen, so wird es unter „B" ausgewiesen.

Bilanzierung im Fall a:

Aktiva				Passiva
A. ausstehende Einlagen auf			A. Eigenkapital	
das gezeichnete Kapital	500 000		I. gezeichnetes Kapital	1 000 000
davon eingefordert	200 000			

Im Fall b wird gebucht:

1) ausstehende Einlagen		1 000 000 DM
an gezeichnetes Kapital		1 000 000 DM
2) Bankguthaben		500 000 DM
an ausstehende Einlagen		500 000 DM
3) eingefordertes, noch nicht eingezahltes Kapital		200 000 DM
an ausstehende Einlagen		200 000 DM
4) gezeichnetes Kapital		300 000 DM
an ausstehende Einlagen		300 000 DM

Bilanzierung im Fall b:

Aktiva		Passiva	
B. Umlaufvermögen Forderungen und sonstige Vermögensgegenstände		A. Eigenkapital	
4. eingefordertes, noch nicht eingezahltes Kapital	200 000	I. gezeichnetes Kapital	1 000 000
		nicht eingeforderte ausstehende Einlagen	300 000
		eingefordertes Kapital	700 000

Im Fall b wird also der Betrag des eingeforderten gezeichneten Betrags netto auf der Passivseite ausgewiesen. Deshalb nennt man diesen Ausweis **Nettoausweis**. Der Ausweis im Fall a heißt entsprechend **Bruttoausweis**.

Der **Nettoausweis** führt zu einer Kürzung der Bilanzsumme. Das kann von erheblicher Bedeutung sein. Die Bilanzsumme ist ein Merkmal, nach dem sich die **Größenklasse einer Kapitalgesellschaft** bestimmt (§ 267 HGB, s. Rdn. 25). Von der Zuordnung zu einer Größenklasse hängen ab:

- die Aufstellungsfrist für den Jahresabschluß (§ 264 Abs. 1 HGB)
- die Gliederung für den Jahresabschluß (§§ 266, 276 HGB)
- die Prüfung des Jahresabschlusses (§§ 316 ff. HGB)
- die Offenlegung des Jahresabschlusses (§§ 325 ff. HGB).

Einige der offenzulegenden Angaben sind für die Konkurrenz im Wettbewerb, für die Kunden bei der Aushandlung von Preisen und für die Arbeitnehmer und Gewerkschaften bei Lohnverhandlungen hoch interessant. Da die Offenlegungspflichten unterschiedlich sind bei kleinen, mittelgroßen und großen Kapitalgesellschaften, ist insbesondere für den Umfang der Offenlegungspflichten die Zuordnung einer Kapitalgesellschaft zu einer Größenklasse sehr wichtig. Wenn das von der Bilanzsumme abhängt, sollte daher der Nettoausweis gewählt werden.

2.2 Aufwendungen für die Ingangsetzung und Erweiterung des Geschäftsbetriebs/Aufwendungen für die Währungsumstellung auf den Euro

72

Konten	
IKR	SKR 04
01 Aufwendungen für die Ingangsetzung und Erweiterung des Geschäftsbetriebes (s. §§ 269, 282, 268 Abs. 2 und Kto. 650)	0095 Aufwendungen für die Ingangsetzung und Erweiterung des Geschäftsbetriebs

2.2.1 Bilanzierbarkeit

73 Aufwendungen für die **Ingangsetzung und die Erweiterung des Geschäftsbetriebs** dürfen als Bilanzierungshilfe aktiviert werden, soweit sie nicht bilanzierungsfähig sind (§ 269 Satz 1, 1. Halbsatz HGB). Nach Artikel 44 EGHGB n.F. dürfen auch die Aufwendungen für die **Währungsumstellung auf den Euro** als Bilanzierungshilfe aktiviert werden, soweit es sich um selbstgeschaffene Vermögensgegenstände des Anlagevermögens handelt (s. Rdn. 64p).

Der Zeitraum der Ingangsetzung und Erweiterung ist in der Regel besonders ausgabenintensiv. Erträge werden in dieser Zeit nicht oder nicht ausreichend erwirtschaftet. Deshalb müßten oft Verluste ausgewiesen werden. In jedem Fall ist aber das Betriebsergebnis in der Phase der Ingangsetzung oder Erweiterung durch die Vielzahl der Aufwendungen übermäßig stark belastet. Durch die Möglichkeit, Aufwendungen für die Ingangsetzung des Geschäftsbetriebs nach § 269 HGB zu aktivieren, sollen die Unternehmen in die Lage versetzt werden, das Jahresergebnis in der Ingangsetzungs- oder Erweiterungsphase zu **entlasten**[28].

74 Das Gesetz charakterisiert das Aktivierungswahlrecht als „**Bilanzierungshilfe**". Hierdurch kommt zum Ausdruck, daß es sich um ein Aktivierungswahlrecht aus anderen als den sonst für die Aktivierbarkeit maßgebenden Gründen handelt. Ob der Grund für die Aktivierbarkeit in erster Linie die Vermeidung von Überschuldung ist[29], mag dahingestellt bleiben. Der Tatbestand der Überschuldung läßt sich jedenfalls durch die Inanspruchnahme einer Bilanzierungshilfe nicht vermeiden. Denn eine Überschuldung wird nicht durch eine Handelsbilanz, in der eine Bilanzierungshilfe ausgewiesen werden darf, sondern durch eine Überschuldungsbilanz ermittelt, in der Bilanzierungshilfen nicht angesetzt werden dürfen[30].

Jedenfalls stellen Bilanzierungshilfen keine Vermögensgegenstände oder Rechnungsabgrenzungsposten dar. Als solche wären sie bilanzierungsfähig und müßten aus diesem Grunde aktiviert werden. § 269 HGB setzt aber gerade die Nicht-

---
[28] ADS 6. Auflage, HGB § 269 Rdn. 8.
[29] Lück in: Steuerberater Handbuch, 2. Teil, F, Rdn. 2.
[30] Budde/Karig in: Beck Bil-Komm. § 269 Rdn. 16.

aktivierungsfähigkeit voraus. Eine Bilanzierungshilfe ist daher die Möglichkeit, Aufwendungen zu aktivieren, für die für die Aktivierbarkeit maßgebende handelsrechtliche Gründe nicht gegeben sind.

Ingangsetzungs- oder Erweiterungsaufwendungen können daher nur dann aktiviert werden, wenn
- weder Anschaffungs- oder Herstellungskosten aktivierungsfähiger **Vermögensgegenstände**
- noch aktivierungsfähige **Rechnungsabgrenzungsposten** in Betracht kommen[31].

Ausdrücklich ist es nur Kapitalgesellschaften, dem PublG unterliegenden Unternehmen, Genossenschaften, Kreditinstituten und Versicherungsunternehmen gestattet, Aufwendungen für die Ingangsetzung und Erweiterung des Geschäftsbetriebs zu aktivieren. Aber auch andere Unternehmen dürfen diesen Posten ausweisen, wenn sie die Ausschüttungssperre von § 269 Satz 2 HGB und die Abschreibungsvorschrift von § 282 HGB beachten[32].

2.2.2 Aufwendungen für die Ingangsetzung

Aufwendungen für die Ingangsetzung sind Aufwendungen, die nach der Gründung des Unternehmens anfallen zum Aufbau der Innen- und Außenorganisation und der Ingangsetzung und Ausübung des Betriebs. Es darf sich weder um Anschaffungs- oder Herstellungskosten aktivierungsfähiger Vermögensgegenstände noch um Rechnungsabgrenzungsposten handeln[33].

Beispiel:
Ausgaben für Organisationsgutachten oder Marktanalysen, Ausgaben zur Beschaffung von Arbeitskräften und deren Schulung, Aufwendungen für Entwicklungsarbeiten, die mit der Aufnahme des Geschäftsbetriebs zusammenhängen, Ausgaben für Einführungswerbung, Aufbau von Beschaffungs- und Absatzwegen, Aufwendungen für selbstgeschaffene immaterielle Anlagegegenstände, Aufwendungen für Probeläufe, Abschreibungen, Mieten und Zinsen in der Anlaufphase[34].

Die Ingangsetzungsaufwendungen sind abzugrenzen von den Aufwendungen für die **Gründung** und für die **Beschaffung von Eigenkapital**.

---

31 ADS 6. Auflage, HGB § 269 Rdn. 10.
32 Budde/Karig in: Beck Bil-Komm. § 269 Rdn. 1; ADS 6. Auflage, HGB § 269 Rdn. 7; a. A. Baetge, Bilanzen, S. 494.
33 ADS 6. Auflage, HGB § 269 Rdn. 10.
34 ADS 6. Auflage, HGB § 269 Rdn. 12; Budde/Karig in: Beck Bil-Komm. § 269 Rdn. 2.

Aufwendungen	
für die – Ingangsetzung	für die – Gründung – Eigenkapitalbeschaffung
Zusammenhang mit der Inbetriebnahme des Geschäftsbetriebs. Dieser ist bereits rechtlich entstanden und wird in Gang gesetzt. Technisch-organisatorische Kosten des Anlaufens des Geschäftsbetriebs.	Gründung: Der Geschäftsbetrieb entsteht rechtlich. Eigenkapitalbeschaffung: Aktienausgabe, Prospekte, Makler, Notariats- und Gerichtsgebühren
Aktivierungswahlrecht (§ 269 HGB)	Aktivierungsverbot (§ 248 Abs. 1 HGB)

Es ist zu beachten, daß nur die Aufwendungen zur Beschaffung von Eigenkapital vom Aktivierungsverbot von § 248 Abs. 1 HGB betroffen sind. Kosten zur Beschaffung von Fremdkapital können daher als Ingangsetzungskosten aktivierbar sein.

78 Der **Zeitraum der Ingangsetzung** endet, wenn der volle laufende Geschäftsbetrieb aufgenommen wird. Er kann sich über mehrere Jahre erstrecken. Für einzelne Produkte oder Sparten kann es gesonderte Zeiträume der Ingangsetzung geben[35].

2.2.3 Aufwendungen für die Erweiterung

79 Aufwendungen für die Erweiterung sind Aufwendungen, die nach dem Ende des Zeitraums der Ingangsetzung anfallen und ihrer Art nach Ingangsetzungskosten wären, wenn es den bisherigen Betrieb noch nicht gäbe. Der Begriff „Erweiterung eines Geschäftsbetriebs" ist eng auszulegen. Hierzu gehören nur Maßnahmen, die zeitlich abgrenzbar, von außerordentlicher Art und wesentlicher Bedeutung sind[36].

Die Aufwendungen dürfen also nicht regelmäßig wiederkehren und nicht zu einem lediglich allmählichen Wachstum führen. Es muß sich um sprunghafte Erweiterungen handeln, die eine Diskontinuität in der Entwicklung des Unternehmens darstellen[37]. Nur Maßnahmen, die zu einer Vergrößerung führen, fallen hierunter, nicht aber Umstrukturierungen und Betriebsverlegungen. Es muß sich aber nicht um räumliche Erweiterungen handeln. Auch Erweiterungen der Produktpalette oder des Sortiments fallen darunter.

---

[35] Budde/Karig in: Beck Bil-Komm. § 269 Rdn. 3.
[36] Budde/Karig in: Beck Bil-Komm. § 269 Rdn. 4 ff.
[37] ADS 6. Auflage, HGB § 269 Rdn. 15.

Beispiel:
Aufnahme eines neuen Geschäftszweigs, erhebliche Erweiterung einer Produktionsstätte, Errichtung einer neuen Produktionsstätte, Betriebsumstellung, Betriebsverlegung verbunden mit einer Erweiterungsmaßnahme, Erschließung neuer Märkte.

Einführungswerbung für ein neues Produkt und Aufwendungen zur Erweiterung der Absatzorganisation beziehen sich zunächst nur auf das Produktions- und Absatzprogramm und nicht auf den Geschäftsbetrieb insgesamt. Sie sind nur dann aktivierbar, wenn hiermit neue Betriebszweige erschlossen werden[38].

2.2.4 Aufwendungen für die Währungsumstellung auf den Euro

Aus den Unterschieden der Behandlung von Herstellungskosten auf immaterielle Anlagegegenstände kann es sich für deutsche Unternehmen ergeben, daß sie ihre Betriebsergebnisse infolge der Umstellungsaufwendungen auf den Euro ungünstiger darstellen müssen als die Unternehmen anderer Teilnehmerstaaten. Daher ist ihnen eine Bilanzierungshilfe eingeräumt worden (s. Rdn. 64 o ff.) **79a**

2.2.5 Buchung und Bilanzierung

Sollen Aufwendungen bereits bei ihrer Entstehung als Ingangsetzungs- oder Erweiterungsaufwendungen bzw. als Aufwendungen für die Währungsumstellung aktiviert werden, so wird gebucht: **80**

↳ Ingangsetzungs- oder Erweiterungsaufwendungen/Aufwendungen für die Währungsumstellung auf den Euro
 an aktivierte Eigenleistungen.

Für die Darstellung in der **Gewinn- und Verlustrechnung** kommt es darauf an, ob diese nach dem Gesamtkostenverfahren oder nach dem Umsatzkostenverfahren aufgestellt wird. In einer nach dem Gesamtkostenverfahren aufgestellten Gewinn- und Verlustrechnung werden die aktivierten Beträge unter dem Posten 3 „Andere aktivierte Eigenleistungen" ausgewiesen. Beim Umsatzkostenverfahren gehen die aktivierten Beträge im Posten 2 „Herstellungskosten der zur Erzielung der Umsatzerlöse erbrachten Leistungen" auf.

Sind aber Aufwendungen bei ihrer Entstehung als Aufwendungen gebucht worden, so werden sie neutralisiert durch die Buchung:

↳ Ingangsetzungs- oder Erweiterungsaufwendungen/Aufwendungen für die Währungsumstellung auf den Euro
 an Aufwandskonto.

Wird von dem Aktivierungswahlrecht Gebrauch gemacht, so wird der Posten „Aufwendungen für die Ingangsetzung und Erweiterung des Geschäftsbetriebes" und/oder der Posten „Aufwendungen für die Währungsumstellung auf den Euro" gesondert **vor dem Anlagevermögen** ausgewiesen. Ist es der erste Bilanzposten, **81**

---
[38] Ordelheide/Hartle, GmbHR 1986 S. 9 ff., 15 ff.

so erscheint er unter der Position „A". Das Anlagevermögen wird dann unter Position „B" bilanziert. Der Posten wird im Anhang erläutert (§ 269 Abs. 1 Satz 1 HGB, Art. 44 Abs. 1 Satz 4 EGHGB n.F., s. Rdn. 1496).

Aktiva	Passiva
A. Aufwendungen für die Ingangsetzung und Erweiterung des Geschäftsbetriebs/Aufwendungen für die Währungsumstellung auf den Euro B. Anlagevermögen	

82 Die Aktivierung der Ingangsetzungs- oder Erweiterungsaufwendungen bzw. der Aufwendungen für die Währungsumstellung auf den Euro muß nicht der Vermeidung eines Verlustausweises dienen[39]. Sie ist in das freie Ermessen gestellt. Es ist daher zulässig, nur einen Teil der Aufwendungen zu aktivieren. Aktiviert werden darf aber immer nur im Jahr des Entstehens der jeweiligen Aufwendungen[40].

Beispiel:
Eine zusätzliche Produktionsstätte wird geschaffen. Es entstehen hierdurch Ausgaben für die Personalbeschaffung und für ein Organisationsgutachten. Es ist möglich, die Personalbeschaffungsaufwendungen zu aktivieren und die Kosten für das Organisationsgutachten als Aufwand zu buchen, obwohl beide zu einer Erweiterungsmaßnahme gehören. Es kann aber auch ein Teil der zusammengefaßten Aufwendungen aktiviert werden.

83 Werden **Ingangsetzungs- und Erweiterungsaufwendungen** aktiviert, ist der Posten in der Bilanz als „Aufwendungen für die Ingangsetzung und Erweiterung des Geschäftsbetriebs" zu **bezeichnen** (§ 269 Satz 1, 2. Halbsatz HGB). Der Posten erhält auch dann diese Bezeichnung, wenn nur Ingangsetzungsaufwendungen oder nur Erweiterungsaufwendungen aktiviert werden. Das bestimmt der Gesetzeswortlaut. Der Posten ist vor dem Anlagevermögen und ggf. nach dem Posten „Ausstehende Einlagen" auszuweisen. Die Entwicklung des Postens ist in der Bilanz oder im Anhang darzustellen (§ 268 Abs. 2 HGB) in sog. horizontaler Gliederung, im **Anlagenspiegel/Anlagengitter**[41].

83a **Aktivierte Aufwendungen für die Währungsumstellung auf den Euro** sind in der Bilanz als Posten unter diesem Namen auszuweisen (Art. 44 Abs. 1 Satz 2 EGHGB n.F.). Da dieser Posten vom Posten „Ingangsetzungs- und Erweiterungsaufwendungen für den Geschäftsbetrieb" inhaltlich abweicht, darf aus Gründen der Klarheit kein Sammelposten für beide Arten von Aufwendungen gebildet werden. Dieser Posten ist auch abweichend vom Posten „Ingangsetzungs- und Erweiterungsaufwendungen" nicht im Anlagenspiegel/Anlagengitter horizontal zu

---

[39] A. A. Baetge S. 493.
[40] Budde/Karig in: Beck Bil-Komm. § 269 Rdn. 7.
[41] Siehe Rdn. 34 ff.

gliedern. Auch aus diesem Grunde verbietet sich ein Ausweis unter einem einheitlichen Posten.

Die Posten sind von Kapitalgesellschaften im **Anhang** zu erläutern. Hierbei ist grundsätzlich anzugeben, durch welche Maßnahmen die Aufwendungen ausgelöst worden sind, welcher Art sie sind, z. B. Personalkosten, Zinsen usw., wie sich der aktivierte Gesamtbetrag auf diese Kostenarten verteilt und wie die Abschreibung bemessen worden ist[42]. **84**

2.2.6 Ausschüttungssperre

Werden Ingangsetzungs- und Erweiterungsaufwendungen und/oder Aufwendungen für die Währungsumstellung auf den Euro von Kapitalgesellschaften aktiviert, dürfen Gewinne nur ausgeschüttet werden, wenn die nach der Ausschüttung verbleibenden jederzeit auflösbaren Gewinnrücklagen zuzüglich eines Gewinnvortrags und abzüglich eines Verlustvortrags dem angesetzten Betrag mindestens entsprechen (§ 269 HGB, Art. 44 Abs. 1 Satz 5 EGHGB n.F.). Es besteht also für Kapitalgesellschaften eine **Ausschüttungssperre**. Hierdurch soll erreicht werden, daß keine höheren Gewinne ausgeschüttet werden, als sie ohne die Aktivierung der Ingangsetzungs- und Erweiterungsaufwendungen bzw. der Aufwendungen für die Währungsumstellung auf den Euro zulässig wären. **85**

```
  Bilanzgewinn
+ jederzeit auflösbare Gewinnrücklagen
+ Gewinnvortrag
– Verlustvortrag
– Aufwendungen für die Ingangsetzung und Erweiterung des Geschäfts-
  betriebs/Währungsumstellung auf den Euro
= ausschüttbarer Betrag
```

Beispiel:
a) *Bilanzgewinn*	*400 000 DM*
jederzeit auflösbare Gewinnrücklagen	*+ 240 000 DM*
Verlustvortrag	*– 70 000 DM*
Aufwendungen für die Ingangsetzung und Erweiterung des Geschäftsbetriebs	*– 170 000 DM*
ausschüttbarer Betrag	*400 000 DM*
b) *Bilanzgewinn*	*200 000 DM*
jederzeit auflösbare Gewinnrücklagen	*+ 50 000 DM*
Verlustvortrag	*– 10 000 DM*
Aufwendungen für die Ingangsetzung und Erweiterung des Geschäftsbetriebs	*– 100 000 DM*
ausschüttbarer Betrag	*140 000 DM*

---
42 Budde/Karig in: Beck Bil-Komm. § 269 Rdn. 12.

2.2.7 Steuerliche Behandlung

86 Besteht in der Handelsbilanz für die Aktivierung von Vermögensgegenständen ein Wahlrecht, so folgt hieraus für die Steuerbilanz ein Aktivierungsgebot[43]. Durch Ingangsetzungs- und Erweiterungsaufwendungen entstehen aber keine Vermögensgegenstände, durch die Aufwendungen für die Währungsumstellung auf den Euro keine nach deutschem Bilanzrecht aktivierbaren Vermögensgegenstände. Deshalb folgt aus dem handelsrechtlichen Aktivierungswahlrecht kein Aktivierungsgebot für die Steuerbilanz. Die Bilanzierbarkeit zur Vermeidung eines ungünstigen Gewinnausweises ist ein rein handelsrechtlicher Aktivierungsgrund. Daher führt selbst eine Aktivierung in der Handelsbilanz nicht zu einer Aktivierbarkeit in der Steuerbilanz[44]. Ingangsetzungs- oder Erweiterungsaufwendungen und Aufwendungen für die Währungsumstellung auf den Euro dürfen daher in der Steuerbilanz nicht aktiviert werden.

Beispiel:
Die X-GmbH wendet im Jahr 01 für die Gründung einer Filiale 400 000 DM Erweiterungsaufwendungen auf. Sie aktiviert zum 31. 12. 01 300 000 DM.

Darstellung der Abweichungen der Steuerbilanz gegenüber der Handelsbilanz:

	HB	StB
Aufwendungen für die Ingangsetzung und Erweiterung 31. 12. 01	300 000	0

Gewinnunterschied der Steuerbilanz gegenüber der Handelsbilanz

	HB	StB	VU	GU
Aufwendungen für die Ingangsetzung und Erweiterung 31. 12. 01	300 000	0	− 300 000	− 300 000

---

[43] Siehe Rdn. 52.
[44] Schmidt/Weber-Grellet EStG § 5 Rz 270.

2.3 Vermögensgegenstände

2.3.1 Arten

Die Vermögensgegenstände gliedern sich in die **Hauptgruppen**   86a
- Vermögensgegenstände des Anlagevermögens
- Vermögensgegenstände des Umlaufvermögens

Die Vermögensgegenstände des **Anlagevermögens** werden eingeteilt in
- immaterielle Vermögensgegenstände
- Sachanlagen
- Finanzanlagen

Die Vermögensgegenstände des **Umlaufvermögens** gliedern sich in
- Vorräte
- Forderungen und sonstige Vermögensgegenstände
- Wertpapiere
- flüssige Mittel

2.3.2 Personelle Zuordnung

2.3.2.1 Wirtschaftliches Eigentum

Nach dem Vollständigkeitsgrundsatz (§ 246 Abs. 1 HGB)[45] hat der Jahresabschluß unter anderem sämtliche Vermögensgegenstände zu enthalten. Für deren Bilanzierung ist nicht die rechtliche, sondern die wirtschaftliche Betrachtungsweise maßgebend. Ausfluß hiervon ist das Institut des wirtschaftlichen Eigentums.   87

Nach § 238 HGB hat der Kaufmann in den Büchern die Lage seines Vermögens nach den handelsrechtlichen Grundsätzen ordnungsmäßiger Buchführung ersichtlich zu machen. Nach § 240 Abs. 1 und § 242 Abs. 1 HGB hat er im Inventar und in der Bilanz seine Vermögensgegenstände auszuweisen. Aus dem Wort „seine" folgt, daß die Vermögensgegenstände dem Kaufmann gehören müssen, daß er Eigentümer der Sachen, Gläubiger der Forderungen und Rechte und Berechtigter der immateriellen Wirtschaftsgüter sein muß.

Vermögensgegenstände können wirtschaftlich einem anderen als dem Eigentümer zuzurechnen sein. Die Grundsätze ordnungsmäßiger Buchführung gehen von wirtschaftlichen Tatbeständen aus. Hieraus kann sich ergeben, daß das rechtliche nicht mit dem wirtschaftlichen Eigentum übereinstimmt.

Auch im Steuerrecht gibt es die sogenannte **wirtschaftliche Betrachtungsweise**. Hier richtet sich die Zurechnung also, ähnlich wie im Handelsrecht, nach wirtschaftlichen Merkmalen.

Ausfluß dieser wirtschaftlichen Betrachtungsweise ist das Institut des **wirtschaftlichen Eigentums**, das in § 39 AO geregelt ist. Da im Handels- und im   88

---
[45] Siehe Rdn. 20.

Steuerrecht wirtschaftliche Maßstäbe gelten, ist davon auszugehen, daß die Regelung des wirtschaftlichen Eigentums in § 39 AO mit den handelsrechtlichen Grundsätzen ordnungsmäßiger Buchführung übereinstimmt.

Nach § 39 Abs. 1 AO sind Wirtschaftsgüter grundsätzlich dem Eigentümer zuzurechnen. Übt aber ein anderer als der rechtliche Eigentümer die tatsächliche Herrschaft über ein Wirtschaftsgut so aus, daß er den Berechtigten im Regelfall für die gewöhnliche Nutzungsdauer von der Einwirkung auf das Wirtschaftsgut wirtschaftlich ausschließen kann, so ist ihm das Wirtschaftsgut zuzurechnen (§ 39 Abs. 2 Nr. 1 AO).

Die Zurechnung von Vermögensgegenständen nach wirtschaftlichen Maßstäben geschieht insbesondere bei folgenden Rechtsinstituten:
- Eigentumsvorbehalt
- Sicherungsübereignung
- Treuhand
- Pensionsgeschäft
- Mietkaufvertrag
- Rollende Ware
- Kommissionsgeschäft
- Leasing

2.3.2.2 Eigentumsvorbehalt

89 Der Eigentumsvorbehalt hat wirtschaftlich die Bedeutung eines Pfandrechts. Er soll den Kaufpreisanspruch des Verkäufers sichern, nicht aber die Verfügung des Käufers einschränken, solange dieser sich vertragsgemäß verhält. Der Käufer ist daher wirtschaftlicher Eigentümer und hat den Vermögensgegenstand zu bilanzieren.

2.3.2.3 Sicherungsübereignung

90 Bei der Sicherungsübereignung wird das Eigentum zur Sicherung der Forderung des Sicherungsnehmers übertragen. Die Übergabe der Sicherungssache wird durch Vereinbarung eines Besitzkonstituts (§ 930 BGB) ersetzt. Das Sicherungseigentum hat wirtschaftlich die Bedeutung eines Pfandrechts. Der Sicherungsgeber bleibt daher wirtschaftlicher Eigentümer.

2.3.2.4 Treuhand

91 Bei der Treuhand erwirbt der Treuhänder Vermögensgegenstände oder -rechte im eigenen Namen und verfügt hierüber auch im eigenen Namen (Außenverhältnis), aber nicht oder nicht ausschließlich im eigenen, sondern im Interesse des Treugebers (Innenverhältnis). Rechtlich ist der Treuhänder Eigentümer. Steuerrechtlich werden die Wirtschaftsgüter aber dem Treugeber zugerechnet (§ 39 Abs. 2 Nr. 1 Satz 2 AO). Dem folgt auch das Handelsrecht.

2.3.2.5 Pensionsgeschäfte

Pensionsgeschäfte führen in der Regel Kreditinstitute aus (s. § 340b HGB). Sie übertragen hierbei Vermögensgegenstände, vor allem Wechsel, Forderungen oder Wertpapiere, gegen Zahlung eines Betrags auf einen anderen. Das Kreditinstitut ist Pensionsgeber, der Empfänger des Pensionsgegenstandes Pensionsnehmer. Es sind echte und unechte Pensionsgeschäfte zu unterscheiden.

- Beim **echten Pensionsgeschäft** ist der Pensionsgeber berechtigt, die Pensionsgegenstände vom Pensionsnehmer zurückzuverlangen gegen Rückerstattung des geleisteten Betrages oder Zahlung eines im voraus vereinbarten anderen Betrags. Die Bilanzierung erfolgt beim Pensionsgeber.
- Beim **unechten Pensionsgeschäft** ist der Pensionsnehmer berechtigt, die Pensionsgegenstände dem Pensionsgeber zurückzuübertragen gegen Rückzahlung des empfangenen Betrags oder Zahlung eines im voraus vereinbarten anderen Betrags. Die Bilanzierung erfolgt beim Pensionsnehmer.

2.3.2.6 Mietkaufvertrag

Ein Wirtschaftsgut kann einem anderen als dem zivilrechtlichen Eigentümer zuzurechnen sein, wenn es dem anderen aufgrund eines „Mietkaufvertrags" überlassen wird. Der zivilrechtliche Eigentümer ist dann wirtschaftlich von der Einwirkung auf das Wirtschaftsgut ausgeschlossen, wenn sein Herausgabeanspruch keine wirtschaftliche Bedeutung mehr hat. Der Mieter hat bei einem Mietkaufvertrag insbesondere dann die Stellung eines wirtschaftlichen Eigentümers, wenn ihm eine Kaufoption zu einem bereits festgelegten Kaufpreis eingeräumt ist und die Mietzahlungen bis zur Annahme des Verkaufsangebots durch den Mieter in voller Höhe angerechnet werden[46].

2.3.2.7 Rollende Ware

Rollende oder schwimmende Ware ist vom Käufer zu bilanzieren, sobald die Gefahr des zufälligen Untergangs oder der zufälligen Verschlechterung gemäß §§ 446, 447 BGB auf ihn übergegangen ist. Daher sind verkaufte Vorräte, die das Unternehmen am Stichtag verlassen haben, bei denen aber die Gefahr noch nicht übergegangen ist und gekaufte Vorräte, die das Unternehmen am Stichtag noch nicht erreicht haben, bei denen aber die Gefahr bereits auf das Unternehmen übergegangen ist, dem Unternehmen zuzurechnen.

Befinden sich Vorräte im Unternehmensbereich eines **Spediteurs**, **Lagerhalters** oder **Frachtführers** und sind die Konnossemente, Ladescheine, indossablen Lagerscheine oder Frachtbriefe an den Käufer ausgehändigt oder hat er die Mitteilung bekommen, daß die Vorräte zu seiner Verfügung stehen, sind sie von ihm zu bilanzieren.

---

[46] BFH, Urt. v. 12.9.1991 III R 233/90, BStBl 1992 II S. 182.

2.3.2.8 Kommissionsgeschäfte

95 Bei einem Kommissionsgeschäft beauftragt der **Kommittent** den **Kommissionär**, im eigenen Namen, aber für Rechnung des Kommittenten zu kaufen oder zu verkaufen.

Der **Einkaufskommissionär** wird zivilrechtlich Eigentümer, wirtschaftlich ist aber der Kommittent bereits Eigentümer, da die Ware für seine Rechnung und Gefahr angeschafft worden ist. Sobald die Verfügungsgewalt oder die Gefahr am Kommissionsgut auf den Kommissionär übergeht, bilanziert es der Kommittent.

Bei der **Verkaufskommission** verbleibt das zivilrechtliche und das wirtschaftliche Eigentum an den Kommissionsgütern bis zum Verkauf beim Kommittenten. Daher bilanziert der Kommittent das Kommissionsgut.

2.3.2.9 Leasing

96 Es sind zu unterscheiden:
- Operating-Leasing
- Spezial-Leasing und
- Finanzierungs-Leasing

2.3.2.9.1 Operating-Leasing

97 Beim Operating-Leasing sind Gegenstand des Vertrags Standardgüter. Der Vertrag ist kürzer als die Nutzungsdauer der Güter. Diese eignen sich nach Ablauf der Vertragsdauer zu einer Wiedervermietung an neue Leasingnehmer oder zum Verkauf als Gebrauchtgüter. Der Leasinggeber trägt das Investitionsrisiko. Die Verträge werden wie Miet- oder Pachtverträge behandelt. Die Güter werden vom Leasinggeber bilanziert.

2.3.2.9.2 Spezial-Leasing

98 Beim Spezial-Leasing ist der Leasing-Gegenstand auf die besonderen Bedürfnisse des Leasingnehmers zugeschnitten. Dieser kann nach Beendigung der Grundmietzeit von keinem anderen Unternehmer mehr genutzt werden. Er ist daher dem Leasingnehmer zuzurechnen und von ihm zu bilanzieren. Das gilt sowohl bei beweglichen als auch bei unbeweglichen Leasing-Gegenständen.

2.3.2.9.3 Finanzierungs-Leasing über bewegliche Wirtschaftsgüter

99 Das Finanzierungs-Leasing ist ein Dreiecks-Rechtsverhältnis zwischen Hersteller oder Verkäufer des Leasing-Gegenstands, dem Leasinggeber und dem Leasingnehmer.

Der Leasingnehmer sucht den Leasing-Gegenstand beim Hersteller oder Händler aus. Dieser schaltet zur Finanzierung den Leasinggeber ein. Der Leasinggeber schließt mit dem Hersteller/Händler einen Kaufvertrag und erwirbt den Leasing-Gegenstand gegen volle Bezahlung zu Eigentum. Der Leasinggeber schließt mit dem Leasingnehmer einen Leasingvertrag über die Gebrauchsüberlassung des Leasing-Gegenstands. Der Leasinggeber weist dann den Hersteller/Händler an, den Leasing-Gegenstand direkt an den Leasingnehmer auszuliefern.

Im Leasingvertrag wird eine **Grundmietzeit** vereinbart, während der eine ordentliche Kündigung ausgeschlossen ist. Während der Grundmietzeit hat der Leasingnehmer laufende Leasingraten an den Leasinggeber zu zahlen.

Beim Finanzierungs-Leasing über bewegliche Wirtschaftsgüter ist zu unterscheiden zwischen
- Vollamortisations-Leasing und
- Teilamortisations-Leasing

Beim **Vollamortisations-Leasing** deckt der Leasingnehmer mit den in der Grundmietzeit entrichteten Leasingraten mindestens die Anschaffungs- oder Herstellungskosten und alle Nebenkosten einschließlich der Finanzierungskosten des Leasinggebers[47]. **100**

Zunächst kommt es auf das Verhältnis der Grundmietzeit des Leasingvertrags zur betriebsgewöhnlichen Nutzungsdauer des Leasing-Gegenstands an.

Beträgt die **Grundmietzeit weniger als 40 %** oder **mehr als 90 %** der betriebsgewöhnlichen Nutzungsdauer, so wird der Leasing-Gegenstand immer dem Leasingnehmer zugerechnet, gleichgültig, ob er ein Optionsrecht oder kein Optionsrecht hat. Bei einer Grundmietzeit von weniger als 40 % der betriebsgewöhnlichen Nutzungsdauer ist davon auszugehen, daß der Leasingnehmer den Leasing-Gegenstand behält, da sich sonst die hohen Leasingzahlungen in der Grundmietzeit für ihn nicht gelohnt hätten. Beträgt die Grundmietzeit mehr als 90 % der betriebsgewöhnlichen Nutzungsdauer, dann ist der Leasing-Gegenstand nach der Grundmietzeit so gut wie verbraucht und hat somit für den Leasinggeber keinen Wert mehr. **101**

Beträgt die Grundmietzeit **zwischen 40 % und 90 %** der betriebsgewöhnlichen Nutzungsdauer, so hat der Leasing-Gegenstand nach Ablauf der Grundmietzeit noch einen beträchtlichen Wert. Hat der Leasingnehmer kein Optionsrecht auf Kauf oder Mietverlängerung, so ist der Gegenstand dem Leasinggeber zuzurechnen. Hat der Leasingnehmer ein Optionsrecht auf Kauf oder Mietverlängerung, so ist der Gegenstand ihm nur dann zuzurechnen, wenn die Ausübung des Optionsrechts für ihn attraktiv ist. **102**

---

47 BMF-Schreiben vom 19.4.1971, BStBl I 1971 S. 264.

Kaufoption	
Nach Ablauf der Grundmietzeit ist • der nach amtlicher AfA-Tabelle ermittelte Buchwert des Leasing-Gegenstands oder • der gemeine Wert des Leasing-Gegenstands	
höher als der Kaufpreis.	gleich dem Kaufpreis oder niedriger als der Kaufpreis.
Es ist damit zu rechnen, daß das Optionsrecht ausgeübt wird. Zurechnung: Leasingnehmer	Es ist damit zu rechnen, daß das Optionsrecht nicht ausgeübt wird. Zurechnung: Leasinggeber

Mietverlängerungsoption	
Nach der Grundmietzeit ist die Anschlußmiete so bemessen, daß sie den Wertverzehr des Leasing-Gegenstands, ausgehend von • dem nach amtlicher AfA-Tabelle ermittelten Buchwert des Leasing-Gegenstands oder • dem gemeinen Wert des Leasing-Gegenstands	
nicht deckt.	deckt oder übersteigt.
Es ist damit zu rechnen, daß das Optionsrecht ausgeübt wird. Zurechnung: Leasingnehmer	Es ist damit zu rechnen, daß das Optionsrecht nicht ausgeübt wird. Zurechnung: Leasinggeber

103 Beim **Teilamortisations-Leasing** deckt der Leasingnehmer mit den in der Grundmietzeit zu entrichtenden Raten nicht die Anschaffungs- oder Herstellungskosten und alle Nebenkosten einschließlich der Finanzierungskosten des Leasinggebers, sondern nur teilweise[48].

Die von den Verwaltungsanweisungen geregelten Grundsätze für Teilamortisations-Leasing kommen nur in Betracht, wenn
1. eine unkündbare **Grundmietzeit** von mehr als 40 % und nicht mehr als 90 % der betriebsgewöhnlichen Nutzungsdauer des Leasing-Gegenstands vereinbart worden ist und
2. die Anschaffungs- oder Herstellungskosten des Leasinggebers und seine Nebenkosten einschließlich der Finanzierungskosten in der Grundmietzeit durch die Leasingraten nur **zum Teil gedeckt** werden.

Die Vertragstypen sind nach folgenden Merkmalen zu **unterscheiden**:
• Andienungsrecht des Leasinggebers, aber ohne Optionsrecht des Leasingnehmers oder
• Aufteilung des Mehrerlöses oder

---

[48] BMF-Schreiben vom 22.12.1975, BB 1976, S. 172.

Vermögensgegenstände

- kündbarer Mietvertrag mit Anrechnung des Veräußerungserlöses auf die vom Leasingnehmer zu leistende Schlußzahlung.

Beispiel:
Leasingnehmer N hat mit Leasinggeber G einen Leasingvertrag über einen Pkw abgeschlossen, den G für 60 000 DM einschließlich Nebenkosten angeschafft hat. Die betriebsgewöhnliche Nutzungsdauer beträgt 5 Jahre, die Grundmietzeit 36 Monate. Die Leasingraten betragen monatlich 1200 DM, ihre Summe beträgt also 43 200 DM. Die Leasingraten decken somit in der Grundmietzeit nicht die Anschaffungs- oder Herstellungskosten und die Nebenkosten des G. Der in der Grundmietzeit nicht gedeckte Betrag, die Differenz zwischen den Anschaffungs- oder Herstellungskosten sowie den Nebenkosten des G und der Summe der Leasingraten, beträgt 16 800 DM.

Hat der Leasinggeber ein **Andienungsrecht**, der Leasingnehmer aber kein Optionsrecht, dann ist der Leasing-Gegenstand dem Leasinggeber zuzurechnen. Bei einem Andienungsrecht des Leasinggebers ist der Leasingnehmer auf dessen Verlangen verpflichtet, den Pkw zu einem Preis zu kaufen, der bei Abschluß des Leasingvertrags fest vereinbart wird.

Im vorstehenden Beispiel kalkuliert der Leasinggeber einen Gewinnaufschlag ein und setzt den Kaufpreis im Leasingvertrag auf 20 000 DM fest. Kann er nach Ablauf der Grundmietzeit den Pkw zu einem höheren Preis verkaufen, so wird er dem Leasingnehmer den Pkw nicht andienen. Kann er aber keinen Käufer zu einem höheren Preis finden, wird er dem Leasingnehmer den Pkw zum Preis von 20 000 DM andienen. Dieser muß den Leasing-Gegenstand auch dann zum vereinbarten Preis kaufen, wenn der Wiederbeschaffungspreis für ein gleichwertiges Wirtschaftsgut geringer als der vereinbarte Preis ist. Er trägt daher das Risiko der Wertminderung, während der Leasinggeber die Chance der Wertsteigerung hat. Daher ist der Leasinggeber wirtschaftlicher Eigentümer des Leasing-Gegenstands. Dieser ist ihm also zuzurechnen.

In dem Leasingvertrag kann auch bestimmt sein, daß nach Ablauf der Grundmietzeit der Leasing-Gegenstand verkauft werden und der Leasingnehmer einen unter der Restamortisation (Gesamtkosten des Leasinggebers abzüglich Leasingraten) liegenden Verkaufserlös, einen **Mindererlös**, ausgleichen und an einem über der Restamortisation liegenden Verkaufserlös, einem **Mehrerlös**, beteiligt werden soll. Im vorstehenden Beispiel wäre dann bestimmt, der Leasingnehmer müßte einen Erlös unter der Restamortisation von 16 800 DM dem G durch eine zusätzliche Zahlung ausgleichen und würde an einem Erlös von mehr als 16 800 DM beteiligt.

Ist im Leasingvertrag bestimmt, daß dem Leasinggeber 25 % des die Restamortisation übersteigenden Betrags oder mehr zusteht, ist der Leasinggeber noch wesentlich an etwaigen Wertsteigerungen des Leasing-Gegenstands beteiligt. Der Pkw wäre im vorstehenden Beispiel dann dem Leasinggeber zuzurechnen. Soll der Leasinggeber weniger als 25 % vom Mehrerlös erhalten, ist der Leasing-Gegenstand dem Leasingnehmer zuzurechnen.

106 Bei Kündigung mit Anrechnung des Veräußerungserlöses auf die Schlußzahlung des Leasingnehmers wird bestimmt, daß **90 % des Veräußerungserlöses angerechnet** wird. Im vorstehenden Beispiel bedeutet das: Der Leasingnehmer muß auf jeden Fall bei der Schlußzahlung einen Mindererlös ausgleichen. Hierbei wird der Erlös nur in Höhe von 90 % auf die Schlußzahlung angerechnet.

Im vorstehenden Beispiel soll die Schlußzahlung 16 800 DM betragen. 16 800 DM sind 90 % = 9/10 des Erlöses, 1/10 des Erlöses = 16 800 DM : 9 = 1 866,67 DM. Beträgt also der Erlös 10 x 1 866,67 DM = 18 666,70 DM, so werden hiervon 90 % auf die Restamortisation angerechnet: 16 800 DM. In diesem Fall muß der Leasingnehmer nicht zuzahlen. Der Leasinggeber erhält den Mehrerlös. Beträgt der Erlös weniger als 18 666,70 DM, werden hiervon nur 90 % auf die vom Leasingnehmer zu leistende Schlußzahlung angerechnet. Der Leasingnehmer muß zuzahlen. Beträgt der Erlös mehr als 18 666,70 DM, erhält hiervon der Leasingnehmer zwar auch 90 %, so daß seine Zuzahlung gedeckt ist und ihm noch ein Mehrbetrag zusteht. Am Erlös nimmt aber auch hier der Leasinggeber teil. Bei dieser Vereinbarung trägt also der Leasingnehmer voll das Risiko und daher ist der Leasing-Gegenstand dem Leasinggeber zuzurechnen.

107 Zusammenfassend ist daher zur Zurechnung des beweglichen Leasing-Gegenstands beim Teilamortisations-Leasing festzuhalten:

Beim Teilamortisations-Leasing wird der Leasing-Gegenstand dem **Leasinggeber** zugerechnet, wenn
- dieser ein Andienungsrecht hat oder
- dieser an einem über der Restamortisation liegenden Verkaufserlös in Höhe von 25 % oder mehr beteiligt sein soll oder
- bei einer Kündigung 90 % des Veräußerungserlöses auf die Schlußzahlung des Leasingnehmers angerechnet werden soll.

2.3.2.9.4 Finanzierungs-Leasing über unbewegliche Wirtschaftsgüter

108 Unbewegliche Wirtschaftsgüter werden beim Finanzierungs-Leasing unterschiedlich behandelt, je nachdem es sich um den Grund und Boden oder um Gebäude handelt[49].

109 Der **Grund und Boden** wird immer dem Leasinggeber zugerechnet. Nur wenn der Leasingnehmer eine Kaufoption hat, wird ihm der Grund und Boden zugerechnet, wenn ihm nach den folgenden Ausführungen das Gebäude zugerechnet wird.

110 Leasing über **Betriebsvorrichtungen** wird wie Leasing über bewegliche Wirtschaftsgüter behandelt, auch wenn die Betriebsvorrichtungen wesentliche Bestandteile eines Grundstücks sind.

---

[49] BMF-Schreiben vom 21.3.1972, BStBl I 1972 S. 188.

Bei der Zurechnung von **Gebäuden** ist zunächst zu unterscheiden zwischen Vollamortisations-Leasing und Teilamortisations-Leasing. Bei beiden Vertragstypen wird der Vertrag über eine bestimmte Zeit abgeschlossen, während der er bei vertragsmäßiger Erfüllung von beiden Vertragsparteien nur aus wichtigem Grund gekündigt werden kann. Das ist die sog. **Grundmietzeit.** 111

In der Grundmietzeit decken die vom Leasingnehmer zu entrichtenden Raten die Anschaffungs- oder Herstellungskosten und die Nebenkosten einschließlich der Finanzierungskosten des Leasinggebers
- voll: Vollamortisations-Leasing
- zum Teil: Teilamortisations-Leasing

Beim **Vollamortisations-Leasing** werden Gebäude wie folgt zugerechnet: 112

Zurechnung der Gebäude beim Finanzierungs-Leasing	
Das Verhältnis der Grundmietzeit zur betriebsgewöhnlichen Nutzungsdauer oder gegebenenfalls einem kürzeren Erbbaurechtszeitraum beträgt	Zurechnung
1. weniger als 40 %	Leasingnehmer
2. mehr als 90 %	Leasingnehmer
3. 40 % bis 90 % a) ohne Option	Leasinggeber
b) mit Kaufoption Gesamtbuchwert unter Anwendung der linearen AfA auf das Gebäude oder niedrigerer gemeiner Wert des Grundstücks ist bei der Veräußerung aa) gleich dem Gesamtkaufpreis oder niedriger als der Gesamtkaufpreis	Leasinggeber
bb) höher als der Gesamtkaufpreis	Leasingnehmer
c) mit Mietverlängerungsoption 75 % des Mietentgelts, das üblicherweise für ein nach Art, Lage und Ausstattung vergleichbares Grundstück zu zahlen ist, ist aa) gleich der Anschlußmiete oder höher als die Anschlußmiete	Leasingnehmer
bb) niedriger als die Anschlußmiete	Leasinggeber

Als betriebsgewöhnliche **Nutzungsdauer** des Gebäudes gilt ein Zeitraum von 50 Jahren[50], wenn aber die AfA nach § 7 Abs. 4 Satz 1 Nr.1 oder Abs. 5 Satz 1 Nr. 1 EStG bemessen wird, von 25 Jahren[51].

---
50 BMF-Schreiben vom 21.3.1972, Abschnitt I 2 c) aa) Satz 2, BStBl 1972 I S. 188.
51 BMF-Schreiben vom 9.6.1987, BStBl 1987 I S. 440.

Für Gebäude, die zu einem **Betriebsvermögen** gehören, nicht zu Wohnzwecken genutzt werden und für die der Antrag auf Baugenehmigung nach dem 31.3.1985 gestellt worden ist, beträgt der Abschreibungssatz 4 % statt 2 % (§ 7 Abs. 4 Satz 1 Nr. 1, Abs. 5 Satz 1 Nr. 1 EStG) und die Abschreibungsdauer 25 statt 50 Jahre. Deshalb werden hier 25 Jahre Nutzungsdauer bei der Zurechnung zugrunde gelegt[52].

113 Beim **Teilamortisations-Leasing** werden Gebäude grundsätzlich dem Leasinggeber zugerechnet. Hat der Leasingnehmer eine Kauf- oder Mietverlängerungsoption, kann ihm das Gebäude unter bestimmten Voraussetzungen zugerechnet werden. In diesen Fällen wird ihm auch der Grund und Boden zugerechnet[53].

Zurechnung des Gebäudes beim Leasingnehmer	
(1) Nur Kaufoption	• Grundmietzeit mehr als 90 % der betriebsgewöhnlichen Nutzungsdauer oder • Kaufpreis geringer als Restbuchwert nach Ablauf der Grundmietzeit. Betriebsgewöhnliche Nutzungsdauer und Restbuchwert richten sich nach § 7 Abs. 4 EStG.
(2) Nur Mietverlängerungsoption	• Grundmietzeit mehr als 90 % der betriebsgewöhnlichen Nutzungsdauer nach § 7 Abs. 4 EStG oder • Anschlußmiete weniger als 75 % des für ein nach Art, Lage und Ausstattung vergleichbaren Grundstücks üblicherweise gezahlten Mietentgelts
(3) Kauf- oder Mietverlängerungsoption und eine zusätzliche Verpflichtung des Leasingnehmers, auch wenn (1) oder (2) nicht erfüllt sind	Leasingnehmer trägt, ohne daß sich die Leasingraten ändern: • Gefahr des zufälligen Untergangs • bei Zerstörung Kosten für Wiederherstellung oder Wiederaufbau • Nachteile bei längerfristigem Nutzungsausschluß • Verwaltungskosten bei vorzeitiger Vertragsbeendigung • Ansprüche Dritter gegen Leasinggeber

2.3.2.9.5 Sale-and-lease-back

114 Beim Sale-and-lease-back (Verkauf von Vermögensgegenständen unter gleichzeitiger Rückmietung) handelt es sich in der Regel um Finanzierungs-Leasing, da in erster Linie die Beschaffung von Liquidität bezweckt wird. Die Zurechnung richtet sich daher nach der Regelung für das Finanzierungs-Leasing. Sollen aber

---
52 BMF-Schreiben vom 9.6.1987, BStBl 1987 I S. 440.
53 BMF-Schreiben vom 23.12.1991, BStBl 1992 I S. 13.

primär stille Rücklagen aufgedeckt werden, wird der Leasing-Gegenstand in jedem Fall dem Leasinggeber zugerechnet[54].

2.3.2.9.6 Bilanzierung

Die Bilanzierung hängt davon ab, ob der Leasing-Gegenstand nach den vorstehenden Ausführungen dem Leasinggeber oder dem Leasingnehmer zuzurechnen ist[55]. **115**
- **Zurechnung beim Leasinggeber:**
  – Der Leasinggeber aktiviert den Leasing-Gegenstand mit seinen Anschaffungs- oder Herstellungskosten und schreibt ihn nach der betriebsgewöhnlichen Nutzungsdauer ab.
  – Die Leasingraten sind beim Leasinggeber Betriebseinnahmen und beim Leasingnehmer Betriebsausgaben.
- **Zurechnung beim Leasingnehmer**
  – Der Leasingnehmer aktiviert den Leasing-Gegenstand mit seinen Anschaffungskosten und schreibt ihn auf die betriebsgewöhnliche Nutzungsdauer ab. Als Anschaffungskosten gelten die Anschaffungs- oder Herstellungskosten des Leasinggebers, die der Bestimmung der Leasingraten zugrunde gelegt worden sind zuzüglich etwaiger weiterer Anschaffungs- oder Herstellungskosten des Leasingnehmers, die nicht in den Leasingraten enthalten sind.
  – Der Leasingnehmer passiviert in Höhe der Anschaffungskosten, die der Bestimmung der Leasingraten zugrunde gelegt worden sind, eine Verbindlichkeit gegenüber dem Leasinggeber. In gleicher Höhe aktiviert der Leasinggeber eine Forderung gegen den Leasingnehmer.
  – Die laufenden Leasingraten werden in einen Tilgungs- und einen Zins- und Kostenteil aufgeteilt[56]. Der Tilgungsteil wird beim Leasingnehmer der Verbindlichkeit und beim Leasinggeber der Forderung gegengebucht; diese werden daher um die Tilgungsteile laufend getilgt. Die Zins- und Kostenteile sind für den Leasinggeber Betriebseinnahmen und für den Leasingnehmer Betriebsausgaben.

2.3.3 Sachliche Zuordnung

2.3.3.1 Geschäftsvermögen/Betriebsvermögen

Die dem Unternehmer personell zuzuordnenden Vermögensgegenstände[57] können nur insoweit bilanziert werden, als sie gehören **116**
- **handelsrechtlich** zum **Geschäftsvermögen,**
- **steuerrechtlich** zum **Betriebsvermögen.**

---

54 Budde/Karig in: Beck Bil-Komm., § 246 Rdn. 29.
55 BMF-Schreiben vom 19.4.1971, BStBl 1971 I S. 264; 21.3.1972, BStBl 1972 I S. 188.
56 BMF-Schreiben vom 13.12.1973, DB 1973 S. 2485.
57 Siehe Rdn. 87 ff.

Im Unterschied zur personellen Zuordnung ist das die **sachliche Zuordnung** der Vermögensgegenstände.

2.3.3.2 Handelsbilanz

2.3.3.2.1 Einzelkaufleute

117 Handelsrechtlich kommt es beim Einzelkaufmann darauf an, ob er Vermögensgegenstände seinem Unternehmen widmet. Entscheidend ist also sein Wille. Dieser muß aber äußerlich erkennbar werden durch eine entsprechende Behandlung des Vermögensgegenstandes in der Buchführung. Ist hiernach nicht die sachliche Zuordnung erkennbar, so ist das **Rechtsgeschäft** maßgebend, aufgrund dessen der Kaufmann das Eigentum erlangt hat. Es gilt dabei die gesetzliche Vermutung, wonach das von einem Kaufmann vorgenommene Rechtsgeschäft und damit der hierdurch erworbene Vermögensgegenstand im Zweifel zum Betrieb seines Handelsgewerbes gehört[58].

2.3.3.2.2 Personengesellschaften

118 Personengesellschaften bilanzieren Vermögensgegenstände, die zu ihrem **Gesellschaftsvermögen** gehören, die also Gesamthandsvermögen der Gesellschaft sind.

Beim **Gesamthandsvermögen** gehört jeder Vermögensgegenstand jedem Gesellschafter jeweils in vollem Umfang. Daher kann ein einzelner Gesellschafter nicht über seinen Anteil am Gesellschaftsvermögen und an den einzelnen dazu gehörenden Gegenständen verfügen (§§ 718, 719 BGB).

Vermögensgegenstände, die **einzelnen Gesellschaftern**, aber nicht zum Gesellschaftsvermögen der Gesellschaft gehören, dürfen von der Personengesellschaft nicht bilanziert werden. Es kommt nicht darauf an, ob die Vermögensgegenstände dem Geschäftsbetrieb der Gesellschaft dienen. Maßgeblich ist das wirtschaftliche Eigentum. Im Zweifelsfall entscheidet nicht die Vermutung des § 344 HGB, da diese Vorschrift nur für Einzelkaufleute gilt[59].

2.3.3.2.3 Kapitalgesellschaften

119 Kapitalgesellschaften bilanzieren alle Vermögensgegenstände, die aus Rechtsgeschäften resultieren, die in ihrem Namen abgeschlossen worden sind[60].

2.3.3.3 Steuerbilanz

2.3.3.3.1 Betriebsvermögen

120 Steuerlich wird unterschieden zwischen dem Betriebsvermögen und dem Privatvermögen.

---

[58] Budde/Karig in: Beck Bil-Komm. § 246 Rdn. 44 f.; ADS 6. Auflage, HGB § 246 Rdn. 427.
[59] Budde/Karig in: Beck Bil-Komm. § 246 Rdn. 51 f.
[60] Budde/Karig in: Beck Bil-Komm. § 246 Rdn. 54.

Der Begriff „**Betriebsvermögen**" wird als ein Sonderbegriff des Steuerrechts angesehen, der in entscheidenden Punkten einen anderen Inhalt hat als der handelsrechtliche Begriff „Geschäftsvermögen". Der Grundsatz der Maßgeblichkeit der Handelsbilanz für die Steuerbilanz wird also durch die steuerrechtliche Spezialvorschrift über das Betriebsvermögen (§ 4 Abs. 1 EStG) durchbrochen[61].

Nicht alles, was handelsrechtlich zum Geschäftsvermögen gehört, rechnet zum steuerlichen Betriebsvermögen. Umgekehrt muß nicht jeder Vermögensgegenstand, der zum steuerlichen Betriebsvermögen zählt, zum handelsrechtlichen Geschäftsvermögen gerechnet werden. Die Bilanzierung der Vermögensgegenstände kann daher in Handelsbilanz und Steuerbilanz wesentlich voneinander abweichen.

Steuerlich wird unterschieden zwischen
- notwendigem Betriebsvermögen
- gewillkürtem Betriebsvermögen
- notwendigem Privatvermögen

2.3.3.3.2 Notwendiges Betriebsvermögen

Zum **notwendigen Betriebsvermögen** gehören Wirtschaftsgüter, die ausschließlich und unmittelbar für eigenbetriebliche Zwecke des Steuerpflichtigen genutzt werden oder dazu bestimmt sind. Eigenbetrieblich genutzte Wirtschaftsgüter sind auch dann notwendiges Betriebsvermögen, wenn sie nicht in der Buchführung und in den Bilanzen ausgewiesen worden sind. Wirtschaftsgüter gehören jedoch nicht schon allein deshalb zum notwendigen Betriebsvermögen, weil sie mit betrieblichen Mitteln erworben wurden oder der Sicherung betrieblicher Kredite dienen[62].

Beispiel:
Zum notwendigen Betriebsvermögen gehören Fabrik-, Lager- und Verwaltungsgebäude und der dazu gehörende Grund und Boden, Maschinen und sonstige Betriebsvorrichtungen, Vorräte, Forderungen aus Lieferungen und sonstigen Leistungen.

2.3.3.3.3 Notwendiges Privatvermögen

Der Gegensatz zum notwendigen Betriebsvermögen ist das **notwendige Privatvermögen**. Hierzu gehören Wirtschaftsgüter, die ausschließlich oder nahezu ausschließlich der eigenen privaten Lebensführung des Unternehmers dienen oder die der Unternehmer ausschließlich oder nahezu ausschließlich einem Familienangehörigen aus privaten Gründen unentgeltlich zur Nutzung überläßt[63].

---

61 BFH, Urt. v. 22.5.1975 IV R 193/71, BStBl 1975 II S. 804.
62 R 13 Abs. 1 Sätze 1 bis 2 EStR; H 13 (1) [Erwerb mit betrieblichen Mitteln] EStH.
63 BFH, Urt. v. 11.10.1979 IV R 125/76, BStBl 1980 II S. 40.

Beispiel:
Eigengenutzte oder unentgeltlich Familienangehörigen zur Nutzung überlassene Wohnung; Hausrat; Kleidung, die nicht typische Berufskleidung ist; privater Schmuck; private Briefmarken- und Münzsammlung.

2.3.3.3.4 Gewillkürtes Betriebsvermögen

123 Wirtschaftsgüter, die in einem gewissen objektiven Zusammenhang mit dem Betrieb stehen und ihn zu fördern bestimmt und geeignet sind, können bei der Gewinnermittlung durch Betriebsvermögensvergleich als **gewillkürtes Betriebsvermögen** behandelt werden[64]. Die Behandlung als Betriebsvermögen hängt von einem Willensakt des Unternehmers ab, der äußerlich durch Buchung zum Ausdruck kommt. Da notwendiges Betriebsvermögen nicht von der Buchung abhängt und notwendiges Privatvermögen von der Art der Nutzung geprägt ist, können zum notwendigen Betriebsvermögen und zum notwendigen Privatvermögen gehörende Wirtschaftsgüter nicht gewillkürtes Betriebsvermögen werden. Gewillkürtes Betriebsvermögen setzt daher voraus:

Voraussetzungen für gewillkürtes Betriebsvermögen
1. Gewinnermittlung durch Betriebsvermögensvergleich,
2. das Wirtschaftsgut gehört weder zum notwendigen Betriebsvermögen noch zum notwendigen Privatvermögen,
3. das Wirtschaftsgut steht in einem gewissen objektiven Zusammenhang mit dem Betrieb,
4. das Wirtschaftsgut ist bestimmt und geeignet, den Betrieb zu fördern,
5. Buchung des Wirtschaftsguts als Betriebsvermögen.

2.3.3.3.5 Gemischt genutzte Wirtschaftsgüter

124 **Gemischt genutzte** Wirtschaftsgüter (zum Teil betrieblich und zum Teil privat genutzte Wirtschaftsgüter), die **weder Grundstücke noch Grundstücksteile** sind, können entweder nur im vollen Umfang zum Betriebsvermögen oder zum Privatvermögen gehören. Eine Aufteilung auf Betriebs- und Privatvermögen ist hier also nicht möglich. Die Zurechnung zum Betriebsvermögen oder Privatvermögen richtet sich nach dem Anteil der Nutzung[65].

---

[64] R 13 Abs. 1 Satz 3 EStR.
[65] R 13 Abs. 1 Sätze 4 bis 7 EStR.

Gemischt genutzte Wirtschaftsgüter außer Grundstücken und Grundstücksteilen			
betriebliche Nutzung	private Nutzung	Gewinnermittlung	sachliche Zuordnung
mehr als 50 %	weniger als 50 %	Betriebsvermögensvergleich oder Einnahmen-Überschußrechnung	notwendiges Betriebsvermögen
weniger als 10 %	mehr als 90 %	Betriebsvermögensvergleich oder Einnahmen-Überschußrechnung	notwendiges Privatvermögen
10 % bis 50 %	50 % bis 90 %	Betriebsvermögensvergleich	gewillkürtes Betriebsvermögen möglich

Gemischt genutzte Grundstücke und Grundstücksteile können hingegen teilweise zum Betriebsvermögen oder zum Privatvermögen je nach anteiliger Nutzung gerechnet werden. 125

2.3.3.3.6 Personengesellschaften

Personengesellschaften sind einkommensteuerlich nicht Steuerschuldner. 126
Steuerschuldner sind die einzelnen Gesellschafter als **Mitunternehmer**.

Das **Betriebsvermögen** i. S. von R 13 Absatz 1 EStR umfaßt bei einer Personengesellschaft sowohl die Wirtschaftsgüter, die zum Gesamthandsvermögen der Mitunternehmer gehören, als auch diejenigen Wirtschaftsgüter, die einem, mehreren oder allen Mitunternehmern gehören und dem Geschäftsbetrieb der Gesellschaft dienen[66].

Durch die Verweisung auf Absatz 1 in R 13 Abs. 2 Satz 1 EStR kommt zum Ausdruck, daß es auch beim **Gesamthandsvermögen** notwendiges und gewillkürtes Betriebsvermögen geben kann. Gesamthandsvermögen ist also nicht ohne weiteres auch Betriebsvermögen. Hinzukommen muß, daß die zum Gesamthandsvermögen gehörenden Wirtschaftsgüter 127
- ausschließlich und unmittelbar für eigenbetriebliche Zwecke der Personengesellschaft genutzt werden oder dazu bestimmt sind (notwendiges Betriebsvermögen) oder

---
[66] R 13 Abs. 2 Satz 1 EStR

- in einem gewissen objektiven Zusammenhang mit dem Betrieb stehen und ihn zu fördern bestimmt und geeignet sind (gewillkürtes Betriebsvermögen).

Bisher war lediglich in einzelnen Urteilen entschieden worden, daß aus der Zuordnung zum Gesamthandsvermögen nicht stets auch die steuerrechtliche Zuordnung zum Betriebsvermögen der Gesellschaft folgt[67]. Jetzt wurde durch die vorstehende Verwaltungsanweisung[68] klargestellt, daß auch für die Bilanzierung von Gesamthandsvermögen in der Steuerbilanz die Voraussetzungen für notwendiges oder gewillkürtes Betriebsvermögen erfüllt sein müssen.

128 Wirtschaftsgüter, die einem, mehreren oder allen Mitunternehmern gehören und die **nicht Gesamthandsvermögen** der Mitunternehmer der Personengesellschaft sind, gehören zum
- **notwendigen Betriebsvermögen**, wenn sie
  – entweder unmittelbar dem Betrieb der Personengesellschaft dienen (**Sonderbetriebsvermögen I**) oder
  – unmittelbar zur Begründung oder Stärkung der Beteiligung des Mitunternehmers an der Personengesellschaft eingesetzt werden sollen (**Sonderbetriebsvermögen II**)[69],
- **gewillkürten Betriebsvermögen**, wenn sie objektiv geeignet und subjektiv dazu bestimmt sind,
  – den Betrieb der Gesellschaft (**Sonderbetriebsvermögen I**) zu fördern oder
  – die Beteiligung des Gesellschafters (**Sonderbetriebsvermögen II**) zu fördern[70].

129 Bei einer Personengesellschaft ist also einkommensteuerlich Gesamthandsvermögen und Sonderbetriebsvermögen zu unterscheiden.

---

[67] Siehe z. B. BFH, Urt. v. 22.5.1975 IV R 193/71, BStBl 1975 II S. 804.
[68] Seit den Einkommensteuerrichtlinien 1993.
[69] R 13 Abs. 2 Satz 2 EStR.
[70] R 13 Abs. 2 Satz 3 EStR.

Vermögensgegenstände 97

Betriebsvermögen bei Personengesellschaften						
Gesamthandsvermögen		Sonderbetriebsvermögen				
notwendiges	gewillkürtes	notwendiges		gewillkürtes		
		Sonderbetriebsvermögen I	Sonderbetriebsvermögen II	Sonderbetriebsvermögen I	Sonderbetriebsvermögen II	
Wirtschaftsgüter werden ausschließlich und unmittelbar für eigenbetriebliche Zwecke der Personengesellschaft genutzt oder sind hierzu bestimmt	Wirtschaftsgüter stehen in einem gewissen objektiven Zusammenhang mit dem Betrieb und sind bestimmt und geeignet, ihn zu fördern	Wirtschaftsgüter dienen unmittelbar dem Betrieb der Personengesellschaft	Wirtschaftsgüter sollen unmittelbar zur Begründung oder Stärkung der Beteiligung des Mitunternehmers eingesetzt werden	Wirtschaftsgüter sind objektiv geeignet und subjektiv bestimmt, den Betrieb der Gesellschaft zu fördern	Wirtschaftsgüter sind objektiv geeignet und subjektiv bestimmt, die Beteiligung des Gesellschafters zu fördern	

Beispiel:
Eine KG unterhält einen Betrieb zur Herstellung von Artikeln zur Elektroinstallation. Sie erwarb im Jahr 01 einen Anteil an einer gemeinnützigen Wohnungsbaugesellschaft mbH. Es war nach den bisherigen Betriebsergebnissen der Wohnungsbaugesellschaft von vornherein offensichtlich, daß der Anteil nur Verluste bringen würde. Daher nahm die KG zum 31.12.01 eine Teilwertabschreibung in Höhe von 85 % auf die Anschaffungskosten vor.

Der Anteil gehört zum Gesellschaftsvermögen der KG und damit zum Gesamthandsvermögen. Er wird daher in der Handelsbilanz aktiviert. Da er nicht ausschließlich und unmittelbar für eigenbetriebliche Zwecke der Personengesellschaft genutzt wird oder dazu bestimmt ist, gehört er nicht zum notwendigen Betriebsvermögen. Er könnte in einem gewissen objektiven Zusammenhang mit dem Betrieb stehen und ihn zu fördern bestimmt und geeignet sein und daher zum gewillkürten Betriebsvermögen gerechnet werden, wenn das Unternehmen hierdurch auf Dauer wirtschaftliche Vorteile hätte. Hierfür ergibt sich aber nichts aus dem Sachverhalt. Im Gegenteil bringt hiernach der Anteil der KG nur Verluste. Selbst wenn zwischen der KG und der Wohnungsbaugesellschaft geschäftliche Beziehungen bestanden, konnte der Anteil nicht Betriebsvermögen werden, wenn auf diese Weise Verluste der Wohnungsbaugesellschaft auf die betriebliche Sphäre der Personengesellschaft übertragen werden sollten. Es ist steuerlich zwingend, daß ein nicht notwendig betrieblicher Vorgang, der dem Betrieb von vornherein nur Verluste bringt, einkommensteuerlich nicht als betrieblicher Vorgang angesehen werden kann[71]. Der Anteil wird also nur in der Handelsbilanz, nicht aber in der Steuerbilanz der Personengesellschaft bilanziert.

Beispiel:
An der A & B OHG sind die Gesellschafter A und B je zur Hälfte beteiligt. Die Gesellschaft betreibt ihren Geschäftsbetrieb auf einem Grundstück, das A an die Gesellschaft mit dem von ihm hierauf errichteten Geschäftsgebäude verpachtet hat. Zur Finanzierung des Erwerbs des Grundstücks und der Errichtung des Geschäftsgebäudes hatte A ein Darlehen aufgenommen, das am Bilanzstichtag noch valutiert.

Da das Grundstück nicht der Gesellschaft gehört, darf diese es nicht in ihrer Handelsbilanz ausweisen. Die Pachtzahlungen an den Gesellschafter sind für die Gesellschaft den Handelsbilanzgewinn mindernde Aufwendungen.

Das Grundstück des Gesellschafters A dient unmittelbar dem Betrieb der Personengesellschaft und gehört daher zum notwendigen Betriebsvermögen des A, und zwar zum Sonderbetriebsvermögen I. Das zur Finanzierung des Grundstückserwerbs und der Errichtung des Geschäftsgebäudes aufgenommene Darlehen wurde zur Begründung und Stärkung der Beteiligung des A eingesetzt und gehört daher ebenfalls zu dessen notwendigem Betriebsvermögen und zu seinem Sonderbetriebsvermögen II.

130 Grundstück, Gebäude und Darlehen werden nicht von der Personengesellschaft bilanziert. Sie werden in einer **Ergänzungsbilanz** oder **Sonderbilanz** als Sonderbetriebsvermögen des Gesellschafters ausgewiesen. Die von der Gesellschaft an A entrichteten Pachtzahlungen sind steuerrechtlich Gewinn des Gesellschafters A (§ 15 Abs. 1 Nr. 2 EStG). Der steuerliche Gewinn der Gesellschaft ist daher um die Pachtzahlung zu erhöhen. Dieser Gewinnanteil wird bei der steuerlichen Gewinnfeststellung dem A zugerechnet.

Die mit dem Grundstück, dem Gebäude und dem Darlehen zusammenhängenden Aufwendungen betreffen allein den Gesellschafter A. Steuerlich sind es für ihn Betriebsausgaben im Zusammenhang mit seinen Einkünften aus Gewerbebetrieb (§ 15 Abs. 1 Nr. 2 EStG). Sie werden daher in einer Ergänzungs-/Sonder-Gewinn- und Verlustrechnung für A erfaßt. Hierin werden auch dessen Pachterträge ausgewiesen.

131 Buchführungspflichtig ist eine Personengesellschaft nach dem Handelsrecht nur für ihr Gesamthandsvermögen. Die aus § 238 Abs. 1 HGB abgeleitete steuerliche Buchführungspflicht (§ 140 AO) erstreckt sich ebenfalls nur auf das Gesamthandsvermögen. Steuerlich gehört zum Betrieb einer Personenhandelsgesellschaft ihr gesamtes steuerliches Betriebsvermögen und damit auch das Sonderbetriebsvermögen ihrer Gesellschafter, und zwar sowohl das Sonderbetriebs-

---

[71] BFH, Urt. v. 2.3.1967 IV 32/63, BStBl 1967 III S. 398; Urt. v. 19.2.1997 XI R 1/96, BStBl 1997 II S. 399.

vermögen I als auch das Sonderbetriebsvermögen II. Hierfür ist die Personengesellschaft nach § 141 AO buchführungspflichtig[72]. Die Buchführungspflicht für Sonderbetriebsvermögen darf nicht auf Mitunternehmer übertragen werden[73].

Daraus folgt als Voraussetzung für **gewillkürtes Sonderbetriebsvermögen**: Es muß in der steuerlichen Buchführung der Personengesellschaft als Betriebsvermögen ausgewiesen werden. 132

Ein Wirtschaftsgut kann zum **Gewerbebetrieb eines Gesellschafters** als Einzelunternehmer gehören und zugleich dem Betrieb einer Personengesellschaft, an welcher der Gesellschafter als Mitunternehmer beteiligt ist, zur Nutzung dienen (Sonderbetriebsvermögen I) oder mit der Beteiligung im Zusammenhang stehen (Sonderbetriebsvermögen II). Die Zugehörigkeit zum Sonderbetriebsvermögen geht der Zugehörigkeit zum Betriebsvermögen beim Einzelunternehmen vor[74]. Handelsrechtlich wird das Wirtschaftsgut im Geschäftsvermögen des Einzelunternehmens des Gesellschafters bilanziert. Steuerrechtlich wird es im Sonderbetriebsvermögen des Gesellschafters in der Ergänzungsbilanz der Personengesellschaft bilanziert.

2.3.3.3.7 Kapitalgesellschaften

Eine **Kapitalgesellschaft** hat keine private Sphäre. Daher sind ihr grundsätzlich alle Vermögensgegenstände sachlich zuzuordnen, die in ihrem Namen erworben worden sind[75]. 133

Steuerrechtlich gibt es aber ebenso wie für natürliche Personen auch für juristische Personen eine außerbetriebliche Sphäre, in der Ausgaben nicht abzugsfähig sind. Hierzu rechnen Ausgaben aus einer der „**Liebhaberei**" dienenden Tätigkeit.

Beispiel:
Eine GmbH betreibt ein Bauunternehmen. Sie erwirbt ein Gestüt, das, für sich betrachtet, laufend Verluste erwirtschaftet.

Der Betrieb eines Gestüts ist in der Hand natürlicher Personen als „Liebhaberei" anzusehen. Hierbei entstandene Verluste sind nicht betrieblich erwirtschaftet und daher einkommensteuerrechtlich nicht zu berücksichtigen. Auch wenn eine GmbH als Kaufmann den Umfang ihrer Geschäfte frei bestimmen kann, ist das Betreiben eines Gestüts ein betriebsfremder Vorgang. Die Ausübung dieser Tätigkeit durch die GmbH läßt sich nur aus dem Einfluß und den privaten Neigungen ihrer Gesellschafter erklären. Die GmbH kann zwar keiner „Liebhaberei" nachge-

---
72 BFH, Urt. v. 23.10.1990 VIII R 142/85, BStBl 1991 II S. 401; H 12 (Aufzeichnungs- und Buchführungspflichten) EStH.
73 BFH vom 11.3.1992 XI R 38/89, BStBl 1992 II S. 797; H 12 (Aufzeichnungs- und Buchführungspflichten) EStH.
74 BFH, Urt. v. 18.7.1979 I R 199/75, BStBl 1979 II S. 750.
75 Budde/Karig in: Beck Bil-Komm., § 246 Rdn. 54.

hen. Diese muß aber bei einer natürlichen und juristischen Person steuerlich gleich behandelt werden[76]. Das gilt auch, wenn das Gestüt nach betriebswirtschaftlichen Grundsätzen geführt wird, aber auf die Dauer gesehen nicht nachhaltig mit Gewinn arbeitet. Das Gestüt ist ebenso wie eine von einer natürlichen Person als „Liebhaberei" ausgeübte Tätigkeit für die ertragsteuerliche Behandlung der GmbH ohne Bedeutung. Die in den Bereich des Gestüts fallenden Einnahmen und Ausgaben sind keine Betriebseinnahmen und keine Betriebsausgaben der GmbH im steuerlichen Sinne. Auf den zu versteuernden Gewinn der Gesellschaft können sie sich nicht auswirken[77]. Daher sind Wirtschaftsgüter, die einer Kapitalgesellschaft gehören und die diese im Rahmen einer als „Liebhaberei" zu wertenden Tätigkeit einsetzt, steuerrechtlich nicht zum Betriebsvermögen zu rechnen.

Soweit zum Betriebsvermögen einer Kapitalgesellschaft gehörende Wirtschaftsgüter von Gesellschaftern für deren private Zwecke genutzt werden, wird hierdurch der betriebliche Zusammenhang nicht aufgelöst. In Höhe des Nutzungswerts kann die Privatnutzung aber eine **verdeckte Gewinnausschüttung** sein[78].

2.3.4 Anlagegegenstände und Umlaufgegenstände

134 Die Abgrenzung der Vermögensgegenstände des Anlagevermögens von denen des Umlaufvermögens ist wichtig für
- den **Bilanzausweis** (auf der Aktivseite der Bilanz werden das Anlagevermögen und das Umlaufvermögen getrennt ausgewiesen),
- die **Bewertung** (für Anlagegegenstände und Umlaufgegenstände gelten unterschiedliche Bewertungsmaßstäbe) und
- die **Inventur** (§§ 240, 241 HGB).

135 Gesetzlich ist nur das **Anlagevermögen** definiert. Nach § 247 Abs. 2 HGB sind beim Anlagevermögen auszuweisen
- **nur** die Gegenstände,
- die **bestimmt** sind,
- **dauernd** dem Geschäftsbetrieb zu dienen.

Der Ausweis von Vermögensgegenständen als Anlagegegenstände ist **beschränkt** („nur"). Grund hierfür ist die unterschiedliche Bewertung der Anlagegegenstände und der Umlaufgegenstände. Anlagegegenstände sind nur dann zwingend mit dem niedrigeren Wert auszuweisen, wenn ihre Wertminderung von Dauer ist (§ 253 Abs. 2 Satz 3, 2. Halbsatz HGB). Umlaufgegenstände sind hingegen immer mit dem sich aus einem Börsen- oder Marktpreis ergebenden oder mit dem am Abschlußstichtag beizulegenden niedrigeren Wert anzusetzen (§ 253 Abs. 3 Satz 1 und 2 HGB). Es entspricht eher dem Gläubigerschutz, die Vermögensgegenstände mit einem niedrigeren als mit einem höheren Wert auszuweisen. Da Anlagegegenstände nicht in jedem Fall mit dem niedrigeren Wert anzusetzen

---

[76] BFH, Urt. v. 2.11.1965 I 221/62 S, BStBl 1966 III S. 255.
[77] BFH, Urt. v. 4.3.1970 I R 123/68, BStBl 1970 II S. 470.
[78] Schmidt/Heinicke, EStG § 4 Rz 171.

sind, sondern nur dann, wenn ihre Wertminderung von Dauer ist, hat der Gesetzgeber die Zurechnung zu dieser Vermögensart durch eine besondere Begriffsbestimmung aus Gründen des Gläubigerschutzes eingeschränkt[79].

Das Merkmal „**dauernd**" unterscheidet die Anlagegegenstände von den Umlaufgegenständen. Es ist nicht so zu verstehen, daß Vermögensgegenstände dann zum Anlagevermögen rechnen, wenn sie während einer längeren Zeitdauer dem Geschäftsbetrieb dienen. Es kommt vielmehr darauf an, daß sie öfter dem Betrieb dienen. Umlaufgegenstände dienen nur einmal dem Betrieb, indem sie für betriebliche Zwecke verbraucht, verwertet oder veräußert werden. Anlagegegenstände dienen hingegen mehrmals dem Betrieb, in dem sie genutzt werden[80]. **136**

Anlagegegenstände	Umlaufgegenstände
Nutzung für betriebliche Zwecke	
mehrmals durch • Gebrauch	einmal durch • Verbrauch, • Verwertung, • Veräußerung
Gebrauchsgüter	Verbrauchsgüter

Die Vermögensgegenstände rechnen nicht von vornherein, ihrer Natur oder Art nach, zum Anlagevermögen oder zum Umlaufvermögen. Sie werden vielmehr dazu „**bestimmt**". Die Bestimmung trifft der Kaufmann. Wie die subjektive Bestimmung getroffen worden ist, erkennt man an der objektiven Funktion der Gegenstände im Unternehmen[81]. **137**

Ob ein Wirtschaftsgut zum Anlagevermögen gehört, ergibt sich aus seiner Zweckbestimmung, nicht aus der Bilanzierung. Die Bilanzierung kann aber Anhaltspunkt für die Zuordnung sein, wenn die Zweckbestimmung nicht eindeutig feststellbar ist[82].

Beispiel:
K hat eine Fahrschule und ist außerdem Pkw-Händler. Er kauft 15 neue Pkw. Einer soll Fahrlehrerwagen werden, die übrigen sollen verkauft werden. Der Fahrlehrerwagen soll mehrmals für Fahrschulzwecke verwendet werden und ist damit zum Anlagegegenstand bestimmt. Die übrigen Fahrzeuge sollen nur einmal durch Verkauf dem Betrieb dienen und sind damit zu Umlaufgegenständen bestimmt. Die Bestimmung der Fahrzeuge durch K kommt objektiv durch ihre Verwendung zum Ausdruck.

---

79 So sinngemäß Kropff in: Geßler u. a., AktG § 152 Rdn. 2.
80 BFH, Urt. v. 13. 1. 1972 V R 47/71, BStBl II 1972 S. 744.
81 Schnicke/Reichmann in: Beck Bil-Komm. § 247 Rdn. 352, 354.
82 R 32 Abs. 1 Sätze 1 bis 3 EStR.

138 Ein Wirtschaftsgut des Anlagevermögens, dessen Veräußerung beabsichtigt ist, bleibt so lange Anlagevermögen, wie sich seine bisherige Nutzung nicht ändert, auch wenn bereits vorbereitende Maßnahmen zu seiner Veräußerung getroffen worden sind[83]. Es kommt für die Zurechnung der Vermögensgegenstände zum Anlagevermögen oder zum Umlaufvermögen nicht auf ihre Bestimmung beim Zugang, sondern zum **Abschlußstichtag** an[84].

Beispiel:
Ein Autohändler beschließt, einen Vorführwagen an einen Kunden zu verkaufen. Er benutzt den Pkw seitdem nicht mehr dazu, ihn Kunden vorzuführen. Beim Zugang und solange der Pkw Vorführzwecken gedient hat, rechnete er zum Anlagevermögen. Durch seine Bestimmung zum Verkauf wurde er Umlaufgegenstand. Ist er am Abschlußstichtag noch im Betriebsvermögen, wird er beim Umlaufvermögen ausgewiesen und nach dem Niederstwertprinzip bewertet.

139 Bei Vermögensgegenständen, die **Ausstellungs- oder Vorführzwecken** dienen, kommt es darauf an, ob sie jederzeit zum Verkauf bereitstehen, oder ob sie während der Zeit, in der sie ausgestellt oder den Kunden vorgeführt werden, nicht verkäuflich sind.

Ausstellungs- oder Vorführgegenstände[85]	
Jederzeit verkäuflich	Erst nach der Beendigung der Ausstellungs- oder Vorführzeit verkäuflich
Von Anfang an Umlaufgegenstände	Während der Zeit der Ausstellung oder Vorführung Anlagegegenstände, ab Bereitstellung zum Verkauf Umlaufgegenstände

Beispiele:
Waren in den Schaufenstern werden an Kunden verkauft, wenn diese sich für den Kauf entscheiden (Umlaufgegenstände).

Waren auf einer Verkaufsausstellung werden bereits während der Ausstellung an Interessenten verkauft, jedoch erst nach Beendigung der Ausstellung geliefert (Umlaufgegenstände).

Vorführwagen sind in der Zeit, in der sie Vorführzwecken dienen, unverkäuflich. In dieser Zeit rechnen sie zum Anlagevermögen. Vom Zeitpunkt ihrer Verkäuflichkeit an sind sie Umlaufgegenstände.

---
[83] R 32 Abs. 1 Satz 7 EStR.
[84] Ausschußbericht, S. 98.
[85] BFH, Urteile vom 31. 3. 1977 V R 44/73, BStBl 1977 II S. 684 und vom 17. 11. 1981 VIII R 86/78, BStBl 1982 II S. 344.

2.3.5 Wertansätze

Handelsrechtlich werden die Vermögensgegenstände bewertet: **140**

1. **Vermögensgegenstände des Anlagevermögens**
- Ansatz **höchstens** mit den Anschaffungs- oder Herstellungskosten vermindert um Abschreibungen (§ 253 Abs. 1 Satz 1 HGB);
- **abnutzbare** Anlagegegenstände Anschaffungs- oder Herstellungskosten vermindert um planmäßige Abschreibungen (§ 253 Abs. 2 Sätze 1 und 2 HGB);
- Abschreibung auf den **niedrigeren Wert**
  a) bei vorübergehender Wertminderung Abwertungswahlrecht (§ 253 Abs. 2 Satz 3, erste Alternative HGB)
  b) bei voraussichtlich dauernder Wertminderung Abwertungsgebot (§ 253 Abs. 2 Satz 3, zweite Alternative)
  c) bei Wegfall der Gründe für die Abschreibung auf den niedrigeren Wert
    – Unternehmen außer Kapitalgesellschaften Beibehaltungswahlrecht (§ 253 Abs. 5 HGB)
    – Kapitalgesellschaften Zuschreibungsgebot (§ 280 Abs. 1 HGB). Soll aber in der Steuerbilanz der niedrigere Teilwert beibehalten werden, besteht auch für die Handelsbilanz ein Beibehaltungswahlrecht (§ 280 Abs. 2 HGB);
- Ansatz mit dem **höheren Wert** nach Wegfall der Gründe für die Abschreibung auf den niedrigeren Wert
    – Unternehmen außer Kapitalgesellschaften Zuschreibungswahlrecht (§ 253 Abs. 5 HGB)
    – Kapitalgesellschaften Zuschreibungsgebot (§ 280 Abs. 1 HGB), es sei denn, in der Steuerbilanz wird der niedrigere Teilwert angesetzt (§ 280 Abs. 2 HGB).

2. **Vermögensgegenstände des Umlaufvermögens**
- Ansatz höchstens mit den **Anschaffungs- oder Herstellungskosten** (§ 253 Abs. 1 Satz 1 HGB);
- bei **niedrigerem Wert** Abschreibungsgebot (§ 253 Abs. 3 Satz 2 HGB);
- **höherer Wert** nach Wegfall der Gründe für die Abschreibung auf den niedrigeren Wert
    – Unternehmen außer Kapitalgesellschaften Zuschreibungswahlrecht (§ 253 Abs. 5 HGB)
    – Kapitalgesellschaften Zuschreibungsgebot (§ 280 Abs. 1 HGB), es sei denn, in der Steuerbilanz wird der niedrigere Teilwert angesetzt (§ 280 Abs. 2 HGB)

Steuerrechtlich ist grundsätzlich die handelsrechtliche Bewertung maßgeblich **141** (§ 5 Abs. 1 Satz 1 EStG), wenn nicht die Bewertung steuerlich besonders geregelt ist. Dann sind die steuerlichen Bewertungsvorschriften in der Steuerbilanz zu befolgen, sog. Bewertungsvorbehalt (§ 5 Abs. 6 EStG).
- **Abnutzbare Anlagegegenstände** sind mit den Anschaffungs- oder Herstellungskosten, vermindert um die Absetzungen für Abnutzung nach § 7 EStG

anzusetzen. Ist ihr Teilwert niedriger, kann er angesetzt werden (§ 6 Abs. 1 Nr. 1 EStG). Es besteht also ein Abschreibungsgebot für die Absetzungen für Abnutzung nach § 7 EStG und ein Abschreibungswahlrecht auf den niedrigeren Teilwert. Nach § 7 EStG sind für die planmäßigen Abschreibungen bestimmte Abschreibungsmethoden vorgeschrieben.

- **Nicht abnutzbare Anlagegegenstände** und **Umlaufgegenstände** sind mit den Anschaffungs- oder Herstellungskosten anzusetzen. Statt dessen kann der niedrigere Teilwert angesetzt werden (§ 6 Abs. 1 Nr. 2 EStG). Auch hier besteht ein Abschreibungswahlrecht auf den niedrigeren Teilwert.

Steuerrechtliche Wahlrechte sind in Übereinstimmung mit der handelsrechtlichen Jahresbilanz auszuüben (§ 5 Abs. 1 Satz 2 EStG). Hieraus folgt für die Bewertung, daß ein steuerliches Bewertungswahlrecht bei einem gleichzeitigen handelsrechtlichen Bewertungswahlrecht nur dann in der Steuerbilanz ausgeübt werden kann, wenn hiervon auch in der Handelsbilanz Gebrauch gemacht worden ist. Das ermöglicht § 254 HGB.

141a Für die Bewertung der Vermögensgegenstände/Wirtschaftsgüter in Handels- und Steuerbilanz ergibt sich daher folgender **Zusammenhang**:

Zusammenhang zwischen Handels- und Steuerbilanz	
Handelsbilanz	Steuerbilanz
Anschaffungskosten bei Vermögensgegenständen des Anlage- und des Umlaufvermögens	Anschaffungskosten bei Wirtschaftsgütern des Anlage- und des Umlaufvermögens
Planmäßige Abschreibung der abnutzbaren Anlagegegenstände	Absetzung für Abnutzung der abnutzbaren Anlagegegenstände nach § 7 EStG
Niedrigerer Wert bei Vermögensgegenständen des Anlagevermögens • Vorübergehende Wertminderung: a) Abschreibung auf den niedrigeren Wert b) Beibehaltung der Anschaffungskosten oder Abschreibung auf einen Wert zwischen Anschaffungskosten und niedrigerem Wert • Voraussichtlich dauernde Wertminderung: Abschreibung auf den niedrigeren Wert	Niedrigerer Teilwert bei Wirtschaftsgütern des Anlagevermögens • Vorübergehende Wertminderung: a) Ansatz des Wertes der Handelsbilanz als Teilwert in der Steuerbilanz b) Ansatz des Wertes der Handelsbilanz • Voraussichtlich dauernde Wertminderung: Abschreibung auf den niedrigeren Teilwert
Niedrigerer Wert bei Vermögensgegenständen des Umlaufvermögens	Niedrigerer Teilwert bei Wirtschaftsgütern des Umlaufvermögens
Höherer Wert bei Vermögensgegenständen des Anlage- und des Umlaufvermögens • Beibehaltung des niedrigeren Wertes • Zuschreibung auf den höheren Wert	Höherer Teilwert bei Wirtschaftsgütern des Anlage- und des Umlaufvermögens • Beibehaltung des niedrigeren Teilwertes • Zuschreibung auf den höheren Teilwert

2.4 Anschaffungskosten

2.4.1 Begriff

Anschaffungskosten sind Aufwendungen, 142
- die einem Vermögensgegenstand **einzeln** zugeordnet werden können,
- um ihn zu **erwerben** und
- um ihn in einen **betriebsbereiten Zustand** zu versetzen,
- einschließlich der **Nebenkosten** und der **nachträglichen Anschaffungskosten**
- abzüglich der **Anschaffungspreisminderungen** (§ 255 Abs. 1 HGB).

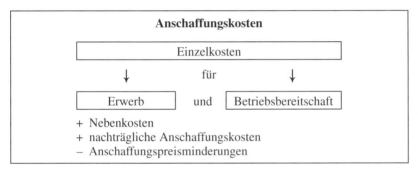

Zu den Anschaffungskosten gehören nur die **Einzelkosten,** nicht auch **Gemein-** 143
kosten.

Einzelkosten	Gemeinkosten
Werden **speziell** für die einzelnen Vermögensgegenstände aufgewendet	Werden **gemeinsam** für alle oder eine Vielzahl von Vermögensgegenständen aufgewendet
Direkte Zurechnung	**Indirekte** Zurechnung

Erwerb ist gegeben, wenn ein Vermögensgegenstand 144
- aus einem fremden in den eigenen Verfügungsbereich gebracht wird,
- derart, daß der Erwerber als Eigentümer hierüber verfügen kann.

Ausgangsgröße für die Anschaffungskosten ist der **Anschaffungspreis**, der nach 145
der Rechnung zu zahlen ist, abzüglich nach § 15 UStG abziehbarer **Vorsteuer**
(§ 9 b EStG).

Mit dem **Erwerb** stehen folgende Aufwendungen im Zusammenhang und sind 146
somit als Anschaffungskosten zu aktivieren:
- Eingangsfrachten
- Rollgelder
- Transportversicherungen

- Provisionsaufwendungen
- Kommissionskosten
- Speditionskosten
- Abladekosten

Beispiel:
Unternehmer U kauft am 1. 7. 00 ein an sein betriebliches Grundstück angrenzendes, mit einem Lagergebäude bebautes Grundstück zum Kaufpreis von 1 200 000 DM. Zur Finanzierung des Kaufpreises hat er eine Hypothek in Höhe von 800 000 DM aufgenommen. Im Jahr 00 sind 38 000 DM Zinsen und folgende weitere Aufwendungen im Zusammenhang mit dem Grundstückskauf angefallen:

Notargebühr für Kaufvertrag und Auflassung		5 444 DM
für Hypothekenbestellung	1 495 DM	
Grunderwerbsteuer		42 000 DM
Grundbuchgebühr für Eigentumsübergang		1 910 DM
für Eintragung der Hypothek	1 310 DM	
Gutachten für die Wertermittlung		1 300 DM
Maklergebühr		32 000 DM
	2 805 DM	82 654 DM

Der **Makler** vermittelt den Kauf des Grundstücks. Das **Wertermittlungsgutachten** ist Grundlage für die Kaufpreisbestimmung. Kaufvertrag und Auflassung sind vom Notar zu **beurkunden**. Bevor nicht die **Grunderwerbsteuer** gezahlt ist und das Finanzamt daraufhin die Unbedenklichkeitsbescheinigung erteilt hat, wird der Erwerber nicht in das Grundbuch eingetragen. Mit der **Eintragung in das Grundbuch** wird der Erwerber Eigentümer des Grundstücks, kann er es also als ihm gehörig nutzen. Alle zur Eintragung des Erwerbers als Eigentümer erforderlichen Aufwendungen sind daher Anschaffungskosten. Zur Eintragung des Erwerbers als Eigentümer war der Betrag von 82 654 DM in dem Beispielsfall erforderlich. Die Aufwendungen sind nur durch den Grundstückserwerb angefallen, diesem also direkt zurechenbar und damit Einzelkosten. Sie rechnen daher auch zu den Anschaffungskosten.

147 Die Bestellung der **Hypothek** dient der Sicherung des Darlehens, das zur Finanzierung des Kaufpreises aufgenommen worden ist. Die Notargebühr für die Bestellung der Hypothek und die Grundbuchgebühr für die Eintragung der Hypothek hängen also mit der Finanzierung der Anschaffung zusammen, sind somit **Finanzierungskosten** und keine Anschaffungskosten des Gegenstandes, dessen Anschaffung finanziert worden ist[86].

148 Zu den Anschaffungskosten rechnen alle Aufwendungen, die bis zur **Betriebsbereitschaft** anfallen. Es gehören daher dazu:

---
[86] Siehe Rdn. 159.

- Montage- und Fundamentierungskosten
- Stand- und Rollgelder
- Abladekosten
- Gebühren für die Erteilung einer Genehmigung zum Bau und Betrieb einer Anlage
- Kosten der behördlichen Abnahme[87]

Beispiel:
Dem Unternehmen wird von der Maschinenfabrik M eine Maschine geliefert. Die Rechnung lautet:

Maschine	*95 000 DM*
Umsatzsteuer	*15 200 DM*
	110 200 DM

Durch eigene Arbeiter wird ein Fundament für die Maschine errichtet. Ein Monteur der Firma M schließt sie an. Für Reisekosten und Spesen stellt M in Rechnung:

Reisekosten, Spesen	*2 500 DM*
Umsatzsteuer	*400 DM*
	2 900 DM

Für die Errichtung des Fundaments ergeben sich anhand der Materialscheine ein Materialaufwand von 4 500 DM und nach den Stundenzetteln ein Lohnaufwand von 9 300 DM. Nach dem Betriebsabrechnungsbogen beträgt der Materialgemeinkostenzuschlag 8 % und der Lohngemeinkostenzuschlag 65 %. Für die Betriebsgenehmigung und die behördliche Abnahme wird eine Gebühr von 850 DM erhoben.

Anschaffungspreis		*95 000 DM*
Fundamentierungskosten:		
Material	*4 500 DM*	
Löhne	*9 300 DM*	*13 800 DM*
Montagekosten		*2 500 DM*
Gebühren		*850 DM*
Anschaffungskosten		*112 150 DM*

Anschaffungskosten sind nur **Einzelkosten** (§ 255 Abs. 1 HGB). Deshalb dürfen **149 Gemeinkosten** für innerbetriebliche Leistungen, im vorstehenden Beispiel die Material- und Lohngemeinkostenzuschläge, nicht als Anschaffungskosten aktiviert werden.

Eigene Aufwendungen für Versuche, Probeläufe und die Einstellung auf ein be- **150** stimmtes Fertigungsprogramm, sog. **Anlaufkosten**, können nicht als Anschaf-

---
[87] Husemann, S. 218 f.

fungskosten aktiviert werden. Es sind laufende Aufwendungen. Werden aber Einstellung und Probelauf einer Maschine vom Lieferanten oder von einem fremden Montagebetrieb gegen besonderes Entgelt durchgeführt, so sind diese Anlaufkosten zusätzliche Anschaffungskosten[88].

2.4.2 Anschaffungszeitpunkt

151 Der Anschaffungsvorgang ist **zeitpunktbezogen**. Angeschaffte Vermögensgegenstände sind dem Kaufmann von dem Zeitpunkt an zuzurechnen, von dem ab sie in seiner wirtschaftlichen Verfügungsgewalt stehen.

Entscheidend ist also die **Erlangung der Verfügungsgewalt**. Das ist der Zeitpunkt, in dem das wirtschaftliche Eigentum i. S. des Steuerrechts übergeht[89]. Eine Maschine ist daher frühestens dann dem Kaufmann zugegangen, wenn der Lieferant sie abgesandt und dem Käufer durch Übergabe von Konnossementen, Ladescheinen, indossablen Lagerscheinen oder Frachtbriefen die Verfügungsgewalt darüber verschafft hat.

Auf die **Bezahlung** kommt es ebenfalls nicht an. Eine vor dem Zugang erfolgte Zahlung ist als „geleistete Anzahlung" zu behandeln[90].

152 Der **Anschaffungszeitpunkt** ist maßgebend für die Bilanzierung des Vermögensgegenstandes beim Erwerber und für den Beginn der Abschreibung. Spätere Aufwendungen für Reparaturen sind auch dann keine Anschaffungskosten, wenn sie in einem zeitlichen Zusammenhang zur Anschaffung stehen. Anschaffungskosten sind auf den Erwerb gerichtet und damit zweckbestimmt. Wird ein Vermögensgegenstand in renovierungsbedürftigem aber betriebsbereitem Zustand erworben, sind Aufwendungen des Erwerbers zur Renovierung keine Anschaffungskosten.

153 Anschaffungskosten können vor und nach dem Anschaffungszeitpunkt anfallen. Vor dem Anschaffungszeitpunkt werden beim Grundstückserwerb Notarkosten für Kaufvertrag und Auflassung, Grundbuchgebühren und Grunderwerbsteuer aufgewendet. Nach dem Anschaffungszeitpunkt entstehen Aufwendungen zur Herbeiführung der Betriebsbereitschaft, z. B. Fundamentierungskosten und Aufwendungen für den Anschluß von Maschinen. Man kann deshalb von einem **Anschaffungskostenzeitraum** sprechen[91].

2.4.3 Umsatzsteuer

154 Wird bei der Anschaffung **Vorsteuer** in Rechnung gestellt, gehört sie insoweit nicht zu den Anschaffungskosten, soweit sie bei der Umsatzsteuer abgezogen werden kann (§ 9 b Abs. 1 EStG). Unternehmer können die ihnen für Lieferungen oder sonstige Leistungen anderer Unternehmer an sie in Rechnung gestellten und

---

[88] Husemann, S. 220.
[89] Ellrott/Schmidt-Wendt in: Beck Bil-Komm. § 255 Rdn. 31.
[90] Husemann, S. 217 f.
[91] Ellrott/Schmidt-Wendt in: Beck Bil-Komm. § 255 Rdn. 33 f.

gesondert ausgewiesenen Umsatzsteuerbeträge als Vorsteuern abziehen (§ 15 Abs. 1 Nr. 1 UStG).

Beispiel:
Unternehmer U errichtete auf seinem betrieblichen Grundstück am 15. 12. 01 (der Zeitpunkt der Ausführungen der Leistungen an U lag vor dem 1.4.1998) ein Betriebsgebäude. Der Bauunternehmer und die Bauhandwerker stellten ihm insgesamt in Rechnung: 900 000 DM zuzüglich 15 % Umsatzsteuer (900 000 DM x 15 % = 135 000 DM). U zog die in Rechnung gestellten Umsatzsteuerbeträge als Vorsteuern ab. Am 20. 12. 04 verkaufte U das Grundstück an den Unternehmer K für 1 500 000 DM, wovon 1 200 000 DM auf das Gebäude und 300 000 DM auf den Grund und Boden entfielen. Die Lieferung an K lag nach dem 31.3.1998. K verwendete das Grundstück ebenfalls als Betriebsgrundstück.

U konnte die ihm in Rechnung gestellten Umsatzsteuerbeträge als **Vorsteuern** abziehen. Sie gehörten daher nicht zu den Anschaffungs- oder Herstellungskosten der Lieferungen und der sonstigen Leistungen, die der Bauunternehmer und die übrigen Bauhandwerker an ihn ausgeführt haben.

Wird der gelieferte Gegenstand für **steuerfreie Umsätze** verwendet, so ist die für die Anlieferung dieses Gegenstands in Rechnung gestellte Umsatzsteuer vom Vorsteuerabzug ausgeschlossen (§ 15 Abs. 2 Nr. 1 UStG). Handelt es sich dabei um ein Grundstück und wird es innerhalb von 10 Jahren seit dem Beginn seiner Verwendung für einen steuerfreien Umsatz verwendet, so ist der Vorsteuerabzug zu berichtigen (§ 15 a Abs. 1 UStG).

Grundstückskäufe fallen unter das Grunderwerbsteuergesetz und sind daher umsatzsteuerfrei (§ 4 Abs. 9 a UStG). Durch den Verkauf des Grundstücks hat U es also für einen steuerfreien Umsatz verwendet.

Es ist hier zwischen zwei Zeitpunkten zu unterscheiden,
- dem Beginn der Verwendung und
- der Verwendung für einen steuerfreien Umsatz.

Hier ist „Beginn der Verwendung" der Beginn der Nutzung des Grundstücks durch den zum Abzug der Vorsteuer Berechtigten, also U. Der 15. 12. 01 ist also der Beginn der Verwendung. Soll der Vorsteuerabzug für U erhalten bleiben, darf er das Grundstück vom 15. 12. 01 an gerechnet 10 Jahre lang, also bis zum 14. 12. 11, nicht für steuerfreie Umsätze verwenden. Ab dem Zeitpunkt der Veräußerung an K (20. 12. 04) bis zum 14. 12. 11 hat also U das Grundstück für Umsätze verwendet, die den Vorsteuerabzug ausschließen[92]. Für jedes Kalenderjahr ist 1/10 der Vorsteuer zurückzuzahlen (§ 15 a Abs. 2 UStG). Der Zeitraum vom 20. 12. 04 bis zum 14. 12. 11 umfaßt 7 Kalenderjahre. U muß also seinen Vorsteuerabzug um 7/10 von 135 000 DM = 94 500 DM mindernd berichtigen.

---

[92] Abschnitt 215 Abs. 1 UStR.

156 Wird der **Vorsteuerabzug** berichtigt, so ändern sich hierdurch nicht die Anschaffungs- oder Herstellungskosten für das Betriebsgebäude des U. U zahlt die berichtigten Vorsteuern an das Finanzamt und hat diese Zahlung als **Betriebsausgabe** zu behandeln. Dasselbe gilt, wenn U nicht eine Rückzahlungsverpflichtung hat, sondern sich der von seiner Umsatzsteuerschuld abziehbare Vorsteueranspruch mindert. Auch die Minderung des Vorsteueranspruchs ist eine Betriebsausgabe (§ 9 b Abs. 2 EStG).

157 U kann aber auch die **Vorsteuerberichtigung vermeiden.** Zu diesem Zweck muß er auf die Umsatzsteuerbefreiung für seinen Umsatz an K verzichten. Diese Möglichkeit hat er nach § 9 Abs. 1 UStG, weil es sich um einen steuerfreien Umsatz nach § 4 Nr. 9 a UStG an einen Unternehmer für dessen Unternehmen handelt. U stellt daher dem K die für den Kauf geschuldete Umsatzsteuer in Rechnung. K kann die Umsatzsteuer gemäß § 15 Abs. 1 UStG als Vorsteuer abziehen. Dem K entsteht also durch die Inrechnungstellung der Umsatzsteuer durch U kein Nachteil. Auf der anderen Seite muß U nicht die Vorsteuern nach § 15 a UStG berichtigen.

158 Der Verkauf des Grundstücks an K ist **grunderwerbsteuerpflichtig.** Verzichtet U auf die Umsatzsteuerbefreiung und stellt er die Umsatzsteuer dem K gesondert in Rechnung, so gehört die Umsatzsteuer zur Bemessungsgrundlage für die Grunderwerbsteuer[93].

Um zusätzliche Berechnungen wegen der wechselseitigen Abhängigkeit der Bemessungsgrundlagen für die Grunderwerbsteuer und die Umsatzsteuer zu vermeiden, ist die Umsatzsteuer nur insoweit der grunderwerbsteuerlichen Gegenleistung hinzuzurechnen, als sie in ihrer Höhe noch nicht durch die Grunderwerbsteuer beeinflußt worden ist[94]. Die Grunderwerbsteuer beträgt also im vorstehenden Beispiel:

Kaufpreis	1 500 000 DM
Umsatzsteuer 16 % x 1 500 000 DM	240 000 DM
Bemessungsgrundlage für die Grunderwerbsteuer	1 740 000 DM
Grunderwerbsteuer 1 740 000 DM x 3,5 %	60 900 DM

Die Grunderwerbsteuer wird von beiden Kaufvertragsparteien geschuldet. In der Regel wird vereinbart, daß der Käufer die Grunderwerbsteuer tragen soll. Das wäre hier K. Soweit er den Anteil des Verkäufers trägt, handelt es sich um zusätzliches Entgelt[95].

Der auf den Verkäufer entfallende und vom Käufer getragene Grunderwerbsteueranteil ist aber nur insoweit der Umsatzsteuer als zusätzliche Gegenleistung des Käufers zu unterwerfen, als er noch nicht durch die Umsatzsteuer beeinflußt

---

[93] BFH, Urt. v. 18. 10. 1972 II R 124/69, BStBl 1973 II S. 126.
[94] FinMin. Niedersachsen, Erlaß vom 6. 6. 1984 – S 4521 – 32 – 323 (im Einvernehmen mit den obersten Finanzbehörden der anderen Bundesländer), StLex Teil II, 14, 8–10, Nr. 1004.
[95] BFH, Urt. v. 10. 7. 1980 V R 23/77, BStBl 1980 II S. 620.

Anschaffungskosten 111

worden ist[96]. Im vorstehenden Beispiel beträgt daher die Umsatzsteuer für den Verkauf des Grundstücks von U an K:

Kaufpreis	1 500 000 DM
Vom Verkäufer geschuldete und vom Käufer als zusätzliches Entgelt getragene Grunderwerbsteuer 1 500 000 DM x 1,75 %	26 250 DM
Bemessungsgrundlage für die Umsatzsteuer	1 526 250 DM
Umsatzsteuer 1 526 250 DM x 16 %	244 200 DM

2.4.4 Finanzierungskosten

Finanzierungskosten für einen Kredit, der zur Finanzierung der Anschaffung **159** eines Vermögensgegenstandes aufgenommen worden ist, sind **Anschaffungskosten für den Kredit** und keine Anschaffungskosten des mit Hilfe des Kredits angeschafften Vermögensgegenstandes. Die Finanzierungskosten sind daher sofort abziehbare Aufwendungen[97]. Sie sind nur dann zusätzliche Anschaffungskosten des Vermögensgegenstandes, wenn sie als Kalkulationselement in den Kaufpreis eingegangen sind[98].

Beispiel:
V hat ein Gebäude errichtet. Es sind 58 000 DM Hypothekenzinsen rückständig. E kauft das Grundstück und übernimmt in Anrechnung auf den Kaufpreis Hypothekenschuld und die rückständige Zinsverbindlichkeit. Die Zinsen sind zusätzliche Anschaffungskosten.

Wird die Herstellung des Vermögensgegenstands durch den Lieferanten mit Hilfe **160** des Kredits des Bestellers finanziert, so sollen nach in der Literatur vertretener Ansicht die Finanzierungskosten zusätzliche Anschaffungskosten sein. Dem liegt der Gedanke zugrunde: Würde nicht der Besteller die Herstellung vorfinanzieren, müßte der Hersteller den Kredit aufnehmen und den Kaufpreis um die Finanzierungskosten und Zinsen erhöhen. Daher seien Finanzierungskosten als Anschaffungskosten aktivierbar, wenn hiermit **Anzahlungen** oder **Vorauszahlungen** des Bestellers von Neuanlagen mit längerer Bauzeit finanziert würden[99].

Aus § 255 Abs. 1 HGB wird sogar auf ein Aktivierungsgebot der Finanzierungskosten geschlossen. Voraussetzung der Einbeziehung der Finanzierungskosten in die Anschaffungskosten sei es aber, daß im Kaufvertrag auf die Zinskomponente hingewiesen sei. Der Betrag der zu aktivierenden Zinsen beschränke sich dann

---
96 Abschnitt 149 Abs. 7 Sätze 4 und 5 UStR.
97 BFH, Urt. v. 24. 5. 1968 VI R 6/67, BStBl 1968 II S. 574; 2. 8. 1977 VIII R 104/74, BStBl 1978 II S. 143.
98 BFH, Urt. v. 19. 4. 1977 VIII R 44/74, BStBl 1977 II S. 600.
99 ADS 6. Auflage, HGB § 255 Rdn. 36 ff.

auf die Zinsen, die auf die Zeit bis zum Abschluß des Anschaffungsvorgangs entfallen[100].

Finanzierungskosten können nach einer anderen Meinung in keinem Fall zu den Anschaffungskosten gerechnet werden, also auch dann nicht, wenn sie mit einer Anzahlung oder Vorauszahlung des Bestellers zusammenhängen. Vorfinanzierte Erwerbsvorgänge seien in einen Kauf- und einen Kreditvertrag zu zerlegen. Die Zinsen stünden daher in jedem Fall mit dem Kredit im Zusammenhang[101].

Nimmt der Besteller einen Kredit auf, um eine Anzahlung leisten zu können, so sind die Kreditzinsen Aufwendungen zur Finanzierung der Anzahlung und keine zusätzlichen Anschaffungskosten. Eine Anzahlung oder Vorauszahlung ist ein vom angeschafften Gegenstand unterschiedlicher Vermögensgegenstand. Zinsen zur Finanzierung der Anschaffung hängen hiermit zusammen. Wirtschaftlich mag es gleich sein, ob der Lieferant die Zinskosten hat und in einem höheren Kaufpreis weitergibt oder ob der Erwerber fremdfinanzierte Anzahlungen leistet und dafür einen entsprechend geringeren Kaufpreis zahlt. Der Bilanzierung darf nur ein verwirklichter und nicht ein anderer möglicher Sachverhalt zugrunde gelegt werden[102].

2.4.5 Zuschüsse

161 **Zuschüsse** sind Zuwendungen, denen keine Leistung des Zuschußempfängers gegenübersteht. Ist daher ein unmittelbarer Zusammenhang mit einer Leistung des Zuschußempfängers feststellbar, handelt es sich nicht um einen Zuschuß. Die Leistung ist als Einnahme zu behandeln[103].

Beispiel:
U bestellt bei H bestimmte Kunststofferzeugnisse. Er leistet Zuschüsse zur Beschaffung von Werkzeugen und Formen, mit denen die Kunststofferzeugnisse gefertigt werden sollen. Die Zuschüsse sollen bei den späteren Lieferungen verrechnet werden. Die „Zuschüsse" stehen mit Leistungen des Empfängers H im Zusammenhang und sind deshalb bei ihm Einnahmen.

162 Besteht zwischen der Zahlung und der Leistung des Empfängers der Zahlung kein unmittelbarer Zusammenhang, gibt es für die Behandlung der Zuschüsse in der **Buchführung** des Zuschußempfängers folgende Möglichkeiten:
- Buchung als Betriebseinnahme. Dann zählt der Zuschuß zu den Anschaffungskosten und erhöht damit die Bemessungsgrundlage für die Abschreibungen. Als Betriebseinnahme kann er von einer Kapitalgesellschaft ausgeschüttet werden.

---

100 Knop/Küting, HdR § 255 Rdn. 28.
101 Husemann, S. 96.
102 Ellrott/Schmidt-Wendt in: Beck Bil-Komm. § 255 Rdn. 501. So auch Schmidt/Glanegger EStG § 6 Rz 140.
103 R 34 Abs. 1 Satz 3 EStR.

- Behandlung erfolgsneutral und nicht als Betriebseinnahme. Der Zuschuß gehört dann nicht zu den Anschaffungskosten und damit auch nicht zur Bemessungsgrundlage für die Abschreibungen. Er kann nicht ausgeschüttet werden.

Handelsrechtlich wird der erfolgsneutralen Behandlung des Zuschusses der Vorzug gegeben. In der Regel wolle der Zuschußgeber, daß der Zuschuß für Investitionen verwendet und nicht ausgeschüttet wird[104]. 163

Wird der Zuschuß nicht als Anschaffungskosten aktiviert und entsprechend auch nicht als Betriebseinnahme behandelt, so erhöht er nicht das Betriebsergebnis, und kann nicht ausgeschüttet werden. Das entspricht dem Grundsatz der Vorsicht und auch im allgemeinen der Absicht des Zuschußgebers, der den Zuschuß nicht gewährt, um höhere Ausschüttungen des Empfängers zu ermöglichen, sondern um bei ihm Investitionen zu fördern.

Der Investitionszweck wird aber nicht ohne weiteres sichergestellt, wenn der Zuschuß nicht als Anschaffungskosten bilanziert wird. Dann wird der Zuschuß nicht gebucht und kann daher von vornherein privat vereinnahmt werden.

Außerdem widerspricht es dem Grundsatz der Bilanzwahrheit, Zuschüsse von den Anschaffungs- oder Herstellungskosten der Anlagen zu mindern und die Zugänge um die Subventionen gekürzt auszuweisen. Auf der anderen Seite würde es aber dem Investitionszweck zuwiderlaufen, den Zuschuß im Jahr des Zufließens erfolgswirksam zu vereinnahmen. Daher sind die Anschaffungs- oder Herstellungskosten des subventionierten Anlagegegenstandes ungekürzt zu aktivieren und ist in Höhe des Zuschusses ein Rechnungsabgrenzungsposten zu passivieren. Dieser ist in den Jahren der Nutzung des subventionierten Anlagegegenstandes über Ertrag aufzulösen[105].

Dieselbe Wirkung ist zu erzielen, wenn statt des Rechnungsabgrenzungspostens ein gesonderter Passivposten i. S. von § 265 Abs. 5 Satz 2 HGB bilanziert wird. Dieser Posten muß so bezeichnet werden, daß hieraus die Art der in ihm eingestellten Zuschüsse ersichtlich wird. Er ist entsprechend den Abschreibungen des angeschafften Vermögensgegenstandes aufzulösen[106].

Steuerrechtlich hat der Zuschußempfänger grundsätzlich ein Wahlrecht, wenn Anlagegegenstände mit Zuschüssen aus öffentlichen oder privaten Mitteln angeschafft oder hergestellt werden[107]: 164
- Ansatz der Zuschüsse als Einnahmen und Zurechnung zu den Anschaffungs- oder Herstellungskosten des Anlagegegenstandes oder
- Behandlung der Zuschüsse erfolgsneutral und Ansatz des angeschafften oder hergestellten Anlagegegenstandes nur mit den eigenen Anschaffungs- oder Herstellungskosten des Zuschußempfängers.

---

104 ADS 6. Auflage, HGB § 255 Rdn. 56; Kropff in: Geßler u. a., § 153 Rdn. 11.
105 Husemann, S. 100.
106 Ellrott/Schmidt-Wendt in: Beck Bil-Komm. § 255 Rdn. 118; ADS 6. Auflage, HGB § 255 Rdn. 57.
107 R 34 Abs. 2 EStR.

Beispiel:
Unternehmer U schafft eine Maschine für 100 000 DM an. Zum Ausgleich von Standortnachteilen erhält er von der öffentlichen Hand einen Zuschuß in Höhe von 20 000 DM. Behandelt U den Zuschuß als Betriebseinnahme und damit als Ertrag, so rechnet er zu den Anschaffungskosten und damit zur Bemessungsgrundlage für die Abschreibungen. U schreibt dann die Maschine von 100 000 DM Anschaffungskosten ab. Setzt U aber den Zuschuß nicht als Betriebseinnahme an, gehört er nicht zu den Anschaffungskosten. Dann sind 80 000 DM Bemessungsgrundlage für die Abschreibungen.

Voraussetzung für die erfolgsneutrale Behandlung der Zuschüsse in der Steuerbilanz ist, daß in der Handelsbilanz ebenso verfahren wird. Wurden in der Handelsbilanz die Anschaffungskosten zunächst ohne Zuschuß ausgewiesen und wird später der Zuschuß den Anschaffungskosten zugeschrieben, ist auch in der Steuerbilanz auf den höheren Wert zuzuschreiben[108]. Hierdurch wird gewährleistet, daß eine aufgrund einer erfolgsneutralen Behandlung eines Zuschusses erzielte Steuerersparnis nicht handelsrechtlich für Ausschüttungen verwendet wird. Hinsichtlich der Behandlung der Zuschüsse stimmen also Handels- und Steuerbilanz überein.

Werden Zuschüsse **nicht in demselben Wirtschaftsjahr vereinnahmt**, in dem der Anlagegegenstand angeschafft wird, geschieht die steuerneutrale Behandlung wie folgt[109]:

Zuschußgewährung	
nach dem Wirtschaftsjahr der Anschaffung	vor dem Wirtschaftsjahr der Anschaffung
Im Wirtschaftsjahr vor der Zuschußgewährung: AfA von den eigenen Anschaffungskosten	Buchung des Zuschusses im Wirtschaftsjahr vor der Anschaffung: Finanzkonto an steuerfreie Rücklage.
Buchung im Wirtschaftsjahr der Zuschußgewährung: ⇨ Finanzkonto an Konto Anlagegut	Buchung im Wirtschaftsjahr der Anschaffung: ⇨ Steuerfreie Rücklage an Konto Anlagegut
AfA künftig von den geminderten Anschaffungskosten	

Wird der Zuschuß vor dem Wirtschaftsjahr der Anschaffung gewährt, so ist Voraussetzung für die Bildung einer steuerfreien Rücklage in der Steuerbilanz im Wirtschaftsjahr der Zuschußzahlung, daß in der handelsrechtlichen Jahresbilanz

---
108 R 34 Abs. 2 Sätze 4 und 5 EStR.
109 R 34 Abs. 3 und 4, R 43 Abs. 4 EStR.

Anschaffungskosten

ein entsprechender Passivposten in mindestens gleicher Höhe ausgewiesen wird[110]. Hierdurch wird sichergestellt, daß eine Steuerersparnis durch erfolgsneutrale Buchung eines Zuschusses in einem Wirtschaftsjahr vor der Anschaffung nicht zu Ausschüttungen verwendet wird und Handels- und Steuerbilanz hinsichtlich des Ansatzes des Passivpostens übereinstimmen.

Investitionszulagen mindern nicht die Anschaffungs- oder Herstellungskosten 165 und werden steuerlich nicht als Einnahmen behandelt (§ 10 InvZulG 1996, § 19 Abs. 9 BerlinFG)[111].

2.4.6 Nachträgliche Anschaffungskosten

Nachträgliche Anschaffungskosten sind Aufwendungen, die nach dem Erwerb 166 des Vermögensgegenstandes aufgebracht werden und den Vermögensgegenstand in einen betriebsbereiten Zustand versetzen, auch wenn das längere Zeit nach dem Erwerb geschieht. Hierzu rechnen auch Aufwendungen, die eine andere als die bisherige Nutzung des Vermögensgegenstands ermöglichen[112].

Beispiel:
Unternehmer U erwirbt im Jahr 00 ein unbebautes Grundstück und nutzt es als Lagerplatz. Im Jahr 05 wird der Bebauungsplan geändert und das Grundstück als Baugrundstück ausgewiesen. U wird zu Straßenanlieger- und Erschließungsbeiträgen herangezogen. Durch den Ausweis des Grundstücks als Bauland hat sich die Nutzbarkeit geändert. Die Straßenanlieger- und Erschließungsbeiträge sind daher nachträgliche Anschaffungskosten.

Es gehören hierzu nachträgliche Aufwendungen auf den angeschafften Vermögensgegenstand, die diesen erweitern oder über seinen ursprünglichen Zustand hinaus wesentlich verbessern und auch später zu zahlende Straßenanliegerbeiträge, Erschließungsbeiträge und Kanalanschlußgebühren. Hierzu rechnen auch nachträgliche Erhöhungen des Anschaffungspreises oder der Anschaffungsnebenkosten[113]. Zu „anschaffungsnaher Aufwand" s. Rdn. 239 ff.

2.4.7 Tausch

Bei einem Tausch ist die Gegenleistung für den angeschafften Gegenstand der 167 hingegebene Gegenstand. Wie bei einem Kauf werden die Anschaffungskosten nach dem Wert der Gegenleistung bemessen. Beim Kauf ist Gegenleistung und damit Bemessungsgrundlage der Anschaffungskosten der Kaufpreis, beim Tausch ist es entsprechend der Wert des hingegebenen Gegenstandes.

---
110 R 34 Abs. 4 Satz 2 EStR.
111 H 34 (Investitionszulagen) EStH.
112 Regierungsentwurf, S. 88.
113 ADS 6. Auflage, HGB § 255 Rdn. 40 ff.

168 **Handelsrechtlich** sind aber im Grundsatz drei Möglichkeiten wahlweise gegeben[114]:
- Bei der **Buchwertfortführung** darf der eingetauschte Gegenstand höchstens zu dem Betrag angesetzt werden, mit dem der hingegebene Gegenstand zuletzt hätte bilanziert werden können.
- Bei der **Gewinnrealisierung** wird der eingetauschte Gegenstand zum Zeitwert des hingegebenen Gegenstandes, höchstens aber zum vorsichtig geschätzten Zeitwert des eingetauschten Gegenstandes bewertet.
- Bei der **ergebnisneutralen** Behandlung wird grundsätzlich die Buchwertfortführung angewendet, aber insoweit ein Gewinn realisiert, als das erforderlich ist, um die mit dem Tausch verbundene zusätzliche Ertragsteuerbelastung im Ergebnis zu neutralisieren.

169 **Steuerrechtlich** führt der Tausch grundsätzlich zur Gewinnrealisierung. Bemessungsgrundlage der Anschaffungskosten ist daher der gemeine Wert des hingegebenen Gegenstandes[115]. Das ist der Preis, der im gewöhnlichen Geschäftsverkehr nach der Beschaffenheit des Wirtschaftsguts bei einer Veräußerung zu erzielen wäre (§ 9 Abs. 2 BewG).

170 Der **gemeine Wert,** der im gewöhnlichen Geschäftsverkehr erzielbare Preis, ist das erzielbare Entgelt zuzüglich Umsatzsteuer. Der gemeine Wert schließt also grundsätzlich die Umsatzsteuer ein. Da aber die Anschaffungskosten bei einem zum Vorsteuerabzug berechtigten Unternehmer die Vorsteuer nicht enthalten (§ 9b EStG), ist für die Berechnung der Anschaffungskosten des beim Tausch erworbenen Gegenstandes der gemeine Wert des beim Tausch hingegebenen Gegenstands um die Umsatzsteuer zu mindern.

Beispiel:
Unternehmer U tauscht seinen betrieblichen Pkw, der einen gemeinen Wert von 15 000 DM hat, gegen einen Pkw, dessen gemeiner Wert 17 000 DM beträgt. Das Entgelt für den empfangenen Pkw ist der gemeine Wert des abgegebenen Pkw. Dieser umfaßt auch die Umsatzsteuer.

Bruttoentgelt für den empfangenen Pkw	*15 000 DM*
Umsatzsteuer: 15 000 DM x 16/116 =	*− 2 069 DM*
Anschaffungskosten	*12 931 DM*

171 Die stillen Reserven im hingegebenen Tauschgegenstand sind in voller Höhe aufzulösen, auch wenn der gemeine Wert über seinen ursprünglichen Anschaffungs- oder Herstellungskosten liegt. Nach § 253 Abs. 1 Satz 1 HGB sind Vermögensgegenstände zwar höchstens mit den Anschaffungs- oder Herstellungskosten vermindert um Abschreibungen anzusetzen. Das betrifft aber nur den Wertansatz in

---

114 ADS 6. Auflage, HGB § 255 Rdn. 89 ff.
115 BFH, Urt. v. 27. 5. 1970 IV R 222/69, BStBl 1970 II S. 743; 14. 12. 1982 VIII R 53/81, BStBl 1983 II S. 303. So auch Husemann, S. 104.

Anschaffungskosten

der Bilanz als Ausfluß des Realisationsprinzips. Beim Ausscheiden aus dem Betriebsvermögen im Zuge eines Tausches werden die stillen Reserven auch über die Grenze des § 253 Abs. 1 Satz 1 HGB hinaus realisiert. Würde der hingetauschte Gegenstand zuerst verkauft und würde dann vom Erlös ein neuer Vermögensgegenstand gekauft, so würden seine stillen Rücklagen unbegrenzt durch seine Anschaffungs- oder Herstellungskosten aufgedeckt. Das muß auch gelten, wenn direkt getauscht wird.

Sind die gemeinen Werte der Tauschgegenstände nicht gleich, so wird der Wertunterschied in der Regel durch eine Zuzahlung ausgeglichen. Es handelt sich dann um einen **Tausch mit Baraufgabe**. Die Anschaffungskosten des empfangenen Vermögensgegenstands bestehen dann aus dem gemeinen Wert des hingegebenen Vermögensgegenstands abzüglich der darin enthaltenen Umsatzsteuer zuzüglich der Zuzahlung.

Beispiel:

Unternehmer U kauft einen Pkw zum Listenpreis von	*38 000 DM*
zuzüglich Umsatzsteuer in Höhe von	*6 080 DM*
insgesamt	*44 080 DM*

U gibt seinen bisherigen betrieblichen Pkw in Zahlung, der einen gemeinen Wert von 9 280 DM und einen Buchwert von 5 000 DM hat. U wendet also zum Erwerb des neuen Pkw auf:

Gemeiner Wert des Altwagens	*9 280 DM*
+ Zuzahlung durch Banküberweisung	*34 800 DM*
insgesamt	*44 080 DM*
Auf die Vorsteuer entfallen 16/116 x 44 080	*– 6 080 DM*
Die Anschaffungskosten betragen also	*38 000 DM*

Buchungen:

S	Pkw		H	S	sonst. Verbindlichk.		H
1.1.	5 000	2)	5 000	2)	9 280	1)	44 080
1)	38 000			3)	34 800		

S	sonst. Erträge		H	S	Vorsteuer		H
		2)	3 000	1)	6 080		

S	Bank		H	S	USt-Schuld		H
		3)	34 800			2)	1 280

1) Lieferung des neuen Pkw für 38 000 DM + 6 080 DM USt.
2) Inzahlunggebung des alten Pkw zum gemeinen Wert von 9 280 DM einschließlich 1 280 DM USt.
3) Überweisung des Restbetrages von 34 800 DM an den Pkw-Händler.

173 Oft werden gebrauchte Pkw zu über ihrem gemeinen Wert liegenden Beträgen in Zahlung genommen. Es handelt sich dann um einen **verdeckten Preisnachlaß**. Der Mehrbetrag gehört daher nicht zu den Anschaffungskosten des neuen Pkw und auch nicht zum sonstigen Ertrag bei der Veräußerung des gebrauchten Pkw.

Beispiel:
Im vorstehenden Beispiel hat der gebrauchte Pkw des U einen gemeinen Wert von 8120 DM. Der Händler erteilt U folgende Rechnung:

Pkw Listenpreis	38 000 DM
Umsatzsteuer	+ 6 080 DM
	44 080 DM
Inzahlungnahme des gebrauchten Pkw	− 9 280 DM
Restbetrag	34 800 DM

Das Entgelt für den von H an U gelieferten neuen Pkw beträgt:

Restzahlung	34 800 DM
gemeiner Wert des gebrauchten Pkw	+ 8 120 DM
Zu zahlender Betrag	42 920 DM
darin enthaltene USt (42 920 DM x 16/116)	− 5 920 DM
Anschaffungskosten	37 000 DM

174 Steuerrechtlich werden nur bei einem Tausch von **Anteilen an Kapitalgesellschaften** die eingetauschten Anteile mit den Buchwerten der hingetauschten Anteile angesetzt, wenn bei wirtschaftlicher Betrachtung Wert-, Art- und Funktionsgleichheit besteht[116].

175 Im **Flurbereinigungsverfahren** (Umlegungsverfahren) werden die eingebrachten und die zugeteilten Grundstücke grundsätzlich als wirtschaftlich identisch gewertet. Es tritt daher keine Gewinnrealisierung ein. Die Betriebsvermögenseigenschaft der eingebrachten Grundstücke setzt sich an den erlangten Grundstücken unverändert fort[117]. Ein im Flurbereinigungsverfahren erworbenes Grundstück ist daher mit dem Buchwert des in das Flurbereinigungsverfahren eingebrachten Grundstücks anzusetzen, so daß durch diesen Vorgang kein Gewinn realisiert wird. Erst bei einem späteren Verkauf des erworbenen Grundstücks können daher stille Reserven realisiert werden.

---

[116] BFH, Gutachten vom 16. 12. 1958, I D 1/57 S, BStBl 1959 III S. 30 (sog. Tauschgutachten); zur Anwendung des Tauschgutachtens s. BMF-Schreiben vom 9.2.1998 – IV B 2 – S 1909 – 5/98, BB 1998 S. 523.
[117] BFH, Urt. v. 13. 3. 1986 IV R 1/84, BStBl 1986 II S. 711.

Anschaffungskosten

Beispiel:
Es wird ein Flurbereinigungsverfahren durchgeführt. 2500 qm seiner Betriebsgrundstücke bringt der Unternehmer U in das Flurbereinigungsverfahren ein:

Buchwert	*25 000 DM*
gemeiner Wert 2500 x 60 DM	*150 000 DM*
U erhält eine Fläche von 2400 qm mit einem gemeinen Wert von 65 DM/qm: 2 400 x 65 DM =	*156 000 DM*

Nach Tauschgrundsätzen wären hier die Anschaffungskosten für das angeschaffte Wirtschaftsgut mit dem gemeinen Wert des hingegebenen Wirtschaftsguts zu bemessen. U müßte hiernach das erworbene Wirtschaftsgut mit 150 000 DM Anschaffungsosten ansetzen. Da es sich um ein Flurbereinigungsverfahren handelt, ist das erworbene Grundstück mit dem Buchwert des in das Flurbereinigungsverfahren eingebrachten Grundstücks anzusetzen, also mit 25 000 DM.

2.4.8 Sacheinlagen

Sacheinlagen gibt es bei folgenden Tatbeständen:
- Einzelkaufleute überführen Gegenstände aus dem Privatvermögen in das Betriebsvermögen,
- Gesellschafter machen eine Sacheinlage gegen Gewährung von Gesellschaftsrechten,
- Sacheinlagen bei der Gründung von Einzelunternehmen oder Gesellschaften.

Handelsrechtlich werden die eingelegten Vermögensgegenstände mit ihren Zeitwerten im Zeitpunkt der Einlage aktiviert. Nach den Gepflogenheiten vorsichtiger Kaufleute wird dabei nicht über die ursprünglichen Anschaffungskosten, vermindert um planmäßige Abschreibungen, hinausgegangen. Auch Sacheinlagen in Kapitalgesellschaften werden mit ihren Zeitwerten angesetzt[118]. Ist der Nennwert der hierfür an den Einlegenden ausgegebenen Anteile geringer, so wird der Differenzbetrag der Kapitalrücklage zugeführt (§ 272 Abs. 2 HGB).

Steuerrechtlich liegt bei der Überführung eines Wirtschaftsguts aus dem Privatvermögen in ein Betriebsvermögen eine **Einlage** vor, die mit dem Teilwert zu bewerten ist. Wurde das zugeführte Wirtschaftsgut innerhalb der letzten drei Jahre vor dem Zeitpunkt der Zuführung angeschafft oder hergestellt, so ist es höchstens mit den Anschaffungs- oder Herstellungskosten, vermindert um auf die Zeit zwischen Anschaffung oder Herstellung und der Einlage entfallende AfA, anzusetzen. Wurde das Wirtschaftsgut vor der Einlage aus einem Betriebsvermögen des Einbringenden entnommen, so tritt an die Stelle der Anschaffungs- oder Herstellungskosten der Wert, mit dem die Entnahme angesetzt worden ist, und an die Stelle des Zeitpunkts der Anschaffung oder Herstellung der Zeitpunkt der Entnahme (§ 6 Abs. 1 Nr. 5 EStG).

---
118 Husemann, S. 106 f.

2.4.9 Rente

179 Bei Erwerb gegen Rente ist der Barwert der Rente als Anschaffungskosten anzusehen. Bei einer Leibrente wird der Wert nach §§ 15 und 16 BewG geschätzt[119]. Berechnen die Beteiligten den Kaufpreis nach versicherungsmathematischen Grundsätzen, so ist dieser Wert als Anschaffungskosten zugrunde zu legen[120]. Werden die Rentenzahlungen nachträglich aufgrund einer **Wertsicherungsklausel** erhöht, so hat das keinen Einfluß auf den Kaufpreis, da damit nur an den ursprünglichen Wert angepaßt wird. Ebensowenig werden die Anschaffungskosten gemindert, wenn später die Rente gekürzt wird. Mit der Buchung Anlagegegenstand an Rentenverpflichtung ist das Anschaffungsgeschäft beendet. Spätere Vorgänge wirken sich daher nur auf das Finanzierungsgeschäft und damit auf die Rentenverpflichtung aus[121].

2.4.10 Abstandszahlungen

180 **Abstandszahlungen** des Erwerbers an Mieter, Pächter, Nießbraucher oder andere Nutzungsberechtigte, um sie zur vorzeitigen Räumung des Grundstücks zu veranlassen, sind keine Anschaffungskosten[122]. Die Zahlung ist ein Entgelt dafür, daß der Erwerber das Grundstück bereits vor Ablauf des Nutzungsvertrags, den der Nutzungsberechtigte mit dem Veräußerer geschlossen hat, nutzen kann. Der Erwerber erlangt daher einen besonderen Vorteil. Es ist zu unterscheiden:
- Nutzt der Erwerber das Grundstück so, wie er es angeschafft hat, so ist der Vorteil ein selbständiges Wirtschaftsgut. Die Abstandszahlung ist gleichmäßig auf die Zeit zwischen der vorzeitigen Räumung und der vertragsgemäßen Beendigung der Nutzung zu verteilen[123].
- Läßt der Erwerber das Gebäude abreißen und ein neues Gebäude errichten, so soll die Abstandszahlung nach der Rechtsprechung des BFH Teil der Herstellungskosten des neuen Gebäudes sein[124].

Gegen die Aktivierung als Herstellungskosten des neuen Gebäudes wird eingewendet, die erworbene vorzeitige Nutzungsmöglichkeit am Altgebäude gehe mit dessen Abbruch unter[125]. Es sind drei Vorgänge zu unterscheiden: Anschaffung des alten Gebäudes, Erwerb des Wirtschaftsguts „vorzeitige Nutzbarkeit" und Herstellung des neuen Gebäudes. Ebensowenig wie die Abstandszahlung Teil der Anschaffungskosten sein kann, ist sie als Teil der Herstellungskosten zu rechnen. Es handelt sich um Anschaffungskosten für ein selbständiges Wirtschaftsgut. Dieses geht mit dem Abbruch des Altgebäudes unter.

---

[119] BFH, Urt. v. 11. 10. 1963 VI 162/61 S, BStBl 1964 III S. 8.
[120] BFH, Urt. v. 30. 7. 1965 VI 264/64 U, BStBl 1965 III S. 663.
[121] Clemm/Nonnenmacher in: Beck Bil-Komm. § 253 Rdn. 90.
[122] BFH, Urt. v. 29. 7. 1970 I 130/65, BStBl 1970 II S. 810.
[123] BFH, Beschl. v. 2. 3. 1970 GrS 1/69, BStBl 1970 II S. 382.
[124] BFH, Urt. v. 1. 10. 1975 I R 243/73, BStBl 1976 II S. 184.
[125] Ellrott/Schmidt-Wendt in: Beck Bil-Komm. § 255 Rdn. 325.

2.4.11 Reisekosten

Reisekosten zur Besichtigung von Grundstücken können vorweggenommene **181**
Betriebsausgaben oder Anschaffungskosten sein.

Beispiel:

U besichtigt mehrere Grundstücke und kauft schließlich eines davon.

Die Fahrtkosten und Verpflegungsmehraufwendungen, die durch die Besichtigungsfahrten veranlaßt sind, hängen mit der Einkunftserzielung zusammen, wenn die Entscheidung, Einkünfte zu erzielen, endgültig gefallen ist. Es ist dabei nicht ausschlaggebend, daß sich der Entschluß auf ein bestimmtes Grundstück bezogen hat. Die Tatsache, daß nach der Besichtigung einer Anzahl gleichartiger Objekte eines davon innerhalb angemessener Zeit erworben wird, ist Beweis des ersten Anscheins dafür, daß der Entschluß zur Begründung der Einkunftserzielung von Anfang an gefaßt war.

Die Aufwendungen für die nicht erworbenen Grundstücke sind sofort abziehbare Aufwendungen. Sie zählen nicht zu den Anschaffungskosten des erworbenen Grundstücks, da sie nicht dazu dienen, dieses Grundstück von der fremden in die eigene Verfügungsmacht zu bringen und auch nicht werterhöhend in das angeschaffte Grundstück eingegangen sind. Die Reisekosten, die dem erworbenen Grundstück zugeordnet werden können, sind Teil seiner Anschaffungskosten[126].

2.4.12 Unentgeltlicher Erwerb

Unentgeltlicher Erwerb liegt vor bei: **182**
- Schenkung
- Vermächtnis
- Pflichtteil
- Erwerb von Todes wegen
- Vermögensübertragungen von Eltern auf Kinder, es sei denn, Leistung und Gegenleistung sind gleichwertig, oder sie wurden nach kaufmännischen Erwägungen gegeneinander abgewogen.

Bei **beiderseitigen Leistungen** kommt es für die Bilanzierung darauf an, ob die **183**
Leistungen objektiv gleichwertig sind oder nicht.
- Sind die Leistungen **objektiv gleichwertig**, liegt stets ein entgeltlicher Erwerb vor.
- Sind die Leistungen **objektiv ungleichwertig**, kommt es darauf an, ob die Parteien eine unentgeltliche Vermögensverschiebung wollen.
  a) Geht der übereinstimmende Wille darauf hinaus, daß der wertmäßig überschießende Teil der einen Leistung unentgeltlich zugewendet sein soll, so handelt es sich um eine gemischte Schenkung.

---
[126] BFH, Urt. v. 10. 3. 1981 VIII R 195/77, BStBl 1981 II S. 470.

b) Fehlt aber der übereinstimmende Wille, daß ein Teil unentgeltlich zugewendet werden soll, ist das Geschäft insgesamt entgeltlich.

Beispiel:
Das Mißverhältnis zwischen den beiderseitigen Leistungen beruht auf unterschiedlichen Einschätzungen der Parteien. Es handelt sich um einen Notverkauf der einen Partei. Es wird bewußt ein Preisnachlaß gewährt.

184 Eine **gemischte Schenkung** ist in einen unentgeltlichen und einen entgeltlichen Vorgang aufzuteilen[127].

185 Von der gemischten Schenkung ist die **Schenkung unter Auflage** zu unterscheiden. Hierbei verpflichtet der Schenker den Beschenkten zu einer Zuwendung aus dem geschenkten Gegenstand. Rechtlich ist die Zuwendung eine Schenkung. Wirtschaftlich können aber die Leistungen in Erfüllung der Auflage Aufwendungen für den Erwerb und damit Anschaffungskosten sein.

Es ist hierbei zu unterscheiden: Sind es **Versorgungsleistungen** an den Schenker, so handelt es sich insoweit nicht um Entgelt. Der Übertragende hat sich gewissermaßen Früchte des übertragenen Gegenstands zurückbehalten. Wird aber der Beschenkte **zu Leistungen an Dritte verpflichtet**, etwa zu Gleichstellungsgeldern an Angehörige, oder übernimmt er Verbindlichkeiten oder sagt er eine Abstandszahlung zu, so sind das Anschaffungskosten des Erwerbers[128].

186 Wird ein Grundstück unter **Vorbehalt des Nießbrauchs** oder eines **anderen Nutzungsrechts** unentgeltlich übertragen, so stellt der Wert des Nießbrauchs nicht Entgelt für das Grundstück dar. In dieser Höhe liegen daher keine Anschaffungskosten vor. Das Nutzungsrecht mindert vielmehr von vornherein den Wert des übertragenen Vermögens[129].

187 Bei unentgeltlichem Erwerb eines **Betriebs, Teilbetriebs** oder **Mitunternehmeranteils** werden die Vermögensgegenstände mit den Werten angesetzt, die sie beim Rechtsvorgänger hatten (§ 7 Abs. 1 EStDV). Der Erwerb ist auch dann unentgeltlich, wenn solche Vermögensübertragungen gegen Versorgungsleistungen geschehen. Die Versorgungsleistungen stellen weder Veräußerungsentgelt noch Anschaffungskosten dar[130]. Auch wenn ein Betrieb zu einem Entgelt bis zur Höhe seines Buchwerts erworben wird, sind vom Erwerber die Buchwerte fortzuführen[131].

188 Werden **einzelne Wirtschaftsgüter** unentgeltlich erworben, so werden regelmäßig nicht die Werte des Rechtsvorgängers fortgesetzt.

Handelsrechtlich besteht nach den Grundsätzen der Bilanzwahrheit und Bilanzvollständigkeit ein Aktivierungsgebot für unentgeltlich erworbene Vermögens-

---
[127] Husemann, S. 108 ff.
[128] BFH, Beschl. v. 5.7.1990 GrS 4–6/89, BStBl 1990 II S. 847.
[129] BFH, Urt. v. 7.6.1994 IX R 33/92, BStBl 1994 II S. 927.
[130] BFH, Beschl. v. 15.7.1991 GrS 1/90, BStBl 1992 II S. 78.
[131] Ellrott/Schmidt-Wendt in: Beck Bil-Komm. § 255 Rdn. 103.

gegenstände. Sie sind mit ihren Zeitwerten anzusetzen, wenn der Zuwendende dem Unternehmen einen Vermögensvorteil verschaffen wollte[132].

Steuerrechtlich ist zu unterscheiden, ob das erworbene Wirtschaftsgut beim Rechtsvorgänger zum Betriebsvermögen (§ 7 Abs. 2 EStDV) oder zum Privatvermögen (§ 11 d EStDV) gehört hat.

Unentgeltlicher Erwerb		
Wirtschaftsgut des Betriebsvermögens		Wirtschaftsgut des Privatvermögens
Erwerb aus betrieblichem Anlaß	Erwerb aus privatem Anlaß	
gemeiner Wert	Teilwert	Wert des Rechtsvorgängers

Der **gemeine Wert** ist der im gewöhnlichen Geschäftsverkehr erzielbare Preis, der die Umsatzsteuer einschließt. Zur Ermittlung der Anschaffungskosten ist daher die Umsatzsteuer abzuziehen.

Ein Erwerb aus **privatem Anlaß** findet zunächst auf privater Ebene statt. Der Gegenstand gelangt durch Einlage in das Betriebsvermögen des Erwerbers und ist daher mit dem Teilwert anzusetzen.

In seiner früheren Rechtsprechung behandelte der BFH **Erbauseinandersetzungen** einheitlich mit den vorangegangenen Erbfällen als unentgeltliche Vorgänge, wenn sie innerhalb angemessener Frist nach dem Erbfall durchgeführt wurden. Die Erben und Vermächtnisnehmer setzten bei den empfangenen Vermögensgegenständen die Person des Erblassers fort. Gehörten die Vermögensgegenstände beim Erblasser zum Betriebsvermögen, rechneten sie auch beim Empfänger zum Betriebsvermögen. Führte dieser sie seinem Betriebsvermögen zu, wurden die stillen Reserven nicht aufgelöst. Brachte er sie in sein Privatvermögen, hatte er das als Entnahme zu behandeln mit der Folge der Auflösung der stillen Reserven. Ausgleichszahlungen im Rahmen der Erbauseinandersetzung wurden steuerneutral behandelt.

189

In seiner späteren, jetzt maßgebenden Rechtsprechung[133] folgt der BFH der Regelung im Zivilrecht, wonach der Erbe oder die Erbengemeinschaft in die Rechtsposition des Erblassers eintritt (§§ 1922, 2032 BGB). Daher ist der Erwerb von der Erbengemeinschaft im Rahmen der Erbauseinandersetzung ein rechtsgeschäftlicher Erwerb unter Lebenden. Leistet der Erwerber eines Nachlaßgegenstands **Ausgleichszahlungen** aus seinem Vermögen, so handelt es sich insoweit um Anschaffungskosten für den erworbenen Vermögensgegenstand. Das ist un-

---
132 ADS 6. Auflage, HGB § 255 Rdn. 84.
133 BFH, Urt. v. 28. 1. 1987 I R 85/80, BStBl 1987 II S. 616 und 6. 2. 1987 III R 203/83, BStBl 1987 S. 423; Beschl. v. 5. 7. 1990 GrS 2/89, BStBl 1990 II S. 837.

abhängig davon, ob die Ausgleichszahlungen rechtsgeschäftlich vereinbart wurden, oder ob sie auf einer testamentarischen Anordnung beruhen.

2.4.13 Aufteilung auf Gebäude und Grund und Boden

190 Gebäude und Gebäudeteile sind abnutzbar und werden planmäßig abgeschrieben. Der Grund und Boden ist nicht abnutzbar. Er wird nur, bei einem Absinken des tatsächlichen Werts, mit dem niedrigeren Wert oder dem niedrigeren Teilwert angesetzt. Grund und Boden und das hierauf errichtete Gebäude sind gesondert als Wirtschaftsgüter zu behandeln. Bei einem Erwerb bebauter Grundstücke sind daher die Anschaffungskosten auf Gebäude, Gebäudeteile und Grund und Boden **aufzuteilen**.

191 Ist der Kaufpreis bereits im **Kaufvertrag** auf Gebäude und Grund und Boden aufgeteilt, so ist grundsätzlich dieser Aufteilung zu folgen. Sie ist aber nur dann maßgeblich, wenn sie wirtschaftlich vernünftig und nicht willkürlich erscheint. Ist das nicht der Fall, so haben sich die Parteien nur scheinbar auf einen Kaufpreis für Grund und Boden und Gebäude geeinigt. In Wahrheit haben sie sich aber nur über einen Gesamtpreis für beide Vermögensgegenstände verständigt[134].

192 Wurde nur ein **Gesamtkaufpreis** vereinbart, so ist dieser auf Grund und Boden und Gebäude zu verteilen. Maßstab hierfür ist das Verhältnis der Zeitwerte (Verkehrswerte). Steuerlich gilt das Verhältnis der Teilwerte. Diese stimmen aber praktisch mit den Zeitwerten überein[135].

193 Es gibt Anschaffungsnebenkosten und nachträgliche Anschaffungskosten, die entweder nur dem Gebäude oder den Gebäudeteilen zugerechnet werden können oder nur mit der Nutzung des Grund und Bodens zusammenhängen. Diese Aufwendungen sind entsprechend bei den Gebäuden und Gebäudeteilen oder beim Grund und Boden zu aktivieren. Andere Aufwendungen entfallen gemeinsam auf Gebäude, Gebäudeteile und Grund und Boden. Sie sind anteilig hierauf zu verteilen.

Anliegerbeiträge gehören zu den Anschaffungskosten des Grund und Bodens. Sie sind mit der Nutzung des Grundstücks verbunden[136], und zwar auch dann, wenn die Anliegerbeiträge wegen Überalterung oder zu geringer Kapazität der Gemeindeanlagen nacherhoben werden[137].

Kanalanschlußgebühren sind unabhängig von der Bebauung des Grundstücks zu zahlen. Sie gehören daher zu den Anschaffungskosten des Grund und Bodens[138].

Hausanschlußkosten und **Kanalanstichgebühr** werden für die Zuleitung vom Haus zum Kanal und für den Anschluß an den Kanal erhoben. Sie hängen daher

---

134 Ellrott/Schmidt-Wendt in: Beck Bil-Komm. § 255 Rdn. 80.
135 Ellrott/Schmidt-Wendt in: Beck Bil-Komm. § 255 Rdn. 82.
136 BFH, Urt. v. 19. 2. 1974 VIII R 118/69, BStBl 1974 II S. 337.
137 BFH, Urt. v. 6. 7. 1972 VIII R 20/72, BStBl 1972 II 790.
138 BFH, Urt. v. 24. 11. 1967 IV R 302/66, BStBl 1968 II S. 178.

mit der Gebäudenutzung zusammen und gehören somit zu den Herstellungskosten des Gebäudes.

Wurde bisher die Entsorgung oder Versorgung des Grundstücks mit Wasser und 194
Energie anderweitig sichergestellt, so sind **Aufwendungen für Ersatzmaßnahmen** sofort abziehbar. Hierzu rechnen
- Gebühren an die gemeindliche Kanalisation, wenn die Entsorgung bisher durch eine Sickergrube erfolgte,
- Baukostenzuschüsse, die von der Stadt für den erstmaligen Anschluß an die städtische Wasserversorgung erhoben werden, wenn das Grundstück bisher durch ein anderes Unternehmen mit Wasser versorgt wurde,
- Aufwendungen für den erstmaligen Anschluß an das Erdgasversorgungsnetz, die im Zusammenhang mit der Umstellung einer bereits bestehenden Heizungsanlage anfallen[139],
- Entwässerungsbeitrag an die Gemeinde für ein Betriebsgrundstück, das bisher eine werkseigene Kläranlage hatte,
- Klärbeitrag für die Verbesserung einer öffentlichen Entwässerungsanlage mit einem biologischen Teil[140].

Ein **Flußregulierungszwangsbeitrag** ist ein Aufwand, um den Grund und Bo- 195
den vom Hochwasser freizulegen oder eine drohende Hochwassergefahr abzuwenden. Er rechnet daher zu den Anschaffungskosten für den Grund und Boden[141].

Wird ein **Wegebaubeitrag** zum Ausbau und zur Befestigung einer vom Unter- 196
nehmen stark befahrenen öffentlichen Straße geleistet, erwirbt das Unternehmen dadurch einen besonderen Vorteil. Der Wegebaubeitrag ist daher als Anschaffungskosten eines besonderen abschreibbaren Wirtschaftsguts zu aktivieren[142].

Notargebühr, Grundbuchgebühr, Grunderwerbsteuer, Gutachterhonorar, 197
Vermittlerprovisionen entfallen beim Erwerb bebauter Grundstücke anteilig auf Gebäude und Grund und Boden. Sie sind daher wertanteilig auf Gebäude und Grund und Boden als Anschaffungskosten aufzuteilen. Die Aufteilung geschieht nach dem Verhältnis der Teilwerte[143].

---

[139] OFD Münster, Verfügung vom 6. 4. 1987 S 2197 – 12 – St 16 – 31, Steuer-Telex 1987 S. 253, DB 1987 S. 1068.
[140] BFH, Urt. v. 4. 11. 1986 VIII R 322/83, BStBl 1987 II S. 333.
[141] BFH, Urt. v. 23. 6. 1966 VI 262/62, BStBl 1966 III S. 587.
[142] BFH, Urt. v. 29. 4. 1965 IV 403/62 U, BStBl 1965 III S. 414.
[143] BFH, Beschl. v. 12. 6. 1978 GrS 1/77, BStBl 1978 II S. 620.

> **Beispiel:**
> *U erwirbt ein Grundstück zum Gesamtkaufpreis von 1 200 000 DM. An Notargebühren, Grundbuchgebühren, Grunderwerbsteuer, Gutachterhonorar und Vermittlungsprovisionen fallen insgesamt 65 000 DM an. Die Teilwerte betragen:*
>
> | | |
> |---|---:|
> | *Grund und Boden* | *500 000 DM* |
> | *Gebäude* | *1 500 000 DM* |
> | *insgesamt* | *2 000 000 DM* |
>
> *Die Anschaffungskosten von insgesamt 1 265 000 DM sind aufzuteilen:*
>
> *Grund und Boden: 500 000 : 2 000 000 × 1 265 000 = 316 250 DM*
> *Gebäude: 1 500 000 : 2 000 000 × 1 265 000 = 948 750 DM*

2.5 Herstellungskosten

2.5.1 Begriff

198 **Herstellungskosten** sind die Aufwendungen, die durch den Verbrauch von Gütern und die Inanspruchnahme von Diensten für die Herstellung eines Vermögensgegenstandes, seine Erweiterung oder für eine über seinen ursprünglichen Zustand hinausgehende wesentliche Verbesserung entstehen (§ 255 Abs. 2 Satz 1 HGB). Dieser handelsrechtliche Begriff der Herstellungskosten gilt auch für die Steuerbilanz[144].

199 Nach der gesetzlichen Definition werden
- durch die **Herstellungsmittel**:
  1. Verbrauch von Gütern und
  2. Inanspruchnahme von Diensten
- Herstellungsergebnisse erreicht:
  1. Herstellung eines Vermögensgegenstandes[145],
  2. Erweiterung eines Vermögensgegenstandes[146] oder
  3. wesentliche Verbesserung eines Vermögensgegenstandes[147].

---

[144] R 33 Abs. 1 EStR, H 33 (Herstellungskosten) EStH.
[145] S. Rdn. 218 ff.
[146] S. Rdn. 226 ff.
[147] S. Rdn. 229 ff.

Herstellungskosten (§ 255 Abs. 2 Satz 1 HGB)	
Aufwendungen, die entstehen	
durch • den Verbrauch von Gütern und • die Inanspruchnahme von Diensten	*für* • die Herstellung eines Vermögensgegenstands, • seine Erweiterung oder • für eine über seinen ursprünglichen Zustand hinausgehende wesentliche Verbesserung.
Herstellungsmittel	Herstellungsergebnis

Graphisch kann man sich diesen Tatbestand auch so klarmachen:

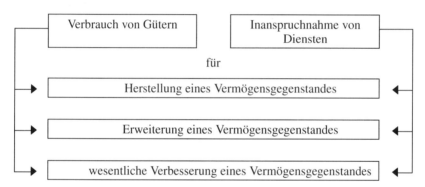

Bei der Herstellung eines Gegenstandes wird ein bisher noch nicht bestehender Gegenstand neu geschaffen. Diesen Tatbestand bezeichnet man daher auch als **Neuschaffung**. Dieser Grundtatbestand der Herstellung kommt insbesondere bei der Herstellung von Umlaufgegenständen vor, hier vor allem bei der Fertigung von Erzeugnissen. Aber auch Anlagegegenstände können vom Unternehmer selbst gefertigt werden, oder er kann bei der Herstellung durch andere Unternehmer Herr des Verfahrens sein. Auch in diesen Fällen handelt es sich um Neuschaffung. **200**

Die beiden anderen Herstellungstatbestände beziehen sich auf einen bereits vorhandenen Vermögensgegenstand. Daher spricht man hier auch von **nachträglichen Herstellungskosten**. Sie kommen bei Anlagegegenständen vor in der Form von Generalüberholung, Wesensveränderung, Erweiterung und wesentlicher Verbesserung[148]. **201**

---

[148] Ellrott/Schmidt-Wendt in: Beck Bil-Komm. HGB § 255 Rdn. 330.

Die gesetzliche Regelung ist als umfassend und abschließend zu verstehen. Aktivierungspflichtiger Herstellungsaufwand liegt daher nur dann vor, wenn einer der drei Herstellungstatbestände erfüllt ist[149].

202 **Verbrauch von Gütern** geschieht durch
- Verarbeitung von Roh-, Hilfs- und Betriebsstoffen bei der Herstellung und
- Abschreibung der bei der Herstellung eingesetzten Fahrzeuge, Geräte, Maschinen und der Fertigungsgebäude, in denen die Maschinen stehen.

203 **Inanspruchnahme von Diensten** bedeutet Beschäftigung von Arbeitnehmern bei der Herstellung. Der hierauf entfallende Herstellungsaufwand sind daher die Fertigungslöhne.

2.5.2 Abgrenzung zum Erhaltungsaufwand

204 Zwischen Herstellungs- und Erhaltungsaufwand ist zu **unterscheiden**[150]:

Herstellungsaufwand	Erhaltungsaufwand
• Generalüberholung[151] • Wiederherstellung[152] • Wesensänderung[153] • Erweiterung[154] • Wesentliche Verbesserung[155] des Vermögensgegenstandes / Wirtschaftsguts	• Erhaltung (Instandhaltungsaufwand) oder • Wiederherstellung (Instandsetzungsaufwand) der Verwendungs- und / oder Nutzungsmöglichkeit
Aktivierung als Herstellungsaufwand	Sofortige Absetzung als Erhaltungsaufwand

205 Es können **Herstellungskosten mit Erhaltungsaufwendungen zusammentreffen.** Das kommt insbesondere bei umfassenden Instandsetzungs- und Modernisierungsmaßnahmen an Gebäuden vor.

---

[149] Ellrott/Schmidt-Wendt in: Beck Bil-Komm. HGB § 255 Rdn. 331.
[150] S. Rdn. 229 ff.
[151] S. Rdn. 220.
[152] S. Rdn. 224.
[153] S. Rdn. 225.
[154] S. Rdn. 226 ff.
[155] S. Rdn. 229 ff.

Herstellungskosten

Es ist zu unterscheiden[156]	
Im Rahmen einer umfassenden Instandsetzungs- und Modernisierungsmaßnahme werden durchgeführt • sowohl Arbeiten zur Erweiterung des Gebäudes oder über eine zeitgemäße substanzerhaltende Erneuerung hinausgehende Maßnahmen • als auch Erhaltungsmaßnahmen.	Aufwendungen für ein Bündel von Einzelmaßnahmen, die für sich genommen • teils Herstellungskosten und teils Erhaltungsaufwendungen sind und die • in engem räumlichen, zeitlichen und sachlichen Zusammenhang stehen.
Aufteilung der Aufwendungen, ggf. im Wege der Schätzung, in Herstellungskosten und Erhaltungsaufwendungen.	Die Aufwendungen sind insgesamt Herstellungskosten.

Ein **sachlicher Zusammenhang** (rechte Spalte der vorstehenden Übersicht) ist zwischen Herstellungs- und Erhaltungsaufwendungen gegeben, wenn die Erhaltungsarbeiten Vorbedingung für die Herstellungsarbeiten sind oder durch bestimmte Herstellungsarbeiten veranlaßt worden sind.

Beispiel:
Ein Gebäude soll erweitert werden. Zuvor müssen Erhaltungsmaßnahmen an den Fundamenten durchgeführt werden. Die Erhaltungsarbeiten sind Vorbedingung für die Herstellungsarbeiten.

Im Dachgeschoß eines mehrstöckigen Gebäudes werden erstmals Bäder eingebaut. Deshalb werden Fallrohre durch die unteren Stockwerke durchgeführt. Hierdurch entstehen in den Badezimmern der unteren Stockwerke Schäden. Die Aufwendungen zur Beseitigung dieser Schäden wurden durch die Herstellungsarbeiten veranlaßt und sind daher Herstellungskosten. Werden gleichzeitig auch die übrigen Badezimmer neu verfliest, sind diese Aufwendungen nicht durch die Herstellungsarbeiten veranlaßt. Es sind daher Erhaltungsaufwendungen.

Ein Gebäude kann in seiner **Substanz vermehrt** werden, ohne daß zugleich seine nutzbare Fläche vergrößert wird[157]. Die Aufwendungen sind als Herstellungskosten zu aktivieren.

206

---

156 BMF vom 16.12.1996 IV B 3 – S 2211 – 69/96, BStBl 1996 I S. 1442, Abschnitt II.
157 BMF, Schreiben vom 16.12.1996 IV B 3 – S 2211 – 69/96, BStBl 1996 I S. 1442, Abschnitt I 2.3; s. auch Rdn. 227.

Beispiel:
Zusätzliche Trennwände werden eingesetzt. Eine Außentreppe wird errichtet. Eine Alarmanlage wird eingebaut. Eine Sonnenmarkise wird angebracht. Einbau eines Kachelofens oder eines Kamins.

Erfüllt aber der neue Gebäudebestandteil oder die neue Anlage die Funktion des bisherigen Gebäudebestandteils in vergleichbarer Weise, handelt es sich um Erhaltungsaufwendungen. Das ist auch der Fall, wenn der neue Gebäudebestandteil nicht wie der bisherige beschaffen ist oder die Anlage technisch nicht in der gleichen Weise wirkt wie die ersetzte, sondern nur dem technischen Fortschritt entsprechend modernisiert worden ist.

Beispiel:
Eine zusätzliche Fassadenverkleidung wird zu Wärme- oder Schallschutzzwecken angebracht. Eine Heizungsanlage von Einzelöfen wird auf eine Zentralheizung umgestellt. Ein Flachdach wird durch ein Satteldach ersetzt, wodurch lediglich der Raum erhöht wird, ohne die nutzbare Fläche und damit die Nutzungsmöglichkeiten zu erweitern. Ein bereits vorhandenes Fenster wird lediglich vergrößert. Wände werden versetzt.

Auch wenn ein neuer Gebäudebestandteil lediglich deshalb dem Gebäude hinzugefügt wird, um bereits eingetretene Schäden zu beseitigen oder einen konkret drohenden Schaden abzuwenden, erfüllt er die Funktion des bisherigen Gebäudeteils in vergleichbarer Weise. Hierdurch wird meßbar zwar die Substanz vermehrt. Wirtschaftlich wird dadurch aber lediglich die Substanz erhalten.

Beispiel:
Eine Betonschale wird zur Trockenlegung der durchfeuchteten Fundamente angebracht. Wohnungszugänge oder eine Dachterrasse werden mit einem Glasdach zum Schutz vor weiteren Wasserschäden überdacht.

207 Werden **selbständige Gebäudeteile** ersetzt, so ist ihr Restbuchwert abzuschreiben und sind die Aufwendungen für den Ersatz als Herstellungskosten des Gebäudeteils zu aktivieren.

Beispiel:

Ersatz eines Lastenaufzugs.

208 Ob Herstellungsaufwand vorliegt, ist im allgemeinen nur zu prüfen, wenn es sich um eine verhältnismäßig große Aufwendung handelt. Betragen die **Aufwendungen für die einzelne Baumaßnahme nicht mehr als 4 000 DM** (Rechnungsbetrag ohne Umsatzsteuer) je Gebäude und handelt es sich dabei nicht um Aufwendungen, die der endgültigen Fertigstellung eines neu errichteten Gebäudes die-

Herstellungskosten 131

nen, so können diese Aufwendungen auf Antrag als Erhaltungsaufwand behandelt werden[158]. Da es sich um eine Vereinfachungsmaßnahme handelt, sind bei Erfüllung der genannten Voraussetzungen Aufwendungen auch dann als Erhaltungsaufwendungen abziehbar, wenn es eindeutig Herstellungsaufwendungen sind. Bei dieser Maßnahme wird nicht gegen das Vorsichtsprinzip oder gegen andere Grundsätze ordnungsmäßiger Buchführung verstoßen. Daher ist die Regelung auch in der Handelsbilanz anwendbar.

2.5.3 Abgrenzung zu den Anschaffungskosten

Stellt der **Unternehmer selbst** mit eigenen Arbeitskräften, meist auch unter Einsatz von Material und Maschinen, Vermögensgegenstände bzw. Wirtschaftsgüter her, so handelt es sich um **Herstellung** und sind die Aufwendungen für den Unternehmer Herstellungskosten. Es spielt dabei keine Rolle, ob im Rahmen der Herstellung Teilarbeiten an andere Unternehmer vergeben werden. 209

Läßt der Unternehmer die **Herstellung von einem anderen Unternehmer** durchführen, so ist zu unterscheiden: 210
- Der Unternehmer stellt das wesentliche Material bei: Der beauftragte Unternehmer führt eine Werkleistung aus. Werklohn und Materialbeistellung sind für den Auftraggeber **Herstellungskosten**.
- Der Beauftragte Unternehmer beschafft das wesentliche Material selbst. Er führt an den Auftraggeber eine Werklieferung aus. Die Aufwendungen des Auftraggebers sind **Anschaffungskosten**.

Läßt ein Unternehmer auf seinem Grundstück von einem anderen Unternehmer ein **Gebäude** errichten, so liegt nicht deshalb eine Werklieferung des beauftragten Unternehmers an den Auftraggeber vor, weil der beauftragte Unternehmer alle Baumaterialien beschafft hat. Der Auftraggeber stellt als wesentliches Material das Grundstück bei. Außerdem geht das Baumaterial durch die Verbindung mit dem Grundstück laufend in das Eigentum des Grundstückseigentümers über, so daß nicht das fertige Gebäude geliefert werden kann. Die Leistung des Bauunternehmers ist daher eine Werkleistung. Die Bauaufwendungen sind für den Auftraggeber Herstellungskosten. 211

2.5.4 Herstellung
2.5.4.1 Beginn und Ende der Herstellung

Bei der Herstellung werden in einem bestimmten **Zeitraum** Werte in Erzeugnisse umgeformt oder Anlagegegenstände hergestellt. Der Zeitraum der Herstellung hat daher einen Beginn und ein Ende. Daher spricht auch das Gesetz von einem „Zeitraum der Herstellung" (§ 255 Abs. 2 Satz 5 HGB). 212

Die **Herstellung beginnt** mit dem eigentlichen technischen Herstellungsvorgang. Es muß ein unmittelbarer sachlicher Zusammenhang einer Maßnahme zum 213

---
[158] R 157 Abs. 3 Sätze 2 und 3 EStR.

herzustellenden Vermögensgegenstand bestehen. Erst ab diesem Zeitpunkt können Aufwendungen als Herstellungskosten aktiviert werden[159].

214 Wird ein Gebäude in der Absicht erworben, es **abzureißen** und an seiner Stelle ein neues Gebäude zu errichten, so rechnet der BFH bereits den Erwerb zum Beginn der Herstellung des neuen Gebäudes, wenn zwischen Erwerb und Errichtung des neuen Gebäudes ein enger zeitlicher Zusammenhang besteht[160].

215 Liegt der Beginn der Herstellung im abgelaufenen Geschäftsjahr, können **Kosten der Betriebsbereitschaft** im vorangegangenen Geschäftsjahr nicht als Herstellungskosten aktiviert werden, auch wenn sie mit der Herstellung zusammenhängen[161]. Aufwendungen, welche die körperliche Herstellung ermöglichen oder erleichtern sollen, z. B. **Planungskosten**, rechnen zu den Herstellungskosten[162].

216 Die **Herstellung endet** mit der Fertigstellung. Erzeugnisse sind fertiggestellt und damit Fertigerzeugnisse, wenn sie auslieferungsfähig sind. Anlagegegenstände sind fertiggestellt, wenn sie ihrer Bestimmung gemäß nutzbar sind. Sind sie noch nicht endgültig fertiggestellt, z. B. an einem Gebäude fehlt noch der Außenputz, so rechnen auch die noch ausstehenden Aufwendungen zur endgültigen Fertigstellung zu den Herstellungskosten. Auch Aufwendungen zur Beseitigung von bei der Herstellung bereits aufgetretenen Baumängeln gehören zu den Herstellungskosten. Wird ein Gebäude bestimmungsgemäß in verschiedenen Bauabschnitten errichtet, so ist jeder einzelne Bauabschnitt fertiggestellt, sobald er bestimmungsgemäß genutzt werden kann[163].

217 Nach der endgültigen Fertigstellung anfallende Aufwendungen sind entweder nachträgliche Herstellungskosten oder Erhaltungsaufwendungen[164].

2.5.4.2 Herstellung eines Vermögensgegenstandes

218 **Bei der Herstellung** wird ein Vermögensgegenstand neu geschaffen. Z. B. ein Gebäude wird errichtet, Erzeugnisse werden produziert. Anlagegegenstände können erstmals hergestellt werden. Hier spricht man von **Erstherstellung**. Bei der Erstherstellung wird ein noch nicht existenter Vermögensgegenstand hergestellt.

219 Es kann aber auch ein verbrauchter Anlagegegenstand **generalüberholt** oder **wiederhergestellt** oder ein nicht verbrauchter Anlagegegenstand **wesensverändert** werden. Im Gegensatz zur Erstherstellung werden diese Erscheinungsformen der Herstellung **Zweitherstellung** genannt.

220 **Generalüberholung** ist Herstellung. Sie liegt daher nur dann vor, wenn die Aufwendungen zu einem der Erstherstellung vergleichbaren Ergebnis führen. Bei der Generalüberholung wird ein nicht mehr existenter Vermögensgegenstand herge-

---
[159] Ellrott/Schmidt-Wendt in: Beck Bil-Komm. HGB § 255 Rdn. 364.
[160] BFH, Beschl. v. 12.6.1978 GrS 1/77, BStBl 1978 II S. 620, s. Rdn. 259.
[161] Küting, BB 1989 S. 587 ff. 592.
[162] Schmidt/Glanegger EStG § 6 Rz. 176.
[163] Ellrott/Schmidt-Wendt in: Beck Bil-Komm. HGB § 255 Rdn. 367.
[164] S. Rdn. 204 ff.

Herstellungskosten 133

stellt. Voraussetzung ist daher, daß der Gegenstand vor der Generalüberholung völlig abgenutzt und verbraucht war[165]. Generalüberholung gehört nicht zum Tatbestand „wesentliche Verbesserung"[166].

Aufwendungen, die durch den **normalen Verschleiß** bedingt sind, um den ursprünglich geplanten Nutzungsumfang sicherzustellen, sind Erhaltungsaufwendungen. In diesem Rahmen durchgeführte **Modernisierungsmaßnahmen** und **Verlängerungen der Nutzungsdauer** führen nicht zu einer Aktivierung als Herstellungsaufwand. Nur wenn gleichzeitig die Qualität wesentlich gesteigert und damit der Wert erhöht wird, kommen Herstellungskosten in Betracht[167]. **221**

Beispiel:
Unternehmer U schafft am 20. 1. 01 einen Lkw für 150 000 DM an. Er schreibt ihn nach der vom BMF und den Finanzministern der Länder herausgegebenen AfA-Tabelle für allgemein verwendbare Anlagegüter auf 4 Jahre ab. Der Lkw ist also am 31. 12. 04 abgeschrieben und steht ab dann noch mit 1 DM zu Buche. Am 15. 4. 05 läßt U für 18 000 DM einen Austauschmotor einbauen.

Ein Motor steht mit einem Kraftfahrzeug in einem einheitlichen Nutzungs- und Funktionszusammenhang. Er ist daher ein unselbständiger Bestandteil. Durch den Einbau eines **Austauschmotors** wird also ein unselbständiger Bestandteil des Lkw erneuert. Hierdurch wird der Lkw weder erweitert noch über seinen Zustand hinaus wesentlich verbessert. Es wird lediglich die Substanz und die Nutzungsmöglichkeit wiederhergestellt. Es handelt sich somit um Erhaltungsaufwand. Zwar war der Lkw bereits abgeschrieben und hätte der Lkw ohne den Austauschmotor nicht mehr genutzt werden können, so daß die Nutzungsdauer verlängert worden ist. Hierdurch wurde aber nur die Nutzung des Lkw im Rahmen der Lebensdauer der nicht ergänzten Teile ermöglicht. Die den Abschreibungen zugrundegelegte Nutzungsdauer beruht auf einer Schätzung. Sie entspricht daher in der Regel nicht der tatsächlichen Lebensdauer der Anlage. Der Umstand, daß Aufwand nach Ablauf der geschätzten Nutzungsdauer angefallen ist, kann also keinen Einfluß auf die Entscheidung haben, ob dieser Aufwand Herstellungs- oder Erhaltungsaufwand ist[168].

Beispiel:
Unternehmer U läßt bei einem Lkw, den er vor 8 Jahren angeschafft hat und der bereits seit Jahren mit dem Erinnerungswert von 1 DM zu Buche steht, das Fahrgestell erneuern und einen Austauschmotor einbauen. Ferner wird das Kfz neu bereift.

---
165 Ellrott/Schmidt-Wendt in: Beck Bil-Komm. HGB § 255 Rdn. 376.
166 BFH, Urt. v. 9.5.1995 IX R 116/92, DStR 1995 S. 1377, BStBl 1996 II S. 632.
167 Knop/Küting in: Küting/Weber, § 255 Rdn. 378 ff.
168 BFH, Urt. v. 30. 5. 1974 IV R 56/72, BStBl 1974 II S. 520.

222 Sind Fahrgestell und Motor eines Kfz erneuerungsbedürftig, so ist seine Lebensdauer abgelaufen. Werden diese Teile in einem Akt erneuert, wird eine neue Lebensdauer ermöglicht. Die Anlage wird daher wesentlich über den ursprünglichen Zustand hinaus verbessert. Eine Einzelmaßnahme kann für sich betrachtet Erhaltungsaufwand sein, im vorstehenden Beispiel der Einbau des Austauschmotors und die Neubereifung. Die Summe der Maßnahmen stellt aber Herstellungsaufwand dar. Hier handelt es sich um **Generalüberholung**.

223 Wird aber ein Vermögensgegenstand nach und nach in seinen Teilen erneuert, ohne daß sich dadurch seine Funktion ändert, liegt Erhaltungsaufwand vor, auch wenn schließlich die wesentlichen Teile erneuert worden sind. Da in der Regel nicht der völlige Verschleiß einer Anlage abgewartet wird, ist Erhaltungsaufwand die Regel und Generalüberholung die seltene Ausnahme[169]. Daher rechtfertigt der Umstand, daß bei einem mit erheblichem Aufwand instand gesetzten Pkw eine Werterhöhung und eine Verlängerung der Nutzungsdauer eingetreten sind, im allgemeinen nicht die Annahme von Herstellungsaufwand. Herstellungsaufwand liegt nur vor, wenn die Substanz so umfangreich erneuert worden ist, daß bei wirtschaftlicher Betrachtung ein neuer Gegenstand, wenn auch von gleicher Wesensart, entstanden ist[170].

Beispiel:
U schafft am 10. 1. 00 einen Lkw mit offener Ladefläche an. Am 30. 9. 00 läßt er von einer Spezialfirma einen Kastenaufbau, einen sog. Koffer, anbringen, um künftig wertvolle Güter transportieren zu können.

Die Substanzvermehrung hat die Gebrauchs- und Verwendungsfähigkeit des Anlagegegenstands und damit seine Wesensart verändert. Durch den Umbau ist ein **neues Wirtschaftsgut** entstanden. Hierbei geht der vorhandene Bilanzwert des Vermögensgegenstands als Materialkosten in die Herstellungskosten des neu geschaffenen Vermögensgegenstands ein.

224 Ebenso ist auch die **Wiederherstellung** eines untergegangenen oder teilzerstörten Vermögensgegenstandes Herstellung. Im Gegensatz zur Generalüberholung scheidet aber zuvor der untergegangene Vermögensgegenstand oder der zerstörte Teil des Vermögensgegenstandes mit dem Buchwert aus dem Betriebsvermögen im Wege der außerplanmäßigen Abschreibung (§ 253 Abs. 2 Satz 3 HGB, § 7 Abs. 1 Satz 5 EStG) aus[171].

225 **Wesensänderung** eines Vermögensgegenstandes ist ebenfalls Herstellung. Durch Änderung der Funktion eines Gegenstandes, seiner Zweckbestimmung, entsteht im Vergleich zum bisherigen ein anderer Gegenstand. Es reicht, wenn sich die Wesensänderung nur auf einen Teil des Vermögensgegenstandes erstreckt[172].

---

[169] Ellrott/Schmidt-Wendt in: Beck Bil-Komm. HGB § 255 Rdn. 376.
[170] BFH, Urt. v. 11. 4. 1986 VI R 141/82, BFH/NV 1986 S. 529.
[171] Ellrott/Schmidt-Wendt in: Beck Bil-Komm. HGB § 255 Rdn. 377.
[172] Ellrott/Schmidt-Wendt in: Beck Bil-Komm. HGB § 255 Rdn. 378 f.

Herstellungskosten 135

Beispiel:
In einem Gebäude werden Trennwände versetzt und neue Wände errichtet, um eine Schalterhalle als Einzelbüroräume nutzen zu können. An Stelle von Einzelbüros wird durch Beseitigung von Wänden ein Großraumbüro geschaffen. Ein Lagerhaus wird in ein Verwaltungsgebäude umgebaut.

2.5.4.3 Erweiterung eines Vermögensgegenstandes

Erweiterung geschieht durch Substanzvermehrung an einem vorhandenen Vermögensgegenstand. 226

Beispiel:
An einem Gebäude wird ein Anbau errichtet, es wird ein vorher nicht vorhandener Personenfahrstuhl eingebaut, das Dachgeschoß eines Gebäudes wird ausgebaut.

Die **Substanzvermehrung** muß sich auf den Vermögensgegenstand als Ganzes, 227 auf seine zweckbestimmte Nutzungsmöglichkeit, und nicht nur auf einzelne unselbständige Teile beziehen[173]. Z. B. ist die **Heizung** eines Gebäudes ein unselbständiger Gebäudeteil. Wird in einem Haus eine Gasradiatorenheizung gegen eine Gascirco-Heizung[174] oder werden Kohleöfen durch eine Zentralheizung ersetzt[175], so liegt kein Herstellungs-, sondern Erhaltungsaufwand vor. Wird aber ein Kachelofen zusätzlich zu einer bereits vorhandenen Heizung eingebaut, handelt es sich um Substanzvermehrung und damit um Herstellungsaufwand[176].

Es reicht aber eine **bloße Vergrößerung** nicht aus. Wird z. B. eine Fabrikhalle um 228 mehr als 50 % ihres bisherigen Rauminhalts vergrößert, dadurch aber lediglich die Höhe des Raums erhöht, ohne daß hierdurch die nutzbare Fläche vermehrt wird und die gewonnene Raumhöhe erforderlich ist, um andere Maschinen aufzustellen, handelt es sich noch nicht um eine Erweiterung mit der Folge, daß die Aufwendungen als Herstellungskosten zu aktivieren sind. Hierdurch hat sich die bestimmungsmäßige Nutzungsmöglichkeit nicht geändert[177].

2.5.4.4 Wesentliche Verbesserung eines Vermögensgegenstandes

Nach dem Wortlaut des Gesetzes sind Herstellungskosten auch Aufwendungen, 229 die durch eine über den ursprünglichen Zustand eines Vermögensgegenstandes hinausgehende wesentliche Verbesserung des Vermögensgegenstandes entste-

---

173 BFH, Beschl. v. 22.8.1966 GrS 2/66, BStBl 1966 III S. 672. S. auch Rdn. 206.
174 BFH, Urt. v. 13.3.1979 VIII R 83/77, BStBl 1978 II S. 435.
175 BFH, Urt. v. 24.7.1979 VIII R 162/78, BStBl 1980 II S. 7.
176 FG Münster, Urt. v. 17.12.1985 VI-XI 6431/83 E, EFG 1986 S. 336; entgegen OFD München, Vfg. v. 30.12.1983, S 2211 – 21 St 21, StEK EStDV §§ 75–84 Nr. 170.
177 BFH, Urt. v. 13.12.1985 VIII R 273/81, BStBl 1985 II S. 394.

hen. Das ist Abgrenzungsmerkmal zu den Erhaltungsaufwendungen[178]. Es müssen also zwei Voraussetzungen erfüllt sein:
- **Wesentliche Verbesserung** eines Vermögensgegenstandes,
- die über den **ursprünglichen Zustand** des Vermögensgegenstandes hinausgeht.

230 **Wesentliche Verbesserung** ist eine das Wesen eines Gegenstandes betreffende Verbesserung seiner Verwendungs- und Nutzungsmöglichkeit, die vor allem bei einer anderen Gebrauchs- oder Verwendungsmöglichkeit vorliegt[179]. Z. B. ein Versorgungsunternehmen ersetzt eine alte Leitung seines Versorgungsnetzes durch eine neue mit einer höheren Leistungsfähigkeit, um gegenwärtige oder künftige Kapazitätsengpässe des Leitungsnetzes zu beseitigen[180]; durch eine Maßnahme wird die Nutzungsdauer eines Anlagegegenstandes erheblich verlängert[181].

Es muß sich um eine „**wesentliche**" Verbesserung handeln. Das setzt voraus, daß nicht etwas bereits Bestehendes ersetzt und modernisiert, sondern erstmals etwas Neues, bisher nicht Dagewesenes hinzugefügt wird. Maßnahmen, die der üblichen Modernisierung dienen und eine Anpassung an die gestiegenen Anforderungen an Funktion und Ausstattung darstellen, sind zwar Verbesserungen, aber noch keine eine Aktivierung als Herstellungsaufwand rechtfertigenden wesentlichen Verbesserungen[182].

Eine wesentliche Verbesserung ist eine Baumaßnahme zur Instandsetzung oder Modernisierung eines **Gebäudes** erst dann, wenn sie über eine zeitgemäße substanzerhaltende Erneuerung hinausgeht, den Gebrauchswert des Gebäudes insgesamt deutlich erhöht und für die Zukunft eine erweiterte Nutzungsmöglichkeit schafft[183].

---

[178] Siehe Rdn. 204 ff.
[179] ADS 6. Auflage, HGB § 255 Rdn. 124 ff.
[180] BFH, Urt. v. 10.6.1992 I R 9/91, BStBl 1993 II S. 41.
[181] Siehe Rdn. 221.
[182] Ellrott/Schmidt-Wendt in: Beck Bil-Komm. HGB § 255 Rdn. 382 ff.
[183] BMF vom 16.12.1996 IV B 3 – S 2211 – 69/96, BStBl I 1996, 1442, Abschnitt I. 3.2.

Herstellungskosten

Abgrenzung	
Substanzerhaltende Erneuerungen und damit Erhaltungsaufwendungen	Deutliche Gebrauchswerterhöhung und damit Herstellungskosten
Das Gebäude wird lediglich in ordnungsgemäßem Zustand erhalten oder dieser wird in zeitgemäßer Form wiederhergestellt durch • Ersetzung einzelner Bestandteile des Gebäudes oder • Instandsetzungs- oder Modernisierungsmaßnahmen an dem Gebäude als Ganzem.	• Der Wohnstandard des Gebäudes ist maßgeblich gesteigert, wodurch eine andere Wohnungskategorie erreicht wird, z. B. durch Verwendung außergewöhnlich hochwertiger Materialien oder eine besondere bauliche Gestaltung. • Die Gesamtnutzungsdauer des Gebäudes wird deutlich verlängert durch Veränderung der die Lebensdauer des Gebäudes bestimmenden Substanz, z. B. tragende Wände, Decken oder Fundamente. „Veränderung" ist noch nicht eine bloße Reparatur oder der Ersatz vorzeitig verschlissener Teile. • Deutlicher Anstieg der erzielbaren Miete nach der Baumaßnahme, die aber nicht lediglich auf zeitgemäßen bestanderhaltenden Erneuerungen beruht.

Nach Auffassung der Verwaltung[184] ist **ursprünglicher Zustand** i. S. von § 255 **231** Abs. 2 Satz 1 HGB bei einem Gebäude der Zustand des Gebäudes im Zeitpunkt der Herstellung oder Anschaffung durch den Eigentümer des Gebäudes oder im Falle des unentgeltlichen Erwerbs durch seinen Rechtsvorgänger.

Beispiel:
A errichtet im Jahr 01 ein Gebäude. Im Jahr 21 veräußert er es an B.
B führt im Jahr 22 umfangreiche Baumaßnahmen aus.
a) B hat das Gebäude von A gekauft.
b) A hat B das Gebäude im Wege der vorweggenommenen Erbfolge unentgeltlich übertragen.

Eigentümer des Gebäudes, der im vorstehenden Beispiel die Baumaßnahmen ausführt, ist B. Im Fall a hat er das Gebäude entgeltlich erworben. Ursprünglicher

---

[184] BMF vom 16.12.1996 IV B 3 – S 2211 – 69/96, BStBl I 1996, 1442, Abschnitt I. 3.

Zustand ist daher der Zustand im Zeitpunkt der Anschaffung im Jahr 21. Im Fall b hat B das Gebäude unentgeltlich erworben. Ursprünglicher Zustand ist daher der Zustand des Gebäudes im Zeitpunkt der Herstellung durch A im Jahr 01.

Der Zustand des Gebäudes im Zeitpunkt des entgeltlichen Erwerbs durch den jetzigen Eigentümer oder der Anschaffung oder Herstellung durch seinen Rechtsvorgänger im Falle des unentgeltlichen Erwerbs ist mit dem Zustand zu vergleichen, in den das Gebäude durch die Baumaßnahmen des jetzigen Eigentümers versetzt worden ist.

Durch anderweitige Herstellungs- oder Anschaffungskosten, Absetzungen für außergewöhnliche Abnutzung nach § 7 Abs. 4 Satz 3 i.V.m. § 7 Abs. 1 Satz 5 EStG, Teilwertabschreibungen, Entnahmen aus einem Betriebsvermögen oder Einlagen in ein Betriebsvermögen wird die AfA-Bemessungsgrundlage verändert. Für die Bestimmung des ursprünglichen Zustandes kommt es daher auf den Zustand nach diesen genannten Veränderungen der AfA-Bemessungsgrundlage an[185].

Ursprünglicher Zustand	
Vorgang	Maßgebender Zeitpunkt
Anschaffung oder Herstellung durch den jetzigen Eigentümer	Zeitpunkt der Anschaffung oder Herstellung
Entgeltlicher Erwerb durch den jetzigen Eigentümer	Zeitpunkt des Erwerbsgeschäfts
Unentgeltlicher Erwerb durch den jetzigen Eigentümer	Zeitpunkt der Anschaffung oder Herstellung durch den Rechtsvorgänger
Erhöhung der ursprünglichen Anschaffungs- oder Herstellungskosten des jetzigen Eigentümers durch weitere Anschaffungs- oder Herstellungskosten	Zeitpunkt nach Beendigung der zusätzlichen Anschaffungs- oder Herstellungskosten
Minderung der ursprünglichen Anschaffungs- oder Herstellungskosten des jetzigen Eigentümers durch Absetzungen für außergewöhnliche Abnutzung oder durch Teilwertabschreibung	Zeitpunkt nach Beendigung der Absetzungen für außergewöhnliche Abnutzung oder der Teilwertabschreibung

---

[185] BMF vom 16.12.1996 IV B 3 – S 2211 – 69/96, BStBl I 1996, 1442, Abschnitt I. 3.1.

Entnahme eines Gebäudes aus dem Betriebsvermögen durch den jetzigen Eigentümer	Zeitpunkt nach Durchführung der Entnahme
Einlage eines Gebäudes in das Betriebsvermögen durch den jetzigen Eigentümer	Zeitpunkt nach Durchführung der Einlage

2.5.4.5 Nachträgliche Herstellungsaufwendungen

Werden nach der Errichtung oder dem Erwerb eines Gebäudes Baumaßnahmen durchgeführt, so ist zu entscheiden, ob die Aufwendungen den bisherigen Anschaffungs- oder Herstellungskosten des Gebäudes hinzuzurechnen sind, oder ob durch die Bauarbeiten neue Gebäude oder selbständige Gebäudeteile und damit selbständige Vermögensgegenstände oder Wirtschaftsgüter entstanden sind. Im ersten Fall sind die Aufwendungen als nachträgliche Herstellungskosten beim Gebäude zu bilanzieren. Sie fallen unter den Tatbestand der wesentlichen Verbesserung (s. Rdn 230). Im zweiten Fall kann eine Bilanzierung als Herstellungskosten selbständiger Vermögensgegenstände oder Wirtschaftsgüter in Betracht kommen. 232

Eine **Aktivierung** nachträglicher Herstellungskosten kommt in Betracht bei 233
- Anbauten,
- grundlegenden Umbauten,
- Vergrößerungen der nutzbaren Fläche oder
- Herstellung selbständiger Gebäudeteile.

Bei **Anbauten** ist zu unterscheiden, ob eine Verschachtelung oder keine Verschachtelung zwischen dem bisherigen Gebäude und dem Anbau vorliegt. 234

Anbauten			
Verschachtelung		keine Verschachtelung	
Neubauteile geben dem Gebäude		Anbau dient dem Gebäude	
das Gepräge	nicht das Gepräge	derart, daß es ohne ihn unvollständig ist	nicht derart, daß es ohne ihn unvollständig ist
neues Wirtschaftsgut aus Alt- und Neubauteilen	nachträgliche Herstellungskosten des Gebäudes		Anbau ist selbständiges Wirtschaftsgut

Nach der Rechtsprechung des BFH[186] führt erst eine Mehrzahl baulicher Verbindungen zu einer **Verschachtelung** und damit zur Entstehung eines einheitlichen

---
[186] BFH vom 9.8.1973 V R 41/73, BFHE 110, 152, BStBl II 1973, 874.

Gebäudes. Erst durch eine Reihe solcher Verbindungen entsteht ein Bauwerk, dessen Teile bei einem etwaigen Verkauf nicht ohne erhebliche Bauaufwendungen voneinander getrennt werden können[187]. Hat der Anbau eigene Fundamente, eigene Mauern und einen eigenen Eingang, können eine gemeinsame Versorgung von Gebäude und Anbau mit Energie, Wärme und Wasser, Verbindungstüren zwischen Gebäude und Anbau sowie das Hinüberreichen einzelner Zimmer vom Gebäude in den Anbau eine Verschachtelung nicht begründen. Fehlt es aber an einer ausreichenden baulichen Verschachtelung, so bildet der Anbau ein selbständiges Wirtschaftsgut. Auf die Wert- und Größenverhältnisse der Alt- und Neubauteile kommt es dann nicht mehr an[188].

235 Ist ein Anbau mit dem Gebäude **nicht verschachtelt**, kann er dennoch Teil des Gebäudes sein, wenn das Gebäude ohne ihn unvollständig wäre. In diesem Fall handelt es sich um nachträgliche Herstellungskosten des Gebäudes.

Beispiel:
Unternehmer U baut an ein Miethaus, dessen Wohnungen er an eigene Arbeitnehmer vermietet hat, Garagen an. Die Garagen stehen zum Gebäude in einem engen Nutzungs- und Funktionszusammenhang und vervollständigen es daher. Die Bauaufwendungen sind nachträgliche Herstellungskosten des Gebäudes.

236 Ein **grundlegender Umbau** ist gegeben, wenn das bisherige Wirtschaftsgut im Wesen geändert und so tiefgreifend umgestaltet oder in einem solchen Ausmaß erweitert wird, daß die eingefügten neuen Teile der Gesamtsache das Gepräge geben und die verwendeten Altteile bedeutungs- und wertmäßig untergeordnet erscheinen[189].

Umbau	
grundlegender Umbau	kein grundlegender Umbau
Nach dem Umbau ist das Gebäude ein neues Wirtschaftsgut aus Alt- und Neubauteilen	Nachträgliche Herstellungskosten des Gebäudes

---

[187] BFH, Urt. v. 20.10.1965 VI 62/65 U, BFHE 84, 234, BStBl 1966 III S. 86.
[188] BFH, Urt. v. 5.12.1974 V R 30/74, BStBl 1975 II S. 344.
[189] H 43 (Nachträgliche Anschaffungs- oder Herstellungskosten) EStH.

Herstellungskosten 141

Beispiel:
Umbau einer Scheune in eine Pferdeklinik. Umbau eines alten Gasthofs in eine moderne Gastwirtschaft. Umbau einer Hochdruckrotationsmaschine zu einer Offsetmaschine. Umgestaltung von Pflanztischen in ein automatisches Tischbewässerungssystem.

Eine **Aufstockung** eines Gebäudes ist nicht ohne weiteres ein grundlegender Umbau, auch wenn hierdurch die Bausubstanz erheblich vermehrt worden ist.

Beispiel:
U errichtete vor 20 Jahren auf seinem Grundstück eine Gaststätte. Die Herstellungskosten betrugen 200 000 DM. Im Jahr 01 stockt er die Gaststätte um ein Stockwerk auf und richtet hierin Fremdenzimmer ein. Die Baumaßnahme ist im November beendet. Die Aufwendungen haben 350 000 DM betragen.

Das Gaststättengebäude war bereits vor der Aufstockung fertiggestellt. Die Aufstockung ist lediglich eine Ergänzung des Gebäudes. Die zusätzlichen Baumaßnahmen gehen in der wirtschaftlichen Einheit des Gesamtgebäudes auf. Das aufgestockte Gebäude ist also, wirtschaftlich gesehen, kein Neubau[190]. Es handelt sich um nachträgliche Herstellungskosten zum bisherigen Gebäude.

Auf der anderen Seite dienen die Fremdenzimmer wie die Gaststätte der eigenbetrieblichen Nutzung und sind daher in ihrer Gesamtheit für sich gesehen kein selbständiger Gebäudeteil neben dem Gaststättenteil. Der aufgestockte Gebäudeteil wird daher mit dem bisherigen Gebäude gemeinsam bilanziert und abgeschrieben.

Ursprüngliche Herstellungskosten	200 000 DM
+ nachträgliche Herstellungskosten	350 000 DM
= Bemessungsgrundlage für die AfA	550 000 DM
Abschreibung 2 % von 550 000 DM	11 000 DM
Ursprüngliche Herstellungskosten	200 000 DM
AfA bisher 2 % x 200 000 DM = 4 000 DM x 20 Jahre	80 000 DM
Buchwert 31.12.00	120 000 DM
nachträgliche Herstellungskosten im Jahr 01	350 000 DM
Buchwert 31.12.01	470 000 DM
Restliche Abschreibungsdauer: 470 000 : 11 000 =	43 Jahre
Bisherige Abschreibungsdauer	20 Jahre
Gesamtabschreibungsdauer	63 Jahre

Bei der Abschreibung nach § 7 Abs. 4 Satz 1 EStG wird von einer Nutzungsdauer des Gebäudes von 50 Jahren ausgegangen. Durch eine Aufstockung verlängert sich

---

190 BFH vom 20. 02. 1975 IV R 241/69, BStBl II 1975, 412.

die Nutzungsdauer eines Gebäudes nicht. Bei einer Abschreibung der nachträglichen Herstellungskosten nach § 7 Abs. 4 Satz 1 EStG wird also die volle Abschreibung des Gebäudes innerhalb der tatsächlichen Nutzungsdauer nicht erreicht. Daher kann der neue Buchwert des Gebäudes nach § 7 Abs. 4 Satz 2 EStG abgeschrieben werden. Die Restnutzungsdauer wird auf 30 Jahre geschätzt. Der neue jährliche Abschreibungsbetrag beläuft sich daher auf 470 000 DM : 30 = 15 667 DM.

237 Auch Aufwendungen zur **Vergrößerung der nutzbaren Fläche** können als Herstellungskosten aktiviert werden[191]. Was zur nutzbaren Fläche gehört und wie diese ermittelt wird, richtet sich nach §§ 43 und 44 der II. Berechnungsverordnung. Hiernach wird die Grundfläche entweder nach den Fertigmaßen oder den Rohbaumaßen ermittelt. Die Wahl ist freigestellt. Sie ist dann aber für alle späteren Berechnungen maßgebend.

Fertigmaße sind die lichten Maße zwischen den Wänden, ohne Berücksichtigung von Wandgliederungen, Wandbekleidungen, Scheuerleisten, Öfen, Heizkörpern, Herden und dgl. Werden die **Rohbaumaße** zugrunde gelegt, sind die errechneten Grundflächen um 3 % zu kürzen.

Von den so errechneten Grundflächen sind **abzuziehen** die mehr als 0,1 qm betragenden Grundflächen von die ganze Raumhöhe einnehmenden Schornsteinen, Mauervorlagen, freistehenden Pfeilern und Säulen sowie Treppen mit mehr als drei Steigungen und deren Treppenabsätze. Zu den errechneten Grundflächen sind **hinzuzurechnen** die Grundflächen von bis zum Boden herunterreichenden und mehr als 0,13 m tiefen Fenster- und offenen Wandnischen, von Erkern und Wandschränken mit Grundflächen von mindestens 0,5 qm, von Raumteilern und Treppen mit einer lichten Höhe von mindestens 2 m. **Nicht hinzuzurechnen** sind die Grundflächen von Türnischen.

Anrechenbare Grundfläche	
Grundflächen von Räumen und Raumteilen mit einer lichten Höhe von mindestens 2 m	Volle Anrechnung
Grundflächen von Räumen und Raumteilen mit einer lichten Höhe von mindestens 1 m und weniger als 2 m	Anrechnung zur Hälfte
Grundflächen von Wintergärten, Schwimmbädern und ähnlichen nach allen Seiten geschlossenen Räumen	
Ausschließlich zum Wohnraum gehörende Grundflächen von Balkonen, Loggien, Dachgärten oder gedeckten Freisitzen	Wahlweise Anrechnung zur Hälfte

---

[191] BMF vom 16.12.1996 IV B 3 – S 2211 – 69/96, BStBl 1996 I S. 1442, Abschnitt I. 2.2.

Herstellungskosten 143

Wird die nutzbare Fläche eines Gebäudes vergrößert, so handelt es sich bei dieser Baumaßnahme stets um Herstellungskosten. Es reicht aus, wenn die Nutzfläche auch nur geringfügig vergrößert wird.

Beispiel:
Vergrößerung der Nutzfläche durch eine Dachgaube, einen Balkon eine Terrasse über die ganze Gebäudeseite. Ersatz eines Flachdaches durch ein Satteldach, wodurch erstmals ausbaufähiger Dachraum geschaffen wird.

Neue selbständige Vermögensgegenstände oder Wirtschaftsgüter entstehen durch nachträgliche Herstellungskosten, soweit hierdurch **selbständige Gebäudeteile** geschaffen werden: 238
- Betriebsvorrichtungen
- Scheinbestandteile
- dem modischen Wandel unterliegende Einbauten
- Mietereinbauten
- eigenbetrieblich genutzte Gebäudeteile
- fremdbetrieblich genutzte Gebäudeteile
- zu eigenen Wohnzwecken genutzte Gebäudeteile
- zu fremden Wohnzwecken genutzte Gebäudeteile

2.5.4.6 Anschaffungsnaher Aufwand

Nach der Anschaffung eines Gebäudes können Instandhaltungsaufwendungen nach den Verwaltungsanweisungen nachträgliche Herstellungskosten oder Erhaltungsaufwendungen sein. Es kommt hiernach darauf an, ob die Aufwendungen in den ersten drei Jahren oder später als drei Jahre nach dem Erwerb des Gebäudes angefallen sind und wie hoch die Aufwendungen im Verhältnis zu den Anschaffungskosten sind. 239

Erwerb ist hier aus Gründen der Rechtsklarheit, wie beim anschaffungsnahen Gebäudeabbruch[192], der Abschluß des obligatorischen Kaufvertrags[193].

Nach den Verwaltungsanweisungen ist zu unterscheiden[194]: 240
- **Erweiterungen** i. S. von § 255 Abs. 2 Satz 1 HGB (Rdn. 206, 233 bis 238): In jedem Fall zu aktivieren.
- **Laufender Erhaltungsaufwand**, der jährlich üblicherweise anfällt: In jedem Fall sofort als Erhaltungsaufwand abzuziehen.
- Aufwendungen zur Beseitigung **versteckter Mängel**: Sofort als Erhaltungsaufwand abzuziehen.
- **Sonstige Instandsetzungsarbeiten:**

---
192 Siehe zum anschaffungsnahen Gebäudeabbruch BFH, Urt. v. 6.2.1979 VIII R 105/75, BStBl 1979 II S. 509 und Rdn. 260.
193 Schmidt/Glanegger EStG § 6 Rz 112.
194 R 157 Abs. 4 EStR, H 157 (Anschaffungsnaher Aufwand) EStH.

Sonstige Instandsetzungsarbeiten nachgeholt nach der Anschaffung		
innerhalb von drei Jahren		nach drei Jahren
Aufwendungen für Instandsetzung mehr als 20%/15%[195] der Anschaffungskosten des Gebäudes	Aufwendungen für Instandsetzung bis 20%/15%[195] der Anschaffungskosten des Gebäudes	
Prüfen, ob die Aufwendungen als Herstellungskosten zu aktivieren sind	In der Regel nicht zu prüfen, ob die Aufwendungen als Herstellungskosten zu aktivieren sind	Im allgemeinen Erhaltungsaufwendungen

241 Aufwendungen für Instandsetzung ist der Rechnungsbetrag ohne Umsatzsteuer. Innerhalb des Dreijahreszeitraums sind die Veranlagungen nach § 165 Abs. 1 AO vorläufig durchzuführen, solange in diesem Zeitraum die Instandsetzungsaufwendungen 20% bzw. 15% der Anschaffungskosten des Gebäudes nicht übersteigen. Bei nach Ablauf von drei Jahren seit der Anschaffung durchgeführten Instandsetzungsarbeiten ist im allgemeinen ein Zusammenhang mit der Anschaffung des Gebäudes nicht mehr anzunehmen[196].

Betragen die Aufwendungen für Instandsetzung innerhalb von drei Jahren nach der Anschaffung bis zu 15% / 20% der Anschaffungskosten, so ist nach den Verwaltungsanweisungen in der Regel nicht zu prüfen, ob Herstellungsaufwand vorliegt. Auf der anderen Seite kann nicht automatisch Herstellungsaufwand angenommen werden, wenn die in dem Dreijahreszeitraum nach der Anschaffung angefallenen Instandsetzungsaufwendungen die Grenze von 15% / 20% der Anschaffungskosten überschreiten.

242 Die Verwaltungsanweisungen knüpfen an § 255 Abs. 2 Satz 1 HGB an, wonach Herstellungsaufwand u. a. anzunehmen ist, wenn ein Vermögensgegenstand über seinen ursprünglichen Zustand hinaus wesentlich verbessert wird. Bei Anschaffungen sei hierbei auf den Zustand des Gebäudes im Zeitpunkt der Anschaffung, also des Erwerbs, abzustellen[197].

---

[195] Bei aufgrund nach dem 31.12.1993 rechtswirksam abgeschlossenen obligatorischen Vertrags oder gleichstehenden Rechtsakts angeschafften Gebäuden beträgt der Prozentsatz 15% (R 157 Abs. 4 Satz 3 EStR).
[196] R 157 Abs. 4 Sätze 4 und 8 EStR.
[197] BMF vom 16.12.1996 IV B 3 – S 2211 – 69/96, BStBl 1996 I S. 1442, Abschnitt I. 3.3; s. Rdn. 231; so auch BFH, Urt. v. 11.8.1989 IX R 44/86, BStBl 1990 II S. 53.

Herstellungskosten 145

Beispiel:
A errichtet ein Gebäude im Jahr 01. Er nutzt es 20 Jahre lang und verkauft es im Jahr 21 an B für 300 000 DM. Dieser führt im Jahr 23 eine umfangreiche Dachreparatur durch, läßt die Fenster durch doppelverglaste Fenster ersetzen und erneuert den Heizkessel der Zentralheizung. Die Aufwendungen betragen insgesamt 70 000 DM.

Nach den Verwaltungsanweisungen kommt für die Aufwendungen des B zu aktivierender Herstellungsaufwand in Betracht, weil es sich um anschaffungsnahe Aufwendungen handelt. Denn die Aufwendungen wurden innerhalb von drei Jahren nach dem Erwerb durchgeführt und betrugen mehr als 15 % / 20 % der Anschaffungskosten.

Es kommt darauf an, was der „ursprüngliche Zustand" ist, gegenüber dem die wesentliche Verbesserung eingetreten ist. Das kann nicht der Zustand unmittelbar vor der Baumaßnahme sein. Das wäre der „bisherige Zustand". „Ursprünglicher Zustand" eines Vermögensgegenstandes ist der Zustand, nachdem er seinen Ursprung genommen hat. Ursprung bedeutet im Sprachgebrauch: Beginn, Anfang, Quelle, Wurzel, Entstehung, Herkunft. „Ursprünglicher Zustand" eines Vermögensgegenstandes ist also der Zustand, den ein Vermögensgegenstand nach seiner Entstehung, also seiner Herstellung hat. Wird er nachher entgeltlich erworben, ändert das am Zustand des Vermögensgegenstandes nichts. Es wechselt nur die Zuordnung. Daher ist unerheblich, wie oft und wann ein Eigentumswechsel am Gegenstand stattgefunden hat. Die Auffassung, daß es bei einem Kauf des Vermögensgegenstands auf die Beschaffenheit im Erwerbszeitpunkt ankommen soll, steht daher im Widerspruch zum eindeutigen Wortlaut des Gesetzes, der eine Verbesserung am Vermögensgegenstand über „seinen ursprünglichen Zustand" verlangt[198]. **243**

Dachreparatur und Heizkesselerneuerung stellen in Bezug auf den ursprünglichen Zustand eines Hauses lediglich Erhaltungsmaßnahmen dar. Der Ersatz von einfachverglasten durch doppelverglaste Fenster ist Modernisierung und damit keine Herstellung. Werden diese Maßnahmen nach dem Erwerb durchgeführt, ist durch solche weitgehenden Aufwendungen der Zustand des Gebäudes zwar verbessert, je nach Zustand des Gebäudes evtl. sogar wesentlich verbessert. Eine Aktivierung dieser Aufwendungen als Herstellungskosten käme in Betracht, wenn auf den „bisherigen" Zustand abzustellen wäre. Nach dem Gesetzeswortlaut kommt es aber auf den „ursprünglichen" Zustand an. **244**

Der BFH hat in seinem Urteil vom 11.8.1989[199] ebenfalls wie die Finanzverwaltung die Auffassung vertreten, es komme bei Anschaffungen auf den Zustand im Zeitpunkt der Anschaffung an. Er stützt sich hierbei auf die Entscheidung des Großen Senats vom 22.8.1966[200]. Dieses Urteil ist zu einer Zeit ergangen, als

---
198 Ellrott/Schmidt-Wendt in: Beck Bil-Komm. HGB § 255 Rdn. 384.
199 BFH, Urt. v. 11.8.1989 IX R 44/86, BStBl 1990 II S. 53.
200 BFH, Beschl. v. 22.8.1966 GrS 2/66, BStBl 1966 III S. 672.

§ 255 HGB in der Fassung des Bilanzrichtlinien-Gesetzes noch nicht existierte. Eine gesetzliche Begriffsbestimmung der Herstellungskosten gab es noch nicht. Zwar behandelte § 153 Abs. 2 AktG die Herstellungskosten. Diese Vorschrift enthielt aber keine Definition der Herstellungskosten, wie sie in § 255 Abs. 2 HGB enthalten ist. Vielmehr wurde hierin lediglich bestimmt, daß bei der Berechnung der Herstellungskosten in angemessenem Umfang Abnutzungen und sonstige Wertminderungen sowie angemessene Teile der Betriebs- und Verwaltungskosten eingerechnet werden dürfen, die auf den Zeitraum der Herstellung entfallen.

Der Große Senat konnte daher in seiner Entscheidung nicht von einer gesetzlichen Begriffsbestimmung ausgehen. Er legte die bisher in der Rechtsprechung vertretene Auffassung zugrunde, wonach Herstellungsaufwand u. a. angenommen wurde, wenn ein Gebäude über seinen „bisherigen" Zustand hinaus erheblich verbessert wurde. Bei erworbenen Gebäuden sei das der Zustand zum Zeitpunkt des Erwerbs. Bestünden beim Erwerb ein hoher Grad an Instandsetzungsbedürftigkeit oder erhebliche Mängel, so führe das dazu, daß der Kaufpreis weiter herabgesetzt würde, als es der Verminderung der ursprünglichen Herstellungskosten um die einheitliche planmäßige AfA beim Veräußerer entspreche. In diesen Fällen bewirke die Instandsetzung oder die Beseitigung der Mängel, daß der Wert des Gebäudes um einen Betrag erhöht wird, der in den Anschaffungskosten des Erwerbers noch nicht enthalten ist.

Nach den Entscheidungsgründen des Urteils vom 11.8.1989[201] soll es bei erworbenen Vermögensgegenständen auf die Beschaffenheit im Erwerbszeitpunkt ankommen. Der Zustand zu diesem Zeitpunkt sei der „ursprüngliche" Zustand i. S. von § 255 Abs. 2 Satz 1 HGB. Das habe bereits der Große Senat in seiner Entscheidung vom 22.8.1966[202] klargestellt.

Wie ausgeführt wurde, gab es zur Zeit der genannten Entscheidung des BFH noch nicht die Vorschrift des § 255 Abs. 2 Satz 1 HGB. Der BFH konnte daher hierzu nichts klarstellen. Eher kann daraus, daß der Gesetzgeber nicht die Fassung „bisheriger" Zustand, sondern „ursprünglicher" Zustand gewählt hat, geschlossen werden, daß in § 255 Abs. 2 Satz 1 HGB ein anderer als der Zeitpunkt gemeint ist, von dem die BFH-Rechtsprechung ausging.

Die Entscheidung vom 11.8.1989 führt zur Begründung an, daß die gesetzliche Bestimmung des Begriffs der Herstellungskosten keine Neuerungen enthalte, werde durch die Entstehungsgeschichte bestätigt. Der Gesetzgeber habe sich nämlich an die im Einkommensteuerrecht gewonnenen Erkenntnisse in Abschnitt 33 EStR angelehnt. Das trifft insoweit zu, als § 255 Abs. 2 HGB weitgehend der Regelung in Abschnitt 33 EStR entspricht. Das kommt auch ausdrücklich so in der Begründung des Regierungsentwurfs[203] zum Ausdruck. Aber Abschnitt 33 EStR enthält und enthielt auch damals keine Regelung zum anschaffungsnahen

---

[201] BFH, Urt. v. 11.8.1989 IX R 44/86, BStBl 1990 II S. 53.
[202] BFH, Beschl. v. 22.8.1966 GrS 2/66, BStBl 1966 III S. 672.
[203] BR-Drs. 257/83 vom 3.6.1983 S. 88.

Aufwand. Die Bestimmungen der Einkommensteuerrichtlinien hierzu stehen und standen auch damals in Abschnitt 157 EStR.

Daß es bei erworbenen Vermögensgegenständen auf die Beschaffenheit im Erwerbszeitpunkt ankommt, ergibt sich somit nicht aus der Entstehungsgeschichte der Vorschrift. Eine Auslegung in diesem Sinne verstieße ohnehin gegen den klaren Wortlaut der Vorschrift[204]. Ist dieser eindeutig, verbietet sich eine weitere Auslegung[205]. „Ursprünglicher" Zustand ist bei der Herstellung eindeutig der Zustand nach Fertigstellung. „Bisheriger" Zustand, von dem der BFH in seiner Entscheidung vom 22.8.1966 ausging, ist der Zustand vor Durchführung der Arbeiten, durch die sich der Zustand geändert haben könnte. Beide Umschreibungen meinen also etwas völlig anderes. Der Gesetzeswortlaut „ursprünglicher" Zustand darf daher nicht im Sinne „bisheriger" Zustand ausgelegt werden. **245**

Im übrigen treffen die Überlegungen, die der Entscheidung des Großen Senats zugrunde lagen, heute nicht mehr zu. Zur Zeit des hierin entschiedenen Falles mag es so gewesen sein, wie der BFH in den Entscheidungsgründen ausführte, daß der Kaufpreis sich nach den Herstellungskosten abzüglich der planmäßigen Abschreibungen richtete und Mängel wegen unterbliebener Reparaturen sich auf den Kaufpreis auswirkten. Es handelt sich um einen Erwerbsfall aus dem Jahr 1954. Dieser und die anderen vom BFH aus dieser Zeit entschiedenen Fälle waren Käufe von kriegsbeschädigten oder während des Krieges und in der Nachkriegszeit stark vernachlässigten Gebäudegrundstücken, zu deren Instandsetzung die Erwerber erhebliche Beträge aufwendeten. Der Zustand dieser Gebäude vor ihrem Erwerb spielte eine wesentliche Rolle für den Kaufpreis. Oft hatten die Veräußerer nicht die Mittel, die Häuser wieder herzurichten und veräußerten sie deshalb. Das Angebot war oft größer als die Nachfrage[206]. **246**

Damals gab es noch nicht einen so intensiven Grundstücksmarkt wie heute. Die Kaufpreise richten sich gegenwärtig in erster Linie nach Angebot und Nachfrage. Es kommt weniger auf den Zustand eines Gebäudes als auf dessen Lage an. Lediglich erhebliche Mängel können sich auf den Kaufpreis auswirken, aber auch nicht derart, daß sich exakt um den Betrag der erforderlichen Instandhaltungsaufwendungen der Kaufpreis mindert.

Es widerspräche auch dem Vorsichtsprinzip, das handelsrechtlich gemäß § 252 Abs. 1 Nr. 4 HGB bei der Bewertung zu beachten ist, eindeutigen Erhaltungsaufwand den Anschaffungskosten hinzu zu aktivieren. Wenigstens in der Handelsbilanz dürfen daher die dem Erwerb zeitnah nachfolgenden Instandhaltungskosten des Erwerbers nicht als Herstellungskosten aktiviert werden. Da in der Steuerbilanz das Betriebsvermögen nach den handelsrechtlichen Grundsätzen ordnungsmäßiger Buchführung, zu denen das Vorsichtsprinzip gehört, anzusetzen ist (§ 5 Abs. 1 Satz 1 EStG) und bei der Bewertung der Vermögensgegenstän- **247**

---
[204] Ellrott/Schmidt-Wendt in: Beck Bil-Komm. HGB § 255 Rdn. 384.
[205] Tipke S. 1271.
[206] Schmidt, DStZ A 1967 S. 162.

de ebenfalls wie im Handelsrecht von den Anschaffungs- oder Herstellungskosten auszugehen ist (§ 6 Abs. 1 EStG), verbietet sich auch in der Steuerbilanz eine Hinzuaktivierung der anschaffungsnahen Aufwendungen, soweit sie der Sache nach Instandsetzungsaufwand darstellen.

2.5.4.7 Anschaffungsferner Aufwand

248 In einem Urteil[207] hat der BFH über die Behandlung von 7 Jahre nach dem Kauf eines Zweifamilienhauses durchgeführten Instandsetzungsaufwendungen entschieden. Es lag der in dem folgenden Beispiel mitgeteilte Sachverhalt zugrunde.

Beispiel:
A kaufte von B im Jahr 00 ein Zweifamilienhaus, das dieser vor 40 Jahren errichtet hatte, für 500 000 DM, wovon 400 000 DM auf das Gebäude entfielen. Im Jahr 07 führte A folgende Baumaßnahmen aus: Er ließ das undichte und in den Dachbalken angefaulte Dach erneuern und dabei Wärmeschutzmaßnahmen durchführen. Die Fenster tauschte er gegen neue doppelverglaste Fenster aus. Die Sanitäranlagen und Bäder einschließlich der Leitungen und die Elektroinstallation ließ er erneuern. In den Aufwendungen für die Elektroarbeiten waren rd. 2 500 DM für einen Kabelanschluß, für Leerrohre der Telefonanlage und für eine Diebstahlwarnanlage enthalten. Den Schornstein, der erhebliche Risse hatte, ließ er durch einen neuen ersetzen, ebenso die Außentreppen erneuern. Setzrisse im Mauerwerk ließ er durch Einfügen von Stürzen absichern, außerdem das Haus innen und außen neu anstreichen. Er ließ neue Teppichböden verlegen und das Parkett abschleifen und versiegeln, sowie die Garageneinfahrt neu pflastern, wobei die alten Steine weitgehend wiederverwendet wurden. Die gesamten Aufwendungen betrugen 270 000 DM.

Hier stehen die Instandsetzungs- und Modernisierungsaufwendungen nicht in einem engen zeitlichen Zusammenhang mit der Anschaffung, wie beim anschaffungsnahen Aufwand. Die Aufwendungen sind später als 3 Jahre nach dem Erwerb des Hauses durchgeführt worden. Nach der Übersicht in Rdn. 240 handelt es sich grundsätzlich um Erhaltungsaufwand.

249 Werden nur **einzelne Bestandteile durch zeitgemäße neue ersetzt**, so ist das Erhaltungsaufwand. In dem Beispiel hat der Erwerber die Fenster gegen doppelverglaste Fenster ausgetauscht und die Sanitäranlagen und die Elektroinstallation erneuert. Fenster, Sanitäranlagen und Elektroinstallation sind lediglich einzelne Bestandteile des Gebäudes. Gemeint sind unselbständige Bestandteile, die mit dem Gebäude in einem einheitlichen Nutzungs- und Funktionszusammenhang stehen und damit dem Gebäude unmittelbar dienen, im Gegensatz zu den selb-

---

[207] BFH, Urt. v. 9.5.1995 IX R 116/92, DStR 1995 S. 1377, BStBl 1996 II S. 632.

ständigen Gebäudeteilen, die besonderen Zwecken dienen, damit in einem von der eigentlichen Gebäudenutzung verschiedenen Nutzungs- und Funktionszusammenhang stehen und deshalb selbständige Wirtschaftsgüter darstellen[208]. Fenster, Sanitäranlagen und die Elektroinstallation dienen unmittelbar der Gebäudenutzung. Auch wenn sie neu eingebaut oder völlig erneuert werden und durch den Einbau der doppelverglasten Fenster und modernen Sanitäranlagen dem zeitgemäßen Wohnkomfort und dem technischen Fortschritt Rechnung getragen wird, sind das lediglich Erhaltungsmaßnahmen am Gebäude.

Maßnahmen, die zwar **das Gebäude als Ganzes betreffen**, es aber lediglich in ordnungsgemäßem Zustand entsprechend seinem ursprünglichen Stand erhalten oder diesen Zustand in zeitgemäßer Form wiederherstellen, sog. substanzerhaltende Bestandteilserneuerungen, bewirken ebenfalls noch keine wesentlichen Verbesserungen. Eine solche substanzerhaltende Maßnahme, die sich auf das Gebäude als Ganzes bezieht, stellt die Dacherneuerung dar. Über den bisherigen Zustand hinaus ist zwar noch eine Wärmeisolierung angebracht worden. Das ist aber lediglich eine Wiederherstellung in zeitgemäßer Form. Nur wenn die Maßnahme über eine übliche Modernisierung hinausgeht, kann das zu einer wesentlichen Verbesserung i. S. von § 255 Abs. 2 Satz 1 HGB führen. Das war hier nicht der Fall. Daher sind die Aufwendungen für die Dacherneuerung sofort abziehbare Erhaltungsaufwendungen. **250**

Instandsetzungs- oder Modernisierungsmaßnahmen, die jede für sich allein noch als Erhaltungsmaßnahme zu beurteilen wäre, sind in ihrer Gesamtheit Herstellungskosten, wenn sie über eine zeitgemäße substanzerhaltende Erneuerung hinausgehen und dadurch der **Gebrauchswert** des Gebäudes gegenüber dem ursprünglichen Zustand **deutlich erhöht** und damit die Verbesserung insgesamt wesentlich i. S. von § 255 Abs. 2 Satz 1 HGB wird. Indizien hierfür sind eine deutliche Verlängerung der tatsächlichen Gesamtnutzungsdauer eines Gebäudes oder ein deutlicher Anstieg der erzielbaren Miete. Die Absicherung der Setzrisse im Mauerwerk ist nur dann eine die Gesamtnutzungsdauer verlängernde Maßnahme, wenn dadurch die für die Lebensdauer des Gebäudes maßgebende Substanz verändert wurde. Wurden nach den Baumaßnahmen höhere Mieten erzielt, so sind sie insoweit kein Indiz für eine Erhöhung des Gebrauchswerts, als sie lediglich auf zeitgemäßen bestandserhaltenden Erneuerungen beruhen. Als derartige Maßnahmen kommen hier die Erneuerung der Sanitäranlagen und der Bäder, der Innenanstrich und die Teppichfußböden in Betracht. Soweit daher Mieterhöhungen hierauf beruhen, sind sie als Indiz für eine Erhöhung des Gebrauchswerts außer Betracht zu lassen. **251**

Soweit Instandsetzungs- oder Modernisierungsmaßnahmen nicht über eine zeitgemäße Erneuerung hinausgehen, ist zu entscheiden, ob sie mit anderen Maßnahmen **in engem räumlichen, zeitlichen und sachlichen Zusammenhang stehen**, **252**

---

[208] R 13 Abs. 3 und 5 EStR, H 13 Abs. 5 EStH, s. Rdn. 402.

die Herstellungsmaßnahmen darstellen[209]. Das ist der Fall, wenn die einzelnen Baumaßnahmen bautechnisch ineinandergreifen, auch wenn sie sich über mehrere Jahre erstrecken. Soweit ein neuer Kabelanschluß, Leerrohre für die Telefonanlage und für eine Diebstahlwarnanlage verlegt worden sind, handelte es sich zwar um Herstellungsaufwendungen, weil sie etwas Neues darstellen. Diese Herstellungsmaßnahmen greifen aber nicht mit den übrigen Instandsetzungs- oder Modernisierungsmaßnahmen bautechnisch ineinander. Es ist daher insoweit nur der Betrag von 2 500 DM als Herstellungsaufwand zu aktivieren.

253 Es ist im übrigen unerheblich, daß die Erhaltungsaufwendungen **in ungewöhnlicher Höhe zusammengeballt in einem Jahr** anfielen. Erhaltungsaufwendungen verlieren ihre Rechtsnatur nicht dadurch, daß sie nicht jeweils in dem Jahr erbracht werden, in dem der bauliche Zustand Instandhaltungs- und Modernisierungsaufwendungen erfordert hätte.

254 In dem vorstehend geschilderten Urteilsfall waren damit die Aufwendungen bis auf die für Kabelanschluß, Leerrohre der Telefonanlage und Diebstahlwarnanlage Erhaltungsaufwendungen. Wären die Arbeiten innerhalb von drei Jahren nach dem Erwerb durchgeführt worden, hätte der BFH sie als anschaffungsnahe Aufwendungen aktiviert. Denn er hat ausdrücklich in den Entscheidungsgründen seine bisherige Rechtsprechung zum anschaffungsnahen Aufwand bestätigt.

255 Auf der anderen Seite ist aber die Frage zu stellen, ob die zeitliche Nähe oder Ferne von Baumaßnahmen zum Erwerbszeitpunkt ausschlaggebend für die Entscheidung über Herstellungs- oder Erhaltungsaufwand sein kann. In dem vorstehenden Fall eines vierzigjährigen Gebäudes kann angenommen werden, daß schon bei Kaufabschluß die Dachbalken angefault, die Fenster, der Schornstein, die Außentreppe und die Garageneinfahrt erneuerungsbedürftig waren und das Mauerwerk Setzrisse hatte. Es ist auch anzunehmen, daß dieser Zustand des Gebäudes bei den Kaufverhandlungen berücksichtigt worden ist, da es sich um Mängel handelte, die bei einer vor dem Kauf eines Hauses üblichen Besichtigung ohne weiteres sichtbar waren. Nur der Umstand, daß die Aufwendungen in zeitlicher Ferne zum Anschaffungszeitpunkt anfielen, entschied deshalb über die Aktivierung. Es hat aber keine Auswirkung auf den Wert eines Hauses, ob erforderliche Instandsetzungsarbeiten innerhalb von drei Jahren nach dem Erwerb oder später durchgeführt werden. Deshalb sollte, ausgehend auch von diesem Urteil, in künftigen einschlägigen Fällen die Rechtsprechung zum anschaffungsnahen Aufwand überdacht werden.

2.5.4.8 Abgrenzung von Gebäudeaufwendungen

256 Bei Aufwendungen in Bezug auf Gebäude gibt es besondere Abgrenzungsschwierigkeiten. Zunächst ist zu prüfen, ob die Aufwendungen überhaupt zu aktivieren sind, oder ob es sich um sofort abziehbare **Betriebsausgaben** oder **Wer-**

---

[209] Siehe Rdn. 205.

Herstellungskosten

bungskosten handelt. Folgende Aufwendungen sind sofort als **Betriebsausgaben** oder **Werbungskosten** abziehbar:
- Beiträge zu einer für die Bauzeit des Gebäudes abgeschlossenen Bauzeitversicherung[210]
- Kanalbaubeitrag wegen betriebsbedingter erhöhter Abwasserzuführung[211]
- Mehrkosten, die wegen der Nutzung durch betriebliche Fahrzeuge für den verstärkten Ausbau einer Straße übernommen werden[212]
- freiwillige Zuschüsse zur Schaffung einer Fußgängerzone, die nicht grundstücks-, sondern betriebsbezogen sind[213]

Sind die Aufwendungen zu aktivieren, so ist zu entscheiden, ob sie zum Grund und Boden, zum Gebäude oder zu einem anderen Wirtschaftsgut zu aktivieren sind. Diese Frage kann nach der folgenden Checkliste beantwortet werden[214].

Checkliste			
	Aktivierung		
Aufwendungen	Gebäude	Grund und Boden	anderes Wirtschaftsgut
Ablösungsbeträge für Garagen- und Einstellplätze	x		
Abstandszahlungen, die im Zusammenhang mit der Errichtung eines neuen Gebäudes zur Ablösung von Nutzungsrechten Dritter an dem abzubrechenden Gebäude oder dem zu bebauenden Grund und Boden gezahlt werden[215]	x		
Abwasserableitung, Anlagen zur –, soweit Hausanschluß und Kanalstich vom Gebäude zum öffentlichen Kanal führen	x		
Ansiedlungsbeiträge in Erfüllung eines ausschließlich den Grund und Boden betreffenden Kaufvertrags		x	

---

210 H 33a EStH.
211 BFH, Urt. v. 25.8.1982 I R 130/78, BStBl 1983 II S. 38.
212 BFH, Urt. v. 26.2.1980 VIII R 80/77, BFH Bd. 130 S. 155.
213 BFH, Urt. v. 12.4.1984 IV R 137/80, BStBl 1984 II S. 489.
214 S. auch H 33 a EStH.
215 S. aber Rdn. 263.

Außenanlagen an anderen Gebäuden als Wohngebäuden (Hofbefestigungen, Umzäunungen, Straßenzufahrten, Grünanlagen)			x
Baumängel, Aufwendungen zur Beseitigung von bei der Herstellung eines Gebäudes aufgetretenen -n und in diesem Zusammenhang anfallende Prozeßkosten	x		
Baumaterial aus Enttrümmerung	x		
Bauplanänderungskosten und Bauplanneuerstellungskosten	x		
Breitbandkabel der Telekom, Aufwendungen für – bei Neubau	x		
Decken, abgehängte, mit einer Beleuchtungsanlage versehene Kassettendecken von Büroräumen	x		
Einbaumöbel als wesentliche Bestandteile des Gebäudes oder soweit sie bei vermieteten Wohnungen üblicherweise vom Vermieter gestellt werden	x		
Einbauten als unselbständige Gebäudebestandteile	x		
Einfriedungen bei Wohngebäuden im einheitlichen Nutzungs- und Funktionszusammenhang mit dem Gebäude	x		
Entlüftungsanlagen für die Küche (allgemein)	x		
Entlüftungsanlagen für Produktion			x
Enttrümmerungsmaterial aus zerstörtem Gebäude, das als Baumaterial beim neuen Gebäude verwendet wird	x		
Erdarbeiten, übliche Aufwendungen für – bei der Errichtung eines Gebäudes	x		
Erschließungsbeiträge		x	

Fußgängerzone, aufgrund gesetzlicher Vorschriften von Grundstückseigentümern erhobene Beiträge zur Schaffung einer –		x		
Gasnetz, Anschluß an das –	x			
Hausanschlußkosten zur Abwasserableitung und Strom-, Gas-, Wasser- und Wärmezufuhr	x			
Heizungs- und Trocknungsanlagen für Lagerungs- und Trocknungszwecke			x	
Heizungsanlagen, um in erster Linie Personen den Aufenthalt angenehm zu machen	x			
Kanalanschlußgebühren für den erstmaligen Anschluß an die gemeindliche Abwasserbeseitigungsanlage	x			
Kinderspielplatz, Aufwendungen für die Anlage durch den Steuerpflichtigen			x	
Kinderspielplatz, Beiträge an die Gemeinde für –	x			
Küchenspülen allgemein	x			
Küchenspülen im Hotel, Restaurant usw.			x	
Lastenaufzüge			x	
Öffentliche Einrichtungen und Anlagen, Beiträge an die Gemeinde für –		x		
Personenaufzüge	x			
Sanitäre Anlagen (z. B. Badewannen, Badezimmeröfen, Duschen, Warmwasserbereiter)	x			
Straßenanliegerbeiträge		x		
Straßenbaubeiträge oder -zuschüsse zum Ausbau von Ortsstraßen		x		
Stromversorgungsnetz, Anschluß an das –	x			

Teppichböden, auf Estrich verlegt oder mit dem Untergrund fest verbunden	x		
Versorgungsanlagen (Elektrizität, Gas, Wärme und Wasser) außerhalb des Grundstücks, Beiträge oder Zuschüsse hierfür an die Gemeinde		x	
Wärmeversorgung, Anschluß an die –	x		
Waschmaschinen, Aufwendungen für –, auch wenn sie mit Schrauben an einem Zementsockel befestigt sind			x
Wasserversorgung, Anschluß an die –	x		

2.5.4.9 Abbruch bei Gebäuden und Gebäudeteilen

257 Werden Gebäude oder Gebäudeteile abgebrochen, so fragt es sich, wie der Restbuchwert der abgebrochenen Gebäudeteile und die Abbruchkosten zu behandeln sind. Es bestehen zwei Möglichkeiten: Aktivierung oder sofortige Absetzung als Betriebsausgaben bzw. Werbungskosten.

Bei Abbruchaufwendungen an Gebäuden[216] ist zu unterscheiden, ob das Gebäude vom Unternehmer
- **hergestellt** worden ist oder
- **erworben** worden ist.

258 Hatte der Unternehmer das Gebäude hergestellt, so ist zu differenzieren:

Hergestelltes Gebäude	
Als Betriebsgebäude oder Betriebsgebäudeteil hergestellt	Als Privatgebäude oder Privatgebäudeteil hergestellt
	Einlage mit Abbruchabsicht: Abbruch und Errichtung eines Betriebsgebäudes geplant.
Buchwert und Abbruchkosten sind Betriebsausgaben.	Buchwert und Abbruchkosten sind zusätzliche Herstellungskosten des neuen Gebäudes.

259 Wird ein bebautes Grundstück **erworben**, kommt es zunächst darauf an, ob der Erwerber es nutzen oder abbrechen wollte. Hatte er die **Absicht**, das Gebäude abzureißen, so kommt es darauf an, ob das Gebäude beim Erwerb technisch oder wirtschaftlich verbraucht oder nicht verbraucht war[217].

---
[216] H 33a (Abbruchkosten) EStH.
[217] BFH, Beschl. v. 12.6.1978 GrS 1/77, BStBl 1978 II S. 620,

War das Gebäude bereits beim Erwerb technisch oder wirtschaftlich **verbraucht**, kann es dem Erwerber nicht auf das Gebäude, sondern nur auf den Grund und Boden angekommen sein. Der Kaufpreis entfällt daher voll als Anschaffungskosten auf den Grund und Boden. Zusätzlich sind auch die Abbruchkosten als Herrichtungskosten beim Grund und Boden zu aktivieren.

War aber das Gebäude technisch und wirtschaftlich **nicht verbraucht**, so wurde ein Teil des Kaufpreises hierfür bezahlt. Der Kaufpreis ist daher zunächst als Anschaffungskosten auf Grund und Boden und Gebäude aufzuteilen. Bestand beim Erwerb die Absicht, das Gebäude abzureißen, so gehen beim Abbruch des Gebäudes dessen Buchwert und die Abbruchkosten in das auf dem Grundstück neu errichtete Wirtschaftsgut ein. Buchwert und Abbruchkosten sind daher zusätzliche Herstellungskosten des auf dem Grundstück errichteten neuen Wirtschaftsguts.

Beispiel:
Es betragen die Abbruchkosten 10 000 DM und der Restbuchwert des Gebäudes 80 000 DM. Es wird errichtet
a) ein neues Gebäude,
b) ein befestigter Lagerplatz.

90 000 DM sind als zusätzliche Herstellungskosten im Fall a beim Gebäude und im Fall b beim Lagerplatz zu aktivieren.

Wird auf dem Grundstück kein neues Wirtschaftsgut hergestellt, der Grund und Boden also lediglich frei gemacht, so sind der Restbuchwert des Gebäudes und die Abbruchkosten als nachträgliche Anschaffungskosten beim Grund und Boden zu aktivieren.

Erworbenes Gebäude			
Erwerbszweck: Nutzung	Erwerbszweck: Abbruch		
	Gebäude technisch oder wirtschaftlich nicht verbraucht		Gebäude objektiv wertlos
	Abbruch hängt zusammen mit der Herstellung eines neuen Wirtschaftsguts	Abbruch hängt nicht zusammen mit der Herstellung eines neuen Wirtschaftsguts	
Die auf das Gebäude entfallenden Anschaffungskosten, soweit sie zum abgebrochenen Buchwert gehören und die Abbruchkosten sind			Der gesamte Anschaffungspreis und die Abbruchkosten sind
sofort absetzbare Betriebsausgaben	zusätzliche Herstellungskosten des Wirtschaftsguts	zusätzliche Anschaffungskosten des Grund und Bodens	Anschaffungskosten des Grund und Bodens

Es kommt darauf an, ob **im Zeitpunkt des Erwerbs** die Absicht besteht, das Gebäude abzubrechen. Besteht im Zeitpunkt des Erwerbs die Absicht, das Gebäude zu nutzen und stellt sich später die Notwendigkeit heraus, das Gebäude abzureißen und ein neues Gebäude zu errichten, so gehen der Gebäudewert des erworbenen Gebäudes und die Abbruchkosten nicht als Herstellungskosten in das neue Gebäude ein, sondern sind sofort absetzbare Betriebsausgaben oder Werbungskosten.

Bestand daher beim Erwerb die Absicht, einen erweiternden Umbau des erworbenen Gebäudes durchzuführen und dabei einen Teil der tragenden Bausubstanz zu erhalten und beim Umbau zu verwenden, so gehen nur die abgebrochenen Teile des erworbenen Gebäudes und die hierauf entfallenden Abbruchkosten als Herstellungskosten in den Umbau ein. Erweist sich dann später nach Beginn der Bauarbeiten die Bausubstanz als so schlecht, daß das Bauvorhaben nur durch Totalabriß und anschließenden Neubau verwirklicht werden kann, gehören der Restwert des abgebrochenen Gebäudes und die Abbruchkosten nur insoweit zu den Herstellungskosten des neuen Gebäudes, als sie auf Gebäudeteile entfallen, die bei Durchführung des im Erwerbszeitpunkt geplanten Umbaus hätten entfernt werden sollen. Der übrige Teil des Gebäuderestwerts und der Abbruchkosten ist sofort als Betriebsausgaben oder Werbungskosten absetzbar. Dieser Teil ist ggf. im Wege der Schätzung zu ermitteln[218].

---

[218] BFH, Urt. v. 15.10.1996 IX R 2/93, BStBl 1997 II S. 325.

Ob der Erwerber eines Gebäudes beim Erwerb die Absicht hat, das Gebäude zu **260** nutzen oder abzubrechen, ist nicht erkennbar. Darum wird vom äußeren **Anschein** ausgegangen.

Anscheinsbeweis	
Beginn des Abbruchs des Gebäudes	
innerhalb von drei Jahren nach dem Abschluß des obligatorischen Rechtsgeschäfts	später als drei Jahre nach dem Abschluß des obligatorischen Rechtsgeschäfts
Beweis des ersten Anscheins spricht für Abbruchabsicht.	Beweis des ersten Anscheins spricht gegen Abbruchabsicht.
Gegenbeweis möglich, z. B. Abbruch aufgrund ungewöhnlichen Geschehensablaufs	Ausnahmen möglich, z. B. Arrondierungskäufe

Im Ergebnis werden also die Herstellungskosten eines neu errichteten Gebäudes **261** um den Buchwert und die Abbruchkosten eines in Abbruchabsicht erworbenen Gebäudes erhöht. Läßt aber der Veräußerer vor dem Verkauf das Gebäude abreißen, sind für ihn Restbuchwert und Abbruchkosten sofort abziehbarer Aufwand, weil sie unmittelbar mit dem abgebrochenen Gebäude verbunden sind. Veräußert wird ein Grundstück ohne Gebäude. Hierzu besteht nur ein mittelbarer Zusammenhang[219].

Der BFH rechnet den Buchwert des abgebrochenen Gebäudes und die Abbruch- **262** kosten offensichtlich deshalb nicht zum Wert des veräußerten vom Gebäude freigemachten Grundstücks, weil das gegen den Grundsatz der Einzelbewertung verstoßen würde. Grund und Boden und Gebäude sind zwei Wirtschaftsgüter. Wird das Gebäude abgebrochen, bevor das Grundstück verkauft wird, beziehen sich Abbruch und Abbruchkosten nur auf das Gebäude. Veräußert wird ein Grundstück ohne Gebäude. Wenn später der Erwerber ein neues Gebäude errichtet, entsteht ein neues Wirtschaftsgut. Es ist also im Ergebnis von drei Wirtschaftsgütern auszugehen, dem alten und abgebrochenen Gebäude, dem Grund und Boden und dem vom Erwerber neu errichteten Gebäude.

Erwirbt hingegen der Erwerber ein bebautes Grundstück in Abbruchabsicht und werden der Buchwert des abgebrochenen Gebäudes und die Abbruchkosten zu den Herstellungskosten des neu errichteten Gebäudes gerechnet, so wird das alte Gebäude mit dem neuen Gebäude verschmolzen. Das ist im Ergebnis ein Verstoß gegen den Grundsatz der Einzelbewertung[220].

---

[219] BFH, Urt. v. 27.2.1991 XI R 14/87, BStBl 1991 II S. 628.
[220] Ellrott/Schmidt-Wendt in: Beck Bil-Komm. HGB § 255 Rdn. 374.

2.5.4.10 Abstandszahlungen

263 Nach der Rechtsprechung des BFH sind Abstandszahlungen des Erwerbers eines bebauten Grundstücks an Mieter, Pächter, Nießbraucher oder andere Nutzungsberechtigte, um sie zur vorzeitigen Räumung des Grundstücks zu veranlassen, keine Anschaffungskosten[221]. Die Zahlung sei vielmehr ein Entgelt dafür, daß der Erwerber das Grundstück bereits vor Ablauf des Nutzungsvertrags, den der Nutzungsberechtigte mit dem Veräußerer geschlossen hat, nutzen kann.

Nutze der Erwerber das Grundstück so, wie er es angeschafft hat, so habe er ein selbständiges Wirtschaftsgut „vorzeitige Nutzungsmöglichkeit" erworben. Die Abstandszahlung sei gleichmäßig auf die Zeit zwischen der vorzeitigen Räumung und der vertragsgemäßen Beendigung der Nutzung zu verteilen[222].

Lasse der Erwerber aber das Gebäude abreißen und ein neues Gebäude errichten, so sei die Abstandszahlung Teil der Herstellungskosten des neuen Gebäudes[223]. Erworben wurde hier aber ebenso wie in dem Fall, in dem der Erwerber das Gebäude weiter nutzt, ein selbständiges Wirtschaftsgut „vorzeitige Nutzungsmöglichkeit". Dieses geht mit dem Abbruch des Altgebäudes unter[224].

2.5.4.11 Eigen- und Fremdherstellung

264 Herstellung kann im eigenen Unternehmen geschehen (Eigenherstellung). Sie kann aber auch durch fremde Unternehmen erfolgen (Fremdherstellung).

265 Eigenherstellung geschieht insbesondere bei der Fertigung von zum Verkauf bestimmter Erzeugnisse. Die am Bilanzstichtag vorhandenen Erzeugnisse werden als fertige und unfertige Erzeugnisse mit den Herstellungskosten aktiviert. Der Gegenposten in der Gewinn- und Verlustrechnung ist der Posten „Erhöhung oder Verminderung des Bestands an fertigen und unfertigen Erzeugnissen".

Aber auch Vermögensgegenstände des Anlagevermögens können im eigenen Unternehmen hergestellt werden. Die Herstellungskosten werden bei den betreffenden Anlagegegenständen oder, falls sie am Bilanzstichtag noch nicht fertiggestellt sind, als „Anlagen im Bau" aktiviert. In der Gewinn- und Verlustrechnung wird der Posten „andere aktivierte Eigenleistungen" ausgewiesen[225].

266 Fremdherstellung kommt vor allem bei der Herstellung von Anlagegegenständen vor, insbesondere bei der Gebäudeherstellung. Hierbei ist zu unterscheiden, ob es sich um Anschaffung oder Herstellung handelt.

Entscheidend ist hierfür, wer das wirtschaftliche Risiko der Herstellung trägt. Liegt es beim Eigentümer des Grund und Bodens, ist er Bauherr und damit Her-

---
[221] BFH, Urt. v. 29.7.1970 I 130/65, BStBl 1970 II S. 810.
[222] BFH, Beschl. v. 2.3.1970 GrS 1/69, BStBl 1970 II S. 382.
[223] BFH, Urt. v. 1.10.1975 I R 243/73, BStBl 1976 I S. 184 und v. 9.2.1983 I R 29/79, BStBl 1983 II S. 451.
[224] Ellrott/Schmidt-Wendt in: Beck Bil-Komm. HGB § 255 Rdn. 325.
[225] Ellrott/Schmidt-Wendt in: Beck Bil-Komm. HGB § 255 Rdn. 333.

Herstellungskosten 159

steller des Gebäudes (§ 15 Abs. 1 EStDV)[226]. Er hat das Entgelt an den Bauunternehmer und die übrigen mit der Herstellung des Gebäudes befaßten Unternehmer als Herstellungskosten zu aktivieren. Anderenfalls ist der Eigentümer des Grund und Bodens Ersterwerber und aktiviert seine Aufwendungen als Anschaffungskosten[227].

2.5.4.12 Immaterielle Anlagegegenstände

Immaterielle Anlagegegenstände dürfen nicht aktiviert werden, wenn sie vom Unternehmer hergestellt worden sind (§ 248 Abs. 2 HGB). Sie sind auch dann vom Unternehmer hergestellt worden, wenn dieser fremde Auftragnehmer mit der Herstellung betraut, das Risiko der Herstellung aber behält. Auch wenn sich mehrere Unternehmer zusammenschließen, um EDV-Software gemeinsam zu entwickeln und sie dann im jeweiligen eigenen Unternehmen einzusetzen, handelt es sich bei den einzelnen Unternehmern um Herstellung[228]. **267**

2.5.5 Umfang der Herstellungskosten

2.5.5.1 Unter- und Obergrenzen der Aktivierung

Handelsrechtlich werden bei den Herstellungskosten drei Stufen unterschieden: **268**
- **1. Stufe**: Materialkosten, Fertigungskosten und Sonderkosten der Fertigung (§ 255 Abs. 2 Satz 2 HGB). Diese Aufwendungen gehören immer zu den Herstellungskosten. Für sie besteht daher ein **Aktivierungsgebot**.
- **2. Stufe**: Angemessene Teile der notwendigen Materialgemeinkosten, der notwendigen Fertigungsgemeinkosten und des Wertverzehrs des Anlagevermögens, soweit er durch die Fertigung veranlaßt ist (§ 255 Abs. 2 Satz 3 HGB). Diese Aufwendungen dürfen bei der Berechnung der Herstellungskosten eingerechnet werden. Für sie besteht daher ein **Aktivierungswahlrecht**.
- **3. Stufe**: Kosten der allgemeinen Verwaltung, Aufwendungen für soziale Einrichtungen des Betriebs, Aufwendungen für freiwillige soziale Leistungen und Aufwendungen für betriebliche Altersversorgung. Diese Aufwendungen brauchen nicht in die Herstellungskosten eingerechnet zu werden. Für sie besteht daher ebenfalls ein **Aktivierungswahlrecht**.

Soweit ein **Aktivierungsgebot** besteht, sind mindestens diese Aufwendungen als Herstellungskosten zu aktivieren. Da ein handelsrechtliches Aktivierungsgebot für die Aufwendungen der 1. Stufe besteht, bilden diese Aufwendungen die Untergrenze der handelsrechtlichen Aktivierung. Da nicht nur die Aufwendungen der 2. Stufe, sondern auch noch die Aufwendungen der 3. Stufe als Herstellungskosten aktiviert werden dürfen, bilden die Aufwendungen der 3. Stufe die Obergrenze der handelsrechtlichen Aktivierung. **269**

---
[226] BMF-Schreiben vom 31.8.1990 IV B 3 – S 2253 a, 49/90, BStBl 1990 I S. 366 (sog. Bauherrenerlaß).
[227] Ellrott/Schmidt-Wendt in: Beck Bil-Komm. HGB § 255 Rdn. 334.
[228] Ellrott/Schmidt-Wendt in: Beck Bil-Komm. HGB § 255 Rdn. 360.

270 **Steuerrechtlich** besteht auch für die Aufwendungen der 2. Stufe ein Aktivierungsgebot. Für die Aufwendungen der 3. Stufe besteht wie im Handelsrecht ein Aktivierungswahlrecht[229]. Es bilden daher steuerrechtlich auch die Aufwendungen der 2. Stufe die Untergrenze der Aktivierung.

271 **Unter- und Obergrenzen** für die Aktivierung:
1. Stufe: Handelsrechtliche Untergrenze für die Herstellungskosten
2. Stufe: Steuerrechtliche Untergrenze für die Herstellungskosten
3. Stufe: Handelsrechtliche und steuerrechtliche Obergrenze für die Herstellungskosten

• Kosten der allgemeinen Verwaltung • Aufwendungen für soziale Einrichtungen des Betriebs • Aufwendungen für freiwillige soziale Leistungen und für betriebliche Altersversorgung	**3. Stufe** • Handelsrecht: Wahlrecht • Steuerrecht: Wahlrecht
Angemessene Teile • der notwendigen Materialgemeinkosten • der notwendigen Fertigungsgemeinkosten • des Wertverzehrs des Anlagevermögens, soweit er durch die Fertigung veranlaßt ist	**2. Stufe** • Handelsrecht: Wahlrecht • Steuerrecht: Gebot
• Materialkosten • Fertigungskosten • Sonderkosten der Fertigung	**1. Stufe** • Handelsrecht: Gebot • Steuerrecht: Gebot

272 Die **Vertriebskosten** dürfen weder handelsrechtlich noch steuerrechtlich als Herstellungskosten aktiviert werden. Für sie besteht daher ein **Aktivierungsverbot**.

273 Handelsrechtlich und steuerrechtlich können erhebliche **Unterschiede** bei der Aktivierung der Gemeinkosten bestehen. Für die angemessenen Teile der notwendigen Material- und Fertigungsgemeinkosten und der durch die Fertigung veranlaßten Abschreibungen besteht handelsrechtlich ein Aktivierungswahlrecht, steuerrechtlich dagegen ein Aktivierungsgebot.

---

[229] R 33 EStR.

Herstellungskosten 161

Beispiel:
Es wird ein Fabrikgebäude für 1 300 000 DM errichtet. In diesen Aufwendungen sind für 400 000 DM „Maschinenstunden", also in die Herstellung eingegangene Abschreibungen auf die eingesetzten Maschinen, enthalten. Handelsrechtlich darf das Fabrikgebäude mit 900 000 DM aktiviert werden, d. h. 400 000 DM dürfen sofort als Aufwand abgesetzt werden. Steuerrechtlich sind aber 1 300 000 DM als Herstellungskosten zu aktivieren.

2.5.5.2 Einzelkosten und Gemeinkosten

Beim Herstellungsaufwand wird unterschieden zwischen   274
- Einzelkosten der Herstellung und
- Gemeinkosten der Herstellung.

Einzelkosten	Gemeinkosten
Einzelkosten sind Aufwendungen speziell für den einzelnen Vermögensgegenstand. Sie werden dem einzelnen Vermögensgegenstand direkt zugerechnet.	Gemeinkosten sind Aufwendungen gemeinsam für alle oder für eine Vielzahl von Vermögensgegenständen. Sie werden den Vermögensgegenständen indirekt, d. h. anteilig zugerechnet.

Während zu den Anschaffungskosten nur Einzelkosten rechnen, können Anteile der Herstellungskosten sowohl Einzelkosten als auch Gemeinkosten sein.

Einzelkosten werden direkt, d. h. unmittelbar und ohne Schlüsselung einem Er-   275
zeugnis zugerechnet. Es besteht zwischen dem hergestellten Gegenstand und dem durch seine Herstellung entstandenen Verbrauch an Gütern, Leistungen und Diensten ein eindeutiger und nachweisbarer mengen-, zeit- und wertmäßiger Zusammenhang. Dem einzelnen Erzeugnis werden die Kosten zugerechnet, die unmittelbar durch seine Herstellung verursacht worden sind, die also nicht entstanden wären, wenn das betreffende Erzeugnis nicht hergestellt worden wäre[230].

Beispiel:
Rohstoffe werden in einer Lagerhalle gelagert. Die Abschreibung der Lagerhalle beträgt jährlich 15 000 DM. An Eingangsfrachten sind im abgelaufenen Wirtschaftsjahr 10 000 DM angefallen. Die Gebäudeabschreibung entfällt anteilig auf alle in der Lagerhalle lagernden Vorräte und rechnet also zu den Gemeinkosten. Eingangsfrachten liegen aber auf jedem einzelnen Rohstoffeingang und sind daher einzeln zurechenbar. Sie sind Einzelkosten.

---
[230] Küting/Lorson, DStR 1994 S. 666 ff., 667 f.

276 Es gibt Einzelkosten, die bei der Kalkulation wie Gemeinkosten behandelt werden. Sie werden den Erzeugnissen nicht direkt zugerechnet, sondern mit Hilfe von Kostenschlüsseln umgerechnet. Äußerlich erscheinen diese Aufwendungen daher als Gemeinkosten, während sie tatsächlich Einzelkosten sind. Man spricht hier von „**unechten Gemeinkosten**". So werden oft Fertigungslöhne nicht direkt erfaßt, sondern im Wege von Zuschlägen den Erzeugnissen zugerechnet.

Beispiel:
Auf bestimmte Erzeugnisse entfallende Fertigungslöhne werden im Verhältnis zum für ein einzelnes Erzeugnis verbrauchten Material als Herstellungskosten aktiviert.

277 Gemeinkosten können mittels Maschinenstundensätzen oder Maschinengruppenstundensätzen den einzelnen Erzeugnissen zugeteilt werden. So werden die Abschreibungen der Maschinen auf die Durchlaufzeiten der Erzeugnisse verteilt und dem einzelnen Erzeugnis zugerechnet. Man spricht hier von der **Bezugsgrößen- oder Verrechnungssatzkalkulation**. Hierdurch werden Gemeinkosten nicht zu Einzelkosten. Man könnte diese Gemeinkosten entsprechend den unechten Gemeinkosten „unechte Einzelkosten" nennen.

2.5.5.3 Herstellungseinzelkosten

278 Für **Herstellungseinzelkosten** (Fertigungseinzelkosten) besteht ein **Aktivierungsgebot**[231]. Herstellungseinzelkosten sind:
- Materialkosten
- Fertigungskosten und
- Sonderkosten der Fertigung

279 **Materialkosten** sind die Aufwendungen für Roh-, Hilfs- und Betriebsstoffe, die den Produkten direkt zugerechnet werden können.

Roh-, Hilfs- und Betriebsstoffe werden bei der Herstellung der Erzeugnisse aufgewendet. Hierbei gehen die **Rohstoffe** und die **Hilfsstoffe** als Bestandteile in die Erzeugnisse ein, die Rohstoffe als Hauptbestandteile und die Hilfsstoffe als Nebenbestandteile. Die **Betriebsstoffe** werden bei der Herstellung verbraucht.

Beispiel:
Bei der Möbelherstellung ist das Holz Rohstoff, Nägel, Leim und Farbe sind Hilfsstoffe. Brennstoffe, Reinigungsmaterial und Schmiermittel sind Betriebsstoffe.

In der Literatur wird die Auffassung vertreten, Hilfs- und Betriebsstoffe rechneten i. d. R. zu den Gemeinkosten[232]. Das trifft aber in dieser Allgemeinheit insbeson-

---
231 § 255 Abs. 2 Satz 2 HGB, H 33 (Herstellungskosten) EStH.
232 Ellrott/Schmidt-Wendt in: Beck Bil-Komm. HGB § 255 Rdn. 349.

Herstellungskosten

dere für die Hilfsstoffe nicht zu. Je nachdem, ob Hilfsstoffe sich dem einzelnen Erzeugnis direkt oder nur indirekt zurechnen lassen, sind sie Einzel- oder Gemeinkosten.

Rohstoffe, Hilfsstoffe und Betriebsstoffe werden auf folgenden Konten in der Finanzbuchhaltung gebucht: **280**
- Rohstoffe
- Hilfsstoffe
- Betriebsstoffe

S	Rohstoffe	H	S	Hilfsstoffe	H	S	Betriebsstoffe	H
Anfangsbestand	Rücksendungen		Anfangsbestand	Rücksendungen		Anfangsbestand	Rücksendungen	
Einkäufe	Preisnachlässe		Einkäufe	Preisnachlässe		Einkäufe	Preisnachlässe	
	Verbrauch			Verbrauch			Verbrauch	
	Endbestand			Endbestand			Endbestand	

Zu Beginn des Geschäftsjahrs werden die Bestände an Roh-, Hilfs- und Betriebsstoffen aus der Schlußbilanz des Vorjahrs als Anfangsbestände auf dem Rohstoffkonto, Hilfsstoffkonto und Betriebsstoffkonto gebucht.

Die Einkäufe des laufenden Jahres an Rohstoffen, Hilfsstoffen und Betriebsstoffen werden auf der Sollseite dieser Konten als Zugänge gebucht. Die Rücksendungen dieser Vorräte an die Lieferanten und die Preisnachlässe der Lieferanten werden auf der Habenseite dieser Konten gebucht. Schließlich werden die Endbestände dieser Vorräte durch Inventur ermittelt und durch die Abschlußbuchungen

⇨ Schlußbilanzkonto
an Rohstoffkonto

⇨ Schlußbilanzkonto
an Hilfsstoffkonto

⇨ Schlußbilanzkonto
an Betriebsstoffkonto

auf das Schlußbilanzkonto übernommen. Sie gehen dann als Posten „Roh-, Hilfs- und Betriebsstoffe" in die Schlußbilanz ein.

Das eingesetzte Material, Roh-, Hilfs- und Betriebsstoffe, wird zu Anschaffungskosten einschließlich der Nebenkosten abzüglich der Anschaffungskostenminderungen bewertet. Die **Nebenkosten der Anschaffung**, z. B. Frachten, Zölle usw., müßten daher auf den Konten Roh-, Hilfs- und Betriebsstoffe im Soll gebucht werden. Sie werden üblicherweise zuvor auf gesonderten Konten erfaßt. Diese sind dann über die genannten Materialkonten abzuschließen. Ebenso müßten die **Anschaffungskostenminderungen**, z. B. Skonti, Rabatte, auf den Materialkon- **281** ten im Haben gebucht werden. Es wirkt sich aber auf das Geschäftsergebnis nicht aus, wenn diese Aufwendungen unmittelbar über Gewinn- und Verlustkonto abgeschlossen werden.

282 Erst zum Jahresabschluß ist es entschieden, inwieweit die genannten Aufwendungen und Erträge sich erhöhend oder mindernd auf die Anschaffungskosten der Endbestände auswirken. Eine **Anschaffungskostenerhöhung** der Endbestände mindert den Aufwand des abgelaufenen Geschäftsjahrs und erhöht den Aufwand des folgenden Geschäftsjahrs. Umgekehrt erhöht eine **Anschaffungskostenminderung** der Endbestände den Aufwand des abgelaufenen Geschäftsjahrs und mindert den Aufwand des folgenden Geschäftsjahrs.

Wird daher Fertigungsmaterial aus abgewerteten Vorjahresbeständen verbraucht, ist es mit dem niedrigeren Buchwert und nicht zu den ursprünglichen Anschaffungskosten anzusetzen[233].

283 **Über das übliche Maß hinausgehende Abwertungen** werden gesondert gebucht:
⇨ Abschreibungen auf Vermögensgegenstände des Umlaufvermögens (soweit unüblich hoch)
an Rohstoffkonto,
Hilfsstoffkonto,
Betriebsstoffkonto.

284 Der Saldo des Kontos „Aufwendungen für Roh-, Hilfs- und Betriebsstoffe geht bei der Gliederung der Gewinn- und Verlustrechnung nach dem Schema von § 275 Abs. 2 HGB als Posten „5. Materialaufwand: a) Aufwendungen für Roh-, Hilfs- und Betriebsstoffe" in die Gewinn- und Verlustrechnung ein. Der Saldo des Kontos „Abschreibungen auf Vermögensgegenstände des Umlaufvermögens (soweit unüblich hoch)" wird in der Gewinn- und Verlustrechnung nach dem vorstehend genannten Gliederungsschema der Posten „7. Abschreibungen: b) auf Vermögensgegenstände des Umlaufvermögens, soweit diese die üblichen Abschreibungen überschreiten".

285 Zu den **Fertigungskosten** rechnen insbesondere die **Fertigungslöhne**. Das sind die den Erzeugnissen direkt zurechenbaren Werkstatt- und Verarbeitungslöhne, die Überstunden- und Feiertagszuschläge, die gesetzlichen und tariflichen Sozialaufwendungen und die Gehälter für Werkmeister, Techniker und Zeichner, soweit sie direkt zurechenbar sind.

Hierzu rechnen nicht: Freiwillige Sozialabgaben, Ergebnisbeteiligungen und Aufwendungen für die betriebliche Altersversorgung[234]. Sie gehören zu den Herstellungsgemeinkosten[235].

---

[233] Ellrott/Schmidt-Wendt in: Beck Bil-Komm. HGB § 255 Rdn. 350.
[234] Ellrott/Schmidt-Wendt in: Beck Bil-Komm. HGB § 255 Rdn. 351.
[235] Siehe Rdn. 294.

Sonderkosten der Fertigung sind: 286
- Sondereinzelkosten der Fertigung und
- Entwicklungs-, Versuchs- und Konstruktionskosten.

Sondereinzelkosten der Fertigung sind insbesondere die Aufwendungen für Modelle, Schablonen, Gesenke, Schnitte und Spezialwerkzeuge sowie Lizenzgebühren für die Produktion.

Entwicklungs-, Versuchs- und Konstruktionskosten sind Einzelkosten, wenn sie im Rahmen eines erteilten Auftrags anfallen.

Aufwendungen im Rahmen der **Grundlagenforschung** dürfen nicht aktiviert 287 werden. Forschungsaufwendungen bei der **Neuentwicklung** von Erzeugnissen sind Herstellungskosten, soweit hierin der Beginn der Herstellung der neuen Erzeugnisse zu sehen ist. Aufwendungen für die **Weiterentwicklung** von Erzeugnissen dürfen nicht aktiviert werden, auch wenn es sich um wesentliche Änderungen handelt. **Im Auftrag Dritter** ausgeführte Entwicklungsarbeiten werden, wenn sie am Bilanzstichtag noch nicht ausgeliefert sind, als unfertige Leistungen mit den Herstellungskosten aktiviert[236].

Kosten für Modelle und Spezialwerkzeuge können als Teil des Materialauf- 288 wands gesehen und dann auf Konto „Aufwendungen für Roh-, Hilfs- und Betriebsstoffe" gebucht werden. Übersichtlicher ist es aber, diese Aufwendungen und die Entwurfskosten, die Lizenzgebühren und die übrigen Sonderkosten der Fertigung als „Sonstige betriebliche Aufwendungen" zu erfassen.

2.5.5.4 Herstellungsgemeinkosten

Nach **Handelsrecht** (§ 255 Abs. 2 Satz 3 HGB) dürfen in die Herstellungskosten 289 angemessene Teile folgender Herstellungsgemeinkosten eingerechnet werden:
- der notwendigen Materialgemeinkosten,
- der notwendigen Fertigungsgemeinkosten und
- des Wertverzehrs des Anlagevermögens, soweit er durch die Fertigung veranlaßt ist.

Nach dem Gesetzeswortlaut („dürfen") besteht also handelsrechtlich ein Aktivierungswahlrecht für diese Fertigungsgemeinkosten[237].

Steuerrechtlich besteht hierfür nach den Verwaltungsanweisungen ein Aktivie- 290 rungsgebot[238]. Der BFH bestätigt die Verwaltungsauffassung. In seinem Urteil vom 21.10.1993[239] führt er aus, bei der steuerlichen Gewinnermittlung sei grundsätzlich der volle Gewinn auszuweisen. Nach § 6 Abs. 1 Nr. 2 Satz 1 EStG seien die Herstellungskosten anzusetzen, also grundsätzlich alle Aufwendungen, die ihrer Art nach Herstellungskosten sind. Dazu gehörten auch die in § 255 Abs. 2

---
[236] Ellrott/Schmidt-Wendt in: Beck Bil-Komm. HGB § 255 Rdn. 424 ff.
[237] Siehe auch Rdn. 268.
[238] R 33 Abs. 1 EStR
[239] BFH, Urt. v. 21.10.1993 IV R 87/92, BStBl 1994 II S. 176.

Satz 3 HGB umschriebenen Gemeinkosten. Wegen des Bewertungsvorbehalts (§ 5 Abs. 6 EStG) gehe die steuerliche Bewertungsvorschrift, aus der sich ein Ansatzgebot ergebe, der handelsrechtlichen Bewertungsvorschrift, die ein Ansatzwahlrecht gewähre, in der Steuerbilanz und damit beim Jahresabschluß, welcher der steuerlichen Gewinnermittlung zugrunde gelegt wird, vor.

Hierzu wird die Auffassung vertreten[240], dieses Urteil stehe im Widerspruch zum Beschluß vom 4.7.1990[241]. In diesem Beschluß hat der Große Senat lediglich zur Frage Stellung genommen, ob die Begriffsbestimmung von § 255 Abs. 2 Satz 1, 1. Alternative HGB, wonach Herstellungskosten die Aufwendungen sind, die durch den Verbrauch von Gütern und die Inanspruchnahme von Diensten für die Herstellung eines Vermögensgegenstandes entstehen, auch für die Bewertung in der Steuerbilanz gilt. Mit der Frage, ob die Wahlrechte nach § 255 Abs. 2 Sätze 3 und 4 HGB auch für die Steuerbilanz maßgebend sind, die das Urteil vom 21.10.1993 entschieden hat, befaßte sich der Große Senat nicht. Das Urteil vom 21.10.1993 steht daher mit dem Beschluß des Großen Senats vom 4.7.1990 nicht im Widerspruch.

Es wird zu Recht die Auffassung vertreten, das BFH-Urteil vom 21.10.1993 habe keine endgültige Klarheit geschaffen[242]. Hierin ist lediglich entschieden worden, daß das in § 255 Abs. 2 Satz 3 HGB geregelte Ansatzwahlrecht steuerlich zu einem Aktivierungsgebot führt. Hinsichtlich des in Satz 4 dieser Vorschrift geregelten Ansatzwahlrechts hat der BFH keine Entscheidung getroffen. Das brauchte er auch nicht, weil diese Frage nicht zur Entscheidung stand. Hinsichtlich der ferner vertretenen Ansicht, die Regelung in § 255 Abs. 2 Sätze 3 und 4 HGB gelte im Wege der formellen Maßgeblichkeit auch voll für die Steuerbilanz mit der Folge, die dort geregelten Aktivierungswahlrechte würden auf die Steuerbilanz durchschlagen, dürften angesichts des Beschlusses des Großen Senats vom 3.2.1969[243], wonach aus einem handelsrechtlichen Aktivierungswahlrecht in der Steuerbilanz ein Aktivierungsgebot folgt, Zweifel angebracht sein (s. auch Rdn. 294).

291 „Angemessene Teile" bedeutet, daß die Aufwendungen sachlich mit der Produktion des Betriebs zusammenhängen müssen. Daher scheiden **Leerkosten**, die Aufwendungen, die sich mangels Vollauslastung der Produktionsanlagen nicht in Erzeugnissen niederschlagen, als Herstellungskosten aus. Von diesen echten Leerkosten sind die sich aus der Art der Produktion ergebenden unechten Leerkosten zu unterscheiden. Unechte Leerkosten sind Herstellungskosten[244].

---

240 S. Küting/Lorson, DStR 1994 S. 729 ff., 730.
241 BFH, Beschl. v. 4.7.1990 GrS 1/89, BStBl 1990 II S. 830.
242 Küting/Lorson, DStR 1994 S. 729 ff., 734.
243 BFH, Beschl. vom 3.2.1969, GrS 2/688, BStBl 1969 II S. 291.
244 R 33 Abs. 6 EStR, H 33 (Ausnutzung von Produktionsanlagen) EStH.

Herstellungskosten 167

Beispiele:
Ein Textilverarbeitungsbetrieb verliert einen Großkunden. Deshalb sind bestimmte Maschinen nur noch zu einem Drittel ausgelastet. Die Abschreibungen auf diese Maschinen sind zu 2/3 als echte Leerkosten nicht den mit den Maschinen produzierten Erzeugnissen als Herstellungskosten zuzurechnen.

In einer Zuckerfabrik werden Zuckerrüben vom Beginn der Ernte im Herbst bis Januar oder Februar des folgenden Jahres zu Zucker verarbeitet. Ab dann bis zur kommenden Ernte stehen die Produktionsanlagen still. Ihre Kapazität muß aber in der kurzen Zeit von etwa 5 Monaten bereitstehen, da die Zuckerrüben nicht länger in großen Mengen gelagert werden können. Die auf die Zeit des Stillstehens der Produktionsanlagen entfallenden Abschreibungen sind durch die Art der Produktion bedingt und daher den Erzeugnissen als Herstellungskosten hinzuzurechnen.

Herstellungsgemeinkosten sind nur insoweit als Herstellungskosten aktivierbar, als sie auf den Zeitraum der Herstellung entfallen (§ 255 Abs. 2 Satz 5 HGB). Damit werden periodenfremde Aufwendungen ausgeschieden, z. B. **Sonderabschreibungen** auf Anlagen[245]. 292

Nach den steuerlichen Verwaltungsanweisungen ist der Wertverzehr des der Fertigung dienenden Anlagevermögens bei der Berechnung der Herstellungskosten der Erzeugnisse auch dann im Wege der linearen AfA zu berücksichtigen, wenn für die betreffenden Anlagen **Bewertungsfreiheiten, Sonderabschreibungen, erhöhte Abschreibungen** oder **Teilwertabschreibungen** geltend gemacht werden. Hiernach ist es nicht zu beanstanden, wenn bei der Berechnung der Herstellungskosten der Erzeugnisse auch bei den **degressiv** abgeschriebenen Produktionsanlagen von der linearen AfA ausgegangen wird. Diese muß allerdings in diesem Fall bei der Bewertung der Erzeugnisse auch dann beibehalten werden, wenn gegen Ende der Nutzungsdauer die degressiven AfA niedriger sind als die linearen AfA[246]. 293

Kosten der **allgemeinen Verwaltung**, Aufwendungen für **soziale Einrichtungen** des Betriebs, für **freiwillige soziale Leistungen** und für **betriebliche Altersversorgung** brauchen nicht in die Herstellungskosten eingerechnet zu werden (§ 255 Abs. 2 Satz 4 HGB). Es besteht also handelsrechtlich für diese Gemeinkosten ein Aktivierungswahlrecht. Das gilt nach den Verwaltungsanweisungen auch für die Steuerbilanz[247]. Es besteht also für diese Gemeinkosten sowohl handelsrechtlich als auch steuerrechtlich ein Aktivierungswahlrecht. 294

Aus dem handelsrechtlichen Aktivierungswahlrecht für Herstellungsgemeinkosten hat der BFH grundsätzlich auf ein Aktivierungsgebot für die Steuerbilanz

---
245 Kropff in: Geßler u. a., AktG § 155 Rdn. 22.
246 R 33 Abs. 3 EStR.
247 R 33 Abs. 4 Satz 1 EStR.

geschlossen[248]. Er hat in diesem Urteil aber ausdrücklich offengelassen, ob entgegen der Anweisung in den Einkommensteuerrichtlinien auch die in § 255 Abs. 2 Satz 4 HGB umschriebenen Aufwendungen ganz oder teilweise als Teil der Herstellungskosten aktiviert werden müßten, da diese Frage nicht zur Entscheidung anstand und die Erfassung solcher Kosten als Herstellungskosten in dem zur Entscheidung stehenden Fall zu einer Verböserung geführt hätte.

Kosten der allgemeinen Verwaltung, Aufwendungen für soziale Einrichtungen des Betriebs, für freiwillige soziale Leistungen und für betriebliche Altersversorgung sind Kostenbestandteile, die nicht nur durch den Herstellungsprozeß, sondern durch das Unternehmen als Ganzes veranlaßt werden. Da sie nicht durch die Herstellung veranlaßt werden, ist ihre Aktivierung als Herstellungskosten mit Unsicherheiten verbunden. Es entspricht daher dem bei der Bewertung zu beachtenden Vorsichtsprinzip und damit den Grundsätzen ordnungsmäßiger Buchführung, die Aktivierung solcher Aufwendungen nicht zu verlangen. Aus diesem Grunde hat der Gesetzgeber die Formulierung gewählt, daß diese Aufwendungen nicht in die Herstellungskosten „einbezogen zu werden brauchen". Das Wahlrecht in R 33 Abs. 4 Satz 1 EStR entspricht den handelsrechtlichen Bewertungsvorschriften, die nach § 5 Abs. 1 Satz 2 EStG auch für die Steuerbilanz gelten[249].

Die Verwaltungsanweisung ist eine Nichtbeanstandungsregelung, die in der Steuerbilanz nur zum Tragen kommen kann, wenn auch in der Handelsbilanz die betreffenden Aufwendungen nicht als Herstellungskosten aktiviert worden sind. Das handelsrechtliche Wahlrecht dient daher der steuerrechtlichen Regelung. Hieraus folgt nicht ein steuerrechtliches Aktivierungsgebot.

295 **Zinsen für Fremdkapital** gehören nicht zu den Herstellungskosten. Werden sie aber zur Finanzierung der Herstellung eines Vermögensgegenstands verwendet, dürfen sie als Herstellungskosten angesetzt werden, soweit sie auf den Zeitraum der Herstellung entfallen. Sie gelten dann als Herstellungskosten (§ 255 Abs. 3 HGB). In den Verwaltungsanweisungen gibt es eine inhaltlich gleichlautende Regelung, die aber nur dann eine Aktivierung der Zinsen für Fremdkapital als Herstellungskosten zuläßt, wenn in der Handelsbilanz gleichlautend verfahren wird[250].

Die handelsrechtliche Regelung, nach der Zinsen für Fremdkapital als Herstellungskosten behandelt werden dürfen und dann als Herstellungskosten fingiert werden, soll daher die Aktivierung in der Steuerbilanz ermöglichen. Aus dem handelsrechtlichen **Aktivierungswahlrecht** folgt daher auch hier kein steuerrechtliches Aktivierungsgebot.

296 **Einkommensteuer**, **Körperschaftsteuer** und **Vermögensteuer** rechnen nicht zu den abziehbaren Betriebsausgaben und können daher nicht für eine Aktivierung als Herstellungskosten in Betracht kommen.

---

[248] BFH, Urt. v. 21.10.1993 IV R 87/92, BStBl 1994 II S. 176.
[249] Ellrott/Schmidt-Wendt in: Beck Bil-Komm. HGB § 255 Rdn. 355.
[250] R 33 Abs. 4 Satz 1 EStR.

Herstellungskosten 169

Hinsichtlich der **Gewerbeertragsteuer** besteht ein Wahlrecht, sie als Herstel- 297
lungskosten zu aktivieren. Soweit **Gewerbekapitalsteuer** auf Fertigungsanlagen
entfällt, ist sie als Herstellungsaufwand zu aktivieren[250a].

Umsatzsteuer darf als Vertriebskosten, nicht als Herstellungskosten aktiviert 298
werden. Für die Behandlung der **Vorsteuer** als Herstellungskosten gilt § 9b
EStG[251]. Für auf aktivierte Vorräte entfallende **Zölle** und **Verbrauchsteuern** ist
ein Rechnungsabgrenzungsposten nach § 5 Abs. 5 Satz 2 EStG zu aktivieren[252].

Für **Vertriebskosten** besteht ein Verbot, sie als Herstellungskosten zu aktivieren 299
(§ 255 Abs. 2 Satz 6 HGB). Hierfür und für den sog. **Unternehmerlohn** besteht
auch steuerrechtlich ein Aktivierungsverbot[253].

Die Aktivierung der Herstellungsgemeinkosten als Herstellungskosten der Er- 300
zeugnisse ist also handelsrechtlich und steuerrechtlich wie folgt geregelt:

Herstellungsgemeinkosten als Herstellungskosten			
Gruppe	Kostenart	HB[254]	StB[255]
Material-gemeinkosten und Fertigungs-gemeinkosten	• durch die Fertigung veranlaßte Abschreibungen. • Lagerhaltung, Transport und Prüfung des Fertigungsmaterials, • Vorbereitung und Kontrolle der Fertigung, • Werkzeuglager, • Betriebsleitung, Raumkosten, Sachversicherungen, • Unfallstationen und Unfallverhütungseinrichtungen der Fertigungsstätten, • Lohnbüro, soweit in ihm die Löhne und Gehälter der in der Fertigung tätigen Arbeitnehmer abgerechnet werden.	W[256]	G[257]

[250a] R 33 Abs. 5 Sätze 2 und 3 EStR.
[251] Siehe Rdn. 304 ff.
[252] R 33 Abs. 5 EStR.
[253] H 33 (Herstellungskosten, Kalkulatorische Kosten) EStH.
[254] HB = Handelsbilanz.
[255] StB = Steuerbilanz.
[256] W = Wahlrecht.
[257] G = Gebot.

Allgemeine Verwaltungskosten	• Aufwendungen für die Geschäftsleitung, • Einkauf und Wareneingang, • Betriebsrat, • Personalbüro, • Nachrichtenwesen, • Ausbildungswesen, • Rechnungswesen (Buchführung, Betriebsabrechnung, Statistik, Kalkulation), • Feuerwehr, Werkschutz.	W	W
Soziale Einrichtungen	• Aufwendungen für Kantine, • Essenszuschüsse, • Freizeitgestaltung der Arbeitnehmer.	W	W
Freiwillige soziale Leistungen	• Jubiläumsgeschenke, • Wohnungs- und andere freiwillige Beihilfen, • Weihnachtszuwendungen, • Aufwendungen zur Beteiligung der Arbeitnehmer am Betriebsergebnis. Nur Aufwendungen, die nicht arbeitsvertraglich oder tarifvertraglich vereinbart worden sind.	W	W
Betriebliche Altersversorgung	• Direktversicherungen, • Zuwendungen an Pensions- und Unterstützungskassen, • Zuführungen zu Pensionsrückstellungen.	W	W
Steuern	• Einkommensteuer, Körperschaftsteuer, • Gewerbeertragsteuer, • Gewerbekapitalsteuer.	V[258] W W	V W G
Zinsen	• Zinsen für einen Kredit zur Finanzierung der Herstellung, soweit sie auf den Herstellungszeitraum entfallen.	W	W
Vertriebskosten	• Vertriebsabteilung, • Verkaufsbüro, • Werbekosten, • Vertriebslager usw.	V	V
Unternehmerlohn	• Wert der eigenen Arbeitsleistung des Unternehmers.	V	V

---

[258] V = Verbot.

Aus dieser Übersicht ergibt sich, daß die zu den Herstellungskosten rechnenden Aufwendungen hinsichtlich der Aktivierung als Herstellungskosten handelsrechtlich und steuerrechtlich zum Teil unterschiedlich behandelt werden können. Viele Unternehmer stellen nur einen Jahresabschluß auf, der sowohl der handelsrechtlichen als auch der steuerrechtlichen Rechnungslegung dienen soll. In diesem Fall sind in dem einheitlichen Jahresabschluß die bei den Fertigungsgemeinkosten von der handelsrechtlichen Bewertung abweichenden steuerrechtlichen Aktivierungsvorschriften zu beachten.

Es kann aber auch sinnvoll sein, handelsrechtlich so zu bewerten, wie es nach den Vorschriften des Handelsrechts zulässig ist. Soweit die Bilanz Ansätze oder Beträge enthält, die den steuerlichen Vorschriften nicht entsprechen, sind diese Ansätze oder Beträge durch Zusätze oder Anmerkungen den steuerlichen Vorschriften anzupassen. Es kann aber auch eine den steuerlichen Vorschriften entsprechende Bilanz, eine sogenannte **Steuerbilanz**, aufgestellt und dem Finanzamt eingereicht werden (§ 60 Abs. 2 EStDV). 301

Bei den Herstellungskosten ist es, wie sich aus der vorstehenden Übersicht ergibt, handelsrechtlich möglich, niedriger zu bewerten als steuerrechtlich. Der handelsrechtliche Gewinn kann daher niedriger ausgewiesen werden, als der nach steuerlichen Vorschriften ermittelte Gewinn. 302

Meist wollen Unternehmer erreichen, daß ihr handelsrechtliches Ergebnis möglichst günstig aussieht, um gegenüber den Banken und anderen Gläubigern potent zu erscheinen. Da bei Ausreizung der Bewertungswahlrechte die Herstellungskosten in der Handelsbilanz niedriger als in der Steuerbilanz sind und damit der handelsrechtliche Gewinn niedriger als der steuerliche Gewinn ist, werden die meisten Unternehmer hinsichtlich der Herstellungskosten in Handels- und Steuerbilanz nicht abweichend bewerten. Insoweit erübrigt sich also eine von der handelsrechtlichen abweichende steuerliche Gewinnermittlung.

Sind in einem Unternehmen die Inhaber nicht mit der Geschäftsleitung identisch, können zwischen Inhabern und der Geschäftsleitung hinsichtlich der Gewinnausschüttung Interessengegensätze bestehen. Die Inhaber können an einer möglichst hohen Gewinnausschüttung interessiert sein, während die Geschäftsleitung das Kapital möglichst im Betriebsvermögen halten will, um künftige Investitionen zu sichern. Eine solche Interessenlage besteht in der Regel in **Kapitalgesellschaften**. Hier ist es das Bestreben der Geschäftsführer, handelsrechtlich einen möglichst niedrigen Gewinn auszuweisen, um möglichst hohe, meist stille, Reserven bilden zu können. Kapitalgesellschaften werden daher dazu neigen, in der Handelsbilanz die Herstellungsgemeinkosten in Ausübung der handelsrechtlichen Bewertungswahlrechte niedrig oder gar nicht anzusetzen. 303

2.5.5.5 Vorsteuer als Herstellungskosten

In Rechnung gestellte Vorsteuer gehört, soweit sie bei der Umsatzsteuer abgezogen werden kann, nicht zu den Herstellungskosten des Wirtschaftsguts, auf dessen Herstellung sie entfällt (§ 9b Abs. 1 Satz 1 EStG). 304

Wird der Vorsteuerabzug nachträglich nach § 15a UStG **berichtigt**, so ändern sich hierdurch die Herstellungskosten nicht. Mehrbeträge sind als Betriebseinnahmen, Minderbeträge als Betriebsausgaben zu behandeln (§ 9b Abs. 2 EStG).

305 Ist der Vorsteuerbetrag umsatzsteuerrechtlich zum Teil abziehbar und zum Teil nicht abziehbar, so gilt nach § 9b Abs. 1 Satz 2 EStG eine **Vereinfachungsregel**. Der nicht abziehbare Teil braucht den Herstellungskosten des Wirtschaftsguts, auf dessen Herstellung er entfällt, nicht zugerechnet zu werden, wenn er
- 25 % des Vorsteuerbetrags und 500 DM nicht übersteigt, oder
- wenn die zum Ausschluß vom Vorsteuerabzug führenden Umsätze nicht mehr als 3 % des Gesamtumsatzes betragen.

Voraussetzung für die Anwendung der Vereinfachungsregelung ist, daß ein an das Unternehmen gelieferter Gegenstand teilweise zur Ausführung von Umsätzen, die den Vorsteuerabzug ausschließen, teilweise zur Ausführung von Umsätzen, die zum Vorsteuerabzug berechtigen, verwendet wird[259].

306 Bei **Gebäuden** ist zu beachten, daß diese aus verschiedenen Wirtschaftsgütern bestehen können.

Beispiel:
Ein gewerblicher Unternehmer nutzt ein zu seinem Betriebsvermögen gehörendes Gebäude teils für eigenbetriebliche Zwecke und vermietet es zum Teil zu Wohnzwecken. Das Haus besteht hier aus den selbständigen Wirtschaftsgütern „eigenbetrieblich genutzter Gebäudeteil" und „zu fremden Wohnzwecken genutzter Gebäudeteil". Die Vorsteuern sind diesen verschiedenen Wirtschaftsgütern zuzurechnen. Die auf den vermieteten Teil entfallenden Vorsteuern rechnen voll zu den Herstellungskosten.

§ 9 b EStG regelt die Folgen, die einkommensteuerrechtlich an den Vorsteuerabzug zu knüpfen sind, insbesondere, wie die Vorsteuer beim Ansatz der Anschaffungs- oder Herstellungskosten eines Wirtschaftsguts zu behandeln sind. Was ein Wirtschaftsgut ist, richtet sich daher nach den Vorschriften des Einkommensteuerrechts. Hiernach besteht ein Gebäude aus verschiedenen Wirtschaftsgütern, je nachdem in welchem Nutzungszusammenhang die Gebäudeteile stehen[260]. Daher müssen die bei der Herstellung des Gebäudes angefallenen Vorsteuerbeträge zunächst den steuerrechtlich selbständigen Gebäudeteilen zugeordnet werden. Die danach auf das Wirtschaftsgut „zu fremden Wohnzwecken genutzter Gebäudeteil" entfallenden Vorsteuerbeträge sind nach § 15 Abs. 2 UStG in voller Höhe vom Abzug ausgeschlossen. Die Anwendung von § 9 b Abs. 1 Satz 2 EStG kommt daher nicht in Betracht[261].

---
259 Schmidt/Weber-Grellet EStG § 9 b Rz. 12.
260 R 13 Abs. 4 EStR, s. Rdn. 402 ff.
261 Hessisches Finanzgericht, Urt. v. 29.4.1982 XI 86/77, rechtskräftig, EFG 1983 S. 121; R 86 Abs. 2 Satz 4 EStR.

Herstellungskosten

2.5.6 Checkliste zur Ermittlung der Herstellungskosten

Um die Herstellungskosten zutreffend zu ermitteln, ist es zweckmäßig, von einer Checkliste auszugehen. Hier kann gleichzeitig entschieden werden, wie Aktivierungswahlrechte in der Handelsbilanz, ggf. bei Aufstellung einer von der Handelsbilanz abweichenden Steuerbilanz in der Handelsbilanz unterschiedlich zur Steuerbilanz, ausgeübt werden sollen.

307

Checkliste		
Aufwendungen	Handels-bilanz	Steuer-bilanz
Abschreibungen auf Fertigungsanlagen	W	G
Ausbildungswesen	W	W
Beihilfen, arbeitsvertraglich oder tarifvertraglich vereinbart	W	G
Beihilfen, nicht arbeitsvertraglich oder tarifvertraglich vereinbart	W	W
Betriebsabrechnung	W	W
Betriebskrankenkasse	W	W
Betriebsleitung	W	G
Betriebsrat	W	W
Buchführung	W	W
Direktversicherungen	W	W
Einkauf, Kosten für den	W	W
Einkommensteuer	V	V
Entwurfskosten für die Fertigung der Erzeugnisse	G	G
Essenszuschüsse	W	W
Fertigungslöhne	G	G
Feuerwehr	W	W
Freizeitgestaltung der Arbeitnehmer	W	W
Fürsorge (allgemeine)	W	W
Geschäftsleitung	W	W
Gewerbeertragsteuer	W	W
Gewerbekapitalsteuer, soweit sie auf das der Fertigung dienende Kapital entfällt	W	G
Jubiläumsgeschenke, arbeitsvertraglich oder tarifvertraglich vereinbart	W	G

Jubiläumsgeschenke, nicht arbeitsvertraglich oder tarifvertraglich vereinbart	W	W
Kalkulation	W	W
Kantine	W	W
Kontrolle der Fertigung	W	G
Lagerhaltung des Fertigungsmaterials	W	G
Lizenzgebühren für die Fertigung der Erzeugnisse	G	G
Lohnbüro, soweit in ihm die Löhne und Gehälter der in der Fertigung tätigen Arbeitnehmer abgerechnet werden	W	G
Materialkosten	G	G
Nachrichtenwesen	W	W
Notwendige Materialgemeinkosten	W	G
Pensionskassen	W	W
Pensionsrückstellungen	W	W
Personalbüro	W	W
Prüfung des Fertigungsmaterials	W	G
Raumkosten	W	G
Sachversicherungen	W	G
Statistik	W	W
Tantiemen, arbeitsvertraglich oder tarifvertraglich vereinbart	W	G
Tantiemen, nicht arbeitsvertraglich oder tarifvertraglich vereinbart	W	W
Transport des Fertigungsmaterials	W	G
Umsatzsteuer	V	V
Unfallstationen der Fertigungsstätten	W	G
Unfallverhütungseinrichtungen der Fertigungsstätten	W	G
Unterstützungskassen	W	W
Vermögensteuer	V	V
Vertriebskosten	V	V
Vorbereitung der Fertigung	W	G
Vorsteuer, soweit bei der Umsatzsteuer abziehbar	V	V

Vorsteuer, soweit sie bei der Umsatzsteuer nicht abziehbar ist und 25 % des Vorsteuerbetrags und 500 DM nicht übersteigt	W	W
Vorsteuer, soweit sie bei der Umsatzsteuer nicht abziehbar ist und 25 % des Vorsteuerbetrags oder/und 500 DM übersteigt	W	G
Vorsteuer, soweit sie bei der Umsatzsteuer nicht abziehbar ist und die zum Ausschluß vom Vorsteuerabzug führenden Umsätze nicht mehr als 3 % des Gesamtumsatzes betragen	W	W
Vorsteuer, soweit sie bei der Umsatzsteuer nicht abziehbar ist und die zum Ausschluß vom Vorsteuerabzug führenden Umsätze mehr als 3 % des Gesamtumsatzes betragen	W	G
Wareneingang, Kosten für den	W	W
Weihnachtszuwendungen, arbeitsvertraglich oder tarifvertraglich vereinbart	W	G
Weihnachtszuwendungen, nicht arbeitsvertraglich oder tarifvertraglich vereinbart	W	W
Werkschutz	W	W
Werkzeuglager	W	G
Wohnungsbeihilfen, arbeitsvertraglich oder tarifvertraglich vereinbart	W	G
Wohnungsbeihilfen, nicht arbeitsvertraglich oder tarifvertraglich vereinbart	W	W
Zinsen für Fremdkapital, die nicht im Zusammenhang mit der Herstellung eines Wirtschaftsguts stehen	V	V
Zinsen für Fremdkapital, die wirtschaftlich im Zusammenhang mit der Herstellung eines Wirtschaftsguts stehen	W	W

2.6 Teilwert

308 Teilwert ist der Betrag, den ein Erwerber des ganzen Betriebs im Rahmen des Gesamtkaufpreises für das einzelne Wirtschaftsgut ansetzen würde, wobei davon auszugehen ist, daß der Erwerber den Betrieb fortführt (§ 6 Abs. 1 Nr. 1 Satz 3 EStG).

2.6.1 Anwendungsfälle

309 Neben den Anschaffungskosten und den Herstellungskosten ist der Teilwert der dritte Bewertungsmaßstab für die Wirtschaftsgüter.

Steuerrechtlich besteht für seinen Ansatz ein Wahlrecht (§ 6 Abs. 1 Nr. 1 Satz 2, Nr. 2 Satz 2 EStG).

Handelsrechtlich können Anlagegegenstände bei einer vorübergehenden Wertminderung mit ihrem niedrigeren Wert angesetzt werden, bei einer voraussichtlich dauernden Wertminderung (§ 253 Abs. 2 Satz 3 HGB) ist der niedrigere Wert anzusetzen, bei Umlaufgegenständen in jedem Fall (§ 253 Abs. 3 Sätze 1 und 2 HGB). Verbindlichkeiten sind in der Handelsbilanz nach dem Vorsichtsgrundsatz mit ihrem höheren Wert anzusetzen.

Nach dem **Maßgeblichkeitsgrundsatz** wird in diesen Fällen in der Steuerbilanz der niedrigere Teilwert bzw. bei Verbindlichkeiten der höhere Teilwert angesetzt.

Entnahmen und **Einlagen** sind grundsätzlich mit dem Teilwert zu bewerten (§ 6 Abs. 1 Nr. 4 und 5 EStG). Bei der **Eröffnung eines Betriebs** und bei **entgeltlichem Erwerb eines Betriebs** sind die Wirtschaftsgüter ebenfalls grundsätzlich mit dem Teilwert zu bewerten (§ 6 Abs. 1 Nr. 6 und 7 EStG).

2.6.2 Bestimmung des Teilwerts

310 Bei der Bestimmung des Teilwerts wird fingiert:
1. Der ganze Betrieb wird veräußert.
2. Ein Gesamtkaufpreis wird gezahlt und auf die einzelnen Wirtschaftsgüter anteilig verteilt.
3. Der Erwerber führt den Betrieb in der gleichen Weise wie der Veräußerer fort, so daß der gedachte Erwerber an die Stelle des Veräußerers tritt.

Beim Teilwert werden die Wirtschaftsgüter ausgehend von ihrer Betriebszugehörigkeit aus der Sicht eines gedachten Erwerbers bewertet. Im Gegensatz dazu stellt der **gemeine Wert** des Bewertungsrechts auf den Veräußerer ab und geht vom Verkehrswert, dem Einzelveräußerungspreis, aus.

311 Es wird das einzelne Wirtschaftsgut bewertet. Es gilt also auch hier der Grundsatz der **Einzelbewertung**. Die einzelnen Wirtschaftsgüter werden als Teile eines lebenden Betriebs bewertet. Es wird hierbei von der Fortführung des Betriebs, nicht von seiner Liquidation, ausgegangen. Das ist ein ähnlicher Bewertungsmaßstab wie das **Going-Concern-Concept** (§ 252 Abs. 1 Nr. 2 HGB), das der handelsrechtlichen Bewertung zugrunde liegt.

Teilwert   177

Subjektive Umstände, die in der Person des Unternehmers oder eines bestimmten   312
Interessenten für den Betrieb liegen, insbesondere über- oder unterdurchschnittliche kaufmännische Fähigkeiten des Unternehmers, sind für die Ermittlung des Teilwerts unerheblich[262].

Bei der Teilwertbestimmung ist davon auszugehen, daß ein gedachter Veräußerer   313
und ein gedachter Erwerber einen Gesamtpreis für das Unternehmen aushandeln und in diesem Rahmen für das einzelne zu bewertende Wirtschaftsgut einen Teilbetrag ansetzen. In diesen Preis bringen also Veräußerer und Erwerber ihre Preisvorstellungen ein und setzen sie in einem kaufmännisch vertretbaren Rahmen durch. So ist der Teilwert ein objektiver, von den einseitigen Preisvorstellungen eines der Vertragspartner losgelöster Wert[263].

Der Teilwert ist ein objektiver Wert. Er wird von der Marktlage am Bilanzstichtag   314
bestimmt und kann nur im Wege der Schätzung bestimmt werden. Hierbei sind
- Obergrenze die Wiederbeschaffungskosten und
- Untergrenze der Einzelveräußerungspreis[264].

2.6.3 Teilwertvermutung

Unter dem Gesichtspunkt der Betriebszugehörigkeit ist eine Teilwertabschreibung solange ausgeschlossen, wie das Wirtschaftsgut noch seine Aufgabe im Rahmen des Betriebes erfüllt.   315

Deshalb besteht eine widerlegbare Vermutung dafür, daß der Teilwert gleichzusetzen ist bei
- **nicht abnutzbaren Anlagegegenständen** mit den Anschaffungs- oder Herstellungskosten,
- **abnutzbaren Anlagegegenständen** mit den Anschaffungs- oder Herstellungskosten vermindert um die Absetzungen für Abnutzung,
- **Wirtschaftsgütern des Umlaufvermögens** mit den Wiederbeschaffungskosten am Bilanzstichtag.

Daher entspricht im Zeitpunkt des **Erwerbs** oder der **Fertigstellung** eines Wirtschaftsguts der Teilwert den Anschaffungs- oder Herstellungskosten.

Zu **späteren Zeitpunkten** entspricht der Teilwert bei nicht abnutzbaren Wirtschaftsgütern des Anlagevermögens den Anschaffungs- oder Herstellungskosten, bei abnutzbaren Wirtschaftsgütern des Anlagevermögens den um die lineare AfA verminderten Anschaffungs- oder Herstellungskosten, bei Wirtschaftsgütern des Umlaufvermögens den Wiederbeschaffungskosten; bei zum Absatz bestimmten Vorräten hängt der Teilwert aber auch von ihrem voraussichtlichen Veräußerungspreis ab[265].

---

[262] BFH, Urt. v. 17.1.1978, VIII R 31/75, BStBl 1978 II S. 335.
[263] BFH, Urt. v. 7.12.1978, I R 142/76, BStBl 1979 II S. 729.
[264] R 35 a EStR, H 35 a (Schätzung, Teilwertbegriff) EStH.
[265] H 35 a (Teilwertvermutungen) EStH.

2.6.4 Widerlegung der Teilwertvermutung

316 Die Teilwertvermutung wird widerlegt, indem Tatsachen vorgetragen und glaubhaft gemacht werden, die den ausgewiesenen Wert des Wirtschaftsguts unter Berücksichtigung seiner Funktion im Betrieb als zu hoch erscheinen lassen.

Die **Teilwertvermutung ist widerlegt**, wenn
- kein vernünftiger Kaufmann unter den besonderen Umständen so gehandelt hätte (Fehlmaßnahme) oder
- die Wiederbeschaffungskosten für ein gleichwertiges Wirtschaftsgut nachhaltig gesunken sind oder
- eine außerplanmäßige Abschreibung in Betracht kommt oder
- das Wirtschaftsgut auf absehbare Zeit nicht mehr genutzt werden kann.

317 Eine **Fehlmaßnahme** ist die Anschaffung oder die Herstellung eines Wirtschaftsguts, wenn ihr wirtschaftlicher Nutzen bei objektiver Betrachtung deutlich hinter dem für den Erwerb oder die Herstellung getätigten Aufwand zurückbleibt und demgemäß dieser Aufwand so unwirtschaftlich war, daß er von einem gedachten Erwerber des gesamten Betriebs im Kaufpreis nicht honoriert würde.

Bewußte Fehlmaßnahmen werden aber nicht anerkannt. Denn es ist davon auszugehen, daß der Kaufmann, wenn er bewußt handelt, sich kaufmännisch sinnvoll verhält und seine Maßnahme auch ein gedachter Erwerber ausführen würde.

318 Es kann sich um **mangelhafte, überflüssige** oder auch um **überdimensionale** Anlagen handeln. Eine Teilwertabschreibung ist in solchen Fällen auch bei einer guten Ertragslage des Betriebs gerechtfertigt. Denn ein gedachter Erwerber des Betriebs würde unter zwei vergleichbar rentablen Betrieben den vorziehen, der nicht mit den mangelhaften, überflüssigen oder überdimensionalen Anlagegütern belastet ist.

Beispiel:
Ein Bauunternehmen erwirbt im Jahr 01 einen Turmdrehkran zur Herstellung von mehrstöckigen Mehrfamilienhäusern. Im Jahr 03 tritt eine Rezession ein, so daß das Unternehmen nur noch Aufträge zur Herstellung von Einfamilienhäusern erhält. Hierzu kann zwar der Turmdrehkran ebenfalls verwendet werden. Es würde aber auch ein kleinerer und billigerer Kran ausreichen.

319 Wenn die Nutzungseinschränkung nachhaltig ist, entspricht der Teilwert den **Wiederbeschaffungskosten** für ein dem betrieblichen Bedarf genügendes kleineres Wirtschaftsgut. Die Nutzungseinschränkung ist nachhaltig, wenn das Wirtschaftsgut mit hoher Wahrscheinlichkeit mindestens für den weitaus überwiegenden Teil seiner technischen Restnutzungsdauer nicht mehr wirtschaftlich sinnvoll eingesetzt werden kann. Es ist so weit abzuschreiben, daß nur noch die Abschreibungen des kleineren Wirtschaftsguts erwirtschaftet werden müssen. Hierbei darf jedoch der Einzelveräußerungspreis des Wirtschaftsguts als untere Grenze des Teilwerts nicht unterschritten werden[266].

---

[266] BFH, Urt. v. 17.9.1987 III R 201–202/84, BB 1988 S. 732, BStBl 1988 II S. 488.

2.7 Vermögensgegenstände des Anlagevermögens

Bei den Vermögensgegenständen des Anlagevermögens sind zu unterscheiden: **320**
- Immaterielle Vermögensgegenstände,
  a) abnutzbare
  b) nicht abnutzbare
- Sachanlagen
  a) abnutzbare
     a1) bewegliche
     a2) unbewegliche
  b) nicht abnutzbare
- Finanzanlagen

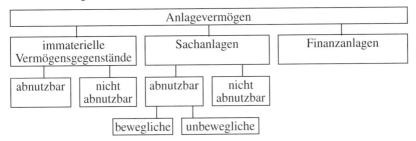

Die Vermögensgegenstände werden also in die drei Gruppen eingeteilt **321**
- immaterielle Vermögensgegenstände,
- Sachanlagen und
- Finanzanlagen.

Bei den immateriellen Vermögensgegenständen und bei den Sachanlagen, auch materielle Vermögensgegenstände genannt, gibt es abnutzbare und nicht abnutzbare Vermögensgegenstände. Aber lediglich die Sachanlagen oder materiellen Vermögensgegenstände werden weiter unterteilt in bewegliche und unbewegliche Vermögensgegenstände. Immaterielle Vermögensgegenstände können nicht „beweglich" sein.

So wie es dargestellt wurde, werden in den Bilanzen die Vermögensgegenstände des Anlagevermögens gegliedert. Dem folgt auch das ausdrücklich für die Kapitalgesellschaften bestimmte gesetzliche Gliederungsschema von § 266 Abs. 2 HGB. Diese Gliederungsvorschrift entspricht also sachlichen Gesichtspunkten. Aus diesem Grunde gliedern auch Unternehmen anderer Rechtsform ihr Anlagevermögen ebenso nach dem Gliederungsschema von § 266 Abs. 2 HGB.

Kapitalgesellschaften ist außerdem die horizontale Gliederung des Anlage- **322** vermögens, also dessen Aufnahme in einem **Anlagenspiegel**[267], vorgeschrieben, und zwar entweder in der Bilanz oder im Anhang (§ 268 Abs. 2 HGB).

---

[267] Siehe Rdn. 34 ff.

2.8 Immaterielle Anlagegegenstände

323

Konten	
IKR	SKR 04
02 Konzessionen, gewerbliche Schutzrechte und ähnliche Rechte und Werte sowie Lizenzen an solchen Rechten und Werten 021 Konzessionen 022 Gewerbliche Schutzrechte 023 Ähnliche Rechte und Werte 024 Lizenzen an Rechten und Werten 03 Geschäfts- oder Firmenwert 031 Geschäfts- oder Firmenwert 032 Verschmelzungsmehrwert 04 Geleistete Anzahlungen auf immaterielle Vermögensgegenstände	0100 Konzessionen, gewerbliche Schutzrechte und ähnliche Rechte und Werte sowie Lizenzen an solchen Rechten und Werten 0110 Konzessionen 0120 Gewerbliche Schutzrechte 0130 Ähnliche Rechte und Werte 0135 EDV-Software 0140 Lizenzen an gewerblichen Schutzrechten und ähnlichen Rechten und Werten 0150 Geschäfts- oder Firmenwert 0160 Verschmelzungsmehrwert 0170 Geleistete Anzahlungen auf immaterielle Vermögensgegenstände

2.8.1 Immaterielle Einzelanlagen

2.8.1.1 Begriff

324 Immaterielle Wirtschaftsgüter sind Aussichten oder Chancen, die weder meßbar, wägbar noch annähernd sicher schätzbar sind. Ihr Wert läßt sich bei ihrer Entstehung nicht einmal annähernd zutreffend erfassen. Ihre Bilanzierung und Bewertung sind daher besonders geregelt.

Beispiel:

Patente, Markenrechte, Urheberrechte, Verlagsrechte, Belieferungsrechte, Optionsrechte, Konzessionen, Lizenzen, ungeschützte Erfindungen, Gebrauchsmuster, Fabrikationsverfahren, Know-how, Tonträger in der Schallplattenindustrie, Befehlsstruktur enthaltende Computerprogramme (Software).

325 Immaterielle Einzelanlagegegenstände sind[268]:
- **Konzessionen** (öffentlich-rechtliche Befugnisse): Betriebsrechte der Energieversorgungsunternehmen und Verkehrskonzessionen, sonstige Gewerbeberechtigungen, wasserrechtliche Bewilligungen, Fischereirechte;

---

[268] Richter, HdJ, Abt. II/2, Rdn. 5.

Immaterielle Anlagegegenstände 181

- **gewerbliche Schutzrechte:** Patente, Warenzeichen, Gebrauchsmuster, Geschmacksmuster, Urheber- und Verlagsrechte, Arbeitnehmererfindungen;
- **ähnliche Rechte:** obligatorische Nutzungsrechte (z. B. Wohn- und Belegungsrechte, Rechte zur Ausbeutung von Bodenschätzen), Belieferungsrechte, Warenbezugsrechte, Kartellrechte, Syndikatsquoten, Zuteilungsrechte, Wassereinleitungsrechte, Brau- und Brennrechte, Optionsrechte, Rechte aus schwebenden Verträgen, Nießbrauch;
- **Lizenzen** an Konzessionen, gewerblichen Schutzrechten und ähnlichen Rechten;
- **wirtschaftliche Werte** (tatsächliche Positionen): ungeschützte Erfindungen, Rezepte, Know-how, Geheimverfahren, Archive, Geschäftsbeziehungen und Kundenstamm, durch Zuschüsse erworbene besondere Vorteile (z. B. Sicherung der Stromversorgung), Abfindungen, Abstandszahlungen, Verlagswerte, EDV-Programme.

Anschaffungskosten für immaterielle Einzelanlagen dürfen nur aktiviert werden, **326** wenn es Aufwendungen für einen Wert sind, der **verkehrsfähig** und **selbständig bewertbar** ist[269]. Stehen Aufwendungen für eine immaterielle Einzelanlage in einem unmittelbaren Zusammenhang mit der Anschaffung oder Herstellung einer bestimmten Sachanlage, so sind es Nebenkosten der Anschaffung oder Herstellung der Sachanlage[270].

Beispiel:
Aufwendungen für die Baugenehmigung eines Gebäudes, Zuschüsse für eine Ausnahmebaugenehmigung, Konzessionskosten zum Betrieb einer Kesselanlage, Kosten für den Anschluß eines Grundstücks an die Kanalisation, Wasserversorgung oder Erdgasversorgung.

Immaterielle Werte können auch **unselbständige Bestandteile eines erworbe- 327 nen Geschäfts- oder Firmenwerts** sein. Daher ist beim Erwerb eines Unternehmens zu prüfen, ob es sich bei den folgenden oder bei ähnlichen Werten um selbständige Einzelanlagen oder um unselbständige Teile eines Geschäfts- oder Firmenwerts handelt:
- Belieferungsrechte für Bier oder für Zeitschriften oder Fortsetzungssammelwerke
- Rechte aus Wettbewerbsverboten
- Kundenstamm oder Kundenkartei
- Verlagsarchiv eines Zeitschriftenverlags

---

[269] Kropff in: Geßler u. a., § 153 Rdn. 50.
[270] Richter, HdJ, Abt. II/2, Rdn. 22 ff.

2.8.1.2 Bilanzierung

328 Immaterielle Vermögensgegenstände können ebenso wie die materiellen Vermögensgegenstände zum Anlagevermögen oder zum Umlaufvermögen gehören.

329 Gehören immaterielle Vermögensgegenstände zum **Umlaufvermögen**, so werden sie verhältnismäßig kurzfristig verkauft. Beim Hersteller realisiert sich daher ihr Wert innerhalb kurzer Zeit nach ihrer Herstellung. Oft handelt es sich auch um Serienerzeugnisse, für die bereits Preiserfahrungen vorliegen. Wurden sie von einem Zwischenhändler angeschafft, so hat sich ihr Wert bereits in Anschaffungskosten realisiert. Immaterielle Vermögensgegenstände des Umlaufvermögens können daher sowohl mit den Anschaffungskosten als auch mit den Herstellungskosten bilanziert werden.

330 Immaterielle Vermögensgegenstände des **Anlagevermögens** werden längerfristig im Unternehmen genutzt. Soweit sie im Unternehmen hergestellt worden sind, realisiert sich ihr Wert nicht innerhalb kurzer Zeit nach dem Bilanzstichtag durch einen Verkaufspreis. Ein kaufmännisch relevanter Wert zeigt sich daher allein nach einem entgeltlichen Erwerb. Aus diesem Grunde dürfen immaterielle Vermögensgegenstände des Anlagevermögens nur nach einem entgeltlichen Erwerb aktiviert werden (§ 248 Abs. 2 HGB, § 5 Abs. 2 EStG). Immaterielle Anlagegegenstände dürfen daher nur mit Anschaffungskosten aktiviert werden. Stellt ein Unternehmen immaterielle Anlagegegenstände selbst her, dürfen die hierauf entfallenden Herstellungskosten nicht aktiviert werden. Es besteht daher ein Aktivierungsverbot für Herstellungsaufwand auf immaterielle Vermögensgegenstände des Anlagevermögens.

331 Daher ist zu unterscheiden:
- Immaterielle Vermögensgegenstände des Umlaufvermögens werden aktiviert, wenn sie hergestellt oder angeschafft werden. Sie werden also mit den Herstellungskosten oder den Anschaffungskosten bewertet.
- Immaterielle Vermögensgegenstände des Anlagevermögens dürfen nur aktiviert werden, wenn sie entgeltlich erworben worden sind. Sie sind daher mit ihren Anschaffungskosten zu bewerten. Werden sie nicht entgeltlich erworben, besteht für sie ein Aktivierungsverbot. Eine Aktivierung mit Herstellungskosten scheidet damit aus.

332 Aus dem **Vollständigkeitsgebot** ergibt sich eine **Bilanzierungspflicht**.

Bilanzierung der immateriellen Vermögensgegenstände		
	Anlagegegenstände	Umlaufgegenstände
Anschaffungskosten	Aktivierungsgebot	Aktivierungsgebot
Herstellungskosten	Aktivierungsverbot	Aktivierungsgebot

333 Die Abgrenzung zwischen Anlagevermögen und Umlaufvermögen muß in der Praxis meist bei der **Software** entschieden werden.

Immaterielle Anlagegegenstände 183

Beispiel:
Ein Unternehmen benötigt Datenerfassungs- und -verarbeitungssoftware.
Die Software wird hergestellt durch
a) eigene Programmierer
b) einen mit der Herstellung beauftragten selbständigen Programmierer.

Software, die im eigenen Unternehmen genutzt wird, gehört zum **Anlagevermögen**. Läßt ein Unternehmen Software durch eigene Arbeitnehmer entwickeln und herstellen, handelt es sich im Regelfall um Herstellung und nicht um einen entgeltlichen Erwerb. Die Aufwendungen für die Arbeitnehmer sind daher sofort absetzbarer Aufwand. Beauftragt ein Unternehmen aber einen selbständigen Programmierer mit der Herstellung, wird regelmäßig von entgeltlichem Erwerb auszugehen sein. Die Software ist daher mit den Anschaffungskosten zu aktivieren. Software rechnet bei Softwarehäusern und anderen Unternehmen, die Software für andere herstellen, zum **Umlaufvermögen**. Diese Fertigungsunternehmen bewerten die Software mit den Herstellungskosten.

2.8.1.3 Abgrenzung der immateriellen Anlagegegenstände von den Sachanlagen

Naheliegend ist es, die immateriellen Vermögensgegenstände von den Sachanlagen oder materiellen Vermögensgegenständen vom Wortsinn her abzugrenzen[271]. Hiernach wären materielle Vermögensgegenstände körperliche Gegenstände und immaterielle Vermögensgegenstände nichtkörperliche Gegenstände. 334

In der Praxis ist eine solche Einteilung aber wenig hilfreich. So werden nach den Verwaltungsanweisungen **Trivialprogramme** und Computerprogramme, deren **Anschaffungskosten nicht mehr als 800 DM** betragen, zu den beweglichen und damit zu den materiellen Vermögensgegenständen gerechnet[272], obwohl Computerprogramme sich hinsichtlich ihrer Körperlichkeit nicht unterscheiden, ob ihre Anschaffungskosten bis 800 DM oder mehr als 800 DM betragen. 335

Der **Wert immaterieller Anlagen** ist nach ihrer Herstellung oder nach ihrem sonstigen Entstehen nicht bestimmbar. Er zeigt sich erst, wenn er nach kaufmännischen Maßstäben konkretisiert worden ist. Das ist der Fall, wenn das Unternehmen hierfür etwas gezahlt hat. Denn: „Kaufleute verschenken nichts". 336

Der Wert von **Sachanlagen** (materielle Anlagegegenstände) ist hingegen bereits nach deren Herstellung bestimmbar, also nicht erst nach einem entgeltlichen Erwerb. Sachanlagen können daher zu Anschaffungskosten oder zu Herstellungskosten aktiviert werden.

Es empfiehlt sich, die immateriellen so von den materiellen Vermögensgegenständen zu unterscheiden: 337

---
271 Zur Abgrenzung s. Kählert/Lange, BB 1993 S. 613 ff.
272 R 31a Abs. 1 Sätze 1 bis 3, R 42 Abs. 2 EStR, H 42 (Bewegliche Wirtschaftsgüter) EStH.

- Materielle Vermögensgegenstände sind Vermögensgegenstände, bei denen der Wert bereits nach ihrer Herstellung erfaßt werden kann durch Messen, Wiegen, Zählen oder wenigstens durch Schätzen.
- Immaterielle Vermögensgegenstände können hingegen nach ihrer Herstellung noch nicht wertmäßig bestimmt werden. Erst wenn sie entgeltlich erworben werden, bekommen sie einen kaufmännisch relevanten Wert durch die dabei anfallenden Anschaffungskosten.

2.8.1.4 Entgeltlicher Erwerb

338 Gehört ein immaterieller Vermögensgegenstand zum Anlagevermögen, so darf er nur dann aktiviert werden, wenn er entgeltlich erworben worden ist (§ 248 Abs. 2 HGB, § 5 Abs. 2 EStG).

Entgeltlicher Erwerb ist
- Erwerb durch ein Rechtsgeschäft gegen Hingabe einer bestimmten Gegenleistung oder
- Erwerb oder Einräumung durch einen Hoheitsakt[273].

339 Bei einem Erwerb durch Rechtsgeschäft muß das Entgelt nach dem Vertragsinhalt die Gegenleistung für die erhaltene Leistung sein. Grundlage des Erwerbs muß ein **gegenseitiger Vertrag** sein, bei dem Leistung und Gegenleistung kaufmännisch gegeneinander abgewogen sind und die Leistung des anderen Vertragspartners in der Übertragung eines bereits bestehenden Wirtschaftsguts oder in der Begründung und/oder Einräumung eines neuen Rechts besteht. Es kann auch ein immaterielles Wirtschaftsgut gegen ein anderes immaterielles Wirtschaftsgut getauscht werden[274].

Es ist nicht erforderlich, daß das Wirtschaftsgut bereits vor Abschluß des Rechtsgeschäfts bestanden hat. Es kann auch erst durch den Abschluß des Rechtsgeschäfts entstehen, z. B. bei entgeltlich erworbenen Belieferungsrechten[275].

340 Aus dem Vollständigkeitsgrundsatz ergibt sich für die entgeltlich erworbenen immateriellen Anlagegegenstände ein **Aktivierungsgebot**.

Beispiel:
a) Der Leiter der Entwicklungsabteilung eines Unternehmens hat eine Erfindung gemacht. Sein Arbeitgeber zahlt ihm nach dem Gesetz über Arbeitnehmererfindungen eine Vergütung dafür, trägt die Kosten für den Patentanwalt und zahlt die Patentgebühren für die Erlangung des Patents. Die Erfindervergütung ist Entgelt für den Erwerb des immateriellen Anlagegenstands „Erfindung", das zusätzlich zum laufenden Gehalt gezahlt wird. Sie bezieht sich auf den Erwerb der Erfindung und ist daher zu aktivieren.

---

[273] R 31a Abs. 2 Satz 2 EStR.
[274] Schmidt/Weber-Grellet EStG § 5 Rz 191 f.
[275] R 31a Abs. 2 Satz 3 EStR.

Das Honorar an den Patentanwalt und die Patentgebühr sollen den staatlichen Schutz der Erfindung herbeiführen. Sie sind nicht Entgelt im Rahmen eines abgeleiteten Erwerbs.

b) U zahlt an die X-AG laufende Vergütungen für die Nutzung eines bestimmten Patents. Die Nutzungsentgelte dürfen nicht als Entgelt aktiviert werden.

c) U beauftragt den selbständigen Programmierer P mit der Herstellung spezieller Software. Ist P aufgrund eines Werklieferungsvertrags verpflichtet, so liegt ein entgeltlicher Erwerb vor. Wird aber zwischen U und P ein Dienstvertrag geschlossen, so sind die Vergütungen nicht als Entgelt zu aktivieren.

Erwerb von einem Dritten kann auch ein Erwerb von einem **verbundenen Unternehmen** oder von einem **Gesellschafter** sein. Dann besteht aber die Gefahr, daß das Entgelt willkürlich festgesetzt wurde und den Zeitwert des Wirtschaftsguts übersteigt[276]. Das Entgelt muß wirklich ausgehandelt sein. Bei einem durch Beherrschungs- oder Gewinnabführungsvertrag gebundenen Unternehmen ist eine Aktivierung daher nur zulässig, wenn das verkaufende Konzernunternehmen seinerseits das immaterielle Anlagegut entgeltlich von einem Konzernfremden erworben hat[277]. 341

Eine **Einlage** soll nach der Rechtsprechung des BFH ein entgeltlicher Erwerb sein, weil die Trennung des Privatbereichs vom betrieblichen Bereich dem Aktivierungsverbot vorgehe[278]. Dem folgen auch die Einkommensteuerrichtlinien[279]. 342

Bei einer Einlage wird aber der Wert des eingelegten Wirtschaftsguts nicht kaufmännisch relevant bestimmt, sondern geschätzt. Bei Erwerben von einem verbundenen Unternehmen oder einem Gesellschafter besteht die Gefahr, daß das Entgelt willkürlich festgesetzt werden kann[280]. Bei einem Erwerb von einem durch Beherrschungs- oder Gewinnabführungsvertrag verbundenen Unternehmen ist daher eine Aktivierung nur zulässig, wenn das verkaufende Konzernunternehmen seinerseits das immaterielle Anlagegut entgeltlich von einem Konzernfremden erworben hat[281]. Immaterielle Anlagegegenstände, die als Sacheinlage eingebracht werden, sind daher handelsrechtlich nur dann als entgeltlich erworben zu behandeln, wenn im Rahmen des Einbringungsvorgangs ein Wert für sie festgesetzt wurde[282].

Es entspricht dem Vorsichtsprinzip, einen entgeltlichen Erwerb nur dann anzunehmen, wenn Anschaffungskosten bei einem Erwerb von einem Dritten angefal-

---

[276] Richter, HdJ, Abt. II/2 Rdn. 64.
[277] Kropff in: Geßler u. a., AktG, § 153 Rdn. 47 ff.
[278] BFH, Urt. v. 22.1.1980 VIII R 74/77, BStBl 1980 II S. 244.
[279] R 31a Abs. 2 Satz 1 und Abs. 3 Satz 3 EStR.
[280] Richter, HdJ, Abt. II/1 Rdn. 29.
[281] Kropff in: Geßler u. a., AktG, § 153 Rdn. 47 ff.
[282] Schnicke/Reichmann in: Beck Bil-Komm. § 247 Rdn. 393.

len sind und damit eine gewisse Objektivierung des bilanziell höchstmöglichen Wertansatzes vorliegt[283].

Es kann auch nicht argumentiert werden, steuerrechtlich müsse abweichend vom Handelsrecht ein durch Einlage dem Betriebsvermögen zugeführtes immaterielles Wirtschaftsgut des Anlagevermögens deshalb mit dem Teilwert aktiviert werden, weil nach § 6 Abs. 1 Nr. 5 EStG Einlagen mit dem Teilwert anzusetzen sind. § 6 Abs. 1 Nr. 5 EStG ist eine Bewertungsvorschrift. Ehe ein Wirtschaftsgut bewertet wird, muß es zuvor im Betriebsvermögen bilanziert werden. Der Bilanzierung nicht entgeltlich erworbener immaterieller Anlagegegenstände steht das Bilanzierungsverbot des § 5 Abs. 2 EStG entgegen. Wenn aber die Bilanzierung verboten ist, kommt eine Bewertung nicht in Betracht. In der Handelsbilanz darf daher ein immaterieller Vermögensgegenstand des Anlagevermögens nicht bilanziert werden, wenn er aus dem außerbetrieblichen Bereich in das Betriebsvermögen eingelegt worden ist.

Aus steuerrechtlichen Gründen kann es aber geboten sein, die Einlage eines immateriellen Anlagegegenstandes mit dem Teilwert zu bewerten[284]. Scheidet ein immaterieller Vermögensgegenstand aus dem Betriebsvermögen aus, so wird der Unterschied zwischen seinem Buchwert und dem Veräußerungspreis bei entgeltlichem Ausscheiden oder dem Teilwert bei einer Entnahme steuerlich als Bemessungsgrundlage für den Veräußerungsgewinn zugrunde gelegt. Ist das immaterielle Wirtschaftsgut bei der Einlage nicht mit dem Teilwert angesetzt worden, so werden auch die vor der Einlage in das Betriebsvermögen entstandenen stillen Reserven bei der Veräußerung oder Entnahme versteuert. Das darf aber nicht sein, da diese stillen Reserven im außerbetrieblichen Bereich entstanden sind.

2.8.2 Geschäfts- oder Firmenwert

2.8.2.1 Begriff

343 Der **Geschäfts- oder Firmenwert** ist der Betrag, um den der Ertragswert des Unternehmens die Summe der Zeitwerte aller aktivierbaren Wirtschaftsgüter, vermindert um die Schulden, übersteigt[285]. Er ist der Inbegriff an Gewinnchancen, die der Erwerber eines Unternehmens über die Teilwerte der übrigen Wirtschaftsgüter hinaus dem Veräußerer vergüten würde[286].

344 Ein bereits bestehendes Unternehmen erzielt i. d. R. bessere Geschäftserfolge als ein neu gegründetes Unternehmen, das die gleiche Ausstattung an Betriebsvermögen und Personal hat. Der Ertrag eines Unternehmens beruht daher nicht nur auf seiner Substanz, dem Substanzwert, sondern Ursache hierfür sind auch Um-

---

[283] ADS 6. Auflage, HGB § 248 Rdn. 14.
[284] Siehe Rdn. 792.
[285] ADS 6. Auflage, HGB § 255 Rdn. 257.
[286] BFH, Urt. v. 27.3.1968 I 224/64, BStBl 1968 II S. 520.

Immaterielle Anlagegegenstände 187

stände, die nicht ohne weiteres faß- und bewertbar sind. Es sind immaterielle Komponenten, die insgesamt den Firmenwert ergeben. Als Summe aus immateriellen Komponenten ist der Firmenwert ein **immaterielles Wirtschaftsgut**.

Der Geschäfts- oder Firmenwert ist Ausdruck der Gewinnchancen eines Unternehmens, soweit diese nicht in der Summe der einzelnen Wirtschaftsgüter verkörpert sind. Der Ertrag eines Unternehmens beruht auf seinem Ertragswert. Dieser setzt sich zusammen aus dem Substanzwert, der die Substanz des Unternehmens verkörpert, und dem Geschäfts- oder Firmenwert.

Der Firmenwert wohnt dem Unternehmen als ganzem inne. Er kann daher nicht einzeln für sich, sondern nur mit dem Unternehmen insgesamt veräußert werden. Er ist also **nicht selbständig verkehrsfähig**[287].

2.8.2.2 Wertermittlung

Der Ertrag eines Unternehmens beruht, wie im vorstehenden Abschnitt gezeigt wurde, auf dem Substanzwert und dem Firmenwert. Faßt man Substanz- und Firmenwert als Grundlage des Ertrags im Ertragswert zusammen, so kann man das auch in einer Formel ausdrücken: 345

$$\text{Ertragswert} = \text{Substanzwert} + \text{Firmenwert}$$

Der Firmenwert ergibt sich dann durch folgende Gleichung:

$$\text{Firmenwert} = \text{Ertragswert} - \text{Substanzwert}$$

Bei der Ermittlung des Firmenwerts ist also zunächst vom **Ertragswert** des Unternehmens auszugehen. Dieser ist Ausdruck des nachhaltig erzielbaren Ertrags. Der Ertrag ist gewissermaßen die Verzinsung des Unternehmens. So wie aus den jährlich erzielten Zinsen bei einem bestimmten Zinsfuß auf das zugrundeliegende Kapital zu schließen ist, kann aus den nachhaltig in einem Unternehmen erzielten Gewinnen auf den Ertragswert des Unternehmens geschlossen werden. 346

Beispiel:
Ein Darlehensgeber hat im Jahr 01 bei einem Zinsfuß von 10 %
120 000 DM Zinsen erzielt. Das eingesetzte Kapital betrug 1 200 000 DM.
120 000 DM = 10 % von 1 200 000 DM
= 10/100 x 1 200 000 DM
Werden beide Seiten der Gleichung mit 100/10 multipliziert, so ergibt sich:
120 000 x 10 = 1 200 000 DM.
Bei einem jährlichen Zinsertrag von 120 000 DM und einem Zinsfuß von
10 % beträgt also das eingesetzte Kapital 1 200 000 DM.

---

[287] Ellrott/Schmidt-Wendt in: Beck Bil-Komm., HGB § 255 Rdn. 511.

Entsprechend beträgt der Ertragswert eines Unternehmens bei einem nachhaltig erzielten Gewinn von jährlich 120 000 und einer Verzinsung von 10% des eingesetzten Kapitals 1 200 000 DM.

347 Der **Geschäfts- oder Firmenwert** wird durch sachliche Maßnahmen und Aufwendungen (Reklame, Organisation, Rationalisierung usw.) gesteigert. Die Person des Inhabers oder deren Wechsel spielt nur eine untergeordnete Rolle[288]. Der Geschäftswert ist daher unabhängig von der persönlichen Tüchtigkeit des Unternehmers. Soweit der Ertrag hierauf beruht, ist das zu berücksichtigen.

348 Daher ist bei der Ermittlung des Firmenwerts ein kalkulatorischer **Unternehmerlohn** abzuziehen[289]. Dieser ist nach dem Engagement und Können des Unternehmers im Einzelfall zu schätzen. Nach Minderung des kalkulatorischen Unternehmerlohns ergibt sich der durchschnittliche Reinertrag des Unternehmens.

Wenn im vorstehenden Beispiel der kalkulatorische Unternehmerlohn 50 000 DM beträgt, sind 50 000 DM des Ertrags durch die persönliche Tüchtigkeit des Unternehmers erzielt. Nur die Differenz, also 120 000 DM – 50 000 DM = 70 000 DM des Ertrags, wurde dann durch das Unternehmen selbst erwirtschaftet. Bei einem Zinsfuß von 10% beträgt also der Ertragswert 700 000 DM. Dieser Betrag vermindert um den Substanzwert ergibt also den Geschäfts- oder Firmenwert bei einer Verzinsung von 10%.

349 Der **Substanzwert** eines Unternehmens ist die Summe der Teilwerte der dem Unternehmen dienenden Wirtschaftsgüter (der materiellen und der immateriellen Wirtschaftsgüter einschließlich der selbstgeschaffenen immateriellen Anlagegegenstände) abzüglich der Schuldposten. Dieser Wert ist anhand der Bilanzpositionen zu ermitteln. Da die selbstgeschaffenen immateriellen Anlagegegenstände nicht bilanziert sind[290], ist ihr Wert gesondert zu errechnen.

350 Zur **Ermittlung** des Geschäfts- oder Firmenwerts eines Unternehmens ist zunächst der durchschnittliche Ertrag der letzten 5 Jahre auszurechnen. Das ist die Summe der Jahreserträge der letzten 5 Jahre dividiert durch 5. Hiervon wird der kalkulatorische Unternehmerlohn abgezogen. Dieser wird geschätzt anhand der Löhne, die allgemein für Angestellte gezahlt werden, welche die gleiche Leistung wie der Unternehmer erbringen. Das Ergebnis ist der durchschnittliche Reinertrag des Unternehmens. Nach der Rechtsprechung des BFH[291] ergibt sich der durchschnittliche Reinertrag bei einer 10prozentigen Verzinsung des Ertragswerts des Unternehmens. Der Ertragswert wird daher ermittelt, indem der durchschnittliche Reinertrag mit 10 multipliziert wird.

351 Nach den eingangs gemachten Ausführungen ist Geschäfts- oder Firmenwert die Differenz zwischen Ertrags- und Substanzwert. Nach der Rechtsprechung des

---

[288] BFH, Urt. v. 15. 4. 1958 I 61/57 U, BStBl 1958 III S. 330.
[289] BFH, Urt. v. 8.12.1976 I R 215/73, BStBl 1977 II S. 409.
[290] Siehe Rdn. 330.
[291] BFH, Urt. v. 8.12.1976 I R 215/73, BStBl 1977 II S. 409.

BFH ist auch dieser Betrag noch sehr unsicher. Daher ist nur die Hälfte davon als Geschäfts- oder Firmenwert anzusetzen[292]. Der Geschäfts- oder Firmenwert wird also ermittelt:

	Durchschnittlicher Ertrag
−	Unternehmerlohn
=	durchschnittlicher Reinertrag
×	10
=	Ertragswert
−	Teilwerte der materiellen Wirtschaftsgüter
−	Teilwerte der immateriellen Wirtschaftsgüter (einschließlich der vom Unternehmer selbst geschaffenen immateriellen Wirtschaftsgüter)
+	Schuldposten
:	2
=	Geschäfts- oder Firmenwert

2.8.2.3 Bilanzierung

Im Laufe der Zeit erwirbt ein Unternehmen einen Ruf, baut es einen Kundenkreis auf, entwickelt es Fertigungs- und Verfahrenstechniken. Das Unternehmen bildet so einen Geschäftswert. Das ist ein selbstgeschaffener, ein **originärer** Geschäftswert. 352

Beim Kauf von Unternehmen wird oft ein Kaufpreis gezahlt, der den Wert des Reinvermögens (Besitzposten abzüglich Schulden) übersteigt. Der Mehrbetrag ist das Entgelt für den Geschäftswert des erworbenen Unternehmens, den sog. **derivativen** Geschäftswert. 353

Wie in Rdn. 330 ff. gezeigt wurde, dürfen selbstgeschaffene immaterielle Wirtschaftsgüter des Anlagevermögens nicht bilanziert werden (§ 248 Abs. 2 HGB). Da der Geschäfts- oder Firmenwert ein immaterielles Wirtschaftsgut ist, besteht für den **originären**, im Unternehmen gewachsenen Geschäfts- oder Firmenwert, ein Bilanzierungsverbot. Die im originären Geschäftswert zusammengefaßten künftigen Gewinnchancen realisieren sich erst nach dem Bilanzstichtag, entweder in laufenden Geschäftserfolgen oder bei einer späteren Veräußerung des Unternehmens. 354

Eine Bilanzierung des originären Geschäftswerts würde gegen das **Realisationsprinzip** und damit gegen die Grundsätze ordnungsmäßiger Buchführung verstoßen[293]. Gewerbetreibende, die zur Buchführung verpflichtet sind oder freiwillig Bücher führen, haben in ihrer Steuerbilanz das nach den Grundsätzen ordnungsmäßiger Buchführung auszuweisende Betriebsvermögen anzusetzen (§ 5 355

---
[292] BFH, Urt. v. 11.10.1960 I 229/59 U, BStBl 1960 III S. 509.
[293] Kropff in: Geßler u. a., AktG § 149 Rdn. 80.

Abs. 1 Satz 1 EStG). Sie dürfen daher auch in ihrer Steuerbilanz keinen originären Geschäftswert ausweisen.

356 Für den **derivativen** Geschäftswert besteht handelsrechtlich ein Aktivierungswahlrecht. (§ 255 Abs. 4 Satz 1 HGB). Steuerrechtlich ist aber der derivative Geschäftswert wie jedes andere immaterielle Wirtschaftsgut zu aktivieren, besteht also hierfür ein Bilanzierungsgebot[294].

	Bilanzierung des Geschäfts- oder Firmenwerts	
	Handelsbilanz	Steuerbilanz
originärer Geschäfts- oder Firmenwert	Aktivierungsverbot	Aktivierungsverbot
derivativer Geschäfts- oder Firmenwert	Aktivierungswahlrecht	Aktivierungsgebot

357 In der **Handelsbilanz** kann der Geschäfts- oder Firmenwert zum Ende des Geschäftsjahrs, in dem der Erwerb stattgefunden hat, auch zum Teil aktiviert werden[295]. **In der Steuerbilanz** muß er hingegen mit dem vollen Entgeltbetrag, der auf ihn entfällt, ausgewiesen werden.

358 Warum der derivative Geschäftswert handelsrechtlich aktiviert werden darf, wird in der Begründung des Bilanzrichtlinien-Gesetzes[296] nicht gesagt. Der Geschäftswert des Bilanzrichtlinien-Gesetzes entspricht inhaltlich dem Geschäftswert von § 153 Abs. 5 AktG a. F. Aus der Begründung des Regierungsentwurfs hierzu folgt, daß dem Erwerber eines Unternehmens mit der Möglichkeit der Aktivierung des Geschäftswerts eine **Bilanzierungshilfe** gegeben werden sollte[297].

Wird ein auf dem Markt gut eingeführtes Unternehmen erworben, so wird ein Mehrbetrag für den Ertragswert gezahlt. Dabei wird berücksichtigt, daß dieses Unternehmen voraussichtlich höhere Erträge bringen wird als ein mit gleicher Substanz und gleichem Personal ausgestattetes neu gegründetes Unternehmen. Dieses Unternehmen wird noch eine Zeitlang höhere Erträge erwirtschaften als ein vergleichbares neu gegründetes Unternehmen. Hier soll es dem Erwerber ermöglicht werden, seine Aufwendungen im Jahr der Anschaffung, soweit sie auf die höheren Ertragschancen entfallen, zu aktivieren und als Aufwendungen den in den nächsten Jahren höheren Erträgen gegenzurechnen. Das ist der Grund für die Aktivierbarkeit des entgeltlich erworbenen Geschäftswerts als Bilanzierungshilfe.

359 Als Geschäfts- oder Firmenwert ist bei einem Unternehmenskauf nur der Mehrpreis zu bilanzieren. Der Kaufpreis ist also zunächst auf alle materiellen und im-

---

[294] Siehe Rdn. 332.
[295] ADS 6. Auflage, HGB § 255 Rdn. 274.
[296] Ausschußbericht, S. 101.
[297] Kropff, S. 244.

Immaterielle Anlagegegenstände

materiellen Wirtschaftsgüter zu verteilen. Nur der Restbetrag des Kaufpreises entfällt auf den Geschäfts- oder Firmenwert.

Der bei einem entgeltlichen Unternehmenserwerb zu bilanzierende Geschäfts- oder Firmenwert wird daher wie folgt ermittelt:

Kaufpreis für das Unternehmen
− Zeitwerte der materiellen und immateriellen (aktivierte und beim Veräußerer noch nicht aktivierte) Einzelwirtschaftsgüter
+ Schulden

= Geschäfts- oder Firmenwert

Selbständige immaterielle Einzelwirtschaftsgüter, die beim entgeltlichen Erwerb eines Unternehmens zunächst zu erfassen sind, ehe ein Geschäfts- oder Firmenwert aktiviert werden kann, sind nach der Rechtsprechung des Bundesfinanzhofs: **360**
- Gewinnchancen aus schwebenden Geschäften[298],
- Gewinnerwartungen aus Zeitungsabonnements[299],
- langfristige Nutzungsrechte an Aufstellplätzen für Zigarettenautomaten[300],
- Recht, eine Zeitung mit einem bestimmten Titel zu verlegen[301],
- Fortsetzungssammelwerk[302].

Der **Kundenstamm** ist unselbständiger Teil des Geschäfts- oder Firmenwerts[303]. **361** Eine **Kundenkartei** ist Teil des Kundenstamms[304]. Wird daher ein Unternehmen erworben, so können Kundenstamm und Kundenkartei nicht als selbständige immaterielle Einzelwirtschaftsgüter aktiviert werden, sondern sie gehen als unselbständige Komponenten des Geschäfts- oder Firmenwerts hierin auf.

Beruht der Geschäftserfolg eines Unternehmens im wesentlichen auf der persönlichen Tätigkeit des Unternehmers, z. B. bei **Handelsvertretern**, so besteht kein Geschäfts- oder Firmenwert. Immaterielle Werte, die sonst Teile eines Geschäfts- oder Firmenwerts sind, sind hier selbständige immaterielle Einzelwirtschaftsgüter[305]. Deshalb wird der bei dem Erwerb des Unternehmens eines Handelsvertreters auf den Kundenstamm entfallende Teilbetrag des Kaufpreises nicht als unselbständiger Teil des Geschäfts- oder Firmenwerts aktiviert, sondern als selbständiges immaterielles Wirtschaftsgut „Kundenstamm"[306]. **362**

---
[298] BFH, Urt. v. 9.7.1958 I 207/57 U, BStBl 1958 III S. 416; Urt. v. 20.11.1962 I 266/61 U, BStBl 1963 III S. 59.
[299] BFH, Urt. v. 5.8.1970 I R 180/66, BStBl 1970 II S. 804.
[300] BFH, Urt. v. 17.3.1977 IV R 218/72, BStBl 1977 II S. 595.
[301] BFH, Urt. v. 14.12.1967 IV 240/63, BStBl 1968 II S. 277; Urt. v. 5.8.1970 I R 180/66, BStBl 1970 II S. 804.
[302] BFH, Urt. v. 8.6.1972 IV R 88/68, BStBl 1972 II S. 853.
[303] BFH, Urt. v. 14.2.1973 I R 89/71, BStBl 1973 II S. 580.
[304] BFH, Urt. v. 17.3.1877 IV R 218/72, BStBl 1977 II S. 595.
[305] Brezing, HdJ, Abt. I/4, Rdn. 27.
[306] BFH, Urt. v. 26.2.1964 I 383/61 U, BStBl 1964 III S. 423; Urt. v. 17.12.1964 IV 378/61 U, BStBl 1965 III S. 170; Urt. v. 2.2.1967 IV 246/64, BStBl 1967 III S. 366.

363 Wird beim Erwerb eines Unternehmens mit dem Veräußerer ein **Wettbewerbs- oder Konkurrenzverbot** vereinbart, so ist zu unterscheiden:
- Ist nach den Umständen damit zu rechnen, daß der Veräußerer nicht mehr unternehmerisch tätig sein wird, so rechnet das Wettbewerbsverbot zu den unselbständigen geschäftswertbildenden Faktoren und ist nicht als Einzelwirtschaftsgut zu aktivieren.
- Hat der Veräußerer die Möglichkeit, ein gleiches Unternehmen wieder zu gründen, so aktiviert der Erwerber das Wettbewerbsverbot als selbständiges immaterielles Einzelwirtschaftsgut[307]. Hier kommt es ferner darauf an, ob das Wettbewerbsverbot befristet oder unbefristet ist.
  - Ist das Wettbewerbsverbot **befristet**, so schreibt er es innerhalb der vereinbarten Zeit ab[308].
  - Ist das Wettbewerbsverbot **unbefristet**, so erlischt es i. d. R. mit dem Tod des Verpflichteten. Der Erwerber schreibt es daher auf die vermutliche Lebensdauer des Veräußerers ab[309]. Diese wird anhand der Sterbestatistik geschätzt.

Beispiel:
Unternehmen A übernimmt zum 31. 12. 00 das Unternehmen B zum Preis von 10 Mio. DM. Das Geschäftsjahr des Unternehmens A stimmt mit dem Kalenderjahr überein. Die Buch- und Zeitwerte der Bilanzposten des Unternehmens B betragen zum 31. 12. 00:

	in Mio. DM	
	Buchwerte	*Zeitwerte*
Grundstücke und Gebäude	*2,5*	*3,0*
technische Anlagen und Maschinen	*1,5*	*1,8*
andere Anlagen, Betriebs- und Geschäftsausstattung	*0,4*	*0,6*
Finanzanlagen	*1,1*	*1,4*
Vorräte	*5,5*	*5,8*
Forderungen	*1,2*	*1,3*
Summe der Aktiva	*12,2*	*13,9*
Schulden	*4,8*	*4,5*
Differenz	*7,4*	*9,4*
Kaufpreis		*10,0*
Entgelt für den Geschäftswert		*0,6*

---

[307] BFH, Urt. v. 26.7.1972 I R 146/70, BStBl 1972 II S. 937.
[308] BFH, Urt. v. 14.2.1973 I R 89/71, BStBl 1973 II S. 580.
[309] BFH, Urt. v. 25.1.1979 IV R 21/75, BStBl 1979 II S. 369.

A aktiviert zum 31. 12. 00 in der Handelsbilanz 400 000 DM. In der Steuerbilanz wird hingegen, wie es vorgeschrieben ist, der volle auf den Geschäftswert entfallende Betrag aktiviert. In der Steuerbilanz wird daher zum 31. 12. 00 ein Mehrgewinn in Höhe von 200 000 DM ausgewiesen.

2.8.3 Praxiswert

Der Ertrag einer freiberuflichen Praxis wird in aller Regel nicht durch den Einsatz materieller Mittel, sondern durch die persönliche Leistung des Inhabers erzielt. Der Praxiswert beruht daher auf der Leistung des Inhabers und seinem Vertrauensverhältnis zu den Mandanten. Sein Fortbestand ist eng mit der Person des Praxisinhabers verbunden. Nach seinem Ausscheiden endet das Vertrauensverhältnis, so daß der Praxiswert sich verhältnismäßig rasch verflüchtigt[310].

364

Der Praxiswert eines freien Berufs ist ein **immaterielles Wirtschaftsgut**. Er ist daher ebenso wie der Geschäfts- oder Firmenwert nur bei einem entgeltlichen Erwerb zu aktivieren[311].

Zwischen Geschäftswert und Praxiswert bestehen folgende Gemeinsamkeiten und Unterschiede:

365

Geschäftswert	Praxiswert
immaterielles Wirtschaftsgut	immaterielles Wirtschaftsgut
Ertragsaussichten beruhen auf der Leistungsfähigkeit der betrieblichen Organisation und auf dem Know-how.	Ertragsaussichten beruhen auf der Person des Praxisinhabers, dessen persönlicher Tüchtigkeit, Einsatz, Leistungsfähigkeit und Vertrauenswürdigkeit.

2.8.4 Verschmelzungsmehrwert

Der Verschmelzungsmehrwert war in §§ 339 bis 358a AktG und §§ 19 bis 35 KapErhG geregelt. Diese Vorschriften wurden mit der Neuregelung des Umwandlungsrechts mit Wirkung ab 1.1.1995 aufgehoben. Nach neuem Recht kann ein Verschmelzungsmehrwert nicht mehr entstehen. Vor dem 1.1.1995 entstandene Verschmelzungsmehrwerte sind weiterzuführen.

366

Ein Verschmelzungsmehrwert entstand bei der Übernahme einer Kapitalgesellschaft durch eine andere Kapitalgesellschaft. War die Gegenleistung der übernehmenden Gesellschaft höher als die Summe der Bilanzwerte der übertragenden Gesellschaft, entstand bei der übernehmenden Kapitalgesellschaft bei dieser Verschmelzung ein Verlust. Dieser Verschmelzungsverlust konnte unter bestimmten Voraussetzungen durch eine **Bilanzierungshilfe** ähnlich dem derivativen Geschäfts- oder Firmenwert gem. § 255 Abs. 4 HGB ausgeglichen werden.

---

[310] BFH, Urt. v. 1. 4. 1982 IV R 2–3/79, BStBl 1982 II S. 620.
[311] Siehe Rdn. 354 ff.

Diese Bilanzierungshilfe nach § 348 Abs. 2 AktG a.F. wurde gewährt für Verschmelzungen von AG und KGaA durch Aufnahme und Neubildung. Auf Verschmelzungen durch Übertragung des Vermögens auf eine AG oder eine KGaA, von einer AG oder KGaA oder die Verschmelzung durch Bildung einer neuen AG oder einer neuen KGaA war § 348 Abs. 2 AktG sinngemäß anwendbar (§§ 358 a, 359 Abs. 2, 360 Abs. 2 AktG). Verschmelzungen von GmbH waren gleichlautend geregelt (§ 27 Abs. 2 KapErhG). Verschmelzungen von GmbH mit AG waren sinngemäß den Verschmelzungen von GmbH zu behandeln (§ 33 Abs. 2 KapErhG). Andere Verschmelzungen wurden nach § 255 Abs. 4 HGB behandelt.

2.8.5 Geleistete Anzahlungen auf immaterielle Vermögensgegenstände

367 Hat ein Unternehmen einen Kaufvertrag, einen Werklieferungsvertrag oder einen Werkvertrag auf Erwerb eines immateriellen Vermögensgegenstands geschlossen, und ist der Vermögensgegenstand noch nicht angeliefert oder geleistet, so handelt es sich um ein schwebendes Geschäft. Hat das Unternehmen bereits eine Anzahlung an den zur Lieferung oder Leistung Verpflichteten geleistet, so handelt es sich also um eine Vorleistung auf ein schwebendes Geschäft.

Die Anzahlung muß **geleistet**, die Zahlung also abgeflossen sein. Ist eine Anzahlung fällig, aber noch nicht abgeflossen, wird sie in der Bilanz nicht ausgewiesen. Ist die zu leistende Anzahlung bedeutend, muß sie als „sonstige finanzielle Verpflichtung" im Anhang vermerkt werden.

368 Die geleisteten Anzahlungen werden von Kapitalgesellschaften als Zugang im **Anlagenspiegel** ausgewiesen. Geht der immaterielle Vermögensgegenstand in das Betriebsvermögen der Kapitalgesellschaft ein, so wird die Anzahlung hierauf umgebucht.

369 Werden **Vorauszahlungen auf Lizenzgebühren** geleistet, so handelt es sich nicht um Anzahlungen auf immaterielle Vermögensgegenstände. Betreffen die Vorauszahlungen eine bestimmte Zeit nach dem Bilanzstichtag, so ist hierfür ein aktiver Rechnungsabgrenzungsposten auszuweisen. Ist die Zeit nach dem Bilanzstichtag nicht bestimmt, so kommt ein Ausweis unter den „sonstigen Vermögensgegenständen" in Betracht.

2.9 Sachanlagen

2.9.1 Abgrenzungen

Als Sachanlagen werden die materiellen Vermögensgegenstände des Anlagevermögens ausgewiesen. 370
- Von den Vermögensgegenständen sind zunächst die **Anlagegegenstände** gegenüber dem Umlaufvermögen abzugrenzen (siehe Rdn. 134 ff.).
- Bei den Anlagegegenständen sind die **Sachanlagen** (die materiellen Vermögensgegenstände des Anlagevermögens) gegenüber den immateriellen Vermögensgegenständen abzugrenzen (siehe Rdn. 334 ff.).
- Die Sachanlagen werden unterteilt in
  - nicht abnutzbare Sachanlagen
    Grund und Boden
  - abnutzbare Sachanlagen
    Grundstücke mit Substanzverzehr
    Gebäude und sonstige Bauten
    Maschinen und maschinelle Anlagen
    Betriebsausstattung
    Geschäftsausstattung
    Büroeinrichtung
    Kraftfahrzeuge
  - geleistete Anzahlungen auf Sachanlagen
  - im Bau befindliche Sachanlagen

Nicht abnutzbare Sachanlagen sind insbesondere unbebaute Grundstücke und 371
der Grund und Boden der bebauten Grundstücke. Die Abgrenzung gegenüber den abnutzbaren Sachanlagen ist insbesondere für die Abschreibung von Bedeutung. Die nicht abnutzbaren Sachanlagen können handelsrechtlich lediglich außerplanmäßig abgeschrieben werden. Steuerrechtlich kommt für sie nur die Teilwertabschreibung in Betracht.

Abnutzbare Sachanlagen können handelsrechtlich planmäßig oder außerplanmäßig abgeschrieben werden. Steuerrechtlich kommt für sie die Abschreibung für 372
Abnutzung und die Teilwertabschreibung in Frage. Die Grundstücke mit Substanzverzehr und die Gebäude und sonstigen Bauten rechnen zum unbeweglichen abnutzbaren Anlagevermögen. Ihre Abschreibungsdauer ist in der Regel langfristig. Steuerrechtlich kommt hierfür nur die lineare Abschreibungsmethode in Frage. Maschinen und maschinelle Anlagen, Betriebsausstattung, Geschäftsausstattung, Büroeinrichtung und Kraftfahrzeuge rechnen zum beweglichen abnutzbaren Anlagevermögen. Ihre Nutzungsdauer ist kurzfristig. Steuerrechtlich sind hierfür außer der linearen Abschreibung als weitere Abschreibungsmethoden die degressive Abschreibung und die Abschreibung nach Maßgabe der Leistung anwendbar.

Geleistete Anzahlungen auf Sachanlagen sind Vorleistungen auf eine von dem 373
anderen Vertragspartner zu erbringende Lieferung oder Leistung. Eine Zusam-

menfassung mit den geleisteten Anzahlungen auf Umlaufgegenstände wäre sachlich nicht gerechtfertigt, da das Kapital bei Anzahlungen auf Sachanlagen langfristig, bei Anzahlungen auf Umlaufgegenstände aber kurzfristig gebunden ist[312].

374 **Im Bau befindliche Sachanlagen** werden noch nicht betrieblich genutzt. Sind es abnutzbare Anlagen, so darf noch nicht abgeschrieben werden[313].

2.9.2 Grundstücke, Gebäude und Gebäudeteile

375

Konten	
IKR	SKR 04
05 Grundstücke, grundstücksgleiche Rechte und Bauten einschließlich der Bauten auf fremden Grundstücken	0200 Grundstücke, grundstücksgleiche Rechte und Bauten einschließlich der Bauten auf fremden Grundstücken
050 unbebaute Grundstücke	0210 Grundstücke und grundstücksgleiche Rechte ohne Bauten
051 bebaute Grundstücke	
0511 – mit eigenen Bauten	0215 Unbebaute Grundstücke
0519 – mit fremden Bauten	0220 Grundstücksgleiche Rechte (Erbbaurecht, Dauerwohnrecht)
052 grundstücksgleiche Rechte	
053 Betriebsgebäude	0225 Grundstücke mit Substanzverzehr
0531 – auf eigenen Grundstücken	
0539 – auf fremden Grundstücken	0230 Bauten auf eigenen Grundstücken und grundstücksgleichen Rechten
054 Verwaltungsgebäude	0235 Grundstückswerte eigener bebauter Grundstücke
055 andere Bauten	
056 Grundstückseinrichtungen	0240 Geschäftsbauten
0561 – auf eigenen Grundstücken	0250 Fabrikbauten
	0260 Andere Bauten
0569 – auf fremden Grundstücken	0270 Garagen
	0280 Außenanlagen für Geschäfts-, Fabrik- und andere Bauten
057 Gebäudeeinrichtungen	0285 Hof- und Wegebefestigungen
058 frei	
059 Wohngebäude	0290 Einrichtungen für Geschäfts-, Fabrik- und andere Bauten
	0300 Wohnbauten
	0305 Garagen
	0310 Außenanlagen
	0315 Hof- und Wegebefestigungen

---

312 Kropff in: Geßler u. a., AktG, § 151 Rdn. 28.
313 Kropff in: Geßler u. a., AktG, § 151 Rdn. 28.

Sachanlagen 197

	0320 Einrichtungen für Wohnbauten 0330 Bauten auf fremden Grundstücken 0340 Geschäftsbauten 0350 Fabrikbauten 0360 Wohnbauten 0370 Andere Bauten 0380 Garagen 0390 Außenanlagen 0395 Hof- und Wegebefestigungen 0398 Einrichtungen für Geschäfts-, Fabrik-, Wohn- und andere Bauten

2.9.2.1 Eigene Grundstücke, Gebäude und Gebäudeteile

Grundstücke, Gebäude und Gebäudeteile sind nur dann zu bilanzieren, wenn die Voraussetzungen für die **personelle Zuordnung**[314] erfüllt sind. Sie sind daher nur insoweit bilanzierbar, wie sie dem Unternehmer wirtschaftlich gehören. **376**

Bei einem Grundstück ist daher zunächst zu prüfen, ob und inwieweit es **dem Unternehmer gehört**. Gehört es nur teilweise dem Unternehmer, so kann es nur insoweit Betriebsvermögen sein, als es dem Betriebsinhaber gehört. Das gilt auch dann, wenn es Eheleuten gemeinsam gehört[315].

2.9.2.2 Betriebsvermögen des Unternehmers

2.9.2.2.1 Grundstücke und Grundstücksteile als notwendiges und gewillkürtes Betriebsvermögen

Die Bilanzierung von Grundstücken und Grundstücksteilen setzt ferner voraus, daß die Voraussetzungen für die **sachliche Zuordnung**[316] erfüllt sind. Die Grundstücke und Grundstücksteile müssen also handelsrechtlich zum Geschäftsvermögen, steuerrechtlich zum Betriebsvermögen gehören. **377**

Bei der Abgrenzung des Betriebsvermögens zum Privatvermögen ist zu unterscheiden[317]: **378**

---

[314] S. Rdn. 87 ff.
[315] H 13 Abs. 7 (Miteigentum) EStH.
[316] S. Rdn. 116 ff.
[317] R 13 Abs. 7 und 9 EStR.

Grundstücke und Grundstücksteile		
Betriebsvermögen		Privatvermögen
notwendiges	gewillkürtes	
• Nutzung ausschließlich und unmittelbar für eigenbetriebliche Zwecke	• Nutzung nicht eigenbetrieblich und weder eigenen Wohnzwecken dienend noch an Dritte zu Wohnzwecken unentgeltlich überlassen • gewisser objektiver Zusammenhang mit dem Betrieb • bestimmt und geeignet, den Betrieb zu fördern • Betriebsvermögensvergleich • Ausweis in der Buchführung und in der Bilanz	• Nutzung für eigene Wohnzwecke oder an Dritte zu Wohnzwecken unentgeltlich überlassen

379 Im Unterschied zu den anderen Wirtschaftsgütern, die nur einheitlich in vollem Umfang Betriebsvermögen oder Privatvermögen sein können[318], können Grundstücke je nach betrieblicher oder privater Nutzung **flächenmäßig aufgeteilt** werden.

380 Ist ein Grundstück bebaut, so gehört der zum **eigenbetrieblich genutzten Gebäude** gehörende Grund und Boden zum notwendigen Betriebsvermögen, weil der Grund und Boden und ein darauf errichtetes Gebäude nur einheitlich entweder als Betriebs- oder als Privatvermögen qualifiziert werden können. Wird ein **Teil** eines Gebäudes eigenbetrieblich genutzt, so gehört der zum Gebäude gehörende Grund und Boden anteilig, entsprechend dem Verhältnis des eigenbetrieblich genutzten Gebäudeteils zum Gesamtgebäude, zum notwendigen Betriebsvermögen[319]. Diese Maßstäbe gelten entsprechend auch für zum gewillkürten Betriebsvermögen gehörende Grundstücke[320].

381 **Gewillkürtes Betriebsvermögen** können grundsätzlich bei einem bilanzierenden Gewerbetreibenden alle Grundstücke werden, die nicht zum notwendigen

---
318 Siehe Rdn. 124 f.
319 R 13 Abs. 7 Satz 2 EStR.
320 R 13 Abs. 9 Satz 7 EStR.

Sachanlagen

Privatvermögen gehören, z. B. Mietwohngrundstücke, es sei denn, dadurch wird das Gesamtbild der gewerblichen Tätigkeit so verändert, daß es den Charakter einer Vermögensnutzung im nicht gewerblichen Bereich erhält[321]. Gewerbetreibende können daher i. d. R. Grundstücke, die sie nicht nur vorübergehend für eigene Wohnzwecke nutzen oder unentgeltlich zu Wohnzwecken an Dritte überlassen haben, als gewillkürtes Betriebsvermögen behandeln. Vermieten Gewerbetreibende Einfamilienhäuser, Zweifamilienhäuser, Eigentumswohnungen oder Mietwohnungen an **Arbeitnehmer** und sind hierfür betriebliche Gründe maßgebend, sind diese Mietobjekte notwendiges Betriebsvermögen[322].

Erfüllt ein Grundstück **mehr als zur Hälfte** die Voraussetzungen für die Behandlung als Betriebsvermögen, so können zu fremden Wohnzwecken oder zu fremdbetrieblichen Zwecken vermietete Grundstücksteile, die für sich betrachtet die Voraussetzungen zur Behandlung als Betriebsvermögen nicht erfüllen, als Betriebsvermögen behandelt werden[323]. Für die Wertermittlung der einzelnen Grundstücksteile ist das Verhältnis der Nutzflächen maßgebend. Führt der Ansatz der Nutzflächen zu einem unangemessenen Wertverhältnis, so ist bei der Wertermittlung anstelle der Nutzflächen der Rauminhalt oder ein anderer im Einzelfall zu einem angemessenen Ergebnis führender Maßstab zugrunde zu legen[324]. **382**

2.9.2.2.2 Grundstücksteile von untergeordnetem Wert

Eigenbetrieblich genutzte Grundstücksteile brauchen nicht als Betriebsvermögen behandelt zu werden, wenn ihr Wert im Verhältnis zum Wert des ganzen Grundstücks von untergeordneter Bedeutung ist. Das ist in der Regel der Fall, wenn der Wert des eigenbetrieblich genutzten Grundstücksteils **383**
- weder mehr als ein Fünftel des Werts des ganzen Grundstücks
- noch mehr als 40 000 DM beträgt[325].

Wird ein **Gebäudeteil** eigenbetrieblich genutzt, so ist auf den Wert dieses Gebäudeteils zuzüglich des zugehörigen Grund und Bodens abzustellen[326]. **384**

Eigenbetrieblich genutzte Grundstücksteile gehören zum notwendigen Betriebsvermögen. Durch das Wahlrecht, eigenbetrieblich genutzte Grundstücksteile von untergeordnetem Wert nicht als Betriebsvermögen zu behandeln, werden diese Grundstücksteile gewillkürtes Betriebsvermögen.

Für jeden Bilanzstichtag ist neu zu prüfen, ob der eigenbetrieblich genutzte Grundstücksteil noch von untergeordneter Bedeutung ist. Für den Bilanzstichtag, an dem der Grundstücksteil erstmals nicht mehr von untergeordneter Bedeutung ist, muß er nach § 6 Abs. 1 Nr. 5 EStG als Einlage behandelt werden[327]. Durch **385**

---
321 H 13 (9) EStH.
322 H 13 Abs. 7 EStH.
323 R 13 Abs. 10 Satz 1 EStR.
324 R 13 Abs. 10 Satz 3 EStR.
325 R 13 Abs. 8 Satz 1 EStR.
326 R 13 Abs. 8 Satz 2 EStR.
327 H 13 (8) EStH.

Verlust der Eigenschaft „untergeordnete Bedeutung" verliert daher der Grundstücksteil die Eigenschaft als gewillkürtes Betriebsvermögen. Das ist bereits der Fall, wenn eine der beiden Grenzen überschritten wird. Der Grundstücksteil wird dann notwendiges Betriebsvermögen. Wurde er bisher nicht bilanziert, so führt die Umwandlung in notwendiges Betriebsvermögen zur Zwangseinlage.

386 Bei der Prüfung, ob der Wert eines **Grundstücksteils** mehr als ein Fünftel des Werts des ganzen Grundstücks beträgt, ist in der Regel das Verhältnis der Nutzflächen zugrunde zu legen. Ein Grundstücksteil ist mehr als 40 000 DM wert, wenn der Teil des gemeinen Werts des ganzen Grundstücks, der nach dem Verhältnis der Nutzflächen auf den Grundstücksteil entfällt, 40 000 DM übersteigt. Zubehörräume i. S. des § 42 Abs. 4 der Zweiten Berechnungsverordnung brauchen in die Berechnung des eigenbetrieblich genutzten Anteils nicht einbezogen zu werden[328].

Führt der Ansatz der Nutzflächen zu einem unangemessenen Wertverhältnis der beiden Grundstücksteile, so ist bei ihrer Wertermittlung anstelle der Nutzflächen der Rauminhalt oder ein anderer im Einzelfall zu einem angemessenen Ergebnis führender Maßstab zugrunde zu legen[329].

2.9.2.2.3 Grundstücke und Grundstücksteile im Gesamthandsvermögen einer Personengesellschaft

387 Gehört ein Grundstück oder Grundstücksteil zum **Gesamthandsvermögen** der Mitunternehmer einer Personengesellschaft[330], so gehört es grundsätzlich zum notwendigen Betriebsvermögen. Dies gilt auch dann, wenn bei der Einbringung des Grundstücks oder Grundstücksteils in das Betriebsvermögen der Personengesellschaft vereinbart worden ist, daß Gewinne und Verluste aus dem Grundstück oder Grundstücksteil ausschließlich dem einbringenden Gesellschafter zugerechnet werden[331].

388 Ein zum Gesamthandsvermögen gehörendes Wirtschaftsgut kann jedoch nicht Betriebsvermögen sein, wenn es ausschließlich oder fast ausschließlich der **privaten Lebensführung** eines, mehrerer oder aller Mitunternehmer der Gesellschaft dient[332].

Beispiel:
Ein zum Gesamthandsvermögen gehörendes Einfamilienhaus, das von einem Gesellschafter nicht nur vorübergehend für eigene Wohnzwecke genutzt wird, ist steuerlich nicht Betriebsvermögen, sondern notwendiges Privatvermögen der Personengesellschaft[333].

---
328 R 13 Abs. 8 Sätze 3 bis 4 EStR, H 13 (8) EStH.
329 R 13 Abs. 8 Satz 5 EStR.
330 Siehe Rdn. 127 ff.
331 R 13 Abs. 11 Sätze 1 und 2 EStR.
332 H 13 (11) EStH.
333 H 13 (11) EStH.

Dient ein im Gesamthandseigentum der Gesellschafter einer Personengesellschaft stehendes Grundstück **teilweise der privaten Lebensführung** eines, mehrerer oder aller Mitunternehmer der Gesellschaft, so ist dieser Teil notwendiges Privatvermögen der Personengesellschaft. Der andere Teil braucht nicht als Betriebsvermögen behandelt zu werden, wenn hierfür die Grenzen nicht überschritten werden, die für Grundstücksteile von untergeordnetem Wert[334] gelten[335].

2.9.2.2.2.4 Grundstücke und Grundstücksteile im Sonderbetriebsvermögen

Grundstücke oder Grundstücksteile sind als Sonderbetriebsvermögen[336] **notwendiges Betriebsvermögen** der Personengesellschaft, wenn sie 389
- nicht Gesamthandsvermögen der Mitunternehmer der Personengesellschaft sind, sondern einem, mehreren oder allen Mitunternehmern gehören und
- dem Betrieb der Personengesellschaft ausschließlich und unmittelbar dienen[337].

Dient ein Grundstück dem Betrieb der Personengesellschaft nur zum Teil, so sind die den Mitunternehmern zuzurechnenden Grundstücksteile lediglich mit ihrem betrieblich genutzten Teil notwendiges Sonderbetriebsvermögen[338].

Gehören Grundstücke oder Grundstücksteile einer Gesamthandsgemeinschaft 390 oder Bruchteilsgemeinschaft, an der auch Personen beteiligt sind, die nicht Mitunternehmer der Personengesellschaft sind, und dienen sie dem Betrieb der Personengesellschaft, so sind sie ebenfalls insoweit notwendiges Betriebsvermögen, soweit sie den Mitunternehmern der Personengesellschaft nach § 39 Abs. 2 Nr. 2 AO zuzurechnen sind[339].

Stellt ein Gesellschafter einer Personengesellschaft, deren Gesellschaftszweck in 391 der Errichtung und Vermarktung von Eigentumswohnungen im **Bauherrenmodell** besteht, ein ihm gehörendes Grundstück für diese Zwecke zur Verfügung, ist das Grundstück dem notwendigen Sonderbetriebsvermögen zuzurechnen[340].

Dient ein Grundstück dem Betrieb der Personengesellschaft nur **zum Teil**, so sind 392 die den Mitunternehmern zuzurechnenden Grundstücksteile lediglich mit ihrem betrieblich genutzten Teil notwendiges Betriebsvermögen[341].

Betrieblich genutzte Grundstücksteile, deren Wert im Verhältnis zum Wert des 393 ganzen Grundstücks, also nicht im Verhältnis zum Wert des Grundstücksteils des Gesellschafters, von **untergeordnetem Wert** sind, brauchen nicht als Sonderbetriebsvermögen behandelt zu werden. Jeder Mitunternehmer kann dieses Wahl-

---

[334] Rdn. 386.
[335] R 13 Abs. 11 Satz 3 EStR, § 8 EStDV.
[336] Siehe Rdn. 128 ff.
[337] R 13 Abs. 12 Satz 1 EStR.
[338] R 13 Abs. 12 Satz 2 EStR.
[339] S. auch H 13 Abs. 12 (Miteigentum von Nichtgesellschaftern) EStH; zu den Voraussetzungen der personellen Zuordnung siehe Rdn. 87 ff.
[340] H 13 Abs. 12 (Notwendiges Sonderbetriebsvermögen) EStH.
[341] R 13 Abs. 12 Satz 2 EStR.

recht ausüben. Sind mehrere Gesellschafter Eigentümer dieses Grundstücks, braucht das Wahlrecht nicht einheitlich ausgeübt zu werden. Die Ausführungen bei Rdn. 383 ff. gelten sinngemäß[342].

394 Grundstücke oder Grundstücksteile im Allein- oder Miteigentum eines oder mehrerer Mitunternehmer können **gewillkürtes Betriebsvermögen** dieser Mitunternehmer sein. Die Ausführungen bei Rdn. 337 ff. sind dabei zu beachten[343].

395 Ein Grundstück, das einem Gesellschafter einer Personengesellschaft gehört und das dieser selbst ausschließlich und auf Dauer für seine **privaten Wohnzwecke** nutzt, ist notwendiges Privatvermögen. Das gilt grundsätzlich auch für Grundstücke, die ein Gesellschafter einer Personengesellschaft einem anderen Gesellschafter für dessen Wohnzwecke überläßt[344].

2.9.2.3 Gebäude

396 Gebäude sind Bauwerke mit folgenden Merkmalen[345]:
- Feste Verbindung mit dem Grund und Boden
- Beständigkeit
- Standfestigkeit
- Schutz gegen äußere Einflüsse durch räumliche Umschließung
- Eignung zum Aufenthalt von Menschen

397 Eine **feste Verbindung mit dem Grund und Boden** setzt zumindest ein Fundament voraus. Es reicht aus, wenn das Bauwerk hierauf durch seine eigene Schwere ruht. Besondere Haltevorrichtungen zwischen Bauwerk und Fundament sind nicht erforderlich.

398 Die **Beständigkeit** richtet sich nach der objektiven Beschaffenheit des Bauwerks. Schaffung für einen vorübergehenden Zweck, z. B. eine Ausstellung, ändert daher nicht die Eigenschaft eines Bauwerks als Gebäude.

399 Das Bauwerk ist **standfest**, wenn es aus eigener Kraft stehen kann. Es muß so gebaut sein, daß es nicht einstürzt, wenn Teile des Bauwerks, die Betriebsvorrichtungen sind, entfernt werden.

400 Das Bauwerk muß Menschen oder/und Sachen durch räumliche Umschließung **Schutz gegen äußere Einflüsse** gewähren. Nicht erforderlich sind Außenwände an allen Seiten. Es genügt eine offene Überdachung wie bei einer Markthalle.

401 Es muß eine **Eignung zu einem nicht nur vorübergehenden Aufenthalt von Menschen** bestehen, auch wenn das nur mit Hilfe bestimmter Schutzvorrichtungen geschieht oder die Möglichkeit des Aufenthalts während eines Betriebsvorgangs vorübergehend ausgeschlossen ist.

---

[342] R 13 Abs. 12 Sätze 3 bis 5 EStR
[343] H 13 Abs. 12 (Gewillkürtes Sonderbetriebsvermögen) EStH
[344] H 13 Abs. 12 (Überlassung zu Wohnzwecken) EStH
[345] R 42 Abs. 5 Satz 2 EStR

Sachanlagen

2.9.2.4 Gebäudeteile

2.9.2.4.1 Selbständige und unselbständige Gebäudeteile

Bei **Gebäudeteilen** ist zu unterscheiden, ob es sich um selbständige oder unselbständige Gebäudeteile handelt[346]. Bei der Abgrenzung kommt es nicht darauf an, ob die Gebäudeteile wesentliche Bestandteile des Gebäudes im Sinne von § 94 BGB sind. **402**

Selbständige Gebäudeteile sind eigenständige Wirtschaftsgüter. Sie werden gesondert vom Gebäude bilanziert und abgeschrieben. Es sind Gebäudeteile, die nicht in einem einheitlichen Nutzungs- und Funktionszusammenhang mit dem Gebäude stehen[347].

Unselbständige Gebäudeteile sind Teile des Gebäudes, weil sie mit diesem in einem einheitlichen Nutzungs- und Funktionszusammenhang stehen. Auch räumlich vom Gebäude getrennt errichtete Baulichkeiten sind unter diesen Voraussetzungen unselbständige Gebäudeteile, wenn das Gebäude ohne sie als unvollständig erscheint. Unselbständige Gebäudeteile sind mit dem Gebäude gemeinsam zu bilanzieren und abzuschreiben[348].

Gebäudeteile	
Einheitlicher	Nicht einheitlicher
Nutzungs- und Funktionszusammenhang mit dem Gebäude	
Unselbständiger Teil des Gebäudes	Selbständiger Gebäudeteil und damit eigenständiges Wirtschaftsgut

Selbständige Gebäudeteile[349] sind: **403**
- Betriebsvorrichtungen
- Scheinbestandteile
- einem schnellen Wandel des modischen Geschmacks unterliegende Einbauten
- sonstige Mietereinbauten
- sonstige selbständige Gebäudeteile

Bei der Errichtung eines Gebäudes wird dieses von vornherein in die verschiedenen selbständigen Gebäudeteile aufgeteilt. So werden höchstmögliche Abschreibungen erzielt. **Gebäudeanlagen** werden den jeweiligen Gebäudeteilen zugerechnet, mit denen sie in einem Nutzungs- und Funktionszusammenhang stehen. So sind z. B. Rolltreppen und Sprinkleranlagen im allgemeinen unselbständige Bestandteile des Gebäudes und mit diesem abzuschreiben. Sind sie aber in ein Ladenlokal eingebaut, so hängen sie wirtschaftlich hiermit zusammen. Sie werden dann gemeinsam mit dem Ladenlokal abgeschrieben. **404**

---

[346] R 13 Abs. 3 bis 5 EStR.
[347] R 13 Abs. 3 Sätze 1 und 2 EStR.
[348] R 13 Abs. 5 EStR.
[349] R 13 Abs. 3 Satz 3 EStR.

Beispiel:
Unselbständige Gebäudeteile:
Fahrstuhl-, Heizungs-, Belüftungs- und Entlüftungsanlagen sowie die zur Beheizung einer Fabrikanlage verwendeten Lufterhitzer.
Sprinkler- (Feuerlösch-) Anlagen einer Fabrik oder eines Warenhauses, Bäder und Duschen eines Hotels,
Rolltreppen eines Kaufhauses,
Umzäunung und Garage bei einem Wohngebäude[350].

2.9.2.4.2 Betriebsvorrichtungen

405 Betriebsvorrichtungen sind Sachanlagen, mit denen das Gewerbe unmittelbar betrieben wird. Sie sind **bewegliche Wirtschaftsgüter**, und zwar auch dann, wenn sie wesentliche Bestandteile des Grundstücks sind[351]. Sie werden daher nach den Ausführungen zum beweglichen Anlagevermögen bilanziert[352].

406 Bewegliche Anlagegegenstände können in der Regel kurzfristiger und auch vielseitiger hinsichtlich der Abschreibungsmethode abgeschrieben werden. Um eine möglichst günstige Abschreibung zu erzielen, empfiehlt es sich daher, bei **Bauwerken** sorgfältig zu prüfen, ob es sich hierbei um Betriebsvorrichtungen handelt, die als bewegliche Wirtschaftsgüter abgeschrieben werden können.

Beispiel:
Ein Silo dient ausschließlich der Lagerung von Rohstoffen. Es dient unmittelbar dem Gewerbebetrieb und ist daher eine Betriebsvorrichtung.

407 Hat bei einem Bauwerk die Umschließung (Dach und Seitenwände) kein eigenes Fundament und ruht sie auf der Betriebsvorrichtung, so ist die Umschließung
– Teil der Betriebsvorrichtung, wenn sie mit dieser unlösbar verbunden ist (Abschreibung als beweglicher Anlagegegenstand),
– Gebäude, wenn nach Abbruch der Betriebsvorrichtung die Umschließung weiterhin als Gebäude genutzt werden kann (Abschreibung als Gebäude).

Beispiel:
Bei einem Ziegelei-Zickzackofen ruht das Dach auf dem Ofen. Wird der Ofen entfernt, stürzt das Dach ein. Es ist daher Teil der Betriebsvorrichtung.
Bei einem Ringofen steht die Umschließung zum Teil auf den Fundamenten des Ofens. Wird der Ofen entfernt, bleibt die Umschließung stehen. Sie ist daher standfest und damit Gebäude.

---

[350] H 13 Abs. 5 EStH.
[351] R 42 Abs. 3 EStR.
[352] Siehe Rdn. 421 ff.

2.9.2.4.3 Scheinbestandteile

Scheinbestandteile[353] sind bewegliche Wirtschaftsgüter, die zu einem vorübergehenden Zweck in ein Gebäude eingefügt werden (§ 95 Abs. 2 BGB) und deshalb auch nach dem Einbau bewegliche Wirtschaftsgüter geblieben sind. 408

Einfügung zu einem vorübergehenden Zweck liegt unter folgenden Voraussetzungen vor:
– Die Nutzungsdauer der eingebauten beweglichen Wirtschaftsgüter ist länger als die Zeit, für die sie eingebaut sein sollen,
– auch nach ihrem Ausbau haben die beweglichen Wirtschaftsgüter noch einen beachtlichen Wiederverwendungswert,
– nach den Umständen, insbesondere nach Art und Zweck der Verbindung, kann mit einer späteren Wiederverwendung der eingebauten beweglichen Wirtschaftsgüter gerechnet werden[354].

Zu den Scheinbestandteilen rechnen auch bewegliche Wirtschaftsgüter, die
– vom Unternehmer für seine eigenen Zwecke vorübergehend eingefügt werden,
– vom Vermieter oder Verpächter zur Erfüllung besonderer Bedürfnisse des Mieters oder Pächters eingefügt werden und deren Nutzungsdauer nicht länger als die Laufzeit des Vertragsverhältnisses ist[355].

2.9.2.4.4 Einem schnellen Wandel des modischen Geschmacks unterliegende Einbauten

Einem schnellen Wandel des modischen Geschmacks unterliegende Einbauten sind[356] 409
- Ladeneinbauten,
- Schaufensteranlagen,
- Gaststätteneinbauten,
- Schalterhallen von Kreditinstituten und
- ähnliche Einbauten.

Hierzu rechnen aber nur die Teile, die statisch für das ganze Gebäude unwesentlich sind.

Beispiel:
Trennwände, Fassaden, Passagen, nichttragende Wände und Decken.

Diese Gebäudeteile sind auch dann als besondere Wirtschaftsgüter getrennt vom Gebäude zu erfassen, wenn sie in Neubauten eingefügt werden. **Personenfahr-**

---
[353] R 42 Abs. 4 EStR.
[354] H 42 (Scheinbestandteile) EStH.
[355] R 42 Abs. 4 Satz 2 EStR.
[356] R 13 Abs. 3 Nr. 3 EStR.

stühle und **Rolltreppen** werden im allgemeinen als unselbständige Gebäudeteile zum Gebäude gerechnet. Werden sie aber in einen Ladeneinbau eingebaut, so sind sie unselbständige Teile des Ladeneinbaus und mit diesem zu aktivieren und abzuschreiben.

2.9.2.4.5 Mietereinbauten und Mieterumbauten

410 Mietereinbauten und Mieterumbauten sind Baumaßnahmen, die der Mieter auf seine Rechnung durchführt. Es kann sich handeln um
- Scheinbestandteile (Sachen, die zu einem vorübergehenden Zweck in ein Gebäude eingefügt worden sind),
- Betriebsvorrichtungen und
- sonstige Mietereinbauten oder Mieterumbauten[357].

411 **Scheinbestandteile** und **Betriebsvorrichtungen** aktiviert der Mieter als eigene materielle bewegliche Wirtschaftsgüter.

412 **Sonstige Mietereinbauten** und **Mieterumbauten** sind dem Mieter als eigene materielle unbewegliche Wirtschaftsgüter zuzurechnen, wenn
- die eingebauten Sachen während der voraussichtlichen Mietdauer technisch oder wirtschaftlich verbraucht werden oder
- der Mieter bei Beendigung des Mietvertrags vom Eigentümer mindestens die Erstattung des noch verbliebenen gemeinen Werts des Einbaus oder Umbaus verlangen kann oder
- die Mietereinbauten oder Mieterumbauten unmittelbar den besonderen betrieblichen oder beruflichen Zwecken des Mieters dienen und mit dem Gebäude nicht in einem einheitlichen Nutzungs- und Funktionszusammenhang stehen. Besteht eine sachliche Beziehung zum Betrieb des Mieters, so ist ein daneben bestehender Zusammenhang mit dem Gebäude ohne Bedeutung.

413 Entstehen durch die Aufwendungen des Mieters keine Scheinbestandteile, Betriebsvorrichtungen, sonstigen Mietereinbauten oder Mieterumbauten, handelt es sich insbesondere um Baumaßnahmen, die auch unabhängig von der vom Mieter vorgesehenen betrieblichen oder beruflichen Nutzung hätten vorgenommen werden müssen, so ist zu unterscheiden:
- Es ist vereinbart, daß der Mieter die Aufwendungen mit der Miete verrechnen kann: Der Mieter aktiviert einen **Rechnungsabgrenzungsposten** und schreibt ihn auf die Laufzeit der Miete ab.
- Die Aufwendungen dürfen nicht mit der Miete verrechnet werden: Es ist ein **immaterielles Wirtschaftsgut** des Anlagevermögens entstanden, das der Mieter nicht aktivieren darf, weil es für ihn ein originärer immaterieller Anlagegegenstand ist[358].

---

[357] BMF-Schreiben vom 15.1.1976, BStBl 1976 I S. 66.
[358] BMF-Schreiben vom 15.1.1976, BStBl 1976 I S. 66; H 13 Abs. 3 (Mietereinbauten) EStH.

2.9.2.4.6 Sonstige selbständige Gebäudeteile

Sonstige selbständige Gebäudeteile sind[359]:
- eigenbetrieblich genutzte Gebäudeteile
- fremdbetrieblich genutzte Gebäudeteile
- zu eigenen Wohnzwecken genutzte Gebäudeteile
- zu fremden Wohnzwecken genutzte Gebäudeteile

Jeder dieser vier Gebäudeteile ist ein selbständiges Wirtschaftsgut. Wird daher ein Gebäude teils eigenbetrieblich, teils fremdbetrieblich, teils zu eigenen Wohnzwecken und teils zu fremden Wohnzwecken genutzt, so ist jeder dieser unterschiedlich genutzten Gebäudeteile ein **besonderes Wirtschaftsgut**, weil das Gebäude in diesen verschiedenen Nutzungs- und Funktionszusammenhängen steht[360]. Aus betrieblichen Gründen **an eigene Arbeitnehmer vermietete Wohnräume** rechnen hierbei zum eigenbetrieblich genutzten Gebäudeteil[361].

Die **Anschaffungs- oder Herstellungskosten** des gesamten Gebäudes sind anteilig auf diese Gebäudeteile aufzuteilen. Die Anschaffungskosten oder die Herstellungskosten sind daher nach den Ausführungen in Rdn. 142 ff. und Rdn. 198 ff. zu ermitteln und den verschiedenen Gebäudeteilen zuzurechnen. Für die **Aufteilung** ist das Verhältnis der Nutzfläche des Gebäudeteils zur Nutzfläche des ganzen Gebäudes maßgebend. Führt diese Aufteilung zu einem unangemessenen Ergebnis, ist ein Aufteilungsmaßstab zugrunde zu legen, der zu einem angemessenen Verhältnis führt, z. B. umbauter Raum[362].

Jeder nach diesen Grundsätzen selbständige Gebäudeteil ist wiederum in so viele Wirtschaftsgüter aufzuteilen, wie **Gebäudeeigentümer** vorhanden sind[363].

Beispiel:

Unternehmer U hat einen Gewerbebetrieb. Er und seine Ehefrau F sind zu je 1/2 Miteigentümer eines bebauten Grundstücks. Das Grundstück wird zu 20% eigenbetrieblich von U genutzt und ist zu 80% an M zu dessen betrieblichen Zwecken vermietet. U hat seinen Miteigentumsanteil bilanziert. Er kauft seiner Ehefrau deren Miteigentumsanteil ab, bilanziert diesen Teil aber nicht.

In dem Beispiel sind der eigenbetrieblich genutzte und der vermietete Grundstücksteil zwei eigenständige Wirtschaftsgüter. Diese Wirtschaftsgüter waren, solange U und F Miteigentümer waren, zusätzlich aufzuteilen, soweit die Miteigentumsanteile den verschiedenen Eigentümern U und F zuzurechnen waren. Der dem U zuzurechnende eigenbetrieblich genutzte Grundstücksteil war für ihn notwendiges Betriebsvermögen. Seinen fremdbetrieblich genutzten Grundstücksteil

---
359 R 13 Abs. 4 EStR.
360 R 13 Abs. 4 Satz 1 EStR.
361 R 13 Abs. 4 Satz 2 EStR.
362 R 13 Abs. 6 EStR.
363 H 13 Abs. 4 (Miteigentum) EStH.

konnte U als Gewerbetreibender dem gewillkürten Betriebsvermögen zuordnen. Mit der Bilanzierung wurde daher dieser Teil Betriebsvermögen. Vor dem Hinzuerwerb waren daher 10 % des Grundstücks notwendiges und 40 % gewillkürtes Betriebsvermögen

Nach dem Erwerb des Miteigentumsanteils seiner Ehefrau wurde der eigenbetrieblich genutzte Grundstücksteil ohne weiteres notwendiges Betriebsvermögen, also jetzt insgesamt 20 % des Grundstücks. Die andere Miteigentümerin konnte ihren Miteigentumsanteil als eigenständiges Wirtschaftsgut unabhängig von dem Miteigentumsanteil des anderen Miteigentümers als Privatvermögen ausweisen. Der Erwerb dieses Anteils durch den anderen Miteigentümer konnte nicht bewirken, daß dessen bisher als Betriebsvermögen ausgewiesener Anteil die Betriebsvermögenseigenschaft verlor[364].

Entnahmen setzen eine Entnahmehandlung[365], gewillkürtes Betriebsvermögen, Buchung und Bilanzierung voraus. An beidem fehlte es hier. Der hinzuerworbene Anteil behielt daher seine Eigenschaft als Privatvermögen und nahm durch die Zusammenführung mit dem bisherigen Miteigentumsanteil des Unternehmers weder dessen Eigenschaft als Betriebsvermögen an, noch wurde der bisherige Miteigentumsanteil durch die Zusammenführung mit dem bisher im Privatvermögen geführten Miteigentumsanteil Privatvermögen.

417 Die Vermietung zu **hoheitlichen**, zu **gemeinnützigen** oder zu Zwecken eines **Berufsverbands** ist der fremdbetrieblichen Nutzung zuzuordnen[366].

418 Wird ein Gebäude oder ein Gebäudeteil **eigenbetrieblich** genutzt, handelt es sich auch dann um ein einheitliches Wirtschaftsgut, wenn der Unternehmer es **im Rahmen mehrerer selbständiger eigener Betriebe nutzt**[367].

419 Wird ein Gebäude oder Gebäudeteil **fremdbetrieblich** genutzt, handelt es sich auch dann um ein einheitliches Wirtschaftsgut, wenn es **verschiedenen Personen** zu unterschiedlichen betrieblichen Nutzungen überlassen wird[368].

420 Mehrere Baulichkeiten sind selbständige Wirtschaftsgüter, auch wenn sie auf demselben Grundstück errichtet wurden und in einem einheitlichen Nutzungs- und Funktionszusammenhang stehen, z. B. Anbauten bei Gebäuden, es sei denn, sie sind baulich derart miteinander verbunden, daß die Teile des Bauwerks nicht ohne erhebliche Bauaufwendungen voneinander getrennt werden können[369].

---

[364] BFH, Urt. v. 8.3.1990 IV R 60/89, BStBl 1994 II S. 559.
[365] Siehe Rdn. 807.
[366] R 13 Abs. 4 Satz 3 EStR.
[367] H 13 Abs. 4 (Nutzung im Rahmen mehrerer Betriebe) EStH.
[368] R 13 Abs. 4 Satz 4 EStR.
[369] H 13 Abs. 4 (Mehrere Baulichkeiten) EStH.

Sachanlagen

 Beispiel:
Gewerbetreibender U ermittelt den Gewinn nach § 5 EStG. Er erwirbt ein Grundstück mit aufstehendem Gebäude. In einem Teil des Gebäudes unterhält er ein Großhandelsgeschäft. Einen weiteren Teil des Gebäudes vermietet er an einen Einzelhändler seines Gewerbezweigs. Den übrigen Teil des Gebäudes nutzt er teilweise zu eigenen, teilweise zu fremden Wohnzwecken. Hinsichtlich der Nutzung zu fremden Wohnzwecken besteht keinerlei Zusammenhang mit dem Betrieb. Der gemeine Wert des ganzen Grundstücks beträgt 3 Mio. DM, der Wert der eigen- und fremdbetrieblich genutzten Grundstücksteile beträgt je 1 Mio. DM, der Wert des eigenen Wohnzwecken dienenden Grundstücksteils beträgt 0,6 Mio. DM, der des zu fremden Wohnzwecken vermieteten Grundstücksteils 0,4 Mio. DM.

Es liegen hinsichtlich des Gebäudes vier Wirtschaftsgüter vor. Es bestehen folgende **Bilanzierungsmöglichkeiten**:
- U bilanziert nur den für das eigene Großhandelsgeschäft genutzten Grundstücksteil als notwendiges Betriebsvermögen.
- U weist den eigenbetrieblich genutzten Grundstücksteil als notwendiges und den an den Einzelhändler vermieteten Grundstücksteil als gewillkürtes Betriebsvermögen aus.
- U weist den eigenbetrieblich genutzten Grundstücksteil als notwendiges Betriebsvermögen, den fremdbetrieblich genutzten Grundstücksteil als gewillkürtes Betriebsvermögen und, da das Grundstück damit zu mehr als der Hälfte die Voraussetzungen für die Behandlung als Betriebsvermögen erfüllt, auch den zu fremden Wohnzwecken vermieteten Grundstücksteil als gewillkürtes Betriebsvermögen aus[370].

Eine Behandlung auch des zu eigenen Wohnzwecken genutzten Gebäudeteils als Betriebsvermögen ist nicht mehr möglich.

2.9.3 Bewegliche Sachanlagen

Konten	
IKR	SKR 04

07 Technische Anlagen und Maschinen
  070 Anlagen und Maschinen der Energieversorgung
  071 Anlagen der Materiallagerung und -bereitstellung
	0400 Technische Anlagen und Maschinen
	0420 Technische Anlagen
	0440 Maschinen
	0460 Maschinengebundene Werkzeuge

---

[370] H 13 Abs. 10.

072 Anlagen und Maschinen der mechanischen Materialbearbeitung, -verarbeitung und -umwandlung
073 Anlagen für Wärme-, Kälte- und chemische Prozesse sowie ähnliche Anlagen
074 Anlagen für Arbeitssicherheit und Umweltschutz
075 Transportanlagen und ähnliche Betriebsvorrichtungen
076 Verpackungsanlagen und -maschinen
077 sonstige Anlagen und Maschinen
078 Reservemaschinen und -anlagen
079 geringwertige Anlagen und Maschinen
08 Andere Anlagen, Betriebs- und Geschäftsausstattung
080 andere Anlagen
081 Werkstätteneinrichtung
082 Werkzeuge, Werksgeräte und Modelle, Prüf- und Meßmittel
083 Lager- und Transporteinrichtungen
084 Fuhrpark
085 sonstige Betriebsausstattung
086 Büromaschinen, Organisationsmittel und Kommunikationsanlagen
087 Büromöbel und sonstige Geschäftsausstattung
088 Reserveteile für Betriebs- und Geschäftsausstattung
089 geringwertige Vermögensgegenstände der Betriebs- und Geschäftsausstattung

0470 Betriebsvorrichtungen
0500 Andere Anlagen, Betriebs- und Geschäftsausstattung
0510 Andere Anlagen
0520 Pkw
0540 Lkw
0560 Sonstige Transportmittel
0620 Werkzeuge
0640 Ladeneinrichtung
0650 Büroeinrichtung
0660 Gerüst- und Schalungsmaterial
0670 Geringwertige Wirtschaftsgüter bis DM 800
0680 Einbauten in fremde Grundstücke
0690 Sonstige Betriebs- und Geschäftsausstattung

2.9.3.1 Begriff und Abgrenzungen

Bewegliche Anlagegegenstände sind 422
- körperliche Anlagen,
- die nicht in einem Nutzungs- und Funktionszusammenhang stehen
  - zum Grund und Boden,
  - zu Gebäuden,
  - zu selbständigen unbeweglichen Gebäudeteilen oder
  - zu Außenanlagen.

Die **Körperlichkeit** wird durch das Merkmal „beweglich" bedingt. Bewegliche 423 Wirtschaftsgüter können nur Sachen (§ 90 BGB), Tiere (§ 90 a BGB) und Scheinbestandteile (§ 95 BGB) sein. Schiffe sind auch dann bewegliche Wirtschaftsgüter, wenn sie im Schiffsregister eingetragen sind[371].

Alle Anlagen, die in einem **Nutzungs- und Funktionszusammenhang** zum 424 Grund und Boden, zu Gebäuden, selbständigen Gebäudeteilen oder Außenanlagen stehen, sind unselbständige Teile dieser Anlagen. Da es sich hierbei um unbewegliche Anlagen handelt, sind auch deren unselbständige Teile mit dieser Eigenschaft behaftet. Bewegliche Anlagegegenstände können daher nur Sachanlagen sein, die nicht im Nutzungs- und Funktionszusammenhang mit diesen unbeweglichen Anlagen stehen.

Entscheidend ist also das **wirtschaftliche** Merkmal „Nutzungs- und Funktionszusammenhang", nicht das rechtliche Kriterium „Bestandteil". Daher können auch wesentliche Bestandteile des Grund und Bodens oder von Gebäuden i. S. von § 94 BGB bewegliche Anlagegegenstände sein. Voraussetzung ist, daß sie nicht in einem Nutzungs- und Funktionszusammenhang zum Grund und Boden oder Gebäude stehen. Das gilt insbesondere für die Betriebsvorrichtungen.

Betriebsvorrichtungen sind Vorrichtungen, mit denen das Gewerbe unmittelbar 425 betrieben wird[372]. Das können auch Bauwerke oder Teile von Bauwerken sein, die nach den Regeln der Baukunst geschaffen worden sind[373].

Beispiel:
Silos, Schornsteine und Kanäle sind wesentliche Bestandteile des Grund und Bodens und damit nur zusammen mit dem Grundstück veräußer- oder verpfändbar (§ 93 BGB). Sie dienen aber dem Betrieb unmittelbar, sind somit Betriebsvorrichtungen und daher gesondert vom Grund und Boden zu bilanzieren und als bewegliche Anlagen zu bewerten.

Bei **Gebäudeanlagen** ist somit zu unterscheiden, ob sie der Benutzung des Ge- 426 bäudes oder unmittelbar dem Betrieb dienen. So können gleiche Anlagen je nach

---
371 R 42 Abs. 2 EStR.
372 BFH, Urt. v. 14.8.1958 III 382/57 U, BStBl 1958 III S. 400; 17.5.1968 VI R 59/67, BStBl 1968 II S. 565; FinMin NRW v. 28.3.1960, BStBl 1960 II S. 93.
373 BMF-Schreiben vom 7.5.1992 IV C 3 – S 3190 – 3/92, BStBl 1992 I S. 342.

Funktionszusammenhang unselbständige Gebäudeteile oder Betriebsvorrichtungen sein. Zur bilanziellen Abgrenzung dienen die gleichlautenden Erlasse der obersten Finanzbehörden der Länder, die auf dem BMF-Schreiben vom 7. 5. 1992[374] beruhen.

Gebäudeanlagen	
Gebäudeteil	Betriebsvorrichtung
Verstärkungen der Decken, Fundamente und Mauern	
Stets dem Gebäude zuzurechnen.	Einzelfundamente für Maschinen sind Betriebsvorrichtungen.
Arbeitsbühnen, Bedienungsbühnen, Beschickungsbühnen und Galerien	
	ausschließlich zur Bedienung und Wartung der Maschinen, Apparate usw. bestimmt und geeignet.
Aufzüge und ähnliche Anlagen	
Personenaufzüge dienen überwiegend der Benutzung des Gebäudes. Sie sind in mehrgeschossigen Gebäuden zur raschen und sicheren Abwicklung des Personenverkehrs allgemein üblich. Auch Rolltreppen und Rollsteige, die zur Bewältigung des Publikumsverkehrs dienen, sind aus diesem Grund dem Gebäude zuzurechnen. Fahrstuhlschächte, die innerhalb eines Gebäudes liegen, haben regelmäßig auch konstruktive Funktionen (Aufnahme der Eigen- und Nutzlasten angrenzender Geschoßdecken); sie gehören daher zum Gebäude.	Lastenaufzüge in gewerblich genutzten Gebäuden, die unmittelbar dem Betriebsvorgang dienen. Der ausschließlich einem solchen Lastenfahrstuhl dienende Schacht (z. B. ein an ein bestehendes Gebäude angebauter Fahrstuhlschacht) ist Teil der Betriebsvorrichtung. Autoaufzüge in Parkhäusern sind Betriebsvorrichtungen. Auch die Anlagen für den Transport von Rohstoffen oder Gegenständen der Fertigung, z. B. Förderbänder, sind den Betriebsvorrichtungen zuzurechnen.
Elektrische Anlagen	
Beleuchtungsanlagen gehören grundsätzlich zum Gebäude.	Spezialbeleuchtungsanlagen, die nicht zur Gebäudebeleuchtung erforderlich sind, z. B. für Schaufenster, sind jedoch Betriebsvorrichtungen. Das gleiche gilt für Kraftstromanlagen, die ganz oder überwiegend einem Betriebsvorgang dienen.

---

[374] Siehe BMF-Schreiben vom 7.5.1992 IV C 3 – S 3190 – 3/92, BStBl 1992 I S. 342.

Sachanlagen

Heizungsanlagen, Be- und Entlüftungsanlagen, Klimaanlagen, Warmwasseranlagen und Müllschluckanlagen	
regelmäßig Teile des Gebäudes.	Betriebsvorrichtungen, wenn sie ganz oder überwiegend einem Betriebsvorgang dienen, z. B. Klimaanlagen in Chemiefaserfabriken, Tabakfabriken und Reinräumen.
Be- und Entwässerungsanlagen	
gehören im allgemeinen zum Gebäude.	wenn sie überwiegend dem Betriebsvorgang dienen, wie z. B. bei Färbereien, Zellstofffabriken, Brauereien, Molkereien und Autowaschhallen, sind sie Betriebsvorrichtungen.
Bäder, die der Körperpflege dienen	
rechnen zum Gebäude. Schwimmbecken in Hotels sind unselbständige Gebäudeteile und nicht Betriebsvorrichtungen.	Bäder, die Heilzwecken dienen (z. B. in Kur- und Krankenhäusern) oder mit denen das Gewerbe betrieben wird (z. B. in Badeanstalten), sind Betriebsvorrichtungen.
Sprinkleranlagen	
regelmäßig Gebäudebestandteile, da sie der Gebäudenutzung dienen.	ihre Einordnung als Betriebsvorrichtung kommt nur dann in Betracht, wenn mit ihnen das Gewerbe unmittelbar betrieben wird.
Schallschutzvorrichtungen an Decken und Wänden	
regelmäßig Bestandteile des Gebäudes.	nur in den Fällen, in denen von dem in dem Gebäude ausgeübten Gewerbebetrieb ein so starker Lärm ausgeht, daß ohne entsprechende Schutzvorkehrungen der Betriebsablauf selbst in Frage gestellt wäre, sind Schallschutzvorrichtungen ausnahmsweise Betriebsvorrichtungen.
Sonstige Anlagen in gewerblich genutzten Gebäuden	
	Kühleinrichtungen, Absaugevorrichtungen, Bewetterungsanlagen, Entstaubungsanlagen, Stahltüren, Stahlkammern und Stahlfächer von Tresoranlagen und die dazugehörigen Alarmanlagen.

427 Soweit mehrere bewegliche Anlagen eine **geschlossene Anlage** bilden und als solche im Bestandsverzeichnis geführt werden, werden sie auch auf einem Konto ausgewiesen.

428 **Ersatzteile** werden bei dem Bilanzposten ausgewiesen, zu dessen Ersatz sie vorgesehen sind, es sei denn, für sie ist ein Festwert gebildet[375]. Es sollten daher für sie Unterkonten bei den betreffenden Anlagekonten geführt werden. Allgemein verwendbare Ersatzteile und Reparaturmaterial werden jedoch unter den Vorräten im Umlaufvermögen ausgewiesen[376].

2.9.3.2 Bestandsmäßige Erfassung

2.9.3.2.1 Inventur der beweglichen Anlagegegenstände

429 Die beweglichen Anlagegegenstände sind zum Bilanzstichtag in einem Bestandsverzeichnis aufgrund jährlicher körperlicher **Inventur** aufzunehmen. Hierin sind auch die bereits auf den Erinnerungswert abgeschriebenen Anlagen aufzuführen, solange sie noch zum Betriebsvermögen gehören. Das Bestandsverzeichnis muß enthalten:
- genaue Bezeichnung des Gegenstands und
- Bilanzwert des Gegenstands am Bilanzstichtag[377].

2.9.3.2.2 Fortlaufendes Bestandsverzeichnis/Anlagekartei

430 Die jährliche körperliche Inventur der beweglichen Anlagen erübrigt sich, wenn ein **fortlaufendes Bestandsverzeichnis** geführt wird. Hierbei werden die Anlagegegenstände bei ihrem Zugang in dem Bestandsverzeichnis erfaßt und im Laufe der Zeit darin wertmäßig fortgeschrieben. In jedem Wirtschaftsjahr werden die zutreffenden Abschreibungen abgesetzt. Die Abschreibungen sind bis auf den Erinnerungswert fortzusetzen. Das Bestandsverzeichnis wird nach folgendem **Muster** aufgestellt[378]:

Bestandsverzeichnis für bewegliche Anlagegegenstände									
Beleg-hinweis	Bezeichnung des Gegenstandes	Tag der Anschaffung oder Herstellung	Anschaffungs- oder Herstellungskosten	Nutzungsdauer	Abschreibungsmethode	Abschreibungssatz	Abschreibungsbetrag	Tag des Abgangs	Wert am Abschlußstichtag
1	2	3	4	5	6	7	8	9	10

---

[375] Nordmeyer in: Beck HdR, B 212, Rdn. 34; Richter, HdJ, Abt. II/1, Rdn. 57.
[376] Richter, HdJ, Abt. II/1 Rdn. 85.
[377] R 31 Abs. 1 EStR.
[378] R 31 Abs. 5 EStR.

Sachanlagen

Das Bestandsverzeichnis kann auch in Form einer **Anlagekartei** geführt werden. **431** Zweckmäßigerweise geschieht das, wenn eine Vielzahl von Anlagegegenständen vorhanden ist. Dann wird nach dem vorstehenden Muster für jeden einzelnen Anlagegegenstand eine Karteikarte geführt. Der Bilanzansatz für alle zu einem Bilanzposten gehörenden Einzelanlagen ergibt sich hier aus der Summe der Werte der einzelnen zu diesem Bilanzposten gehörenden Anlagekarteikarten[379].

Das fortlaufende Bestandsverzeichnis oder die in dieser Form geführte Anlage- **432** kartei kann auch nach den einzelnen Zugangsjahren und Abschreibungssätzen **gruppenweise** geordnet werden. In diesem Fall wird auf die Angabe des Bilanzwerts am Bilanzstichtag für den einzelnen Gegenstand verzichtet. Für jede Gruppe muß sich aber aus besonderen Zusammenstellungen die Entwicklung der Bilanzwerte unter Angabe der Werte der Abgänge und des Betrags der AfA summenmäßig ergeben. Hierbei müssen für den einzelnen Gegenstand seine genaue Bezeichnung, sein Bilanzwert am Bilanzstichtag, der Tag seiner Anschaffung oder Herstellung, die Höhe der Anschaffungs- oder Herstellungskosten und der Tag des Abgangs ersichtlich sein[380].

Durch die Führung eines fortlaufenden Bestandsverzeichnisses oder einer Anla- **433** gekartei werden auch die **buchmäßigen Voraussetzungen** für die Inanspruchnahme der degressiven Abschreibung (§ 7 Abs. 2 Satz 3 EStG) und für die steuerlichen erhöhten Absetzungen und Sonderabschreibungen (§ 7 a Abs. 8 EStG) erfüllt.

Die **Sachkonten** der Buchführung können das Bestandsverzeichnis oder die An- **434** lagekartei ersetzen, wenn sie nach dem vorstehend mitgeteilten Muster geführt werden und wenn hierdurch nicht die Übersichtlichkeit der Konten beeinträchtigt wird[381].

2.9.3.2.3 Zusammenfassung mehrerer Gegenstände

Gegenstände, die eine **geschlossene Anlage** bilden, können auch als Gesamtanla- **435** ge in das Bestandsverzeichnis oder in die Anlagekartei eingetragen werden, wenn die Gesamtanlage einheitlich abgeschrieben wird[382].

Beispiel:
Die einzelnen Teile eines Hochofens einschließlich Zubehör. Die einzelnen Teile einer Breitbandstraße einschließlich Zubehör. Überlandleitungen einschließlich der Masten usw. eines Elektrizitätswerks. Leitungsanlagen von Gas- und Wasserwerken und die Wasser-, Gas- und sonstigen Rohrleitungen innerhalb eines Fabrikationsbetriebs.

---

379 R 31 Abs. 5 Satz 2 EStR.
380 R 31 Abs. 5 Sätze 3 und 4 EStR.
381 R 31 Abs. 5 Satz 5 EStR.
382 R 31 Abs. 2 Sätze 1 und 2 EStR.

436 Gleichartige Gegenstände können im Bestandsverzeichnis oder in der Anlagekartei unter Angabe der Stückzahl zusammengefaßt werden, wenn sie im selben Veranlagungszeitraum angeschafft worden sind, die gleichen Anschaffungskosten und die gleiche Nutzungsdauer haben und nach der gleichen Methode abgeschrieben werden[383].

2.9.3.2.4 Geringwertige Wirtschaftsgüter

437 Geringwertige Anlagegegenstände, die im Jahr der Anschaffung oder Herstellung in voller Höhe abgeschrieben worden sind, brauchen nicht in das Bestandsverzeichnis aufgenommen zu werden[384].

Voraussetzungen für geringwertige Anlagegegenstände:
1. Beweglicher und abnutzbarer Anlagegegenstand,
2. Fähigkeit zur selbständigen Nutzung,
3. Anschaffungs- oder Herstellungskosten, vermindert um einen darin enthaltenen Vorsteuerbetrag, oder Teilwert bei der Einlage oder Betriebseröffnung
   a) übersteigen 800 DM nicht und Aufführung in einem besonderen, laufend zu führenden Verzeichnis oder auf einem Konto in der Buchführung (§ 6 Abs. 2 EStG) oder
   b) übersteigen 100 DM nicht.[385]

438 Nicht selbständig nutzbar ist ein Wirtschaftsgut, wenn folgende Voraussetzungen kumulativ vorliegen:
1. Nach seiner betrieblichen Zweckbestimmung kann das Wirtschaftsgut nur zusammen mit anderen Wirtschaftsgütern des Anlagevermögens genutzt werden,
2. das Wirtschaftsgut tritt mit den mit ihm im Nutzungszusammenhang stehenden Wirtschaftsgütern nach außen als einheitliches Ganzes in Erscheinung,
3. das Wirtschaftsgut ist technisch auf die anderen mit ihm im Nutzungszusammenhang stehenden Wirtschaftsgüter abgestimmt[386].

Nur wenn die vorstehenden drei Voraussetzungen alle vorliegen, ist das Wirtschaftsgut nicht selbständig nutzbar, fehlt es also an der für ein geringwertiges Wirtschaftsgut vorausgesetzten Eigenschaft der Fähigkeit zur selbständigen Nutzung.

Beispiel:
Müllbehälter eines Müllabfuhrunternehmens sind in einen betrieblichen Nutzungszusammenhang mit den anderen Müllbehältern eingefügt und auch technisch aufeinander abgestimmt. Jeder einzelne Müllbehälter kann aber auch ohne die anderen Müllbehälter im Betrieb genutzt werden[387].˙

---

[383] R 31 Abs. 2 Satz 3 EStR.
[384] R 31 Abs. 3 Satz 1 EStR.
[385] R 31 Abs. 3 EStR.
[386] R 40 Abs. 1 Satz 3 EStR.
[387] R 40 Abs. 1 Satz 4 EStR.

Sachanlagen   217

> *Bestecke, Schallplatten, Tonbandkassetten, Trivialprogramme und Videokassetten können zwar nach ihrer betrieblichen Zweckbestimmung nur mit anderen Wirtschaftsgütern genutzt werden. Sie treten aber mit den anderen mit ihnen genutzten Wirtschaftsgütern nicht als einheitliches Ganzes in Erscheinung[388].*
>
> *Paletten und Einrichtungsgegenstände können nach ihrer betrieblichen Zweckbestimmung zwar nur mit anderen Wirtschaftsgütern genutzt werden. Sie sind aber nicht technisch auf diese anderen Wirtschaftsgüter abgestimmt.[389]*
>
> *Bei einem Computer sind Rechner, Tastatur, Monitor, Maus und Drucker aus ihrem Nutzungszusammenhang lösbar und können wieder in einen anderen Nutzungszusammenhang eingefügt werden. Sie bleiben aber technisch aufeinander abgestimmt und sind daher nicht selbständig nutzbar. Sie sind also nicht als geringwertige Anlagen abschreibbar[390].*

439 Beispiele für Wirtschaftsgüter, die selbständig nutzbar oder nicht selbständig nutzbar sind, enthält die folgende Tabelle.

ABC der selbständigen Nutzbarkeit[391]		
Anlagegegenstand	selbst. nutzbar	
	ja	nein
Bestecke	x	
Bestuhlungen in Kinos und Theatern		x
Bibliothek eines Rechtsanwaltes	x	
Bohrer in Verbindung mit Werkzeugmaschinen		x
Bücher einer Leih- oder Fachbücherei	x	
Computer: Rechner, Tastatur, Monitor und Drucker[392]		x
Drehbank mit als Antrieb eingebautem Motor		x
Drehstähle i. V. mit Werkzeugmaschinen		x
Einrichtungsgegenstände[393]	x	
Elektromotor zum Einzelantrieb		x
Ersatzteile für Maschinen usw.		x
Fässer	x	
Flaschen	x	

---

388 R 40 Abs. 1 Satz 5 EStR.
389 R 40 Abs. 1 Satz 6 EStR.
390 FG München, Urt. v. 30.6.1992, rechtskräftig, BB 1993 S. 900. Es ist aber fraglich, ob das dritte Merkmal gegeben ist: nach außen mit den übrigen Gegenständen als einheitliches Ganzes in Erscheinung treten. Ein Drucker tritt nach außen als selbständiger Gegenstand in Erscheinung. Er dürfte daher selbständig nutzbar sein.
391 R 40 Abs. 1 Sätze 4 bis 6 EStR; H 40 EStH.
392 FG München, Urt. v. 30.6.1992, rkr., BB 1993 S. 900.
393 Auch als Erstausstattung und in einheitlichem Stil.

Formen		x
Formplatten		x
Fräser i. V. mit Werkzeugmaschinen		x
Gerüst- und Schalungsteile[394]		x
Instrumentarium eines Arztes	x	
Kisten	x	
Kühlkanäle		x
Lampen (Steh-, Tisch- und Hängelampen)	x	
Leergut	x	
Legehennen	x	
Leuchtstoffröhren einer Beleuchtungsanlage		x
Lichtbänder einer Beleuchtungsanlage		x
Lichtbänderbeleuchtungsanlagen		x
Lithographien[395]		x
Maschinenverschleißteile		x
Maschinenwerkzeuge		x
Möbel in Hotels und Gaststätten	x	
Müllbehälter eines Müllabfuhrunternehmens	x	
Musterbücher im Tapeten- und Buchhandel	x	
Paletten	x	
Pflanzen von Dauerkulturen		x
Regale aus genormten Regalteilen	x	
Ruhebänke als Werbeträger	x	
Sägeblätter in Diamantsägen und -gattern		x
Schallplatten	x	
Schalungstafeln[396]		x
Schaufensterbeleuchtung	x	
Schriftenminima in einer Druckerei	x	
Software bis 800 DM	x	
Spezialwerkzeuge einer Kfz-Werkstatt	x	
Spinnkannen in einer Weberei	x	
Stanzwerkzeuge i. V. mit Werkzeugmaschinen		x
Straßenleuchten	x	
Tonbandkassetten	x	
Transportkästen in einer Weberei	x	
Trivialprogramme	x	
Videokassetten	x	
Wäsche in Hotels	x	

---

[394] Genormt und technisch aufeinander abgestimmt.
[395] BFH, Urt. v. 15.3.1991 III R 57/86, BStBl 1991 II S. 682, BB 1991 S. 1525.
[396] Genormt und technisch aufeinander abgestimmt.

Webstuhlmotor		x
Werkzeuge einer Kfz-Werkstatt	x	
Zähler eines Versorgungsunternehmens		x

2.9.3.2.5 Festwert

Vermögensgegenstände des Sachanlagevermögens und damit auch bewegliche **440** Anlagegegenstände können mit einem Festwert angesetzt werden, wenn sie regelmäßig ersetzt werden und ihr Gesamtwert für das Unternehmen von nachrangiger Bedeutung ist, sofern ihr Bestand in seiner Größe, seinem Wert und seiner Zusammensetzung nur geringen Veränderungen unterliegt (§ 240 Abs. 3 HGB). Ist zulässigerweise ein Festwert gebildet, brauchen diese Gegenstände nicht in das Bestandsverzeichnis oder in die Anlagekartei aufgenommen zu werden[397].

Der Gesamtwert der für einen einzelnen Festwert in Betracht kommenden Wirt- **441** schaftsgüter ist für das Unternehmen grundsätzlich von nachrangiger Bedeutung, wenn er an den dem Bilanzstichtag vorangegangenen fünf Bilanzstichtagen im Durchschnitt 10 % der Bilanzsumme nicht überstiegen hat[398].

Mindestens an jedem dem Hauptfeststellungszeitpunkt für die Feststellung des Einheitswerts des Betriebsvermögens vorangehenden Bilanzstichtag, spätestens aber an jedem fünften Bilanzstichtag, ist eine körperliche Bestandsaufnahme vorzunehmen. Übersteigt der für diesen Bilanzstichtag ermittelte Wert den bisherigen Festwert um mehr als 10 %, so ist der ermittelte Wert als neuer Festwert maßgebend. Der bisherige Festwert ist so lange um die Anschaffungs- und Herstellungskosten der im Festwert erfaßten und nach dem Bilanzstichtag des vorangegangenen Wirtschaftsjahrs angeschafften oder hergestellten Wirtschaftsgüter aufzustocken, bis der neue Festwert erreicht ist. Ist der ermittelte Wert niedriger als der bisherige Festwert, so kann der ermittelte Wert als neuer Festwert angesetzt werden. Übersteigt der ermittelte Wert den bisherigen Festwert um nicht mehr als 10 %, so kann der bisherige Festwert beibehalten werden[399].

---

[397] R 31 Abs. 3 Satz 2 EStR.
[398] BMF-Schreiben v. 8.3.1993 IV B 2 - S 2174 a - 1/93, BStBl 1993 I S. 276.
[399] R 31 Abs. 4 EStR.

2.9.4 Geleistete Anzahlungen und Anlagen im Bau

442

Konten	
IKR	SKR 04
09 Geleistete Anzahlungen und Anlagen im Bau 090 geleistete Anzahlungen auf Sachanlagen 095 Anlagen im Bau	0700 Geleistete Anzahlungen und Anlagen im Bau 0705 Anzahlungen auf Grundstücke und grundstücksgleiche Rechte ohne Bauten 0710 Geschäfts-, Fabrik- und andere Bauten im Bau auf eigenen Grundstücken 0720 Anzahlungen auf Geschäfts-, Fabrik- und andere Bauten auf eigenen Grundstücken und grundstücksgleichen Rechten 0725 Wohnbauten im Bau 0735 Anzahlungen auf Wohnbauten auf eigenen Grundstücken und grundstücksgleichen Rechten 0740 Geschäfts-, Fabrik- und andere Bauten im Bau auf fremden Grundstücken 0750 Anzahlungen auf Geschäfts-, Fabrik- und andere Bauten auf fremden Grundstücken

443 Nach dem Gliederungsschema von § 266 Abs. 2 HGB werden „geleistete Anzahlungen auf Sachanlagen" und „Sachanlagen im Bau" in der Bilanz im Posten „A II 4 geleistete Anzahlungen und Anlagen im Bau" zusammengefaßt ausgewiesen. Geleistete Anzahlungen auf Anlagen werden zwar zunächst gesondert gebucht, aber dann i. d. R. mit den Anlagen im Bau in einem Bilanzposten zusammengefaßt. In der Praxis bereitet nämlich die Abgrenzung der geleisteten Anzahlungen auf Sachanlagen von den Anlagen im Bau erhebliche Schwierigkeiten, weil oft mit dem Bau angezahlter Anlagen begonnen ist[400].

2.9.4.1 Geleistete Anzahlungen auf Sachanlagen

444 Ein auf Lieferung oder Leistung einer Sachanlage gerichteter Vertrag ist für den Unternehmer, dem die Sachanlage zu liefern ist oder an die sie geleistet werden soll, bis zur Lieferung oder Leistung ein schwebendes Geschäft. Erbringt der Unternehmer eine Geldleistung an den zur Lieferung oder Leistung Verpflichteten

---

[400] Kropff, S. 226.

Sachanlagen 221

als Vorleistung auf die von diesem zu erbringende Lieferung oder Leistung, so ist diese Geldleistung als „geleistete Anzahlung auf Sachanlagen" zu buchen:

⇨ geleistete Anzahlungen auf Sachanlagen
    an Bank

Ist die Sachanlage geliefert, bucht der Unternehmer eine sonstige Verbindlichkeit und saldiert die geleistete Anzahlung hiermit:

⇨ sonstige Verbindlichkeiten
    an geleistete Anzahlungen auf Sachanlagen

Wird, etwa aufgrund einer Leistungsstörung, nicht geliefert, und ist daher mit der Rückforderung der Anzahlung zu rechnen oder ist die Rückforderung bereits erklärt worden, so ist die geleistete Anzahlung umzubuchen:

⇨ sonstige Vermögensgegenstände
    an geleistete Anzahlungen auf Sachanlagen

2.9.4.2 Sachanlagen im Bau

Sachanlagen, die bis zum Bilanzstichtag noch nicht fertiggestellt sind, werden als **445** „Sachanlagen im Bau" behandelt. Es werden hier alle Aufwendungen aktiviert, die in die Herstellung des Anlagegegenstands geflossen sind. Es macht keinen Unterschied, ob es sich um Eigen- oder um Fremdleistungen handelt[401].

Wurden für Fremdleistungen **Anzahlungen** geleistet und werden sie in der Bilanz **446** aktiviert, dürfen insofern nicht nochmals Aufwendungen als Herstellungskosten bei den „Anlagen im Bau" erfaßt werden. Nur soweit die Herstellungskosten die Anzahlungen übersteigen, sind die Differenzbeträge noch zu aktivieren. Aus diesem Grunde werden Anzahlungen und Anlagen im Bau in einem Bilanzposten zusammen aktiviert.

Im Zeitpunkt der Fertigstellung sind die Anlagen im Bau in fertige Sachanlagen **447** **umzubuchen**. Die als Anlagen im Bau aktivierten Herstellungskosten sind auf dem Konto „Anlagen im Bau" im Haben und auf dem Konto der betreffenden Sachanlagen im Soll zu buchen. Waren für Fremdleistungen Anzahlungen erbracht und als Anzahlungen für Anlagen im Bau aktiviert worden, sind diese ebenfalls umzubuchen.

I. d. R. wird es sich bei den Anlagen im Bau um **Betriebsgebäude** handeln. Diese **448** sind fertiggestellt, wenn die wesentlichen Bauarbeiten abgeschlossen sind und der Bau soweit gefördert ist, daß er für den Betrieb genutzt werden kann[402].

Im **Anlagenspiegel** der Abschlüsse der Kapitalgesellschaften sind die Um- **449** buchungen ebenfalls zu erfassen.

---

[401] Clemm/Nonnenmacher in: Beck Bil-Komm. § 247 Rdn. 561.
[402] BFH, Urt. v. 23. 1. 1980 I R 27/77, BStBl 1980 II S. 365.

2.10 Finanzanlagen

Konten	
IKR	SKR 04

1 Finanzanlagen
10 frei
11 Anteile an verbundenen Unternehmen
   110 – an einem herrschenden oder einem mit Mehrheit beteiligten Unternehmen
   111 – an der Konzernmutter, soweit nicht zu Kto. 110 gehörig
   112 – an Tochterunternehmen
   |
   117
   118 frei
   119 – an sonstigen verbundenen Unternehmen
12 Ausleihungen an verbundene Unternehmen
   120 – gesichert durch Grundpfandbriefe oder andere Sicherheiten
   125 – ungesichert
13 Beteiligungen
   130 Beteiligungen an assoziierten Unternehmen
   135 andere Beteiligungen
14 Ausleihungen an Unternehmen, mit denen ein Beteiligungsverhältnis besteht
   140 – gesichert durch Grundpfandrechte oder andere Sicherheiten
   145 – ungesichert
15 Wertpapiere des Anlagevermögens
   150 Stammaktien
   151 Vorzugsaktien
   152 Genußscheine
   153 Investmentzertifikate
	0800 Anteile an verbundenen Unternehmen
	0810 Ausleihungen an verbundene Unternehmen
	0820 Beteiligungen
	0830 Typisch stille Beteiligungen
	0840 Atypisch stille Beteiligungen
	0850 Andere Beteiligungen an Kapitalgesellschaften
	0860 Andere Beteiligungen an Personengesellschaften
	0880 Ausleihungen an Unternehmen, mit denen ein Beteiligungsverhältnis besteht
	0900 Wertpapiere des Anlagevermögens
	0910 Wertpapiere mit Gewinnbeteiligungsansprüchen
	0920 Festverzinsliche Wertpapiere
	0930 Sonstige Ausleihungen
	0940 Darlehen
	0960 Ausleihungen an Gesellschafter
	0970 Ausleihungen an nahestehende Personen
	0960 Genossenschaftsanteile zum langfristigen Verbleib
	0990 Rückdeckungsansprüche aus Lebensversicherungen zum langfristigen Verbleib

154 Gewinnobligationen 155 Wandelschuldverschreibungen 156 festverzinsliche Wertpapiere 157 frei 158 Optionsscheine 159 sonstige Wertpapiere 16 Sonstige Ausleihungen (Sonstige Finanzanlagen) 160 Genossenschaftsanteile 161 gesicherte sonstige Ausleihungen 162 frei 163 ungesicherte sonstige Ausleihungen 164 frei 165 Ausleihungen an Mitarbeiter, an Organmitglieder und an Gesellschafter 166 frei 167 frei 168 frei 169 übrige sonstige Finanzanlagen	

2.10.1 Begriff und Abgrenzungen

Finanzanlagen sind 451
- Anteile,
- Wertpapiere und
- Ausleihungen,

die bestimmt sind, dauernd dem Geschäftsbetrieb zu dienen (§ 247 Abs. 2 HGB).
Sie **entstehen** durch Kapitalüberlassung an andere Unternehmen und **dienen** der Erwirtschaftung von Finanzerfolgen (Zinsen oder Gewinnbeteiligungen).

Durch das Merkmal „dauernd dem Geschäftsbetrieb zu dienen" **unterscheiden** 452 sich die Finanzanlagen von Forderungen, sonstigen Vermögensgegenständen und Wertpapieren des Umlaufvermögens. Hierbei kommt es nicht auf die Zeitdauer an, sondern ob die Vermögensgegenstände bestimmt sind, dem Geschäftsbetrieb mehrmals (Anlagegegenstände und damit Finanzanlagen) oder einmal (Umlaufgegenstände) zu dienen[403].

---
[403] S. Rdn. 136.

Wird daher Kapital zur Nutzung überlassen, i. d. R. gegen Zinsen, Gewinnbeteiligung oder andere Nutzungsentgelte, so handelt es sich um Finanzanlagen. Beabsichtigt hingegen der Anleger bei der Kapitalüberlassung oder behält er sich dabei vor, die Kapitalanlage jederzeit zu veräußern und sie damit zu versilbern, rechnet sie zum Umlaufvermögen.

Abgrenzungen	
Finanzanlagen	Umlaufgegenstände
Mehrmalige Nutzung: Nachhaltige Erzielung von Zinserträgen, Gewinnbeteiligung, längerfristige geschäftliche Verbindung zu anderen Unternehmen	Einmalige Nutzung: Verwertung oder Veräußerung ist der eigentliche Zweck, nicht die Erzielung von Zinserträgen oder Beteiligung am Gewinn, auch wenn kurzfristig Zinsen „mitgenommen werden"

2.10.2 Bilanzierung

453 Es sind die Finanzanlagen zu bilanzieren, die dem Kaufmann wirtschaftlich **zuzurechnen** sind und zum **Betriebsvermögen** des Unternehmens gehören.

Finanzanlagen, die ausschließlich und unmittelbar dem Betrieb dienen, gehören zum **notwendigen Betriebsvermögen**. Besteht ein gewisser objektiver Zusammenhang der Finanzanlagen mit dem Betrieb und sind sie bestimmt und geeignet, diesen zu fördern, können sie als **gewillkürtes Betriebsvermögen** behandelt werden[404].

Nicht geeignet, den Betrieb zu fördern, sind z. B. Vermögensgegenstände, bei deren Erwerb bereits erkennbar ist, daß sie dem Betrieb keinen Nutzen, sondern nur Verluste bringen können, oder wenn aus anderen Gründen ein betrieblicher Anlaß für den Erwerb fehlt. Dann können Vermögensgegenstände zwar zum Gesamthandsvermögen einer Personengesellschaft und damit handelsrechtlich zu ihrem Unternehmensvermögen rechnen. Steuerrechtlich gehören sie aber nicht zum Betriebsvermögen[405].

454 **Wertpapiere** werden durch Verpfändung für einen Betriebskredit noch nicht zum notwendigen Betriebsvermögen. Sie können aber als gewillkürtes Betriebsvermögen behandelt werden. Wertpapiere, die aus Betriebsmitteln erworben wurden und im Betriebsvermögen belassen werden, können als gewillkürtes Betriebsvermögen ausgewiesen werden[406]. Auch zur Finanzierung der Anschaffung von Gegenständen des Betriebsvermögens oder sonst zur Verstärkung des Betriebsvermögens eingelegte Wertpapiere können zum Betriebsvermögen gewillkürt werden, wenn nicht bei ihrer Zuführung zum Betriebsvermögen erkennbar ist, daß sie dem Betrieb keinen Nutzen, sondern nur Verlust bringen. Die Zuordnung zum Be-

---

[404] R 13 Abs. 1 Sätze 1 bis 3 EStR; s. Rdn. 121 und 123.
[405] BFH, Urt. v. 22. 5. 1975 IV R 193/71, BStBl 1975 II S. 804.
[406] BFH, Urt. v. 14. 11. 1972 VIII R 100/69, BStBl 1973 II S. 289.

Finanzanlagen 225

triebsvermögen scheidet nicht allein deshalb aus, weil die Wertpapiere in spekulativer Absicht, mit Kredit erworben und Kursverluste billigend in Kauf genommen wurden[407].

Auch Finanzanlagen, die einem Gesellschafter gehören, können steuerrechtlich **455** zum **Sonderbetriebsvermögen** des Gesellschafters gewillkürt werden. Voraussetzung ist, daß sie objektiv geeignet sind, den Betrieb der Gesellschaft oder die Beteiligung zu fördern. Das ist bei einer Beteiligung an einer Abschreibungsgesellschaft nicht der Fall, wenn keinerlei geschäftliche Beziehungen zu ihr bestehen. Die erstrebte Einkommensteuerersparnis begründet keinen objektiven Zusammenhang[408].

2.10.3 Arten

Ein Anleger kann einem anderen Unternehmen Eigenkapital zur Verfügung stel- **456** len oder Fremdkapital überlassen. Beides kann verbrieft oder unverbrieft geschehen.

Durch die Zurverfügungstellung von **Eigenkapital** werden Anteile erworben. Hierbei kann es sich handeln um
- Anteile an verbundenen Unternehmen (verbrieft oder unverbrieft),
- Beteiligungen (verbrieft oder unverbrieft) oder
- Wertpapiere des Anlagevermögens (nur verbrieft).

Die Überlassung von **Fremdkapital** kann verbrieft oder unverbrieft geschehen.
- Verbriefte Überlassung von Fremdkapital rechnet zu den Wertpapieren des Anlagevermögens,
- unverbriefte Überlassung von Fremdkapital sind die Ausleihungen. Sie werden unterschieden in
  - Ausleihungen an verbundene Unternehmen,
  - Ausleihungen an Unternehmen, mit denen ein Beteiligungsverhältnis besteht und
  - sonstige Ausleihungen.

---

[407] H 13 Abs. 1 (Wertpapiere) EStH.
[408] BFH, Urt. v. 20. 6. 1985 IV R 36/83, BStBl 1985 II S. 654.

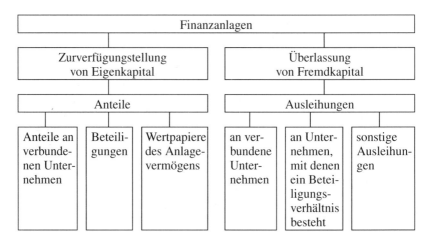

Anteile am eigenen Unternehmen werden immer im Umlaufvermögen ausgewiesen.

Beteiligungen, Wertpapiere des Anlagevermögens und sonstige Anteile an verbundenen Unternehmen sind als **Anteile an verbundenen Unternehmen** auszuweisen.

Anteile, die die Voraussetzungen einer **Beteiligung** erfüllen, werden als solche aktiviert, wenn sie weder Anteile am eigenen noch an einem verbundenen Unternehmen sind.

Verbriefte Anteile, die weder Anteile am eigenen noch an einem verbundenen Unternehmen sind und auch nicht die Voraussetzungen einer Beteiligung erfüllen, werden als **Wertpapiere des Anlagevermögens** bilanziert.

Wertpapiere, die nicht zur Daueranlage bestimmt sind, werden als **Wertpapiere des Umlaufvermögens** ausgewiesen.

Unverbriefte Anteile, die unter keinen der vorstehenden Posten fallen, sind im Umlaufvermögen als „sonstige Vermögensgegenstände" auszuweisen. Haben sie allerdings erheblichen Wert, sollten sie innerhalb der Finanzanlagen als „unverbriefte Anteile an anderen Unternehmen" bilanziert werden[409].

2.10.4 Beteiligungen

457 Bei einer Beteiligung wird einem anderen Unternehmen **Eigenkapital** unter bestimmten Voraussetzungen zur Verfügung gestellt. Die Anteile an dem anderen Unternehmen sind dazu bestimmt, dem eigenen Geschäftsbetrieb durch Herstellung einer dauernden Verbindung zum anderen Unternehmen zu dienen (§ 271

---

[409] Scheffler, Beck HdR, B 213 Rdn. 67.

Finanzanlagen 227

Abs. 1 HGB). Das gilt nicht nur für Kapitalgesellschaften, sondern auch für andere Unternehmen[410].

Anteile an einem anderen Unternehmen setzen wirtschaftliches Miteigentum 458
voraus[411]. Es kann verbrieft (z. B. Aktien) oder unverbrieft sein (§ 271 Abs. 1 Satz 2 HGB). Ein Unternehmen ist eine auf Dauer angelegte eigenständige wirtschaftliche Betätigung[412].

Arbeitsgemeinschaften des Baugewerbes sind keine Unternehmen, da sie nicht 459
auf Dauer angelegt sind. Der gemeinsame Betrieb einzelner Maschinen oder Anlagen ist kein Unternehmen, da er nicht eigenständig ist[413]. Die Mitgliedschaft an einer eingetragenen **Genossenschaft** gilt nicht als Beteiligung (§ 271 Abs. 1 Satz 5 HGB). Die Vermögenseinlage eines typischen **stillen Gesellschafters** ist ebenfalls kein Anteil[414]. Sie vermittelt kein wirtschaftliches Miteigentum an einem anderen Unternehmen.

Der Anteilsbesitz muß der Herstellung einer **dauernden Verbindung** zu dem an- 460
deren Unternehmen dienen. Nach der Begründung des Regierungsentwurfs muß nicht mehr notwendig die Absicht bestehen, auf die Geschäftsführung des anderen Unternehmens Einfluß zu nehmen[415]. Entscheidend ist also nicht das subjektive Merkmal der Beteiligungsabsicht, das im früheren Aktienrecht als maßgebendes Unterscheidungskriterium angesehen wurde[416], sondern das objektive Merkmal der dauernden Verbindung. Sie ergibt sich häufig schon aus der Art der Beteiligung: Beteiligung an einer Personengesellschaft, unverbriefte GmbH-Anteile, größere Aktienpakete[417].

Der Anteil **dient dem beteiligten Unternehmen**, wenn er ihm einen Nutzen 461
bringt, der über eine angemessene Verzinsung des überlassenen Kapitals hinausgeht. Seine geschäftliche Tätigkeit muß durch die Verbindung zu dem anderen Unternehmen ergänzt oder abgerundet werden. Voraussetzung hierzu ist, daß das beteiligte Unternehmen Einfluß nehmen kann auf das andere Unternehmen. Hierzu ist zumindest eine gewichtige Minderheitsstimme in einem Organ des Beteiligungsunternehmens erforderlich[418].

Nach der gesetzlichen **Beteiligungsvermutung** gelten im Zweifel Anteile an 462
einer Kapitalgesellschaft, die insgesamt 20 % ihres Nennkapitals überschreiten, als Beteiligungen. Eigene Anteile sind bei der Anteilsberechnung vom Nennkapital abzusetzen. Es sind bei der Beteiligungsvermutung auch die mittelbaren Anteile zu berücksichtigen. Das sind Anteile, die einem vom Beteiligungsunterneh-

---

410 Kupsch, HdJ, Abt. II/3, Rdn. 14; Ausschußbericht, S. 106.
411 Kropff in: Geßler u. a., § 152 Rdn. 17.
412 Geßler in: Geßler u. a., § 15 Rdn. 6 ff.
413 Kropff in: Geßler u. a., § 152 Anm. 17.
414 Kupsch, HdJ, Abt. II/3, Rdn. 17.
415 Regierungsentwurf, S. 81.
416 ADS, AktG, § 152 Rdn. 28.
417 Scheffler in: Beck HdR, B 213, Rdn. 70 bis 72.
418 Scheffler in: Beck HdR, B 213, Rdn. 73 bis 77.

men abhängigen Unternehmen oder einem anderen für Rechnung des Beteiligungsunternehmens oder eines von diesem abhängigen Unternehmen gehören (§ 271 Abs. 1 Sätze 3 und 4 HGB i. V. m. § 16 Abs. 2 und 4 AktG).

Zum notwendigen Betriebsvermögen kann aber eine Beteiligung an einer Kapitalgesellschaft auch dann gehören, wenn sie weit weniger als 20 % des Nennkapitals beträgt. So wurde die Beteiligung eines Bauhandwerkers an einer Bau-GmbH in Höhe von 12,5 % des Stammkapitals zum notwendigen Betriebsvermögen des Handwerkers gerechnet, weil die Bau-GmbH dem Bauhandwerker Aufträge in einem Umfang erteilte, daß von einem sog. Stammkunden gesprochen werden konnte[419].

463 **Zeitpunkt des Zugangs** der Beteiligung kann sein
- Abschluß des Gesellschaftsvertrags,
- Leistung der vertraglich vereinbarten Beträge,
- Handelsregistereintragung.

Gebucht werden können grundsätzlich nur Geschäftsvorfälle, denen Zahlungen oder andere Vermögenswerte zugrunde liegen. Daher wird als Zugang einer Beteiligung an einer Personen- oder Kapitalgesellschaft die Leistung der vertraglich vereinbarten Beträge in Betracht kommen, auch wenn eine Kapitalgesellschaft mangels Eintragung im Handelsregister noch nicht entstanden ist[420].

464 Handelt es sich um eine Beteiligung an einem **verbundenen Unternehmen**, ist sie unter „Anteile an verbundenen Unternehmen" auszuweisen.

465 Betragen die Anteile 20 % oder mehr, sind im **Anhang** ergänzende Angaben zu machen (§ 285 Nr. 11 HGB).

466 **Anschaffungskosten** sind bei einem Erwerb von Dritten der Kaufpreis zuzüglich angefallener Nebenkosten, die Notariatsgebühren, Provisionen und Spesen, nicht dagegen Aufwendungen, die der Vorbereitung der Entscheidung über den Erwerb dienten (z. B. Kosten eines Bewertungsgutachtens). Miterworbene Gewinnansprüche sind abzuziehen, wenn diese abgesondert werden können[421].

467 Gegen **Sacheinlagen** erworbene Anteile können handelsrechtlich mit dem Buchwert des hingegebenen Vermögensgegenstands, mit dessen Verkehrswert oder mit dem dazwischen liegenden vertraglichen Einbringungswert angesetzt werden. Steuerrechtlich ist grundsätzlich der gemeine Wert des hingegebenen Wirtschaftsguts anzusetzen. Nur bei Tausch von art-, wert- und funktionsgleichen Anteilen können die erworbenen Anteile mit den Buchwerten der hingetauschten Anteile bewertet werden[422].

---

[419] BFH, Urt. v. 8.12.1993 XI R 18/93, BStBl 1994 II S. 296.
[420] Claussen/Korth in: Kölner Kommentar § 266 Rdn. 55.
[421] ADS 6. Auflage, HGB § 253 Rdn. 43.
[422] BFH-Gutachten vom 16. 2. 1958, I D 1/57 S, BStBl 1959 III S. 30; BMF, Schr. v 9.2.1998, IV B 2 - S 1909 - 5/98, BB 1998 S. 523.

Finanzanlagen 229

Werden Anteile an einer Kapitalgesellschaft **während des Geschäftsjahrs ver-** 468
äußert, so stehen dem Veräußerer bis zum Veräußerungszeitpunkt anteilige Gewinne zu (§ 101 Nr. 2 BGB). Wird dieser Anspruch des Veräußerers vertraglich ausgeschlossen, so ist handelsrechtlich der Gesamtkaufpreis aufzuteilen in Anschaffungskosten für die Anteile und für den Gewinnanspruch[423]. Da der Gewinnanspruch kurzfristig ist, wird auf diese Weise der auf den Gewinnanspruch entfallende Kaufpreisanteil praktisch als Aufwand behandelt. Steuerrechtlich sind die Aufwendungen des Erwerbers einschließlich der Zahlung zur Abgeltung des Anspruchs des Veräußerers auf den anteiligen Gewinn Anschaffungskosten der Anteile[424].

2.10.5 Anteile an verbundenen Unternehmen

Anteile an verbundenen Unternehmen werden durch Zurverfügungstellung von 469
Eigenkapital erworben.

Bei **Kapitalgesellschaften** wird die Verflechtung verbundener Unternehmen aus- 470
gewiesen. Was verbundene Unternehmen sind, ergibt sich aus § 271 Abs. 2 i. V. mit § 290 HGB. Hiernach muß in einem Konzern zwischen einem Mutterunternehmen mit Sitz im Inland und einem Tochterunternehmen mindestens eine der folgenden Beziehungen bestehen:
- Mutterunternehmen hält am Tochterunternehmen eine Beteiligung i. S. von § 271 Abs. 1 HGB (§ 290 Abs. 1 HGB)
- Mutterunternehmen steht am Tochterunternehmen die Mehrheit der Stimmrechte der Gesellschafter zu (§ 290 Abs. 2 Nr. 1 HGB)
- Mutterunternehmen ist Gesellschafter des Tochterunternehmens und hat das Recht, zu bestellen und abzuberufen die Mehrheit der Mitglieder des
  - Verwaltungsorgans,
  - Leitungsorgans oder
  - Aufsichtsorgans
  (§ 290 Abs. 2 Nr. 2 HGB)
- Mutterunternehmen hat aufgrund Beherrschungsvertrags oder Satzung das Recht, beherrschenden Einfluß auf das Tochterunternehmen auszuüben (§ 290 Abs. 2 Nr. 3 HGB)

Verbundene Unternehmen sind Mutter- und Tochterunternehmen, die unter den 471
vorstehenden Voraussetzungen verbunden sind und mehrere Tochterunternehmen untereinander, sog. Schwesterunternehmen, die nach einer der genannten Beziehungen mit dem Mutterunternehmen verbunden sind[425].

---

[423] Scheffler in: Beck HdR, B 213, Rdn. 120.
[424] BMF-Schreiben vom 18. 3. 1980, DB 1980 S. 663.
[425] Gross/Schruff, S. 159.

Verbundene Unternehmen

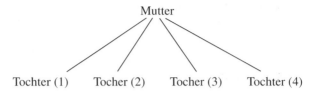

Sind das Mutterunternehmen und die Tochterunternehmen verbundene Unternehmen, so sind es auch die Tochterunternehmen als Schwesterunternehmen untereinander. **Anteile an verbundenen Unternehmen** sind also
- Anteile des Mutterunternehmens an den Tochterunternehmen,
- Anteile jedes Tochterunternehmens am Mutterunternehmen,
- Anteile jedes Tochterunternehmens an einem anderen Tochterunternehmen.

472 Der **Ausweis als Anteil an verbundenen Unternehmen geht jedem anderen Ausweis vor.** Ist ein Anteil an einem verbundenen Unternehmen eine Beteiligung i. S. von § 271 Abs. 1 HGB oder werden Wertpapiere des Anlagevermögens eines verbundenen Unternehmens gehalten, so wird diese Anlage als Anteil an verbundenen Unternehmen ausgewiesen. Ist keine Daueranlage vorgesehen oder sind die Aneile zum Verkauf bestimmt, werden die Anteile an verbundenen Unternehmen als Wertpapiere des Umlaufvermögens bilanziert[426].

2.10.6 Wertpapiere des Anlagevermögens

473 Wertpapiere des Anlagevermögens können sein:
- Stammaktien
- Vorzugsaktien
- Genußscheine
- Investmentzertifikate
- Gewinnobligationen
- Wandelschuldverschreibungen
- festverzinsliche Wertpapiere
- Optionsscheine
- sonstige Wertpapiere

474 Wertpapiere an einem anderen Unternehmen können erworben werden durch Zurverfügungstellung von **Eigenkapital** oder Überlassung von **Fremdkapital**.

---

[426] Kupsch, HdJ, Abt. II/3, Rdn. 31.

Finanzanlagen 231

Wertpapiere des Anlagevermögens	
Eigenkapital	Fremdkapital
Wertpapiere mit Gewinnbeteiligung	Festverzinsliche Wertpapiere
• Aktien • Genußscheine • Investmentanteile • Anteile an offenen Immobilienfonds	• Obligationen • Pfandbriefe • Anleihen des Bundes, der Länder, der Gemeinden und andere öffentliche Anleihen

Die **Dividendenforderungen** aus den Wertpapieren mit Gewinnbeteiligungsansprüchen und die **Zinsforderungen** aus den festverzinslichen Wertpapieren werden beim Umlaufvermögen ausgewiesen. 475

Anschaffungskosten sind der Ankaufskurs zuzüglich Courtage und sonstige Spesen. Beim Erwerb festverzinslicher Wertpapiere berechnete Stückzinsen sind unter den Wertpapieren des Umlaufvermögens auszuweisen. Ebenso gesondert berechnete Dividendenscheine. 476

2.10.7 Ausleihungen

Ausleihungen sind **langfristige Forderungsdarlehen**. Ein Darlehen ist die Übereignung von Geld oder anderen vertretbaren Sachen vom Darlehensgeber an den Darlehensnehmer gegen die Verpflichtung des Darlehensnehmers, dem Darlehensgeber gleichartige Sachen von gleicher Güte und in gleicher Menge zurückzuerstatten (§ 607 Abs. 1 BGB). 477

Darlehen	
Darlehensgeber	Darlehensnehmer
Übereignung: Geld oder andere vertretbare Sachen	Verpflichtung zur Zurückerstattung: • gleichartige Sachen • von gleicher Güte • in gleicher Menge

Wirtschaftlich überläßt der Darlehensgeber dem Darlehensnehmer auf Zeit die **Nutzung** eines Geldbetrages oder anderer vertretbarer Sachen.

Nach überwiegender Meinung ist das Darlehen ein **Realvertrag**. Das bedeutet, es kommt erst mit der Übereignung des Darlehensgegenstandes zustande. Nach anderer Ansicht ist es ein **Konsensualvertrag**, d. h. es wird bereits durch übereinstimmende Willenserklärungen von Darlehensgeber und Darlehensnehmer wirksam. Die Übereignung des Darlehensgegenstandes ist bei einem Realvertrag Abschlußtatbestand und bei einem Konsensualvertrag Erfüllung des Darlehensvertrages. Die Unterscheidung hat keine nennenswerte praktische Bedeutung[427]. 478

---

427 Lohmann, S. 181 f.

479 Je nachdem, ob die Nutzung des Darlehensgegenstandes entgeltlich oder unentgeltlich ist, unterscheidet man **entgeltliche** und **unentgeltliche** Darlehen.

Das **Entgelt** kann in regelmäßigen Zinsen oder in einer Gewinnbeteiligung bestehen. Dann handelt es sich um ein sog. partiarisches Darlehen.

Partiarische Darlehen sind von gesellschaftsrechtlichen Beteiligungen abzugrenzen[428].

Abgrenzungen	
Partiarisches Darlehen	Gesellschaftsrechtliche Beteiligung
Kapitalhingabe gegen Gewinnbeteiligung	
Darlehensgeber gewährt nur Kapital	Die Vertragspartner sind für die Erreichung des Gesellschaftszwecks gemeinsam verantwortlich
Darlehensgeber hat nur Kontrollrechte, ggf. auch Mitspracherechte	Die Vertragspartner werden auf gemeinsame Rechnung tätig
Keine Beteiligung am Verlust	I. d. R. auch Beteiligung am Verlust
Unternehmerrisiko ausgeschlossen	Gesellschafter haben Unternehmerrisiko

480 Ausleihungen sind als Finanzanlagen dazu bestimmt, **dauernd dem Geschäftsbetrieb zu dienen** (§ 247 Abs. 2 HGB). Anhaltspunkt für das Dienen auf Dauer kann sein, daß das Darlehen auf vier Jahre oder länger befristet ist. Dieses Unterscheidungsmerkmal ist auch in der Bankpraxis üblich. Hierbei kommt es auf die vereinbarte Laufzeit an, also nicht auf die Restlaufzeit. Zu den Ausleihungen rechnen: langfristige Darlehen, Hypotheken einschließlich Sicherungs- und Schiffshypotheken, Grundschulden und Rentenschulden. Geleistete Mietvorauszahlungen und verlorene Baukostenzuschüsse sind keine Ausleihungen, selbst wenn sie langfristig sind[429].

481 Zur Darstellung der **finanziellen Verflechtungen** sind nach § 266 Abs. 2 HGB die Ausleihungen in folgenden Posten auszuweisen:
- Ausleihungen an verbundene Unternehmen
- Ausleihungen an Unternehmen, mit denen ein Beteiligungsverhältnis besteht
- sonstige Ausleihungen

482 Darlehensforderungen werden bilanziert, wenn sie zum notwendigen oder zum gewillkürten Betriebsvermögen gehören.

---

[428] Lohmann, S. 184.
[429] Kupsch, HdJ, Abt. II/3, Rdn. 37 f.

Finanzanlagen

Darlehensforderungen gehören zum **notwendigen Betriebsvermögen**, wenn die Gewährung des Darlehens auf einem Vorgang beruht, der in den betrieblichen Bereich fällt. Die Herkunft der Mittel ist nicht entscheidend[430].

Eine Darlehensforderung gehört z. B. zum notwendigen Betriebsvermögen, wenn die Gewährung des Darlehens dem Erwerb eines Betriebsgrundstückes dient[431]. Sie rechnet auch dann zum notwendigen Betriebsvermögen des Darlehensgebers, wenn der Darlehensnehmer mit der Darlehenssumme ein Grundstück erwerben soll, das er dann langfristig dem Darlehensgeber für dessen betriebliche Zwecke zur Nutzung überlassen soll[432].

Beispiel:
A betreibt eine Lebensmittel-Einzelhandelskette. Die Filialen führt er grundsätzlich in gemieteten Geschäftsräumen. Er gewährt Grundstückseigentümern, auf deren Grundstücken er Läden betreiben will, Darlehen zur Errichtung der Ladenlokale.

Ist ein Einzelhändler an einer **Einkaufsgenossenschaft** als Genosse beteiligt, so kann er verbilligt Waren einkaufen und erhält er von der Genossenschaft Warenrückvergütungen. Gewährt der Einzelhändler seiner Genossenschaft ein Darlehen, so fördert er die Finanzierung der Genossenschaft und sichert sich dadurch die günstige Einkaufsmöglichkeit. Die Gewährung des Darlehens ist somit betrieblich veranlaßt, auch wenn sie freiwillig geschieht. Die Darlehensforderung gehört deshalb zum notwendigen Betriebsvermögen des Einzelhändlers[433].

Auch bei **Freiberuflern** können Darlehensforderungen zum notwendigen Betriebsvermögen gehören. Wie bei Gewerbetreibenden ist Voraussetzung, daß die Gewährung des Darlehens auf einem Vorgang beruht, der in den betrieblichen Bereich fällt[434].

Geldgeschäfte eines **Rechtsanwaltes** hat der RFH in ständiger Rechtsprechung als anwaltsfremde Geschäfte angesehen, wenn sie nicht unmittelbar zur Ausführung eines im Rahmen der Anwaltstätigkeit liegenden Auftrags dienen[435]. Allerdings hat der BFH[436] eingeräumt, die Hingabe eines Darlehens durch einen Rechtsanwalt an einen Mandanten könne mit der Berufstätigkeit des Anwalts zusammenhängen, wenn besondere Umstände dafür sprächen. Das festzustellen sei Sache des Finanzgerichts.

---
430 Schmidt/Heinicke EStG § 4 Rz. 221.
431 BFH, Urt. v. 12. 6. 1974 I R 212/73, BStBl 1974 II S. 734.
432 BFH, Urt. v. 26. 2. 1975 I R 50/73, BStBl 1975 II S. 573.
433 BFH, Urt. v. 3. 8. 1977 I R 41/76, BStBl 1978 II S. 53.
434 BFH, Urt. v. 14.01.1982 IV R 168/78, BStBl 1982 II S. 344.
435 So RFH, Urt. v. 22. 9. 1938 IV 128/38, RStBl 1939 S. 26 mit Hinweis auf die vorhergehende Rechtsprechung.
436 BFH, Urt. v. 2. 9. 1971 IV 342/65, BStBl 1972 II S. 334.

Darlehensforderungen eines **Steuerberaters** gegen seinen Mandanten hat der BFH als zum notwendigen Betriebsvermögen gehörig angesehen, wenn das Darlehen gewährt wurde, um eine Honorarforderung zu retten. Maßnahmen zur Realisierung von Forderungen, die aus Geschäftsbeziehungen entstanden sind, gehörten bei der freiberuflichen Tätigkeit ebenso zum betrieblichen Bereich wie bei einer gewerblichen Tätigkeit[437]. Unter diesen Umständen dürfte wohl auch eine Darlehensforderung eines Rechtsanwalts beruflich bedingt sein.

485 An einer beruflichen Veranlassung fehlt es, wenn ein Darlehen unter Umständen gewährt wird, die erkennen lassen, daß von vornherein mit dem **Verlust** des hingegebenen Geldes zu rechnen ist. Von einer solchen Annahme kann jedoch bei Darlehen an fremde Dritte grundsätzlich nicht ausgegangen werden[438].

486 Ein zum Gesamthandsvermögen einer **Personengesellschaft** gehörender Vermögensgegenstand ist handelsrechtlich zu bilanzieren (§ 246 Abs. 1 HGB). Nach dem Grundsatz der Maßgeblichkeit der Handelsbilanz für die Steuerbilanz (§ 5 Abs. 1 Satz 1 EStG) ist er grundsätzlich als Wirtschaftsgut einkommensteuerrechtlich Teil des Betriebsvermögens der Personengesellschaft[439].

Hiervon gibt es jedoch eine Ausnahme, die ihre Grundlage in den spezifisch einkommensteuerrechtlichen Begriffen des Betriebsvermögens und der Betriebsausgaben hat. Betriebsausgaben sind nur solche Aufwendungen, die durch den Betrieb veranlaßt sind (§ 4 Abs. 4 EStG). Demnach führen nur betrieblich veranlaßte Aufwendungen für den Erwerb eines Wirtschaftsguts zu dessen Zugang zum Betriebsvermögen. Ein betrieblicher Anlaß für den Erwerb eines Wirtschaftsgutes fehlt, wenn beim Erwerb des Wirtschaftsgutes bereits erkennbar ist, daß der Erwerb dem Betrieb der Personengesellschaft keinen Nutzen, sondern nur Verluste bringen kann. Ein betrieblicher Anlaß liegt ebenfalls nicht vor, wenn der Veräußerer des Wirtschaftsguts Gesellschafter ist oder einem Gesellschafter nahesteht und es nach Lage des Falles als ausgeschlossen angesehen werden kann, daß die Gesellschaft die Forderung auch von einem Fremden erworben hätte[440].

486a Bei einem **Darlehen einer Personengesellschaft an Gesellschafter** ist nach Verwaltungsanweisung[441] § 15 Abs. 1 Nr. 2 Satz 1 EStG weder direkt noch entsprechend anwendbar. Es kommt darauf an, ob das Darlehen an den Gesellschafter aus der Sicht der Gesellschaft
- betrieblich veranlaßt ist oder
- außerbetrieblich veranlaßt ist.

Betrieblich veranlaßt ist ein Darlehen, wenn es im Interesse der Gesellschaft gewährt wird. Das ist der Fall, wenn das Darlehen zu marktüblichen Konditionen

---
437 BFH, Urt. v. 22. 4. 1980 VIII R 236/77, BStBl 1980 II S. 571.
438 Offerhaus, StBp. 1980 S. 217.
439 BFH, Urt. v. 8. 10. 1965 VI 185/64 U, BStBl 1965 III S. 708; 13. 10. 1972 I R 313/69, BStBl 1973 II S. 209 und 6. 6. 1973 I R 194/71, BStBl 1973 II S. 705.
440 BFH, Urt. v. 22. 5. 1975 IV R 193/71, BStBl 1975 II S. 804.
441 OFD Münster vom 18.2.1994 S 2241 – 79 – St 11 – 31, BB 1994 S. 545.

hingegeben wird. Hierbei kommt es in erster Linie auf die Zinshöhe an. Es kann aber auch die eigene Zinsbelastung der Gesellschaft eine Rolle spielen.

Beispiel:
Eine Personengesellschaft gewährt ihrem Gesellschafter G ein Darlehen gegen 6 % Zinsen. Sie hat aber noch Verbindlichkeiten, die zu 10 % zu verzinsen sind.

Auch wenn allgemein Darlehen zu 6 % verzinst werden, ist die Höhe der Zinsen nicht marktüblich, wenn die Gesellschaft das Geld zur Tilgung eigener, höher verzinster Schulden verwenden könnte. Kein vernünftiger Kaufmann gibt ein Darlehen aus, wenn er gleichzeitig Verbindlichkeiten hat, die höher verzinslich sind als sein Forderungsdarlehen. Ein wirtschaftlich unvernünftiges Verhalten ist nicht marktüblich.

Gewährt eine Gesellschaft ihrem Gesellschafter ein Darlehen zu **marktunüblich günstigen Konditionen**, so kann der Kredit betrieblich veranlaßt sein, wenn die Gesellschaft an dem Verwendungszweck des Kredits ein besonderes betriebliches Interesse hat.

Beispiel:
Eine Personengesellschaft gewährt ihrem Gesellschafter G ein Darlehen gegen Zinsen in Höhe von 4 %. Marktüblich wären Zinsen in Höhe von 5,5 %. Mit Hilfe dieses Darlehens soll G eine Fabrikhalle errichten, die er später der Gesellschaft zu günstigen Konditionen zur Nutzung überlassen soll.

Ist das Darlehen **betrieblich veranlaßt**, dann ist es so zu behandeln, wie es auch zwischen Fremden geschähe[442]. Die Zinsen sind gewerbliche Einnahmen der Gesellschaft. Die Forderung ist Betriebsvermögen der Gesellschaft. Die Schuld des Gesellschafters ist kein passives Sonderbetriebsvermögen, es sei denn, der Gesellschafter erhält das Darlehen zum Erwerb eines Wirtschaftsguts, das er seinerseits der Gesellschaft zur Nutzung überläßt.

Ist das Darlehen **nicht betrieblich veranlaßt**, so gehört es zwar zivilrechtlich zum Gesellschaftsvermögen, aber nicht zum steuerlichen Betriebsvermögen. In Höhe der Darlehensvaluta handelt es sich um eine Entnahme in das gesamthänderisch gebundene Privatvermögen. Die Entnahme ist, wenn nichts Abweichendes vereinbart ist, allen Gesellschaftern nach Maßgabe ihres jeweiligen Anteils am Gesamthandsvermögen zuzurechnen. Denn spätestens im Rahmen einer Liquidation fließt ihnen ein entsprechender Anteil am Darlehensbetrag zurück. Dementsprechend sind „Tilgungsleistungen" und „Zinsleistungen" des Darlehensnehmers bei allen Gesellschaftern anteilig als Einlagen zu erfassen.

---
[442] BFH, Urt. v. 24.3.1983 IV R 123/80, BStBl 1983 II S. 598.

	Gestaltungsmöglichkeiten	
Beurteilung	betrieblich veranlaßt	außerbetrieblich veranlaßt
handelsrechtlich	Darlehensforderung	Darlehensforderung
steuerrechtlich	Darlehensforderung	Entnahme

Ist das Darlehen außerbetrieblich veranlaßt, so sind die vom Gesellschafter an die Gesellschaft gezahlten **Zinsen**
- bei der Gesellschaft keine Betriebseinnahmen,
- beim Gesellschafter keine abzugsfähigen Ausgaben.

486b Kapitalgesellschaften sind auch steuerrechtlich eigenständige Rechtssubjekte. Sie haben keine Privatsphäre und damit auch kein Privatvermögen. **Darlehensforderungen der Kapitalgesellschaft an Gesellschafter** werden daher auch in der Steuerbilanz aktiviert und Zinsen als Betriebseinnahmen behandelt.

Die Darlehenshingabe der Gesellschaft an den Gesellschafter oder eine für den Gesellschafter vorteilhafte Verzinsung kann aber eine **verdeckte Gewinnausschüttung** sein. Eine verdeckte Gewinnausschüttung ist bei einer Kapitalgesellschaft eine Vermögensminderung oder verhinderte Vermögensmehrung, die durch das Gesellschaftsverhältnis veranlaßt ist, sich auf die Höhe des Einkommens auswirkt und nicht im Zusammenhang mit einer offenen Ausschüttung steht[443]. Werden risikobehaftete Kredite ohne Sicherheit gegeben, die fremden Dritten nicht gegeben würden, oder ist dem Darlehensnehmer die Rückzahlung nicht möglich oder hat er nicht die ernsthafte Absicht, das Darlehen zurückzuzahlen, so liegt bereits in der Darlehenshingabe eine verdeckte Gewinnausschüttung. Ebenso liegt eine verdeckte Gewinnausschüttung vor, wenn die Gesellschaft zugunsten eines Gesellschafters auf die Rückzahlung eines Darlehens verzichtet[444]. Zinsvorteile zugunsten eines Gesellschafters können ebenfalls eine verdeckte Gewinnausschüttung begründen. Zinslose Kreditgewährungen an Gesellschafter sind regelmäßig verdeckte Gewinnausschüttungen[445]. Hinsichtlich der Zinshöhe ist zu fragen, ob ein ordentlicher Geschäftsleiter einen solchen Kredit unter sonst gleichen Umständen (Laufzeit, Sicherheit usw.) an Dritte gegeben hätte[446].

487 Ein Darlehen, das ein Besitzunternehmen an die Betriebsgesellschaft im Rahmen einer **Betriebsaufspaltung** gewährt, rechnet nur dann zum Betriebsvermögen der Besitzgesellschaft, wenn das Darlehen dazu dient, die Vermögens- und Ertragslage der Betriebsgesellschaft zu verbessern und damit den Wert der Beteiligung des Besitzunternehmens an der Betriebsgesellschaft zu erhalten und zu erhöhen[447]. Gewähren bei einer Betriebsaufspaltung die Gesellschafter der Betriebs-GmbH

---
[443] BFH, Urt. v. 22.2.1989 I R 44/85, BStBl 1989 II S. 475.
[444] Frotscher in: Frotscher/Maas, Anhang vGA zu § 8 KStG, Rz. 187 a.
[445] FG Bd.-Wttbg. vom 18.02.1992 3 K 157/88, EFG 1992, 686.
[446] Frotscher in: Frotscher/Maas, Anhang vGA zu § 8 KStG, Rz. 189 f.
[447] BFH, Urt. v. 7. 3. 1978 VIII R 38/74, BStBl 1978 II S. 378.

bei deren Gründung ein Darlehen, dessen Laufzeit an die Dauer ihrer Beteiligung an der GmbH gebunden ist, so gehört dieses Darlehen zu ihrem notwendigen Sonderbetriebsvermögen II (s. Rdn. 128) bei der Besitzgesellschaft[448].

Eine Darlehensforderung kann auch zum **gewillkürten Betriebsvermögen** gehören. Voraussetzung ist, daß sie in einem gewissen objektiven Zusammenhang mit dem Betrieb steht und ihn zu fördern bestimmt und geeignet ist[449].

488

Einen solchen Zusammenhang zum Betrieb hat der BFH in einem Fall verneint, in dem ein Unternehmer seiner Ehefrau ein Darlehen gewährte, damit diese ein Grundstück kaufte und ein Gebäude errichtete und es dann dem Unternehmer für betriebliche Zwecke zur Nutzung überließ. Ein Vorgang **zwischen Eheleuten** sei nur dann betrieblich veranlaßt, wenn er einer normalen Geschäftsentwicklung zwischen Fremden entspreche. Ein Geschäftsmann komme aber kaum auf den Gedanken, einem Fremden als Darlehen Geld zu geben, damit dieser sich ein Grundstück kaufe und es dann an den Darlehensgeber für Geschäftszwecke vermiete[450].

489

Nachdem der BFH Darlehensforderungen als notwendiges Betriebsvermögen anerkannt hat, wenn der dem Darlehensgeber gegenüber fremde Darlehensnehmer mit dem Darlehen die Errichtung eines Geschäftslokals finanzieren und dieses dann an den Darlehensgeber für dessen betriebliche Zwecke überlassen sollte[451], wird man unter ähnlichen Voraussetzungen auch ein Darlehen zwischen Eheleuten steuerlich anzuerkennen haben.

Anschaffungskosten eines Darlehens sind die tatsächlichen Ausgaben bei der Darlehenshingabe, also der an den Darlehensnehmer ausgezahlte Betrag, der Auszahlungsbetrag. Der Auszahlungsbetrag eines Darlehens in fremder Währung ist mit dem Geldkurs am Stichtag der Darlehenshingabe zu bewerten[452]. Bei einem niedrig verzinslichen und bei einem unverzinslichen Darlehen stellt ebenfalls der Auszahlungsbetrag die Anschaffungskosten dar. Eine Abzinsung kommt bei der Abschreibung auf den niedrigeren Wert in Frage[453]. Auch unverzinsliche oder niedrig verzinsliche Darlehen an Betriebsangehörige werden mit den Anschaffungskosten bilanziert[454]. Wird ein Damnum vereinnahmt, so ist ebenfalls der Auszahlungsbetrag zu aktivieren. Eine Bewertung zum höheren Rückzahlungsbetrag würde gegen das Realisationsprinzip verstoßen[455].

490

---

[448] BFH, Urt. v. 10.11.1994 IV R 15/93, BStBl 1995 II S. 452.
[449] R 13 Abs. 1 Satz 4 EStR.
[450] BFH, Urt. v. 30. 6. 1966 VI 390/65, BStBl 1966 III S. 583; 28. 4. 1970 VI R 183/67, BStBl 1970 II S. 621.
[451] S. Rdn. 479.
[452] Scheffler in: Beck HdR B 213 Rz. 175.
[453] Scheffler in: Beck HdR B 213 Rz. 175; BFH, Urt. v. 23.4.1975 I R 236/72, BStBl 1975 II S. 875 und v. 30.11.1988 I R 114/84, BFHE 155, 337; siehe Rdn. 1446 ff.
[454] BFH, Urt. v. 24.1.1990 I R 157/85, BStBl 1990 II S. 639.
[455] Kupsch, HdJ, Abt. II/3, Rdn. 137.

491 Das **Damnum** ist wirtschaftlich ein zusätzlicher Zins. Daher ist es während der Laufzeit erfolgswirksam zu vereinnahmen. Dabei sind die auf das jeweilige Jahr entfallenden Teilbeträge als nachträgliche Anschaffungskosten zu aktivieren, so daß am Ende der Laufzeit das Darlehen mit dem Rückzahlungsbetrag ausgewiesen wird. Die jährlichen nachträglichen Anschaffungskosten sind als Zugang zu behandeln[456].

Beispiel:
G gewährt N am 2. 1. 00 ein Darlehen über 100 000 DM zu einem Auszahlungskurs von 95 %. Das Darlehen soll in 5 Jahren zurückgezahlt werden. G bucht bei Auszahlung:

⇨ *Darlehensforderung*
  an Bank 95 000 DM.

Wird das Damnum linear auf die Laufzeit verteilt und wird es als zusätzlicher Zinsertrag angesehen, der in dem jeweiligen Jahr als nachträgliche Anschaffungskosten zu behandeln ist, dann ist zum 31. 12. 00 zu buchen:

⇨ *Zugang zur Darlehensforderung*
  an Zinsertrag 1 000 DM.

In den folgenden Jahren sind ebensolche Buchungen jeweils zum Jahresende durchzuführen, bis am Ende der Laufzeit das Darlehen auf den Rückzahlungsbetrag von 100 000 DM aufgestockt ist.

Die jährliche Vereinnahmung des Darlehens hat bei einem **Tilgungsdarlehen,** um das es sich im vorstehenden Beispiel handelt, nicht linear sondern kapitalproportional zu erfolgen. Das jeweilige nach Tilgung verbleibende Restkapital ist daher die maßgebende Berechnungsgrundlage[457].

---

456 Schäfer, GoB für Forderungen, S. 58 ff.
457 Kupsch, HdJ, Abt. II/3, Rdn. 137.

2.11 Vermögensgegenstände des Umlaufvermögens

Bei den Vermögensgegenständen des Umlaufvermögens sind zu unterscheiden: **492**
- Vorräte
  - Roh-, Hilfs- und Betriebsstoffe
  - unfertige Erzeugnisse
  - fertige Erzeugnisse
  - unfertige Leistungen
  - Waren
  - geleistete Anzahlungen auf Vorräte
- Forderungen und sonstige Vermögensgegenstände
  - Forderungen aus Lieferungen und Leistungen
  - Forderungen gegen verbundene Unternehmen
  - Forderungen gegen Unternehmen, mit denen ein Beteiligungsverhältnis besteht
  - sonstige Vermögensgegenstände
- Wertpapiere
  - Anteile an verbundenen Unternehmen
  - eigene Anteile
  - sonstige Wertpapiere
- Flüssige Mittel
  - Schecks
  - Kassenbestand
  - Bundesbank- und Postgiroguthaben
  - Guthaben bei Kreditinstituten

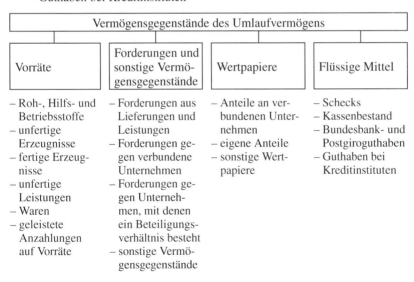

2.12 Vorräte

493

Konten	
IKR	SKR 04
20 Roh-, Hilfs- und Betriebsstoffe 200 Rohstoffe/Fertigungsmaterial 201 Vorprodukte/Fremdbauteile 202 Hilfsstoffe 203 Betriebsstoffe 204 frei | 209 frei 21 Unfertige Erzeugnisse, unfertige Leistungen 210 unfertige Erzeugnisse | 217 218 frei 219 nicht abgerechnete Leistungen (unfertige Leistungen) 22 Fertige Erzeugnisse und Waren 220 fertige Erzeugnisse | 227 228 Waren (Handelswaren) 229 frei 23 Geleistete Anzahlungen auf Vorräte	1000 – Roh-, Hilfs- und 1039 Betriebsstoffe (Bestand) 1040–49 Unfertige Erzeugnisse, unfertige Leistungen (Bestand) 1050–79 Unfertige Erzeugnisse 1080–89 Unfertige Leistungen 1090–94 in Ausführung befindliche Bauaufträge 1095–99 in Arbeit befindliche Aufträge 1100–09 Fertige Erzeugnisse und Waren (Bestand) 1110–39 Fertige Erzeugnisse (Bestand) 1140–79 Waren (Bestand) 1180 Geleistete Anzahlungen auf Vorräte AV 1181 Geleistete Anzahlungen 7% Vorsteuer R 1182–83 AV 1184 Geleistete Anzahlungen 14% Vorsteuer AV 1185 Geleistete Anzahlungen 15%/16% Vorsteuer R 1186 1190 Erhaltene Anzahlungen auf Bestellungen (von Vorräten offen abgesetzt)

2.12.1 Arten der Vorräte

494 Zu den Vorräten gehören:
- Waren
- Rohstoffe
- Hilfsstoffe
- Betriebsstoffe
- unfertige Erzeugnisse
- fertige Erzeugnisse
- geleistete Anzahlungen auf Vorräte

Vorräte

Waren sind alle fremdbezogenen Gegenstände, die ohne Be- oder Verarbeitung 495
oder nur nach unwesentlicher Bearbeitung selbständig oder als Zubehör zu
eigenen Erzeugnissen veräußert werden.

Roh-, Hilfs- und Betriebsstoffe werden angeschafft und unter Einsatz von 496
Maschinen und der Arbeitskraft von Arbeitnehmern zu Erzeugnissen verarbeitet.
Dabei werden Roh- und Hilfsstoffe zu Bestandteilen der Erzeugnisse. Rohstoffe
werden zu deren Hauptbestandteilen, Hilfsstoffe zu Nebenbestandteilen. Betriebsstoffe werden bei der Herstellung der Erzeugnisse verbraucht.

\multicolumn{2}{Verarbeitung der Roh-, Hilfs- und Betriebsstoffe}	
Rohstoffe	Hauptbestandteile der Erzeugnisse
Hilfsstoffe	Nebenbestandteile der Erzeugnisse
Betriebsstoffe	Verbrauch bei der Herstellung der Erzeugnisse

Beispiel:
Eine Möbelfabrik stellt Möbel her. Das Holz wird Hauptbestandteil und ist daher Rohstoff, Leim und Farbe werden Nebenbestandteile der Möbel und sind somit Hilfsstoffe. Der Strom, der die Maschinen antreibt, und die Schmierstoffe, mit denen die Maschinen geschmiert werden, werden bei der Herstellung der Möbel verbraucht und sind deshalb Betriebsstoffe.

Bei der Abgrenzung ist auf das einzelne Unternehmen abzustellen. Vorräte können bei dem einen Unternehmen Rohstoffe, bei einem anderen Unternehmen Erzeugnisse sein.

Beispiel:
Ein Zulieferunternehmen eines Automobilherstellers stellt bestimmte Teile her, die im Automobilwerk bei der Fertigmontage verwendet werden. Diese Vorräte sind beim Zulieferunternehmen Fertigerzeugnisse und beim Automobilhersteller Rohstoffe.

Verpackungsmittel, durch die Erzeugnisse verkaufsfähig gemacht werden, sind 497
Hilfsstoffe.

Beispiel:
Flaschen, in denen Wein, Kosmetika, Schachteln, in denen Zigaretten oder Streichhölzer verkauft werden – sog. Innenverpackung.

Zu den **Betriebsstoffen** gehören auch Bestände an noch nicht ausgegebenem Bü- 498
romaterial, Vorräte der Werksküche und Bestände an Werbematerial, sofern sie
nicht als Handelsware zur Weiterveräußerung bestimmt sind[458].

---
458 ADS 6. Auflage, HGB § 266 Rdn. 105.

499 **Fertige Erzeugnisse** sind am Bilanzstichtag auslieferungsfähig. **Unfertige Erzeugnisse** sind zu diesem Zeitpunkt noch nicht auslieferungsfähig. Sie sind die Vorstufe zu den fertigen Erzeugnissen.

500 **Unfertige Leistungen** sind die halbfertigen Bauten von Bauunternehmen und die Leistungen von Dienstleistungsunternehmen, solange diese noch nicht fertiggestellt sind. **Fertige Leistungen** werden nicht als solche ausgewiesen, denn bei Fertigstellung einer Leistung ist die Forderung auf das Leistungsentgelt zu bilanzieren[459].

501 **Geleistete Anzahlungen** auf Vorräte sind Vorleistungen des Unternehmens auf die Leistung des zur Lieferung oder Leistung von Waren, Roh-, Hilfs- oder Betriebsstoffen, Erzeugnissen, Werk- oder Dienstleistungen verpflichteten Vertragspartners.

2.12.2 Buchung der Vorräte

502 Am Anfang des Geschäftsjahrs werden die Bestände der **Rohstoffe, Hilfsstoffe, Betriebsstoffe** und **Waren** aus der Schlußbilanz des Vorjahrs als **Anfangsbestände** auf den Sollseiten der Konten Rohstoffe, Hilfsstoffe, Betriebsstoffe und Wareneinkauf vorgetragen.

503 Beim **Einkauf** im Laufe des Geschäftsjahrs werden die Rohstoffe, Hilfsstoffe, Betriebsstoffe und Waren im Soll der Konten Rohstoffe, Hilfsstoffe, Betriebsstoffe und Waren gebucht. **Rücksendungen an die Lieferanten, Preisnachlässe der Lieferanten** und **Eigenverbrauch** werden auf den Habenseiten dieser Konten gebucht. Zum Schluß des Geschäftsjahrs werden die Bestände der Roh-, Hilfs-, Betriebsstoffe und der Waren durch **Inventur** ermittelt und auf die Habenseiten der betreffenden Konten gebucht. Die Salden dieser Konten ergeben den bei der Herstellung der Erzeugnisse angefallenen **Verbrauch an Roh-, Hilfs- und Betriebsstoffen** und den **Wareneinsatz**. Die **Endbestände** werden als Bilanzposten in die Bilanz übernommen. Der Verbrauch an Roh-, Hilfs- und Betriebsstoffen und der Wareneinsatz werden als Aufwandsposten in die Gewinn- und Verlustrechnung übernommen.

504 Der Bestand an **unfertigen Erzeugnissen** aus der Schlußbilanz des Vorjahrs wird als Anfangsbestand auf dem Konto „Unfertige Erzeugnisse" im Soll vorgetragen. Der Endbestand des Geschäftsjahrs wird durch Inventur ermittelt und auf die Habenseite gebucht. Der Anfangsbestand des Geschäftsjahrs ist im Laufe des Jahres zu Fertigerzeugnissen verarbeitet worden. Der Endbestand dieses Kontos ist noch nicht zu Fertigerzeugnissen verarbeitet und geht im folgenden Jahr in die Weiterverarbeitung ein. Er wird als Aktivposten in die Schlußbilanz des abgelaufenen Geschäftsjahrs übernommen.

505 Der Bestand **fertiger Erzeugnisse** der Schlußbilanz des Vorjahrs wird als Anfangsbestand auf dem Konto „Fertige Erzeugnisse" im Soll vorgetragen. Der End-

---

[459] Clemm/Schulz/Bail in: Beck Bil-Komm. § 247 Rdn. 67.

Vorräte

bestand des Geschäftsjahrs wird durch Inventur ermittelt und auf die Habenseite gebucht. Er wird als Aktivposten in die Schlußbilanz des abgelaufenen Geschäftsjahrs übernommen. Der Anfangsbestand wurde im Laufe des Geschäftsjahrs verkauft.

2.12.3 Inventur der Vorräte

2.12.3.1 Ermittlung und Aufzeichnung

Die **Endbestände** an Roh-, Hilfs-, Betriebsstoffen, Waren, unfertigen und fertigen Erzeugnissen sind zu ermitteln, bevor die Konten abgeschlossen und Bilanz und Gewinn- und Verlustrechnung aufgestellt werden können. Die Ermittlung der Endbestände erfolgt durch **Inventur**. Die Vorräte werden dann schriftlich in einem **Inventar** zusammengestellt. 506

Jeder Kaufmann hat 507
- **seine** Vermögensgegenstände
- zu **Beginn** seines Handelsgewerbes und demnächst für den **Schluß** eines jeden Geschäftsjahrs innerhalb der einem ordnungsmäßigen Geschäftsgang entsprechenden Zeit
- genau zu **verzeichnen** und dabei den **Wert** der einzelnen Vermögensgegenstände anzugeben

(§ 240 Abs. 1 und 2 HGB).

Der Kaufmann hat „seine" Vermögensgegenstände aufzunehmen und zu verzeichnen. Sie müssen ihm personell[460] und sachlich[461] zuzuordnen sein. 508

2.12.3.2 Inventurstichtag und Inventuraufnahmetag

Beim Tag der Inventur muß man unterscheiden: 509
- **Für wann** sind die Vermögensgegenstände aufzunehmen und aufzuzeichnen?
- **Wann** sind die Vermögensgegenstände aufzunehmen und aufzuzeichnen?

Die erste Frage bezieht sich auf den **Inventurstichtag**, die zweite auf den **Inventuraufnahmetag**.

Inventurstichtage sind der Beginn des Handelsgewerbes und der Schluß eines jeden Geschäftsjahrs (§ 240 Abs. 1 und 2 HGB). Zum Zeitpunkt der Geschäftseröffnung muß also der Kaufmann seine Vorräte aufnehmen und aufzeichnen. Dann hat er eine solche Inventur zum Schluß eines jeden Geschäftsjahrs durchzuführen. 510

---

460 Siehe Rdn. 87 ff.
461 Siehe Rdn. 116 ff.

Beispiel:
A eröffnet am 1. 4. 01 ein Schuhgeschäft. Vorher hat er Damen-, Herren- und Kinderschuhe in den verschiedensten Arten und Größen eingekauft. Bevor er den Laden am ersten Verkaufstag öffnet, muß A Inventur machen. Er nimmt alle Schuhe auf, die sich am 1. 4. 01 in seinem Laden befinden. Die Bestände schreibt er geordnet in Aufnahmelisten. Wenn sein Geschäftsjahr mit dem Kalenderjahr übereinstimmt, führt er eine solche Bestandsaufnahme wiederum zum 31. 12. 01 durch. Die nächste Bestandsaufnahme ist dann zum 31. 12. 02 fällig und so fort.

511 Für die Inventur **zu Beginn des Handelsgewerbes** ist gesetzlich keine Frist vorgesehen. Die Handelsgeschäfte verändern das Betriebsvermögen und damit die einzelnen Vermögensgegenstände. Um die Veränderungen feststellen zu können, muß vorher festgehalten werden, welche Vermögensgegenstände in welcher Menge und mit welchen Werten vorhanden sind. Daher müßte die Inventur eigentlich schon vor Beginn des Handelsgewerbes aufgestellt werden. Spätestens muß das unverzüglich nach Beginn des Geschäftsbetriebs geschehen, denn das Eröffnungsinventar ist die Grundlage für die Eröffnungsbilanz[462]. Diese ist wiederum Grundlage für die Eröffnungsbuchungen. Bevor diese durchgeführt und die Konten damit eröffnet worden sind, können die Geschäftsvorfälle nicht gebucht werden. Das hat aber wiederum zeitnah zu geschehen. So folgt aus den allgemeinen Buchführungsgrundsätzen, daß die Frist für das Eröffnungsinventar sehr eng bemessen ist in bezug auf den Beginn des Geschäftsbetriebs.

512 Für die Inventur **zum Schluß des Geschäftsjahrs** bestimmt das Gesetz, daß die Aufstellung des Inventars innerhalb der einem ordnungsmäßigen Geschäftsgang entsprechenden Zeit zu bewirken ist (§ 240 Abs. 2 Satz 3 HGB).

Welcher zeitliche Abstand zum Inventurstichtag noch ordnungsmäßig ist, bestimmt das Gesetz nicht. Je flüchtiger die Vermögensgegenstände sind, desto näher zum Bilanzstichtag muß die Inventur sein. Vermögensgegenstände, deren Bestände und Werte stetig wechseln, sind daher in bezug auf den Inventurstichtag früher aufzunehmen und zu bewerten als langfristig dem Unternehmen in unveränderlicher Menge und wenig veränderlichem Wert zur Verfügung stehende Vermögensgegenstände.

2.12.3.3 Stichtagsinventur

513 Die Stichtagsinventur ist eine körperliche Bestandsaufnahme zeitnah zum Inventurstichtag, in der Regel innerhalb einer Frist von 10 Tagen vor oder nach dem Bilanzstichtag. Es ist sicherzustellen, daß Bestandsveränderungen zwischen Bilanzstichtag und dem Tag der Bestandsaufnahme anhand von Belegen und Aufzeichnungen ordnungsgemäß berücksichtigt werden[463].

---

[462] Hopt, HGB § 240 Rdn. 1.
[463] R 30 Abs. 1 EStR.

Die Stichtagsinventur ist für **alle Vorratsbestände** anwendbar.

Vorgeschrieben ist sie für
- Bestände, bei denen durch Schwund, Verdunsten, Verderb, leichte Zerbrechlichkeit oder ähnliche Vorgänge ins Gewicht fallende unkontrollierbare Abgänge eintreten, es sei denn, daß diese Abgänge auf Grund von Erfahrungssätzen schätzungsweise annähernd zutreffend berücksichtigt werden können,
- Wirtschaftsgüter, die – abgestellt auf die Verhältnisse des jeweiligen Betriebs – besonders wertvoll sind[464].

Ist die Bestandsaufnahme innerhalb von 10 Tagen vor oder nach dem Bilanzstichtag **undurchführbar**, etwa aus klimatischen Gründen, und muß daher die Aufnahme in einem größeren Zeitabstand zum Bilanzstichtag erfolgen, so sind an die Belege und Aufzeichnungen über die zwischenzeitlichen Bestandsveränderungen strenge Anforderungen zu stellen[465].

Beispiel:
Ein Sägewerk kauft von den umliegenden Waldbesitzern Stammholz auf, läßt es von Holzfällern schlagen und zunächst im Wald lagern. Am 21.12.01 setzte heftiger Schneefall ein. Eine dicke Schneedecke lag auf den im Wald lagernden Holzbeständen und taute erst im März 02 auf. Bis dahin war eine Bestandsaufnahme nicht möglich.

In einem solchen Fall sollten die Bestände aufgenommen werden, sobald das nach der Schneeschmelze möglich ist. Erst nach dieser Bestandsaufnahme sollte mit dem Abtransport begonnen werden. Die mit der Aufnahme betrauten Personen sollten den Zeitpunkt der Schneeschmelze und der Aufnahme durch ihre Unterschrift bescheinigen.

2.12.3.4 Permanente Inventur

Eine Stichtagsinventur ist sehr arbeitsaufwendig. Das gesamte Vorratsvermögen muß zeitnah zum Stichtag aufgenommen werden. Das bindet viele Fachkräfte. Teile des Betriebs können nicht oder nicht voll arbeiten, weil zuvor die Bestände aufzunehmen sind.

Hier bietet es sich an, die Bestände durch permanente Inventur aufzunehmen. Die Inventurarbeiten sollten hierbei auf mehrere Zeitpunkte im Jahr verteilt und es sollten jeweils nur Teillager aufgenommen werden. Zweckmäßig ist es, wenn hierfür Zeiten abgepaßt werden, in denen die Lager möglichst wenig Vorräte enthalten, also etwa nach Schlußverkäufen oder nach der Saison. In Fabrikationsbetrieben könnten die Inventurarbeiten durchgeführt werden, wenn die Produktion nicht voll läuft.

---
[464] R 30 Abs. 3 EStR.
[465] R 30 Abs. 1 Satz 4 EStR.

516 Eine permanente Inventur ist **zulässig**, soweit durch Anwendung eines den Grundsätzen ordnungsmäßiger Buchführung entsprechenden Verfahrens gesichert ist, daß der Bestand der Vermögensgegenstände nach Art, Menge und Wert auch ohne körperliche Bestandsaufnahme für den Bilanzstichtag festgestellt werden kann. Dann muß aber einmal im Geschäftsjahr jeder Bestand körperlich aufgenommen werden (§ 241 Abs. 2 HGB).

517 Für die permanente Inventur müssen folgende Voraussetzungen erfüllt sein[466]:
1. **Lagerbücher** und **Lagerkarteien**, in die alle Bestände, Zugänge und Abgänge einzeln nach Tag, Art und Menge (Stückzahl, Gewicht oder Kubikinhalt) eingetragen und belegmäßig nachgewiesen werden.
2. **Körperliche Bestandsaufnahme** mindestens einmal im Geschäftsjahr für alle Bestände zur Überprüfung, ob das in den Lagerbüchern oder Lagerkarteien ausgewiesene Vorratsvermögen mit den tatsächlich vorhandenen Beständen übereinstimmt.
3. **Vermerk** des Tages der körperlichen Bestandsaufnahme in den Lagerbüchern und Lagerkarteien.
4. **Protokoll** über Durchführung und Ergebnis der körperlichen Bestandsaufnahme, das von den aufnehmenden Personen unter Angabe des Zeitpunkts der Aufnahme zu unterzeichnen und wie Handelsbücher 10 Jahre lang aufzubewahren ist.

518 Die körperliche Bestandsaufnahme muß nicht gleichzeitig für alle Bestände durchgeführt werden. Es ist im Gegenteil zweckmäßig, die Bestandsaufnahme auf mehrere Termine im Laufe des Jahres zu verteilen und an einem Termin jeweils nur einen Teil der Bestände aufzunehmen.

519 Die Überprüfung bei der körperlichen Bestandsaufnahme darf sich zwar nicht auf Stichproben oder die Verprobung eines repräsentativen Querschnitts beschränken. Die körperliche Bestandsaufnahme kann aber durch eine **Stichprobeninventur** durchgeführt werden, bei der die Anforderungen von § 241 Abs. 1 HGB erfüllt werden[467].

520 Treten **unkontrollierbare Abgänge** durch Schwund, Verdunsten, Verderb, leichte Zerbrechlichkeit oder ähnliche Vorgänge ein, die ins Gewicht fallen, so sind hiervon betroffene Bestände nicht durch permanente Inventur aufzunehmen, wenn keine Erfahrungssätze bestehen, nach denen diese Abgänge annähernd zutreffend geschätzt werden können. **Besonders wertvolle** Wirtschaftsgüter für den Betrieb dürfen ebenfalls nicht durch permanente Inventur erfaßt werden[468].

521 Mit der permanenten Inventur wird dokumentiert, wie sich die Bestände am Bilanzstichtag im einzelnen zusammensetzen. Sie ist daher zum Nachweis der Voraussetzungen für **Steuervergünstigungen** geeignet, bei denen es auf die Zusammensetzung der Bestände am Bilanzstichtag ankommt, z. B. Bewertung nach § 6

---
[466] H 30 (Permanente Inventur) EStH.
[467] H 30, Permanente Inventur, Abs. 2 Nr. 2 Satz 3 EStH.
[468] R 30 Abs. 3 EStR.

Abs. 1 Nr. 2 a EStG oder Bewertungsabschlag für bestimmte Importwaren nach § 80 EStDV[469].

Eine permanente Inventur zeigt zu jedem Zeitpunkt, wie hoch die jeweiligen Lagerbestände sind. Muß der Kaufmann aus Gründen **wirtschaftlicher Lagerhaltung** wissen, wie hoch die jeweiligen Bestände der Vorräte sind, ist eine permanente Inventur empfehlenswert. Hierdurch ist es möglich, die Lagerbestände möglichst niedrig zu halten, wodurch Kapital im geringstmöglichen Umfang gebunden wird. Kommt es daher dem Kaufmann darauf an, immer zu wissen, wieviel Stücke von jeder Art vorrätig sind, sollte er eine permanente Inventur durchführen.

522

Beispiel:
Apotheker A muß von den gängigsten Arzneimitteln stets gewisse Mindestbestände vorrätig halten. Durch permanente Inventur kann er die Bestände jeder Arznei ständig überwachen und laufend, d. h. mehrmals täglich, die Abgänge durch Zukäufe beim Großhändler ersetzen.

2.12.3.5 Einlagerungsinventur

Die permanente Inventur hat den Nachteil, daß die Einzellager einmal im Jahr körperlich aufgenommen werden müssen. Kaufleute bedienen sich der sogenannten Einlagerungsinventur, wenn sie mit geringem Personalaufwand sicherstellen wollen, von den Vorräten einen möglichst geringen Lagerbestand zu halten. In modernen Industriebetrieben werden vielfach vollautomatisch gesteuerte **Hochregallager** verwendet. Die Vorräte werden durch EDV-Anlagen bei dem Eingang in das Lager erfaßt und durch automatisch gesteuerte Arbeitsgeräte an einen freien Lagerplatz im Hochregallager gebracht.

523

Werden Vorräte aus dem Lager zum Verbrauch, zur Verwertung oder Veräußerung entnommen, muß jeweils der volle Posten entfernt werden. Das wird in der EDV-Anlage erfaßt. Auch dieser Vorgang geschieht vollautomatisch. Wird nur eine Teilmenge eines einzelnen Lagerpostens benötigt, so wird zunächst der volle Posten entnommen und die nicht benötigte Teilmenge wieder als Neuzugang eingelagert.

Vom Zeitpunkt der Zuführung zum Lager bis zur Entnahme aus dem Lager muß ein Zugriff ausgeschlossen sein. So ist gewährleistet, daß der Lagerbestand die Differenz zwischen Eingängen und Ausgängen ist. Die körperliche Bestandsaufnahme wird auf den Zeitpunkt der Zuführung zum Lager vorgezogen. Bestände, die im Laufe des Jahres als Neuzugänge oder als Zugänge nach einer Teilentnahme dem Lager zugeführt worden sind, werden also einmal im Jahr körperlich erfaßt.

Nur die Bestände werden hierbei nicht körperlich aufgenommen, die nicht im Laufe des Jahres zugeführt worden sind. Diese Bestände müssen zum Bilanz-

---
[469] R 30 Abs. 2 Satz 10 EStR.

stichtag körperlich aufgenommen werden. Ihre Zahl kann durch sinnvolle Organisation des Hochregallagers gering gehalten werden, indem darin nur Vorräte gelagert werden, auf die das Unternehmen erfahrungsgemäß häufig zurückgreifen muß. Die dann noch erforderliche körperliche Bestandsaufnahme der unbewegten Restbestände kann durch die Anwendung von Stichprobenverfahren erleichtert werden.

2.12.3.6 Zeitverschobene Inventur

524 Die jährliche Bestandsaufnahme kann nach § 241 Abs. 3 HGB ganz oder teilweise durchgeführt werden innerhalb eines Zeitraums von
- drei Monaten vor dem Bilanzstichtag (vorgezogene Inventur) oder
- zwei Monaten nach dem Bilanzstichtag (verschobene Inventur).

Den sich hierbei ergebenden Gesamtwert des Bestands muß das Unternehmen dann wertmäßig auf den Bilanzstichtag fortschreiben (bei Aufnahme vor dem Bilanzstichtag) oder zurückrechnen (bei Aufnahme nach dem Bilanzstichtag)[470].

Der vor oder nach dem Bilanzstichtag liegende Inventurtag ist hier der **Inventurstichtag**. Die Bestandsaufnahme auf diesen Tag kann körperlich in einer Frist von höchstens 10 Tagen vor oder nach diesem Inventurstichtag oder mit einer permanenten Inventur auf diesen Inventurstichtag durchgeführt werden.

525 Der auf den Inventurstichtag nach Art und Menge ermittelte und bewertete Bestand wird in einem besonderen Inventar verzeichnet. Der sich hierdurch ergebende Gesamtwert, also die Gesamtsumme, wird dann auf den Bilanzstichtag fortgeschrieben oder hierauf zurückgerechnet.

Vorgezogene Inventur	
Bestand am Inventurstichtag + Einkäufe – Preisnachlässe von Lieferanten – Rücksendungen an Lieferanten – Eigenverbrauch	Einkaufspreise
– Verkäufe + Preisnachlässe an Kunden + Rücksendungen von Kunden	Verkaufspreise
= Bestand am Bilanzstichtag	

---

[470] R 30 Abs. 2 EStR.

Vorräte 249

Verschobene Inventur	
Bestand am Inventurstichtag − Einkäufe + Preisnachlässe von Lieferanten + Rücksendungen an Lieferanten + Eigenverbrauch	Einkaufspreise
+ Verkäufe − Preisnachlässe an Kunden − Rücksendungen von Kunden	Verkaufspreise
= Bestand am Bilanzstichtag	

In die einzelnen Posten der beiden Berechnungsschemata werden die Verkehrszahlen der Buchführung aus der Zeit zwischen dem Inventurstichtag und dem Bilanzstichtag eingesetzt. Dabei werden die Verkaufspreise in Einkaufspreise umgerechnet, indem die Gewinnspanne von den Verkaufspreisen abgezogen wird. **526**

Beispiel:
Bei einem Warenposten betragen

Einkaufspreis	*98,00 DM*
Gewinnspanne	*67,00 DM*
Verkaufspreis	*165,00 DM*

Die Gewinnspanne beträgt, bezogen auf den Verkaufspreis, 67/165 = 0,406. Sind Verkaufspreis und Gewinnspanne bekannt, kann der Einkaufspreis errechnet werden: 165,00 DM x 0,406 = 67,00 DM. Einkaufspreis: 165,00 − 67,00 = 98,00 DM.

Nach den Verwaltungsanweisungen[471] kann nach folgender Formel **fortgeschrieben** werden, wenn die Zusammensetzung des Bestandes am Inventurstichtag und am Bilanzstichtag nicht wesentlich voneinander abweichen: **527**

Wert des Bestandes am Inventurstichtag
+ Eingang*
− Einsatz* (Umsatz − durchschnittlicher Rohgewinn)
= Wert des Bestandes am Bilanzstichtag

Entsprechend ist die Formel für die **Rückrechnung**: **528**

Wert des Bestandes am Inventurstichtag
− Eingang*
+ Einsatz* (Umsatz − durchschnittlicher Rohgewinn)
= Wert des Bestandes am Bilanzstichtag

* Eingang und Einsatz beziehen sich jeweils auf die Zeit zwischen Inventurstichtag und Bilanzstichtag. Unter Umsatz wird der wirtschaftliche Umsatz verstanden.

---

[471] R 30 Abs. 2 Satz 9 EStR.

529 Bei der **Bewertung nach § 6 Abs. 1 Nr. 2a EStG** und beim **Importwarenabschlag nach § 80 EStDV** kommt es darauf an, daß die tatsächlichen Bestände am Bilanzstichtag durch körperliche Bestandsaufnahme oder durch permanente Inventur nachgewiesen werden. Durch zeitverschobene Inventur werden daher die Voraussetzungen für diese Steuervergünstigungen nicht erfüllt[472].

530 Die zeitverschobene Inventur kann ebenfalls nicht angewendet werden, wenn Schwund, Verdunsten, Verderb, leichte Zerbrechlichkeit oder ähnliche Vorgänge **unkontrollierte Abgänge** eintreten lassen, es sei denn, daß diese Abgänge aufgrund von Erfahrungssätzen annähernd zutreffend geschätzt werden können. Auch auf für den Betrieb besonders **wertvolle Wirtschaftsgüter** kann dieses Inventurverfahren nicht angewendet werden[473].

531 Teilbestände können zu verschiedenen Inventurstichtagen innerhalb des Zeitraums von drei Monaten vor und zwei Monaten nach dem Bilanzstichtag durch zeitverschobene Inventur aufgenommen werden. Auch hier ist es wie bei der permanenten Inventur sinnvoll, die Aufnahme jeweils dann durchzuführen, wenn der einzelne Lagerbestand besonders gering ist. Daher sollten die Lager streng voneinander abgegrenzt werden, um Bewegungen von einem Teilbestand zu einem anderen sicher zu erfassen.

2.12.3.7 Stichprobeninventur

532 Bei der Stichprobeninventur wird vom Lagerbestand eine Stichprobe entnommen. Die Werte der darin enthaltenen Vermögensgegenstände müssen genau ermittelt werden. Hiervon wird der Mittelwert errechnet. Dieser wird als Mittelwert aller im Lager vorhandenen Vermögensgegenstände zugrunde gelegt. Der Gesamtwert der Vermögensgegenstände des Lagers ergibt sich durch Multiplikation der Gesamtzahl der Positionen des Lagers mit dem Mittelwert. Hochwertige Vermögensgegenstände werden voll aufgenommen (Vollaufnahmeschicht).

533 **Voraussetzungen** für die Stichprobeninventur sind nach § 241 Abs. 1 HGB:
1. Bestandsermittlung nach Art, Menge und Wert mit Hilfe anerkannter mathematisch-statistischer Methoden.
2. Das Verfahren muß den Grundsätzen ordnungsmäßiger Buchführung entsprechen.
3. Der Aussagewert der Stichprobeninventur muß dem Aussagewert einer körperlichen Bestandsaufnahme gleichkommen.

Aufgrund mathematisch-statistischer Berechnung wird eine maximale Fehlergrenze vorgegeben, so daß eine zutreffende Aussage über den Gesamtbestand gemacht werden kann.

534 Insbesondere folgende **Grundsätze ordnungsmäßiger Buchführung** sind zu befolgen:

---

[472] R 30 Abs. 2 Satz 10 EStR.
[473] R 30 Abs. 3 EStR.

- Vollständigkeitsgrundsatz
- Grundsatz der Richtigkeit und
- Grundsatz der Nachprüfbarkeit

Diese Grundsätze müssen allerdings im Hinblick auf die Besonderheiten der Stichprobeninventur modifiziert werden.

Unter Beachtung des **Vollständigkeitsgrundsatzes** können nicht wie bei der körperlichen Bestandsaufnahme sämtliche Vermögensgegenstände aufgenommen werden. Es müssen aber alle Vermögensgegenstände des aufzunehmenden Bestandes die gleich Chance haben, in die Stichprobe zu kommen. Es ist daher eine Lagerbuchführung einzurichten, in der die Bestände art-, mengen- und erforderlichenfalls auch wertmäßig erfaßt und fortgeschrieben werden.

Der **Grundsatz der Richtigkeit** ist bei der Stichprobeninventur in dem Sinne zu verstehen, daß eine bestimmte Aussagewahrscheinlichkeit erreicht werden muß. Werden die hochwertigen Vermögensgegenstände, die voll aufzunehmen sind, mit einbezogen, so darf bei 95 % der Stichproben aus demselben Bestand das hochgerechnete Ergebnis innerhalb eines Fehlerbereichs von ± 1 % vom zutreffenden Wert des Bestands liegen.

Nachprüfbare Unterlagen, die 10 Jahre lang aufzubewahren sind, müssen ausweisen:
- Art, Menge und Wert der erfaßten Vermögensgegenstände
- die Zufallsauswahl der Stichprobenglieder und
- die Berechnung nach dem mathematisch-statistischen Verfahren

Anerkannte mathematisch statistische Methoden müssen der Stichprobeninventur zugrunde liegen. Das ist der Fall, wenn das Stichprobenverfahren den Grundsätzen der Wahrscheinlichkeitsrechnung folgt. So kann angegeben werden, wie genau der ermittelte Wert ist. Hiernach muß die Auswahl der Stichprobenelemente zufällig sein[474].

2.12.4 Bewertung der Vorräte

2.12.4.1 Einzelbewertung

Wirtschaftsgüter des Vorratsvermögens sind grundsätzlich einzeln zu bewerten (§ 252 Abs. 1 Nr. 3 HGB, § 5 Abs. 1 Satz 1, § 6 Abs. 1 Satz 1 EStG). Bei Wirtschaftsgütern, die im Verkehr nach Maß, Zahl oder Gewicht bestimmt werden, den sogenannten **vertretbaren Wirtschaftsgütern**, sind die Werte der einzelnen Wirtschaftsgüter nicht mehr einwandfrei feststellbar, wenn die Einstandspreise im Laufe des Wirtschaftsjahrs geschwankt haben. Sie müssen daher geschätzt werden.

Zweckmäßiges Schätzverfahren ist die **Durchschnittsbewertung**. Hierbei werden alle im Bestand vorhandenen vertretbaren Wirtschaftsgüter mit dem gewoge-

---

[474] Zur Stichprobeninventur s. im einzelnen: Uhlig in: HdR, A 220; Fachgutachten HFA 1/1981.

nen Mittelwert der im Laufe des Wirtschaftsjahrs erworbenen und gegebenenfalls zu Beginn des Wirtschaftsjahrs vorhandenen Wirtschaftsgüter angesetzt[475].

Beispiel:
Die Heizölpreise haben im Laufe des Wirtschaftsjahrs geschwankt. Zum Bilanzstichtag wird festgestellt, daß noch 15 000 l Heizöl im Tank sind. Der Durchschnittseinkaufspreis der im Laufe des Wirtschaftsjahrs eingekauften Ölmengen beträgt 0,43 DM. Der Bestand wird zum Bilanzstichtag bewertet: 15 000 x 0,43 DM = 6 450 DM.

2.12.4.2 Gruppenbewertung

539 Gleichartige Vermögensgegenstände des Vorratsvermögens und andere gleichartige oder annähernd gleichwertige bewegliche Vermögensgegenstände können jeweils zu einer Gruppe zusammengefaßt und mit dem gewogenen Durchschnittswert angesetzt werden (§ 240 Abs. 4 HGB).

540 **Gleichartig** sind Vermögensgegenstände, wenn
- sie zur gleichen Warengattung gehören oder
- sie in ihrer Verwendbarkeit oder Funktion gleich sind[476].

541 **Annähernd gleichwertig** müssen Vorräte nach dem Wortlaut von § 240 Abs. 4 HGB nicht sein. Für sie ist lediglich bestimmt, daß sie gleichartig sein müssen. Wirtschaftsgüter mit erheblichen Qualitätsunterschieden sind nicht gleichartig. Anzeichen für Qualitätsunterschiede sind erhebliche Preisunterschiede. Daher ergibt sich aus diesem Gesichtspunkt auch für die Gruppenbewertung von Vorräten das Erfordernis der annähernden Gleichwertigkeit. Haben die in der Gruppe zusammengefaßten Vermögensgegenstände einen geringen Wert, so wird ein Spielraum von 20 % zwischen höchstem und niedrigstem Preis noch als vertretbar angesehen, wenn die Zusammensetzung der Zugänge und des Bestandsvortrags in etwa der Zusammensetzung des Gruppenbestandes entspricht[477].

542 Der **gewogene Durchschnittswert** ergibt sich, indem die Summe aus den mit den Einzelmengen multiplizierten Preisen durch die Summe der Gesamtmenge dividiert wird[478].

---

[475] R 36 Abs. 3 EStR.
[476] Budde/Kunz in: Beck Bil-Komm. § 240 Rdn. 136.
[477] ADS 6. Aufl., § 240 HGB Rdn. 123 und 128; R 36 Abs. 4 Satz 2 i. V. m. R 36 a Abs. 3 Sätze 3 und 4 EStR.
[478] Fülling, GoB, S. 155.

Beispiel:

	Menge	Preis je Einheit in DM	Gesamtpreis in DM
Anfangsbestand	300	4,50	1 350
Zugang 1	1 500	5,20	7 800
Zugang 2	800	6,10	4 880
Zugang 3	1 800	7,40	13 320
Zugang 4	700	4,80	3 360
Summe	5 100		30 710
Endbestand	280		

gewogener Durchschnittspreis: 30 718 DM : 5 100 = 6,02 DM

Wert des Endbestands: 280 x 6,02 DM = 1 685,60 DM

Unter den vorstehenden Voraussetzungen ist die Gruppenbewertung auch **steuerrechtlich** anerkannt[479].

Kann der Kaufmann glaubhaft machen, daß in seinem Betrieb in der Regel die zuletzt beschafften Vorräte zuerst verbraucht oder veräußert werden, also „last in – first out", so kann das bei der Ermittlung der Anschaffungs- oder Herstellungskosten berücksichtigt werden[480]. 543

Beispiel:
In einem holzverarbeitenden Betrieb werden Bretter stapelweise gelagert. Die zuerst eingelagerten Bretter liegen im Stapel unten, die zuletzt eingelagerten Bretter liegen oben im Stapel. Bei der Entnahme zur Verarbeitung werden die Bretter von oben vom Stapel genommen. Die Verbrauchsfolge ist also immer „last in, first out".

Die Bewertung nach der Verbrauchsfolge „last in, first out" geschieht hier, weil diese Verbrauchsfolge aufgrund der tatsächlichen Handhabung im Betrieb glaubhaft ist. Sie entspricht daher den tatsächlichen Gegebenheiten. Daneben gibt es die Möglichkeit, nach diesem Verfahren zu bewerten, indem eine solche Verbrauchsfolge unterstellt wird. Das wird in Rdn. 549 ff. dargestellt.

2.12.4.3 Festwert

Rohstoffe, **Hilfsstoffe** und **Betriebsstoffe** des Vorratsvermögens können in Festwerten zusammengefaßt werden. **Voraussetzungen** für die Bildung eines Festwerts sind (§ 240 Abs. 3 HGB): 544
1. Regelmäßige Ersetzung der Vermögensgegenstände,

---
[479] R 36 Abs. 4 EStR.
[480] R 36 Abs. 4 Satz 6 EStR.

2. nachrangige Bedeutung des Gesamtwerts der Vermögensgegenstände für das Unternehmen,
3. geringe Veränderungen des Bestands dieser Vermögensgegenstände in Größe, Wert und Zusammensetzung,
4. körperliche Bestandsaufnahme i. d. R. alle drei Jahre.

545 **Festwert** bedeutet, die hierin zusammengefaßten Vermögensgegenstände werden unter gleichbleibenden Voraussetzungen mit gleichem Gesamtwert fortgeführt. Es wird unterstellt, daß Zugänge sich mit Abgängen und Verbrauch ausgleichen. Daher werden Zugänge als Aufwendungen gebucht.

Es können jeweils Festwerte für **unterschiedliche Gruppen** von Vermögensgegenständen gebildet werden. Die Voraussetzung „nachrangige Bedeutung" muß nur für jede dieser Gruppen erfüllt sein, nicht für alle Vermögensgegenstände insgesamt, für die Festwerte gebildet werden.

546 **Nachrangige Bedeutung** liegt vor, wenn der Gesamtwert der für einen einzelnen Festwert in Betracht kommenden Wirtschaftsgüter im Durchschnitt der dem Bilanzstichtag vorangegangenen fünf Bilanzstichtage 10 % der Bilanzsumme nicht übersteigt[481].

547 Vorräte, die erfahrungsgemäß **erheblichen Wertschwankungen** unterliegen, z. B. Kupfer, Blei, dürfen nicht mit einem Festwert angesetzt werden[482].

548 In der Regel ist alle drei Jahre eine **körperliche Bestandsaufnahme** durchzuführen. Die dabei festgestellte Wertänderung ist maßgebend für eine Aufstockung, Beibehaltung oder Herabsetzung des Festwerts[483].
- Werterhöhung
  a) bis 10 %: Beibehaltungswahlrecht
  b) mehr als 10 %: Zuschreibungsgebot
- Wertminderung: Abschreibungswahlrecht.

Solange der Festwert beibehalten wird, werden Zugänge als Aufwand gebucht. Wird bei einer Bestandsaufnahme eine Überschreitung der Wertgrenze festgestellt, so ist der ermittelte Wert als neuer Festwert maßgebend. Der bisherige Festwert ist solange um die Anschaffungs- oder Herstellungskosten der im Festwert erfaßten und nach dem Bilanzstichtag des vorangegangenen Wirtschaftsjahrs angeschafften oder hergestellten Wirtschaftsgüter aufzustocken, bis der neue Festwert erreicht ist.

2.12.4.4 Bewertung nach unterstellten Verbrauchs- oder Veräußerungsfolgen

549 **Handelsrechtlich** kann, soweit es den Grundsätzen ordnungsmäßiger Buchführung entspricht, für den Wertansatz gleichartiger Vermögensgegenstände des Vor-

---
481 BMF, Schreiben v. 8.3.1993 IV B 2 – S 2174 a – 1/93, BStBl 1993 I S. 276.
482 Budde/Kunz in: Beck Bil-Komm. § 240 Rdn. 90.
483 R 31 Abs. 4 Sätze 2 bis 5 EStR, H 36 (Festwert) EStH.

ratsvermögens unterstellt werden, daß die zuerst oder daß die zuletzt angeschafften oder hergestellten Vermögensgegenstände zuerst oder in einer sonstigen bestimmten Folge verbraucht oder veräußert worden sind (§ 256 Satz 1 HGB).

Steuerrechtlich dürfen Steuerpflichtige, die den Gewinn nach § 5 EStG ermitteln, für den Wertansatz gleichartiger Wirtschaftsgüter des Vorratsvermögens unterstellen, daß die zuletzt angeschafften oder hergestellten Wirtschaftsgüter zuerst verbraucht oder veräußert worden sind, soweit das den handelsrechtlichen Grundsätzen ordnungsmäßiger Buchführung entspricht und kein Bewertungsabschlag nach § 51 Abs. 1 Nr. 2 Buchstabe m EStG vorgenommen wird (§ 6 Abs. 1 Nr. 2a EStG). Das gilt erstmals für das Wirtschaftsjahr, das nach dem 31.12.1989 endet (§ 52 Abs. 7 EStG). 550

Zulässig ist dieses Bewertungsverfahren nach Handels- und Steuerrecht nur für **gleichartige Vermögensgegenstände des Vorratsvermögens.** Es müssen daher die in Rdn. 540, 541 genannten Voraussetzungen für Gleichartigkeit erfüllt sein. 551

Die weiteren Voraussetzungen für die Bewertung nach unterstellten Verbrauchsfolgen sind im Handelsrecht und im Steuerrecht verschieden.

Bewertung der Vorräte nach unterstellten Verbrauchs- und Veräußerungsfolgen	
§ 256 HGB	§ 6 Abs. 1 Nr. 2 a EStG
• Gleichartige Vermögensgegenstände des Vorratsvermögens	
• Bewertung muß den Grundsätzen ordnungsmäßiger Buchführung entsprechen	
	Kein Bewertungsabschlag nach § 51 Abs. 1 Nr. 3 Buchst. m EStG
• Lifo-Verfahren • Fifo-Verfahren • Sonstiges Verbrauchs- oder Veräußerungsfolgeverfahren	• Lifo-Verfahren

Die gebräuchlichsten Verfahren der Bewertung nach unterstellten Verbrauchs- oder Veräußerungsfolgen sind das Fifo-Verfahren und das Lifo-Verfahren:

Fifo-Verfahren (fifo = first in, first out): Bei der Bewertung wird unterstellt, daß die zuerst angeschafften oder hergestellten Vorräte zuerst veräußert oder verbraucht worden sind. 552

Lifo-Verfahren (lifo = last in, first out): Bei der Bewertung wird unterstellt, daß die zuletzt angeschafften oder hergestellten Vorräte zuerst veräußert oder verbraucht worden sind. 553

Die Verbrauchs- oder Veräußerungsfolge wird unterstellt (fingiert), muß also nicht mit der tatsächlichen Verbrauchs- oder Veräußerungsfolge übereinstimmen. 554

Die Verbrauchs- oder Veräußerungsfolge darf aber nur insoweit unterstellt werden, als es den Grundsätzen ordnungsmäßiger Buchführung entspricht.

555 Als Grundsatz ordnungsmäßiger Buchführung, der einer Bewertung nach unterstellten Verbrauchs- oder Veräußerungsfolgen entgegenstehen kann, kommt der **Grundsatz der Richtigkeit** in Frage. Nach diesem Grundsatz darf eine Verbrauchs- oder Veräußerungsfolge nicht unterstellt werden, die völlig unvereinbar ist mit dem betrieblichen Geschehensablauf[484].

Beispiel:
Leicht verderbliche Vorräte werden immer so gelagert, daß die älteren Vorräte zuerst zum Verbrauch oder zur Veräußerung entnommen werden. Die tatsächliche Verbrauchs- oder Veräußerungsfolge ist also immer „first in, first out". Hier würde eine Bewertung nach unterstellter Verbrauchs- oder Veräußerungsfolge „last in, first out" dem Grundsatz der Richtigkeit widersprechen.

556 **Steuerrechtlich** ist ausdrücklich nur das Lifo-Verfahren zugelassen[485].

557 Bei der **erstmaligen Bewertung** nach der Lifo-Methode gilt der Vorratsbestand zum Schluß des vorangegangenen Wirtschaftsjahrs mit seinem Bilanzansatz als erster Zugang (§ 6 Abs. 1 Nr. 2 a Satz 2 EStG). Durch diese gesetzliche Fiktion soll verhindert werden, daß der Vorratsbestand am Schluß des Wirtschaftsjahrs, das der erstmaligen Anwendung der Lifo-Methode vorangeht, nach seiner Zugangsfolge zurückverfolgt werden muß[486].

558 Bei der Bewertung nach dem Lifo-Verfahren können gleichartige Vorräte in Gruppen zusammengefaßt werden. Die Gleichartigkeit ist nach kaufmännischen Gepflogenheiten zu bewerten. Insbesondere sind die marktübliche Einteilung in Produktklassen unter Beachtung der Unternehmensstruktur und der allgemeinen Verkehrsanschauung zugrunde zu legen. Vorräte mit erheblichen Qualitätsunterschieden sind nicht gleichartig und können daher nicht in einer Gruppe zusammengefaßt werden. Ein Anzeichen für erhebliche Qualitätsunterschiede sind erhebliche Preisunterschiede[487].

Nach den Verwaltungsanweisungen[488] sind für die Bewertung nach dem Lifo-Verfahren die permanente Lifo-Methode und die Perioden-Lifo-Methode zulässig.

559 Beim **permanenten Lifo** ist jeder Zu- und Abgang fortlaufend während des ganzen Jahres in den Büchern und Aufzeichnungen zu erfassen, und zwar mengen- und wertmäßig, und dabei nach der Methode „last in, first out" bewerten.

---
[484] R 36 a Abs. 2 EStR.
[485] R 36 a Abs. 1 EStR.
[486] BT-Drs. 11/2157, S. 140. Im übrigen ist beim Übergang zur Lifo-Methode R 36 a Abs. 7 EStR zu beachten.
[487] R 36 a Abs. 3 EStR.
[488] R 36 a Abs. 4 EStR.

Vorräte

Beispiel:

	Menge in kg	Anschaffungskosten je kg in DM	Betrag in DM
Anfangsbestand	200	5	1 000
Zugang 10.1.	100	7	700
	300		1 700
Abgang 15.2.	– 100	7	– 700
	– 50	5	– 250
	150	5	750
Zugang 10.9.	250	9	2 250
	420		3 000
Abgang 15.11.	– 120	9	– 1 080
Endbestand 31.12.	300		1 920

Bei jedem Abgang wird nach der Methode „last in, first out" vorgegangen. Am 15.2. gingen im Beispiel 150 kg ab. Nach der Folge „last in, first out" ging zunächst der Zugang vom 10.1. ab, weil das der letzte Zugang war. Dieser umfaßte aber nur 100 kg, so daß noch weitere 50 kg vom Anfangsbestand genommen werden mußten. So ist in dem Beispiel bei jedem Abgang vorzugehen. Es ergibt sich schließlich der Endbestand. Dieser ist als Anfangsbestand dem neuen Wirtschaftsjahr vorzutragen. Um aber auch hier zutreffend zunächst die letzten Zugänge bei den Abgängen erfassen zu können, ist der Endbestand vom 31.12. noch danach aufzuteilen, aus welchen Zugängen er besteht: 130 kg zu 9 DM aus dem Zugang vom 10.9. und 150 kg zu 5 DM aus dem Anfangsbestand.

Es gilt auch hier das **Niederstwertprinzip**. Es ist daher der für den Endbestand **560** errechnete Wert mit dem Wiederbeschaffungspreis zu vergleichen. Ist dieser niedriger als der nach der Lifo-Methode ermittelte Wert, ist der Wiederbeschaffungspreis anzusetzen.

Beim **Perioden-Lifo** wird der Bestand lediglich zum Ende des Wirtschaftsjahrs **561** bewertet. Dabei können Mehrbestände mit dem Anfangsbestand zu einem neuen Gesamtbestand zusammengefaßt oder als besondere Posten (Layer) ausgewiesen werden. Bei der Wertermittlung für die Mehrbestände ist von den Anschaffungs- oder Herstellungskosten der ersten Lagerzugänge des Wirtschaftsjahrs oder von den durchschnittlichen Anschaffungs- oder Herstellungskosten aller Zugänge des Wirtschaftsjahrs auszugehen. Minderbestände müssen beginnend beim letzten Layer gekürzt werden[489]. Layer, die nach § 74 a EStDV gebildet wurden, können zur Anwendung des § 6 Abs. 1 Nr. 2 a EStG fortgeführt werden.

---

[489] R 36 a Abs. 4 EStR.

Es werden der Jahresanfangsbestand und der Jahresendbestand jeweils mengenmäßig erfaßt. Drei Fälle sind zu unterscheiden:
a) Endbestand = Anfangsbestand
b) Endbestand > Anfangsbestand
c) Endbestand < Anfangsbestand

562 Entspricht der Endbestand mengenmäßig dem Anfangsbestand (Fall a), dann ist, wenn von der Folge „last in, first out" ausgegangen wird, jeder letzte Zugang im laufenden Jahr wieder abgegangen. Von den Zugängen des laufenden Jahres ist also nichts mehr vorhanden. Dann besteht der Endbestand nur aus Vorräten, die im Anfangsbestand ausgewiesen waren. Der Endbestand muß daher zum Wert des Anfangsbestandes bewertet werden.

563 Ist der Endbestand mengenmäßig größer als der Anfangsbestand (Fall b), ist der mengenmäßig dem Anfangsbestand entsprechende Teil des Endbestandes mit dem Wert des Anfangsbestandes anzusetzen. Bei dem Mehrbestand wird davon ausgegangen, daß er sich aus Zugängen des laufenden Jahres zusammensetzt. Wird konsequent davon ausgegangen, daß bei den Zu- und Abgängen des abgelaufenen Jahrs nach der Methode „last in, first out" vorgegangen wurde, müßte sich der Mehrbestand aus Zugängen zu Anfang des Jahres zusammensetzen. Der Mehrbestand müßte daher mit den Anschaffungskosten der ersten Lagerzugänge des Wirtschaftsjahrs angesetzt werden. Es sind daher mengenmäßig die Lagerzugänge von Anfang des Jahres an zu erfassen, bis mengenmäßig der Mehrbestand erreicht ist. Die auf diese Zugänge entfallenden Anschaffungskosten sind der Wert, mit dem der Mehrbestand auszuweisen ist. Da das aber ein sehr kompliziertes Verfahren ist, kann der Mehrbestand auch mit den durchschnittlichen Anschaffungskosten aller Zugänge des Wirtschaftsjahrs angesetzt werden.

Der Mehrbestand kann mit den durchschnittlichen Anschaffungskosten des Wirtschaftsjahrs (Durchschnittsmethode) oder mit den letzten Anschaffungskosten des Wirtschaftsjahrs für eine Menge angesetzt werden, die dem Mehrbestand entspricht.

564 Ist der Endbestand mengenmäßig geringer als der Anfangsbestand (Fall c), sind bei der Verbrauchs- oder Veräußerungsfolge „last in, first out" nicht nur alle Zugänge des abgelaufenen Wirtschaftsjahrs, sondern auch noch der Anfangsbestand abgegangen. Der Endbestand setzt sich also aus Zugängen des Vorjahrs zusammen. Da es aber schwierig ist, nach dem Lifo-Verfahren zurückzuverfolgen, aus welchen Zugängen des Vorjahrs sich der Endbestand des abgelaufenen Jahrs zusammensetzte, können die durchschnittlichen Anschaffungskosten des Vorjahres zugrunde gelegt werden[490].

565 Von der Lifo-Methode kann in den folgenden Wirtschaftsjahren nur mit Zustimmung des Finanzamts abgewichen werden (§ 6 Abs. 1 Nr. 2 a Satz 4 EStG).

---

[490] S. R 36 a Abs. 4 EStR; ADS 6. Auflage, HGB § 256 Rdn. 37 ff.

Vorräte 259

2.12.4.5 Abschreibungen

Handelsrechtlich sind die Vermögensgegenstände des Umlaufvermögens und damit die hierzu gehörenden Vorräte abzuschreiben, um sie mit einem niedrigeren Wert auszuweisen, der sich aus dem Börsen- oder Marktpreis am Abschlußstichtag ergibt (§ 253 Abs. 3 Satz 1 HGB). Ist ein Börsen- oder Marktpreis nicht festzustellen, dann ist der niedrigere Wert anzusetzen, der den Vermögensgegenständen am Abschlußstichtag beizulegen ist (§ 253 Abs. 3 Satz 2 HGB). **566**
Es ist also bei der Abschreibung von zwei Wertansätzen auszugehen:
- Anschaffungs- oder Herstellungskosten oder
- am Abschlußstichtag beizulegender Wert, der insbesondere im Börsen- oder Marktpreis in Erscheinung tritt.

Umlaufgegenstände müssen mit dem niedrigsten dieser beiden Werte angesetzt werden. Da sie immer streng mit dem niedrigsten von beiden in Frage kommenden Werten auszuweisen sind, spricht man hier auch vom **strengen Niederstwertprinzip**. **567**

Maßgebend für die Bewertung sind die tatsächlichen Verhältnisse am Bilanzstichtag. Es dürfen daher bei der Bewertung nur solche Ereignisse berücksichtigt werden, die bis zum Bilanzstichtag eingetreten sind. Das ist das sog. **Stichtagsprinzip**. Nach dem Bilanzstichtag bis zur Bilanzaufstellung gewonnene Erkenntnisse über Risiken und Verluste, die sich auf die Verhältnisse am Bilanzstichtag beziehen, die also gewissermaßen die Verhältnisse am Bilanzstichtag aufhellen, sind zu berücksichtigen (§ 252 Abs. 1 Nr. 4 HGB).

Über diese Abschreibung nach dem Niederstwertprinzip hinaus dürfen Umlaufgegenstände abgeschrieben werden, soweit das nach vernünftiger kaufmännischer Beurteilung notwendig ist, um zu verhindern, daß in nächster Zukunft die Wertansätze aufgrund von **Wertschwankungen** geändert werden müssen (§ 253 Abs. 3 Satz 3 HGB). **568**

Weitere Abschreibungen sind im Rahmen vernünftiger kaufmännischer Beurteilung zulässig (§ 253 Abs. 4 HGB). **569**

Ferner können Umlaufgegenstände auf den niedrigeren Wert abgeschrieben werden, der auf einer nur **steuerrechtlich zulässigen Abschreibung** beruht (§ 254 HGB). **570**

Sind Umlaufgegenstände an einem Bilanzstichtag auf einen niedrigeren Wert abgeschrieben und steigt ihr Wert an einem späteren Bilanzstichtag, so darf der niedrigere Wert beibehalten werden (§ 253 Abs. 5, § 254 Satz 2 HGB). Aus diesem **Beibehaltungswahlrecht** ergibt sich auch ein **Zuschreibungswahlrecht**. Die Vermögensgegenstände dürfen also auch mit ihrem tatsächlichen höheren Wert bis zur Grenze der Anschaffungs- oder Herstellungskosten ausgewiesen werden. **571**

Handelsrechtlich gibt es daher für Umlaufgegenstände folgende Wertansätze: **572**
- Anschaffungs- oder Herstellungskosten (Höchstwert)
- Niedrigerer Wert nach dem Niederstwertprinzip (Abschreibungsgebot)

- Niedrigerer Wert zur Vermeidung von Wertschwankungen (Abschreibungswahlrecht)
- Niedrigerer nach vernünftiger kaufmännischer Beurteilung zulässiger Wert (Abschreibungswahlrecht)
- Niedrigerer Wert, der auf einer nur steuerrechtlich zulässigen Abschreibung beruht (Abschreibungswahlrecht)
- Beibehaltung eines niedrigeren Werts trotz Wertsteigerung (Beibehaltungswahlrecht)
- Aufwertung nach Wertsteigerung bis zur Grenze der Anschaffungs- oder Herstellungskosten (Zuschreibungswahlrecht)

573 Die Anschaffungs- oder Herstellungskosten sind auch für die **Steuerbilanz** der Höchstwert. Ist der Teilwert niedriger, darf er angesetzt werden (§ 6 Abs. 1 Nr. 2 Satz 2 EStG). Ist eine steuerrechtliche Sonderabschreibung zulässig, darf hiernach abgeschrieben werden. Steigt nach einer Abschreibung der Teilwert von Umlaufgegenständen an einem darauffolgenden Bilanzstichtag wieder, so darf dieser höhere Teilwert angesetzt werden bis zur Grenze der Anschaffungs- oder Herstellungskosten, auch wenn dabei der letzte Bilanzansatz überschritten wird (§ 6 Abs. 1 Nr. 2 Satz 3 EStG).

Steuerrechtlich kommen also für Umlaufgegenstände folgende Bilanzansätze in Betracht:
- Anschaffungs- oder Herstellungskosten (Höchstwert)
- Niedrigerer Teilwert (Abschreibungswahlrecht)
- Niedrigerer steuerrechtlich zulässiger Wert (Abschreibungswahlrecht)
- Höherer Teilwert bis zur Grenze der Anschaffungs- oder Herstellungskosten (Zuschreibungswahlrecht)

574 Nach dem **Maßgeblichkeitsgrundsatz** in Verbindung mit dem **Bewertungsvorbehalt**[491] ergibt sich für die Bewertung der Umlaufgegenstände in der Steuerbilanz:

---

[491] Siehe Rdn. 54.

Handelsbilanz	Steuerbilanz	Maßgeblichkeitsgrundsatz und Bewertungsvorbehalt
Anschaffungs- oder Herstellungskosten (Höchstwert)	Anschaffungs- oder Herstellungskosten (Höchstwert)	Anschaffungs- oder Herstellungskosten als Höchstwert
Niedrigerer Wert nach dem Niederstwertprinzip (Abschreibungsgebot)	Niedrigerer Teilwert (Abschreibungswahlrecht)	In der Steuerbilanz setzt sich das handelsrechtliche Abschreibungsgebot gegenüber dem steuerrechtlichen Abschreibungswahlrecht durch.
Niedrigerer Wert zur Vermeidung von Wertschwankungen (Abschreibungswahlrecht)	Niedrigerer Teilwert (Abschreibungswahlrecht)	Entspricht der niedrigere handelsrechtliche Wert dem Teilwert, darf er in der Steuerbilanz angesetzt werden, wenn er in der Handelsbilanz angesetzt worden ist.
Niedrigerer Wert nach vernünftiger kaufmännischer Beurteilung (Abschreibungswahlrecht)	Handelsrechtlicher niedriger Wert entspricht nicht dem Teilwert.	Bewertungsvorbehalt geht dem Maßgeblichkeitsgrundsatz in der Steuerbilanz vor. Daher keine Abschreibung.
Niedrigerer Wert nach einer steuerrechtlich zulässigen Sonderabschreibung (Abschreibungswahlrecht)	Steuerrechtliche Sonderabschreibung (Abschreibungswahlrecht)	In der Steuerbilanz anzusetzen, wenn in der Handelsbilanz ebenso abgeschrieben worden ist.
Aufwertung nach Wertsteigerung bis zur Grenze der Anschaffungs- oder Herstellungskosten (Zuschreibungswahlrecht)	Höherer Teilwert bis zur Grenze der Anschaffungs- oder Herstellungskosten (Zuschreibungswahlrecht)	Bewertungsansatz in der Handelsbilanz wird in der Steuerbilanz übernommen.

Unternehmer, die ihren **Gewinn nach § 5 Abs. 1 EStG ermitteln**, müssen nach dem handelsrechtlichen Niederstwertprinzip den niedrigeren Teilwert ansetzen. Haben Vorräte einen Börsen- oder Marktpreis, ist dieser als niedriger Teilwert auszuweisen. Haben Vorräte keinen Börsen- oder Marktpreis, können sie mit ihren Anschaffungs- oder Herstellungskosten oder mit einem zwischen diesen 575 und dem niedrigeren Teilwert liegenden Wert angesetzt werden, wenn und soweit bei vorsichtiger Beurteilung aller Umstände damit gerechnet werden kann, daß bei einer späteren Veräußerung der angesetzte Wert zuzüglich der Veräußerungskosten zu erlösen ist[492].

576 Unternehmer, die ihren **Gewinn nach § 4 Abs. 1 EStG ermitteln** dürfen Vorräte auch dann mit den Anschaffungs- oder Herstellungskosten ausweisen, wenn ihr Teilwert erheblich und voraussichtlich dauernd unter die Anschaffungs- oder Herstellungskosten gesunken ist. Sind diese Wirtschaftsgüter aber wertlos oder so gut wie wertlos, dürfen ihre Anschaffungs- oder Herstellungskosten nicht mehr angesetzt werden[493].

577 Ist der Einkaufspreis von Vorräten am Bilanzstichtag unter die Anschaffungskosten gesunken, sind die **Wiederbeschaffungskosten** auch dann als Teilwert anzusetzen, wenn mit einem entsprechenden Rückgang der Verkaufspreise nicht gerechnet zu werden braucht[494].

578 Bei den Vorräten ist zu unterscheiden, ob sie zum Absatz bestimmt oder nicht zum Absatz bestimmt sind. Zu den **nicht zum Absatz bestimmten Vorräten** gehören z. B. die unverkäuflichen Ärztemuster. Da hier Anschaffungskosten nicht angefallen sind und auch ein Einzelveräußerungspreis nicht in Betracht kommt, sind sie grundsätzlich mit den Herstellungskosten zu aktivieren[495].

579 Zum Absatz bestimmte Vorräte, z. B. fertige Erzeugnisse oder Waren, können durch Lagerung, Änderung des modischen Geschmacks oder aus anderen Gründen im Wert gemindert sein. Zur Bestimmung ihres Teilwerts ist hier von den voraussichtlich erzielbaren Veräußerungserlösen auszugehen. Sie werden anhand der Aufzeichnungen über Schlußverkäufe, Sonderverkäufe und dgl. bestimmt.

Werden daher **Schlußverkäufe** oder andere **Saisonausverkäufe** durchgeführt, so sollten über die erzielten Verkaufspreise sorgfältige Aufzeichnungen geführt werden, um hierdurch nachweisen zu können, welche Preise für die am Abschlußstichtag vorhandenen Erzeugnisse oder Waren erzielt wurden. Es muß aber nicht jede einzelne Ware und jedes einzelne Erzeugnis erfaßt werden. Die tatsächlich erzielten Verkaufspreise für die im Wert geminderten Wirtschaftsgüter müssen aber in der Weise und in einer so großen Anzahl von Fällen nachgewiesen werden, daß sich daraus ein repräsentativer Querschnitt für die zu bewertenden Wirtschaftsgüter ergibt und allgemeine Schlußfolgerungen gezogen werden können[496].

Wurden so die voraussichtlichen Verkaufserlöse ermittelt, so können diese um den durchschnittlichen **Unternehmergewinn** und dem nach dem Bilanzstichtag noch anfallenden betrieblichen Aufwand gemindert werden. Der verbleibende

---
[492] R 36 Abs. 1 Sätze 3 und 4 EStR.
[493] R 36 Abs. 1 Satz 5 EStR; H 36 (Wertlosigkeit) EStH.
[494] R 36 Abs. 2 Satz 1 EStR.
[495] R 36 Abs. 2 Satz 2 EStR.
[496] R 36 Abs. 2 Sätze 8 bis 10 EStR.

Wert ist der Teilwert. In der Regel kann daher der voraussichtliche Verkaufserlös um den durchschnittlichen Rohgewinnaufschlag gekürzt werden, um den Teilwert zu erhalten[497].

Um den **Teilwert** für einen bestimmten Warenposten oder Posten von Fertigerzeugnissen zu ermitteln, ist so vorzugehen: **580**
1. Den Warenposten oder Posten von Fertigerzeugnissen, die im Wert gemindert sind, werden die Verkaufspreise zugeordnet, die in dem nach dem Abschlußstichtag durchgeführten Schlußverkauf oder Saisonausverkauf erzielt worden sind. Die Werte sind den Preisaufzeichnungen über die Ausverkäufe zu entnehmen.
2. Anhand der Gewinn- und Verlustrechnung wird der Rohgewinnaufschlagsatz ermittelt.
3. Der Teilwert wird anhand folgender Formel errechnet:
$X = Z : (1 + Y)$
X ist der zu suchende Teilwert
Y ist der Rohgewinnaufschlagsatz als Dezimalzahl
Z ist der Verkaufserlös[498].

Der Rohgewinnaufschlagsatz ergibt sich:

Rohgewinn = wirtschaftlicher Umsatz (Umsatzerlöse) ./. Wareneinsatz

$$\text{Rohgewinnaufschlagsatz} = \frac{\text{Rohgewinn} \times 100}{\text{Wareneinsatz}}$$

Beispiel:
Aus der Gewinn- und Verlustrechnung ergeben sich:
wirtschaftlicher Umsatz =   *580 650 DM*
Wareneinsatz =   *– 414 780 DM*
Der Rohgewinn beträgt daher   *165 870 DM*
Rohgewinnaufschlagsatz = 165 870 × 100 : 414 780
            = 0,4

Die Verkaufserlöse für die Einzelstücke eines bestimmten Warenpostens betragen nach den Ausverkaufsaufzeichnungen 125 DM. Anhand der genannten Formel ergibt sich der Teilwert der einzelnen Ware:
X = 125 : (1 + 0,4)
  = 125 : 1,4
  = 89,29 DM

---

[497] R 36 Abs. 2 Sätze 3 und 4 EStR.
[498] R 36 Abs. 2 Sätze 5 und 6 EStR.

2.12.5 Anzahlungen auf Vorräte

2.12.5.1 Geleistete Anzahlungen

581 Es sind zu unterscheiden:
- Anzahlungen auf künftige Lieferungen von Vorräten,
- Anzahlungen auf mit dem Produktionsprozeß zusammenhängenden Dienstleistungen,
- Anzahlungen auf Anlagen,
- Anzahlungen auf Dienstleistungen für Reparaturen,
- Rechts- und Gerichtskostenzuschüsse,
- Reisekostenvorschüsse,
- Lohn- und Gehaltsvorschüsse u. ä.

582 Als „**geleistete Anzahlungen auf Vorräte**" kommen nur die ersten beiden Positionen in Betracht. In der Regel handelt es sich um Anzahlungen auf künftige Lieferungen oder Leistungen. Handelt es sich um Anzahlungen auf „Aufwendungen für bezogene Leistungen" im Sinne der Positionen 5 b von § 275 Abs. 2 HGB, dann werden sie als „geleistete Anzahlungen auf Vorräte" gebucht und ausgewiesen, wenn es sich um Anzahlungen auf an Materialien und unfertigen Erzeugnissen von Subunternehmern durchzuführende Lohnbearbeitungen oder -verarbeitungen handelt.

Als „geleistete Anzahlung auf Vorräte" wird die **Zahlung** gebucht und ausgewiesen. Kommt die Lieferung der Vorräte oder die Subunternehmerleistung nicht zustande, entsteht ein **Rückforderungsanspruch**. Die Anzahlungen haben daher Forderungscharakter.

583 Es wird daher gebucht:

⇨ geleistete Anzahlungen auf Vorräte
 an flüssige Mittel

Bei Lieferung der Vorräte wird gebucht:

⇨ Roh-, Hilfs- und Betriebsstoffe
 an geleistete Anzahlungen auf Vorräte

584 Nach der sog. **Mindest-Istbesteuerung** entsteht die Umsatzsteuerschuld bei der Besteuerung nach vereinbarten Entgelten bereits mit Ablauf des Voranmeldungszeitraums, in dem das Entgelt oder Teilentgelt vor Ausführung der Lieferung/Leistung bzw. Teillieferung/Teilleistung vereinnahmt worden ist (§ 13 Abs. 1 Nr. 1 a Satz 4 UStG).

Der Leistungsempfänger kann auf der anderen Seite die **Vorsteuer** abziehen, wenn ihm eine Rechnung mit Umsatzsteuerausweis vorliegt und er die Anzahlung geleistet hat (§ 15 Abs. 1 Nr. 1 Satz 2 UStG).

Vorräte

Der Leistungsempfänger bucht: **585**
⇨ geleistete Anzahlungen auf Vorräte
Vorsteuer
an flüssige Mittel

Der DATEV-Kontenrahmen SKR 04 sieht vor, daß geleistete Anzahlungen auf verschiedenen Konten je nach Vorsteuer-Satz gebucht werden. Die Beträge werden brutto (einschließlich Umsatzsteuer) gebucht. Die Vorsteuer wird automatisch errechnet.

2.12.5.2 Erhaltene Anzahlungen

Erhaltene Anzahlungen auf Bestellungen können als Verbindlichkeiten behandelt werden (s. auch Rdn. 1073 ff.). Sie werden dann gebucht: **586**

⇨ flüssige Mittel
an erhaltene Anzahlungen auf Bestellungen

In diesem Fall werden sie in der Bilanz als Passivposten ausgewiesen, im Bilanzschema von § 266 HGB ist dafür auf der Passivseite der Posten vorgesehen:

Passivseite

C. 3. erhaltene Anzahlungen auf Bestellungen

Beispiel:
Am Bilanzstichtag werden Fertigerzeugnisse aufgenommen und mit 850 000 DM bewertet. Auf Bestellungen wurden von Kunden 480 000 DM Anzahlungen geleistet.

Aktiva		Passiva
fertige Erzeugnisse	850 000	erhaltene Anzahlungen auf Bestellungen 480 000

Die Größenklasse einer **Kapitalgesellschaft** hängt unter anderem von der Bilanzsumme ab[499]. Von der Zuordnung zur Größenklasse hängen ab **587**
- die Aufstellungsfrist für den Jahresabschluß,
- die Gliederung für den Jahresabschluß,
- der Umfang der Pflichtangaben,
- die Prüfung des Jahresabschlusses und
- die Offenlegung des Jahresabschlusses.

Es ist daher bedeutsam, zu welcher Größenklasse eine Kapitalgesellschaft gehört. Liegt eine Kapitalgesellschaft an der Grenze von einer Größenklasse zur anderen, dann kann eine Minderung der Bilanzsumme dafür den Ausschlag geben, daß eine Kapitalgesellschaft zum Beispiel nicht mehr eine mittelgroße, sondern eine kleine Kapitalgesellschaft ist.

---
[499] Siehe Rdn. 25.

588 Nach § 268 Abs. 5 Satz 2 HGB können erhaltene Anzahlungen auf Bestellungen offen vom Posten „Vorräte" abgesetzt werden. In der Bilanz wird im vorstehenden Beispiel dann bilanziert:

Aktiva			Passiva
fertige Erzeugnisse	*850 000*		
./. erhaltene Anzahlungen			
auf Bestellungen	*480 000*	*370 000*	

Die Bilanzsumme ist hier also um 480 000 DM niedriger als bei der anderen Alternative, wenn die erhaltenen Anzahlungen auf Bestellungen passiviert werden.

Nach dem Gesetzeswortlaut ist es nicht erforderlich, daß die erhaltenen Anzahlungen bestimmten Vorräten zugeordnet werden können. Die Anzahlungen können aber nur insoweit abgezogen werden, als Vorräte vorhanden sind. Die Vorräte dürfen also nicht negativ werden[500].

Nach dem DATEV-Kontenrahmen SKR 04 ist das Konto „1190 Erhaltene Anzahlungen auf Bestellungen (von Vorräten offen abgesetzt)" vorgesehen.

---

[500] ADS 6. Auflage, HGB § 266 Rdn. 99.

2.13 Forderungen und sonstige Vermögensgegenstände

Konten	
IKR	SKR 04
24 Forderungen aus Lieferungen und Leistungen 25 Forderungen gegen verbundene Unternehmen und gegen Unternehmen, mit denen ein Beteiligungsverhältnis besteht 26 Sonstige Vermögensgegenstände	S 1200 Forderungen aus Lieferungen und Leistungen 1260 Forderungen gegen verbundene Unternehmen 1280 Forderungen gegen Unternehmen, mit denen ein Beteiligungsverhältnis besteht 1298 Ausstehende Einlagen auf das gezeichnete Kapital, eingefordert (Forderungen, nicht eingeforderte ausstehende Einlagen, s. Konto 2910) 1299 Eingeforderte Nachschüsse (Gegenkonto 2929) 1300 Sonstige Vermögensgegenstände

2.13.1 Begriff und Arten

Eine **Forderung** ist das Recht, von einem anderen aufgrund eines Schuldverhältnisses eine Leistung zu fordern (§ 241 BGB).

Das Schuldverhältnis kann **entstanden** sein durch
- Erfüllung der Tatbestandsvoraussetzungen einer bestimmten Gesetzesvorschrift, z. B. ungerechtfertigte Bereicherung (§ 812 ff. BGB), unerlaubte Handlung (§ 823 ff. BGB), Geschäftsführung ohne Auftrag (§ 677 ff. BGB) oder
- Vertrag, z. B. Kaufvertrag (§ 433 ff. BGB), Mietvertrag (§ 535 ff. BGB), Darlehensvertrag (§ 607 ff. BGB), Werkvertrag (§ 631 ff. BGB), Auftrag (§ 662 ff. BGB).

Sonstige Vermögensgegenstände sind den Forderungen ähnliche Vermögensgegenstände, die nicht zu anderen Bilanzpositionen gehören.

Als Vermögensgegenstände des **Umlaufvermögens** sind Forderungen und sonstige Vermögensgegenstände dazu bestimmt, nur einmal für geschäftliche Zwecke genutzt zu werden. Sie sollen verwertet, d. h. flüssige Mittel werden. Eine Forderung oder ein sonstiger Vermögensgegenstand sollen also möglichst bald in Bargeld, in Schecks oder in eine Bankgutschrift umgewandelt werden.

2.13.2 Anschaffungskosten der Forderungen

593 Forderungen sind Vermögensgegenstände des Umlaufvermögens. Sie sind daher wie alle Vermögensgegenstände mit den Anschaffungs- oder Herstellungskosten anzusetzen (§ 253 Abs. 1 Satz 1 HGB, § 6 Abs. 1 Nr. 2 EStG). Auszugehen ist von den Anschaffungskosten.

Der Wertmaßstab „Anschaffungskosten" setzt einen Anschaffungsvorgang voraus. Dieser bezieht sich auf ein bestehendes Wirtschaftsgut, das entgeltlich erworben wird. Anschaffungskosten sind nur bei entgeltlichem Erwerb bereits bestehender Forderungen denkbar. Sie sind daher in der allgemeinen Bedeutung, wie sie in Rdn. 144 dargestellt wurde, nicht auf alle Forderungen als Wertmaßstab anwendbar.

594 Anschaffungskosten einer Forderung aus der Veräußerung von Vermögensgegenständen sind ihr **Nennwert** einschließlich der in Rechnung gestellten Umsatzsteuer[501].

Beispiel:
U verkauft dem Einzelhändler E Waren. Er erteilt folgende Rechnung:

Warenwert	3 600 DM
Umsatzsteuer	576 DM
Rechnungsbetrag	4 176 DM

U bucht:

➤ Forderungen aus Lieferungen und Leistungen	4 176 DM
an Erlöse	3 600 DM
an Umsatzsteuer	576 DM

595 Eine Forderung in **fremder Währung** ist mit dem zur Zeit ihrer Entstehung geltenden Wechselkurs in deutsche Währung umzurechnen.

596 Bei **Versandhandelsgeschäften** kommt es darauf an, ob es sich um einen Kauf mit Rücktrittsrecht oder einen Kauf auf Probe handelt.

Beispiel:
Ein Versandhandelsunternehmen schickt den Kunden Waren zu, die diese nach Katalog bestellt haben, und räumt ihnen das Recht ein, die Waren „ohne Angabe von Gründen" innerhalb von 14 Tagen zurückzuschicken.

597 Handelt es sich um einen **Kauf mit Rücktrittsrecht**, so erfüllt der Verkäufer den Vertrag mit der Lieferung. Im Zeitpunkt der Lieferung ist daher der Gewinn realisiert und die Forderung zum Nennbetrag auszuweisen. Die Rücknahmegarantie

---

[501] Ellrott/Schmidt-Wendt in: Beck Bil-Komm. § 255 Rdn. 252; Schmidt/Glanegger EStG § 6 Rz 361.

Forderungen und sonstige Vermögensgegenstände

ist lediglich eine erweiterte Gewährleistungsverpflichtung. Hierfür ist eine Rückstellung in Höhe der zu erwartenden Rücknahmequote zu bilden[502].
Rückstellungen sind nur in Höhe des Betrags anzusetzen, der nach vernünftiger kaufmännischer Beurteilung notwendig ist (§ 253 Abs. 1 Satz 2 HGB). Würde die Rückstellung in Höhe des Gewinnanteils passiviert, so käme das im Ergebnis einer Bewertung der Forderung in Höhe der Anschaffungskosten der Ware gleich. Würden die Forderungen eines Versandhandelsunternehmens generell nur den Wert der Anschaffungskosten der Waren haben, wäre eine Fortführung der Unternehmenstätigkeit unmöglich.

Es ist daher bei der Höhe der Rückstellung das normale Risiko des Versandhandelsunternehmens zu berücksichtigen, wie es sich aus den bisherigen Geschäften ergibt, wobei besondere Risiken am Bilanzstichtag zu erfassen sind, die zur Zeit der Bilanzaufstellung sichtbar sind.

Liegen aber den Versandhandelsgeschäften **Kaufverträge auf Probe** zugrunde, so kommen sie unter der aufschiebenden Bedingung der Billigung der Ware durch den Käufer zustande. Die Billigung ist eine empfangsbedürftige Willenserklärung. Das Versandhandelsunternehmen muß sie also erfahren. Das geschieht durch die Zahlung des Kaufpreises oder durch Ablauf der Rücknahmefrist. Zahlung bei der Postnachnahme ist aber noch keine Billigung, da sie nur erfolgt, um die Ware zu erhalten. Ingebrauchnahme der Ware ist ebenfalls keine Billigung, wenn das Versandhandelsunternehmen hiervon keine Kenntnis erlangt. Bei einem Kauf auf Probe kann daher die Forderung erst mit Ablauf der Rückgabefrist oder bei früherem Zahlungseingang ausgewiesen werden[503].

598

2.13.3 Forderungen aus Lieferungen und Leistungen

599

Konten	
IKR	SKR 04
24 Forderungen aus Lieferungen und Leistungen 240 Forderungen aus Lieferungen und Leistungen | 244 245 Wechselforderungen aus Lieferungen und Leistungen (Besitzwechsel)	S 1200 Forderungen aus Lieferungen und Leistungen R 1201-06 Forderungen aus Lieferungen und Leistungen F 1210–20 Forderungen aus Lieferungen und Leistungen ohne Kontokorrent F 1221 – Restlaufzeit bis 1 Jahr F 1225 – Restlaufzeit größer 1 Jahr

---

502 OFD Münster, Vfg. v 12.6.1989, S 2132 – 156 – St 11 – 31, DStR 1989 S. 402, BB 1989 S. 1310; siehe auch BMF, Schr. v. 2.6.1997 IV B 2 – S 2137 – 59/97, BStBl 1997 I S. 611, LEXinform-Nr. 0138469.
503 OFD Münster, s. FN 502; siehe auch FinMin Sachsen v. 1.3.1996, 35 – S 7270 – 4/6 – 10505, LEXinform-Nr. 0131403.

246 | frei 248 249 Wertberichtigungen zu Forderungen aus Lieferungen und Leistungen 2491 Einzelwertberichtigungen 2492 Pauschalwertberichtigungen	F 1230 Wechsel aus Lieferungen und Leistungen F 1231 – Restlaufzeit bis 1 Jahr F 1232 – Restlaufzeit größer 1 Jahr F 1235 Wechsel aus Lieferungen und Leistungen, bundesbankfähig 1240 Zweifelhafte Forderungen 1241 – Restlaufzeit bis 1 Jahr 1245 – Restlaufzeit größer 1 Jahr 1246 Einzelwertberichtigungen zu Forderungen mit einer Restlaufzeit bis zu 1 Jahr 1247 Einzelwertberichtigungen zu Forderungen mit einer Restlaufzeit von mehr als einem Jahr 1248 Pauschalwertberichtigung zu Forderungen mit einer Restlaufzeit bis zu 1 Jahr 1249 Pauschalwertberichtigung zu Forderungen mit einer Restlaufzeit von mehr als einem Jahr F 1250 Forderungen aus Lieferungen und Leistungen gegen Gesellschafter F 1251 – Restlaufzeit bis 1 Jahr F 1255 – Restlaufzeit größer 1 Jahr 1259 Gegenkonto 1221–1229, 1250–1258, 1270–1279, 1290–1297 b. Aufteil. Debitorenkonto
	R Diese Konten können erst dann bebucht werden, wenn ihnen eine andere Funktion zugeteilt wurde F Konten mit allgemeiner Funktion

2.13.3.1 Abgrenzung der Forderungen aus Lieferungen und Leistungen von den sonstigen Vermögensgegenständen

600 Lieferungen und Leistungen sind die Geschäfte, die für das Unternehmen typisch sind. Ein Handelsunternehmen liefert Waren. Seine Forderungen beruhen auf Kaufverträgen. Ein Hersteller für Spezialmaschinen liefert Maschinen nach

Forderungen und sonstige Vermögensgegenstände

bestimmten Kundenaufträgen. Seine Forderungen beruhen auf Werklieferungsverträgen. Ein Bauunternehmer errichtet bestimmte Bauwerke. Seine Forderungen beruhen auf Werkverträgen. Ein Vermieter gewährt dem Mieter den Gebrauch der vermieteten Sache während der Mietzeit. Seine Forderungen beruhen auf Mietverträgen. Das Handelsunternehmen und der Maschinenhersteller haben Forderungen aus Lieferungen, Bauunternehmer und Vermieter haben Forderungen aus Leistungen.

Die **Gegenbuchungen** erfolgen auf Erlöskonto und Umsatzsteuerkonto. Es wird also bei einer Lieferung oder Leistung gebucht:

➤ Forderungen aus Lieferungen und Leistungen
an Erlöse
an Umsatzsteuer

Beispiel:
Handelsunternehmen H liefert Waren für 3 500 DM zuzüglich 560 DM Umsatzsteuer. H bucht:

➤ *Forderungen aus Lieferungen*	*4 060 DM*
an Erlöse	*3 500 DM*
an Umsatzsteuer	*560 DM*

Forderungen aus Lieferungen und Leistungen verlieren durch **längere Stundung** 601 nicht ihren ursprünglichen Charakter[504]. Der Betrag der Forderungen mit einer Restlaufzeit von mehr als einem Jahr ist bei jedem gesondert ausgewiesenen Posten zu vermerken (§ 268 Abs. 4 Satz 1 HGB). Es sind daher Forderungen aus Lieferungen und Leistungen mit einer längeren Laufzeit als ein Jahr lediglich betragsmäßig anzugeben. Die Forderungen verlieren somit durch die längere Laufzeit nicht ihren ursprünglichen Charakter und sind deshalb nicht unter den sonstigen Vermögensgegenständen auszuweisen.

Der Posten „Forderungen aus Lieferungen und Leistungen" gibt die Herkunft der 602 Forderungen an. Der Ausweis unter diesem Bilanzposten entspricht daher dem Grundsatz der Klarheit. Die Liquidität wird ausreichend durch den Vermerk „davon mit einer Restlaufzeit von mehr als einem Jahr" gekennzeichnet[505].

Werden **Vermögensgegenstände verkauft, die nicht zu den betriebsüblichen** 603 **Handelswaren oder Erzeugnissen gehören,** so sind die Forderungen aus diesen Umsatzgeschäften zwar dem Wortsinne nach Forderungen aus Lieferungen. Diese Forderungen werden aber nicht hier, sondern als „Sonstige Vermögensgegenstände" ausgewiesen[506]. Die Gegenbuchung erfolgt auf Konto „Sonstige betriebliche Erträge".

---

[504] ADS 6. Auflage, HGB § 266 Rdn. 122.
[505] Kropff in: Geßler u. a., § 151 Rdn. 52.
[506] Schäfer, S. 83.

➤ Sonstige Vermögensgegenstände
 an Umsatzsteuer
 an Sonstige betriebliche Erträge

Auf diese Weise werden die Umsatzgeschäfte, die gelegentlich vorkommen, streng getrennt von den Umsatzgeschäften, die für den Geschäftsbetrieb des Unternehmens typisch sind.

Beispiel:
Unternehmen U verkauft ein betriebliches Kraftfahrzeug, das noch einen Buchwert von 12 000 DM hat, für 20 000 DM zuzüglich Umsatzsteuer an den Unternehmer K.

Buchung:
➤ *Sonstige Vermögensgegenstände*	*23 200 DM*
an Umsatzsteuer	*3 200 DM*
an Fuhrpark	*12 000 DM*
an Sonstige betriebliche Erträge	*8 000 DM*

2.13.3.2 Bilanzierungszeitpunkt

604 Durch einen Kaufvertrag erhält der Verkäufer den Anspruch auf den vereinbarten Kaufpreis (§ 433 Abs. 2 BGB), durch einen Werkvertrag bekommt der Hersteller den Anspruch auf die vereinbarte Vergütung (§ 631 Abs. 1 BGB). Ein Mietvertrag gewährt dem Vermieter den Anspruch auf den vereinbarten Mietzins (§ 535 BGB).

Gleichzeitig ist der Verkäufer verpflichtet, die verkaufte Sache zu übergeben und das Eigentum dem Käufer zu verschaffen (§ 433 Abs. 1 BGB), muß der Unternehmer das versprochene Werk herstellen (§ 631 Abs. 1 BGB), hat der Vermieter dem Mieter während der Mietzeit den Gebrauch der vermieteten Sache zu gewähren (§ 535 BGB).

Rechte und Pflichten der zur Leistung verpflichteten Unternehmer gleichen sich also aus. Sie müßten daher auf der Aktiv- und der Passivseite der Bilanz ausgewiesen werden. Das geschieht aber nicht. Solange sich aus einem Rechtsverhältnis Anspruch und Verpflichtung die Waage halten, handelt es sich um ein **schwebendes Geschäft**. Ansprüche aus schwebenden Geschäften werden noch nicht als Forderungen ausgewiesen.

Zivilrechtlich ist bei einem schwebenden Geschäft der Anspruch auf den Kaufpreis, den Werklohn oder den Mietzins nicht durchsetzbar. Der Vertragspartner kann die geschuldete Leistung verweigern, bis der Unternehmer geleistet hat (§ 273 Abs. 1, § 320 Abs. 1 BGB). Der Unternehmer kann gegen den Schuldner nur ein Urteil erwirken, das dessen Verpflichtung zur Leistung Zug um Zug gegen Empfang der ihm gebührenden Leistung ausspricht (§ 274 Abs. 1 BGB).

Forderungen und sonstige Vermögensgegenstände

605 Bis zum Umsatz werden die Vermögensgegenstände des Unternehmens zu deren Lieferung oder Leistung es sich verpflichtet hat, mit den Anschaffungs- oder Herstellungskosten bewertet. Durch den Umsatz erhält das Unternehmen anstelle der abgegebenen Leistung einen Geldbetrag, einen Scheck, eine Bankgutschrift oder eine Forderung. Auf der anderen Seite verläßt die Leistung des Unternehmens zu Lasten des Aufwands in Höhe der Anschaffungs- oder Herstellungskosten. In Höhe der Differenz zwischen dem gebuchten Aufwand und dem gebuchten Ertrag erfolgt also ein Wertsprung. Hierdurch **realisiert** sich ein positiver oder negativer Erfolg[507].

Es ist also erst im Zeitpunkt der Lieferung oder Leistung der Erfolg realisiert. Dieser Grundsatz heißt **Realisationsprinzip**. Er ist gesetzlich in § 252 Abs. 1 Nr. 4 HGB festgelegt: Gewinne sind nur zu berücksichtigen, wenn sie am Abschlußstichtag realisiert sind.

Realisiert ist der Erfolg dann und damit die Forderung auszuweisen, wenn der zur Lieferung oder Leistung Verpflichtete seine Leistung **vertragsgemäß erfüllt** hat. Das ist auch der Fall, wenn nur noch unwesentliche Nebenleistungen ausstehen. Ist der Lieferer zur Verschaffung des Eigentums verpflichtet, so reicht in der Regel die Verschaffung wirtschaftlichen Eigentums aus.

606 Es entspricht kaufmännischer Übung, den Gewinn im Zeitpunkt der **Rechnungserteilung** auszuweisen. Durch eine verspätete Rechnungserteilung darf aber der Gewinnausweis nicht hinausgeschoben werden. Wird die Rechnung daher verspätet ausgestellt, so ist die Forderung mit Gewinnausweis zu aktivieren, wenn die Leistung, bis auf eventuell noch ausstehende Nebenleistungen, erbracht ist und, bei einem Werkvertrag, vom Empfänger abgenommen worden ist. Nicht erforderlich für ihre Aktivierung ist, daß die Forderung **fällig** ist[508].

607 Vom Realisationsprinzip darf auch dann nicht abgewichen werden, wenn das Unternehmen lieferbereit und lieferberechtigt, der Empfänger auch abnahmebereit ist, die Lieferung aber aus besonderen Umständen, die der Lieferant nicht zu vertreten hat, nicht erfolgen kann.

Beispiel:
Ein Automobilwerk kann an bestimmte Abnehmer fest verkaufte Pkw, die versandfertig auf seinem Fabrikhof lagern, nicht ausliefern, weil ein allgemeiner Streik der Transportarbeiter ausgebrochen ist. Die Pkw sind zu Herstellungskosten zu bilanzieren.

Sind Erzeugnisse **auslieferungsfähig**, sind es fertige Erzeugnisse[509]. Die Auslieferungsfähigkeit gehört also zu einer bestimmten Produktionsstufe. Sie gehört zur Herstellung und ist daher nicht Teil des Absatzgeschäfts. Der Erfolg ist also noch

---
[507] Leffson, S. 247 ff.
[508] Herrmann/Heuer/Raupach, § 5 Anm. 49 t (7).
[509] S. Rdn. 499.

nicht realisiert. Auch wenn in aufeinanderfolgenden Geschäftsjahren die versandfertigen Bestände der Höhe nach wegen außergewöhnlicher Umstände erheblich voneinander abweichen, darf das nicht zu einem vom Realisationsprinzip abweichenden Gewinnausweis führen. Ist die Vergleichbarkeit der aufeinanderfolgenden Jahresergebnisse gestört, ist die Ursache der Abweichung im Anhang oder in einem Vermerk zur Bilanz darzulegen.

608 **Bestrittene** Forderungen können erst am Schluß des Wirtschaftsjahres angesetzt werden, in dem über den Anspruch rechtskräftig zugunsten des Forderungsgläubigers entschieden wird oder in dem eine Einigung mit dem Schuldner dahingehend zustande kommt, daß dieser zahlt[510].

2.13.3.3 Mehrjährige Fertigung

609 Werden **Großobjekte** erst nach mehreren Jahren fertiggestellt, so werden in den Jahren der Herstellung nur die Herstellungskosten aktiviert. Werden Fertigungsgemeinkosten in Ausübung eines Aktivierungswahlrechts nicht als Herstellungskosten aktiviert[511], so werden diese als Aufwendungen behandelt.

In den Jahren, in denen das Projekt noch nicht fertiggestellt und abgenommen ist, fallen dann erhebliche Aufwendungen an, die nur zum Teil als Herstellungskosten aktiviert werden. Im Jahr der Fertigstellung wird die Forderung ausgewiesen und damit der Gewinn voll realisiert, obwohl er in allen Jahren der Herstellung „verdient" worden ist. Bei strenger Anwendung des Realisationsprinzips tritt so eine Erfolgsverzerrung ein.

Beispiel:
Eine Baufirma übernahm ein Los für eine Autobahnstrecke von 50 km. Mit diesem Großauftrag ist sie nahezu voll ausgelastet. Ende des ersten Geschäftsjahrs sind 15 km Autobahn fertiggestellt. Die Abwicklung des gesamten Projekts wird etwa drei Jahre dauern.

610 Nach der Rechtsprechung des BFH soll eine Verteilung von Teilgewinnen auf die einzelnen Jahre der Fertigung im Hinblick auf das Realisationsprinzip nur dann zulässig sein, wenn endgültige **Teilabrechnungen** erstellt werden oder abgrenzbare und bereits abgenommene Teilbauten hergestellt worden sind[512]. Zum Zeitpunkt des vom BFH entschiedenen Falles gab es aber noch nicht die Vorschrift des § 252 HGB.

611 Zwar sind Gewinne nur zu berücksichtigen, wenn sie am Abschlußstichtag realisiert sind (§ 252 Abs. 1 Nr. 4, 2. Halbsatz HGB). Hiervon darf aber in begründeten Ausnahmefällen abgewichen werden (§ 252 Abs. 2 HGB). Ein begründeter Ausnahmefall wird bei **langfristiger Fertigung** angenommen. Als generelle Voraus-

---
510 BFH, Urt. v. 26.4.1989 I R 147/84, BStBl 1991 II S. 213.
511 Siehe Rdn. 268 ff.
512 BFH, Urt. v. 5. 5. 1976 I R 121/74, BStBl 1976 II S. 541.

Forderungen und sonstige Vermögensgegenstände

setzung wird angesehen, daß die langfristige Fertigung einen wesentlichen Teil der Unternehmenstätigkeit ausmacht und daß ohne eine anteilige Gewinnvereinnahmung der Jahresabschluß ein unzutreffendes Bild von der Ertragslage des Unternehmens vermitteln würde[513].

Eine **Teilgewinnrealisierung** in den einzelnen Jahren der Fertigstellung soll aber nur unter folgenden Voraussetzungen zulässig sein, die sämtlich erfüllt sein müssen[514]: **612**
1. Es muß sich um eine langfristige Fertigung handeln, d. h. der Fertigungsprozeß muß sich über die Dauer eines Geschäftsjahres hinaus hinziehen;
2. langfristige Fertigungen müssen einen wesentlichen Teil der Tätigkeit des Unternehmens bilden;
3. eine Abrechnung des Auftrages erst nach Abschluß der langfristigen Fertigung würde zu einer nicht unerheblichen Beeinträchtigung des Einblicks in die Ertragslage des Unternehmens führen;
4. der aus der langfristigen Fertigung erwartete Gewinn muß sicher zu ermitteln sein (Vorkalkulationen, laufende Kostenrechnung mit Soll/Ist-Vergleich), und es dürfen keine Risiken ersichtlich sein, die das erwartete Ergebnis wesentlich beeinträchtigen können;
5. für unvorhersehbare Garantieleistungen und Nachbesserungen müssen vorsichtig bemessene Beträge berücksichtigt sein;
6. die Gesamtleistung muß in kalkulatorisch abgrenzbare Teilleistungen zerlegt werden können;
7. es darf allenfalls der auf diese Teilleistungen anteilmäßig entfallende Gewinn vereinnahmt werden;
8. schließen Teilleistungen gegenüber den Vorkalkulationen mit wesentlich höheren Ist-Kosten ab, so dürfen anteilige Gewinne nicht vereinnahmt werden, soweit nicht davon ausgegangen werden kann, daß die noch anfallenden Kosten hinreichende Deckung im Erlös finden;
9. es dürfen keine Anzeichen dafür vorliegen, daß der Abnehmer Einwendungen erheben kann, die sich negativ auf das Gesamtergebnis auswirken können.

Für Teilgewinnrealisierungen besteht ein **Bewertungswahlrecht**. Da eine Teilgewinnrealisierung eine Ausnahme vom Realisationsprinzip darstellt, läßt sich aus dem Grundsatz der Bewertungsstetigkeit nicht folgern, daß diese Methode, einmal angewandt, auch künftig beibehalten werden müßte[515]. **613**

Wegen der Unsicherheit der Rechtslage ist zu empfehlen, bei Großobjekten die Leistungen in den einzelnen Jahren genau abzugrenzen, aufzunehmen, vom Besteller abnehmen zu lassen und abzurechnen. Wird das nicht beachtet, werden erheblich schwankende Geschäftserfolge ausgewiesen. Dann können Bankkredite **614**

---
513 ADS 6. Auflage, HGB § 252 Rdn. 86.
514 ADS 6. Auflage, HGB § 252 Rdn. 88.
515 ADS 6. Auflage, HGB § 252 Rdn. 89.

gefährdet oder zumindest verteuert werden. Hinzu können Progressionsnachteile bei der Ertragsbesteuerung kommen.

2.13.3.4 Wechselforderungen

615 Nimmt der Liefernde oder Leistende einen Wechsel seines Kunden herein, so geht dadurch seine Forderung gegen den Kunden nicht unter. Wechsel werden im Zweifel nicht an Erfüllungs Statt, sondern erfüllungshalber hereingenommen (§ 364 Abs. 2 BGB).

616 In der Buchführung wird aber bei Hereinnahme eines Kundenwechsels **gebucht**:

➤ Wechselforderung aus Lieferungen und Leistungen
an Forderung aus Lieferungen und Leistungen

Buchhalterisch wird also die Forderung so behandelt, als sei sie erloschen.

617 Nach den Kontenrahmen (s. Rdn. 599) ist das Konto „Wechselforderungen aus Lieferungen und Leistungen" ein Unterkonto der Kontengruppe „Forderungen aus Lieferungen und Leistungen". Hier werden aber nur die **Besitzwechsel** gebucht, also die Wechsel, die von Kunden zur Begleichung der Forderungen aus Lieferungen und Leistungen hereingegeben werden. In der Bilanz werden dann die Forderungen aus Lieferungen und Leistungen und die Wechselforderungen aus Lieferungen und Leistungen in einer Position „Forderungen aus Lieferungen und Leistungen" zusammengefaßt.

618 Finanzwechsel werden auf dem Konto 275 (IHK)/1520 (SKR 04) Finanzwechsel gebucht und in der Bilanz unter dem Posten „sonstige Wertpapiere" ausgewiesen.

619 **Kautions- und Sicherungswechsel** werden nicht gesondert bilanziert. Hierfür stehen die Forderungen, die sie sichern. Eine Bilanzierung wäre eine Doppelbilanzierung. Besitzwechsel von **verbundenen Unternehmen** und **Unternehmen, mit denen ein Beteiligungsverhältnis besteht,** werden unter diesen Bilanzpositionen ausgewiesen und auf den entsprechenden Konten gebucht[516].

---

[516] Siehe Rdn. 620 ff.

Forderungen und sonstige Vermögensgegenstände

2.13.4 Forderungen gegen verbundene Unternehmen und gegen Unternehmen, mit denen ein Beteiligungsverhältnis besteht

Konten	
IKR	SKR 04
25 Forderungen gegen verbundene Unternehmen und gegen Unternehmen, mit denen ein Beteiligungsverhältnis besteht	1260 Forderungen gegen verbundene Unternehmen
	1261 – Restlaufzeit bis 1 Jahr
	1265 – Restlaufzeit größer 1 Jahr
250 Forderungen aus Lieferungen	1266 Besitzwechsel gegen verbundene Unternehmen
251 und Leistungen gegen verbundene Unternehmen	1267 – Restlaufzeit bis 1 Jahr
252 Wechselforderungen (verb. Unternehmen)	1268 – Restlaufzeit größer 1 Jahr
	1269 Besitzwechsel gegen verbundene Unternehmen, bundesbankfähig
253 sonstige Forderungen gegen verbundene Unternehmen	
254 Wertberichtigungen zu Forderungen gegen verbundene Unternehmen	F 1270 Forderungen aus Lieferungen und Leistungen gegen verbundene Unternehmen
255 Forderungen aus Lieferungen	F 1271 – Restlaufzeit bis 1 Jahr
256 und Leistungen gegen Unternehmen, mit denen ein Beteiligungsverhältnis besteht	F 1275 – Restlaufzeit größer 1 Jahr
	1276 Wertberichtigungen zu Forderungen mit einer Restlaufzeit bis zu 1 Jahr gegen verbundene Unternehmen
257 Wechselforderungen (Beteiligungsverhältnis)	1277 Wertberichtigungen zu Forderungen mit einer Restlaufzeit von mehr als einem Jahr gegen verbundene Unternehmen
258 sonstige Forderungen gegen Unternehmen, mit denen ein Beteiligungsverhältnis besteht	
259 Wertberichtigungen zu Forderungen bei Beteiligungsverhältnissen	1280 Forderungen gegen Unternehmen, mit denen ein Beteiligungsverhältnis besteht
	1281 – Restlaufzeit bis 1 Jahr
	1285 – Restlaufzeit größer 1 Jahr
	1286 Besitzwechsel gegen Unternehmen, mit denen ein Beteiligungsverhältnis besteht
	1287 – Restlaufzeit bis 1 Jahr
	1288 – Restlaufzeit größer 1 Jahr
	1289 Besitzwechsel gegen Unternehmen, mit denen ein Beteiligungsverhältnis besteht, bundesbankfähig

620

	F 1290 Forderungen aus Lieferungen und Leistungen gegen Unternehmen, mit denen ein Beteiligungsverhältnis besteht F 1291 – Restlaufzeit bis 1 Jahr F 1295 – Restlaufzeit größer 1 Jahr 1296 Wertberichtigungen zu Forderungen mit einer Restlaufzeit bis zu 1 Jahr gegen Unternehmen, mit denen ein Beteiligungsverhältnis besteht 1297 Wertberichtigungen zu Forderungen mit einer Restlaufzeit von mehr als einem Jahr gegen Unternehmen, mit denen ein Beteiligungsverhältnis besteht
	F Konten mit allgemeiner Funktion

2.13.4.1 Forderungen gegen verbundene Unternehmen

621 Es ist zu unterscheiden zwischen
- Ausleihungen an verbundene Unternehmen, die bei den Finanzanlagen auszuweisen sind (s. Rdn. 481) und
- Forderungen gegen verbundene Unternehmen.

622 Nach dem Vorsichtsgrundsatz sind Forderungsrechte gegen verbundene Unternehmen im Zweifel als Vermögensgegenstände des Umlaufvermögens und daher als Forderungen gegen verbundene Unternehmen auszuweisen.

623 Im einzelnen kommen als Forderungen gegen verbundene Unternehmen in Frage:
- Forderungen aus Lieferungen und Leistungen, einschließlich Besitzwechsel
- Geleistete Anzahlungen an verbundene Unternehmen
- Forderungen aus Gewinnabführungsverträgen und Verlustübernahmen
- Forderungen aus Dividenden- und Gewinnansprüchen
- Sonstige Forderungen aus Darlehen, Konzernumlagen u. dgl.

624 Es ist unerheblich, ob zum Zeitpunkt der Begründung der Forderung das Unternehmen als verbundenes anzusehen war oder dieser Tatbestand erst später verwirklicht wurde. Ausschlaggebend ist allein, daß es sich um am Abschlußstichtag verbundene Unternehmen handelt. Der Ausweis unter diesem Posten hat Vorrang, auch wenn zugleich ein Beteiligungsverhältnis besteht[517].

---

[517] ADS 6. Auflage, HGB § 266 Rdn. 129.

Forderungen und sonstige Vermögensgegenstände

Zur Frage, wann Unternehmen **verbunden** sind, gelten die Ausführungen zu Rdn. 470 f. entsprechend.

Forderungen gegen verbundene Unternehmen beruhen vielfach nicht auf marktüblichen Geschäften. Sie können durch Konzernverrechnungspreise oder sonst als Folge der Unternehmensverbindung nach Höhe und Befristung manipuliert sein. Eine Verschlechterung der wirtschaftlichen Lage eines der verbundenen Unternehmen beeinflußt auch die anderen verbundenen Unternehmen. Hierdurch werden also die Forderungen **gefährdet**[518]. 625

Derartige Bindungen sind keine Besonderheiten der Kapitalgesellschaften. Auch bei Einzelunternehmen und Personengesellschaften können ähnliche Beziehungen bestehen.

2.13.4.2 Forderungen gegen Unternehmen, mit denen ein Beteiligungsverhältnis besteht

Zum **Begriff der Beteiligung** s. Rdn. 457 ff. 626

Unternehmen, mit denen ein Beteiligungsverhältnis besteht, können sowohl Unternehmen sein, an denen eine Beteiligung gehalten wird, als auch Unternehmen, die ihrerseits eine Beteiligung an der bilanzierenden Gesellschaft halten. Liegt zugleich eine Unternehmensverbindung vor, hat der Ausweis unter „Forderungen gegen verbundene Unternehmen"[519] Vorrang. Ansonsten hat der Ausweis unter dem Posten Forderungen gegen Unternehmen, mit denen ein Beteiligungsverhältnis besteht, Vorrang[520].

2.13.5 Sonstige Vermögensgegenstände

Konten	
IKR	SKR 04
26 Sonstige Vermögensgegenstände 260 anrechenbare Vorsteuer 261 aufzuteilende Vorsteuer 262 sonstige Umsatzsteuerforderungen 263 sonstige Forderungen an Finanzbehörden 264 Forderungen an Sozialversicherungsträger	1298 Ausstehende Einlagen auf das gezeichnete Kapital, eingefordert (Forderungen, nicht eingeforderte ausstehende Einlagen) 1299 Eingeforderte Nachschüsse 1300 Sonstige Vermögensgegenstände

627

---

[518] Kropff, in: Geßler u. a., § 151 Rdn. 70.
[519] S. Rdn. 621 ff.
[520] ADS 6. Auflage, HGB § 266 Rdn. 132.

265 Forderungen an Mitarbeiter, an Organmitglieder und an Gesellschafter
266 andere sonstige Forderungen
267 andere sonstige Vermögensgegenstände (z. B. außer Betrieb gesetzte und zur Veräußerung oder Verschrottung bestimmte ehemalige Gegenstände des Sachanlagevermögens)
268 eingefordertes, noch nicht eingezahltes Kapital und eingeforderte Nachschüsse
269 Wertberichtigungen zu sonstigen Forderungen und Vermögensgegenständen

1310 Forderungen gegen Vorstandsmitglieder und Geschäftsführer
1320 Forderungen gegen Aufsichtsrats- und Beiratsmitglieder
1330 Forderungen gegen Gesellschafter
1340 Forderungen gegen Personal
1350 Kautionen
1360 Darlehen
1370 Durchlaufende Posten
1375 Agenturwarenabrechnung
1378 Ansprüche aus Rückdeckungsversicherungen
1390 GmbH-Anteile zum kurzfristigen Verbleib
1395 Genossenschaftsanteile zum kurzfristigen Verbleib
S 1400
  | Anrechenbare Vorsteuer
S 1406
F 1407 Vorsteuer nach allgemeinen Durchschnittssätzen
F 1408 Berichtigung des Vorsteuerabzugs früherer Jahre
S 1410
  | Aufzuteilende Vorsteuer
1418
1420
  | Umsatzsteuerforderungen
1425
1427 Forderungen aus entrichteten Verbrauchsteuern
1431 Kürzung BerlinFG
F 1433 Bezahlte Einfuhrumsatzsteuer
1434 Vorsteuer im Folgejahr abziehbar
1435 Steuerüberzahlungen
1440 Steuererstattungsanspruch gegenüber anderen EG-Ländern

	1450 Körperschaftsteuerrückforderung
	F 1460 Geldtransit
	F Konten mit allgemeiner Funktion S Sammelkonten

2.13.5.1 Begriff und Arten

Sonstige Vermögensgegenstände sind alle den Forderungen ähnlichen Vermögensgegenstände des Umlaufvermögens, die nicht unter einem anderen Bilanzposten auszuweisen sind. Es handelt sich hier also um einen Restposten, in dem alles ausgewiesen wird, das woanders nicht unterzubringen ist. Weil es aber ein Sammelposten ist, muß nach dem Klarheitsgrundsatz besonders sorgfältig geprüft werden, ob Vermögensgegenstände nicht zu anderen Bilanzposten gehören, ehe sie hier ausgewiesen werden. **628**

Als „sonstige Vermögensgegenstände" kommen in Frage: **629**

- anrechenbare Vorsteuer,
- aufzuteilende Vorsteuer,
- sonstige Umsatzsteuerforderungen,
- Steuererstattungsansprüche,
- Forderungen auf Investitionszulagen und -zuschüsse,
- Forderungen an Sozialversicherungsträger,
- Forderungen auf Versicherungserstattungen,
- Schadenersatzansprüche,
- Forderungen an Mitarbeiter, Geschäftsführer, Vorstands- und Aufsichtsratsmitglieder, Beiratsmitglieder von GmbH, Gesellschafter,
- Kostenvorschüsse, soweit es nicht Anzahlungen sind,
- Kautionen und sonstige Sicherheitsleistungen,
- Darlehen, soweit es nicht Finanzanlagen sind,
- Mietforderungen, soweit die Vermietung nicht Hauptgegenstand der Geschäftstätigkeit des Unternehmens ist,
- Forderungen aus Verkäufen von außer Betrieb gesetzten Anlagegegenständen,
- eingefordertes, noch nicht eingezahltes Kapital,
- eingeforderte Nachschüsse.

2.13.5.2 Eingefordertes Kapital

Bei den Kapitalgesellschaften wird auf der Passivseite der Posten **„Gezeichnetes** **630** **Kapital"** ausgewiesen. Das ist der Teilposten vom Kapital, auf den sich die Haftung der Gesellschafter für die Verbindlichkeiten der Kapitalgesellschaft gegenüber den Gläubigern beschränkt und zu deren Einzahlung die Gesellschafter sich verpflichtet haben. Es ist ein fester Betrag.

631 Haben die Gesellschafter das Kapital nicht voll eingezahlt, ist der Differenzbetrag auf der Aktivseite der Bilanz als Posten „**Ausstehende Einlagen auf das gezeichnete Kapital**" auszuweisen[521].

Beispiel:
Gezeichnetes Kapital	*1 000 000 DM*
ausstehende Einlagen	*700 000 DM*
davon eingefordert	*500 000 DM*

Es wird gebucht:
➤ flüssige Mittel	300 000 DM
ausstehende Einlagen	700 000 DM
an gezeichnetes Kapital	1 000 000 DM

Im vorstehenden Beispiel sind von den ausstehenden Einlagen 500 000 DM eingefordert, 200 000 DM sind also nicht eingefordert.

632 Es gibt hier folgende beiden Alternativen:

- Vermerk der eingeforderten ausstehenden Einlagen beim Aktivposten „Ausstehende Einlagen" (§ 272 Abs. 1 Satz 2 HGB),
- offene Absetzung der nicht eingeforderten ausstehenden Einlagen vom Posten „Gezeichnetes Kapital", Ausweis des verbleibenden Betrags des gezeichneten Kapitals als Posten „Eingefordertes Kapital" auf der Passivseite und Aktivierung des eingeforderten und noch nicht eingezahlten Betrags der ausstehenden Einlagen gesondert unter den Forderungen mit entsprechender Bezeichnung (§ 272 Abs. 1 Satz 3 HGB).

633 Im Fall der ersten Alternative wird gebucht:

➤ eingeforderte Einlagen	500 000 DM
an ausstehende Einlagen	500 000 DM

In der Bilanz sind die ausstehenden Einlagen mit ihrem vollen Betrag auszuweisen. Der Betrag der eingeforderten Einlagen ist zu vermerken:

Aktiva			Passiva
Ausstehende Einlagen	700 000 DM	Gezeichnetes Kapital	1 000 000 DM
davon eingefordert	500 000 DM		

634 Im Fall der zweiten Alternative wird gebucht:

➤ 1) ausstehende Einlagen	700 000 DM
flüssige Mittel	300 000 DM
an gezeichnetes Kapital	1 000 000 DM

---

[521] S. Rdn. 67 ff.

Forderungen und sonstige Vermögensgegenstände

➤ 2) eingefordertes, noch nicht eingezahltes
    Kapital   500 000 DM
    an ausstehende Einlagen   500 000 DM
➤ 3) noch nicht eingeforderte Einlagen   200 000 DM
    an ausstehende Einlagen   200 000 DM

Ausstehende Einlagen			Gezeichnetes Kapital		
Soll		Haben	Soll		Haben
1) 700 000	2)	500 000		1)	1 000 000
	3)	200 000			

Flüssige Mittel		Noch nicht eingefrorene Einlagen	
Soll	Haben	Soll	Haben
1) 300 000		3) 200 000	

Eingefordertes Kapital	
Soll	Haben
2) 500 000	

In der **Bilanz** wird
- auf der Aktivseite der eingeforderte, aber noch nicht eingezahlte Betrag unter den Forderungen gesondert ausgewiesen und entsprechend bezeichnet,
- werden die nicht eingeforderten Einlagen von dem Posten „Gezeichnetes Kapital" offen abgesetzt und
- wird der verbleibende Betrag als Posten „Eingefordertes Kapital" in der Hauptspalte der Passivseite ausgewiesen:

Aktiva
A. Umlaufvermögen:
   II. Forderungen und sonstige Vermögensgegenstände:
      4. sonstige Vermögensgegenstände:
         Eingeforderte ausstehende
         Einlagen   500 000 DM

Passiva
A. Eigenkapital:
   Gezeichnetes Kapital   1 000 000 DM

   Nicht eingeforderte
   ausstehende Einlagen   200 000 DM
   I. Eingefordertes Kapital   800 000 DM   800 000 DM

635

2.13.5.3 Eingeforderte Nachschüsse

636 Über ihre Einlagen hinaus können Gesellschafter einer GmbH verpflichtet sein, weitere Zahlungen an die Gesellschaft zu leisten. Es handelt sich um sogenannte **Nachschüsse**.

Das Recht der Gesellschaft ist in der **Bilanz** insoweit zu aktivieren, als
- die Einziehung der Nachschüsse beschlossen ist und
- den Gesellschaftern kein Recht zusteht, sich durch Verweisung auf den Geschäftsanteil von der Zahlung der Nachschüsse zu befreien (§ 42 Abs. 2 Satz 1 GmbHG).

637 Auf der **Aktivseite** ist der nachzuschießende Betrag unter der Bezeichnung „Eingeforderte Nachschüsse" unter den Forderungen gesondert auszuweisen, soweit mit der Zahlung gerechnet werden kann. Auf der **Passivseite** ist ein entsprechender Betrag als „Kapitalrücklage" auszuweisen (§ 42 Abs. 2 Sätze 2 und 3 GmbHG).

Sind die vorstehend genannten Voraussetzungen erfüllt, so ist zu **buchen**:
➤ eingeforderte Nachschüsse
an Kapitalrücklage für eingeforderte Nachschüsse

638 In der **Bilanz** ist der am Bilanzstichtag verbliebene Betrag auszuweisen:

Aktivseite
B. Umlaufvermögen:
    II. Forderungen und sonstige Vermögensgegenstände:
        4. sonstige Vermögensgegenstände:
            Eingeforderte Nachschüsse

Passivseite
A. Eigenkapital:
    II. Kapitalrücklage:
        Eingeforderte Nachschüsse

2.13.5.4 Forderungen aus Hilfsgeschäften

639 Auf dem Konto „Forderungen aus Lieferungen und Leistungen" werden nur Forderungen aus Geschäften gebucht, die für die gewöhnliche Geschäftstätigkeit des Unternehmens typisch sind und bei denen daher die Gegenbuchung auf Konto Erlöse erfolgt[522].

640 Unter den sonstigen Vermögensgegenständen werden die Forderungen aus den sogenannten **Hilfsgeschäften** ausgewiesen. Die Gegenbuchung erfolgt auf Konto „Sonstige betriebliche Erträge", Unterkonto „Erträge aus dem Abgang von Vermögensgegenständen".

---

[522] S. Rdn. 600.

Forderungen und sonstige Vermögensgegenstände

Beispiel:
Unternehmer A verkauft eine Maschine, die noch mit dem Erinnerungswert von 1 DM zu Buche steht, für 5 000 DM an den Unternehmer B. Er erteilt dem B folgende Rechnung:

Maschine	5 000 DM
Umsatzsteuer	800 DM
Rechnungsbetrag	5 800 DM

A bucht:
➤ Sonstige Vermögensgegenstände   5 800 DM
    an Maschinenkonto   1 DM
    an sonstige betriebliche Erträge   4 999 DM
    an Umsatzsteuer   800 DM

2.13.5.5 Auf langjähriger Übung beruhende Forderungen

Unter den sonstigen Vermögensgegenständen werden auch Forderungen ausgewiesen, die mit Lieferungen und Leistungen zusammenhängen, die aber nicht auf Verträgen beruhen. Hierzu rechnen vor allem Forderungen, die aufgrund langjähriger Übung zwischen dem Unternehmer und seinen Geschäftspartnern entstehen, die den Unternehmer bei gehöriger Sorgfalt nach den Umständen mit Gutschriften oder Zahlungen seiner Geschäftspartner fest rechnen läßt.

Das ist der Fall, wenn Lieferanten dem Unternehmer der Höhe nach feststehende Umsatzprämien jeweils einige Monate nach Ablauf des Jahres zahlen. Werden die Prämien unter dem Vorbehalt der Freiwilligkeit und unter Ausschluß eines irgendwie gearteten Rechtsanspruchs gewährt, so besteht **handelsrechtlich** ein **Aktivierungswahlrecht**. Steuerrechtlich erwächst daraus eine **Aktivierungspflicht**[523]. Dem Zahlungsvorbehalt kommt für die Frage der Aktivierung der Umsatzprämien keine Bedeutung zu, weil der Unternehmer zwar nicht aus rechtlichen Gründen, wohl aber nach den tatsächlichen Umständen, wirtschaftlich betrachtet, mit der Zahlung der Umsatzprämien fest rechnen kann und muß[524].

Beispiel:
Unternehmer U erhält von seinen Lieferanten seit Jahren Umsatzprämien nach festen Prozentsätzen vom Umsatz. Die Umsatzprämien werden jeweils in den ersten Monaten eines Kalenderjahrs für die Umsätze des abgelaufenen Kalenderjahrs gutgeschrieben. Die Gutschriftanzeigen enthalten jeweils den Vermerk, daß unter dem Vorbehalt der Freiwilligkeit und unter Ausschluß eines Rechtsanspruchs gezahlt wird. Die Umsatzprämien betrugen in den einzelnen Geschäftsjahren jeweils etwa ein Fünftel des Ge-

---
[523] S. Rdn. 52.
[524] BFH, Urt. v. 9. 2. 1978 IV R 201/74, BStBl 1978 II S. 370.

winns des U. U bekommt am 15. 2. 02 für das Jahr 01 vom Lieferanten L folgende Gutschrift:

Umsatzprämie für das Kalenderjahr 01	28 000 DM
Umsatzsteuer	4 480 DM
Gutschrift	32 480 DM

642 Aufgrund der langjährigen Übung kann der Unternehmer in dem Beispielsfall die Prämiengutschriften sicher erwarten. Da sie ein Fünftel seines Gewinns ausmachen, sind sie ein wesentlicher Kalkulationsfaktor für ihn. U muß daher aufgrund der tatsächlichen Umstände mit den Gutschriften fest rechnen. Handelsrechtlich hat U ein Aktivierungswahlrecht.

U bucht bei den Abschlußbuchungen für das Jahr 01:

➤ Sonstige Vermögensgegenstände	32 480 DM
an sonstige betriebliche Erträge	28 000 DM
an Umsatzsteuer	4 480 DM

643 Im vorstehenden Beispiel entsteht der Anspruch rechtlich erst nach dem Bilanzstichtag. Es handelt sich um einen sogenannten **antizipativen Posten**. Haben solche Posten betragsmäßig einen größeren Umfang, so müssen Kapitalgesellschaften sie im Anhang erläutern (§ 268 Abs. 4 Satz 2 HGB).

2.13.6 Restlaufzeiten

644 **Kapitalgesellschaften** müssen den Betrag der Forderungen mit einer Restlaufzeit von mehr als einem Jahr bei jedem gesondert ausgewiesenen Posten vermerken (§ 268 Abs. 4 Satz 1 HGB). Es kommt nicht auf die ursprüngliche Fälligkeit, sondern auf die zum Bilanzstichtag noch verbleibende Restlaufzeit an. Bei **Ratenzahlungen** sind die innerhalb eines Jahres fälligen Raten nicht in den Vermerk einzubeziehen. Es kommt auf den Bilanzwert der entsprechenden Einzelforderung an. **Wertberichtigungen** sind daher bei diesem Vermerk, ggf. anteilig, zu kürzen[525].

645 Sind Forderungen später als ein Jahr nach dem Bilanzstichtag fällig, fließen die Zahlungen erst nach einem Jahr oder später in das Betriebsvermögen. Durch den Vermerk wird also die **Liquidität** und damit die Finanzlage des Unternehmens dargestellt.

646 Die Vermerkpflicht betrifft **folgende Posten**:
- Forderungen aus Lieferungen und Leistungen,
- Forderungen gegen verbundene Unternehmen,
- Forderungen gegen Unternehmen, mit denen ein Beteiligungsverhältnis besteht,
- sonstige Vermögensgegenstände, soweit dieser Posten sonstige Forderungen umfaßt.

---

[525] Ellrott/Schulz in: Beck Bil-Komm. § 268 Rdn. 92.

Forderungen und sonstige Vermögensgegenstände 287

Die entsprechenden Beträge werden zunächst in der Buchführung auf Unterkon- 647
ten, die in den Kontenrahmen vorgesehen sind, erfaßt. In der Bilanz werden die
Beträge bei den betreffenden Bilanzposten in sog. „Davon-Vermerken" ausgewiesen („davon mit einer Restlaufzeit von mehr als einem Jahr:..."). Die Vermerke sind **bei jedem einzelnen Posten** anzubringen, also bei den
• Forderungen aus Lieferungen und Leistungen,
• Forderungen gegen verbundene Unternehmen,
• Forderungen gegen Unternehmen, mit denen ein Beteiligungsverhältnis besteht,
• sonstigen Vermögensgegenständen.

2.13.7 Wertberichtigungen

Die Kontenrahmen sehen Konten für Wertberichtigungen vor zu 648
• Forderungen aus Lieferungen und Leistungen
• Forderungen gegen verbundene Unternehmen
• Forderungen gegen Unternehmen, mit denen ein Beteiligungsverhältnis besteht
• sonstigen Forderungen und Vermögensgegenständen

2.13.7.1 Bewertung

Ist der Wert der Forderungen, der ihnen am Abschlußstichtag beizulegen ist, nied- 649
riger als ihr Nennwert, so sind sie auf diesen niedrigeren Zeitwert am Bilanzstichtag abzuschreiben (§ 253 Abs. 3 Satz 2 HGB). Für die Abschreibung auf den niedrigeren Wert besteht daher ein Gebot. **Handelsrechtlich** gilt also für die Bewertung der Forderungen das strenge Niederstwertprinzip.

Praktisch gilt damit der durch das Bilanzrichtlinien-Gesetz aufgehobene § 40
HGB a. F. fort, der in Abs. 3 bestimmte, daß
• **zweifelhafte** Forderungen mit ihrem wahrscheinlichen Wert anzusetzen und
• **uneinbringliche** Forderungen abzuschreiben sind[526].

Steuerrechtlich besteht ein Wahlrecht, den niedrigeren Teilwert anzusetzen (§ 6 650
Abs. 1 Nr. 2 Satz 2 EStG). Da handelsrechtlich die Bewertung mit dem niedrigeren Wert geboten ist, setzt sich dieses Gebot gegenüber dem Wahlrecht in der
Steuerbilanz durch. Die Forderungen sind daher nach dem Maßgeblichkeitsgrundsatz in der Steuerbilanz ebenso abzuschreiben wie in der Handelsbilanz[527].

Bei der Bewertung sind alle Umstände zu berücksichtigen, die nach den Grund- 651
sätzen ordnungsmäßiger Buchführung unter Beachtung der steuerrechtlichen
Vorschriften für die Verhältnisse am Bilanzstichtag von Bedeutung sind.

---

[526] ADS 6. Auflage, HGB § 253 Rdn. 531.
[527] Siehe Rdn. 54.

Hierbei ist zwischen wertbegründenden und wertaufhellenden Tatsachen zu unterscheiden[528].

Wertaufhellende Tatsachen	Wertbegründende Tatsachen
Tatsachen, die in der Zeit zwischen Bilanzstichtag und Bilanzaufstellungstag eintreten und	
den Wert nicht beeinflussen, sondern die Verhältnisse am Bilanzstichtag so zeigen, wie sie zu diesem Zeitpunkt waren.	den Wert beeinflussen und sich deshalb erst für die künftige Bewertung auswirken.
Bei der Bewertung zum Bilanzstichtag zu berücksichtigen	Bei der Bewertung zum Bilanzstichtag nicht zu berücksichtigen

Beispiel:
Unternehmer U hat eine Forderung gegenüber seinem Kunden K. Die Bilanz für 01 stellt U am 20.4.02 auf. Am 20.1.02 unterbreitet K seinen Gläubigern wegen Zahlungsunfähigkeit ein Vergleichsangebot. Am 10.4.02 macht K einen erheblichen Lotteriegewinn und begleicht daraufhin bis zum 20.4.02 alle Verbindlichkeiten, auch die Forderung des U. Die Unterbreitung des Vergleichsangebots erhellt, daß K bereits zum Bilanzstichtag in großen Zahlungsschwierigkeiten war. Es ist eine wertaufhellende Tatsache, die bei der Bewertung der Forderung gegen K zum Bilanzstichtag zu berücksichtigen ist. Der Lotteriegewinn des K ist wertbegründend und wirkt sich nicht auf den Bilanzstichtag des Jahres 01 aus.

652 Die Abschreibungen auf Forderungen können **gebucht** werden:
➤ Abschreibungen
   an Forderungen
oder

➤ Abschreibungen
   an Wertberichtigungen

653 Zur **Vorbereitung der Bewertung** werden aus den Forderungen zunächst die zweifelhaften und die uneinbringlichen Forderungen umgebucht.

Buchungsmäßig ist hierbei in zwei Schritten vorzugehen:

1. Umbuchung:
   ➤ Zweifelhafte Forderungen
      an Forderungen
2. Umbuchung:
   ➤ Einzelwertberichtigungen an zweifelhafte Forderungen

---

[528] BFH, Urt. v. 4.4.1973 I R 130/71, BStBl 1973 II S. 485; § 252 Abs. 1 Nr. 4 HGB.

2.13.7.2 Zweifelhafte Forderungen

Zweifelhafte Forderungen (Dubiose) sind Forderungen, die wahrscheinlich nur 654
zu einem unter dem Nennbetrag liegenden Wert beglichen werden. Sie dürfen nur
mit dem wahrscheinlichen Wert ausgewiesen werden. Der Unterschied zwischen
dem Nennbetrag und dem wahrscheinlichen Wert ist durch Abschreibung zu berücksichtigen.

Sind Umstände bekannt geworden, die den Schluß zulassen, daß bestimmte For- 655
derungen mit einem über das allgemeine Kreditrisiko hinausgehenden **Risiko**
behaftet sind, sind diese Risiken durch Einzelwertberichtigung abzugelten[529].
Solche Forderungen dürfen nicht lediglich in eine Pauschalwertberichtigung einbezogen werden[530].

Eine Wertberichtigung ist nicht deshalb unzulässig, weil der Unternehmer den 656
Kunden trotz bekannter Zahlungsschwierigkeiten **weiter beliefert**[531].

Hat der Gläubiger **Sicherungs-** oder **Rückgriffsrechte**, die nicht zweifelhaft 657
sind, z. B. Aufrechnungsmöglichkeit, Bürgschaft, Garantie Dritter, Sicherungsabtretung, Grundpfandrechte, Debitoren- oder Delkredereversicherung, steht das
einer Wertminderung entgegen. **Wertmindernde Umstände** können sein: das
Ausfallwagnis, Kosten für die Einziehung und Beitreibung, Provisionen und Verluste an Zwischenzinsen, Skonti und andere Preisnachlässe, Warenrücksendungen und andere zu erwartende Minderungen der Forderungen, das Prozeßkostenrisiko für die jeweilige Instanz. Keine Wertminderungsgründe sind Zinsaufwand
durch Kreditaufnahme und entgehender Skontoabzug wegen verzögerten Forderungseingangs, Erlösschmälerungen aus Nacharbeiten oder Ersatzlieferungen, da
es sich hierbei um wirtschaftlich gesondert zu beurteilende Vorgänge handelt[532].

Unverzinslichkeit oder ungewöhnlich **niedrige Verzinsung** bei langfristigen 658
Forderungen bedeutet Wertminderung. Solche Forderungen sind mit dem Barwert anzusetzen. Hierbei ist vom Marktzins auszugehen[533]. Das gilt aber nicht bei
unverzinslichen oder niedrig verzinslichen **Darlehensforderungen gegenüber
Arbeitnehmern**, auch wenn keine bestimmten Gegenleistungen der Darlehensnehmer gegenüberstehen. Unverzinsliche Darlehen an Betriebsangehörige sind
eine besondere Form betrieblicher Sozialleistungen, die zur Verbesserung des Betriebs- oder Arbeitsklimas gewährt werden und die deshalb ein gedachter Erwerber des Unternehmens mit dem Nennwert vergüten würde[534].

---

529 BFH, Urt. v. 9.5.1961, BStBl 1961 III S. 336; BP-Kartei, Konto Delkredere A, II, 1.
530 Schäfer, S. 116.
531 Ellrott/Schulz/Bail in: Beck Bil-Komm. § 253 Rz. 571.
532 Schmidt/Glanegger EStG § 6 Rz. 370.
533 Schmidt/Glanegger EStG § 6 Rz. 371 (entgegen Rspr. und Verwaltung, die vielfach vereinfachend entsprechend § 12 Abs. 3 BewG 5,5 % ansetzen.
534 BFH, Urt. v. 24.1.1990 I R 157/85, I R 145/86 BStBl 1990 II S. 639.

659 Bei der Wertberichtigung einer Forderung wird der wahrscheinliche Ausfall mit dem Nettowert, also ausschließlich Umsatzsteuer, abgeschrieben[535]. Da die Forderung brutto, also einschließlich Umsatzsteuer, gebucht ist, wird zunächst die Umsatzsteuer herausgerechnet. Bei einem Steuersatz von 16 % sind das 16/116 vom Bruttobetrag. Der im Bruttobetrag enthaltene Umsatzsteuerbetrag ist abzuziehen. Vom verbleibenden Nettobetrag wird dann abgeschrieben. Die Umsatzsteuer bleibt daher bei der Wertberichtigung auf zweifelhafte Forderungen unberücksichtigt.

660 Gründe für zweifelhafte Forderungen können sein:
- Mängelrüge eines Kunden
- Zahlungsverzug eines Kunden
- Einleitung des Vergleichsverfahrens oder des Konkurses über das Vermögen eines Kunden
- Wechselprotest

2.13.7.3 Uneinbringliche Forderungen

661 Uneinbringliche Forderungen:
- Eine Forderung wurde durch gerichtliche Entscheidung für unberechtigt erklärt.
- Der Schuldner hat wirksam die Einrede der Verjährung erhoben.
- Der Konkurs über das Vermögen des Schuldners ist mangels Masse eingestellt worden.
- Wegen der Forderung ist fruchtlos die Zwangsvollstreckung betrieben worden.
- Der Schuldner hat die eidesstattliche Versicherung abgegeben und seine Vermögenslage wird sich voraussichtlich auch in absehbarer Zeit nicht verbessern.

662 Von vornherein **bestrittene Forderungen** dürfen erst gar nicht bilanziert werden. Sie sind erst nach einer rechtskräftigen Entscheidung oder einer ähnlichen Bestätigung anzusetzen[536].

663 Wenn sich die Bemessungsgrundlage für einen steuerpflichtigen Umsatz ändert, muß der Unternehmer den dafür geschuldeten Steuerbetrag entsprechend berichtigen (§ 17 Abs. 1 Satz 1 Nr. 1 UStG). Das gilt auch, wenn das vereinbarte Entgelt **uneinbringlich** geworden ist (§ 17 Abs. 2 Nr. 1 UStG). Soweit die Forderung uneinbringlich wird, ändert sich also die Bemessungsgrundlage für die Umsatzsteuer. Entsprechend ist daher die Umsatzsteuerverbindlichkeit im Wege der Berichtigung zu mindern.

664 Eine Forderung kann auch **teilweise uneinbringlich** sein, z. B. die Forderung wird aufgrund eines Vergleichs teilweise befriedigt.

---
[535] BFH, Urt. v. 16.7.1981 IV R 89/80, BStBl 1981 II S. 766.
[536] BFH, Urt. v. 26.4.1989 I R 147/84, BStBl 1991 II S. 213; BFH, Urt. v. 3.6.1993 VIII R 26/92, BFH/NV 1994 S. 366; Schmidt/Glanegger EStG § 6 Rz. 361.

Forderungen und sonstige Vermögensgegenstände

Es sind drei Fälle möglich:
1. Der Vergleich kommt in der Höhe zustande, wie es der Gläubiger bei der Bildung der Wertberichtigung angenommen hat.
2. Der Vergleich kommt zu einem niedrigeren Prozentsatz zustande.
3. Der Vergleich kommt zu einem höheren Prozentsatz zustande.

In Höhe des die Vergleichsquote übersteigenden Betrags ist die Forderung uneinbringlich. Insoweit muß daher auch die Umsatzsteuer berichtigt werden. **665**

Beispiel:
Gegen den Kunden K besteht eine Forderung in Höhe von 20 000 DM netto. Sie wurde gebucht:

➤ *Forderung*   *23 200 DM*
   an Erlöse   *20 000 DM*
   an Umsatzsteuer   *3 200 DM*

Über das Vermögen des K ist das Vergleichsverfahren eröffnet worden. Unternehmer U rechnet mit einer Vergleichsquote von 40 %.

Buchung auf Konto zweifelhafte Forderungen:
➤ Zweifelhafte Forderungen   23 200 DM
   an Forderungen aus Lieferungen   23 200 DM

Da die Wertberichtigung von der Nettoforderung vorzunehmen ist, muß zunächst die Umsatzsteuer herausgerechnet werden: 23 200 DM x 16/116 = 3 200 DM. Nettoforderung: 23 200 DM − 3 200 DM = 20 000 DM.

Die Forderung wird in Höhe von 60 % wertberichtigt: 20 000 DM x 60 % = 12 000 DM.

Buchung:
➤ Einzelwertberichtigungen   12 000 DM
   an zweifelhafte Forderungen   12 000 DM

Die Restforderung beträgt daher 23 200 DM − 12 000 DM = 11 200 DM. Hierdurch ändert sich die Umsatzsteuerverbindlichkeit noch nicht. Sie beträgt weiterhin 3200 DM.

1. Fall: Die Vergleichsquote beträgt 40 %.   **666**

	Netto in DM	USt. in DM
ursprüngliche Forderung	20 000	3 200
uneinbringlich 20 000 DM x 60 %	12 000	
Forderung aufgrund Vergleichs	8 000	1 280
weniger Umsatzsteuer		1 920

Die Restforderung beträgt aufgrund des Vergleichs 8 000 DM + 1 280 DM Umsatzsteuer = 9 280 DM. Die Umsatzsteuerschuld hat sich um 1 920 DM gemindert. Dieser Betrag ist also auf dem Umsatzsteuerkonto im Soll als Abgang zu buchen. Wenn der Kunde die Restforderung auf das Bankkonto überweist, ist daher zu buchen:

➤ Bank 9 280 DM
   Umsatzsteuer 1 920 DM
   an zweifelhafte Forderung 11 200 DM

667 2. **Fall:** Die Vergleichsquote beträgt 30 %, die Wertberichtigung ist also zu niedrig.

Im vorstehenden Beispiel müßte die Wertberichtigung
betragen 20 000 DM x 70 % = 14 000 DM
Sie beträgt aber nur 20 000 DM x 60 % = 12 000 DM
Sie ist daher 2 000 DM
zu niedrig. Die Wertberichtigung ist also um 2 000 DM zu erhöhen.

	Netto in DM	USt. in DM
ursprüngliche Forderung	20 000	3 200
uneinbringlich 20 000 DM x 70 %	14 000	
Forderung aufgrund Vergleichs	6 000	960
weniger Umsatzsteuer		2 240

Die Umsatzsteuer ist also um 2 240 DM zu mindern durch Sollbuchung auf dem Umsatzsteuerkonto. Die Restforderung gegenüber dem Kunden beträgt: 6 000 DM + 960 DM USt. = 6 960 DM. Wenn er zahlt, ist zu buchen:

➤ Bank 6 960 DM
   Umsatzsteuer 2 240 DM
   Wertberichtigung 2 000 DM
   an zweifelhafte Forderungen 11 200 DM

668 3. **Fall:** Die Vergleichsquote beträgt 50 %, die Wertberichtigung ist also zu hoch.

Im vorstehenden Beispiel müßte die Wertberichtigung
betragen 20 000 DM x 50 % = 10 000 DM
Sie beträgt aber 20 000 DM x 60 % = 12 000 DM
Sie ist daher 2 000 DM
zu hoch. Die Wertberichtigung ist also um 2 000 DM zu mindern.

Forderungen und sonstige Vermögensgegenstände

	Netto in DM	USt. in DM
ursprüngliche Forderung	20 000	3 200
uneinbringlich 20 000 DM x 50 %	10 000	
Forderung aufgrund Vergleichs	10 000	1 600
weniger Umsatzsteuer		1 600

Die Umsatzsteuer ist also um 1 600 DM zu mindern durch Sollbuchung auf dem Umsatzsteuerkonto. Die Restforderung gegenüber dem Kunden beträgt: 10 000 DM + 1 600 DM USt. = 11 600 DM. Wenn er zahlt, ist zu buchen:

➤ Bank 11 600 DM
Umsatzsteuer 1 600 DM
an Wertberichtigung 2 000 DM
an zweifelhafte Forderungen 11 200 DM

2.13.7.4 Pauschalwertberichtigung

Nachdem die auf bestimmte Forderungen sich beziehenden Risiken durch Einzelwertberichtigungen berücksichtigt worden sind, bleibt der Restbestand der Forderungen noch risikobehaftet. Jede einzelne Forderung, die im verbleibenden Restbestand ausgewiesen wird, müßte also durch Einzelabschreibung mit dem zutreffenden Wert erfaßt werden. Das ist aber bei der Vielzahl der Forderungen in der Praxis kaum durchführbar. Daher wird die Abschreibung mit einem Prozentsatz des Forderungsbestandes geschätzt. Das ist die Pauschalwertberichtigung. **669**

Durch die Pauschalwertberichtigung wird also jede einzelne Forderung mit dem geschätzten zutreffenden Wert erfaßt. Das Verfahren entspricht daher dem Grundsatz der Einzelbewertung. Es wird bei der Bewertung der einzelnen Forderungen die Höhe der Abschreibung geschätzt, indem ein Pauschalbetrag von allen Forderungen abgesetzt wird.

Sind die in bestimmten Forderungen enthaltenen Einzelrisiken durch Einzelwertberichtigung dieser Forderungen berücksichtigt worden, sind zunächst diese einzelwertberichtigten Forderungen aus dem Gesamtbestand der Forderungen auszusondern. Nur vom Restbestand darf die Pauschalwertberichtigung vorgenommen werden. Vor Durchführung der Pauschalwertberichtigung ist also **umzubuchen**: **670**

➤ Zweifelhafte Forderungen
an Forderungen

Auf die zweifelhaften Forderungen sind Einzelwertberichtigungen vorzunehmen, wie es in den Rdn. 654 ff. und 661 ff. beschrieben worden ist. Dann werden die restlichen Forderungen pauschal wertberichtigt. **671**

Ein **Ausfallrisiko besteht nicht bei folgenden Forderungen**, so daß diese zunächst vom pauschal zu bewertenden Forderungsbestand auszuklammern sind[537]: **672**

---

[537] BP-Kartei, Teil I, Konto: Delkredere, Seite 5 und 6.

- Forderungen an öffentliche Körperschaften,
- Forderungen, für die eine ausreichende Sicherheit besteht,
- Forderungen, gegen die aufgerechnet werden kann,
- Forderungen, soweit Ausfälle durch eine Versicherung gedeckt sind.

673 Die Pauschalwertberichtigung wird aufgrund der Erfahrungen des Betriebs geschätzt. Es werden z. B. die Netto-Forderungsausfälle der letzten fünf Jahre in das Verhältnis zur Summe der Umsatzerlöse (ohne Bargeschäfte) gesetzt. Der gewonnene Prozentsatz ist dann der Abschreibungssatz für die Pauschalwertberichtigung.

Beispiel:
Nach Durchführung der Einzelwertberichtigungen beträgt der Restbestand der Forderungen aus Lieferungen und Leistungen 6 032 000 DM. Die Summe der Forderungsausfälle der Jahre 01 bis 05 beträgt 791 120 DM und die Summe der Umsatzerlöse ohne Barerlöse in dieser Zeit 43 572 000 DM.

In den Forderungsausfällen enthaltene Umsatzsteuer: 791 120 DM x 16/116 = 109 120 DM. Die Summe der Netto-Forderungsausfälle der Jahre 01 bis 05 beträgt also 791 120 DM – 109 120 DM = 682 000 DM. Das Ausfallwagnis beträgt daher:

$$\text{Ausfallwagnis} = \frac{682\,000 \times 100}{43\,572\,000}$$
$$= 1{,}57\,\%$$

Forderungen zum 31.12.05 nach Abzug der einzelwertberichtigten Forderungen	6 032 000 DM
Umsatzsteuer: 6 032 000 DM x 16/116 =	832 000 DM
Nettoforderungen	5 200 000 DM

Pauschalwertberichtigung 5 200 000 DM x 1,57 % = 81 640 DM

674 Gehen Forderungen verspätet ein, sind sie **abzuzinsen**[538]. Es ist vom durchschnittlichen Forderungsumschlag auszugehen und hieraus der durchschnittliche Zeitraum zwischen Lieferung oder Leistung und dem Eingang der Forderung zu berechnen. Dabei ist der Zinssatz anzuwenden, nach dem am Stichtag beim An- und Verkauf unverzinslicher Forderungen abgezinst worden wäre. Dieser Zinssatz ist auf den Bruttobetrag der Forderungen zu beziehen, d. h. der Forderungen einschließlich Umsatzsteuer[539].

Beispiel:
Forderungen zum 31. 12 01	*600 000 DM*
Forderungen zum 31. 12. 02	*800 000 DM*
	1 400 000 DM

---

[538] BFH, Urt. v. 1. 4. 1958 I 50/57 U, BStBl 1958 III S. 291; 8. 4. 1964, StRK zu § 6 Abs. 1 Ziffer 2, Nr. 149.
[539] FG Baden-Württemberg, Urt. v. 23. 11. 1977 V 210/77, rechtskräftig, EFG 1978, S. 316.

Durchschnittsbestand: 1 400 000 DM : 2 = 700 000 DM.
Umsatz im Jahr 02 einschließlich Umsatzsteuer: 5 600 000 DM.
Forderungsumschlag: 5 600 000 : 700 000 = 8

Ein 8maliger Forderungsumschlag im Jahr ergibt einen durchschnittlichen Forderungsaußenstand von 12 : 8 = 1,5 Monaten. Unterstellt man, daß die Forderungen der Zeitfolge nach gleichmäßig entstanden sind, so beträgt die durchschnittliche Restlaufzeit der Forderungen die Hälfte der durchschnittlichen Gesamtlaufzeit: 1,5 Monate : 2 = 0,75 Monate.
Betragen in dem Beispiel die Kontokorrentzinsen 10 % zum 31. 12. 02, ist die monatliche Zinsbelastung: 10 % : 12 = 0,833 %. Der Zinsverlust am 31. 12. 02 beträgt dann bei einer Restlaufzeit der Forderungen von 0,75 Monaten: 0,75 x 0,833 % = 0,625 %. Der Zinsverlust für die Forderungen zum 31. 12. 02 beträgt somit: 800 000 DM x 0,625 % = 5 000 DM.

Beitreibungskosten sind die Aufwendungen für 675
- Mahnungen
- gerichtliche Verfolgung
- Zwangsvollstreckung
- Inkassospesen und
- Inkassoprovisionen

Die allgemeinen Aufwendungen für die **Verwaltung der Forderungen** mindern 676 den Gewinn erst im Jahr der Ausgabe.

Der Abschreibungssatz für die Beitreibungskosten ergibt sich, indem die Beitrei- 677 bungskosten des abgelaufenen Geschäftsjahrs ins Verhältnis gesetzt werden zu den Umsatzerlösen (Sollumsatz ohne Umsatzsteuer) mit Ausnahme der Umsatzerlöse aus Bargeschäften. Der ermittelte Abschreibungsprozentsatz ist auf den Bruttobetrag der Forderungen zum Ende des Geschäftsjahrs zu beziehen.

Beispiel:
Umsatzerlöse (ohne Bargeschäfte) im Jahr 01: 3 500 000 DM.

Aufwendungen für Mahnungen	*2 000 DM*
gerichtliche Verfolgung	*8 000 DM*
Zwangsvollstreckung	*3 600 DM*
Inkassospesen und -provisionen	*1 400 DM*
	15 000 DM

Abschreibungssatz:
15 000 DM x 100 : 3 500 000 DM = 0,43 %.
Forderungen (brutto) zum 31. 12. 01: 380 000 DM
Abschreibung für Beitreibungskosten:
380 000 DM x 0,43 % = 1 634 DM

678 Zu erwartende **Preisnachlässe** auf die Forderungen mindern deren Wert. Hierbei ist auf die betrieblichen Verhältnisse abzustellen. Es kommt darauf an, welche Preisnachlässe tatsächlich gewährt werden, auch wenn die Abzüge der Kunden unberechtigt sind. Zu erwartende Boni sind nicht zu berücksichtigen, weil sie nicht an die einzelne Forderung, sondern an den Gesamtumsatz innerhalb eines bestimmten Zeitraums anknüpfen. Die Preisnachlässe einschließlich Skonti des abgelaufenen Wirtschaftsjahrs werden ins Verhältnis gesetzt zum Sollumsatz (Umsatzerlöse ohne Umsatzsteuer) des gleichen Zeitraums. Der sich ergebende Prozentsatz ist der Abschlag für Skonti und sonstige Erlösschmälerungen von den Bruttobeträgen der Forderungen zum Ende des abgelaufenen Geschäftsjahrs.

$$\text{Abschlag für Skonti und sonstige Erlösschmälerungen} = \frac{\text{Preisnachlässe} \times 100}{\text{Umsatzerlöse}}$$

679 Nach der BP-Kartei[540] sollen zunächst die nicht mehr skontierfähigen Forderungen und die skontierfähigen Forderungen, die erfahrungsgemäß nicht mit Skonto reguliert werden, ausgeschieden werden. Nur vom Restbestand sollen die Abschläge vorgenommen werden. Es werden aber in der Praxis häufig unberechtigte Preisabzüge der Kunden hingenommen. Deshalb ist von dem Verhältnis der tatsächlichen Preisnachlässe zu den Umsatzerlösen auszugehen.

Beispiel:
Preisnachlässe im Jahr 01 nach der Gewinn- und
Verlustrechnung: 90 000 DM
Umsatzerlöse ohne Bargeschäfte 4 500 000 DM
Forderungen am 31. 12. 01 350 000 DM
Abschlag für Preisnachlässe: 90 000 x 100 : 4 500 000 = 2 %,

Abschlag: 350 000 DM x 2 % = 7 000 DM.

680 Nach den bisherigen Verwaltungsanweisungen konnte nach vorheriger Aussonderung der Einzelwertberichtigungen eine Pauschalwertberichtigung in Höhe von 3 % der Forderungen ohne Umsatzsteuer anerkannt werden. Diese **Nichtaufgriffsgrenze** wurde zunächst für Bilanzstichtage nach 1993 auf 1 % gesenkt und ist nach Abschaffung der Gewerbekapitalsteuer entfallen[541].

2.13.7.5 Buchung und Bilanzierung

681 Bei den zweifelhaften Forderungen wird eine Wertberichtigung in Höhe des Unterschieds zwischen dem Nennwert der Forderung und ihrem wahrscheinlichen

---

[540] BP-Kartei, Teil I, Konto: Delkredere, Seite 7.
[541] Schmidt/Glanegger EStG § 6 Rz 374; Ellrott/Schulz/Bail in: Beck Bil-Komm § 253 Rdn. 585; BBK Fach 12 S. 2017.

Wert gebucht. Die uneinbringlichen Forderungen werden abgeschrieben. Hier entfällt also ein Wertberichtigungsposten.

Die Höhe der Wertberichtigung ergibt sich bei der Bewertung der Forderungen. Bei der Abschreibung der Forderungen wird gebucht:

➤ Forderungsverluste (oder Abschreibungen auf Forderungen)
Umsatzsteuer
an Forderungen

Auf diese Weise werden die Forderungen **direkt** abgeschrieben.

Beispiel:
U hat gegen seinen Kunden K eine Forderung aus Lieferungen und Leistungen in Höhe von 9200 DM. Über das Vermögen des K wurde am 20.9.01 das Konkursverfahren eröffnet. Am 20.1.02 wird das Konkursverfahren mangels Masse eingestellt. Am 20.4.02 stellt U seine Bilanz auf.

Buchung zum 31.12.01:
➤ *Forderungsverluste* 8 000 DM
Umsatzsteuer 1 280 DM
an Forderungen 9 280 DM

Die Forderungen können auch **indirekt** abgeschrieben werden. Hierbei wird die Forderung durch die Abschreibung nicht verändert. Es wird auf einem Passivposten „Wertberichtigungen zu Forderungen" gegengebucht. Im vorstehenden Beispiel würde zum 31.12.01 gebucht:

➤ Forderungsverluste 8 000 DM
Umsatzsteuer 1 280 DM
an Wertberichtigungen zu Forderungen 9 280 DM

Die Kontenrahmen sehen für die Wertberichtigungen zu Forderungen keine Passivierung vor. Vielmehr sind Wertberichtigungen zu Forderungen aktivisch vom Forderungsbestand abzusetzen. Im vorstehenden Beispiel ist daher zu buchen:

➤ Forderungsverluste 8 000 DM
Umsatzsteuer 1 280 DM
an Forderungen 9 280 DM
➤ Wertberichtigungen 9 280 DM
an Forderungen 9 280 DM

In der Bilanz wird ausgewiesen:

Aktiva	Passiva
Forderungen 9 280 DM	
./. Wertberichtigung 9 280 DM 0 DM	

2.14 Wertpapiere des Umlaufvermögens

683

Konten	
IKR	SKR 04
27 Wertpapiere 270 Anteile an verbundenen Unternehmen 271 eigene Anteile 272 Aktien 273 variabel verzinsliche Wertpapiere 274 festverzinsliche Wertpapiere 275 Finanzwechsel 276 frei 277 frei 278 Optionsscheine 279 sonstige Wertpapiere	1500 Anteile an verbundenen Unternehmen (Umlaufvermögen) 1505 eigene Anteile 1510 sonstige Wertpapiere 1520 Finanzwechsel

2.14.1 Abgrenzungen

684 Die Wertpapiere des Umlaufvermögens sind von den Finanzanlagen abzugrenzen.

- **Finanzanlagen** werden mehrmals genutzt, indem sie nachhaltig zur Erzielung von Zinserträgen, als Gewinnbeteiligung oder zur Herstellung einer längerfristigen geschäftlichen Verbindung zu anderen Unternehmen dienen.
- **Wertpapiere des Umlaufvermögens** dienen dem Unternehmen nur einmal durch Verwertung oder Veräußerung. Die Erzielung von Zinserträgen geschieht allenfalls nebenbei.

685 In dieses Abgrenzungsschema passen nicht die **eigenen Anteile.** Sie können auch mehrmals genutzt werden und rechnen dann eigentlich zum Anlagevermögen. Sie werden aber aus Gründen der Vorsicht immer zum Umlaufvermögen gezählt.

686 **Schecks** sind zwar auch Wertpapiere. Sie rechnen jedoch zu den flüssigen Mitteln[542].

687 **Wechsel** sind, wenn sie für Warenforderungen hereingenommen worden sind, unter den Forderungen aus Lieferungen und Leistungen auszuweisen[543]. Finanzwechsel, denen keine Lieferung oder Leistung zugrunde liegt, gehören zu den sonstigen Wertpapieren[544].

---

[542] S. Rdn. 696.
[543] S. Rdn. 617.
[544] S. Rdn. 618.

2.14.2 Anteile an verbundenen Unternehmen

Der Ausweis der **Anteile an verbundenen Unternehmen** geht wie beim Anlagevermögen[545] auch hier beim Umlaufvermögen dem Ausweis unter anderen Bilanzposten vor. Daher sind hier auch unverbriefte Anteile an verbundenen Unternehmen auszuweisen, obwohl es sich eigentlich nicht um Wertpapiere handelt. Unverbriefte Anteile an anderen Unternehmen werden hingegen unter dem Posten „sonstige Vermögensgegenstände" bilanziert[546]. **688**

2.14.3 Eigene Anteile

Aktiengesellschaften (§ 71 AktG) oder GmbH (§ 33 Abs. 2 GmbHG) können unter bestimmten Voraussetzungen eigene Anteile erwerben. Diese dürfen nur unter dem Posten „eigene Anteile" im Umlaufvermögen ausgewiesen werden, auch wenn sie nach ihrer Zweckbestimmung zum Anlagevermögen gehören (§ 265 Abs. 3 Satz 2 HGB). Hierdurch ist gewährleistet, daß sie nach dem strengen Niederstwertprinzip bewertet werden, das für das Umlaufvermögen gilt. **689**

Die eigenen Anteile können veräußert, an die Arbeitnehmer ausgegeben oder zur Abfindung an außenstehende Aktionäre anläßlich des Abschlusses von Beherrschungs- und Gewinnabführungsverträgen oder einer Eingliederung verwendet werden. Insoweit haben sie die Eigenschaft echter Vermögenswerte. Auf der anderen Seite sind sie aber reine Korrekturposten zum Eigenkapital und im Falle einer Liquidation wertlos. Deshalb sind sie gesondert auszuweisen[547]. Der Ausweis als eigene Anteile geht jedem anderen Ausweis vor. Deshalb sind unter diesem Posten auch unverbriefte eigene Anteile zu bilanzieren[548]. **690**

In Höhe der Aktivierung eigener Anteile darf nicht an die Gesellschafter der Kapitalgesellschaft ausgeschüttet werden. Deshalb ist eine **Rücklage für eigene Anteile** zu passivieren, die dem für eigene Anteile aktivierten Betrag entspricht. Die Rücklage darf nur aufgelöst werden, soweit die eigenen Anteile ausgegeben, veräußert oder eingezogen werden oder soweit nach § 253 Abs. 3 ein niedrigerer Betrag aktiviert wird (§ 272 Abs. 4 HGB)[549]. **691**

2.14.4 Sonstige Wertpapiere

Zu den sonstigen Wertpapieren gehören: **692**
- Aktien
- variabel verzinsliche Wertpapiere
- festverzinsliche Wertpapiere
- Finanzwechsel
- Bezugsrechte und Optionsscheine

---

545 S. Rdn. 472.
546 Jünemann/Scheffler in: Beck HdR, B 216, Rdn. 12, 13.
547 ADS 6. Auflage, HGB § 266 Rdn. 139.
548 Jünemann/Scheffler in: Beck HdR, B 216, Rdn. 12.
549 S. Rdn. 859 f.

- Gewinnanteils- und Zinsscheine
- Genußscheine

Unter „Sonstige Wertpapiere" werden alle Wertpapiere gebucht und ausgewiesen, die nicht schon auf anderen Konten gebucht und an anderer Stelle der Bilanz ausgewiesen werden. Hierzu gehören auch abgetrennte Zins- und Dividendenscheine.

693 **Besitzwechsel**, denen Forderungen aus Lieferungen und Leistungen zugrunde liegen, werden unter den Forderungen aus Lieferungen und Leistungen ausgewiesen.

694 **Finanzierungswechsel** werden auf Konto „Finanzwechsel" gebucht und unter dem Posten „Sonstige Wertpapiere" in der Bilanz ausgewiesen. Finanzierungswechsel von verbundenen Unternehmen werden auf dem Konto „Wechselforderungen gegen verbundene Unternehmen" gebucht und unter dem Bilanzposten „Forderungen gegen verbundene Unternehmen" ausgewiesen.

2.15 Flüssige Mittel

695

Konten	
IKR	SKR 04
28 Flüssige Mittel 280 Guthaben bei Kreditin- | stituten 284 285 Postgiroguthaben 286 Schecks 287 Bundesbank 288 Kasse 289 Nebenkassen	F 1550 Schecks F 1600 Kasse F 1610 Nebenkasse 1 F 1620 Nebenkasse 2
	F Konten mit allgemeiner Funktion

2.15.1 Schecks

696 Schecks sind rechtlich Wertpapiere, wirtschaftlich jedoch Zahlungsmittel. Daher werden sie zu den flüssigen Mitteln gerechnet.

Zum Posten flüssige Mittel werden nur Schecks gerechnet, über die der Unternehmer für eigene Rechnung verfügen kann. Das sind Inhaberschecks und an die Order des Unternehmers gestellte oder auf ihn indossierte Orderschecks. Rektaschecks (auf eine bestimmte Person zahlbar gestellte Schecks mit Vermerk „nicht an Order") darf nur der im Scheck genannte oder durch besondere Abtretung berechtigte Kaufmann buchen und bilanzieren.

Vordatierte Schecks sind bei Vorlage zahlbar, auch wenn sie früher vorgelegt **697**
werden als zum angegebenen Ausstellungstag (Art. 28 Abs. 2 ScheckG). Sie
rechnen daher zu den flüssigen Mitteln.

Bei der Bank eingereichte Schecks werden dem Guthaben bei Kreditinstituten zu- **698**
gerechnet, auch wenn sie noch nicht gutgeschrieben sind.

Von der Bank mit **Protestvermerk** zurückgegebene Schecks gehören nicht zu **699**
den flüssigen Mitteln. Es ist die Forderung, für die der Scheck angenommen worden ist und deren Erlöschen gebucht worden ist, wieder einzubuchen.

2.15.2 Kassenbestand

Die **Geldbestände** in Deutscher Mark sind zum Nennwert aufzunehmen. Auslän- **700**
disches Geld wird mit dem Tageskurs zum Bilanzstichtag bewertet.

Auch die **Wertmarken** rechnen zum Kassenbestand (z. B. Brief-, Steuer- und **701**
Beitragsmarken). Ebenso die noch nicht verbrauchten Gegenwerte in **Freistempelapparaten**. Nicht dazu gehören Zins- und Dividendenscheine. Quittungen
über Vorschüsse und Darlehen sind nicht zum Kassenbestand zu rechnen, sie sind
vielmehr als Forderungen auszuweisen[550].

Goldmünzen und Goldbarren sind keine gesetzlichen Zahlungsmittel und werden **702**
daher nicht hier, sondern unter „Sonstige Vermögensgegenstände" ausgewiesen.
In der Kasse befindliche Quittungen über Reisekosten- oder Gehaltsvorschüsse
gehören nicht zum Kassenbestand, sondern sind ebenfalls unter „Sonstige Vermögensgegenstände" auszuweisen.

Automatenpackungen beigepacktes **Rückgabegeld** gehört beim Hersteller zum **703**
Fertigwarenbestand, beim Händler zu den Anschaffungskosten der Ware[551].

2.15.3 Bankguthaben

Die Erwähnung von Bundesbank- und Postgiroguthaben (jetzt Postbankgutha- **704**
ben) in der Postenbezeichnung von § 266 Abs. 2, Aktivseite B. IV. HGB ist überflüssig. Der ebenfalls in dieser Postenbezeichnung enthaltene Begriff „Guthaben
bei Kreditinstituten" ist so weit auszulegen, daß hiervon auch Bundesbank- und
Postbankguthaben erfaßt werden. Die Guthaben können auf DM oder Fremdwährung lauten. Sie sind um gezogene Schecks zu kürzen, auch wenn noch keine
Belastung erfolgt ist[552].

Es rechnen hierzu auch **Festgeld-** und **Sparkonten**, wenn der Kaufmann hier- **705**
über, unter Berechnung von Vorschußzinsen, kurzfristig verfügen kann. Weil
Bausparguthaben nicht sofort verflüssigt werden können, rechnen sie nicht zu

---

[550] ADS 6. Auflage, HGB § 266 Rdn. 148.
[551] Jünemann/Scheffler in: Beck HdR, B 217, Rdn. 31.
[552] Schnicke/Bartels-Hetzler in: Beck Bil-Komm. § 266 Rdn. 155.

den Guthaben bei Kreditinstituten, sondern zu den sonstigen Vermögensgegenständen[553].

706 Guthaben und Verbindlichkeiten gegenüber demselben Kreditinstitut können **saldiert** werden, wenn sie gleichartig sind und gleiche Fälligkeit haben.

2.15.4 Bilanzierung

707 Kapitalgesellschaften bilanzieren die flüssigen Mittel gemäß § 266 Abs. 2 HGB unter der Sammelbezeichnung:

IV. Schecks, Kassenbestand, Bundesbank- und Postgiroguthaben, Guthaben bei Kreditinstituten

708 Die Bezeichnung des Postens ist zu ändern, wenn das wegen der Besonderheiten der Kapitalgesellschaft zur Aufstellung eines klaren und übersichtlichen Jahresabschlusses erforderlich ist (§ 265 Abs. 6 HGB). Diese Bestimmung betrifft zwar nach ihrem Wortlaut nur die mit arabischen Zahlen versehenen Posten. Als Ausfluß des Grundsatzes der Klarheit muß diese allgemeine Vorschrift aber auch für diesen besonderen Sammelposten gelten. Sind daher Bestandteile des Sammelpostens am Bilanzstichtag nicht vorhanden, dann ist der betreffende Teil der Sammelbezeichnung wegzulassen.

Beispiel:
Am Bilanzstichtag sind keine Schecks vorhanden und es besteht kein Guthaben bei der Bundesbank oder bei einer Landeszentralbank. Der Posten erhält in der Bilanz die Bezeichnung: Kassenbestand, Postgiroguthaben, Guthaben bei Kreditinstituten.

War aber ein am Bilanzstichtag fehlender Bestandteil des Sammelpostens am vorhergehenden Bilanzstichtag vorhanden, ist er im Sammelbegriff aufzuführen (§ 265 Abs. 8 HGB).

709 Einzelunternehmen und **Personengesellschaften** können dieselbe Sammelbezeichnung verwenden. Sie können aber auch die Bezeichnung „flüssige Mittel" gebrauchen.

---

553 Schnicke/Bartels-Hetzler in: Beck Bil-Komm. § 266 Rdn. 157.

2.16 Rechnungsabgrenzung

Konten	
IKR	SKR 04
29 Aktive Rechnungsabgrenzung 290 Disagio 291 Zölle und Verbrauchsteuern 292 Umsatzsteuer auf erhaltene Anzahlungen 293 andere aktive Jahresabgrenzungsposten 294 frei 295 aktive Steuerabgrenzung 296 | frei 298 299 nicht durch Eigenkapital gedeckter Fehlbetrag 49 Passive Rechnungsabgrenzung	1900 Aktive Rechnungsabgrenzung 1920 Als Aufwand berücksichtigte Zölle und Verbrauchsteuern auf Vorräte 1930 Als Aufwand berücksichtigte Umsatzsteuer auf Anzahlungen 1940 Damnum/Disagio 1950 Aktive latente Steuern 3900 Passive Rechnungsabgrenzung

2.16.1 Arten der Rechnungsabgrenzungsposten

Die Rechnungsabgrenzungsposten werden in der Bilanz ausgewiesen. Auf der **Aktivseite** der Bilanz werden folgende Rechnungsabgrenzungsposten angesetzt:
- Transitorische Rechnungsabgrenzungsposten (§ 250 Abs. 1 Satz 1 HGB, § 5 Abs. 5 Satz 1 Nr. 1 EStG)
- antizipative Aktivposten
- Zölle und Verbrauchsteuern auf Vorräte (§ 250 Abs. 1 Satz 2 Nr. 1 HGB, § 5 Abs. 5 Satz 2 Nr.1 EStG
- Umsatzsteuer auf empfangene Anzahlungen (§ 250 Abs. 1 Satz 2 Nr. 2 HGB, § 5 Abs. 5 Satz 2 Nr. 2 EStG)
- Damnum (§ 250 Abs. 3 HGB)
- latente Steuern bei Kapitalgesellschaften (§ 274 Abs. 2 HGB)

Auf der **Passivseite** werden bilanziert:
- Transitorische Rechnungsabgrenzungsposten (§ 250 Abs. 2 HGB, § 5 Abs. 5 Satz 1 Nr. 2 EStG)
- antizipative Passivposten

2.16.2 Transitorische Rechnungsabgrenzungsposten

2.16.2.1 Bilanzierung

712

Bilanzierung	
Aktivseite	Passivseite
Handelsbilanz: Als Rechnungsabgrenzungsposten sind auf der Aktivseite • **Ausgaben** vor dem Abschlußstichtag auszuweisen, • soweit sie **Aufwand** für eine bestimmte Zeit nach diesem Tag darstellen (§ 250 Abs. 1 Satz 1 HGB).	Handelsbilanz: Auf der Passivseite sind als Rechnungsabgrenzungsposten • **Einnahmen** vor dem Abschlußstichtag auszuweisen, • soweit sie **Ertrag** für eine bestimmte Zeit nach diesem Tag darstellen (§ 250 Abs. 2 HGB).
Steuerbilanz: Als Rechnungsabgrenzungsposten sind nur anzusetzen	
• auf der Aktivseite **Ausgaben** vor dem Abschlußstichtag, • soweit sie **Aufwand** für eine bestimmte Zeit nach diesem Tag darstellen (§ 5 Abs. 5 Satz 1 Nr. 1 EStG).	• auf der Passivseite **Einnahmen** vor dem Abschlußstichtag, • soweit sie **Ertrag** für eine bestimmte Zeit nach diesem Tag darstellen (§ 5 Abs. 5 Satz 1 Nr. 2 EStG).

Die gesetzlichen Regelungen im Handels- und Steuerrecht unterscheiden sich:
- HGB: sind auszuweisen
- EStG: sind nur anzusetzen

„Ausweisen" und „ansetzen" bedeuten inhaltlich dasselbe.

„Sind auszuweisen" bedeutet: Die angeführten Posten müssen bilanziert werden. „Sind nur anzusetzen" bedeutet: Nur die angeführten Posten müssen bilanziert werden. Nach dem Wortlaut im HGB und im EStG besteht also für die transitorischen Rechnungsabgrenzungsposten ein **Bilanzierungsgebot**. Nach dem Wortlaut im EStG ist das Bilanzierungsgebot auf die genannten Posten beschränkt. Im übrigen ist der Gesetzeswortlaut im HGB und im EStG identisch.

713 Rechnungsabgrenzungsposten werden bilanziert für Ausgaben und Einnahmen vor dem Bilanzstichtag, die vor dem Bilanzstichtag als Aufwendungen und Erträge gebucht worden sind, soweit sie Aufwendungen und Erträge nach dem Bilanzstichtag sind.

Rechnungsabgrenzung

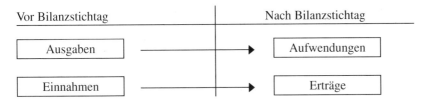

Ausgaben und Einnahmen vor dem Bilanzstichtag gehen also als Aufwendungen **714**
und Erträge in die Zeit nach dem Bilanzstichtag hinüber. Daher die Bezeichnung
„**transitorische**" Rechnungsabgrenzungsposten von transire (lateinisch) = hinübergehen.

Die Abgrenzung erfolgt durch Abschlußbuchung zum Bilanzstichtag und Auflösung des Rechnungsabgrenzungspostens im folgenden Geschäftsjahr.

Beispiel:
Die M-GmbH hat von der V-GmbH ein Ladenlokal ab 1.10.01 für 24 000
DM jährlich gemietet. Bei beiden stimmt das Geschäftsjahr mit dem Kalenderjahr überein. Die Miete ist jährlich im voraus zu zahlen.

Die M-GmbH überweist am 2.10.01 an die V-GmbH 24 000 DM.
Die Mietzahlung ist für die M-GmbH ein Mietaufwand und für die V-GmbH ein Mietertrag. Daher buchen beide am 2.10.01:

M-GmbH:
➤ Mietaufwand   24 000 DM
    an Bank   24 000 DM

V-GmbH:
➤ Bank   24 000 DM
    an Mietertrag   24 000 DM

Die Zahlung der Miete erfolgte im Jahr 01 für die Monate Oktober bis Dezember.
Der Rest entfällt auf die Monate Januar bis September des Jahres 02. Von der
Mietzahlung gehören also 9/12 x 24 000 DM = 18 000 DM, zum Jahr 02. M muß
daher 18 000 DM durch Aktivierung dem Aufwand und V 18 000 DM durch Passivierung dem Ertrag im Jahr 01 gegenrechnen. Zum Jahresabschluß 01 buchen
daher

M-GmbH:
➤ aktiver Rechnungsabgrenzungsposten   18 000 DM
    an Mietaufwand   18 000 DM

V-GmbH:
➤ Mietertrag   18 000 DM
    an passiver Rechnungsabgrenzungsposten 18 000 DM

Im Ergebnis rechnen so nur 6 000 DM bei M zum Mietaufwand und bei V zum Mietertrag des Jahres 01. Der Rest in Höhe von 18 000 DM ist bei M Mietaufwand und bei V Mietertrag des Jahres 02. Daher buchen zum 1.1.02:

M-GmbH:
➤ Mietaufwand   18 000 DM
  an aktiver Rechnungsabgrenzungsposten   18 000 DM

V-GmbH:
➤ passiver Rechnungsabgrenzungsposten   18 000 DM
  an Mietertrag   18 000 DM

715 Durch die Bilanzierung eines Rechnungsabgrenzungspostens im Jahr der Zahlung und die Auflösung des Rechnungsabgrenzungspostens im Jahr, zu dem die Zahlung als Geschäftserfolg gehört, werden also Einnahmen und Ausgaben erfolgsmäßig periodengerecht abgegrenzt. Die Bildung von transitorischen Rechnungsabgrenzungsposten entspricht daher dem **Grundsatz der Periodenabgrenzung**. Das Bilanzierungsgebot für Rechnungsabgrenzungsposten folgt also nicht nur aus dem Gesetzeswortlaut, sondern auch aus den Grundsätzen ordnungsmäßiger Buchführung.

2.16.2.2 Voraussetzungen

716 Handelsrechtlich und steuerrechtlich haben transitorische Rechnungsabgrenzungsposten folgende Voraussetzungen (§ 250 Abs. 1 Satz 1, Abs. 2 HGB, § 5 Abs. 5 Satz 1 EStG):

Voraussetzungen für transitorische Rechnungsabgrenzungsposten		
Voraussetzung	Aktivseite	Passivseite
1	**Ausgaben** vor dem Abschlußstichtag, die	**Einnahmen** vor dem Abschlußstichtag, die
2	**Aufwand** nach dem Abschlußstichtag	**Ertrag** nach dem Abschlußstichtag
3	sind für eine **bestimmte Zeit** nach dem Abschlußstichtag	

2.16.2.3 Ausgaben und Einnahmen vor dem Abschlußstichtag

717 *Beispiel:*
Unternehmer V vermietet dem Unternehmer M ein Grundstück vom 1.12.01 bis 30.11.02. für 60 000 DM. Wird nicht fristgemäß gekündigt, soll die Mietdauer sich jeweils um ein Jahr verlängern. Der Mietzins ist im voraus für das gesamte Mietjahr jeweils bis zum 5.12. zu entrichten. Bei beiden Mietparteien stimmen Geschäftsjahr und Kalenderjahr überein. M zahlt durch Banküberweisung.

Rechnungsabgrenzung

a) am 2.12.01,
b) am 10.2.02.

Im Fall a buchen am 2.12.01:

V:
➤ Bank   60 000 DM
  an Mietertrag   60 000 DM

M:
➤ Mietaufwand   60 000 DM
  an Bank   60 000 DM

Im Fall b buchen zum 31.12.01:

V:
➤ sonstige Forderung   60 000 DM
  an Mietertrag   60 000 DM

M:
➤ Mietaufwand   60 000 DM
  an sonstige Verbindlichkeit   60 000 DM

Werden im Fall b des Beispiels die Voraussetzungen für die Bilanzierung von Rechnungsabgrenzungsposten nicht als erfüllt angesehen, weil keine Ausgaben und Einnahmen „geflossen" sind, so muß V im Jahr 01 den Betrag von 60 000 DM in voller Höhe als Ertrag und M ihn voll als Aufwand behandeln, obwohl es sich zu 11/12 um Erfolg des Jahres 02 handelt.

718 Ausgaben und Einnahmen sind aber nicht nur Zahlungsvorgänge. Sonst hätte der Gesetzgeber die Bezeichnungen „Auszahlungen" und „Einzahlungen" gewählt. Zu den Ausgaben sind auch Verbindlichkeiten und zu den Einnahmen auch Forderungen zu rechnen, wenn diese bei vertragsmäßiger Abwicklung vor dem Abschlußstichtag erloschen wären[554]. In dem vorstehenden Beispiel wären bei vertragsmäßiger Abwicklung die Forderung des V und die Verbindlichkeit des M am 5.12.01 erloschen. Die Forderung wird daher als Einnahme und die Verbindlichkeit als Ausgabe behandelt.

719 „**Vor dem Abschlußstichtag**" bedeutet: Vor Ablauf des Abschlußstichtags[555]. Ausgaben und Einnahmen am Abschlußstichtag rechnen also mit zu den abzugrenzenden Vorgängen.

2.16.2.4 Aufwand und Ertrag nach dem Abschlußstichtag

720 Ausgaben oder Einnahmen vor dem Abschlußstichtag müssen Perioden nach dem Abschlußstichtag wirtschaftlich als Erfolg zuzurechnen sein.

---
554 ADS 6. Auflage, HGB § 250 Rdn. 25 ff.
555 Tiedchen, HdJ Abt. II/8 Rdn. 56.

Das ist insbesondere bei **Dauerschuldverhältnissen** aus gegenseitigen Verträgen der Fall[556].

Dauerschuldverhältnis aus gegenseitigem Vertrag	
Leistung	Gegenleistung
kontinuierlich zeitraumbezogen geleistet	diskontinuierlich für bestimmte Zeitabschnitte bezahlt

Beispiel:
Mietverträge: Der Vermieter gewährt kontinuierlich die Nutzung des Mietobjekts. Der Mieter zahlt an festen Terminen Miete jeweils für bestimmte Zeitabschnitte.
Arbeitsverträge: Der Arbeitnehmer stellt seine Arbeitskraft kontinuierlich zur Verfügung. Der Unternehmer zahlt an Fälligkeitsterminen für bestimmte Zeitabschnitte Lohn oder Gehalt.

721 Auch **öffentliche Abgaben** sind abzugrenzen, wenn ein leistungsähnliches Verhältnis vorliegt[557].

Beispiel:
Kfz-Steuer, Müllabfuhr, Handelskammerbeiträge, Grundsteuer bei abweichendem Wirtschaftsjahr.

722 Auch wenn bei öffentlich-rechtlichen **Entschädigungen**, **Subventionen** oder **Zuschüssen** bestimmte kontinuierliche Handlungen, Unterlassungen, Duldungen oder Verhaltensweisen des Empfängers erwartet werden, ist ein passiver Rechnungsabgrenzungsposten zu bilanzieren[558].

2.16.2.5 Bestimmte Zeit nach dem Abschlußstichtag

2.16.2.5.1 Transitorische Rechnungsabgrenzungsposten im engeren und im weiteren Sinne

723 Durch das Merkmal „bestimmte Zeit" unterscheiden sich die transitorischen Rechnungsabgrenzungsposten im engeren Sinne von den transitorischen Rechnungsabgrenzungsposten im weiteren Sinne.

---

[556] Tiedchen, HdJ Abt. II/8 Rdn. 57 ff.
[557] BFH, Urt. v. 10.7.1970 III R 112/69, DB 1970 S. 2303, BStBl 1970 II S. 779.
[558] BFH, Urt. v. 5.4.1984 IV R 96/82, BStBl 1984 II S. 552.

Rechnungsabgrenzung 309

Transitorische Rechnungsabgrenzungsposten	
im engeren Sinne	im weiteren Sinne
Zeit, für welche die Einnahmen oder Ausgaben vor dem Abschlußstichtag Ertrag oder Aufwand nach dem Abschlußstichtag sind, ist	
bestimmt	nicht bestimmt

Beispiel:
Ein Unternehmen will ein neues Produkt auf dem Markt einführen und betreibt deshalb einen hohen Werbeaufwand, der über den Abschlußstichtag hinaus wirken wird. Wie lange die Wirkung sein wird, läßt sich nicht bestimmen.

In dem Beispiel ist die Zeit, für welche die Ausgabe vor dem Bilanzstichtag Aufwand nach dem Bilanzstichtag sein wird, unbestimmt. Es käme daher ein transitorischer Rechnungsabgrenzungsposten im weiteren Sinne in Frage. Solche Rechnungsabgrenzungsposten sind aber weder handelsrechtlich noch steuerrechtlich zulässig. Die Unterscheidung in transitorische Rechnungsabgrenzungsposten im engeren und im weiteren Sinn hat daher nur für Schulungszwecke Bedeutung. Werbeaufwand, der über den Bilanzstichtag hinaus fortwirkt, darf daher nicht durch einen Rechnungsabgrenzungsposten aktiv abgegrenzt werden. Der Werbeaufwand ist im Jahr der Ausgabe voll als Aufwand zu behandeln.

2.16.2.5.2 Bestimmte Zeit

Sowohl in der handelsrechtlichen Vorschrift des § 250 Abs. 1 Satz 1 und Abs. 2 **724** HGB als auch in der steuerrechtlichen Bestimmung des § 5 Abs. 5 Satz 1 EStG heißt es, daß es sich um eine „bestimmte Zeit" handeln muß, für welche die Einnahmen oder Ausgaben vor dem Abschlußstichtag Ertrag oder Aufwand nach dem Abschlußstichtag darstellen. Zur Frage, was unter dem Merkmal „bestimmte Zeit" zu verstehen ist, bestehen in der Rechtsprechung, in den Verwaltungsanweisungen und im Schrifttum unterschiedliche Auffassungen. Das hat in der Praxis große wirtschaftliche und finanzielle Auswirkungen.

Beispiel:
Das Versorgungsunternehmen X-AG zahlt an die Y-KG im Jahr 01 eine Entschädigung in Höhe von 500 000 DM dafür, daß sie durch das Betriebsgrundstück der KG in einer Tiefe von 2 Metern eine Versorgungsleitung legen darf. Eine Zeitdauer wird vertraglich nicht festgelegt.

Für die X-AG handelt es sich bei der Zahlung im Jahr 01 um eine Ausgabe, die Entgelt dafür ist, daß die Y-KG es gestattet, daß durch ihr Grundstück in 2 Meter Tiefe eine Versorgungsleitung verlegt wird. Die Leitung soll der X-AG nicht nur im Jahr 01 zur Verfügung stehen, sondern auch für eine Zeit nach dem Abschlußstichtag. Die Ausgabe vor dem Abschlußstichtag ist daher für die X-AG auch

Aufwand für eine Zeit nach dem Abschlußstichtag. Ein Teil der Ausgabe rechnet also als Aufwand in die Zeit nach dem Abschlußstichtag.

Umgekehrt ist die Zahlung für die Y-KG eine Einnahme, die Entgelt dafür darstellt, daß sie ihr Grundstück im Jahr 01 und auch später der X-AG zur Verlegung, Unterhaltung und Nutzung einer Versorgungsleitung zur Verfügung stellt. Für sie ist die Zahlung vor dem Abschlußstichtag zum Teil auch Ertrag für eine Zeit nach dem Abschlußstichtag.

Für die zahlende X-AG und für die empfangende Y-KG stellt sich also die Frage, ob und ggf. wie die Zahlung auf die Zeit nach dem Abschlußstichtag verteilt werden kann. Ist das möglich, so ist sie für die X-AG nur zum Teil Aufwand und für die Y-KG ebenfalls nur zum Teil Ertrag des Jahres 01.

725 Aus **ertragsteuerlicher** Sicht ist diese Frage auf der Empfängerseite für einen Einzelunternehmer oder eine Personengesellschaft ungleich brisanter als für eine Körperschaft. Ist eine Verteilung auf die Perioden nach dem Abschlußstichtag nicht möglich, so ist die Zahlung in voller Höhe für die Y-KG Ertrag und für die X-AG Aufwand des Jahres 01. Ein Ertrag in dieser Höhe kann für die Y-KG bewirken, daß ihre Mitunternehmer in eine höhere Progressionsstufe kommen und daher insgesamt mehr versteuern müssen, als wenn die Zahlung als Ertrag auf mehrere Wirtschaftsjahre verteilt würde. Wegen des festen Körperschaftsteuersatzes würde die Verteilung für die Zahlungsempfängerin nicht von so einschneidender steuerlicher Bedeutung sein, wäre sie eine Kapitalgesellschaft.

726 **Handelsrechtlich** ist es aber für alle Unternehmen und damit auch für juristische Personen bedeutsam, ob sie im Jahr der Zahlung den Betrag voll oder nur zum Teil als Ertrag oder Aufwand behandeln. Weisen Unternehmer eine Zahlung voll als Ertrag aus, die erfolgsmäßig auch Perioden nach dem Abschlußstichtag zuzurechnen ist, machen sie sich im Jahr der Zahlung reicher, als sie sind. Sie verstoßen damit insbesondere gegen das Gebot der kaufmännischen Vorsicht. Umgekehrt weisen sie im Jahr der Zahlung einen zu hohen Aufwand aus und machen sich so ärmer als sie sind. Das ist zwar nicht unmittelbar eine Verletzung des Vorsichtsgebots. Damit werden aber stille Reserven gelegt, die später unkontrolliert wieder aufgelöst werden können, wodurch schlechte Betriebsergebnisse im Jahr der Auflösung verschleiert würden. Der Ausweis eines zu hohen Aufwandes wäre somit ein potentieller Verstoß gegen das Vorsichtsprinzip.

727 In Verträgen, die einen Grundstückseigentümer gegen Entschädigung verpflichten, die Verlegung eines Kabels oder eines Versorgungsrohrs durch sein Grundstück zu dulden, werden bestimmte Zeiträume für die Duldungspflicht bewußt nicht genannt. Sonst könnte der Duldungspflichtige nach Ablauf der Zeit eine neue Entschädigung verlangen. Der Berechtigte müßte diesem Verlangen entsprechen, da das Kabel oder Rohr Teil eines Versorgungsnetzes geworden ist und nicht mehr verlegt werden kann.

728 Nach den Anweisungen der **Finanzverwaltung** ist Voraussetzung für die Abgrenzung einer Vorleistung, daß ihr eine zeitbezogene Gegenleistung des Ver-

tragspartners gegenübersteht und der Zeitraum, auf den sich die Vorleistung des einen Vertragsteils bezieht, festliegt und nicht nur geschätzt wird. Die abzugrenzenden Ausgaben und Einnahmen müssen hiernach unmittelbar zeitbezogen sein, also für einen bestimmten nach dem Kalenderjahr bemessenen Zeitraum bezahlt oder vereinnahmt werden. Bei zeitlich nicht begrenzten Dauerleistungen soll aber die Bildung eines aktiven oder passiven Rechnungsabgrenzungspostens zulässig sein, wenn sich rechnerisch ein Mindestzeitraum bestimmen läßt[559].

Mit der Zulassung von Rechnungsabgrenzungsposten bei zeitlich nicht begrenzten Dauerleistungen für den Fall, daß sich rechnerisch ein Mindestzeitraum bestimmen läßt, hat die Finanzverwaltung sich endlich der langjährigen BFH-Rechtsprechung angeschlossen, wonach bei für Dauerleistungen des Unternehmers empfangene einmalige Zahlungen vor dem Abschlußstichtag passive Rechnungsabgrenzungsposten zulässig sind, wenn sich ein Mindestzeitraum bestimmen läßt, für den die Einnahme vor dem Abschlußstichtag Ertrag nach diesem Zeitpunkt darstellt.

Nach der Rechtsprechung des **Bundesfinanzhofs**[560] sind für empfangene einmalige Entschädigungen für Unterlassungslasten und Zuschüsse für Ausbildungsplätze Rechnungsabgrenzungsposten zu **passivieren**, wenn der Zeitraum zwar nicht eindeutig kalendermäßig festliegt, aber aus der zugrundeliegenden Vereinbarung sich ein Mindestzeitraum ergibt, dem die Zahlung als Ertrag zuzurechnen ist. Für den Empfänger einer solchen Entschädigungsleistung reicht es also nach dieser Rechtsprechung für die Verteilung der **Einnahme** als Ertrag auch auf die Perioden nach dem Abschlußstichtag aus, wenn sich ein **Mindestzeitraum** ermitteln läßt. **729**

Wenn hiernach in dem vorstehenden Beispiel die Zahlung mindestens für fünf Jahre Ertrag sein soll, dann darf die Y-KG im Jahr 01 nur 100 000 DM als Ertrag ausweisen und nicht 500 000 DM. Nach der bisherigen Auffassung der Finanzverwaltung war in diesem Fall ein passiver Rechnungsabgrenzungsposten nicht zulässig, da Anfang und Ende der Frist nicht kalendermäßig bestimmt waren[561].

Erst nach einem erneuten Urteil des BFH[562], in dem dieser seine bisherige Rechtsprechung bestätigte und hervorhob, zur Wahrung des Realisationsprinzips sei ein passiver Rechnungsabgrenzungsposten zur Abgrenzung eines erhaltenen Entgelts für eine zeitlich nicht begrenzte Dauerleistung zu bilanzieren, wenn sich rechnerisch ein Mindestzeitraum für die Dauerleistung bestimmen lasse, erging eine Verwaltungsanweisung[563], wonach das BMF-Schreiben vom 12.10.1982[564] **730**

---
559 R 31b Abs. 2 EStR, H 31b (Bestimmte Zeit nach dem Abschlußstichtag) EStH.
560 BFH, Urteile vom 17.7.1980 IV R 10/76, BStBl 1981 II S. 669; vom 24.3.1982 IV R 96/78 BStBl 1982 II S. 643; vom 5.4.1984 IV R 96/82, BStBl 1984 II S. 552.
561 BMF-Schreiben vom 12.10.1982, BStBl 1982 I S. 810.
562 BFH, Urt. v. 9.12.1993 IV R 130/91, BFHE 173 S. 393.
563 BMF, Schreiben vom 15.3.1995, IV B 2 – S 2133 – 5/95, BStBl 1995 I S. 183.
564 BMF-Schreiben vom 12.10.1982, BStBl 1982 I S. 810.

nicht mehr zu befolgen und ein Abgrenzungsposten zu bilden sei, wenn sich ein Mindestzeitraum bestimmen lasse.

Behandelt im vorstehenden Beispiel die Y-KG die Einnahme von 500 000 DM im Jahr 01 als Ertrag, obwohl sicher ist, daß die Leitung mehrere Jahre im Grundstück liegen wird, das Grundstück also mehrere Jahre lang von der X-AG zu diesem Zweck genutzt werden soll und die Entschädigung somit Ertrag für mehrere Jahre ist, so rechnet sich die Y-KG im Jahr 01 reicher als sie in diesem Jahr ist. Wird die Entschädigung mindestens für 20 Jahre gezahlt, so entfällt auf das Jahr der Einnahme nur ein Zwanzigstel von 500 000 DM, also als Ertrag nur 25 000 DM. Verteilt in diesem Fall die Y-KG die Einnahme auf 10 Jahre, dann rechnet sie sich im Jahr der Einnahme einen doppelt so hohen Ertrag zu, als sie sich aus Vorsichtsgesichtspunkten zurechnen dürfte. Kann daher bei Einnahmen von einer Mindestzahl von Jahren ausgegangen werden, auf die sie als Ertrag entfallen, so sind sie nach dem Vorsichtsgrundsatz auf diesen Mindestzeitraum als Erträge zu verteilen.

731 Es fragt sich aber, ob die Frist auf seiten des Zahlenden mit der Frist auf seiten des Zahlungsempfängers übereinstimmen muß, wenn der Zeitraum der Nutzung nicht vertraglich bestimmt ist, oder ob beide Vertragspartner von verschiedenen Zeiträumen ausgehen können oder sogar müssen.

Es ist nach dem Realisationsprinzip als Ausfluß des Vorsichtsprinzips geboten, bei der Auslegung des Merkmals „bestimmte Zeit" für **passive Rechnungsabgrenzungsposten** zu anderen Ergebnissen zu kommen als bei den aktiven Rechnungsabgrenzungsposten[565].

Das wird durch folgende Überlegungen anhand des vorstehenden Beispiels deutlich. Verteilt die X-AG ihre Zahlung auf 10 Jahre, so hat sie im Jahr der Zahlung einen Aufwand von 50 000 DM, also nur ein Zehntel des Aufwandes, den sie hätte, wenn der gesamte Ausgabenbetrag als Aufwand auf das Jahr der Zahlung entfiele. Je länger die Frist ist, auf welche die X-AG die Ausgabe als Aufwand verteilt, desto geringer ist der auf das Jahr der Zahlung entfallende Aufwand, um so reicher rechnet sich also die X-AG in diesem Jahr. Da hier eine Unsicherheit besteht, kommt der Grundsatz der Vorsicht zum Tragen. Wenn es unsicher ist, auf welche Frist eine Ausgabe als Aufwand zu verteilen ist, muß die Frist eher kürzer als länger bemessen werden. Wenn der Schätzrahmen zwischen 10 bis 30 Jahren reicht, dann ist höchstens von 10 Jahren auszugehen. Im Zweifel ist der volle Betrag im Jahre der Zahlung als Aufwand zu buchen.

732 Ist also bei **Ausgaben** nicht sicher, für welche Frist sie nach dem Bilanzstichtag Aufwand sind, so ist die Frist nach dem Vorsichtsgrundsatz möglichst kurz zu bemessen. Es ist daher von einer **Höchstfrist** auszugehen.

Aus den vorstehenden Ausführungen wird deutlich: Ist unsicher, für welche Frist Ausgaben oder Einnahmen als Entgelt für eine Dauerleistung Aufwand oder Er-

---

[565] ADS 6. Auflage, HGB § 250 Rdn. 115; a. A. Tiedchen, HdJ Abt. II 8 Rdn. 82.

trag sind, ist bei Ausgaben von einer Höchstfrist und bei Einnahmen von einer Mindestfrist auszugehen[566]. Nach dem Vorsichtsgrundsatz sind also bei Unsicherheiten hinsichtlich der Fristbemessung Ausgaben und Einnahmen unterschiedlich zu behandeln.

Es entspricht daher den Grundsätzen ordnungsmäßiger Buchführung, wenn in dem genannten Beispiel die X-AG als Zahlungsverpflichtete den aktiven Rechnungsabgrenzungsposten auf eine kürzere Laufzeit mit jährlichen höheren Aufwandsbeträgen und die Y-KG als Zahlungsempfängerin ihren passiven Rechnungsabgrenzungsposten auf eine längere Laufzeit mit geringeren Ertragsbeträgen auflöst. Beides ergibt sich aus dem Vorsichtsgrundsatz. Einen dieser Bilanzierung entgegenstehenden Bilanzierungsgrundsatz, wonach Leistungsbeziehungen zwischen Kaufleuten in deren Bilanzen jeweils spiegelbildliche Auswirkungen hätten, gibt es nicht[567].

2.16.2.5.3 Ermittlung der Frist

Es fragt sich, wie sich der Mindest- oder Höchstzeitraum rechnerisch bestimmen läßt, wenn Dauerleistungen zeitlich nicht genau bestimmt sind.

Es handelt sich hier um eine Einmalvergütung der X-AG als Gegenleistung für die immerwährende Nutzung des Grundstücks der Y-KG. Eine solche Einmalvergütung ist als Kapitalwert einer ewigen Rente zu erfassen. Ewige Renten sind rechnerisch wie auf bestimmte Zeit gezahlte Renten zu behandeln[568]. Entsprechend ist die Einmalvergütung passiv abzugrenzen, wobei der passive Rechnungsabgrenzungsposten über mehrere Wirtschaftsjahre verteilt gleichmäßig aufzulösen ist[569].

Die Formel für den Kapitalwert einer ewigen Rente lautet:

$$\text{Kapitalwert} = \frac{\text{jährlicher Rentenbetrag} \times 100}{\text{Zinssatz}}$$

$$\text{jährlicher Rentenbetrag} = \frac{\text{Kapitalwert} \times \text{Zinssatz}}{100}$$

Setzt man in dem Beispiel die an die Y-KG gezahlte Entschädigung dem Kapitalwert einer ewigen Rente gleich, so kann überschläglich der Abgrenzungszeitraum ermittelt werden. Es muß nur noch der Zinssatz bestimmt werden. Es ergibt sich so zunächst der jährliche Rentenbetrag. Das ist in unserem Beispiel der Betrag, der als Aufwand oder Ertrag auf das einzelne Jahr entfällt. Wird die Entschädigung durch den jährlichen Betrag geteilt, ergibt sich die Laufzeit oder der Abgrenzungszeitraum.

---

566 So auch Herzig, N./Söffing, A., Rechnungsabgrenzungsposten und die Lehre vom Mindestzeitraum, BB 1993 S. 465.
567 ADS 6. Auflage, HGB § 250 Rdn. 115.
568 BFH, Urt. v. 17.10.1968 IV 84/65, BStBl 1969 II S. 180.
569 BFH, Urt. v. 24.3.1982 IV R 96/78, BStBl 1982 II S. 643.

Angenommen, die Y-KG geht von einem Zinssatz von 5 % aus. Dann ergibt sich für den von ihr anzusetzenden passiven Rechnungsabgrenzungsposten folgende Laufzeit:

$$\text{jährlicher Betrag} = \frac{500\,000 \times 5}{100}$$

$$= 25\,000 \text{ DM}$$

$$\text{Laufzeit} = 500\,000 : 25000$$

$$= 20 \text{ Jahre}$$

Der passive Rechnungsabgrenzungsposten ist also bei einem Zinssatz von 5 % über 20 Jahre verteilt gleichmäßig aufzulösen.

2.16.3 Antizipative Rechnungsabgrenzungsposten

734 Bei antizipativen Rechnungsabgrenzungsposten werden Ausgaben und Einnahmen nach dem Bilanzstichtag als Aufwand und Ertrag in das Wirtschaftsjahr vorgezogen.

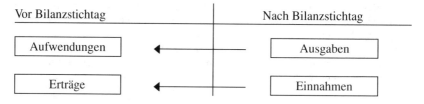

Die Lage ist hier also umgekehrt zu der bei den transitorischen Rechnungsabgrenzungsposten. Dort gehen Ausgaben und Einnahmen des abgelaufenen Wirtschaftsjahrs als Aufwand und Ertrag in die Zeit nach dem Abschlußstichtag hinüber. Bei den antizipativen Rechnungsabgrenzungsposten werden Ausgaben und Einnahmen nach dem Bilanzstichtag als Aufwand und Ertrag im Wirtschaftsjahr vorweggenommen, antizipiert.

735 In der Regel handelt es sich bei antizipativen Posten um **Forderungen** und **Verbindlichkeiten**. Diese Posten dürfen nicht als Rechnungsabgrenzungsposten ausgewiesen werden, sondern sie sind i. d. R. als sonstige Forderungen oder sonstige Vermögensgegenstände und als sonstige Verbindlichkeiten zu bilanzieren.

736 Für **Kapitalgesellschaften** ist handelsrechtlich vorgeschrieben, daß sie für Vermögensgegenstände und für Verbindlichkeiten ausgewiesene Beträge, die erst nach dem Abschlußstichtag rechtlich entstehen, im Anhang erläutern, wenn sie einen größeren Umfang haben (§ 268 Abs. 4 Satz 2, Abs. 5 Satz 3 HGB). Diese Beträge werden als antizipative Posten angesehen.

737 Voraussetzung für die **Aktivierung einer Forderung** ist, daß sie nach dem Realisationsprinzip als realisiert anzusehen ist. Demnach muß der Tatbestand, auf den

Rechnungsabgrenzung 315

sich die Forderung gründet, z. B. die Erbringung einer Leistung, bis zum Abschlußstichtag hinreichend konkretisiert sein. In der Regel ist eine Forderung dann aber auch bereits rechtlich entstanden. Nur ihr Fälligkeitsdatum liegt nach dem Abschlußstichtag. Das hat aber keine Bedeutung für die Bilanzierung als Forderung[570]. Damit wäre kein Abgrenzungskriterium zu anderen Forderungen gegeben.

Zur Auslegung der Voraussetzung fehlender rechtlicher Entstehung ist Art. 18 der 4. EG-Richtlinie heranzuziehen, der nicht von fehlender rechtlicher Entstehung ausgeht, sondern als Mitgliedstaatenwahlrecht vorsieht, daß Erträge, die erst nach dem Abschlußstichtag fällig werden, unter den Forderungen ausgewiesen werden können. Abzustellen ist daher bei den **aktiven antizipativen Posten** auf solche Beträge, die bereits als realisiert anzusehen sind und erst nach dem Abschlußstichtag in Rechnung gestellt werden können bzw. fällig sind. Hierunter fallen z. B. abgegrenzte Zinserträge, jahresumsatzbezogene Boni, Schadenersatz, zeitanteilige nachschüssige Mieten und Versicherungsprämien. Eine rechtliche Entstehung nach dem Abschlußstichtag ist selten, so etwa bei bestimmten Steuererstattungsansprüchen, die erst mit Ablauf eines vom Geschäftsjahr abweichenden Veranlagungszeitraums entstehen, oder ggf. bei Forderungen aus Teilleistungen bei langfristiger Fertigung[571]. **738**

Beispiel:
V vermietet an M ein Betriebsgrundstück. Das Mietverhältnis beginnt am 1.11.01. Die Miete ist jeweils am Ende eines Vierteljahrs fällig.

U stehen nach den Vereinbarungen mit seinen Lieferanten nach der Höhe der Einkäufe bemessene Boni zu. Diese werden erst in den ersten Monaten des folgenden Geschäftsjahrs abgerechnet.

Erst nach dem Abschlußstichtag rechtlich entstehende **antizipative Passivposten** sind selten. Eine Verbindlichkeit kann nur ausgewiesen werden, wenn sie rechtlich entstanden ist. Ist das rechtliche Entstehen einer Verbindlichkeit ungewiß, kann nur eine Rückstellung bilanziert werden. Stellt man nur auf die Fälligkeit ab, so müßten alle langfristigen Verbindlichkeiten als antizipative Posten ausgewiesen werden. In der Literatur wird daher nur ein Beispiel eines passiven antizipativen Rechnungsabgrenzungspostens genannt: Eine nicht auf Vertrag beruhende Verlustübernahme, wenn ein faktischer Übernahmezwang gegeben ist und der Betrag des zu übernehmenden Verlustes feststeht[572]. **739**

---

[570] Siehe Rdn. 606.
[571] ADS 6. Auflage, HGB § 268 Rdn. 106.
[572] ADS 6. Auflage, HGB § 268 Rdn. 118.

2.16.4 Sonderfälle aktiver Rechnungsabgrenzung

740

Rechnungsabgrenzungsposten für Zölle, Verbrauchsteuern und Umsatzsteuer		
Voraussetzungen	1. Zölle und Verbrauchsteuern	Umsatzsteuer
	2. als Aufwand im abgelaufenen Geschäftsjahr berücksichtigt	
	3. auf am Abschlußstichtag auszuweisende Vorräte	auf am Abschlußstichtag auszuweisende oder von den Vorräten offen abgesetzte Anzahlungen
Bilanzierung	• Handelsbilanz: Aktivierungswahlrecht • Steuerbilanz: Aktivierungsgebot	

741 Die Einkommensteuerrichtlinien rechnen diese Rechnungsabgrenzungsposten zu den antizipativen Posten[573]. Bei antizipativen Posten liegt, wie in Rdn. 734 dargelegt wurde, im abgelaufenen Wirtschaftsjahr Aufwand vor, während die Ausgaben in der Zeit nach dem Abschlußstichtag erfolgen. Bei den hier genannten Posten sind zwar im abgelaufenen Wirtschaftsjahr ebenfalls Aufwendungen erfolgt. Die Ausgaben müssen aber nicht in jedem Fall nach dem Abschlußstichtag fließen. Sie können auch bereits im abgelaufenen Wirtschaftsjahr geschehen sein.

Es handelt sich also nicht in jedem Fall um antizipative Posten. Es sind von den übrigen Rechnungsabgrenzungsposten zu unterscheidende Sonderposten, die aus ganz bestimmten Gründen, die auf dem Gebiete des Steuerrechts liegen, als Rechnungsabgrenzungsposten behandelt werden.

2.16.4.1 Zölle und Verbrauchsteuern auf Vorräte

742 Als Aufwand berücksichtigte Zölle und Verbrauchsteuern auf am Abschlußstichtag auszuweisende Vermögensgegenstände des Vorratsvermögens dürfen als Rechnungsabgrenzungsposten aktiviert werden (§ 250 Abs. 1 Satz 2 Nr. 1 HGB). **Handelsrechtlich** besteht also ein Wahlrecht, die Aufwendungen für Zölle und Verbrauchsteuern auf am Abschlußstichtag vorhandene Vorräte als Rechnungsabgrenzungsposten zu aktivieren.

743 Steuerrechtlich besteht hierfür ein Aktivierungsgebot. Nach § 5 Abs. 5 Satz 2 Nr. 1 EStG sind als Aufwand berücksichtigte Zölle und Verbrauchsteuern in der Steuerbilanz zu aktivieren, soweit sie auf am Abschlußstichtag auszuweisende Wirtschaftsgüter des Vorratsvermögens entfallen. Das Aktivierungsgebot in der Steuerbilanz folgt aber nicht aus dem Maßgeblichkeitsgrundsatz, wonach handelsrechtliche Aktivierungswahlrechte in der Steuerbilanz Aktivierungsgebote

---
[573] R 31 b Abs. 3 Satz 1 EStR.

verursachen[574]. Vielmehr gab es die steuerrechtliche Bestimmung eher als die handelsrechtliche Vorschrift.

Bevor es die Vorschrift im Einkommensteuergesetz gab, wurden Zölle und Verbrauchsteuern von der Finanzverwaltung den Vorräten hinzuaktiviert. Durch Urteil vom 26.2.1975[575] entschied jedoch der BFH, die Zölle und Verbrauchsteuern könnten weder als Herstellungskosten noch als Rechnungsabgrenzungsposten aktiviert werden. Durch Belastung von Vorräten mit Zöllen und Verbrauchsteuern werden Vorräte nicht wertvoller, so daß eine Aktivierung als Herstellungskosten ausscheidet. Zölle und Verbrauchsteuern werden nicht für eine bestimmte Zeit gezahlt, weshalb auch nicht die Voraussetzungen für die Aktivierung eines transitorischen Rechnungsabgrenzungspostens erfüllt sind[576]. Da die Finanzverwaltung als Folge der Anwendung dieses Urteils eine erhebliche zeitliche Verschiebung des Ertragsteueraufkommens befürchtete, veranlaßte sie die gesetzliche Regelung.

Dann wurde, um den Unternehmen eine Übereinstimmung ihrer Handelsbilanz **744** mit der Steuerbilanz zu ermöglichen, in § 250 Abs. 1 Satz 2 HGB das Wahlrecht eingeräumt, als Aufwand berücksichtigte Zölle und Verbrauchsteuern auf am Abschlußstichtag auszuweisende Vermögensgegenstände des Vorratsvermögens als Rechnungsabgrenzungsposten zu aktivieren.

Beispiel:
Auf am Abschlußstichtag des Jahres 01 lagernde Vorräte der X-GmbH entfallen Ausfuhrzölle und Verbrauchsteuern. Die Vorräte werden im Jahr 02 veräußert.

Werden die Zölle und Verbrauchsteuern nicht als Rechnungsabgrenzungsposten aktiviert, so sind sie im vorstehenden Beispiel im Jahr 01 Aufwand. Werden die Vorräte im Jahr 02 veräußert, so sind deren Anschaffungs- oder Herstellungskosten in diesem Jahr Aufwand. Werden die Zölle und Verbrauchsteuern hingegen im Jahr 01 als Rechnungsabgrenzungsposten aktiviert, wird dieser bei der Lieferung der Vorräte im Jahr 02 über Aufwand aufgelöst. Auf diese Weise fällt also der auf die Vorräte entfallende Aufwand nur in einem Jahr an.

2.16.4.2 Umsatzsteuer auf empfangene Anzahlungen

Wird die Umsatzsteuer nach vereinbarten Entgelten entrichtet, entsteht sie bereits **745** vor Ausführung der Leistung, wenn hierfür eine Anzahlung vereinnahmt wird (§ 13 Abs. 1 Nr. 1 Buchstabe a Sätze 4 und 5 UStG). Für diese als Aufwand berücksichtigte Umsatzsteuer auf am Abschlußstichtag auszuweisende oder von den Vorräten offen abgesetzte Anzahlungen darf **handelsrechtlich** ein Rechnungsabgrenzungsposten aktiviert werden (§ 250 Abs. 1 Satz 2 Nr. 2 HGB).

---
[574] Siehe Rdn. 52.
[575] BFH, Urt. v. 26.2.1975 I R 72/73, BStBl 1976 II S. 13.
[576] Siehe Rdn. 723.

746 Auch hier ging der handelsrechtlichen Regelung eine **steuerrechtliche** Bestimmung voraus. Nach § 5 Abs. 5 Satz 2 Nr. 1 EStG ist für als Aufwand berücksichtigte Umsatzsteuer auf am Abschlußstichtag auszuweisende Anzahlungen ein Rechnungsabgrenzungsposten zu aktivieren. Um in der Handelsbilanz eine mit der Steuerbilanz übereinstimmende Bilanzierung zu ermöglichen, wurde handelsrechtlich ein entsprechendes Aktivierungswahlrecht eingeräumt.

Beispiel:
Die Y-GmbH betreibt ein Bauunternehmern. Für teilfertige Bauten hat sie am 15.12.01 an Anzahlungen 400 000 DM zuzüglich 64 000 DM Umsatzsteuer erhalten. Am 10.5.02 erteilt die GmbH die Endabrechnung:

Bauleistungen	900 000 DM
16 % Umsatzsteuer	144 000 DM
	1 044 000 DM
abzüglich Anzahlungen	464 000 DM
noch zu zahlen	580 000 DM
Hiervon entfallen auf	
Entgelt	500 000 DM
Umsatzsteuer	80 000 DM

Die GmbH bucht:

am 15.12.01
➤ 1) Bank   464 000 DM
    an Anzahlungen   464 000 DM
➤ 2) Umsatzsteueraufwand   64 000 DM
    an Umsatzsteuerverbindlichkeit   64 000 DM

am 31.12.01
➤ 3) Rechnungsabgrenzung   64 000 DM
    an Umsatzsteueraufwand   64 000 DM

Am 10.05.02
➤ 4) Forderungen   580 000 DM
    Anzahlungen   464 000 DM
    an Erlöse   900 000 DM
    an Rechnungsabgrenzung   64 000 DM
    an Umsatzsteuerverbindlichkeit 80 000 DM

2.16.5 Damnum/Disagio

747 Verbindlichkeiten sind mit ihrem Rückzahlungsbetrag anzusetzen (§ 253 Abs. 1 Satz 2 HGB). Dieser stimmt mit dem Nennwert überein, der für den Ansatz in der Steuerbilanz maßgebend ist[577].

---

[577] H 37 (Anschaffungskosten) EStH.

Rechnungsabgrenzung

Beispiel:
Die Z-GmbH nahm am 1.9.01 ein Darlehen in Höhe von 500 000 DM auf. Auf dem Bankkonto wurden 95 % hiervon, also 475 000 DM, gutgeschrieben. Das Darlehen ist in 5 Jahresraten, beginnend am 1.9.02, zurückzuzahlen. Die Zinsen in Höhe von 8 % sind jährlich für ein Jahr im voraus zu zahlen.

Ausgezahlt worden sind 475 000 DM. Das ist der **Ausgabebetrag** oder **Verfügungsbetrag**. Zurückzuzahlen sind 500 000 DM. Das ist der **Rückzahlungsbetrag** oder **Nennbetrag**. 748

Wirtschaftlich ist der Fall so zu sehen, als habe die Bank an die Z-GmbH 500 000 DM ausgezahlt und habe die Z-GmbH sofort wieder 25 000 DM an die Bank als neben den Zinsen zusätzliches Entgelt für die Kapitalnutzung zurückgezahlt. Wirtschaftlich sind die 25 000 DM also eine Ausgabe vor dem Bilanzstichtag, die, soweit sie auf die Zeit nach dem Bilanzstichtag entfällt, Aufwand für eine bestimmte Zeit nach dem Abschlußstichtag darstellt. Insoweit sind daher die Voraussetzungen für die Aktivierung eines transitorischen Rechnungsabgrenzungspostens erfüllt[578].

Der Unterschiedsbetrag zwischen Ausgabebetrag des Darlehens und dem Nennbetrag heißt **Damnum** oder **Disagio**. Das Damnum ist entweder ein Mittel zur Feinabstimmung des Zinses, um gebrochene Zinssätze zu vermeiden, oder eine zusätzliche Vergütung für die Kapitalüberlassung, welche die in Form laufender Zinsen gewährte Vergütung ergänzt. Die Summe aus laufendem Zins und Damnum ist das Gesamtentgelt für die Kapitalnutzung[579]. 749

Die Vereinbarung zwischen Darlehensgeber und Darlehensnehmer kann auch so gestaltet sein, daß der Darlehensbetrag in voller Höhe ausgezahlt wird und bei der Rückzahlung ein Aufgeld, **Agio** genannt, zu zahlen ist. Rückzahlungsbetrag ist also hier der Auszahlungsbetrag zuzüglich Agio. 750

Ist der Rückzahlungsbetrag einer Verbindlichkeit höher als der Ausgabebetrag, so darf handelsrechtlich der Unterschiedsbetrag in den Rechnungsabgrenzungsposten auf der Aktivseite aufgenommen werden (§ 250 Abs. 3 Satz 1 HGB). Handelsrechtlich besteht daher für das Damnum ein Aktivierungswahlrecht. **Kapitalgesellschaften** müssen, wenn sie die Aktivierung wählen, den Betrag in der Bilanz gesondert ausweisen oder im Anhang angeben (§ 268 Abs. 6 HGB). 751

Vom Gesetz wird das Damnum also nicht als Rechnungsabgrenzungsposten bezeichnet. Es heißt im HGB nur, der Betrag dürfe in den Rechnungsabgrenzungsposten aufgenommen werden. **Handelsrechtlich** besteht hierfür ein Aktivierungswahlrecht, während für die übrigen transitorischen Rechnungsabgren- 752

---

[578] S. Rdn. 716.
[579] BFH, Urt. v. 21.4.1988 IV R 47/85, BStBl 1989 II S. 722.

zungsposten nach dem Gesetzeswortlaut und dem Grundsatz der Periodenabgrenzung ein Bilanzierungsgebot besteht[580]. Das Wahlrecht kann nur im Ausgabejahr ausgeübt und nicht in späteren Geschäftsjahren nachgeholt werden[581].

Dieses handelsrechtliche Aktivierungswahlrecht ist mit der Besonderheit des Damnums zu erklären, die es von den aktiven transitorischen Rechnungsabgrenzungsposten unterscheidet. In dem vorstehenden Beispiel muß die Z-GmbH für die Zinsen, die sie für das folgende Jahr 02 vorausgezahlt hat, in der Bilanz zum 31.12.01 einen Rechnungsabgrenzungsposten aktivieren. Außerdem aktiviert sie in Ausübung ihres Wahlrechts das Damnum. Kündigt die Z-GmbH das Darlehen zum 31.12.01, so hat sie einen Anspruch auf Rückzahlung der vorausgezahlten Zinsen. Ein solcher Rückzahlungsanspruch besteht nicht ohne weiteres auch hinsichtlich des Damnums.

753 Wie gezeigt wurde (Rz. 748), ist die Summe aus laufenden Zinsen und Damnum das Gesamtentgelt für die Kapitalnutzung. Das Damnum kann also nicht unmittelbar in eine Beziehung zur Kapitalnutzung gebracht werden, sondern nur zusammen mit den laufenden Zinsen. Bei vorzeitiger Vertragsbeendigung besteht zwar ein Anspruch auf Zurückgewähr gegenüber dem Darlehensgeber aus § 812 BGB[582]. Das Damnum kann aber nur anteilig zurückverlangt werden. Bei vorzeitiger Vertragsbeendigung muß erst der Teil des Damnums, dessen Ausgleichsfunktion nicht mehr zum Tragen kommt, ermittelt werden, da nur dieser Teil zurückgefordert werden kann. Insoweit besteht also für den Darlehensnehmer eine gewisse Unsicherheit. Daher kann von ihm nicht verlangt werden, das Damnum zu aktivieren. Handelsrechtlich wird aus diesem Grunde für die Aktivierung lediglich ein Wahlrecht eingeräumt.

754 Wird handelsrechtlich die Aktivierung des Damnums gewählt, so muß es nicht in voller Höhe, sondern es kann auch mit einem **Teilbetrag** aktiviert werden[583].

755 Aus dem handelsrechtlichen Aktivierungswahlrecht folgt nach dem Maßgeblichkeitsgrundsatz für die **Steuerbilanz** ein Aktivierungsgebot. Das Damnum ist in der Steuerbilanz in voller Höhe zu aktivieren[584].

756 Bei der Prüfung, was zum Damnum rechnet, ist zu unterscheiden:
- **Allgemeine Kosten** für die Ausgabe von Anleihen, wie z. B. Bankprovision, Druck- und Werbekosten, können nicht in die Rechnungsabgrenzung einbezogen werden, weil sie einmalig und vor allem von der Laufzeit der Verbindlichkeit unabhängig sind[585].

---

580 Siehe Rdn. 712.
581 ADS 6. Auflage, HGB § 250 Rdn. 85.
582 BGH, Urt. v. 29.5.1990 VI ZR 231/89, BB 1990 S 1441.
583 Schnicke/Bartels-Hetzler in: Beck Bil-Komm. § 250 Rdn. 61.
584 H 37 (Damnum) EStH.
585 Schnicke/Bartels-Hetzler in: Beck Bil-Komm. § 250 Rdn. 65; ADS 6. Auflage, HGB § 250 Rdn. 89.

Rechnungsabgrenzung 321

- **Verwaltungsgebühren** im Zusammenhang mit der Aufnahme eines Bankdarlehens und Bearbeitungsgebühren für die Übernahme einer **Bürgschaft** sind auf die Laufzeit des Darlehens aktiv abzugrenzen[586].
- **An Dritte** geleistete Zahlungen, z. B. Vermittlungsprovisionen, Bearbeitungsgebühren, Maklergebühren, Grundbuchkosten, Notarkosten sind Betriebsausgaben im Jahr des Anfalls[587].

Zur Abschreibung eines aktivierten Damnums/Disagios siehe Rdn. 1457 ff.

2.16.6 Latente Steuern bei Kapitalgesellschaften

Nach § 274 Abs. 2 HGB besteht für Kapitalgesellschaften ein Wahlrecht, einen Abgrenzungsposten als **Bilanzierungshilfe** in Höhe der voraussichtlichen Steuerentlastung nachfolgender Geschäftsjahre in der Handelsbilanz zu aktivieren. **757**

Eine aktive Steuerabgrenzung kommt in Betracht, wenn
- Erträge handelsrechtlich später als steuerlich anfallen oder
- Aufwendungen das handelsrechtliche Ergebnis früher als den steuerlichen Gewinn mindern.

Der Gewinnausweis in der Steuerbilanz ist also höher als das Ergebnis in der Handelsbilanz. Da die Ertragsteuern sich nach dem steuerlichen Gewinn richten, erscheinen sie, bezogen auf das handelsrechtliche Ergebnis, als zu hoch. Nimmt eine Kapitalgesellschaft die Bilanzierungshilfe in Anspruch, bucht sie: **758**

➤ Aktive Steuerabgrenzung
   an Ertragsteueraufwand.

Beispiel:
Die X-GmbH hat bei ihrer Hausbank ein Fälligkeitsdarlehen zu folgenden Bedingungen aufgenommen: Laufzeit 5 Jahre, Gutschrift auf dem Bankkonto am 3.1.01, Damnum in Höhe von 10 000 DM. Die GmbH hat das Damnum in der Handelsbilanz nicht aktiviert, sondern sofort über Aufwand gebucht. In der Steuerbilanz hat sie es gemäß § 5 Abs. 5 Satz 1 EStG aktiviert und linear auf die Laufzeit des Darlehens mit jährlich 2 000 DM abgeschrieben. Die GmbH hat eine Ertragsteuerbelastung von 50 %.

---

[586] BFH, Urt. v. 19.01.1978 IV R 153/72, BStBl 1978 II S. 262.
[587] Schnicke/Bartels-Hetzler in: Beck Bil-Komm. § 250 Rdn. 66.

Zwischen der Handelsbilanz und der Steuerbilanz bestehen gewinnmäßig in den Jahren 01 bis 05 folgende Unterschiede:

Jahr	Steuerbilanz	Handelsbilanz
01	− 2 000 DM	− 10 000 DM
02	− 2 000 DM	
03	− 2 000 DM	
04	− 2 000 DM	
05	− 2 000 DM	

Im Jahr 01 ist der Steuerbilanzgewinn 8 000 DM höher als der Handelsbilanzgewinn. Hierauf entfällt eine Steuerbelastung in Höhe von 4 000 DM (8 000 DM x 50 %). Bezogen auf den Handelsbilanzgewinn ist also der Steueraufwand um 4 000 DM zu hoch.

In den Jahren 02 bis 05 ist der Steuerbilanzgewinn jeweils 2 000 DM niedriger als der Handelsbilanzgewinn. Hierauf entfällt eine Steuerentlastung von jährlich 1 000 DM (2 000 DM x 50 %). Bezogen auf den Handelsbilanzgewinn ist also in den Jahren 02 bis 05 der Steueraufwand jährlich um 1 000 DM zu niedrig.

759 Der auf den Handelsbilanzgewinn bezogene zu hohe Steueraufwand im Jahr 01 gleicht sich somit in den Jahren 02 bis 05 wieder aus. Daher darf in der Handelsbilanz einer Kapitalgesellschaft ein Aktivposten gebildet werden.

	Aktivposten gemäß § 274 Abs. 2 HGB
Voraussetzungen:	1. Der nach steuerrechtlichen Vorschriften zu versteuernde Gewinn ist höher als der handelsrechtliche Gewinn. 2. Im Vergleich zum handelsrechtlichen Gewinn ist der Steueraufwand zu hoch. 3. Der zu hohe Steueraufwand gleicht sich in späteren Geschäftsjahren wieder aus.
Folge:	Aktivierungswahlrecht: In Höhe der voraussichtlichen Steuerentlastung nachfolgender Geschäftsjahre darf ein Abgrenzungsposten als Bilanzierungshilfe aktiviert werden.

760 Der Abgrenzungsposten ist unter entsprechender **Bezeichnung** gesondert auszuweisen und im **Anhang** zu erläutern (§ 274 Abs. 2 Satz 2 HGB).

761 Der aktivierte Betrag ist **aufzulösen**, sobald die Steuerentlastung eintritt oder mit ihr voraussichtlich nicht mehr zu rechnen ist (§ 274 Abs. 2 Satz 4 HGB). Im Beispielsfall entwickelt sich daher der Abgrenzungsposten auf der Aktivseite:

Rechnungsabgrenzung

31.12.01	4 000 DM
31.12.02	3 000 DM
31.12.03	2 000 DM
31.12.04	1 000 DM
31.12.05	0 DM

Der Handelsbilanzgewinn ist nicht nur um die Differenz zum Steuerbilanzgewinn **762** niedriger als dieser. Er wird zusätzlich durch den, bezogen auf den Handelsbilanzgewinn, zu hohen Steueraufwand belastet. In dem Beispiel wird das Handelsbilanzergebnis im Jahr 01 nicht nur um die Differenz zwischen handels- und steuerrechtlichem Ergebnis, also in Höhe von 8 000 DM, gemindert. Zusätzlich wirkt sich in der Handelsbilanz noch der auf dem steuerlichen Mehrgewinn beruhende ertragsteuerliche Mehraufwand von 4 000 DM aus.

Das handelsrechtliche Ergebnis wird daher durch den steuerlichen Mehraufwand zusätzlich belastet. Das könnte die Kapitalgesellschaft davon abhalten, ein handelsrechtliches Wahlrecht zu Lasten des Handelsbilanzgewinns auszuüben, in dem Beispielsfall also in der Handelsbilanz die Nichtaktivierung des Damnums zu wählen. Deshalb wird Kapitalgesellschaften in der Handelsbilanz die **Bilanzierungshilfe** in Gestalt eines Aktivierungswahlrechts gewährt[588].

Durch die Aktivierung der entsprechenden Mehrsteuern in der Handelsbilanz können Kapitalgesellschaften daher einen auf der Belastung durch die Mehrsteuern beruhenden ungünstigen Ergebnisausweis in der Handelsbilanz vermeiden.

Die Bilanzierungshilfe soll es der Kapitalgesellschaft nur möglich machen, ein **763** um die zusätzliche Steuerbelastung bereinigtes Handelsbilanzergebnis auszuweisen. Die Aktivierung darf nicht für Gewinnausschüttungen verwendet werden. Deshalb dürfen Gewinne nur ausgeschüttet werden, wenn die nach der Ausschüttung verbleibenden, jederzeit auflösbaren Gewinnrücklagen zuzüglich eines Gewinnvortrags und abzüglich eines Verlustvortrags dem angesetzten Betrag mindestens entsprechen (§ 274 Abs. 2 Satz 3 HGB). Es besteht also insoweit eine **Ausschüttungssperre**.

Ausschüttungssperre
Gewinnausschüttungen nur, wenn

Gewinnrücklagen
+ Gewinnvortrag
− Verlustvortrag

≥ Abgrenzungsposten

Die wichtigsten **Fälle aktiver latenter Steuerabgrenzung** sind: **764**
- Nichtaktivierung eines Damnums in der Handelsbilanz
- Nichtaktivierung des Geschäfts- oder Firmenwerts in der Handelsbilanz

---
588 Ausschußbericht, BT-Drs. 10/4268 vom 18.11.1985, S. 107.

- Aktivierung des Geschäfts- oder Firmenwerts in der Handelsbilanz und Abschreibung zu mindestens je einem Viertel, Abschreibung in der Steuerbilanz auf 15 Jahre linear
- Bewertung der Vorräte bei steigenden Preisen
  - in der Handelsbilanz: Lifo-Methode,
  - in der Steuerbilanz: Durchschnittsmethode
- Bewertung der Erzeugnisse
  - in der Handelsbilanz: nur mit den Herstellungseinzelkosten,
  - in der Steuerbilanz: mit Herstellungseinzelkosten und Herstellungsgemeinkosten
- Bewertung der Umlaufgegenstände
  - in der Handelsbilanz:
    - niedrigerer Wert, um Wertschwankungen zu verhindern,
    - weitere Abschreibungen im Rahmen vernünftiger kaufmännischer Beurteilung,
  - in der Steuerbilanz: Teilwert
- Rückstellungen für unterlassene Instandhaltung
  - in der Handelsbilanz für im folgenden Jahr nachgeholte Aufwendungen,
  - in der Steuerbilanz nur für die in den ersten drei Monaten des folgenden Jahres nachgeholten Aufwendungen

2.16.7 Nicht durch Eigenkapital gedeckter Fehlbetrag

765 Ist bei einer **Kapitalgesellschaft** das Eigenkapital durch Verluste aufgebraucht und ergibt sich deshalb ein Überschuß der Passivposten über die Aktivposten, so ist dieser Betrag am Schluß der Bilanz auf der Aktivseite gesondert unter der Bezeichnung „Nicht durch Eigenkapital gedeckter Fehlbetrag" auszuweisen (§ 268 Abs. 3 HGB).

Beispiel:
Das Eigenkapital einer Kapitalgesellschaft beträgt:

Gezeichnetes Kapital		*1 000 000 DM*
Gewinnrücklagen		
gesetzliche Rücklagen	*100 000 DM*	
andere Gewinnrücklagen	*50 000 DM*	*150 000 DM*
		1 150 000 DM

Es ergibt sich ein Verlustvortrag in Höhe von 200 000 DM und ein Jahresfehlbetrag in Höhe von 1 200 000 DM.

Verlustvortrag und Jahresfehlbetrag ergeben zusammen einen Fehlbetrag in Höhe von 1 400 000 DM. Dem steht ein Eigenkapital von insgesamt 1 150 000 DM gegenüber. Der Fehlbetrag ist nicht durch Eigenkapital gedeckt in Höhe von 250 000 DM.

Der nicht durch Eigenkapital gedeckte Fehlbetrag wird auf der Aktivseite der
Bilanz einer Kapitalgesellschaft ausgewiesen (§ 268 Abs. 3 HGB).

Aktiva		Passiva	
Nicht durch Eigenkapital gedeckter Fehlbetrag	250 000	A. Eigenkapital	
		I. Gezeichnetes Kapital	1 000 000
		II. Gewinnrücklagen	
		1. gesetzliche Rücklage	100 000
		2. andere Gewinn-Rücklagen	50 000
		III. Verlustvortrag	200 000
		IV. Jahresfehlbetrag	1 200 000

2.17 Eigenkapital

2.17.1 Einzelunternehmen und Personengesellschaften

Konten	
IKR	SKR 04
30 Kapitalkonto bei Einzelfirmen und Personengesellschaften:	Kapital Vollhafter/Einzelunternehmer:
300 Kapitalkonto Gesellschafter A	2000 Festkapital
3001 Eigenkapital	–09
3002 Privatkonto	2010 Variables Kapital
301 Kapitalkonto Gesellschafter B	–19
3011 Eigenkapital	2020 Gesellschafter-Darlehen
3012 Privatkonto	–29
	2030 (zur freien Verfügung)
alternativ:	–49
300 Festkapitalkonto	Kapital Teilhafter:
3001 – Gesellschafter A	2050 Kommandit-Kapital
3002 – Gesellschafter B	–59
301 veränderliches Kapitalkonto	2060 Verlustausgleichskonto
3011 – Gesellschafter A	–69
3012 – Gesellschafter B	2070 Gesellschafter-Darlehen
302 Privatkonto	2080 (zur freien Verfügung)
3021 – Gesellschafter A	–99
3022 – Gesellschafter B	

Privat Vollhafter/Einzelunternehmer:
2100 Privatentnahmen allgemein
−29
2130 Eigenverbrauch
−49
2150 Privatsteuern
−79
2180 Privateinlagen
−99
2200 Sonderausgaben beschränkt
−29 abzugsfähig
2230 Sonderausgaben unbeschränkt
−49 abzugsfähig
2250 Privatspenden
−79
2280 Außergewöhnliche Belastungen
−99
2300 Grundstücksaufwand
−49
2350 Grundstücksertrag
−99

Privat Teilhafter:
2500 Privatentnahmen allgemein
−29
2530 Eigenverbrauch
−49
2550 Privatsteuern
−79
2580 Privateinlagen
−99
2600 Sonderausgaben beschränkt
−29 abzugsfähig
2630 Sonderausgaben unbeschränkt
−49 abzugsfähig
2650 Privatspenden
−79
2680 Außergewöhnliche Belastungen
−99
2700 Grundstücksaufwand
−49
2750 Grundstücksertrag
−99

Eigenkapital 327

2.17.1.1 Aktiv- und Passivkapital

Das Eigenkapital ist in einer Bilanz der Unterschiedsbetrag zwischen der Aktiv- **768**
seite und der Passivseite, zwischen dem Vermögen einschließlich aktiver Rechnungsabgrenzungsposten auf der einen Seite und den Verbindlichkeiten einschließlich passiver Rechnungsabgrenzungsposten auf der anderen Seite.
Bei der Bilanz sind beide Seiten ausgeglichen, also betragsmäßig gleich. Deshalb wird der Unterschiedsbetrag zwischen den Summen der auf den beiden Seiten ausgewiesenen Posten der schwächeren Bilanzseite als Saldo hinzugesetzt. Dieser Saldo heißt in der Bilanz „**Eigenkapital**".
Ist die Aktivseite betragsmäßig größer als die Passivseite, heißt der Saldo „**Aktiv-** **769**
kapital". Das Kapital steht dann auf der Passivseite der Bilanz. Umgekehrt wird der Saldo als „**Passivkapital**" auf der Aktivseite ausgewiesen, wenn die Passivseite betragsmäßig größer als die Aktivseite ist. Bei der Kapitalgesellschaft heißt dieser Posten: Nicht durch Eigenkapital gedeckter Fehlbetrag (siehe Rdn. 765 f.).

2.17.1.2 Veränderungen des Eigenkapitals

Das Eigenkapital kann veränderlich, unveränderlich oder teils veränderlich und **770**
teils unveränderlich sein. Bei **Einzelunternehmen** ist das Eigenkapital veränderlich (variabel). Bei **Personengesellschaften** kann durch Satzung, Gesellschaftsvertrag oder durch Gesetz bestimmt sein, daß ein Teil des Eigenkapitals unveränderlich (konstant) sein soll. Für jeden Gesellschafter werden dann variable und konstante Kapitalkonten geführt.
Im Laufe des Geschäftsjahrs wird das Eigenkapital durch erfolgswirksame Geschäftsvorfälle und Privatvorgänge **verändert**. Diese kapitalverändernden Vorgänge wirken sich nur auf das variable Kapital oder den variablen Teil des Kapitals aus.
Erfolgswirksame Geschäftsvorfälle sind **Aufwendungen** und **Erträge**. Sie wer- **771**
den auf Aufwands- und Ertragskonten gegengebucht. Diese werden über Gewinn- und Verlustkonto abgeschlossen durch die Buchungen:

➤ Gewinn- und Verlustkonto
   an Aufwandskonten

➤ Ertragskonten
   an Gewinn- und Verlustkonto

Das **Gewinn- und Verlustkonto** weist als Saldo das Ergebnis der Geschäftsvor- **772**
fälle, den Geschäftserfolg, aus. Das ist die betrieblich bedingte Veränderung des Eigenkapitals. Das Gewinn- und Verlustkonto wird daher über Kapitalkonto abgeschlossen, wenn das Unternehmen einen Gewinn erwirtschaftet hat, durch die Buchung

➤ Gewinn- und Verlustkonto
   an Kapitalkonto

wenn das Unternehmen einen Verlust erwirtschaftet hat, durch die Buchung

➤ Kapitalkonto
an Gewinn- und Verlustkonto

773 Bei den **Personengesellschaften** werden die Gewinn- und Verlustanteile der Gesellschafter deren variablen Kapitalkonten gutgeschrieben oder belastet.

774 Einzelunternehmer und Gesellschafter entnehmen Geldbeträge der Geschäftskasse, um damit Dinge für den Privathaushalt zu kaufen. Es werden vom geschäftlichen Bankkonto Beträge an private Gläubiger überwiesen. Diese **Privatentnahmen** verringern das Eigenkapital. Im Gegensatz zu den Aufwendungen sind diese Kapitalminderungen aber nicht betrieblich, sondern privat veranlaßt. Sie werden gebucht:

➤ Privatkonto
an Bestandskonto

Auf der anderen Seite führen Unternehmer und Gesellschafter aus dem außerbetrieblichen Bereich dem Unternehmen Mittel zu. Diese **Privateinlagen** erhöhen das Eigenkapital. Sie werden gebucht:

➤ Bestandskonto
an Privatkonto

775 Bei **Gesellschaften** werden Privatkonten für jeden Gesellschafter geführt, auf denen dessen Entnahmen und Einlagen gesondert gebucht werden.

776 Die Privatkonten werden über Kapitalkonto **abgeschlossen**, wenn die Einlagen höher sind als die Entnahmen, durch die Buchung

➤ Privatkonto
an Kapitalkonto

wenn die Entnahmen höher sind als die Einlagen, durch die Buchung

➤ Kapitalkonto
an Privatkonto

2.17.1.3 Gewinnermittlung

777 Die Kapitalveränderung zum Ende des Geschäftsjahrs im Vergleich zum Anfang des Geschäftsjahrs, die
- auf Geschäftsvorfällen beruht, stellt den Erfolg des Geschäftsjahrs dar,
- auf Privatvorgängen beruht, darf nicht als Geschäftserfolg ausgewiesen werden.

Der Unterschied zwischen dem Eigenkapital zum Schluß des Geschäftsjahrs gegenüber dem Eigenkapital zum Anfang des Geschäftsjahrs stellt also den Geschäftserfolg dar, wenn die auf Privatvorgängen beruhenden Kapitalveränderungen wieder neutralisiert werden.

Der **Geschäftserfolg** ergibt sich also: 778

> Eigenkapital am Schluß des Geschäftsjahrs
> − Eigenkapital am Anfang des Geschäftsjahrs
> + Privatentnahmen
> − Privateinlagen
> = Geschäftserfolg

2.17.1.4 Einlagen und Entnahmen

Einlagen sind alle Wirtschaftsgüter (Bareinzahlungen, und sonstige Wirtschafts- 779
güter), die der Steuerpflichtige dem Betrieb im Laufe des Wirtschaftsjahrs zugeführt hat (§ 4 Abs. 1 Satz 5 EStG).

Entnahmen sind alle Wirtschaftsgüter (Barentnahmen, Waren, Erzeugnisse, 780
Nutzungen und Leistungen), die der Steuerpflichtige dem Betrieb für sich, für seinen Haushalt oder für andere betriebsfremde Zwecke im Laufe des Wirtschaftsjahrs entnommen hat (§ 4 Abs. 1 Satz 2 EStG).

2.17.1.5 Grund für die Berücksichtigung von Einlagen und Entnahmen bei der Gewinnermittlung

Die Notwendigkeit, im Einkommensteuerrecht Einlagen und Entnahmen zu be- 781
rücksichtigen, erklärt sich aus der Gewinnermittlung nach dem Betriebsvermögensvergleich. Nach § 4 Abs. 1 Satz 1 EStG ist Gewinn der Unterschiedsbetrag zwischen dem Betriebsvermögen am Schluß des Wirtschaftsjahrs und dem Betriebsvermögen am Schluß des vorangegangenen Wirtschaftsjahrs, vermehrt um den Wert der Entnahmen und vermindert um den Wert der Einlagen.

Bei dieser Gewinnermittlung geht das Einkommensteuerrecht davon aus, daß Gewinn die Vermehrung des Betriebsvermögens im Laufe des Wirtschaftsjahrs ist, soweit sie auf betrieblichen Geschäftsvorfällen beruht.

2.17.1.6 Einlagen

Nur solche Vermögensvermehrungen können zum Betriebsergebnis und damit 782
zum Gewinn beitragen, die betrieblich erwirtschaftet sind, die also auf Geschäftsvorfällen, betrieblichen Geschäften, beruhen. Vermehrungen des Betriebsvermögens, die auf außerbetriebliche Vorgänge zurückzuführen sind, dürfen sich also nicht auf den Gewinn auswirken. Soweit sie das Betriebsvermögen vermehrt haben, sind sie daher bei der Gewinnermittlung zu mindern. Aus diesem Grunde werden Einlagen bei der Gewinnermittlung durch Betriebsvermögensvergleich abgezogen.

Vor diesem Hintergrund läßt sich bestimmen, was in Zweifelsfällen Einlagen sind. Das sind alle Vermehrungen des Betriebsvermögens, die nicht auf betrieblichen Vorfällen beruhen und daher nicht als Gewinn berücksichtigt werden dürfen.

783 Es gibt außerbetrieblich veranlaßte Betriebsvermögensvermehrungen, die nicht auf Zuführungen von Wirtschaftsgütern beruhen.

Beispiel:
Der Vater des Unternehmers U hat U vor Jahren ein betriebliches Darlehen in Höhe von 100 000 DM gewährt. V stirbt und U ist sein Alleinerbe.

Mit dem Erbfall vereinigen sich Schuld und Forderung in der Person des Erben U. Dadurch erlischt die Betriebsschuld und das Betriebsvermögen wird erhöht. Das geschieht nicht durch Zuführung von Wirtschaftsgütern zum Betriebsvermögen, sondern durch Wegfall eines Passivpostens. Ursache ist hier der Erbfall und damit ein außerbetrieblicher Vorgang. Es handelt sich daher auch bei einer außerbetrieblich veranlaßten Tilgung einer Betriebsschuld um eine Einlage.

784 Die Einlage von Wirtschaftsgütern in das Betriebsvermögen ist nicht mehr zulässig, wenn erkennbar ist, daß die Wirtschaftsgüter dem Betrieb keinen Nutzen, sondern nur Verluste bringen werden[589].

785 Im Klammerzusatz in § 4 Abs. 1 Satz 2 EStG, in dem die Entnahmen definiert werden, sind u. a. als entnahmefähige Wirtschaftsgüter **Nutzungen** aufgeführt. Diese fehlen im Klammerzusatz von § 4 Abs. 1 Satz 5 EStG, der die Einlagen definiert. Hieraus könnte geschlossen werden, Nutzungen seien nicht einlagefähig.

Gegenstand einer Einlage kann grundsätzlich nur sein, was auch Bestandteil des Vermögensvergleichs nach § 4 Abs. 1 Satz 1 EStG sein kann. Das sind nur Wirtschaftsgüter, die bilanziert werden können. Hierzu rechnen nicht Nutzungsvorteile[590].

Beispiel:
Rechtsanwalt R1 ermittelt seinen Gewinn durch Betriebsvermögensvergleich. Die Praxis hat er gemietet. Er überweist die Mietzahlungen laufend von seinem Privatkonto.

Die Mietaufwendungen werden gebucht:

➤ Mietaufwand
   an Privat

Die Zahlungen sind laufende Einlagen. Die Mietzahlungen sind Betriebsausgaben.

---

[589] BFH, Urt. v. 11.10.1988 VIII R 237/83, BFH/NV 1989 S. 305; R 14 Abs. 1 Satz 4 EStR.
[590] BFH, Beschl. v. 26.10.1987 GrS 2/86, BStBl 1988 II S. 348.

Eigenkapital 331

Beispiel:
In dem vorstehenden Beispiel überweist die Ehefrau des R1 die Geldbeträge laufend von ihrem Privatkonto auf das private Bankkonto des R1. Von dort überweist R1 die Beträge dann an den Vermieter der Praxis. Nach einer Weile ist das den Eheleuten zu umständlich. Die Ehefrau überweist künftig die Mietzahlungen direkt von ihrem Konto an den Vermieter.

Der Geldtransfer vom Konto der Ehefrau auf das Privatkonto von R1 bewegt sich im privaten Bereich des R1. Von dort gelangen die Geldbeträge durch die Überweisung der betrieblichen Mietzahlungen in den betrieblichen Bereich. Die Zahlungen werden daher auch wie im vorigen Beispiel gebucht:

➤ Mietaufwand
  an Privat

Bei den direkten Zahlungen der Ehefrau an den Vermieter handelt es sich um sogenannten **Drittaufwand**. Drittaufwand kann zu Werbungskosten oder Betriebsausgaben beim Einkunftserzieler führen, wenn darin eine einvernehmliche Abkürzung des sonst erforderlichen Zahlungsweges, nämlich der Leistung des Dritten an den Einkunftserzielenden und dann von diesem an seine Gläubiger, zu erblicken ist[591].

Wirtschaftlich gesehen liegt hier der Fall ebenso wie vorher, als die Ehefrau die Beträge noch zunächst auf das Konto von R1 überwies. Auch hier wird der Kausalzusammenhang zwischen Aufwand des R1 und Einkünfteerzielung nicht unterbrochen. Lediglich der Zahlungsweg wird verkürzt. Die zuwendende Ehefrau überweist nicht zunächst an R1, der dann die Mittel in seinen Betrieb einlegt, sondern sie zahlt direkt an den Vermieter. Diese Zahlung ist für R1 eine Einlage und gleichzeitig ein Aufwand. Der Drittaufwand wird daher von R1 ebenso wie vorher gebucht:

➤ Mietaufwand
  an Einlage

Beispiel:
Rechtsanwalt R2, der seinen Gewinn ebenfalls durch Betriebsvermögensvergleich ermittelt, betreibt seine Praxis in Räumen, die ihm seine Ehefrau in deren Miethaus unentgeltlich überlassen hat. R2 möchte die Aufwendungen seiner Ehefrau, die diese mangels eigener Einnahmen nicht als Werbungskosten geltend machen kann, als Betriebsausgaben abziehen. Als solche Aufwendungen kommen insbesondere die AfA und die Reparaturaufwendungen in Frage.

Nach der Rechtsprechung des BFH ist der Werbungskostenabzug sogenannter **Dritt-AfA** bei einem ein Arbeitszimmer beruflich nutzenden Ehepartner in einem

---
591 BFH, Urt. v. 3.4.1987 VI R 91/85, BStBl 1987 II S. 623.

ihm und seinem Ehepartner zu je 1/2-Miteigentum gehörenden Einfamilienhaus zulässig. Beide Ehepartner hätten die Herstellungskosten je zur Hälfte getragen. Jedem stünde daher bei den Einkünften aus Vermietung und Verpachtung je zur Hälfte die AfA zu. Hinsichtlich des Arbeitszimmers würden aber Einkünfte aus nichtselbständiger Arbeit erzielt, die nach § 21 Abs. 3 EStG den Einkünften aus Vermietung und Verpachtung im Rang vorgingen. Mithin würden die Werbungskosten aus nichtselbständiger Arbeit in Form der AfA die Werbungskosten aus Vermietung und Verpachtung verdrängen. Der das Arbeitszimmer allein nutzende Ehepartner sei daher berechtigt, die volle auf das Arbeitszimmer entfallende AfA bei seinen Einkünften aus nichtselbständiger Arbeit in Anspruch zu nehmen[592].

Dieses Urteil hat der IV. Senat des BFH zum Anlaß genommen, dem Großen Senat die Frage zur Entscheidung vorzulegen, ob bei unentgeltlicher Nutzungsüberlassung durch einen Dritten an den Einkunftserzielenden dieser den dem Dritten entstehenden Aufwand als sog. **Drittaufwand** abziehen kann[593]. In einem früheren Urteil hatte der IV. Senat bereits entschieden, ein Ehegatte könne für den von ihm unentgeltlich betrieblich genutzten Teil seines Ehegatten eines ihm und seinem Ehegatten gemeinsamen Gebäudes nicht Aufwendungen seines Ehepartners abziehen. Er könne auch kein Nutzungsrecht ansetzen und gewinnmindernd abschreiben[594]. Nach dieser Rechtsprechung könnte R2 in dem vorstehenden Beispiel die Aufwendungen seiner Ehefrau nicht als Betriebsausgaben abziehen.

Leider lag dem Vorlagebeschluß nicht ein dem vorstehenden Beispiel gleicher Sachverhalt zugrunde. Es wurde also nicht von dem Eigentümer Herstellungsaufwand getragen, der dem Einkunftserzielenden zugute kam. Vielmehr hatte der Einkunftserzielende die Herstellungskosten für ein im Miteigentum stehendes Wirtschaftsgut, das er für seine betrieblichen Zwecke unentgeltlich nutzte, allein getragen. Hier konnte der Große Senat in seinem Beschluß vom 30.1.1995 an die ständige Rechtsprechung des BFH anknüpfen, wonach ein Miteigentümer eines Grundstücks, der auf eigene Rechnung Baulichkeiten auf dem gemeinsamen Grundstück errichtet und unentgeltlich für betriebliche Zwecke nutzt, die Nutzungsmöglichkeit in Höhe der von ihm getragenen Herstellungskosten wie ein materielles Wirtschaftsgut zu aktivieren hat und abschreiben kann. Neu hat der Große Senat lediglich entschieden, daß der Aufwand nicht nach § 7 Abs. 1 EStG abzuschreiben sei, sondern hierfür auch die für Gebäude zulässigen erhöhten Abschreibungen vorgenommen werden könnten[595]. Damit ist aber die Frage des Abzugs von Dritt-AfA im Sinne des vorstehenden Beispiels nicht höchstrichterlich geklärt.

786 Im vorstehenden Beispiel könnte der Abzug der AfA durch R2 so begründet werden: Die auf die Praxisräume entfallende AfA steht mit Einkünften des R2 aus

---

592 BFH, Urt. v. 12.2.1988 VI R 141/85, BStBl 1988 II S. 764.
593 BFH, Beschl. v. 9.7.1992 IV R 115/90, BStBl 1992 II S. 948.
594 BFH, Urt. v. 20.9.1990 IV R 300/84, BStBl 1991 II S. 82.
595 BFH, Beschl. v. 30.1.1995 GrS 4/92 BStBl 1995 II S. 281.

Eigenkapital 333

selbständiger Arbeit im Zusammenhang. Die AfA werden dem R2 privat zugewendet. Er legt sie in sein Unternehmen ein und bucht:

➤ AfA
 an Privat

In zwei weiteren Urteilen hat aber der IV. Senat des BFH an seiner Auffassung festgehalten, daß ein Einkünfteerzielender nur eigenen Aufwand geltend machen kann, nicht also Drittaufwand, der ihm bei seiner Einkünfteerzielung zugute kommt. Nur wenn der die Einkünfte erzielende Ehegatte die Herstellungskosten für ein auf einem im Miteigentum beider Ehegatten stehenden Grundstück errichtetes Gebäude allein getragen habe, könne er die von ihm getragenen Aufwendungen für die in dem Gebäude von ihm allein genutzten Praxisräume bei seinen Einkünften aus selbständiger Arbeit geltend machen[596].

In Fällen, in denen die Aufwendungen, die dem Einkunftserzielenden zugute **787** kommen, von einem Dritten getragen werden, sollte ein Rechtsgeschäft zwischen dem Einkunftserzielenden und dem Dritten geschlossen werden, durch das der Einkunftserzielende eigene Aufwendungen trägt.

Im vorstehenden Beispiel sollte daher R2 mit seiner Ehefrau einen Mietvertrag schließen. R2 hat dann eigene Aufwendungen in Form von Mietzahlungen an seine Ehefrau. Diese hat Mieterträge und kann die AfA als Werbungskosten abziehen.

Beispiel:
Unternehmer U schenkt sein bebautes betriebliches Grundstück seinem Sohn S und behält sich den Nießbrauch vor. Er nutzt weiterhin das Grundstück betrieblich.

Mit der Übertragung des Grundstücks auf den Sohn S hat U das Grundstück insgesamt entnommen. Das **Nießbrauchsrecht** ist erst nach der Entnahme im privaten Vermögensbereich des U entstanden[597]. **788**

U konnte das Nießbrauchsrecht nicht mit dem Teilwert in sein Betriebsvermögen einlegen[598]. Er kann aber seine eigenen Aufwendungen, die im Zusammenhang mit dem betrieblich genutzten Grundstück stehen, durch Absetzung einer entsprechenden Einlage gewinnmindernd berücksichtigen. Hierzu rechnen auch die abschreibbaren Anschaffungs- oder Herstellungskosten, die U ursprünglich selbst getragen hat und die er im Wege der AfA unmittelbar gewinnmindernd geltend machen könnte, wenn nicht nur das Nutzungsrecht, sondern der betrieblich genutzte Gegenstand selbst zu seinem Betriebsvermögen gehören würde[599].

---
596 BFH, Urt. v. 9.11.1995 VI R 60/92, BStBl 1996 II S. 192; 23.11.1995 IV R 50/94, BStBl 1996 II S. 193. So auch Tipke/Lang, 15. Aufl., Köln 1996, § 9 Rdn. 221 ff.
597 BFH, Urt. v. 28.2.1974 IV R 60/69, BStBl 1974 II S. 481.
598 BFH, Beschl. v. 26.10.1987 GrS 2/86, BStBl 1988 II S. 348.
599 BFH, Urt. v. 16.12.1988 III R 113/85, BStBl 1989 II S. 763.

Im vorstehenden Beispiel setzt daher U wie bisher die auf die betriebliche Gebäudenutzung entfallenden AfA als Betriebsausgaben ab und bucht:

➤ AfA
  an Einlage

789 Auch wenn U sich nicht den Nießbrauch, sondern ein **schuldrechtliches Nutzungsrecht** vorbehalten hätte, könnte er die Abschreibungen wie bisher im Wege der Einlage geltend machen, wie es vorstehend dargestellt wurde[600].

790 Nutzungsrechte können auch bei der Gewinnermittlung durch **Einnahmen-Überschußrechnung** in Höhe der ersparten Aufwendungen durch Buchung „Aufwand an Einlage" berücksichtigt werden[601].

791 Der Nutzende hatte in den vorstehenden Fällen eigene Aufwendungen, die mit seiner Einkunftserzielung im Zusammenhang standen. Es handelte sich also nicht um Aufwand eines Dritten, der seiner Einkunftserzielung zugute kam, also nicht um Drittaufwand.

Beispiel:
U ist angestellter Programmierer bei einem Softwarehaus. Außerdem betreibt er mit Einverständnis seines Arbeitgebers einen Handel mit Möbeln. In seiner Freizeit hat er mit einem Gesamtaufwand in Höhe von 5 000 DM für sein Unternehmen ein Kalkulations- und Buchführungsprogramm entwickelt. Fertiggestellt ist das Programm am 30.4.01. Ab 10.5.01 nutzt er diese Software mit Erfolg in seinem Unternehmen. Unter den Möbelhändlern spricht sich bald herum, daß U ein komfortables Kalkulations- und Buchführungsprogramm besitzt. Wegen der einsetzenden Nachfrage stellt U von dem Programm Disketten her und verkauft diese.

792 Die für sein Unternehmen hergestellte Software stellt ein **immaterielles Wirtschaftsgut** des Anlagevermögens dar. U hat das immaterielle Wirtschaftsgut selbst hergestellt. Immaterielle Vermögensgegenstände des Anlagevermögens, die nicht entgeltlich erworben wurden, dürfen nicht aktiviert werden (§ 248 Abs. 2 HGB, § 5 Abs. 2 EStG). U darf daher die Software nicht mit den Herstellungskosten aktivieren.

Nach der Rechtsprechung des BFH werden Einlagen immaterieller Anlagegegenstände als entgeltlicher Erwerb behandelt, weil die Trennung des Privatbereichs vom betrieblichen Bereich dem Aktivierungsverbot von § 5 Abs. 2 EStG vorgehe. Selbstgeschaffene oder unentgeltlich erworbene immaterielle Wirtschaftsgüter des Anlagevermögens seien daher bei der Überführung aus dem Privatvermögen in das Betriebsvermögen grundsätzlich mit dem Teilwert anzusetzen[602].

---

[600] BFH, Urt. v. 20.9.1989 X R 140/87, BFHE 158 S. 361, BStBl 1990 II S. 368.
[601] BFH, Urt. v. 22.1.1980 VIII R 74/77, BStBl 1980 II S. 244.
[602] BFH, Urt. v. 22.1.1980 VIII R 74/77, BStBl 1980 S. 244; siehe Rdn. 342.

Eigenkapital

Einlagen werden mit dem Teilwert angesetzt (§ 6 Abs. 1 Nr. 5 Satz 1, 1. Halbsatz EStG), weil die im außerbetrieblichen Bereich entstandenen stillen Reserven nicht betrieblich begründet sind und daher das Betriebsvermögen nicht erhöhen dürfen. Der Teilwert wird auch dann angesetzt, wenn er höher ist als die früheren Anschaffungs- oder Herstellungskosten. Bei späteren Veräußerungen oder Entnahmen werden daher nur die stillen Reserven erfaßt, die während der Zugehörigkeit zum Betriebsvermögen entstanden sind. Werden daher Einlagen von immateriellen Wirtschaftsgütern des Anlagevermögens mit dem Teilwert bewertet, wird dem Zweck des Gesetzes, nur im Betriebsvermögen entstandenen stillen Reserven zu erfassen, Rechnung getragen.

Da der Teilwert sich auf den Betrieb bezieht, gehört die **Vorsteuer** bei vorsteuerabzugsberechtigten Unternehmern nicht zum Teilwert. Ist der Vorsteuerabzug bei dem Unternehmer ausgeschlossen, gehört auch die Vorsteuer zum Teilwert. **793**

Wurde das zugeführte Wirtschaftsgut **innerhalb der letzten drei Jahre** vor dem Zeitpunkt der Zuführung **angeschafft** oder **hergestellt**, ist die Einlage zwar auch mit dem Teilwert zu bewerten. Es dürfen aber **höchstens die früheren Anschaffungs- oder Herstellungskosten** angesetzt werden (§ 6 Abs. 1 Nr. 5 Satz 1 Buchst. a EStG). Hierdurch soll verhindert werden, daß sich Wertsteigerungen im Privatvermögen im Betriebsvermögen auswirken, indem privat angeschaffte Wirtschaftsgüter nach einer Wertsteigerung in das Betriebsvermögen eingelegt werden. **794**

Bei abnutzbaren Wirtschaftsgütern sind die Anschaffungs- oder Herstellungskosten um **Absetzungen für Abnutzung** zu kürzen, die auf den Zeitraum zwischen der Anschaffung oder Herstellung des Wirtschaftsguts und der Einlage entfallen (§ 6 Abs. 1 Nr. 5 Satz 2 EStG). Es ist dabei unerheblich, ob sich die Absetzungen während der Zugehörigkeit des Wirtschaftsguts zum Privatvermögen einkommensmindernd ausgewirkt haben. Wurde während der Zugehörigkeit zum Privatvermögen die Bewertungsfreiheit für **geringwertige Wirtschaftsgüter** nach § 9 Abs. 1 Nr. 7 Satz 2 EStG in Anspruch genommen, beträgt der Einlagewert 0 DM[603].

Wurde das in das Betriebsvermögen eingelegte Wirtschaftsgut **vor der Zuführung aus einem Betriebsvermögen des Unternehmers entnommen**, so tritt an die Stelle **795**
- der Anschaffungs- oder Herstellungskosten der bei der Entnahme angesetzte Wert,
- des Zeitpunkts der Anschaffung oder Herstellung der Zeitpunkt der Entnahme (§ 6 Abs. 1 Nr. 5 Satz 3 EStG).

---

603 R 39 EStR, H 39 (Geringwertige Wirtschaftsgüter) EStH.

Beispiel:
Unternehmer U hat am 1.3.01 ein unbebautes Grundstück für 50 000 DM für sein Unternehmen gekauft, das an sein Betriebsgelände angrenzt. Im Jahr 02 erfährt er, daß an diesem Grundstück eine Straße vorbeigeführt werden soll. Er nimmt an, daß hierdurch der Wert des Grundstücks steigen wird und entnimmt es daher am 10.3.02 zum Teilwert von 60 000 DM. Er bebaut es mit einem Miethaus. Die Herstellungskosten betragen 400 000 DM, die Absetzungen für Abnutzung 5 % degressiv. Das Haus wird am 15.2.03 fertiggestellt. Am 2.1.04 legt er das Grundstück mit Gebäude wieder in das Betriebsvermögen ein. Zum Zeitpunkt der Einlage betragen der Teilwert für den Grund und Boden 80 000 DM und der Teilwert für das Gebäude 450 000 DM.

Grundstück und Gebäude wurden innerhalb der letzten drei Jahre vor dem Zeitpunkt der Einlage angeschafft oder hergestellt. Sie sind daher nicht mit den Teilwerten zum Zeitpunkt der Zuführung, sondern höchstens mit ihren Anschaffungs- oder Herstellungskosten bzw. dem Teilwert der früheren Entnahme anzusetzen.

Der Teilwert des Grund und Bodens betrug bei der damaligen Entnahme 60 000 DM. Die Einlage des Grund und Bodens kann daher höchstens mit 60 000 DM angesetzt werden.

Die Herstellungskosten des Gebäudes betragen 400 000 DM. Hiervon sind abzusetzen die auf die Zeit zwischen Herstellung und Einlage entfallenden Absetzungen für Abnutzung, also 400 000 DM x 5 % = 20 000 DM. Das Gebäude darf also höchstens zum Wert von 380 000 DM eingelegt werden.

U bucht also nicht

➤ Grund und Boden	80 000 DM
Gebäude	450 000 DM
an Einlage	530 000 DM

sondern

➤ Grund und Boden	60 000 DM
Gebäude	380 000 DM
an Einlage	440 000 DM

796 Wurde ein eingelegtes materielles Wirtschaftsgut innerhalb des Dreijahreszeitraums **unentgeltlich erworben**, kommt es auf die Anschaffungs- oder Herstellungskosten des Rechtsvorgängers an, falls dieser das eingelegte Wirtschaftsgut innerhalb des Dreijahreszeitraums angeschafft oder hergestellt hat.

797 Ist das eingelegte Wirtschaftsgut ein Anteil an einer Kapitalgesellschaft, die eine **wesentliche Beteiligung** im Sinne von § 17 Abs. 1 EStG darstellt, ist die Einlage ebenfalls höchstens mit den Anschaffungs- oder Herstellungskosten anzusetzen (§ 6 Abs. 1 Nr. 5 Satz 1, Buchstabe b EStG).

Eigenkapital

Beispiel:
Unternehmer U ist an der X-AG wesentlich beteiligt. Die Anschaffungskosten haben 1,2 Mio. DM betragen. U legt die Beteiligung 4 Jahre nach der Anschaffung in sein Betriebsvermögen ein. Aufgrund des gestiegenen Börsenkurses beträgt der Wert der Einlage zum Zeitpunkt der Zuführung zum Betriebsvermögen 1,5 Mio. DM. U verkauft die Beteiligung für 1,6 Mio. DM.

Wesentliche Beteiligungen an Kapitalgesellschaften sind höchstens mit den Anschaffungskosten anzusetzen, auch wenn der Zeitpunkt der Anschaffung mehr als 3 Jahre vor der Zuführung liegt. Durch die Begrenzung der Einlage einer wesentlichen Beteiligung mit den Anschaffungskosten unabhängig vom Zeitpunkt ihrer Anschaffung soll verhindert werden, daß sie vor der Veräußerung mit ihrem gestiegenen Teilwert in das Betriebsvermögen eingelegt wird, um die Wertsteigerung der Besteuerung zu entziehen. Der Veräußerungsgewinn beträgt daher im vorstehenden Beispiel nicht 1,6 Mio. DM – 1,5 Mio. DM = 0,1 Mio. DM, sondern 1,6 Mio. DM – 1,2 Mio. DM = 0,4 Mio. DM.

2.17.1.7 Entnahmen

Der Kaufmann muß, wie jeder Private auch, seinen Lebensunterhalt bestreiten. Er hat auch andere Bedürfnisse, die mit dem Betrieb nichts zu tun haben: Er wohnt mit seiner Familie in einer Wohnung oder in einem Privathaus, fährt in Urlaub, kauft Kleidung, überweist von seinem betrieblichen Bankkonto Beträge, um seine privaten Schulden zu tilgen oder die hierfür fälligen Zinsen zu zahlen. Er benutzt seinen betrieblichen Pkw auch privat. Setzt der Unternehmer für private Aufwendungen betriebliche Mittel ein, so heißen diese Geschäftsvorfälle „Privatentnahmen oder Entnahmen".

Durch Entnahmen verringert sich das Betriebsvermögen bzw. das Kapital. Diese Kapitalminderungen beruhen nicht auf betrieblichen, sondern auf außerbetrieblichen Gründen. Als Geschäftserfolg dürfen sich nur betrieblich veranlaßte Kapitalveränderungen auswirken. Daher werden die Entnahmen bei der Gewinnermittlung durch Betriebsvermögensvergleich wieder hinzugerechnet.

Die Entnahmen werden in der Buchführung auf dem Entnahmekonto, einem Unterkonto des Privatkontos, gebucht. Da die Entnahmen das Kapital verändern, ist das Entnahmekonto Unterkonto oder Vorkonto zum Kapitalkonto. Es wird also über Kapitalkonto abgeschlossen:

➤ Kapitalkonto
   an Entnahmekonto

Nach der gesetzlichen Definition können Gegenstand einer Entnahme sein:
- Bargeld
- Waren
- Erzeugnisse

- Nutzungen und
- Leistungen (§ 4 Abs. 1 Satz 2 EStG)

Diese Aufzählung ist aber nicht vollständig. Es können z. B. auch Anlagegegenstände entnommen werden. Wird eine betriebliche Verbindlichkeit begründet, um eine private Schuld zu begleichen, so kann auch das eine Entnahme sein.

800 Durch die Entnahmen werden Wirtschaftsgüter des Unternehmens in den außerbetrieblichen Bereich überführt, meist in den Privatbereich. Das Betriebsvermögen wird für außerbetriebliche (private) Zwecke gemindert.

801 Entnahmen sind einkommensteuerrechtlich mit dem Teilwert zu **bewerten**. Werden Wirtschaftsgüter im unmittelbaren Anschluß an die Entnahme einer von der Körperschaftsteuer befreiten Körperschaft, Personenvereinigung oder Vermögensmasse oder einer juristischen Person des öffentlichen Rechts zur Förderung wissenschaftlicher Zwecke oder zur Erziehung, Volks- oder Berufsbildung unentgeltlich überlassen, kann die Entnahme mit Ausnahme der Entnahmen von Nutzungen und Leistungen mit dem Buchwert angesetzt werden (§ 6 Abs. 1 Nr. 4 Sätze 4 und 5 EStG).

802 Erwirbt ein Nichtunternehmer Wirtschaftsgüter entgeltlich, so enthält der Kaufpreis die **Umsatzsteuer**, wenn der Erwerbsvorgang umsatzsteuerpflichtig ist. Ebenso ist auch für den Unternehmer die Überführung eines Wirtschaftsguts in seinen privaten Bereich mit Umsatzsteuer zu belasten, wenn ein entsprechender Umsatz umsatzsteuerpflichtig wäre. Das geschieht durch die Besteuerung als Eigenverbrauch.

Von den vorstehend in Rdn. 799 genannten Entnahmetatbeständen ist der Bargeldumsatz nicht umsatzsteuerpflichtig. Deshalb unterliegt es auch nicht der Umsatzbesteuerung als Eigenverbrauch, wenn dem Unternehmen Bargeld für private Zwecke entnommen wird. Das gilt auch, wenn Geldmittel in anderer Form entnommen werden.

803 Warenumsätze, Verkäufe von Erzeugnissen und von Anlagegegenständen sowie betriebliche Leistungen können umsatzsteuerpflichtig sein. Entsprechend gibt es folgende umsatzsteuerrechtliche Eigenverbrauchs-Tatbestände:

- **Gegenstandseigenverbrauch**: Entnahme von Gegenständen aus dem Unternehmen für Zwecke, die außerhalb des Unternehmens liegen (§ 1 Abs. 1 Nr. 2 Buchst. a UStG),
- **Leistungseigenverbrauch**: Ausführung von sonstigen Leistungen der im § 3 Abs. 9 UStG bezeichneten Art für Zwecke, die außerhalb des Unternehmens liegen (§ 1 Abs. 1 Nr. 2 Buchst. b UStG).

804 **Sachentnahmen** liegen vor, wenn Wirtschaftsgüter
1. aus dem betrieblichen oder beruflichen in den privaten oder einen anderen betriebs- oder berufsfremden Bereich übergehen oder
2. von einem Betrieb in einen anderen Betrieb oder Betriebsteil überführt werden

Eigenkapital

und danach eine spätere ertragsteuerliche Erfassung der im Buchwert des Wirtschaftsguts enthaltenen stillen Reserven nicht mehr gewährleistet ist[604].

Zweck der Erfassung der Sachentnahmen im Einkommensteuerrecht ist die Besteuerung der stillen Reserven. Würden in den vorstehend genannten Fällen die Vorgänge nicht als Sachentnahmen behandelt werden, so gingen die stillen Reserven der Einkommenbesteuerung verloren. **805**

Es ist aber nicht Zweck der Erfassung der Entnahmen, daß auch die stillen Reserven bei der Gewerbesteuer erfaßt werden[605].

Keine Entnahmen sind: **806**
- Überführung eines Wirtschaftsguts aus einem Betrieb in einen anderen Betrieb oder Betriebsteil derselben oder einer anderen Einkunftsart, weil eine spätere einkommensteuerliche Erfassung der im Buchwert enthaltenen stillen Reserven gewährleistet ist[606]
- Strukturänderung eines Betriebs mit der Folge, daß die Einkünfte aus dem Betrieb einer anderen Einkunftsart zuzurechnen sind[607]
- Überführung eines Wirtschaftsguts aus einem Gewerbebetrieb in einen Betrieb der Land- und Forstwirtschaft oder der selbständigen Arbeit[608]
- Überführung eines Wirtschaftsguts aus einem Betrieb der Land- und Forstwirtschaft oder der selbständigen Arbeit in einen Gewerbebetrieb[609]

Die Entnahme wird durch eine **Entnahmehandlung** durchgeführt, die von einem Entnahmewillen getragen wird. Das ist ein eindeutiges, unmißverständliches – ausdrückliches oder schlüssiges – Tun, Dulden oder Unterlassen, das betriebsfremden Zwecken dient. Der Entnehmende muß sich nicht bewußt sein, daß die Entnahmehandlung eine Gewinnverwirklichung auslöst. Bei buchführungspflichtigen Steuerzahlern ist Anhalt für die Entnahmehandlung die Buchung. Ohne Buchung oder Entnahmeerklärung liegt eine Entnahme auch vor, wenn die bisherige betriebliche oder berufliche Nutzung eines Wirtschaftsguts auf Dauer so geändert wird, daß es seine Beziehung zum Betrieb verliert und dadurch zum notwendigen Privatvermögen wird[610]. **807**

Zur Entnahmehandlung gehört ein auf eine bestimmte außerbetriebliche Nutzung eines Wirtschaftsguts gerichteter Wille des Steuerzahlers. Der Wille zur Gewinnverwirklichung oder auch nur das Bewußtsein dazu ist nicht erforderlich. Die Rechtswirkungen der Entnahmehandlung können erst zu dem Zeitpunkt eintreten, zu dem die Entnahmehandlung als solche äußerlich erkennbar geworden ist[611].

---

[604] R 14 Abs. 2 Satz 1 EStR.
[605] H 14 (Überführung eines Wirtschaftsguts) EStH.
[606] R 14 Abs. 2 Satz 2 EStR.
[607] R 14 Abs. 2 Satz 4 EStR.
[608] H 14 (Überführung eines Wirtschaftsguts) EStH.
[609] BFH, Urt. v. 17.8.1972 IV R 26/69, BStBl 1972 II S. 903.
[610] R 14 Abs. 3 Sätze 1 bis 5 EStR.
[611] BFH, Urt. v. 31.1.1985 IV R 130/82, BStBl 1985 II S. 395.

Beispiel:
Möbelhändler M vermietet eine Wohnung in dem zu seinem Privatvermögen gehörenden Miethaus möbliert an Studenten. Die Möbel hierzu entnimmt er dem Möbelgeschäft. Ferner entnimmt er Möbel für sein Einfamilienhaus für eigene Wohnzwecke.

Alle Möbel entnimmt M seinem Betrieb für außerbetriebliche Zwecke. Es handelt sich also sowohl bei den für das Miethaus als auch bei den für das Einfamilienhaus entnommenen Möbeln um Entnahmen im Sinne des Einkommensteuerrechts.

808 **Unternehmen** im Sinne des Umsatzsteuerrechts ist nicht identisch mit dem Unternehmen im Sinne des Einkommensteuerrechts. Bei der Entnahme im Sinne der Einkommensteuer ist Unternehmen der Betrieb. Maßgebender Gesichtspunkt ist die Besteuerung der stillen Reserven. Beim Eigenverbrauch im Sinne der Umsatzsteuer ist Unternehmen die gesamte gewerbliche und berufliche Tätigkeit des Unternehmers. Das sind alle nachhaltigen Tätigkeiten zur Erzielung von Einnahmen. Maßgebender Gesichtspunkt ist die umsatzsteuerrechtliche Behandlung der Privatvorgänge eines Unternehmers wie bei Privaten.

Die für das Miethaus im vorstehenden Beispiel entnommenen Möbel werden weiterhin zur nachhaltigen Erzielung von Einnahmen eingesetzt. Sie sind daher im Unternehmen im umsatzsteuerrechtlichen Sinne geblieben. Diese Entnahme ist also kein Eigenverbrauch. Hierfür fällt daher bei der Entnahme keine Umsatzsteuer an.

Die für das Einfamilienhaus entnommenen Möbel dienen nicht mehr der nachhaltigen Erzielung von Einnahmen und haben damit den umsatzsteuerrechtlichen Unternehmensbereich verlassen. Hier ist die Entnahme auch Eigenverbrauch.

809 **Bemessungsgrundlage** für den Eigenverbrauch (s. im einzelnen Rdn. 1182 ff.) ist
- beim Gegenstandseigenverbrauch:
  Einkaufspreis + Nebenkosten oder
  Selbstkosten
  im Zeitpunkt des Eigenverbrauchs (§ 10 Abs. 4 Nr. 1 UStG);
- beim Leistungseigenverbrauch:
  die bei der Ausführung entstandenen Kosten (§ 10 Abs. 4 Nr. 2 UStG).

Beispiel:
Unternehmer U schenkt seiner Tochter T, die auswärts studiert, am 1.4.01 seinen betrieblichen Pkw. Der Buchwert zum 31.12.00 betrug 10 000 DM, die jährliche AfA 5 000 DM. Nach der Liste für Gebrauchtwagen hat der Pkw am 1.4.01 einen Wiederbeschaffungswert von 15 000 DM.

Der Pkw scheidet mit seinem Buchwert am 1.4.01 aus dem Betriebsvermögen aus. Die Entnahme ist mit dem Teilwert anzusetzen (§ 6 Abs. 1 Nr. 4 Satz 1 EStG). Ein gedachter Erwerber des Betriebs müßte den Pkw mit dem Gebrauchtwagen-

Eigenkapital   341

preis als Wiederbeschaffungswert beschaffen. Als Teilwert sind also die Wiederbeschaffungskosten von 15 000 DM anzusetzen.

Die **Wiederbeschaffungskosten** stellen auch den Einkaufspreis im Zeitpunkt des 810
Umsatzes und damit die Bemessungsgrundlage für den umsatzsteuerrechtlichen
Eigenverbrauch dar. Zur Ermittlung des Buchwerts am 1.4.01 ist die AfA vom
31.12.00 bis zum 31.3.01 vom Buchwert zum 31.12.00 abzusetzen.

Auf dem Eigenverbrauchkonto ist die Entnahme mit dem Teilwert zu buchen. Die 811
Gegenbuchungen sind der Abgang auf dem Pkw-Konto zum Buchwert und der
Unterschied zwischen Teilwert und Buchwert als Ertrag auf dem Konto „Erträge
aus dem Abgang von Anlagegegenständen".

Die Umsatzsteuer für den Eigenverbrauch beträgt 15 000 DM x 16 % = 2 400 DM. 812
Die Umsatzsteuerverbindlichkeit darf nicht das Betriebsergebnis mindern (§ 12
Nr. 3 EStG). Bei der Gewinnermittlung wird also die Umsatzsteuer auf Eigenverbrauch als Entnahme wieder hinzugerechnet.

Buchungen:

➤ 1) Abschreibung   1 250 DM
    an Fuhrpark   1 250 DM

➤ 2) Eigenverbrauch   15 000 DM
    an Fuhrpark   8 750 DM
    an Erträge aus dem Abgang von
    Anlagegegenständen   6 250 DM

➤ 3) Entnahme   2 400 DM
    an Umsatzsteuer   2 400 DM

Entnahmegewinn ist der gesamte Unterschiedsbetrag zwischen dem als Entnah- 813
mewert gebuchten Teilwert und dem Buchwert des entnommenen Wirtschaftsguts im Zeitpunkt der Entnahme. Das gilt auch dann, wenn das Wirtschaftsgut vor
der Entnahme auch privat genutzt und die private Nutzung als Entnahme behandelt worden ist[612]. Hat daher der Unternehmer den Pkw zuvor auch privat genutzt
und die Nutzungen als Privatentnahmen gebucht, so ist gleichwohl der Unterschiedsbetrag zwischen Teilwert und Buchwert im Zeitpunkt der Entnahme voll
als Ertrag zu buchen.

Wirtschaftsgüter des **notwendigen Betriebsvermögens** können nur durch end- 814
gültige Lösung des betrieblichen Zusammenhangs oder der persönlichen Zurechnung entnommen werden[613]. Die Lösung der persönlichen Zurechnung geschieht
durch entgeltliche oder unentgeltliche Übertragung auf einen anderen[614]. Die
Übertragung stellt dann eine Entnahme dar, wenn sie aus außerbetrieblichen
Gründen geschieht, z. B. um eine private Schuld zu erfüllen.

---
[612] H 14 Abs. 2 bis 4 (Gewinnrealisierung) EStH.
[613] Schmidt/Heinicke EStG § 4 Rz 314.
[614] Schmidt/Heinicke EStG § 4 Rz 118 f.

815 **Schenkung eines Betriebsgrundstücks** aus privaten Gründen ist eine Entnahme des Grundstücks. Behält sich der Unternehmer an einem Betriebsgrundstück, das er z. B. seinem Sohn schenkt, den **Nießbrauch** vor und nutzt er das Grundstück wie bisher für seine betrieblichen Zwecke, so entnimmt er zunächst das Grundstück voll, also nicht vermindert um den Wert des Nießbrauchs. Denn die Schenkung und die sie voraussetzende Bestellung des Nießbrauchs zugunsten des Schenkers werden in der Privatsphäre vollzogen[615].

816 In der Bebauung eines zum Betriebsvermögen eines Einzelunternehmers gehörenden Grundstücks für nichtbetriebliche Zwecke, z. B. mit der **Errichtung eines Einfamilienhauses für eigene Wohnzwecke**, kann eine Entnahme des Grundstücks oder Grundstücksteils liegen. Denn durch die Bebauung zu nichtbetrieblichen Zwecken verliert das Grundstück in der Regel seine Eignung, dem Betrieb zu dienen[616].

817 Wird ein zum **Gesellschaftsvermögen** einer Personengesellschaft gehörendes Grundstück mit einem Gebäude bebaut, das eigenen Wohnzwecken eines, mehrerer oder aller Gesellschafter dienen soll, so verliert auch dadurch das Grundstück in der Regel seine Eigenschaft als Betriebsvermögen. Das Grundstück bleibt zwar handelsrechtlich Gesellschaftsvermögen. Nach dem Maßgeblichkeitsgrundsatz folgt aus dieser Eigenschaft grundsätzlich auch die Zurechnung zum Betriebsvermögen im steuerrechtlichen Sinn. Aber das Gesellschaftsvermögen einer Personengesellschaft und das Betriebsvermögen einer Mitunternehmerschaft decken sich nicht immer. Der Begriff des Betriebsvermögens wird gegenüber dem Begriff des Gesellschaftsvermögens eingeengt, wenn Wirtschaftsgüter auf Dauer dazu bestimmt sind, eigenen Wohnzwecken eines Gesellschafters zu dienen und damit notwendiges Privatvermögen sind[617].

818 Bebaut daher ein **Gesellschafter** ein zum Gesellschaftsvermögen einer Personengesellschaft gehörendes Grundstück mit einem Einfamilienhaus für eigene Wohnzwecke, so wird der hierzu gehörende Grund und Boden entnommen, wenn die übrigen Gesellschafter der Bebauung zugestimmt haben. Da es sich um ein sogenanntes Grundlagengeschäft handelt, bedarf die Entnahme des Grund und Bodens der Zustimmung aller Gesellschafter. Stimmen die Gesellschafter der Bebauung nicht zu, ist lediglich die private Nutzung entnommen[618].

819 Errichtet ein **Bauunternehmer** durch sein Unternehmen ein Privatgebäude, so muß er diesen Vorgang als Entnahme des gesamten Gebäudes mit seinem Teilwert behandeln. Der Teilwert des Gebäudes wird also dem Gewinn hinzugerechnet. Errichtet er aber das Gebäude selbst unter Einsatz seiner Arbeitskraft, so ist die Arbeitskraft nicht als Entnahme anzusetzen. Es werden nur die Materialien, die

---

[615] H 14 Abs. 2 bis 4 (Vorbehaltsnießbrauch) EStH; BFH, Urt. v. 28.2.1974 IV R 60/69, BStBl 1974 II S. 481.
[616] BFH, Urt. v. 27.1.1977 I R 48/75, BStBl 1977 II S. 388.
[617] BFH, Urt. v. 30.6.1987 VIII R 353/82, DB 1988 S. 422, BB 1988 S. 532, BStBl 1988 I S. 418.
[618] BFH, Urt. v. 30.6.1987 VIII R 353/82, BStBl 1988 II S. 418.

Eigenkapital 343

Nutzungen der Maschinen, des Krans und des Lkw sowie die Werte der Leistungen der Arbeitnehmer entnommen.

Die Belastung eines Grundstücks mit einem **Erbbaurecht** ist noch keine Entnahme des Grundstücks. **820**

Beispiel:
Eine Bauunternehmerin bestellt ihrem Ehemann, der Landesbediensteter ist, ein Erbbaurecht auf die Dauer von 99 Jahren an einem Betriebsgrundstück. Der Ehemann errichtet hierauf mit Hilfe eines Landesbedienstetendarlehens ein Einfamilienhaus, das die Eheleute dann gemeinsam mit ihren Kindern bewohnen.

Hätte die Unternehmerin das Grundstück selbst bebaut oder ihrem Ehemann geschenkt, damit dieser das Grundstück bebaue, wäre das eine Entnahme gewesen. Die Belastung mit einem Erbbaurecht bedeutete aber keine Entnahme und war auch nicht wirtschaftlich nach § 42 AO als Entnahme zu behandeln. Nach der Bestellung des Erbbaurechts bezog die Unternehmerin Erträge in Form von Erbbauzins. Das ist einer Vermietung oder Verpachtung eines Grundstücks gleichzuachten[619]. Ebenso wird ein zum Gesellschaftsvermögen einer Personengesellschaft gehörendes Grundstück nicht dadurch entnommen, daß es zugunsten eines Gesellschafters mit einem Erbbaurecht belastet wird und dieser hierauf ein für eigene Wohnzwecke bestimmtes Einfamilienhaus errichtet[620].

Auch die Bestellung des **Nießbrauchs** an einem betrieblichen Grundstück führt nicht zu dessen Entnahme. Wird es hernach von dem Unternehmen nicht mehr für eigenbetriebliche Zwecke genutzt, kann darin eine Umwandlung vom notwendigen zum gewillkürten Betriebsvermögen liegen. Solange es nicht selbst entnommen wird, bleibt das Grundstück Betriebsvermögen. Entscheidend ist, ob es nach Wegfall des Nutzungsrechts weiterhin dem Betrieb dienen soll[621]. **821**

Beispiel: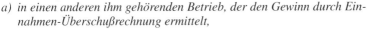
Ein Unternehmer überführt Wirtschaftsgüter aus einem Betrieb mit Gewinneinkünften
a) in einen anderen ihm gehörenden Betrieb, der den Gewinn durch Einnahmen-Überschußrechnung ermittelt,
b) in einen anderen ihm gehörenden Betrieb, der den Gewinn nach Durchschnittssätzen gem. § 13a EStG ermittelt,
c) in einen Vermögensbereich, der den Überschußeinkünften unterliegt.

---

619 BFH, Urt. v. 26.2.1970 I R 42/68, BStBl 1970 II S. 419; 26.11.1987 IV R 171/85, BStBl 1988 II S. 490.
620 BFH, Urt. v. 10.4.1990 VIII R 133/86, BStBl 1990 II S. 961.
621 BFH, Urt. v. 1.3.1994 VIII R 35/92, BFHE 175, 231, BStBl 1995 II S. 241.

822 Die stillen Reserven werden auch bei Veräußerungen und Entnahmen aus einem Betrieb versteuert, der den Gewinn durch **Einnahmen-Überschußrechnung** oder nach **Durchschnittssätzen** gemäß § 13 a EStG ermittelt. Sie gehen daher bei einer Überführung in einen dem Unternehmer gehörenden Betrieb, der den Gewinn durch Einnahmen-Überschußrechnung oder nach Durchschnittssätzen gem. § 13 a EStG ermittelt, nicht verloren. In den Fällen a und b liegen daher keine Entnahmen vor.

823 Die stillen Reserven werden aber nicht bei den **Überschußeinkunftsarten** erfaßt. Daher wird eine Überführung eines Wirtschaftsguts aus einem bei den Gewinneinkünften erfaßten Betriebsvermögen in ein den Überschußeinkünften unterliegendes Vermögen als Entnahme behandelt[622].

Beispiel:
Landwirt L ermittelt den Gewinn aus Land- und Forstwirtschaft nach § 4 Abs. 1 EStG. Ferner ist er Kommanditist einer KG. Zu seinem landwirtschaftlichen Betrieb gehört eine Lagerhalle. Er überträgt das Grundstück auf die KG. Vorher bucht er das bebaute Grundstück aus dem landwirtschaftlichen Betriebsvermögen aus. Es wird bei der KG als Gesellschaftsvermögen geführt.

824 Gehört das Grundstück zum Gesellschaftsvermögen der KG, so ist es den Gesellschaftern zur gesamten Hand zuzurechnen. Es ist damit vor und nach der Überführung aus einem in das andere Betriebsvermögen jeweils anderen Steuerpflichtigen zuzurechnen. Die Überführung des Wirtschaftsguts von dem einen in das andere Betriebsvermögen ist eine Entnahme.

Gehört daher ein Wirtschaftsgut vor und nach der Überführung aus einem Betriebsvermögen in ein anderes Betriebsvermögen nicht mehr demselben Steuerpflichtigen oder denselben Steuerpflichtigen im gleichen Verhältnis wie vorher, so stehen die stillen Reserven nach der Übertragung anderen Berechtigten zu als vorher. Daher liegt auch hier eine Entnahme vor[623].

Beispiel:
U überführt Maschinen aus seinem inländischen Gewerbebetrieb in eine ausländische Betriebsstätte, deren Einkünfte durch ein Doppelbesteuerungsabkommen freigestellt sind.

825 Durch die Überführung in die ausländische Betriebsstätte, deren Einkünfte durch ein Doppelbesteuerungsabkommen freigestellt sind, wird das Wirtschaftsgut steuerlich **entstrickt**. Damit ist die spätere Erfassung der stillen Reserven nicht mehr gewährleistet. Es liegen also die Voraussetzungen einer Entnahme vor.

---

[622] BFH, Urt. v. 14.6.1988 VIII R 387/83, DB 1988 S. 2545; BStBl 1989 II S. 187.
[623] KFR F. 3 EStG § 4, 3/89 (Behrle).

Der Entnahmegewinn kann aber zunächst durch einen passiven **Ausgleichsposten** in der Steuerbilanz neutralisiert werden. Scheidet später das Wirtschaftsgut aus der ausländischen Betriebsstätte aus, ist der Ausgleichsposten erfolgswirksam aufzulösen. Bei abnutzbaren Anlagegegenständen wird der Ausgleichsposten während der Nutzung des Anlagegegenstandes abgeschrieben[624].

Einige betriebliche Wirtschaftsgüter werden auch außerbetrieblich genutzt. Diese **Nutzungen** sind Entnahmen im Sinne der Einkommensteuer und Eigenverbrauch im Sinne der Umsatzsteuer. 826

Beispiel:
Bauunternehmer B nutzt seinen betrieblichen Pkw und das betriebliche Telefon privat. Er errichtet ein Einfamilienhaus für seine eigenen Wohnzwecke und verwendet dabei Baumaschinen, einen Baukran und den Lkw seines Unternehmens.

Die mit der Nutzung dieser Wirtschaftsgüter zusammenhängenden Aufwendungen wurden laufend als betriebliche Aufwendungen gebucht. Zum Jahresabschluß werden die außerbetrieblichen Anteile als Entnahmen/Eigenverbrauch umgebucht.

Ab 1996 gibt es zwei Möglichkeiten, die **private Nutzung eines betrieblichen Kfz** zu bemessen (§ 6 Abs. 1 Nr. 4 Sätze 2 und 3 EStG): 827
- Für jeden Kalendermonat mit 1 % des inländischen Listenpreises im Zeitpunkt der Erstzulassung zuzüglich der Kosten für Sonderausstattungen einschließlich der Umsatzsteuer.
- Nach den auf die Privatfahrten entfallenden Aufwendungen, wenn die für das Kfz insgesamt entstehenden Aufwendungen durch Belege und das Verhältnis der privaten zu den übrigen Fahrten durch ein ordnungsgemäßes Fahrtenbuch nachgewiesen werden.

Nutzungen und Leistungen für außerbetriebliche Zwecke sind Entnahmen im Sinne des Einkommensteuerrechts (§ 4 Abs. 1 Satz 2 EStG). Werden sie für Zwecke außerhalb des Unternehmens ausgeführt, sind sie als **Leistungseigenverbrauch** (s. Rdn. 1188 ff.) auch umsatzsteuerbar (§ 1 Abs. 1 Nr. 2 Buchst. b UStG). Bemessungsgrundlage sind die durch die Nutzung entstandenen Kosten (§ 10 Abs. 4 Nr. 2 UStG). 828

2.17.1.8 Besonderheiten bei Personengesellschaften

Auch bei einer Personengesellschaft ist das Eigenkapital der Saldo zwischen der Aktiv- und der Passivseite der Bilanz. Es steht aber nicht einem Unternehmer zu, sondern der Gesellschaftergesamtheit. Jeder einzelne Gesellschafter hat einen Anteil am Eigenkapital. 829

---
624 BMF-Schreiben vom 12.2.1990, BStBl 1990 I S. 72.

Zu Beginn des Geschäftsbetriebs der Gesellschaft werden die Einlagen der Gesellschafter im Gesellschaftsvertrag festgelegt. Sie ergeben sich aus Geld- und Sacheinlagen. Am Ende jeden Geschäftsjahrs werden den einzelnen Kapitalanteilen der Gesellschafter deren Anteile am Gewinn- und Verlust der Gesellschaft zugeschrieben. Die Verteilung des Geschäftsergebnisses folgt aus dem Gesellschaftsvertrag.

830 Die **Gewinnverteilung** richtet sich ganz oder zum Teil nach dem Verhältnis der Kapitalkonten der Gesellschafter. Durch Stehenlassen von Gewinnanteilen besteht die Möglichkeit, die Bemessungsgrundlage für die Gewinnverteilung und damit den Gewinnanteil für das Folgejahr zu erhöhen. So können Gesellschafter, die darauf angewiesen sind, Gewinnanteile zu entnehmen, auf die Dauer von Gesellschaftern ausgebootet werden, die es sich leisten können, ihre Gewinnanteile stehen zu lassen.

831 Deshalb werden oft **feste Kapitalkonten vereinbart**, die der Gewinnverteilung nach dem Verhältnis der Kapitalkonten zugrunde gelegt werden. Auf **variablen Kapitalkonten** werden dann für jeden Gesellschafter seine Gewinn- und Verlustanteile und seine Entnahmen und Einlagen gebucht.

Werden daher in einer Personengesellschaft für die Gesellschafter feste und variable Kapitalkonten geführt, so hat jeder Gesellschafter folgende Konten:
- Festkapitalkonto
- variables Kapitalkonto (auf dem stehengelassene Gewinne, Verlustanteile, Einlagen und Entnahmen erfaßt werden)
- Privatkonto (auf dem die Einlagen und Entnahmen des Gesellschafters gegengebucht werden)

832 In **Familiengesellschaften** ist die Gewinnverteilung bei der Besteuerung des Gewinns beim einzelnen Gesellschafter nur anzuerkennen, soweit sie angemessen ist. Jedoch richtet sich die Zuschreibung der Gewinnanteile auf den einzelnen Kapitalkonten der Gesellschafter auch steuerlich nach dem Gesellschaftsvertrag.

833 Für die **Ertragsbesteuerung** ist die Gesellschaft Gewinnermittlungssubjekt, jeder einzelne Gesellschafter aber Steuersubjekt. Der Gewinn wird für die Gesellschaft einheitlich ermittelt. Bei der Besteuerung des einzelnen Gesellschafters als Mitunternehmer darf dieser einkommensteuerrechtlich nicht anders behandelt werden, als wäre er Einzelunternehmer.

834 Überläßt ein Einzelunternehmer seinem Unternehmen Kapital, so ist das eine Einlage, die den Gewinn nicht berührt. Ebenso darf ein **Darlehen eines Gesellschafters** keinen Einfluß auf seinen steuerlichen Gewinn haben. Werden ihm hierfür Zinsen gutgeschrieben, so können sie nicht als Betriebsausgaben berücksichtigt werden.

Stellt ein Gesellschafter der Gesellschaft Vermögensgegenstände zur Nutzung zur Verfügung, so sind die hierfür gewährten **Nutzungsentgelte** ebenfalls keine Betriebsausgaben. Diese Sondervergütungen der Gesellschafter sind für den einzelnen Gesellschafter Einkünfte aus Gewerbebetrieb (§ 15 Abs. 1 Nr. 2 EStG).

Eigenkapital

Die Vermögensgegenstände, deren Nutzung diesen Nutzungsentgelten zugrunde liegt, rechnen daher zum steuerlichen Betriebsvermögen des einzelnen Gesellschafters, zum sogenannten **Sonderbetriebsvermögen**. Diese Vermögensgegenstände werden daher in der Steuerbilanz auf Sonderkapitalkonten der betreffenden Gesellschafter geführt.

2.17.2 Kapitalgesellschaften

Konten	
IKR	SKR 04

300 Gezeichnetes Kapital
305 noch nicht eingeforderte Einlagen
31 Kapitalrücklage
   311 Aufgeld aus der Ausgabe von Anteilen
   312 Aufgeld aus der Ausgabe von Wandelschuldverschreibungen
   313 Zahlung aus der Gewährung eines Vorzugs für Anteile
   314 andere Zuzahlungen von Gesellschaftern in das Eigenkapital
   315
     | frei
   317
   318 eingeforderte Nachschüsse gemäß § 42 Abs. 2 GmbHG
32 Gewinnrücklagen
   321 gesetzliche Rücklagen
   322 Rücklage für eigene Anteile
   323 satzungsmäßige Rücklagen
   324 andere Gewinnrücklagen
   325 Eigenkapitalanteil bestimmter Passivposten
33 Ergebnisverwendung
   331 Jahresergebnis des Vorjahres
   332 Ergebnisvortrag aus früheren Perioden
   333 Entnahmen aus der Kapitalrücklage
	2900 Gezeichnetes Kapital
	2910 Ausstehende Einlagen auf das gezeichnete Kapital, nicht eingefordert
	2920 Kapitalrücklage
	2925 Kapitalrücklage durch Ausgabe von Anteilen über Nennbetrag
	2926 Kapitalrücklage durch Ausgabe von Schuldverschreibungen für Wandlungsrechte u. Optionsrechte zum Erwerb von Anteilen
	2927 Kapitalrücklage durch Zuzahlung gegen Gewährung eines Vorzugs für Anteile
	2928 Andere Zuzahlungen in das Eigenkapital
	2929 Eingefordertes Nachschußkapital
	
	Gewinnrücklagen
	2930 Gesetzliche Rücklage
	2940 Rücklage für eigene Anteile
	2950 Satzungsmäßige Rücklagen
	2960 Andere Gewinnrücklagen
	
	Gewinnvortrag/Verlustvortrag vor Verwendung
	2970 Gewinnvortrag vor Verwendung
	2978 Verlustvortrag vor Verwendung

334 Veränderungen der Gewinnrücklagen vor Bilanzergebnis 335 Bilanzergebnis (Bilanzgewinn/Bilanzverlust) 336 Ergebnisausschüttung 337 zusätzlicher Aufwand oder Ertrag aufgrund Ergebnisverwendungsbeschluß 338 Einstellungen in Gewinnrücklagen nach Bilanzergebnis 339 Ergebnisvortrag auf neue Rechnung 34 Jahresüberschuß/Jahresfehlbetrag	2975 Vorträge auf neue Rechnung (Bilanz)

2.17.2.1 Bestandteile des Eigenkapitals

836 Bei den Kapitalgesellschaften hat das Eigenkapital folgende Bestandteile (§ 266 Abs. 3 HGB):
- Gezeichnetes Kapital
- Kapitalrücklage
- Gewinnrücklagen
- Gewinnvortrag bzw. Verlustvortrag
- Jahresüberschuß bzw. Jahresfehlbetrag

837 Das **gezeichnete Kapital** ist das Haftungskapital der Gesellschafter (§ 272 Abs. 1 Satz 1 HGB). Bei AG und KGaA ist es das Grundkapital, bei GmbH das Stammkapital.

838 Die **Kapitalrücklage** entsteht, wenn bei der Ausgabe von Anteilen, Bezugsanteilen, Schuldverschreibungen für Wandlungsrechte und Optionsrechte zum Erwerb von Anteilen die Nennbeträge übersteigende Beträge gezahlt werden und wenn Gesellschafter für Vorzugsanteile Zuzahlungen leisten (§ 272 Abs. 2 HGB).

839 In die **Gewinnrücklage** werden Beträge aus dem Geschäftsergebnis des Geschäftsjahrs oder eines früheren Geschäftsjahrs eingestellt (§ 272 Abs. 3 HGB). Es sind gesondert auszuweisen:
- gesetzliche Rücklage,
- Rücklage für eigene Anteile,
- satzungsmäßige Rücklagen,
- andere Gewinnrücklagen.

840 Das Ergebnis des Geschäftsjahrs ist ein **Jahresüberschuß** oder ein **Jahresfehlbetrag**. Ein Jahresüberschuß wird für bestimmte Zwecke verwendet, zur Investition, zur Ausschüttung an die Anteilseigner oder/und zur Einstellung in Gewinnrücklagen.

Eigenkapital 349

Die Bilanz kann vor Verwendung, nach teilweiser Verwendung oder nach voll- **841**
ständiger Verwendung des Jahresergebnisses aufgestellt werden.
- Wird die Bilanz **vor Verwendung des Jahresergebnisses aufgestellt**, so sind Gewinnvortrag/Verlustvortrag und Jahresüberschuß/Jahresfehlbetrag gesondert als Eigenkapitalposten auszuweisen.
- Wird die Bilanz **unter Berücksichtigung der teilweisen Verwendung des Jahresergebnisses aufgestellt**, so wird der Posten „**Bilanzgewinn/Bilanzverlust**" ausgewiesen. Ein vorhandener Gewinn- oder Verlustvortrag wird hierin einbezogen und ist dann in der Bilanz oder im Anhang gesondert anzugeben (§ 268 Abs. 1 HGB).

In der Bilanz einer Kapitalgesellschaft heißt das Passivkapital „**Nicht durch Ei-** **842**
genkapital gedeckter Fehlbetrag" (§ 268 Abs. 3 HGB). S. Rdn. 765 f.

2.17.2.2 Gezeichnetes Kapital

Das gezeichnete Kapital ist das Kapital, auf das die Haftung der Gesellschafter für **843**
die Verbindlichkeiten der Kapitalgesellschaft gegenüber den Gläubigern beschränkt ist (§ 272 Abs. 1 Satz 1 HGB). Es ist der Betrag, zu deren Einzahlung die Gesellschafter gegenüber der Kapitalgesellschaft verpflichtet sind.

Das gezeichnete Kapital ist zum **Nennbetrag** anzusetzen (§ 283 HGB). Die Ge- **844**
sellschafter müssen bei Bareinzahlung nicht den Nennbetrag, sondern lediglich ein Viertel davon leisten (§ 36 a Abs. 1 AktG, § 7 Abs. 2 GmbHG). Ein Gesellschafter hat daher nicht in jedem Fall schon den auf ihn entfallenden Teilbetrag des gezeichneten Kapitals voll eingezahlt. Die Gesamtsumme der noch nicht eingezahlten Beträge ist auf der Aktivseite als Posten „ausstehende Einlagen auf das gezeichnete Kapital" auszuweisen[625]. Dieser Posten ist also die Gesamtforderung der Kapitalgesellschaft gegenüber den Gesellschaftern auf Einzahlung des gezeichneten Kapitals.

Der Nennbetrag lautet i. d. R. auf einen glatten Betrag. Der Mindestnennbetrag **844a**
des Grundkapitals der Aktiengesellschaft beträgt 100 000 DM (§ 7 AktG), das Mindeststammkapital der GmbH 50 000 DM (§ 5 Abs. 1 GmbHG). Durch das Euro-Einführungsgesetz werden diese Mindestnennbeträge für die AktG auf 50 000 Euro und für die GmbH auf 25 000 Euro festgesetzt. Da der Umrechnungskurs unter zwei liegen wird, werden bei der Umrechnung des gezeichneten Kapitals der Kapitalgesellschaften diese Mindestnennbeträge erreicht werden. Die Umrechnung wird aber i. d. R. einen „krummen" Betrag ergeben. Daher ist es zulässig, das gezeichnete Kapital bis zur nächsten Kapitalerhöhung in DM fortzuführen. Hierfür besteht keine Frist. Liegt daher der Zeitpunkt der nächsten Kapitalerhöhung nach dem Ende der Umstellungsfrist, wird das Nennkapital weiterhin in DM ausgewiesen, obwohl im übrigen der Jahresabschluß auf Euro umgestellt ist (s. Rdn. 64i).

---

[625] Siehe Rdn. 67.

845 In manchen Unternehmen ist es nicht sicher, ob die ausstehenden Einlagen überhaupt eingefordert werden, z. B. bei Versicherungsgesellschaften. Deshalb ist der Betrag der **eingeforderten ausstehenden Einlagen** gesondert zu vermerken. Das gezeichnete Kapital und die ausstehenden Einlagen hierauf sind daher wie folgt auszuweisen (§ 272 Abs. 1 Satz 1 und 2, § 283 HGB):

Aktiva		Passiva
Ausstehende Einlagen auf das gezeichnete Kapital davon eingefordert	Gezeichnetes Kapital	

Beispiel:

Gezeichnetes Kapital	*1 000 000 DM*
Ausstehende Einlagen	*400 000 DM*
Eingeforderte ausstehende Einlagen	*150 000 DM*

Ausweis in der Bilanz:

Aktiva		Passiva	
Ausstehende Einlagen auf das gezeichnete Kapital	*400 000*	*Gezeichnetes Kapital*	*1 000 000*
davon eingefordert 150 000			

Vom gezeichneten Kapital stehen der Gesellschaft nur 600 000 DM zur Verfügung. Auf weitere 400 000 DM hat die Gesellschaft einen Anspruch gegen die Gesellschafter. Diesen macht sie aber nur in Höhe von 150 000 DM geltend. Der Ausweis des Korrekturpostens „ausstehende Einlagen" und des Vermerks „davon eingefordert" sind daher zur Darstellung der Liquidität der Gesellschaft erforderlich.

Es wird gebucht:
> ausstehende Einlagen   400 000 DM
> Guthaben bei Kreditinstituten   600 000 DM
> an gezeichnetes Kapital   1 000 000 DM

846 Die nicht eingeforderten ausstehenden Einlagen dürfen auch vom Posten „gezeichnetes Kapital" offen abgesetzt werden. Dann ist in der Hauptspalte der Passivseite der verbleibende Betrag **„eingefordertes Kapital"** auszuweisen. Auf der Aktivseite ist unter den Forderungen gesondert auszuweisen und entsprechend zu bezeichnen „eingefordertes, noch nicht eingezahltes Kapital" (§ 272 Abs. 1 Satz 3 HGB).

Eigenkapital 351

Bei dieser zweiten Alternative wird bilanziert:

Aktiva	Passiva
A. Anlagevermögen B. Umlaufvermögen II. Forderungen und sonstige Vermögensgegenstände 4. Eingefordertes, noch nicht eingezahltes Kapital 150 000	A. Eigenkapital I. Gezeichnetes Kapital 1 000 000 ./. nicht eingeforderte Einlagen 250 000 = eingefordertes Kapital 750 000

Es wird gebucht:
➤ eingefordertes, noch nicht eingezahltes Kapital   150 000 DM
noch nicht eingeforderte Einlagen   250 000 DM
Guthaben bei Kreditinstituten   600 000 DM
an gezeichnetes Kapital   1 000 000 DM

Die **Bilanzsumme** ist hier um 250 000 DM niedriger als bei der ersten Bilanzierung. Wird also auf der Passivseite das um die nicht eingeforderten Einlagen gekürzte gezeichnete Kapital als Posten „eingefordertes Kapital" ausgewiesen, so ist die Bilanzsumme kürzer, wenn von den ausstehenden Einlagen ein Teil nicht eingefordert ist. Von der Bilanzsumme kann die Größenklasse der Kapitalgesellschaft abhängen[626]. Hiervon hängt der Umfang der Offenlegungspflicht ab (§§ 325, 326 HGB). 847

Wenn es von der Bilanzsumme abhängt, ob die Gesellschaft statt als mittelgroße Kapitalgesellschaft als kleine Kapitalgesellschaft einzustufen ist, sollte der Posten „eingefordertes Kapital" bilanziert werden. Denn die Offenlegungspflichten der mittelgroßen Kapitalgesellschaften sind umfangreicher und belastender als bei kleinen Kapitalgesellschaften.

2.17.2.3 Kapitalrücklage

Bei der Ausgabe von Anteilen, Bezugsanteilen, Schuldverschreibungen für Wandlungsrechte und Optionsrechte zum Erwerb von Anteilen werden oft Beträge gezahlt, welche die Nennbeträge übersteigen. Diese **Agiobeträge** sind der Kapitalrücklage zuzuführen (§ 272 Abs. 2 Nrn. 1 und 2 HGB). 848

Außerdem leisten Gesellschafter **Zuzahlungen** für Vorzugsanteile und andere Zuzahlungen in das Eigenkapital. Auch diese Beträge sind in der Kapitalrücklage auszuweisen (§ 272 Abs. 2 Nrn. 3 und 4 HGB). 849

GmbH haben ihr Recht auf Einziehung von **Nachschüssen** insoweit unter den Forderungen als „eingeforderte Nachschüsse" zu aktivieren, als mit der Zahlung gerechnet werden kann. Ein diesem Posten entsprechender Betrag ist in der Kapitalrücklage gesondert zu passivieren (§ 42 Abs. 2 GmbHG). 850

---
[626] Siehe Rdn. 25.

851 Die in die Kapitalrücklage einzustellenden Beträge sind **nicht durch Geschäfte der Gesellschaft erwirtschaftet,** sondern sie wurden der Gesellschaft von den Gesellschaftern zugeführt. Hierbei haben sie das Aktivvermögen der Gesellschaft erhöht. Sie dürfen aber weder das Betriebsergebnis erhöhen, weil sie nicht auf Geschäftsvorfällen beruhen, noch dürfen sie an die Gesellschafter ausgeschüttet werden. Beides wird durch Zuführung zur Kapitalrücklage verhindert.

Einstellungen in die Kapitalrücklage und deren **Auflösung** sind bereits bei der Aufstellung der Bilanz vorzunehmen (§ 270 Abs. 1 Satz 1 HGB).

2.17.2.4 Gewinnrücklagen

852 Als Gewinnrücklagen dürfen nur Beträge ausgewiesen werden, die im Geschäftsjahr oder in einem früheren Geschäftsjahr aus dem **Geschäftsergebnis** gebildet worden sind (§ 272 Abs. 3 Satz 1 HGB). Die in Gewinnrücklagen eingestellten Beträge wurden im Betrieb erwirtschaftet. Es sind Teile des Gewinns. Die Zuführung zur Gewinnrücklage ist also Gewinnverwendung.

Zu den Gewinnrücklagen rechnen (§ 266 Abs. 3 HGB):
1. gesetzliche Rücklage,
2. Rücklage für eigene Anteile,
3. satzungsmäßige Rücklagen,
4. andere Gewinnrücklagen.

853 Nur mittelgroße und große Kapitalgesellschaften haben die Einzelposten der Gewinnrücklagen zu **bilanzieren.** Kleine Kapitalgesellschaften brauchen die Gewinnrücklagen nur in einem Posten auszuweisen (§ 266 Abs. 1 Sätze 2 und 3 HGB).

2.17.2.4.1 Gesetzliche Rücklage

854 Zur Bildung einer gesetzlichen Rücklage sind **Aktiengesellschaften** und **Kommanditgesellschaften auf Aktien** verpflichtet. Die gesetzliche Rücklage wird gebildet aus dem Jahresüberschuß (§ 150 Abs. 1 und 2 AktG).

Die AG oder KGaA hat so lange jährlich 5 % des um einen Verlustvortrag aus dem Vorjahr gekürzten Jahresüberschusses in die gesetzliche Rücklage einzustellen, bis die gesetzliche Rücklage und die Kapitalrücklage zusammen den zehnten oder den in der Satzung bestimmten höheren Teil des Grundkapitals erreichen (§ 150 Abs. 2 AktG).

Eigenkapital 353

	Zuführung zur gesetzlichen Rücklage
jährlicher Zuführungsbetrag	Jahresüberschuß − Verlustvortrag aus dem Vorjahr × 5 %
Höchstbetrag	gesetzliche Rücklage + Kapitalrücklage = 1/10 oder gemäß Satzung höherer Teil des Grundkapitals

Für die **Verwendung** der gesetzlichen Rücklage ist zu unterscheiden, ob die gesetzliche Rücklage und die Kapitalrücklage zusammen den Höchstbetrag nicht übersteigen oder diesen übersteigen. 855
1. Soweit die gesetzliche Rücklage und Kapitalrücklage zusammen **nicht den Höchstbetrag übersteigen**: Auflösung der gesetzlichen Rücklage nur zum Ausgleich eines Jahresfehlbetrags und eines Verlustvortrags aus dem Vorjahr.
   − **Jahresfehlbetrag** darf aber erst ausgeglichen werden, nachdem ein Gewinnvortrag aus dem Vorjahr und andere Gewinnrücklagen zum Ausgleich verwendet worden sind.
   − **Verlustvortrag** darf erst ausgeglichen werden, nachdem dieser durch einen Jahresüberschuß gedeckt wurde und er nicht durch Auflösung anderer Gewinnrücklagen ausgeglichen werden konnte.
2. Soweit die gesetzliche Rücklage und Kapitalrücklage zusammen den **Höchstbetrag übersteigen**:
   − Verwendung wie zu 1.
   − Verwendung zur Kapitalerhöhung aus Gesellschaftsmitteln, wobei nicht gleichzeitig Gewinnrücklagen zur Gewinnausschüttung aufgelöst werden dürfen.

Im Rahmen von § 150 Abs. 3 und 4 AktG dient also die gesetzliche Rücklage 856
- dem Ausgleich eines Jahresfehlbetrags,
- dem Ausgleich eines Verlustvortrags,
- der Kapitalerhöhung aus Gesellschaftsmitteln.

Einstellungen in die gesetzliche Rücklage und **Entnahmen** hieraus sind bereits bei der Aufstellung der Bilanz zu berücksichtigen, wenn diese unter Berücksichtigung der vollständigen oder teilweisen Verwendung des Jahresergebnisses aufgestellt wird (§ 270 Abs. 2 HGB).

2.17.2.4.2 Rücklage für eigene Anteile

Eigene Anteile dürfen von der Aktiengesellschaft nur unter den Voraussetzungen 857 von § 71 Abs. 1 AktG und von der GmbH nur im Rahmen von § 33 GmbHG erworben werden. Sie sind im Umlaufvermögen unter dem dafür vorgesehenen Posten auszuweisen (§ 265 Abs. 3 Satz 2 HGB)[627].

---
[627] S. Rdn. 689.

858 Eigene Anteile darf die Kapitalgesellschaft nur aus **freien Mitteln** erwerben, also aus dem Jahresüberschuß, einem Gewinnvortrag oder aus Gewinnrücklagen, die nicht durch Gesetz oder Satzung gebunden sind.

859 In Höhe der eigenen Anteile ist eine „**Rücklage für eigene Anteile**" zu bilanzieren (§ 272 Abs. 4 HGB). Hierdurch wird sichergestellt, daß die Gesellschaft nicht Anteile von Gesellschaftern erwirbt und dabei gezeichnetes Kapital (Grund- oder Stammkapital) auflöst oder beim Erwerb eigener Anteile offene Rücklagen auflöst, für die satzungsmäßige Bindungen bestehen oder Zweckbestimmungen gelten[628].

860 In Höhe der eigenen Anteile darf nicht an Gesellschafter **ausgeschüttet** werden. Deshalb darf die Rücklage nur aufgelöst werden, soweit die eigenen Anteile ausgegeben, veräußert oder eingezogen werden oder soweit die eigenen Anteile nach § 253 Abs. 3 HGB mit ihrem niedrigeren Wert ausgewiesen werden (§ 272 Abs. 4 Satz 2 HGB).

2.17.2.4.3 Satzungsmäßige Rücklagen

861 Satzungsmäßige Rücklagen sind Gewinnrücklagen, die nach der Satzung unter bestimmten Voraussetzungen gebildet werden müssen. Hierzu rechnen nicht Rücklagen, die aufgrund einer Ermächtigung in der Satzung gebildet werden können. Die Rücklagen nach § 58 Abs. 2 AktG sind also keine satzungsmäßigen Rücklagen[629]. Sie rechnen zu den anderen Gewinnrücklagen[630].

862 Bei der **Aktiengesellschaft** kann nur für den Fall, daß die Hauptversammlung den Jahresabschluß feststellt, die Satzung bestimmen, daß Beträge aus dem Jahresüberschuß in andere Gewinnrücklagen eingestellt werden (§ 58 Abs. 1 AktG). Bei der **GmbH** kann die Bildung von Gewinnrücklagen im Gesellschaftsvertrag vorgeschrieben werden. Dann ist die Gesellschafterversammlung bei der Feststellung des Jahresabschlusses daran gebunden.

2.17.2.4.4 Andere Gewinnrücklagen

863 Andere Gewinnrücklagen sind alle Gewinnrücklagen, die nicht zu den gesetzlichen Rücklagen, satzungsmäßigen Rücklagen und den Rücklagen für eigene Anteile rechnen. Es sind insbesondere:
- Rücklagen aufgrund einer Ermächtigung in der Satzung (§ 58 Abs. 2 Satz 2 AktG),
- Rücklagen aufgrund eines Gewinnverwendungsbeschlusses der Hauptversammlung oder der Gesellschafterversammlung (§ 58 Abs. 3 AktG, § 29 Abs. 2 GmbHG),

---

[628] Förschle/Kofahl in: Beck Bil-Komm., § 272 Rdn. 118.
[629] Förschle/Kofahl in: Beck Bil-Komm., § 272 Rdn. 95.
[630] Siehe Rdn. 863.

Eigenkapital 355

- Rücklagen in Höhe von Wertaufholungen nach Zuschreibungen bei Anlage- und Umlaufgegenständen (§ 58 Abs. 2 a AktG, § 29 Abs. 4 GmbHG),
- Rücklagen entsprechend Passivposten in der Steuerbilanz, die nicht einen Ausweis eines Sonderpostens mit Rücklageanteil in der Handelsbilanz voraussetzen (§ 58 Abs. 2 a AktG, § 29 Abs. 4 GmbHG).

Fallen die Gründe für eine außerplanmäßige Abschreibung von Anlagegegenständen oder für eine Abschreibung von Umlaufgegenständen auf den niedrigeren Wert oder für eine steuerrechtliche Abschreibung fort, so hat eine Kapitalgesellschaft eine **Zuschreibung** vorzunehmen (§ 280 HGB). Die Gegenbuchung geschieht über Ertrag. 864

Um zu verhindern, daß diese Erträge ausgeschüttet werden, können Vorstand und Aufsichtsrat bei der Aktiengesellschaft und die Geschäftsführer mit Zustimmung des Aufsichtsrats oder der Gesellschafter bei der GmbH die auf Zuschreibungen beruhenden Beträge in die Gewinnrücklage einstellen. Entsprechendes gilt, wenn in der Steuerbilanz ein **Passivposten** ausgewiesen werden darf, der nicht eine gleichlautende Passivierung in der Handelsbilanz voraussetzt, z. B. die frühere Preissteigerungsrücklage nach § 74 EStDV.

2.17.2.5 Jahresüberschuß und Jahresfehlbetrag

Jahresüberschuß oder Jahresfehlbetrag ist das **Geschäftsergebnis** des Geschäftsjahrs, das in der Gewinn- und Verlustrechnung ausgewiesen wird. Diese Bezeichnungen sieht das Gesetz für das Jahresergebnis der Kapitalgesellschaften vor (§ 275 Abs. 2 und 3 HGB). Einzelunternehmen und Personengesellschaften verwenden üblicherweise die Bezeichnungen „Reingewinn" und „Reinverlust". Größere Einzelunternehmen und Personengesellschaften verwenden aber ebenfalls die Bezeichnungen des HGB für das Jahresergebnis, insbesondere, wenn sie den Jahresabschluß nach den gesetzlichen Schemata gliedern. 865

Der Posten Jahresüberschuß/Jahresfehlbetrag wird außer in der Gewinn- und Verlustrechnung auch in der Bilanz ausgewiesen, wenn der Jahresabschluß ohne Berücksichtigung der Verwendung des Jahresergebnisses aufgestellt wird (§ 268 Abs. 1 HGB).

In der Bilanz von **Einzelunternehmen** und **Personengesellschaften** kann das Eigenkapital zum Schluß des Geschäftsjahrs unter Einschluß der Veränderungen durch die Geschäftsvorfälle und Privatvorgänge des Geschäftsjahrs ausgewiesen werden. Es kann aber auch das Kapital als feste Größe dargestellt werden. Dann sind Jahresergebnis, Privatentnahmen und Einlagen in einer sog. Kapitalkontenentwicklung darzustellen. 866

Beispiel:
Anfangskapital	*500 000 DM*
Endkapital	*700 000 DM*
Entnahmen	*80 000 DM*
Gewinnvortrag aus dem Vorjahr	*70 000 DM*

Nach dem Betriebsvermögensvergleich ergibt sich folgendes Jahresergebnis:

Endkapital	700 000 DM
Anfangskapital	− 500 000 DM
Unterschied	200 000 DM
Entnahmen	+ 80 000 DM
Reingewinn/Jahresüberschuß	280 000 DM

In dem Beispiel wird eine Kapitalkontenentwicklung in der Bilanz so dargestellt:

Anfangskapital	500 000 DM
Reingewinn/Jahresüberschuß	+ 280 000 DM
	780 000 DM
Entnahmen	− 80 000 DM
Endkapital	700 000 DM

Wird das Kapital als Festkapital ausgewiesen und wird die Bilanz vor der Verwendung des Jahresergebnisses aufgestellt, so erhält das Kapitalkonto folgendes Bild:

Kapital	500 000 DM
Reingewinn/Jahresüberschuß	+ 280 000 DM

867 So ist die Ausgangslage bei der **Kapitalgesellschaft**. Wurde ein Teil des Jahresergebnisses des Vorjahrs weder ausgeschüttet noch in Rücklagen eingestellt, so ergibt sich ein Gewinnvortrag aus dem Vorjahr. Er wird hier mit 70 000 DM angenommen und wird dann ebenfalls offen in der Bilanz ausgewiesen. Ausgehend vom gesetzlichen Bilanzgliederungsschema hat dann das Eigenkapital der Kapitalgesellschaft folgende Posten:

I.	Gezeichnetes Kapital	500 000 DM
II.	Kapitalrücklage	
III.	Gewinnrücklagen	
IV.	Gewinnvortrag	70 000 DM
V.	Jahresüberschuß	280 000 DM

2.18 Sonderposten mit Rücklageanteil

Konten	
IKR	SKR 04
35 Sonderposten mit Rücklageanteil 350 sog. steuerfreie Rücklagen 355 Wertberichtigungen auf Grund steuerlicher Sonderabschreibungen gem. § 254 i. V. m. §§ 279 Abs. 2 u. 281 Abs. 1 u. Abs. 2 S. 2	2980 Sonderposten mit Rücklageanteil 2981 Sonderposten mit Rücklageanteil nach § 6 b EStG 2982 Sonderposten mit Rücklageanteil nach A. 35 EStR 2983 Sonderposten mit Rücklageanteil nach § 6 d EStG 2984 Sonderposten mit Rücklageanteil nach § 1 EntwLStG 2985 Sonderposten mit Rücklageanteil nach § 3 AuslInvG 2986 Sonderposten mit Rücklageanteil nach § 7 d EStG 2987 Sonderposten mit Rücklageanteil nach § 79 EStDV 2988 Sonderposten mit Rücklageanteil nach § 80 EStDV 2989 Sonderposten mit Rücklageanteil nach § 81 EStDV 2990 Sonderposten mit Rücklageanteil nach § 82 EStDV 2991 Sonderposten mit Rücklageanteil nach § 82 a EStDV 2992 Sonderposten mit Rücklageanteil nach § 82 d EStDV 2993 Sonderposten mit Rücklageanteil nach § 82 e EStDV 2994 Sonderposten mit Rücklageanteil nach § 14 BerlinFG 2995 Sonderposten mit Rücklageanteil nach § 3 ZonenRFG 2996 Sonderposten mit Rücklageanteil nach § 52 Abs. 5 EStG 2997 Sonderposten mit Rücklageanteil nach § 7 g EStG 2999 Sonderposten mit Rücklageanteil nach § 74 EStDV (nur für Einzelunternehmen und Personengesellschaften)

2.18.1 Grund für den Ansatz

869 Es gibt steuerrechtliche gewinnmindernde Rücklagen, für die ein Passivierungswahlrecht besteht. Nach § 5 Abs. 1 Satz 2 EStG müssen steuerrechtliche Wahlrechte bei der Gewinnermittlung in Übereinstimmung mit der handelsrechtlichen Jahresbilanz ausgeübt werden. Sie dürfen also bei der steuerlichen Gewinnermittlung und damit in der Steuerbilanz nur geltend gemacht werden, wenn in der Handelsbilanz gleichlautend bilanziert worden ist.

Grund für den Ansatz in der Handelsbilanz ist also die Bilanzierung in der Steuerbilanz. Daher spricht man hier auch von der „**umgekehrten Maßgeblichkeit**", womit der Eindruck erweckt wird, hier sei die Steuerbilanz für die Handelsbilanz maßgebend. Das ist aber nur der oberflächliche Anschein. Tatsächlich kommt auch hierin die Maßgeblichkeit der Handelsbilanz für die Steuerbilanz zum Ausdruck, es sei denn, das Steuerrecht verzichtet ausdrücklich auf einen gleichlautenden Ansatz in der Handelsbilanz (s. auch Rdn. 56).

870 Die steuerrechtlichen Passivierungswahlrechte sind Instrumente zur Gewährung **steuerlicher Vergünstigungen** und werden daher nur aus steuerpolitischen Gründen gewährt. Sie entsprechen nicht den Grundsätzen ordnungsmäßiger Buchführung und könnten daher eigentlich in der Handelsbilanz nicht angesetzt werden. Da aber ein Ansatz in der Handelsbilanz Voraussetzung ist für die steuerliche Geltendmachung, wäre ohne ausdrückliche gesetzliche Zulassung im Handelsrecht die steuerliche Praktizierung nicht möglich. Das steuerrechtliche Wahlrecht ginge somit wegen des Grundsatzes der Abhängigkeit der Steuerbilanz von der Handelsbilanz ins Leere. Aus diesem Grunde läßt das Handelsrecht Passivposten, die für Zwecke der Steuern vom Einkommen und vom Ertrag zulässig sind, ausdrücklich zu (§ 247 Abs. 3 HGB).

2.18.2 Arten von Sonderposten mit Rücklageanteil

871 Es gibt steuerfreie Rücklagen, die gewinnmindernd gebildet werden und nach Ablauf von gesetzlich vorgeschriebenen Fristen wieder **gewinnerhöhend aufzulösen** sind. Hierzu gehören:
- Rücklagen nach §§ 1 bis 3 Auslandsinvestitionsgesetz,
- Rücklagen nach dem Gesetz zur Förderung von Steinkohle in Kraftwerken,
- Euro-Umrechnungsrücklage nach § 6 d EStG (s. Rdn. 64 m),
- Rücklage nach § 6 Fördergebietsgesetz,
- Rücklage nach § 7g Abs. 3 EStG als sog. Ansparabschreibung zur Förderung kleiner und mittlerer Betriebe.

872 Ferner gibt es gewinnmindernd gebildete Rücklagen, die zunächst **erfolgsneutral aufgelöst** werden durch Übertragung auf ein angeschafftes oder hergestelltes Wirtschaftsgut. Hierdurch mindern sich die Anschaffungs- oder Herstellungskosten des Wirtschaftsguts und damit die Bemessungsgrundlage für die Abschreibungen. Es wird also im Ergebnis die Auflösung der Rücklage auf den Abschreibungszeitraum des angeschafften oder hergestellten Wirtschaftsguts verteilt. Zu diesen Rücklagen gehören:

– Reinvestitionsrücklage nach § 6 b und § 6 c EStG,
– Rücklage nach dem Städtebauförderungsgesetz,
– Rücklage für Ersatzbeschaffung nach R 35 EStR,
– Rücklage für Zuschüsse nach R 34 Abs. 4 EStR,
– Rücklage nach dem Gesetz zur Förderung der Verwendung von Steinkohle in Kraftwerken.

Sonderposten mit Rücklageanteil mindern im Jahr der Bildung den steuerlichen Gewinn und führen im Jahr oder in den Jahren ihrer Auflösung zu einer Versteuerung. Im Ergebnis werden also die **Steuern gestundet**. Es kann aber auch zu einer Steuerersparnis kommen, wenn im Jahr der Bildung des Postens ein durch die Progression bedingter höherer Steuersatz vermieden wird und im Jahr der Auflösung des Postens eine niedrigere Progressionsstufe besteht oder sogar wegen eines Verlustes überhaupt keine Steuerpflicht in Betracht kommt. 873

2.18.3 Bilanzierung

Sonderposten mit Rücklageanteil sind daher Passivposten in der Bilanz, die **für Zwecke der Steuern vom Einkommen und vom Ertrag** zulässig sind. Für ihren Ansatz besteht in der Handelsbilanz ein **Wahlrecht**. Werden sie angesetzt, sind sie unter der Bezeichnung „**Sonderposten mit Rücklageanteil**" auszuweisen (§ 247 Abs. 3 HGB). 874

Kapitalgesellschaften dürfen Sonderposten mit Rücklageanteil in der Handelsbilanz nur insoweit bilden, als das Steuerrecht die Anerkennung des Wertansatzes bei der steuerrechtlichen Gewinnermittlung von der Passivierung in der Handelsbilanz abhängig macht (§ 273 HGB). Da aber nach dem Maßgeblichkeitsgrundsatz ein steuerrechtliches Bilanzierungswahlrecht nur in Übereinstimmung mit einem gleichlautenden Ansatz in der Handelsbilanz ausgeübt werden darf, dürfen Kapitalgesellschaften Sonderposten mit Rücklageanteil in der Handelsbilanz passivieren. 875

Die Darstellung des Sonderpostens mit Rücklageanteil im Jahresabschluß einer Kapitalgesellschaft ist vom Gesetz besonders geregelt. Der Sonderposten ist auf der Passivseite der Bilanz vor den Rückstellungen auszuweisen und die Vorschriften, nach denen er gebildet worden ist, sind in der Bilanz oder im Anhang anzugeben (§ 273 Satz 2 HGB). Kapitalgesellschaften weisen daher Sonderposten mit Rücklageanteil in ihrer Bilanz zwischen dem Eigenkapital und den Rückstellungen, dem ersten Bilanzposten des Fremdkapitals, aus.

Sonderposten mit Rücklageanteil sind **Mischposten aus Eigen- und Fremdkapital**. Die Stellung in der Bilanzgliederung zwischen dem Eigenkapital und den Rückstellungen entspricht daher dem Inhalt dieses Bilanzpostens. Daher sollten auch Einzelunternehmen und Personengesellschaften Sonderposten mit Rücklageanteil an der Stelle in der Bilanzgliederung ausweisen, die für Kapitalgesellschaften gesetzlich vorgeschrieben ist. 876

Eine gewinnmindernde steuerliche Rücklage sollte daher in der Handelsbilanz als Passivposten unter der Bezeichnung „Sonderposten mit Rücklageanteil" nach dem Eigenkapital und vor den Rückstellungen angesetzt werden. Kann der Posten nach mehreren steuerlichen Vorschriften gebildet werden, so genügt der Ausweis in einem Betrag. Von einer Kapitalgesellschaft, z. B. einer GmbH, müssen die Vorschriften, nach denen der Posten gebildet worden ist, entweder in der Bilanz oder im Anhang angegeben werden.

877 Bei der Bildung von Sonderposten mit Rücklageanteil wird gebucht:

➤ Sonstige betriebliche Aufwendungen
an Sonderposten mit Rücklageanteil

878 Sonderposten mit Rücklageanteil mindern im Jahr der Bildung den steuerlichen Gewinn und führen im Jahr oder in den Jahren ihrer Auflösung zu einer Versteuerung. Im Ergebnis werden also die **Steuern gestundet**. Es kann aber auch zu einer Steuerersparnis kommen, wenn im Jahr der Bildung des Postens ein durch die Progression bedingter höherer Steuersatz vermieden wird und im Jahr der Auflösung des Postens eine niedrigere Progressionsstufe besteht oder sogar wegen eines Verlustes überhaupt keine Steuerpflicht in Betracht kommt.

Beispiel:
Ein Betriebsgebäude hat einen Buchwert von 20 000 DM. Es wird im Jahr 01 durch Brand zerstört. Die Feuerversicherung zahlt im Jahr 01 400 000 DM. Im Jahr 02 errichtet der Unternehmer ein Ersatzgebäude für 600 000 DM Herstellungskosten.

Die Versicherungsentschädigung ist eine Betriebseinnahme. Der Unternehmer bucht daher im Jahre 01:

➤ Bank	400 000 DM
an Gebäude	20 000 DM
an Erträge aus dem Abgang von Sachanlagen	380 000 DM

879 Der Unternehmer kann in der Steuerbilanz eine **Rücklage für Ersatzbeschaffung** bilden (R 35 EStR):

➤ Ertrag aus dem Abgang von Sachanlagen	380 000 DM
an Rücklage für Ersatzbeschaffung	380 000 DM

Im Jahr 02 bucht der Unternehmer:

➤ Gebäude	600 000 DM
an Bank	600 000 DM
➤ Rücklage für Ersatzbeschaffung	380 000 DM
an Gebäude	380 000 DM

Der Buchwert des Gebäudes und damit die Bemessungsgrundlage für die Abschreibungen beträgt hierdurch nicht mehr 600 000 DM, sondern 600 000 DM − 380 000 DM = 220 000 DM. Die Gebäudeabschreibung nach § 7 Abs. 4 Nr. 1 EStG beträgt daher nicht 4 % von 600 000 DM = 24 000 DM, sondern 4 % von 220 000 DM = 8 800 DM. Der steuerliche Gewinn ist somit während der Abschreibungsdauer des Gebäudes jährlich um 15 200 DM (24 000 DM − 8 800 DM) höher. Der steuerlichen Entlastung im Jahr der Bilanzierung des Sonderpostens mit Rücklageanteil entspricht also eine laufende höhere steuerliche Belastung der Folgejahre während der Abschreibungsdauer des Gebäudes.

2.18.4 Auflösung

Sonderposten mit Rücklageanteil sind nach Maßgabe des Steuerrechts aufzulösen. (§ 247 Abs. 3 Satz 2 HGB). Müssen gewinnmindernde Rücklagen nach dem Steuerrecht aufgelöst werden, so muß auch in der Handelsbilanz der Sonderposten mit Rücklageanteil aufgelöst werden. **880**

Steuerlich hat die Auflösung eine Gewinnerhöhung zur Folge. Da der Gewinn die Bemessungsgrundlage für die Ertragsteuern ist, wird gleichzeitig auch die Steuerschuld des Unternehmens erhöht. Hierfür muß aber eine Rückstellung nicht ausgewiesen werden (§ 247 Abs. 3 Satz 3 HGB). Wegen des Maßgeblichkeitsgrundsatzes müssen sich Handelsbilanz und Steuerbilanz entsprechen. Daher wird im Jahr der Passivierung des Sonderpostens mit Rücklageanteil keine Rückstellung für latente Steuern nach § 274 Abs. 1 HGB ausgewiesen. **881**

Werden Sonderposten mit Rücklageanteil aufgelöst, wird auf dem Ertragskonto „sonstige betriebliche Erträge"[631] gegengebucht:

➤ Sonderposten mit Rücklageanteil
   an sonstige betriebliche Erträge

Beispiel:
In dem in Rdn. 878 aufgeführten Beispiel hat der Unternehmer in der Schlußbilanz zum 31. 12. 01 eine steuerfreie Rücklage für Ersatzbeschaffung gebildet. Die Ersatzbeschaffung ist ernstlich geplant, wird aber im Jahr 03 aufgegeben.

Eine **Rücklage für Ersatzbeschaffung** ist bei einem Gebäude am Schluß des zweiten auf ihre Bildung folgenden Wirtschaftsjahrs gewinnerhöhend aufzulösen, wenn bis dahin ein Ersatzwirtschaftsgut weder angeschafft oder hergestellt noch bestellt worden ist und die Ersatzbeschaffung auch nicht mehr ernstlich geplant und zu erwarten ist[632]. Bei Auflösung der Rücklage entsteht ein Gewinn, der in dem Beispiel 380 000 DM beträgt. Angenommen, der Steuersatz beträgt 50 %, dann beträgt die steuerliche Belastung 190 000 DM. **882**

---

[631] Siehe Rdn. 1199 f.
[632] R 35 Abs. 7 Satz 2 EStR.

2.18.5 Wertberichtigungsposten

883 **Kapitalgesellschaften** können die steuerrechtlich nach § 254 HGB zulässigen Abschreibungen[633] auch als Wertberichtigungsposten ausweisen. Sie stellen dann den Unterschiedsbetrag zwischen der Abschreibung nach § 253 HGB und der Abschreibung nach § 254 HGB in den Sonderposten mit Rücklageanteil ein. In der Bilanz oder im Anhang müssen sie die Vorschriften angeben, nach denen die Wertberichtigung gebildet worden ist (§ 281 HGB).

Bei dieser Abschreibungsmethode werden also die Beträge, die allein auf der steuerrechtlichen Abschreibung beruhen, **indirekt** gebucht. Die steuerrechtlichen Abschreibungsbeträge werden dem Sonderposten mit Rücklageanteil zugeführt. Der Posten erhält in der Bilanz die Bezeichnung „Wertberichtigung aufgrund steuerrechtlicher Sonderabschreibungen".

Beispiel:
Eine GmbH, welche die Voraussetzungen von § 7g Abs. 2 EStG erfüllt, schafft im Februar des Jahres 01 eine Maschine für 80 000 DM an. Die Maschine hat eine Nutzungsdauer von 5 Jahren und wird mit 30 % degressiv abgeschrieben. Ferner wird die Sonderabschreibung nach § 7g Abs. 1 EStG in Höhe von 20 % der Anschaffungs- oder Herstellungskosten in Anspruch genommen. Die Abschreibungen der Maschine können im Jahr 01 gebucht werden

entweder

➤ *Abschreibungen*	*40 000 DM*
an Maschinen	*40 000 DM*

oder

➤ *Abschreibungen*	*24 000 DM*
an Maschinen	*24 000 DM*
➤ *sonstige betriebliche Aufwendungen*	*16 000 DM*
an Sonderposten mit Rücklageanteil	*16 000 DM*

884 Bei der zweiten Alternative wird der Anlagegegenstand nur durch die Normalabschreibung gemindert. Es wird der Einfluß der steuerlichen Abschreibungen offengelegt. Diese Abschreibungsmethode wird auch **Bruttomethode** genannt im Unterschied zur Nettomethode, bei der die Abschreibungen wie bei der ersten Alternative des Beispiels insgesamt vom Anlagegegenstand gemindert werden. Die Bruttomethode ist aussagekräftiger als die Nettomethode. Die Anlagegegenstände werden nur durch die Normalabschreibungen gemindert und damit zu handelsrechtlich zutreffenden Werten in der Bilanz ausgewiesen. Die Abschreibungen werden in der Gewinn- und Verlustrechnung nicht durch steuerrechtliche Einflüsse verzerrt dargestellt.

---

[633] Siehe Rdn. 1365 ff.

Sonderposten mit Rücklageanteil 363

Die Inanspruchnahme von steuerrechtlichen Abschreibungen setzt eine entspre- **885**
chende Abschreibung im handelsrechtlichen Jahresabschluß voraus (§ 5 Abs. 1
Satz 2 EStG). Ein Unternehmen, das diese steuerlichen Vergünstigungen in Anspruch nehmen will, muß daher in seiner Handelsbilanz ebenso abschreiben.
Wendet ein Unternehmen die Nettomethode an, so werden die Anlagegegenstände nicht nur um die handelsrechtlichen Normalabschreibungen, sondern auch
noch um die steuerrechtlichen Abschreibungen gemindert. Das kann bei Kreditverhandlungen mit der Bank ungünstig sein.

Bei der Bruttomethode werden hingegen die Anlagegegenstände nur um die handelsrechtlichen Normalabschreibungen gemindert. Die steuerrechtlichen Sonderabschreibungen werden als sonstige betriebliche Aufwendungen gebucht und
dem Sonderposten mit Rücklageanteil gegengebucht. Dieser Bilanzausweis ist
als Grundlage für Kreditverhandlungen günstiger als der Bilanzausweis nach der
Nettomethode.

Nicht nur Kapitalgesellschaften haben ein Interesse an einem günstigen Bilanz- **886**
ausweis, sondern auch Unternehmen anderer Rechtsform. Daher ist der Bruttoausweis nicht nur für Kapitalgesellschaften, sondern auch für andere Unternehmen zulässig. Wenn daher einer Bank eine Handelsbilanz zu Kreditzwecken vorzulegen ist und steuerrechtliche Abschreibungen vorgenommen wurden, sollte
für die Abschreibungen der Bruttoausweis gewählt werden.

2.18.6 Ansparrücklage

Für die künftige Anschaffung oder Herstellung eines neuen beweglichen Anlage- **886a**
gegenstandes (s. Rdn. 1385 f.) kann eine den Gewinn mindernde Rücklage in Höhe von bis zu 50 % der Anschaffungs- oder Herstellungskosten dieses begünstigten Anlagegegenstands gebildet werden, das voraussichtlich bis zum Ende des
zweiten auf die Bildung der Rücklage folgenden Wirtschaftsjahrs angeschafft
oder hergestellt wird, wenn
- der Gewinn nach § 4 Abs. 1 oder 5 EStG ermittelt wird,
- das Betriebsvermögen des Betriebs, zu dessen Anlagevermögen der Anlagegegenstand gehört, am Schluß des Wirtschaftsjahrs, das der Bildung der Rücklage vorangeht, nicht mehr als 400 000 DM beträgt,
- Bildung und Auflösung der Rücklage in der Buchführung verfolgt werden
können und
- keine Rücklagen nach § 3 Abs. 1 und 2 a des Zonenrandförderungsgesetzes
ausgewiesen werden
(§ 7g Abs. 3 EStG).

Die Rücklage kann auch dann gebildet werden, wenn dadurch ein Verlust entsteht
oder sich erhöht. Erstmals für nach dem 31.12.1994 beginnende Wirtschaftsjahre
darf die Rücklage je Betrieb des Unternehmers höchstens 300 000 DM betragen
(§ 7g Abs. 3 Sätze 4 und 5, § 52 Abs. 11 EStG).

Beispiel:
Im Jahr 01 plant ein Unternehmen für das Jahr 02 die Anschaffung einer Maschine. Das Unternehmen nimmt an, daß die Anschaffungskosten 50 000 DM betragen werden.

Wenn der Betrieb zum Schluß des Wirtschaftsjahrs 00 die genannten Größenmerkmale erfüllte, wird in Höhe von 50 % der künftigen Anschaffungs- oder Herstellungskosten bei den Abschlußbuchungen gebucht:

➤ Aufwendungen aus der Einstellung
   in den Sonderposten mit Rücklageanteil   25 000 DM
   an Sonderposten mit Rücklageanteil   25 000 DM

Im Unterschied zur Sonderabschreibung (s. Rdn. 1385) setzt die Bilanzierung der Ansparrücklage nicht voraus, daß das später angeschaffte Wirtschaftsgut ausschließlich oder fast ausschließlich betrieblich genutzt wird und später ein Jahr nach seiner Anschaffung oder Herstellung in einer inländischen Betriebsstätte des Betriebs verbleibt. Plant daher das Unternehmen, im Jahr 02 einen voraussichtlich wie die bisherigen Pkw betrieblich zu 70 % genutzten Pkw anzuschaffen, so kann es hierfür im Jahr 01 eine Ansparrücklage bilden. Allerdings kann es für den im Jahr 02 angeschafften und zu 70 % betrieblich genutzten Pkw keine Sonderabschreibung nach § 7g EStG in Anspruch nehmen (s. Rdn. 1387). Die Rücklage bleibt also bestehen bis zur Inanspruchnahme der Abschreibungen auf das angeschaffte Wirtschaftsgut im Jahr 02. Sie ist also nicht später, z. B. nach einer Außenprüfung, rückwirkend im Jahr der erstmaligen Bildung, hier also im Jahr 01, aufzulösen.

886b Die Rücklage soll die spätere Investition erleichtern, indem durch Steuerersparnis im Jahr der Passivierung teilweise die Investition finanziert wird. Ist das Wirtschaftsgut, für dessen Investition die Rücklage gebildet worden ist, angeschafft oder hergestellt und können daher hierfür Abschreibungen vorgenommen werden, ist die Rücklage in Höhe von 50 % der Anschaffungs- oder Herstellungskosten gewinnerhöhend **aufzulösen**. Ist eine Rücklage am Ende des zweiten auf ihre Bildung folgenden Wirtschaftsjahrs noch vorhanden, ist sie zu diesem Zeitpunkt gewinnerhöhend aufzulösen.(§ 7g Abs. 4 EStG). Da der begünstigte Anlagegegenstand im Jahr der Anschaffung oder Herstellung abgeschrieben wird, steht dem Ertrag durch Auflösung der Rücklage die Abschreibung gegenüber. Das ist die Regelauflösung.

886c Wird **aus anderen Gründen die Rücklage aufgelöst**,
- insbesondere weil ein Restbetrag von der Rücklage verbleibt, weil diese höher als 50 % der Anschaffungs- oder Herstellungskosten ist (**Fall der überhöhten Rücklage**),
- das begünstigte Wirtschaftsgut nicht oder nicht rechtzeitig angeschafft oder hergestellt worden ist (**Fall der fehlenden Investition**),
- oder wird die Rücklage im ersten Wirtschaftsjahr nach ihrer Bildung aufgelöst (**Fall der freiwilligen Rücklagenauflösung**),

so ist für jedes volle Wirtschaftsjahr, in dem die Rücklage bestanden hat, der Gewinn um 6 % des aufgelösten Rücklagenbetrags zu erhöhen (§ 7g Abs. 5 EStG). Hierdurch sollen die Steuervorteile wieder ausgeglichen werden, die der Unternehmer hatte, obwohl der vom Gesetz mit der Zulassung der steuerfreien Rücklage beabsichtigte Zweck nicht eingetreten ist.

886d

Auflösung der Rücklage	
Auflösungsgrund	Gewinnzuschlag
Regelauflösung: Auflösung in Höhe von 50 % der Anschaffungs- oder Herstellungskosten der angeschafften oder hergestellten begünstigten Wirtschaftsgüter	Kein Gewinnzuschlag
Überhöhte Rücklage: Anschaffungs- oder Herstellungskosten der angeschafften oder hergestellten begünstigten Wirtschaftsgüter sind niedriger als 200 % der Rücklage	In Höhe von 50 % der Anschaffungs- oder Herstellungskosten kein Gewinnzuschlag, im übrigen Gewinnzuschlag
Fehlende Investition: Keine Investition bis zum Ende des zweiten auf die Bildung der Rücklage folgenden Wirtschaftsjahrs	Zum Schluß des zweiten auf die Bildung der Rücklage folgenden Wirtschaftsjahrs Gewinnzuschlag in voller Höhe
Freiwillige Rücklagenauflösung: Rücklage wird im ersten Jahr nach ihrer Bildung aufgelöst	Gewinnzuschlag in voller Höhe

Bildung und Auflösung der Rücklage müssen **in der Buchführung verfolgt werden** können (§ 7g Abs. 3 Satz 3 Nr. 3 EStG). Nach § 7g Abs. 4 Satz 1 EStG ist die Rücklage gewinnerhöhend aufzulösen, sobald für das begünstigte Wirtschaftsgut Abschreibungen vorgenommen werden dürfen. Hieraus folgt, daß die Rücklage jeweils mit dem begünstigten Wirtschaftsgut zusammenhängt. Daher ist die Rücklage für jede einzelne Investition gesondert zu bilden und in der Buchführung zu kennzeichnen. Zwar brauchen nach der Gesetzesbegründung Investitionspläne nicht vorgelegt zu werden[634]. Erforderlich ist aber die Benennung der Investition nach Zeitpunkt, Lage, Art und Umfang in der Steuererklärung des Jahrs, in dem die Rücklage gebildet wird[635].

886e

---

[634] BT-Drs. 12/4487, S. 33.
[635] Schmidt/Drenseck EStG § 7g Rz. 23.

Beispiel:
Im Jahr 01 wird eine Ansparrücklage in Höhe von 25 000 DM für die beabsichtigte Anschaffung einer Maschine gebildet. Im Jahr 02 wird eine Maschine angeschafft. Ihre Nutzungsdauer beträgt 5 Jahre. Die Maschine wird im Jahr 02 in Höhe von 20 % gemäß § 7g EStG und degressiv gemäß § 7 Abs. 2 EStG abgeschrieben.

Im Jahr 01 wird bei der Bildung der Ansparrücklage gebucht:

| ➤ Aufwand aus der Bildung der Rücklage | 25 000 DM |
| an Sonderposten mit Rücklageanteil | 25 000 DM |

1. Regelauflösung

Die Maschine wird im Jahr 02 für 50 000 DM angeschafft. Die Rücklage wird in Höhe von 50 % der Anschaffungskosten aufgelöst:

| ➤ Sonderposten mit Rücklageanteil | 25 000 DM |
| an Ertrag aus der Auflösung | 25 000 DM |

Wird die Maschine im ersten Halbjahr angeschafft, so wird sie abgeschrieben:

Sonderabschreibung gem. § 7g EStG	
20 % von 50 000 DM	10 000 DM
degressive Abschreibung 30 % von 50 000 DM	15 000 DM
Abschreibung	25 000 DM

Buchung:

| ➤ Abschreibung | 25 000 DM |
| an Maschinen | 25 000 DM |

Das Ergebnis ist also:

| Aufwand aus der Bildung der Rücklage | − 25 000 DM |
| Ergebnis in 01 | − 25 000 DM |

Ertrag aus der Auflösung der Rücklage	+ 25 000 DM
Sonderabschreibung nach § 7g EStG	− 10 000 DM
degressive Abschreibung	− 15 000 DM
Ergebnis in 02	0 DM

Wird die Maschine im zweiten Halbjahr angeschafft, so wird sie abgeschrieben:

Sonderabschreibung gem. § 7g EStG	
20 % von 50 000 DM	10 000 DM
degressive Abschreibung	
30 % von 50 000 DM x 1/2	7 500 DM
Abschreibung	17 500 DM

Buchung:

| ➤ Abschreibung | 17 500 DM |
| an Maschinen | 17 500 DM |

Sonderposten mit Rücklageanteil

Das Ergebnis ist also:

Aufwand aus der Bildung der Rücklage	− 25 000 DM
Ergebnis in 01	− 25 000 DM
Ertrag aus der Auflösung der Rücklage	+ 25 000 DM
Sonderabschreibung nach § 7g EStG	− 10 000 DM
degressive Abschreibung	− 7 500 DM
Ergebnis in 02	+ 7 500 DM

2. Überhöhte Rücklage

Die Maschine wird im Jahr 02 für 40 000 DM angeschafft. Die Rücklage wird in Höhe von 50 % hiervon aufgelöst:

➤ Sonderposten mit Rücklageanteil 20 000 DM
  an Ertrag aus der Auflösung 20 000 DM

Wird die Maschine im ersten Halbjahr angeschafft, so wird sie abgeschrieben:

Sonderabschreibung gem. § 7g EStG	
20 % von 40 000 DM	8 000 DM
degressive Abschreibung 30 % von 40 000 DM	12 000 DM
Abschreibung	20 000 DM

Buchung:

➤ Abschreibung 20 000 DM
  an Maschinen 20 000 DM

Das Ergebnis ist also:

Aufwand aus der Bildung der Rücklage	− 25 000 DM
Ergebnis in 01	− 25 000 DM
Ertrag aus der Auflösung der Rücklage	+ 20 000 DM
Sonderabschreibung nach § 7g EStG	− 8 000 DM
degressive Abschreibung	− 12 000 DM
Zwischenergebnis 02	0 DM

Die Rücklage bleibt in Höhe von 5 000 DM bestehen. Der Unternehmer löst sie in 02 auf. In Höhe von 6 % von 5 000 DM für jedes volle Wirtschaftsjahr, in dem die Rücklage bestanden hat, ist der Gewinn in 02 zu erhöhen. Für ein Jahr ist ein Zuschlag zu berechnen:

Ertrag aus der Auflösung der Rücklage	+ 5 000 DM
Gewinnerhöhung außerhalb der Bilanz	+ 300 DM
Ergebnis in 02	+ 5 300 DM

Wird die Maschine im zweiten Halbjahr angeschafft, so wird sie abgeschrieben:

Sonderabschreibung gem. § 7g EStG	
20 % von 40 000 DM	8 000 DM
degressive Abschreibung	
30 % von 40 000 DM x 1/2	6 000 DM
Abschreibung	14 000 DM

Buchung:

➤ Abschreibung		14 000 DM
an Maschinen		14 000 DM

Das Ergebnis ist also:

Aufwand aus der Bildung der Rücklage	− 25 000 DM
Ergebnis in 01	− 25 000 DM
Ertrag aus der Auflösung der Rücklage	+ 20 000 DM
Sonderabschreibung nach § 7g EStG	− 8 000 DM
degressive Abschreibung	− 6 000 DM
Zwischenergebnis 02	+ 6 000 DM
Ertrag aus der Auflösung der Rücklage	+ 5 000 DM
Gewinnerhöhung außerhalb der Bilanz	+ 300 DM
Ergebnis in 02	+ 11 300 DM

3. Die Rücklage ist zu niedrig bemessen

Die Maschine wird im Jahr 02 angeschafft für 60 000 DM. Die Rücklage könnte in Höhe von 50 % hiervon aufgelöst werden. Sie kann aber nur in der Höhe aufgelöst werden, in der sie passiviert worden ist, also in Höhe von 25 000 DM. Hier hat also das Unternehmen im Jahr der Bildung der Rücklage 5 000 DM „verschenkt". Das läßt sich aber bei einer Vorausplanung nicht immer vermeiden.

Die Ansparrücklage sollte im Jahr ihrer Bildung eher großzügiger als zu kleinlich bemessen werden. Zwar muß, wenn die Rücklage 50 % der Anschaffungskosten des angeschafften Wirtschaftsguts übersteigt, die Rücklage gewinnerhöhend aufgelöst und für den Zinsgewinn außerdem noch ein Gewinnzuschlag versteuert werden. Das wiegt aber regelmäßig nicht den Zinsverlust auf, den das Unternehmen bei einer zu gering bemessenen Ansparrücklage erleidet.

Wird die Maschine im ersten Halbjahr angeschafft, so wird sie abgeschrieben:

Sonderabschreibung gem. § 7g EStG	
20 % von 60 000 DM	12 000 DM
degressive Abschreibung 30 % von 60 000 DM	18 000 DM
Abschreibung	30 000 DM

Buchung:

➤ Abschreibung		30 000 DM
an Maschinen		30 000 DM

Das Ergebnis ist also:

Aufwand aus der Bildung der Rücklage	− 25 000 DM
Ergebnis in 01	− 25 000 DM
Ertrag aus der Auflösung der Rücklage	+ 25 000 DM
Sonderabschreibung nach § 7g EStG	− 12 000 DM
degressive Abschreibung	− 18 000 DM
Ergebnis in 02	− 5 000 DM

Wird die Maschine im zweiten Halbjahr angeschafft, so wird sie abgeschrieben:

Sonderabschreibung gem. § 7g EStG
20 % von 60 000 DM   12 000 DM
degressive Abschreibung
30 % von 60 000 DM x 1/2   9 000 DM
Abschreibung   21 000 DM

Buchung:

➤ Abschreibung   21 000 DM
   an Maschinen   21 000 DM

Das Ergebnis ist also:

Aufwand aus der Bildung der Rücklage   − 25 000 DM
Ergebnis in 01   − 25 000 DM

Ertrag aus der Auflösung der Rücklage   + 25 000 DM
Sonderabschreibung nach § 7g EStG   − 12 000 DM
degressive Abschreibung   − 9 000 DM
Ergebnis in 02   + 4 000 DM

Die später angeschafften Wirtschaftsgüter müssen nicht nach § 7g Abs. 1 und 2 **886f**
EStG abgeschrieben werden. Es muß sich lediglich um neue bewegliche Wirtschaftsgüter des Anlagevermögens handeln. Diese Voraussetzungen erfüllen auch **geringwertige Wirtschaftsgüter** i. S. von § 6 Abs. 2 EStG. Die Ansparabschreibung kommt daher auch für geringwertige Wirtschaftsgüter in Betracht[636].

Beispiel:
Ein Unternehmen bildet beim Jahresabschluß des Wirtschaftsjahres 01 eine Ansparrücklage für im Jahr 02 geplante Anschaffungen von geringwertigen Wirtschaftsgütern. Es geht von Anschaffungskosten in Höhe von insgesamt 100 000 DM aus und bildet daher zum 31.12.01 eine Ansparrücklage in Höhe von 50 000 DM. Im Jahr 02 werden GWG für 100 000 DM angeschafft.

Ergebnis:

Aufwand aus der Bildung der Rücklage   − 50 000 DM
Ergebnis in 01   − 50 000 DM

Ertrag aus der Auflösung der Rücklage   + 50 000 DM
Abschreibung GWG   − 100 000 DM
Ergebnis in 02   − 50 000 DM

Der Aufwand durch Sofortabschreibung in 02 ist so zur Hälfte in das Jahr 01 vorgezogen worden.

---
[636] Franz/Rupp, BB 1993, Beilage 20, S. 16.

886g Der **Gewinnzuschlag** gemäß § 7g Abs. 5 EStG wird **nicht erhoben**, wenn begünstigte Wirtschaftsgüter mit ausreichenden Anschaffungs- oder Herstellungskosten rechtzeitig investiert werden,
- bis zur Investition aber die für den Betrieb geltenden Größenmerkmale des § 7g Abs. 2 Nr. 1 EStG überschritten sind oder
- die Verbleibensfrist gemäß § 7g Abs. 2 Nr. 2 Buchst. a EStG nicht eingehalten wird oder
- das Wirtschaftsgut später nicht mehr gemäß § 7g Abs. 2 Nr. 2 Buchst. b EStG ausschließlich oder fast ausschließlich betrieblich genutzt wird[637].

Die Rücklage wird hier gemäß § 7g Abs. 4 Satz 1 EStG aufgelöst. Bei dieser Regelauflösung gibt es keinen Gewinnzuschlag. Das investierte Wirtschaftsgut darf aber nicht oder nicht mehr nach § 7g Abs. 1 und 2 EStG abgeschrieben werden.

886h Nach Auffassung der Finanzverwaltung muß die geplante Investition mit der tatsächlich durchgeführten Investition hinsichtlich der **Funktion übereinstimmen**[638].

Beispiel:
1. Für den beabsichtigten Kauf einer betrieblichen Maschine wird eine Rücklage gebildet. Es wird aber ein Lkw angeschafft.
2. Für den Kauf eines betrieblichen Pkw des Herstellers A, dessen Anschaffungskosten ca. 50 000 DM betragen, wird eine Rücklage gebildet. Tatsächlich wird ein betrieblicher Pkw des Herstellers B für 80 000 DM angeschafft.

Im Beispiel 1 muß hiernach die Rücklage mit Gewinnzuschlag aufgelöst werden, im Beispiel 2 jedoch nicht. Im ersten Beispiel besteht zwischen dem Wirtschaftsgut, dessen Erwerb beabsichtigt ist und dem tatsächlich angeschafften Wirtschaftsgut keine Funktionsgleichheit. Im zweiten Beispiel ist Funktionsgleichheit gegeben.

Nach dem Gesetz ist aber lediglich erforderlich, daß Bildung und Auflösung der Rücklage in der Buchführung verfolgbar sein müssen. Das ist der Fall, wenn für jede einzelne beabsichtigte Investition in der Buchführung eine gesonderte Rücklage gebildet und gesondert gekennzeichnet wird. Dann ist erkennbar, mit welcher Investition die einzelne Rücklage zusammenhängt, wann sie also aufzulösen ist. Hiermit ist der Gesetzeszweck erfüllt. Wird zusätzlich gefordert, daß zwischen der beabsichtigten und der tatsächlich durchgeführten Investition Funktionsgleichheit bestehen muß, so läßt sich das nicht aus dem Gesetzeswortlaut ableiten und auch nicht aus dem Gesetzeszweck folgern. Nach § 7g Abs. 3 Satz 1 EStG kann für die künftige Anschaffung oder Herstellung „eines" Wirtschaftsguts im Sinne von Absatz 1 von § 7g EStG eine Ansparrücklage gebildet werden.

---
[637] Franz/Rupp, Das Standortsicherungsgesetz, BB 1993, Beilage 20, S. 16.
[638] BMF vom 12.12.1996, IV B 2 – S 2138 – 37/96, BStBl I 1996, 1441.

Es muß sich also lediglich um ein Wirtschaftsgut handeln, das die Voraussetzungen von § 7g Abs. 1 EStG erfüllt. Hier heißt es nur allgemein „neue bewegliche Wirtschaftsgüter des Anlagevermögens". Von „Funktionsgleichheit" ist im Gesetz keine Rede. Sie ist auch nicht an irgendeiner Stelle im Gesetz angedeutet.

Ist im o. g. Beispiel 1 tatsächlich ein Lkw angeschafft worden, obwohl die Rücklage für die Anschaffung einer Maschine gebildet worden ist, so läßt sich der Zusammenhang zwischen Rücklage und Investitionsgut erkennen. Es kann also festgestellt werden, ob das angeschaffte Wirtschaftsgut zu den Wirtschaftsgütern gehört, für die nach § 7g EStG eine Sonderabschreibung möglich ist, ob also die Rücklage mit oder ohne Gewinnzuschlag aufzulösen ist.

Der Gewinnzuschlag soll erfolgen, soweit die Auflösung der Rücklage nicht auf Abs. 4 Satz 1 beruht (§ 7g Abs. 5 EStG), also die Rücklage nicht deshalb aufgelöst wird, weil die Abschreibung des begünstigten Wirtschaftsguts beginnt. Im vorstehenden Beispiel 1 beginnt die Abschreibung eines beweglichen neuen Wirtschaftsguts und damit eines begünstigten Wirtschaftsguts. Es ist lediglich nicht funktionsgleich mit dem beabsichtigten Wirtschaftsgut. Der Gesetzeszweck wird aber erfüllt, auch wenn keine Funktionsgleichheit besteht. Die mitgeteilte Verwaltungsanweisung ist daher, soweit sie Funktionsgleichheit zwischen dem geplanten und dem investierten Wirtschaftsgut verlangt, nicht durch den Gesetzeszweck gedeckt und daher zu weitgehend.

2.19 Sonderposten aus der Währungsumstellung auf den Euro

886i Zum nächsten auf den 31.12.1998 folgenden Stichtag sind im Jahresabschluß mit dem unwiderruflich festgelegten Umrechnungskurs (s. Rdn. 64 a) umzurechnen und anzusetzen:
- Ausleihungen,
- Forderungen,
- Verbindlichkeiten,
- Wertpapiere mit Forderungs- oder Verbindlichkeitscharakter,
- Schecks,
- Bundesbank-, Postgiroguthaben und Guthaben bei Kreditinstituten.

Die sich aus der Umrechnung und dem entsprechenden Bilanzansatz ergebenden Erträge dürfen auf der Passivseite der Handelsbilanz in einen gesonderten Posten mit der Bezeichnung „**Sonderposten aus der Währungsumstellung auf den Euro**" eingestellt werden. Dieser Posten ist nach dem Eigenkapital auszuweisen (Art. 43 EGHGB n. F., s. Rdn. 64l).

Der Sonderposten aus Euro-Umstellung hat eine gewisse Ähnlichkeit mit dem Sonderposten mit Rücklageanteil. Dieser hat in der Bilanz die Position vor den Rückstellungen, also nach dem Eigenkapital (s. Rdn. 876). Für den Sonderposten aus Euro-Umstellung ist bestimmt, daß er nach dem Eigenkapital auszuweisen ist. Beide Posten sollen also in der Handelsbilanz an der gleichen Position stehen. Sie dürfen aber nicht als ein Bilanzposten unter der Bezeichnung „Sonderposten mit Rücklageanteil und aus der Währungsumstellung auf den Euro" bilanziert werden. Beide Posten haben einen unterschiedlichen Inhalt, so daß sie nach dem Klarheitsgrundsatz als selbständige Posten gesondert zu bilanzieren sind.

Die Passivierung von Sonderposten mit Rücklageanteil ist zugelassen, um die steuerliche Inanspruchnahme von besonderen steuerrechtlichen Passivierungswahlrechten zu ermöglichen (s. Rdn. 869 f.). Ihr Ansatz ist also steuerrechtlich begründet. Der „Sonderposten aus der Währungsumstellung auf den Euro" soll Liquiditätsabflüsse durch Ausschüttungen an die Eigner des Unternehmens verhindern. Das ist ein handelsrechtlicher Grund.

886k Ist der „Sonderposten aus der Währungsumstellung auf den Euro" in der Handelsbilanz passiviert, darf in der Steuerbilanz nach dem neuen § 6 d EStG eine steuerfreie Rücklage „**Euro-Umrechnungsrücklage**" gebildet werden (s. Rdn. 64 m). Hierdurch soll es den Unternehmen ermöglicht werden, zusätzliche Liquiditätsabflüsse an den Fiskus zu vermeiden. Erst wenn die Beträge für die Ausleihungen, Forderungen usw. aus dem Betriebsvermögen ausgeschieden und damit der dem Umstellungsgewinn entsprechende Betrag zugeflossen ist, soll aus der zusätzlich gewonnenen Liquidität die Steuer zu bezahlen sein. Die Passivierung in der Steuerbilanz ist aber wiederum abhängig von der Passivierung in der Handelsbilanz. Insoweit kommt wie bei dem Sonderposten mit Rücklageanteil und der von seinem Ansatz abhängigen steuerlichen Rücklage der Grundsatz der umgekehrten Maßgeblichkeit (s. Rdn. 56) zum Zuge.

2.20 Rückstellungen

Konten	
IKR	**SKR 04**
37 Rückstellungen für Pensionen und ähnliche Verpflichtungen 371 Verpflichtungen für eingetretene Pensionsfälle 372 Verpflichtungen für unverfallbare Anwartschaften 373 Verpflichtungen für verfallbare Anwartschaften 374 Verpflichtungen für ausgeschiedene Mitarbeiter 375 Pensionsähnliche Verpflichtungen (z. B. Verpflichtungen aus Vorruhestandsregelungen) 38 Steuerrückstellungen 380 Gewerbeertragsteuer 381 Körperschaftsteuer 382 Kapitalertragsteuer 383 ausländ. Quellensteuer 384 andere Steuern vom Einkommen und Ertrag 385 latente Steuern 386 Gewerbekapitalsteuer 387 Vermögensteuer 388 frei 389 sonstige Steuerrückstellungen 39 Sonstige Rückstellungen 390 – für Personalaufwendungen und die Vergütung an Aufsichtsgremien 391 – für Gewährleistung 392 – Rechts- und Beratungskosten 393 – für andere ungewisse Verbindlichkeiten 394 | frei 396	3000 Rückstellungen für Pensionen und ähnliche Verpflichtungen 3010 Pensionsrückstellungen 3015 Rückstellungen für pensionsähnliche Verpflichtungen 3020 Steuerrückstellungen 3030 Gewerbesteuerrückstellung 3040 Körperschaftsteuerrückstellung 3050 Vermögensteuerrückstellung 3060 Rückstellung für latente Steuern 3070 Sonstige Rückstellungen 3075 Rückstellungen für unterlassene Aufwendungen für Instandhaltung, Nachholung in den ersten drei Monaten 3080 Rückstellungen für unterlassene Aufwendungen für Instandhaltung, Nachholung innerhalb des 4. bis 12. Monats 3085 Rückstellungen für Abraum- und Abfallbeseitigung 3090 Rückstellungen für Gewährleistungen 3092 Rückstellungen für drohende Verluste aus schwebenden Geschäften 3095 Rückstellungen für Abschluß- und Prüfungskosten 3098 Aufwandsrückstellungen gemäß § 249 Abs. 2 HGB

397 – für drohende Verluste aus schwebenden Geschäften 398 – für unterlassene Instandhaltung 3981 Pflichtrückstellungen 3985 freiwillige Rückstellung 399 – für andere Aufwendungen gem. § 249 Abs. 2	

2.20.1 Rückstellungsgründe

2.20.1.1 Handelsrechtliche und steuerrechtliche Passivierungsgebote

888 Rückstellungen **sind** nach § 249 HGB zu bilden für
- ungewisse Verbindlichkeiten
- drohende Verluste aus schwebenden Geschäften
- im Geschäftsjahr unterlassene Aufwendungen für Instandhaltung, die im folgenden Geschäftsjahr innerhalb von drei Monaten nachgeholt werden
- im Geschäftsjahr unterlassene Aufwendungen für Abraumbeseitigung, die im folgenden Geschäftsjahr nachgeholt werden
- Gewährleistungen, die ohne rechtliche Verpflichtung erbracht werden

889 Für diese Rückstellungen besteht handelsrechtlich ein **Passivierungsgebot**. Nach dem Maßgeblichkeitsgrundsatz (§ 5 Abs. 1 Satz 1 EStG)[639] sind sie auch in der Steuerbilanz zu bilanzieren, wenn die Voraussetzungen hierfür vorliegen und steuerliche Sondervorschriften dem nicht entgegenstehen[640].

890 Auf der anderen Seite können **steuerliche Sondervorschriften** der Bilanzierung in der Handelsbilanz nicht entgegenstehen. Denn in der Handelsbilanz richtet sich die Bilanzierung allein nach dem Handelsrecht, also nach den Bestimmungen des HGB und nach den Grundsätzen ordnungsmäßiger Buchführung. Steuerliche Sondervorschriften betreffen nur die Bilanzierung in der Steuerbilanz. Soweit daher nach steuerrechtlichen Vorschriften die Bilanzierung von Rückstellungen trotz handelsrechtlichem Bilanzierungsgebot eingeschränkt oder verboten ist, betrifft das nur die Bilanzierung in der Steuerbilanz[641].

891 Steuerliche Sondervorschriften, welche die Bilanzierung von Rückstellungen einschränken oder verbieten, sind z. B. § 5 Abs. 3, 4 und 4a EStG betreffend die Rückstellungen wegen Verletzung fremder Patent-, Urheber oder ähnlicher Schutzrechte, die Jubiläumsrückstellungen und die Rückstellungen für drohende Verluste aus schwebenden Geschäften[642].

---
[639] Siehe Rdn. 51.
[640] R 31 c Abs. 1 Satz 1 EStR.
[641] Döllerer, ZHR 1993 S. 350.
[642] Siehe Rdn. 912, 928 ff.

Rückstellungen 375

2.20.1.2 Handelsrechtliche Passivierungswahlrechte/steuerrechtliche Passivierungsverbote

Rückstellungen **dürfen** gebildet werden für 892
- unterlassene Aufwendungen für Instandhaltung, die im folgenden Geschäftsjahr drei Monate nach dem Bilanzstichtag nachgeholt werden (249 Abs. 1 Satz 3 HGB),
- ihrer Eigenart nach genau umschriebene, dem Geschäftsjahr oder einem früheren Geschäftsjahr zuzuordnende Aufwendungen, die am Abschlußstichtag wahrscheinlich oder sicher, aber hinsichtlich ihrer Höhe oder des Zeitpunkts ihres Eintritts unbestimmt sind (§ 249 Abs. 2 HGB).

Für diese Rückstellungen besteht **handelsrechtlich** ein Passivierungswahlrecht. Hieraus ergibt sich in der **Steuerbilanz** für diese Rückstellungen ein Passivierungsverbot[643].

2.20.1.3 Handelsrechtliches und steuerrechtliches Passivierungsverbot

Für andere als die in § 249 Abs. 1 und 2 HGB genannten Zwecke **dürfen** Rück- 893 stellungen **nicht** gebildet werden (§ 249 Abs. 3 Satz 1 HGB). Die Aufzählung der Rückstellungsgründe in § 249 HGB ist also erschöpfend. Für nicht in § 249 HGB genannte Rückstellungsgründe besteht daher handelsrechtlich ein Passivierungsverbot.

Steuerrechtlich folgt aus dem handelsrechtlichen Passivierungsverbot ein Passivierungsverbot für die Steuerbilanz[644].

2.20.2 Rückstellungen für ungewisse Verbindlichkeiten

2.20.2.1 Voraussetzungen

Rückstellungen sind für ungewisse Verbindlichkeiten zu bilden (§ 249 Abs. 1 894 Satz 1 HGB). Es müssen folgende **Voraussetzungen** für den Ansatz dieser Rückstellungen erfüllt sein:
1. Es muß eine Verpflichtung gegenüber einem Dritten oder eine öffentlich rechtliche Verpflichtung bestehen.
2. Die Verpflichtung muß vor dem Bilanzstichtag wirtschaftlich verursacht sein.
3. Es muß eine Ungewißheit hinsichtlich Entstehens und/oder Höhe der Verpflichtung bestehen.
4. Der Verpflichtete muß ernsthaft mit der Inanspruchnahme rechnen können[645].

Zu den Rückstellungen für ungewisse Verbindlichkeiten gehören auch die **Pen-** 895 **sionsrückstellungen**. Hier ist die steuerrechtliche Sondervorschrift des § 6a EStG zu beachten.

---
[643] H 31c Abs. 1 (Handelsrechtliches Passivierungswahlrecht) EStH; Rdn 52.
[644] Budde/Karig in: Bil.-Komm., § 243 Rdn. 113; siehe auch Rdn. 51.
[645] R 31c Abs. 2 EStR.

2.20.2.1.1 Verpflichtung

896 Es muß eine **Verpflichtung** bestehen
- gegenüber einem Dritten oder
- eine öffentlich-rechtliche Verpflichtung.

897 Bei einer Verpflichtung **gegenüber einem Dritten** genügt ein tatsächliches Verhältnis, das nach Treu und Glauben verpflichtet[646] oder ein faktischer Leistungszwang, dem sich der Unternehmer trotz rechtlicher Ungebundenheit nicht entziehen kann. Der faktische Leistungszwang kann auf geschäftlichen, moralischen oder sittlichen Erwägungen oder auf Treu und Glauben beruhen[647].

Beispiel:
Ein Unternehmen vergütet seinen Kunden während mehrerer Jahre Umsatzprovisionen, ohne daß es hierzu rechtlich verpflichtet ist. Aufgrund seiner langjährigen Übung kann sich das Unternehmen nicht der Zahlung entziehen. Es besteht hier also ein tatsächlicher Leistungszwang.

Die Verpflichtung muß immer gegenüber einem Dritten bestehen. Es reicht nicht eine Verpflichtung des Unternehmers sich selbst gegenüber aus. Eine interne betriebswirtschaftliche Verpflichtung zur Substanzerhaltung ist also keine Verpflichtung, die den Ausweis einer Rückstellung für eine ungewisse Verbindlichkeit erfordert, sondern die nur den Ausweis einer Rückstellung für unterlassenen Instandhaltungsaufwand begründen kann. Erst wenn entsprechende Verträge mit Dritten geschlossen worden sind, kann das zu einer Außenverpflichtung führen.

898 Die Verbindlichkeit gegenüber dem Dritten muß so weit gehen, daß sich der Kaufmann ihr nicht entziehen kann. Das ist i. d. R. nicht der Fall bei **Widerrufsvorbehalt**. Aber bei **aufschiebend bedingten Verpflichtungen** kann der Verpflichtete bereits gebunden sein. Eine Rückstellung ist hier dann anzusetzen, wenn nach vorsichtiger und vernünftiger kaufmännischer Beurteilung mit dem Eintritt der Bedingung zu rechnen ist[648].

899 Für den Unternehmer muß am Bilanzstichtag ein **Erfüllungsrückstand** bestehen. Das ist ein Unterscheidungsmerkmal zum Rückstellungsgrund „drohender Verlust aus schwebendem Geschäft". Während bei einer Rückstellung wegen drohenden Verlustes aus schwebendem Geschäft der Verpflichtungsüberschuß des Unternehmers bilanziert wird, ist es bei der Rückstellung wegen ungewisser Verbindlichkeit der Erfüllungsrückstand des Unternehmers, die Nichterfüllung einer Schuld, die im abgelaufenen Wirtschaftsjahr oder früher hätte erfüllt werden müssen. Nicht erforderlich ist, daß die Schuld fällig ist, wenn sie Entgelt für eine von der Gegenseite bereits erbrachte Leistung ist[649].

---

[646] Littmann/Nieland, EStG §§ 4, 5, Tz. 872.
[647] ADS 6. Auflage, HGB § 249 Rdn. 52.
[648] ADS 6. Auflage, HGB § 249 Rdn. 47.
[649] Schmidt/Weber-Grellet EStG § 5 Rz. 317, 452.

Rückstellungen

Eine **öffentlich-rechtliche Verpflichtung** kann Grundlage für eine Rückstellung **900** wegen ungewisser Verbindlichkeit sein. Voraussetzung ist, daß die Verpflichtung hinreichend konkretisiert ist. Das ist der Fall, wenn ein inhaltlich genau bestimmtes Handeln innerhalb eines bestimmten Zeitraums durch Gesetz oder Verwaltungsakt vorgeschrieben ist und an die Verletzung der Verpflichtung Sanktionen geknüpft sind. Ist die öffentlich-rechtliche Verpflichtung nicht in diesem Sinne hinreichend konkretisiert, handelt es sich um eine reine Aufwandsrückstellung[650], für die handelsrechtlich ein Passivierungswahlrecht, steuerrechtlich hingegen ein Passivierungsverbot besteht.

Beispiel:
a) Öffentlich-rechtliche Verpflichtungen, die eine Rückstellung wegen ungewisser Verbindlichkeit erfordern:
- *Verpflichtung zur Aufstellung des Jahresabschlusses*
- *Verpflichtung zur Buchung laufender Geschäftsvorfälle des Vorjahres*
- *gesetzliche Verpflichtung zur Prüfung des Jahresabschlusses*
- *gesetzliche Verpflichtung zur Veröffentlichung des Jahresabschlusses im Bundesanzeiger*
- *gesetzliche Verpflichtung zur Erstellung des Geschäftsberichts*
- *gesetzliche Verpflichtung zur Erstellung der die Betriebssteuern des abgelaufenen Jahres betreffenden Steuererklärungen*

b) Keine Rückstellungen wegen ungewisser Verpflichtung rechtfertigende öffentlich-rechtliche Verpflichtungen:
- *Verpflichtung zur Durchführung der Hauptversammlung*
- *allgemeine öffentlich-rechtliche Leitsätze, z. B. die Verpflichtung der Wohnungsbauunternehmen, im Interesse der Volkswirtschaft die errichteten Wohnungen zu erhalten*
- *künftige Beitragszahlungen an den Pensions-Sicherungsverein*
- *künftige Kosten einer steuerlichen Außenprüfung, bevor eine öffentlich-rechtliche Verpflichtung durch Prüfungsanordnung konkretisiert ist*[651]

2.20.2.1.2 Ungewißheit

Es muß eine Ungewißheit bestehen hinsichtlich **901**
- des Bestehens oder Entstehens der Verbindlichkeit,
- der Höhe der Verbindlichkeit oder
- sowohl des Bestehens oder Entstehens als auch der Höhe der Verbindlichkeit[652].

---

650 R 31c Abs. 3 EStR.
651 H 31c (3) EStH.
652 ADS 6. Auflage, HGB § 249 Rdn 71.

Durch das Merkmal „Ungewißheit" **unterscheiden** sich die Rückstellungen für ungewisse Verbindlichkeiten von den Verbindlichkeiten.

902 Rückstellungen für **Gewährleistungen**, bei denen ungewiß ist, ob eine rechtliche Verpflichtung besteht, sind daher Rückstellungen für ungewisse Verbindlichkeiten und nicht Gewährleistungsrückstellungen nach § 249 Abs. 1 Satz 2 Nr. 2 HGB[653]. Das ist bei den Erläuterungen im Anhang zu beachten[654].

2.20.2.1.3 Wirtschaftliche Verursachung

903 Wirtschaftlich verursacht ist die ungewisse Verbindlichkeit, wenn der Tatbestand, an den das Gesetz oder der Vertrag die Verpflichtung knüpft, **im wesentlichen verwirklicht** ist[655].

Dieser Tatbestand muß im wesentlichen bereits **am Bilanzstichtag verwirklicht** sein. Die künftigen Ereignisse, die zum unbedingten Entstehen der Verpflichtung führen, müssen wirtschaftlich dem abgelaufenen Geschäftsjahr zuzurechnen sein[656].

Der Zeitpunkt, wann Zukunftsausgaben wirtschaftlich verursacht sind, kann aus dem Realisationsprinzip abgeleitet werden. Zusätzlich müssen sie sich aber nach den Verhältnissen des Bilanzstichtags in einer Verbindlichkeit gegenüber Dritten konkretisiert haben. Das setzt voraus, daß der Kaufmann sich der Verpflichtung gegenüber dem Dritten praktisch nicht entziehen kann[657].

2.20.2.1.4 Wahrscheinlichkeit der Inanspruchnahme

904 Entweder muß die Verbindlichkeit, die der Rückstellung zugrunde liegt, bereits entstanden sein oder sie muß mit einiger Wahrscheinlichkeit entstehen, so daß der Kaufmann ernsthaft damit rechnen muß, in Anspruch genommen zu werden.

Mit einer Inanspruchnahme ist **ernsthaft zu rechnen**, wenn nach objektiven, am Bilanzstichtag vorliegenden und spätestens bei Bilanzaufstellung erkennbaren Tatsachen aus der Sicht eines sorgfältigen und gewissenhaften Kaufmanns mehr Gründe für als gegen die Inanspruchnahme sprechen[658].

905 Bei **einseitigen Verbindlichkeiten**, z. B. Schadenersatzleistungen, ist es erst dann wahrscheinlich, daß der Kaufmann in Anspruch genommen wird, wenn der Gläubiger seine bestehende oder mögliche Berechtigung kennt. Das gilt auch für öffentlich-rechtliche Verbindlichkeiten[659].

---

[653] Siehe Rdn. 998 ff.
[654] ADS 6. Auflage, HGB § 249 Rdn. 72.
[655] R 31c Abs. 4 EStR.
[656] BFH, Urt. v. 20.1.1983 IV R 168/81, BStBl 1983 II S. 375.
[657] Kupsch, DB 1989 S. 53; Eibelshäuser, BB 1987 S. 860; Paus, BB 1988 S. 1419.
[658] R 31c Abs. 5 EStR.
[659] H 31c (5) EStH.

Es ist nämlich nach der neueren Rechtsprechung des BFH bei dem Merkmal „Wahrscheinlichkeit der Inanspruchnahme" zu unterscheiden zwischen
- vertraglichen Verpflichtungen und
- einseitigen Verpflichtungen.

Bei den vertraglichen Verpflichtungen sei ohne weiteres davon auszugehen, daß der Gläubiger von seinen Rechten Gebrauch macht. Die Gefahr der Inanspruchnahme sei für den Verpflichteten gegeben, weil der Gläubiger seine Rechte kenne. Anders sei es aber bei den einseitigen Verpflichtungen, z. B. Schadenersatzverpflichtungen aus unerlaubter Handlung. Hier kenne der Gläubiger noch nicht seine Berechtigung. Eine einseitigen Verpflichtung sei daher einer vertraglichen Verpflichtung erst dann gleichzustellen und damit eine Inanspruchnahme für den Verpflichteten wahrscheinlich, wenn der Gläubiger seine Berechtigung kennt oder seine Kenntnisnahme nachweisbar unmittelbar bevorsteht. Das gelte auch für öffentlich-rechtliche Verbindlichkeiten. Daher berechtigten auch einseitig begründete öffentlich-rechtliche Verbindlichkeiten Rückstellungen erst dann, wenn die die Verpflichtung begründenden Tatsachen der zuständigen Fachbehörde bekannt geworden sind oder dies unmittelbar bevorsteht[660].

Beispiel:
Die X-AG betreibt ein Galvanikunternehmen. Aus undichten Leitungen einer Anlage treten gelegentlich Schadstoffe aus und sickern in das Erdreich. Die betreffende Anlage hat noch eine Restbetriebszeit von sechs Jahren und ist dann stillzulegen. Da die X-AG im Rahmen dieser Stillgung den Erlaß polizei- und ordnungsrechtlicher Verfügungen zur Beseitigung der Kontamination befürchtet, bildet sie eine Rückstellung aufgrund einer betriebsinternen Schätzung des Umfangs und der Konzentration der Schadstoffbelastung des Grundstücks sowie der voraussichtlichen Sanierungskosten. Solange die Fachbehörde keine Kenntnis hat und eine Kenntnis auch nicht unmittelbar bevorsteht, darf eine Rückstellung nicht gebildet werden.

2.20.2.2 Höhe der Rückstellung

Die Rückstellung für eine ungewisse Verbindlichkeit ist mit dem Betrag anzusetzen, der bei vernünftiger kaufmännischer Beurteilung notwendig ist, um die Verpflichtung nach den Verhältnissen am Bilanzstichtag zu erfüllen (§ 253 Abs. 1 Satz 2 HGB)[661].

---

660 BFH, Urt. v. 19.10.1993 VIII R 14/92, BStBl 1993 II S. 891. Dieses Urteil ist unter dem Gesichtspunkt des kaufmännischen Vorsichtsdenkens, das eine Ausschüttung nur insoweit zuläßt, als eine Weiterführung des Unternehmens nicht durch betriebliche Belastung gefährdet ist, sehr bedenklich. Vgl. die bedenkenswerte Kritik von Herzig/Köster in BB 1994, Beilage 23 zu Heft 33/1994.
661 H 38 (Bewertungsgrundsätze für ungewisse Verbindlichkeiten) EStH.

907 Ist eine **unverzinsliche Geldleistungsverpflichtung** erst nach geraumer Zeit oder in Raten zu tilgen, ist dies nach den Einkommensteuerrichtlinien bei der Rückstellungsbildung zu berücksichtigen, indem entweder die Rückstellung den geschätzten Erfüllungsbetrag der Leistung wiedergibt und der Zinsbetrag aktiv abgegrenzt wird oder der Rückstellungsbetrag zunächst mit dem Barwert angesetzt und dann im Zeitablauf auf den Erfüllungsbetrag erhöht wird. Dabei kann von einem Zinssatz von mindestens 5,5 % ausgegangen werden[662].

Diese Auffassung wird aber nicht von der zu ihrer Begründung angeführten BFH-Rechtsprechung getragen. Es gibt auch keinen allgemeinen Grundsatz, daß erst nach geraumer Zeit zu erbringende Geldleistungen mit ihrem abgezinsten Wert zu passivieren sind. Eine Abzinsung kommt nur in Betracht, wenn im Erfüllungsbetrag ein Zinsanteil enthalten ist, weil der Gläubiger neben einer Sach- oder Dienstleistung zusätzlich Kredit gewährt hat[663].

908 Hat der Verpflichtete **Rückgriffsansprüche** gegenüber Dritten und sind diese nicht als eigenständige Forderungen zu aktivieren, so können sie die Höhe der Rückstellung mindern. Das setzt voraus, daß sie derart in einem unmittelbaren Zusammenhang mit der drohenden Inanspruchnahme stehen, daß sie dieser wenigstens teilweise spiegelbildlich entsprechen, sie in rechtlich verbindlicher Weise der Entstehung oder Erfüllung der Verbindlichkeit zwangsläufig nachfolgen und vollwertig sind[664].

2.20.2.3 Rückstellungsgründe

2.20.2.3.1 Rechtsgeschäfte

909 Grundsätzlich reicht ein nach Treu und Glauben verpflichtendes tatsächliches Verhältnis oder eine faktische Verpflichtung als Rückstellungsgrund aus[665].

910 Es kann aber sein, daß der Anspruch des Vertragspartners von zusätzlichen Voraussetzungen abhängt, die erst nach dem Bilanzstichtag entstehen. In diesem Fall ist eine Rückstellung noch nicht auszuweisen.

> *Beispiel:*
> *Für den Unternehmer U vermittelt der Handelsvertreter H Rechtsgeschäfte. Für den zukünftigen Ausgleichsanspruch des H nach § 89 b HGB bildet U eine Rückstellung.*

Der Ausgleichsanspruch des Handelsvertreters nach § 89 b HGB hängt nicht nur von der Tätigkeit des Handelsvertreters im abgeschlossenen Geschäftsjahr ab, sondern dem Grunde und der Höhe nach auch von den Vorteilen, die der Unternehmer nach der Vertragsbeendigung aus der vom Handelsvertreter geworbenen

---

662 R 38 Abs. 2 EStR.
663 Groh, BB 1988 S. 1919; siehe auch Küting/Keßler, DStR 1989 S. 723.
664 H 38 (Rückgriffsansprüche) EStH.
665 Siehe Rdn. 897.

Stammkundschaft zieht. Daher darf die Rückstellung erst nach Beendigung des Vertragsverhältnisses gebildet werden[666].

2.20.2.3.2 Unerlaubte Handlungen

Aus unerlaubten Handlungen des Kaufmanns ergeben sich Schadenersatzforderungen des Geschädigten. Diese sind so lange ungewisse Verbindlichkeiten, für die Rückstellungen zu bilden sind, bis der Kaufmann die jeweilige Schadenersatzforderung anerkennt oder das Gericht sie rechtskräftig dem Geschädigten zuerkannt hat. Bis zur Anerkennung oder rechtskräftigen Entscheidung ist daher eine Rückstellung, nach Anerkennung oder rechtskräftiger Entscheidung eine Verbindlichkeit auszuweisen[667]. 911

Steuerrechtlich sind Rückstellungen wegen Verletzung fremder **Patent-, Urheber- oder ähnlicher Schutzrechte** besonders geregelt. Sie dürfen in der Steuerbilanz erst gebildet werden, wenn 912
- der Rechtsinhaber wegen der Rechtsverletzung Ansprüche geltend gemacht hat oder
- mit einer Inanspruchnahme ernsthaft zu rechnen ist; in diesem Fall ist die Rückstellung spätestens in der Bilanz des dritten auf ihre erstmalige Bildung folgenden Wirtschaftsjahrs gewinnerhöhend aufzulösen, wenn bis dahin Ansprüche nicht geltend gemacht worden sind (§ 5 Abs. 3 EStG).

Handelsrechtlich ist diese einengende Regelung nicht maßgeblich[668]. 913

Nach der früheren Rechtsprechung des **BFH** waren Rückstellungen für ungewisse Verbindlichkeiten wegen Verletzung fremder Patentrechte bereits zu bilden, wenn mit einiger Wahrscheinlichkeit mit einer Inanspruchnahme zu rechnen war. Eine Inanspruchnahme wurde selbst dann noch für wahrscheinlich gehalten, wenn seit der Patentverletzung mehrere Jahre vergangen waren und der Patentinhaber von der Verletzung seiner Patentrechte möglicherweise noch keine Kenntnis erlangt hatte[669]. Aus dem neueren Urteil zur Rückstellung wegen einseitiger öffentlich-rechtlicher Verpflichtung[670] ist aber zu schließen, daß der BFH allgemein bei einseitigen Verpflichtungen, zu denen auch Verpflichtungen zum Schadenersatz wegen unerlaubter Handlungen zählen, eine Rückstellung erst zuläßt, wenn der Gläubiger Kenntnis vom Verpflichtungsgrund erlangt hat. 914

---

666 BFH, Beschluß vom 4.12.1980 IV B 35/80, BStBl 1981 II S. 266; Urt. v. 20.1.1983 IV R 168/81, BStBl 1983 II S. 375; H 31c (4) EStH 1993.
667 Siehe auch Rdn. 905.
668 ADS 6. Auflage, HGB § 253 Rdn. 231.
669 BFH, Urt. v. 11.11.1981 I R 157/79, BStBl 1982 II S. 748.
670 Siehe Rdn. 905.

Beispiel:
Unternehmen U entwickelt bestimmte Arzneimittel, stellt sie her und vertreibt sie. U hat die Patente der X-AG verletzt. Für die eventuelle Inanspruchnahme durch die X-AG auf Schadenersatz wegen Patentverletzung weist U eine Rückstellung aus.

a) Die X-AG hat weder Ansprüche geltend gemacht, noch muß U ernsthaft mit einer Inanspruchnahme wegen der Rechtsverletzung rechnen.

b) Noch im abgelaufenen Geschäftsjahr hat die X-AG das Unternehmen schriftlich aufgefordert, Schadenersatz wegen der Patentverletzungen zu leisten.

Im Fall a muß U in der Handelsbilanz eine Rückstellung ausweisen, und er darf in der Steuerbilanz wegen der gesetzlichen Einschränkung eine Rückstellung nicht bilanzieren. Im Fall b muß U sowohl in der Handelsbilanz als auch in der Steuerbilanz eine Rückstellung passivieren.

915 Nach Patentrecht kann bei einer **Patentverletzung** eine angemessene Lizenzgebühr, der entgangene Gewinn oder der vom Verletzer durch die Patentverletzung erzielte Gewinn, der sogenannte **Verletzergewinn**, verlangt werden. Nach dem Grundsatz der Vorsicht ist die Höhe der Rückstellung nach dem ungünstigsten Ergebnis zu bemessen. Wird der Kaufmann auf Zahlung des Verletzergewinns in Anspruch genommen, so belastet ihn das am meisten. Nach diesem für ihn ungünstigsten Ergebnis hat er daher seine Rückstellung zu bemessen[671].

Auch wenn der Unternehmer eine offengelegte, aber noch nicht patentgeschützte Erfindung verletzt hat, darf er in seiner Steuerbilanz nur unter den Voraussetzungen eine Rückstellung bilden, die für patentgeschützte Erfindungen gelten[672].

916 Mußte der Unternehmer mit einer Inanspruchnahme des durch eine Patentverletzung Geschädigten ernsthaft rechnen, ist das aber nicht geschehen, so ist die Rückstellung spätestens in der Bilanz des dritten auf ihre erstmalige Bildung folgenden Wirtschaftsjahrs gewinnerhöhend aufzulösen (§ 5 Abs. 3 Satz 2 EStG).

Das **Auflösungsgebot** gilt für alle Rückstellungsbeträge, die wegen der Verletzung ein und desselben Schutzrechtes passiviert worden sind. Wird dieses Schutzrecht in späteren Wirtschaftsjahren wieder verletzt und wird deshalb die Rückstellung in den folgenden Jahren erhöht, so läuft für die Zuführungsbeträge keine neue Dreijahresfrist. Nach Ablauf der Dreijahresfrist darf daher wegen Verletzung desselben Schutzrechts keine weitere Rückstellung gebildet werden, solange Ansprüche nicht geltend gemacht worden sind[673].

Ansprüche wegen einer Rechtsverletzung werden geltend gemacht, indem der Rechtsinhaber mündlich oder schriftlich wenigstens Unterlassung verlangt. Erhebung der Klage ist nicht erforderlich.

---

[671] BFH, Urt. v. 24.6.1970 I R 6/68, BStBl 1970 II S. 802.
[672] R 31c Abs. 7 Satz 1 EStR.
[673] R 31c Abs. 7 Sätze 2 bis 4 EStR.

2.20.2.3.3 Grundstücksausbeute

Für die **Rekultivierung** ausgebeuteter Grundstücke sind die hierzu erforderlichen Aufwendungen in den Jahren, in denen der Abbau stattfindet, zurückzustellen. Diese Pflicht besteht für eigene oder fremde ausgebeutete Grundstücke aufgrund Gesetzes und polizeilicher Vorschriften[674]. Die zu erwartenden **Kippgebühren** dürfen nicht verrechnet werden[675].

917

Für die Entstehung und Erhöhung der Rückstellung ist der laufende Betrieb des Unternehmens ursächlich. Der Rückstellungsbetrag ist ohne Berücksichtigung einer Abzinsung durch **jährliche Zuführungsraten** in den Wirtschaftsjahren anzusammeln. Die Summe der in früheren Wirtschaftsjahren angesammelten Rückstellungsraten ist am Bilanzstichtag auf das Preisniveau dieses Stichtags anzuheben. Der Aufstockungsbetrag ist der Rückstellung in einem Einmalbetrag zuzuführen. Er wird also nicht gleichmäßig auf die einzelnen Jahre bis zur Erfüllung der Verbindlichkeit verteilt[676].

918

Die Rückstellung für die **Abbruchkosten** bemißt sich nach den Kosten, die für den Abbruch am jeweiligen Bilanzstichtag erforderlich wären. Der Mehrbetrag gegenüber der Rückstellung am vorhergehenden Bilanzstichtag ist auf die einzelnen Jahre bis zur Erfüllung der Abbruchverpflichtung zu verteilen[677].

919

Beispiel:
Am 31.12.02 würden die Abbruchkosten 300 000 DM betragen. Am 31.12.01 betrug die Rückstellung 260 000 DM. Der Ausbeutevertrag läuft noch 4 Jahre lang. Die Differenz zwischen 260 000 DM und 300 000 DM, also 40 000 DM, wird auf die Restdauer des Vertrags gleichmäßig mit je 10 000 DM verteilt. Zum 31.12.02 wird daher die Rückstellung um 10 000 auf 270 000 DM aufgestockt.

2.20.2.3.4 Pachterneuerungsverpflichtung

Auch für die noch nicht fällige Verpflichtung zur Erneuerung unbrauchbar gewordener Pachtgegenstände (Gebäudebestandteile und Betriebsvorrichtungen) kann eine Pachterneuerungsrückstellung gebildet werden.

920

Beispiel:
Aufgrund des Pachtvertrages mit V ist der Unternehmer P verpflichtet, unbrauchbar gewordene Gebäudebestandteile und Betriebsvorrichtungen zu ersetzen. P passiviert während des laufenden Pachtverhältnisses eine Pachterneuerungsrückstellung und stockt diese zu jedem folgenden Bilanzstichtag auf.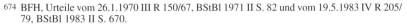

---

[674] BFH, Urteile vom 26.1.1970 III R 150/67, BStBl 1971 II S. 82 und vom 19.5.1983 IV R 205/79, BStBl 1983 II S. 670.
[675] BFH, Urt. v. 16.9.1970 I R 184/67, BStBl 1971 II S. 85.
[676] R 38 Abs. 1 EStR.
[677] BFH, Urt. v. 19.2.1975 I R 28/73, BStBl 1975 II S. 480.

In der Regel ist der Verpächter verpflichtet, die Pachtgegenstände laufend zu erhalten und notfalls zu erneuern. Der Pächter zahlt ein entsprechend hohes Pachtentgelt. Ist aber der Pächter zur Unterhaltung und Erneuerung der Pachtgegenstände verpflichtet, so zahlt er ein entsprechend ermäßigtes Pachtentgelt. Seine Verpflichtung besteht daher zum Teil in Geldzahlungen und zum Teil in Sachleistungen in Gestalt der Erneuerung und Erhaltung der Pachtgegenstände.

Die Verpflichtung zur Sachleistung bezieht sich auf das jeweilige Wirtschaftsjahr, in dem die Pachtgegenstände genutzt werden. Sie wird aber erst mit Beendigung des Pachtverhältnisses fällig. Wirtschaftlich hängt diese Verpflichtung mit dem jeweiligen Wirtschaftsjahr zusammen und bildet dessen Erfüllungsrückstand. Es handelt sich daher nur um eine Modalität bei der Tilgung des mit Ablauf eines jeden Pachtzahlungszeitraums entstehenden Erfüllungsrückstandes. Der Rückstellungsbetrag ist unter Berücksichtigung des jährlichen Wertverzehrs der zu erneuernden Wirtschaftsgüter auf der Basis der Wiederbeschaffungskosten zum jeweiligen Bilanzstichtag anzusammeln[678].

2.20.2.3.5 Steuerberatungskosten

921 Buchführung und Bilanz sind eine Einheit. Mit der Pflicht zur laufenden Buchführung ist untrennbar die Pflicht zum Abschluß dieser Buchführung verknüpft. Nur aus tatsächlichen Gründen kann der Kaufmann den **Jahresabschluß** nicht vor dem Bilanzstichtag aufstellen. Alle wesentlichen die Abschlußpflicht begründenden Umstände sind daher im abgelaufenen Geschäftsjahr verwirklicht worden. Die Kosten für den Jahresabschluß sind also diesem Jahr zuzuordnen und durch Ausweis einer Rückstellung zu berücksichtigen[679].

922 Auch die gesetzlichen Verpflichtungen zur **Prüfung**, zur Erstellung des **Geschäftsberichts** und zur **Veröffentlichung** des Jahresabschlusses im Bundesanzeiger begründen die Pflicht zum Ausweis einer Rückstellung[680].

923 Ebenso sind die Aufwendungen für die Anfertigung der **Steuererklärungen** für die Betriebsteuern des abgelaufenen Geschäftsjahrs zurückzustellen. Hierbei sind das Steuerberaterhonorar und die betriebsinternen Einzelkosten anzusetzen[681].

2.20.2.3.6 Rückständige Buchführungsarbeiten

924 Neben der Rückstellung für Jahresabschlußkosten kann eine Rückstellung für laufende Buchführungsarbeiten nach dem Bilanzstichtag, die Geschäftsvorfälle vor dem Bilanzstichtag betreffen, gebildet werden. Die Verpflichtung, laufende Geschäftsvorfälle des abgelaufenen Wirtschaftsjahrs zu buchen, ist kein unselb-

---

678 BFH, Urt. v. 3.12.1991 VIII R 88/87, BFHE 167 S. 322, BStBl 1993 II S. 89; H 38 (Pachterneuerungsverpflichtung) EStH.
679 BFH, Urt. v. 20.3.1980 IV R 89/79, BStBl 1980 II S. 297.
680 BFH, Urt. v. 23.7.1980 I R 28/77, BStBl 1981 II S. 62.
681 BFH, Urt. v. 23.7.1980 I R 30/78, BStBl 1981 II S. 63.

ständiger Teil der Verpflichtung zur Erstellung des Jahresabschlusses. Hierfür ist eine eigenständige Rückstellung zu bilden[682].

Beispiel:
Eine AG passiviert zum Bilanzstichtag 31.12.01 eine Rückstellung für Jahresabschlußkosten in Höhe von 280 000 DM. Hierin sind neben reinen Abschlußarbeiten auch Aufwendungen in Höhe von 90 000 DM für laufende Buchführungsarbeiten des Jahres 02 enthalten, die Geschäftsvorfälle des Jahres 01 betreffen.

2.20.2.3.7 Euro-Umstellung

Die Frage, ob eine Rückstellung gebildet werden kann für die Aufwendungen auf den Euro wird unterschiedlich beantwortet. Sie komme ernsthaft in Betracht, da die Euro-VO 1998 eine öffentlich-rechtliche Verpflichtung im Außenverhältnis begründe. Falls ein Abnehmer einen Lieferanten so unter Druck setze, daß dieser gezwungen sei, mit Beginn der Währungsunion in Euro zu fakturieren und Preise in Euro auszuweisen, bestünde zudem auch eine faktische Verpflichtung gegenüber einem Dritten. Es sei zu empfehlen, eine solche Rückstellung in der Handelsbilanz auszuweisen, um sich ihren Ansatz für steuerliche Zwecke offenzuhalten[683]. Zudem sei die Verpflichtung für die Aufwendungen wirtschaftlich durch die Währungsumstellung verursacht, so daß eine Rückstellung für ungewisse Verbindlichkeiten bereits im nächsten nach dem 1.1.1999 aufzustellenden Jahresabschluß auszuweisen sei[684].

924a

Auf der anderen Seite wird darauf hingewiesen, daß schon die EU-Kommission die Frage der Rückstellungsbildung nach ausführlicher Diskussion verneint habe, da weder Beziehungen zu einer dritten Partei bestünden, was nach Art. 20 Abs. 1 der 4. EG-Richtlinie Voraussetzung für die Rückstellung wahrscheinlicher Verluste und wahrscheinlicher Verbindlichkeiten sei, noch die Voraussetzungen für die Rückstellung für Aufwendungen nach Art. 20 Abs. 2 der 4. EG-Richtlinie erfüllt seien. Der Umstand, daß der Rat der EU über die Einführung des Euro entschieden hat, sei nicht ausreichend für die Bildung von Rückstellungen. Außerdem habe auch der HFA die Voraussetzung für den Ansatz einer Rückstellung verneint, weil die Umstellungskosten nicht in den Perioden vor Durchführung der Umstellungsarbeiten verursacht seien[685].

Wenn auf der einen Seite ein Bedürfnis dafür gesehen wird, Aufwendungen für die Währungsumstellung auf den Euro als Bilanzierungshilfe zu aktivieren, um das handelsrechtliche Betriebsergebnis deutscher Unternehmen gegenüber dem Ergebnis der Unternehmen anderer Teilnehmerstaaten nicht ungünstig erscheinen

---
[682] BFH, Urt. v. 25.3.1992 I R 69/91, BB 1992 S. 1964, BStBl 1992 II S. 1010.
[683] Plewka, H., BBK, Beilage 1/1997 zu Heft 8/1997, S. 24.
[684] Küting, K./Dawo, S., BBK Fach 12 S. 6163 ff., 6183 ff.
[685] Birgel, K. J., PdR Gruppe 15 Seite 271 ff., 294 ff. Der Diskussionsstand ist ausführlich dargestellt bei Mertes, T., HdB, 42 Euro-Einführung, Rdn. 44 ff.

zu lassen (s. Rdn 620 ff.), erscheint es widersprüchlich, eine Rückstellung für dieselben Aufwendungen für erforderlich zu halten.

924b Bei der Prüfung, ob Rückstellungen wegen der Währungsumstellung in Frage kommen, ist zunächst zu unterscheiden zwischen einer Rückstellung für **ungewisse Verbindlichkeit** und einer **Aufwandsrückstellung**. Letztere ist handelsrechtlich nur in einem engen Rahmen zulässig und steuerrechtlich unzulässig (s. Rdn. 996). Weil für diese Aufwendungen in der Steuerbilanz ein Bilanzierungsverbot besteht, sind reine Aufwandsrückstellungen für die Unternehmen nur von geringem Interesse.

Es soll daher nur geprüft werden, ob die Voraussetzungen für eine Rückstellung für **ungewisse Verbindlichkeiten** erfüllt sind. Voraussetzung wäre hierfür eine Verpflichtung gegenüber einem Dritten oder eine öffentlich-rechtliche Verpflichtung (s. Rdn. 896 ff.).

924c Eine **Verpflichtung gegenüber einem Dritten** setzt bereits ein Schuldverhältnis gegenüber einem bestimmten Dritten voraus, etwa einem Software-Unternehmen zur Umstellung der Buchhaltungssoftware. Hier reicht aber der bloße Abschluß eines Vertrages nicht aus. Hinzukommen muß ein Erfüllungsrückstand des Unternehmens (s. Rdn. 899). Der Vertragspartner muß bereits Leistungen erbracht haben und das Unternehmen mit der Erfüllung seiner Gegenleistungen im Rückstand sein. Wenn ein solches konkretes Verhältnis an einem Bilanzstichtag besteht, ist auch für Umstellungsaufwand auf den Euro eine Rückstellung für eine ungewisse Verbindlichkeit sowohl in der Handels- als auch in der Steuerbilanz auszuweisen.

924d Besteht noch nicht eine derart konkretisierte Verpflichtung gegenüber einem Dritten, so ist zu prüfen, ob eine **öffentlich-rechtliche Verpflichtung** besteht. Es muß ein inhaltlich genau bestimmtes Handeln innerhalb eines bestimmten Zeitraums durch Gesetz oder Verwaltungsakt vorgeschrieben sein, und an die Verletzung der Pflicht müssen Sanktionen geknüpft sein (s. Rdn. 900). Die Pflicht zur Umstellung auf den Euro ist der Verpflichtung zur Aufstellung des Jahresabschlusses oder zur Buchung laufender Geschäftsvorfälle des Vorjahres vergleichbar. Solche Verpflichtungen sind nach der Rechtsprechung des BFH Grund für den Ausweis von Rückstellungen für ungewisse Verbindlichkeiten (s. Rdn. 921, 924).

Insbesondere mit der Verpflichtung zur Verbuchung von Geschäftsvorfällen des Vorjahres ist die Pflicht zur Umstellung auf den Euro vergleichbar. Hierfür sah der BFH die Voraussetzungen zur Bildung einer Rückstellung als erfüllt an. Die Verpflichtung zur Verbuchung ergebe sich aus dem Handelsgesetz (jetzt § 238 HGB) und den Grundsätzen ordnungsmäßiger Buchführung. Sie sei auch durch § 283 b StGB mit Sanktionen bedroht. Jeder Geschäftsvorfall sei zu verbuchen. Lägen die Geschäftsvorfälle im abgelaufenen Jahr, sei die Pflicht zur Verbuchung wirtschaftlich im abgelaufenen Wirtschaftsjahr verursacht[686].

---

[686] BFH, Urt. v. 25.3.1992 I R 69/91, BStBl 1992 II S. 1010.

Rückstellungen 387

Eine ausdrückliche gesetzliche Verpflichtung, auf den Euro umzustellen, besteht für die Unternehmen nicht. Für sie ergibt sich aus der Währungsumstellung in den Teilnehmerstaaten die Konsequenz der Umstellung ihres Rechnungs- und Zahlungsverkehrs und ihrer Buchführung. Die rechtliche Verpflichtung besteht für die Teilnehmerstaaten. Die Notwendigkeit der Umstellung für die Unternehmen ergibt sich rechtlich nur mittelbar hieraus. Während des Umstellungszeitraums muß das einzelne Unternehmen reagieren, wenn der Geschäftspartner Rechnungen in Euro erteilt. Forderungen, Verbindlichkeiten usw. sind in Euro umzurechnen (s. Rdn. 64 k). Das Unterlassen dieser Konsequenzen und Pflichten ist aber nicht mit Sanktionen bedroht. Damit sind die Voraussetzungen für den Ansatz einer Rückstellung aufgrund öffentlich-rechtlicher Verpflichtung nicht erfüllt.

Es ist daher festzuhalten: Wegen der Währungsumstellung auf den Euro dürfen Unternehmen nur dann eine Rückstellung für ungewisse Verbindlichkeiten ausweisen, wenn eine Verpflichtung gegenüber einem Dritten besteht und sich hieraus ein Erfüllungsrückstand des Unternehmens aus dem abgelaufenen Geschäftsjahr ergibt. **924e**

2.20.2.3.8 Pensionsverpflichtungen

Die Pensionsrückstellungen werden, anders als in den früheren handelsrechtlichen Bestimmungen, nach denen hierfür ein Passivierungswahlrecht bestand, im HGB in der Fassung des Bilanzrichtlinien-Gesetzes nicht mehr gesondert aufgeführt. Sie rechnen daher zu den Rückstellungen für ungewisse Verbindlichkeiten. Mithin besteht nach jetzigem Recht hierfür ein **Passivierungsgebot**. **925**

Steuerrechtlich sind die Voraussetzungen von § 6 a EStG zu beachten.

Für Pensionsverpflichtungen und Pensionsanwartschaften, die **926**
- vor dem 1.1.1987 begründet worden sind, besteht handels- und steuerrechtlich ein Wahlrecht, eine Rückstellung zu bilden (Artikel 28 Einführungsgesetz zum HGB),
- am 1.1.1987 oder später begründet worden sind, besteht handelsrechtlich und damit auch steuerrechtlich ein Passivierungsgebot.

Rückstellungen für eine Pensionszusage an den im Betrieb im Rahmen eines steuerlich anerkannten Arbeitsverhältnisses mitarbeitenden **Ehegatten** können gebildet werden, wenn und soweit die Versorgungszusage eindeutig und ernsthaft gewollt sowie dem Grunde und der Höhe nach ausschließlich betrieblich veranlaßt ist. Diese Voraussetzungen sind auch bei der Zusage einer Altersversorgung durch eine Personengesellschaft an den Ehegatten des beherrschenden Gesellschafters zu beachten. **927**

Beispiel:
An einer GmbH & Co. KG ist A als Kommanditist zu 70 % beteiligt und gleichzeitig alleiniger Gesellschafter der GmbH. Seine Ehefrau ist seit dem Jahr 00 als Assistentin der Geschäftsführung beschäftigt. Im Jahr 04 erteilte die KG Frau A eine Pensionszusage über eine Zahlung von monatlich 4500 DM Altersruhegeld ab Vollendung des 60. Lebensjahrs. Zu diesem Zeitpunkt war Frau A 52 Jahre alt. Gleichzeitig sagte die KG dem familienfremden Arbeitnehmer B ein Altersruhegeld in Höhe von monatlich 800 DM zu. Die Arbeitslöhne von Frau A und B betrugen:

	01	*02*	*03*
Frau A	*60 000 DM*	*65 000 DM*	*65 000 DM*
B	*65 000 DM*	*65 000 DM*	*70 000 DM*

Für die Frage der betrieblichen Veranlassung der Pensionszusage an Frau A ist in erster Linie ein Fremdvergleich von Bedeutung. Hier wurde einem familienfremden Arbeitnehmer mit in etwa gleich hohen Aktivbezügen eine wesentlich geringere Versorgungszusage erteilt. Beim Fremdvergleich ist das Verhältnis der Aktivbezüge des nahen Angehörigen und des familienfremden Arbeitnehmers zu den jeweils zugesagten Versorgungsleistungen bedeutsam. Werden bei dieser Prüfung dem nahen Angehörigen höhere Versorgungsleistungen gewährt, so ist davon auszugehen, daß der Mehrbetrag in den familiären Beziehungen begründet ist.

Hat der Familienangehörige eine qualitativ höherwertige Arbeitsleistung erbracht, so rechtfertigt das allein noch keine höheren Versorgungsbezüge, da die Arbeitsleistung wegen des Familienbandes z. T. unentgeltlich erbracht sein kann. Ein Ausgleich des aufgrund Fremdvergleichs zu niedrigen Gehalts durch eine höhere Pension kann nur dann steuerlich anerkannt werden, wenn hierüber eindeutige und klare Vereinbarungen getroffen sind[687].

2.20.2.3.9 Jubiläumsverpflichtungen

928 Nach der Rechtsprechung des BFH[688] hat ein Arbeitgeber für die rechtsverbindliche Zusage von Zuwendungen für Dienstjubiläen der Arbeitnehmer eine Jubiläumsrückstellung zu bilden. Voraussetzung ist, daß die Zusage nicht von anderen Bedingungen als der Betriebszugehörigkeit des Arbeitnehmers zum Bilanzstichtag abhängig gemacht wird. Für die Zusage darf daher z. B. nicht die spätere Ertrags- und Liquiditätslage zur Bedingung gemacht werden.

---

687 BFH, Urt. v. 10.12.1992 IV R 118/90, BB 1993 S. 1119, BStBl 1994 II S. 381.
688 BFH, Urt. v. 5.2.1987 IV R 81/84, BStBl II 1987 S. 845.

Rückstellungen 389

Nach § 5 Abs. 4 EStG dürfen Jubiläumsrückstellungen nur gebildet werden, **929**
wenn
1. das Dienstverhältnis mindestens 10 Jahre bestanden hat,
2. das Dienstjubiläum das Bestehen eines Dienstverhältnisses von mindestens 15 Jahren voraussetzt und
3. die Zusage schriftlich erteilt ist.

Mit Rücksicht darauf, daß die frühere steuerliche Bilanzierungspraxis Rückstel- **930**
lungen für Jubiläumszuwendungen nicht zugelassen hat, sollen sich die bis einschließlich 1992 „verdienten" Jubiläumszuwendungen auch künftig bei der steuerlichen Gewinnermittlung nicht auswirken[689]. Deshalb dürfen Rückstellungen für die Verpflichtung zu einer Zuwendung anläßlich eines Dienstjubiläums nur gebildet werden, soweit der Berechtigte seine Anwartschaft nach dem 31.12.1992 erworben hat. Bereits gebildete Rückstellungen sind in den Bilanzen des nach dem 30.12.1988 endenden Wirtschaftsjahrs und der beiden folgenden Wirtschaftsjahre mit mindestens je einem Drittel gewinnerhöhend aufzulösen (§ 52 Abs. 6 EStG).

Nach dem BMF-Schreiben vom 29.10.1993[690] ist ein Dienstjubiläum steuerlich **931**
nur zu berücksichtigen, wenn die Jubiläumsarbeitszeit, das ist die Dauer des Dienstverhältnisses, für die eine Jubiläumsleistung zugesagt ist, durch fünf Jahre ohne Rest teilbar ist. Hiernach sind also nur Jubiläumsversprechen rückstellbar, die für das Erreichen des 15., 20., 25., 30. etc. Dienstjahres zugesagt worden sind.

Die Rückstellung kann alternativ nach dem **Teilwertverfahren** oder nach dem **Pauschalwertverfahren** bemessen werden. Beim Teilwertverfahren werden die anerkannten Regeln der Versicherungsmathematik zugrunde gelegt. Der Wert der Verpflichtung ist nach einem Zinssatz von mindestens 5,5 % abzuzinsen. Beim Pauschalwertverfahren sind zwingend die Werte der dem BMF-Schreiben beigefügten Tabelle zugrunde zu legen. Die Tabelle berücksichtigt bereits die Wahrscheinlichkeit des Ausscheidens und die Abzinsung.

Beispiel:
Nach einer Betriebsvereinbarung sollen die Arbeitnehmer der Y-GmbH zum 25. Dienstjubiläum Jubiläumszuwendungen in Höhe von 2 000 DM erhalten. Die Höhe der Rückstellung soll zum 31.12.1994 bestimmt werden. Von den 1994 zur Belegschaft gehörenden Arbeitnehmern sind in den Jahren 1980 bis 1985 eingestellt worden:

---

[689] Bericht des Finanzausschusses des Deutschen Bundestages vom 21.6.1988, Bundestagsdrucksache 11/2536 S. 47.
[690] BMF-Schreiben vom 29.10.1993 – IV B 2 – S 2175 – 47/93, DB 1993 S. 2208, BStBl 1993 I S. 898.

Eintritts-jahr	Zahl der Arbeit-nehmer	Zahl der Dienst-jahre zum 31.12.1994[691]	Höhe der Zuwendung in DM	
			Einzel	Gesamt
1980	10	15	148 × 2 = 296[692]	2 960[693]
1981	15	14	128 × 2 = 256	3 840
1982	20	13	110 × 2 = 220	4 400
1983	24	12	95 × 2 = 190	4 560
1984	30	11	81 × 2 = 162	4 860
1985	25	10	69 × 2 = 138	3 450
Rück-stellung				24 070

Für die in dem Beispiel in den Jahren 1986 bis 1994 eingestellten Arbeitnehmer besteht das Dienstverhältnis weniger als 10 Jahre. Für sie darf daher eine Jubiläumsrückstellung zum 31.12.1994 noch nicht gebildet werden. Zum 31.12.1994 wird also eine Jubiläumsrückstellung in Höhe von 24 070 DM ausgewiesen.

Da aber nach § 52 Abs. 6 EStG i. d. F. des Steuerreformgesetzes 1990 Rückstellungen nur insoweit gebildet werden dürfen, als der Berechtigte seine Anwartschaft nach dem 31.12.1992 erworben hat, darf sich eine am 31.12.1992 bestehende Rückstellung nicht steuerlich auswirken. Im vorstehenden Beispiel ist daher eine Vergleichsrechnung aufzustellen. Es ist die Rückstellung auch zum 31.12.1992 zu ermitteln. Dieser Betrag ist von dem für den 31.12.1994 ermittelten Rückstellungsbetrag zu kürzen. Der sich ergebende Restbetrag, die Differenz zwischen der Rückstellung zum 31.12.1994 und der Rückstellung zum 31.12.1992, ist die in der Steuerbilanz zum 31.12.1994 bilanzierbare Jubiläumsrückstellung.

---

[691] Das Eintrittsjahr wird im Wege der Aufrundung voll gerechnet.
[692] Nach der Tabelle beträgt die Leistung der Jubiläumszuwendung nach 25 Dienstjahren und nach 15 abgeleisteten Dienstjahren 148 DM. Dieser Teilwert bezieht sich auf eine Jubiläumszuwendung in Höhe von 1 000 DM. Bei einer Jubiläumszuwendung von 2 000 DM ist also der Betrag von 148 DM zu verdoppeln.
[693] 296 DM x 10 Arbeitnehmer.

Eintritts-jahr	Zahl der Arbeit-nehmer	Zahl der Dienst-jahre zum 31.12.1992[694]	Höhe der Zuwendung in DM	
			Einzel	Gesamt
1980	10	13	110 × 2 = 220	2 200
1981	15	12	95 × 2 = 190	2 850
1982	20	11	81 × 2 = 162	3 240
1983	24	10	69 × 2 = 138	3 312
1984	30	9	58 × 2 = 116	3 480
1985	25	8	49 × 2 = 98	2 450
Rück-stellung				17 532

Rückstellung zum 31.12.1994   24 070 DM
Rückstellung zum 31.12.1992   17 532 DM
Rückstellung in der Steuerbilanz zum 31.12.1994   6 538 DM

2.20.2.3.10 Lohn- und Gehaltsfortzahlung im Krankheitsfall

Für Verpflichtungen zur Lohn- und Gehaltsfortzahlung im Krankheitsfall erkennt der BFH eine Rückstellung nicht an, weil die gegenseitigen Verpflichtungen aus einem Arbeitsverhältnis ausgeglichen seien[695].   **932**

Soweit ein Arbeitgeber seine Verpflichtungen zur Zahlung des Lohns oder des Gehalts erfüllt hat, besteht für ihn aus dem Arbeitsverhältnis kein Erfüllungsrückstand mehr. Es liegen daher die Voraussetzungen für eine Rückstellung für ungewisse Verbindlichkeiten nicht vor.

Für Lohn- und Gehaltsfortzahlung im Krankheitsfall können aber die Voraussetzungen für eine Rückstellung für drohende Verluste aus schwebendem Geschäft erfüllt sein. Das wird in Rdn. 980 dargestellt.

2.20.2.3.11 Lohn- und Gehaltsfortzahlung im Todesfall

Nach den meisten Tarifverträgen wird beim Tod eines aktiven Arbeitnehmers der Lohn oder das Gehalt noch drei Monate nach dem Tod an die Hinterbliebenen weitergezahlt. Es handelt sich um einen Erfüllungsrückstand aus dem Arbeits- oder Dienstverhältnis, für den eine Rückstellung auszuweisen ist. Hierauf ist die Pensionsrückstellung nicht anzurechnen, da beiden Rückstellungen verschiedene Verpflichtungen zugrunde liegen: Pensionsrückstellungen bestehen für die Verpflichtung zur Zahlung eines Ruhegeldes nach dem Ausscheiden aus dem aktiven   **933**

---

[694] Das Eintrittsjahr wird im Wege der Aufrundung voll gerechnet.
[695] BFH, Urt. v. 7.6.1988 VIII R 296/82, BStBl 1988 II S. 886.

Dienst. Rückstellungen für Lohn- und Gehaltsfortzahlung im Todesfall bestehen für die Verpflichtung anläßlich des Todes während des aktiven Dienstes.

934 Die **Höhe** der Rückstellung bemißt sich nach der durchschnittlichen Sterberate der aktiven Belegschaft, ihrem Durchschnittslohn und -gehalt, ihrem Durchschnittsalter und ihrem durchschnittlichen Pensionsalter.

Beispiel:
Die X-AG hat 5 000 Mitarbeiter. Die Sterberate beträgt 2 ‰ (oder 0,2 %) pro Jahr. Durchschnittslohn oder -gehalt einschließlich Arbeitgeberanteil zu den Sozialabgaben pro Monat belaufen sich auf 4 000 DM. Das Durchschnittsalter der Belegschaft ist 37 Jahre, ihr Durchschnittspensionsalter 62 Jahre. Pro Jahr sterben durchschnittlich 10 Mitarbeiter.

Die Zahlung an die Hinterbliebenen beträgt pro Jahr durchschnittlich:
3 x 4 000 DM x 10 = 120 000 DM.

Bei einem Durchschnittsalter von 37 Jahren und einem Durchschnittspensionsalter von 62 Jahren erfolgen diese Zahlungen 25 Jahre lang. Bei einem Zins von 6 % beträgt der Rentenbarwert für 25 Jahre 12,7834. Als Rückstellung ist daher der Barwert der Zahlungsverpflichtung in Höhe von 120 000 DM x 12,7834 = rund 1 500 000 DM auszuweisen[696].

2.20.2.3.12 Urlaubsrückstand

935 Für rückständige Urlaubsverpflichtungen eines Unternehmens sind die Voraussetzungen für die Bildung einer Rückstellung für ungewisse Verbindlichkeiten i. S. von § 249 Abs.1 Satz 1 HGB erfüllt, da über die Höhe der Verbindlichkeit Unsicherheit besteht, die künftigen Ausgaben wirtschaftlich im abgelaufenen Wirtschaftsjahr verursacht wurden und die Inanspruchnahme nach den am Bilanzstichtag gegebenen Verhältnissen wahrscheinlich ist. Die Rückstellung muß in der Handelsbilanz passiviert werden. Sie ist gemäß § 5 Abs.1 Satz 1 EStG auch für das Steuerrecht zu berücksichtigen. Es besteht daher sowohl in der Handelsbilanz als auch in der Steuerbilanz ein Passivierungsgebot.

Beispiel:
H betreibt einen Großhandel. Er will in der Bilanz zum 31.12.01 eine Rückstellung für 910 rückständige Urlaubstage seiner 140 Arbeitnehmer ausweisen. Die Aufwendungen für Löhne und Gehälter, Sozialabgaben, Beiträge an die Berufsgenossenschaft, Tantiemerückstellungen, Gratifikationen und Vermögenszulagen haben im Jahr insgesamt 4,6 Mio. DM betragen. 250 Gesamtarbeitstage sind im Jahr 01 zugrunde zu legen.

---

[696] Olbrich, WPg. 1989 S. 390.

Eine Rückstellung für drohende Verluste aus schwebenden Geschäften kann nicht gebildet werden. Sie würde ein Leistungsmißverhältnis aus dem Dienstvertrag im ganzen oder in der Zukunft voraussetzen. Auszugehen ist daher vom Erfüllungsbetrag (§ 6 Abs.1 Nr. 3 EStG), der sich nach den erwarteten Ausgaben aufgrund der Preisverhältnisse am Bilanzstichtag richtet. Hierfür ist maßgebend, daß sich die Verpflichtung des Arbeitgebers auf eine Geld-, nicht aber auf eine Sachschuld richtet. Die Verpflichtung des Arbeitgebers besteht daher nicht in der Freizeitgewährung im Folgejahr, sondern in der Zahlung für im abgelaufenen Wirtschaftsjahr nicht genommenen Urlaub, den der Arbeitnehmer voraussichtlich im Folgejahr einbringen wird[697].

Die **Höhe** der Rückstellung bemißt sich nach dem den betroffenen Arbeitnehmern zustehenden Urlaubsentgelt einschließlich der Lohnnebenkosten. Es ist Teil des Gesamtarbeitsverdienstes und zwar der während der Dauer des Urlaubs fortzuzahlende Arbeitslohn. Im einzelnen sind einzubeziehen **936**
- das Bruttoarbeitsentgelt,
- die Arbeitgeberanteile zur Sozialversicherung,
- das Urlaubsgeld und
- weitere lohnabhängige Nebenkosten (z. B. Beiträge an die Berufsgenossenschaft).

Nicht einzubeziehen sind dagegen: jährlich vereinbarte Sondervergütungen, wie **937** Weihnachtsgeld, Tantiemezahlungen, Zuführungen zu Pensions- und Jubiläumsrückstellungen oder Zahlungen, die, wie z. B. vermögenswirksame Leistungen, nicht Bestandteil von Lohn und Gehalt sind. Ebenfalls nicht in die Berechnung einzubeziehen sind allgemeine Verwaltungskosten. Diese sind nicht Teil der gegenüber den Arbeitnehmern zu erfüllenden Verpflichtung, sondern betriebsinterner Aufwand[698]. Änderungen des Entgelts, die erst im Folgejahr wirksam werden, sind außer Betracht zu lassen.

Die künftigen Ausgaben können ermittelt werden **938**
- **individuell** für jeden Urlaubsberechtigten nach Maßgabe des geschuldeten Urlaubsentgelts oder
- im Wege einer **Durchschnittsberechnung** für die Belegschaft. In diesem Fall sind die Kosten durch die Zahl der regulären Arbeitstage zu dividieren und mit der Zahl der offenen Urlaubstage zu multiplizieren.

Im vorstehenden Beispiel sind in den Gesamtbezügen der Arbeitnehmer in Höhe von 4,6 Mio. DM Tantiemezahlungen, Gratifikationen und Vermögenszulagen enthalten, die nicht in die Bemessungsgrundlage für die Urlaubsrückstellung einbezogen werden dürfen. Sie sind also auszuscheiden. Die Urlaubsrückstellung ist daher wie folgt zu ermitteln:

---

697 BFH, Urt. v. 8.7.1992 XI R 50/89, BStBl 1992 II S. 910.
698 Siehe auch H 38 (Urlaubsverpflichtung) EStH.

	DM	DM
1. Lohn- und Gehaltsaufwendungen		4 600 000
./. Sondervergütungen (Weihnachtsgeld, Tantiemen, Prämien)	850 000	
./. Zuführungen zu Pensions- und Jubiläumsrückstellungen	1 100 000	
./. Zahlungen, die nicht Bestandteil von Lohn und Gehalt sind (z. B. vermögenswirksame Leistungen	670 000	
	2 620 000	– 2 620 000
+ Arbeitgeberanteile zur Sozialversicherung (gesetzliche oder freiwillige)		
Rentenversicherung	540 000	
Krankenversicherung	380 000	
Arbeitslosenversicherung	640 000	
	1 560 000	+ 1 560 000
= maßgebendes Arbeitsentgelt		3 540 000
2. regelmäßige Arbeitstage/Jahr	250 Tage	

3. durchschnittliches Entgelt pro Tag:

$$\frac{\text{maßgebliches Arbeitsentgelt}}{\text{regelmäßige Arbeitstage}} = 14\,160 \text{ DM/Tag}$$

durchschnittliches Entgelt pro Arbeitnehmer pro Tag: durchschnittliches Entgelt pro Tag/Zahl der Arbeitnehmer = 14160 : 140   101,14 DM

4. rückständige Urlaubstage   910

rückständige Urlaubstage x durchschnittliches Entgelt pro Tag = 910 x 101,14 DM   92 040

+ Urlaubsgeld hierauf (soweit vereinbart)   1 820

5. Urlaubsrückstellung   93 860

939 Bei der Bewertung von Urlaubsrückstellungen sind **Ausgleichsansprüche** gegen Urlaubskassen zu berücksichtigen[699]. Rückgriffsansprüche sind bei der Bewertung einer Rückstellung zu berücksichtigen, wenn sie
- in einem unmittelbaren Zusammenhang mit der drohenden Inanspruchnahme stehen,
- in rechtlich verbindlicher Weise der Entstehung oder Erfüllung der Verbindlichkeit zwangsläufig nachfolgen und
- vollwertig sind, weil sie vom Rückgriffsschuldner nicht bestritten werden und dessen Bonität nicht zweifelhaft ist[700].

---

[699] BFH, Urt. v. 8.2.1994 I R 72/94, BStBl 1995 II S 412.
[700] BFH, Urt. v. 17.2.1993 X R 60/89, BStBl 1993 II S. 437; 3.8.1993 VIII R 37/92, BStBl 1994 II S. 444.

Sind diese Voraussetzungen erfüllt, wovon bei Ausgleichsansprüchen gegen eine Urlaubskasse ausgegangen werden kann, ist der Ausgleichsanspruch bei der Bewertung der Urlaubsrückstellung zu berücksichtigen. Das verstößt nicht gegen Grundsätze ordnungsgemäßer Buchführung, insbesondere nicht gegen den Grundsatz der Einzelbewertung (§ 252 Abs. 1 Nr. 3 HGB) und das Saldierungsverbot (§ 246 Abs. 2 HGB). Es werden nicht zwei Bilanzansätze verrechnet, sondern eine Rückstellung bewertet.

2.20.2.3.13 Prozeßrisiko und Prozeßkosten

Bei Zivilprozessen ist zu unterscheiden, ob es sich handelt um einen 940
- **Aktivprozeß** (Unternehmer ist Kläger) oder
- **Passivprozeß** (Unternehmer ist Beklagter).

Voraussetzung für eine Rückstellung der Prozeßkosten ist, daß der Streitgegenstand mit dem Betrieb im Zusammenhang steht und nicht die Lebenshaltung berührt.

Bei einem **Passivprozeß** ist ein die Rückstellung ausschließender Zusammen- 941
hang mit der Lebensführung gegeben, wenn durch Urteil entschieden wird, daß der Unternehmer, wenn auch in äußerem Zusammenhang mit seiner beruflichen Tätigkeit, mindestens grob fahrlässig den Schaden des Klägers verursacht hat. Durch ein solches schuldhaftes Verhalten wird der Kausalzusammenhang mit der beruflichen Tätigkeit und den Abwehrkosten unterbrochen.

Endet hingegen der Prozeß mit einem **Vergleich**, so ist ungewiß, ob der Unternehmer schuldhaft gehandelt hat. Es kann also nicht festgestellt werden, daß der betriebliche Zusammenhang unterbrochen ist. Die Prozeßkosten sind daher zurückzustellen.

Das gilt auch, solange der **Prozeß noch schwebt**, da es geboten ist, sich gegen einen Schuldvorwurf zur Wehr zu setzen. Die Abwehrkosten sind solange als durch den Betrieb veranlaßt anzusehen, solange durch ein dem Klageantrag stattgebendes Zivilprozeßurteil nicht eindeutig festgestellt ist, daß der gegen den Unternehmer erhobene Vorwurf zu Recht besteht[701].

Wird durch einen **Aktivprozeß** eine Schadenersatzforderung geltend gemacht, so 942
ist eine Rückstellung der Prozeßkosten geboten, wenn mit einem Verlust des Prozesses zu rechnen ist[702]. Wenn die Klage bestritten ist, besteht immer ein Risiko, den Prozeß zu verlieren. Auch wenn der Prozeß mit einem Vergleich endet, fallen Kosten an. Daher ist auch bei einem Aktivprozeß die Rückstellung der Prozeßkosten dem Grunde nach zulässig.

Wird in einem Aktivprozeß erfolglos vor dem Finanzgericht um die Zuordnung 943
von Verlusten aus **Termingeschäften** zu den gewerblichen Einkünften gestritten, so sind die Prozeßkosten nicht betrieblich veranlaßt. Eine Rückstellung ist daher

---

[701] BFH, Urt. v. 14.7.1966 IV 344/62, BStBl 1966 III S. 590.
[702] BFH, Urt. v. 27.5.1964 IV 352/62 U, BStBl 1964 III S. 478.

nicht zulässig[703]. Hier ist durch Urteil entschieden, daß der Streitgegenstand keinen betrieblichen Zusammenhang hat. Damit sind auch die Prozeßkosten nicht betrieblich veranlaßt.

944 Für die **Kosten** eines Aktiv- oder Passivprozesses kann eine Rückstellung erst gebildet werden, wenn die Streitsache rechtshängig ist[704]. Es muß also entweder die Klage erhoben oder der Anspruch in der mündlichen Verhandlung geltend gemacht worden sein (§ 261 Abs. 1 und 2 ZPO). Entgegen von Meinungen in der Literatur können künftige Prozeßkosten für ein am Bilanzstichtag noch nicht anhängiges Verfahren deshalb nicht zurückgestellt werden, weil die Pflicht zur Kostentragung noch nicht im abgelaufenen Wirtschaftsjahr wirtschaftlich verursacht ist. Ist aber bis zum Bilanzstichtag die ein anhängiges Verfahren abschließende Entscheidung ergangen und wird bis zur Bilanzaufstellung hiergegen ein Rechtsmittel eingelegt, so kann dies als sog. wertaufhellender Faktor berücksichtigt werden[705]. In diesem Fall sind also auch die Kosten für die weitere Instanz rückstellungsfähig.

945 Die **Höhe** der Rückstellung ist nach dem Streitwert am Bilanzstichtag unter Berücksichtigung der in diesem Zeitpunkt angerufenen Instanzen zu berechnen. Die für den Fall des Unterliegens geplante und später verwirklichte Anrufung höherer Instanzen kann nicht berücksichtigt werden[706].

946 Auch für die Aufwendungen einer **Strafverteidigung** ist eine Rückstellung zulässig, wenn der strafrechtliche Schuldvorwurf durch das berufliche Verhalten veranlaßt worden ist[707].

2.20.2.3.14 Wechselobligo

947 Erhält der Gläubiger zahlungshalber vom Schuldner einen Wechsel, so ist die Forderung in der kaufmännischen Buchführung als wirtschaftlich getilgt zu behandeln. Statt der Forderung wird der Besitzwechsel aktiviert. Das Risiko der Nichteinlösung dieses Wechsels wird durch Wertberichtigung berücksichtigt.

Verwendet der Gläubiger den Wechsel zur Tilgung einer Schuld bei einem seiner Gläubiger oder indossiert er ihn gegen Gutschrift an seine Bank, so entsteht für den Gläubiger ein Wechselobligo. Das ist das Risiko, aus einem weitergegebenen Wechsel in Anspruch genommen zu werden, wenn der Wechsel bei Fälligkeit nicht eingelöst wird.

---

[703] BFH, Urt. v. 22.5.1987 III R 220/83, BStBl 1987 II S. 711.
[704] BFH, Urt. v. 24.6.1970 I R 6/68, BStBl 1970 II S. 802.
[705] BFH, Urt. v. 6.12.1995 I R 14/95, BStBl 1996 II S. 406.
[706] BFH, Urt. v. 27.5.1964 IV 352/62 U, BStBl 1964 III S. 478.
[707] Nach dem BFH-Urteil vom 19.2.1982 (VI R 31/78, BStBl 1982 II S. 467) sind in Abänderung der Rechtsprechung Aufwendungen für die Strafverteidigung Werbungskosten, wenn der strafrechtliche Schuldvorwurf durch das berufliche Verhalten veranlaßt worden ist. Unter diesen Voraussetzungen muß auch eine Rückstellung zulässig sein.

Für dieses Risiko ist eine Rückstellung zu bilden. Es können Einzel- oder Pauschalrückstellungen bilanziert werden. Bei der Bemessung der Höhe sind die Verhältnisse am Bilanzstichtag aus der Sicht bei Bilanzaufstellung zu berücksichtigen. Ist daher ein Wechsel bis zum Tage der Bilanzaufstellung eingelöst, scheidet er aus der Bemessungsgrundlage für die Rückstellung aus[708].

Da in der Rückstellung nur die Haftung aus noch nicht eingelösten Wechseln erfaßt wird, darf sie nicht höher sein als die Gesamtsumme der Beträge der bei Bilanzaufstellung noch nicht eingelösten Wechsel[709].

2.20.2.3.15 Latente Steuern

Ist der nach den steuerrechtlichen Vorschriften zu versteuernde Gewinn niedriger als das handelsrechtliche Ergebnis, gleicht sich das aber in späteren Geschäftsjahren wieder aus, so wird der geringere Steueraufwand des abgelaufenen Geschäftsjahrs in späteren Geschäftsjahren durch einen entsprechend höheren Steueraufwand ausgeglichen. In Höhe der **voraussichtlichen Steuerbelastung nachfolgender Geschäftsjahre** ist von Kapitalgesellschaften eine Rückstellung zu bilden und in der Bilanz oder im Anhang gesondert anzugeben. Die Rückstellung ist aufzulösen, sobald die höhere Steuerbelastung eintritt oder mit ihr voraussichtlich nicht mehr zu rechnen ist (§ 274 Abs. 1 HGB).

948

Beispiel:
Die X-GmbH errichtet im Januar 01 ein nicht Wohnzwecken dienendes Betriebsgebäude mit 1 Mio. DM Herstellungskosten. Die Nutzungsdauer beträgt 50 Jahre. Daher wird es im handelsrechtlichen Jahresabschluß linear jährlich mit 2 % abgeschrieben. In der Steuerbilanz wird das Gebäude, wie es nach § 7 Abs. 4 Nr. 1 EStG vorgeschrieben ist, linear jährlich mit 4 % abgeschrieben. Die Ertragsteuerbelastung beträgt 50 %.

Abschreibung im Jahr 01:

Handelsbilanz	*1 000 000 DM x 2 % =*	*20 000 DM*
Steuerbilanz	*1 000 000 DM x 4 % =*	*40 000 DM*
Unterschied		*20 000 DM*

---

[708] BFH, Urt. v. 19.12.1972 VIII R 18/70, BStBl 1973 II S. 218.
[709] BMF, Schreiben vom 29.4.1974, DB 1974 S. 848.

> Passivposten gemäß § 274 Abs. 1 HGB
> Voraussetzungen:
> 1. Der nach steuerrechtlichen Vorschriften zu versteuernde Gewinn ist niedriger als das handelsrechtliche Ergebnis.
> 2. In bezug auf das handelsrechtliche Ergebnis ist der Steueraufwand zu niedrig.
> 3. Der zu niedrige Steueraufwand gleicht sich in späteren Geschäftsjahren aus.
>
> Folge:
> Passivierungsgebot: In Höhe der voraussichtlichen Steuerbelastung nachfolgender Geschäftsjahre ist eine Rückstellung für ungewisse Verbindlichkeiten zu bilanzieren.

949 In dem Beispiel ist der nach den steuerrechtlichen Vorschriften zu versteuernde Gewinn im Jahr 01 um 20 000 DM niedriger als das handelsrechtliche Ergebnis. Bezogen hierauf ist der Steueraufwand bei einer Ertragsteuerbelastung von 50 % 10 000 DM zu niedrig. Nach 25 Jahren Nutzungsdauer ist das Gebäude in der Steuerbilanz abgeschrieben, fallen also in der Steuerbilanz keine Abschreibungen mehr an. In der Handelsbilanz wird das Gebäude aber noch weitere 25 Jahre lang mit je 20 000 DM abgeschrieben. Ab dem 26. Jahr gleicht sich daher der in den früheren Jahren zu niedrige Steueraufwand wieder aus, ist also der Steueraufwand, bezogen auf das Ergebnis in der Handelsbilanz, in jedem Jahr um 10 000 DM zu hoch. In der Handelsbilanz ist daher eine Rückstellung ab dem Jahr 01 auszuweisen[710].

§ 274 Abs. 1 HGB ist lediglich eine Klarstellung, daß für die dort genannten Gründe Rückstellungen für ungewisse Verbindlichkeiten zu bilden sind[711].

950 Fälle von passiven Abgrenzungsposten sind selten. Das liegt an der grundsätzlichen Maßgeblichkeit der Handelsbilanz für die Steuerbilanz und daran, daß steuerrechtliche Wahlrechte bei der Gewinnermittlung nur in Übereinstimmung mit der handelsrechtlichen Jahresbilanz auszuüben sind (§ 5 Abs. 1 Satz 2 EStG).

Wichtigste Gründe für Passivposten gemäß § 274 Abs. 1 HGB sind:
- Preissteigerungsrücklage in der Steuerbilanz[712]
- Aktivierung von Ingangsetzungskosten in der Handelsbilanz
- Aktivierung von Aufwendungen für die Währungsumstellung auf den Euro
- Bewertung der Vorräte bei steigenden Preisen in der Handelsbilanz nach der Fifo-Methode und in der Steuerbilanz nach der Durchschnittsmethode

---

[710] ADS 6. Auflage, HGB § 274 Rdn. 37.
[711] Rau/Schmidt, BB 1988 S. 170; Regierungsentwurf, S. 84.
[712] Letztmalig für das vor dem 1.1.1990 endende Wirtschaftsjahr bilanzierbar (§ 51 Abs. 1 Nr. 2 b EStG i. d. F. des Steuerreformgesetzes 1990).

Rückstellungen

- zwingende steuerliche Abschreibung für Wirtschaftsgebäude mit 4 % nach § 7 Abs. 4 Satz 1 EStG, während handelsrechtlich ein Mindestabschreibungssatz nicht vorgeschrieben ist und im handelsrechtlichen Abschluß geringer abgeschrieben wird
- höhere Abschreibungen in der Steuerbilanz als in der Handelsbilanz bei gleichen Abschreibungsmethoden in Handels- und Steuerbilanz
- Rückstellung für Zuwendungen eines Trägerunternehmens an eine Unterstützungskasse, die spätestens einen Monat nach Aufstellung oder Feststellung der Handelsbilanz erfolgen (§ 4 d Abs. 2 Satz 2 EStG)

Kapitalgesellschaften dürfen Aufwendungen für die **Ingangsetzung** und **Erweiterung** des Geschäftsbetriebs als Bilanzierungshilfe aktivieren (§ 269 HGB)[713]. Ferner ist es allen Unternehmen freigestellt, eine Bilanzierungshilfe zu aktivieren für Aufwendungen für die **Währungsumstellung** auf den Euro[714]. Da eine Bilanzierungshilfe kein Vermögensgegenstand ist und daher nicht als Wirtschaftsgut in der Steuerbilanz aktivierbar ist, wird nur das handelsrechtliche Ergebnis erhöht. Weil in der Steuerbilanz die Aktivierung zu unterbleiben hat, ist der steuerliche Gewinn entsprechend niedriger als das handelsrechtliche Ergebnis. Der in der Handelsbilanz aktivierte Posten ist dort in jedem folgenden Geschäftsjahr zu mindestens einem Viertel durch Abschreibungen zu tilgen (§ 282 HGB, Art. 44 Abs. 1 Satz 3 EGHGB n.F.). Der handelsrechtliche Gewinn nimmt also zeitbezogen in den folgenden Geschäftsjahren ab. Deshalb wird die Auffassung vertreten, es sei gemäß § 274 Abs. 1 HGB eine passive Steuerabgrenzung zu bilanzieren[715].

951

Gegen den Ansatz einer Rückstellung im Falle der Aktivierung von Ingangsetzungs- und Erweiterungsaufwendungen spricht, daß damit der Zweck des § 269 HGB durchkreuzt wird. Durch die Bildung einer Rückstellung wird etwa 60 % des aktivierten Betrages sogleich wieder passiviert. Damit ist die Bilanzierungshilfe des § 269 HGB nur zu etwa 2/5 ihres Betrags wirksam[716]. Das ist auch gegen die Bilanzierung einer Rückstellung im Falle der Aktivierung von Aufwendungen für die Umstellung auf den Euro einzuwenden.

Bei einer Aktivierung von Ingangsetzungs- und Erweiterungsaufwendungen sowie Aufwendungen für die Währungsumstellung auf den Euro in der Handelsbilanz ist zwar das handelsrechtliche Ergebnis höher als der steuerliche Gewinn. Damit ist auch der Steueraufwand, bezogen auf das Ergebnis der Handelsbilanz zu niedrig. Der zu niedrige Steueraufwand gleicht sich aber später nicht aus. Lediglich der Handelsbilanzgewinn sinkt infolge der Abschreibung der Ingangsetzungs- und Erweiterungskosten und der Währungsumstellungskosten. Das hat

---

713 Siehe Rdn. 73 ff.
714 Siehe Rdn. 64 p, 79 a.
715 Für die Ingangsetzungs- und Erweiterungskosten: Harms/Küting, BB 1982 S. 840; BB 1985 S. 99 f.; Hennig, Bilanzierung latenter Steuern, S. 144; Schubert, Latente Steuern, S. 65; Schedlbauer, DB 1985 S. 2470. Für die Aufwendungen für die Währungsumstellung auf den Euro: Küting/Dawo, BBK Fach 12 S. 6163 ff., 6183.
716 Weyand, DB 1986 S. 1185 ff., 1187.

aber keinen Einfluß auf die Steuern, da die Ingangsetzungs- und Erweiterungsaufwendungen sowie die Aufwendungen für die Umstellung auf den Euro nur in der Handelsbilanz bilanziert und abgeschrieben werden. Bezogen auf diese Posten gleicht sich der Steueraufwand in den folgenden Geschäftsjahren nicht aus. Die Besteuerung ist hiervon unabhängig. Daher handelt es sich bei der Aktivierung von Ingangsetzungs- und Erweiterungsaufwendungen und Aufwendungen für die Umstellung auf den Euro in der Handelsbilanz nicht um eine zeitliche, sondern um eine dauernde Differenz zwischen handelsrechtlichem und steuerrechtlichem Ergebnis. Auch aus diesem Grunde scheidet hier ein passiver Ausgleichsposten aus[717].

2.20.2.3.16 Gewerbesteuerrückstellung

952 Die Gewerbesteuer gehört zu den Betriebsteuern. Rückständige Betriebsteuern, also Betriebsteuerschulden, sind Verbindlichkeiten gegenüber dem Fiskus und damit gegenüber Dritten. Stehen sie bei der Aufstellung der Bilanz der Höhe nach noch nicht fest, ist hierfür eine Rückstellung wegen ungewisser Verbindlichkeit zu bilanzieren.

953 Mittelgroße und große Kapitalgesellschaften **bilanzieren** die Steuerrückstellungen unter den Rückstellungen als besonderen Posten (§ 266 Abs. 1 Satz 2 Abs. 3 HGB). Kleine Kapitalgesellschaften (§ 266 Abs. 1 Satz 3 HGB), Einzelkaufleute und Personengesellschaften weisen die Steuerrückstellungen zusammen mit den übrigen Rückstellungen in einem gemeinsamen Posten aus.

Bei der Gewerbesteuer sind die **rückständigen Vorauszahlungen** als Verbindlichkeit auszuweisen. Aber die **Abschlußzahlung** steht der Höhe nach erst bei der Veranlagung fest. Es ist daher hierfür eine Rückstellung zu bilanzieren.

954 Die Gewerbeertragsteuer richtet sich nach dem Gewinn. Dieser wird wiederum durch die Gewerbesteuerrückstellung gemindert. Die **Höhe der Rückstellung** kann daher nur im Wege der Annäherung ermittelt werden. Sie kann für Wirtschaftsjahre, die nach dem 31.12.1993 beginnen, in Höhe von 5/6 des Betrags der Gewerbesteuer geschätzt werden, der sich ohne Berücksichtigung der Gewerbesteuer als Betriebsausgabe ergeben würde[718].

Eine exakte **mathematische Berechnung** ergibt bei einem Hebesatz von 400 % einen gleichen, bei einem Hebesatz von unter 400 % einen höheren und bei einem Hebesatz von über 400 % einen niedrigeren Rückstellungsbetrag. Aus Gründen der Vorsicht kann aber in der Handelsbilanz der geschätzte höhere Rückstellungsbetrag, der sich bei Hebesätzen von über 400 % ergibt, ausgewiesen werden. In der Steuerbilanz kann ebenfalls der geschätzte höhere Betrag bilanziert werden,

---

[717] Für die Ingangsetzungs- und Erweiterungsaufwendungen: Siegel, DStR 1986 S. 587 ff., 590. Diese Einwendungen gelten ebenso für den neuen Bilanzposten „Aufwendungen für die Währungsumstellung auf den Euro".
[718] R 20 Abs. 2 EStR.

da Schätzungen in Verwaltungsanweisungen aus Gründen der Gleichbehandlung zu einer Selbstbindung der Verwaltung führen[719].

Die Gewerbesteuer setzt sich aus **Gewerbeertragsteuer** und **Gewerbekapitalsteuer** zusammen. Durch das Gesetz zur Fortsetzung der Unternehmenssteuerreform vom 29.10.1997 wurde die Gewerbekapitalsteuer ab 1.1.1998 im gesamten Bundesgebiet abgeschafft. Für Betriebe in den neuen Bundesländern war sie bereits ausgesetzt und blieb sie es bis zum 31.12.1997. Für Erhebungszeiträume ab 1998 und für frühere Erhebungszeiträume für Betriebe mit Sitz in den neuen Bundesländern ist daher die Gewerbesteuerrückstellung ohne Gewerbekapitalsteuer zu berechnen. 955

Beispiel:
Im Rahmen des Jahresabschlusses eines Einzelunternehmens ergeben sich folgende Daten:

Vorläufiger steuerlicher Gewinn	*230 000 DM*
GewSt-Vorauszahlungen 4 × 5 000 DM	*20 000 DM*
Darlehensschulden	*250 000 DM*
Einheitswert des Betriebsvermögens	*850 000 DM*
Einheitswert der Betriebsgrundstücke	*280 000 DM*
Dauerschuldzinsen	*17 500 DM*
Hebesatz der Gemeinde 400 %	

Berechnungsschema für die Gewerbeertragsteuer

   Vorläufiger steuerlicher Gewinn
+ Gewerbesteuervorauszahlungen
+ Hinzurechnungen nach § 8 GewStG

= Zwischensumme
− Kürzungen nach § 9 GewStG

= maßgebender Gewerbeertrag, abgerundet auf volle 100 DM
− Gewerbeverlust nach § 10 a GewStG
− Freibetrag nach § 11 Abs. 1 GewStG

= Gewerbeertrag
× Steuermeßzahl (§ 11 Abs. 2 und 3 GewStG)

= Meßbetrag für die Gewerbeertragsteuer
× Hebesatz

= Gewerbeertragsteuer

---

[719] BFH, Urteil vom 12. 4. 1984, IV R 112/81, BStBl 1984 II S. 554, und vom 23. 4. 1991 VIII R 61/87, BStBl 1991 II S. 752.

Vorläufiger steuerlicher Gewinn ist der gewerbliche Gewinn
vor Gewerbesteuer. 230 000 DM

Die **Vorauszahlungen** zur Gewerbesteuer wurden bereits im
Laufe des Jahres als Aufwendungen gebucht. Die Gewerbesteuerrückstellung bezieht sich auf die Gewerbesteuer, die für
das ungekürzte Jahresergebnis geschuldet wird. Daher müssen
die Gewerbesteuervorauszahlungen wieder hinzu addiert werden. + 20 000 DM

Als **Hinzurechnungen** gem. § 8 GewStG kommt hier die
Hälfte der Dauerschuldzinsen in Frage. ½ von 17 500 DM + 8 750 DM
Zwischensumme 258 750 DM

Als **Kürzungen** nach § 9 GewStG kommen hier 1,2 % des Einheitswerts des zum Betriebsvermögen gehörenden Grundbe-
sitzes in Betracht. Gem. § 121a BewG sind die Betriebsgrundstücke mit 140 % ihres Einheitswerts anzusetzen.

Einheitswert der Betriebsgrundstücke	280 000 DM	
140 % davon	392 000 DM	
× 1,2 %	4 704 DM	– 4 704 DM
maßgebender Gewerbeertrag		254 046 DM
abgerundet auf volle 100 DM		254 000 DM
Freibetrag nach § 11 Abs. 1 GewStG		– 48 000 DM
Gewerbeertrag		206 000 DM
Steuermeßbetrag 5 % × 206 000 DM	10 300 DM	
abzüglich 2400 DM wegen Staffeltarifs	– 2 400 DM	
Meßbetrag für die Gewerbeertragsteuer	7 900 DM	7 900 DM
× 400 % Hebesatz		
Gewerbeertragsteuer 7900 DM × 400 %		31 600 DM

Berechnungsschema für die Gewerbekapitalsteuer

Einheitswert des Betriebsvermögens
+ Hinzurechnungen nach § 12 Abs. 2 GewStG

= Zwischensumme 1
– Kürzungen nach § 12 Abs. 3 GewStG

= Zwischensumme 2, abrunden auf volle 1 000 DM
– Freibetrag nach § 13 Abs. 1 GewStG, höchstens 120 000 DM

= maßgebendes Gewerbekapital
× 0,2 %

= Meßbetrag für die Gewerbekapitalsteuer
× Hebesatz

= Gewerbekapitalsteuer

Rückstellungen 403

Einheitswert des Betriebsvermögens		850 000 DM
Hinzurechnungen nach § 12 Abs. 2 GewStG:		
Dauerschulden	250 000 DM	
	− 50 000 DM	
	200 000 DM	
die Hälfte von 200 000 DM		+ 100 000 DM
Zwischensumme		950 000 DM
Kürzungen nach § 12 Abs. 3 GewStG		
Einheitswert der Betriebsgrundstücke	280 000 DM	
× 140 %	392 000 DM	− 392 000 DM
Freibetrag nach § 13 Abs. 1 GewStG		− 120 000 DM
maßgebendes Gewerbekapital		438 000 DM
× 0,2 % (= Meßbetrag für die Gewerbekapitalsteuer)		876 DM
× 400 % Hebesatz = Gewerbekapitalsteuer		3 504 DM
Gewerbeertragsteuer		31 600 DM
Gewerbekapitalsteuer		3 504 DM
einstweilige Gewerbesteuer		35 104 DM
Gewerbesteuerrückstellung:		
35 104 DM × 5/6 =		29 253 DM
abzüglich Vorauszahlungen		20 000 DM
		9 253 DM
aufgerundet auf volle 50 DM		
Gewerbesteuerrückstellung		9 300 DM

Nach der Divisor-Methode wird die Gewerbesteuerrückstellung wie folgt berechnet:

$$\text{Divisor} = 1 + \frac{\text{Hebesatz} \times 5}{10\,000}$$

Die Gewerbesteuerrückstellung ist das Ergebnis folgender Rechnung:
Einheitlicher Gewerbesteuermeßbetrag (Summe aus Meßbetrag für die Gewerbeertragsteuer und Meßbetrag für die Gewerbekapitalsteuer)
× Hebesatz
: Divisor
./. Vorauszahlungen
= Gewerbesteuerrückstellung

Im vorstehenden Beispiel ergibt sich so die Gewerbesteuerrückstellung:

$$\text{Divisor} = 1 + \frac{400 \times 5}{10\,000}$$
$$= 1{,}2$$

Meßbetrag für die Gewerbeertragsteuer	7 900 DM
Meßbetrag für die Gewerbekapitalsteuer	876 DM
Einheitlicher Gewerbesteuermeßbetrag	8 776 DM
× 400 %	35 104 DM
: 1,2	29 253 DM
./. Vorauszahlungen	20 000 DM
= Gewerbesteuerrückstellung	9 253 DM

2.20.3 Rückstellungen für drohende Verluste aus schwebenden Geschäften

2.20.3.1 Voraussetzungen

956 Ein **schwebendes Geschäft** ist ein zweiseitig verpflichtendes Rechtsgeschäft (gegenseitiger Vertrag i. S. von § 320 BGB) vom Zeitpunkt der Abgabe eines verbindlichen Vertragsangebots, des Abschlusses eines Vorvertrags oder des Vertragsabschlusses an bis zur Erfüllung durch den zur Lieferung oder Leistung Verpflichteten[720].

Gegenseitige Verträge sind z. B.:
- Kaufverträge: Der Verkäufer schuldet die Lieferung der Kaufsache, der Käufer schuldet dafür den Kaufpreis.
- Mietverträge: Der Vermieter überläßt den Gebrauch der vermieteten Sache, der Mieter schuldet dafür den Mietzins.
- Arbeitsverträge: Der Arbeitnehmer ist zur Leistung der Dienste verpflichtet, der Arbeitgeber schuldet dafür die vereinbarte Vergütung.

957 In gegenseitigen Verträgen stehen die Leistungen der beiden Vertragspartner zueinander in einem Abhängigkeitsverhältnis derart, daß die Leistung des einen Partners um der Leistung des anderen willen erbracht wird. Es besteht ein Austauschverhältnis, bei dem der Grundsatz gilt: „Do ut des" = ich gebe, damit du gibst.

Daher kann der aus einem gegenseitigen Vertrag Verpflichtete die ihm obliegende Leistung bis zur Bewirkung der Gegenleistung verweigern, es sei denn, er ist zur Vorleistung verpflichtet. Solange also der Verkäufer nicht geliefert hat, kann der Käufer die Zahlung des Kaufpreises verweigern, solange der Vermieter nicht den Gebrauch der Sache gewährt hat, muß der Mieter nicht zahlen, solange der Arbeitnehmer seine Dienste nicht geleistet hat, kann er keinen Arbeitslohn verlangen. Die Ansprüche der beiden Vertragspartner halten sich also die Waage, es besteht ein Schwebezustand. Daher spricht man betriebswirtschaftlich und auch handelsrechtlich von einem schwebenden Geschäft.

958 Da Forderungen aus schwebenden Geschäften nicht durchsetzbar, nicht realisierbar sind, dürfen **Gewinne** aus schwebenden Geschäften nicht ausgewiesen werden. Das ist Ausfluß des Realisationsprinzips. **Verluste** aus schwebenden Geschäften müssen hingegen aus Gründen der kaufmännischen Vorsicht ausgewie-

---

[720] Friederich, S. 18 ff., 27.

sen werden, sobald sie drohen. Verluste werden also bei schwebenden Geschäften ungleich (impar) den Gewinnen behandelt. Deshalb heißt dieser Grundsatz ordnungsmäßiger Buchführung: **Imparitätsprinzip.**

Wenn einer der beiden aus dem gegenseitigen Vertrag verpflichteten Vertragspartner seine geschuldete Leistung erbracht hat, besteht kein schwebendes Geschäft mehr. Deshalb aktiviert der Vertragspartner, der geleistet hat, eine Forderung und passiviert der andere Vertragspartner, soweit er die ihm obliegende Leistung noch nicht erbracht hat, eine Verbindlichkeit oder eine Rückstellung für eine ungewisse Verbindlichkeit. **959**

Verlust ist die Differenz zwischen dem Wert der eigenen Leistung und dem Wert der zu erwartenden Gegenleistung[721]. Der Verlust droht, wenn Tatsachen vorliegen, die ihn nach vernünftiger kaufmännischer Beurteilung wahrscheinlich machen. **960**

Als drohender Verlust aus einem schwebenden Geschäft wird daher der negative Saldo zwischen dem Wert der eigenen Forderung und dem Wert der eigenen Verpflichtung, der eigenen Kosten hieraus, passiviert. Als Rückstellung wird also der **Verpflichtungsüberschuß** ausgewiesen[722].

2.20.3.2 Abgrenzung zu den Rückstellungen für ungewisse Verbindlichkeiten

Ungewisse Verbindlichkeiten können **aus jedem Schuldverhältnis** bestehen. Drohende Verluste werden aber nur bei schwebenden Geschäften durch Rückstellung bilanziert. Grundlage können **nur gegenseitige Verträge,** also nur ganz bestimmte Schuldverhältnisse, sein. **961**

Bei einer ungewissen Verbindlichkeit wird nur die eigene Verpflichtung daraufhin untersucht, inwieweit sie im abgelaufenen Wirtschaftsjahr oder früher hätte erfüllt werden müssen und noch nicht erfüllt worden ist. Es wird also bewertet, wieweit hier noch ein **Erfüllungsrückstand** besteht. Bei einem drohenden Verlust aus schwebendem Geschäft werden aber die aus einem gegenseitigen Vertrag beiderseitig bestehenden Verpflichtungen einander gegenübergestellt. Hierbei wird der **Verpflichtungsüberschuß** der eigenen Verpflichtung gegenüber der Verpflichtung des Vertragspartners bewertet. **962**

In der Praxis wurde bisher oft nicht streng unterschieden zwischen Rückstellungen für ungewisse Verbindlichkeiten und für drohende Verluste aus schwebenden Geschäften. Der BFH[723] sah in den Rückstellungen für drohende Verluste aus schwebenden Geschäften gar einen Unterfall der Rückstellungen für ungewisse Verbindlichkeiten, obwohl § 249 HGB sie als zwei gleichrangige Rückstellungen unterscheidet. **963**

---

721 Clemm/Nonnenmacher in: Beck Bil-Komm. § 249 Rdn. 58; R 38 Abs. 3 Satz 1 EStR.
722 Schmidt/Weber-Grellet EStG § 5 Rz. 451.
723 BFH, Urt. v. 19.7.1983 VIII R 160/79, BStBl 1984 II S. 56.

2.20.3.3 Unterschiedliche Bilanzierung in der Steuerbilanz und Übergangsregelung

963a In der **Steuerbilanz** dürfen Rückstellungen für drohende Verluste aus schwebenden Geschäften nur noch in den Schlußbilanzen von Wirtschaftsjahren bilanziert werden, die vor dem 1.1.1997 enden (§ 5 Abs. 4a, § 52 Abs. 6a EStG). Rückstellungen für ungewisse Verbindlichkeiten sind hingegen in den Steuerbilanzen weiterhin zu bilanzieren. Schon aus diesem Grunde ist streng zwischen den Rückstellungen für ungewisse Verbindlichkeiten und für drohende Verluste aus schwebenden Geschäften zu unterscheiden.

Rückstellungen für drohende Verluste aus schwebenden Geschäften, die am Schluß des letzten vor dem 1. Januar 1997 endenden Wirtschaftsjahrs zulässigerweise gebildet worden sind, sind in den steuerrechtlichen Schlußbilanzen des ersten nach dem 31. Dezember 1996 endenden Wirtschaftsjahrs und der fünf folgenden Wirtschaftsjahre mit mindestens 25 vom Hundert im ersten und jeweils mindestens 15 vom Hundert im zweiten bis sechsten Wirtschaftsjahr gewinnerhöhend aufzulösen (§ 52 Abs. 6a EStG).

Für die **Handelsbilanz** besteht für die Rückstellungen aus schwebenden Geschäften nach wie vor ein Passivierungsgebot. Es folgt sowohl aus dem Gesetz (§ 249 Abs. 1 Satz 1 HGB) als auch aus den Grundsätzen ordnungsmäßiger Buchführung, hier aus dem Imparitätsprinzip.

Hinsichtlich der Bilanzierung von Rückstellungen für drohende Verluste aus schwebenden Geschäften bestehen daher in Handels- und Steuerbilanz folgende **Unterschiede**:

	Rückstellungen für drohende Verluste aus schwebenden Geschäften	
	Handelsbilanz	Steuerbilanz
Geschäfts-/ Wirtschaftsjahre, die vor dem 1.1.1997 enden	**Gebot**, Rückstellungen für drohende Verluste aus schwebenden Geschäften zu passivieren	
Geschäfts-/ Wirtschaftsjahre, die nach dem 31.12.1996 enden	**Gebot**, Rückstellungen für drohende Verluste aus schwebenden Geschäften zu passivieren	**Verbot**, Rückstellungen für drohende Verluste aus schwebenden Geschäften zu passivieren **Gebot**, vor dem 1.1.1997 zulässigerweise gebildete Rückstellungen gewinnerhöhend aufzulösen: im ersten folgenden Wirtschaftsjahr mit mindestens 25 % im zweiten bis sechsten folgenden Wirtschaftsjahr mit jeweils mindestens 15 %

Rückstellungen 407

Soweit nach der Neuregelung Unterschiede in Handels- und Steuerbilanz bestehen, ist eine sogenannten **Einheitsbilanz** nicht mehr zulässig. Das heißt: Bestehen die Voraussetzungen für eine Rückstellung für drohende Verluste aus schwebenden Geschäften, auch kurz Drohverlustrückstellung genannt, in der Handelsbilanz, sind zwingend eine Handelsbilanz und eine Steuerbilanz aufzustellen. Wird nur eine Bilanz aufgestellt, in der die gesetzlichen Änderungen hinsichtlich der Drohverlustrückstellung zugrunde gelegt werden, ist diese Bilanz handelsrechtlich unrichtig.

Zum 31.12.1996 gebildete Rückstellungen können sich handelsrechtlich und steuerrechtlich unterschiedlich entwickeln. **963b**

Beispiel:
Das Geschäfts- und Wirtschaftsjahr des Unternehmens U stimmt mit dem Kalenderjahr überein. Am 31.12.1996 waren für drei Geschäfte handels- und steuerrechtlich zutreffend folgende Drohverlustrückstellungen ausgewiesen:

Geschäft A	*3 000 DM*
Geschäft B	*2 000 DM*
Geschäft C	*54 000 DM*
Gesamtrückstellung	*59 000 DM*

Das Geschäft A wird im Jahr 1997 abgewickelt. Beim Geschäft B reduziert sich der drohende Verlust im Jahr 1998 auf 1 000 DM. Es wird im Jahr 2003 abgewickelt. Beim Geschäft C erhöht sich der drohende Verlust im Jahr 1997 auf 56 000 DM. Es wird ebenfalls wie das Geschäft B im Jahr 2003 abgewickelt.

Besteht für eine Rückstellung kein Anlaß, würde eine gleichwohl passivierte Rückstellung gegen den Grundsatz der Bilanzwahrheit verstoßen und damit gegen die Grundsätze ordnungsmäßiger Buchführung. Die Beibehaltung der Passivierung einer Rückstellung, obwohl der Grund hierfür entfallen ist, verstößt ebenfalls gegen den Grundsatz der Bilanzwahrheit und verletzt damit gleichfalls die Grundsätze ordnungsmäßiger Buchführung. Handelsrechtlich ist daher eine Rückstellung aufzulösen, wenn der Grund hierzu nicht mehr gegeben ist[724]. Handelsrechtlich ist daher die Rückstellung für das Geschäft A im Jahr 1997 aufzulösen durch die Buchung

➤ Drohverlustrückstellung	3 000 DM
an Ertrag aus der Rückstellungsauflösung	3 000 DM

Es handelt sich nach dem Gesetzeswortlaut um eine Mindestauflösung, die einer höheren Auflösung nachrangig ist. Wegen der Abwicklung des Geschäfts A im Jahr 1997 ist die hierfür gebildete Rückstellung bereits im Jahr 1997 aufzulösen. Das gesetzliche Mindestauflösungsgebot in dem längeren Auflösungszeitraum greift daher nicht. Die für das Geschäft A Ende 1996 ausgewiesene Rückstellung

---

[724] Clemm/Nonnenmacher, in: Beck Bil-Komm. § 249 Rz. 21 ff.

ist also auch in der Steuerbilanz im Jahr 1997 in voller Höhe über Ertrag aufzulösen. Die Drohverlustrückstellung für das Geschäft A entwickelt sich in Handels- und Steuerbilanz wie folgt:

	Geschäft A	
	HB	StB
31.12.1996	3000	3000
Auflösung = Ertrag	– 3000	– 3000
31.12.1997	0	0

Beim Geschäft B reduziert sich der drohende Verlust im Jahr 1998 auf 1 000 DM. Handelsrechtlich ist daher 1998 zu buchen:

➤ Drohverlustrückstellung 1 000 DM
  an Ertrag aus der Rückstellungsauflösung 1 000 DM

Steuerrechtlich wird die Rückstellung in 1998 als dem zweiten nach ihrer Bildung folgenden Jahr nur um 15 % von 2 000 DM, also um 300 DM, aufgelöst. Es ist aber auch hier zu beachten, daß es sich um eine Mindestauflösung handelt, die einer höheren Auflösung nachrangig ist. Daher ist auch in der Steuerbilanz die Rückstellung auf 1 000 DM, also in Höhe von 500 DM, über Ertrag aufzulösen. Würde die Rückstellung steuerlich nur in Höhe des gesetzlichen Auflösungsbetrags von 15 % aufgelöst, betrüge sie in der Steuerbilanz zum 31.12.1998 1200 DM. Die Rückstellung in der Steuerbilanz würde also den in der Handelsbilanz zulässigen Bilanzansatz übersteigen. Das würde auch gegen den Grundsatz der Maßgeblichkeit verstoßen[725]. Die Rückstellung für das Geschäft B entwickelt sich daher in Handels- und Steuerbilanz wie folgt:

	Geschäft B	
	HB	StB
31.12.1996	2000	2000
Auflösung = Ertrag	0	– 500
31.12.1997	2000	1500
Auflösung = Ertrag	– 1000	– 500
31.12.1998	1000	1000
Auflösung = Ertrag	0	– 300
31.12.1999	1000	700
Auflösung = Ertrag	0	– 300
31.12.2000	1000	400
Auflösung = Ertrag	0	– 300
31.12.2001	1000	100
Auflösung = Ertrag	0	– 100
31.12.2002	1000	0
Auflösung = Ertrag	– 1000	0
31.12.2003	0	0

---

[725] BMF-Schreiben vom 23.12.1997 IV B 2 – S 2137 – 199/97, BBK Fach 1 Seite 3739; R 41 Abs. 20 Satz 2 EStR.

Die Erhöhung der Rückstellung für das Geschäft C in der Handelsbilanz im Jahr 1997 mindert den handelsrechtlichen Gewinn. In der Steuerbilanz ist hingegen die Rückstellung wenigstens in Höhe der gesetzlichen Beträge ertragserhöhend aufzulösen. Die handelsrechtliche Gewinnminderung hat gegenüber der auf der steuerlichen Spezialvorschrift beruhenden Gewinnerhöhung in der Steuerbilanz keine Auswirkung. Die Rückstellung für das Geschäft C entwickelt sich daher in Handels- und Steuerbilanz wie folgt:

	Geschäft C	
	HB	StB
31.12.1996	54 000	54 000
Erhöhung = Aufwand	+ 2 000	
Auflösung = Ertrag		− 13 500
31.12.1997	56 000	40 500
Auflösung = Ertrag	0	− 8 100
31.12.1998	56 000	32 400
Auflösung = Ertrag	0	− 8 100
31.12.1999	56 000	24 300
Auflösung = Ertrag	0	− 8 100
31.12.2000	56 000	16 200
Auflösung = Ertrag	0	− 8 100
31.12.2001	56 000	8 100
Auflösung = Ertrag	0	− 8 100
31.12.2002	56 000	0
Auflösung = Ertrag	− 56 000	0
31.12.2003	0	0

2.20.3.4 Schwebende Geschäfte

Verluste können drohen aus schwebenden **964**
- Beschaffungsgeschäften
- Absatzgeschäften und
- Dauerschuldverhältnissen

2.20.3.4.1 Beschaffungsgeschäfte

Ein Verlust droht aus einem Beschaffungsgeschäft: **965**
- Die Kaufpreisschuld für das noch nicht erhaltene Wirtschaftsgut ist höher als dessen Teilwert am Bilanzstichtag oder
- der zu erwartende Erlös liegt unter den zu erwartenden Selbstkosten[726].

Im **ersten Fall** ist die Kaufpreisschuld des Unternehmers mit dem Teilwert des **966** gekauften Wirtschaftsguts, den dieses für sein Unternehmen hat, zu vergleichen.

---

[726] Schmidt/Weber-Grellet EStG § 5 Rz. 466.

Beispiel:
Ein Unternehmer kauft am 20.12.01 5 000 kg Rohstoffe zum Preis von 8 DM pro kg. Geliefert wird am 5.1.02. Am Bilanzstichtag (31.12.01) betrug der Marktpreis für die Rohstoffe 7,50 DM/kg.

In dem Beispiel betragen am Bilanzstichtag:

Kaufpreisschuld des Unternehmers 5 000 x 8 DM =	40 000 DM
Teilwert für die noch nicht erhaltenen Wirtschaftsgüter 5 000 DM x 7,50 DM =	37 500 DM
Differenz	2 500 DM

Der Wert der eigenen Leistung übersteigt den Wert der Gegenleistung am Bilanzstichtag aus der Sicht des Unternehmers um 2 500 DM. Es ist daher eine Rückstellung wegen eines drohenden Verlustes in Höhe der Wertdifferenz von 2 500 DM auszuweisen.

Selbst wenn der Unternehmer die Rohstoffe am 28.12.01 fest zum Preise von 9,50/kg und damit kostendeckend noch vor dem Bilanzstichtag verkauft hat, ist die Rückstellung auszuweisen. Es handelt sich hier um ein schwebendes Anschaffungsgeschäft, aus dem ein Verlust droht und ein schwebendes Veräußerungsgeschäft, aus dem ein Gewinn zu erwarten ist.

Jedes Geschäft ist nach dem Grundsatz der Einzelbewertung für sich zu sehen. Der Verlust aus dem schwebenden Anschaffungsgeschäft muß nach dem Imparitätsprinzip ausgewiesen werden. Der Gewinn aus dem Veräußerungsgeschäft darf nicht ausgewiesen werden, weil er nicht realisiert ist. Eine Verrechnung des drohenden Verlustes mit dem sicher zu erwartenden Gewinn wäre ein Verstoß gegen den Grundsatz der Einzelbewertung und gegen das Realisationsprinzip.

Steuerrechtlich darf eine Drohverlustrückstellung nicht ausgewiesen werden, wenn es sich um den Jahresabschluß eines Wirtschaftsjahres handelt, das nach dem 31.12.1996 endet[727]. **Handelsrechtlich** besteht hierzu aber eine Bilanzierungspflicht. Aus diesem Grunde muß eine zusätzliche Handelsbilanz aufgestellt werden. Geschieht das nicht, können sich schwerwiegende Folgen ergeben. Wird ein Passivposten, dessen Ausweis geboten ist, nicht ausgewiesen, ist dieser Posten überbewertet. Überbewertung liegt bei einem Passivposten nicht nur dann vor, wenn er zu niedrig bewertet ist, sondern auch dann, wenn überhaupt kein Betrag angesetzt ist. Das gänzliche Fehlen einer notwendigen Rückstellung ist der extremste Fall der Vernachlässigung des Risikos und kann deshalb nicht anders beurteilt werden als ein zu niedriger Wertansatz[728]. Der Jahresabschluß einer AG ist in diesem Fall nichtig (§ 256 Abs. 5 Nr. 1 AktG). Nach der Rechtsprechung des

---

[727] Siehe Rdn. 963 a.
[728] LG Stuttgart vom 11.4.1994, 6 KfH O 169/93, AG 1994 S. 473.

Rückstellungen

BGH gilt das auch für GmbH[729]. Das ist ebenso auch für die übrigen Kaufleute anzunehmen[730].

Wird daher für handelsrechtliche und steuerrechtliche Zwecke nur eine einheitliche Bilanz aufgestellt, dann hat diese den handelsrechtlichen Anforderungen zu entsprechen. Als **Einheitsbilanz** muß daher eine Handelsbilanz aufgestellt werden. Da in ihr der Ansatz der Drohverlustrückstellung den steuerlichen Vorschriften widerspricht, muß dieser Ansatz durch einen Zusatz oder eine Anmerkung den steuerlichen Vorschriften angepaßt werden (§ 60 Abs. 2 Satz 1 EStDV). Es wird daher zweckmäßigerweise zur Steuererklärung eine Abschrift der Handelsbilanz abgegeben und in einer Anlage dazu unter Bezugnahme auf § 60 Abs. 2 Satz 1 EStDV der Gewinn unter Nichtansatz der Drohverlustrückstellung ausgewiesen.

Im **zweiten Fall**, also wenn der aus dem Verkauf der erworbenen Waren zu erwartende Erlös unter den zu erwartenden Selbstkosten liegt, ist der zu erwartende Erlös mit den zu erwartenden Selbstkosten zu vergleichen. **967**

Anschaffungskosten
+ anteilige Verwaltungs- und Vertriebskosten
= Selbstkosten

Beispiel:
Ein Textileinzelhandelsunternehmen für Damenoberbekleidung bestellt im Juli 01 einen Posten von 1 000 Damenkleidern für die Frühjahrssaison 02. Die Kleider werden im Februar 02 angeliefert. Die Anschaffungskosten zuzüglich der anteiligen betrieblichen Aufwendungen für jedes Einzelstück in diesem Posten betrugen 100 DM. Schon zum 31.12.01 ist sicher, daß die Kleider nicht der Moderichtung im kommenden Frühjahr entsprechen werden. Daher hat das Unternehmen die Verkaufserlöse für die Waren aufgezeichnet und für jedes Einzelstück mit 125 DM ermittelt.

Zum Absatz bestimmte Wirtschaftsgüter des Vorratsvermögens sind mit dem niedrigeren Teilwert anzusetzen, wenn ihr Wert durch Lagerung, Änderung des modischen Geschmacks oder aus anderen Gründen gemindert ist. Eine Teilwertabschreibung ist insoweit gerechtfertigt, als die voraussichtlichen Verkaufserlöse die Selbstkosten und den durchschnittlichen Unternehmergewinn nicht decken. Selbstkosten sind hier die Anschaffungskosten der Ware zuzüglich Aufschlag für den auf sie entfallenden Anteil am betrieblichen Aufwand[731].

Wäre also im vorstehenden Beispiel der Posten Damenkleider am Bilanzstichtag bereits angeliefert gewesen, so wäre eine Teilwertabschreibung vorzunehmen in Höhe der Differenz zwischen

---

729 BGH vom 1.3.1982 II ZR 23/81, BGHZ 83, 341, BB 1982 S. 1527.
730 ADS 6. Aufl., § 253 HGB Rz. 484.
731 R 36 Abs. 2 Satz 3 EStR.

- der Summe aus Anschaffungskosten, Aufschlag für den Anteil am betrieblichen Aufwand und durchschnittlichem Unternehmergewinn auf der einen Seite und
- dem voraussichtlichen Verkaufserlös auf der anderen Seite.

In diesem Falle geht also auch der durchschnittliche Unternehmergewinn in die Teilwertabschreibung ein.

Beispiel:
Im vorstehenden Beispiel soll der Warenposten bereits am 31.12.01 angeliefert worden sein. Nach der Gewinn- und Verlustrechnung für das Jahr 01 betrugen

wirtschaftlicher Umsatz	*580 650 DM*
Wareneinsatz	*– 414 780 DM*
Rohgewinn	*165 870 DM*

Die Verkaufserlöse für die einzelnen Waren betrugen nach den Aufzeichnungen 125 DM.

Der Teilwert wird anhand folgender Formel errechnet[732]:

$$X = \frac{Z}{1 + Y}$$

Dabei sind: X der zu suchende Teilwert
Y der Rohgewinnaufschlagsatz
Z der Verkaufserlös.

Rohgewinn = wirtschaftlicher Umsatz – Wareneinsatz
Rohgewinnaufschlagsatz = Rohgewinn × 100 : Wareneinsatz

Hieraus ergibt sich in dem Beispiel der Rohgewinnaufschlagsatz:

Rohgewinnaufschlagsatz = 165 870 × 100 : 414 780
= 40 %
= 0,4

Anhand der Formel für die Ermittlung des Teilwerts ergibt sich der Teilwert für den einzelnen Warenposten:

X = 125 : (1 + 0,4)
= 125 : 1,4
= 89,29 DM

---

[732] R 36 Abs. 2 Satz 6 EStR.

Die Teilwertabschreibung beträgt daher:

Anschaffungskosten 1 000 x 100 DM =   100 000 DM
Teilwert 1 000 DM x 89,29 DM =   − 89 290 DM
Teilwertabschreibung =   10 710 DM

Es fragt sich, ob bei der Bemessung der Rückstellung aus drohendem Verlust aus **968** einem schwebenden Beschaffungsgeschäft ebenfalls der durchschnittliche Unternehmergewinn zu berücksichtigen ist. Diese Ansicht vertritt Jebens[733] mit dem Argument, es dürfe sich bei der Bilanzierung im Ergebnis nicht unterschiedlich auswirken, ob gekaufte Ware am Bilanzstichtag angeliefert sei oder das Einkaufsgeschäft noch schwebe. Das ergibt sich folgerichtig, wenn man bei einem schwebenden Anschaffungsgeschäft in der Rückstellung eine vorweggenommene Teilwertabschreibung sieht.

Bei der Bewertung ist von der Fortführung der Unternehmenstätigkeit auszugehen (§ 252 Abs. 1 Nr. 2 HGB). Es sind also die Vermögensgegenstände mit den Werten anzusetzen, die sie in dem lebenden und fortgeführten Unternehmen haben. Dieser Maßstab liegt auch dem Teilwertgedanken zugrunde. In der Handels- und in der Steuerbilanz ist also von gleichen Maßstäben auszugehen.

Das Imparitätsprinzip, das der Berücksichtigung drohender Verluste aus schwebenden Geschäften durch Rückstellung zugrunde liegt, geht vom Ziel der Unternehmensfortführung aus. Um das sicherzustellen, sind Verluste bereits zu berücksichtigen, wenn sie drohen, nicht erst dann, wenn sie eingetreten sind.

Ein Unternehmen kann nur sicher fortgeführt werden, wenn stets ein bestimmter Rohgewinn erwirtschaftet wird. Denn sonst kann das Unternehmen nicht mehr die zur Fortführung notwendigen Investitionen durchführen. Zum Geschäftsergebnis tragen maßgebend die Anschaffungen und Umsätze der Vorräte bei. Sie sichern nur dann die Unternehmensfortführung, wenn die aus dem Verkauf der Vorräte erzielten Erlöse auch einen Unternehmensgewinn abdecken.

Aus dem Imparitätsprinzip folgt also, daß bei der Bilanzierung der Rückstellungen für drohende Verluste aus schwebenden Beschaffungsgeschäften der durchschnittliche Unternehmensgewinn zu berücksichtigen ist. Im vorstehenden Beispiel ist daher eine Rückstellung in Höhe von 10 710 DM auszuweisen.

2.20.3.4.2 Veräußerungsgeschäfte

Ein Verlust droht aus einem Veräußerungsgeschäft bzw. Absatzgeschäft, wenn **969** die Selbstkosten den vereinbarten Kaufpreis übersteigen[734].

Wie in Rdn. 967 gezeigt wurde, sind Selbstkosten die Summe aus Anschaffungs- oder Herstellungskosten und anteiligen Verwaltungs- und Vertriebskosten.

---
[733] Jebens, DB 1989 S. 133.
[734] So im Ergebnis Weber-Grellet in: Schmidt, EStG § 5 Rz. 468.

970 Zu den Selbstkosten werden hierbei auch die Aufwendungen gezählt, für deren Ansatz als Herstellungskosten nach R 33 EStR ein Aktivierungswahlrecht besteht[735]. Hiernach besteht für folgende Herstellungsgemeinkosten ein Aktivierungswahlrecht:

- Kosten der **allgemeinen Verwaltung** (unter anderem Aufwendungen für die Geschäftsleitung, Einkauf und Wareneingang, Betriebsrat, Personalbüro, Nachrichtenwesen, Ausbildungswesen, Rechnungswesen, Feuerwehr, Werkschutz und allgemeine Fürsorge einschließlich Betriebskrankenkasse),
- Aufwendungen für **soziale Einrichtungen** des Betriebs (z. B. Aufwendungen für Kantine einschließlich der Essenszuschüsse, für Freizeitgestaltung der Arbeitnehmer),
- Aufwendungen für **freiwillige soziale Leistungen** (hierzu rechnen nur Aufwendungen, die nicht arbeitsvertraglich oder tarifvertraglich vereinbart worden sind, z. B. Jubiläumsgeschenke, Wohnungs- und andere freiwillige Beihilfen, Weihnachtszuwendungen, Aufwendungen für die Beteiligung der Arbeitnehmer am Ergebnis des Unternehmens),
- Aufwendungen für **betriebliche Altersversorgung** (auf die Fertigung entfallende Anteile von Direktversicherungen, Zuwendungen an Pensions- und Unterstützungskassen, Pensionsrückstellungen).

Beispiel:
Ein Maschinenbauunternehmen hat sich verpflichtet, eine Spezialmaschine für 530 000 DM zu liefern. Bei der Kalkulation berechnete es die Selbstkosten wie folgt:

Herstellungskosten	*420 000 DM*
Kosten der allgemeinen Verwaltung	*27 000 DM*
Aufwendungen für soziale Einrichtungen des Betriebs	*18 000 DM*
Aufwendungen für freiwillige soziale Leistungen	*15 000 DM*
Aufwendungen für betriebliche Altersversorgung	*20 000 DM*
Selbstkosten insgesamt	*500 000 DM*

Am Bilanzstichtag war die Maschine teilfertig.
Es wurden an Herstellungskosten angesetzt   *350 000 DM*

Wegen gestiegener Löhne und Materialkosten ist am Bilanzstichtag abzusehen, daß die Selbstkosten betragen werden:

Herstellungskosten	*480 000 DM*
Kosten der allgemeinen Verwaltung	*32 000 DM*
Aufwendungen für soziale Einrichtungen des Betriebs	*20 000 DM*
Aufwendungen für freiwillige soziale Leistungen	*18 000 DM*
Aufwendungen für betriebliche Altersversorgung	*25 000 DM*
Selbstkosten insgesamt	*575 000 DM*

---

[735] BMF-Schreiben vom 14.6.1974, DB 1974 S. 1195.

Rückstellungen 415

Am Bilanzstichtag ist die Maschine mit ihren Herstellungskosten in Höhe von 350 000 DM bei den Teilfertigerzeugnissen zu aktivieren. Beim Ansatz einer Rückstellung für drohende Verluste aus schwebendem Geschäft muß das Unternehmen auch die Aufwendungen einbeziehen, für die nach R 33 EStR ein Aktivierungswahlrecht besteht. Daher übersteigen die Selbstkosten den voraussichtlichen Erlös. Es wird in Höhe der Differenz eine Rückstellung für drohende Verluste aus schwebenden Geschäften angesetzt:

voraussichtliche Herstellungskosten	480 000 DM	
anteilige Verwaltungs- und Vertriebskosten	95 000 DM	575 000 DM
vereinbarter Kaufpreis		− 530 000 DM
Rückstellung		45 000 DM

Ebenso wie bei den schwebenden Beschaffungsgeschäften und aus den gleichen Gründen wie bei diesen[736] ist auch hier ein durchschnittlicher Unternehmergewinn zu berücksichtigen. Dieser ist anhand der Gewinn- und Verlustrechnung zu ermitteln. Er erhöht noch den Rückstellungsbetrag.

2.20.3.4.3 Dauerschuldverhältnisse

Auch aus Dauerschuldverhältnissen, z. B. Miet- und Arbeitsverhältnissen, können Verluste drohen. Hierbei ist auf das **gesamte Dauerschuldverhältnis** abzustellen[737]. Droht daher ein Verlust in einem Geschäftsjahr, ist aber abzusehen, daß Gewinne in späteren Geschäftsjahren den Verlust ausgleichen werden, darf eine Rückstellung nicht gebildet werden. 971

Soweit der zur Leistung Verpflichtete seine eigene **Leistung erbracht** hat, besteht für ihn kein schwebendes Geschäft mehr. Daher darf er Gewinne aus Zeiträumen, für die er die ihm obliegenden Leistung erbracht hat, nicht mehr zum Ausgleich mit drohenden Verlusten heranziehen[738]. Es sind daher nur die zukünftigen Ansprüche und Verpflichtungen gegenüberzustellen[739]. 972

Für die Entscheidung, ob ein Verlust droht, kommt es auf die **Verhältnisse am Bilanzstichtag** an. Droht zu diesem Zeitpunkt aus einem Vertrag ein Verlust, so ist eine Rückstellung zu bilden. Es kommt nicht darauf an, daß am Bilanzstichtag bereits Verhandlungen zur Aufhebung des verlustbringenden Vertrags und seine Ersetzung durch einen günstigen Vertrag geführt wurden. Erst wenn der Vertrag geändert oder aufgehoben ist, darf vom Ansatz einer Rückstellung abgesehen werden[740]. 973

---

[736] Siehe Rdn. 968.
[737] BFH, Urt. v. 19.7.1983 VIII R 160/79, BStBl II 1984 S. 56.
[738] Clemm/Nonnenmacher in: Beck Bil-Komm., § 249 Rdn. 81.
[739] R 38 Abs. 3 Satz 1 EStR.
[740] BFH, Urt. v. 17.11.1987 VIII R 348/82, BB 1988 S. 731.

2.20.3.4.3.1 Mietverhältnisse

974 *Beispiel:*
V hat ein Gebäude für 10 Jahre fest an M zu einem Mietzins vermietet, der sich nach der Höhe der Umsätze des M richtet. Im sechsten Jahr eröffnet in der Nähe ein Konkurrenzunternehmen des M, so daß dessen Umsätze zurückgehen.

Durch die niedrigeren Umsätze des Mieters sinken seine hiervon abhängigen Mietzahlungen. Der Wert der Leistungen des Vermieters übersteigt also auf Dauer gesehen den Wert der Leistungen des Mieters. Dieser Verpflichtungsüberhang ist durch Rückstellung zu berücksichtigen.

Die guten Ergebnisse aus dem Dauerschuldverhältnis in der Vergangenheit wirken sich bei der Bemessung der Rückstellung nicht diese mindernd aus. Denn für die Vergangenheit sind die Leistungen aus dem Dauerschuldverhältnis ausgeglichen, besteht also insoweit kein schwebendes Verhältnis mehr. Daher wird nur der Verpflichtungsüberhang für die Zukunft als Rückstellung ausgewiesen.

In den Geschäfts-/Wirtschaftsjahren, die nach dem 31.12.1996 enden, können wegen des gesetzlichen Auflösungsgebots in der Steuerbilanz in einer Übergangszeit bei Dauerschuldverhältnissen Besonderheiten beim unterschiedlichen Bilanzausweis von Drohverlustrückstellungen in Handels- und Steuerbilanz bestehen.

 Beispiel:
Unternehmer U hat ein Gebäude 15 Jahre fest für 150 000 DM gemietet. Nach 5 Jahren, im Jahr 1996, treten innerbetriebliche Gründe ein, wonach das Gebäude nicht mehr für eigene Zwecke genutzt werden kann. U schließt deshalb mit M ein Untermietverhältnis ab. U kann das Gebäude aber nur für jährlich 120 000 DM an M vermieten.

Aus dem Mietverhältnis erwächst U also jährlich ein Verlust in Höhe von 30 000 DM. Zum 31.12.1996 hat er daher eine Drohverlustrückstellung in Höhe von 300 000 DM (10 x 30 000 DM) in Handelsbilanz und Steuerbilanz ausgewiesen. Hierbei soll eine evtl. Abzinsung unberücksichtigt bleiben.

In den folgenden Jahren sind die tatsächlichen Mieteinnahmen gegenüber den erwarteten Mieteinnahmen in jedem Jahr um 30 000 DM niedriger. Erfolgsmäßig wirkt sich das durch niedrigere Mieteinnahmen in den einzelnen Jahren der Restmietdauer aus. Das wurde bereits durch die Rückstellung im Jahr 1996 vorweggenommen. Daher ist die Rückstellung in den folgenden Jahren pro Jahr in Höhe von 30 000 DM über Ertrag aufzulösen. U bucht daher bei den Abschlußbuchungen der Jahre 1997 bis 2006 jeweils:

> ➤ Drohverlustrückstellung 30 000 DM
>   an Ertrag aus der Rückstellungsauflösung 30 000 DM

In der Handelsbilanz wird die Rückstellung also in jedem Jahr um 30 000 DM über Ertrag aufgelöst. In der Steuerbilanz muß U das gesetzliche Auflösungsgebot befolgen. Die Rückstellung entwickelt sich daher in Handels- und Steuerbilanz wie folgt:

	Handelsbilanz	Steuerbilanz	Differenz
31.12.1997	270 000 DM	225 000 DM	45 000 DM
31.12.1998	240 000 DM	180 000 DM	60 000 DM
31.12.1999	210 000 DM	135 000 DM	75 000 DM
31.12.2000	180 000 DM	90 000 DM	90 000 DM
31.12.2001	150 000 DM	45 000 DM	105 000 DM
31.12.2002	120 000 DM	0 DM	120 000 DM
31.12.2003	90 000 DM	0 DM	90 000 DM
31.12.2004	60 000 DM	0 DM	60 000 DM
31.12.2005	30 000 DM	0 DM	30 000 DM
31.12.2006	0 DM	0 DM	0 DM

In Höhe der jeweiligen Differenz ist in dem betreffenden Jahr der Gewinn in der Steuerbilanz höher als in der Handelsbilanz. Bezogen auf den handelsrechtlichen Gewinn ist daher die Steuer zu hoch. Für **Kapitalgesellschaften** sind Ertragsteuern Steueraufwand. Sie können unter bestimmten Voraussetzungen Aktivposten als Bilanzierungshilfe bilden, wenn der Steueraufwand bezogen auf den handelsrechtlichen Gewinn zu hoch ist. Weitere Voraussetzung ist aber, daß der zu hohe Steueraufwand sich in späteren Geschäftsjahren wieder ausgleicht (§ 274 Abs. 2 HGB, s. Rdn. 759).

Im vorstehenden Beispiel ist in den Jahren, in denen die Drohverlustrückstellung noch in der Handelsbilanz ausgewiesen wird, der Gewinn laut Steuerbilanz höher als der handelsrechtliche Gewinn, mithin auch der Steueraufwand bezogen auf den handelsrechtlichen Gewinn zu hoch. Ab dem Geschäftsjahr, in dem die Drohverlustrückstellung in der Handelsbilanz aufgelöst ist, entspricht der Steueraufwand in der Handelsbilanz dem handelsrechtlichen Gewinn. Der früher zu hohe Steueraufwand gleicht sich also in späteren Geschäftsjahren nicht aus. Die Voraussetzungen für die Aktivierung einer Bilanzierungshilfe nach § 274 Abs. 2 HGB sind daher nicht erfüllt.

Das kann verallgemeinert werden, bezieht sich also nicht nur auf das vorgestellte Beispiel. Ist der steuerrechtliche Gewinn höher als der handelsrechtliche, weil die Drohverlustrückstellung in der Steuerbilanz nicht anerkannt wird und sofort oder schneller als in der Handelsbilanz aufgelöst werden muß, so gleicht sich das später nicht dadurch aus, daß der steuerrechtliche Gewinn in späteren Jahren gegenüber dem handelsrechtlichen Gewinn niedriger ist. Bei Drohverlustrückstellungen können daher ganz allgemein Kapitalgesellschaften keine Bilanzierungshilfen nach § 274 Abs. 2 HGB aktivieren.

2.20.3.4.3.2 Leasingverträge

975 Während der Laufzeit eines Leasingvertrags zahlt der Mieter (Leasingnehmer) die Leasingraten als Nutzungsentgelt. Hiermit deckt der Vermieter (Leasinggeber) beim Vollamortisations-Leasing (s. Rdn. 100) während der Mietzeit seine gesamten Kosten ab und erzielt darüber hinaus noch einen Gewinn aus Vermietung. Nach der Beendigung des Mietvertrags kann der Vermieter (Leasinggeber) verpflichtet sein, den Mieter (Leasingnehmer) am Verwertungserlös zu beteiligen. Bei derartigen Vertragsgestaltungen ist, besonders weil für nach dem 31.12.1996 endende Wirtschaftsjahre in der Steuerbilanz Drohverlustrückstellungen nicht mehr gebildet werden dürfen, sorgfältig zu unterscheiden, ob es sich um Erfüllungsrückstände aus ungewissen Verbindlichkeiten oder Verpflichtungsüberschüsse aus schwebenden Geschäften handelt.

Beispiel:
Leasingunternehmen L vermietet bewegliche Wirtschaftsgüter. Die vereinbarte Grundmiete deckt alle dem Leasingunternehmen entstehenden Aufwendungen (Anschaffungskosten, Zinsen und Verwaltungskosten) und einen kalkulierten Gewinnaufschlag. Die Leasingverträge haben eine Laufzeit von in der Regel 2 ½ bis 5 Jahren. L bilanziert die Leasinggegenstände und schreibt sie während ihrer betriebsgewöhnlichen Nutzungsdauer von in der Regel 3 bis 10 Jahren ab. Die Leasingnehmer haben nach den Vertragsbedingungen einen Anspruch auf „Mietrückvergütung" derart, daß L ihnen nach Ablauf der Leasingverträge die Leasinggegenstände zum Restbuchwert verkauft und auf den Verkaufspreis 90% des Restbuchwerts anrechnet.

Hier besteht für L neben der Hauptpflicht zur Nutzungsgewährung eine weitere Verpflichtung, dem jeweiligen Leasingnehmer den Mietgegenstand auf sein Verlangen zu einem Vorzugspreis zu übertragen. L erhält von seinen Mietern im Ergebnis 10% des Buchwertes der Leasinggegenstände vergütet, wendet also 90% des Restbuchwertes auf. Es handelt sich wirtschaftlich gesehen um eine Rückvergütung auf die Leasingraten, die rechtlich und wirtschaftlich mit diesen Raten verknüpft ist. Da die Voraussetzungen für die Übereignungsverpflichtung im Laufe der Grundmietzeit geschaffen werden, muß auch die Rückstellung nach Maßgabe der entrichteten Leasingraten über diesen Zeitraum angesammelt werden. Es handelt sich daher um einen Erfüllungsrückstand, der durch eine Verbindlichkeitsrückstellung zu berücksichtigen ist[741].

---

[741] BFH, Urt. v. 15.4.1993 IV R 75/91, BB 1993 S. 1912. Abweichung vom BFH, Urt. v. 8.10.1987 IV R 18/86, BStBl 1988 II S. 57.

Rückstellungen 419

Beispiel:
H ist Kraftfahrzeughändler. Kunden kaufen entweder die Kfz bei ihm, oder sie leasen sie von einem mit ihm zusammenarbeitenden Leasingunternehmen. In diesem Fall sucht der Kunde das Kfz bei H aus, dieser verkauft es an das Leasingunternehmen zum üblichen Händlerrabatt und das Leasingunternehmen schließt daraufhin mit dem Kunden einen Leasingvertrag ab. Nach den Vereinbarungen mit dem Leasingunternehmen kauft H nach Ablauf der Leasingzeit das jeweilige Fahrzeug von dem Leasingunternehmen entweder zum dann marktüblichen Preis oder zu einem bereits bei Abschluß des Kaufvertrags festgelegten Gebrauchtwagenwert. Die zurückgekauften Kfz verkauft H im Rahmen des normalen Gebrauchtwagengeschäfts. Soweit Kfz zu von vornherein mit dem Leasingunternehmen festgelegten Preisen zurückgekauft werden, erzielt H aus den Weiterverkäufen zum Teil Gewinne und zum Teil Verluste.

In einem kürzlich ergangenen Urteil ließ der BFH zur Berücksichtigung der Verluste aus den Rücknahmeverpflichtungen Rückstellungen zu. Es dürften die Verluste aus Rücknahmegeschäften nicht mit den aus anderen Rücknahmegeschäften erzielten Gewinnen verrechnet werden. Das würde gegen den Grundsatz der Einzelbewertung verstoßen. Nur die Verlustgeschäfte seien daher bei der Bildung der Rückstellung zu berücksichtigen. Die einzelnen zum Verlust führenden Geschäfte könnten rechnerisch im Rahmen einer Durchschnittsberechnung zusammengefaßt werden. Allerdings ging der BFH in seinen Urteilsgründen von einer Drohverlustrückstellung aus[742].

Handelt es sich hier um eine Rückstellung für drohende Verluste aus schwebenden Geschäften, sind in ähnlich gelagerten Fällen für Wirtschaftsjahre, die nach dem 31.12.1996 enden, in den Steuerbilanzen Rückstellungen nicht mehr zu bilden. Es ist daher zu prüfen, ob nicht hier die Voraussetzungen für die Bilanzierung von Rückstellungen für ungewisse Verbindlichkeiten erfüllt waren.

Der BFH stellte in seinem Urteil auf das Einzelgeschäft von H mit dem Leasingunternehmen ab, soweit es die Vereinbarung über den Rückkauf betraf. Auf der Seite des H handelte es sich um die Verpflichtung, das betreffende Fahrzeug zum bereits festgelegten Rückkaufpreis zurückzunehmen. Die eigene Verpflichtung des H stand also bereits fest. Die Gegenleistung des Leasingunternehmens war die Rücklieferung des Fahrzeugs. Diese Verpflichtung bewertete der BFH mit dem Teilwert zur Zeit der Rücklieferung. Dieser Wert stand vor dem Zeitpunkt der Rücklieferung nicht fest. Dieses Geschäft war, wenn die Rücklieferung im Geschäftsjahr noch nicht erfolgt war, bis zum Bilanzstichtag noch nicht erfüllt. Insoweit konnte der BFH von einem schwebenden Geschäft ausgehen. Soweit der Wert der eigenen Leistung des H, seine Verpflichtung zur Zahlung des bereits vereinbarten Rückkaufpreises, den Wert der Gegenleistung des Leasingunterneh-

---
742 BFH, Urt. v. 15.10.1997 I R 16/97, BB 1998 S. 739.

mens übertraf, bestand für H ein Verpflichtungsüberhang. Damit konnte von einem Verlust aus schwebendem Geschäft ausgegangen werden. Insoweit wäre dem BFH zu folgen.

Die Rücknahmeverpflichtung des H zu festen im voraus vereinbarten Kaufpreisen ist aber nicht isoliert zu sehen. Sie steht mit dem Verkauf des Kfz an das Leasingunternehmen im Zusammenhang. Wirtschaftlich gesehen handelt es sich um eine teilweise Rückgewähr des Kaufpreises, indem das Leasingunternehmen am Erlös aus dem späteren Gebrauchtwagenverkauf beteiligt wird. Um das Geschäft für das Leasingunternehmen besonders interessant zu machen, wurde der Rücknahmepreis von vornherein festgelegt. Je nachdem, wie günstig er für das Leasingunternehmen gestaltet war, kann hierin auch ein versteckter Rabatt gesehen werden.

Im Zusammenhang mit dem Verkauf des Kfz an das Leasingunternehmen gesehen ist die Rückkaufverpflichtung des H eine Verpflichtung zur Rückgewähr eines Teils des Kaufpreises, verbunden mit einem nachträglichen Händlerrabatt. H kommt es bei dem Rückkauf nicht auf den Teilwert des Kfz an, sondern auf den zu erzielenden Gebrauchtwagenpreis. Erst mit Verkauf des zurückgekauften Kfz ist für ihn das einzelne Geschäft abgeschlossen. Erst dann steht auch fest, wie hoch die Verbindlichkeit auf Rückgewähr des Kaufpreises und/oder der nachträgliche Rabatt auf den Kaufpreis ist. Wirtschaftlich gesehen handelt es sich daher insoweit um eine ungewisse Verbindlichkeit, für die auch in Steuerbilanzen für nach dem 31.12.1996 endende Wirtschaftsjahre Rückstellungen zu bilden sind.

Der BFH mußte das in seinem Urteil nicht genau herausarbeiten, da es im Ergebnis nicht darauf ankam, ob die Rückstellung für eine ungewisse Verbindlichkeit oder für drohenden Verlust aus schwebendem Geschäft bilanziert wurde. In Zukunft ist aber in ähnlichen Vertragsgestaltungen sorgfältig darauf zu achten, ob in dem Abwicklungsteil des Rechtsgeschäfts eine ungewisse Verbindlichkeit besteht. Um dies sicherzustellen, ist bereits auf die Vertragsabfassung besondere Sorgfalt zu verwenden.

976 Wenn es nur um die Hauptpflichten aus einem Leasingvertrag zwischen Leasinggeber und Leasingnehmer geht, läßt sich zwar der Wert der Verpflichtung des Leasingnehmers ermitteln. Hierfür sind die Leasingraten fest vereinbart. Der Wert der Leistung des Leasinggebers ist aber im allgemeinen nicht feststellbar.

Beispiel:
A least ein Grundstück mit Lagerhalle, um dort Vorräte für sein Fabrikationsunternehmen lagern zu können.

Der Wert der Verpflichtung des A ergibt sich aus der Höhe der Leasingraten. Der Wert des Leasinggegenstands besteht in dem Beitrag, den es am Erfolg oder Mißerfolg des Unternehmens des Leasingnehmers hat. Das läßt sich ebensowenig feststellen wie die betriebsinterne Verzinsung eines aufgenommenen Darlehens.

Der Wert läßt sich nicht aus den Wiederbeschaffungskosten des Leasinggegenstands herleiten. Diese sind Wertmaßstab bei der Ermittlung von Rückstellungen für drohende Verluste aus Anschaffungsgeschäften[743]. Zur Feststellung drohender Verluste aus Nutzungsverträgen sind sie aber nicht geeignet. Hier werden keine Wirtschaftsgüter erworben, so daß aus deren Wert nicht auf den Wert des Anspruchs auf die Nutzung geschlossen werden kann. Ist aber der Erfolgsbeitrag des Leasingobjekts im Unternehmen des Leasingnehmers nicht feststellbar, ist eine Rückstellung nicht zulässig[744].

2.20.3.4.3.3 Arbeitsverhältnisse

Der **Wert** der von einem einzelnen Arbeitnehmer geleisteten Arbeit kann nach der Rechtsprechung des BFH nicht gemessen werden. Es sei daher davon auszugehen, daß der Wert der im einzelnen geleisteten Arbeit dem zugesagten Arbeitslohn entspricht. Auch die Berücksichtigung sozialer Komponenten beim Arbeitslohn (z. B. Familienstand und Kinderzahl) schließe nicht aus, das vereinbarte Arbeitsentgelt als dem Wert der Arbeit entsprechend anzusehen. Der Arbeitgeber bewerte durch das Eingehen des Arbeitsverhältnisses die Arbeitsleistung mit dem Arbeitslohn einschließlich der darin enthaltenen sozialen Komponenten[745].

977

Tarif- und Arbeitsverträge bemessen die Vergütung nicht nach dem Wert der Arbeitskraft des individuellen Arbeitnehmers, sondern nach den Merkmalen des einzelnen Arbeitsplatzes oder mehrerer gleicher Arbeitsplätze. Das geschieht einmal, weil es schwierig ist, die menschliche Arbeitskraft zu bewerten. Bedeutender ist aber der Gesichtspunkt des innerbetrieblichen Friedens. Arbeitnehmer, welche die gleiche Arbeit ausführen, müssen den gleichen Lohn erhalten. Ob der einzelne Arbeitnehmer die Arbeit besser, schneller oder besser und schneller als ein anderer ausführt, muß zurückstehen. Aus diesem Grunde ist grundsätzlich davon auszugehen, und insoweit ist der BFH-Rechtsprechung zuzustimmen, daß jede Arbeit ihres Lohnes wert ist. Verpflichtungsüberhänge können daher auch nicht aus dem individuellen Arbeitsverhältnis folgen, sondern können sich nur aus objektiven Umständen ergeben, die für alle Arbeitsverhältnisse gleichermaßen gelten.

978

Grundsätzlich sind die Aufwendungen für die **Ausbildung** von Nachwuchskräften immer dem Nutzen gleichwertig, den der Unternehmer aus den Ausbildungsverhältnissen insgesamt zieht. Auch wenn mehr Nachwuchskräfte ausgebildet werden, als später eingestellt werden sollen, ist noch von einer Ausgeglichenheit zwischen Leistung und Nutzen auszugehen. Denn es muß auch der Vorteil des Unternehmens berücksichtigt werden, aus einer Vielzahl von für den eigenen Betrieb ausgebildeten Fachkräften auswählen zu können[746].

979

---

[743] Siehe Rdn. 965 ff.
[744] BFH, Urt. v. 27.7.1988 I R 133/84, BB 1988 S. 2145, BStBl 1988 II S. 999.
[745] BFH, Urt. v. 16.12.1987 I R 68/87, BB 1988 S. 669.
[746] BFH, Urt. v. 25. 4.1984 I R 7/80, BStBl 1984 II S. 344.

Beispiel:
Eine AG hat einen Bedarfsbestand von durchschnittlich 20 Auszubildenden. Damit sie diesen Bedarf sicher decken kann, stellt sie jährlich über den Bedarf hinaus noch eine Reserve ein (Reservebestand). Sie geht von einem Reservebestand von 50 % des Bedarfsbestands aus und stellt daher jährlich durchschnittlich 30 Auszubildende neu ein. Nach Ablauf der dreijährigen Ausbildungszeit stellt sie hiervon im Durchschnitt 20 fest ein.

In dem Beispielsfall besteht die eigene Leistung des Unternehmens in dem Gesamtaufwand für die Ausbildung. Das Unternehmen erhält hierfür eine adäquate Gegenleistung, so daß der Wert der eigenen Leistung nicht höher als der Wert der Gegenleistung ist.

Anders soll es aber nach im Schrifttum vertretener Auffassung sein, wenn ein Unternehmen über den eigentlichen Bedarf hinaus ausbildet und mehr als den Bedarfs- und Reservebestand einstellt, um etwa seiner politischen und sozialen Verantwortung gerecht zu werden. Dann sei der Wert des sich aus der Ausbildung ergebenden Nutzens mit den Aufwendungen für eine für den Betrieb erforderliche Zahl von Auszubildenden zu bemessen, wobei allerdings auch der Auswahlgesichtspunkt zu berücksichtigen sei[747].

Das würde im vorstehenden Beispiel bedeuten: Stellt das Unternehmen über den Reservebestand hinaus noch weitere Auszubildende ein, dann erhielte das Unternehmen in Höhe des den Reservebestand übersteigenden Bestandes, des sogenannten Überbestandes, keinen wirtschaftlichen Gegenwert. Die hierfür aufgebrachten Aufwendungen würden somit in eine Rückstellung für drohende Verluste aus schwebenden Geschäften eingehen.

Ein ausbildendes Unternehmen darf eine Rückstellung für drohende Verluste aus Berufsausbildungsverhältnissen auch dann nicht bilden, wenn es aus sozialen, Arbeitsmarkt- oder wirtschaftspolitischen Gründen mit mehr Personen Berufsausbildungsverträge abgeschlossen hat, als es zur Sicherung des ausreichenden Bestands an im eigenen Unternehmen ausgebildeten Fachkräften voraussichtlich benötigen wird. Entsprechendes gilt, wenn das ausbildende Unternehmen den Auszubildenden unübliche Zusatzleistungen erbringt, die geeignet sind, das Ansehen des Unternehmens zu sichern oder zu erhöhen.

Die Sicherung oder Erhöhung des Ansehens ist ein wirtschaftlicher Vorteil. Ein positives Ansehen bei den Mitarbeitern, den Geschäftspartnern und in der Öffentlichkeit erleichtert es dem Unternehmen, seine Ziele zu erreichen. Daß der wirtschaftliche Wert eines positiven Ansehens sehr hoch ist, zeigen z. B. die erheblichen Aufwendungen für das sogenannte Wissenschafts- und Kultur-Sponsoring, durch das Unternehmen ihr Ansehen erhöhen wollen, indem sie allgemein als förderungswürdig erachtete Tätigkeiten unterstützen. Es ist daher der Wert der

---

[747] Herzig, ZfB 1988 S. 212.

Rückstellungen 423

von dem Unternehmen übernommenen Verpflichtungen durch den Wert der zu erwartenden Ansehenssicherung oder -erhöhung ausgeglichen[748].

Bei **Verpflichtungen zur Lohn- und Gehaltsfortzahlung im Krankheitsfall** 980
kann ein Verpflichtungsüberhang des Arbeitgebers entstehen, der eine Rückstellung für drohende Verluste bedingt. Erfahrungsgemäß steigen die Krankheitsausfälle der Arbeitnehmer mit zunehmendem Alter. Viele Arbeitgeber schließen gegen dieses Risiko bereits Versicherungen ab. Schon daraus ergibt sich, daß es sich hier um einen außerordentlichen Wertverlust der menschlichen Arbeitskraft handelt. Hat der Arbeitgeber sich hiergegen nicht rückversichert, entstehen bei ihm Verpflichtungsüberhänge, die eine Rückstellung für drohende Verluste erfordern[749].

2.20.3.5 Ausgleich drohender Verluste

2.20.3.5.1 Standortvorteile

Beispiel: 981
A betreibt eine Apotheke. Gegenüber dem Apothekengrundstück befindet sich das Wohn- und Geschäftshaus des B. A mietet von B Büro- und Wohnräume für monatlich 2 000 DM mit dem Recht der Untervermietung und baut sie um in Praxisräume für eine Arztpraxis. Diese vermietet er an den Arzt Dr. X für monatlich 1 000 DM fest für 20 Jahre, so daß er ein monatliches Defizit aus dem Mietobjekt in Höhe von 1 000 DM hat.

Der Verpflichtungsüberschuß des A errechnet sich aus der Gegenüberstellung seiner Ansprüche auf den Mietzins des Dr. X und dem Wert seiner Verpflichtung zur Überlassung der Praxisräume. Seine eigene Leistung ist eine Sachleistung: Überlassung der Praxisräume zur Nutzung. Sie bemißt sich nach dem Geldwert aller Aufwendungen zu Vollkosten, die zu ihrer Bewirkung der Leistung erforderlich sind. Da A hierfür monatlich 2 000 Miete an B aufwendet, von Dr. X aber an Miete monatlich nur 1 000 DM erhält, besteht für A ein monatlicher Verpflichtungsüberschuß in Höhe von 1 000 DM. Die Laufzeit des Dauerschuldverhältnisses bemißt sich nach der „festen" Mietzeit, weil A für diese Zeit an das Verlustgeschäft gebunden ist. Der Rückstellungsbildung steht nicht entgegen, daß A bewußt ein Verlustgeschäft eingegangen ist.

Das feste Mietverhältnis mit Dr. X erschließt dem A Vorteile. Es ist für seine Apotheke günstig, wenn ein Arzt seine Praxis auf der gegenüberliegenden Straßenseite ausübt. Viele Patienten kaufen erfahrungsgemäß die vom Arzt verschriebenen Medikamente in der nächstgelegenen Apotheke. Daher führt der Betrieb der Arztpraxis gegenüber der Apotheke voraussichtlich zur Erhöhung des Apothekenumsatzes und des Gewinns.

---
[748] BFH, Urt. v. 3.2.1993 I R 37/91, BStBl 1993 II S. 441.
[749] Bode, DB 1989 S. 489.

982 Gegenstand der Verlustrückstellung ist das voraussichtliche negative Ergebnis aus dem schwebenden Vertrag. Es sind nicht nur die final miteinander verknüpften Hauptleistungspflichten, sondern auch die Nebenleistungen und sonstigen wirtschaftlichen Vorteile bei der Prüfung einander gegenüberzustellen, ob ein Verlust droht.

Das Imparitätsprinzip, das die Verlustrückstellung erfordert, zielt darauf ab, im Interesse der Kapitalerhaltung und des Gläubigerschutzes künftige Rechnungsperioden von vorhersehbaren Risiken und Verlusten freizuhalten, die am Bilanzstichtag zwar noch nicht realisiert, aber bereits verursacht sind. Die als Verlust ermittelten Beträge sollen mit Hilfe der Rückstellung von der Gewinnverteilung ausgenommen und für einen späteren Bedarf bereitgehalten werden. Einer finanziellen Vorsorge bedarf es aber nicht, wenn ein aus den Hauptleistungen eines Vertrags sich ergebender Verlust durch wirtschaftliche Vorteile aus dem Geschäft in seiner Gesamtheit ausgeglichen wird. Das gilt umso mehr, wenn, wie in dem Beispielsfall, das Geschäft nur abgeschlossen wird, um dadurch bestimmte greifbare Vorteile zu sichern[750]. Drohende Verluste aus schwebenden Geschäften dürfen daher allgemein nicht durch Ausweis einer Rückstellung berücksichtigt werden, wenn sich gleichzeitig aus dem Geschäft Vorteile ergeben, welche die Verluste wieder ausgleichen.

2.20.3.5.2 Einnahmen von dritter Seite

983 *Beispiel:*
A hat mit dem Grundstückseigentümer G einen Kiesausbeutevertrag geschlossen. Das Entgelt des A bemißt sich nach der entnommenen Kiesmenge. Außerdem hat A an G, solange das Grundstück landwirtschaftlich nicht nutzbar ist, eine Flurentschädigung zu zahlen. Sie richtet sich nach der Größe der für G nicht landwirtschaftlich nutzbaren Fläche und ist am Ende eines jeden Jahres fällig. Ferner muß das ausgebeutete Grundstück wieder aufgefüllt und rekultiviert werden. A gestattet Bauunternehmern, mit ihrem Bauschutt die Kiesgrube aufzufüllen. Hierfür erhält er von den Bauunternehmern Kipperlöse.

Daß für die Aufwendungen zur Rekultivierung ausgebeuteter Grundstücke eine Rückstellung wegen ungewisser Verbindlichkeiten zu passivieren ist und die zu erwartenden Kippgebühren nicht hiermit verrechnet werden dürfen, wurde bereits an anderer Stelle dargestellt[751]. Es ist aber noch die Frage zu beantworten, ob die Einnahmen von dritter Seite zum Ausgleich eines drohenden Verlustes aus schwebendem Geschäft zu berücksichtigen sind.

Im vorstehenden Beispiel besteht zwischen A und G ein gegenseitiger Vertrag. A ist G zur Zahlung der Entgelte für die Kiesausbeute und G dem A zur Überlas-

---
[750] BFH, Beschl. v. 23.6.1997 GrS 2/93, BB 1997 S. 1939, BStBl 1997 II S. 735.
[751] Siehe Rdn. 917.

sung des Grundstücks zum Zwecke der Kiesausbeute verpflichtet. Das sind die gegenseitigen Hauptpflichten. Daneben ist A dem G zur Flurentschädigung verpflichtet. Dem steht keine Gegenleistung des G gegenüber. Es besteht daher insoweit ein Verpflichtungsüberschuß des A. Der Wert der Leistung des A übersteigt den Wert der Leistung des G. In Höhe der Differenz ist somit ein Verlust aus schwebendem Geschäft gegeben.

Bei der Prüfung der Frage, ob aus einem schwebenden Dauerrechtsverhältnis ein Verlust droht, können nach Ansicht des BFH auch Einnahmen in Betracht gezogen werden, die in Verbindung mit diesem Rechtsverhältnis einem der Vertragspartner von dritter Seite zufließen. In dem Beispiel erhält A von Dritten nach Ausbeutung der Kiesgruben Kippentgelte. Diese sollen nach Meinung des BFH zum Ausgleich des Verlustes aus schwebendem Geschäft herangezogen werden[752]. **984**

Es ergibt sich also: Die künftigen Kippgebühren können nicht mit der ungewissen Verbindlichkeit zur Rekultivierung saldiert werden, da das ein Verstoß gegen das Realisationsprinzip wäre[753]. Sie sollen aber den drohenden Verlust aus schwebendem Geschäft ausgleichen, obwohl gerade das Imparitätsprinzip den Ausweis von Verlusten aus schwebenden Geschäften erfordert. **985**

Auf den Vorlagebeschluß des X. Senats vom 26.5.1993[754] hat der Große Senat entschieden, bei der Saldierung im Rahmen der Prüfung, ob ein Verlust aus schwebendem Geschäft drohe, seien auch Nebenleistungen und sonstige wirtschaftliche Vorteile zu berücksichtigen, die nach dem Inhalt des Vertrags oder den Vorstellungen beider Vertragspartner eine Gegenleistung für die vereinbarte Sachleistung darstellen[755]. In einem solchen Verhältnis wirtschaftlicher Gegenseitigkeit stehen aber die von Dritten gezahlten Kippgebühren nicht. Handelsrechtlich ist daher eine Rückstellung für drohende Verluste aus schwebendem Geschäft auszuweisen. Steuerrechtlich ist aber für Wirtschaftsjahre, die nach dem 31.12.1996 enden, eine Rückstellung ausgeschlossen. **986**

2.20.3.6 Abzinsung

Der X. Senat vertritt in seinem Vorlagebeschluß vom 26.5.1993[756] die Ansicht, eine Rückstellung wegen drohender Verluste aus schwebenden Geschäften sei abzuzinsen. Ziehe sich das Schwebeverhältnis über einen längeren Zeitraum hin, wie es der Fall sei bei Dauerschuldverhältnissen, sei die Rückstellung an die Verhältnisse des jeweiligen Bilanzstichtages anzupassen. Für einen drohenden Verlust dürfe nur in dem Ausmaß Vorsorge getroffen werden, als Mittel erforderlich seien, den späteren Verlust abzudecken. Der künftige Aufwand mache gegenwärtig nur die Bereitstellung des abgezinsten Aufwands erforderlich. Wenn die Betei- **987**

---
[752] BFH, Urt. v. 16.12.1992 XI R 42/89, BB 1993 S. 826.
[753] Siehe Rdn. 917.
[754] BFH, Beschl. v. 26.5.1993 X R 72/90, BB 1993 S. 1981, BStBl 1993 II S. 855.
[755] BFH, Beschl. v. 23.6.1997 GrS 2/93, BB 1997 S. 1939, BStBl 1997 II S. 735.
[756] BFH, Beschl. v. 26.5.1993 X R 72/90, BB 1993 S. 1981, BStBl 1993 II S. 855.

ligten keinen anderen Zinssatz plausibel darlegen könnten, sei von dem Zinssatz von 5,5 % aufgrund § 12 Abs. 3 BewG auszugehen.

Die Frage, ob eine Rückstellung für drohende Verluste abzuzinsen ist, hatte der Große Senat nicht mehr zu entscheiden, nachdem er die Hauptfrage, ob eine Rückstellung für drohende Verluste zu bilden war, verneint hatte[757]. In Zukunft ist diese Frage nur noch für den Ausweis in der Handelsbilanz von Bedeutung. Sie wird im Sinne des Vorlagebeschlusses des X. Senats zu bejahen sein.

2.20.4 Rückstellungen für unterlassene Instandhaltungsaufwendungen

988 **Unterlassene Instandhaltungsaufwendungen** sind Aufwendungen für Erhaltungsarbeiten, die bis zum Bilanzstichtag erforderlich gewesen wären, die aber erst nach dem Bilanzstichtag durchgeführt werden. Es darf sich also nicht um Erhaltungsaufwendungen handeln, die erfahrungsgemäß in etwa im gleichen Umfang und in gleichen Zeitabständen anfallen[758].

- Werden die Aufwendungen **in den ersten 3 Monaten** des folgenden Geschäftsjahrs nachgeholt, besteht handelsrechtlich (§ 249 Abs. 1 Nr. 1, 1. Alternative HGB) und damit auch steuerrechtlich ein **Passivierungsgebot**[759].
- Werden die Aufwendungen **später als 3 Monate** nach dem Bilanzstichtag im folgenden Geschäftsjahr nachgeholt, besteht für sie handelsrechtlich ein **Passivierungswahlrecht** und deshalb steuerrechtlich ein **Passivierungsverbot**[760].

989 **Nachgeholt** sind die Instandhaltungsaufwendungen nur dann innerhalb von drei Monaten, wenn die Arbeiten innerhalb dieser Frist abgeschlossen worden sind.

990 Unter diese Rückstellung fallen nur solche Instandhaltungsaufwendungen, für die am Bilanzstichtag **keine Verpflichtung gegenüber einem Dritten** und auch **keine öffentlich-rechtliche Verpflichtung** bestand. Bestand eine solche Verpflichtung, ist eine Rückstellung wegen einer ungewissen Verbindlichkeit auszuweisen[761].

991 Bei unterlassener Instandhaltung kann auch eine **außerplanmäßige Abschreibung** auf den niedrigeren Wert bzw. eine **Teilwertabschreibung** in Frage kommen. Dann scheidet aber eine Rückstellung für unterlassenen Instandhaltungsaufwand aus[762].

992 Die Instandhaltungsaufwendungen müssen **im abgelaufenen Geschäftsjahr unterlassen** sein. Hieraus könnte geschlossen werden, für in früheren Geschäftsjahren unterlassene Aufwendungen dürften Rückstellungen nicht gebildet werden (Nachholverbot). Die Aufwendungen müßten **im folgenden Geschäftsjahr**

---

[757] S. Rdn. 982.
[758] R 31c Abs. 12 EStR, H 31c (11) EStH.
[759] S. Rdn. 888.
[760] S. Rdn. 892.
[761] S. Rdn. 894.
[762] Clemm/Nonnenmacher in: Beck Bil-Komm. § 249 Rdn. 102.

nachgeholt werden. Würden sie nicht rechtzeitig nachgeholt, müsse die Rückstellung aufgelöst werden (Fortführungsverbot). Das ist aber dahingehend zu modifizieren, daß im Ergebnis jede technisch oder wirtschaftlich gebotene Instandhaltung, die im folgenden Geschäftsjahr innerhalb der Dreimonatsfrist nachgeholt wird, rückstellungspflichtig und die nach Ablauf der Dreimonatsfrist bis zum Ende des folgenden Geschäftsjahres nachgeholt wird, rückstellungsfähig wird[763].

Wird aber die Ansicht vertreten, Rückstellungen dürften wegen des Nachholverbots nicht gebildet werden oder müßten wegen des Fortführungsverbots aufgelöst werden, kann handelsrechtlich eine Abschreibung auf den niedrigeren Wert und steuerrechtlich eine Absetzung für außergewöhnliche technische oder wirtschaftliche Abnutzung oder eine Teilwertabschreibung des betreffenden Anlagegegenstandes in Betracht kommen[764].

2.20.5 Rückstellungen für unterlassene Abraumbeseitigungsaufwendungen

Abraumrückstände kommen in Steinbrüchen vor. Vor dem Ausbrechen des Gesteins muß nicht nur die auf der Steinschicht lagernde Erdschicht abgeräumt werden. Vom anschließenden Deckgebirge muß stufenweise soviel abgetragen werden, daß hiervon nichts nachrutschen kann.

993

In Zeiten der Hochkonjunktur werden diese Abraumarbeiten vor dem Wintereinbruch auf das Allernötigste beschränkt. Wenn die Arbeiten im Steinbruch nach Beendigung des Winters im folgenden Jahr wieder aufgenommen werden, müssen zunächst die Abraumbeseitigungsarbeiten nachgeholt werden, die im vergangenen Geschäftsjahr erforderlich gewesen wären. Das sind die rückständigen Abraumbeseitigungsaufwendungen.

Abraumbeseitigungsrückstand ist also der Rückstand an Aufwendungen, die eigentlich im vergangenen Geschäftsjahr für die Beseitigung des Abraums erforderlich gewesen wären.

994

Wie bei den unterlassenen Instandhaltungen[765] sind in § 249 Abs. 1 Nr. 1 HGB Aufwendungen aus einer Innenverpflichtung gemeint. Die Rückstellung ist daher eine **Aufwandsrückstellung**. Hat eine Abraumbeseitigung aufgrund einer **öffentlich-rechtlichen Verpflichtung** zu erfolgen, so ist eine Rückstellung für eine ungewisse Verbindlichkeit zu passivieren. In diesem Fall ist es unerheblich, ob die hierfür erforderlich werdenden Aufwendungen im Geschäftsjahr oder davor unterlassen worden sind und ob sie innerhalb des folgenden Geschäftsjahres nachgeholt werden[766].

---

763 ADS 6. Auflage, HGB § 249 Rdn. 177; Clemm/Nonnenmacher in: Beck Bil-Komm. § 249 Rdn. 106.
764 Siehe Rdn. 1345, 1356.
765 Siehe Rdn. 990.
766 ADS 6. Auflage, HGB § 249 Rdn. 180; Clemm/Nonnenmacher in: Bil-Komm. § 249 Rdn. 100.

995 Soweit keine öffentlich-rechtliche Verpflichtung, sondern eine **Innenverpflichtung** besteht und die auf das vergangene Jahr entfallenden Abraumbeseitigungsarbeiten **im folgenden Jahr nachgeholt** werden, sind die Aufwendungen hierfür zurückzustellen (§ 249 Abs. 1 Nr. 1, 2. Alternative HGB). Es besteht sowohl in der Handels- als auch in der Steuerbilanz ein Passivierungsgebot.

2.20.6 Aufwandsrückstellungen

996 Rückstellungen „dürfen" außerdem für ihrer Eigenart nach genau umschriebene, dem Geschäftsjahr oder einem früheren Geschäftsjahr zuzuordnende Aufwendungen gebildet werden, die am Abschlußstichtag wahrscheinlich oder sicher, aber hinsichtlich ihrer Höhe oder des Zeitpunkts ihres Eintritts unbestimmt sind (§ 249 Abs. 2 HGB). Handelsrechtlich besteht also für diese Aufwandsrückstellungen ein **Passivierungswahlrecht**. Hieraus ergibt sich für die **Steuerbilanz** ein Bilanzierungsverbot[767].

997 Hierbei muß es sich um konkrete künftige Aufwendungen handeln, die dem Geschäftsjahr oder einem früheren Geschäftsjahr zuzuordnen sind und denen sich der Kaufmann nicht entziehen kann, wenn er seinen Geschäftsbetrieb unverändert fortführen will[768].

Die Rückstellung hat also die Aufgabe, Ausgaben auf mehrere Perioden zu verteilen, weil der ihnen zugrundeliegende Aufwand in diesen zurückliegenden Perioden verursacht worden ist, z. B. Aufwendungen für Großreparaturen.

2.20.7 Garantierückstellungen

2.20.7.1 Garantiearbeiten

998 **Garantierückstellungen** erfassen das Risiko künftigen Aufwands gesetzlicher oder vertraglicher Gewährleistung durch
- kostenlose Nacharbeiten
- Ersatzlieferungen
- Minderungen oder
- Schadenersatzleistungen wegen Nichterfüllung[769]

2.20.7.2 Voraussetzungen

999 Voraussetzung für die Bildung einer Rückstellung wegen drohender Gewährleistungsansprüche ist, daß sich **am Bilanzstichtag eine Inanspruchnahme erkennbar abzeichnet**. Das ist der Fall, wenn der Unternehmer auf mit einer gewissen Regelmäßigkeit nach Grund und Höhe auftretende tatsächliche Garantieinanspruchnahmen hinweisen kann.

---
[767] Siehe Rdn. 892.
[768] Ausschußbericht, S. 99.
[769] H 31c (4) Garantierückstellungen EStH.

Rückstellungen 429

Das ist nicht schon dann der Fall, wenn nur einzelne Fälle von Inanspruchnahmen bezeichnet werden können, die nach Grund und Höhe voneinander abweichen. In einem solchen Fall ist eine Garantierückstellung nur zulässig, wenn nach den am Bilanzstichtag vorliegenden und festgestellten Tatsachen mit einer gewissen Wahrscheinlichkeit mit einer Inanspruchnahme in schätzbarer Höhe gerechnet werden muß.

Es reicht nicht aus, daß die Besonderheiten eines Auftrags ein erhöhtes Risiko bedingen. Die Neuartigkeit etwa einer Brückenkonstruktion und sonstige Schwierigkeiten rechtfertigen lediglich den Schluß, daß die Möglichkeit von Garantieleistungen, nicht aber die Wahrscheinlichkeit hierzu besteht[770].

Es muß ein **Zusammenhang mit einem vor dem Bilanzstichtag ausgeführten** **1000** **Rechtsgeschäft** bestehen.
- Fehlt ein solcher Zusammenhang, so geschehen Gewährleistungen aus Gründen der Gefälligkeit oder der Vorbereitung künftiger Kontakte. Für diese Gewährleistungen darf eine Rückstellung nicht ausgewiesen werden.
- Besteht aber ein Zusammenhang mit einem früheren Rechtsgeschäft und wird die Gewährleistung erbracht
  a) aufgrund rechtlicher oder wenigstens faktischer Verpflichtung, so ist eine Rückstellung für eine ungewisse Verbindlichkeit auszuweisen (§ 249 Abs. 1 Satz 1, 1. Alternative HGB),
  b) aus freien Stücken, so ist eine Gewährleistungsrückstellung zu bilanzieren (§ 249 Abs. 1 Nr. 2 HGB).

Beispiel:
U hat seinem Kunden K am 10. 3. 01 eine Maschine geliefert. Im April 02, nach Ablauf der Garantiefrist, fällt die Maschine wegen eines Bedienungsfehlers der Arbeitnehmer des K aus. U weiß das. Dennoch läßt er die Maschine von seinen Monteuren kostenlos reparieren. U hat den Reparaturaufwand in seiner Handels- und Steuerbilanz zum 31. 12. 01 zurückzustellen.

Auch künftige **Kulanzleistungen** können zurückgestellt werden. Voraussetzung **1001** ist aber, daß der Gewährleistungsaufwand im Zusammenhang mit einer vorangegangenen Lieferung oder Leistung steht[771]. Voraussetzungen für eine Gewährleistungsrückstellung bei Kulanzleistungen:
1. Es muß sich um Mängel an den eigenen Lieferungen und Leistungen handeln.
2. Es muß sich um Mängel handeln, die dem Unternehmer angelastet werden können (z. B. Material- und Funktionsfehler), die also nicht etwa auf Verschleiß oder unsachgemäße Behandlung zurückzuführen sind.
3. Es muß ein Zusammenhang mit einer vorangegangenen Lieferung oder Leistung bestehen.

---
770 BFH, Urt. v. 26.3.1968 IV R 94/67, BStBl 1968 II S. 533.
771 Clemm/Nonnenmacher in: Beck Bil-Komm. § 249 Rdn. 112 ff.

2.20.7.3 Bilanzierung

1002 Besteht zur Erbringung von Garantieleistungen eine Rechtspflicht (aufgrund Vertrags oder aus anderen, insbesondere gesetzlichen Gründen), ist eine **Verbindlichkeit** auszuweisen, wenn Sicherheit über Grund und Höhe der Verpflichtung besteht.

Besteht hingegen über Grund und/oder Höhe der Verpflichtung Unsicherheit, ist bereits eine **Rückstellung für eine ungewisse Verbindlichkeit** auszuweisen. Eine Rückstellung für eine ungewisse Verbindlichkeit ist ferner geboten, wenn lediglich eine faktische Verpflichtung des Kaufmanns besteht, also eine Verpflichtung, der sich der Kaufmann zwar rechtlich, nicht aber aus tatsächlichen Gründen entziehen kann[772].

1003 Damit ist der Bereich der Gewährleistungen weitgehend abgedeckt. Es hätte daher eigentlich der besonderen Vorschrift von § 249 Abs. 1 Satz 2 Nr. 2 HGB, wonach Rückstellungen für ohne rechtliche Verpflichtung erbrachte Gewährleistungen zu bilanzieren sind, nicht bedurft[773].

1004 Bei Garantierückstellungen durch **Kfz-Händler** kommt es auf den Vertrag zwischen dem Kfz-Händler und dem Kfz-Produzenten an. Dieser ist ein schwebender Vertrag. Aus ihm kann der Händler eine Rückstellung bilden, wenn ihm aus dem Vertrag ein Verlust droht, d. h. ein Verpflichtungsüberhang besteht. Es ist daher in diesem Falle eine Rückstellung wegen drohenden Verlustes auszuweisen[774].

Grundlage für eine Rückstellung ist nicht der mit dem Kunden abgeschlossene Kaufvertrag. Denn der Händler ist aufgrund des Vertrags mit dem Produzenten zur Gewährleistung auch für Kfz verpflichtet, die nicht er ausgeliefert hat, sondern ein anderer Händler. Das auf dem Händlervertrag beruhende System der Garantie- und Kulanzleistungen ist eine Gemeinschaftsaufgabe der Händlerorganisation, die dem Absatz der vom Händler vertriebenen Kfz-Marken zugute kommt[775].

2.20.7.4 Höhe der Rückstellung

1005 Die **Höhe** der Rückstellung richtet sich nach der wahrscheinlichen Zahl der Garantiefälle und den im einzelnen Fall entstehenden Aufwendungen. Sie wird aufgrund der tatsächlichen Inanspruchnahme in der Vergangenheit geschätzt. Maßgebend sind die Preisverhältnisse am Bilanzstichtag. Zwischen Bilanzstichtag und Bilanzaufstellung gewonnene Erkenntnisse sind zu berücksichtigen. An jedem Bilanzstichtag ist die Rückstellungshöhe neu zu berechnen[776].

1006 Zur Begründung des betriebsindividuellen Garantiesatzes sind die Aufwendungen für Garantiearbeiten innerhalb eines repräsentativen Zeitraumes aufzuzeich-

---

[772] Siehe Rdn. 897.
[773] ADS 6. Auflage, § 249 HGB, Rdn. 182.
[774] Zur Bilanzierung in der Steuerbilanz s. Rdn. 963 a.
[775] BFH, Urt. v. 2.8.1989 I R 93/85, BFH/NV 1990 S. 691.
[776] Ritzrow, BBK Fach 13 S. 3943.

Rückstellungen

nen. Eine Garantierückstellung kann aber dem Grunde nach auch dann gebildet werden, wenn durch Unterlagen nicht im einzelnen dargetan werden kann, in welchem Umfang in der Vergangenheit tatsächlich Garantieleistungen angefallen sind. Die Höhe der Rückstellung muß dann grob geschätzt werden. Hierbei ist auch die Dauer der Garantiefrist von Bedeutung[777].

1007 Es gibt allerdings keine einheitlichen Richtsätze für die Bemessung von Garantieverpflichtungen bei den einzelnen Wirtschaftszweigen. Die Höhe der Rückstellung ist daher nach den besonderen Verhältnissen des einzelnen Betriebs zu bemessen. Branchenübliche Garantiesätze können aber ohne Überprüfung anerkannt werden, wenn der Rückstellungsbetrag 0,5 % des garantiebefangenen Sollumsatzes des Geschäftsjahrs nicht übersteigt[778].

Garantiebefangener Sollumsatz

Umsatz mit Kunden aus Lieferungen und Leistungen
– Rücksendungen der Kunden
– Preisnachlässe an Kunden
= garantiebefangener Sollumsatz

1008 Es können Einzelrückstellungen oder Pauschalrückstellungen gebildet werden. Hierfür müssen folgende Voraussetzungen erfüllt sein[779]:
- Einzelrückstellung: Bis zum Tag der Bilanzaufstellung sind einzelne Garantiefälle bekanntgeworden.
- Pauschalrückstellung: Es besteht die Wahrscheinlichkeit der Inanspruchnahme aufgrund
  a) eigener Erfahrungen des Kaufmanns in der Vergangenheit oder
  b) aufgrund der branchenmäßigen Erfahrung und der individuellen Gestaltung des Betriebes.

Beispiel:
Bauunternehmer U ist verpflichtet, innerhalb von drei Jahren nach Bauabnahme Mängel an den von ihm errichteten Bauten zu beseitigen. In den Jahren 01 bis 03 betragen die garantiebefangenen Sollumsätze:

Jahr 01   8 000 000 DM
Jahr 02   6 000 000 DM
Jahr 03   9 000 000 DM

Der Garantiesatz des Unternehmers beträgt aufgrund der Aufzeichnungen in einem repräsentativen Zeitraum 0,7 % des garantiebefangenen Sollumsatzes.
U will die Garantierückstellung zum 31.12.03 ausweisen.

---

[777] BFH, Urt. v. 10.7.1962, StRK EStG § 5 R 376.
[778] FinMin NRW, Erlaß vom 4.3.1980, S 1540 – 25 – VA 1, BB 1982 S. 39.
[779] EStH 31c (4) Garantierückstellungen) EStH.

In jedem Jahr sind, ausgehend von den garantiebefangenen Sollumsätzen, aufgrund des betriebsindividuell festgestellten Garantiesatzes Garantierückstellungen auszuweisen.

Garantiearbeiten fallen laufend an und werden als laufende Geschäftsaufwendungen gebucht. Diese Nacharbeiten dürfen nicht nochmals in der Garantierückstellung erfaßt werden, da dann die Aufwendungen doppelt berücksichtigt würden. Daher ist in jedem Jahr die Rückstellung in Höhe der ausgeführten Nacharbeiten wieder aufzulösen. Bei einer hier gegebenen Garantiezeit von drei Jahren ist daher, wenn die Garantiearbeiten laufend und gleichmäßig anfallen, die in jedem Jahr neu gebildete Rückstellung in den folgenden Jahren aufzulösen. Da die Garantiezeit hier drei Jahre beträgt, ist die Garantierückstellung in den folgenden Jahren mit je einem Drittel aufzulösen.

Es wird unterstellt, daß die garantiebefangenen Umsätze im Jahr der Neubildung der Rückstellungen gleichmäßig angefallen sind und deshalb in diesem Jahr durchschnittlich nur eine halbjährige Laufzeit hatten. Im Jahr der Neubildung wird die Rückstellung daher nur mit einem Sechstel aufgelöst.

	Jahr 01	Jahr 02	Jahr 03
Rückstellungs- neubildung	8 000 000 DM × 0,7 % = 56 000 DM	6 000 000 DM × 0,7 % = 42 000 DM	9 000 000 DM × 0,7 % = 63 000 DM
Auflösung 01	− 9 333 DM	− 7 000 DM	− 10 500 DM
Auflösung 02	− 16 667 DM	− 14 000 DM	
Auflösung 03	− 16 667 DM		
Restbeträge	= 13 333 DM	= 21 000 DM	= 52 500 DM

Rückstellung zum 31.12.03:

Restbetrag 01	13 333 DM
+ Restbetrag 02	21 000 DM
+ Restbetrag 03	52 500 DM
= Rückstellung zum 31.12.03	86 833 DM

1009 Rückstellungen wegen Garantieverpflichtungen, die durch **Lieferung mangelfreier Sachen** zu erfüllen sind, sind mit dem Betrage anzusetzen, der voraussichtlich aufzuwenden ist, um die Nachlieferungspflichten zu erfüllen. Die Gewährleistungsverpflichtung ist also nicht auf Rückzahlung des Kaufpreises, in dem der Gewinnzuschlag und die Umsatzsteuer enthalten sind, gerichtet und damit auch nicht in dieser Höhe anzusetzen[780].

---

[780] BFH, Urt. v. 13.12.1972 I R 7–8/70, BStBl 1973 II S. 217.

Bei der Bemessung von Rückstellungen wegen Gewährleistungsverpflichtungen **1010** eines Bauträgers, kann die Möglichkeit eines **Rückgriffs gegen Dritte**, z. B. gegen Subunternehmer, betragsmindernd zu berücksichtigen sein. Aktivierungsfähige Regreßansprüche gleichen die Rückstellung durch die Aktivierung aus. Wirtschaftlich noch nicht entstandene Rückgriffsansprüche sind dann zur **Kompensation** heranzuziehen, wenn
1. sie derart in einem unmittelbaren Zusammenhang mit der drohenden Inanspruchnahme stehen, daß sie dieser wenigstens teilweise spiegelbildlich entsprechen,
2. sie in rechtlich verbindlicher Weise der Entstehung oder Erfüllung der Verbindlichkeit zwangsläufig nachfolgen (z. B. vorweg geschlossene Vereinbarung, gesetzliche Haftung),
3. vollwertig sind (unbestritten, zweifelsfreie Bonität des Rückgriffsschuldners)[781].

2.20.8 Rückstellungen für Produkthaftung

Nach den zur Bildung von Garantierückstellungen entwickelten Grundsätzen[782] **1011** behandelt die Finanzverwaltung auch die Rückstellungen für **Produkthaftung**. Das ist die Haftung des Herstellers eines Endprodukts, eines Teilprodukts oder eines Grundstoffs für dadurch entstehende Personen- oder Sachschäden insbesondere der Endverbraucher.

Unter Bezugnahme auf die Rechtsprechung des BFH zur Bildung von Rückstellungen für Haftpflichtverbindlichkeiten wird eine **Pauschalrückstellung** für Produkthaftung grundsätzlich ausgeschlossen.

Rückstellungen für **Haftpflichtverbindlichkeiten** dürfen nach der Rechtspre- **1012** chung des BFH[783] grundsätzlich nicht in pauschaler Form ausgewiesen werden. Im Unterschied zu Garantieverpflichtungen, die gegenüber den Vertragspartnern bestünden, handele es sich bei Haftpflichtverbindlichkeiten um Verpflichtungen gegenüber Dritten. Hierfür seien Rückstellungen grundsätzlich nur anzuerkennen, wenn spätestens bis zum Tage der Bilanzaufstellung ein Schadenersatzanspruch gegenüber dem Verpflichteten geltend gemacht werde oder wenigstens die den Anspruch begründenden Tatsachen im einzelnen bekanntgeworden seien. Nur bei Haftung gegenüber Auftraggebern des Produzenten seien die Grundsätze für die Bildung von Pauschalrückstellungen wegen Garantieverpflichtung anwendbar.

Warum der BFH diesen Unterschied zwischen der Haftung gegenüber Auftraggebern und gegenüber Dritten macht, folgt aus der Begründung eines anderen

---

[781] BFH, Urt. v. 17.2.1993 X R 60/89, BB 1993 S. 1115, BStBl 1993 II S. 437.
[782] Siehe Rdn. 998 ff.
[783] BFH, Urt. v. 30.6.1983 IV R 41/81, BStBl 1984 II S. 263.

Urteils, auf das in der vorerwähnten Entscheidung Bezug genommen wird: Haftpflichtverbindlichkeiten bestünden aus Berufshaftung oder unerlaubter Handlung gegenüber Dritten, die nicht Auftraggeber des Haftenden seien. Nur soweit es sich um die Haftung gegenüber Auftraggebern des Haftenden handele, könnten die Grundsätze für Garantieverpflichtungen angewendet werden. Dann käme es für die Bildung und Bemessung der Rückstellung auf das Ausmaß der Wahrscheinlichkeit ihres regelmäßigen Auftretens an[784].

Beim Schadenersatz aus Berufshaftung und unerlaubter Handlung ist das individuelle Verschulden Voraussetzung. Es sind hier jedesmal die besonderen Umstände des Einzelfalles für die Schadenshaftung entscheidend. Betriebliche oder branchenmäßige Erfahrungen haben daher keinen Aussagewert für Grund und Höhe der Verpflichtung.

1013 Nach dem Produkthaftungs-Gesetz wird entsprechend der bisherigen Rechtsprechung des Bundesgerichtshofs praktisch die **Beweislast umgekehrt**, so daß der geschädigte Endverbraucher grundsätzlich nicht das Verschulden des Produzenten nachweisen muß. Damit entfällt der Unterschied zwischen den Rückstellungen für verschuldensunabhängige Garantieverpflichtungen und verschuldensabhängige Haftpflicht. Daher können Pauschalrückstellungen für Produkthaftung nicht mehr mit dem Hinweis auf die Rechtsprechung des BFH zur Rückstellung für Haftpflicht versagt werden[785].

Es können daher für Produkthaftung nicht nur Einzelrückstellungen, sondern auch **Pauschalrückstellungen** bilanziert werden. Voraussetzung ist das Vorliegen eines Produktfehlers, auch wenn bei Bilanzaufstellung konkrete Schadensfälle noch nicht bekannt geworden sind, aber erfahrungsgemäß mit Schadensfällen gerechnet werden muß[786].

2.20.9 Auflösung von Rückstellungen

1014 Rückstellungen dürfen nur aufgelöst werden, soweit der Grund hierfür entfallen ist (§ 249 Abs. 3 Satz 2 HGB). Das ist eine Klarstellung. Rückstellungen, die gebildet werden müssen, dürfen solange nicht aufgelöst werden, wie der Rückstellungsgrund besteht. Würden sie nämlich aufgelöst, müßten sie sogleich aufgrund des Passivierungsgebots wieder bilanziert werden.

Aus der Vorschrift ergibt sich nicht, daß Rückstellungen aufzulösen sind, wenn der Rückstellungsgrund nicht mehr besteht. Das Auflösungsgebot folgt vielmehr aus den Grundsätzen ordnungsmäßiger Buchführung. Besteht der Rückstellungsgrund nicht mehr, ist der Bilanzausweis unrichtig. Die Rückstellung ist daher

---

[784] BFH, Urt. v. 26.4.1966 I 18/64, BFH Bd. 86 S. 114; s. auch Rdn. 905.
[785] Vollmer/Nick, DB 1985 S. 53.
[786] Clemm/Nonnenmacher in: Beck Bil-Komm. § 249 Rdn. 100; Beier/Grimme, BB 1995 S. 1686.

nach dem Grundsatz der Bilanzwahrheit aufzulösen. Das gilt auch dann, wenn nach dem Bilanzstichtag, aber vor der Bilanzaufstellung, Umstände bekannt werden, aus denen sich ergibt, daß mit einer Inanspruchnahme nicht mehr zu rechnen ist[787].

1015 Durch die Auflösung der Rückstellung ist ein außerordentlicher Ertrag zu versteuern. Die Rückstellung ist im Laufe mehrerer Jahre angewachsen. Das hindert aber nicht, daß der Ertrag aus der Auflösung der Rückstellung zusammengeballt in einem Jahr versteuert wird[788].

1016 Wurde bei einer früheren Veranlagung eine Rückstellung zu Unrecht anerkannt, so ist sie zum ehestmöglichen Zeitpunkt aufzulösen[789]. Fällt später der Grund für eine Rückstellung weg, so ist die Rückstellung aufzulösen, wenn bis zum Zeitpunkt der Bilanzaufstellung bekannt wird, daß mit einer Inanspruchnahme nicht mehr zu rechnen ist[790]. Eine Rückstellung ist auch dann aufzulösen, wenn die rechtliche Verpflichtung zwar weiterbesteht, aber keine wirtschaftliche Belastung mehr besteht[791].

Eine Rückstellung ist erfolgsneutral aufzulösen, wenn der Wegfall der Voraussetzungen für ihre Bildung und Beibehaltung auf Umständen beruht, die als Einlage zu beurteilen sind.

Beispiel:
Ein Pächter ist verpflichtet, die gepachteten Gegenstände dem Verpächter nach Ablauf der Pachtzeit in neuwertigem Zustand zurückzugeben. Er bilanziert daher eine Pachterneuerungsrückstellung. Der Verpächter erläßt dem Pächter die Verbindlichkeit aus Schenkungsgründen. Es entsteht bei diesem Vorgang eine betriebliche Vermögensmehrung, die auf den Wegfall eines Passivpostens aus außerbetrieblichen Gründen zurückzuführen ist. Die Pachterneuerungsrückstellung ist daher vom Pächter erfolgsneutral aufzulösen[792].

---

787 R 31c Abs. 13 EStR, H 31c (13) EStH.
788 BFH, Urt. v. 16.3.1967 IV R 280/66, BStBl 1967 III S. 389.
789 BFH, Urt. v. 7.2.1969 VI R 174/67, BStBl 1968 II S. 314.
790 BFH, Urt. v. 17.1.1973 I R 204/70, BStBl 1973 II S. 320.
791 BFH, Urt. v. 22.11.1988 VIII R 62/85, BStBl 1989 II S. 359.
792 BFH, Urt. v. 12.4.1989 I R 41/85, BStBl 1989 II S. 612.

2.21 Verbindlichkeiten

1017

Konten	
IKR	SKR 04
41 Anleihen	3100 Anleihen, nicht konvertibel
410 Konvertible Anleihen	3120 Anleihen, konvertibel
415 Anleihen – nicht konvertibel	3150 Verbindlichkeiten gegenüber Kreditinstituten
42 Verbindlichkeiten gegenüber Kreditinstituten	3250 Erhaltene Anzahlungen auf Bestellungen
43 Erhaltene Anzahlungen auf Bestellungen	S 3300 Verbindlichkeiten aus Lieferungen und Leistungen
44 Verbindlichkeiten aus Lieferungen und Leistungen	F 3350 Verbindlichkeiten aus der Annahme gezogener und der Ausstellung eigener Wechsel
45 Wechselverbindlichkeiten	
450 – gegenüber Dritten	
451 – gegenüber verbundenen Unternehmen	3400 Verbindlichkeiten gegenüber verbundenen Unternehmen
452 – gegenüber Unternehmen, mit denen ein Beteiligungsverhältnis besteht	3450 Verbindlichkeiten gegenüber Unternehmen, mit denen ein Beteiligungsverhältnis besteht
46 Verbindlichkeiten gegenüber verbundenen Unternehmen	
47 Verbindlichkeiten gegenüber Unternehmen, mit denen ein Beteiligungsverhältnis besteht	3500 Sonstige Verbindlichkeiten
48 Sonstige Verbindlichkeiten	3700 Verbindlichkeiten a. Betriebssteuern und -abgaben
480 Umsatzsteuer	3720 Verbindlichkeiten aus Lohn und Gehalt
481 Umsatzsteuer nicht fällig	3730 Verbindlichkeiten aus Lohn- und Kirchensteuer
482 Umsatzsteuervorauszahlung	
483 sonstige Steuerverbindlichkeiten	3740 Verbindlichkeiten im Rahmen der sozialen Sicherheit
484 Verbindlichkeiten gegenüber Sozialversicherungsträgern	3760 Verbindlichkeiten aus Einbehaltungen
485 Verbindlichkeiten gegenüber Mitarbeitern, Organmitgliedern und Gesellschaftern	3761 Verbindlichkeiten für Verbrauchsteuern
486 andere sonstige Verbindlichkeiten	3770 Verbindlichkeiten aus Vermögensbildung
4861 Verpflichtungen zu Schadenersatzleistungen	3790 Lohn- und Gehaltsverrechnungskonto
	S 3800 Umsatzsteuer
	S 3810 Umsatzsteuer nicht fällig

4862 erhaltene Kostenvorschüsse (soweit nicht Anzahlungen) 4863 erhaltene Kautionen 4864 | frei 4867 487 frei 488 frei 489 übrige sonstige Verbindlichkeiten	3820 Umsatzsteuervorauszahlungen 3840 USt laufendes Jahr 3841 USt Vorjahr 3845 USt frühere Jahre F Konten mit allgemeiner Funktion S Sammelkonten

2.21.1 Voraussetzungen

1018 Die Verbindlichkeiten gehören zum Fremdkapital eines Unternehmens. Sie dienen der langfristigen oder kurzfristigen Finanzierung von Vermögensgegenständen. Langfristig werden in der Regel Vermögensgegenstände/Wirtschaftsgüter des Anlagevermögens, kurzfristig Vermögensgegenstände/Wirtschaftsgüter des Umlaufvermögens finanziert.

1019 Eine Verbindlichkeit ist eine Verpflichtung des Kaufmanns gegenüber einem Dritten, die
- **erzwingbar** ist,
- sich auf eine dem Inhalt und der Höhe nach **bestimmte Leistung** richtet und
- eine **wirtschaftliche Belastung** darstellt[793].

2.21.1.1 Erzwingbarkeit

1020 Erzwingbar ist eine Leistung, wenn der Gläubiger seinen Anspruch hierauf im Klagewege durchsetzen kann.

Es ist nicht erforderlich, daß die Leistung **fällig** ist. Die Fälligkeit bestimmt nur den Zeitpunkt, von dem ab der Gläubiger die geschuldete Leistung verlangen kann. Auch eine nicht fällige Leistung ist an sich erzwingbar.

1021 Kann der Kaufmann eine **zerstörende Einrede** erheben, z. B. die Einrede der Verjährung, so ist zu unterscheiden[794]:
- Der Kaufmann hat die Einrede erhoben und will auch in Zukunft die Zahlung verweigern: Die verjährte Verbindlichkeit ist auszubuchen.
- Die Einrede wurde noch nicht erhoben:
  a) Die Verbindlichkeit muß unter dem Gesichtspunkt des faktischen Leistungszwangs weiterhin passiviert bleiben, wenn sich der Kaufmann der Leistungsverpflichtung aus wirtschaftlichen Gründen nicht entziehen kann und mit der Inanspruchnahme rechnen muß.

---
[793] Hüttemann, GoB, S. 8.
[794] Clemm/Nonnenmacher in: Beck Bil-Komm. § 247 Rdn. 221.

b) Ist anzunehmen, daß der Kaufmann sich auf die Verjährung berufen wird, darf die Verbindlichkeit nicht mehr passiviert werden.

1022 Steht dem Kaufmann nur eine **aufschiebende Einrede** zu, z. B. die Einrede des nicht erfüllten Vertrags (§ 320 BGB) oder die Einrede des Zurückbehaltungsrechts (§ 273 BGB), wird hierdurch wirtschaftlich nur die Fälligkeit der Leistung hinausgeschoben. Die Leistung ist also dem Grunde nach ebenso erzwingbar wie eine noch nicht fällige Leistung[795].

Beispiel:
Der Kaufmann hat am 25.12.00 2 500 kg Waren zu 7,50 DM/kg gekauft. Die Waren werden am 10.01.01 geliefert. Wenn der Lieferant bis zum 31.12.00 den Anspruch auf Zahlung des Kaufpreises erhebt, kann der Kaufmann die Einrede des nichterfüllten Vertrages (§ 320 BGB) entgegensetzen. Der Kaufmann hat aber zu zahlen, nachdem der Lieferant die Waren geliefert hat. Bis dahin ist also die Zahlungsverpflichtung lediglich aufgeschoben. Der Kaufmann weist zum 31.12.00 eine Verbindlichkeit aus Lieferung aus.

1023 Eine Verpflichtung kann auch auf **wirtschaftlichen, gesellschaftlichen** oder **sittlichen** Gründen beruhen.

Beispiel:
Ein Kaufmann gewährt seinen Kunden jahrelang Boni. Auch wenn er hierzu rechtlich nicht verpflichtet ist, kann er sich auch in Zukunft der Gewährung von Boni aufgrund tatsächlichen Leistungszwanges nicht entziehen.

1024 Es handelt sich hier um eine **faktische Verpflichtung**. Diese ist als Verbindlichkeit zu bilanzieren, wenn zweifelsfrei feststeht, daß der Kaufmann die Leistung erbringen wird. Das ist der Fall, wenn die Leistung vor Bilanzerstellung erbracht ist[796]. Hat der Kaufmann bis dahin nicht geleistet, kann er lediglich eine Rückstellung für eine ungewisse Verbindlichkeit passivieren[797].

1025 Verbindlichkeiten, die mit an Sicherheit grenzender Wahrscheinlichkeit **nicht erfüllt werden müssen,** dürfen weder in der Handelsbilanz noch in der Steuerbilanz passiviert werden. Hierbei ist aber der Grundsatz der Vorsicht zu beachten. Das gilt auch, wenn die nicht passivierbaren Verbindlichkeiten Teil eines Gesamtbestandes gleichartiger Verpflichtungen und angesichts ihres geringen Einzelwerts und der Umstände ihrer Begründung einer individuellen Bestimmung nicht zugänglich sind. Der Nichtausweis einer bestehenden Verbindlichkeit kommt erst dann in Frage, wenn nach den Erfahrungen der Vergangenheit darauf geschlossen

---

[795] Pelka/Seitz, Beck'sches StB-Handbuch 1998/99, Teil B Rz. 1407; ADS 6. Auflage, HGB § 246 Rdn. 111.
[796] Hüttemann, GoB, S. 11.
[797] Siehe Rdn. 897.

werden kann, daß aus dem Gesamtbestand der Verpflichtungen ein bestimmter Teil nicht geltend gemacht wird. Hierfür ist ein Erfahrungszeitraum von mindestens fünf Jahren erforderlich[798].

Beispiel:
Eine Warenhauskette gibt Gutscheine aus, die in bar oder beim Einkauf von Waren eingelöst werden können. Nach den Erfahrungen der Vergangenheit wird ein Teil der Gutscheine nicht eingelöst.

Diese Grundsätze sind auch auf die Verpflichtungen von Kreditinstituten aus Spareinlagen anzuwenden. Bei **Sparkonten**, auf denen in der Vergangenheit über einen längeren Zeitraum hinweg weder Ein- noch Auszahlungen erfolgten, besteht die Vermutung, daß die Bank mit einer Geltendmachung des Rückforderungsanspruchs durch den Kunden nicht mehr rechnen muß. Die Kundeneinlagen sind einschließlich aufgelaufener Zinsen spätestens 30 Jahre nach der letzten Ein- oder Auszahlung auszubuchen[799]. Eine Ausbuchung der Verbindlichkeit kann aber nicht vor Ablauf von 30 Jahren verlangt werden[800]. 1026

2.21.1.2 Bestimmtheit

Die geschuldete Leistung muß dem Grunde und der Höhe nach bestimmt sein. Hierdurch unterscheiden sich die Verbindlichkeiten von den ungewissen Verbindlichkeiten, für die Rückstellungen zu passivieren sind[801]. 1027

Abgrenzung zu den Rückstellungen	
Verbindlichkeit	Rückstellung für ungewisse Verbindlichkeit
Verpflichtung des Kaufmanns gegenüber dem Gläubiger ist	
• dem Grunde und • der Höhe nach	• dem Grunde und/oder • der Höhe nach
bestimmt	unbestimmt

Es reicht aus, wenn die Höhe der Verpflichtung am **Bilanzstichtag** bestimmt ist. Ob sie sich später ändern kann, ist nicht entscheidend. **Valutaverbindlichkeiten** ändern sich z. B. bei Kursschwankungen. Am Bilanzstichtag liegt aber die Höhe 1028

---
798 BFH, Urt. v. 22. 11. 1988 VIII R 62/85, BStBl 1989 II S. 359.
799 OFD Münster, Vfg. v. 17.4.1990 S 2175 – 178 – St 11 – 31; BMF, Schr. v. 19.2.1990 IV B 2 – S 2175 – 1/90, StEd 1990 S. 108; BFH, Urt. v. 27.3.1996 I R 3/95, BStBl 1996 II S. 470; BMF, Schr. v. 22.8.1996 IV B 2 – S 2175 – 3/96.
800 OFD Münster, Vfg. v. 30.7.1991 S 2175 – 178 – St 12 – 31, BB 1991 S. 1751.
801 Siehe Rdn. 901.

der Verpflichtung eindeutig fest. Es sind daher Verbindlichkeiten zu bilanzieren[802].

2.21.1.3 Wirtschaftliche Belastung

1029 Eine Verbindlichkeit darf nur ausgewiesen werden, wenn der Kaufmann wirtschaftlich belastet ist.

Solange bei einem **gegenseitigen Vertrag** der Gläubiger die dem Kaufmann geschuldete Leistung noch nicht erbracht hat, gleichen sich die Leistung des Kaufmanns und die Gegenleistung des Gläubigers aus. Sie sind in der Schwebe, so daß eine wirtschaftliche Belastung des Leistungsempfängers noch nicht eingetreten ist. Deshalb werden Verpflichtungen aus schwebendem Geschäft noch nicht als Verbindlichkeiten ausgewiesen, es sei denn, der Gläubiger hat seine Forderung bereits geltend gemacht[803]. Drohen aber Verluste aus einem schwebenden Geschäft, ist eine Rückstellung wegen drohenden Verlustes aus schwebendem Geschäft auszuweisen[804].

1030 Hat der Gläubiger aufgrund eines gegenseitigen Vertrages eine **einmalige Leistung** zu erbringen, so ist der Kaufmann wirtschaftlich belastet, wenn der Gläubiger das zur Erfüllung des Vertrages seinerseits Erforderliche getan hat. Von diesem Zeitpunkt an belastet die Verpflichtung das Betriebsvermögen des Kaufmanns, weil die Erfüllung der Verpflichtung zur Verringerung dieses Vermögens führt[805].

1031 Schuldet der Gläubiger laufend eine Gegenleistung aufgrund eines **Dauerschuldverhältnisses,** dann ist der Kaufmann in dem Maße belastet, in dem die Gegenleistung erbracht ist und die eigene Leistung noch aussteht[806].

Beispiel:
Ein Kaufmann hat ein Ladenlokal gemietet. Er hat die Miete für das abgelaufene Geschäftsjahr noch nicht gezahlt. Er hat eine Verbindlichkeit zu passivieren. Es kommt nicht darauf an, wann die Mietzahlungen fällig sind. Auch wenn die Miete nachträglich zu zahlen ist, schuldet der Kaufmann die Miete für die Nutzung im abgelaufenen Geschäftsjahr.

1032 Schuldet der Gläubiger **keine Gegenleistung,** ist der Kaufmann belastet, sobald der Tatbestand erfüllt ist, der die Verpflichtung begründet, z. B. Schadenersatzverpflichtungen[807]. Hier können aber Zweifel bestehen hinsichtlich des Grundes

---

[802] Hüttemann, GoB, S. 14.
[803] Siehe Rdn. 1022.
[804] Siehe Rdn. 958.
[805] Hüttemann, GoB, S. 15.
[806] Pelka/Seitz, Beck sches StB-Handbuch 1998/99, Teil B Rz. 1409.
[807] Pelka/Seitz, Beck sches StB-Handbuch 1998/99, Teil B Rz. 1409.

Verbindlichkeiten

oder/und der Höhe der Verpflichtung. Dann ist eine Rückstellung für ungewisse Verbindlichkeiten[808] zu bilanzieren.

2.21.2 Bilanzierung

2.21.2.1 Bilanzierungsgebot

Liegen die Voraussetzungen für eine Verbindlichkeit vor[809], besteht hierfür handelsrechtlich nach dem **Vollständigkeitsgrundsatz** (§ 246 Abs. 1 HGB) ein Bilanzierungsgebot. Aus dem Maßgeblichkeitsgrundsatz (§ 5 Abs. 1 Satz 1 EStG) folgt auch für die Steuerbilanz ein Bilanzierungsgebot[810]. **1033**

Sind die Voraussetzungen für eine Verbindlichkeit erfüllt, darf ein anderer Passivposten nicht bilanziert werden. Das folgt aus dem **Grundsatz der Richtigkeit**. Berührungspunkte bestehen insbesondere zu Rückstellungen und Eventualverbindlichkeiten. Daher sind Verbindlichkeiten hiervon abzugrenzen. **1034**

Abgrenzung der Verbindlichkeiten			
Verbindlichkeiten	Rückstellungen für ungewisse Verbindlichkeiten	Rückstellungen für drohende Verluste aus schwebenden Geschäften	Eventualverbindlichkeiten
Die Verpflichtung ist dem Grunde und der Höhe nach bestimmt	Die Verpflichtung ist dem Grunde und/oder der Höhe nach unbestimmt		

---

[808] Siehe Rdn. 901.
[809] Siehe Rdn. 1019.
[810] Siehe Rdn. 51.

Verpflichtung besteht aufgrund unerlaubter Handlung, Haftung, öffentlichen Rechts, einseitig oder zweiseitig verpflichtenden Rechtsgeschäfts oder aus einem anderen Rechtsgrund		Zugrunde liegt ein zweiseitig verpflichtendes Rechtsgeschäft, ein gegenseitiger Vertrag, der von dem Vertragspartner noch nicht erfüllt ist und aus welchem dem Unternehmer ein Verlust droht	
Bei einer aufschiebend bedingten Verbindlichkeit ist die Bedingung eingetreten oder mit Sicherheit zu erwarten[811]	Bei einer aufschiebend bedingten Verbindlichkeit besteht eine hinreichende Wahrscheinlichkeit für den Eintritt der Bedingung		Bei einer aufschiebend bedingten Verbindlichkeit besteht eine geringe Wahrscheinlichkeit für den Eintritt der Bedingung

2.21.2.2 Saldierungsverbot

1035 Aktivposten dürfen nicht mit Passivposten verrechnet werden (§ 246 Abs. 2 HGB). Verbindlichkeiten dürfen daher nicht mit Forderungen saldiert werden. Das ist Ausfluß des Vollständigkeitsgrundsatzes.

1036 Der Kaufmann kann aber mit einer ihm zustehenden Forderung gegen eine Verbindlichkeit **aufrechnen,** wenn
1. der Kaufmann gegenüber demselben Geschäftspartner berechtigt und verpflichtet ist,
2. die Leistungen, auf die sich Forderung und Verbindlichkeit beziehen, gleichartig sind und
3. die Forderung fällig und die Verbindlichkeit erfüllbar ist (§ 387 BGB).

Durch die Aufrechnung erlöschen Forderung und Verbindlichkeit in dem Zeitpunkt, in dem sie sich erstmalig aufrechenbar gegenüberstehen (§ 389 BGB). Liegt dieser Zeitpunkt vor dem Bilanzstichtag, ist die Verbindlichkeit mit der Forderung zu saldieren, auch wenn die Aufrechnung nach dem Bilanzstichtag aber vor der Bilanzerstellung erklärt wurde. Ist die eigene Forderung des Kaufmanns

---

[811] Eine aufschiebend bedingte Verbindlichkeit liegt nicht vor, wenn sich die aufschiebende Bedingung lediglich auf die Fälligkeit der Verpflichtung bezieht. Siehe Rdn. 1022.

zwar erst nach dem Bilanzstichtag, aber vor dem Zeitpunkt der Bilanzerstellung, fällig und erklärt der Kaufmann auch die Aufrechnung bis zu diesem Zeitpunkt, so ist ebenfalls die Verrechnung zulässig[812].

Besteht zwischen dem Kaufmann und einem bestimmten Gläubiger ein laufender **1037** Geschäftsverkehr, so werden die sich aus der Geschäftsverbindung ergebenden gegenseitigen Ansprüche in regelmäßigen Zeitabständen verrechnet und durch Feststellung des sich für den einen oder anderen Teil ergebenden Überschusses ausgeglichen (§ 355 HGB). Bei einem solchen **Kontokorrentverhältnis** zwischen zwei Vertragspartnern ist die Verrechnung üblich. Es besteht daher Saldierungspflicht[813].

2.21.2.3 Betriebsvermögen

2.21.2.3.1 Steuerrechtliche Zurechnung

Die Frage, ob steuerrechtlich eine Verbindlichkeit zum Betriebsvermögen oder **1038** zum Privatvermögen gehört, ist nach **objektiven Gesichtspunkten** zu beurteilen. Daher gibt es bei Schulden grundsätzlich kein gewillkürtes Betriebsvermögen (s. Rdn. 123). Verbindlichkeiten gehören zum Betriebsvermögen, wenn sie mit dem Betrieb in wirtschaftlichem Zusammenhang stehen oder zu dem Zweck übernommen wurden, dem Betrieb Mittel zuzuführen. Die Zuordnung einer Verbindlichkeit zum Betriebs- oder Privatvermögen hängt daher von dem Anlaß ihrer Entstehung ab. Eine Verbindlichkeit ist dann betrieblich veranlaßt, wenn der sie auslösende Vorgang im betrieblichen Bereich liegt[814]. Sie rechnet auch dann zum Betriebsvermögen, wenn die Kreditaufnahme erforderlich geworden ist, weil dem Betrieb für private Zwecke Mittel entnommen worden sind[815]. Hierbei kommt es nicht darauf an, ob die Barentnahmen zur Finanzierung des allgemeinen Lebensbedarfs oder einer besonderen Einzelmaßnahme, wie z. B. der Anschaffung oder Herstellung eines Einfamilienhauses, eingesetzt werden[816]. Betrieblich veranlaßt ist auch ein Darlehen, das ein Miterbe aufnimmt, um Ausgleichszahlungen an einen anderen Miterben gegen Überlassung eines zum Nachlaß gehörenden Kommanditanteils leisten zu können[817].

Eine privat entstandene Verbindlichkeit kann in eine betriebliche Verbindlichkeit **1039** **umgeschuldet** werden, indem vorhandene Barmittel entnommen werden, um eine Privatschuld zu begleichen und dann erforderliche Betriebsausgaben und betriebliche Anschaffungen durch betriebliche Darlehen finanziert werden[818].

---

812 Kropff in: Geßler u.a., AktG, § 152 Rdn. 84, 85.
813 Hüttemann, GoB, S. 50.
814 BFH, Urt. v. 12.9.1985 VIII R 336/82, BStBl 1986 II S. 255.
815 BFH, Urt. v. 23. 6.1983 IV R 192/80, DB 1983 S. 2341, BB 1983 S. 1902, BStBl 1983 II S. 725.
816 BHF, Beschl. v. 8.12.1997 GrS 1–2/95, BB 1998 S. 298.
817 BFH, Urt. v. 19. 5. 1983 IV R 138/79, BStBl 1983 II S. 380.
818 BFH, Urt. v. 17. 4. 1985 I R 101/81, BStBl 1985 II S. 510.

Nach den **Verwaltungsanweisungen**[819] ist hier zu unterscheiden:
- Wird einem Betrieb ein Darlehen zugeführt und werden die Barmittel hieraus innerhalb kurzer Zeit wieder entnommen, ist die Verbindlichkeit von Anfang an Privatschuld. Es werden lediglich Entnahmen aus Darlehensmitteln finanziert.
- Werden im Betrieb erzielte Einnahmen zur Tilgung eines bereits vorhandenen privaten Darlehens entnommen und wird deshalb ein neues Darlehen zur Finanzierung von betrieblichen Aufwendungen aufgenommen, so ist dieses zweite Darlehen eine Betriebsschuld.
- Ein privates Darlehen kann aber nicht in ein betriebliches Darlehen gewillkürt werden. Das geht auch nicht insoweit, als im Betrieb entnahmefähige Mittel vorhanden sind.

Der BFH ist dieser Auffassung beigetreten und hat zur Frage, wann eine Kreditaufnahme betrieblich oder privat veranlaßt ist, auf die **Verwendung der Kreditmittel** abgestellt. Ausgehend vom Grundsatz, daß der Unternehmer in seiner Entscheidung frei sei, sein Unternehmen unter Einsatz von Eigenkapital oder Fremdkapital zu führen, sei allein die Verwendung des Darlehensbetrages, allgemein gesprochen also der Kreditmittel, entscheidend. Es sei unerheblich, ob die mit Kredit finanzierten Aufwendungen auch durch eigene Mittel hätten bestritten werden können. Es stehe daher dem Unternehmer frei, zunächst dem Betrieb Barmittel zu entnehmen und dann betriebliche Aufwendungen mit Kredit zu finanzieren und auf diese Weise Eigenkapital durch Fremdkapital zu ersetzen. Die betriebliche Veranlassung von Schuldzinsen werde daher nicht aufgehoben, weil der Fremdmittelbedarf auf Entnahmen zurückgehe. Auf der anderen Seite seien aber Schuldzinsen auch nicht deshalb als Betriebsausgaben abziehbar, weil Eigenmittel für betriebliche Zwecke eingesetzt worden sind und daher Fremdmittel für private Zwecke aufgenommen werden mußten. In dem einen und dem anderen Fall komme es allein auf die betriebliche oder private Verwendung an[820].

2.21.2.3.2 Gemischt genutzte Wirtschaftsgüter

1040 Wird ein Vermögensgegenstand/Wirtschaftsgut, dessen Anschaffung oder Herstellung durch eine Verbindlichkeit finanziert worden ist, **gemischt genutzt**, so wird die Verbindlichkeit grundsätzlich ebenso wie das Wirtschaftsgut dem Betriebs- und dem Privatvermögen zugerechnet. Handelt es sich um ein bewegliches Wirtschaftsgut, so kann es nur einheitlich zum Betriebs- oder Privatvermögen gerechnet werden. Grundstücke können hingegen hinsichtlich der Zurechnung zum Betriebs- oder Privatvermögen aufgeteilt werden[821]. Dem folgt auch die Zurechnung der hiermit zusammenhängenden Verbindlichkeit.

---

[819] BMF, Schr. v. 27. 7. 1987 – IV B 2 – S 2134 – 1/87, DB 1987 S. 1762, BStBl 1987 I S. 508.
[820] BFH, Beschl. v. 8.12.1997 GrS 1–2/95, BB 1998 S. 298.
[821] Siehe Rdn. 124 f.

Verbindlichkeiten 445

2.21.2.3.3 Einzelunternehmen

Einzelunternehmer dürfen nur ihre Betriebsschulden, also nicht auch ihre Privatschulden, bilanzieren[822]. Voraussetzung für die Bilanzierung einer Verbindlichkeit ist also die Zugehörigkeit zum Betriebsvermögen. 1040a

2.21.2.3.4 Kapitalgesellschaften und Personengesellschaften

Kapitalgesellschaften und **Personengesellschaften** haben alle unter ihrem Namen eingegangenen Verbindlichkeiten zu passivieren. Ist bei einer Personengesellschaft die Gegenleistung für private Zwecke eines Gesellschafters bestimmt, so ist eine Forderung gegen den Gesellschafter einzubuchen oder dessen Privatkonto zu belasten[823]. 1040b

Beispiel:
Eine Personengesellschaft nimmt bei ihrer Hausbank ein Darlehen über 200 000 DM auf, das durch eine Grundschuld an einem Betriebsgrundstück der Gesellschaft gesichert wird. Die Darlehenssumme wird dem Gesellschafter A zur Verfügung gestellt, der sie zur Errichtung eines privaten Einfamilienhauses verwendet.

Für die Passivierung in der **Steuerbilanz** reicht die Zugehörigkeit einer Verbindlichkeit zum Gesamthandsvermögen einer Personengesellschaft nicht aus. Die Maßgeblichkeit der Handelsbilanz für die Steuerbilanz hat ihre Grenze dort, wo steuerliche Besonderheiten das erfordern. Besonderheiten ergeben sich aus dem einkommensteuerrechtlichen Begriff „Betriebsvermögen". Hiernach gehört eine Schuld nicht zum Betriebsvermögen einer Personengesellschaft, wenn ihre Übernahme nicht betrieblich veranlaßt war. Das ist der Fall, wenn es nach Lage des Falles als ausgeschlossen angesehen werden kann, daß die Gesellschaft die Verbindlichkeit auch zugunsten eines Fremden übernommen hätte[824]. Auf der anderen Seite rechnet ein Darlehen, das ein Gesellschafter zur Aufstockung seines Gesellschaftsanteils[825] oder für die Anschaffung eines Wirtschaftsguts verwendet, das er der Gesellschaft zur Nutzung überläßt, zum Sonderbetriebsvermögen des Gesellschafters[826]. 1040c

Gewährt ein **Gesellschafter ein Darlehen an die Personengesellschaft,** so sind Vergütungen, die er von der Gesellschaft für die Hingabe des Darlehens bezieht, für ihn Einkünfte aus Gewerbebetrieb (§ 15 Abs. 1 Nr. 2 Satz 1 EStG). Das Darlehen gehört zum steuerlichen Betriebsvermögen. Es ist ohne Bedeutung, ob der Gesellschafter das Darlehen der Gesellschaft in Erfüllung seiner gesellschafts- 1041

---

822 Hüttemann, GoB, S. 32 ff.
823 Hüttemann, HdJ, Abt. III 8, Rdn. 50, 51.
824 BFH, Urt. v. 2. 6. 1976 I R 136/74, BStBl 1976 II S. 668.
825 BFH, Urt. v. 30. 6. 1966 IV 273/65, BStBl 1966 III S. 582.
826 Herrmann/Heuer/Raupach, § 15 EStG Anm. 37 (1), E 222.

rechtlichen Beitragspflicht im Sinne der §§ 705 bis 707 BGB oder einer anderen Rechtspflicht überläßt.

Durch § 15 Abs. 1 Nr. 2 EStG soll verhindert werden, daß Einkünfte in einen nichtgewerblichen Bereich verlagert werden. Die Vorschrift bezieht sich daher nur auf Vergütungen, die ohne diese Vorschrift nicht als inländische gewerbliche Einkünfte anzusehen wären[827].

> *Beispiel:*
> *Gesellschafter G gewährt der Personengesellschaft ein Darlehen. Die Gesellschaft verwendet es zum Kauf eines Betriebsgrundstücks.*
>
> *a) G hat außer aus seiner Tätigkeit als Mitunternehmer keine Einkünfte aus Gewerbebetrieb. Das Darlehen ist Sonderbetriebsvermögen des G. Die Zinsen sind Einkünfte aus Gewerbebetrieb nach § 15 Abs. 1 Nr. 2 Satz 1 EStG.*
>
> *b) G hat ein gewerbliches Einzelunternehmen und gewährt der Personengesellschaft in diesem Rahmen das Darlehen. Das Darlehen gehört zum Betriebsvermögen des G im Rahmen seines Einzelunternehmens. Die Zinsen sind Einkünfte aus Gewerbebetrieb gemäß § 15 Abs. 1 Nr. 1 EStG.*

Im vorstehenden Beispiel gehört das Darlehen im Fall a zum Sonderbetriebsvermögen I (s. Rdn. 128). Das Darlehen und die Vergütungen an G werden in der Sonderbuchführung des G erfaßt. Es wird gebucht:

1. Bei Hingabe des Darlehens seitens G an die Gesellschaft

   a) Buchung bei der Gesellschaft
   ➤ Bank
   an Darlehensverbindlichkeit

   b) Buchung in der Sonderbuchführung des G
   ➤ Darlehensforderung
   an Einlage

2. Laufende Zinszahlungen an den Gesellschafter G

   c) Buchungen bei der Gesellschaft
   ➤ Zinsaufwand
   an Bank (oder sonstige Verbindlichkeiten)

   d) Buchungen in der Sonderbuchführung des G
   ➤ Privatentnahmen (bei Überweisung auf ein privates Girokonto des G) oder
   Bank (bei Überweisung auf ein Girokonto im Sonderbetriebsvermögen des G) oder

---

[827] BMF, Schr. v. 20.12.1977 IV B 2 – S 2241 – 231/77, Rz. 81 und 83, BStBl 1978 I S. 8.

Verrechnungskonto oder Privat (bei Gutschrift auf Verrechnungskonto
bzw. Kapitalkonto II)
an Zinsertrag

In der sog. **steuerlichen Gesamtbilanz** werden anschließend zusammengezogen die Steuerbilanz der Personengesellschaft und die Sonderbilanz des Gesellschafters. Die Darlehensforderung des Gesellschafters und die Darlehensverbindlichkeit der Gesellschaft verschmelzen zur Einlage des Gesellschafters. Die Zinsaufwendungen der Personengesellschaft und die Zinserträge des Gesellschafters verschmelzen zu Entnahmen des Gesellschafters.

Darlehensforderungen der **Gesellschafter an ihre Kapitalgesellschaft** sind als deren Betriebsvermögen oder Privatvermögen zu behandeln, je nachdem, ob die betreffenden Gesellschafter das Darlehen aus ihrem Betriebsvermögen oder Privatvermögen gewähren. Die an die Gesellschafter gezahlten Zinsen sind bei diesen, wenn die Darlehensforderung bei ihnen zum Betriebsvermögen gehört, Betriebseinnahmen, gehört sie zu ihrem Privatvermögen, Einkünfte aus Kapitalvermögen.

1042

Darlehen können nur ausnahmsweise als **verdecktes Stammkapital** behandelt werden, wenn besondere Umstände ergeben, daß im Einzelfall aus rechtlichen oder wirtschaftlichen Gründen die Form der Zuführung von Gesellschaftskapital allein möglich, also zwingend gewesen wäre, oder wenn sich die schuldrechtliche Vertragsgestaltung als so ungewöhnlich erweist, daß sie als Gestaltungsmißbrauch angesehen werden muß. Selbst bei Gesellschafterdarlehen an eine überschuldete GmbH handelt es sich grundsätzlich nicht um verdecktes Stammkapital. Die angefallenen Zinsen mindern daher den Gewinn der Gesellschaft[828].

Bei **eigenkapitalersetzenden Darlehen** gewährt ein Gesellschafter einer GmbH, an der er beteiligt ist, in einem Zeitpunkt, in dem er ihr als ordentlicher Kaufmann Eigenkapital zugeführt hätte, statt dessen ein Darlehen. Das Darlehen ist in der Handelsbilanz grundsätzlich als Fremdkapital zu passivieren. Lediglich im Konkurs über das Vermögen der Gesellschaft oder im Vergleichsverfahren zur Abwendung des Konkurses kann der Gesellschafter den Anspruch auf Rückgewähr des Darlehens nicht geltend machen (§ 32 a GmbH). Die Aussetzung der Rückzahlungspflicht ist aber nur temporär. Hat die Gesellschaft die Krise überwunden, entfallen die Beschränkungen wieder[829]. Eigenkapitalersetzende Darlehen sind nach dem Maßgeblichkeitsgrundsatz auch in der Steuerbilanz als Verbindlichkeit anzusetzen. Sie können steuerlich nicht Eigenkapital gleichbehandelt werden, auch nicht mit Hilfe des § 42 AO. Soweit nach Verwaltungsanweisung[830] von einer anderen Rechtsauffassung ausgegangen wird, fehlt dem die Rechtsgrundlage[831].

---
[828] BFH, Urt. v. 10.12.1975 I R 135/74, BStBl 1976 II S. 226.
[829] Kamprad, GmbHR 1985 S. 352.
[830] BMF, Schr. v. 16.3.1987 IV B 7 – S 2742 – 3/87, BStBl 1987 I S. 373.
[831] BFH, Urt. v. 5.2.1992 I R 127/90, BStBl 1992 II S. 532.

2.21.2.3.5 Treuhandverbindlichkeiten

1043 **Treuhandverbindlichkeiten** sind vom Treugeber zu passivieren. Für die Steuerbilanz folgt das aus § 39 Abs. 2 Nr. 1 Satz 2 AO. Ist der Treuhänder dem Gläubiger gegenüber die Verbindlichkeit im eigenen Namen eingegangen, so hat auch er sie zu passivieren. Gleichzeitig hat er den Anspruch gegen den Treugeber zu aktivieren. Zusätzliche Passivierung beim Treuhänder und Aktivierung des Anspruchs gegen den Treugeber scheiden jedoch aus, wenn der Treuhänder die Verbindlichkeit im Namen des Treugebers begründet hat[832].

2.21.2.3.6 Zurechnung nach Betriebsaufgabe und Betriebsveräußerung

1044 Nach einer **Betriebsaufgabe** oder einer **Betriebsveräußerung** bleiben betrieblich begründete Verbindlichkeiten Betriebsschulden, soweit sie nicht durch Verwertung des Aktivvermögens getilgt werden konnten und nicht auf Entnahmen beruhen, die in der Zeit zwischen Betriebsaufgabe und Vollbeendigung erfolgt sind[833]. Sie verlieren ihre Eigenschaft als Betriebsschuld nicht, wenn zu ihrer Sicherung an einem privaten Einfamilienhausgrundstück eine Hypothek bestellt wird[834].

Zahlt der **Gesellschafter** einer Personengesellschaft Zinsen für Verbindlichkeiten, welche die Gesellschaft bei Aufgabe ihres Betriebs nicht getilgt hat, obwohl ihr bei ordnungsgemäßer Abwicklung ausreichende Mittel zur Verfügung gestanden hätten, kann er die Zinsen nicht als (nachträgliche) Betriebsausgaben abziehen. Das gilt auch für Zinsen auf Verbindlichkeiten, die einem Gesellschafter im wirtschaftlichen Zusammenhang mit seinem Sonderbetriebsvermögen entstanden sind, wenn er die Aktivwerte dieses Vermögens bei Beendigung seiner Mitunternehmerstellung nicht zur Tilgung der Verbindlichkeiten verwendet. Zahlt aber ein Gesellschafter Zinsen für nach Versilberung des Aktivvermögens der Gesellschaft fortbestehende Gesellschaftsverbindlichkeiten, so muß er sich nicht entgegenhalten lassen, daß er die Aktivwerte seines Sonderbetriebsvermögens zur Tilgung dieser Verbindlichkeiten hätte einsetzen können[835].

1045 Werden nach der Vollbeendigung eines Gewerbetriebes bestehen gebliebene Verbindlichkeiten durch neu aufgenommene Darlehen abgelöst (**Umschuldung**), so stehen auch die neuen Darlehen im wirtschaftlichen Zusammenhang zum ehemaligen betrieblichen Bereich[836].

Soweit aber ein Unternehmer betriebliche Verbindlichkeiten nach der Beendigung des Gewerbebetriebs **nicht durch Verwertung vorhandener Aktiva tilgt** oder **Aktivvermögen entnimmt** und dadurch einer Verwertung entzieht, gibt er

---
[832] Hüttemann, HdJ, Abt. III 8, Rdn. 47 f.
[833] BFH, Urt. v. 11. 12. 1980 I R 119/78, BStBl 1981 II S. 460; 21.11.1989 IX R 10/84, BStBl 1990 II S. 213.
[834] BFH, Urt. v. 11. 12. 1980 I R 61/79, BStBl 1981 II S. 461.
[835] BFH, Urt. v. 13.2.1996 VIII R 18/92, BStBl 1996 II S. 291.
[836] BFH, Urt. v. 11. 12. 1980 I R 198/78, BStBl 1981 II S. 462.

zu erkennen, daß er insoweit den Zusammenhang der Verbindlichkeiten mit dem Betrieb löst. In diesem Umfang werden daher die Verbindlichkeiten zu privaten Schulden[837]. Wird aber mit dem Veräußerungserlös anderes Betriebsvermögen erworben, rechnet die zurückbehaltene Schuld zum neu erworbenen Betriebsvermögen[838].

2.21.2.3.7 Nahe Angehörige

Nach den Verwaltungsanweisungen[839] müssen folgende **Voraussetzungen** erfüllt sein, wenn Darlehensverträge zwischen nahen Angehörigen steuerlich anerkannt werden sollen:

1046

Voraussetzungen für die steuerliche Anerkennung von Darlehensverträgen zwischen nahen Angehörigen

1. Bürgerlich-rechtlich wirksamer Abschluß des Darlehensvertrages
2. Tatsächliche Durchführung des Vertrages, so wie er vereinbart worden ist
3. Vertragsinhalt und Durchführung müssen dem entsprechen, wie es zwischen Fremden üblich ist (Fremdvergleich) hinsichtlich
   a) Laufzeit sowie Art und Zeit der Rückzahlung,
   b) Zinszahlung zu den Fälligkeitszeitpunkten,
   c) Sicherung des Rückzahlungsanspruchs
4. Trennung der Vermögens- und Einkunftssphären der Vertragschließenden
5. Klare, deutliche und einwandfreie Abgrenzung von einer Unterhaltsgewährung oder einer verschleierten Schenkung der Darlehenszinsen

---

Vergleichsmaßstab für den **Fremdvergleich** (Voraussetzung Nr. 3) sollen die zwischen Darlehensnehmern und Kreditinstituten üblichen Vertragsgestaltungen sein. Hierzu sollen insbesondere gehören:
- Vereinbarung über Laufzeit
- Vereinbarung über Art und Zeit der Rückzahlung
- Entrichtung der Zinsen zu den Fälligkeitszeitpunkten
- banktübliche Sicherung des Rückzahlungsanspruchs

Sind beide Angehörige **volljährig** und sind sie **wirtschaftlich voneinander unabhängig**, muß der Darlehensvertrag nicht in allen Punkten dem entsprechen, was unter fremden Dritten üblich ist, wenn die Darlehensmittel sonst bei einem fremden Dritten hätten aufgenommen werden müssen und in unmittelbarem wirtschaftlichen Zusammenhang mit der Anschaffung oder Herstellung von Wirtschaftsgütern stehen. Hier ist es ausreichend, wenn die getroffenen Vereinbarun-

---

[837] BFH, Urt. v. 11. 12. 1980 I R 174/78, BStBl 1981 II S. 463.
[838] H 13 (15) Betriebsaufgabe oder -veräußerung im ganzen EStH.
[839] BMF, Schr. v. 1.12.1992 IV B 2 – S 2144 – 76/92, BStBl 1992 I S. 729.

gen tatsächlich vollzogen werden, insbesondere die Darlehenszinsen regelmäßig gezahlt werden[840]. Werden die Darlehensmittel für andere Zwecke als der Anschaffung oder Herstellung von Wirtschaftsgütern eingesetzt, sind an den Fremdvergleich die erhöhten Anforderungen zu stellen[841].

Wirtschaftlich unabhängig voneinander sind Angehörige dann, wenn jeder seinen Unterhalt und seine für die Lebensführung benötigten Aufwendungen aus eigenen Mitteln bestreiten kann. Ehegatten, die keine eigenen Einkünfte beziehen und kein eigenes zum Bestreiten des Unterhalts ausreichendes Vermögen haben, und volljährige Kinder, die noch auf Unterhaltsleistungen anderer angewiesen sind, sind nicht wirtschaftlich unabhängig[842].

Vertragspartner können sein:
- nahe Angehörige
- eine Personengesellschaft und Angehörige von Gesellschaftern, welche die Gesellschaft beherrschen
- eine Kapitalgesellschaft und Angehörige von Gesellschaftern, welche die Gesellschaft beherrschen

Ein **Fremdvergleich** ist auch durchzuführen, wenn Vereinbarungen zwischen einer Personengesellschaft und Angehörigen von solchen Gesellschaftern getroffen werden, welche die Gesellschaft beherrschen[843]. Das gilt auch, wenn beherrschende Gesellschafter einer Personengesellschaft ihnen gegen die Personengesellschaft zustehende Darlehensforderungen schenkweise an Angehörige abtreten[844].

Angehörige sind stets nur natürliche Personen. Auf Darlehensverhältnisse zwischen natürlichen und juristischen Personen sind daher die Maßstäbe des Fremdvergleichs nicht unmittelbar anzuwenden. Sie gelten aber für die Zurechnung einer Darlehensforderung und der Zinsen im Verhältnis des Darlehensgebers zum beherrschenden Gesellschafter oder Gesellschafter-Geschäftsführer[845].

Wird die unentgeltliche Zuwendung eines Geldbetrags an einen Angehörigen davon abhängig gemacht, daß der Empfänger den Betrag als Darlehen wieder zurückgeben muß, ist ertragsteuerlich nach den Verwaltungsanweisungen[846] weder die vereinbarte Schenkung noch die Rückgabe als Darlehen anzuerkennen. Der Empfänger erhält nicht die alleinige und unbeschränkte Verfügungsmacht über die Geldmittel, da er sie nur zum Zwecke der Rückgabe an den Zuwendenden oder an eine Personengesellschaft, die der Zuwendende oder dessen Angehörige beherrschen, verwenden darf.

---

840 BMF, Schr. v. 1.12.1992, IV B 2 – S 2144 – 76/92, BStBl 1992 I S. 729, Rz. 7.
841 BMF, Schr. v. 9.5.1994 IV B 2 – S 2144 – 78/93, DB 1994 S. 1058.
842 BMF, Schr. v. 9.5.1994 IV B 2 – S 2144 – 78/93, DB 1994 S. 1058.
843 BFH, Urt. v. 18.12.1990 VIII R 138/85, BStBl 1991 II S. 581.
844 BMF, Schr. v. 1.12.1992 IV B 2 – S 2144 – 76/92, BStBl 1992 I S. 729, Rz. 6.
845 BMF, Schr. v. 9.5.1994 IV B 2 – S 2144 – 78/93, DB 1994 S. 1058.
846 BMF, Schr. v. 1.12.1992 IV B 2 – S 2144 – 76/92, BStBl 1992 I S. 729, Rz. 8.

Beispiel:
Vater V schenkt seinem Sohn S 100 000 DM. S gewährt V oder einer Personengesellschaft, die von V oder dessen Angehörigen beherrscht wird, den empfangenen Geldbetrag für die Dauer von 5 Jahren als Darlehen. Das Darlehen wird angemessen verzinst.

Wurde daher im vorstehenden Beispiel zwischen V und S vereinbart, daß S den empfangenen Geldbetrag wieder als Darlehen zur Verfügung zu stellen hatte, so ist, wirtschaftlich gesehen, S mit Empfang des Geldes noch nicht hierüber verfügungsberechtigt. Es steht weiterhin bis zur „Rückzahlung" des Darlehens dem V zur Verfügung.

Die Schenkung wurde also bei der Geldzuwendung noch nicht tatsächlich vollzogen. Folglich konnte auch der Empfänger des Geldes kein Darlehen gewähren. Die Vereinbarung zwischen den Angehörigen ist vielmehr ertragsteuerlich als eine **modifizierte Schenkung** zu beurteilen, die durch die als Darlehen bezeichneten Bedingungen gegenüber dem ursprünglichen Schenkungsversprechen in der Weise abgeändert ist, daß der Vollzug der Schenkung bis zur Rückzahlung des sog. Darlehens aufgeschoben und der Umfang der Schenkung durch die Zahlung sog. Darlehenszinsen erweitert ist. Daher dürfen die als Darlehenszinsen geltend gemachten Aufwendungen nicht als Betriebsausgaben oder Werbungskosten abgezogen werden.

Einkommensteuerlich ist also das Vertragswerk im vorstehenden Beispiel als eine Schenkung des V an S zu behandeln, die hinsichtlich des Kapitals erst im Zeitpunkt der „Rückzahlung des Darlehens" vollzogen wird und die sowohl den Betrag des „zurückgezahlten Darlehens" als auch die laufend gezahlten „Zinsen" umfaßt. Die Zinszahlungen sind daher ebenfalls Zuwendungen des V an S und weder Betriebsausgaben bei V noch Einkünfte bei S.

Entsprechendes gilt im Verhältnis **zwischen Eltern und minderjährigen Kindern**, wenn das Kindesvermögen nicht einwandfrei vom Elternvermögen getrennt wird.

Es gibt Gestaltungen, bei denen die Abhängigkeit zwischen Schenkung und Darlehen unwiderleglich vermutet wird, also endgültig einkommensteuerlich von einer Schenkung auszugehen ist oder widerleglich vermutet wird, bei denen also bei glaubhaftem und überzeugendem Vortrag der Vertragschließenden das Darlehen auch steuerlich anerkannt werden kann.

Die Abhängigkeit zwischen Schenkung und Darlehen ist insbesondere in folgenden Fällen **unwiderleglich zu vermuten**:
- Vereinbarung von Schenkung und Darlehen in ein und derselben Urkunde, oder zwar in mehreren Urkunden, aber innerhalb einer kurzen Zeit
- Schenkung unter der Auflage der Rückgabe als Darlehen

- Schenkungsversprechen unter der aufschiebenden Bedingung der Rückgabe als Darlehen[847]

Die Abhängigkeit zwischen Schenkung und Darlehen ist insbesondere bei folgenden Vertragsgestaltungen **widerleglich zu vermuten**:
- Vereinbarungsdarlehen nach § 607 Abs. 2 BGB
- Darlehenskündigung nur mit Zustimmung des Schenkers
- Zulässigkeit von Entnahmen durch den Beschenkten zu Lasten des Darlehenskontos nur mit Zustimmung des Schenkers[848]

In diesen Fällen ist die **Vermutung widerlegt**, wenn Schenkung und Darlehen sachlich und zeitlich unabhängig voneinander vorgenommen worden sind. Voraussetzung hierfür ist, daß die Schenkung zivilrechtlich wirksam vollzogen wurde. Der Schenkende muß endgültig, tatsächlich und rechtlich entreichert und der Empfänger entsprechend bereichert sein. Eine nur vorübergehende oder formale Vermögensverschiebung reicht nicht aus[849].

So wie die Darlehen zwischen nahen Angehörigen sind auch **partiarische Darlehen** und nach dem 31.12.1992 schenkweise begründete **stille Beteiligungen** zwischen nahen Angehörigen zu behandeln, es sei denn, es ist eine Beteiligung am Verlust vereinbart oder der stille Beteiligte ist als Mitunternehmer anzusehen[850].

2.21.3 Arten

2.21.3.1 Anleihen

1047 **Anleihen** sind langfristige, am öffentlichen bzw. organisierten Kapitalmarkt aufgenommene Verbindlichkeiten. Hierzu gehören:
- Schuldverschreibungen,
- Wandelschuldverschreibungen,
- Optionsschuldverschreibungen,
- Gewinnschuldverschreibungen,
- Genußscheine (wenn das Genußrechtskapital Fremdkapital ist).

1048 Bei **Wandel- und Optionsanleihen** ist unter diesem Posten nur der Rückzahlungsbetrag auszuweisen. Ein bei ihrer Begebung erzieltes Aufgeld für das Recht auf Aktienbezug ist in die Kapitalrücklage einzustellen (§ 272 Abs. 2 Nr. 2 HGB). Bei teilweiser Rückzahlung ist der zurückzuzahlende Betrag bis zu seiner Einlösung aus den Anleihen auszugliedern und unter den „sonstigen Verbindlichkeiten" auszuweisen. Zurückerworbene Anleihen können so lange nicht von dem passivierten Betrag abgesetzt werden, bis sie endgültig vernichtet sind oder ihre Wiederbegebung ausgeschlossen ist. Liegen diese Voraussetzungen nicht vor,

---

[847] BMF, Schr. v. 1.12.1992 IV B 2 – S 2144 – 76/92, BStBl 1992 I S. 729, Rz. 9.
[848] BMF, Schr. v. 1.12.1992 IV B 2 – S 2144 – 76/92, BStBl 1992 I S. 729, Rz. 10.
[849] BMF, Schr. v. 1.12.1992 IV B 2 – S 2144 – 76/92, BStBl 1992 I S. 729, Rz. 11.
[850] BMF, Schr. v. 1.12.1992 IV B 2 – S 2144 – 76/92, BStBl 1992 I S. 729, Rz. 12.

sind die zurückerworbenen Anleihen unter den entsprechenden Posten im Anlage- oder Umlaufvermögen auszuweisen[851].

Schuldscheindarlehen zählen nicht zu den Anleihen, sondern zu den Verbindlichkeiten gegenüber Kreditinstituten oder den sonstigen Verbindlichkeiten. Auch andere nicht am Kapitalmarkt aufgenommene langfristige Darlehen gehören nicht zu den Anleihen[852]. 1049

Die Anleihen sind um den Vermerk „**davon konvertibel**" zu ergänzen. Konvertible Anleihen gewähren dem Inhaber ein Umtausch- oder Bezugsrecht auf Anteile an einer Kapitalgesellschaft. Hierzu gehören insbesondere Wandelschuldverschreibungen[853]. 1050

2.21.3.2 Verbindlichkeiten gegenüber Kreditinstituten

Zu den Verbindlichkeiten gegenüber Kreditinstituten gehören 1051
- Verbindlichkeiten gegenüber inländischen Banken und Sparkassen,
- Verbindlichkeiten gegenüber vergleichbaren ausländischen Kreditinstituten,
- Bausparkassen,
- durch Solawechsel unterlegte und zusätzlich durch Forderungsabtretung gesicherte Kredite der AKA Ausfuhrkredit-Gesellschaft mbH.

Auch die **Zinsverbindlichkeiten** gegenüber den Kreditinstituten sind hier auszuweisen[854]. 1052

Das **betriebliche Bankkonto** wird als Kontokorrentverhältnis i. S. des HGB geführt. Befindet es sich im Debet, berechnet die Bank Zinsen. Bei einem betrieblichen Bankkonto sind die Schuldzinsen i. d. R. betrieblich veranlaßt und damit als Betriebsausgaben abziehbar. 1053

Verbucht der Unternehmer **Privateinlagen** auf seinem betrieblichen Bankkonto, so nimmt dadurch sein Kapital zu. Begleicht der Unternehmer von seinem betrieblichen Bankkonto eine Privatschuld, so nimmt sein Kapital durch diese **Privatentnahme** ab. Beide Vorgänge sind privat veranlaßt und dürfen sich nicht auf das Betriebsergebnis auswirken. Sie werden daher ergebnismäßig neutralisiert (§ 4 Abs. 1 Satz 1 EStG)[855]. 1054

Wird durch eine Privateinlage auf einem betrieblichen Bankkonto ein Debetsaldo vermindert, so vermindert sich aus privatem Anlaß die Bemessungsgrundlage für die Schuldzinsen. Führt eine Privatentnahme von einem betrieblichen Bankkonto zu einem Debetsaldo oder erhöht sie einen bestehenden Debetsaldo, so sind die darauf beruhenden Schuldzinsen privat veranlaßt. Es muß daher entschieden werden, ob und ggf. inwieweit eine auf solchen Privatvorgängen beruhende Verursachung, Erhöhung oder Verminderung von Schuldzinsen sich steuerlich auswirkt. 1055

---

851 ADS 6. Auflage, HGB § 266 Rdn. 219.
852 ADS 6. Auflage, HGB § 266 Rdn. 220.
853 ADS 6. Auflage, HGB § 266 Rdn. 221.
854 Clemm/Nonnenmacher in: Beck Bil-Komm. § 266 Rdn. 221 f.
855 Siehe Rdn. 782, 798.

1056 Der BFH entschied hierzu[856], entstehe eine Kontokorrentverbindlichkeit sowohl durch betrieblich als auch durch privat veranlaßte Auszahlungen oder Überweisungen, so sei sowohl bei der Gewinnermittlung nach § 4 Abs. 1 EStG als auch nach § 4 Abs. 3 EStG nur der betriebliche Teil des Kredits dem Betriebsvermögen zuzurechnen. Nur die auf diesen Teil des Kontokorrentkredits entfallenden Schuldzinsen dürften als Betriebsausgaben abgezogen werden.

1057 Die Schuldzinsen seien nach der **Zinszahlenstaffelrechnung** in betriebliche und private Schuldzinsenanteile zu zerlegen. Jeder einzelne Debet-Zwischensaldo sei entsprechend den betrieblichen und privaten Auszahlungen aufzuteilen. Die hierauf entfallenden Kreditzinsen seien in Staffelform zu errechnen. Das Kontokorrentkonto werde so im Ergebnis entsprechend den betrieblichen und privaten Sollbuchungen in zwei Unterkonten aufgeteilt.

Jede Habenbuchung (Einzahlung) sei grundsätzlich in dem Verhältnis aufzuteilen, in dem im Zeitpunkt ihrer Wertstellung die Debetsalden beider (gedachter) Unterkonten zueinander stehen. In diesem Verhältnis sei also jede Einzahlung dem einen oder anderen Unterkonto gutzuschreiben. Weise nur ein Unterkonto einen Debetsaldo aus, sei die Einzahlung nur diesem Konto gutzuschreiben.

Es könne aber, soweit die Vertragsparteien nichts anderes vereinbart haben, unterstellt werden, daß durch laufende Geldeingänge vorrangig die privaten Schuldenteile getilgt werden. Das haben mehrere BFH-Urteile ergänzt.

1058 Hiernach sind **Betriebseinnahmen** vorab dem privaten Unterkonto gutzubringen, gleichzeitig zu verbuchende **Betriebsausgaben** aber dem betrieblichen Unterkonto zu belasten. **Einlagen** des Betriebsinhabers werden dem privaten Unterkonto gutgeschrieben. Eine Schätzung des betrieblichen und des privaten Zinsanteils muß das Ergebnis anstreben, das sich bei einer Aufteilung des gemischten Kontokorrentkontos in Unterkonten ergeben würde[857]. Bei der Ermittlung des betrieblich veranlaßten Teils der Schuldzinsen eines gemischten Kontokorrentkontos mit Debetsaldo ist davon auszugehen, daß durch jede Habenbuchung vorrangig die durch private Sollbuchungen entstandenen, ins Kontokorrent eingestellten Privatschulden getilgt werden. Entsprechendes gilt für die nach der Zinszahlenstaffelmethode zu ermittelnden privaten und betrieblichen Kontokorrentschuldzinsen[858].

1059 Ausgehend von dieser Rechtsprechung hat sich das Bundesfinanzministerium in einem ausführlichen Schreiben zur steuerlichen Behandlung von Schuldzinsen für Kontokorrentkredite und zur steuerlichen Nichtanerkennung von Gestaltungen insbesondere bei Kombination mehrerer Kontokorrentkonten geäußert[859]. Es hat die Fälle unterschieden, in denen getrennte Kontokorrentkonten, je ein be-

---

[856] BFH, Beschl. v. 4.7.1990 GrS 2–3/88, BStBl. 1990 II S. 817.
[857] BFH, Urt. v. 15.11.1990 IV R 97/82, BStBl. 1991 II S. 226.
[858] BFH, Urt. v. 11.12.1990 VIII R 190/85, BStBl. 1991 II S. 390.
[859] BMF, Schr. v. 10.11.1993 IV B 2 – S 2144 – 94/93, BStBl. 1993 I S. 930.

triebliches und ein privates Kontokorrentkonto, oder ein gemischtes Kontokorrentkonto geführt werden.

Getrennte Kontokorrentkonten	
Betriebliches Konto	Privates Konto
Betriebsvermögen, Schuldzinsen daher Betriebsausgaben. Soweit aber auch privat veranlaßte Aufwendungen geleistet werden, durch die ein Sollsaldo entsteht oder sich erhöht, sind die hierauf beruhenden Schuldzinsen Privatentnahmen. Behandlung wie beim gemischten Kontokorrentkonto (s. Rdn. 1060).	Privatvermögen, Schuldzinsen daher keine Betriebsausgaben. Soweit aber auch betrieblich veranlaßte Aufwendungen geleistet werden, durch die ein Sollsaldo entsteht oder sich erhöht, sind die hierauf beruhenden Schuldzinsen Betriebsausgaben. Behandlung wie beim gemischten Kontokorrentkonto (s. Rdn. 1060).

Wird für den betrieblich und den privat veranlaßten Zahlungsverkehr ein einheitliches, ein **gemischtes Kontokorrentbankkonto** geführt, so ist für die Ermittlung der als Betriebsausgaben abziehbaren Schuldzinsen das Kontokorrentkonto rechnerisch in ein betriebliches und ein privates Unterkonto aufzuteilen. **1060**

Gemischtes Kontokorrentkonto			
Sollsaldo	Nur soweit Betriebsvermögen, als er betrieblich veranlaßt ist. Daher sind die Buchungen nach betrieblicher und privater Veranlassung zu trennen und ist hiernach das Kontokorrentkonto rechnerisch in ein betriebliches und ein privates Unterkonto aufzuteilen.		
		Betriebliches Unterkonto	Privates Unterkonto
Sollbuchungen		Betrieblich veranlaßte Sollbuchungen werden auf dem betrieblichen Unterkonto erfaßt.	Privat veranlaßte Sollbuchungen werden auf dem privaten Unterkonto erfaßt.
Habenbuchungen		Erst dann auf dem betrieblichen Unterkonto zu erfassen, nachdem auf dem privaten Unterkonto der dortige Schuldsaldo ausgeglichen worden ist.	Nur bis zur Höhe des Schuldsaldos gutzuschreiben. Verbleibende Restbeträge werden dem betrieblichen Unterkonto gutgeschrieben.

Beispiel:
Es wird ein gemischtes Kontokorrentbankkonto geführt.

Saldo am 1.1.	+ *2 000 DM*
Privatentnahme 2.1.	− *7 000 DM*
Betriebsausgabe 2.1.	− *12 000 DM*
Einlage 3.1.	+ *8 000 DM*
Betriebseinnahme 10.1.	+ *15 000 DM*
Betriebsausgabe 20.1.	− *11 000 DM*
Betriebseinnahme 31.1.	+ *5 000 DM*
Betriebsausgabe 2.2.	− *3 000 DM*

Der Schuldzinssatz beträgt 9% und der Guthabenzinssatz 1%. Es sollen die betrieblichen und privaten Schuld- und Guthabenzinsen für Januar berechnet werden.

1061 Die Schuldzinsen sind abzuziehen, soweit sie durch Sollsalden des betrieblichen Unterkontos veranlaßt sind. Sie werden nach der **Zinsstaffelmethode** berechnet. Diese stellt auf die sich jeweils aus Soll- und Habenbuchungen ergebenden Zwischensalden ab. Ausgehend von einem Zwischensaldo wird hierfür die Zinszahl für die Zeit der unveränderten Wertstellung des Sollsaldos berechnet.

$$\text{Zinszahl} = \frac{\text{Kapital} \times \text{Tage}}{100}$$

Am Ende der Rechnungsperiode werden die Zinszahlensummen der Soll- und Habenseite addiert und durch einen Zinsdivisor geteilt.

$$\text{Zinsdivisor} = \frac{360}{\text{Zinsfuß}}$$

1062 Im vorstehenden Beispiel ergibt sich unter Anwendung der mitgeteilten Grundsätze des BMF-Schreibens folgende Zinsberechnung:

Datum	Vorgang	Betriebliches Unterkonto			Privates Unterkonto		
			Zinstage	Zinszahlen		Zinstage	Zinszahlen
1. 1.	Saldo	+ 2 000			+ 2 000		
2. 1.	Privatentnahme				− 7 000		
2. 1.	Betriebsausgabe	− 12 000					
2. 1.	Saldo	− 10 000	1 bis 3. 1.	10 000 × 1/100 = 100 S	− 5 000	1 bis 3. 1.	5 000 × 1/100 = 50 S
3. 1.	Privateinlage				+ 8 000		
3. 1.	Saldo	− 7 000	7 bis 10. 1.	7 000 × 7/100 = 490 S	0		
10. 1.	Betriebseinnahme	+ 15 000					
10. 1.	Saldo	+ 8 000	10 bis 20. 1.	8 000 × 10/100 = 800 H			
20. 1.	Betriebsausgabe	− 11 000					
20. 1.	Saldo	− 3 000	11 bis 31. 3	3 000 × 11/100 = 330 S			
31. 1.	Betriebseinnahme	+ 5 000					
31. 1.	Saldo	− 2 000	2 bis 2. 2.	2 000 × 2/100 = 80 S			
2. 2.	Betriebsausgabe	− 3 000					

Zinszahlensummen:

Betrieblich
S = 100 + 490 + 330 + 80 = 1000
H = 800

Privat
S = 50

Betriebliche Schuldzinsen: 1 000 x 9 : 360 = 25,00 DM

Betriebliche Guthabenzinsen: 800 x 1 : 360 = 2,22 DM

Private Schuldzinsen: 50 x 9 : 360 = 1,25 DM

Wird durch einen einheitlichen Kaufvertrag ein **gemischt genutztes Grundstück** erworben und die Kaufpreisschuld teils mit Fremd-, teils mit Eigenmitteln beglichen, so sind die Zinszahlungen nur im Verhältnis des betrieblichen zum privat genutzten Anteil des Grundstücks als Betriebsausgaben abziehbar. Einen Grundsatz, daß vorrangig der auf privater Veranlassung beruhende Teil der Schuld getilgt werde, gibt es nicht. Die Behandlung ist hier also anders als bei gemischten Kontokorrentkonten[860].

Nach dem Beschluß des Großen Senats vom 4.7.1990, der ihm folgenden Rechtsprechung des BFH und dem zur Ergänzung dieser Rechtsprechung ergangenen

---

[860] BFH, Urt. v. 7.11.1991 IV R 57/90, BStBl. 1992 II S. 141.

BMF-Schreiben vom 10.11.1993 ist also ein Kontokorrentkonto, über das betriebliche und private Geschäfte abgewickelt werden, rechnerisch in ein betriebliches und ein privates Unterkonto aufzuteilen. Der dieses auslösende Beschluß des Großen Senats wird auch Kontokorrentkontenbeschluß genannt. Als Bezeichnung für das Verfahren, das rechnerisch das Kontokorrentkonto in ein betriebliches und ein privates Konto aufteilt, wäre für dieses Verfahren treffender die Bezeichnung: **Kontenteilungsverfahren**. Dieser Begriff wird daher in den folgenden Ausführungen verwendet.

Die Ermittlung der betrieblichen und der privaten Schuldzinsen nach der Zinszahlenstaffelmethode beim Kontenteilungsverfahren ist sehr kompliziert. In dem vorstehend entwickelten Beispiel waren die Zinsen nur für einen kurzen Zeitraum aufzuteilen. Es handelte sich auch nur um wenige Geschäftsvorfälle. In der Praxis sind die Vorgänge weit komplexer. Die Unternehmen haben deshalb regelmäßig ein striktes **Kontentrennungsverfahren** angewendet. Der Große Senat des BFH hat es in seinem Beschluß vom 8.12.1997 anerkannt[861].

Beim Kontentrennungsverfahren werden mindestens zwei Kontokorrentbankkonten geführt. Über ein Konto werden nur die betrieblichen Ausgaben gebucht. Im folgenden wird dieses Konto „B-Konto" genannt. Auf einem zweiten Konto werden einerseits nur Einnahmen – Betriebseinnahmen und Privateinlagen – erfaßt und andererseits private Ausgaben insoweit, als hierdurch kein Sollsaldo auf diesem Konto entsteht. In den folgenden Ausführungen wird dieses Konto „P-Konto" bezeichnet. Werden mehr als zwei Kontokorrentbankkonten eingerichtet, so muß ein Konto oder mehrere Konten zur Kontenart „B-Konto" und ein anderes Konto oder mehrere andere Konten zur Kontenart „P-Konto" gehören.

Beispiel:
U ist Inhaber eines Gewerbebetriebs. Er unterhält bis zum Jahr 01 bei seiner Bank ein betriebliches Kontokorrentkonto, auf dem er nur Geschäftsvorfälle abwickelt. Im Jahr 02 errichtet er ein zur Selbstnutzung bestimmtes Einfamilienhaus. Kurz vor Baubeginn eröffnet er bei seiner Bank ein zweites Kontokorrentkonto. Das erste Konto führt er fortan als P-Konto. Er verbucht hierauf also alle Betriebseinnahmen und evtl. Privateinlagen. Die Betriebsausgaben erfaßt er nur auf dem zweiten Konto, führt dieses also als B-Konto. Die Herstellungskosten des Einfamilienhauses betragen 300 000 DM. Vom P-Konto bezahlt U die für die Herstellung des Einfamilienhauses angefallenen Rechnungen, wobei dieses Konto nie weniger als 0 DM aufweist. Das B-Konto hat nach Errichtung des Hauses einen Schuldsaldo von über 300 000 DM. U nimmt in Höhe von netto 300 000 DM ein langfristiges Darlehen bei seiner Bank auf und läßt den

---

[861] BFH, Beschl. v. 8.12.1997 GrS 1–2/95, BB 1998 S. 298.

Auszahlungsbetrag dem B-Konto gutschreiben. Das Damnum und die Zinsen macht er als Betriebsausgaben geltend. Das P-Konto führt U auf 0 DM zurück und kündigt es.

Nach dem BMF-Schreiben vom 10.11.1993[862] dürfen Zinsen für ein Darlehen nicht als Betriebsausgaben abgezogen werden, wenn das Darlehen wirtschaftlich der Finanzierung einer Entnahme dient. Das sei der Fall, wenn der Schuldsaldo eines betrieblichen Bankkontos, eines P-Kontos, durch ein Darlehen abgelöst wird und im zeitlichen Zusammenhang das auf einem zweiten betrieblichen Bankkonto, einem B-Konto, bestehende Guthaben für private Zwecke entnommen werde. Hiernach wären im vorstehenden Beispiel die Zinsen und die auf das jeweilige Wirtschaftsjahr entfallenden Abschreibungen auf das Damnum nicht als Betriebsausgaben abziehbar.

Der Beschluß vom 8.12.1997, durch den der Große Senat das Kontentrennungsverfahren mit steuerlicher Wirkung anerkannt hat, geht für die Abziehbarkeit von Schuldzinsen strikt von der **Verwendung** der Kreditmittel aus. Entscheidend ist hierbei, daß es sich bei den für private Zwecke verwendeten Mitteln um **flüssige Mittel** handelt. **1065**

Es müssen also zwei **Voraussetzungen** erfüllt sein:
1. Verwendung der Kreditmittel für betriebliche Zwecke.
2. Verwendung flüssiger Mittel für private Zwecke.

Dann gilt nach dieser Entscheidung:
- Leitet der Unternehmer planmäßig betriebliche Einnahmen auf ein gesondertes Konto (P-Konto), sind diese Mittel für ihn flüssig, soweit das Konto ein Guthaben hat. Insoweit können die Mittel entnommen werden. Werden gleichzeitig die betrieblichen Aufwendungen von einem getrennten Kontokorrentkonto (B-Konto) bestritten, so werden Kreditmittel betrieblich verwendet. Die Schuldzinsen sind betrieblich veranlaßt und damit Betriebsausgaben.
- Wird der durch die betrieblichen Aufwendungen auf dem B-Konto entstandene Sollsaldo durch die Valuta eines Darlehens ausgeglichen, so ist die Valuta betrieblich verwendet und die hiermit zusammenhängenden Zinsen und Abschreibungen eines Damnums Betriebsausgaben. Das gilt auch dann, wenn in zeitlichem Zusammenhang mit der Aufnahme des Darlehens ein zur Eigennutzung bestimmtes Wohngrundstück erworben wird und die auf dem anderen Bankkonto, dem P-Konto, angesammelten und damit flüssigen Betriebseinnahmen für eine betragsmäßig der Darlehensvaluta entsprechende Kaufpreisrate verwendet werden.
- Stehen flüssige Mittel auf dem P-Konto zur Verfügung, werden aber die privat veranlaßten Ausgaben nicht hiervon bestritten, sondern von dem B-Konto, das einen Schuldsaldo aufweist, so sind die Schuldzinsen nicht als Betriebsausgaben abziehbar. Für die privaten Zwecke sind keine flüssigen Mittel verwendet

---

862 BMF, Schr. v. 10.11.1993 IV B 2 – S 2144 – 94/93, BStBl. 1993 I S. 930.

worden. Die mit der privaten Verwendung zusammenhängenden Schuldzinsen können nicht deshalb als Betriebsausgaben abgezogen werden, weil ausreichende liquide Mittel zur Verfügung standen, aber für betriebliche Zwecke eingesetzt wurden. Es kommt auf die tatsächliche Verwendung der flüssigen Mittel an. Eine wirtschaftliche Umwidmung einer Privatschuld in eine Betriebsschuld durch gedankliche Verrechnung von im Betriebsvermögen vorhandenen liquiden Mitteln mit einer Privatschuld ist also nicht zulässig.

- Werden im Betrieb erzielte Einnahmen laufend zur Tilgung eines privaten Darlehens entnommen oder zunächst auf ein P-Konto gebucht und dann zur Tilgung eines privaten Darlehens entnommen und wird deshalb ein Darlehen zur Finanzierung von betrieblichen Aufwendungen aufgenommen, so sind die für dieses Darlehen anfallenden Schuldzinsen und Abschreibungen auf ein Damnum Betriebsausgaben.

Schuldzinsen für **entnahmebedingte Kredite**, die für betriebliche Zwecke verwendet werden, sind Betriebsausgaben.

Beispiel:
U kauft für 100 000 DM ein Reitpferd aus liquiden Betriebsmitteln. Den zeitgleichen Kauf einer Maschine für 100 000 DM muß er fremdfinanzieren, da seine liquiden Mittel aufgezehrt sind. Die mit der Fremdfinanzierung der Maschine zusammenhängenden Schuldzinsen sind Betriebsausgaben. Es kommt nicht darauf an, daß beide Vorfälle zeitgleich sind. Das leuchtet ein, wenn man gedanklich die Finanzierung beider Vorfälle durch ein P-Konto und ein B-Konto stattfinden läßt.

1066 Schuldzinsen für **kreditfinanzierte Entnahmen** sind aber nicht als Betriebsausgaben abziehbar.

Beispiel:
U nimmt ein Darlehen für die Anschaffung einer Maschine auf. Die Darlehensmittel verwendet er aber nicht hierfür, sondern für die Finanzierung einer Urlaubsreise. Auch wenn er auf einem Privatkonto genügend flüssige Mittel hat, sind die Kreditmittel privat verwendet. Die hiermit zusammenhängenden Schuldzinsen sind daher nicht als Betriebsausgaben abziehbar.

Bei Barentnahmen ist aber zu entscheiden, ob sie wirtschaftlich mit einem Kredit zusammenhängen.

Beispiel:
U hat ein Einzelhandelsgeschäft. Zur Verstärkung seiner Kasse hebt er am 2.3.01 von seinem betrieblichen Bankkonto, das einen Schuldsaldo hat, 5 000 DM ab. Er verwendet hiervon 3 000 DM zur Zahlung von Aushilfslöhnen. Am 5.3. entnimmt er 1 000 DM für private Zwecke. Zwischen dem

Verbindlichkeiten

3.3. und 5.3. betrugen die Kasseneinnahmen 12 000 DM und die Kassenausgaben 13 000 DM.

Die Verstärkung des Kassenbestands in einem Einzelhandelsgeschäft ist ein betrieblicher Vorgang. Die Kreditmittel sind daher betrieblich verwendet. Wegen der zwischen Kreditaufnahme und Entnahme stattgefundenen Kassengeschäfte besteht zwischen Kreditaufnahme und Entnahme kein wirtschaftlicher Zusammenhang. Die Schuldzinsen sind in voller Höhe Betriebsausgaben[863]. Hätte aber U bereits am 2.3.01 die 1 000 DM entnommen, so könnte ein wirtschaftlicher Zusammenhang zwischen Kreditaufnahme und Entnahme angenommen werden, zumal wenn am 2.3.01 kein weiterer Barbestand vorhanden gewesen ist. Dann handelte es sich um eine kreditfinanzierte Entnahme.

Um flüssige Mittel, die für eine Entnahme verwendet werden können, handelt es sich nicht, wenn von einem betrieblichen Bankkonto, das einen Schuldsaldo hat, Beträge auf ein anderes betriebliches, ebenfalls im Debet stehendes Bankkonto umgebucht werden, soweit durch diese Umbuchung das zweite Bankkonto einen Guthabenstand aufweist. Die durch die Umbuchung auf dem ersten Konto entstehenden Schuldzinsen sind, soweit sie mit der Entnahme auf dem anderen Konto zusammenhängen, nicht als Betriebsausgaben abziehbar. 1067

Beispiel:
Es werden zwei betriebliche Bankkonten geführt, die beide einen Debetsaldo haben. Von einem der Konten soll eine Privatentnahme finanziert werden. Es wird von dem anderen Bankkonto ein Betrag umgebucht, so daß bei Finanzierung der Entnahme auf dem ersten Konto kein Sollsaldo entsteht. Die auf der Umbuchung beruhenden Schuldzinsen sind keine Betriebsausgaben, soweit sie auf der Entnahme beruhen. Es handelt sich um eine kreditfinanzierte Entnahme.

Bei der Ermittlung des Gewerbeertrags bei der **Gewerbesteuer** sind die Entgelte für **Dauerschulden** dem Gewinn zur Hälfte hinzuzurechnen (§ 8 Abs. 1 Nr. 1 GewStG). Bei Schulden mit einer Laufzeit von mehr als einem Jahr kann in der Regel von Dauerschulden ausgegangen werden[864]. Das können auch Kontokorrentbankschulden sein. Hierbei ist zu unterscheiden, ob die Kontokorrentbankschulden 1068
- zum laufenden Geschäftsverkehr gehören (keine Dauerschulden) oder
- der Verstärkung des dauernd dem Betrieb gewidmeten Kapitals dienen (Dauerschulden).

Sie sind Dauerschulden, wenn aus dem Geschäftsverhältnis der Beteiligten geschlossen werden muß, daß ein bestimmter **Mindestkredit** dem Unternehmen 1069

---
863 Söffing, G.: Der Schuldzinsenabzug und der Kontentrennungsbeschluß des Großen Senats des Bundesfinanzhofs, BB 1998 S. 450.
864 Abschn. 47 Abs. 4 Satz 9 GewStR.

dauernd zur Verfügung steht. Das ist der Fall hinsichtlich des Mindestbetrags der Schuld, die während des ganzen Wirtschaftsjahrs bestanden hat. Bestand die Mindestschuld in dem betreffenden Wirtschaftsjahr nicht während 12 Monaten, scheidet der Kontokorrentkredit als Dauerschuld aus[865].

Beispiel:
Ein Unternehmen, dessen Wirtschaftsjahr mit dem Kalenderjahr übereinstimmt, hat einen Kontokorrentkredit in der Zeit vom 1.4.01 bis 30.11.02 (20 Monate) in wechselnder Höhe in Anspruch genommen. Weder im Jahr 01 noch im Jahr 02 bestand der Kredit während des ganzen Wirtschaftsjahrs. Es ist daher in keinem Jahr eine Dauerschuld anzunehmen.

1070 Mindestschuld bei einem **Kontokorrentkredit** ist der Kreditbetrag, der dem Gewerbebetrieb an 358, im Schaltjahr an 359 Tagen im Jahr zur Verfügung stand. Bei der Ermittlung des Mindestbetrags der Kontokorrentschuld sind daher die niedrigsten Kontostände, wozu auch positive Kontostände rechnen, an insgesamt sieben Tagen im Jahr auszuscheiden. Der sich nach Außerachtlassen der sieben Tage mit niedrigsten Kontokorrentschulden ergebende Kontostand ist der Mindestkredit[866].

Beispiel:
Das laufende Bankkonto eines Unternehmens schwankte in einem Wirtschaftsjahr. Die niedrigsten Kontostände waren:
1. +   30 000 DM
2. +   10 000 DM
3. –   50 000 DM
4. –   80 000 DM
5. – 120 000 DM
6. – 250 000 DM
7. – 280 000 DM
8. – 320 000 DM

Im übrigen war das Konto laufend im Debet mit höheren Schuldbeträgen bis zu 1 Mio. DM. Der Zinssatz betrug 8 %.
a) Die Kontostände bestanden jeweils nur an einem Tag. Dauerschuldzinsen 1/2 von 8 % x 320 000 DM = 12 800 DM.
b) Der Kontostand Nr. 1 bestand an drei Tagen, die Kontostände Nr. 2 und 3 bestanden an jeweils zwei Tagen. Dauerschuldzinsen 1/2 von 8 % von 80 000 DM = 3 200 DM.
c) Der Kontostand Nr. 1 bestand an sieben Tagen. Maßgebend ist der Kontostand Nr. 2. Da er positiv ist, kommen Dauerschuldzinsen nicht in Betracht.

---

[865] Abschn. 47 Abs. 8 Sätze 1 bis 3 GewStR.
[866] Abschn. 47 Abs. 8 Sätze 4 bis 8 GewStR.

Verbindlichkeiten 463

Bei der Hinzurechnung von Dauerschuldzinsen kommt es auf die tatsächlich ge- **1071**
zahlten oder passivierten Zinsen an. Berechnet die Bank die Zinsen nach der
Zinsstaffelmethode, so sind hiernach die Dauerschuldzinsen zu bestimmen[867].

Dem Mindestkredit eines Kontokorrentkreditverhältnisses mit einer Bank wird **1072**
der Charakter einer Dauerschuld nicht dadurch genommen, daß der Kontokorrentkredit jeweils für zwei bis drei Wochen im Jahr durch Aufnahme eines entsprechenden Kredits bei einer anderen Bank abgedeckt wird[868].

2.21.3.3 Erhaltene Anzahlungen auf Bestellungen

Anzahlungen auf Bestellungen liegen nur vor, wenn sie sich auf den Umsatzerlö- **1073**
sen entsprechende Lieferungen oder Leistungen beziehen. Dies folgt aus dem
Wortlaut „... auf Bestellungen" und aus der Möglichkeit einer offenen Absetzung
von den Vorräten, welche die Entsprechung der Posten voraussetzt. Sind die Anzahlungen auf andere Sachverhalte gerichtet, z.B. den Erwerb eines dem Anlagevermögen zuzurechnenden Grundstücks, ist unter den sonstigen Verbindlichkeiten auszuweisen[869].

Die erhaltenen Anzahlungen werden bei Zahlungseingang gebucht. Sie unterlie- **1074**
gen der Umsatzsteuer (§ 13 Abs. 1 Nr. 1 a UStG). Es bestehen zwei Buchungsmöglichkeiten:

(1) Nettomethode

➤ Bank
    an erhaltene Anzahlungen
    an Umsatzsteuerverbindlichkeit

(2) Bruttomethode

➤ Bank
    an erhaltene Anzahlungen

➤ Umsatzsteueraufwand
    an Umsatzsteuerverbindlichkeit

➤ Rechnungsabgrenzungsposten
    an Umsatzsteueraufwand

Werden bei der Bruttomethode die erhaltenen Anzahlungen einschließlich Um- **1075**
satzsteuer ausgewiesen, so darf handelsrechtlich (Wahlrecht nach § 250 Abs. 1
Satz 2 Nr. 2) und muß steuerrechtlich (Pflicht nach § 5 Abs. 5 Satz 2 Nr. 2 EStG)
die als Aufwand berücksichtigte Umsatzsteuer durch Bildung eines aktiven Rechnungsabgrenzungspostens kompensiert werden[870].

---

867 BFH, Urt. v. 28.7.1976 I R 12/76, BStBl. 1976 II S. 792; Abschn. 47 Abs. 8 Satz 9 GewStR.
868 BFH, Urt. v. 4.8.1977 IV R 57/74, BStBl. 1977 II S. 843; v. 5.11.1980 I R 132/77, BStBl. 1981
    II S. 219; v. 20.11.1980 IV R 81/77, BStBl. 1981 II S. 223.
869 ADS 6. Auflage, HGB § 266 Rdn. 223.
870 ADS 6. Auflage, HGB § 253 Rdn. 157; siehe Rdn. 745 f.

1076 **Erhaltene Anzahlungen** auf Bestellungen sind Vorleistungen des Bestellers. Dieser kann sie zurückfordern, wenn der Empfänger der Anzahlungen seine geschuldete Leistung nicht erbringt. Sie sind daher unter den Verbindlichkeiten gesondert auszuweisen. Sie können aber auch vom Posten „Vorräte" offen abgesetzt werden (§ 268 Abs. 5 Satz 2 HGB). Siehe auch Rdn. 587 f.

Beispiel:
Ein Unternehmer hat auf teilfertige noch nicht abgerechnete Arbeiten, deren Herstellungskosten 500 000 DM betragen, Anzahlungen in Höhe von 200 000 DM erhalten. Er hat folgende Bilanzierungsmöglichkeiten:

1. Möglichkeit

Aktiva			Passiva
unfertige Erzeugnisse	*500 000 DM*	*Anzahlungen*	*200 000 DM*

2. Möglichkeit

Aktiva		Passiva
unfertige Erzeugnisse	*500 000 DM*	
./. Anzahlungen	*200 000 DM*	
	300 000 DM	

1077 Die Absetzung von erhaltenen Anzahlungen vom Posten „Vorräte" kommt insbesondere bei langfristiger Fertigung in Betracht, für die Anzahlungen in erheblichem Umfang üblich sind. Hier kann es der Grundsatz der Bilanzklarheit erfordern, Anzahlungen auf bestimmte, noch nicht abgerechnete Objekte in einer Vorspalte offen von den unfertigen Erzeugnissen oder noch nicht abgerechneten Leistungen abzusetzen[871]. Diese Gliederung ist aber keine Besonderheit der Kapitalgesellschaften, sondern kann auch für andere Unternehmen nach den Grundsätzen ordnungsmäßiger Buchführung geboten sein.

Sollen die erhaltenen Anzahlungen offen von den Vorräten abgesetzt werden, ist es zweckmäßig, bereits im Anschluß an die Vorräte-Konten ein Konto „erhaltene Anzahlungen auf Vorräte" einzurichten.

2.21.3.4 Nach dem Abschlußstichtag rechtlich entstehende Verbindlichkeiten

1078 Unter dem Posten „Verbindlichkeiten" ausgewiesene Beträge, die erst **nach dem Abschlußstichtag rechtlich entstehen,** sind im Anhang zu erläutern, wenn sie einen größeren Umfang haben (§ 268 Abs. 5 Satz 3 HGB). Diese Bestimmung wurde aus § 239 Abs. 4 Nr. 6 Satz 2 des Regierungsentwurfs übernommen.

---

[871] ADS, AktG, § 151 Rdn. 24, 250; ADS 6. Auflage, HGB § 266 Rdn. 99.

Nach der Begründung zum Regierungsentwurf[872] ist hierbei an **antizipative Posten** gedacht, die nach den Grundsätzen ordnungsmäßiger Buchführung als Verbindlichkeiten ausgewiesen werden. Es soll sich um Aufwendungen vor dem Abschlußstichtag handeln, die erst nach diesem Tag rechtlich entstehen, aber dabei Aufwand des abgelaufenen Geschäftsjahrs darstellen. 1079

Durch antizipative Posten werden Ausgaben nach dem Abschlußstichtag erfolgsmäßig im abgelaufenen Geschäftsjahr dargestellt, soweit sie Aufwendungen dieses Geschäftsjahrs sind[873]. Hauptfälle sind Verbindlichkeiten und Rückstellungen für ungewisse Verbindlichkeiten. Soweit deren Voraussetzungen vorliegen, müssen antizipative Posten nach dem Grundsatz der Richtigkeit als Verbindlichkeiten oder Rückstellungen ausgewiesen werden. § 268 Abs. 5 Satz 3 HGB hat daher in der Praxis keine große Bedeutung[874].

2.21.3.5 Verbindlichkeiten aus Lieferungen und Leistungen

Verbindlichkeiten aus Lieferungen und Leistungen sind Verbindlichkeiten aus solchen Lieferungen und Leistungen, die mit den zum eigentlichen Unternehmenszweck gehörenden Umsätzen zusammenhängen. 1080

Verbindlichkeiten aus Lieferungen und Leistungen sind **auszuweisen**: 1081
- **Grundsätzlich**, sobald der Liefernde oder Leistende die nach dem Vertrag geschuldete Lieferung oder Leistung erbracht hat. Auf die Fälligkeit der Verbindlichkeit oder den Rechnungseingang kommt es nicht an.
- Verbindlichkeiten aus Lieferungen **unterwegs befindlicher Vorräte** nach Gefahrübergang.
- Verbindlichkeiten aus **Dauerschuldverhältnissen** (z. B. Miete, Pacht, Leasing) nach Ablauf der Abrechnungsperiode.

Geleistete Anzahlungen werden mit den entsprechenden Verbindlichkeiten aus Lieferungen und Leistungen verrechnet. 1082

Verbindlichkeiten aus Lieferungen und Leistungen behalten ihren Charakter auch bei **langfristiger Stundung**. Nur bei Novation erfolgt ein Ausweiswechsel[875]. 1083

Bei Eingang der gelieferten **Vorräte** oder Gefahrübergang wird gebucht: 1084

➤ Vorratskonto
Vorsteuer
an Verbindlichkeiten aus Lieferungen und Leistungen

---

872 Bundesrats-Drucksache 257/83 vom 3. 6. 1983, S. 79.
873 Siehe Rdn. 734.
874 Hüttemann, HdJ, Abt. III 8, Rdn. 214.
875 Clemm/Nonnenmacher in: Beck Bil-Komm. § 266 Rdn. 230.

1085 Nach Erhalt der **sonstigen Leistung** oder nach Ablauf des Abrechnungszeitraums für die Leistung wird gebucht:

➤ Aufwandskonto
  Vorsteuer
  an Verbindlichkeiten aus Lieferungen und Leistungen

2.21.3.6 Wechselverbindlichkeiten

1086 Beim **Warenwechsel** stellt i. d. R. der Lieferant einen Wechsel aus und bezeichnet den Empfänger der Vorräte als Bezogenen und damit als Schuldner des Wechsels. Die Wechselschuld ist gewöhnlich auf 3 Monate gestundet. Der Bezogene nimmt den Wechsel durch seine Unterschrift an, indem er „querschreibt". Er verspricht damit, bei Verfall zu zahlen.

Hierdurch erlischt die ursprüngliche Verbindlichkeit nicht (§ 364 Abs. 2 BGB), sondern die Wechselverbindlichkeit tritt selbständig neben die Verbindlichkeit aus Lieferung oder Leistung. Durch die Hereinnahme des Wechsels verpflichtet sich aber der Gläubiger, sich zuerst aus dem Wechsel zu befriedigen. Daher wird buchmäßig nicht mehr die ursprüngliche Verbindlichkeit, sondern die Wechselverbindlichkeit ausgewiesen.

Es wird daher gebucht:

➤ Verbindlichkeit aus Lieferung und Leistung
  an Wechselverbindlichkeit

Buchmäßig geht daher die Verbindlichkeit aus Lieferung unter.

1087 Beim **Finanzwechsel** nimmt der Akzeptant den Wechsel an, um dem Auftraggeber Kredit zu verschaffen. Er weist eine Wechselverbindlichkeit aus. Den Ausgleichsanspruch gegen den Auftraggeber aktiviert er unter den sonstigen Vermögensgegenständen.

Es wird gebucht:

➤ Sonstige Vermögensgegenstände
  an Wechselverbindlichkeit

1088 Kautions-, Sicherungs- oder Depotwechsel gibt der Kaufmann seinem Gläubiger zur Sicherheit. Der Gläubiger darf sich aus dem Wechsel erst befriedigen, wenn die gesicherte Forderung fällig geworden und er nicht anders befriedigt worden ist. Erst dann darf der Gläubiger den Wechsel in Umlauf bringen und ist eine Wechselverbindlichkeit auszuweisen. Vorher wird die Wechselschuld bei den Eventualverbindlichkeiten vermerkt.

1089 Wechselverbindlichkeiten gegenüber **verbundenen Unternehmen** und gegenüber **Unternehmen, mit denen ein Beteiligungsverhältnis besteht,** werden auf besonderen Konten gebucht. Sie sind dann aber vorrangig unter den Verbindlichkeiten gegenüber verbundenen Unternehmen und den Verbindlichkeiten gegenüber Unternehmen, mit denen ein Beteiligungsverhältnis besteht, zu bilanzieren.

Verbindlichkeiten 467

Bei diesen Bilanzposten ist die Mitzugehörigkeit zu den Wechselverbindlichkeiten zu vermerken oder im Anhang anzugeben (§ 265 Abs. 3 Satz 1 HGB).

2.21.3.7 Verbindlichkeiten gegenüber verbundenen Unternehmen

Verbindlichkeiten gegenüber verbundenen Unternehmen[876] sind vorrangig hier aufzuführen. Werden sie ausnahmsweise unter anderen Posten ausgewiesen, ist, wenn es sich um wesentliche Beträge handelt, dort ein Mitzugehörigkeitsvermerk anzubringen oder die Mitzugehörigkeit im Anhang anzugeben. **1090**

2.21.3.8 Verbindlichkeiten gegenüber Unternehmen, mit denen ein Beteiligungsverhältnis besteht

Hier sind mit Vorrang gegenüber einem Ausweis unter anderen Posten die **Verbindlichkeiten gegenüber Beteiligungsunternehmen**[877] auszuweisen. **1091**

Ein Beteiligungsverhältnis besteht gegenüber Unternehmen, an denen eine Beteiligung gehalten wird, und gegenüber Unternehmen, die eine Beteiligung an dem bilanzierenden Unternehmen halten.

2.21.3.9 Sonstige Verbindlichkeiten

Zu den sonstigen Verbindlichkeiten gehören alle Verbindlichkeiten, die nicht unter einer anderen Bezeichnung gesondert auszuweisen sind. Sie stellen daher einen Auffangposten für alle nicht unter einem anderen Posten auszuweisenden Verbindlichkeiten dar[878]. **1092**

Insbesondere gehören folgende Verbindlichkeiten zu den sonstigen Verbindlichkeiten: **1093**
- Steuerschulden des Unternehmens, z. B. Körperschaftsteuer, Umsatzsteuer
- einbehaltene und noch abzuführende Steuern, z. B. Lohnsteuer, Kapitalertragsteuer
- rückständige Löhne, Gehälter, Tantiemen, Gratifikationen, Auslagenerstattungen
- einbehaltene und noch abzuführende vom Unternehmen selbst zu tragende Sozialabgaben und Versicherungsprämien
- Verbindlichkeiten aus Zusagen im Rahmen der betrieblichen Altersversorgung gegenüber Arbeitnehmern und Pensionären und gegenüber betrieblichen Unterstützungseinrichtungen, die keine verbundenen Unternehmen sind, einschließlich Darlehen von Unterstützungseinrichtungen
- Beiträge an den Pensions-Sicherungs-Verein VVaG
- antizipative Zinsabgrenzungen auf Verbindlichkeiten, außer Bankschulden, und nicht abgehobene Dividenden
- Verbindlichkeiten gegenüber Kunden

---

[876] Zum Begriff „verbundene Unternehmen" siehe Rdn. 471.
[877] Zum Begriff „Unternehmen, mit denen ein Beteiligungsverhältnis besteht" siehe Rdn. 457 ff.
[878] Clemm/Nonnenmacher in: Beck Bil-Komm. § 266 HGB Rdn. 246.

- Schuldscheindarlehen und andere Darlehensverbindlichkeiten mit Ausnahme von solchen gegenüber Kreditinstituten
- Einlagen von stillen Gesellschaftern, die Fremdkapital sind
- antizipativ abgegrenzte Miet- und Pachtzinsen
- Kapitaleinzahlungsverpflichtungen gegenüber anderen Gesellschaften
- Aufsichtsrats- und Beiratsvergütungen
- erhaltene Optionsprämien
- nicht rückzahlbare Zuschüsse zur Deckung zukünftiger Aufwendungen, sofern nicht als passive Rechnungsabgrenzungsposten auszuweisen

1094 Bei diesen Posten ist zunächst zu entscheiden, ob sie nicht unter anderen Passivposten auszuweisen sind. Da es sich um einen Auffangposten handelt, kommt die Bilanzierung unter der Bezeichnung „sonstige Verbindlichkeiten" nur in zweiter Linie in Betracht.

1095 Es wird in der Bilanz für die genannten Verbindlichkeiten nur ein Posten „sonstige Verbindlichkeiten" ausgewiesen. Mittelgroße und große Kapitalgesellschaften müssen außerdem die Beträge angeben, die Steuerschulden betreffen und die im Rahmen der sozialen Sicherheit geschuldet werden.

1096 Wenn die Höhe der genannten Verbindlichkeiten nicht genau feststeht, kommt die Bilanzierung als Rückstellung für ungewisse Verbindlichkeiten in Betracht[879].

1097 Viele der genannten sonstigen Verbindlichkeiten sind inhaltlich identisch mit den früheren antizipativen passiven Rechnungsabgrenzungsposten[880]. Für Ausgaben nach dem Bilanzstichtag, die sachlich Aufwand des abgelaufenen Geschäftsjahrs darstellen, werden seitdem sonstige Verbindlichkeiten ausgewiesen[881]. Sie haben inhaltlich dieselbe Bedeutung wie vormals die antizipativen passiven Rechnungsabgrenzungsposten.

1098 In Fällen, in denen der Vertragspartner eine zeitraumbezogene kontinuierliche Gegenleistung erbringt, während die eigene Leistung des Unternehmers für bestimmte Zeitabschnitte zu bestimmten Terminen erbracht wird, ist unter folgenden Voraussetzungen eine sonstige Verbindlichkeiten auszuweisen:
1. Der Vertragspartner des Unternehmers erbringt eine kontinuierliche, zeitraumbezogene Leistung.
2. Die Zahlung des Unternehmers wird zu bestimmten Terminen zeitraumbezogen erbracht.
3. Die Zahlung des Unternehmers erfolgt vertragsgemäß erst dann, wenn die kontinuierliche Gegenleistung für den Zeitraum vollständig erfüllt ist.
4. Der Bilanzstichtag liegt innerhalb des Zeitraums der kontinuierlichen Gegenleistung und vor der Erfüllung der eigenen Zahlungsverpflichtung.

---

[879] Clemm/Nonnenmacher in: Beck Bil-Komm. § 266 HGB Rdn. 247.
[880] Siehe Rdn. 735.
[881] R 31 b Abs. 3 EStR.

Verbindlichkeiten 469

Beispiel:
Unternehmer A hat ein Geschäftslokal ab 1.11.01 für monatlich 1 000 DM gemietet. Die Miete ist jeweils vierteljährlich zu zahlen. A überweist die Miete für die Zeit vom 1.11.01 bis zum 31.1.02 am 28.1.02. Nach dem Mietvertrag ist die Miete fällig
a) im voraus am 1. Tag eines Vierteljahres,
b) nach Ablauf eines jeden Vierteljahres.

Im Fall a war die Miete bereits am 1.11.01 fällig. Hätte A vertragsgemäß geleistet, hätte er am 1.11.01 3 000 DM überwiesen. Zum 31.12.01 hat er eine Verbindlichkeit in Höhe von 3 000 DM, und zwar eine Verbindlichkeit aus sonstiger Leistung, auszuweisen. Sie stellt eine Ausgabe im Sinne des Gesetzes dar. Diese Ausgabe ist nur insoweit Aufwand des Jahres 01, als sie auf die Zeit vom 1.11. bis 31.12.01 entfällt, also in Höhe von 2 000 DM. Soweit sie auf die Zeit nach dem Bilanzstichtag entfällt, handelt es sich um Aufwand des Jahres 02, für den im Jahr 01 zum 31.12. ein transitorischer Rechnungsabgrenzungsposten zu aktivieren ist[882]. **1099**

Im Fall b ist die Mietschuld erst am 1.2.02 fällig. Erst mit ihrer Fälligkeit liegt eine Ausgabe im Sinne des Gesetzes vor. Die Ausgabe nach dem Bilanzstichtag betrifft die Miete für die Zeit vom 1.11.01 bis 31.12.01 und die Zeit vom 1.1.02 bis 31.1.02. Soweit sie auf die Zeit vor dem Bilanzstichtag 31.12.01 entfällt, handelt es sich um Aufwand im alten Geschäftsjahr, für den die Ausgabe erst später erfolgt. Es ist daher insoweit, also in Höhe von 2 000 DM, eine sonstige Verbindlichkeit zu passivieren. **1100**

Bei der Buchung und Bilanzierung antizipativer Posten sind Besonderheiten zu beachten. **1101**

Beispiel:
Die U-GmbH hat ein Lagergebäude für 2 000 DM monatlich gemietet. Die Miete ist vierteljährlich nachträglich zu zahlen. Das Mietverhältnis beginnt am 1.11.01. Die erste Zahlung ist also am 1.2.02 fällig. Die U-GmbH überweist am 28.1.02 6 000 DM.

Vom 1.11. bis zum 31.12.01 ist bereits im abgelaufenen Jahr Mietaufwand verursacht worden. Es muß also zum 31.12.01 Aufwand gebucht werden, für den die Zahlung erst im folgenden Jahr erfolgt. Zum 31.12.01 wird daher Mietaufwand für die Zeit vom 1.11. bis 31.12.01 abgegrenzt und als sonstige Verbindlichkeit ausgewiesen.

---

882 Siehe Rdn. 712, 718.

Buchungen der U-GmbH:

31.12.01

➤ 1) Mietaufwand 4 000 DM
　 an sonstige Verbindlichkeiten 4 000 DM
➤ 2) sonstige Verbindlichkeiten 4 000 DM
　 an Schlußbilanzkonto 4 000 DM
➤ 3) Gewinn- und Verlustkonto 4 000 DM
　 an Mietaufwand 4 000 DM

1.1.02

➤ 4) Eröffnungsbilanzkonto 4 000 DM
　 an sonstige Verbindlichkeiten 4 000 DM

28.1.02

➤ 5) sonstige Verbindlichkeiten 4 000 DM
　 Mietaufwand 2 000 DM
　 an Bank 6 000 DM

Die Zahlung am 28.1.02 beträgt 6 000 DM. Hiervon wirken sich im Jahr 02 nur 2 000 DM als Aufwand und damit erfolgswirksam aus. Die Zahlung von 6 000 DM wird also erfolgsmäßig auf die Jahre 01 und 02 abgegrenzt, soweit sie diesen Jahren als Aufwand zuzurechnen ist.

Soweit im Vorjahr Aufwand gebucht und hierfür eine Verbindlichkeit bilanziert worden ist, wird dieser Passivposten bei der Zahlung im Folgejahr erfolgsneutral aufgelöst.

1102 Hinsichtlich der **Umsatzsteuer** können sich bei den sonstigen Verbindlichkeiten Besonderheiten ergeben.

Beispiel:
Der Vermieter des Lagergebäudes im vorstehenden Beispiel ist Unternehmer. Er verzichtet auf die Steuerbefreiung nach § 4 Nr. 12 UStG. Für die Miete vom 1.11.01 bis 31.1.02 schickt der Vermieter der U-GmbH am 25.1.02 folgende Rechnung:

Miete vom 1.11.01 bis 31.1.02	*6 000 DM*
zuzüglich 16 % USt	*960 DM*
Gesamtbetrag	*6 960 DM*

Die U-GmbH überweist den Rechnungsbetrag am 28.1.02 an den Vermieter.

Verbindlichkeiten

Buchungen der U-GmbH:

31.12.01
➤ 1) Mietaufwand 4 000 DM
   Vorsteuer 640 DM
   an sonstige Verbindlichkeiten 4 640 DM
➤ 2) sonstige Verbindlichkeiten 4 640 DM
   an Schlußbilanzkonto 4 640 DM
➤ 3) Gewinn- und Verlustkonto 4 000 DM
   an Mietaufwand 4 000 DM

Da im alten Geschäftsjahr noch keine Rechnung erteilt worden ist, kann der Vorsteueranspruch im Jahr 01 nicht geltend gemacht werden. Der Vorsteuerbetrag ist daher gesondert als „noch nicht abziehbare Vorsteuer" zu aktivieren.

➤ 4) noch nicht abziehbare Vorsteuer 640 DM
   an Vorsteuer 640 DM

1.1.02
➤ 5) Eröffnungsbilanzkonto 4 640 DM
   an sonstige Verbindlichkeiten 4 640 DM
➤ 6) noch nicht abziehbare Vorsteuer 640 DM
   an Eröffnungsbilanzkonto 640 DM

25.1.02
➤ 7) Vorsteuer 640 DM
   an noch nicht abziehbare Vorsteuer 640 DM

28.1.02
➤ 8) sonstige Verbindlichkeiten 4 640 DM
   Mietaufwand 2 000 DM
   Vorsteuer 320 DM
   an Bank 6 960 DM

2.21.4 Gliederung

Große und mittelgroße Kapitalgesellschaften haben die Verbindlichkeiten in **1103** der Bilanz wie folgt zu gliedern (§ 266 Abs. 1 Satz 2, Abs. 3 C.):
1. Anleihen, davon konvertibel,
2. Verbindlichkeiten gegenüber Kreditinstituten,
3. erhaltene Anzahlungen auf Bestellungen,
4. Verbindlichkeiten aus Lieferungen und Leistungen,
5. Verbindlichkeiten aus der Annahme gezogener Wechsel und der Ausstellung eigener Wechsel,
6. Verbindlichkeiten gegenüber verbundenen Unternehmen,
7. Verbindlichkeiten gegenüber Unternehmen, mit denen ein Beteiligungsverhältnis besteht,

8. sonstige Verbindlichkeiten,
   – davon aus Steuern,
   – davon im Rahmen der sozialen Sicherheit.

1104 Der Betrag der Verbindlichkeiten mit einer **Restlaufzeit bis zu einem Jahr** ist bei jedem gesondert ausgewiesenen Posten zu vermerken (§ 268 Abs. 5 Satz 1 HGB).

Beispiel:
Verbindlichkeiten gegenüber
Kreditinstituten   600 000 DM
davon mit Restlaufzeit
bis zu einem Jahr   400 000 DM

Durch diesen Vermerk wird Auskunft über die Liquidität und damit zur Finanzlage des Unternehmens gegeben.

1105 **Kleine Kapitalgesellschaften** dürfen ihre Verbindlichkeiten grundsätzlich in einem Betrag zusammengefaßt ausweisen (§ 268 Abs. 1 Satz 3 HGB).

1106 Für **Einzelunternehmen** und **Personengesellschaften** ist eine Gliederung der Bilanz nicht vorgeschrieben. Sie können daher grundsätzlich ihre Verbindlichkeiten ebenfalls wie die kleinen Kapitalgesellschaften in einem Betrag ausweisen.

Alle Unternehmen, mithin auch Einzelunternehmen, Personengesellschaften und kleine Kapitalgesellschaften, haben ihre Jahresabschlüsse nach den Grundsätzen ordnungsmäßiger Buchführung aufzustellen (§ 243 Abs. 1 HGB). Sie haben daher insbesondere den Grundsatz der Klarheit zu beachten. Das wird noch besonders hervorgehoben, indem § 243 Abs. 2 HGB bestimmt, daß der Jahresabschluß klar und übersichtlich sein muß.

1107 Nach dem **Grundsatz der Klarheit** sind die einzelnen Bilanzposten ihrer Art nach eindeutig zu bezeichnen und übersichtlich zu ordnen[883]. Ein Posten ist eindeutig bezeichnet, wenn der bilanzkundige Leser sich hierunter etwas Bestimmtes vorstellen kann. Ein Posten ist nicht eindeutig bezeichnet, wenn Nichtzusammengehöriges unter einem Posten ausgewiesen wird.

Beispiel:
In einem Bilanzposten werden Darlehensschulden und Verbindlichkeiten aus Lieferungen und Leistungen als „Verbindlichkeiten" ausgewiesen.

Nach § 247 Abs. 1 HGB sind die Schulden **gesondert auszuweisen** und **hinreichend aufzugliedern.** Hieraus und aus dem Grundsatz der Klarheit kann sich auch für Einzelunternehmen, Personengesellschaften und kleine Kapitalgesellschaften ein Gebot zur weiteren Untergliederung der Verbindlichkeiten ergeben.

---

[883] Leffson, GoB, S. 208.

Verbindlichkeiten 473

Eventualverbindlichkeiten sind unter der Bilanz, also außerhalb des Bilanz- **1108** schemas, zu vermerken (§ 251 HGB). Es sind aufschiebend bedingte Verbindlichkeiten. Bei ihnen ist also am Bilanzstichtag noch keine Belastung des Unternehmens eingetreten, so daß keine Verbindlichkeit zu passivieren ist. Eine Belastung ist auch noch nicht wahrscheinlich, so daß auch keine Rückstellung passiviert werden kann[884]. Durch den Vermerk unter der Bilanz soll der Bilanzleser über außergewöhnliche wirtschaftliche Belastungen unterrichtet werden, die aufgrund der am Bilanzstichtag bestehenden Rechtsbeziehungen auf das Unternehmen zukommen können[885].

Hierzu rechnen:
- Verbindlichkeiten aus der Begebung und Übertragung von Wechseln
- Verbindlichkeiten aus Bürgschaften, Wechsel- und Scheckbürgschaften
- Verbindlichkeiten aus Gewährleistungsverträgen
- Haftungsverhältnisse aus der Bestellung von Sicherheiten für fremde Verbindlichkeiten

Eventualverbindlichkeiten sind auch dann anzugeben, wenn ihnen gleichwertige Rückgriffsforderungen gegenüberstehen. Einzelunternehmen und Personengesellschaften dürfen sie in einem Betrag vermerken. Kapitalgesellschaften müssen sie aber gesondert, entweder unter der Bilanz oder im Anhang, unter Angabe der gewährten Pfandrechte und sonstigen Sicherheiten ausweisen (§§ 251, 268 Abs. 7 HGB).

2.21.5 Bewertung

Verbindlichkeiten sind **handelsrechtlich** mit ihrem Rückzahlungsbetrag anzuset- **1109** zen (§ 253 Abs. 1 Satz 2 HGB). Da eine Rückzahlung nur bei Darlehen in Frage kommt, der „Rückzahlungsbetrag" aber der für alle Verbindlichkeiten geltende Wertansatz ist, muß dieser Begriff ausgelegt werden. Es ist hierunter der Betrag zu verstehen, den der Schuldner zur Begleichung der Verbindlichkeit aufbringen muß, die geschuldete Leistung[886]. Es ist also der Erfüllungsbetrag[887].

Steuerrechtlich sind Verbindlichkeiten unter sinngemäßer Anwendung der Vor- **1110** schriften von § 6 Abs. 1 Nr. 2 EStG anzusetzen (§ 6 Abs. 2 Nr. 3 EStG). Es ist also grundsätzlich von den Anschaffungskosten auszugehen. Das ist der Nennwert oder der Rückzahlungsbetrag[888]. Hierunter ist ebenso wie im Handelsrecht der Erfüllungsbetrag zu verstehen[889].

Es ist beim Erfüllungsbetrag von einer normalen Abwicklung der Verbindlichkeit **1111** auszugehen. Ist z. B. bei vorzeitiger Rückzahlung ein **Aufgeld** vorgesehen, so ist

---
[884] Siehe Rdn. 904, 1034.
[885] Hüttemann, GoB, S. 23.
[886] Kropff in: Geßler u. a., § 156 Rdn. 8.
[887] Hüttemann, GoB, S. 62.
[888] H 38 (Anschaffungskosten) EStH.
[889] Herrmann/Heuer/Raupach, § 6 EStG Anm. 1135.

es hinzuzurechnen, wenn ernstlich mit dem Eintritt der Umstände zu rechnen ist, die das Aufgeld auslösen[890].

1112 Nach den allgemeinen Bewertungsgrundsätzen sind alle vorhersehbaren Risiken und Verluste, die bis zum Abschlußstichtag entstanden sind, zu berücksichtigen, selbst wenn sie erst zwischen dem Abschlußstichtag und dem Tag der Aufstellung des Jahresabschlusses bekanntgeworden sind. Gewinne sind hiernach nur zu berücksichtigen, wenn sie am Abschlußstichtag realisiert sind (§ 252 Abs. 1 Nr. 4 HGB). Ein **Abgeld** darf daher erst dann abgesetzt werden, wenn die Umstände, die es begründen, bereits am Abschlußstichtag vorliegen, oder wenn das Unternehmen sie herbeiführen kann und will[891].

1113 Sind die **Zinsen** einer Verbindlichkeit günstiger als die Zinskonditionen am Bilanzstichtag, so darf das nicht durch Ausweis eines niedrigeren Tages- oder Teilwerts berücksichtigt werden. Das würde dem Realisationsprinzip und § 252 Abs. 1 Nr. 4 HGB widersprechen. Sind umgekehrt die Zinskonditionen am Bilanzstichtag besser als die vereinbarten Zinsen, so ist dem in der Handelsbilanz durch Ausweis einer Rückstellung für drohende Verluste aus schwebenden Geschäften Rechnung zu tragen. In der Steuerbilanz sind für Wirtschaftsjahre, die nach dem 31.12.1996 enden, Drohverlustrückstellungen nicht mehr zulässig[892].

1114 Sinkt der Kurs einer **ausländischen Währung,** so darf dem bei einer in dieser Währung abgeschlossenen Verbindlichkeit nicht gewinnerhöhend entsprochen werden. Das wäre ein Verstoß gegen das Realisationsprinzip. Steigt aber der Währungskurs, so ist nach dem Imparitätsprinzip der höhere Rückzahlungsbetrag auszuweisen. Das folgt auch aus § 252 Abs. 1 Nr. 4 HGB und gilt auch für die Steuerbilanz[893].

1115 Bei Lieferantenverbindlichkeiten wird i. d. R. bei Zahlung innerhalb einer bestimmten Frist ein **Skontoabzug** vom Lieferanten eingeräumt.

Beispiel:
Unternehmer U kauft eine Maschine, die ihm am 1. 12. 01 geliefert wird. Er erhält folgende Rechnung:

Maschine	*50 000 DM*
16 % USt	*8 000 DM*
Gesamtbetrag	*58 000 DM*

Zahlbar in 2 Monaten netto, binnen 2 Wochen 2 % Skonto.

---

[890] Kropff in: Geßler u. a., § 156 Rdn. 9.
[891] Kropff in: Geßler u. a., § 156 Rdn. 9.
[892] Hüttemann, HdJ, Abt. III 8, Rdn. 249, 250; zur unterschiedlichen Bilanzierung in der Steuerbilanz s. Rdn. 963 a.
[893] H 37 (Fremdwährungsverbindlichkeiten) EStH.

Nach Lieferung und Zugang der Rechnung wird gebucht:

➤ Maschinenkonto	50 000 DM
Vorsteuer	8 000 DM
an Verbindlichkeiten	58 000 DM

Lieferantenskonti mindern die Anschaffungskosten[894]. Wird Skonto nicht in Anspruch genommen, so schreibt in dem Beispiel der Unternehmer von 50 000 DM Anschaffungskosten ab. Wird innerhalb von 2 Wochen gezahlt und damit Skonto in Anspruch genommen, werden die Anschaffungskosten nachträglich gemindert. Es wird dann gebucht:

➤ Verbindlichkeiten	1 160 DM
an Maschinenkonto	1 000 DM
an Vorsteuer	160 DM

Skonto kann aber für den Empfänger einer Lieferung auch als Entgelt für einen Lieferantenkredit angesehen werden[895]. Es wird dann im vorstehenden Beispiel gebucht:

1116

Maschinenkonto	49 000 DM
Skontoaufwand	1 000 DM
Vorsteuer	8 000 DM
an Verbindlichkeiten	58 000 DM

Da Skonto nach dieser Auffassung Entgelt für eine Kreditüberlassung ist und der Kredit bis zu dem Zeitpunkt läuft, an dem der Rechnungsbetrag zu zahlen ist, muß der Skontobetrag auf die Laufzeit des Kredits verteilt werden.

Der Kredit läuft im vorstehenden Beispiel vom 1. 12. 01 bis 31. 1. 02. U bucht daher zum 31. 12. 01:

| ➤ Rechnungsabgrenzungsposten | 500 DM |
| an Skontoaufwand | 500 DM |

Der Rechnungsabgrenzungsposten wird im folgenden Jahr über Aufwand aufgelöst. Auf diese Weise wird der Skontoaufwand nur über die verhältnismäßig kurze Laufzeit des Kredits verteilt und nicht als Teil der Anschaffungskosten des mit dem Kredit angeschafften Anlagegegenstands auf dessen Nutzungsdauer. Diese Buchung lohnt sich aber in der Praxis nur bei Anlagegegenständen. Bei kurzfristig umgesetzten Vorratsgegenständen wirkt sich i. d. R. die genaue Abgrenzung des Skontoaufwands nicht aus, da es sich meist nur um eine Verlagerung von einem Geschäftsjahr in das andere handelt. Lediglich bei erheblich schwankenden Lieferantenverbindlichkeiten ist eine genaue Abgrenzung angezeigt[896].

---

[894] ADS 6. Auflage, HGB § 253 Rdn. 159; BFH, Urt. vom 27. 2. 1991 I R 176/84, BStBl 1991 II S. 456.
[895] Hüttemann, GoB, S. 103; HdJ Abt. III/8, Rdn. 255 ff.
[896] Siehe im einzelnen: Hüttemann, GoB, S. 104 ff.

1117 Wechselverbindlichkeiten sind mit der Wechselsumme zu passivieren. Werden ausnahmsweise zusätzlich zur Wechselsumme Zinsen gezahlt, so sind vorausbezahlte Zinsen nach § 250 Abs. 1 Satz 1 als Rechnungsabgrenzungsposten zu aktivieren und noch nicht gezahlte, auf das abgelaufene Geschäftsjahr entfallende Zinsen als sonstige Verbindlichkeiten zu passivieren. Bankprovisionen sind nicht zeitbezogen und deshalb im Zeitpunkt ihres Anfalls als Aufwand zu verrechnen[897]. Ein in der Wechselsumme enthaltener Diskont kann in der Handelsbilanz wahlweise gemäß § 250 Abs. 3 HGB aktiv abgegrenzt oder als Aufwand verrechnet werden[898]. In der Steuerbilanz besteht Aktivierungszwang.

1118 Ein **Darlehen** ist ebenfalls mit dem Rückzahlungsbetrag zu bilanzieren. Zur Behandlung eines Damnums siehe Rdn. 741 ff., 1457 ff. In seltenen Fällen ist der Ausgabebetrag eines Darlehens höher als der Rückzahlungsbetrag. Die Differenz ist das Ausgabeaufgeld oder **Begebungsagio**. Es ist ein vom Gläubiger gewährtes Entgelt für zukünftige hohe Zinszahlungen.

Beispiel:
Die Bank gewährt dem Unternehmer U ein Darlehen zu folgenden Bedingungen:

Auszahlungsbetrag	*100 000 DM*
Rückzahlungsbetrag	*95 000 DM*

Laufzeit 5 Jahre.

Bei Auszahlung bucht U:

➤ Bank	100 000 DM
an Darlehen	95 000 DM
an Begebungsagio	5 000 DM

Der Unterschiedsbetrag darf nicht sofort über Ertrag gebucht werden. Das würde dem Realisationsprinzip widersprechen. Das Agio ist als Rechnungsabgrenzungsposten zu passivieren. Es besteht also handelsrechtlich ein Passivierungsgebot[899], im Unterschied zum Damnum, für das ein Aktivierungswahlrecht besteht. Das handelsrechtliche Passivierungsgebot setzt sich nach dem Maßgeblichkeitsgrundsatz auch in der Steuerbilanz durch. Kapitalgesellschaften haben das Begebungsagio entsprechend dem Damnum[900] in der Bilanz gesondert auszuweisen und im Anhang anzugeben.

---

[897] ADS 6. Auflage, HGB § 253 Rdn. 160.
[898] ADS 6. Auflage, HGB § 253 Rdn. 144; Clemm/Nonnenmacher in: Beck Bil-Komm. § 253 Rdn. 100. A.A. Hüttemann HdJ Abt. III/8 Rdn. 264, der Aktivierungsgebot als transitorischer Rechnungsabgrenzungsposten annimmt.
[899] ADS 6. Auflage, HGB § 253 Rdn. 148.
[900] Siehe Rdn. 751.

Während der Laufzeit des Darlehens ist das Begebungsagio über Ertrag aufzulösen. Buchung:

➤ Agio
  an Ertrag

Im Zweifel ist nach dem Vorsichtsprinzip eher eine längere Laufzeit zugrunde zu legen[901].

Rentenverpflichtungen, für die eine Gegenleistung nicht mehr zu erwarten ist, **1119** sind zu ihrem Barwert anzusetzen (§ 253 Abs. 1 Satz 2 HGB). Rentenverpflichtungen, für die eine Gegenleistung noch zu erwarten ist, sind nach den Grundsätzen über die Bilanzierung schwebender Geschäfte zu behandeln. Soweit sich Leistung und Gegenleistung gegenseitig ausgleichen, unterbleibt die Bilanzierung. Ist dagegen ein Verpflichtungsüberschuß zu erwarten, so ist dieser in der Handelsbilanz nach § 249 Abs. 1 Satz 1 zu passivieren, während im umgekehrten Fall, einem erwarteten Ertragsüberschuß, das Realisationsprinzip eine Aktivierung ausschließt[902]. In der Steuerbilanz ist für Wirtschaftsjahre, die nach dem 31.12.1996 enden, die Bilanzierung von Drohverlustrückstellungen unzulässig (§ 5 Abs. 4a, § 52 Abs. 6a EStG)[903].

Bei Rentenverpflichtungen, für die eine Ablösesumme feststeht, wie z.B. für Rentenschulden nach § 1199 BGB, ist der anzusetzende Barwert mit der Ablösesumme identisch. In allen übrigen Fällen ist der Barwert unter Berücksichtigung von Zinseszinsen und ggf. von Sterbetafeln nach versicherungsmathematischen Grundsätzen zu errechnen[904].

---

[901] Hüttemann, HdJ, Abt. III 8, Rdn. 196.
[902] ADS 6. Auflage, HGB § 253 Rdn. 68.
[903] Siehe Rdn. 963a.
[904] ADS 6. Auflage, HGB § 253 Rdn. 168.

Umsatzerlöse 479

3 Gewinn- und Verlustrechnung

Die Gewinn- und Verlustrechnung ist eine Gegenüberstellung der Aufwendungen und Erträge des Geschäftsjahrs. Einzelunternehmer, Personengesellschaften und Kapitalgesellschaften müssen für den Schluß eines jeden Geschäftsjahrs eine Gewinn- und Verlustrechnung aufstellen. Diese bildet zusammen mit der Bilanz den Jahresabschluß (§ 242 Abs. 2 und 3 HGB). 1120

Auch steuerrechtlich sind die genannten Unternehmen zur Aufstellung und Vorlage einer Gewinn- und Verlustrechnung verpflichtet. Sie haben bei Abgabe der Steuererklärung außer einer Abschrift der Bilanz eine Gewinn- und Verlustrechnung beizufügen (§ 60 Abs. 1 EStDV).

3.1 Umsatzerlöse

Konten	
IKR	SKR 04
50 Umsatzerlöse (vgl. § 277 Abs. 1)	4000 Umsatzerlöse
500	–99 (zur freien Verfügung)
| frei	AM 4100 Steuerfreie Umsätze § 4
504	Nr. 8 ff. UStG
505 steuerfreie Umsätze § 4 Ziff. 1–6 UStG	AM 4110 Sonstige steuerfreie Umsätze Inland
506 steuerfreie Umsätze § 4 Ziff. 8 ff. UStG	AM 4120 Steuerfrei Umsätze § 4 Nr. 1 a, 2–7 UStG
507	AM 4125 Steuerfreie innergemeinschaftliche Lieferungen § 4 Nr. 1 b UStG
508 Erlöse ½ USt.-Satz	
509 frei	
51	R 4130
510 Umsatzerlöse für eigene Erzeugnisse und andere eigene Leistungen	AM 4135 Steuerfreie innergemeinschaftliche Lieferung von Neufahrzeugen an Abnehmer ohne Umsatzsteuer-Identifikationsnummer
513 1/1 USt.-Satz	
514 andere Umsatzerlöse, 1/1 USt.-Satz	
515 Umsatzerlöse für Waren, 1/1 USt.-Satz	AM 4138 Steuerfreie innergemeinschaftliche Lieferung, aktive Lohnveredelung
516 Skonti	
517 Boni	AM 4140 Steuerfreie Umsätze Offshore etc.
518 andere Erlösberichtigungen	
519 frei	AM 4150 Sonstige umsatzsteuerfreie Umsätze Ausland

1121

	R	4180	
	AM	4182	Erlöse aus Geldspielautomaten
		|	
	AM	4188	
		4200	Erlöse
	AM	4300	Erlöse 7 % Umsatzsteuer
		−09	
	AM	4310	Erlöse aus im Inland steuerpflichtigen EG-Lieferungen (7 % Umsatzsteuer)
		−14	
	AM	4315	Erlöse aus im Inland steuerpflichtigen EG-Lieferungen (15 %/16 % Umsatzsteuer)
		−19	
		4320	Erlöse aus im anderen EG-Land steuerpflichtigen Lieferungen
	R	4330	
		−38	
	AM	4339	Erlöse aus im anderen EG-Land steuerpflichtigen sonstigen Leistungen (Nullregelung)
	R	4340	
		−49	
	AM	4400	Erlöse 15 %/16 % Umsatzsteuer
		−09	
	AM	4410	Erlöse 14 % Umsatzsteuer
		−19	
	R	4420	
		−49	
		4500	Provisionserlöse
		4510	Erlöse Abfallverwertung
		4520	Erlöse Leergut
		4600	Eigenverbrauch
	AM	4610	Entnahme von Gegenständen 7 % USt nach § 1 Nr. 2 a UStG (z. B. Warenentnahmen)
		−19	

AM	4620	Entnahme von Gegen-
	−29	ständen 15 %/16 % USt
		nach § 1 Abs. 1 Nr. 2 a
		UStG (z. B. Warenent-
		nahmen)
AM	4630	Entnahme von sonstigen
	−39	Leistungen 7 % USt nach
		§ 1 Abs. 1 Nr. 2 b UStG
AM	4640	Entnahme von sonstigen
	−49	Leistungen 15 %/16 %
		USt nach § 1 Abs. 1 Nr.
		2 b UStG (z. B. Kfz- und
		Telefonkosten)
AM	4650	Eigenverbrauch 7 % USt,
	−59	Aufwendungen i. S. d.
		§ 4 Abs. 5 Nr. 1–7 und
		Abs. 7 EStG/§ 1 Abs. 1
		Nr. 2 c UStG
AM	4660	Eigenverbrauch
	−69	15 %/16 % USt,
		Aufwendungen i. S. d.
		§ 4 Abs. 5 Nr. 1–7 und
		Abs. 7 EStG/§ 1 Abs. 1.
		Nr. 2 c UStG
AM	4670	Unentgeltliche Lei-
	−79	stungen von Gesellschaf-
		ten an Gesellschafter 7 %
		USt nach § 1 Abs. 1 Nr. 3
		UStG
AM	4680	Unentgeltliche Lei-
	−89	stungen von Gesellschaf-
		ten an Gesellschafter
		15 %/16 % USt nach § 1
		Abs. 1 Nr. 3 UStG
	4690	Nicht steuerbare Umsätze
	4695	Umsatzsteuervergütun-
		gen
	4700	Erlösschmälerungen
AM	4710	Erlösschmälerungen
	−11	7 % USt
R	4712	
	−19	

AM	4720	Erlösschmälerungen
	−21	15%/16% USt
AM	4722	Erlösschmälerungen
	−23	14% USt
AM	4724	Erlösschmälerungen aus steuerfreien innergemeinschaftlichen Lieferungen
AM	4725	Erlösschmälerungen aus im Inland steuerpflichtigen EG-Lieferungen 7% USt
AM	4726	Erlösschmälerungen aus im Inland steuerpflichtigen EG-Lieferungen 15%/16% USt
	4727	Erlösschmälerungen aus im anderen EG-Land steuerpflichtigen Lieferungen
R	4728	
	−29	
S	4730	Gewährte Skonti
S/AM	4731	Gewährte Skonti 7% USt
R	4732	
	−34	
S/AM	4735	Gewährte Skonti 14% USt
S/AM	4736	Gewährte Skonti 15%/16% USt
R	4737	
	−38	
	4740	Gewährte Boni
AM	4750	Gewährte Boni 7% USt
	−51	
R	4752	
	−59	
AM	4760	Gewährte Boni 15%/16% USt
	−61	
AM	4762	Gewährte Boni 14% USt
	−63	
R	4764	
	−69	

		4770 Gewährte Rabatte
	AM	4780 Gewährte Rabatte
		–81 7 % USt
	R	4782
		–89
	AM	4790 Gewährte Rabatte
		–91 15 %/16 % USt
	AM	4792 Gewährte Rabatte
		–93 14 % USt
	R	4794
		–99
	AM	Automatische Errechnung der Umsatzsteuer
	S	Sammelkonten
	R	Diese Konten dürfen erst dann bebucht werden, wenn ihnen eine andere Funktion zugeteilt wurde.

3.1.1 Erlöse aus der gewöhnlichen Geschäftstätigkeit

Das Gesetz rechnet zu den Umsatzerlösen die Erlöse abzüglich Erlösschmälerungen und Umsatzsteuer aus folgenden für die **gewöhnliche Geschäftstätigkeit** des Unternehmens typischen Tätigkeiten (§ 277 Abs. 1 HGB): 1122
- Verkauf von Erzeugnissen und Waren,
- Vermietungen und Verpachtungen und
- Dienstleistungen.

Jedes Unternehmen hat eine **Hauptgeschäftstätigkeit**, eine für das Unternehmen typische Tätigkeit. Maßgebend ist hierfür die betriebswirtschaftliche Charakterisierung. Sie wird am jeweiligen Geschäftszweig gemessen. Die Erlöse aus diesen Umsätzen sind die Umsatzerlöse. Ein anderer Ausdruck hierfür ist „**wirtschaftlicher Umsatz**". 1123
- Handelt es sich um ein **Fertigungsunternehmen**, das Erzeugnisse in Serien herstellt und verkauft, so sind die Verkäufe von Erzeugnissen seine gewöhnliche Geschäftstätigkeit.
- Typisch für die gewöhnliche Geschäftstätigkeit eines **Handwerksbetriebs** oder eines Fertigungsunternehmens, das **Sonderanfertigungen** herstellt, sind Leistungen aufgrund Werkvertrags oder Werklieferungsvertrags.
- **Handelsunternehmen** kaufen Waren und verkaufen diese. Typisch sind für sie Warenverkäufe.
- Für **Dienstleistungsunternehmen** sind typisch Dienstleistungen aufgrund von Dienstverträgen.

- Bei Unternehmen, die **Vermietungen** zum Hauptgegenstand ihres Geschäftsbetriebs haben, insbesondere Leasingunternehmen, sind Umsätze aus Vermietungen der Hauptgegenstand des Geschäftsbetriebs.
- Unternehmen, bei denen die Vergabe von Darlehen zum Hauptgegenstand ihrer Geschäftstätigkeit gehört, rechnen die **Zinseinnahmen** zu den Erlösen aus typischen Umsätzen.

Die Umsätze, die zur Haupttätigkeit des betreffenden Unternehmens gehören, werden **gebucht**:

➤ Forderungen aus Lieferungen und Leistungen
  an Umsatzerlöse
  an Umsatzsteuer

3.1.2 Preisnachlässe und zurückgewährte Entgelte

1124 Preisnachlässe und zurückgewährte Entgelte mindern die Umsatzerlöse.
- **Preisnachlässe:** Kundenskonti, Rabatte, Boni
- **Zurückgewährte Entgelte:** Gutschriften aufgrund von Mängelrügen, wegen Gewichtsdifferenzen und aus Kulanzgründen, Rücksendungen von Kunden

3.1.2.1 Skonto

1125 Skonto ist Rechnungsabzug für Zahlung innerhalb einer bestimmten Frist. Erst bei der Zahlung zieht der Kunde den Skonto ab. Der Skonto wird daher erst beim Zahlungseingang gebucht. Die Forderung wird beim Entstehen voll gebucht.

Beispiel:
V liefert an K Waren. Die Rechnung lautet:

Waren	*1 000 DM*
Umsatzsteuer	*160 DM*
Rechnungsbetrag	*1 160 DM*

Bei Zahlung innerhalb von 30 Tagen 2 % Skonto.
K zahlt innerhalb von 30 Tagen unter Abzug von Skonto.

Lieferant V bucht im vorstehenden Beispiel:

Bei Lieferung:
➤ Forderungen aus Lieferungen	1 160 DM
an Erlöse	1 000 DM
an Umsatzsteuer	160 DM

Bei Zahlung:
➤ Bank	1 136,80 DM
Skonto	23,20 DM
an Forderungen	1 160,00 DM

Im Skonto ist Umsatzsteuer in Höhe von 16 % enthalten. Erlösminderung ist der **1126**
Nettobetrag ohne Umsatzsteuer. Um die im Skonto enthaltene Umsatzsteuer ist
die Umsatzsteuerverbindlichkeit zu mindern.

Nettoskonto = 23,20 x 100 : 116
 = 20,00 DM
Umsatzsteuer = 23,20 DM – 20,00 DM
 = 3,20 DM

Buchung:
➤ Umsatzerlöse 20,00 DM
   Umsatzsteuer 3,20 DM
   an Skonto 23,20 DM

Zweckmäßigerweise werden die Skonti zunächst brutto einschließlich Umsatz- **1127**
steuer gebucht. Am Monatsende, wenn die Umsatzsteuervoranmeldung für den
abgelaufenen Monat erstellt wird, wird die Korrekturbuchung für alle Skontoabzüge des zurückliegenden Monats in einem Betrag gebucht. Das ist die sog. **Bruttomethode**.

3.1.2.2 Rabatte

Rabatte werden vom Lieferanten gewährt als **1128**
- Barzahlungsrabatte, weil der Kunde bar zahlt,
- Mengenrabatte, weil der Kunde eine bestimmte Menge abgenommen hat,
- Treuerabatte, weil der Kunde eine langjährige Geschäftsverbindung unterhalten hat und
- Handelsrabatte (Wiederverkäuferrabatte), wenn der Lieferant seinen Kunden Bruttoverkaufspreise vorgeschrieben hat.

I. d. R. wird von vornherein der Rechnungsbetrag gemindert oder es wird in Form eines Naturalrabatts die gelieferte Warenmenge ohne Berechnung erhöht. In der Buchführung werden dann die Rabatte nicht erfaßt. Bei nachträglich gewährten Rabatten ist wie bei Boni (s. Rdn. 1129) zu verfahren.

3.1.2.3 Boni

Boni sind Preisnachlässe, die an bestimmte Voraussetzungen geknüpft sind und **1129**
nachträglich gewährt werden, z. B. Umsatzbonus, der gewährt wird, wenn im zurückliegenden Jahr von einem Kunden eine bestimmte Gesamtwarenmenge abgenommen worden ist.

Beispiel:
V hat seinen Kunden einen Bonus zugesagt
von 1 % bei einem Gesamtjahresumsatz von mehr als 1 Mio. DM,
von 2 % bei einem Gesamtjahresumsatz von mehr als 5 Mio. DM.
Kunde K hat im zurückliegenden Geschäftsjahr für 6 Mio. DM Waren bezogen.

Bei Entstehung der Forderung wurde gebucht:
- ➤ Forderung aus Lieferungen und Leistungen 6 960 000 DM
- an Erlöse 6 000 000 DM
- an Umsatzsteuer 960 000 DM

Nach Abrechnung des Kundenkontos wird dem Kunden der Bonus gutgeschrieben. Lieferant V schickt seinem Kunden K folgende Gutschrift:

Gesamtbetrag der Umsätze	6 000 000 DM
Bonus 2 %	120 000 DM
Umsatzsteuer	19 200 DM

V bucht:
- ➤ Gewährte Boni 139 200 DM
- an Bonusverbindlichkeit 139 200 DM

- ➤ Umsatzerlöse 120 000 DM
- Umsatzsteuer 19 200 DM
- an gewährte Boni 139 200 DM

1130 Die Buchung betrifft das abgelaufene Geschäftsjahr. Sie ist also bei den Abschlußbuchungen durchzuführen. Die Erlöse des abgelaufenen Geschäftsjahrs werden um den Bonus gekürzt. Der Erfolg wirkt sich also im abgelaufenen Geschäftsjahr aus. Im Jahr der Zahlung oder Verrechnung des Bonus mit noch offener Forderung gegen den Kunden wird erfolgsneutral gebucht:

Bei Zahlung:
- ➤ Bonusverbindlichkeit 139 200 DM
- an Bank 139 200 DM

Bei Verrechnung mit noch offener Forderung gegen den Kunden:
- ➤ Bonusverbindlichkeit 139 200 DM
- an Forderungen aus Lieferungen
- und Leistungen 139 200 DM

3.1.2.4 Zurückgewährte Entgelte

1131 Macht der Kunde Mängel geltend und sind sie anzuerkennen, schickt er sie entweder an den Lieferer zurück (Wandlung) oder der Kaufpreis wird gemindert (Minderung).

Beispiel:
Kunde K schickt aufgrund einer berechtigten Mängelrüge Waren zurück. Der Lieferant V schickt ihm daraufhin eine Gutschrift:

Warennettopreis	*3 000 DM*
Umsatzsteuer	*480 DM*
Rechnungsminderung	*3 480 DM*

Der Lieferant bucht:

- Erlöse 3 000 DM
  Umsatzsteuer 480 DM
  an Forderungen aus Lieferungen
  und Leistungen 3 480 DM

3.1.3 Jahresabschlußbuchungen

Preisnachlässe an Kunden und **zurückgewährte Entgelte** an Kunden werden 1132
beim Jahresabschluß gebucht:

- Erlöskonto
  Umsatzsteuerkonto
  an Konto Forderungen aus Lieferungen und Leistungen

Die Preisnachlässe und die zurückgewährten Entgelte mindern also die Erlöse.
Das Erlöskonto hat daher beim Jahresabschluß folgendes Bild:

Erlöskonto	
Soll	**Haben**
Preisnachlässe	Erlöse ohne Umsatzsteuer
zurückgewährte Entgelte	
Saldo = Umsatzerlöse	

Der Saldo des Erlöskontos beim Jahresabschluß sind die Umsatzerlöse oder der
wirtschaftliche Umsatz. Es ergibt sich:

Erlöse ohne Umsatzsteuer
./. Preisnachlässe
./. zurückgewährte Entgelte
= Umsatzerlöse/wirtschaftlicher Umsatz

Nach § 277 Abs. 1 HGB sind als Umsatzerlöse die Erlöse aus dem Verkauf und 1133
der Vermietung oder Verpachtung von für die gewöhnliche Geschäftstätigkeit der
Kapitalgesellschaft typischen Erzeugnissen und Waren sowie aus von für die gewöhnliche Geschäftstätigkeit der Kapitalgesellschaft typischen Dienstleistungen
nach Abzug von Erlösschmälerungen und der Umsatzsteuer auszuweisen.

Erlöse aus für die gewöhnliche Geschäftstätigkeit des Unternehmens
typischen
- Verkäufen von Erzeugnissen und Waren
- Vermietungen und Verpachtungen
- Dienstleistungen
./. Erlösschmälerungen
./. Umsatzsteuer
= Umsatzerlöse

1134 Der Saldo des Erlöskontos, in der Buchführung von Handelsunternehmen heißt es oft auch Warenverkaufskonto, wird durch die Buchung

➤ Erlöskonto/Warenverkauf
 an Gewinn- und Verlustkonto

auf das Gewinn- und Verlustkonto gebucht. Er wird als Posten „Umsatzerlöse" oder „wirtschaftlicher Umsatz" in die Gewinn- und Verlustrechnung übernommen.

1135 Wird so der Posten „Umsatzerlöse" oder „wirtschaftlicher Umsatz" gebucht, handelt es sich um den sogenannten **Bruttoabschluß**. Die Erträge aus den Umsatzgeschäften werden brutto auf dem Gewinn- und Verlustkonto und in der Gewinn- und Verlustrechnung ausgewiesen. Das bedingt, daß der entsprechende Aufwandsposten, der „Wareneinsatz" bei Handelsunternehmen oder der „Einsatz an Fertigerzeugnissen" bei Fertigungsunternehmen, ebenfalls auf dem Gewinn- und Verlustkonto und in der Gewinn- und Verlustrechnung ausgewiesen wird.

1136 Wird die Gewinn- und Verlustrechnung nach dem Gesamtkostenverfahren aufgestellt, werden statt des Wareneinsatzes oder des Einsatzes an Fertigerzeugnissen die Aufwandsposten ungekürzt und die **Bestandsveränderungen** in der Gewinn- und Verlustrechnung ausgewiesen[905].

1137 Demgegenüber gibt es den **Nettoabschluß**. Hierbei wird der Wareneinsatz/Einsatz an Fertigerzeugnissen vom Wareneinkaufskonto auf das Erlöskonto/Warenverkaufskonto gebucht durch die Buchung:

➤ Erlöse/Warenverkauf
 an Wareneinkauf

1138 Dann verbleibt auf dem Erlöskonto/Warenverkaufskonto als Saldo der **Rohgewinn**. Dieser wird auf das Gewinn- und Verlustkonto gebucht:

➤ Erlöse/Warenverkauf
 an Gewinn- und Verlustkonto

Bei diesem Abschluß wird also der Rohgewinn als Nettobetrag auf das Gewinn- und Verlustkonto übernommen und in der Gewinn- und Verlustrechnung ausgewiesen. In der Gewinn- und Verlustrechnung erscheint daher auch nicht der Wareneinsatz/Einsatz an Fertigerzeugnissen auf der Aufwandsseite.

1139 Aus dem Vergleich der Umsatzerlöse aufeinanderfolgender Geschäftsjahre können Außenstehende die **wirtschaftliche Entwicklung** des Unternehmens beurteilen. Aus den Posten „Wareneinsatz/Einsatz an Fertigerzeugnissen" und „Umsatzerlöse" läßt sich der **Rohgewinnsatz** ermitteln:

Rohgewinn = Umsatzerlöse − Wareneinsatz/Einsatz an Fertigerzeugnissen

$$\text{Rohgewinnsatz} = \frac{\text{Rohgewinn} \times 100}{\text{Umsatzerlöse}}$$

---

[905] Siehe Rdn. 1143 ff.

Durch den Vergleich des Rohgewinnsatzes des Unternehmens mit den Erfahrungssätzen des betreffenden Geschäftszweigs können Außenstehende Schlüsse auf den wirtschaftlichen Zustand des Unternehmens ziehen. Dieser Vergleich ist der **äußere Betriebsvergleich**. **1140**

Außenprüfungen durch das Finanzamt führen regelmäßig einen äußeren Betriebsvergleich durch, auch wenn ein Nettoabschluß erstellt ist, denn den Außenprüfern ist die gesamte Buchführung zugänglich. Aber im Wettbewerb kann es unangenehm sein, wenn der Konkurrenz die für die Durchführung eines äußeren Betriebsvergleichs erforderlichen Zahlen bereits aus dem vorgelegten oder publizierten Jahresabschluß zugänglich werden.

Um Außenstehenden die Möglichkeit eines äußeren Betriebsvergleichs oder den Vergleich der Umsatzerlöse aufeinanderfolgender Geschäftsjahre zu verwehren, sollte der Nettoabschluß gewählt werden. **1141**

Kapitalgesellschaften ist der Bruttoabschluß vorgeschrieben. Sie müssen in ihren Gewinn- und Verlustrechnungen die „Umsatzerlöse" ausweisen. Kleine und mittelgroße Kapitalgesellschaften im Sinne von § 267 HGB dürfen aber einen zusammengefaßten Posten „Rohergebnis" ausweisen und damit die „Umsatzerlöse" sozusagen verstecken. Je nachdem, ob die Gewinn- und Verlustrechnung nach dem Gesamtkostenverfahren oder nach dem Umsatzkostenverfahren aufgestellt wird, berechnet sich der Posten „Rohergebnis" unterschiedlich. **1142**

Gesamtkostenverfahren
Umsatzerlöse
+ Erhöhung des Bestands an fertigen und unfertigen Erzeugnissen
− Minderung des Bestands an fertigen und unfertigen Erzeugnissen
+ andere aktivierte Eigenleistungen
+ sonstige betriebliche Erträge
− Materialaufwand
= Rohergebnis

Umsatzkostenverfahren
Umsatzerlöse
− Herstellungskosten der zur Erzielung der Umsatzerlöse erbrachten Leistungen
+ sonstige betriebliche Erträge
= Rohergebnis

Will also der Geschäftsführer einer kleinen oder mittelgroßen Kapitalgesellschaft vermeiden, daß die Konkurrenten aus der Gewinn- und Verlustrechnung auf die wirtschaftliche Stärke seines Unternehmens schließen können, so weist er nicht den Posten „Umsatzerlöse", sondern den Posten „Rohergebnis" aus.

3.2 Bestandsveränderungen

1143

Konten	
IKR	SKR 04
52 Erhöhung oder Verminderung des Bestandes an unfertigen und fertigen Erzeugnissen 521 Bestandsveränderungen an unfertigen Erzeugnissen und nicht abgerechneten Leistungen 522 Bestandsveränderungen an fertigen Erzeugnissen 523 frei 524 frei 525 zusätzliche Abschreibungen auf Erzeugnisse bis Untergrenze erwarteter Wertschwankungen gem. § 253 Abs. 3 S. 3 HGB 526 steuerliche Sonderabschreibungen auf Erzeugnisse	4800 Bestandsveränderungen – fertige Erzeugnisse 4810 Bestandsveränderungen – unfertige Erzeugnisse 4815 Bestandsveränderungen – unfertige Leistungen 4816 Bestandsveränderungen – in Ausführung befindliche Bauaufträge 4818 Bestandsveränderungen – in Arbeit befindliche Aufträge

3.2.1 Bestände an fertigen und unfertigen Erzeugnissen

1144 In der Gewinn- und Verlustrechnung nach dem Gesamtkostenverfahren werden alle im Geschäftsjahr angefallenen Aufwendungen ungekürzt ausgewiesen, also auch die mit den Umsätzen zusammenhängenden Aufwendungen. Wenn alle im Geschäftsjahr hergestellten Erzeugnisse verkauft worden sind, sind alle mit den Umsätzen zusammenhängenden Aufwendungen den Erlösen gegenzurechnen.

Beispiel:
Umsatzerlöse		*800 000 DM*
Materialkosten	*400 000 DM*	
Fertigungskosten	*200 000 DM*	
Materialgemeinkosten	*70 000 DM*	
Fertigungsgemeinkosten	*30 000 DM*	*– 700 000 DM*
Überschuß aus Verkäufen		*100 000 DM*

1145 In der Regel werden aber nicht alle Erzeugnisse in dem Geschäftsjahr verkauft, in dem sie hergestellt worden sind. Bleibt zum Schluß des Geschäftsjahrs ein Bestand übrig, so wird dieser bei der Inventur aufgenommen, bewertet und als Endbestand auf der Aktivseite der Bilanz ausgewiesen. Hierdurch wird bewirkt, daß die hierin aufgegangenen Aufwendungen neutralisiert, von den Aufwendungen

Bestandsveränderungen

des abgelaufenen Geschäftsjahrs gekürzt werden. Der Bestand wird dem folgenden Geschäftsjahr als Anfangsbestand vorgetragen und in diesem Jahr verkauft. So gehen die Herstellungskosten der Erzeugnisse als Aufwand in das folgende Geschäftsjahr hinüber.

Angenommen, im vorstehenden Beispiel betragen die Herstellungskosten der im Endbestand des abgelaufenen Geschäftsjahrs verbliebenen Erzeugnisse 30 000 DM, so sind die Aufwendungen auf den Konten, auf denen Material- und Fertigungskosten, Material- und Fertigungsgemeinkosten gebucht worden sind, um die bei den Erzeugnissen aktivierten Herstellungskosten zu mindern. Im Beispiel wäre daher zu buchen:

Umsatzerlöse		800 000 DM
Materialkosten	400 000 DM	
Fertigungskosten	200 000 DM	
Materialgemeinkosten	70 000 DM	
Fertigungsgemeinkosten	30 000 DM	
	700 000 DM	
	− 30 000 DM	− 670 000 DM
Überschuß aus Verkäufen der Erzeugnisse		130 000 DM

Um die mit der Fertigung zusammenhängenden Aufwendungsposten in der zutreffenden Höhe auszuweisen, müßten die bei den Erlösen aktivierten Aufwendungen bei jedem einzelnen Aufwandskonto gekürzt werden. Da aber alle Aufwandskonten ungekürzt in den Posten der Gewinn- und Verlustrechnung ausgewiesen werden sollen, werden die in die Herstellungskosten der Erzeugnisse eingegangenen Aufwendungen als Erträge hinzugerechnet. Das bedeutet im Ausgangsbeispiel: **1146**

Umsatzerlöse		800 000 DM
Materialkosten	400 000 DM	
Fertigungskosten	200 000 DM	
Materialgemeinkosten	70 000 DM	
Fertigungsgemeinkosten	30 000 DM	− 700 000 DM
		100 000 DM
Herstellungskosten der Erzeugnisse		+ 30 000 DM
Überschuß aus Verkäufen der Erzeugnisse		130 000 DM

Der Endbestand an Erzeugnissen wird im folgenden Geschäftsjahr Anfangsbestand und im Laufe dieses Geschäftsjahrs verkauft. Er erhöht damit die den Umsatzerlösen dieses Geschäftsjahrs gegenzurechnenden Aufwendungen. Da das bei der Gewinn- und Verlustrechnung nach dem Gesamtkostenverfahren in jedem Geschäftsjahr geschieht, ist allgemein festzuhalten: **1147**

In der Gewinn- und Verlustrechnung werden Bestände der Erzeugnisse behandelt: **1148**
- Endbestände als Ertrag,
- Anfangsbestände als Aufwand.

Ist der Endbestand an Erzeugnissen höher als der Anfangsbestand, ist der Unterschied eine **Bestandserhöhung**. Ist der Anfangsbestand höher als der Endbestand, ist der Unterschied eine **Bestandsminderung**. Nur diese Unterschiede werden als Geschäftserfolg in der Gewinn- und Verlustrechnung ausgewiesen:
- Bestandserhöhungen als Ertrag,
- Bestandsminderungen als Aufwand.

Für die Aufstellung der Gewinn- und Verlustrechnung nach dem Gesamtkostenverfahren sind also zunächst die Bestände an fertigen und unfertigen Erzeugnissen durch Inventur aufzunehmen und zu bewerten. Die so ermittelten Bestände an fertigen und unfertigen Erzeugnissen werden auf den Bestandskonten „fertige Erzeugnisse" und „unfertige Erzeugnisse" im Haben gebucht. Sie werden auf der Aktivseite der Bilanz ausgewiesen.

Die Endbestände an fertigen und unfertigen Erzeugnissen des vorangegangenen Geschäftsjahrs wurden als Anfangsbestände auf den Konten „fertige Erzeugnisse" und „unfertige Erzeugnisse" im Soll gebucht. Die Salden dieser Konten ergeben die Bestandsveränderungen. Sie werden auf den Konten „Bestandsveränderungen fertige Erzeugnisse" und „Bestandsveränderungen unfertige Erzeugnisse" gebucht.

3.2.2 Änderungen der Menge und des Wertes

1149 Bestandsveränderungen sind sowohl Änderungen der Menge als auch solche des Wertes. Änderungen des Wertes sind auch Abschreibungen. Diese werden jedoch nur insoweit als Bestandsminderungen erfaßt, als sie die sonst üblichen Abschreibungen nicht überschreiten (§ 277 Abs. 2 HGB).

1150 **Übliche Abschreibungen** sind solche, die regelmäßig aufgrund von Wertschwankungen, Ungängigkeit, Überalterung, gesunkenen Wiederbeschaffungskosten u.ä. vorkommen und keine außergewöhnlich hohen Beträge darstellen. Sie werden bereits bei den Bestandsveränderungen, als Bestandsminderungen, erfaßt.

Nach dem Wortlaut des Gesetzes kommt es darauf an, ob die Abschreibungen „in der Kapitalgesellschaft" üblich sind. Es heißt nicht „die in Kapitalgesellschaften üblichen Abschreibungen" oder „die in einer Kapitalgesellschaft üblichen Abschreibungen". Daher ist abzugrenzen, ob es sich um Abschreibungen handelt, die für das betreffende Unternehmen üblich sind.

1151 **Nicht übliche Abschreibungen** sind: Erhebliche Abschreibungen auf fertige und unfertige Erzeugnisse aufgrund von Interventionen durch die lebensmittelrechtliche Aufsichtsbehörde (Glykolweine bei Großkellereien), Abschreibungen von im Bau befindlichen Großanlagen wegen technischer Defekte u.ä.[906]. Soweit Abschreibungen auf Umlaufgegenstände, und damit auch auf fertige und unfertige Erzeugnisse, die im Unternehmen üblichen Abschreibungen überschreiten, wer-

---

[906] Westermann in: Beck HdR, B 331 Rdn. 46 ff.

Bestandsveränderungen 493

den sie im Posten 7 b der nach § 275 Abs. 2 HGB zu gliedernden Gewinn- und Verlustrechnung ausgewiesen.

3.2.3 Jahresabschlußbuchungen

Folgende Konten hängen mit den Bestandsveränderungen zusammen: **1152**
- unfertige Erzeugnisse
- fertige Erzeugnisse
- Erhöhung oder Verminderung des Bestandes an unfertigen und fertigen Erzeugnissen
- Bestandsveränderungen an unfertigen Erzeugnissen
- Bestandsveränderungen an fertigen Erzeugnissen
- Abschreibungen auf Erzeugnisse bis Untergrenze erwarteter Wertschwankungen gem. § 253 Abs. 3 S. 3 HGB
- steuerliche Sonderabschreibungen auf Erzeugnisse gem. § 254 HGB
- unübliche Abschreibungen auf Vorräte
- Eröffnungsbilanzkonto
- Schlußbilanzkonto
- Gewinn- und Verlustkonto Gesamtkostenverfahren

Die Jahresabschlußbuchungen sollen anhand eines Beispiels dargestellt werden: **1153**

Beispiel:
Anfangsbestände:
unfertige Erzeugnisse	*50 000 DM*
fertige Erzeugnisse	*30 000 DM*

Endbestände (Herstellungskosten):
unfertige Erzeugnisse	*20 000 DM*
fertige Erzeugnisse	*70 000 DM*

Übliche Abschreibungen auf Erzeugnisse:
Abschreibungen gem. § 253 Abs. 3 HGB	*2 800 DM*
steuerliche Sonderabschreibungen gem. § 254 HGB	*1 200 DM*
unübliche Abschreibungen auf Vorräte	*3 500 DM*

Es werden zunächst die Endbestände aus der Vorjahresbilanz als **Anfangsbestände** auf den Konten „unfertige Erzeugnisse" und „fertige Erzeugnisse" gebucht:

➤ 1) unfertige Erzeugnisse 50 000 DM
an Eröffnungsbilanzkonto 50 000 DM
➤ 2) fertige Erzeugnisse 30 000 DM
an Eröffnungsbilanzkonto 30 000 DM

S	unfertige Erzeugnisse	H		S	fertige Erzeugnisse	H
1)	50 000			2)	30 000	

S	Eröffnungsbilanzkonto	H
		1) 50 000
		2) 30 000

1154 Durch **Inventur** (s. Rdn. 506 ff.) werden die unfertigen und die fertigen Erzeugnisse zum Schluß des Geschäftsjahrs ermittelt und mit den Herstellungskosten bewertet. Diese Bestände werden im Haben der Konten „unfertige Erzeugnisse" und „fertige Erzeugnisse" gebucht:

➤ 3) Schlußbilanzkonto   20 000 DM
    an unfertige Erzeugnisse   20 000 DM

➤ 4) Schlußbilanzkonto   70 000 DM
    an fertige Erzeugnisse   70 000 DM

S	unfertige Erzeugnisse	H		S	fertige Erzeugnisse	H
1)	50 000	3) 20 000		2)	30 000	4) 70 000

S	Schlußbilanzkonto	H
3)	20 000	
4)	70 000	

1155 Die Salden der Konten unfertige Erzeugnisse und fertige Erzeugnisse werden auf das Konto „**Bestandsveränderungen**" übernommen. In der Praxis werden die Bestandsveränderungen meist nicht getrennt nach unfertigen und fertigen Erzeugnissen erfaßt, sondern auf einem gemeinsamen Konto „Bestandsveränderungen" gebucht:

➤ 5) Bestandsveränderungen   30 000 DM
    an unfertige Erzeugnisse   30 000 DM

➤ 6) fertige Erzeugnisse   40 000 DM
    an Bestandsveränderungen   40 000 DM

S	unfertige Erzeugnisse	H		S	fertige Erzeugnisse	H
1)	50 000	3) 20 000		2)	30 000	4) 70 000
		5) 30 000		6)	40 000	
	50 000	50 000				

S	Bestandsveränderungen	H
5)	30 000	6) 40 000

Bestandsveränderungen

Die **üblichen Abschreibungen** (s. Rdn. 566 ff.) werden zunächst auf Unterkonten zum Konto Bestandsveränderungen gebucht, da es sich um Bestandsminderungen handelt. **1156**

▶ 7) Abschreibungen gem. § 253 Abs. 3 HGB   2 800 DM
    an Schlußbilanzkonto   2 800 DM

▶ 8) steuerliche Abschreibungen gem. § 254 HGB   1 200 DM
    an Schlußbilanzkonto   1 200 DM

S	Abschreibungen gem. § 253 Abs. 3 HGB	H	S	steuerl. Abschr. gem. § 254 HGB	H
7)	2 800		8)	1 200	

S	Schlußbilanzkonto			H
3)	20 000	7)	2 800	
4)	70 000	8)	1 200	

Die Unterkonten „Abschreibungen gem. § 253 Abs. 3 HGB" und „steuerliche Abschreibungen gem. § 254 HGB" werden über Konto Bestandsveränderungen **abgeschlossen**: **1157**

▶ 9) Bestandsveränderungen   2 800 DM
    an Abschreibungen gem. § 253 Abs. 3 HGB   2 800 DM

▶ 10) Bestandsveränderungen   1 200 DM
    an steuerliche Abschreibungen gem. § 254 HGB   1 200 DM

S	Abschreibungen gem. § 253 Abs. 3 HGB		H	S	steuerl. Abschr. gem. § 254 HGB		H
7)	2 800	9)	2 800	8)	1 200	10)	1 200

S	Bestandsveränderungen		H
5)	30 000	6)	40 000
9)	2 800		
10)	1 200		

Die **üblichen Abschreibungen** werden also als Bestandsminderungen im Soll des Kontos Bestandsveränderungen gebucht. Die Gegenbuchung ist im Haben des Schlußbilanzkontos. **1158**

Die **unüblichen Abschreibungen** dürfen nicht auf dem Erfolgskonto Bestandsveränderungen erfaßt werden. Sie werden auf dem Erfolgskonto „unübliche Abschreibungen auf Vorräte" im Soll gebucht. Die Gegenbuchung erfolgt ebenfalls auf der Haben-Seite des Schlußbilanzkontos: **1159**

➤ 11) unübliche Abschreibungen auf Vorräte   3 500 DM
     an Schlußbilanzkonto   3 500 DM

S	unübliche Abschreibungen auf Vorräte	H	S	Schlußbilanzkonto		H
11)	3 500		3)	20 000	7)	2 800
			4)	70 000	8)	1 200
					11)	3 500

1160 Das Konto „**Bestandsveränderungen**" wird über Gewinn- und Verlustkonto abgeschlossen:

➤ 12) Bestandsveränderungen   6 000 DM
     an Gewinn- und Verlustkonto   6 000 DM

S	Bestandsveränderungen		H	S	Gewinn- und Verlustkonto	H
5)	30 000	6)	40 000		12)	6 000
9)	2 800					
10)	1 200					
12)	6 000					
	40 000		40 000			

1161 Das Konto „**unübliche Abschreibungen**" wird ebenfalls über Gewinn- und Verlustkonto abgeschlossen:

➤ 13) Gewinn- und Verlustkonto   3 500 DM
     an unübliche Abschreibungen   3 500 DM

S	unübliche Abschreibungen auf Vorräte		H	S	Gewinn- und Verlustkonto		H
11)	3 500	13)	3 500	13)	3 500	12)	6 000

1162 Aus dem **Schlußbilanzkonto** wird die **Schlußbilanz** entwickelt. Das Schlußbilanzkonto lautet:

S	Schlußbilanzkonto		H
3)	20 000	7)	2 800
4)	70 000	8)	1 200
		11)	3 500

Es handelt sich um die Sollbestände
3) unfertige Erzeugnisse   20 000 DM
4) fertige Erzeugnisse   70 000 DM

Bestandsveränderungen

und um die Habenbestände

7) Abschreibungen gem. § 253 Abs. 3 HGB	2 800 DM
8) steuerliche Abschreibungen gem. § 254 HGB	1 200 DM
11) unübliche Abschreibungen	3 500 DM
Abschreibungen insgesamt	7 500 DM

Die Abschreibungen haben die Bestände gemindert. In der Bilanz sind die unfertigen und die fertigen Erzeugnisse jeweils in gesonderten Posten auszuweisen. Deshalb müßte noch bestimmt werden, inwieweit die Abschreibungen auf die unfertigen und die fertigen Erzeugnisse entfallen. Hier soll angenommen werden, daß die Abschreibungen nur die fertigen Erzeugnisse betreffen. Dann werden die Erzeugnisse in der Bilanz wie folgt ausgewiesen: **1163**

Aktivseite
B. Umlaufvermögen:
  I. Vorräte:
    1.
    2. unfertige Erzeugnisse   20 000 DM
    3. fertige Erzeugnisse und Waren   62 500 DM

Das **Gewinn- und Verlustkonto** hat in unserem Beispiel folgenden Stand: **1164**

S	Gewinn- und Verlustkonto	H
13) 3 500	12)	6 000

Der Haben-Posten ist die Bestandsveränderung. Es handelt sich hier um eine Erhöhung des Bestands an fertigen und unfertigen Erzeugnissen. Dieser Posten wird als Posten Nr. 2 in der Gewinn- und Verlustrechnung ausgewiesen. Der Soll-Posten enthält die unüblichen Abschreibungen. Er wird in der Gewinn- und Verlustrechnung als Posten Nr. 7 b angesetzt.

Die Gewinn- und Verlustrechnung weist daher die mit den Erzeugnissen zusammenhängenden Posten wie folgt aus: **1165**

1.
2. Erhöhung des Bestands an fertigen und unfertigen Erzeugnissen   6 000 DM
3.
4.
5.
6.
7. Abschreibungen
  a)
  b) auf Vermögensgegenstände des
    Umlaufvermögens, soweit diese die
    in der Kapitalgesellschaft üblichen
    Abschreibungen überschreiten   3 500 DM

1166 Den Posten „**Bestandsveränderungen**" gibt es, wie dargestellt wurde, nur beim Gesamtkostenverfahren. Hier werden alle im Geschäftsjahr angefallenen Aufwendungen ausgewiesen. Mindert sich der Bestand an unfertigen und fertigen Erzeugnissen, ist das ein Aufwandsposten, der sich aus den verschiedensten, in früheren Geschäftsjahren angefallenen Aufwandsarten zusammensetzt (komplexer Aufwandsposten). Bei einer Bestandserhöhung handelt es sich um Leistungen des Betriebs, für die Aufwendungen aktiviert wurden, die noch nicht Umsatz geworden sind[907].

Grundsätzlich stimmt der unter dem Posten Nr. 2 auszuweisende Betrag mit der Bestandsveränderung überein, die sich aus der Jahresbilanz gegenüber dem letzten Abschluß ergibt. Aber in der Jahresbilanz werden die fertigen Erzeugnisse zusammen mit den Waren ausgewiesen, während in die Gewinn- und Verlustrechnung nur eine Veränderung bei den fertigen und unfertigen Erzeugnissen als Bestandsveränderung eingeht.

1167 Bestandsabbau an Waren fällt unter den Posten 5 a oder 7 b. Deshalb kann sich der Posten „Bestandsveränderung" unterscheiden von der Differenz zwischen der Summe der Posten fertige Erzeugnisse, Waren und unfertige Erzeugnisse der Schlußbilanz und der Summe dieser Posten der Schlußbilanz des Vorjahres. Der Posten „Bestandsveränderung" stimmt ebenfalls nicht mit der Differenz der entsprechenden Bilanzposten überein, wenn auf fertige und unfertige Erzeugnisse Abschreibungen vorgenommen worden sind, welche die im Unternehmen sonst üblichen übersteigen[908].

---

[907] ADS 6. Auflage, HGB § 275 Rdn. 53.
[908] ADS 6. Auflage, HGB § 275 Rdn. 55.

3.3 Andere aktivierte Eigenleistungen

Konten		1168
IKR	SKR 04	
53 Andere aktivierte Eigenleistungen 530 selbsterstellte Anlagen 539 sonstige andere aktivierte Eigenleistungen	4820 Andere aktivierte Eigenleistungen	

3.3.1 Korrekturposten zu den Aufwendungen

Beim Gesamtkostenverfahren werden alle Aufwendungen ungekürzt um Aktivierungen ausgewiesen. Daher sind zu aktivierende Leistungen, die nicht bereits als Ertrag bei den Bestandsveränderungen ausgewiesen werden, als „andere aktivierte Eigenleistungen" im Ertrag zu erfassen. 1169

Es handelt sich also wie bei der Position „Bestandsveränderungen" (s. Rdn. 1144 ff.) um einen Korrekturposten zu den Aufwendungen. Im Unterschied hierzu werden nicht Aufwendungen für Vorräte, sondern Aufwendungen für selbsterstellte Vermögensgegenstände des Anlagevermögens durch Ertragsausweis korrigiert. 1170

Beispiel:
Das metallverarbeitende Unternehmen U beschäftigt eine eigene Baukolonne. Die Bauarbeiter errichten eine Fabrikhalle auf dem Firmengelände, weil die Produktion erweitert werden soll.

Die Herstellungskosten für die Errichtung der Fabrikhalle sind zu aktivieren. Der Herstellungsaufwand ist auf Konto „Betriebsgebäude auf eigenen Grundstücken" im Soll zu buchen. Die Gegenbuchungen müßten auf den verschiedenen Aufwandskonten, deren Aufwendungen zur Herstellung beigetragen haben – Materialkonten, Personalaufwandskonten, Maschinenabschreibung usw. – auf der Haben-Seite dieser Konten gebucht werden. Hierdurch würden die Aufwendungen entsprechend gekürzt.

Beim Gesamtkostenverfahren werden aber die Aufwandskonten ungekürzt um Aktivierungen in der Gewinn- und Verlustrechnung ausgewiesen. Daher erfolgt die Haben-Buchung auf dem Konto „andere aktivierte Eigenleistungen". Es wird also statt vieler Aufwandskürzungen eine Ertragsbuchung ausgeführt. Das ist nur scheinbar ein Ertrag. Es ist eigentlich eine Aufwandskorrektur. 1171

Als „**andere aktivierte Eigenleistungen**" werden Eigenleistungen erfaßt, die im Anlagevermögen zu aktivieren sind. Hierzu rechnen z. B.: 1172

- zu aktivierende Großreparaturen
- selbst errichtete Gebäude
- selbst durchgeführte Um-, An- oder Ausbauten
- selbst hergestellte Maschinen, Anlagen und Werkzeuge

- aktivierte Aufwendungen für die Ingangsetzung und Erweiterung des Geschäftsbetriebs

1173 **Aufwendungen für die Ingangsetzung und Erweiterung des Geschäftsbetriebs** werden hier erfaßt, wenn von der Bilanzierungshilfe[909] Gebrauch gemacht wurde[910].

1174 Erfaßt werden das eigene Material und der eigene Lohnaufwand. Werden zur Durchführung der Eigenleistungen auch **Fremdmaterial und Fremdleistungen** verwendet, so werden diese
- netto erfaßt, indem sie sofort direkt als Anlagenzugänge gebucht werden (**Nettomethode**), oder
- brutto erfaßt, indem sie zunächst als Aufwendungen gebucht und dann bei den aktivierten Eigenleistungen ausgewiesen werden (**Bruttomethode**).

1175 Die **Bruttomethode** ist nur dann angebracht, wenn es sich überwiegend um Eigenleistungen handelt, die **Nettomethode**, wenn den vom Unternehmen erbrachten Eigenleistungen im Rahmen des Gesamtobjektes nur eine untergeordnete Bedeutung zukommt[911]. Bei der Bruttomethode werden die für Fremdleistungen und Fremdmaterialien aufgewendeten Beträge in der Position 5 b von § 275 HGB „Aufwendungen für bezogene Leistungen" aufgeführt.

3.3.2 Eigenleistungen eines früheren Geschäftsjahrs

1176 Eigenleistungen eines früheren Geschäftsjahrs, die nachträglich z. B. aufgrund einer Betriebsprüfung aktiviert werden, sind nicht beim Posten Nr. 3 „andere aktivierte Eigenleistungen", sondern unter dem Posten Nr. 4 als „**sonstige betriebliche Erträge**" zu erfassen. Fällt aber eine Herstellung in das Vorjahr und in das abgelaufene Geschäftsjahr, z. B. bei einer **Großreparatur**, und ist erst im zweiten Jahr zu erkennen, daß die Aufwendungen zu aktivieren sind, können auch die Aufwendungen des ersten Jahres als aktivierte Eigenleistungen erfaßt werden[912].

3.3.3 Selbst erzeugte Roh-, Hilfs- und Betriebsstoffe

1177 Selbst erzeugte Roh-, Hilfs- und Betriebsstoffe werden nicht hier, sondern im Posten Nr. 2 erfaßt[913], denn es handelt sich um Erzeugnisse des Unternehmens im weiteren Sinn. Außerdem wird im Posten Nr. 3 nach dem Gesetzeswortlaut („andere") nur erfaßt, was nicht primär zu einem anderen Posten gehört.

Als Zugänge auf den Bestandskonten „Roh-, Hilfs- und Betriebsstoffe" sollten selbst erzeugte Roh-, Hilfs- und Betriebsstoffe auf keinen Fall ausgewiesen werden, da hier nur Anschaffungskosten und keine Herstellungskosten gebucht werden.

---

[909] Siehe Rdn. 73.
[910] Förschle in: Beck Bil-Komm. § 275 Rdn. 83.
[911] ADS 6. Auflage, HGB § 275 Rdn. 63.
[912] Förschle in: Beck Bil-Komm. § 275 Rdn. 82.
[913] ADS 6. Auflage, HGB § 275 Rdn. 66.

3.4 Sonstige betriebliche Erträge

Konten	
IKR	**SKR 04**

54 Sonstige betriebliche Erträge
540 Nebenerlöse
    5401 – aus Vermietung und Verpachtung
    5402 frei
    5403 – aus Werksküche und Kantine
    5404 – aus anderen Sozialeinrichtungen
    5405 – aus Abgabe von Energien und Abfällen, soweit nicht Umsatzerlöse
    5406 – aus anderen Nebenbetrieben
    5407 frei
    5408 frei
    5409 sonstige Nebenerlöse
541 sonstige Erlöse
    5411 – aus Provisionen
    5412 – aus Lizenzen
    5413 – aus Veräußerung von Patenten
542 Eigenverbrauch
543 andere sonstige betriebliche Erträge
    5431 empfangene Schadenersatzleistungen
    5432 Schuldennachlaß
    5433 Steuerbelastungen an Organgesellschaften
    5434 Investitionszulagen
544 Erträge aus Werterhöhungen von Gegenständen des Anlagevermögens
545 Erträge aus Werterhöhungen von Gegenständen des Umlaufvermögens außer Vorräten und Wertpapieren
	AM 4630 Entnahme von sonstigen Leistungen 7% USt nach § 1 Abs. 1 Nr. 2 b UStG
	AM 4640 Entnahme von sonstigen Leistungen 15%/16% USt nach § 1 Abs. 1 Nr. 2b UStG (z. B. Kfz- und Telefonkosten)
	AM 4650 Eigenverbrauch 7% USt Aufwendungen i. S. d. § 4 Abs. 5 Nr. 1–7 und Abs. 7 EStG/1 Abs. 1 Nr. 2 c UStG
	AM 4660 Eigenverbrauch 15%/16% USt Aufwendungen i. S. d. § 4 Abs. 5 Nr. 1–7 und Abs. 7 EStG/1 Abs. 1 Nr. 2 c UStG
	4830 Sonstige betriebliche Erträge
	4835 Sonstige Erträge betrieblich und regelmäßig
	4837 Sonstige Erträge betriebsfremd und regelmäßig
	4839 Sonstige Erträge unregelmäßig
	4840 Erträge aus Kursdifferenzen
	AM 4845 Erlöse aus Anlagenverkäufen 15%/16% USt (bei Buchgewinn)
	AM 4846 Erlöse aus Anlagenverkäufen 14% USt (bei Buchgewinn)
	R 4847

1178

546 Erträge aus dem Abgang von Vermögensgegenständen
547 Erträge aus der Auflösung von Sonderposten mit Rücklageanteil
548 Erträge aus der Herabsetzung von Rückstellungen
549 periodenfremde Erträge (soweit nicht bei den betroffenen Ertragsarten zu erfassen)

4855 Anlagenabgänge Restbuchwert bei Buchgewinn
4860 Grundstückserträge
4900 Erträge aus dem Abgang von Gegenständen des Anlagevermögens
4905 Erträge aus dem Abgang von Gegenständen des Umlaufvermögens (außer Vorräten)
4910 Erträge aus Zuschreibungen des Anlagevermögens
4915 Erträge aus Zuschreibungen des Umlaufvermögens, außer Vorräten
4920 Erträge aus der Herabsetzung der Pauschalwertberichtigung zu Forderungen
4925 Erträge aus abgeschriebenen Forderungen
4930 Erträge aus der Auflösung von Rückstellungen
4935 Erträge aus der Auflösung von Sonderposten mit Rücklageanteil (steuerfreie Rücklagen)
4937 Erträge aus der Auflösung von Sonderposten mit Rücklageanteil (Sonderabschreibungen)
4940 Verrechnete Sachbezüge (z.B. Kfz-Gestellung)
AM 4941 Sachbezüge 7% USt (Waren)
AM 4945 Sachbezüge 15%/16% USt (Waren)
4950 Steuererstattungen Vorjahre für Steuern vom Einkommen und Ertrag

	4955 Steuererstattungen Vorjahre für sonstige Steuern
	4960 Periodenfremde Erträge soweit nicht außerordentlich
	4970 Versicherungsentschädigungen
	4975 Investitionszuschüsse (steuerpflichtig)
	4980 Investitionszulagen (steuerfrei)

3.4.1 Nebenerlöse und sonstige Erlöse

Als „**sonstige betriebliche Erträge**" sind auszuweisen **1179**
- im Rahmen der gewöhnlichen Geschäftstätigkeit angefallene Erträge (Abgrenzung zu den außerordentlichen Erträgen),
- soweit sie nicht in den Umsatzerlösen oder in anderen Ertragsposten (etwa als Erträge aus Beteiligungen, Wertpapieren, Ausleihungen und sonstigen Finanzanlagen) auszuweisen sind.

Erwachsen Erträge aus der **Haupttätigkeit** des Unternehmens, sind sie bei den **Umsatzerlösen** (s. Rdn. 1122 f.) auszuweisen. Besteht also die gewöhnliche Geschäftstätigkeit des Unternehmens in **1180**
- Vermietung und Verpachtung,
- Betreiben von Kantinen und Werksküchen,
- Abgabe von Energie,
- Verwerten von Abfällen,
- Vermittlungsgeschäften,
- Vergabe von Lizenzen,
- Entwicklung und Veräußerung von Patenten,

so sind die Erträge hieraus nicht als Nebenerlöse, sondern als Umsatzerlöse zu buchen.

3.4.2 Eigenverbrauch

Kapitalgesellschaften haben grundsätzlich keinen Eigenverbrauch. Daher wird er nicht in den Kommentierungen zu § 275 HGB erläutert. In den Kontenrahmen wird aber der Eigenverbrauch unter den „sonstigen betrieblichen Erträgen" aufgeführt, und zwar im Industrie-Kontenrahmen (IDR) unter Nr. 542 und im DATEV-Kontenrahmen SKR 04 unter Nr. 4630 bis 4669. **1181**

Es gibt drei **Eigenverbrauchstatbestände**:
1. Gegenstands-Eigenverbrauch (§ 1 Abs. 1 Nr. 2 Buchst. a UStG),
2. Leistungs-Eigenverbrauch (§ 1 Abs. 1 Nr. 2 Buchst. b UStG),
3. Aufwendungs-Eigenverbrauch (§ 1 Abs. 1 Nr. 2 Buchst. c UStG).

3.4.2.1 Gegenstands-Eigenverbrauch

1182 Bei einem **Gegenstands-Eigenverbrauch** ist Bemessungsgrundlage der Einkaufspreis zuzüglich der Nebenkosten für den Gegenstand oder für einen gleichartigen Gegenstand. Mangels Einkaufspreises sind die Selbstkosten Bemessungsgrundlage (§ 10 Abs. 4 Nr. 1 UStG). Maßgebend ist der Zeitpunkt des Eigenverbrauchs. Zum Einkaufspreis zuzüglich Selbstkosten gehört alles, was der Unternehmer für die Erlangung der Verfügungsmacht oder für die Schaffung der Verfügungsmöglichkeit aufwenden muß.

1183 Zu den **Nebenkosten** rechnet nicht der Unternehmergewinn. Der **Einkaufspreis** im Zeitpunkt des Umsatzes entspricht den Wiederbeschaffungskosten zu diesem Zeitpunkt. Die **Selbstkosten** entsprechen den ertragsteuerrechtlichen Herstellungskosten gemäß R 33 EStR.

1184 Da es auf den Zeitpunkt des Umsatzes, des Eigenverbrauchs, ankommt, müssen bei ungebrauchten Gegenständen, die **bereits längere Zeit lagern**, zwischenzeitliche Preisänderungen oder Änderungen der Material- und Fertigungskosten und der Material- und Fertigungsgemeinkosten berücksichtigt werden.

Beispiel:
Unternehmer U schenkt seiner Tochter T, die auswärts studiert, am 1.4.01 den betrieblichen Pkw. Der Buchwert zum 31.12.00 betrug 12 000 DM, die jährliche AfA 6 000 DM. Nach der Liste für Gebrauchtwagen hatte der Pkw am 1.4.01 einen Wiederbeschaffungswert von 14 000 DM.

Der Pkw scheidet mit seinem Buchwert am 1.4.01 aus dem Betriebsvermögen aus. Die Entnahme ist mit dem Teilwert anzusetzen (§ 6 Abs. 1 Nr. 4 Satz 1 EStG)[914]. Ein gedachter Erwerber des Betriebs müßte den Pkw mit dem Gebrauchtwagenpreis als Wiederbeschaffungswert beschaffen. Als Teilwert sind also die Wiederbeschaffungskosten von 14 000 DM anzusetzen.

1185 Die Wiederbeschaffungskosten stellen auch den Einkaufspreis im Zeitpunkt des Umsatzes und damit die Bemessungsgrundlage für den Eigenverbrauch dar.

Zur Ermittlung des Buchwerts am 1.4.01 ist die AfA vom 31.12.00 bis zum 31.3.01 vom Buchwert zum 31.12.00 abzusetzen.

AfA: 3/12 x 6 000 DM = 1 500 DM

Buchung:
➤ Abschreibung   1 500 DM
    an Pkw   1 500 DM

1186 Auf dem Eigenverbrauchkonto ist die Entnahme mit dem Teilwert zu buchen. Die Gegenbuchungen sind der Abgang auf dem Pkw-Konto zum Buchwert und der Unterschied zwischen Teilwert und Buchwert als Ertrag auf dem Konto „Erträge aus dem Abgang von Anlagegegenständen".

---

[914] Siehe Rdn. 801 ff.

Sonstige betriebliche Erträge

Buchung:
- ▶ Eigenverbrauch   14 000 DM
- an Pkw   10 500 DM
- an Erträge aus dem Abgang von Anlagegegenständen   3 500 DM

Die Umsatzsteuer für den Eigenverbrauch beträgt 14 000 DM x 16% = 2 240 DM. **1187**
Die Umsatzsteuerverbindlichkeit darf nicht das Betriebsergebnis mindern (§ 12
Nr. 3 EStG). Sie wird daher gebucht:

- ▶ Umsatzsteuer auf Eigenverbrauch   2 240 DM
- an Umsatzsteuer   2 240 DM

Zum Jahresabschluß wird gebucht:
- ▶ Entnahmen   14 000 DM
- an Eigenverbrauch   14 000 DM
- ▶ Entnahmen   2 240 DM
- an Umsatzsteuer auf Eigenverbrauch   2 240 DM

Bei der Gewinnermittlung wird also die Umsatzsteuer auf Eigenverbrauch als Entnahme wieder hinzugerechnet.

3.4.2.2 Leistungs-Eigenverbrauch

Einige betriebliche Wirtschaftsgüter werden auch **außerbetrieblich genutzt**. **1188**
Diese Nutzungen sind Entnahmen im Sinne der Einkommensteuer[915] und Eigenverbrauch im Sinne der Umsatzsteuer. Die mit der Nutzung dieser Wirtschaftsgüter zusammenhängenden Aufwendungen werden laufend als betriebliche Aufwendungen gebucht. Zum Jahresabschluß werden die außerbetrieblichen Anteile als Entnahmen/Eigenverbrauch umgebucht.

Soweit ein Unternehmer ein betriebliches Kraftfahrzeug für Privatfahrten ver- **1189**
wendet, handelt es sich um einen Leistungs-Eigenverbrauch. Es dürfen solche Kosten nicht in die Bemessungsgrundlage einbezogen werden, für die kein Recht zum Vorsteuerabzug bestand, z.B. Kfz-Versicherung (Haftpflicht-, Kasko-, Insassenunfallversicherung), Kfz-Steuer, steuerfreie Garagenmiete und die Rundfunkgebühren für das Autoradio[916]. Wird die Nutzungsentnahme nach der 1%-Regelung ermittelt (§ 6 Abs. 1 Nr. 4 Satz 2 EStG)[917], kann dieser Wert auch als Bemessungsgrundlage für den Leistungs-Eigenverbrauch angesetzt werden. Für die nicht mit Vorsteuern belasteten Kosten kann ein pauschaler Abschlag von 20% vorgenommen werden. Der so ermittelte Betrag ist ein sog. Nettowert. Auf ihn ist also die Umsatzsteuer mit dem allgemeinen Steuersatz aufzuschlagen[918].

Werden aber die auf die Privatfahrten entfallenden Aufwendungen ermittelt, in- **1190**
dem die gesamten Kfz-Aufwendungen durch Belege und das Verhältnis der Pri-

---
[915] Siehe Rdn. 799.
[916] Abschn. 155 Abs. 2 UStR.
[917] Siehe Rdn. 827.
[918] BMF, Schr. v. 11.3.1997 IV C 3 - S 7102 - 5/97, BStBl 1997 I S. 324.

vatfahrten zu den übrigen Fahrten durch ein ordnungsgemäßes Fahrtenbuch nachgewiesen wird (§ 6 Abs. 1 Nr. 4 Satz 3 EStG), ist von diesem Wert auch bei der Bemessungsgrundlage für den Leistungs-Eigenverbrauch auszugehen. Aus den Gesamtaufwendungen sind für Umsatzsteuerzwecke die nicht mit Vorsteuern belasteten Kosten in belegmäßig nachgewiesener Höhe auszuscheiden[919].

Beispiel:
Der Listenpreis für den betrieblichen Pkw betrug zur Zeit der Erstzulassung 80 000 DM einschließlich Umsatzsteuer, die Sonderausstattung 6 000 DM zuzüglich Umsatzsteuer. U wendet die 1 %-Regelung an.

Jährlicher Wert der Nutzungsentnahme:

Listenpreis einschließlich Umsatzsteuer	*80 000 DM*
Sonderausstattung	*6 000 DM*
Umsatzsteuer 16 % von 6 000 DM	*960 DM*
Bemessungsgrundlage	*86 960 DM*

Jährlicher Wert des Leistungseigenverbrauchs:

86 960 DM x 12 % =	*10 435 DM*
Abschlag 20 % von 10 435 DM	*− 2 087 DM*
	8 348 DM

Umsatzsteuer: 8 348 DM x 16 % = 1 336 DM

1191 Der private Nutzungsanteil des Pkw kann als Ertrag auf einem besonderen Erlöskonto „**Erträge aus Entnahmen**" gebucht werden. Es wird dann gebucht:

➤ Entnahmen 10 435 DM
   an Erträge aus Entnahmen 10 435 DM

➤ Umsatzsteuer auf Eigenverbrauch 1 336 DM
   an Umsatzsteuer 1 336 DM

3.4.2.3 Aufwendungs-Eigenverbrauch

1192 Bestimmte in § 4 Abs. 5 EStG genannte **Aufwendungen** sind zwar betrieblich veranlaßt und damit Betriebsausgaben. Sie dürfen aber den einkommensteuerrechtlichen Gewinn nicht mindern. Handelsrechtlich werden sie als Aufwendungen, einkommensteuerrechtlich als Betriebsausgaben gebucht.

Zum Jahresende werden diese Aufwendungen **außerhalb des Jahresabschlusses** dem einkommensteuerrechtlichen Gewinn wieder hinzugerechnet.

Soweit diese Aufwendungen/Betriebsausgaben den Gewinn nicht mindern dürfen, liegt **Eigenverbrauch** vor (§ 1 Abs. 1 Nr. 2 Buchst. c UStG).

---

[919] OFD Koblenz, Vfg. v. 4.3.1996 – S 7102 A – St 51 2, BB 1996 S. 728; BMF, Schr. v. 11. 3. 1997, s. FN 918.

Sonstige betriebliche Erträge 507

Zu den nach § 4 Abs. 5 EStG nicht abziehbaren Betriebsausgaben gehören insbesondere die Aufwendungen eines Unternehmers für seine Fahrten zwischen Wohnung und Betriebsstätte, soweit sie die Pauschbeträge von § 4 Abs. 5 Nr. 6, § 9 Abs. 1 Nr. 4 EStG übersteigen. Es kommt darauf an, ob die Privatfahrten ermittelt werden **1193**
- nach der 1 %-Regelung oder
- anhand eines Fahrtenbuchs.

Wird der private Nutzungsanteil nach der **1 %-Regelung** ermittelt, sind für jeden Entfernungskilometer von der Wohnung zur Betriebsstätte 0,03 % des Listenpreises des Pkw einschließlich Umsatzsteuer und zuzüglich der Kosten für Sonderausstattungen anzusetzen. Hiervon wird der abziehbare Betrag gemindert, also 0,70 DM pro Entfernungskilometer täglich. Die Differenz ist der Betrag der nicht abziehbaren Betriebsausgaben (§ 4 Abs. 5 Nr. 6 EStG). **1194**

Beispiel:
Listenpreis einschließlich Umsatzsteuer	*80 000,00 DM*
Sonderausstattung	*6 000,00 DM*
Umsatzsteuer 16 % von 6 000 DM	*960,00 DM*
Bemessungsgrundlage	*86 960,00 DM*

Die Entfernung zwischen Wohnung und Betriebsstätte beträgt 10 km. Auf die Fahrten zwischen Wohnung und Betriebsstätte entfallen daher an Aufwendungen:

pro Monat 86 960 DM x 0,03 % x 10 km	*260,88 DM*
pro Jahr 260,88 DM x 12	*3 130,56 DM*

Der Unternehmer benutzt seinen Pkw an 230 Tagen für Fahrten zwischen Wohnung und Betriebsstätte. Es sind also abziehbar: 0,70 DM x 10 km x 230 Tage = 1 610 DM. Die Differenz zu den auf die Fahrten zwischen Wohnung und Betriebsstätte entfallenden geschätzten Kosten sind nicht abziehbare Betriebsausgaben:

Für die Fahrten zwischen Wohnung und Betriebsstätte betragen die

geschätzten Kosten	*3 130,56 DM*
abziehbaren Kosten	*1 610,00 DM*
nicht abziehbaren Kosten	*1 520,56 DM*

Der Unternehmer bucht daher:
➤ *nicht abziehbare Kosten*	*1 520,56 DM*
an Pkw-Kosten	*1 520,56 DM*

Diese Aufwendungen unterliegen als Aufwendungs-Eigenverbrauch ungekürzt der Umsatzsteuer[920]. Die Umsatzsteuer auf den Aufwendungs-Eigenverbrauch beträgt daher in dem Beispiel: 1 520,56 DM x 16 % = 243,29 DM.

---
920 Abschn. 155 Abs. 5 UStR 1966; OFD Koblenz, Vfg. v. 4.3.1996 – S 7102 A – St 51 2, BB 1996 S. 728; BMF, Schr. v. 11.3.1997, s. FN 918.

Buchung:
➤ Umsatzsteuer auf Eigenverbrauch 243,29 DM
   an Umsatzsteuer 243,29 DM

1195 Werden die **tatsächlichen auf die Privatfahrten entfallenden Pkw-Kosten** ermittelt, indem die gesamten Pkw-Kosten anhand des Fahrtenbuchs aufgeteilt werden, so ist zunächst von den auf die Fahrten zwischen Wohnung und Betriebsstätte entfallenden tatsächlichen Pkw-Kosten auszugehen. Hiervon werden die abziehbaren Aufwendungen, also 0,70 DM pro Entfernungskilometer und Tag gemindert. Die Differenz ist der Betrag der nicht abziehbaren Aufwendungen.

Beispiel:
Unternehmer U fährt mit seinem betrieblichen Pkw im Jahr insgesamt 40 000 km. Die gesamten Pkw-Kosten betragen 27 200 DM. Pro km betragen also die Aufwendungen 27 200 DM : 40 000 = 0,68 DM. Die Entfernung zwischen der Wohnung des U und der Betriebsstätte beträgt 10 km. U fährt an insgesamt 180 Tagen von seiner Wohnung zum Betrieb.
Die tatsächlichen Kosten für die Fahrten zwischen Wohnung und Betrieb betragen 0,68 DM x 10 km x 2 (hin und zurück) x 180 Tage = 2 448 DM. Abziehbar sind 0,70 DM x 10 x 180 Tage = 1 260 DM. Die nicht abziehbaren Betriebsausgaben betragen also

Aufwendungen für Fahrten zwischen Wohnung und Betrieb

insgesamt	*2 448 DM*
abziehbar	*1 260 DM*
nicht abziehbar	*1 188 DM*

Buchung:
➤ *nicht abziehbare Kosten* *1 188 DM*
   an Pkw-Kosten *1 188 DM*

Auch dieser Betrag ist ein Nettowert, auf den die Umsatzsteuer mit dem allgemeinen Steuersatz aufzuschlagen ist[921].

Umsatzsteuer: 1188 DM x 16 % = 190,08 DM.

Buchung:
➤ Umsatzsteuer auf Eigenverbrauch 190,08 DM
   an Umsatzsteuer 190,08 DM

---

[921] OFD Koblenz, Vfg. v. 4.3.1996 – S 7102 A – St 51 2, BB 1996 S. 728; BMF, Schr. v. 11. 3. 1997, s. FN 918.

Sonstige betriebliche Erträge 509

3.4.3 Erträge aus Werterhöhungen von Gegenständen des Anlagevermögens und des Umlaufvermögens außer Vorräten und Wertpapieren

Erweisen sich Abschreibungen nachträglich als überhöht oder ungerechtfertigt, **1196**
so kommen Zuschreibungen in Betracht. Es können Zuschreibungen sein
- aufgrund steuerlicher Außenprüfung, weil die Abschreibungen unzutreffend oder überhöht waren,
- in Ausübung des Zuschreibungswahlrechts nach § 253 Abs. 5 HGB, § 6 Abs. 1 Nr. 1 Satz 4 und Nr. 2 Satz 3 EStG.

Die Zuschreibungen werden gebucht:

➤ Sachanlagen/Umlaufgegenstände
an Erträge aus Werterhöhungen des Anlagevermögens/Umlaufvermögens

3.4.4 Erträge aus dem Abgang von Vermögensgegenständen

Erträge aus dem Abgang von Vermögensgegenständen des **Anlagevermögens** er- **1197**
geben sich, wenn der Veräußerungserlös oder der Teilwert bei Entnahmen höher sind als der jeweilige Buchwert. Die Entnahmen sind als Eigenverbrauch zu erfassen[922].

Beispiel:
Eine Maschine hat einen Buchwert von 2 500 DM. Sie wird an einen anderen Unternehmer für 15 000 DM zuzüglich Umsatzsteuer veräußert. Die Rechnung lautet:

Maschine	*15 000 DM*
Umsatzsteuer	*2 400 DM*
Rechnungspreis	*17 400 DM*

Bei einer Veräußerung eines Anlagegegenstands wird gebucht:

➤ andere sonstige Vermögensgegenstände
an Umsatzsteuer
an immaterielle Anlagen/Grundstücke und Gebäude/technische Anlagen und Maschinen/andere Anlagen, Betriebs- und Geschäftsausstattung
an Erträge aus dem Abgang von immateriellen Vermögensgegenständen/Erträge aus dem Abgang von Sachanlagen

Im vorstehenden Beispiel wird gebucht:

➤ andere sonstige Vermögensgegenstände	17 400 DM
an Umsatzsteuer	2 400 DM
an technische Anlagen und Maschinen	2 500 DM
an Erträge aus dem Abgang von Sachanlagen	12 500 DM

---
[922] Siehe Rdn. 1182 ff.

1198 Der Vermögensgegenstand ist grundsätzlich mit dem Buchwert zur Zeit des Abgangs auszubuchen, d. h. es sind bei abnutzbaren Vermögensgegenständen des Anlagevermögens Abschreibungen auch für den Zeitraum der Nutzung während des Abgangsjahres zu verrechnen. Unter dem Gesichtspunkt der Wesentlichkeit und der notwendigen Vereinfachung bestehen aber keine Bedenken dagegen, auf die Berechnung der Abschreibung zu verzichten, wenn sie im ganzen nur von untergeordneter Bedeutung ist. Dann bildet der letzte Bilanzwert den Buchwert[923].

3.4.5 Erträge aus der Auflösung von Sonderposten mit Rücklageanteil

1199 *Beispiel:*
Ein Betriebsgebäude hat einen Buchwert von 10 000 DM. Es wird im Jahr 01 durch Brand zerstört. Die Feuerversicherung zahlt im Jahr 01 500 000 DM. Der Unternehmer beabsichtigt, ein Ersatzgebäude zu errichten. Er weist deshalb eine Rücklage für Ersatzbeschaffung aus. Im Jahr 02 gibt der Unternehmer den Plan, Ersatz zu beschaffen, auf.

Im vorstehenden Beispiel wird gebucht:

im Jahr 01:
➤ Bank 500 000 DM
   an Betriebsgebäude 10 000 DM
   an steuerfreie Rücklage 490 000 DM

im Jahr 02:
➤ steuerfreie Rücklagen 490 000 DM
   an Erträge aus der Auflösung von
   Sonderposten mit Rücklageanteil 490 000 DM

1200 **Kapitalgesellschaften** müssen Erträge aus der Auflösung des Sonderpostens mit Rücklageanteil entweder in der Gewinn- und Verlustrechnung im Posten „sonstige betriebliche Erträge", gesondert ausweisen oder im Anhang angeben (§ 281 Abs. 2 Satz 2 HGB).

Der Ertrag aus der Auflösung ist in voller Höhe unter dem Posten § 275 Abs. 2 Nr. 4 HGB auszuweisen (Bruttoausweis), er darf also nicht um die auf ihn ggf. entfallenden Ertragsteuern gekürzt oder mit steuerrechtlichen Abschreibungen (§ 254 HGB), für die er Verwendung findet, verrechnet werden. Werden die steuerrechtlichen Abschreibungen allerdings in der Form durchgeführt, daß der Ausweis unter dem Sonderposten mit Rücklageanteil beibehalten wird (§ 281 Abs. 1 Satz 1 HGB), so bedarf es keiner Auflösung des Sonderpostens. Der Ausweis unter Nr. 4 entfällt in diesem Fall zunächst. Es kommt aber später insoweit zu einem Ertrag

---
[923] ADS 6. Auflage, HGB § 275 Rdn. 74.

und damit einem Ausweis unter Nr. 4, als der Sonderposten anteilig nach Maßgabe des Abschreibungsverlaufs des Vermögensgegenstandes zu vermindern oder auf Grund der Bestimmungen, die seiner Bildung zugrunde lagen, schon vorher aufzulösen ist (§ 281 Abs. 1 Satz 3)[924].

3.4.6 Erträge aus der Herabsetzung von Rückstellungen

1201 Rückstellungen werden zu Lasten bestimmter Aufwendungen gebildet. Bei der Auflösung oder Herabsetzung der Rückstellungen werden aber nicht die betreffenden Aufwandsposten gekürzt durch die Buchung: Rückstellung an Aufwand. Es wird vielmehr die Auflösung als Ertragsbuchung erfaßt:

➤ Rückstellungen für Pensionen und ähnliche Verpflichtungen/sonstige Rückstellungen
  an Erträge aus der Herabsetzung von Rückstellungen

3.4.7 Erträge aus Euro-Rundungsdifferenzen

1201a Bei Überweisungen auf Forderungen können sich aufgrund der Umstellung auf Euro Rundungsdifferenzen ergeben (s. Rdn. 64 d). Es können Aufwendungen oder Erträge aus Rundungsdifferenzen sein. Zweckmäßig ist es, zunächst auf Unterkonten „Aufwendungen aus Rundungsdifferenzen" und „Erträge aus Rundungsdifferenzen" zu buchen. Die Konten sind dann gegeneinander abzuschließen. Ergibt sich ein Habensaldo, ist dieser auf einem Konto der Kontengruppe „sonstige betriebliche Erträge" zu erfassen.

---

[924] ADS 6. Auflage, HGB § 275 Rdn. 80.

3.5 Materialaufwand

Konten	
IKR	SKR 04
60 Aufwendungen für Roh-, Hilfs- und Betriebsstoffe und für bezogene Waren 600 Rohstoffe/Fertigungsmaterial 601 Vorprodukte/Fremdbauteile 602 Hilfsstoffe 603 Betriebsstoffe/Verbrauchswerkzeuge 604 Verpackungsmaterial 605 Energie 606 Reparaturmaterial und Fremdinstandhaltung (sofern nicht unter 616, weil die Fremdinstandhaltung überwiegt) 607 sonstiges Material 608 Aufwendungen für Waren 609 Sonderabschreibungen auf Roh-, Hilfs- und Betriebsstoffe und für bezogene Waren 6091 frei 6092 zusätzliche Abschreibungen auf Material und Waren bis Untergrenze erwarteter Wertschwankungen gem. § 253 Abs. 3 Satz 3 bzw. nach vernünftiger kfm. Beurteilung gem. § 253 Abs. 4 6093 steuerliche Sonderabschreibungen auf Material und Waren (s. §§ 254, 279 Abs. 2, 281 Abs. 1)	5000 Aufwendungen für Roh-, –99 Hilfs- und Betriebsstoffe und für bezogene Waren 5100 Einkauf von Roh-, Hilfs- und Betriebsstoffen 5190 Energiestoffe (Fertigung) 5200 Einkauf von Waren AV 5300 Wareneingang 7 % Vor- –09 steuer R 5310 –49 AV 5400 Wareneingang 15 %/16 % –09 Vorsteuer AV 5410 Wareneingang 14 % Vor- –19 steuer AV 5420 Innergemeinschaftlicher –24 Erwerb 7 % Vorsteuer und 7 % Umsatzsteuer AV 5425 Innergemeinschaftlicher –29 Erwerb 15 %/16 % Vorsteuer und 15 %/16 % Umsatzsteuer AV 5430 Innergemeinschaftlicher Erwerb ohne Vorsteuerabzug 7 % Umsatzsteuer R 5431 –34 AV 5435 Innergemeinschaftlicher Erwerb ohne Vorsteuerabzug 15 %/16 % Umsatzsteuer R 5436 –39 AV 5440 Innergemeinschaftlicher Erwerb von Neufahrzeugen von Lieferanten ohne Umsatzsteuer-Identifikationsnummer 15 %/16 % Umsatzsteuer

Materialaufwand

61 Aufwendungen für bezogene Leistungen
610 Fremdleistungen für Erzeugnisse und andere Umsatzleistungen
611 Fremdleistungen für die Auftragsgewinnung (bei Auftragsfertigung – soweit einzelnen Aufträgen zurechenbar)
612 Entwicklungs-, Versuchs- und Konstruktionsarbeiten durch Dritte
613 weitere Fremdleistungen
614 Frachten und Fremdlager (incl. Vers. u. andere Nebenkosten)
615 Vertriebsprovisionen (sofern nicht unter Kto. 676)
616 Fremdinstandhaltung und Reparaturmaterial (alternativ zu Kto. 606, sofern die Fremdinstandhaltung überwiegt)
617 sonstige Aufwendungen für bezogene Leistungen

R 5441
–49
AV 5500 Wareneingang 5 % Vorsteuer
–09
R 5510
–19
AV 5520 Wareneingang 8 % Vorsteuer
R 5530
–39
AV 5540 Wareneingang 8,5 % Vorsteuer
AV 5550 Steuerfreier innergemeinschaftlicher Erwerb
R 5551
–59
5600 Nicht anrechenbare Vorsteuer
–09
5610 Nicht anrechenbare Vorsteuer 7 %
–19
5650 Nicht anrechenbare Vorsteuer 14 %
–59
5660 Nicht anrechenbare Vorsteuer 15 %/16 %
–69
5700 Nachlässe
AV 5710 Nachlässe 7 % Vorsteuer
–11
R 5712
–19
AV 5720 Nachlässe 15 %/16 % Vorsteuer
–21
AV 5722 Nachlässe 14 % Vorsteuer
–23
AV 5724 Nachlässe aus innergemeinschaftlichem Erwerb 7 % Vorsteuer und 7 % Umsatzsteuer
AV 5725 Nachlässe aus innergemeinschaftlichem Erwerb 15 %/16 % Vorsteuer und 15 %/16 % Umsatzsteuer
R 5726
–39

S	5730	Erhaltene Skonti
S/AV	5731	Erhaltene Skonti 7% Vorsteuer
R	5732 –34	
S/AV	5735	Erhaltene Skonti 14% Vorsteuer
S/AV	5736	Erhaltene Skonti 15%/16% Vorsteuer
R	5737 –38	
	5740	Erhaltene Boni
AV	5750 –51	Erhaltene Boni 7% Vorsteuer
R	5752 –59	
AV	5760 –61	Erhaltene Boni 15%/16% Vorsteuer
AV	5762 –63	Erhaltene Boni 14% Vorsteuer
R	5764 –69	
	5770	Erhaltene Rabatte
AV	5780 –81	Erhaltene Rabatte 7% Vorsteuer
R	5782 –89	
AV	5790 –91	Erhaltene Rabatte 15%/16% Vorsteuer
AV	5792 –93	Erhaltene Rabatte 14% Vorsteuer
R	5794 –99	
	5800	Anschaffungsnebenkosten
	5820	Leergut
	5840	Zölle und Einfuhrabgaben
	5860	Verrechnete Stoffkosten (Gegenkonto 5000–99)
	5880	Bestandsveränderungen Roh-, Hilfs- und Betriebsstoffe/Waren

		5900 Fremdleistungen
	AV	5950 Leistungen von ausländischen Unternehmen (Nullregelung)
	AV	Automatische Errechnung der Vorsteuer
	S	Sammelkonten
	R	Diese Konten dürfen erst dann bebucht werden, wenn ihnen eine andere Funktion zugeteilt wurde

3.5.1 Zusammensetzung des Materialaufwandes

Das Unternehmen kauft **Roh-, Hilfs- und Betriebsstoffe** und verarbeitet sie zu Erzeugnissen. Es kauft **Waren** ein und verkauft sie. Die bei der Verarbeitung zu Erzeugnissen verbrauchten Roh-, Hilfs- und Betriebsstoffe und die zum Verkauf eingesetzten Waren sind die Aufwendungen für Roh-, Hilfs- und Betriebsstoffe und für bezogene Waren. Sie und die hiermit zusammenhängenden Aufwendungen werden auf den in Rdn. 1202 aufgeführten Konten gebucht und im Posten Nr. 5 a der Gewinn- und Verlustrechnung ausgewiesen. 1203

Hinzu kommen Aufwendungen für von anderen Unternehmen durchgeführte Be- und Verarbeitungen von Materialien und unfertigen Erzeugnissen. Sie werden als **„Aufwendungen für bezogene Leistungen"** auf den in Rdn. 1202 dargestellten Konten gebucht und im Posten Nr. 5 b der Gewinn- und Verlustrechnung ausgewiesen. 1204

Der **Materialaufwand** besteht also aus: 1205
- Aufwendungen für Roh-, Hilfs- und Betriebsstoffe
- Aufwendungen für bezogene Waren
- Aufwendungen für bezogene Leistungen

3.5.2 Aufwendungen für Roh-, Hilfs- und Betriebsstoffe und für bezogene Waren

Zu Beginn des Geschäftsjahrs befinden sich bereits die Bestände an Vorräten im Betriebsvermögen, die zum Schluß des vorangegangenen Geschäftsjahrs als Bestände aufgenommen und in der Bilanz angesetzt worden sind. Auf den Vorrätekonten der Buchführung werden daher die Bestände der Schlußbilanz des Vorjahrs als **Anfangsbestände** übernommen. 1206

Diese Anfangsbestände an **Rohstoffen, Hilfsstoffen, Betriebsstoffen** und **Waren** werden also als Anfangsbestände auf der Sollseite des Rohstoffkontos, Hilfsstoffkontos, Betriebsstoffkontos und Wareneinkaufskontos vorgetragen. Ebenfalls auf den Sollseiten dieser Konten werden die Einkäufe an Roh-, Hilfs- und Betriebsstoffen und Waren als Zugänge gebucht.

1207 Zum Schluß des Geschäftsjahrs werden die **Endbestände** an Rohstoffen, Hilfsstoffen und Betriebsstoffen und Waren durch Inventur aufgenommen. Die Endbestände sind zu Anschaffungskosten aufzunehmen und unter Beachtung der Ausführungen in Rdn. 537 ff. zu bewerten,
- mit dem sich aus einem **Börsen- oder Marktpreis** am Abschlußstichtag ergebenden niedrigeren Wert (§ 253 Abs. 3 Satz 1 HGB) oder
- wenn ein Börsen- oder Marktpreis nicht festzustellen ist, mit dem am **Abschlußstichtag beizulegenden niedrigeren Wert** (§ 253 Abs. 3 Satz 2 HGB).

Diese Werte sind auch als **niedrigere Teilwerte** in die Steuerbilanz zu übernehmen.

1208 Bis hierher haben die Konten Rohstoffe, Hilfsstoffe, Betriebsstoffe und Wareneinkauf folgende Entwicklung genommen:

Soll	Haben
Anfangsbestand	Endbestand, bewertet mit dem niedrigeren Wert gem. § 253 Abs. 3 Sätze 1 und 2 HGB bzw. mit dem niedrigeren Teilwert
Zugänge	

Beispiel:
Das Rohstoffkonto hat zum Bilanzstichtag folgende Bestände und Verkehrszahlen:

Anfangsbestand	*50 000 DM*
Zugänge	*480 000 DM*
Endbestand (bewertet mit dem niedrigeren Wert gem. § 253 Abs. 3 Sätze 1 und 2 HGB bzw. mit dem niedrigeren Teilwert)	*70 000 DM*
Abschreibungen gem. § 253 Abs. 3 Satz 3, Abs. 4 HGB	*8 000 DM*
Steuerliche Sonderabschreibungen gem. § 254 HGB	*3 000 DM*
Unübliche Abschreibungen	*2 000 DM*
	13 000 DM

1209 Die Rohstoffe im vorstehenden Beispiel wurden unter Berücksichtigung der Ausführungen in Rdn. 566 ff. abgeschrieben. Der mit 70 000 DM bewertete Endbestand ist der Wertansatz nach dem strengen Niederstwertprinzip. Dieser Wert entspricht auch dem steuerrechtlichen Teilwert. Die Differenz zwischen der Summe aus Anfangsbestand und Zugängen auf der einen Seite und dem Endbestand, bewertet nach dem Niederstwertprinzip bzw. mit dem Teilwert, auf der anderen Seite ist der Verbrauch an Rohstoffen.

Materialaufwand 517

Anfangsbestand	50 000 DM
+ Zugänge	480 000 DM
	530 000 DM
− Endbestand (Teilwert)	70 000 DM
= Rohstoffverbrauch	460 000 DM

Handelsrechtlich können weitere Abschreibungswahlrechte ausgeübt werden[925]: **1210**
1. Abschreibung zur Vermeidung von Wertschwankungen (§ 253 Abs. 3 Satz 3 HGB)
2. Abschreibungen im Rahmen vernünftiger kaufmännischer Beurteilung (§ 253 Abs. 4 (HGB)
3. Steuerrechtliche Abschreibungen (§ 254 HGB)

In dem Beispiel betragen die Abschreibungen zu 1. und 2. insgesamt 8 000 DM. **1211** Sie werden auf dem Konto „zusätzliche Abschreibungen auf Material und Waren" gegengebucht.

Die steuerlichen Sonderabschreibungen in Höhe von 3 000 DM werden auf dem Konto „steuerliche Sonderabschreibungen auf Material und Waren" gegengebucht.

Die unüblichen Abschreibungen in Höhe von 2 000 DM werden auf dem Konto „unübliche Abschreibungen auf Vorräte" gegengebucht.

Der zum niedrigeren Wert/Teilwert ausgewiesene Endbestand	70 000 DM
verringert sich also um die weiteren Abschreibungen von insgesamt	− 13 000 DM
Der Endbestand beträgt also	57 000 DM

Das Rohstoffkonto hat jetzt folgenden Stand: **1212**

S	Rohstoffe	H
Anf. Best. 50 000	Endbestand 57 000	
Zugänge 480 000		

Das Konto Rohstoffe wird abgeschlossen durch die Buchungen:

▶ 1) Rohstoffverbrauch 460 000 DM
    zusätzliche Abschreibungen auf Material
    und Waren 8 000 DM
    steuerrechtliche Sonderabschreibungen 3 000 DM
    unübliche Abschreibungen auf Vorräte 2 000 DM
    an Rohstoffkonto 473 000 DM

---
[925] Siehe Rdn. 568, 569, 570.

S	Rohstoffe	H		S	Rohstoffverbrauch	H
Anf. Best. 50 000	Endbestand 57 000			1) 460 000		
Zugänge 480 000	1) 473 000					
530 000	530 000					

S zus. Abschr. auf Material u. Waren H		S steuerrechtl. Sonderabschreibungen H
1) 8 000		1) 3 000

S unübliche Abschreibungen auf Vorräte H
1) 2 000

1213 Die Konten „Rohstoffverbrauch", „zusätzliche Abschreibungen auf Material und Waren" und „steuerrechtliche Sonderabschreibungen" sind Unterkonten vom Konto „Aufwendungen für Roh-, Hilfs- und Betriebsstoffe und für bezogene Waren". Sie werden daher über dieses Konto abgeschlossen:

➤ 2) Aufwendungen für Roh-, Hilfs- und
    Betriebsstoffe und für bezogene Waren   471 000 DM
    an Rohstoffverbrauch   460 000 DM
    an zusätzliche Abschreibungen auf Material
    und Waren   8 000 DM
    an steuerrechtliche Sonderabschreibungen   3 000 DM

S	Aufw. f. Roh-, Hilfs- u. Betriebsst. u. f. bezogene Waren	H		S	Rohstoffverbrauch	H
2) 471 000				1) 460 000	2) 460 000	

S zus. Abschr. auf Material u. Waren H			S steuerrechtl. Sonderabschreibungen H	
1) 8 000	2) 8 000		1) 3 000	2) 3 000

1214 Die Konten „Aufwendungen für Roh-, Hilfs-, und Betriebsstoffe und für bezogene Waren" und „unübliche Abschreibungen auf Vorräte" werden über Gewinn- und Verlustkonto abgeschrieben. Das übliche Maß überschreitende Abschreibungen sind z. B. Diebstahlsverluste, Brand-, Hochwasser- und ähnliche Verluste, Wertverluste aufgrund außergewöhnlichen Preisverfalls. Diese Aufwendungen rechnen nicht zu den Aufwendungen für Roh-, Hilfs- und Betriebsstoffe und für bezogene Waren, die zur Erzielung der Umsatzerlöse eingesetzt worden sind, und werden daher direkt über Gewinn- und Verlustkonto abgeschlossen und in der Gewinn- und Verlustrechnung ausgewiesen.

Materialaufwand

➤ 3) Gewinn- und Verlustkonto 471 000 DM
   an Aufwendungen für Roh-, Hilfs- und
   Betriebsstoffe und für bezogene Waren 471 000 DM
➤ 4) Gewinn- und Verlustkonto 2 000 DM
   an unübliche Abschreibungen auf Vorräte 2 000 DM

S	Gewinn- und Verlustkonto	H	S	Aufw. f. Roh-, Hilfs- u. Betriebsst. u. f. bezogene Waren	H
3)	471 000		2)	471 000	3)	471 000
4)	2 000					

S	unübliche Abschreibungen auf Vorräte	H
1)	2 000	4)	2 000

Die Aufwendungen für Roh-, Hilfs- und Betriebsstoffe und für bezogene Waren **1215**
werden im Posten 5 a der Gewinn- und Verlustrechnung, die unüblichen Abschreibungen auf Vorräte werden im Posten 7 b der Gewinn- und Verlustrechnung ausgewiesen.

So wie im Beispiel die Rohstoffe gebucht wurden und die Rohstoffkonten und die hiermit zusammenhängenden Konten abgeschlossen wurden, werden auch die Konten Hilfsstoffe, Betriebsstoffe und Waren abgeschlossen.

Beim Abschluß der Konten Rohstoffe, Hilfsstoffe, Betriebsstoffe und Waren wird **1216**
also wie folgt vorgegangen:
1. Zunächst werden die durch Inventur aufgenommenen Bestände an Roh-, Hilfs- und Betriebsstoffen nach dem Niederstwertprinzip bzw. mit den niedrigeren Teilwerten bewertet. Hiervon werden die Abschreibungen zur Vermeidung von Wertschwankungen, die Abschreibungen im Rahmen vernünftiger kaufmännischer Beurteilung und die steuerrechtlichen Abschreibungen gemindert. Die verbleibenden Beträge werden als Endbestände auf den Haben-Seiten der Konten „Rohstoffe", „Hilfsstoffe" und „Betriebsstoffe" eingebucht.

Dann werden beim Abschluß gebucht:
2. Verbrauch an Roh-, Hilfs- und Betriebsstoffen und Wareneinsatz, zusätzliche Abschreibungen auf Material und Waren, steuerrechtliche Sonderabschreibungen, unübliche Abschreibungen auf Vorräte.
   Damit werden gleichzeitig das Rohstoffkonto, das Hilfsstoffkonto, das Betriebsstoffkonto und das Wareneinkaufskonto abgeschlossen.
   ➤ Rohstoffverbrauch, zusätzliche Abschreibungen auf Material und Waren, steuerrechtliche Sonderabschreibungen, unübliche Abschreibungen auf Vorräte
     an Rohstoffkonto
   ➤ Hilfsstoffverbrauch, zusätzliche Abschreibungen auf Material und Waren, steuerrechtliche Sonderabschreibungen, unübliche Abschreibungen auf Vorräte
     an Hilfsstoffkonto

➤ Betriebsstoffverbrauch, zusätzliche Abschreibungen auf Material und Waren, steuerrechtliche Sonderabschreibungen, unübliche Abschreibungen auf Vorräte
an Betriebsstoffkonto
➤ Wareneinsatz, zusätzliche Abschreibungen auf Material und Waren, steuerrechtliche Sonderabschreibungen, unübliche Abschreibungen auf Vorräte
an Wareneinkaufskonto

3. Abschluß der Konten „Rohstoffverbrauch", Hilfsstoffverbrauch", Betriebsstoffverbrauch", „Wareneinsatz", „zusätzliche Abschreibungen auf Material und Waren" und „steuerrechtliche Sonderabschreibungen" über Konto „Aufwendungen für Roh-, Hilfs- und Betriebsstoffe und für bezogene Waren".

➤ Aufwendungen für Roh-, Hilfs- und Betriebsstoffe und für bezogene Waren
an Rohstoffverbrauch
an Hilfsstoffverbrauch
an Betriebsstoffverbrauch
an zusätzliche Abschreibungen auf Material und Waren
an steuerrechtliche Sonderabschreibungen

4. Abschluß der Konten „Aufwendungen für Roh-, Hilfs- und Betriebsstoffe und für bezogene Waren" und „unübliche Abschreibungen auf Vorräte" über Gewinn- und Verlustkonto.

➤ Gewinn- und Verlustkonto
an Aufwendungen für Roh-, Hilfs- und Betriebsstoffe und für bezogene Waren
➤ Gewinn- und Verlustkonto
an unübliche Abschreibungen auf Vorräte

5. Übernahme des Saldos des Kontos „Aufwendungen für Roh-, Hilfs- und Betriebsstoffe und für bezogene Waren" als Posten Nr. 5a in die Gewinn- und Verlustrechnung.

6. Übernahme des Saldos des Kontos „unübliche Abschreibungen auf Vorräte" als Posten Nr. 7 b in die Gewinn- und Verlustrechnung.

3.5.3 Aufwendungen für bezogene Leistungen

1217 Aufwendungen für bezogene Leistungen sind Aufwendungen für Fremdleistungen, die dem Materialaufwand gleichstehen[926].

In erster Linie rechnen hierzu Fremdleistungen, die in die Fertigung gehen (Lohnbe- und -verarbeitung von kostenfrei beigestellten Fertigungsstoffen und unfertigen Erzeugnissen)[927], z. B.
- Umschmelzen von Metallen
- Lackieren von Teilen

---
[926] Förschle in: Beck Bil-Komm. § 275 Rdn. 122.
[927] Förschle in: Beck Bil-Komm. § 275 Rdn. 123.

Personalaufwand 521

- Stanzarbeiten
- Fräsarbeiten
- Härten von Fertigungsteilen
- Gummierung von Laufrädern
- Montagearbeiten durch Subunternehmer
- Entgraten von Preßteilen
- für die eigene Fertigung erforderliche, an Fremde vergebene Forschungs- und Entwicklungsarbeiten

3.6 Personalaufwand

Konten	
IKR	SKR 04
62 Löhne	6000 Löhne und Gehälter
620 Löhne für geleistete Arbeitszeit einschl. tariflicher, vertraglicher oder arbeitsbedingter Zulagen	6010 Löhne
	6020 Gehälter
	6027 Geschäftsführergehälter
	6030 Aushilfslöhne
621 Löhne für andere Zeiten (Urlaub, Feiertag, Krankheit)	6040 Lohnsteuer für Aushilfen
	6045 Bedienungsgelder
	6050 Ehegattengehalt
622 sonstige tarifliche oder vertragliche Aufwendungen für Lohnempfänger	6060 Freiwillige soziale Aufwendungen (lohnsteuerpflichtig)
	6070 Krankengeldzuschüsse
623 freiwillige Zuwendungen	6080 Vermögenswirksame Leistungen
624 frei	
625 Sachbezüge	6090 Fahrtkostenerstattung Wohnung/Arbeitsstätte
626 Vergütungen an gewerbl. Auszubildende	
627	6100 Soziale Abgaben und Aufwendungen für Altersversorgung und für Unterstützung
| frei	
628	6110 Gesetzliche soziale Aufwendungen
629 sonstige Aufwendungen mit Lohncharakter	
	6120 Beiträge zur Berufsgenossenschaft
63 Gehälter	
630 Gehälter einschließlich tariflicher, vertraglicher oder arbeitsbedingter Zulagen	6130 Freiwillige soziale Aufwendungen, lohnsteuerfrei
	6140 Aufwendungen für Altersversorgung
631 frei	
632 sonstige tarifliche oder vertragliche Aufwendungen	6150 Versorgungskassen
633 freiwillige Zuwendungen	6160 Aufwendungen für Unterstützung

1218

634 frei
635 Sachbezüge
636 Vergütung an techn./kaufm. Auszubildende
637
 | frei
638
639 sonstige Aufwendungen mit Gehaltscharakter
64 Soziale Abgaben und Aufwendungen für Altersversorgung und für Unterstützung
640 Arbeitgeberanteil zur Sozialversicherung (Lohnbereich)
641 Arbeitgeberanteil zur Sozialversicherung (Gehaltsbereich)
642 Beiträge zur Berufsgenossenschaft
643 sonstige soziale Abgaben
  6431 Beiträge zum Pensionssicherungsverein (PSV)
  6439 übrige sonstige soziale Abgaben
644 gezahlte Betriebsrenten (einschl. Vorruhestandsgeld)
645 Veränderungen der Pensionsrückstellungen
646 Aufwendungen für Direktversicherungen
647 Zuweisungen an Pensions- und Unterstützungskassen
648 sonstige Aufwendungen für Altersversorgung
649 Beihilfen und Unterstützungsleistungen

6170 Sonstige soziale Abgaben

Personalaufwand 523

3.6.1 Löhne und Gehälter

Es muß sich um als **Aufwendungen** zu erfassende Leistungen handeln. Es kommt daher nicht auf die Zahlung, sondern darauf an, zu welchem Zeitraum die Leistungen als Aufwand gehören. Die am Jahresende noch nicht ausgezahlten Löhne und Gehälter werden daher gebucht: **1219**

➤ Aufwand
 an Verbindlichkeit oder Rückstellung

Bei Fälligkeit der Löhne und Gehälter wird jeweils der Nettobetrag den Arbeitnehmern ausgezahlt, in der Regel auf ihr Bankkonto überwiesen. Die Lohn- und Kirchensteuer und die Sozialversicherungsbeiträge werden zunächst auf Konto „sonstige Verbindlichkeiten" gebucht.

Beispiel:
Das Unternehmen zahlt Arbeitnehmer A den Lohn für Monat November und erteilt ihm folgende Lohnabrechnung:

Lohn	*2 800 DM*
Lohnsteuer	*– 475 DM*
Kirchensteuer	*– 38 DM*
Sozialversicherung	*– 495 DM*
Nettolohn	*1 792 DM*

Der Lohnaufwand beträgt 2 800 DM. Da der Arbeitgeberanteil zur Sozialversicherung ebenso wie der Arbeitnehmeranteil 495 DM beträgt, wird bei Fälligkeit des Lohns gebucht:

➤ Lohnaufwand	2 800 DM
Sozialaufwand	495 DM
an Bank	1 792 DM
an sonstige Verbindlichkeiten	1 503 DM

Üblicherweise wird das Konto „**sonstige Verbindlichkeiten**" in mehrere Unterkonten unterteilt, z. B.: Verbindlichkeiten gegenüber Sozialträgern, Verbindlichkeiten aus Lohn- und Kirchensteuer. In dem vorstehenden Beispiel setzen sich die sonstigen Verbindlichkeiten zusammen aus: **1220**

Lohnsteuer	475 DM
Kirchensteuer	38 DM
Sozialversicherungsbeitrag (AN- u. AG-Anteil)	990 DM
	1 503 DM

Überweist das Unternehmen an das Finanzamt und an den Sozialversicherungsträger, so wird gebucht:

➤ Sonstige Verbindlichkeiten	1 503 DM
an Bank	1 503 DM

1221 Auszahlungen, für die **Rückstellungen** gebildet waren, wurden bereits bei Bildung der Rückstellung als Aufwand behandelt. Sie sind daher nur insoweit über Aufwand zu buchen, als die Rückstellung nicht ausreichte.

1222 **Vorschüsse und Abschlagszahlungen** auf den Lohn oder das Gehalt unterscheiden sich:
- Ein **Vorschuß** ist ein kurzfristiges zinsloses Arbeitgeberdarlehen, das getilgt wird, indem es in Höhe der vereinbarten Tilgungsraten mit den laufenden Lohn- oder Gehaltszahlungen verrechnet wird.
- Ein **Abschlag** ist eine Teilzahlung auf die später fällige Lohn- oder Gehaltszahlung.

In beiden Fällen sind Lohn- oder Gehaltsaufwand und Sozialaufwand noch nicht entstanden. Vorschüsse und Abschlagszahlungen werden daher bei Auszahlung erfolgsneutral gebucht.

Buchung der Abschlagszahlung oder des Vorschusses:

➤ Forderungen gegen Arbeitnehmer
   an Kasse/Bank

1223 Der Übersicht wegen wird das Konto „Forderungen gegen Arbeitnehmer" in **Unterkonten** unterteilt: „Vorschüsse auf Löhne und Gehälter" und „Abschlagszahlungen auf Löhne und Gehälter".

1224 **Sachwerte** werden in der Praxis im allgemeinen mit den lohnsteuerlichen Sachbezugswerten erfaßt bei gleichzeitiger Neutralisierung über Posten Nr. 4 „sonstige betriebliche Erträge".

Arbeitnehmer erhalten im Rahmen ihres Arbeits- oder Dienstverhältnisses neben den Lohn- und Gehaltszahlungen auch Sachbezüge:
- Essenszuschüsse
- Fahrzeuggestellung
- freie Unterkunft und Verpflegung
- Werkswohnungen
- Waren oder Dienstleistungen

Beispiel:
Ein Unternehmen zahlt seinen Arbeitnehmern neben dem Lohn monatlich 60 DM als Zuschuß für deren Mittagessen in der Betriebskantine.

Sachzuwendungen im Rahmen von Arbeits- und Dienstverhältnissen sind so zu behandeln, als würde der Arbeitgeber seinen Arbeitnehmern Geld auszahlen und diese würden sich hierfür die Sachwerte kaufen. Die Sachzuwendungen sind deshalb
- Teil des Arbeitslohns und damit **lohnsteuerpflichtig** (§ 19 Abs. 1 Nr. 1 EStG),

Personalaufwand

- **zu bewerten** mit den um übliche Preisnachlässe geminderten üblichen Endpreisen am Abgabeort (§ 8 Abs. 2 und 3 EStG) und
- **umsatzsteuerpflichtig** (§ 1 Abs. 1 Nr. 1 b UStG).

Sachbezüge werden mit folgenden **Werten** angesetzt: **1225**

Wohnung und Kost, Waren und Dienstleistungen, die vom Arbeitgeber **überwiegend für den Bedarf seiner Arbeitnehmer hergestellt, vertrieben oder erbracht** werden oder deren Bezug nach § 40 EStG pauschal versteuert wird: übliche Endpreise am Abgabeort.

Waren oder Dienstleistungen, die vom Arbeitgeber **nicht überwiegend für den Bedarf seiner Arbeitnehmer hergestellt, vertrieben oder erbracht** werden und deren Bezug nicht nach § 40 EStG pauschal versteuert wird:

Endpreise, zu denen der Arbeitgeber oder der dem Abgabeort nächstansässige Abnehmer die Waren oder Dienstleistungen fremden Endverbrauchern im allgemeinen Geschäftsverkehr anbietet,

./. 4 %
./. Entgelte des Arbeitnehmers
./. 2 400 DM im Kalenderjahr
= zu versteuernde Sachbezüge

Die **Fahrzeuggestellung** an den Arbeitnehmer ist in den Verwaltungsanweisungen wie folgt geregelt[928]: **1226**

Unentgeltliche Überlassung eines Kfz an den Arbeitnehmer
- durch
  a) den Arbeitgeber oder
  b) einen Dritten aufgrund des Dienstverhältnisses
- zur privaten Nutzung und/oder für Fahrten zwischen Wohnung und Arbeitsstätte

Wertermittlung des Nutzungswerts:
- 1 %-Regelung oder
- Fahrtenbuchregelung

1 %-Regelung:
Auszugehen ist von folgender **Bemessungsgrundlage**: Inländischer Listenpreis im Zeitpunkt der Erstzulassung zuzüglich Kosten für Sonderausstattungen einschließlich Umsatzsteuer. Listenpreis ist die auf volle 100 DM abgerundete unverbindliche Preisempfehlung des Herstellers für das genutzte Kfz. Zur Sonderausstattung gehört nicht ein Autotelefon. Dieser Wert ist auch bei gebraucht erworbenen, geleasten und reimportierten Kfz anzusetzen.
- Monatlich 1 % der Bemessungsgrundlage

---

[928] Abschnitt 31 Abs. 7 LStR 1996; BMF, Schr. v. 28.5.1996 IV B 6 – S 2334 – 173/96, BStBl 1996 I S. 654.

- Zuzüglich, wenn das Kfz auch zu Fahrten zwischen Wohnung und Arbeitsstätte genutzt werden kann (es kommt lediglich auf die Möglichkeit der Nutzung, nicht auf die tatsächliche Nutzung an, wobei auch urlaubs- und krankheitsbedingter Ausfall unberücksichtigt bleiben), monatlich 0,03 % der Bemessungsgrundlage für jeden Entfernungskilometer zwischen Wohnung und Arbeitsstätte. Soweit bei Einsatzwechseltätigkeit die Kosten für Fahrten zwischen Wohnung und Arbeitsstätte als Reisekosten zu behandeln sind, entfällt die Erhöhung um 0,03 %. Bei verschiedenen Wohnungen und/oder verschiedenen Arbeitsstätten kann für den betreffenden Monat die kürzeste Entfernung zugrunde gelegt werden zuzüglich für jede Fahrt von und zu der weiter entfernt liegenden Wohnung bzw. Arbeitsstätte 0,002 % vom inländischen Listenpreis für jeden Entfernungskilometer, der die kürzeste Entfernung übersteigt. Ein Ansatz scheidet aus, wenn ein Arbeitnehmer ein Firmenfahrzeug ausschließlich an den Tagen für Fahrten zwischen Wohnung und Arbeitsstätte erhält, an denen es erforderlich werden kann, daß er dienstliche Fahrten von der Wohnung aus antritt, z. B. beim Bereitschaftsdienst in Versorgungsunternehmen.
- Zuzüglich, wenn das Kfz zu Heimfahrten im Rahmen einer doppelten Haushaltsführung genutzt wird, für jeden Entfernungskilometer zwischen Beschäftigungsort und dem Ort des eigenen Hausstands 0,002 % der Bemessungsgrundlage für jede Fahrt, für die der Werbungskostenabzug nach § 9 Abs. 1 Satz 3 Nr. 5 Satz 3 und 4 EStG ausgeschlossen ist.

Beim Ansatz nach der 1 %-Regelung handelt es sich um **Monatswerte**. Wird daher ein Kfz in einem Monat nur zeitweise genutzt, ist der volle Monatswert anzusetzen. Wird aber das Fahrzeug innerhalb eines Monats gewechselt oder werden unterschiedliche Fahrzeuge in einem Monat genutzt, so kann das Fahrzeug der Nutzungswerterfassung zugrunde gelegt werden, das in dem Monat überwiegend genutzt wird. Das gilt auch, wenn mehrere Fahrzeuge zugleich zur Verfügung stehen, wenn die Nutzung durch andere zur Privatsphäre gehörende Personen so gut wie ausgeschlossen ist. Die Monatsbeträge brauchen nicht angesetzt zu werden für volle Kalendermonate, in denen dem Arbeitnehmer kein betriebliches Kfz zur Verfügung steht oder wenn ein Kfz nur aus besonderem Anlaß oder zu einem besonderen Zweck nur gelegentlich für nicht mehr als 5 Kalendertage im Kalendermonat überlassen wird. In diesem Fall ist die Nutzung zu Privatfahrten und zu Fahrten zwischen Wohnung und Arbeitsstätte je Fahrtkilometer mit 0,001 % des inländischen Listenpreises zu bewerten, wobei zum Nachweis die Kilometerstände für jede Fahrt festzuhalten sind.

Fahrtenbuchregelung:
Die dienstlich und privat zurückgelegten Fahrtstrecken sind durch ein laufend geführtes **Fahrtenbuch** mit folgenden Aufzeichnungen nachzuweisen:
- Dienstliche Fahrten:
    a) Datum und Kilometerstand zu Beginn und am Ende jeder einzelnen Auswärtstätigkeit (Dienstreise, Einsatzwechseltätigkeit, Fahrtätigkeit)
    b) Reiseziel und Reiseroute

c) Reisezweck und aufgesuchte Geschäftspartner
- Privatfahrten: Es genügen jeweils Kilometerangaben
- Fahrten zwischen Wohnung und Arbeitsstätte: Es genügt jeweils ein kurzer Vermerk im Fahrtenbuch

Die für das Kfz insgesamt entstehenden **Aufwendungen** sind durch Belege nachzuweisen. Diese Gesamtkosten sind als Summe der Nettoaufwendungen zuzüglich Umsatzsteuer und Absetzungen für Abnutzung zu ermitteln. Anhand des Fahrtenbuches sind die Gesamtaufwendungen auf private und dienstliche Aufwendungen aufzuteilen.

Die Wertermittlung nach der 1 %-Regelung oder der Fahrtenbuchregelung muß in **Übereinstimmung** zwischen Arbeitgeber und Arbeitnehmer durchgeführt werden und darf bei demselben Fahrzeug während des Kalenderjahrs nicht gewechselt werden.

Anzurechnen auf den privaten Nutzungswert sind pauschale Nutzungsvergütungen des Arbeitnehmers, kilometerbezogene Vergütungen des Arbeitnehmers und Zuschüsse des Arbeitnehmers zu den Anschaffungskosten im Jahr der Zahlung.

Umsatzsteuerrechtlich ist die Fahrzeugüberlassung grundsätzlich eine entgeltliche Leistung des Arbeitgebers im Rahmen des Arbeitsverhältnisses. Es können die lohnsteuerlich nach der 1 %-Regelung oder der Fahrtenbuchregelung angesetzten Werte als Bruttowerte für die Bemessung der Umsatzsteuer angesetzt werden, aus denen die Umsatzsteuer herauszurechnen ist. Wird der private Nutzungswert nach der Fahrtenbuchregelung ermittelt, ist das nach dem Fahrtenbuch ermittelte Nutzungsverhältnis auch der Umsatzsteuer zugrunde zu legen. Die Fahrten zwischen Wohnung und Arbeitsstätte und die Familienheimfahrten aus Anlaß einer doppelten Haushaltsführung werden umsatzsteuerlich den Privatfahrten des Arbeitnehmers zugerechnet. Ein Abschlag für nicht mit Vorsteuern belastete Kosten ist unzulässig[929].

Beispiel:
Unternehmer U stellt seinem Arbeitnehmer A voll einen Pkw für Privatfahrten und Fahrten zwischen Wohnung und Arbeitsstätte zur Verfügung. Der Pkw hatte einen Listenpreis einschließlich Umsatzsteuer von 46 400 DM. Die Entfernung zwischen Wohnung und Arbeitsstätte beträgt 12 km. A hat den Pkw im Mai an 18 Arbeitstagen für Fahrten zwischen Wohnung und Arbeitsstätte benutzt. U ermittelt in Übereinstimmung mit A den Nutzungswert für die Kfz-Überlassung nach der 1 %-Regelung.

Wert des Sachbezugs:

Privatfahrten 1 % x 46 400 DM =	*464,00 DM*
Fahrten zwischen Wohnung und Arbeitsstätte	
0,03 % x 46 400 DM x 12 km =	*167,04 DM*

[929] BMF, Schr. v. 11.3.1997 IV C 3 – S 7102 – 5/97, BStBl 1997 I S. 324.

Bruttowert des Sachbezugs   *631,04 DM*
USt: 631,04 x 16/116 =   *– 87,04 DM*
Nettowert des Sachbezugs monatlich   *544,00 DM*

Buchung:

➤ Lohnaufwand, Sachbezüge   631,04 DM
    an Erlöse Kfz-Kosten   544,00 DM
    an Umsatzsteuer   87,04 DM

Nur ausnahmsweise kann nach den Verwaltungsanweisungen[930] von einer **unentgeltlichen Überlassung** von Kfz an Arbeitnehmer i. S. von § 1 Abs. 1 Nr. 1 Satz 2 Buchstabe b UStG ausgegangen werden, wenn dem Arbeitnehmer das Fahrzeug nur gelegentlich, d. h. von Fall zu Fall und an nicht mehr als 5 Tagen im Kalendermonat, für private Zwecke überlassen wird. Auch hier kann für die umsatzsteuerliche Bemessungsgrundlage von den lohnsteuerlichen Werten ausgegangen werden. Die gelegentlichen Privatfahrten und Fahrten zwischen Wohnung und Arbeitsstätte können je Fahrtkilometer mit 0,001 % des inländischen Listenpreises des Kfz bewertet werden. Diese Werte sind als Bruttowerte anzusehen, aus denen die Umsatzsteuer herauszurechnen ist. Da es sich um eine unentgeltliche Überlassung des Kfz handelt, ist die umsatzsteuerliche Bemessungsgrundlage um die nicht mit Vorsteuern belasteten Kosten zu mindern. Das kann durch einen Abschlag von 20 % geschehen.

1227 Bezüge der **Aufsichtsräte** und **Beiräte** werden bei Kapitalgesellschaften nicht hier unter § 275 Abs. 2 Nr. 6 a erfaßt, da Aufsichtsräte und Beiräte nicht in einem Anstellungsverhältnis zur Gesellschaft stehen. Sie werden unter Nr. 8 „sonstige betriebliche Aufwendungen" ausgewiesen.

1228 Folgende Aufwendungen werden nicht hier, sondern ebenfalls unter Posten Nr. 8 „**sonstige betriebliche Aufwendungen**" ausgewiesen:
- Entgelte für von anderen Unternehmen gestellte Arbeitskräfte
- Entgelte für freiberuflich tätige Mitarbeiter
- Auslagenersatz und Rückerstattungen an Arbeitnehmer und Vorstandsmitglieder für Dienstreisen einschließlich pauschalierter Spesen
- Aufwendungen für Betriebsveranstaltungen
- Aufwendungen für Fortbildungsveranstaltungen

1229 Kosten für einen **Sozialplan** und **Abfindungen** an ausscheidende Mitarbeiter können unter dem Gesichtspunkt, daß sie ihren Ursprung im Dienstverhältnis haben, unter Posten 6 a ausgewiesen werden. Hat eine Abfindung aber nicht den Charakter einer Nachzahlung für geleistete Dienste oder soll durch sie ein lästiger Mitarbeiter zum Ausscheiden veranlaßt werden, sollten sie unter Posten Nr. 8 „sonstige betriebliche Aufwendungen" ausgewiesen werden[931].

---

[930] S. FN 929.
[931] Förschle in: Beck Bil-Komm. § 275 Rdn. 131.

3.6.2 Soziale Abgaben und Aufwendungen für Altersversorgung und für Unterstützung, davon für Altersversorgung

Bei diesem Unterposten zu den Personalaufwendungen werden unterschieden: **1230**
- Soziale Abgaben
- Aufwendungen für Altersversorgung und
- Aufwendungen für Unterstützung

Aufwendungen, die zu den sozialen Abgaben rechnen, sind als soziale Abgaben auszuweisen, auch wenn es sich um Aufwendungen zur Sicherung der Altersversorgung handelt.

Beispiel:
Arbeitgeberanteile zur gesetzlichen Arbeiterrenten- oder Angestelltenversicherung oder Firmenbeiträge zur befreienden Lebensversicherung sind soziale Abgaben. Sie werden daher nicht als Aufwendungen für Altersversorgung ausgewiesen.

Zu den **übrigen sonstigen sozialen Abgaben** gehören: **1231**
- Umlagen für Konkursausfallgeld
- Insolvenzversicherungsbeiträge
- freiwillige soziale Abgaben
- Firmenbeiträge zur befreienden Lebensversicherung der Arbeitnehmer, wenn sie an die Stelle der sonst zu zahlenden Pflichtabgaben treten

Die **Schwerbeschädigtenausgleichsabgabe** kann hier oder unter dem Posten **1232** Nr. 8 „sonstige betriebliche Aufwendungen" ausgewiesen werden.

Zu den **sonstigen Aufwendungen für Altersversorgung** gehören: **1233**
- laufende Pensionszahlungen
- Versicherungsprämien für künftige Altersversorgung der Mitarbeiter, soweit es sich nicht um gesetzliche Sozialabgaben handelt und die Begünstigten einen unmittelbaren Anspruch auf die Leistungen erwerben
- Aufwendungen für die Altersversorgung von Rentnern und Hinterbliebenen ehemaliger Arbeitnehmer
- Überbrückungsgelder
- Gnadengehälter

Prämien an **Rückdeckungsversicherungen** werden nicht hier ausgewiesen, son- **1234** dern unter dem Posten Nr. 8 „sonstige betriebliche Aufwendungen", da das Unternehmen bezugsberechtigt ist.

Werden Gehaltsteile in **Direktversicherungsprämien** umgewandelt, werden **1235** diese Gehaltsteile vom Konto „Gehälter" auf Konto „Aufwendungen für Direktversicherungen" umgebucht.

Vorruhestandsleistungen an ausscheidende Arbeitnehmer für die freiwillige **1236** vorzeitige Aufgabe des Arbeitsplatzes rechnen zu den unter Nr. 6 b auszuweisenden Aufwendungen, wenn die Leistungen pensionsähnlich sind. Steht der Entgelt- oder Abfindungscharakter im Vordergrund, sind sie unter Nr. 6 a oder 8 auszuweisen[932].

1237 **Aufwendungen für Unterstützung**, die auf dem Konto „Beihilfen und Unterstützungsleistungen" gebucht werden, sind Zahlungen oder Verbindlichkeiten an aktive und ehemalige Betriebsangehörige und deren Hinterbliebene, die ohne konkrete Gegenleistung gewährt werden. Sie werden aus sozialen Gründen zur Milderung besonderer Belastungen geleistet. Hierzu gehören:
- Zuweisungen an Sozialkassen und Unterstützungseinrichtungen (soweit sie nicht der Altersversorgung dienen)
- Notstandsbeihilfen an Arbeitnehmer
- Beihilfen zu Arzt-, Kur- oder Krankenhauskosten
- Geburts- und Heiratsbeihilfen
- Aufwendungen für verunglückte Arbeitnehmer
- Erholungsbeihilfen an Arbeitnehmer
- Hausbrandzuschüsse
- Deputate an Pensionäre oder deren Hinterbliebene
- freiwillige Zahlungen an tätige oder im Ruhestand lebende Arbeitnehmer

1238 In der **Gewinn- und Verlustrechnung** werden die Aufwendungen für Altersversorgung gesondert mit dem Vermerk „davon für Altersversorgung" angegeben. Hieraus soll der gesamte Altersvorsorgeaufwand des Geschäftsjahrs, sowohl der unmittelbare als auch der mittelbare, zu ersehen sein. Hierzu rechnen auch die Zuführungen zu Pensionsrückstellungen einschließlich des Zinsanteils. Ist der Zinsanteil erheblich, kann er auch unter den Zinsaufwendungen ausgewiesen werden. Dann ist hierauf im Anhang hinzuweisen.

Nicht hier, sondern unter Nr. 8 „sonstige betriebliche Aufwendungen" werden die Zuwendungen an betriebsfremde Personen oder an Wohlfahrtseinrichtungen ausgewiesen.

---

[932] Förschle in: Beck Bil-Komm. § 275 Rdn. 135.

3.7 Abschreibungen

Konten	
IKR	SKR 04

65 Abschreibungen
650 Abschreibungen auf aktivierte Aufwendungen für die Ingangsetzung und Erweiterung des Geschäftsbetriebs
651 Abschreibungen auf immaterielle Vermögensgegenstände des Anlagevermögens
    6511 A. auf Rechte gem. Ktn.Gr. 02
    6512 A. auf Geschäfts- oder Firmenwert
    6513 A. auf Anzahlungen gem. Ktn.Gr. 04
652 Abschreibungen auf Grundstücke und Gebäude
653 Abschreibungen auf technische Anlagen und Maschinen
654 Abschreibungen auf andere Anlagen, Betriebs- und Geschäftsausstattung
    6541 A. auf andere Anlagen und Betriebsausstattung
    6543
    6544 A. auf Fuhrpark
    6545 frei
    6546 A. auf Geschäftsausstattung
    6548
    6549 A. auf geringwertige Wirtschaftsgüter
655 außerplanmäßige Abschreibungen auf Sachanlagen gem. § 253 Abs. 2 S. 3
656 steuerrechtliche Sonderabschreibungen auf Sachanlagen gem. § 254
	6200 Abschreibungen auf immaterielle Vermögensgegenstände
	6205 Abschreibung auf den Geschäfts- oder Firmenwert
	6210 Außerplanmäßige Abschreibungen a. immaterielle Vermögensgegenstände
	6220 Abschreibungen auf Sachanlagen
	6230 Außerplanmäßige Abschreibungen auf Sachanlagen
	6240 Abschreibungen auf Sachanlagen aufgrund steuerlicher Sondervorschriften
	6250 Kaufleasing
	6260 Sofortabschreibung geringwertiger Wirtschaftsgüter
	6262 Abschreibungen auf aktivierte geringwertige Wirtschaftsgüter
	6266 Außerplanmäßige Abschreibungen auf aktivierte geringwertige Wirtschaftsgüter
	6268 Abschreibungen für Aufwendungen der Ingangsetzung und Erweiterung des Geschäftsbetriebs

1240 Außerplanmäßige Abschreibungen auf Vermögensgegenstände des Anlagevermögens müssen **Kapitalgesellschaften** gesondert in der Gewinn- und Verlustrechnung ausweisen oder im Anhang angeben (§ 277 Abs. 3 Satz 1 HGB).

1241 Sie haben ein Wahlrecht, bei den **steuerrechtlichen Sonderabschreibungen** auf Sachanlagen den Unterschiedsbetrag zwischen der handelsrechtlichen und der steuerrechtlichen Abschreibung in den Sonderposten mit Rücklageanteil einzustellen (§ 281 Abs. 1 Satz 1 HGB). Der Abschreibungsbetrag wird dann in der Gewinn- und Verlustrechnung im Posten Nr. 8 „sonstige betriebliche Aufwendungen" ausgewiesen. Kapitalgesellschaften müssen den Betrag der im Geschäftsjahr allein nach steuerrechtlichen Vorschriften vorgenommenen Abschreibungen getrennt nach Anlage- und Umlaufvermögen entweder in der Bilanz und Gewinn- und Verlustrechnung gesondert ausweisen oder im Anhang angeben und hinreichend begründen (§ 281 Abs. 2 Satz 1 HGB).

3.8 Abschreibungen auf aktivierte Aufwendungen für die Ingangsetzung und Erweiterung des Geschäftsbetriebs sowie für die Währungsumstellung auf den Euro

1242 Werden Aufwendungen für die Ingangsetzung und Erweiterung des Geschäftsbetriebs sowie für die Währungsumstellung auf den Euro in Ausübung der Aktivierungswahlrechte bilanziert[933], so müssen die aktivierten Beträge in jedem folgenden Geschäftsjahr zu mindestens einem Viertel durch Abschreibungen getilgt werden (§ 282 HGB, Art. 44 Abs. 1 Satz 3 EGHGB n. F.).

1243 Die Bilanzierungshilfe, Ingangsetzungs- und Erweiterungsaufwendungen zu aktivieren, gilt nach dem Gesetzeswortlaut nur für Kapitalgesellschaften (§ 282 HGB), dem PublG unterworfene Unternehmen (§ 5 Abs. 1 Satz 2 PublG), Genossenschaften (§§ 336 Abs. 2 HGB), Kreditinstitute (§ 340 a Abs. 1 HGB) und Versicherungsunternehmen (§ 341a Abs. 1 HGB). Sie kann aber auch von anderen Unternehmen ausgeübt werden[934]. In diesem Fall müssen auch sie die aktivierten Beträge unter Beachtung von § 282 HGB abschreiben. Die Bilanzierungshilfe, Aufwendungen für die Währungsumstellung auf den Euro zu aktivieren, ist schon nach dem Gesetzeswortlaut allen Unternehmen eingeräumt.

1244 Es ist nach dem Gesetzeswortlaut nicht erforderlich, bereits im Jahr der Erstaktivierung Abschreibungen zu verrechnen. Entsprechend dem Wahlrecht, nur einen Teil der Ingangsetzungs- oder Erweiterungsaufwendungen oder der Aufwendungen für die Währungsumstellung auf den Euro zu aktivieren, ist es aber auch zulässig, bereits in dem Geschäftsjahr, in dem der Geschäftsbetrieb aufgenommen oder erweitert wird oder in dem die Aufwendungen für die Währungsumstellung anfallen, Abschreibungen zu verrechnen. In derartigen Fällen dürfte es sich jedoch eher empfehlen, in Ausübung des Aktivierungswahlrechts statt einer Abschreibung auf die Aktivierung eines Teilbetrages der entstandenen Ingangset-

---
[933] Siehe Rdn. 73 f.
[934] Siehe Rdn. 75.

Abschreibungen/Währungsumstellung auf den Euro

zungs- oder Erweiterungsaufwendungen bzw. der Umstellungsaufwendungen zu verzichten[935].

Es handelt sich bei der Abschreibung nach § 282 HGB und Art. 44 Abs. 1 Satz 3 EGHGB n. F. nicht um eine planmäßige Abschreibung, erst recht nicht um eine lineare Abschreibung. Der aktivierte Betrag muß zu mindestens 25 % in jedem folgenden Geschäftsjahr abgeschrieben werden, auch in Rumpfgeschäftsjahren. Der über 25 % hinausgehende Betrag kann in jedem Geschäftsjahr frei gewählt werden. Es kann daher in diesem Rahmen je nach dem Ergebnis des betreffenden Geschäftsjahrs mehr oder weniger abgeschrieben werden. **1245**

Dem Wortlaut nach ist in jedem der folgenden Geschäftsjahre mindestens 25 % abzuschreiben. Hiernach müßten die Abschreibungen so bemessen werden, daß sie auch im letzten Jahr noch mindestens 25 % betragen. Es wäre daher eigentlich eine Abschreibung von z. B. 50 %, 30 %, 20 % nicht zulässig, da hierbei im letzten Jahr eine Abschreibung von unter 25 % verbleibt. Es wird aber für zulässig gehalten, daß lediglich im letzten Abschreibungsjahr der Betrag von 25 % unterschritten wird. Daher seien z. B. folgende Abschreibungszyklen zulässig: 25 % – 30 % – 35 % – 10 % oder 60 % – 40 %, nicht aber 50 % – 30 % – 10 % – 10 %[936]. **1246**

Fallen in verschiedenen Geschäftsjahren jeweils erneut Ingangsetzungs- oder Erweiterungsaufwendungen an, so entsteht für jede Aktivierung eine neue Abschreibungsbasis. Jeder aktivierte Betrag muß daher im folgenden und den weiteren Geschäftsjahren zu mindestens 25 % abgeschrieben werden. Sie können daher nicht für die Frage der Mindestabschreibung zusammengefaßt werden[937]. Das dürfte auch für die Aufwendungen für die Währungsumstellung auf den Euro gelten. **1247**

Zuschreibungen sind nicht zulässig, auch wenn dabei per Saldo das Mindestabschreibungsgebot beachtet wird. Die Abschreibung auf eine Bilanzierungshilfe kann, anders als außerplanmäßige Abschreibungen auf Vermögensgegenstände, nicht rückgängig gemacht werden[938]. **1248**

Da bereits eine Aktivierung in der **Steuerbilanz** ausscheidet[939], kommt hier auch eine Abschreibung nicht in Betracht. **1249**

In der **Gewinn- und Verlustrechnung** sind bei Anwendung des Gesamtkostenverfahrens die im Geschäftsjahr verrechneten Abschreibungsbeträge ausdrücklich gemeinsam mit den Abschreibungen auf immaterielle Vermögensgegenstände des Anlagevermögens und Sachanlagen auszuweisen (§ 275 Abs. 2 Nr. 7a). Eine Verrechnung von Abschreibungen mit aktivierten Ingangsetzungs- oder Erweiterungsaufwendungen sowie Aufwendungen für die Währungsumstellung der gleichen Rechnungsperiode verstößt gegen § 246 Abs. 2 HGB[940]. **1250**

---

935 ADS 6. Auflage, HGB § 282 Rdn. 5.
936 Budde/Karig in: Beck Bil-Komm. § 282 Rdn. 3.
937 Budde/Karig in: Beck Bil-Komm. § 282 Rdn. 4.
938 ADS 6. Auflage, HGB § 282 Rdn. 16.
939 Siehe Rdn. 86.
940 ADS 6. Auflage, HGB § 282 Rdn. 18.

3.9 Abschreibungen auf materielle und immaterielle Anlagegegenstände

3.9.1 Planmäßige Abschreibungen

3.9.1.1 Allgemeines

1251 **Abnutzbare Anlagegegenstände** sind **handelsrechtlich** planmäßig abzuschreiben. Das bedeutet: die Anschaffungs- oder Herstellungskosten sind um Abschreibungen nach einem bestimmten Plan zu vermindern.

Der Plan muß die Anschaffungs- oder Herstellungskosten auf die Geschäftsjahre verteilen, in denen der Vermögensgegenstand voraussichtlich genutzt werden kann (§ 253 Abs. 2 Sätze 1 und 2 HGB). Es besteht also ein **Abschreibungsgebot** für die planmäßige Abschreibung.

1252 **Abnutzbar** sind die Anlagegegenstände, deren Nutzung zeitlich begrenzt ist (§ 253 Abs. 2 Satz 1 HGB). Zeitlich begrenzt ist die Nutzung durch den technischen oder wirtschaftlichen Verschleiß der Anlagegegenstände.

1253 **Nicht abnutzbar** sind folgende Posten des Anlagevermögens:
- Grund und Boden
- geleistete Anzahlungen
- Anlagen im Bau und
- Finanzanlagen

1254 Die **Nutzungsdauer**, die Geschäftsjahre, in denen der Anlagegegenstand voraussichtlich genutzt werden kann, ergibt sich aus den betrieblichen Erfahrungen, die mit gleichen Anlagegegenständen gemacht worden sind oder aus den von der Finanzverwaltung und den Wirtschaftsverbänden veröffentlichten Abschreibungstabellen[941].

Die Nutzungsdauer hängt ab von der technischen Leistungsfähigkeit oder/und von wirtschaftlichen Umständen. Die technische Leistungsfähigkeit eines Anlagegegenstandes hängt von der Ausbringungsmenge, dem Energieverbrauch und von anderen technischen Daten ab. Läßt die Leistungsfähigkeit nach, muß nicht unbedingt auch die Nutzbarkeit im Unternehmen enden. U. U. kann der Gegenstand für andere betriebliche Zwecke genutzt werden, die eine geringere Leistungsfähigkeit erfordern. Aber die wirtschaftliche Nutzungsdauer eines Anlagegegenstandes ist nur solange gegeben, wie sein Beitrag im Produktionsprozeß nicht auf andere Weise vorteilhafter geleistet werden kann[942].

1255 Bei der Bemessung der **Nutzungsdauer eines Gebäudes** ist nicht auf die Gesamtnutzungsdauer des Gebäudes, sondern auf die Nutzungsdauer beim jeweiligen Eigentümer abzustellen[943].

---

[941] ADS 6. Auflage, HGB § 253 Rdn. 379.
[942] ADS 6. Auflage, HGB § 253 Rdn. 367 f.
[943] BFH, Urt. v. 28.9.1971 VIII R 73/68, BStBl. 1972 II S. 176.

Abschreibungen auf materielle und immaterielle Anlagegegenstände 535

Beispiel:
A kauft von B ein Grundstück mit einem Fabrikgebäude. Das Gebäude hat B vor 30 Jahren errichtet. Für A beginnt mit dem Erwerb des Grundstücks eine neue Nutzungsdauer, die erneut zu schätzen ist. Er kann also nicht die Nutzungsdauer, die das Gebäude bei B hatte, fortsetzen.

Wird beabsichtigt, ein Gebäude abzureißen, so kann es auf den verbleibenden Zeitraum bis zum Abbruch abgeschrieben werden. Die Vorbereitungen für den **Abbruch** müssen aber so weit gediehen sein, daß die weitere Nutzung des Gebäudes in der bisherigen Weise so gut wie ausgeschlossen ist[944]. Das gilt auch, wenn eine gesetzliche oder vertragliche Verpflichtung besteht, das Gebäude in einem bestimmten Zeitpunkt abzureißen[945]. 1256

Ist ein Gebäude mit einer **Betriebsvorrichtung** so eng verbunden, daß es bei Beseitigung der Betriebsvorrichtung auch nicht teilweise stehenbleibt, richtet sich seine Nutzungsdauer nach der Nutzungsdauer der Betriebsvorrichtung[946]. 1257

Üblicherweise wird auf einen **Erinnerungswert**, i. d. R. 1 DM, abgeschrieben. Nach § 253 Abs. 2 Satz 2 HGB sind die Anschaffungs- oder Herstellungskosten des Anlagegegenstands bei der planmäßigen Abschreibung auf die Geschäftsjahre zu verteilen, in denen der Vermögensgegenstand voraussichtlich genutzt werden kann. Hiernach müßten die Anschaffungs- oder Herstellungskosten also voll, d. h. ohne Restwert und damit auch ohne Berücksichtigung eines Erinnerungswerts, auf die Geschäftsjahre der voraussichtlichen Nutzung verteilt werden. 1258

Die voraussichtliche Nutzungsdauer kann nur **geschätzt** werden. Wird sie zu hoch geschätzt, macht sich der Kaufmann reicher als er ist. Da die Nutzungsdauer höchst unsicher ist, muß sie nach dem Vorsichtsgrundsatz eher niedriger als zu hoch geschätzt werden. Hieraus folgt, daß in der Regel bei Verkauf eines Anlagegegenstands noch ein Veräußerungsgewinn erzielt wird. Deshalb ruhen zwangsläufig im Anlagevermögen stille Reserven, wenn nach kaufmännischen Grundsätzen abgeschrieben wird.

Würde nicht auf Erinnerungswerte, sondern auf null Mark abgeschrieben, erschienen tatsächlich vorhandene und auch noch genutzte Anlagen nicht in der Bilanz. Die Bilanz wäre somit unrichtig. Bei Verkauf abgeschriebener Anlagen würde auch nicht ein Veräußerungsgewinn ausgewiesen, da eine Anlage, für die das Entgelt gezahlt wurde, nicht in Erscheinung tritt. Es ist also nach dem Grundsatz der Richtigkeit auf jeden Fall auf Erinnerungswerte abzuschreiben.

Fraglich ist, ob handelsrechtlich auch **auf einen höheren Wert abzuschreiben** ist, wenn der Veräußerungserlös abzüglich der evtl. Ausbaukosten noch erheblich ist. 1259

---
944 BFH, Urt. v. 8.7.1980 VIII R 176/78, BStBl. 1980 II S. 743.
945 BFH, Urt. v. 22.8.1984 I R 198/80, BStBl. 1985 II S. 126.
946 BP-Kartei, Konto: AfA, S. 17.

Beispiel:
Unternehmer U kauft für seine persönlichen betrieblichen Zwecke Fahrzeuge einer bestimmten Nobelmarke. Er verkauft die Pkw nach etwa drei Jahren oder gibt sie beim Neukauf wieder in Zahlung. Diese Handhabung hat sich als wirtschaftlich sinnvoll erwiesen, da die Pkw regelmäßig noch mit einem erheblichen Wert in Zahlung genommen werden und bis dahin kaum Reparaturen anfallen. Bei dem anstehenden Neukauf im Oktober 03 eines Anfang des Jahres 01 angeschafften Pkw ergibt sich aus der Buchführung:

Anschaffungskosten im März 01	*120 000 DM*
Abschreibung unter Zugrundelegung einer Nutzungsdauer von 5 Jahren, wie sie steuerlich zulässig ist:	
Abschreibung Jahr 01	*24 000 DM*
Buchwert 31.12.01	*96 000 DM*
Abschreibung Jahr 02	*24 000 DM*
Buchwert 31.12.02	*72 000 DM*
Abschreibung Jahr 03 (9/12 von 24 000 DM)	*18 000 DM*
Buchwert 1.10.03	*54 000 DM*
Beim Kauf des Neuwagens wird der Pkw in Zahlung genommen mit	*75 000 DM*
Veräußerungserlös somit	*21 000 DM*

Würde in diesem Beispiel der Pkw nach der individuellen Nutzungsdauer abgeschrieben, die hier drei Jahre beträgt, dann wäre der Veräußerungserlös noch wesentlich höher. Dann schriebe das Unternehmen den Pkw auf 1 DM ab und erzielte einen Veräußerungsgewinn von 74 999 DM. Schriebe aber das Unternehmen den Pkw unter Zugrundelegung einer betriebsgewöhnlichen Nutzungsdauer von drei Jahren auf einen voraussichtlichen Veräußerungswert von 70 000 DM ab, betrüge der Veräußerungserlös nur 5 000 DM.

Ist der **Restwert**, wie im vorstehenden Beispielsfall, im Vergleich zu den Anschaffungs- oder Herstellungskosten von erheblicher Bedeutung, beeinträchtigt eine Vollabschreibung die Vergleichbarkeit der Jahresergebnisse. Daher ist in diesen Fällen auf den voraussichtlichen Restwert abzuschreiben[947]. Das muß auch gelten, wenn nicht voll abgeschrieben wird und der Buchwert der Anlage bei ihrer Veräußerung erheblich niedriger als der Veräußerungserlös ist. Handelsrechtlich kann sich also aus dem Grundsatz der Vergleichbarkeit ergeben, daß auf einen Restwert abzuschreiben ist. Das ergibt sich auch, wenn man § 253 Abs. 2 Satz 2 HGB so auslegt, daß allgemein die Verwertung eines abgenutzten Gegenstandes noch als letzte Nutzungshandlung zur Nutzung zählt[948].

---

[947] ADS 6. Auflage, HGB § 253 Rdn. 416.
[948] Schnicke/Schramm/Bail in: Beck Bil-Komm. HGB § 253 Rdn. 223.

Im **Abschreibungsplan** werden der sich aus der Nutzungsdauer ergebende Abschreibungszeitraum und die Abschreibungsmethode festgelegt. Hiervon darf nur abgewichen werden, wenn sachliche Gründe es erfordern (§ 252 Abs. 1 Nr. 6 HGB). Art- und funktionsgleiche Anlagen, die vergleichbaren Nutzungs- und Risikobedingungen unterliegen, müssen nach gleichen Abschreibungsplänen abgeschrieben werden[949]. Kapitalgesellschaften müssen Änderungen des Abschreibungsplans im Anhang angeben und begründen (§ 284 Abs. 2 Nr. 3 HGB). 1260

Ein Plan muß nicht ausdrücklich schriftlich fixiert werden. In der Praxis werden die Merkmale der planmäßigen Abschreibung in der Anlagenkartei oder in der Abschreibungstabelle festgehalten. Das genügt[950].

Abschreibungsbeginn ist bei angeschafften Anlagegegenständen der Zeitpunkt der Lieferung und bei hergestellten Anlagegegenständen der Zeitpunkt der Fertigstellung. Ist nach dem Kaufvertrag der Verkäufer zur **Montage** verpflichtet, so ist der Anlagegegenstand erst mit Beendigung der Montage geliefert. Erst dann beginnt also die Abschreibung. Wird aber die Montage durch den Käufer oder in dessen Auftrag durch einen Dritten ausgeführt, so ist der Anlagegegenstand bereits mit dem Übergang der wirtschaftlichen Verfügungsmacht auf den Käufer geliefert, beginnt daher die Abschreibung bereits in diesem Zeitpunkt[951]. 1261

Bei **Gebäuden** beginnt die Abschreibung, wenn sie nach dem 20.6.1948 angeschafft oder hergestellt worden sind, mit dem Zeitpunkt der Anschaffung oder Fertigstellung (§ 11c Abs. 1 EStDV). Angeschafft ist ein Gebäude in dem Zeitpunkt, zu dem Besitz, Nutzungen, Lasten und Gefahr auf den Erwerber übergehen. Hergestellt ist ein Gebäude, wenn ein Bebauungszustand erreicht ist, der die bestimmungsgemäße Nutzung des Gebäudes zuläßt. Ein Wohngebäude ist daher fertiggestellt, sobald es nach Abschluß der wesentlichen Bauarbeiten bewohnbar ist[952].

Im Jahr der **Anschaffung, Herstellung** oder **Einlage** und im Jahr der **Veräußerung** oder **Entnahme** wird die Abschreibung zeitanteilig angesetzt. Aus Vereinfachungsgründen können die Abschreibungen nach Monaten statt nach Tagen berechnet und kann hierbei der Monat der Lieferung oder Fertigstellung als ganzer Monat berücksichtigt werden. Bewegliche Anlagegegenstände können bei Anschaffung oder Herstellung im ersten Halbjahr mit der vollen und bei Anschaffung oder Herstellung im zweiten Halbjahr mit der halben Jahresabschreibungsrate abgeschrieben werden[953]. 1262

Handelsrechtlich ist jede **Abschreibungsmethode** zulässig, die den Grundsätzen ordnungsmäßiger Buchführung entspricht. Die gewählte Abschreibung muß zu 1263

---

949 ADS 6. Auflage, HGB § 253 Rdn. 362.
950 ADS 6. Auflage, HGB § 253 Rdn. 365.
951 R 44 Abs. 1 EStR.
952 BFH, Urt. v. 11.3.1975 VIII R 23/70, BStBl. 1975 II S. 659; 23.1.1980 I R 27/77, BStBl. 1980 II S. 365.
953 R 44 Abs. 2 und 9 EStR; ADS 6. Auflage, HGB § 253 Rdn. 441 f.

einer sinnvollen und darf nicht zu einer willkürlichen Verteilung der Anschaffungs- oder Herstellungskosten führen. Sie muß durch die wirtschaftlichen Gegebenheiten gerechtfertigt sein. Der voraussichtliche Wertverzehr des Anlagegegenstands ist periodengerecht als Aufwand zu erfassen. Durch die gewählte Abschreibungsmethode dürfen nicht willkürlich stille Reserven gelegt werden[954].

Die in der Praxis gebräuchlichsten Abschreibungsmethoden sind:
- Lineare Abschreibung (gleichbleibende Abschreibungsbeträge)
- Degressive Abschreibung (fallende Abschreibungsbeträge)
- Progressive Abschreibung (steigende Abschreibungsbeträge)
- Leistungsbedingte Abschreibung

1264 **Kapitalgesellschaften** müssen nicht deshalb eine bestimmte Abschreibungsmethode anwenden, weil ihr Jahresabschluß nach § 264 Abs. 2 Satz 1 HGB ein den tatsächlichen Verhältnissen entsprechendes Bild der Vermögens-, Finanz- und Ertragslage vermitteln muß. Sie müssen aber nach § 284 Abs. 2 Nr. 1 HGB im Anhang über die angewandten Abschreibungsmethoden berichten[955].

1265 **Steuerrechtlich** entspricht der planmäßigen Abschreibung die Absetzung für Abnutzung (AfA). Sie ist aber für die einzelnen Anlagegegenstände jeweils der Art und der Höhe nach besonders geregelt. Einige Abschreibungsmethoden sind steuerrechtlich zwingend vorgeschrieben. Für andere besteht steuerrechtlich ein Wahlrecht.

Absetzung für Abnutzung	
Anlagegegenstand	Abschreibungsmethode
Abnutzbare Anlagegegenstände außer Gebäude oder Gebäudeteile und Geschäfts- oder Firmenwerte	Lineare Abschreibung auf die betriebsgewöhnliche Nutzungsdauer (§ 7 Abs. 1 Sätze 1 und 2 EStG) Abschreibungsgebot
Bewegliche abnutzbare Anlagegegenstände (hierzu rechnen nicht immaterielle Wirtschaftsgüter)	Geometrisch degressive Abschreibung mit bestimmten Abschreibungshöchstsätzen (§ 7 Abs. 2 und 3 EStG) Abschreibungswahlrecht Leistungsbedingte Abschreibung (§ 7 Abs. 1 Satz 4 EStG) Abschreibungswahlrecht

---

[954] ADS 6. Auflage, HGB § 253 Rdn. 384 ff.
[955] ADS 6. Auflage, HGB § 253 Rdn. 388.

Geschäfts- oder Firmenwerte	Lineare Abschreibung auf eine fiktive Nutzungsdauer von 15 Jahren (§ 7 Abs. 1 Satz 3 EStG) Abschreibungsgebot
Gebäude und Gebäudeteile	Lineare Abschreibung nach bestimmten Mindestsätzen (§ 7 Abs. 4 Satz 1, Abs. 5 a EStG) Abschreibungsgebot
	Lineare Abschreibung nach der tatsächlichen Nutzungsdauer (§ 7 Abs. 4 Satz 2, Abs. 5 a EStG) Abschreibungswahlrecht
	Degressive Abschreibung nach bestimmten Abschreibungssätzen (§ 7 Abs. 5, Abs. 5 a EStG) Abschreibungswahlrecht

Nach dem **Maßgeblichkeitsgrundsatz**[956] (§ 5 Abs. 1 EStG) **1266**
- sind handelsrechtliche Abschreibungsgebote auch in der Steuerbilanz zu beachten und
- setzen Abschreibungsmethoden, für die in der Steuerbilanz ein Wahlrecht besteht, eine entsprechende Methodenwahl in der Handelsbilanz voraus.

Daß die **Methodenwahl** in der Handelsbilanz für die degressive AfA von beweg- **1267** lichen Wirtschaftsgütern maßgebend ist, hat der BFH in seinem Urteil vom 24.1.1990 entschieden[957]. Die Grundsätze dieses Urteils gelten auch für Gebäude. Aus Gründen des Vertrauensschutzes sind sie aber bei Gebäuden erstmals für Wirtschaftsjahre anzuwenden, die nach dem 31.12.1990 enden und in denen mit der degressiven AfA begonnen wird[958]. Die Finanzverwaltung ist der Auffassung, es handle sich bei der degressiven Abschreibung der Gebäude und Gebäudeteile nach § 7 Abs. 5 EStG um eine nur steuerrechtlich zulässige Abschreibung i. S. von § 254 HGB, die bei der steuerlichen Gewinnermittlung eine übereinstimmende Abschreibung in der Handelsbilanz nach § 5 Abs. 1 Satz 2 EStG voraussetze. Die Übereinstimmung bestehe nicht schon, wenn in der Handelsbilanz nach einer handelsrechtlich zulässigen degressiven Abschreibungsmethode abgeschrieben werde. Vielmehr müßten in der Handelsbilanz die Abschreibungsbeträge nach § 7 Abs. 5 EStG angesetzt werden. Geschehe das nicht, könne in der Steuerbilanz nur linear nach § 7 Abs. 4 EStG abgeschrieben werden, auch wenn in der Handels-

---

[956] Siehe Rdn. 54, 55.
[957] BFH, Urt. v. 24.1.1990 I R 17/89, BStBl. 1990 II S. 681.
[958] FinMin Saarland v. 22.1.1991 – B/III – 499/91 – S 2133 (im Einvernehmen mit dem BMF und den obersten FinBeh. der anderen Bundesländer), StLex 3, 5–6 1200.

bilanz eine handelsrechtlich zulässige degressive Abschreibungsmethode angewendet werde[959].

1268 Nach dem **Bewertungsvorbehalt**(§ 5 Abs. 6 EStG) ist, wenn die Abschreibung im Steuerrecht zwingend besonders geregelt ist, so in der Steuerbilanz abzuschreiben.

Beispiel:
Ein gewerblicher Unternehmer möchte in seiner Handelsbilanz aus Gründen der „Bilanzoptik" sein aufgrund eines nach dem 31.12.1993 gestellten Bauantrags hergestelltes Betriebsgebäude möglichst niedrig abschreiben. In seiner Steuerbilanz will er aber aus Gründen der Steuerersparnis das Betriebsgebäude möglichst hoch abschreiben.

1269 **Betriebsgebäude**, die aufgrund eines nach dem 31.12.1993 gestellten Bauantrags fertiggestellt worden sind, können nicht mehr degressiv nach § 7 Abs. 5 EStG abgeschrieben werden. Der Unternehmer kann daher in seiner Steuerbilanz das Gebäude nur nach § 7 Abs. 4 Nr. 1 EStG linear in Höhe von jährlich 4 % abschreiben. Der Abschreibungssatz von 4 % ist nur für die Steuerbilanz vorgeschrieben. Für die handelsrechtliche Abschreibung kann der Unternehmer einen Abschreibungssatz wählen, welcher der tatsächlichen Nutzungsdauer entspricht. Ist bei dem Betriebsgebäude z. B. von einer 50jährigen Nutzungsdauer auszugehen, kann der Unternehmer das Betriebsgebäude im handelsrechtlichen Abschluß mit 2 % abschreiben.

1270 Es fragt sich, ob die in der vorstehenden tabellarischen Übersicht genannten **steuerrechtlichen Abschreibungswahlrechte** solche Wahlrechte darstellen, die nach § 5 Abs. 1 Satz 2 EStG in Übereinstimmung mit der handelsrechtlichen Jahresbilanz auszuüben sind, oder ob sich ihr Ansatz in der Steuerbilanz nach dem allgemeinen Maßgeblichkeitsgrundsatz (§ 5 Abs. 1 Satz 1 EStG) richtet.

Fallen die genannten Bewertungswahlrechte unter den allgemeinen Maßgeblichkeitsgrundsatz, so ist der Ansatz in der Steuerbilanz zwingende Folge der Wahl in der Handelsbilanz. Voraussetzung ist nur, daß die Abschreibungsmethode den handelsrechtlichen Grundsätzen ordnungsmäßiger Buchführung entspricht[960].

Handelt es sich aber bei den aufgeführten Bewertungswahlrechten um nur steuerrechtlich zulässige Abschreibungen, ist ihr Ansatz in der Handelsbilanz nach den handelsrechtlichen Grundsätzen ordnungsmäßiger Buchführung nicht zulässig, sondern nur deshalb gemäß § 254 HGB ausdrücklich zugelassen, um die Wahl im steuerrechtlichen Jahresabschluß zu ermöglichen, denn ihre Wahl in der Steuerbilanz setzt eine entsprechende Wahl in der Handelsbilanz voraus (§ 5 Abs. 1 Satz 2 EStG).

---

[959] BMF, Schr. v. 30.12.1994 IV B 2 S 2139 – 49/94, BB 1995 S. 196.
[960] Diese Ansicht vertreten Lause/Sievers, BB 1990 S. 24 ff., 28 f.

Abschreibungen auf materielle und immaterielle Anlagegegenstände

Da bei den handelsrechtlichen planmäßigen Abschreibungen die Anschaffungs- oder Herstellungskosten abnutzbarer Anlagegegenstände auf deren voraussichtliche Nutzungsdauer zu verteilen und dabei die Grundsätze ordnungsmäßiger Buchführung zu beachten sind, sind hierbei neben betriebswirtschaftlichen Gesichtspunkten auch allgemeine Bewertungsgrundsätze zu beachten. Bei der steuerrechtlichen Absetzung für Abnutzung steht hingegen weniger der tatsächliche Verlauf der Abnutzung, sondern mehr das Ziel einer Verteilung der Anschaffungs- oder Herstellungskosten nach schematisierenden Methoden im Vordergrund. Grundsätzlich besteht zwar auch hinsichtlich der Absetzung für Abnutzung eine Bindung an die handelsrechtliche Abschreibung, doch schränkt § 7 EStG i.V.m. § 5 Abs. 6 EStG diese Bindung in gewissem Umfang wieder ein. Es ist aber davon auszugehen, daß die Absetzung für Abnutzung noch einen angemessenen Beurteilungsrahmen für die planmäßige Abschreibung i. S. des Handelsrechts darstellt[961].

Unter § 254 HGB fallen „nur steuerrechtlich zulässige Abschreibungen". Hierzu gehörende Abschreibungen können daher nicht als „Beurteilungsrahmen" für die handelsrechtliche planmäßige Abschreibung in Betracht kommen. Das spricht dafür, daß mit „nur steuerrechtlich zulässiger Abschreibung" eine Abschreibung gemeint ist, die handelsrechtlichen Grundsätzen nicht entspricht und nur deshalb in der Handelsbilanz angesetzt werden kann, weil das ausdrücklich durch § 254 HGB zugelassen ist. Die geometrisch-degressive Abschreibung nach § 7 Abs. 2 EStG bis zu den Höchstsätzen von 30 % bzw. dem Dreifachen der linearen Abschreibung und die degressive Gebäudeabschreibung nach § 7 Abs. 5 EStG mit den dort genannten Abschreibungssätzen werden auch noch handelsrechtlich als vertretbar angesehen[962]. Sie können daher nach dieser Auffassung nicht unter § 254 HGB fallen, sondern entsprechen den handelsrechtlichen Grundsätzen ordnungsmäßiger Buchführung. Deshalb ist die Methodenwahl über den allgemeinen Maßgeblichkeitsgrundsatz gemäß § 5 Abs. 1 Satz 1 EStG für die Steuerbilanz bindend[963].

1271

Zusammenfassend ist daher festzuhalten:

1272

- Die in § 7 EStG geregelten Abschreibungsmethoden entsprechen den handelsrechtlichen Grundsätzen. Daher bindet die Wahl einer Abschreibungsmethode im handelsrechtlichen Jahresabschluß für die steuerliche Gewinnermittlung über den allgemeinen Maßgeblichkeitsgrundsatz gemäß § 5 Abs. 1 Satz 1 EStG.
- Nach dem Bewertungsvorbehalt gemäß § 5 Abs. 6 EStG ist aber in der Steuerbilanz nach den Abschreibungssätzen von § 7 EStG abzuschreiben.
- Soweit bei der steuerlichen Gewinnermittlung eine nur steuerrechtlich zulässige Abschreibung gewählt werden soll, kann das nur geschehen, wenn über-

---

[961] ADS 6. Auflage, HGB § 254 Rdn. 29 f.
[962] ADS 6. Auflage, HGB § 254 Rdn. 31 und 33.
[963] Es sind hier die sich aus neueren Verwaltungsanweisungen ergebenden Bedenken zu berücksichtigen. Siehe hierzu Rdn. 1392 ff.

einstimmend in der Handelsbilanz abgeschrieben wird (§ 5 Abs. 1 Satz 2 EStG). Da an sich eine solche Abschreibung nicht handelsrechtlichen Grundsätzen ordnungsmäßiger Buchführung entspricht, könnte sie im handelsrechtlichen Jahresabschluß nicht gewählt werden mit der Folge, daß die steuerrechtliche Abschreibung wegen § 5 Abs. 1 Satz 2 EStG nicht ausgeübt werden könnte. Aus diesem Grunde läßt § 254 HGB den Ansatz im handelsrechtlichen Jahresabschluß zu.

3.9.1.2 Lineare Abschreibung

3.9.1.2.1 Anlagegegenstände außer Gebäuden und Geschäfts- oder Firmenwerten

1273 Bei der **linearen Abschreibung** werden die Anschaffungs- oder Herstellungskosten durch die Zahl der Jahre der betriebsgewöhnlichen Nutzungsdauer geteilt. Das Ergebnis ist der auf das einzelne Wirtschaftsjahr entfallende Abschreibungsbetrag.

$$\text{Abschreibungsbetrag} = \frac{\text{Anschaffungs- oder Herstellungskosten}}{\text{Zahl der Jahre der betriebl. Nutzung}}$$

Wird der mit 100 multiplizierte Abschreibungsbetrag durch die Anschaffungs- oder Herstellungskosten geteilt, ergibt sich der Abschreibungssatz in Prozent.

$$\text{Abschreibungssatz} = \frac{\text{Abschreibungsbetrag x 100}}{\text{Anschaffungs- oder Herstellungskosten}}$$

Der Abschreibungssatz ergibt sich auch, wenn der Abschreibungssatz von 100 % durch die Zahl der Jahre der betriebsgewöhnlichen Nutzungsdauer geteilt wird:

$$\text{Abschreibungssatz} = \frac{100\%}{\text{Nutzungsdauer in Jahren}}$$

Beispiel:
Die Anschaffungs- oder Herstellungskosten eines Anlagegegenstandes betragen 40 000 DM, seine Nutzungsdauer 8 Jahre.

AfA Betrag: *40 000 DM : 8 = 5 000 DM*
Abschreibungssatz: *5 000 DM x 100 : 40 000 = 12,5 %*
                                                                                oder
                                                                                100 % : 8 = 12,5 %

1274 Bei der **Bemessung der Nutzungsdauer** und der **Bestimmung des AfA-Satzes** (linearer AfA-Satz in %) kann die folgende von der Finanzverwaltung herausgegebene AfA-Tabelle für die allgemein verwendbaren Anlagegüter zugrunde gelegt werden. Sie beruht auf den Erfahrungen der steuerrechtlichen Außenprüfung. Ihr liegen die üblichen Verhältnisse des in einer Schicht arbeitenden Betriebs zugrunde. Bei ganzjähriger Nutzung der aufgeführten Anlagegegenstände in Doppelschicht kann der angegebene lineare AfA-Satz um 25 %, bei ganzjähriger Nutzung in Dreifachschicht oder Vierfachschicht um 50 % erhöht werden. Für unbewegliche Anlagegüter kommen Mehrschichtzuschläge nicht in Betracht. Unter Leichtbauweise wird eine Bauausführung verstanden im Skelett-, Fachwerk- oder Rahmenbau mit einfachen Wänden, z. B. aus Holz, Blech, Faserzement o. ä., wobei die Dächer nicht massiv ausgeführt sind (Papp-, Blech- oder Wellfaserzementausführung). Massiv bedeutet gemauerte Wände aus Ziegelwerk oder Beton, massive Betonfertigteile, Stahlgerüstbauten, Dächer aus Zementdielen oder Betonfertigteilen, Ziegeldächer[964].

Die folgende AfA-Tabelle für die allgemein verwendbaren Anlagegüter[965] gilt für alle Anlagegüter, die nach dem 30.6.1997 angeschafft oder hergestellt worden sind.

Lfd. Nr.	Anlagegüter	Nutzungsdauer (ND) i. J.	Linearer AfA-Satz in %
1	**Unbewegliches Anlagevermögen**		
1.1	Gebäude		
1.1.1	Hallen		
1.1.1.1	massiv	25	4
1.1.1.2	in Leichtbauweise	10	10
1.1.2	Datenhallen, mobil	15	7
1.1.3	Tennishallen, Squashhallen u.ä.	20	5
1.1.4	Traglufthallen	10	10
1.1.5	Kühlhallen	20	5
1.1.6	Baracken und Schuppen	10	10
1.1.7	Baubuden	8	12
1.1.8	Bierzelte	8	12
1.1.9	Parkhäuser	30	3,3
1.1.10	Tiefgaragen	30	3,3
1.2	Pumpen-, Schalt- und Trafostationshäuser u.ä.	20	5
1.3	Silobauten		
1.3.1	aus Beton	33	3
1.3.2	aus Stahl	25	4
1.3.3	aus Kunststoff	17	6
1.4	Wassertürme	33	3
1.5	Schornsteine		
1.5.1	aus Mauerwerk oder Beton	33	3
1.5.2	aus Metall	10	10
1.6	Laderampen	25	4

---

[964] BMF, Schr. v. 18.4.1997 IV A 8 – S 1551 – 38/97, BStBl 1997 I S. 392.
[965] BMF, Schr. v. 18.4.1997 IV A 8 – S 1551 – 37/97, BStBl 1997 I S. 376.

2	**Grundstückseinrichtungen**		
2.1	Fahrbahnen, Parkplätze u. Hofbefestigungen		
2.1.1	mit Packlage	15	7
2.1.2	in Kies, Schotter, Schlacken	5	20
2.2	Straßen- und Wegebrücken		
2.2.1	aus Stahl u. Beton	33	3
2.2.2	aus Holz	15	7
2.3	Umzäunungen		
2.3.1	aus Mauerwerk und Beton	20	5
2.3.2	aus Eisen, m. Sockel	15	7
2.3.3	aus Draht	10	10
2.3.4	aus Holz	5	20
2.4	Außenbeleuchtung, Straßenbeleuchtung	15	7
2.5	Orientierungssysteme, Schilderbrücken	10	10
2.6	Uferbefestigungen		
2.6.1	aus Mauerwerk, Stein, Beton	20	5
2.6.2	Stahlspundwände	20	5
2.6.3	Holz	10	10
2.6.4	Faschinen	10	10
2.7	Wehre, Ein- u. Auslaufbauwerke einschl. Rechen u. Schützen		
2.7.1	Bauwerke	33	3
2.7.2	maschinelle Einrichtungen	20	5
2.8	Bewässerungs-, Entwässerungs- und Kläranlagen		
2.8.1	Brunnen	20	5
2.8.2	Drainagen		
2.8.2.1	aus Beton oder Mauerwerk	33	3
2.8.2.2	aus Ton oder Kunststoff	10	10
2.8.3	Kläranlagen m. Zu- u. Ableitung	20	5
2.8.4	Löschwasserteiche	20	5
2.8.5	Wasserspeicher	20	5
2.9	Grünanlagen	10	10
2.10	Golfplätze	20	5
3	**Betriebsanlagen allgemeiner Art**		
3.1	Krafterzeugungsanlagen		
3.1.1	Dampferzeugung (Dampfkessel m. Zubehör)	15	7
3.1.2	Stromerzeugung (Gleichrichter, Lade- und Notstromaggregate, Stromgeneratoren, Stromumformer usw.)	15	7
3.1.3	Akkumulatoren	10	10
3.1.4	Kraft-Wärmekopplungsanlagen (Blockheizkraftwerke)	10	10
3.1.5	Windkraftanlagen	12	8
3.1.6	Photovoltaikanlagen	20	5
3.1.7	Solaranlagen	10	10
3.1.8	Heißluft-, Kälteanlagen, Kompressoren, Ventilatoren usw.	10	10
3.1.9	Kessel einschl. Druckkessel	15	7

Abschreibungen auf materielle und immaterielle Anlagegegenstände

3.1.10	Wasseraufbereitungsanlagen	12	8
3.1.11	Wasserenthärtungsanlagen	12	8
3.1.12	Wasserreinigungsanlagen	8	12
3.1.13	Druckluftanlagen		
3.1.13.1	stationär	10	10
3.1.13.2	mobil	5	20
3.1.14	Wärmetauscher	15	7
3.2	Rückgewinnungsanlagen	10	10
3.3	Meß- und Regeleinrichtungen		
3.3.1	allgemein	15	7
3.3.2	Emissionsmeßgeräte		
3.3.2.1	für Kfz	5	20
3.3.2.2	sonstige	6	17
3.3.3	Materialprüfgeräte	7	14
3.3.4	Ultraschallgeräte (nicht medizinisch)	10	10
3.3.5	Vermessungsgeräte		
3.3.5.1	elektronisch	5	20
3.3.5.2	mechanisch	8	12
3.4	Transportanlagen		
3.4.1	Elevatoren, Förderschnecken, Rollen- und Hängebahnen, Transport-, Förder- und Plattenbänder	10	10
3.4.2	Bahnkörper und Gleisanlagen m. Drehscheiben, Weichen, Signalanlagen u. ä.		
3.4.2.1	nach gesetzlichen Vorschriften	25	4
3.4.2.2	sonstige	10	10
3.4.3	Krananlagen		
3.4.3.1	ortsfest oder auf Schienen	15	7
3.4.3.2	sonstige	10	10
3.4.4	Aufzüge, Winden, Arbeits- u. Hebebühnen, Gerüste, Hublifte		
3.4.4.1	stationär	10	10
3.4.4.2	mobil	8	12
3.5	Hochregallager		
3.5.1	automatisiert	15	7
3.5.2	herkömmliche Bauweise	10	10
3.6	Transport-, Bau-, Büro- und Wohncontainer	8	12
3.7	Kombinationsschutzräume	16	6
3.8	Ladeneinbauten, Gaststätteneinbauten, Schaufensteranlagen u. ä. Einbauten (Hinweis auf BMF- Schreiben vom 30.5.1996, BStBl I 1996 S. 643 = SIS 96 15 12)	7	14
3.9	Lichtreklame	6	17
3.10	Schaukästen, Vitrinen	5	20
3.11	Sonstige Betriebsanlagen		
3.11.1	Brückenwaagen	20	5
3.11.2	Tank- und Zapfanlagen f. Treib- und Schmierstoffe	10	10
3.11.3	Brennstofftanks	25	4
3.11.4	Portalwaschanlagen	7	14

3.11.5	Autowaschstraßen	8	12
3.11.6	Abzugs- und Entstaubungsvorrichtungen	10	10
3.11.7	Alarm- und Überwachungsanlagen	8	12
4	**Fahrzeuge**		
4.1	Schienenfahrzeuge		
4.1.1	Hochgeschwindigkeitszüge	15	7
4.1.2	Lokomotiven und Waggons (auch Gelenkwagen-Waggons)	20	5
4.1.3	Kessel- und Spezialwagen	15	7
4.1.4	Loren	5	20
4.2	Straßenfahrzeuge		
4.2.1	Personenkraft- und Kombiwagen	5	20
4.2.2	Motorräder, Motorroller, Fahrräder u. ä.	5	20
4.2.3	Lastkraftwagen, Sattelschlepper, Kipper	7	14
4.2.4	Traktoren und Schlepper	8	12
4.2.5	Kleintraktoren	5	20
4.2.6	Anhänger, Auflieger, Wechselaufbauten	8	12
4.2.7	Omnibusse		
4.2.7.1	Reiseomnibusse	6	17
4.2.7.2	sonstige	7	14
4.2.8	Sonderfahrzeuge		
4.2.8.1	Feuerwehrfahrzeuge	10	10
4.2.8.2	Rettungs- und Krankentransportfahrzeuge	6	17
4.2.9	Wohnmobile, Wohnwagen	6	17
4.2.10	Bauwagen	8	12
4.3	Luftfahrzeuge		
4.3.1	Flugzeuge unter 20 t höchstzulässigem Fluggewicht	14	7
4.3.2	Drehflügler (Hubschrauber)	14	7
4.3.3	Heißluftballone	5	20
4.3.4	Luftschiffe	8	12
4.4	Wasserfahrzeuge		
4.4.1	Barkassen	20	5
4.4.2	Pontons	30	3,3
4.4.3	Segelyachten	20	5
4.5	Sonstige Beförderungsmittel (Elektrokarren, Stapler usw.)	5	20
5	**Be- und Verarbeitungsmaschinen**		
5.1	Abrichtmaschinen	10	10
5.2	Biegemaschinen	10	10
5.3	Bohrmaschinen		
5.3.1	stationär	10	10
5.3.2	mobil	5	20
5.4	Bohr- und Preßlufthämmer	5	20
5.5	Bürstmaschinen	10	10
5.6	Drehbänke	10	10
5.7	Fräsmaschinen		

Abschreibungen auf materielle und immaterielle Anlagegegenstände 547

5.7.1	stationär	10	10
5.7.2	mobil	5	20
5.8	Funkenerosionsmaschinen	7	14
5.9	Hobelmaschinen		
5.9.1	stationär	10	10
5.9.2	mobil	5	20
5.10	Poliermaschinen		
5.10.1	stationär	10	10
5.10.2	mobil	5	20
5.11	Pressen u. Stanzen	10	10
5.12	Stauchmaschinen	10	10
5.13	Stampfer und Rüttelplatten	8	12
5.14	Sägen aller Art		
5.14.1	stationär	10	10
5.14.2	mobil	5	20
5.15	Trennmaschinen		
5.15.1	stationär	6	17
5.15.2	mobil	4	25
5.16	Sandstrahlgebläse	5	20
5.17	Schleifmaschinen		
5.17.1	stationär	10	10
5.17.2	mobil	5	20
5.18	Schneidemaschinen und Scheren		
5.18.1	stationär	10	10
5.18.2	mobil	5	20
5.19	Shredder	6	17
5.20	Schweiß- u. Lötgeräte	10	10
5.21	Spritzgußmaschinen	10	10
5.22	Abfüllanlagen		
5.22.1	vollautomatisch	7	14
5.22.2	sonstige	10	10
5.23	Verpackungsmaschinen, Folienschweißgeräte	10	10
5.24	Zusammentragmaschinen	8	12
5.25	Stempelmaschinen	8	12
5.26	Banderoliermaschinen	8	12
5.27	Sonstige Be- und Verarbeitungsmaschinen (Abkanten, Anleimen, Anspitzen, Ätzen, Beschichten, Drucken, Eloxieren, Entfetten, Entgraten, Erodieren, Etikettieren, Falzen, Färben, Feilen, Gießen, Galvanisieren, Gravieren, Härten, Heften, Lackieren, Nieten)	10	10
6	**Betriebs- und Geschäftsausstattung**		
6.1	Wirtschaftsgüter der Werkstätten-, Labor- und Lagereinrichtungen	10	10
6.2	Wirtschaftsgüter der Ladeneinrichtungen	8	12
6.3	Kühleinrichtungen	5	20
6.4	Klimageräte (mobil)	8	12

6.5	Be- und Entlüftungsgeräte (mobil)	8	12
6.6	Fettabscheider	5	20
6.7	Magnetabscheider	6	17
6.8	Naßabscheider	5	20
6.9	Heiß-/Kaltluftgebläse (mobil)	8	12
6.10	Raumheizgeräte (mobil)	5	20
6.11	Arbeitszelte	6	17
6.12	Telekommunikationsanlagen		
6.12.1	Fernsprechnebenstellenanlagen	8	12
6.12.2	Kommunikationsendgeräte		
6.12.2.1	allgemein	6	17
6.12.2.2	Mobilfunkendgeräte	4	25
6.12.3	Autotelefone	4	25
6.12.4	Textendeinrichtungen (Fernschreiber, Faxgeräte u. ä.)	5	20
6.12.5	Betriebsfunkanlagen	8	12
6.12.6	Antennenmasten		
6.12.6.1	stationär	10	10
6.12.6.2	mobil	5	20
6.13	Büromaschinen u. Organisationsmittel		
6.13.1	Adressier-, Kuvertier- und Frankiermaschinen	5	20
6.13.2	Paginiermaschinen	8	12
6.13.3	Datenverarbeitungsanlagen		
6.13.3.1	Großrechner	5	20
6.13.3.2	Workstations, Personalcomputer, Notebooks u. ä.	4	25
6.13.3.3	Peripheriegeräte (Drucker, Scanner u. ä.)	4	25
6.13.4	Foto-, Film-, Video- und Audiogeräte (CD-Player, Recorder, Lautsprecher, Radios, Verstärker, Kameras, Monitore u. ä.)	5	20
6.13.5	Beschallungsanlagen	5	20
6.13.6	Präsentationsgeräte (Overhead-Projektoren, Leinwände)	5	20
6.13.7	Registrierkassen	5	20
6.13.8	Schreibmaschinen	5	20
6.13.9	Zeichengeräte		
6.13.9.1	elektronisch	5	20
6.13.9.2	mechanisch	10	10
6.13.10	Vervielfältigungsgeräte	5	20
6.13.11	Zeiterfassungsgeräte	5	20
6.13.12	Geldprüf-, -sortier-, -wechsel- und -zählgeräte	5	20
6.13.13	Reißwölfe	5	20
6.13.14	Kartenleser (EC-, Kredit-)	5	20
6.14	Büromöbel	10	10
6.15	Verkaufstheken	7	14
6.16	Verkaufsbuden und -stände	5	20
6.17	Bepflanzungen in Gebäuden	5	20
6.18	Sonst. Büroausstattung		
6.18.1	Stahlschränke	10	10
6.18.2	Panzerschränke, Tresore	20	5

6.18.3	Tresoranlagen	25	4
6.18.4	Teppiche		
6.18.4.1	normale	5	20
6.18.4.2	hochwertige (ab 1.000 DM/qm)	15	7
6.18.5	Kunstwerke (ohne Werke anerkannter Künstler)		
6.18.5.1	hochwertige (ab 10.000 DM)	20	5
6.18.5.2	sonstige	10	10
6.18.6	Waagen (Obst-, Gemüse-, Fleisch- u. ä.)	8	12
6.18.7	Rohrpostanlagen	10	10
7	**Sonstige Anlagegüter**		
7.1	Betonkleinmischer	6	17
7.2	Reinigungsgeräte		
7.2.1	Bohnermaschinen	6	17
7.2.2	Desinfektionsgeräte	10	10
7.2.3	Geschirrspülmaschinen	5	20
7.2.4	Hochdruckreiniger (Dampf- und Wasser-)	5	20
7.2.5	Industriestaubsauger	4	25
7.2.6	Kehrmaschinen	6	17
7.2.7	Räumgeräte	6	17
7.2.8	Sterilisatoren	10	10
7.2.9	Teppichreinigungsgeräte (transportabel)	4	25
7.2.10	Waschmaschinen	8	12
7.2.11	Bautrocknungs- und Entfeuchtungsgeräte	5	20
7.3	Wäschetrockner	5	20
7.4	Kranken- und Pflegebetten	6	17
7.5	Waren- und Dienstleistungsautomaten		
7.5.1	Getränke- und Leergutautomaten	5	20
7.5.2	Warenautomaten	5	20
7.5.3	Spielautomaten	4	25
7.5.4	Zigarettenautomaten	5	20
7.5.5	Unterhaltungsautomaten		
7.5.5.1	Musik-	5	20
7.5.5.2	Video-	3	33
7.5.6	Paßbildautomaten	5	20
7.5.7	Fahrkartenautomaten	8	12
7.5.8	Visitenkartenautomaten	5	20
7.6	Fahnenmasten	10	10
7.7	Kühlschränke	8	12
7.8	Laborgeräte (Mikroskope, Präzisionswaagen u. ä.)	10	10
7.9	Mikrowellengeräte	5	20
7.10	Rasenmäher	6	17
7.11	Toilettenkabinen und -wagen	6	17
7.12	Zentrifugen	10	10

Um die Anlagegegenstände leichter finden zu können, werden sie in der folgenden Übersicht alphabetisch aufgeführt. Die Zahlen in der zweiten Spalte beziehen sich auf die laufenden Nummern der vorstehenden Tabelle.

ABC der Anlagegegenstände

A		B	
Abfüllanlagen (vollautomatisch)	5.22.1	Bahnen, Hänge-	3.4.1
Abfüllanlagen, sonstige	5.22.2	Bahnen, Rollen-	3.4.1
Abgasmeßgeräte (für Kfz)	3.3.2.1	Bahnkörper (nach gesetzl. Vorschriften)	3.4.2.1
Abgasmeßgeräte (sonstige)	3.3.2.2		
Abkantmaschinen	5.27	Bahnkörper (sonstige)	3.4.2.2
Abrichtmaschinen	5.1	Ballone, Heißluft-	4.3.3
Abscheider, Fett-	6.6	Bänder, Förder-	3.4.1
Abscheider, Magnet-	6.7	Bänder, Platten-	3.4.1
Abscheider, Naß-	6.8	Bänder, Transport-	3.4.1
Abspielgeräte, Video-	6.13.4	Banderoliermaschinen	5.26
Abzugsvorrichtungen	3.11.6	Baracken	1.1.6
Adressiermaschinen	6.13.1	Barkassen	4.4.1
Akkumulatoren	3.1.3	Baubuden	1.1.7
Alarmanlagen	3.11.7	Baucontainer	3.6
Anhänger	4.2.6	Bautrocknungsgeräte	7.2.11
Anleimmaschinen	5.27	Bauwagen	4.2.10
Anspitzmaschinen	5.27	Beleuchtung, Straßen- bzw. Außen-	2.4
Antennenmasten, mobil	6.12.6.2	Belüftungsgeräte (mobil)	6.5
Antennenmasten, stationär	6.12.6.1	Bepflanzungen in Gebäuden	6.17
Aquarelle (ab 10 000 DM)	6.18.5.1	Beschallungsanlagen	6.13.5
Aquarelle (sonstige)	6.18.5.2	Beschichtungsmaschinen	5.27
Arbeitsbühnen, mobil	3.4.4.2	Betonkleinmischer	7.1
Arbeitsbühnen, stationär	3.4.4.1	Betonmauer	2.3.1
Arbeitszelte	6.11	Betriebsfunkanlagen	6.12.5
Ätzmaschinen	5.27	Betten, Kranken-	7.4
Audiogeräte	6.13.4	Betten, Pflege-	7.4
Aufbauten, Wechsel-	4.2.6	Bewässerungsanlagen	2.8
Aufbereitungsanlagen, Wasser-	3.1.10	Biegemaschinen	5.2
Auflieger	4.2.6	Bierzelte	1.1.8
Aufzüge, mobil	3.4.4.2	Bilder (ab 10 000 DM)	6.18.5.1
Aufzüge, stationär	3.4.4.1	Bilder (sonstige)	6.18.5.2
Auslaufbauwerke einschl. Rechen und Schützen (Bauwerke)	2.7.1	Blockheizkraftwerke	3.1.4
		Bohnermaschinen	7.2.1
Auslaufbauwerke einschl. Rechen und Schützen (maschinelle Einrichtungen)	2.7.2	Bohrhämmer	5.4
		Bohrmaschinen, mobil	5.3.2
		Bohrmaschinen, stationär	5.3.1
Außenbeleuchtung	2.4	Brennstofftanks	3.11.3
Automaten, Fahrkarten-	7.5.7	Brücken, Schilder-	2.5
Automaten, Getränke-	7.5.1	Brücken, Straßen- (Holz)	2.2.2
Automaten, Leergut-	7.5.1	Brücken, Straßen- (Stahl u. Beton)	2.2.1
Automaten, Paßbild-	7.5.6	Brücken, Wege- (Holz)	2.2.2
Automaten, Spiel-	7.5.3	Brücken, Wege- (Stahl u. Beton)	2.2.1
Automaten, Unterhaltungs- (Musik-)	7.5.5.1	Brückenwaagen	3.11.1
		Brunnen	2.8.1
Automaten, Unterhaltungs- (Video-)	7.5.5.2	Buden, Bau-	1.1.7
		Buden, Verkaufs-	6.16
Automaten, Visitenkarten-	7.5.8	Bühnen, Arbeits- (mobil)	3.4.4.2
Automaten, Waren-	7.5.2	Bühnen, Arbeits- (stationär)	3.4.4.1
Automaten, Zigaretten-	7.5.4	Bühnen, Hebe- (mobil)	3.4.4.2
Autotelefone	6.12.3	Bühnen, Hebe- (stationär)	3.4.4.1
Autowaschstraßen	3.11.5	Bulldog	4.2.4

Abschreibungen auf materielle und immaterielle Anlagegegenstände 551

Bürocontainer	3.6
Büromaschinen	6.13
Büromöbel	6.14
Bürstmaschinen	5.5

C

Cassettenrecorder	6.13.4
CD-Player	6.13.4
Computer, Personal-	6.13.3.2
Container, Bau-	3.6
Container, Büro-	3.6
Container, Transport-	3.6
Container, Wohn-	3.6

D

Dampferzeugung	3.1.1
Dampfhochdruckreiniger	7.2.4
Dampfkessel	3.1.1
Dampfmaschinen	3.1.1
Dampfturbinen	3.1.2
Datenhallen, mobil	1.1.2
Datenverarbeitungsanlagen	6.13.3
Desinfektionsgeräte	7.2.2
Dienstleistungsautomaten	7.5
Drahtzaun	2.3.3
Drainagen (aus Beton oder Mauerwerk)	2.8.2.1
Drainagen (aus Ton oder Kunststoff)	2.8.2.2
Drehbänke	5.6
Drehflügler	4.3.2
Drehscheiben (nach gesetzlichen Vorschriften)	3.4.2.1
Drehscheiben (sonstige)	3.4.2.2
Drucker	6.13.3.3
Druckkessel	3.1.9
Druckluftanlagen, mobil	3.1.13.2
Druckluftanlagen, stationär	3.1.13.1
Druckmaschinen	5.27

E

EC-Kartenleser	6.13.14
Einlaufbauwerke einschl. Rechen und Schützen (Bauwerke)	2.7.1
Einlaufbauwerke einschl. Rechen und Schützen (maschinelle Einrichtungen)	2.7.2
Elektrokarren	4.5
Elevatoren	3.4.1
Eloxiermaschinen	5.27
Emissionsmeßgeräte (für Kfz)	3.3.2.1
Emissionsmeßgeräte (sonstige)	3.3.2.2
Entfettungsmaschinen	5.27
Entfeuchtungsgeräte, Bau-	7.2.11
Entgratmaschinen	5.27
Enthärtungsanlagen, Wasser-	3.1.11
Entlüftungsgeräte (mobil)	6.5
Entstaubungsvorrichtungen	3.11.6
Entwässerungsanlagen	2.8
Erodiermaschinen	5.27
Etikettiermaschinen	5.27

F

Fahnenmasten	7.6
Fahrbahnen (in Kies, Schotter, Schlacken)	2.1.2
Fahrbahnen (mit Packlage)	2.1.1
Fahrkartenautomaten	7.5.7
Fahrräder	4.2.2
Fahrzeuge	4
Fahrzeuge, Feuerwehr-	4.2.8.1
Fahrzeuge, Krankentransport-	4.2.8.2
Fahrzeuge, Rettungs-	4.2.8.2
Falzmaschinen	5.27
Färbmaschinen	5.27
Faxgeräte	6.12.4
Feilmaschinen	5.27
Fernschreiber	6.12.4
Fernsprechnebenstellenanlagen	6.12.1
Fettabscheider	6.6
Feuerwehrfahrzeuge	4.2.8.1
Filmgeräte	6.13.4
Fleischwaagen	6.18.6
Flugzeuge unter 20 t höchstzulässigem Fluggewicht	4.3.1
Folienschweißgeräte	5.23
Förderbänder	3.4.1
Förderschnecken	3.4.1
Fotogeräte	6.13.4
Frankiermaschinen	6.13.1
Fräsmaschinen, mobil	5.7.2
Fräsmaschinen, stationär	5.7.1
Funkanlagen	6.12.5
Funkenerosionsmaschinen	5.8
Funktelefon	6.12.2.2

G

Galvanisiermaschinen	5.27
Garagen, Tief-	1.1.10
Gaststätteneinbauten	3.8
Gebäude	1.1
Gebläse, Heißluft- (mobil)	6.9
Gebläse, Kaltluft- (mobil)	6.9
Gebläse, Sandstrahl-	5.16
Geldprüfgeräte	6.13.12
Geldsortiergeräte	6.13.12
Geldwechselgeräte	6.13.12
Geldzählgeräte	6.13.12
Gelenkwagen-Waggons	4.1.2
Gemälde (ab 10 000 DM)	6.18.5.1
Gemälde (sonstige)	6.18.5.2
Gemüsewaagen	6.18.6

Gewinn- und Verlustrechnung

Generatoren, Strom	3.1.2
Gerüste, mobil	3.4.4.2
Gerüste, stationär	3.4.4.1
Geschirrspülmaschinen	7.2.3
Getränkeautomaten	7.5.1
Gießmaschinen	5.27
Gleichrichter	3.1.2
Gleisanlagen (nach gesetzlichen Vorschriften)	3.4.2.1
Gleisanlagen (sonstige)	3.4.2.2
Golfplätze	2.10
Grafiken (ab 10 000 DM)	6.18.5.1
Grafiken (sonstige)	6.18.5.2
Graviermaschinen	5.27
Großrechner	6.13.3.1
Grünanlagen	2.9

H

Hallen, Daten- (mobil)	1.1.2
Hallen, in Leichtbauweise	1.1.1.2
Hallen, Kühl-	1.1.5
Hallen, massiv	1.1.1.1
Hallen, Squash-	1.1.3
Hallen, Tennis-	1.1.3
Hallen, Tragluft-	1.1.4
Handy	6.12.2.2
Hängebahnen	3.4.1
Härtemaschinen	5.27
Häuser, Pumpen-	1.2
Hebebühnen, mobil	3.4.4.2
Hebebühnen, stationär	3.4.4.1
Heftmaschinen	5.27
Heißluftanlagen	3.1.8
Heißluftballone	4.3.3
Heißluftgebläse (mobil)	6.9
Heizgeräte, Raum-, mobil	6.10
Hobelmaschinen, mobil	5.9.2
Hobelmaschinen, stationär	5.9.1
Hochdruckreiniger	7.2.4
Hochgeschwindigkeitszüge	4.1.1
Hochregallager (automatisiert)	3.5.1
Hochregallager (herkömmliche Bauweise)	3.5.2
Hofbefestigungen (in Kies, Schotter, Schlacken)	2.1.2
Hofbefestigungen (mit Packlage)	2.1.1
Holzzaun	2.3.4
Hublifte, mobil	3.4.4.2
Hublifte, stationär	3.4.4.1
Hubschrauber	4.3.2

I

Industriestaubsauger	7.2.5

K

Kabinen, Toiletten-	7.11
Kälteanlagen	3.1.8
Kaltluftgebläse (mobil)	6.9
Kameras	6.13.4
Karren, Elektro-	4.5
Kartenleser (EC-, Kredit-)	6.13.14
Kassen, Registrier-	6.13.7
Kehrmaschinen	7.2.6
Kessel einschl. Druckkessel	3.1.9
Kessel, Druck-	3.1.9
Kessel, Druckwasser-	3.1.9
Kessel, Wasser-	3.1.9
Kesselwagen	4.1.3
Kipper	4.2.3
Kläranlagen m. Zu- u. Ableitung	2.8.3
Kleintraktoren	4.2.5
Klimageräte (mobil)	6.4
Kombinationsschutzräume	3.7
Kombiwagen	4.2.1
Kommunikationsendgeräte, allgemein	6.12.2.1
Kompressoren	3.1.8
Kopiergeräte	6.13.10
Kraft-Wärmekopplungsanlagen (Blockheizkraftwerke)	3.1.4
Krafterzeugungsanlagen	3.1
Kraftwagen, Personen-	4.2.1
Krananlagen (ortsfest o. a. Schienen)	3.4.3.1
Krananlagen (sonstige)	3.4.3.2
Krankenbetten	7.4
Krankentransportfahrzeuge	4.2.8.2
Kreditkartenleser	6.13.14
Kühleinrichtungen	6.3
Kühlhallen	1.1.5
Kühlschränke	7.7
Kunstwerke	6.18.5
Kunstwerke (ab 10 000 DM)	6.18.5.1
Kunstwerke (sonstige)	6.18.5.2
Kuvertiermaschinen	6.13.1

L

Laboreinrichtungen	6.1
Laborgeräte	7.8
Lackiermaschinen	5.27
Ladeaggregate	3.1.2
Ladeneinbauten	3.8
Ladeneinrichtungen	6.2
Laderampen	1.6
Lager, Hochregal- (automatisiert)	3.5.1
Lager, Hochregal- (herkömmliche Bauweise)	3.5.2
Lagereinrichtungen	6.1
Laptops	6.13.3.2

Abschreibungen auf materielle und immaterielle Anlagegegenstände 553

Lastkraftwagen	4.2.3
Lautsprecher	6.13.4
Leergutautomaten	7.5.1
Leinwände	6.13.6
Leser, Karten-	6.13.14
Lichtreklame	3.9
Lifte, Hub-, mobil	3.4.4.2
Lifte, Hub-, stationär	3.4.4.1
LKW	4.2.3
Lokomotiven	4.1.2
Loren	4.1.4
Löschwasserteiche	2.8.4
Lötgeräte	5.20
Luftfahrzeuge	4.3
Luftschiffe	4.3.4
M	
Magnetabscheider	6.7
Masten, Antennen-, mobil	6.12.6.2
Masten, Antennen-, stationär	6.12.6.1
Materialprüfgeräte	3.3.3
Meß- und Regeleinrichtungen	3.3
Meßeinrichtungen (allgemein)	3.3.1
Meßgeräte, Abgas-	3.3.2.1
Meßgeräte, Emissions- (für Kfz)	3.3.2.1
Meßgeräte, Emissions- (sonstige)	3.3.2.2
Mikroskope	7.8
Mikrowellengeräte	7.9
Mischer, Betonklein-	7.1
Mobilfunkendgeräte	6.12.2.2
Monitore	6.13.4
Motorräder	4.2.2
Motorroller	4.2.2
Musik-Unterhaltungsautomaten	7.5.5.1
N	
Naßabscheider	6.8
Nebenstellenanlagen, Fernsprech-	6.12.1
Nietmaschinen	5.27
Notebooks	6.13.3.2
Notstromaggregate	3.1.2
O	
Obstwaagen	6.18.6
Omnibusse (sonstige)	4.2.7.2
Omnibusse, Reise-	4.2.7.1
Organisationsmittel	6.13
Orientierungssysteme	2.5
Overhead-Projektoren	6.13.6
P	
Paginiermaschinen	6.13.2
Panzerschränke	6.18.2
Parkhäuser	1.1.9
Parkplätze (in Kies, Schotter, Schlacken)	2.1.2
Parkplätze (mit Packlage)	2.1.1
Paßbildautomaten	7.5.6
Peripheriegeräte (Drucker, Scanner u. ä.)	6.13.3.3
Personalcomputer	6.13.3.2
Personenkraftwagen	4.2.1
Pflegebetten	7.4
Photovoltaikanlagen	3.1.6
Plastiken (ab 10 000 DM)	6.18.5.1
Plastiken (sonstige)	6.18.5.2
Plattenbänder	3.4.1
Poliermaschinen, mobil	5.10.2
Poliermaschinen, stationär	5.10.1
Pontons	4.4.2
Portalwaschanlagen	3.11.4
Präsentationsgeräte	6.13.6
Präzisionswaagen	7.8
Pressen	5.11
Preßlufthämmer	5.4
Projektoren, Overhead-	6.13.6
Prüfgeräte, Geld-	6.13.12
Pumpenhäuser	1.2
R	
Räder, Fahr-	4.2.2
Räder, Motor-	4.2.2
Radios	6.13.4
Rampen, Lade-	1.6
Rasenmäher	7.10
Räumgeräte	7.2.7
Raumheizgeräte (mobil)	6.10
Recorder	6.13.4
Regeleinrichtungen (allgemein)	3.3.1
Registrierkassen	6.13.7
Reinigungsanlagen, Wasser-	3.1.12
Reinigungsgeräte	7.2
Reinigungsgeräte, fahrbar	7.2.6
Reinigunsgeräte, Teppich-	7.2.9
Reiseomnibusse	4.2.7.1
Reißwölfe	6.13.13
Rettungsfahrzeuge	4.2.8.2
Rohrpostanlagen	6.18.7
Rollenbahnen	3.4.1
Roller, Motor-	4.2.2
Rückgewinnungsanlagen	3.2
Rüttelplatten	5.13
S	
Sägen aller Art, mobil	5.14.2
Sägen aller Art, stationär	5.14.1
Sandstrahlgebläse	5.16
Sattelschlepper	4.2.3
Scanner (u. ä. Peripheriegeräte)	6.13.3.3
Schalthäuser	1.2
Schaufensteranlagen	3.8
Schaukästen	3.10
Scheren, mobil	5.18.2

Scheren, stationär	5.18.1
Schienenfahrzeuge	4.1
Schilderbrücken	2.5
Schleifmaschinen, mobil	5.17.2
Schleifmaschinen, stationär	5.17.1
Schlepper	4.2.4
Schlepper, Sattel-	4.2.3
Schnecken, Förder-	3.4.1
Schneidemaschinen, mobil	5.18.2
Schneidemaschinen, stationär	5.18.1
Schornsteine (Mauerwerk o. Beton)	1.5.1
Schornsteine (aus Metall)	1.5.2
Schränke, Kühl-	7.7
Schränke, Panzer-	6.18.2
Schränke, Stahl-	6.18.1
Schreibmaschinen	6.13.8
Schuppen	1.1.6
Schutzräume, Kombinations-	3.7
Schweißgeräte	5.20
Schweißgeräte, Folien-	5.23
Segelyachten	4.4.3
Shredder	5.19
Signalanlagen (nach gesetzlichen Vorschriften)	3.4.2.1
Signalanlagen (sonstige)	3.4.2.2
Silobauten (Beton)	1.3.1
Silobauten (Kunststoff)	1.3.3
Silobauten (Stahl)	1.3.2
Skulpturen (ab 10 000 DM)	6.18.5.1
Skulpturen (sonstige)	6.18.5.2
Solaranlagen	3.1.7
Sonderfahrzeuge	4.2.8
Sortiergeräte, Geld-	6.13.12
Speicher, Wasser-	2.8.5
Speisewasseraufbereitungsanlagen	3.1.11
Spezialwagen	4.1.3
Spielautomaten	7.5.3
Spritzgußmaschinen	5.21
Spülmaschinen, Geschirr-	7.2.3
Squashhallen	1.1.3
Stahlschränke	6.18.1
Stampfer	5.13
Stände, Verkaufs-	6.16
Stanzen	5.11
Stapler	4.5
Staubsauger, Industrie-	7.2.5
Stauchmaschinen	5.12
Stempelmaschinen	5.25
Sterilisatoren	7.2.8
Straßenbeleuchtung	2.4
Straßenbrücken (Holz)	2.2.2
Straßenbrücken (Stahl u. Beton)	4
Straßenfahrzeuge	4.2
Stromerzeugung	3.1.2
Stromgeneratoren	3.1.2
Stromumformer	3.1.2

T

Tankanlagen, Treib- und Schmierstoff	3.11.2
Tanks, Brennstoff-	3.11.3
Teiche, Löschwasser-	2.8.4
Telefone, Auto-	6.12.3
Telekommunikationsanlagen	6.12
Tennishallen	1.1.3
Teppiche, hochwertige (ab 1 000 DM/qm)	6.18.4.2
Teppiche, normale	6.18.4.1
Teppichreinigungsgeräte (transportabel)	7.2.9
Textendeinrichtungen	6.12.4
Theken, Verkaufs-	6.15
Tiefgaragen	1.1.10
Toilettenkabinen	7.11
Toilettenwagen	7.11
Trafostationshäuser	1.2
Traglufthallen	1.1.4
Traktoren	4.2.4
Traktoren, Klein-	4.2.5
Transportanlagen	3.4
Transportbänder	3.4.1
Transportcontainer	3.6
Trennmaschinen, mobil	5.15.2
Trennmaschinen, stationär	5.15.1
Tresoranlagen	6 18.3
Tresore	6.18.2
Trockner, Wäsche-	7.3
Trocknungsgeräte, Bau-	7.2.11
Türme, Wasser-	1.4

U

Überwachungsanlagen	3.11.7
Uferbefestigungen (Faschinen)	2.6.4
Uferbefestigungen (Holz)	2.6.3
Uferbefestigungen (Mauerwerk, Stein, Beton)	2.6.1
Uferbefestigungen (Stahlspundwände)	2.6.2
Ultraschallgeräte (nicht medizinisch)	3.3.4
Umzäunungen	2.3
Unterhaltungsautomaten, Musik-	7.5.5.1
Unterhaltungsautomaten, Video-	7.5.5.2

V

Ventilatoren	3.1.8
Verkaufsstände	6.16
Verkaufstheken	6.15
Vermessungsgeräte, elektronisch	3.3.5.1
Vermessungsgeräte, mechanisch	3.3.5.2

Abschreibungen auf materielle und immaterielle Anlagegegenstände

Verpackungsmaschinen	5.23
Verstärker	6.13.4
Vervielfältigungsgeräte	6.13.10
Video-Unterhaltungsautomaten	7.5.5.2
Videogeräte	6.13.4
Visitenkartenautomaten	7.5.8
Vitrinen	3.10
W	
Waagen (Obst-, Gemüse-, Fleisch- u. ä.)	6.18.6
Waagen, Brücken-	3.11.1
Waagen, Präzisions-	7.8
Wagen, Bau-	4.2.10
Wagen, Kessel-	4.1.3
Wagen, Kombi-	4.2.1
Wagen, Lastkraft-	4.2.3
Wagen, Personenkraft-	4.2.1
Wagen, Spezial-	4.1.3
Wagen, Toiletten-	7.11
Wagen, Wohn-	4.2.9
Waggons	4.1.2
Warenautomaten	7.5.2
Wärmetauscher	3.1.14
Waschanlagen, Portal-	3.11.4
Wäschetrockner	7.3
Waschmaschinen	7.2.10
Waschstraßen, Auto-	3.11.5
Wasseraufbereitungsanlagen	3.1.10
Wasserenthärtungsanlagen	3.1.11
Wasserfahrzeuge	4.4
Wasserhochdruckreiniger	7.2.4
Wasserreinigungsanlagen	3.1.12
Wasserspeicher	2.8.5
Wassertürme	1.4
Wechselaufbauten	4.2.6
Wechselgeräte, Geld-	6.13.12

Wegebrücken (Holz)	2.2.2
Wegebrücken (Stahl u. Beton)	2.2.1
Wehre (Bauwerke)	2.7.1
Wehre (maschinelle Einrichtungen)	2.7.2
Weichen (nach gesetzlichen Vorschriften)	3.4.2.1
Weichen (sonstige)	3.4.2.2
Werkstatteinrichtungen	6.1
Winden, mobil	3.4.4.2
Winden, stationär	3.4.4.1
Windkraftanlagen	3.1.5
Wohncontainer	3.6
Wohnmobile	4.2.9
Wohnwagen	4.2.9
Workstations	6.13.3.2
Y	
Yachten, Segel-	4.4.3
Z	
Zählgeräte, Geld-	6.13.12
Zapfanlagen, Treib- und Schmierstoff-	3.11.2
Zeichengeräte, elektronisch	6.13.9.1
Zeichengeräte, mechanisch	6.13.9.2
Zeichnungen (ab 10 000 DM)	6.18.5.1
Zeichnungen (sonstige)	6.18.5.2
Zeiterfassungsgeräte	6.13.11
Zelte, Arbeits-	6.11
Zelte, Bier-	1.1.8
Zentrifugen	7.12
Ziegelmauer	2.3.1
Zigarettenautomaten	7.5.4
Züge, Hochgeschwindigkeits-	4.1.1
Zusammentragmaschinen	5.24

Bei **gebraucht erworbenen Wirtschaftsgütern** kommt es auf die Restnutzungsdauer beim Erwerber an[966]. Sie ist erneut nach der tatsächlichen Beschaffenheit und den konkreten betriebsindividuellen Verhältnissen des Erwerbers zu schätzen[967]. Aufgrund des Gleichheitsgrundsatzes ist die Finanzverwaltung verpflichtet, bei Berechnung der Abschreibung die in den AfA-Tabellen angegebene Nutzungsdauer auch nach einem späteren Erwerb des Wirtschaftsguts durch einen anderen anzuwenden. Die Zeit der Vornutzung ist daher zu berücksichtigen[968].

---

[966] BFH, Urt. v. 19.5.1976 I R 164/74, BStBl. 1977 II S. 60.
[967] Werndl, in: Kirchhof/Söhn, EStG, § 7 Rdn. B 87.
[968] FG Berlin, Urt. v. 25.9.1985 II 172/82 (rkr.), EFG 1986 S. 389.

3.9.1.2.2 Gebäude

1276 Für die **steuerliche lineare Gebäudeabschreibung** sind folgende Gebäudearten zu unterscheiden (§ 7 Abs. 4):
1. **Wirtschaftsgebäude**: Gebäude, soweit sie zu einem Betriebsvermögen gehören und nicht Wohnzwecken dienen und für die der Bauantrag nach dem 31.3.1985 gestellt worden ist,
2. **andere Gebäude**: Gebäude, soweit sie zu einem Betriebsvermögen gehören und Wohnzwecken dienen oder
nicht zu einem Betriebsvermögen gehören und Wohnzwecken oder nicht Wohnzwecken dienen.

Wohnzwecken dienen Gebäude oder Gebäudeteile, die dazu bestimmt und geeignet sind, Menschen auf Dauer Aufenthalt und Unterkunft zu ermöglichen. Soweit sie zur vorübergehenden Beherbergung von Personen bestimmt sind, wie z. B. Ferienwohnungen, dienen sie nicht Wohnzwecken. Wohnungen, die aus besonderen betrieblichen Gründen an Betriebsangehörige überlassen werden, z. B. Wohnungen für den Hausmeister, für das Fachpersonal, für Angehörige der Betriebsfeuerwehr und für andere Personen, dienen Wohnzwecken, auch wenn diese Personen aus betrieblichen Gründen unmittelbar im Werksgelände ständig einsatzbereit sein müssen[969].

Beispiel:
Zu den Räumen, die Wohnzwecken dienen, gehören die Wohn- und Schlafräume, Küchen und Nebenräume einer Wohnung, die zur räumlichen Ausstattung einer Wohnung gehörenden Räume, wie Bodenräume, Waschküchen, Kellerräume, Trockenräume, Speicherräume, Vorplätze, Bade- und Duschräume, Fahrrad- und Kinderwagenräume usw., gleichgültig, ob sie zur Benutzung durch den einzelnen oder zur gemeinsamen Benutzung durch alle Hausbewohner bestimmt sind, und die zu einem Wohngebäude gehörenden Garagen[970].

Bei Räumen, die sowohl Wohnzwecken als auch gewerblichen oder beruflichen Zwecken dienen, kommt es darauf an, welchem Zweck sie überwiegend dienen[971].

Bauantrag ist das Schreiben, mit dem die landesrechtlich vorgesehene Genehmigung für den beabsichtigten Bau angestrebt wird[972].

1277 Wirtschaftsgebäude sind jährlich mindestens in Höhe von 4 % der Anschaffungs- oder Herstellungskosten abzuschreiben (Abschreibungsgebot). Beträgt die tatsächliche Nutzungsdauer weniger als 25 Jahre, können (Abschreibungswahl-

---
[969] R 42 a Abs. 1 EStR.
[970] R 42 a Abs. 2 EStR.
[971] R 42 a Abs. 3 EStR.
[972] R 42 a Abs. 4 Satz 1 EStR.

recht) entsprechend höhere Abschreibungen geltend gemacht werden (§ 7 Abs. 4 Satz 1 Nr. 1, Satz 2 EStG).

Erfüllt ein Gebäude in einem auf das Jahr der Anschaffung oder Herstellung folgenden Jahr erstmals die Voraussetzungen für eine lineare Abschreibung als Betriebsgebäude mit 4 %, sind ab dann und in den folgenden Jahren die Abschreibungen in Höhe von 4 % der Anschaffungs- oder Herstellungskosten vorzunehmen. Erfüllt ein Gebäude in einem auf das Jahr der Anschaffung oder Herstellung folgenden Jahr die Voraussetzungen für die Abschreibung als Betriebsgebäude mit 4 % nicht mehr, sind die weiteren Abschreibungen in Höhe von jährlich 2 % der Anschaffungs- oder Herstellungskosten vorzunehmen[973].

Andere Gebäude, die 1278
- vor dem 1.1.1925 fertiggestellt wurden, sind jährlich mit 2,5 %
- nach dem 31.12.1924 fertiggestellt wurden, sind jährlich mit 2 %

der Anschaffungs- oder Herstellungskosten abzuschreiben gemäß § 7 Abs. 4 Satz 1 EStG (Abschreibungsgebot).

Beträgt die tatsächliche Nutzungsdauer weniger als 40 bzw. 50 Jahre, kann das Gebäude gemäß § 7 Abs. 4 Satz 1 Nr. 2, Satz 2 EStG entsprechend höher abgeschrieben werden (Abschreibungswahlrecht).

Bei den festen Abschreibungssätzen von 4 % bei Wirtschaftsgebäuden und 2 bzw. 1279
2,5 % bei anderen Gebäuden handelt es sich um **Mindestsätze**. Diese Abschreibungen sind auch dann vorzunehmen, wenn sie sich nicht auswirken, etwa in Verlustjahren[974].

Versehentlich **unterlassene Abschreibungen** können nicht nachgeholt werden, 1280
wenn sich die tatsächliche Nutzungsdauer des Gebäudes nicht verändert hat. Es sind weiterhin die festen gesetzlichen Abschreibungssätze abzusetzen, auch wenn sich hierdurch der Abschreibungszeitraum über 25, 40 oder 50 Jahre hinaus verlängert[975].

Höhere Abschreibungen entsprechend der **tatsächlichen Nutzungsdauer** gemäß 1281
§ 7 Abs. 4 Satz 2 EStG können nur dann abgesetzt werden, wenn die technischen oder wirtschaftlichen Umstände dafür sprechen, daß die tatsächliche Nutzungsdauer entsprechend geringer ist[976].

Im Jahr der Anschaffung oder Herstellung und im Jahr der Veräußerung darf nur 1282
die auf dieses Jahr entfallende zeitanteilige Abschreibung abgesetzt werden[977].

---

973 R 44 Abs. 8 EStR.
974 R 44 Abs. 4 EStR.
975 BFH, Urt. v. 3.7.1984 IX R 45/84, BStBl. 1984 II S. 709.
976 R 44 Abs. 3 EStR.
977 R 44 Abs. 2 Satz 1, Abs. 9 EStR.

3.9.1.2.3 Geschäfts- oder Firmenwerte und Praxiswerte

1283 **Handelsrechtlich** ist der bei einem entgeltlichen Erwerb eines Unternehmens aktivierte Geschäfts- oder Firmenwert in jedem folgenden Geschäftsjahr zu mindestens einem Viertel durch Abschreibungen zu tilgen (§ 255 Abs. 4 Satz 2 HGB). Das ist keine planmäßige Abschreibung, sondern eine nur den Geschäfts- oder Firmenwert betreffende Mindestabschreibung. Der entgeltlich erworbene Geschäfts- oder Firmenwert kann handelsrechtlich aber auch planmäßig abgeschrieben werden in den Jahren, in denen er voraussichtlich genutzt wird (§ 255 Abs. 4 Satz 3 HGB).

1284 **Steuerrechtlich** zählt der entgeltlich erworbene Geschäfts- oder Firmenwert von Gewerbebetrieben und Betrieben der Land- und Forstwirtschaft zu den **abnutzbaren** Wirtschaftsgütern des Anlagevermögens. Seine betriebsgewöhnliche **Nutzungsdauer** wird auf **15 Jahre** fingiert (§ 7 Abs. 1 Satz 3 EStG). Die AfA dürfen auch dann nicht nach einer kürzeren Nutzungsdauer bemessen werden, wenn im Einzelfall Erkenntnisse dafür vorliegen, daß die tatsächliche Nutzungsdauer kürzer als 15 Jahre sein wird, z. B. bei personenbezogenen Betrieben, bei denen der Unternehmenswert so eng mit der Person des Betriebsinhabers verbunden ist, daß nach dessen Ausscheiden mit einer kürzeren Nutzungsdauer des erworbenen Geschäfts- oder Firmenwerts zu rechnen ist[978].

1285 Der Ertrag einer **freiberuflichen Praxis** wird in aller Regel nicht durch den Einsatz materieller Mittel, sondern durch die persönliche Leistung des Inhabers erzielt. Der Praxiswert beruht daher auf der Leistung des Inhabers und seinem Vertrauensverhältnis zu den Mandanten. Sein Fortbestand ist eng mit der Person des Praxisinhabers verbunden.

Beispiel:
Steuerberater F erwirbt von Steuerberater X, der aus Altersgründen aus dem Berufsleben ausscheiden will, dessen Praxis und zahlt im Rahmen des Gesamtkaufpreises für den Praxiswert 100 000 DM. F aktiviert den Praxiswert und schreibt ihn auf 4 Jahre ab.

Aus seiner Personenbezogenheit folgt, daß der Praxiswert abnimmt, wenn der Praxisinhaber ausscheidet. Der Erwerber der Praxis baut durch eigene Leistung und durch Schaffung eines neuen Vertrauensverhältnisses zu den Mandanten einen neuen Praxiswert auf. Ein entgeltlich erworbener Praxiswert ist daher **in 3 bis 5 Jahren abzuschreiben**[979].

1286 Bei einem Zusammenschluß zu einer **Sozietät** mit demjenigen, der den Praxiswert geschaffen hat, läßt der BFH[980] in Abänderung seiner bisherigen Rechtsprechung typisierend eine Abschreibung auf eine doppelt so lange Nutzungsdauer

---
[978] BMF-Schreiben vom 20.11.1986 IV B 2 – S 2172 – 13/86, BStBl 1986 I S. 532.
[979] BMF-Schreiben vom 15.1.1995 IV B 2 – S 2172 – 15/94, BStBl 1995 I S. 14.
[980] BFH, Urt. v. 24.2.1994 IV R 33/93, BStBl 1994 II S. 590.

wie bei dem Erwerb einer Einzelpraxis zu. Nach den Verwaltungsanweisungen[981] soll es nicht beanstandet werden, wenn für den anläßlich der Gründung einer Sozietät aufgedeckten Praxiswert eine betriebsgewöhnliche Nutzungsdauer von 6 bis 10 Jahren angenommen wird. Das soll auch entsprechend für den Erwerb eines Praxiswerts durch eine Wirtschaftsprüfer- oder Steuerberater-GmbH gelten.

Beispiel:
Steuerberater F nimmt den Steuerberater A als Sozius auf. A zahlt an F für den erworbenen Anteil am Praxiswert 100 000 DM. A kann den erworbenen Anteil am Praxiswert auf 6 bis 10 Jahre abschreiben.

3.9.1.3 Degressive Abschreibung

3.9.1.3.1 Anlagegegenstände außer Gebäuden

Bei der degressiven Abschreibung wird der Abschreibungsbetrag von Jahr zu Jahr geringer. Die Abschreibungsbeträge fallen also. **1287**

Es kommen vor allem drei Formen der degressiven Abschreibung vor, die handelsrechtlich alle zulässig sind: **1288**
- **Geometrisch-degressive** Abschreibung. Hierbei fallen die jährlichen Abschreibungsbeträge um einen gleichbleibenden Prozentsatz, bilden also eine geometrische Reihe.
- **Arithmetisch-degressive** Abschreibung. Die jährlichen Abschreibungsbeträge fallen um gleichbleibende Beträge.
- **Kombinierte degressive/lineare** Abschreibung. Hierbei geht die degressive Abschreibung planmäßig zur linearen Abschreibung über.

Bei der **geometrisch-degressiven Abschreibung** wird vom jeweiligen Buchwert mit einem gleichbleibenden Prozentsatz abgeschrieben. **1289**

Beispiel:
Anschaffungskosten 50 000 DM, Abschreibungssatz 30 %,
Nutzungsdauer 5 Jahre.

Anschaffungskosten	*50 000 DM*
Abschreibung 1. Jahr 50 000 DM x 30 %	*– 15 000 DM*
Buchwert Ende des 1. Jahres	*35 000 DM*
Abschreibung 2. Jahr 35 000 DM x 30 %	*– 10 500 DM*
Buchwert Ende des 2. Jahres	*24 500 DM*
Abschreibung 3. Jahr 24 500 DM x 30 %	*– 7 350 DM*
Buchwert Ende des 3. Jahres	*17 150 DM*
Abschreibung 4. Jahr 17 150 DM x 30 %	*– 5 145 DM*
Buchwert Ende des 4. Jahres	*12 005 DM*
Abschreibung 5. Jahr 12 005 DM x 30 %	*– 3 602 DM*
Buchwert Ende des 5. Jahres	*8 403 DM*

---
[981] BMF-Schreiben vom 15.1.1995, s. FN 979.

Die Abschreibungen können so fortgesetzt werden und laufen theoretisch erst im Unendlichen aus. Die Anlagegegenstände dürfen aber nur während ihrer Nutzungsdauer abgeschrieben werden. Da im vorstehenden Beispiel der Anlagegegenstand eine Nutzungsdauer von 5 Jahren hat, ist im 5. Jahr der Restbuchwert voll, wird der Vermögensgegenstand noch betrieblich genutzt, auf den Erinnerungswert abzuschreiben. Daraus folgt also im letzten Jahr des Abschreibungszeitraums wiederum ein verhältnismäßig hoher Abschreibungsbetrag.

1290 Es ist sinnvoll, die geometrisch-degressive Abschreibung mit der linearen Abschreibung zu **kombinieren** und in dem Geschäftsjahr, in dem die lineare Abschreibung günstiger als die degressive Abschreibung ist, zur linearen Abschreibung zu **wechseln**.

> Übergangszeitpunkt = lineare Abschr. > degressive Abschr.

Günstigster Übergangszeitpunkt	
Nutzungsdauer	Übergang
5 Jahre	nach dem 2. Nutzungsjahr
6 Jahre	nach dem 3. Nutzungsjahr
7 Jahre	nach dem 4. Nutzungsjahr
8 Jahre	nach dem 5. Nutzungsjahr
9 bis 11 Jahre	nach dem 7. Nutzungsjahr
12 bis 13 Jahre	nach dem 8. Nutzungsjahr
14 Jahre	nach dem 9. Nutzungsjahr
15 Jahre	nach dem 10. Nutzungsjahr
16 bis 17 Jahre	nach dem 11. Nutzungsjahr
18 Jahre	nach dem 12. Nutzungsjahr
19 bis 20 Jahre	nach dem 13. Nutzungsjahr

In dem vorstehenden Beispiel ist es daher am vorteilhaftesten, nach dem 2. Nutzungsjahr den Restbuchwert am Ende des 2. Nutzungsjahrs von 24 500 DM auf die Restnutungsdauer von 3 Jahren linear abzuschreiben. Die folgenden Abschreibungsbeträge betragen daher:
24 500 DM : 3 = 8 166 DM.

Auch wenn der Übergang von der degressiven zur linearen Abschreibung von vornherein eingeplant wird, handelt es sich um eine planmäßige Abschreibung. Handelsrechtlich bestehen hiergegen keine Bedenken. Kapitalgesellschaften müssen beim Übergang keine Angaben im Anhang nach § 284 Abs. 2 Nr. 3 HGB machen, da es sich nicht um eine Änderung der Abschreibungsmethode handelt[982].

---

[982] ADS 6. Auflage, HGB § 253 Rdn. 398.

Abschreibungen auf materielle und immaterielle Anlagegegenstände

Handelsrechtlich gibt es weder eine Beschränkung der degressiven Abschreibung auf bewegliche Anlagegegenstände noch eine ausdrückliche Begrenzung nach oben. Es können daher handelsrechtlich z. B. auch Gebäude geometrisch-degressiv abgeschrieben werden. Ein wesentlich höherer Abschreibungssatz als 30 % bedarf aber auch handelsrechtlich einer besonderen sachlichen Begründung[983]. **1291**

Steuerrechtlich dürfen nur bewegliche Wirtschaftsgüter des Anlagevermögens degressiv abgeschrieben werden. Das setzt voraus, daß die betreffenden Anlagegegenstände in ein besonderes, laufend zu führendes Verzeichnis aufgenommen werden, das den Tag der Anschaffung oder Herstellung, die Anschaffungs- oder Herstellungskosten, die betriebsgewöhnliche Nutzungsdauer und die Höhe der jährlichen Abschreibungen enthält. Das Verzeichnis braucht nicht geführt zu werden, wenn diese Angaben aus der Buchführung ersichtlich sind. Es besteht für die degressive Abschreibung ein Wahlrecht (§ 7 Abs. 2 Sätze 1 und 3 i.V.m. § 7a Abs. 8 EStG). Die degressive Abschreibung kann nach einem unveränderlichen Prozentsatz vom jeweiligen Buchwert (Restwert) vorgenommen werden. Der Prozentsatz darf höchstens das Dreifache des bei der linearen Abschreibung in Betracht kommenden Prozentsatzes betragen und 30 Prozent nicht übersteigen (§ 7 Abs. 2 Satz 2 EStG). **1292**

Ein **Übergang** von der degressiven zur linearen Abschreibung ist zulässig. Die linearen Abschreibungsbeträge bemessen sich vom Zeitpunkt des Übergangs an nach dem dann noch vorhandenen Restwert und der Restnutzungsdauer des Wirtschaftsguts. Umgekehrt ist aber ein Übergang von der linearen zur degressiven Abschreibung unzulässig (§ 7 Abs. 3 EStG).

Immaterielle Wirtschaftsgüter und damit auch **Geschäfts- oder Firmenwerte** und **Praxiswerte** rechnen nicht zu den beweglichen Wirtschaftsgütern[984]. Sie dürfen daher nicht degressiv abgeschrieben werden.

Bei der **arithmetisch-degressiven** Abschreibung in ihrer wichtigsten Form der sog. digitalen Abschreibung nimmt der jährliche Abschreibungsbetrag von Jahr zu Jahr um den gleichen Differenzbetrag ab. Im letzten Jahr der Nutzung ist der Abschreibungsbetrag gleich dem Differenzbetrag. Bei einer 4jährigen Nutzung ist daher z. B. der Abschreibungsbetrag im ersten Jahr der Nutzung gleich dem 4fachen des Differenzbetrags, im zweiten Jahr gleich dem 3fachen, im dritten Jahr gleich dem 2fachen und im letzten Jahr gleich dem 1fachen des Differenzbetrags. **1293**

Der jährliche Differenzbetrag ergibt sich, indem die Anschaffungs- oder Herstellungskosten des Anlagegegenstands durch die Summe der Nutzungsjahre dividiert werden.

---

[983] ADS 6. Auflage, HGB § 253 Rdn. 393 ff.
[984] R 42 Abs. 1 Nr. 2 EStR; H 42 (Bewegliche Wirtschaftsgüter) EStH.

> Differenzbetrag = $\dfrac{\text{Anschaffungs- oder Herstellungskosten}}{\text{Summe der Nutzungsjahre}}$

Im vorstehenden Beispiel ergeben sich hiernach folgende Abschreibungen:

Differenzbetrag = $\dfrac{50\,000 \text{ DM}}{1+2+3+4+5}$

= $\dfrac{50\,000 \text{ DM}}{15}$

= 3333,33 DM

Abschreibungsbeträge:
1. Jahr: 5 × 3333,33 = 16 666,65 DM
2. Jahr: 4 × 3333,33 = 13 333,32 DM
3. Jahr: 3 × 3333,33 = 9 999,99 DM
4. Jahr: 2 × 3333,33 = 6 666,66 DM
5. Jahr: 1 × 3333,33 = 3 333,33 DM
insgesamt 49 999,95 DM

Bei dieser Abschreibungsart ist der Abschreibungsverlauf gleichmäßig. Es gibt im letzten Jahr der Nutzung nicht einen gegenüber der bisherigen Abschreibung erhöhten Abschreibungsbetrag, wenn im letzten Nutzungsjahr auf den Erinnerungswert abgeschrieben wird. Es bedarf daher hier auch keines Übergangs zur linearen Abschreibung, um im letzten Nutzungsjahr eine unverhältnismäßig hohe Abschreibung zu vermeiden. Es kann daher zweckmäßig sein, einen Anlagegegenstand digital abzuschreiben. Steuerrechtlich war die digitale Abschreibung bis zum Inkrafttreten des Steuerbereinigungsgesetzes 1985 ausdrücklich zugelassen. Es wird die Ansicht vertreten, seitdem sei steuerlich nur noch die geometrisch-degressive Abschreibung mit den gesetzlichen Rahmensätzen zulässig[985].

1294 Es könnte handelsrechtlich wirtschaftlich günstig sein, die digitale Abschreibung zu wählen. Es fragt sich aber, welche Folge eine solche Wahl in der Handelsbilanz für die **Steuerbilanz** hat.

Die digitale Abschreibung ist ebenso wie die geometrisch degressive Abschreibung eine Methode degressiver Abschreibung. Die Wahl einer degressiven Abschreibung in der Handelsbilanz sollte eigentlich den Ansatz einer degressiven Abschreibung in der Steuerbilanz zur Folge haben, hier der geometrisch-degressiven Abschreibung im Rahmen der steuerlich zulässigen Abschreibungssätze. Diese Konsequenz läge im Rahmen der BFH-Rechtsprechung, die es auf die

---

[985] Schmidt/Drenseck EStG § 7 Rz. 133.

Methodenwahl, nicht aber auf die Abschreibungshöhe abstellt[986]. Auch im handelsrechtlichen Schrifttum wird die Auffassung vertreten, daß es für die Anerkennung der degressiven Abschreibung in der Steuerbilanz ausreiche, wenn handelsrechtlich eine degressive Abschreibung gewählt wird[987]. Eine neuere Verwaltungsentscheidung läßt das aber als bedenklich erscheinen[988].

Bei der degressiven Abschreibung sind in den ersten Jahren, in denen keine oder keine hohen Reparaturen anfallen, die Abschreibungsbeträge hoch. In den späteren Jahren, wenn steigende Reparaturen erforderlich werden, sind die Abschreibungsbeträge niedrig. Die durch die betreffenden Anlagegegenstände insgesamt durch Abschreibungen und Reparaturen verursachten Aufwendungen sind also über die Nutzungsdauer in etwa gleichmäßig. In Zeiten starker Auslastung der Anlagen wird in der Regel investiert. Bei der degressiven Abschreibung werden besonders das Zugangsjahr und die ersten Nutzungsjahre belastet. Daher ist diese Abschreibungsmethode sehr dem Nutzungsverlauf der Anlagegegenstände angepaßt. 1295

3.9.1.3.2 Gebäude

Wahlweise anstelle der linearen Abschreibungen können steuerrechtlich feste fallende Sätze abgeschrieben werden (§ 7 Abs. 5 EStG): 1296
a) **Wirtschaftsgebäude**, Gebäude, soweit sie zu einem Betriebsvermögen gehören und nicht Wohnzwecken[989] dienen, für die der Bauantrag[990] nach dem 31.3.1985 gestellt worden ist, wenn diese aufgrund eines vor dem 1.1.1994 gestellten Bauantrags hergestellt oder aufgrund eines vor diesem Zeitpunkt rechtswirksam abgeschlossenen obligatorischen Vertrags angeschafft wurden,
4 x 10 %,
3 x 5 %,
18 x 2,5 %;
e) **Mietwohnneubauten**, Gebäude, soweit sie Wohnzwecken[991] dienen, die hergestellt wurden aufgrund eines nach dem 28.2.1989 gestellten Bauantrags[992] oder angeschafft wurden aufgrund eines nach dem 28.2.1989 rechtswirksam abgeschlossenen obligatorischen Vertrags,
(1) wenn vor dem 1.1.1996 der Bauantrag gestellt oder der obligatorische Vertrag rechtswirksam abgeschlossen wurde
4 x 7 %,
6 x 5 %,
6 x 2 %,
24 x 1,25 %;

---
986 BFH, Urt. v. 24.1.1990 I R 17/89, BB 1990 S. 1237, BStBl 1990 II S. 681.
987 Lause/Sievers, BB 1990 S. 24 ff., 28.
988 BMF-Schreiben vom 30.12.1994 – IV B 2 – S 2139 – 49/94, BB 1995 S. 196. Siehe hierzu die Ausführungen in Rdn. 1392 ff.
989 Zu „Wohnzwecken" s. Rdn. 1276.
990 Zu „Bauantrag" s. Rdn. 1276.
991 Zu „Wohnzwecken" s. Rdn. 1276.
992 Zu „Bauantrag" s. Rdn. 1276.

(2) wenn nach dem 31.12.1995 der Bauantrag gestellt oder der obligatorische Vertrag rechtswirksam abgeschlossen wurde
8 x 5 %,
6 x 2,5 %,
36 x 1,25 %;
c) **andere Gebäude**, die aufgrund eines vor dem 1.1.1995 gestellten Bauantrags[993] hergestellt oder aufgrund eines vor diesem Zeitpunkt rechtswirksam abgeschossenen obligatorischen Vertrags angeschafft wurden
8 x 5 %,
6 x 2,5 %,
36 x 1,25 %.

1297 Es sind die folgenden allgemeinen Voraussetzungen für die degressiven Abschreibungen zu beachten:
1. Es muß sich um ein inländisches Gebäude handeln
2. Das Gebäude muß hergestellt oder bis zum Ende des Jahres der Herstellung angeschafft worden sein. Im Fall der Anschaffung darf aber der Hersteller weder degressive Abschreibungen, erhöhte Abschreibungen noch Sonderabschreibungen geltend gemacht haben.

1298 **Erwerb** ist die Erlangung wirtschaftlichen Eigentums. Regelmäßig stimmt bei Grundstückserwerben das wirtschaftliche mit dem bürgerlich-rechtlichen Eigentum überein. Daher ist ein bebautes Grundstück erst mit der Eintragung im Grundbuch erworben. Kann die Eintragung im Grundbuch aus zeitlichen Gründen nicht bis zum Abschluß des Jahres der Fertigstellung des Gebäudes erfolgen, so sollte sichergestellt werden, daß im notariellen Vertrag aufgenommen wird, daß Besitz, Gefahr, Nutzungen und Lasten noch im Jahr der Fertigstellung auf den Erwerber übergehen, die Auflassung in der gleichen Urkunde erklärt wird und der Vertrag noch im Jahr der Herstellung dem Grundbuchamt zur Eintragung vorgelegt wird. Auch dann ist wirtschaftliches Eigentum übergegangen und damit das Grundstück erworben, wenn die Eintragung im Grundbuch zeitnah folgt.

1299 Im Jahr der Herstellung oder Anschaffung ist das Gebäude mit dem vollen Jahresbetrag degressiv abzuschreiben[994]. Im Jahr der Veräußerung oder Entnahme aus dem Betriebsvermögen kann hingegen das Gebäude nur zeitanteilig abgeschrieben werden. Das gilt entsprechend auch, wenn im Laufe eines Jahres ein bisheriges Wirtschaftsgebäude künftig zu Wohnzwecken genutzt wird oder ein Mietwohnneubau nicht mehr Wohnzwecken dient[995].

1300 Versehentlich **unterlassene degressive Abschreibungen** können nicht nachgeholt werden. Nach Ablauf des Zeitraums für die degressive Abschreibung wird daher das Gebäude mit den festen Abschreibungsbeträgen von 2 %, 2,5 % oder

---
[993] Zu „Bauantrag" s. Rdn. 1276.
[994] BFH, Urt. v. 19.2.1974 VIII R 114/69, BStBl. 1974 II S. 704.
[995] R 44 Abs. 9 EStR.

4 % linear abgeschrieben[996]. Hierdurch verlängert sich ebenso wie bei versehentlich unterlassenen linearen Abschreibungen der Abschreibungszeitraum.

Dient ein degressiv abgeschriebener Mietwohnneubau nicht mehr Wohnzwecken, sind die weiteren Abschreibungen in Höhe von jährlich 2 % der Anschaffungs- oder Herstellungskosten vorzunehmen[997]. **1301**

3.9.1.4 Progressive Abschreibung

Bei der progressiven Abschreibung steigen die Abschreibungsbeträge von Jahr zu Jahr. Es handelt sich um eine Umkehrung der degressiven Abschreibung. Analog zu dieser wird zwischen geometrisch-progressiver und arithmetisch-progressiver Abschreibung unterschieden. **1302**

Bei der progressiven Abschreibung werden die ersten Jahre der Nutzung weniger stark, die späteren Jahre immer stärker mit Abschreibungen belastet. Die Abschreibung entspricht dann dem tatsächlichen Nutzungsverlauf, wenn Anlagen erst mit fortschreitender Nutzungsdauer in die volle Nutzung hineinwachsen.

Beispiel:
Großkraftwerke, Anlagen von Verkehrsunternehmen, Erdgasleitungen.

Die progressive Abschreibung ist **handelsrechtlich** nur ausnahmsweise zulässig, wenn die Abschreibungsmethode den tatsächlichen Wertverzehr zutreffend erfaßt. Ist der Wertverzehr analog der unterschiedlichen Nutzung der Anlage, bietet sich eher die leistungsbedingte Abschreibung an[998]. **1303**

Steuerrechtlich ist die progressive Abschreibung nicht zulässig. Hier kann ebenfalls wie beim handelsrechtlichen Abschluß die leistungsbedingte Abschreibung in Betracht kommen, wenn die Nutzung einer Anlage anfangs gering ist und im Laufe der Zeit zunimmt. **1304**

Die Wahl der progressiven Abschreibung in der Handelsbilanz hat aber in der Steuerbilanz zur Folge, daß hier die lineare AfA zum Ansatz kommt. Denn der progressiven Abschreibung entspricht keine steuerrechtliche Abschreibungsmethode[999].

3.9.1.5 Leistungsbedingte Abschreibung

Die Leistungsinanspruchnahme mancher Anlagen schwankt. Entsprechend ist auch die Abnutzung in den einzelnen Jahren des Nutzungszeitraums unterschiedlich. Hier bietet sich die leistungsbedingte Abschreibung an. **1305**

---
[996] BFH, Urt. v. 20.1.1987 IX R 103/83, BStBl. 1987 II S. 491.
[997] R 44 Abs. 8 EStR.
[998] Siehe Rdn. 1305 ff.
[999] Lause/Sievers BB 1990 S. 24 ff., 29.

Bei der leistungsbedingten Abschreibung müssen folgende Größen bekannt sein:
- Anschaffungs- oder Herstellungskosten
- Gesamtleistung der Anlage
- Leistung der Anlage im einzelnen Geschäftsjahr

1306 Die Anschaffungs- oder Herstellungskosten ergeben sich aus der Buchführung.

Die Gesamtleistung der Anlage ist anhand der betrieblichen oder branchenmäßigen Erfahrungen zu ermitteln, notfalls zu schätzen.

Die Leistung der Anlage im einzelnen Geschäftsjahr ist nachzuweisen. Das kann bei einer Spezialmaschine durch ein die Anzahl der Arbeitsvorgänge registrierendes Zählwerk, bei einem Kraftfahrzeug durch den Kilometerzähler geschehen[1000].

Beispiel:

Anschaffungskosten eines Pkw	80 000 DM
Voraussichtliche Gesamtfahrleistung	200 000 km
Voraussichtliche Nutzungsdauer	5 Jahre
Abschreibungsbetrag pro km	
80 000 DM/200 000 =	0,40 DM
Fahrleistungen und Abschreibungen:	
Jahr 1 50 000 km x 0,40 DM =	20 000 DM
Jahr 2 20 000 km x 0,40 DM =	8 000 DM
Jahr 3 45 000 km x 0,40 DM =	18 000 DM
Jahr 4 43 000 km x 0,40 DM =	17 200 DM
Jahr 5 42 000 km x 0,40 DM =	16 800 DM
insgesamt	80 000 DM

Bei einer voraussichtlichen Nutzungsdauer von 5 Jahren wäre die lineare Abschreibung jährlich 16 000 DM. Die lineare Abschreibung ist bei der leistungsbedingten Abschreibung die Mindestabschreibung[1001]. Daher ist im Jahr 2 des vorstehenden Beispiels als Mindestabschreibungsbetrag 16 000 DM abzusetzen. Es dürfen insgesamt nur die Anschaffungs- oder Herstellungskosten, in dem Beispiel also höchstens 80 000 DM, abgeschrieben werden. Unter Berücksichtigung der Mindestabschreibung von 16 000 DM im Jahr 2 beträgt die Abschreibungssumme Ende des Jahres 71 200 DM. Im Jahr 5 kann also nur noch der verbleibende Rest der Anschaffungs- oder Herstellungskosten von 8 799 DM bei Berücksichtigung des Erinnerungswertes von 1 DM abgeschrieben werden.

1307 **Steuerrechtlich** können leistungsbedingt statt linear nur bewegliche Wirtschaftsgüter des Anlagevermögens abgeschrieben werden, also nicht immaterielle Wirtschaftsgüter und Gebäude. Voraussetzung ist, daß diese Abschreibung wirtschaftlich begründet ist und der auf das einzelne Jahr entfallende Umfang der Leistung nachgewiesen wird (§ 7 Abs. 1 Satz 4 EStG). Es besteht in der Steuerbilanz ein

---

[1000] R 44 Abs. 5 Sätze 3 und 4 EStR.
[1001] ADS 6. Auflage, HGB § 253 Rdn. 407 f.

Abschreibungswahlrecht. Voraussetzung für dessen Ausübung in der Steuerbilanz ist eine Abschreibung nach der Methode der leistungsbedingten Abschreibung in der Handelsbilanz.

3.9.1.6 Abschreibung von Gebäudeteilen

Gebäudeteile[1002]	
selbständige	unselbständige
Gebäudeteile, die nicht in einem einheitlichen Nutzungs- und Funktionszusammenhang mit dem Gebäude stehen[1003].	Gebäudeteile, die in einem einheitlichen Nutzungs- und Funktionszusammenhang mit dem Gebäude stehen.
selbständige Wirtschaftsgüter, die gesondert vom Gebäude abgeschrieben werden	Abschreibung einheitlich mit dem Gebäude

1308

Betriebsvorrichtungen[1004] und **Scheinbestandteile**[1005] sind bewegliche Wirtschaftsgüter und werden daher nach den Abschreibungsvorschriften für das bewegliche Anlagevermögen abgeschrieben[1006]. **1309**

Dem **modischen Geschmack unterliegende Einbauten**[1007] konnten nach Abschn. 42a Abs. 6 Nr. 2 EStR a.F. auf 5 bis 10 Jahre linear abgeschrieben werden. Nach dem Ergebnis der Erörterungen mit den obersten Finanzbehörden der Länder sind die Absetzungen für Abnutzung für Ladeneinbauten, Schaufensteranlagen und Gaststätteneinbauten, die nach dem 31.12.1994 angeschafft oder hergestellt werden, nach einer betriebsgewöhnlichen Nutzungsdauer von 7 Jahren (AfA-Satz 14 %) zu bemessen. Es ist im Rahmen von steuerlichen Außenprüfungen im allgemeinen nicht zu beanstanden, wenn für derartige Wirtschaftsgüter, die vor dem 1.1.1995 angeschafft oder hergestellt worden sind, die Absetzungen für Abnutzung wie bisher nach einem voraussichtlichen Zeitraum von 5 bis 10 Jahren bemessen werden[1008]. **1310**

Schaufensteranlagen sind meist Betriebsvorrichtungen und können dann wie bewegliche Wirtschaftsgüter abgeschrieben werden. Die **übrigen** dem modischen Geschmack unterliegenden Gebäudeteile, also auch Schalterhallen von Kreditinstituten und ähnliche Einbauten, sind den Ladeneinbauten vergleichbar und können daher, wenn sie vor dem 1.1.1995 angeschafft oder hergestellt wor- **1311**

1002 Siehe Rdn. 402.
1003 R 13 Abs. 3, Sätze 1 und 2 EStR.
1004 Siehe Rdn. 405.
1005 Siehe Rdn. 408.
1006 Siehe Rdn. 1273 ff., 1287 ff., 1305 ff.
1007 Siehe Rdn. 409.
1008 BMF-Schreiben vom 30.5.1996 IV A 8 – S 1551 – 35/96, BStBl 1996 I S. 643.

den sind, linear in 5 bis 10 Jahren, wenn sie nach dem 31.12.1994 angeschafft oder hergestellt worden sind, linear in 7 Jahren abgeschrieben werden.

1312 **Mietereinbauten** und **Mieterumbauten** sind Scheinbestandteile, Betriebsvorrichtungen oder sonstige Mietereinbauten oder Mieterumbauten[1009]. Sind es Betriebsvorrichtungen oder Scheinbestandteile, so werden sie als bewegliche Wirtschaftsgüter linear, degressiv oder nach Maßgabe der Leistung abgeschrieben[1010].

Sonstige Mietereinbauten oder Mieterumbauten, die auf die betriebliche oder berufliche Nutzung des Mieters zugeschnitten sind und daher dem Mieter als eigene materielle unbewegliche Wirtschaftsgüter zuzurechnen sind[1011], werden in Abweichung von Nr. 10 des BMF-Schreibens vom 15.1.1976[1012] nach den für Gebäude geltenden Grundsätzen abgeschrieben[1013].

Aufwendungen für sonstige Baumaßnahmen des Mieters, die auch unabhängig von der betrieblichen oder beruflichen Nutzung des Mieters hätten vorgenommen werden müssen und ihm daher nicht als materielles Wirtschaftsgut zuzurechnen sind, werden beim Mieter als Rechnungsabgrenzungsposten aktiviert, wenn er gegen den Vermieter einen Verrechnungsanspruch hat. Hat er keinen Verrechnungsanspruch, setzt er sie sofort als Betriebsausgaben ab[1014].

1313 **Eigenbetrieblich genutzte** Gebäudeteile, **fremdbetrieblich genutzte** Gebäudeteile, zu **eigenen Wohnzwecken genutzte** Gebäudeteile und zu **fremden Wohnzwecken genutzte** Gebäudeteile sind je für sich selbständige Wirtschaftsgüter[1015]. Für sie gelten die Abschreibungsmaßstäbe für Gebäude[1016]. Die Anschaffungs- oder Herstellungskosten sind anteilig auf diese Gebäudeteile aufzuteilen. Für die einzelnen Gebäudeteile sind unterschiedliche AfA-Methoden und AfA-Sätze zulässig[1017].

1314 Wird ein Gebäude errichtet, so sollte es von vornherein in die verschiedenen selbständigen Gebäudeteile aufgeteilt werden. So können höchstmögliche Abschreibungen vorgenommen werden. Gebäudeanlagen sollten dabei den jeweiligen Gebäudeteilen zugeteilt werden. So können auch hierdurch günstige Abschreibungen erzielt werden. Z. B. sind **Rolltreppen** und **Sprinkleranlagen** im allgemeinen unselbständige Bestandteile des Gebäudes und mit diesem abzuschreiben. Sind sie aber in ein Ladenlokal eingebaut, so hängen sie wirtschaftlich hiermit zusammen. Sie werden daher gemeinsam mit dem Ladenlokal auf 5 bis 10 Jahre bzw. auf 7 Jahre linear abgeschrieben.

[1009] Siehe Rdn. 410 ff.
[1010] § 7 Abs. 1, 2 und 3 EStG.
[1011] Siehe Rdn. 412.
[1012] BMF, Schr. v. 15.1.1976 IV B 2 – S 2133 – 1/76, BStBl 1976 I S. 66.
[1013] H 42 (Mietereinbauten) EStH; BFH, Urt. v. 15.10.1996 VIII R 44/94, BStBl 1997 II S. 533.
[1014] Siehe Rdn. 413.
[1015] Siehe Abschnitt Rdn. 414.
[1016] Siehe Rdn. 1276 ff., 1296 ff.
[1017] R 44 Abs. 6 EStR.

3.9.1.7 Nachträgliche Herstellungsaufwendungen und anschaffungsnahe Aufwendungen bei Gebäuden

Werden nach der Errichtung oder dem Erwerb eines Gebäudes Baumaßnahmen durchgeführt, so können sie entweder beim Gebäude zu aktivieren und mit diesem abzuschreiben oder als Herstellungskosten eines neuen Gebäudes oder Gebäudeteils zu aktivieren und gesondert vom ursprünglichen Gebäude abzuschreiben sein[1018]. **1315**

Werden durch nachträgliche Herstellungskosten oder anschaffungsnahe Aufwendungen **selbständige Gebäudeteile** geschaffen, so sind diese als selbständige Wirtschaftsgüter zu aktivieren und abzuschreiben. **1316**

In den Fällen, in denen durch die nachträglichen Herstellungsaufwendungen oder anschaffungsnahen Aufwendungen **kein neues Wirtschaftsgut** entsteht, sondern diese Aufwendungen sich auf das bestehende Gebäude beziehen, sind die Aufwendungen wie folgt zu aktivieren und abzuschreiben: **1317**

- Beginn der Abschreibung: Im Jahr der Entstehung der Aufwendungen sind sie bei der Bemessung der AfA so zu berücksichtigen, als wären sie zu Beginn dieses Jahres aufgewendet worden[1019].
- Lineare Abschreibung des Gebäudes nach festen Abschreibungssätzen gem. § 7 Abs. 4 Satz 1 EStG:
  Ursprüngliche Anschaffungs- oder Herstellungskosten
  + nachträgliche Herstellungskosten
  x 2 %, 2,5 % oder 4 %
  = Abschreibungsbetrag.
  Wird so die volle Abschreibung innerhalb der tatsächlichen Nutzungsdauer nicht erreicht, kann wie nachfolgend beschrieben abgeschrieben werden[1020].
- Lineare Abschreibung des Gebäudes entsprechend der tatsächlichen Nutzungsdauer gem. § 7 Abs. 4 Satz 2 EStG:
  Buchwert zu Beginn des Jahres
  + nachträgliche Herstellungskosten
  : Restnutzungsdauer (neu zu schätzen)
  = Abschreibungsbetrag[1021].
  Aus Vereinfachungsgründen kann auch die weitere AfA nach dem bisherigen Prozentsatz bemessen werden[1022].
- Degressive Abschreibung des Gebäudes nach § 7 Abs. 5 EStG:
  Ursprüngliche Anschaffungs- oder Herstellungskosten
  + nachträgliche Herstellungskosten

1018 Zu den nachträglichen Herstellungsaufwendungen siehe Rdn. 232 ff., zu den anschaffungsnahen Aufwendungen siehe Rdn. 239 ff.
1019 R 44 Abs. 11 Satz 3 EStR.
1020 BFH, Urt. v. 20.2.1975 IV R 241/69, BStBl. 1975 II S. 412; 7.6.1977 VIII R 105/73, BStBl. 1977 II S. 606.
1021 R 44 Abs. 11 Satz 1 EStR.
1022 R 44 Abs. 11 Satz 2 EStR.

    x Abschreibungssatz nach § 7 Abs. 5 EStG
= Abschreibungsbetrag.
Ein nach Ablauf des in § 7 Abs. 5 EStG vorgesehenen Zeitraums verbleibender Restbetrag wird nach den Sätzen des § 7 Abs. 4 Satz 1 EStG abgeschrieben[1023].

3.9.1.8 Abschreibung der geringwertigen Wirtschaftsgüter

1318 Die Sofortabschreibung der geringwertigen Wirtschaftsgüter[1024] nach § 6 Abs. 2 EStG tritt an die Stelle der an sich gebotenen Aktivierung und Aufwandsverteilung nach § 7 EStG. Sie ergänzt daher nicht § 6 Abs. 1 EStG, sondern § 7 EStG[1025].

1319 Es besteht das **Wahlrecht**, geringwertige Anlagegegenstände sofort in voller Höhe oder auf die Nutzungsdauer verteilt abzuschreiben. Es muß daher nicht von der sofortigen Abschreibung Gebrauch gemacht werden. Ist z. B. das Betriebsergebnis schlecht, so sollte in einem möglichst geringen Umfang abgeschrieben werden, also geringwertige Wirtschaftsgüter nicht sofort voll, sondern auf die Nutzungsdauer verteilt.

1320 Die Anlagegegenstände müssen nicht sofort beim Zugang abgeschrieben werden. Wie auch sonst die Abschreibungen, kann auch die Sofortabschreibung der geringwertigen Anlagegegenstände durch Umbuchung **zum Jahresende** im Zeitpunkt der Aufstellung des Jahresabschlusses geschehen[1026].

1321 Abschreibung in voller Höhe als Betriebsausgaben bedeutet dem Wortlaut nach Abschreibung auf 0 DM. Handelsrechtlich wird aber aus dem Grundsatz der Bilanzwahrheit gefolgert, daß die Anlagegegenstände mit dem **Erinnerungswert** fortzuführen sind, solange sie tatsächlich noch im Betrieb vorhanden sind[1027]. Dem kann zugestimmt werden mit der Maßgabe, daß in der Bilanz alle geringwertigen Anlagen in einem einzigen Erinnerungsposten zusammenzufassen sind, da sonst die Bilanz unnötig aufgebläht würde, was zu einem Verstoß gegen den Grundsatz der Bilanzklarheit führen würde. Wird aber für die geringwertigen Anlagegegenstände ein Erinnerungsposten in der Bilanz aufgeführt, ist dieser Posten von großen und mittelgroßen Kapitalgesellschaften auch im **Anlagenspiegel** zu entwickeln.

1322 Wird ein geringwertiges Wirtschaftsgut auch **privat** benutzt, so kann es ebenfalls sofort im Jahr der Anschaffung oder Herstellung abgeschrieben werden. Es ist dann aber in jedem Jahr der Nutzung der Teil der Abschreibung dem Gewinn wieder hinzuzurechnen, welcher der privaten Nutzung entspricht[1028].

[1023] BFH, Urt. v. 20.1.1987 IX R 103/83, BStBl. 1987 II S. 491.
[1024] Siehe Rdn. 437 ff.
[1025] BFH, Urt. v. 19.1.1984 IV R 224/80, BStBl. 1984 II S. 312.
[1026] Kottke, S. 9.
[1027] Kottke, S. 10.
[1028] H 40 (Private Mitbenutzung) EStH.

Für das Recht der Vollabschreibung gilt das Prinzip des „alles oder nichts". Die geringwertigen Anlagegegenstände können daher nur im Jahr der Anschaffung oder Herstellung abgeschrieben werden. Die Abschreibung kann also nicht später nachgeholt werden. Die Abschreibung kann nur in voller Höhe durchgeführt werden. Es kann also nicht zum Teil voll und zum Teil auf die Jahre der Nutzung verteilt abgeschrieben werden[1029]. **1323**

Beim **Verpackungsmaterial** ist zu unterscheiden: Wird es der Kundschaft fest berechnet und wird es daher nicht mehr zurückgenommen, rechnet es beim Lieferer zu den Hilfsstoffen und wird daher als Umlaufvermögen bewertet[1030]. Eine Sofortabschreibung als geringwertige Anlagegegenstände kommt nicht in Betracht. Wenn hierfür kein Festwert gebildet worden ist, wird daher jeder Zugang des Verpackungsmaterials aktiviert. Es wirkt sich erst beim Umsatz als Aufwand aus. Soll das Verpackungsmaterial aber mit dem Verkauf der Vorräte nicht aus dem Betrieb ausscheiden, sondern wird es unter Rücknahmeverpflichtung gegen Pfand des Kunden geliefert (z. B. Flaschenpfand der Brauereien), rechnet es zu den Anlagegegenständen. Hierfür kann daher die Sofortabschreibung als geringwertige Anlagegegenstände in Anspruch genommen werden[1031]. **1324**

Anlagegegenstände sind auch Wirtschaftsgüter, die ein Vermieter zum Zweck der Vermietung anschafft oder herstellt, auch wenn sie das gesamte Aktivvermögen des Unternehmens darstellen[1032]. Eine **Leasing-Gesellschaft**, die nur geringwertige Anlagegegenstände anschafft und vermietet, kann daher hierfür auch die sofortige Abschreibung als geringwertige Anlagegegenstände in Anspruch nehmen[1033]. **1325**

Entgegen der Auffassung der Finanzverwaltung[1034] können daher auch Leasing-Gesellschaften, die geringwertige Anlagegegenstände in großem Umfang kaufen und an Leasingnehmer vermieten, die sofortige Abschreibung in Anspruch nehmen. Nur wenn ein großer Vorrat an geringwertigen Anlagegegenständen angeschafft wird, die auf Dauer nicht für die Vermietung zum Einsatz kommen, auf denen die Leasing-Gesellschaft schließlich sitzen bleibt, kommt die Sofortabschreibung hierfür nicht in Betracht[1035].

Wenn Wirtschaftsgüter in solcher Menge auf Vorrat angeschafft worden sind, daß sie auf Dauer nicht vermietet werden können, handelt es sich nicht um Gegenstände, die im Unternehmen genutzt oder verwendet werden. Sie werden letztlich zu veräußern sein, da es sich um Überbestände handelt. Diese Gegenstände rechnen

---

[1029] R 40 Abs. 4 EStR, H 40 (Nachholung) EStH.
[1030] Siehe Rdn. 537 ff.
[1031] Kottke, S. 14 f.; Langenbeck, BBK Fach 4 S. 1569 ff.
[1032] BFH, Urt. v. 1.7.1981 I R 148/78, BStBl 1982 II S. 246.
[1033] FG Berlin, Urt. v. 17.1.1979, EFG 1979 S. 497; FG des Saarlandes, Urt. v. 14.9.1979, EFG 1980 S. 589.
[1034] FinBeh. Hamburg, Erlaß vom 5.3.1975, S 2180 – 52 – 3/73, koordinierter Ländererlaß.
[1035] Kottke, S. 16 f.

daher nicht zum Anlagevermögen, sondern zum Umlaufvermögen, für das eine Sofortabschreibung nach § 6 Abs. 2 EStG nicht in Betracht kommt.

3.9.1.9 Abschreibung kurzlebiger Anlagen

1326 Beträgt die Nutzungsdauer eines Anlagegegenstandes nicht mehr als 12 Monate und reicht sie nicht über das Jahr der Anschaffung oder Herstellung hinaus, so gibt es nur ein Geschäftsjahr, auf das die Anschaffungs- oder Herstellungskosten verteilt werden können. Hier ergibt sich bereits aus § 253 Abs. 2 Satz 2 HGB eine Vollabschreibung im Jahr der Anschaffung oder Herstellung.

1327 Wird ein solcher Anlagegegenstand aber in einem Geschäftsjahr angeschafft oder hergestellt und endet seine betriebliche Nutzung innerhalb von 12 Monaten im folgenden Geschäftsjahr, so müßten seine Anschaffungs- oder Herstellungskosten nach der Regelung von § 253 Abs. 2 Satz 2 HGB auf zwei Geschäftsjahre verteilt werden. Die Nutzungsdauer ist hier aber ebenso lang wie in dem ersten Fall, in dem die Nutzungsdauer des Anlagegegenstandes im Anschaffungsjahr endet. Es wäre daher nicht wirtschaftlich sinnvoll, beide Fälle unterschiedlich zu behandeln.

1328 Zu den kurzlebigen Anlagegegenständen werden Anlagegegenstände mit einer Nutzungsdauer bis zu zwei Jahren gerechnet[1036]. Es wird folgende Regelung für sinnvoll gehalten, wenn sich die Nutzungsdauer über zwei Geschäftsjahre erstreckt:
- Zugang im ersten Halbjahr: Vollabschreibung
- Zugang im zweiten Halbjahr: Abschreibung zu je 50 % im Jahr des Zugangs und im folgenden Jahr[1037]

3.9.1.10 Planberichtigung und Planänderung

1329 Der Abschreibungsplan wird verbindlich, wenn der Jahresabschluß, in dem der Abschreibungsplan erstmals berücksichtigt wird, aufgestellt worden ist[1038]. Ab diesem Zeitpunkt kann er nur noch unter bestimmten Voraussetzungen geändert werden. Es wird unterschieden zwischen
- Berichtigungen (notwendigen Änderungen) und
- sonstigen Änderungen (zulässigen Änderungen).

1330 Für eine Planberichtigung kommen insbesondere folgende Gründe in Frage:
- **Nutzungsdauerkorrektur**, wenn abzusehen ist, daß die Anschaffungs- oder Herstellungskosten noch nicht abgeschrieben sind, wenn die geschätzte und der Abschreibung zugrunde gelegte Nutzungsdauer abgelaufen ist
- **Abschreibungsmethodenkorrektur**, wenn nach der Abschreibungsmethode die ersten Jahre der Nutzung zu gering belastet werden

---

[1036] ADS 6. Auflage, HGB § 253 Rdn. 412.
[1037] Richter, HdJ Abt. II/1 Rdn. 49.
[1038] Schnicke/Schramm/Bail in: Beck Bil-Komm. HGB § 253 Rdn. 258.

- **Bezugsgrößenkorrektur,** wenn eine außerplanmäßige Abschreibung, eine nur steuerrechtlich zulässige Abschreibung oder eine Abschreibung im Rahmen vernünftiger kaufmännischer Beurteilung erfolgt ist
- **Zuschreibung**

Nutzungsdauer und **Abschreibungsmethode** sind zu ändern, wenn die Abweichungen vom bisherigen Abschreibungsplan wesentlich sind. Die Bestimmung der Nutzungsdauer und der Abschreibungsmethode beruht auf Schätzungen. Eine Berichtigung gründet sich auf eine neue Schätzung. Jede Schätzung hat einen gewissen Rahmen. Nur wenn Nutzungsdauer und/oder Abschreibungsmethode den Rahmen der ersten Schätzung sprengen, kommt eine Berichtigung in Betracht. Vor einer Berichtigung ist aber zu prüfen, ob nicht eine außerplanmäßige Abschreibung[1039] in Betracht kommt. 1331

Eine **zu lange Nutzungsdauer** wird korrigiert, indem die noch nicht abgeschriebenen Anschaffungs- oder Herstellungskosten des Anlagegegenstands auf die neu bemessene Restnutzungsdauer abgeschrieben werden. 1332

Beispiel:
Anschaffungskosten 60 000 DM, ursprünglich geschätzte Nutzungsdauer 10 Jahre. Im 4. Nutzungsjahr ergibt sich eine Restnutzungsdauer von 3 Jahren.

Anschaffungskosten	*60 000 DM*
Abschreibung Jahr 1	*6 000 DM*
Buchwert Ende Jahr 1	*54 000 DM*
Abschreibung Jahr 2	*6 000 DM*
Buchwert Ende Jahr 2	*48 000 DM*
Abschreibung Jahr 3	*6 000 DM*
Buchwert Ende Jahr 3	*42 000 DM*
Abschreibung Jahr 4	*14 000 DM*
Buchwert Ende Jahr 4	*28 000 DM*
Abschreibung Jahr 5	*14 000 DM*
Buchwert Ende Jahr 5	*14 000 DM*
Abschreibung Jahr 6	*13 999 DM*
Buchwert Ende Jahr 6	*1 DM*

Bei der Korrektur der Nutzungsdauer dürfen nicht die Abschreibungen, die nach der neu berechneten Nutzungsdauer auf die früheren Jahre entfallen würden, nachgeholt werden. Das würde dem Grundsatz der Bewertungsstetigkeit widersprechen. Nur unter den Voraussetzungen einer außerplanmäßigen Abschreibung[1040] wäre das handelsrechtlich möglich[1041].

[1039] Siehe Rdn. 1345 ff.
[1040] Siehe Rdn. 1349 ff.
[1041] ADS 6. Auflage, HGB § 253 Rdn. 424.

1333 **Steuerrechtlich** gelten im Ergebnis dieselben Grundsätze. Soweit eine Veranlagung nicht mehr berichtigt werden kann oder ein sich aus ihrer Änderung ergebender Steueranspruch wegen Ablaufs der Festsetzungsfrist erloschen wäre, kann ein dieser Veranlagung zugrundeliegender Bilanzansatz nicht geändert werden. Ein falscher Bilanzansatz ist in der Schlußbilanz des ersten Jahres, dessen Veranlagung geändert werden kann, erfolgswirksam richtigzustellen[1042]. Unterlassene Abschreibungen sind ebenso wie in der Handelsbilanz so zu korrigieren, daß der Buchwert des Anlagegegenstands nach der bisher angewandten Absetzungsmethode verteilt wird[1043]. Abschreibungen, die unterblieben sind, um unberechtigte Steuervorteile zu erlangen, dürfen aber nicht nachgeholt werden[1044].

1334 Wurde die **Nutzungsdauer zu kurz** bemessen, kann für Kapitalgesellschaften dann eine Pflicht zur Berichtigung bestehen, wenn der Jahresabschluß andernfalls kein den tatsächlichen Verhältnissen entsprechendes Bild der Vermögens- oder Ertragslage vermittelt (§ 264 Abs. 2 HGB). Andere Kaufleute müssen eine willkürlich oder bewußt zu kurz bemessene Nutzungsdauer berichtigen. Sonst besteht für diese nur ein Recht zur Planänderung[1045].

1335 Eine **Korrektur der Abschreibungsmethode,** um künftig beschleunigt abzuschreiben, ist nur in Ausnahmefällen notwendig, wenn es bei Beibehaltung der bisherigen Abschreibungsmethode auf Dauer zu einer Überbewertung käme. Vorher ist zu prüfen, ob nicht eine außerplanmäßige Abschreibung vorzuziehen ist[1046].

1336 Eine **Korrektur der Bezugsgröße** kann durch außerplanmäßige oder nur steuerrechtlich zulässige Abschreibung erfolgen. Dann wird nur noch der verbleibende Restwert abgeschrieben.

Beispiel:
Anschaffungskosten 80 000 DM. Voraussichtliche Nutzungsdauer 10 Jahre. Abschreibungsmethode linear. Am Ende des dritten Nutzungsjahrs wird der Anlagegegenstand zusätzlich in Höhe von 20 % nach § 7 g EStG abgeschrieben.

Anschaffungskosten	*80 000 DM*
lineare Abschreibung 1. und 2. Jahr	*– 16 000 DM*
lineare Abschreibung 3. Jahr	*– 8 000 DM*
Abschreibung nach § 7 g EStG im 3. Jahr	*– 16 000 DM*
Buchwert Ende des 3. Jahrs	*40 000 DM*
Restnutzungsdauer 7 Jahre	
künftige jährliche Abschreibung	*5 714 DM*

[1042] R 15 Abs. 1 EStR.
[1043] R 44 Abs. 10 EStR.
[1044] H 44 (unterlassene oder überhöhte AfA) EStH.
[1045] ADS 6. Auflage, HGB § 253 Rdn. 426.
[1046] ADS 6. Auflage, HGB § 253 Rdn. 428.

Auch nach **Zuschreibungen**[1047] ist der Abschreibungsplan zu korrigieren. Besteht der Grund für einen niedrigeren Wertansatz nach einer außerplanmäßigen Abschreibung, nach einer Abschreibung im Rahmen vernünftiger kaufmännischer Beurteilung oder einer nur steuerrechtlich zulässigen Abschreibung nicht mehr, so darf auf den zutreffenden Wert oder auf einen Zwischenwert zugeschrieben werden. Das ergibt sich im Umkehrschluß aus § 253 Abs. 5, § 254 Satz 2 HGB. Für Kapitalgesellschaften ergibt sich grundsätzlich ein Zuschreibungsgebot aus § 280 HGB. Durch die Zuschreibungen erhöht sich die Bemessungsgrundlage für die Abschreibungen. Der erhöhte Wert ist auf die Restnutzungsdauer durch planmäßige Abschreibung zu verteilen. 1337

Zuschreibungen kommen außerdem bei **nachträglichen Anschaffungs-** oder **Herstellungskosten** in Betracht. Entsteht durch nachträgliche Herstellungsarbeiten an einem Wirtschaftsgut ein anderes Wirtschaftsgut, so ist Bemessungsgrundlage für die weiteren Abschreibungen die Summe aus Buch- oder Restwert des bisherigen Wirtschaftsguts und den nachträglichen Herstellungskosten[1048]. Bei einem neuen Wirtschaftsgut kann der Abschreibung nicht die Nutzungsdauer des bisherigen Wirtschaftsguts zugrunde gelegt werden. Sie muß neu bemessen werden. Das ist ausdrücklich sogar für den Fall bestimmt, daß kein neues Wirtschaftsgut durch nachträglichen Herstellungsaufwand entsteht[1049]. 1338

Nach **steuerlichen Außenprüfungen** werden oft in der Steuerbilanz die Buchwerte erhöht, indem etwa Aufwendungen, die vom Unternehmer als Reparaturaufwendungen behandelt wurden, als Herstellungsaufwendungen aktiviert werden. Werden die Ansätze in der Handelsbilanz an die Ansätze der Steuerbilanz angepaßt, ist der Abschreibungsplan zu ändern und von diesen erhöhten Werten abzuschreiben. 1339

Im Unterschied zu den notwendigen Planänderungen, die durchgeführt werden müssen, wenn die Voraussetzungen vorliegen, können Abschreibungspläne auch **freiwillig** geändert werden. In erster Linie kommt ein Übergang von einer zulässigen Abschreibungsmethode zu einer anderen zulässigen Abschreibungsmethode in Betracht. Hierbei ist der in § 252 Abs. 1 Nr. 6 HGB niedergelegte Grundsatz der Bewertungsstetigkeit zu beachten. In dieser Vorschrift heißt es zwar, daß die auf den vorhergehenden Jahresabschluß angewandten Bewertungsmethoden beibehalten werden „sollen", also nicht „müssen". Hieraus folgt aber keine unbeschränkte Übergangsmöglichkeit von einer zulässigen Abschreibungsmethode zur anderen. 1340

Nach dem Bericht des Rechtsausschusses zu dieser Vorschrift[1050] soll der Kaufmann durch den Stetigkeitsgrundsatz nicht gehindert sein, **steuerrechtliche Bewertungswahlrechte**, z. B. Sonderabschreibungen, von Jahr zu Jahr unterschied- 1341

1047 Siehe Rdn. 1401 ff.
1048 R 43 Abs. 5 EStR.
1049 R 44 Abs. 11 EStR.
1050 Ausschußbericht S. 100.

lich auszuüben. Hiernach scheint die Ausgestaltung der Bestimmung als Sollvorschrift im Gegensatz zu den anderen Regelungen des § 252 Abs. 1 HGB, die als Mußvorschriften gefaßt sind, sich nur auf die steuerrechtlichen Bewertungsmöglichkeiten zu beziehen.

1342 Es wird daher unterschieden zwischen dem Wechsel steuerrechtlicher Abschreibungen und dem Wechsel handelsrechtlicher Abschreibungen. Für steuerrechtliche Abschreibungen stellt sich die Problematik der Bewertungsstetigkeit nicht. Soweit ein Wechsel einer steuerrechtlichen Abschreibungsmethode steuerlich zulässig ist, ist er es über § 254 Satz 1 HGB auch handelsrechtlich. Jedoch ist ein Wechsel einer handelsrechtlichen Abschreibungsmethode wegen des Gebotes zur planmäßigen Abschreibung grundsätzlich ausgeschlossen. Der durch die Sollvorschrift mögliche Wechsel der Abschreibungsmethode ist aufgrund von § 252 Abs. 2 HGB nur in begründeten Ausnahmefällen möglich[1051].

1343 Ein begründeter Ausnahmefall für einen Wechsel einer **handelsrechtlichen Abschreibungsmethode** wird dann angenommen, wenn sich die wirtschaftlichen Gegebenheiten ändern, so daß eine andere Abschreibungsmethode dem Entwertungsverlauf besser entspricht. Es kann daher unter diesen Voraussetzungen auch zulässig sein, bei technisch überholten Maschinen von der linearen zur degressiven Abschreibung überzugehen. Auch bei Verschmelzungen oder Sanierungen von Unternehmen sind Änderungen der Abschreibungsmethoden zulässig. Kann eine Kapitalgesellschaft die ursprünglich gewählte degressive Abschreibungsmethode nicht durchhalten, weil sich bei dem sich hiernach ergebenden Abschreibungsaufwand eine angemessene Dividende nicht mehr ergibt, so ist ein Wechsel zur linearen Abschreibung zulässig. Ein Wechsel der Abschreibungsmethode von Jahr zu Jahr ist aber ein Verstoß gegen das Willkürverbot[1052].

1344 **Kapitalgesellschaften** müssen im Anhang Abweichungen vom Abschreibungsplan angeben und begründen (§ 284 Abs. 2 Nr. 3 HGB).

3.9.2 Außerplanmäßige Abschreibungen

3.9.2.1 Niederstwertprinzip

1345 **Handelsrechtlich** werden abnutzbare und nicht abnutzbare Anlagegegenstände bei der außerplanmäßigen Abschreibung auf den niedrigeren Wert abgeschrieben, der ihnen am Abschlußstichtag beizulegen ist. Bei einer vorübergehenden Wertminderung besteht ein Abschreibungswahlrecht, bei einer voraussichtlich dauernden Wertminderung ein Abschreibungsgebot (§ 253 Abs. 2 Satz 3 HGB).

1346 Eine Abschreibung auf den niedrigeren Wert ist bei Anlagegegenständen also nur bei einer voraussichtlich dauernden Wertminderung geboten im Gegensatz zu den Umlaufgegenständen, die bei jeder Wertminderung auf den niedrigeren Wert abzuschreiben sind. Daher wird diese Regelung im Gegensatz zum strengen Nie-

---

[1051] Schnicke/Schramm/Bail in: Beck Bil-Komm. § 253 Rdn. 271 f.
[1052] ADS 6. Auflage, HGB § 253 Rdn. 436.

derstwertprinzip bei den Umlaufgegenständen als **gemildertes Niederstwertprinzip** bezeichnet.

Geleistete Anzahlungen auf Anlagegegenstände werden zu den Anlagegegenständen gerechnet. Handelt es sich um Anzahlungen auf abnutzbare Anlagegegenstände, gehören sie nicht wie diese zum abnutzbaren Anlagevermögen. Sie sind generell den Forderungen ähnlich. Sie werden daher wie diese außerplanmäßig auf den niedrigeren Wert bzw. Teilwert abgeschrieben. Als Vermögensgegenstände bzw. Wirtschaftsgüter des Anlagevermögens gilt für sie das gemilderte Niederstwertprinzip. 1347

Kapitalgesellschaften dürfen bei einer vorübergehenden Wertminderung nur Finanzanlagen, nicht aber Sachanlagen oder immaterielle Anlagegegenstände, außerplanmäßig abschreiben (§ 279 Abs. 1 Satz 2 HGB). Sie müssen außerplanmäßige Abschreibungen in der Gewinn- und Verlustrechnung gesondert ausweisen oder im Anhang angeben (§ 277 Abs. 3 Satz 1 HGB). 1348

3.9.2.2 Niedrigerer Wert

„Niedrigerer Wert" setzt einen Vergleichswert voraus, gegenüber dem dieser Wert niedriger ist. Das ist der Buchwert zum vorhergehenden Abschlußstichtag vermindert um die planmäßige Abschreibung des Geschäftsjahres. 1349

Der niedrigere Wert ergibt sich aus Umständen, die für die Wertbestimmung eines Anlagegegenstands maßgebend sind. Ein Anlagegegenstand soll im Betrieb genutzt werden. Es ist daher zunächst von den Aufwendungen auszugehen, die erforderlich wären, ihn der betrieblichen Nutzung zuzuführen. Das ist der **Wiederbeschaffungswert**. 1350

Sind die Wiederbeschaffungskosten für einen Anlagegegenstand gesunken, darf der Anlagegegenstand höchstens mit diesen Wiederbeschaffungskosten bewertet werden. Der Wiederbeschaffungswert ist also der Höchstwert, mit dem ein Anlagegegenstand bewertet werden kann.

Läßt sich ein **Wiederbeschaffungszeitwert** ermitteln, z. B. bei gebrauchten Pkw anhand von Gebrauchtwagenlisten, so ist dieser Wert anzusetzen. Andernfalls ist vom Wiederbeschaffungsneuwert auszugehen. 1351

Beispiel:
Eine Maschine wurde im Februar 01 für 80 000 DM angeschafft. Die voraussichtliche Nutzungsdauer beträgt 5 Jahre. Die Maschine wird linear abgeschrieben. Am 31.12.03 betragen die Wiederbeschaffungskosten für eine vergleichbare Maschine 60 000 DM.

Anschaffungskosten	*80 000 DM*
Abschreibung 01 bis 03 3 x 16 000 DM =	*– 48 000 DM*
Buchwert 31.12.03	*32 000 DM*
Wiederbeschaffungsneuwert am 31.12.03	*60 000 DM*
Abschreibung 01 bis 03 3 x 12 000 DM =	*– 36 000 DM*
Wiederbeschaffungswert = niedriger Wert	*24 000 DM*

Weist eine vergleichbare Neuanlage wesentliche technische Verbesserungen auf, muß zur Berechnung des niedrigeren Werts der Wiederbeschaffungsneuwert um einen angemessenen Betrag gekürzt werden.

1352 Anlagen sind in erster Linie dazu bestimmt, im Betrieb genutzt und nicht, um veräußert zu werden. Daher ist der **Einzelveräußerungswert** als niedrigerer Wert nur ausnahmsweise anzusetzen, etwa wenn eine baldige Veräußerung beabsichtigt ist oder eine Anlage stilliegt, mit einer Wiederinbetriebnahme in absehbarer Zeit nicht zu rechnen ist und die Anlage auch sonst für das Unternehmen ohne Nutzen ist. Einzelveräußerungswert kann im Einzelfall auch der Schrottwert sein. Zu mindern sind hiervon die Ausbau-, Abbruch-, Demontage- und Veräußerungskosten. Der Einzelveräußerungswert ist der unterste Wert für die Bestimmung des niedrigeren Werts[1053].

1353 Es gibt Vermögensgegenstände, für die eine Wiederbeschaffung so nicht möglich ist. Hierzu rechnen insbesondere **Patente, Beteiligungen, Lizenzen** und **zur Vermietung bestimmte Objekte**. Bei diesen Vermögensgegenständen kommt es auf den **Ertragswert** als beizulegendem Wert an. Dieser wird in erster Linie aus den auf den Abschlußstichtag abgezinsten künftigen Einnahmeüberschüssen bestimmt. Hinzu können weitere Nutzungserwartungen zu berücksichtigen sein, so bei Beteiligungen etwaige sich aus der Verbindung ergebende Vorteile. Bei ausländischen Beteiligungen kann eine nachhaltige Verschlechterung des Kurses der ausländischen Währung die Einnahmeüberschüsse mindern und deshalb bei der Bestimmung des Ertragswertes zu berücksichtigen sein. Bei zur Vermietung bestimmten Objekten können schlechte Vermietbarkeit oder nachhaltig niedrige Mieterträge auch dann eine außerplanmäßige Abschreibung indizieren, wenn der Substanzwert über dem Buchwert liegt[1054].

1354 Die Rechtsprechung des BFH stellt aber bei der Bestimmung des Teilwertes einer **Beteiligung** in erster Linie auf die **Wiederbeschaffungskosten** ab. Diese entsprächen auch noch ein Jahr nach der Anschaffung der Beteiligung den damaligen Anschaffungskosten. Sei die Beteiligung zum Verkauf an der Börse bestimmt oder erscheine die Beschaffung einer gleich hohen Beteiligung an der Börse zu den Kurswerten möglich, entsprächen die Wiederbeschaffungskosten dem Kurswert. Ferner müsse ein sog. Paketzuschlag berücksichtigt werden[1055].

1355 Fehlende **Rentabilität** ist dann wertmindernd zu berücksichtigen, wenn beabsichtigt ist, die betreffende Produktion einzustellen und die hierfür eingesetzten Anlagen stillzulegen. Wird mit veralteten Anlagen weiter produziert und beruht die fehlende Rentabilität hierauf, sind außerplanmäßige Abschreibungen ggf. insoweit vorzunehmen, als sich aus planmäßiger Abschreibung der Anlagen auf den verbleibenden Buchwert kein Verlust mehr ergibt[1056]. Sind die Ertragsverhältnis-

---

[1053] ADS 6. Auflage, HGB § 253 Rdn. 460 ff.
[1054] ADS 6. Auflage, HGB § 253 Rdn. 464 ff.
[1055] BFH, Urt. v. 7.11.1990 I R 116/86, BStBl. 1991 II S. 342.
[1056] ADS 6. Auflage, HGB § 253 Rdn. 467 ff.

se eines Betriebs durch technische oder strukturelle Veränderungen auf Dauer stark rückläufig, können einzelne hiervon betroffene Anlagegegenstände außerplanmäßig abgeschrieben werden[1057].

3.9.2.3 Ansatz in der Steuerbilanz

Steuerrechtlich gibt es als außerplanmäßige Abschreibungen die Absetzungen für **außergewöhnliche technische oder wirtschaftliche Abnutzung** (§ 7 Abs. 1 Satz 5 EStG) und die **Teilwertabschreibung** (§ 6 Abs. 1 Nr. 1 und 2 EStG). Für beide Abschreibungen bestehen in der Steuerbilanz Wahlrechte. 1356

Nach § 5 Abs. 1 Satz 2 EStG sind steuerrechtliche Wahlrechte bei der Gewinnermittlung in Übereinstimmung mit der handelsrechtlichen Jahresbilanz auszuüben. Bei einer **voraussichtlich dauernden Wertminderung** eines Anlagegegenstandes besteht handelsrechtlich ein Abschreibungsgebot (§ 253 Abs. 2 Satz 3, 2. Halbsatz HGB). Ist in diesem Fall ein Anlagegegenstand in der Handelsbilanz nicht mit dem niedrigeren Wert angesetzt, ist die Handelsbilanz unrichtig. § 5 Abs. 1 Satz 2 EStG kann nicht so verstanden werden, daß ein steuerrechtliches Wahlrecht in Übereinstimmung mit einem unrichtigen Wertansatz in der Handelsbilanz auszuüben ist. Vielmehr sind dann die handelsrechtlichen Grundsätze ordnungsmäßiger Buchführung aufgrund von § 5 Abs. 1 Satz 1 EStG zu beachten, denen bei voraussichtlich dauernder Wertminderung das Abschreibungsgebot in der Handelsbilanz entspricht. Besteht daher für einen Anlagegegenstand voraussichtlich eine dauernde Wertminderung, ist für den Anlagegegenstand in der Steuerbilanz unabhängig von seinem Ansatz in der Handelsbilanz eine Absetzung für außergewöhnliche technische oder wirtschaftliche Abnutzung oder eine Teilwertabschreibung vorzunehmen.

Ist der Anlagegegenstand aber nur **vorübergehend im Wert gemindert**, besteht sowohl in der Handels- als auch in der Steuerbilanz ein Abschreibungswahlrecht. In diesem Fall darf in der Steuerbilanz nur dann auf den niedrigeren Wert abgeschrieben werden, wenn auch in der Handelsbilanz außerplanmäßig abgeschrieben worden ist[1058].

Absetzungen für **außergewöhnliche technische oder wirtschaftliche Abnutzung** kommen nur für **abnutzbare Anlagegegenstände** in Betracht. **Ursache** für die Abnutzung muß ein besonderes Ereignis sein, z. B. Brand, Hochwasser, Erdbeben, Unfall, Überholung durch Neuentwicklungen. Hierdurch muß ein über die normale Abnutzung hinausgehender technischer Verschleiß oder wirtschaftlicher Wertverlust eingetreten sein. Folge ist eine Verminderung des Wertes des Anlagegegenstands oder eine Verkürzung seiner Nutzungsdauer. 1357

Die **folgenden Abschreibungen** nach einer Absetzung für außergewöhnliche technische oder wirtschaftliche Abnutzung bemessen sich bei einem Gebäude 1358

[1057] BFH, Urt. v. 19.10.1972 I R 244/70, BStBl. 1973 II S. 54.
[1058] Lause/Sievers, BB 1990 S. 24 ff., 29.

vom nächsten Wirtschafts- oder Kalenderjahr an nach den Anschaffungs- oder Herstellungskosten des Gebäudes abzüglich des Betrags der Absetzung für außergewöhnliche technische oder wirtschaftliche Abnutzung (§ 11c Abs. 2 Satz 1 EStDV).

Beispiel:
Der Unternehmer hat am 15.1.01 ein Betriebsgebäude fertiggestellt, für das er den Bauantrag vor dem 1.4.1985 gestellt hat. Die Herstellungskosten haben 500 000 DM betragen, die jährliche AfA 2 %, also jährlich 10 000 DM. Am 10.1.11 läßt er 30 % der Bausubstanz abreißen. Die Abschreibungen bis zum 31.12.10 betrugen 10 Jahre x 10 000 DM = 100 000 DM. Der Buchwert zum 31.12.10 betrug daher 400 000 DM. Dieser ist im Jahr 11 wegen der außergewöhnlichen AfA um 30 %, also um 120 000 DM, zu mindern. Ferner ist in diesem Jahr noch die lineare Abschreibung vorzunehmen. Ab dem folgenden Jahr sind Bemessungsgrundlage für die laufenden Abschreibungen die Anschaffungs- oder Herstellungskosten abzüglich des Betrags der außergewöhnlichen AfA in Höhe von 120 000 DM.

Herstellungskosten 15.1.01	*500 000 DM*
lineare AfA von 01 bis 10	*100 000 DM*
Buchwert am 31.12.10	*400 000 DM*
Absetzung für außergewöhnliche Abnutzung	*120 000 DM*
lineare AfA Jahr 11	*10 000 DM*
Buchwert am 31.12.11	*270 000 DM*
Bemessungsgrundlage für die linearen AfA ab 1.1.12 : 500 000 DM – 120 000 DM = 380 000 DM	
Lineare AfA ab 1.1.12 : 380 000 DM x 2 % =	*7 600 DM*
Buchwert am 31.12.12	*262 400 DM*

1359 Bei **degressiv abgeschriebenen beweglichen Anlagegegenständen** sind Absetzungen für außergewöhnliche technische oder wirtschaftliche Abnutzung nicht zulässig (§ 7 Abs. 2 Satz 4 EStG). Es ist aber der Übergang von der degressiven zur linearen Abschreibung zulässig. Kommt daher eine Absetzung für außergewöhnliche technische oder wirtschaftliche Abnutzung in Betracht, kann sie vorgenommen werden, nachdem vorher zur linearen Abschreibung übergegangen worden ist.

1360 Ist der **Teilwert** niedriger als die Anschaffungs- oder Herstellungskosten (bei abnutzbaren Anlagegegenständen vermindert um die Absetzungen für Abnutzung nach § 7 EStG) so darf dieser niedrigere Teilwert angesetzt werden (§ 6 Abs. 1 Nr. 1 Satz 2, Nr. 2 Satz 2 EStG). Für die Abschreibung auf den niedrigeren Teilwert besteht also steuerrechtlich ein Wahlrecht.

Nach einer Teilwertabschreibung sind die Absetzungen für Abnutzung von dem dann noch vorhandenen Restbuchwert vorzunehmen.

3.9.3 Abschreibung im Rahmen vernünftiger kaufmännischer Beurteilung

Handelsrechtlich sind außerdem Abschreibungen im Rahmen vernünftiger kauf- 1361
männischer Beurteilung zulässig (§ 253 Abs. 4 HGB). Diese dürfen daher über
die planmäßigen und außerplanmäßigen Abschreibungen hinaus vorgenommen
werden. **Kapitalgesellschaften** ist es aber nicht gestattet, so abzuschreiben
(§ 279 Abs. 1 HGB).

Diese Abschreibungen haben allein das Ziel, stille Rücklagen zu bilden. Sie werden begrenzt durch die „vernünftige kaufmännische Beurteilung". Dieser unbestimmte Rechtsbegriff ist durch Auslegung auszufüllen.

Der **Gesetzgeber** wollte die Bildung stiller Rücklagen nur im bisher zulässigen 1362
Umfang zulassen[1059]. Dabei war er sich der Gefahr der Bildung stiller Rücklagen
für den Gläubigerschutz bewußt, die sich daraus ergibt, daß in Notzeiten stille
Rücklagen aufgelöst werden können und so eine ungünstige Entwicklung eines
Unternehmens u. U. solange verschleiert werden kann, bis es für die Gläubiger zu
spät ist[1060]. Daher kann die Bildung der stillen Rücklagen nur im Rahmen der
Grundsätze ordnungsmäßiger Buchführung geschehen. Ob das sogar soweit geschehen kann, bis die Grenze willkürlicher Unterbewertung überschritten
wird[1061], ist zweifelhaft. Denn eine Bewertung ist nicht schon dann ordnungsmäßig, wenn sie nicht willkürlich ist.

Die Bildung stiller Rücklagen verstößt grundsätzlich gegen den Grundsatz der 1363
Periodenabgrenzung. Bei ihrer Bildung erzielte Gewinne werden erst später,
wenn die Rücklagen aufgelöst werden, ausgewiesen. Auf der anderen Seite werden durch die Bildung stiller Rücklagen Gewinnausschüttungen vermindert.
Hierdurch wird das Haftkapital erhöht, was dem Gläubigerschutz dient. Zugleich
besteht aber wegen der Möglichkeit, in Notzeiten stille Rücklagen zur Verschleierung der Notlage aufzulösen, auch eine erhebliche Gefahr für die Gläubiger. Diese genannten Grundsätze ordnungsmäßiger Buchführung lassen daher eine zusätzliche Bildung stiller Rücklagen über die bisher genannten Abschreibungen
nur in sehr eng begrenztem Umfang zu. Sie ist nur zulässig im Rahmen einer kaufmännisch vorsichtigen Bewertung[1062]. Deshalb ist Döring[1063] zuzustimmen, daß
die Bedeutung der Abschreibungen im Rahmen vernünftiger kaufmännischer Beurteilung in der Bewertungspraxis recht bescheiden bleiben wird.

Steuerrechtlich ist die Bewertung in den §§ 6 und 7 EStG zwingend geregelt. Nur 1364
in diesem Rahmen können handelsrechtliche Abschreibungsmöglichkeiten ausgeübt werden (§ 5 Abs. 6 EStG). Die steuerrechtlichen Abschreibungsvorschriften
lassen eine Abschreibung im Rahmen vernünftiger kaufmännischer Beurteilung
nicht zu. Diese Abschreibung ist daher in der Steuerbilanz ausgeschlossen.

1059 Ausschußbericht, S. 101.
1060 Regierungsentwurf, S. 91.
1061 So Döring in: Küting/Weber, § 253 Rdn. 195.
1062 Wöhe, Bilanzierung und Bilanzpolitik, S. 626 ff.
1063 Döring in: Küting/Weber, § 253 Rdn. 199.

3.9.4 Steuerrechtlich zulässige Abschreibungen

3.9.4.1 Umgekehrte Maßgeblichkeit im Rahmen der Abschreibung

1365 Nach § 254 Satz 1 HGB können Abschreibungen auch vorgenommen werden, um Vermögensgegenstände des Anlage- oder Umlaufvermögens mit dem niedrigeren Wert anzusetzen, der auf einer nur steuerrechtlich zulässigen Abschreibung beruht. Diese Vorschrift korrespondiert mit § 5 Abs. 1 Satz 2 EStG. Hiernach sind steuerrechtliche Wahlrechte bei der Gewinnermittlung in Übereinstimmung mit der handelsrechtlichen Jahresbilanz auszuüben. Bezogen auf die Abschreibungen bedeutet das: Bestehen für Abschreibungen, die nur steuerrechtlich zulässig sind, Wahlrechte, dann setzt ihr Ansatz in der Steuerbilanz eine übereinstimmende Abschreibung in der Handelsbilanz voraus.

1366 Es müssen also folgende Voraussetzungen erfüllt sein:
- Es muß sich um Abschreibungen handeln, die nur steuerrechtlich, also nicht auch handelsrechtlich, zulässig sind,
- für die Abschreibungen muß ein Wahlrecht bestehen und
- aufgrund der Abschreibung muß ein niedrigerer Wert angesetzt werden.

1367 **Kapitalgesellschaften** dürfen in der Handelsbilanz Abschreibungen nach § 254 HGB nur insoweit vornehmen, als das Steuerrecht ihre Anerkennung bei der steuerrechtlichen Gewinnermittlung davon abhängig macht, daß sie sich aus der Bilanz ergeben (§ 279 Abs. 2 HGB). Da die steuerrechtlichen Abschreibungen nach § 5 Abs. 1 Satz 2 EStG in der Steuerbilanz von gleichlautenden Abschreibungen in der Handelsbilanz abhängen, sind sie in der Handelsbilanz der Kapitalgesellschaften zulässig. § 279 Abs. 2 HGB führt daher in der Praxis zu keiner wesentlichen Einschränkung von Abschreibungsmöglichkeiten bei Kapitalgesellschaften[1064].

3.9.4.2 Erhöhte Abschreibungen und Sonderabschreibungen

1368 Zu den nur steuerrechtlich zulässigen Abschreibungen werden zunächst alle Abschreibungen gerechnet, die aus rein steuerrechtlichen, besser gesagt finanzpolitischen Gründen, gewährt werden. Das sind die unter § 7a EStG fallenden erhöhten Abschreibungen und Sonderabschreibungen. Für sie bestehen keinerlei handelsrechtliche Gründe.

Da für sie Wahlrechte der Abschreibung bestehen und Abschreibungswahlrechte voraussetzen, daß in der Handelsbilanz übereinstimmend abgeschrieben wird, könnten diese Abschreibungen in der Steuerbilanz nicht ausgeübt werden, wenn sie nicht ausdrücklich für die Handelsbilanz zugelassen wären. Ohne § 254 HGB wären daher aus nur steuerrechtlichen Gründen gewährte Abschreibungen für Unternehmen, die Handelsbilanzen aufstellen, nicht ausübbar.

[1064] Ellrott/Gutike in: Beck Bil-Komm. § 279 Rdn. 7.

Abschreibungen auf materielle und immaterielle Anlagegegenstände

1369 Können Sonderabschreibungen oder erhöhte Abschreibungen bereits für **Anzahlungen** auf Anschaffungskosten oder für **Teilherstellungskosten** in Anspruch genommen werden, so treten an die Stelle der Anschaffungskosten oder der Herstellungskosten die Anzahlungen oder Teilherstellungskosten und an die Stelle des Jahrs der Anschaffung oder Herstellung das Jahr der Anzahlung oder Teilherstellung. Nach der Anschaffung oder Herstellung sind dann Sonderabschreibungen oder erhöhte Abschreibungen nur noch zulässig, soweit sie nicht bereits für Anzahlungen oder Teilherstellungskosten in Anspruch genommen worden sind (7 a Abs. 2 EStG).

Anzahlungen auf Anschaffungskosten sind im Zeitpunkt der tatsächlichen Zahlung aufgewendet. Werden sie durch Hingabe eines Wechsels geleistet, so sind sie in dem Zeitpunkt aufgewendet, in dem das Geld dem Lieferanten durch Diskontierung oder Einlösung des Wechsels tatsächlich zufließt. Das gilt entsprechend auch, wenn ein Scheck hingeben wird (§ 7a Abs. 2 Sätze 4 und 5 EStG).

1370 Werden in dem Zeitraum, in dem bei einem Wirtschaftsgut Sonderabschreibungen oder erhöhte Abschreibungen in Anspruch genommen werden, **nachträgliche Herstellungskosten** aufgewendet, so bemessen sich vom Jahr der Entstehung der nachträglichen Herstellungskosten an bis zum Ende des Begünstigungszeitraums die Absetzungen für Abnutzung, die Sonderabschreibungen und die erhöhten Abschreibungen nach den um die nachträglichen Herstellungskosten erhöhten Anschaffungs- oder Herstellungskosten. Entsprechendes gilt für nachträgliche Anschaffungskosten (§ 7a Abs. 1 EStG).

1371 Liegen bei einem Wirtschaftsgut die Voraussetzungen für die Inanspruchnahme von Sonderabschreibungen und erhöhten Abschreibungen **aufgrund mehrerer Vorschriften** vor, so dürfen Sonderabschreibungen oder erhöhte Abschreibungen nur aufgrund einer dieser Vorschriften in Anspruch genommen werden (§ 7 a Abs. 5 EStG).

1372 Bei zu einem Betriebsvermögen gehörenden Wirtschaftsgütern sind nach § 7a Abs. 8 EStG erhöhte Absetzungen oder Sonderabschreibungen nur zulässig, wenn sie in ein besonderes, laufend zu führendes **Verzeichnis** mit folgenden Angaben aufgenommen werden:
- Tag der Anschaffung oder Herstellung
- Anschaffungs- oder Herstellungskosten
- betriebsgewöhnliche Nutzungsdauer
- Höhe der jährlichen Absetzungen für Abnutzung, erhöhten Absetzungen und Sonderabschreibungen

Das Verzeichnis braucht nicht geführt zu werden, wenn diese Angaben aus der Buchführung ersichtlich sind.

1373 **Nach Ablauf des Begünstigungszeitraums** bemessen sich die Absetzungen für Abnutzung
- bei Gebäuden und Gebäudeteilen i. S. von § 7 Abs. 5 a EStG nach dem Restwert und dem nach § 7 Abs. 4 EStG unter Berücksichtigung der Restnutzungsdauer maßgebenden Prozentsatz,

- bei anderen Wirtschaftsgütern nach dem Restwert und der Restnutzungsdauer (§ 7a Abs. 9 EStG).

In den folgenden Ausführungen werden nur die Vergünstigungen besprochen, die noch nach dem 31.12.1995 neu in Anspruch genommen werden können.

3.9.4.2.1 Absetzungen bei Gebäuden in Sanierungsgebieten und städtebaulichen Entwicklungsbereichen (§ 7 h EStG)

1374 Begünstigte Wirtschaftsgüter: Im Inland belegene Gebäude, selbständige unbewegliche Gebäudeteile, Eigentumswohnungen und im Teileigentum stehende Räume in einem förmlich festgelegten Sanierungsgebiet oder städtebaulichen Entwicklungsbereich bei Nachweis durch Bescheinigung der zuständigen Gemeindebehörde.

Erhöhte Abschreibungen: Abweichend von § 7 Abs. 4 und 5 EStG jeweils bis zu 10 % der Anschaffungs- oder Herstellungskosten für Modernisierungs- und Instandsetzungsmaßnahmen im Jahr der Herstellung oder Anschaffung und in den folgenden 9 Jahren, soweit die Anschaffungs- oder Herstellungskosten nicht durch Zuschüsse aus Sanierungs- oder Entwicklungsförderungsmitteln gedeckt sind.

3.9.4.2.2 Erhöhte Absetzung bei Baudenkmalen (§ 7 i EStG)

1375 Begünstigte Wirtschaftsgüter: Im Inland belegene
- Gebäude, die nach landesrechtlichen Vorschriften Baudenkmale sind oder
- Gebäude oder selbständige Gebäudeteile, die zwar selbst nicht Baudenkmale sind, aber Teil einer Gebäudegruppe oder Gesamtanlage sind, die als Einheit geschützt ist,
- wenn die Voraussetzungen durch eine Bescheinigung der zuständigen Stelle nachgewiesen werden.

Erhöhte Abschreibungen: Abweichend von § 7 Abs. 4 und 5 EStG im Jahr der Herstellung und in den folgenden 9 Jahren jeweils bis zu 10 % der Herstellungskosten (soweit nicht durch Zuschüsse aus öffentlichen Kassen gedeckt) für Baumaßnahmen, die nach Art und Umfang erforderlich sind
- zur Erhaltung des Gebäudes als Baudenkmal oder
- zu seiner sinnvollen Nutzung. Ein Gebäude wird nur dann sinnvoll genutzt, wenn dabei die Erhaltung seiner schützenswerten Substanz auf die Dauer gewährleistet ist.

3.9.4.2.3 Sonderabschreibungen im Fördergebiet (Fördergebietsgesetz)

1376 Im Fördergebiet werden durch Sonderabschreibungen bestimmte Maßnahmen begünstigt. Fördergebiet ist das gesamte Gebiet von Berlin und das Gebiet der fünf neuen Bundesländer Brandenburg, Mecklenburg-Vorpommern, Sachsen, Sachsen-Anhalt und Thüringen.

Abschreibungen auf materielle und immaterielle Anlagegegenstände

Begünstigt sind folgende **Baumaßnahmen** an abnutzbaren unbeweglichen Wirtschaftsgütern im Fördergebiet: 1377
- Anschaffung und Herstellung
- Modernisierungsmaßnahmen
- andere nachträgliche Herstellungsarbeiten

Bewegliche Anlagegegenstände sind begünstigt, wenn sie keine Luftfahrzeuge sind, mindestens drei Jahre nach der Anschaffung oder Herstellung zum Anlagevermögen einer Betriebsstätte im Fördergebiet gehören und während dieser Zeit in einer solchen Betriebsstätte verbleiben. Ferner darf die private Nutzung in keinem dieser Jahre über 10 % betragen. 1378

Sonderabschreibungen können im Jahr der Anschaffung oder Herstellung und in den folgenden vier Jahren in Anspruch genommen werden. Sie betragen bei Anschaffungen oder Herstellungen bis einschließlich 1996 50 % und für spätere Investitionen 40 %. Sie können bereits für Anzahlungen auf Anschaffungskosten und für Teilherstellungskosten in Anspruch genommen werden. 1379

Die **Anschaffung** ist nur dann begünstigt, wenn das Wirtschaftsgut 1380
a) bis zum Ende des Jahres der Fertigstellung angeschafft worden ist und hierfür weder AfA nach § 7 Abs. 5 EStG noch erhöhte Absetzungen oder Sonderabschreibungen in Anspruch genommen worden sind oder
b) beim Erwerber zu einem Betriebsvermögen gehört und nach dem Jahr der Fertigstellung und vor dem 1.1.1994 angeschafft worden ist oder nach dem 31.12.1993 angeschafft worden ist und mindestens fünf Jahre nach seiner Anschaffung zu eigenbetrieblichen Zwecken verwendet wird oder
c) nach dem Jahr der Fertigstellung und aufgrund eines nach dem 31.12.1991 rechtswirksam abgeschlossenen obligatorischen Vertrags oder gleichstehenden Rechtsakts angeschafft worden ist, soweit Modernisierungsmaßnahmen und andere nachträgliche Herstellungsarbeiten nach dem Abschluß dieses Vertrags oder Rechtsakts durchgeführt worden sind.

Bemessungsgrundlage für die Sonderabschreibungen sind bei 1381
- hergestellten Wirtschaftsgütern die Herstellungskosten,
- angeschafften Wirtschaftsgütern die Anschaffungskosten,
- nachträglichen Herstellungsarbeiten die Herstellungskosten,
- Modernisierungsmaßnahmen und anderen nachträglichen Herstellungsarbeiten an Wirtschaftsgütern, die nach dem Jahr der Fertigstellung und aufgrund eines nach dem 31.12.1991 rechtswirksam abgeschlossenen obligatorischen Vertrags oder gleichstehenden Rechtsakts angeschafft worden sind, die Anschaffungskosten.

Das **Abschreibungsvolumen** in bezug auf die Bemessungsgrundlage ist unterschiedlich hoch: 1382
- Anschaffung, Herstellung oder Beendigung der nachträglichen Herstellungsarbeiten nach dem 31.12.1990 und vor dem 1.1.1997:
  bis zu 50 % der Bemessungsgrundlage

- Anschaffung, Herstellung oder Beendigung der nachträglichen Herstellungsarbeiten nach dem 31.12.1996 und vor dem 1.1.1999
  a) soweit vor dem 1.1.1997 Anzahlungen auf Anschaffungskosten geleistet worden oder Teilherstellungskosten entstanden sind: bis zu 50 %,
  b) soweit die Bemessungsgrundlage die vor dem 1.1.1997 geleisteten Anzahlungen auf Anschaffungskosten oder entstandenen Teilherstellungskosten übersteigt,
    aa) soweit die unbeweglichen Wirtschaftsgüter mindestens 5 Jahre nach ihrer Anschaffung oder Herstellung Wohnzwecken dienen
      (1) Modernisierungsmaßnahmen und andere nachträgliche Herstellungsarbeiten: bis zu 40 %
      (2) andere Baumaßnahmen: bis zu 25 %
    bb) soweit die unbeweglichen Wirtschaftsgüter nicht mindestens 5 Jahre nach ihrer Anschaffung oder Herstellung in einem Betrieb des verarbeitenden Gewerbes zu eigenbetrieblichen Zwecken verwendet werden oder Wohnzwecken dienen
      (1) Modernisierungsmaßnahmen und andere nachträgliche Herstellungsarbeiten: bis zu 40 %
      (2) andere Baumaßnahmen: bis zu 20 %
    cc) in anderen als unter aa und bb aufgeführten Fällen oder wenn das Wirtschaftsgut nach dem Jahr der Fertigstellung und aufgrund eines nach dem 31.12.1991 rechtswirksam abgeschlossenen obligatorischen Vertrags oder gleichstehenden Rechtsakts angeschafft worden ist, soweit Modernisierungsmaßnahmen und andere nachträgliche Herstellungsarbeiten nach dem Abschluß des Vertrags oder Rechtsakts durchgeführt worden sind: bis zu 40 %
- Anschaffung, Herstellung oder Beendigung der nachträglichen Herstellungsarbeiten nach dem 31.12.1998
  a) soweit nach dem 31.12.1990 und vor dem 1.1.1997 Anzahlungen auf Anschaffungskosten geleistet oder Teilherstellungskosten entstanden sind: bis zu 50 %,
  b) soweit nach dem 31.12.1996 und vor dem 1.1.1999 Anzahlungen auf Anschaffungskosten geleistet worden oder Teilherstellungskosten entstanden sind
    aa) soweit die unbeweglichen Wirtschaftsgüter mindestens 5 Jahre nach ihrer Anschaffung oder Herstellung Wohnzwecken dienen
      (1) Modernisierungsmaßnahmen und andere nachträgliche Herstellungsarbeiten: bis zu 40 %
      (2) andere Baumaßnahmen: bis zu 25 %
    bb) soweit die unbeweglichen Wirtschaftsgüter nicht mindestens 5 Jahre nach ihrer Anschaffung oder Herstellung in einem Betrieb des verarbeitenden Gewerbes zu eigenbetrieblichen Zwecken verwendet werden oder Wohnzwecken dienen

(1) Modernisierungsmaßnahmen und andere nachträgliche Herstellungsarbeiten: bis zu 40 %
(2) andere Baumaßnahmen: bis zu 20 %
cc) in anderen als unter aa und bb aufgeführten Fällen oder wenn das Wirtschaftsgut nach dem Jahr der Fertigstellung und aufgrund eines nach dem 31.12.1991 rechtswirksam abgeschlossenen obligatorischen Vertrags oder gleichstehenden Rechtsakts angeschafft worden ist, soweit Modernisierungsmaßnahmen und andere nachträgliche Herstellungsarbeiten nach dem Abschluß des Vertrags oder Rechtsakts durchgeführt worden sind: bis zu 40 %

Für die Einordnung eines Betriebs in das verarbeitende Gewerbe gilt, wenn ein Betrieb Betriebsstätten im Fördergebiet und außerhalb des Fördergebiets hat, die Gesamtheit aller Betriebsstätten im Fördergebiet als ein Betrieb. 1383

3.9.4.2.4 Sonderabschreibung nach § 7g EStG

Die Sonderabschreibungen betragen im Jahr der Anschaffung oder Herstellung und in den vier folgenden Jahren 1384
- **bis zu insgesamt 20 %** der Anschaffungs- oder Herstellungskosten
- **neben** linearer, degressiver oder leistungsbedingter Abschreibung.

Begünstigt sind bewegliche Wirtschaftsgüter[1065] des Anlagevermögens, die 1385
- neu sind (§ 7g Abs. 1 EStG),
- im Jahr der Inanspruchnahme der Sonderabschreibung im Betrieb ausschließlich oder fast ausschließlich betrieblich genutzt werden (§ 7g Abs. 2 Nr. 2 b EStG) und
- mindestens ein Jahr nach ihrer Anschaffung oder Herstellung in einer inländischen Betriebsstätte des Betriebes verbleiben (§ 7g Abs. 2 Nr. 2 a EStG).

Ein angeschafftes Wirtschaftsgut ist **neu**, wenn es in ungebrauchtem Zustand erworben wurde, insbesondere wenn es bei der Anschaffung fabrikneu war. Hatte der Veräußerer das Wirtschaftsgut zum Zwecke der Veräußerung angeschafft oder hergestellt, so ist es für den Erwerber neu, wenn der Veräußerer es nicht genutzt hat. Ein hergestelltes Wirtschaftsgut ist i. d. R. neu. Wurden bei der Herstellung gebrauchte Teile verwendet, dann ist das Wirtschaftsgut noch als neu anzusehen, wenn die Teilwerte der gebrauchten Teile nicht mehr als 10 % des Teilwerts des hergestellten Wirtschaftsguts betragen oder bei der Herstellung eine neue Idee verwirklicht wird[1066]. 1386

[1065] Siehe Rdn. 422 ff.
[1066] R 83 Abs. 4 EStR.

Beispiel:
Fabrikneue Wirtschaftsgüter sind neu, auch wenn sie längere Zeit gelagert und sogar technisch veraltet sind. Durch Kauf nach Probe erworbene Wirtschaftsgüter sind neu für den Erwerber. Ein bereits für Vorführzwecke verwendetes Wirtschaftsgut ist nicht neu, z. B. Vorführwagen. Nicht neu ist ein Wirtschaftsgut, das zunächst gemietet und dann gekauft wird, auch wenn das Wirtschaftsgut während der Mietzeit dem Vermieter zuzurechnen ist. Dasselbe gilt für geleaste Wirtschaftsgüter, die später vom Leasingnehmer erworben werden.

1387 **Ausschließlich oder so gut wie ausschließlich betrieblich genutzt** wird ein Wirtschaftsgut, wenn es zu mindestens 90 % betrieblich genutzt wird[1067].

1388 **Verbleib** in einer inländischen Betriebsstätte des begünstigten Betriebs für die Dauer eines Jahres setzt voraus, daß während dieses Zeitraums eine dauerhafte räumliche Beziehung besteht[1068]. Es reicht also nicht aus, wenn das Wirtschaftsgut lediglich im Betriebsvermögen verbleibt, sich räumlich aber von der Betriebsstätte entfernt befindet. Daher ist die Verbleibensvoraussetzung grundsätzlich nicht erfüllt, wenn ein Wirtschaftsgut einem Dritten **zur Nutzung überlassen** wird z. B. durch Vermietung oder Verpachtung. Nur wenn die Nutzungsüberlassung nicht länger als drei Monate dauert, im Rahmen eines Dienstverhältnisses oder einer Betriebsaufspaltung erfolgt, ist das unschädlich. Bei einer Betriebsaufspaltung reicht es aber nicht aus, daß lediglich eine tatsächliche Beherrschung besteht. Vielmehr müssen Besitz- und Betriebsunternehmen auch betriebsvermögensmäßig miteinander verbunden sein. **Unschädlich** ist das vorzeitige Ausscheiden aus dem begünstigten Betrieb, wenn das durch ein Ereignis geschieht, das nicht vom Willen des Unternehmers abhängt[1069].

1389 **Veräußerungen, Überführungen** in einen anderen Betrieb, in eine ausländische Betriebsstätte, in das Umlaufvermögen oder in das Privatvermögen heben die räumliche Beziehung zur Betriebsstätte auf. Wird aber der gesamte begünstigte Betrieb übertragen, verpachtet oder vermietet und behält das Wirtschaftsgut die räumliche Beziehung hierzu, ist das unschädlich, wenn der begünstigte Betrieb bis zum Ende des Verbleibenszeitraums in der Hand des Eigentümers, Pächters oder Mieters als selbständiger Betrieb bestehen bleibt. **Transportmittel** und **Baugeräte** verlassen ihrer Natur nach den räumlichen Bereich der Betriebsstätte. Bei ihnen ist die Voraussetzung des Verbleibens erfüllt, wenn sie in dem maßgebenden Jahr überwiegend im Inland eingesetzt werden[1070].

[1067] R 83 Abs. 6 EStR.
[1068] R 83 Abs. 5 Satz 1 EStR.
[1069] H 83 (Verbleibensvoraussetzung) EStH.
[1070] R 83 Abs. 5 EStR.

Abschreibungen auf materielle und immaterielle Anlagegegenstände

Beispiel:
Unschädlich: Ablauf der Nutzungsdauer, Umtausch wegen Mangelhaftigkeit gegen ein anderes Wirtschaftsgut gleicher oder besserer Qualität, wirtschaftlicher Verbrauch, Brand, Diebstahl, Unfall, Totalschaden.
Schädlich: Veräußerung infolge einer durch Brand veranlaßten Betriebsumstellung, Verkauf durch den Konkursverwalter, Überführung in das Privatvermögen als Folge der Beendigung einer Betriebsaufspaltung.

Um die Anschaffung oder Herstellung gewissermaßen anzusparen, kann eine **Ansparrücklage** gebildet werden (s. Rdn. 886 a). Hierbei handelt es sich handelsrechtlich um einen Sonderposten mit Rücklageanteil (s. Rdn. 869 ff.).

1390

Das **Betriebsvermögen** des Gewerbebetriebes oder des der selbständigen Arbeit dienenden Betriebs, zu dessen Anlagevermögen das begünstigte Wirtschaftsgut gehört, darf zum Schluß des der Anschaffung oder Herstellung des Wirtschaftsguts vorangehenden Wirtschaftsjahrs nicht mehr als 400 000 DM betragen (§ 7 g Abs. 2 Nr. 1, Buchstabe a, erster Halbsatz EStG).

1391

Es kommt darauf an, ob diese Größenvoraussetzungen für den investierenden **Betrieb** erfüllt sind. Bei einer Betriebsaufspaltung sind z. B. das Besitzunternehmen und die Betriebsgesellschaft, bei einer Organschaft der Organträger und das Organ je ein Betrieb. Die vorstehenden Voraussetzungen sind also für jeden der beiden Betriebe gesondert zu prüfen. Hat ein Unternehmer mehrere Betriebe, gelten ebenfalls die vorstehenden Grenzen für jeden einzelnen Betrieb. Bei einer Personengesellschaft kommt es auf das Betriebsvermögen der Personengesellschaft an, auch wenn die begünstigten Wirtschaftsgüter zum Sonderbetriebsvermögen eines Gesellschafters gehören[1071].

3.9.4.3 Degressive und sonstige steuerrechtliche Abschreibungen

Außer den in den Rdn. 1368 bis 1391 behandelten, aus eindeutig finanzpolitischen Gründen gewährten Abschreibungen werden auch solche Abschreibungen zu den „nur steuerrechtlich zulässigen Abschreibungen" gerechnet, die zwar handelsrechtlichen Abschreibungen entsprechen, aber steuerrechtlich anders gestaltet sind oder auch nur zu höheren Abschreibungsbeträgen als aufgrund handelsrechtlicher Regelung führen. Die Folge wäre, daß allgemein alles zu den nur steuerrechtlich zulässigen Abschreibungen gehörte, was über handelsrechtlich zulässige Abschreibungen hinausgeht. Hiernach wären „nur steuerrechtlich zulässige Abschreibungen" lediglich die Unterschiedsbeträge zwischen den handelsrechtlich nach § 253 i.V.m. § 252 HGB möglichen Abschreibungen und den höheren Abschreibungen, die irgendwie auch steuerrechtlich möglich wären[1072].

1392

Unter Zugrundelegung dieser Auffassung wäre zunächst planmäßig und außerplanmäßig abzuschreiben und zwar in der Höhe, wie es handelsrechtlich zulässig

1393

[1071] R 83 Abs. 2 EStR.
[1072] ADS 6. Auflage, HGB § 254 Rdn. 9.

ist. Dann wäre die nur steuerrechtlich zulässige Abschreibung zu ermitteln. Ist der sich hiernach ergebende Abschreibungsbetrag höher als der auf handelsrechtlicher Abschreibung beruhende, wäre der Differenzbetrag zwischen der nach steuerrechtlichen Vorschriften ermittelten und der sich nach Handelsrecht ergebenden Abschreibung als „nur steuerrechtliche Abschreibung" i. S. von § 254 HGB zu behandeln.

1394 Es würden sogar Unterschiedsbeträge zwischen handelsrechtlicher **planmäßiger Abschreibung** und steuerrechtlicher **Absetzung für Abnutzung**, soweit letztere die handelsrechtliche planmäßige Abschreibung übersteigt, als „nur steuerrechtliche Abschreibungen" angesehen.

Nach dieser Ansicht stellen die planmäßigen Abschreibungen im Handelsrecht darauf ab, die Anlagegegenstände auf die Geschäftsjahre der voraussichtlichen Nutzung abzuschreiben und bemessen hiernach die Abschreibungsbeträge. Die steuerrechtlichen Absetzungen für Abnutzung gingen hingegen bei der Gebäudeabschreibung in § 7 Abs. 4 EStG von festen Abschreibungssätzen (2 %, 2,5 % und 4 %) aus. Allerdings fiele die lineare steuerrechtliche Absetzung für Abnutzung noch nicht unter § 254 HGB i.V.m. § 5 Abs. 1 Satz 2 EStG, da hierfür ein Abschreibungsgebot und kein Abschreibungswahlrecht bestehe. Hier greife vielmehr der steuerrechtliche Bewertungsvorbehalt nach § 5 Abs. 6 EStG ein[1073].

1395 Bei der **degressiven Abschreibung auf bewegliche Anlagegüter** handele es sich aber, soweit sich steuerrechtlich nach § 7 Abs. 2 EStG höhere Abschreibungen als handelsrechtlich ergäben, um „nur steuerrechtlich zulässige Abschreibungen" i. S. von § 254 HGB. Allerdings seien die gegenwärtig nach § 7 Abs. 2 EStG zulässigen Abschreibungen in Höhe von 30 % und dem Dreifachen der linearen AfA noch im Rahmen des handelsrechtlich Zulässigen[1074].

1396 Auch die Sätze der steuerrechtlichen **degressiven Gebäudeabschreibung** von 10 %, 7 % und 5 % nach § 7 Abs. 5 EStG lägen noch im Rahmen des auch handelsrechtlich Vertretbaren, so daß auch hier § 254 HGB noch nicht anwendbar sei[1075].

1397 Wenn Unternehmer ganz sichergehen wollen, daß diese Abschreibungen auch steuerlich zum Zuge kommen, sollten sie diese von maßgeblicher Seite im handelsrechtlichen Schrifttum vertretene Meinung bei ihren Abschreibungsfragen berücksichtigen.

Hierzu gibt auch eine Verwaltungsanweisung[1076] zur Umkehrmaßgeblichkeit und Gebäude-AfA Anlaß. Hiernach soll die degressive Gebäudeabschreibung nicht nur voraussetzen, daß in der Handelsbilanz eine degressive Abschreibungsmethode für das Gebäude gewählt wird. Vielmehr sei für steuerliche Zwecke Voraussetzung für die degressive Abschreibung, daß im handelsrechtlichen Jahresabschluß

[1073] ADS 6. Auflage, HGB § 254 Rdn. 32.
[1074] ADS 6. Auflage, HGB § 254 Rdn. 31.
[1075] ADS 6. Auflage, HGB § 254 Rdn. 33.
[1076] BMF-Schreiben vom 30.12.1994 – IV B 2 – S 2139 – 49/94, BB 1995 S. 196.

das Gebäude auch mit den Abschreibungssätzen des § 7 Abs. 5 EStG abgeschrieben wird. Würden hiervon abweichende degressive Abschreibungssätze in der Handelsbilanz gewählt, könne in der Steuerbilanz nur linear nach § 7 Abs. 4 EStG abgeschrieben werden.

Diese Verwaltungsauffassung geht über die einschlägige BFH-Rechtsprechung hinaus, wonach es lediglich erforderlich ist, daß die degressive Abschreibung als Methode gewählt wird[1077].

Beispiel:
Ein Unternehmen will steuerrechtlich ein aufgrund eines vor dem 1.1.1994 gestellten Bauantrags errichtetes Betriebsgebäude höchstmöglich degressiv abschreiben. Handelsrechtlich soll aber ein günstiges Betriebsergebnis ausgewiesen werden. Daher wählt das Unternehmen in der Handelsbilanz zwar eine degressive Abschreibung der Betriebsgebäude. Es setzt aber niedrigere Abschreibungssätze als in § 7 Abs. 5 EStG an.

Unter Zugrundelegung der dargestellten Verwaltungsauffassung hätte die nicht § 7 Abs. 5 EStG entsprechende Abschreibung in der Handelsbilanz zur Folge, daß steuerlich nur die lineare Gebäude-AfA anerkannt würde.

Das hätte auch Folgen für die **degressive** Abschreibung der beweglichen Anlagegegenstände. Handelsrechtlich kann es durchaus zweckmäßig und wirtschaftlich geboten sein, arithmetisch-degressiv abzuschreiben, weil hierbei ein starkes Schwanken der Abschreibungen wie bei der geometrisch-degressiven Abschreibung vermieden wird und auch ein Übergang zur linearen Abschreibung nicht erforderlich ist. Hierbei läuft aber der Unternehmer Gefahr, daß seitens der Finanzverwaltung die degressive Abschreibung überhaupt nicht anerkannt wird und die betreffenden Anlagegegenstände linear abzuschreiben sind.

Auch bei der steuerrechtlichen **Teilwertabschreibung** kann der handelsrechtlich beizulegende niedrigere Wert im Einzelfall unterschritten werden. Insoweit soll ebenfalls eine nur steuerrechtlich zulässige Abschreibung i. S. von § 254 HGB vorliegen[1078].

Der Bewertung zum Teilwert liegt der Gedanke zugrunde, daß ein gedachter Erwerber den **Betrieb fortführt** und auf dieser Basis die einzelnen Wirtschaftsgüter bewertet (§ 6 Abs. 1 Nr. 1 Satz 3 EStG). Auch bei der Bewertung im Handelsrecht ist von der Fortführung der Unternehmenstätigkeit auszugehen (§ 252 Abs. 1 Nr. 2 HGB).

Dieser Gesichtspunkt kommt auch in den Grundsätzen ordnungsmäßiger Buchführung, hier insbesondere im **Imparitätsprinzip**, zum Ausdruck. Durch Verlustantizipation wird gewährleistet, daß Unternehmen nicht Mittel ausschütten, die bei vorsichtiger Bewertung im Betriebsvermögen zu halten wären, um den

---

[1077] BFH, Urt. v. 24.1.1990 I R 17/89, BB 1990 S. 1237, BStBl 1990 II S. 681.
[1078] ADS 6. Auflage, HGB § 254 Rdn. 36 ff.

Fortbestand des Unternehmens zu sichern. Ein Unternehmen kann nur dann fortbestehen, wenn die zu Investitionen erforderlichen Mittel nicht von der Ausschüttung betroffen werden.

Der Teilwertabschreibung im Steuerrecht liegen also ähnliche Grundsätze wie im Handelsrecht zugrunde. Das spricht dafür, daß es sich hier nicht um eine steuerrechtliche Sonderabschreibung handelt.

3.9.5 Beibehaltungsrecht und Zuschreibung

1401 Es besteht **handelsrechtlich** nach § 253 Abs. 5, § 254 Satz 2 HGB das Wahlrecht, einen niedrigeren Wertansatz **beizubehalten**
- nach einer außerplanmäßigen Abschreibung gemäß § 253 Abs. 2 Satz 3 HGB[1079],
- nach einer Abschreibung im Rahmen vernünftiger kaufmännischer Beurteilung (§ 253 Abs. 4 HBG)[1080] und
- nach einer nur steuerrechtlich zulässigen Abschreibung (§ 254 Abs. 1 Satz 1 HGB)[1081].

1402 Steigt also nach einer Abschreibung auf den niedrigeren Wert der tatsächliche Wert eines Vermögensgegenstandes, so besteht die **Wahlmöglichkeit**, den niedrigeren Wert beizubehalten oder auf den höheren tatsächlichen Wert zuzuschreiben. Es sind auch **Zwischenwerte** zulässig[1082]. **Höchstwert** der Zuschreibung sind bei nicht abnutzbaren Anlagegegenständen die Anschaffungs- oder Herstellungskosten und bei abnutzbaren Anlagegegenständen die Anschaffungs- oder Herstellungskosten vermindert um die planmäßigen Abschreibungen, die sich nach dem ursprünglichen Abschreibungsplan ergeben hätten. Es besteht daher ein kombiniertes Beibehaltungs-/Zuschreibungswahlrecht.

1403 **Kapitalgesellschaften** müssen grundsätzlich auf den später wieder gestiegenen tatsächlichen höheren Wert zuschreiben. Hierbei sind aber Abschreibungen zu berücksichtigen, die inzwischen vorzunehmen gewesen wären (§ 280 Abs. 1 HGB)[1083]. Sie dürfen aber den niedrigeren Wertansatz in ihrer Handelsbilanz beibehalten, wenn ein entsprechend niedriger Wertansatz in der Steuerbilanz beibehalten werden kann und hierfür Voraussetzung ist, daß auch in der Handelsbilanz der niedrigere Ansatz beibehalten wird (§ 280 Abs. 2 HGB).

1404 In der **Steuerbilanz** besteht die Wahlmöglichkeit, auf den höheren Teilwert zuzuschreiben. Höchstwert sind die Anschaffungs- oder Herstellungskosten oder der nach § 6 Abs. 1 Nr. 5 oder 6 EStG an ihre Stelle tretende Wert, bei abnutzbaren Anlagegegenständen vermindert um die Absetzungen für Abnutzung nach § 7 EStG. Der höhere Teilwert darf bei Wirtschaftsgütern, die bereits am vorangegan-

---
[1079] Siehe Rdn. 1345 ff.
[1080] Siehe Rdn. 1361 ff.
[1081] Siehe Rdn. 1365 ff.
[1082] Ellrott/Schramm/Bail in: Beck Bil-Komm. § 253 Rdn. 666.
[1083] Mayer-Wegelin, DB 1988 S. 509.

genen Bilanzstichtag zum Betriebsvermögen gehört haben, auch dann angesetzt werden, wenn er höher ist als der letzte Bilanzansatz (§ 6 Abs. 1 Nr. 1 Satz 4, Nr. 2 Satz 3 EStG). Das Zuschreibungswahlrecht schließt das Beibehaltungswahlrecht ein. Denn wenn die Zuschreibung dem Bilanzierenden freigestellt ist, darf er auch die Beibehaltung wählen.

Das Wahlrecht kann in der Steuerbilanz nur in Übereinstimmung mit der handelsrechtlichen Jahresbilanz ausgeübt werden (§ 5 Abs. 1 Satz 2 EStG). Voraussetzung für eine Zuschreibung oder Beibehaltung in der Steuerbilanz ist also, daß in der Handelsbilanz eine übereinstimmende Bewertung gewählt wird. In diesem Rahmen ist es auch Kapitalgesellschaften gestattet, einen niedrigeren Wert beizubehalten.

1405

3.10 Unübliche Abschreibungen auf Umlaufgegenstände

1406

Konten	
IKR	SKR 04
657 unübliche Abschreibungen auf Vorräte 658 unübliche Abschreibungen auf Forderungen und sonstige Vermögensgegenstände 659 frei	6270 Abschreibungen auf Vermögensgegenstände des Umlaufvermögens (soweit unüblich hoch) 6272 Abschreibungen auf Vermögensgegenstände des Umlaufvermögens, steuerrechtlich bedingt (soweit unüblich hoch) 6275 Vorwegnahme künftiger Wertschwankungen im Umlaufvermögen (soweit unüblich hoch) 6280 Forderungsverluste (soweit unüblich hoch) AM 6281 Forderungsverluste 7 % USt (soweit unüblich hoch) R 6282 –84 AM 6285 Forderungsverluste 15 %/16 % USt (soweit unüblich hoch) AM 6286 Forderungsverluste 14 % USt (soweit unüblich hoch) R 6287 –88 AM automatische Errechnung der Umsatzsteuer R Diese Konten dürfen erst dann bebucht werden, wenn ihnen eine andere Funktion zugeteilt wurde

1407 Die **unüblichen Abschreibungen** auf Vermögensgegenstände des Umlaufvermögens werden unter Posten Nr. 7 b ausgewiesen.

Nach dem Wortlaut („in der Kapitalgesellschaft übliche Abschreibungen überschreiten") sind die **Abschreibungen unüblich**, die in dem betreffenden Unternehmen das Übliche überschreiten. Nur im Ausnahmefall, z. B. bei Gründung oder Spartenerweiterung, kann auf Branchenvergleiche zurückgegriffen werden. Es kommen aber immer nur wesentliche Abweichungen vom Üblichen in Betracht.

1408 Unübliche Abschreibungen kommen insbesondere bei Vorräten von minderer Qualität, bei Preisverfall, Uneinbringlichkeit von Forderungen, Verlusten von Bankguthaben, Fremdwährungsverlusten, Wertverlusten in Krisenzeiten und dgl. in Frage. Es ist aber zu beachten, daß der gesonderte Erfolgsausweis je nachdem, ob er auf gewöhnlicher oder außerordentlicher Geschäftstätigkeit beruht, den Vorrang hat. Daher sind unübliche Abschreibungen als außerordentliche Aufwendungen (Posten Nr. 16) auszuweisen, wenn sie im Zusammenhang mit einem Ereignis anfallen, das außerhalb der gewöhnlichen Geschäftstätigkeit liegt[1084].

Beispiel:
Abschreibungen im Zusammenhang mit dem Verkauf eines Teilbetriebs, einer Sanierung oder Produktionsaufgabe, eines Brandes oder einer Enteignung.

1409 Von **Kapitalgesellschaften** sind in diesem Posten enthaltene Abschreibungen zur Verhinderung von Wertänderungen wegen Wertschwankungen (§ 253 Abs. 3 Satz 3 HGB) gesondert auszuweisen oder im Anhang anzugeben (§ 277 Abs. 3 Satz 1 HGB) und steuerrechtlich zulässige Abschreibungen im Anhang betragsmäßig zu vermerken, soweit sie sich nicht aus Bilanz oder Gewinn- und Verlustrechnung ergeben (§ 281 Abs. 2 Satz 1 HGB).

[1084] Förschle in: Beck Bil-Komm. § 275 Rdn. 145 ff.

3.11 Sonstige betriebliche Aufwendungen

1410

Konten	
IKR	SKR 04

66 Sonstige Personalaufwendungen
    660 Aufwendungen für Personaleinstellung
    661 Aufwendungen für übernommene Fahrtkosten
    662 Aufwendungen für Werkarzt und Arbeitssicherheit
    663 personenbezogene Versicherungen
    664 Aufwendungen für Fort- und Weiterbildung
    665 Aufwendungen für Dienstjubiläen
    666 Aufwendungen für Belegschaftsveranstaltungen
    667 frei (evtl. Aufwendungen für Werksküche und Sozialeinrichtungen)
    668 Ausgleichsabgabe nach dem Schwerbehindertengesetz
    669 übrige sonstige Personalaufwendungen
67 Aufwendungen für die Inanspruchnahme von Rechten und Diensten
    670 Mieten, Pachten, Erbbauzinsen
    671 Leasing
    672 Lizenzen und Konzessionen
    673 Gebühren
    674 Leiharbeitskräfte (soweit nicht unter 6132)
    675 Bankspesen(Kosten des Geldverkehrs und der Kapitalbeschaffung
    676 Provisionen (soweit nicht unter 611 oder 615)
	6300 Sonstige betriebliche Aufwendungen
	6304 Sonstige Aufwendungen betrieblich und regelmäßig
	6305 Raumkosten
	6310 Miete
	6315 Pacht
	6320 Heizung
	6325 Gas, Strom, Wasser (Verwaltung, Vertrieb)
	6330 Reinigung
	6335 Instandhaltung betrieblicher Räume
	6340 Abgaben für betrieblich genutzten Grundbesitz
	6345 Sonstige Raumkosten
	6350 Sonst. Grundstücksaufwendungen
	6400 Versicherungen
	6420 Beiträge
	6430 Sonstige Abgaben
	6440 Ausgleichsabgabe i. S. d. Schwerbehindertengesetzes
	6450 Reparaturen und Instandhaltung von Bauten
	6460 Reparaturen und Instandhaltung von technischen Anlagen und Maschinen
	6470 Reparaturen und Instandhaltung von Betriebs- und Geschäftsausstattung
	6485 Reparaturen und Instandhaltung von anderen Anlagen
	6490 Sonstige Reparaturen u. Instandhaltung

677 Prüfung, Beratung, Rechtsschutz
678 Aufwendungen für Aufsichtsrat bzw. Beirat oder dgl.
679 frei
68 Aufwendungen für Kommunikation
680 Büromaterial und Drucksachen
681 Zeitungen und Fachliteratur
682 Post
   6821 Porto
   6822 Telefon
   6823 andere Postnetzdienste
683 sonstige Kommunikationsmittel
684 frei
685 Reisekosten
686 Gästebewirtung
687 Werbung
688 frei
689 sonstige Aufwendungen für Kommunikation
69 Aufwendungen für Beiträge und Sonstiges sowie Wertkorrekturen und periodenfremde Aufwendungen
690 Versicherungsbeiträge, diverse
691 Kfz-Versicherungsbeiträge
692 Beiträge zu Wirtschaftsverbänden und Berufsvertretungen
693 andere sonstige betriebliche Aufwendungen
   6931 Verluste aus Schadensfällen
   6932 Forderungsverzicht
   6933 frei
   6934 frei

6500 Fahrzeugkosten
6520 Kfz-Versicherungen
6530 Laufende Kfz-Betriebskosten
6540 Kfz-Reparaturen
6550 Garagenmiete
6560 Fremdfahrzeuge
6570 Sonstige Kfz-Kosten
6600 Werbekosten
6610 Geschenke bis 75 DM
6620 Geschenke über 75 DM
6625 Geschenke ausschließlich betrieblich genutzt
6630 Repräsentationskosten
6640 Bewirtungskosten
6645 Nicht abzugsfähige Betriebsausgaben
AV 6650 Reisekosten Arbeitnehmer 12,3 %/13,1 % Vorsteuer, Verpflegungsmehraufwand/Übernachtungsaufwand
AV 6665 Reisekosten Arbeitnehmer 9,8 %/10,5 % Vorsteuer, Gesamtpauschalierung
6670 Reisekosten Unternehmer
AV 6680 Reisekosten Unternehmer 12,3 %/13,1 % Vorsteuer, Verpflegungsmehraufwand
AV 6685 Reisekosten Unternehmer 9,8 %/10,5 % Vorsteuer, Gesamtpauschalierung
AV 6688 Reisekosten Unternehmer 5,7 %/6,1 % Vorsteuer
AV 6690 Km-Geld-Erstattung 8,2 %/8,7 % Vorsteuer
6700 Kosten der Warenabgabe
6710 Verpackungsmaterial
6740 Ausgangsfrachten

6935 Eigenverbrauch, soweit nicht an anderer Stelle als Aufwand oder Privatentnahme zu buchen
694 frei
695 Verluste aus Wertminderungen von Gegenständen des Umlaufvermögens (außer Vorräten und Wertpapieren)
6951 Abschreibungen auf Forderungen wegen Uneinbringlichkeit
6952 Einzelwertberichtigungen
6953 Pauschalwertberichtigungen
6954 Kursverluste bei Forderungen (u. Verbindlichkeiten) in Fremdwährung und bei Valutabeständen
6955 zusätzliche Abschreibungen auf Forderungen in Fremdwährung und Valutabestände bis Untergrenze erwarteter Wertschwankungen gem. § 253 Abs. 3 S. 3
696 Verluste aus dem Abgang von Vermögensgegenständen
697 Einstellungen in den Sonderposten mit Rücklageanteil
698 Zuführungen zu Rückstellungen, soweit nicht unter anderen Aufwendungen erfaßbar
699 periodenfremde Aufwendungen (soweit nicht bei den betreffenden Aufwandsarten zu erfassen)

6760 Transportversicherungen
6770 Verkaufsprovisionen
6780 Fremdarbeiten
6790 Aufwand für Gewährleistung
6800 Porto
6805 Telefon
6810 Telefax, Fernschreiber
6815 Bürobedarf
6820 Zeitschriften, Bücher
6825 Rechts- und Beratungskosten
6827 Abschluß- und Prüfungskosten
6830 Buchführungskosten
6835 Mieten für Einrichtungen
6840 Mietleasing
6845 Werkzeuge und Kleingeräte
6850 Sonstiger Betriebsbedarf
6855 Nebenkosten des Geldverkehrs
6859 Aufwendungen für Abraum- und Abfallbeseitigung
6860 Nicht anrechenbare Vorsteuer
6865 Nicht anrechenbare Vorsteuer 7 %
6870 Nicht anrechenbare Vorsteuer 14 %
6871 Nicht anrechenbare Vorsteuer 15 %/16 %
6875 Nicht abziehbare Hälfte der Aufsichtsratsvergütungen
6878 Spenden
6880 Aufwendungen aus Kursdifferenzen
AM 6885 Erlöse aus Anlageverkäufen 15 %/16 % USt (bei Buchverlust)
AM 6886 Erlöse aus Anlageverkäufen 14 % USt (bei Buchverlust)

Sonstige betriebliche Aufwendungen 599

R 6887
  –89
  6895 Anlagenabgänge-Restbuchwert bei Buchverlust
  6900 Verluste aus dem Abgang von Gegenständen des Anlagevermögens
  6905 Verluste aus dem Abgang von Gegenständen des Umlaufvermögens (außer Vorräten)
  6910 Abschreibungen auf Umlaufvermögen (außer Vorräte und Wertpapiere des Umlaufvermögens, soweit übliche Höhe)
  6912 Abschreibungen auf Umlaufvermögen (außer Vorräte und Wertpapiere des Umlaufvermögens) steuerrechtlich bedingt (soweit übliche Höhe)
  6915 Vorwegnahme künftiger Wertschwankungen im Umlaufvermögen (außer Vorräte und Wertpapiere)
  6920 Einstellungen in die Pauschalwertberichtigung zu Forderungen
  6925 Einstellungen in Sonderposten mit Rücklageanteil (steuerfreie Rücklagen)
  6927 Einstellungen in Sonderposten mit Rücklageanteil (Sonderabschreibungen)
  6930 Forderungsverluste (übliche Höhe)
AM 6931 Forderungsverluste 7 % USt (übliche Höhe)
AM 6932 Forderungsverluste aus steuerfreien EG-Lieferungen (übliche Höhe)

AM 6933	Forderungsverluste aus im Inland steuerpflichtigen EG-Lieferungen 7 % USt (übliche Höhe)
AM 6934	Forderungsverluste aus im Inland steuerpflichtigen EG-Lieferungen 15 %/16 % USt (übliche Höhe)
AM 6935	Forderungsverluste 15 %/16 % USt (übliche Höhe)
AM 6936	Forderungsverluste 14 % USt (übliche Höhe)
R 6937 –38	
6960	Periodenfremde Aufwendungen, soweit nicht außerordentlich
6967	Sonstige Aufwendungen betriebsfremd und regelmäßig
6969	Sonstige Aufwendungen unregelmäßig
AM	Automatische Errechnung der Umsatzsteuer
AV	Automatische Errechnung der Vorsteuer
R	Diese Konten dürfen erst dann bebucht werden, wenn ihnen eine andere Funktion zugeteilt wurde

3.11.1 Abgrenzungen

1411 Zu den sonstigen betrieblichen Aufwendungen gehören nur Aufwendungen, die sich aus der gewöhnlichen Geschäftstätigkeit ergeben. Sie sind von den außerordentlichen Aufwendungen abzugrenzen, die außerhalb der gewöhnlichen Geschäftstätigkeit anfallen (§ 277 Abs. 4 Satz 1 HGB).

1412 Zu den sonstigen betrieblichen Aufwendungen gehören
- Verluste aus dem Abgang von Anlagegegenständen
- Verluste aus dem Abgang von Umlaufgegenständen außer Vorräten
- übliche Abschreibungen auf Forderungen und sonstige Vermögensgegenstände

- Zuführungen zu Rückstellungen gem. § 249 Abs. 2 HGB
- Einstellungen in den Sonderposten mit Rücklageanteil
- alle keinem anderen Aufwandsposten zuzuordnenden zum gewöhnlichen Geschäftsergebnis rechnenden Aufwendungen

3.11.2 Verluste aus dem Abgang und Wertminderungen

Es ist unerheblich, ob die Kosten aus dem Abgang eines **Anlagegegenstandes** als Abgangsverluste angesehen werden oder nicht. Die Verluste dürfen wegen des Saldierungsverbots (§ 246 Abs. 2 HGB) nicht mit Abgangserträgen oder mit Schadenersatzleistungen verrechnet werden. 1413

Verluste aus dem Abgang von Gegenständen des **Anlagevermögens** entstehen, wenn der letzte Buchwert höher ist als der beim Abgang erzielte Erlös. Als letzter Buchwert kann aus Vereinfachungsgründen der Buchwert aus dem letzten Jahresabschluß genommen werden. Bei bedeutenden Buchwerten sind jedoch die Abschreibungen bis zum Ausscheiden vorzunehmen. 1414

Verluste aus dem Abgang von Gegenständen des **Umlaufvermögens** sind insbesondere Kursverluste aus der Veräußerung von Wertpapieren oder Devisenbeständen sowie Verluste aus der Übertragung von Forderungen unter ihrem Buchwert. Verluste aus der Veräußerung von Vorräten werden im Rahmen der Umsatzerlöse ausgewiesen. Abgänge von Vorräten ohne Gegenleistung, z. B. Diebstahl oder Brand, werden hier als „sonstige betriebliche Aufwendungen" ausgewiesen[1085]. 1415

Wertminderungen von Gegenständen des Umlaufvermögens werden erfaßt 1416
- bei Roh-, Hilfs- und Betriebsstoffen als Materialaufwendungen im Posten Nr. 5
- bei fertigen und unfertigen Erzeugnissen bei den Bestandsveränderungen im Posten Nr. 2
- als unübliche Abschreibungen im Posten Nr. 7

Abschreibungen auf Wertpapiere des Umlaufvermögens werden gesondert im Posten Nr. 12 ausgewiesen. 1417

Einstellungen in den Sonderposten mit Rücklageanteil sind in dem Posten „sonstige betriebliche Aufwendungen" gesondert auszuweisen oder im Anhang anzugeben. 1418

3.11.3 Betriebliche Steuern

Nach dem Gesetzeswortlaut müßten die betrieblichen Steuern nicht hier unter den „sonstigen betrieblichen Aufwendungen", sondern im Posten Nr. 19 „sonstige Steuern" ausgewiesen werden. Nach den Kontenrahmen werden sie aber zu den „sonstigen betrieblichen Aufwendungen" gerechnet. Dem liegt der Gedanke 1419

[1085] Förschle in: Beck Bil-Komm. § 275 Rdn. 157 ff.

zugrunde, die Betriebsteuern dem Ergebnis der gewöhnlichen Geschäftstätigkeit zuzuordnen.

Auf diese Weise gehen aber die Betriebsteuern im Posten „sonstige betriebliche Aufwendungen" unter. Um ein den tatsächlichen Verhältnissen entsprechendes Bild der Vermögens-, Finanz- und Ertragslage zu vermitteln (§ 264 Abs. 2 HGB), sind im Anhang zusätzliche Angaben zu den Betriebsteuern zu machen[1086].

3.11.4 Aufwendungen aus Euro-Rundungsdifferenzen

1419a Ergeben sich bei der Überweisung auf Forderungen infolge der Umstellung auf den Euro aus Rundungsdifferenzen Aufwendungen (s. Rdn. 64 d), so sind diese als sonstige betriebliche Aufwendungen zu buchen. Zweckmäßig ist es, die Aufwendungen und Erträge aus Rundungsdifferenzen zunächst auf Unterkonten zu buchen und, wenn der Saldo einen Aufwand ergibt, diesen auf einem Konto der Kontengruppe „sonstige betriebliche Aufwendungen" zu erfassen.

[1086] Förschle in: Beck Bil-Komm. § 275 Rdn. 167.

3.12 Erträge aus Beteiligungen

Konten		1420
IKR	SKR 04	

55 Erträge aus Beteiligungen
  550 Erträge aus Beteiligungen an verbundenen Unternehmen, mit denen Verträge über Gewinngemeinschaft, Gewinnabführung oder Teilgewinnabführungen bestehen
  551 Erträge aus Beteiligungen an anderen verbundenen Unternehmen
  552 Erträge aus Zuschreibungen zu Anteilen an verbundenen Unternehmen
  553 Erträge aus dem Abgang von Anteilen an verbundenen Unternehmen
  554 frei
  555 Erträge aus Beteiligungen an nicht verbundenen Unternehmen, mit denen Verträge über Gewinngemeinschaft, Gewinnabführung oder Teilgewinnabführungen bestehen
  556 Erträge aus anderen Beteiligungen
  557 Erträge aus Zuschreibungen zu Anteilen an nicht verbundenen Unternehmen
  558 Erträge aus dem Abgang von Anteilen an nicht verbundenen Unternehmen
  559 frei
	7000 Erträge aus Beteiligungen
	7009 Erträge aus Beteiligungen an verbundenen Unternehmen	

1421 Hier sind alle **Erträge aus Beteiligungen**[1087] auszuweisen. Soweit Erträge aufgrund einer Gewinngemeinschaft, eines Gewinnabführungs- oder eines Teilgewinnabführungsvertrags zufließen, sind sie gesondert auszuweisen (§ 277 Abs. 3 Satz 2 HGB).

1422 Besteht die Beteiligung an einem **verbundenen Unternehmen**[1088], sind die Erträge hieraus in einem Davon-Vermerk anzugeben.

1423 Die Erträge sind **brutto**, also einschließlich einbehaltener Kapitalertragsteuer und des KSt-Anrechnungsbetrags, auszuweisen.

1424 Buchgewinne aus einer **Veräußerung von Beteiligungen** und von **Bezugsrechtserlösen** werden nicht hier ausgewiesen. Sie sind, soweit nicht ausnahmsweise außerordentliche Erträge vorliegen als sonstige betriebliche Erträge auszuweisen. Ebenso Erträge aus **Wertaufholungen** (§ 280 HGB)[1089].

1425 Handelt es sich um eine Beteiligung an einer **Personenhandelsgesellschaft**, so ist der Gewinnanteil regelmäßig mit Ablauf des Geschäftsjahres der Personenhandelsgesellschaft entstanden und damit den Gesellschaftern zugeflossen. Haben das Beteiligungsunternehmen und die beteiligte Gesellschaft das gleiche Geschäftsjahr, so ist der Gewinn bei der beteiligten Gesellschaft also in dem Jahr zu vereinnahmen, in dem er bei dem Beteiligungsunternehmen angefallen ist. Darauf, ob der Gewinn auch ausgeschüttet wird, kommt es nicht an. Auch Gewinnthesaurierungen sind daher Beteiligungserträge[1090].

1426 Bei **Kapitalgesellschaften** entsteht aber der Gewinnanspruch erst mit dem Ausschüttungsbeschluß. Gewinnthesaurierungen führen daher nicht zu Beteiligungserträgen. Ist ein Unternehmen an einer Kapitalgesellschaft mehrheitlich beteiligt und kann es auf Grund seiner Stimmrechte in der Hauptversammlung oder Gesellschafterversammlung eine bestimmte Gewinnausschüttung durchsetzen, kann das Mutterunternehmen wählen, einen Beteiligungsertrag schon dann auszuweisen, wenn der Jahresabschluß der Tochtergesellschaft festgestellt ist, der Abschlußstichtag nicht nach dem des Jahresabschlusses der Muttergesellschaft liegt und ein entsprechender Gewinnverwendungsvorschlag vorliegt. Für Holdinggesellschaften und mehrstufig gegliederte Konzerne, die eine wirtschaftliche Einheit bilden, kann allerdings eine Pflicht zur zeitgleichen Vereinnahmung bestehen, wenn anders das Bild verzerrt und damit ein zeitgerechter Einblick in die wirkliche Vermögens- und Ertragslage erschwert würde[1091].

[1087] Zur Frage, wann Beteiligungen vorliegen, s. Rdn. 457 ff.
[1088] Zur Frage, wann verbundene Unternehmen vorliegen, s. Rdn. 469 ff.
[1089] ADS 6. Auflage, HGB § 275 Rdn. 148.
[1090] ADS 6. Auflage, HGB § 275 Rdn. 151.
[1091] ADS 6. Auflage, HGB § 275 Rdn. 152.

3.13 Erträge aus anderen Wertpapieren und Ausleihungen des Finanzanlagevermögens

Konten	
IKR	SKR 04

560 Erträge aus verbundenen Unternehmen aus anderen Wertpapieren und Ausleihungen des Anlagevermögens
    5601 Zinsen und ähnliche Erträge
    5602 Erträge aus Zuschreibungen zu anderen Wertpapieren
    5603 Erträge aus dem Abgang von anderen Wertpapieren
565 Erträge von nicht verbundenen Unternehmen aus anderen Wertpapieren und Ausleihungen des Anlagevermögens
	7010 Erträge aus anderen Wertpapieren und Ausleihungen des Finanzanlagevermögens
	7019 Erträge aus anderen Wertpapieren und Ausleihungen des Finanzanlagevermögens aus verbundenen Unternehmen

Hier werden die Erträge aus Vermögensgegenständen des **Finanzanlagevermögens**, die keine Beteiligungen sind, ausgewiesen. Soweit die Erträge aus verbundenen Unternehmen stammen, sind sie in einem Davon-Vermerk anzugeben. Die Erträge werden brutto ausgewiesen, also einschließlich der einbehaltenen Kapitalertragsteuer und der anrechenbaren Körperschaftsteuer.

Wird bei der Auszahlung eines Darlehens ein **Damnum/Disagio** einbehalten, so wird der Auszahlungsbetrag als Anschaffungskosten aktiviert[1092].

Beispiel:
Kreditgeber K gewährt dem Unternehmer U am 2.1.01 ein Darlehen in Höhe von 100 000 DM. Es werden 95 000 DM ausgezahlt.

a) Das Darlehen ist am 2.1.06 zurückzuzahlen.

b) Das Darlehen ist in jährlichen Raten, beginnend am 2.1.02, in Höhe von je 20 000 DM zurückzuzahlen.

Das Damnum/Disagio ist als einmalige Zinszahlung anzusehen. Es stellt wie die laufenden Zinsen Entgelt für die Kapitalüberlassung dar. Es korrespondiert mit den Zinsen dergestalt, daß entsprechend der Höhe des Damnums die laufenden

---
[1092] Siehe Rdn. 491.

Zinsen geringer sind. Als **Entgelt für die Kapitalüberlassung** ist das Damnum als Ertrag auf die Laufzeit des Darlehens zu verteilen.

Wird das **Kapital in einem Betrag nach Ablauf der Laufzeit zurückgezahlt**, ist das Damnum Entgelt für den vollen Rückzahlungsbetrag des Darlehens während der Laufzeit. Das Damnum ist daher gleichmäßig während der Laufzeit Ertrag des Darlehensgebers.

Wird aber das Darlehen **während der Laufzeit getilgt**, fallen die Kapitalbeträge von Jahr zu Jahr. Proportional fallen daher auch die Entgelte für das überlassene Kapital. Das Damnum wird in diesem Fall kapitalproportional auf die Laufzeit des Darlehens verteilt.

Im Fall a des vorstehenden Beispiels bucht daher K zum Ende eines jeden Jahres:
➤ Ausleihung 1 000 DM
   an Zinserträge 1 000 DM

Im Fall b des vorstehenden Beispiels sind die auf das Damnum entfallenden Zinserträge und Zuführungen zur Darlehensforderung anfangs der Laufzeit am höchsten. Sie fallen während der Laufzeit. Da das Darlehen gleichmäßig getilgt wird, fallen auch die Zinserträge um gleichmäßige Beträge. Diese Differenzen errechnen sich nach folgender Formel:

$$\text{Differenz} = \frac{\text{Damnum}}{\text{Summe der Jahre}}$$

Im vorstehenden Beispiel ergibt sich so die Differenz:

$$\text{Differenz} = \frac{5\,000\ \text{DM}}{1 + 2 + 3 + 4 + 5}$$

$$= 5\,000\ \text{DM} : 15$$

$$= 333{,}33\ \text{DM}$$

Die Erträge und die entsprechenden Zuschreibungen betragen daher zum Ende des jeweiligen Geschäftsjahrs:

Jahr 01	333,33 DM × 5 =	1 666,65 DM
Jahr 02	333,33 DM × 4 =	1 333,32 DM
Jahr 03	333,33 DM × 3 =	999,99 DM
Jahr 04	333,33 DM × 2 =	666,66 DM
Jahr 01	333,33 DM × 1 =	333,38 DM
		5 000,00 DM

Die Differenzbeträge lassen sich auch nach folgender **Formel** ermitteln:

$$s = \frac{n \times (n + 1)}{2}$$

n ist die Anzahl der Zahlungsabschnitte
s ist der Nenner des anzuwendenden Bruches

Im vorstehenden Beispiel ergibt sich der Nenner des anzuwendenden Bruches:

$$s = \frac{5 \times (5 + 1)}{2}$$
$$= 30 : 2$$
$$= 15$$

Es ergeben sich folgende Erträge bzw. Zuführungen zum Darlehen:
Jahr 01: 5/15 x 5 000 DM =   1 666,66 DM
Jahr 02: 4/15 x 5 000 DM =   1 333,33 DM
Jahr 03: 3/15 x 5 000 DM =   1 000,00 DM
Jahr 04: 2/15 x 5 000 DM =   666,67 DM
Jahr 05: 1/15 x 5 000 DM =   333,34 DM
                                   5 000,00 DM

1428b Nach der Rechtsprechung des BFH[1093] und nach einer Meinung im Schrifttum[1094] soll, wenn der Ausgabebetrag eines Darlehens unter dem Rückzahlungsbetrag liegt, als Anschaffungskosten der Rückzahlungsbetrag der Darlehensforderung angesetzt werden. In Höhe des Unterschiedsbetrages, des Damnums oder Disagios, sei ein passiver Rechnungsabgrenzungsposten zu bilden. Damit werde dem Effektivzinscharakter Rechnung getragen.

Nach dieser Auffassung zahlt, wirtschaftlich gesehen, der Darlehensgeber das Darlehen in Höhe des Rückzahlungsbetrags aus. Gleichzeitig zahlt der Darlehensnehmer in Höhe des Damnums Zinsen voraus. Da es sich aus Sicht des Darlehensgebers um Einnahmen handelt, die Ertrag für eine bestimmte Zeit nach dem Stichtag darstellen, hat er hierfür einen Rechnungsabgrenzungsposten zu passivieren (§ 250 Abs. 2 HGB). Der Darlehensgeber K würde nach dieser Auffassung also im vorstehenden Beispiel buchen:

➤ bei Auszahlung des Darlehens am 2.1.01
   Ausleihungen   100 000 DM
   an Bank   100 000 DM
   Bank   5 000 DM
   an Zinsertrag   5 000 DM

➤ zum Schluß des Jahres 01
   Zinsertrag   5 000 DM
   an passive Rechnungsabgrenzungsposten   5 000 DM

Im Gegensatz zum Damnum auf der Aktivseite, für das handelsrechtlich ein Aktivierungswahlrecht besteht (§ 250 Abs. 2 HGB), s. Rdn. 752, besteht für diesen Rechnungsabgrenzungsposten auf der Passivseite, wie allgemein für Rechnungsabgrenzungsposten, ein Bilanzierungsgebot.

[1093] BFH, Urt. v. 23.4.1975 I R 236/72, BStBl 1975 II S. 875.
[1094] Ellrott/Schmidt-Wendt in Beck Bil-Komm. § 255 Rz. 254.

Auch nach dieser Betrachtungsweise ist das Damnum über die Laufzeit des Darlehens als Zinsertrag zu verteilen. Daher bucht der Darlehensgeber im vorstehenden Beispiel zusätzlich zum Schluß des Jahres 01:

➤ Zinsertrag   1 666,66 DM
an passive Rechnungsabgrenzungsposten   1 666,66 DM

1428c Die erste Methode der Buchung des Forderungsdarlehens stimmt mit den tatsächlichen Zahlungsvorgängen überein. Der Ausweis des Darlehens mit dem Auszahlungsbetrag entspricht dem Realisationsprinzip. Die zweite Methode der Buchung des Forderungsdarlehens mit dem Rückzahlungsbetrag gibt durch den Bruttoausweis Informationen über den Gesamtbetrag des noch nicht vereinnahmten Damnums und hält die in Zukunft zu vereinnahmenden Beträge in der Buchführung fest. Das kann auch bei der ersten Methode erreicht werden, indem in einer Vorspalte der Bilanz vom Rückzahlungswert des Darlehens ausgegangen wird und die noch zu vereinnahmenden Damnumsbeträge abgezogen werden[1095].

1429 Erträge aus **Wertpapieren des Umlaufvermögens** und aus **Bankguthaben** sind bei den sonstigen Zinsen (Siehe Rdn. 1431 ff.) auszuweisen.

3.14 Sonstige Zinsen und ähnliche Erträge

1430

Konten	
IKR	SKR 04
57 Sonstige Zinsen und ähnliche Erträge 570 Sonstige Zinsen und ähnliche Erträge von verbundenen Unternehmen (einschließlich Erträgen aus Wertpapieren des Umlaufvermögens) 571 Bankzinsen	7100 Sonstige Zinsen und ähnliche Erträge 7105 Zinserträge § 233 AO betriebliche Steuern 7106 Zinserträge § 233 AO Körperschaftsteuer/Vermögensteuer 7109 Sonstige Zinsen und ähnliche Erträge aus verbundenen Unternehmen

---

[1095] Schäfer, GoB für Forderungen, S. 60.

572 frei 573 Diskonterträge 574 frei 575 Bürgschaftsprovisionen 576 Zinsen für Forderungen 577 Aufzinsungserträge 578 Erträge aus Wertpapieren des Umlaufvermögens (soweit von nicht verbundenen Unternehmen) 579 übrige sonstige Zinsen und ähnliche Erträge	7110 Sonstige Zinserträge 7119 Sonstige Zinserträge aus verbundenen Unternehmen 7120 Zinsähnliche Erträge 7129 Zinsähnliche Erträge aus verbundenen Unternehmen 7130 Diskonterträge 7139 Diskonterträge aus verbundenen Unternehmen

Es handelt sich hier um einen **Sammelposten** für Zinsen und ähnliche Erträge, insbesondere aus Forderungen und Wertpapieren. „Ähnliche Erträge" sind Kreditprovisionen, Agioerträge, Bürgschaftsprovisionen und Teilzahlungszuschläge. 1431

Hier sind aber nur Erträge für eine **Kapitalüberlassung** auszuweisen. Soweit Erträge aus einer Dienstleistung herrühren, z. B. Kreditbearbeitungsgebühren, Spesen, Mahnkosten und dgl., sind sie den sonstigen betrieblichen Erträgen zuzurechnen. 1432

Soweit sonstige Zinsen und ähnliche Erträge aus **verbundenen Unternehmen** stammen, sind sie in einem Davon-Vermerk anzugeben. 1433

3.15 Abschreibungen auf Finanzanlagen und auf Wertpapiere des Umlaufvermögens

Konten		1434
IKR	SKR 04	
74 Abschreibungen auf Finanzanlagen und auf Wertpapiere des Umlaufvermögens und Verluste aus entsprechenden Abgängen 740 Abschreibungen auf Finanzanlagen 741 frei 742 Abschreibungen auf Wertpapiere des Umlaufvermögens	7200 Abschreibungen auf Finanzanlagen 7210 Abschreibungen auf Wertpapiere des Umlaufvermögens 7250 Abschreibungen auf Finanzanlagen aufgrund steuerlicher Sondervorschriften 7260 Vorwegnahme künftiger Wertschwankungen bei Wertpapieren des Umlaufvermögens	

743 frei 744 frei 745 Verluste aus dem Abgang von Finanzanlagen 746 Verluste aus dem Abgang von Wertpapieren des Umlaufvermögens 747 | frei 748 749 Aufwendungen aus Verlustübernahme	7390 Aufwendungen aus Verlustübernahme

1435 In diesem Posten sind auszuweisen alle **Abschreibungen** auf
- Finanzanlagen und
- Wertpapiere des Umlaufvermögens (soweit es sich um übliche Abschreibungen handelt).

1436 **Unübliche Abschreibungen** auf Wertpapiere des Umlaufvermögens werden unter Position 7 b ausgewiesen. Es wird aber auch die Auffassung vertreten, auch diese Abschreibungen im Posten Nr. 12 auszuweisen mit der Begründung, die dem Finanzbereich zuzurechnenden Aufwendungen seien gesondert aufzuführen[1096].

1437 Daneben sind gesondert auszuweisen oder im Anhang anzugeben (§ 277 Abs. 3, § 281 Abs. 2 HGB):
- außerplanmäßige Abschreibungen auf Finanzanlagen
- Abschreibungen auf Wertpapiere des Umlaufvermögens zur Verhinderung von Abschreibungen wegen künftiger Wertänderungen
- der Betrag der allein nach steuerrechtlichen Vorschriften vorgenommenen Abschreibungen

3.15.1 Abschreibungen auf Finanzanlagen

1438 Finanzanlagen sind Vermögensgegenstände des Anlagevermögens. Sie sind nicht abnutzbar. Es kommt daher **handelsrechtlich** nur eine außerplanmäßige Abschreibung auf den niedrigeren Wert nach § 253 Abs. 2 Satz 3 HGB und **steuerrechtlich** die Abschreibung auf den niedrigeren Teilwert nach § 6 Abs. 1 Nr. 1 Satz 2 EStG in Frage.

[1096] ADS 6. Auflage, HGB, § 275 Rdn. 169.

Bei einer **vorübergehenden Wertminderung** besteht handelsrechtlich ein Abschreibungswahlrecht (§ 253 Abs. 2 Satz 3 HGB). Da auch steuerrechtlich ein Abschreibungswahlrecht auf den niedrigeren Teilwert besteht, setzt die Teilwertabschreibung in der Steuerbilanz eine Abschreibung auf den niedrigeren Wert in der Handelsbilanz voraus. **1439**

Kapitalgesellschaften dürfen Finanzanlagen im Gegensatz zu Sachanlagen auch bei einer vorübergehenden Wertminderung auf den niedrigen Wert abschreiben (§ 279 Abs. 1 Satz 2 HGB). **1440**

Bei einer **voraussichtlich dauernden Wertminderung** besteht handelsrechtlich ein Abschreibungsgebot (§ 253 Abs. 2 Satz 3, 2. Halbsatz HGB). Dieses setzt sich gegenüber dem steuerrechtlichen Abschreibungswahlrecht in der Steuerbilanz durch, so daß bei einer voraussichtlich dauernden Wertminderung in der Steuerbilanz auf den niedrigeren Teilwert abzuschreiben ist, unabhängig von einem entsprechenden Wertansatz in der Handelsbilanz. **1441**

Der Wert einer **Beteiligung** wird durch die Verhältnisse des Beteiligungsunternehmens bestimmt. Insbesondere ist dessen Vermögens- und Ertragslage für den Wert entscheidend. Eine Abschreibung kommt daher in Betracht, wenn der Buchwert der Beteiligung aus den zu erwartenden Erträgen aus der Beteiligung nicht mehr hinreichend verzinst wird. Maßstab ist der Zinssatz für risikofreie Kapitalanlagen, wie Obligationen der öffentlichen Hand, oder der Zinssatz, den das beteiligte Unternehmen nachhaltig für langfristiges Fremdkapital zu zahlen hat[1097]. **1442**

Beispiel:
Eine Beteiligung steht mit 800 000 DM zu Buche. Auf die Dauer ist ein Ertrag von jährlich 30 000 DM zu erzielen, also 3,75 %. Der durchschnittliche Fremdkapitalzins beträgt 7 %.

Das Unternehmen erzielt bei einem Kapitaleinsatz von 800 000 DM 30 000 DM:
800 000 DM x 3,75 : 100 = 30 000 DM.
Für den gleichen Ertrag müßte das Unternehmen bei einem Zinssatz von 7 % (7/100) X DM einsetzen.
X × 7 : 100 = 30 000 DM
X = 30 000 DM x 100 : 7
X = 428 571 DM

Der niedrigere Wert der Beteiligung im vorstehenden Beispiel beträgt also 428 571 DM.

Eine Beteiligung bringt dem beteiligten Unternehmen neben der angemessenen Verzinsung des eingesetzten Kapitals einen weiteren Nutzen[1098]. Dieser kann nur vorsichtig geschätzt werden. Wenn allerdings das eingesetzte Kapital nicht mehr angemessen verzinst wird, wird auch der weitergehende Vorteil nur noch sehr ge- **1443**

[1097] Scheffler, Beck HdR, B 213, Rdn. 148.
[1098] Siehe Rdn. 461.

ring sein. In der Regel wird er lediglich in einer Aufrundung des durch Kapitalisierung des nachhaltig erzielbaren Ertrags gefundenen Beteiligungswerts bemessen werden können. Im vorstehenden Beispiel kann daher als niedrigerer Wert der Beteiligung ein Betrag von 500 000 DM angenommen werden.

1444 Bei **Wertpapieren des Anlagevermögens** ergibt sich ein niedrigerer Wert und damit auch ein niedrigerer Teilwert aus einem unter die Anschaffungskosten gesunkenen Börsenkurs.

1445 Liegt der tatsächliche Wert einer **Darlehensforderung** unter den Anschaffungskosten, kommt ein Ausweis der Darlehensforderung mit dem niedrigeren Wert in Betracht. **Unverzinsliche** oder **niedrig verzinsliche** Darlehensforderungen sind mit dem niedrigeren Barwert zu bilanzieren. Zuvor ist aber zu prüfen, ob nicht eine verdeckte Verzinsung vorliegt. Das ist der Fall, wenn an die Stelle einer Zinszahlung eine Gegenleistung des Darlehensnehmers in anderer Form tritt, z. B. eine Brauerei gewährt Gaststätten zinslose Darlehen gegen Einräumung einer Bierbezugsverpflichtung[1099].

1446 Ist eine Darlehensforderung unverzinslich oder zu niedrig verzinslich, so ist sie mit dem **Barwert** zu bewerten. Der Differenzbetrag zwischen Auszahlungsbetrag (Anschaffungskosten) und Barwert ist als außerplanmäßige Abschreibung auf den niedrigeren Wert der Darlehensforderung Aufwand des Geschäftsjahrs der Darlehensgewährung. In den Folgejahren ist der Differenzbetrag auf die Laufzeit des Darlehens verteilt erfolgswirksam dem Darlehen als Zugang zuzuschreiben[1100].

1447 Die **Formel für den Barwert** lautet:

$$B = \frac{N}{\left(1 + \frac{p}{100}\right)^x}$$

B = Barwert
N = Nennwert
p = Prozentsatz
x = Laufzeit in Jahren

> *Beispiel:*
> *G gewährt dem N ein unverzinsliches Darlehen am 2.1.00 in Höhe von 10 000 DM. Die Laufzeit beträgt 8 Jahre. Eine Verzinsung von 8 % wäre angemessen.*
> *Barwert:*
> *B = 10 000 : 1,08⁸*
> * = 10 000 : 1,85093*
> * = 5 402,69 DM*

[1099] BFH, Urt. v. 23. 4. 1975, I R 236/72, BStBl 1975 II S. 875.
[1100] Pelka/Wohlgemuth, Beck'sches StB-Handbuch 1998/99 Teil B, Rz. 490.

Den Differenzbetrag zwischen dem Auszahlungsbetrag und dem Barwert bucht G am 31.12.00 als Aufwand. G bucht daher:

Am 2.1.00
➤ Darlehensforderung   10 000,00 DM
    an Bank   10 000,00 DM

am 31.12.00
➤ Abschreibung   4 597,31 DM
    an Darlehensforderung   4 597,31 DM

Dieser Betrag ist auf die Laufzeit des Darlehens zu verteilen. Der dabei auf das einzelne Jahr entfallende Teilbetrag ist erfolgswirksam dem Darlehen als Zugang zuzuschreiben.

4 597,31 : 8 = 574,66 DM. G bucht daher zum 31.12.00 und zu jedem folgenden Bilanzstichtag:
➤ Darlehensforderung   574,66 DM
    an Zuschreibung   574,66 DM

Nach dem BMF-Schreiben vom 28.3.1980[1101] soll in der **Steuerbilanz** bei der Abzinsung eines Darlehens ein Zinssatz von 5,5 % angemessen sein. Es wird aber für sachgerecht angesehen, auch hier den Barwert unter Verwendung des marktüblichen Zinssatzes zu ermitteln[1102]. Ist der marktübliche Zinssatz höher als 5,5 %, so ist der Barwert einer unverzinslichen Darlehensforderung beim marktüblichen Zinssatz niedriger als beim Zinssatz von 5,5 %. Das würde bedeuten, daß in der Steuerbilanz die Darlehensforderung mit einem höheren Wert ausgewiesen würde als in der Handelsbilanz. Besteht handelsrechtlich ein Gebot, den niedrigeren Wert anzusetzen, so setzt sich dieses Gebot aufgrund des Maßgeblichkeitsgrundsatzes in der Steuerbilanz gegenüber dem Wahlrecht, den niedrigeren Teilwert anzusetzen (§ 6 Abs. 1 Nr. 1 Satz 2, Nr. 2 Satz 2 EStG) durch. Die Bewertung einer unverzinslichen Darlehensforderung mit einem 5,5 % übersteigenden marktüblichen Zinssatz ist also auch in der Steuerbilanz geboten.

Bei einem unverzinslichen Darlehen kann eine Aktivierung des Unterschiedsbetrages zwischen Nennwert und Barwert als Anschaffungskosten eines **immateriellen Wirtschaftsguts** in Betracht kommen, wenn dem Darlehensgeber ein besonderer Vorteil eingeräumt wurde. Es muß unterschieden werden, ob der Vorteil unmittelbar mit der Ausleihung zusammenhängt oder nicht als ein ihr anhaftendes Merkmal anzusehen ist[1103].

[1101] BMF, Schr. v. 28. 3. 1980, IV B 2 – S 2174 – 7/80, BB 1980, S. 559.
[1102] Kupsch, HdJ, Abt. II/3, Rdn. 172.
[1103] Kupsch, HdJ, Abt. II/3, Rdn. 143.

Beispiel:
G gewährt N am 1.1.00 ein Darlehen in Höhe von 50 000 DM mit einer Laufzeit von 20 Jahren zum Zinssatz von 4 % pro Jahr. Das Darlehen ist am Ende der Laufzeit zu tilgen. Angemessen wäre ein Zinssatz von 8 %.

a) N ist ein Geschäftsfreund.
b) N ist Arbeitnehmer.

Am 31.12.00 beträgt die Restlaufzeit 19 Jahre. Angemessen ist ein Zins pro Jahr in Höhe von 8 % x 50 000 DM = 4 000 DM. G erhält lediglich 4 % x 50 000 DM = 2 000 DM. Der Zinsverlust beträgt also pro Jahr 2 000 DM. Der Kapitalwert des Zinsverlusts ist 2 000 DM x 9,6036 (Barwertfaktor einer 19 Jahre dauernden Rente) = 19 207 DM. Das Darlehen hat daher einen niedrigeren Wert (Teilwert) von 50 000 DM – 19 027 DM = 30 793 DM.

Im Fall a des Beispiels wird der unter dem Marktzins liegende Betrag nicht durch einen besonderen Vorteil aufgewogen. Daher ist das Darlehen mit dem niedrigeren Wert bzw. Teilwert in Höhe von 30 793 DM zum 31.12.00 anzusetzen.

1449 Unverzinsliche oder niedrig verzinsliche **Darlehen an Betriebsangehörige** sind auch dann mit dem Nennbetrag zu bilanzieren, wenn ihnen keine bestimmten Gegenleistungen der Darlehensnehmer gegenüberstehen. Unverzinsliche oder niedrig verzinsliche Darlehen an Betriebsangehörige sind eine besondere Form betrieblicher Sozialleistungen. Es ist davon auszugehen, daß ein gedachter Erwerber des gesamten fortzuführenden Unternehmens im Rahmen eines Gesamtkaufpreises für aus sozialen Gründen gewährte niedrig verzinsliche oder unverzinsliche Darlehensforderungen an Arbeitnehmer den Nennwert vergüten würde[1104]. Im Fall b des vorstehenden Beispiels ist daher das Darlehen mit dem Nennbetrag anzusetzen.

Beispiel:
G gewährt dem Grundstückseigentümer N ein zinsloses Darlehen. N verpflichtet sich, in einem von ihm zu errichtenden Miethaus dem G das Recht einzuräumen, die Mieter der mit dem Darlehen finanzierten Wohnungen zu bestimmen. Mieter dieser Wohnungen sind Arbeitnehmer des G.

Hier hat G mit dem **Belegungsrecht** ein immaterielles Wirtschaftsgut erworben. Anschaffungskosten sind der Unterschied zwischen dem Nennwert und dem Barwert des Darlehens. Von diesem Aktivposten sind AfA gem. § 7 EStG vorzunehmen[1105].

[1104] BFH, Urt. v. 30.11.1988 I R 114/84, BStBl 1990 II S. 117. Zur Anwendung dieses Urteils auf Wertansätze von Darlehensforderungen in bis zum 31.12.1988 endenden Wirtschaftsjahren s. BMF, Schr. v. 17.1.1990 IV B 2 – S 2174 – 3/90, BStBl 1990 I S. 71 und v. 5.6.1990 IV B 2 – S 2174 – 29/90, BStBl 1990 I S. 239.
[1105] Herrmann/Heuer/Raupach, § 6 Anm. 943.

3.15.2 Abschreibungen auf Wertpapiere des Umlaufvermögens

Für die Wertpapiere des Umlaufvermögens kommen die für Vermögensgegenstände des Umlaufvermögens allgemein geltenden Abschreibungen in Frage. **1450**

Handelsrechtlich sind bei Umlaufgegenständen Abschreibungen vorzunehmen, um sie mit einem niedrigeren Wert auszuweisen, der sich aus dem Börsen- oder Marktpreis am Abschlußstichtag ergibt (§ 253 Abs. 3 Satz 1 HGB). Ist ein Börsen- oder Marktpreis nicht festzustellen, dann ist der niedrigere Wert anzusetzen, der den Vermögensgegenständen am Abschlußstichtag beizulegen ist (§ 253 Abs. 3 Satz 2 HGB). In diesen Fällen besteht also ein **Abschreibungsgebot**. Das Abschreibungsgebot besteht nicht nur, wie bei den Anlagegegenständen, bei dauernder, sondern auch bei nur vorübergehender Wertminderung. **1451**

Steuerrechtlich kommt für die Umlaufgegenstände die Teilwertabschreibung in Frage. Ist der Teilwert niedriger als die Anschaffungs- oder Herstellungskosten, darf er angesetzt werden (§ 6 Abs. 1 Nr. 2 Satz 2 EStG). Es besteht also steuerrechtlich ein Abschreibungswahlrecht. Nach dem Maßgeblichkeitsgrundsatz (§ 5 Abs. 1 Satz 1 EStG) setzt sich das aus dem strengen Niederstwertprinzip sich ergebende handelsrechtliche Abschreibungsgebot gegenüber dem steuerrechtlichen Abschreibungswahlrecht durch[1106]. Ergibt sich daher aus einem Börsen- oder Marktpreis ein niedrigerer Wert oder ist aus anderen Gründen den Umlaufgegenständen ein niedrigerer Wert beizulegen, so ist dieser Wert auch in der Steuerbilanz durch Teilwertabschreibung anzusetzen. **1452**

Außerdem dürfen Abschreibungen vorgenommen werden, soweit diese nach vernünftiger kaufmännischer Beurteilung notwendig sind, um zu verhindern, daß in der nächsten Zukunft der Wertansatz dieser Vermögensgegenstände aufgrund von **Wertschwankungen** geändert werden muß (§ 253 Abs. 3 Satz 3 HGB). **Kapitalgesellschaften** müssen den Betrag der Abschreibungen in der Gewinn- und Verlustrechnung gesondert ausweisen oder im Anhang angeben (§ 277 Abs. 3 Satz 1 HGB). **1453**

[1106] Lause/Sievers, BB 1990 S. 24 ff., 29.

3.16 Zinsen und ähnliche Aufwendungen

1454

Konten	
IKR	SKR 04

75 Zinsen und ähnliche Aufwendungen
   750 Zinsen und ähnliche Aufwendungen an verbundene Unternehmen
   751 Bankzinsen
   752 Kredit und Überziehungsprovisionen
   753 Diskontaufwand
   754 Abschreibung auf Disagio
   755 Bürgschaftsprovisionen
   756 Zinsen für Verbindlichkeiten
   757 Abzinsungsbeträge
   758 frei
   759 sonstige Zinsen und ähnliche Aufwendungen
	7300 Zinsen und ähnliche Aufwendungen
	7305 Zinsaufwendungen § 233a AO betriebliche Steuern
	7306 Zinsaufwendungen § 233a AO Körperschaftsteuer/Vermögensteuer
	7309 Zinsen und ähnliche Aufwendungen an verbundene Unternehmen
	7310 Zinsaufwendungen für kurzfristige Verbindlichkeiten
	7319 Zinsaufwendungen für kurzfristige Verbindlichkeiten an verbundene Unternehmen
	7320 Zinsaufwendungen für langfristige Verbindlichkeiten
	7329 Zinsaufwendungen für langfristige Verbindlichkeiten an verbundene Unternehmen
	7330 Zinsähnliche Aufwendungen
	7339 Zinsähnliche Aufwendungen an verbundene Unternehmen
	7340 Diskontaufwendungen
	7349 Diskontaufwendungen an verbundene Unternehmen

3.16.1 Ausweis der Aufwendungen

1455 Hier sind alle Aufwendungen für Fremdkapital auszuweisen. Soweit sie gegenüber verbundenen Unternehmen angefallen sind, ist ein Davon-Vermerk erforderlich.

1456 Nicht hier, sondern als Nebenkosten des Geldverkehrs unter Posten Nr. 8 sonstige betriebliche Aufwendungen werden ausgewiesen:
- Umsatzprovisionen
- Bankspesen
- Kreditüberwachungskosten
- Einlösungsprovisionen für Schuldverschreibungen

3.16.2 Abschreibung des Damnums/Disagios

3.16.2.1 Planmäßige Abschreibung

Wird in Ausübung des Aktivierungswahlrechts nach § 250 Abs. 3 HGB der Unterschiedsbetrag zwischen dem Rückzahlungsbetrag und dem Auszahlungsbetrag einer Verbindlichkeit, das sog. Damnum oder Disagio, in der Handelsbilanz aktiviert, so ist der aktivierte Betrag durch planmäßige jährliche Abschreibungen zu tilgen, die auf die gesamte Laufzeit der Verbindlichkeit verteilt werden können (§ 250 Abs. 3 Satz 2 HGB). 1457

Handelsrechtlich ist also für die planmäßige Abschreibung des Damnums bestimmt: 1458
- bei Aktivierung Gebot, das Damnum planmäßig abzuschreiben
- Wahlrecht, die Abschreibungen auf die Laufzeit des Darlehens zu verteilen oder auf einen kürzeren Zeitraum

Planmäßige Abschreibung bedeutet, daß zu Beginn der Abschreibung ein Abschreibungsplan aufzustellen ist, nach dem das Damnum abgeschrieben wird. Für die Dauer des Bestehens des Postens ist jährlich mindestens eine Abschreibung vorzusehen, die der entspricht, die sich bei einer Verteilung entsprechend der Kapitalinanspruchnahme ergibt. Tilgungsmaßstab ist daher das Verhältnis der auf die einzelnen Jahre entfallenden Zinsen zu den Gesamtzinsen[1107].

Steuerrechtlich ist das Damnum als Rechnungsabgrenzungsposten auf die Laufzeit des Darlehens zu verteilen[1108]. Es darf also kein kürzerer Abschreibungszeitraum gewählt werden. 1459

Sind aber die Zinsen des Darlehens für einen bestimmten Zeitraum festgeschrieben, so besteht ein wirtschaftlicher Zusammenhang zwischen dem Zinssatz und dem Damnum. Ein niedrigerer Zins steht mit einem höheren, ein höherer Zins mit einem niedrigeren Damnum im Zusammenhang. Rechnerisch ist das Damnum der Barwert der Differenz zwischen dem Zinssatz bei 100 %iger Darlehensauszahlung und dem gewünschten niedrigeren Zinssatz. Bei Ablauf des Festschreibungszeitraums werden die Darlehenskonditionen der dann gegebenen Lage am Geldmarkt angepaßt. Daher ist das Damnum ein zusätzliches Entgelt für die Kapitalüberlassung während des Festschreibungszeitraums, so daß es grundsätzlich über diesen, nicht über die vorgesehene Gesamtlaufzeit zu verteilen ist[1109].

Die Abschreibung richtet sich danach, ob es sich um ein Fälligkeits- oder um ein Tilgungsdarlehen handelt. 1460

Fälligkeitsdarlehen: Das Darlehen ist bei Fälligkeit in einem Betrag zurückzuzahlen. Während der Laufzeit steht es dem Schuldner stets in voller Höhe zur Verfügung. Daher ist das Damnum als Entgelt für die Nutzung des Darlehens auch in gleichen Beträgen auf die Abschreibungsdauer abzuschreiben. Bei einem Fällig- 1461

[1107] ADS 6. Auflage, HGB § 250 Rdn. 90.
[1108] H 37 (Damnum) EStH.
[1109] BFH, Urt. v. 21.4.1988 IV R 47/85, BStBl 1989 II S. 722.

keitsdarlehen kommt deshalb als planmäßige Abschreibung die lineare Abschreibung in Frage.

1462 Tilgungsdarlehen: Die Darlehenssumme verringert sich laufend um die Tilgungsbeträge. Entsprechend nimmt auch das Damnum als Nutzungsentgelt ab. Nimmt das Darlehen jährlich um den gleichen Tilgungsbetrag ab, verringert sich das Damnum ebenfalls jährlich um gleiche Differenzbeträge. Der jährliche Differenzbetrag errechnet sich nach folgender Formel:

$$\text{Differenzbetrag} = \frac{\text{Damnum}}{\text{Summe der Jahre}}$$

Beispiel:
Ein Tilgungsdarlehen von 600 000 DM mit einer Laufzeit von 10 Jahren wird in Höhe von 570 000 DM ausgezahlt. Das Damnum beträgt also 30 000 DM oder 5 %.

$$\text{Differenzbetrag} = \frac{30\,000}{1+2+3+4+5+6+7+8+9+10}$$
$$= 30\,000 : 55$$
$$= 545{,}45 \text{ DM}$$

Abschreibungsbeträge:

Jahr 1	545,45 x 10	= 5 454,55
Jahr 2	545,45 x 9	= 4 909,09
Jahr 3	545,45 x 8	= 4 363,64
Jahr 4	545,45 x 7	= 3 818,18
Jahr 5	545,45 x 6	= 3 272,73
Jahr 6	545,45 x 5	= 2 727,27
Jahr 7	545,45 x 4	= 2 181,82
Jahr 8	545,45 x 3	= 1 636,36
Jahr 9	545,45 x 2	= 1 090,91
Jahr 10	545,45 x 1	= 545,45
		30 000,00

1463 Es kann auch nach folgender Formel abgeschrieben werden:

$$s = \frac{n \times (n+1)}{2}$$

n : Zahl der Abschreibungsraten
s : Nenner des anzuwendenden Bruches

Zinsen und ähnliche Aufwendungen

Für jede einzelne Abschreibungsrate ergibt sich wie folgt der Abschreibungsbetrag:

1. Abschreibungsrate: $\frac{n}{s}$ x Damnum

2. Abschreibungsrate: $\frac{n-1}{s}$ x Damnum

3. Abschreibungsrate: $\frac{n-2}{s}$ x Damnum

usw.

Im vorstehenden Beispiel beträgt der Nenner des anzuwendenden Bruches:

$$s = \frac{10 \times (10+1)}{2}$$

$$= \frac{10 \times 11}{2}$$

$$= 55$$

Die Abschreibungsraten des Damnums betragen:

Jahr 1: $\frac{10}{55} \times 30\,000$ DM = 5 454,54 DM

Jahr 2: $\frac{9}{55} \times 30\,000$ DM = 4 909,09 DM

usw.

Diese Abschreibungsformel sollte insbesondere angewendet werden, wenn jährlich mehrere Tilgungen anfallen, etwa monatliche, vierteljährliche oder halbjährliche Tilgungen.

1464

Beispiel:
S nimmt am 1.7.01 ein Darlehen auf. Das Damnum beträgt 8 400 DM. Das Darlehen hat eine Laufzeit von 5 Jahren und ist in 20 vierteljährlichen Raten zu tilgen, erstmals zum 1.9.01.

$$s = \frac{20 \times 21}{2} = 210$$

Im Jahr 01 fallen 2 Raten an, zum 1.9. und zum 1.12. Hierfür sind insgesamt anzusetzen:

$\frac{20+19}{210}$ x 8 400 = 1 560 DM

Für die Laufzeit des Darlehens ergeben sich also folgende Abschreibungsraten für das Damnum:

Jahr 01: $\frac{20+19}{210}$ x 8 400 =   1 560 DM

Jahr 02: $\frac{18 + 17 + 16 + 15}{210}$ x 8 400 =   2 640 DM

Jahr 03: $\frac{14 + 13 + 12 + 11}{210}$ x 8 400 =   2 000 DM

Jahr 04: $\frac{10 + 9 + 8 + 7}{210}$ x 8 400 =   1 360 DM

Jahr 05: $\frac{6 + 5 + 4 + 3}{210}$ x 8 400 =   720 DM

Jahr 06: $\frac{2 + 1}{210}$ x 8 400 =   <u>120 DM</u>

Abschreibungen insgesamt   8 400 DM

1465 Handelt es sich um ein **Annuitätsdarlehen**, ist also über die gesamte Laufzeit ein gleichbleibender Jahresbetrag zu zahlen, so erhöht sich die jährliche Tilgung um den Betrag der ersparten Zinsen. Der Abschreibungsbetrag des Disagios errechnet sich dann nach folgender Formel[1110]:

$$A = \frac{D \times Z}{GZ}$$

Hierbei bedeuten:
D = Nominalbetrag des Disagios
Z = Jahreszinsaufwand
GZ = Gesamtzinsbelastung (Summe der Annuitäten abzüglich Nominalbetrag der Verbindlichkeit)

Beispiel:
Ein Tilgungsdarlehen in Höhe von 600 000 DM mit einer Laufzeit von 10 Jahren wird in Höhe von 570 000 DM ausgezahlt. Das Damnum beträgt also 30 000 DM oder 5 %. Die Zinsen für das Darlehen betragen 6 %, im ersten Jahr also 600 000 DM x 6 % = 36 000 DM.

Nach der finanzmathematischen Tabelle zur Ermittlung von Annuitäten beträgt für ein Darlehen von 1 DM die Annuität bei einer Laufzeit von 10 Jahren und einem Zinssatz von 6 % = 0,135868. Für 600 000 DM beträgt daher die Annuität: 600 000 DM x 0,135868 = 81 520,80 DM. Insgesamt sind also in 10 Jahren 815 208 DM zu zahlen. Die Gesamtzinsbelastung beläuft sich somit auf 815 208 DM − 600 000 DM = 215 208 DM. Im ersten Jahr ergibt sich folgende Abschreibung auf das Disagio:

$A = \frac{30\,000 \times 36\,000}{215\,208}$

   = 1 080 000 000 : 215 208

   = 5 018,40

[1110] ADS 6. Auflage, HGB § 250 Rdn. 93 f.

Im ersten Jahr wird also das Damnum in Höhe von 5 018,40 DM abgeschrieben.

3.16.2.2 Außerplanmäßige Abschreibung

Handelsrechtlich darf das Damnum jederzeit außerplanmäßig abgeschrieben werden, da es gestattet ist, von vornherein von der Aktivierung abzusehen[1111]. Eine Pflicht zur außerplanmäßigen Abschreibung besteht, wenn die Verbindlichkeit oder Anleihe vorzeitig ganz oder teilweise zurückgezahlt wird und der Unterschiedsbetrag über dem Betrag liegt, der sich bei rechtzeitiger Berücksichtigung dieses Umstandes ergeben hätte. Auch eine Ermäßigung des Zinsniveaus kann eine außerplanmäßige Abschreibung erfordern[1112]. **1466**

Steuerrechtlich rechnet das Damnum zu den Rechnungsabgrenzungsposten. Hierfür gibt es keine Teilwertabschreibung, die der außerplanmäßigen Abschreibung entsprechen würde. Ein Damnum kann also nicht auf einen niedrigeren Teilwert abgeschrieben werden, wenn sich die allgemeinen Kreditbedingungen so verbessert haben, daß ein gleiches Darlehen zu besseren Bedingungen zu erhalten ist[1113]. **1467**

Wird aber ein Darlehen vorzeitig ganz oder teilweise zurückgezahlt, ist das Damnum entsprechend steuerlich abzuschreiben. Das gilt auch bei einer Umschuldung des Darlehens, wenn das Damnum nicht als zusätzliche Gegenleistung für das neue oder veränderte Darlehen anzusehen ist[1114].

3.16.2.3 Buchung

Die Abschreibungen auf das aktivierte Damnum sind keine Abschreibungen im Sinne von § 253 Abs. 2 und 3 HGB, §§ 6 und 7 EStG. Solche Abschreibungen kommen nur für Vermögensgegenstände bzw. Wirtschaftsgüter in Frage. Hier handelt es sich um eine Abschreibung besonderer Art, die den Zinsen ähnlich ist. Daher wird der Abschreibungsbetrag im Soll des Aufwandskontos „Zinsen und ähnliche Aufwendungen" gebucht. Der Buchungssatz lautet daher: **1468**

➤ Zinsen und ähnliche Aufwendungen
   an Damnum

1111 Schnicke/Bartels-Hetzler in: Beck Bil-Komm. § 250 Rdn. 77.
1112 ADS 6. Auflage, HGB § 250 Rdn. 98.
1113 BFH, Urt. v. 20.11.1969 IV R 3/69, BStBl 1970 II S. 209; H 37 (Konditionen) EStH.
1114 BFH, Urt. v. 13.3.1974 I R 165/72, BStBl 1974 II S. 359; H 37 (Umschuldung) EStH.

3.17 Ergebnis der gewöhnlichen Geschäftstätigkeit

1469 Das Ergebnis der gewöhnlichen Geschäftstätigkeit ist die Zwischensumme der vorhergehenden Posten 1 bis 13. Es ist das Geschäftsergebnis, das sich zusammensetzt aus dem **Betriebsergebnis** (Posten 1 bis 8) und dem **Finanzergebnis** (Posten 9 bis 13).

1470 Das Ergebnis der gewöhnlichen Geschäftstätigkeit ergibt sich also aus folgender Berechnung:

Ergebnis der gewöhnlichen Geschäftstätigkeit	
Umsatzerlöse + Erhöhung des Bestands an fertigen und unfertigen Erzeugnissen − Verminderung des Bestands an fertigen und unfertigen Erzeugnissen + andere aktivierte Eigenleistungen + sonstige betriebliche Erträge − Materialaufwand − Personalaufwand − sonstige betriebliche Aufwendungen	Betriebs- ergebnis
+ Erträge aus Beteiligungen + Erträge aus anderen Wertpapieren und Ausleihungen des Finanzanlagevermögens + sonstige Zinsen und ähnliche Erträge − Abschreibungen auf Finanzanlagen und auf Wertpapiere des Umlaufvermögens − Zinsen und ähnliche Aufwendungen	Finanz- ergebnis
= Ergebnis der gewöhnlichen Geschäftstätigkeit	

3.18 Außerordentliche Erträge und Aufwendungen

Konten	
IKR	SKR 04
58 Außerordentliche Erträge 76 Außerordentliche Aufwendungen	7400 Außerordentliche Erträge 7500 Außerordentliche Aufwendungen

1471

3.18.1 Ausweis der Erträge und Aufwendungen

Außerordentliche Erträge und Aufwendungen beruhen auf **außergewöhnlichen Ereignissen**, die den normalen Ablauf des Geschäftsjahrs unterbrechen. Das sind Ereignisse, die
- ungewöhnlich in der Art sind,
- selten vorkommen und
- einige materielle Bedeutung haben[1115].

1472

Bei der Beurteilung der Frage, ob es sich um außerordentliche Erträge oder Aufwendungen handelt, ist auf die Eigenart des betreffenden Unternehmens abzustellen. Was bei einem Unternehmen außerhalb seiner gewöhnlichen Geschäftstätigkeit liegt, kann bei einem anderen Unternehmen zur gewöhnlichen Geschäftstätigkeit gehören[1116].

1473

Die Posten „außerordentliche Erträge" und „außerordentliche Aufwendungen" sind hinsichtlich ihres Betrags und ihrer Art **im Anhang zu erläutern**, soweit die ausgewiesenen Beträge für die Beurteilung der Ertragslage nicht von untergeordneter Bedeutung sind (§ 277 Abs. 4 Satz 2 HGB). Es heißt im Gesetz „nicht von untergeordneter Bedeutung". Das ist weniger als „von Bedeutung". Die Schwelle für die Erläuterungspflicht liegt daher relativ niedrig. Da unter diesen Posten ohnehin nur außergewöhnliche Erträge und Aufwendungen ausgewiesen werden, wird die Erläuterungspflicht im Zweifel zu bejahen sein, zumal es sich gewöhnlich nur um wenige Fälle handeln wird[1117].

1474

3.18.2 Außerordentliche Erträge

Außerordentliche Erträge sind Erträge, die außerhalb der gewöhnlichen Geschäftstätigkeit des Unternehmens anfallen (§ 277 Abs. 4 Satz 1 HGB). Hierzu gehören:
- Erträge aus dem Verkauf von Teilbetrieben, Zweigniederlassungen oder Geschäftsstellen
- Erträge aus dem Verkauf von Beteiligungen

1475

[1115] ADS 6. Auflage, HGB § 277 Rdn. 79.
[1116] ADS 6. Auflage, HGB § 277 Rdn. 81–82.
[1117] ADS 6. Auflage, HGB § 277 Rdn. 83.

- Erträge aus dem Verkauf eines zu den wesentlichen Betriebsgrundlagen gehörenden Grundstücks
- Erträge aufgrund eines für das Unternehmen existentiellen Prozesses
- Sanierungsgewinne
- einmalige Zuschüsse der öffentlichen Hand zur Umstrukturierung von Geschäftszweigen

3.18.3 Außerordentliche Aufwendungen

1476 **Außerordentliche Aufwendungen** sind Aufwendungen, die außerhalb der gewöhnlichen Geschäftstätigkeit des Unternehmen anfallen (§ 277 Abs. 4 Satz 1 HGB).

Hierzu gehören:
- Verluste aus dem Verkauf oder der Stillegung von Teilbetrieben, Zweigniederlassungen oder Geschäftsstellen
- Verluste aus dem Verkauf von zu den wesentlichen Betriebsgrundlagen gehörenden Grundstücken
- Aufwendungen für einen Sozialplan
- außergewöhnliche Inanspruchnahme aus Haftung, z. B. Produzentenhaftung
- einmalige und erhebliche Aufwendungen bei der Erschließung neuer Märkte oder der Aufnahme neuer Produkte

3.18.4 Außerordentliches Ergebnis

1477 Das außerordentliche Ergebnis ist die Differenz aus den Posten „außerordentliche Erträge" und „außerordentliche Aufwendungen". Diese werden in der Gewinn- und Verlustrechnung zunächst in der Vorspalte ausgewiesen.

  außerordentliche Erträge
− außerordentliche Aufwendungen
= außerordentliches Ergebnis

3.19 Steuern

Konten	
IKR	SKR 04
77 Steuern vom Einkommen und Ertrag 770 Gewerbeertragsteuer 771 Körperschaftsteuer 772 Kapitalertragsteuer 773 ausländische Quellensteuer 774 frei 775 latente Steuern 776 frei 777 frei 778 frei 779 sonstige Steuern vom Einkommen und Ertrag 78 Sonstige Steuern	7600 Körperschaftsteuer 7610 Gewerbesteuer (Vorauszahlung) 7620 Gewerbeertragsteuer 7630 Kapitalertragsteuer 7640 Steuernachzahlungen Vorjahre für Steuern vom Einkommen und Ertrag 7642 Steuererstattungen Vorjahre für Steuern vom Einkommen und Ertrag 7644 Erträge aus der Auflösung von Rückstellungen für Steuern vom Einkommen und Ertrag 7650 Sonstige Steuern 7660 Vermögensteuer 7670 Gewerbekapitalsteuer 7675 Verbrauchsteuer 7680 Grundsteuer 7685 Kfz-Steuer 7690 Steuernachzahlungen Vorjahre für sonstige Steuern 7692 Steuererstattungen Vorjahre für sonstige Steuern 7694 Erträge aus der Auflösung von Rückstellungen für sonstige Steuern

3.19.1 Steuern vom Einkommen und vom Ertrag

Zu den Steuern vom Einkommen und vom Ertrag rechnen:
- Körperschaftsteuer, ggf. einschließlich Kapitalertragsteuer und anrechenbarer Körperschaftsteuer
- Zinsabschlagsteuer
- Solidaritätszuschlag
- Gewerbeertragsteuer
- ausländische Steuern, die den genannten inländischen Steuern entsprechen und für die Steueranrechnung oder Abzug von der Bemessungsgrundlage gewährt wird (§ 34c EStG, § 26 KStG)
- latente Steuern (§ 274)

3.19.2 Sonstige Steuern

1480 Wurden die Betriebsteuern unter den sonstigen betrieblichen Aufwendungen ausgewiesen[1118], so entfallen sie hier. Dann ist aber der Betrag der Betriebsteuern im Anhang zu nennen.

[1118] Siehe Rdn. 1419.

4 Anhang, Lagebericht und Offenlegung

4.1 Anhang

Bei **Kapitalgesellschaften** besteht der **Jahresabschluß** aus (§ 264 Abs. 1 Satz 1 HGB): **1481**
- Bilanz
- Gewinn- und Verlustrechnung
- Anhang

Im **Anhang** werden Angaben gemacht, die zu den einzelnen Posten der Bilanz und der Gewinn- und Verlustrechnung vorgeschrieben sind oder deshalb dort erforderlich sind, weil solche Angaben in der Bilanz oder in der Gewinn- und Verlustrechnung in Ausübung von Wahlrechten nicht aufgenommen wurden.

Da der Anhang bei der Kapitalgesellschaft Teil des Jahresabschlusses ist, gelten für seine Aufstellung die für den Jahresabschluß maßgebenden **Aufstellungsfristen**[1119].

Nach dem Grundsatz „**true and fair view**" hat der Jahresabschluß der Kapitalgesellschaft unter Beachtung der Grundsätze ordnungsmäßiger Buchführung ein den tatsächlichen Verhältnissen entsprechendes Bild der Vermögens-, Finanz- und Ertragslage der Gesellschaft zu vermitteln. Führen besondere Umstände dazu, daß der Jahresabschluß ein den tatsächlichen Verhältnissen entsprechendes Bild nicht vermittelt, so sind im Anhang zusätzliche Angaben zu machen (§ 264 Abs. 2 HGB). **1482**

Ein bestimmtes **Gliederungsschema** ist für den Anhang nicht vorgeschrieben. Es ist nur der allgemeine Grundsatz der Klarheit und Übersichtlichkeit zu beachten (§ 243 Abs. 2 HGB). **1483**

Diesem Grundsatz entspricht folgende Gliederung:
- Allgemeine Angaben
- Angaben zur Bilanz
- Angaben zur Gewinn- und Verlustrechnung
- Sonstige Angaben
- Zusätzliche Angaben und Erläuterungen für mittelgroße und große Kapitalgesellschaften

4.1.1 Allgemeine Angaben

4.1.1.1 True and fair view

Im Jahresabschluß ist gemäß § 264 Abs. 2 HGB ein den tatsächlichen Verhältnissen entsprechendes Bild zu vermitteln von der **1484**
- Vermögenslage
- Ertragslage
- Finanzlage

[1119] Siehe Rdn. 23.

1485 Im wesentlichen kommt die **Vermögenslage** in der Bilanz und die **Ertragslage** in der Gewinn- und Verlustrechnung zum Ausdruck. Die Vermögenslage wird den tatsächlichen Verhältnissen entsprechend dargestellt, wenn die Werte der Vermögensgegenstände den Zeitwerten möglichst entsprechen.

1486 Daher ist für Kapitalgesellschaften besonders bestimmt, daß
- **außerplanmäßige Abschreibungen** bei vorübergehender Wertminderung nur bei Finanzanlagen erlaubt sind (§ 279 Abs. 1 Satz 2 i.V.m. § 253 Abs. 2 Satz 3 HGB)[1120],
- **Abschreibungen im Rahmen vernünftiger kaufmännischer Beurteilung** nicht zulässig sind (§ 279 Abs. 1 Satz 1 i.V.m. § 253 Abs. 4 HGB)[1121],
- **steuerrechtliche Abschreibungen** in der Handelsbilanz nur zum Zwecke ihrer steuerlichen Geltendmachung abgesetzt werden dürfen (§ 279 Abs. 2 HGB)[1122] und
- **Zuschreibungen** nach Wegfall der Gründe für eine außerplanmäßige oder steuerrechtliche Abschreibung grundsätzlich zu erfolgen haben (§ 280 HGB)[1123].

1487 Darüber hinaus sind **zusätzliche Angaben** zur Vermögens- und Ertragslage im Anhang zu machen, wenn besondere Umstände vorliegen. Sie werden angenommen, wenn
- die **Umsatzerlöse** bei langfristiger Fertigung stark schwanken
- ungewöhnliche Veränderungen beim **Vorratsvermögen** vorliegen
- hohe **außerordentliche Erträge** aufgrund von Zuschüssen oder Zulagen ausgewiesen werden
- ungewöhnliche, rein **bilanzpolitische Maßnahmen** durchgeführt worden sind, etwa das „Sale-and-lease-back-Verfahren"
- die **Fortsetzung der Unternehmenstätigkeit** nicht gesichert erscheint
- **Teilliquidationen** von Werks- oder Betriebsabteilungen durchgeführt worden sind
- **verdeckte Gewinnausschüttungen** oder **verdeckte Einlagen** erfolgt sind
- **Vergleichsabschlüsse** erfolgt sind
- **wesentliche Vermögensteile veräußert** worden sind
- durch die Nominalwertrechnung wegen erheblicher **Geldwertschwankungen** ein unzutreffendes Bild der Ertragslage vermittelt wird[1124]

1488 Die **Finanzlage** weist insbesondere die Liquidität des Unternehmens aus. Die Zahlungsfähigkeit eines Unternehmens ist langfristig gesichert, wenn die Einnahmen aus dem regulären Geschäftsverkehr die Ausgaben mindestens decken. Vorübergehende Liquiditätsengpässe dürfen durch Kreditaufnahme überbrückt werden. Es kommt für die Liquidität eines Unternehmens darauf an, daß die laufen-

---

[1120] Siehe Rdn. 1348.
[1121] Siehe Rdn. 1361.
[1122] Siehe Rdn. 1367.
[1123] Siehe Rdn. 1403 ff.
[1124] ADS 6. Auflage, HGB § 264 Rdn. 115 ff.

Anhang

den Ausgaben und die Kredite rechtzeitig beglichen werden können. Angaben hierzu sind vor allem im Anhang zu machen.

4.1.1.2 Bilanzierungs- und Bewertungsmethoden

Die auf die Posten der Bilanz oder der Gewinn- und Verlustrechnung angewandten Bilanzierungs- und Bewertungsmethoden müssen angegeben werden (§ 284 Abs. 2 Nr. 1 HGB). **1489**

Bilanzierungsmethoden:
- Angaben zu den allgemeinen Gliederungsgrundsätzen (§ 265 HGB)
- Inanspruchnahmen von Bilanzierungshilfen (§§ 269, 274 Abs. 2 HGB)
- Ausnutzung von Aktivierungswahlrechten
- in Ausübung des Passivierungswahlrechtes passivierte Aufwandsrückstellungen (§ 249 Abs. 2 HGB)
- aufgrund der Übergangsregelung[1125] unterlassene Passivierung von Pensionsrückstellungen

Bewertungsmethoden:
- Angabe der Methoden zur Ermittlung der Anschaffungs- oder Herstellungskosten
- Angabe der Abschreibungsmethoden
- Angabe der Abschreibungsmethode für einen derivativen Geschäfts- oder Firmenwert
- Angabe, ob geringwertige Wirtschaftsgüter sofort abgeschrieben wurden
- Angabe der Prozentsätze für Pauschalwertberichtigungen und Garantierückstellungen
- Angabe des Zinssatzes bei der Barwertermittlung von Renten und Pensionsrückstellungen
- Angabe, wenn die Passivierung der Verbindlichkeiten nicht mit dem Rückzahlungsbetrag erfolgt ist

Abweichungen von früheren Bilanzierungs- und Bewertungsmethoden sind anzugeben und zu begründen. Ihr Einfluß auf die Vermögens-, Ertrags- und Finanzlage ist gesondert darzustellen (§ 284 Abs. 2 Nr. 3 HGB). **1490**

4.1.1.3 Währungsumrechnung

Die Grundlagen für die Umrechnung in Deutsche Mark sind anzugeben, soweit der Jahresabschluß Posten enthält, denen Beträge zugrunde liegen, die auf **fremde Währung** lauten oder ursprünglich auf fremde Währung lauteten (§ 284 Abs. 2 Nr. 2 HGB). Es ist also der **Umrechnungskurs** anzugeben. **1491**

[1125] Siehe Rdn. 926.

4.1.1.4 Abweichungen von der Gliederungsstetigkeit

1492 Die Gliederung der aufeinanderfolgenden Bilanzen und Gewinn- und Verlustrechnungen ist beizubehalten, soweit nicht in Ausnahmefällen wegen **besonderer Umstände** Abweichungen erforderlich sind. Die Abweichungen sind im Anhang anzugeben und zu begründen (§ 265 Abs. 1 HGB).

4.1.1.5 Nicht vergleichbare oder angepaßte Beträge

1493 In der Bilanz und in der Gewinn- und Verlustrechnung ist zu jedem Posten der entsprechende **Betrag des vorhergehenden Geschäftsjahrs** anzugeben.
Im Anhang ist anzugeben und zu erläutern, wenn
- die Beträge nicht vergleichbar sind oder
- der Vorjahresbetrag angepaßt wird (§ 265 Abs. 2 HGB).

4.1.1.6 Gliederungsergänzungen

1494 Sind **mehrere Geschäftszweige** vorhanden und bedingt dies die Gliederung des Jahresabschlusses nach verschiedenen Gliederungsvorschriften, so ist der Jahresabschluß nach der für einen Geschäftszweig vorgeschriebenen Gliederung aufzustellen und nach der für die anderen Geschäftszweige vorgeschriebenen Gliederung zu ergänzen. Die Ergänzung ist im Anhang anzugeben und zu begründen (§ 265 Abs. 4 HGB).

Hat eine Kapitalgesellschaft mehrere Geschäftszweige, so ist es zweckmäßig, den Jahresabschluß nach dem Gliederungsschema, das unter Berücksichtigung der Besonderheiten der Geschäftszweige den klarsten und übersichtlichsten Abschluß ermöglicht, zu gliedern. Der nach diesem Schema aufgestellte Jahresabschluß wird dann nach den für die anderen Geschäftszweige durch Gliederungsvorschriften oder Formblätter vorgeschriebenen Gliederungen ergänzt. Die Ergänzungen sind im Anhang anzugeben und zu begründen.

4.1.1.7 Mitzugehörigkeitsvermerk

1495 Vermögensgegenstände und Schulden können unter mehrere Posten der Bilanz fallen. Dann ist die **Mitzugehörigkeit** zu anderen Posten bei dem Posten, unter dem der Ausweis erfolgt ist, zu vermerken oder im Anhang anzugeben, wenn das zur Aufstellung eines klaren und übersichtlichen Jahresabschlusses erforderlich ist (§ 265 Abs. 3 Satz 1 HGB).

Nach dem Sinn der Vorschrift soll vermerkt oder im Anhang angegeben werden, wenn aufgrund unterschiedlicher Gliederungsprinzipien Überschneidungen gegeben sind. Unwesentliche und geringfügige Fälle der Mitzugehörigkeit sind unbeachtlich. Es ist nur dann die Mitzugehörigkeit zu vermerken oder im Anhang anzugeben, wenn sonst Fehlinterpretationen möglich wären[1126].

[1126] ADS 6. Auflage, HGB § 265 Rdn. 39 ff.

4.1.2 Angaben zur Bilanz

4.1.2.1 Ingangsetzungs- und Erweiterungsaufwendungen/Aufwendungen für die Währungsumstellung auf den Euro

Der Posten „Ingangsetzungs- und Erweiterungsaufwendungen" und der Posten „Aufwendungen für die Währungsumstellung auf den Euro" sind im Anhang zu erläutern (§ 269 Satz 1 HGB, Art. 44 Abs. 1 Satz 4 EGHGB n. F.). **1496**

Zum Posten „Ingangsetzungs- und Erweiterungsaufwendungen" sind Angaben zu machen zur Art der aktivierten Aufwendungen und zum Bezug zu einer Ingangsetzungs- und Erweiterungsmaßnahme. Die Ingangsetzungs- oder Erweiterungsmaßnahmen müssen aber nicht konkret genannt werden[1127].

4.1.2.2 Anlagenspiegel

Jeder Posten des Anlagevermögens und der Posten „Aufwendungen für die Ingangsetzung und Erweiterung des Geschäftsbetriebs" sind gemäß § 268 Abs. 2 Sätze 1 und 2 HGB in einer horizontalen Gliederung entweder in der Bilanz[1128] oder im Anhang darzustellen. Hierbei sind für jeden dieser Posten horizontal nebeneinander auszuweisen: **1497**
- Anschaffungs- oder Herstellungskosten insgesamt
- Zugänge des Geschäftsjahrs
- Abgänge des Geschäftsjahrs
- Umbuchungen des Geschäftsjahrs
- Zuschreibungen des Geschäftsjahrs
- Abschreibungen in ihrer gesamten Höhe

Erfolgt für einen Posten die horizontale Gliederung in der Bilanz, so werden die ihn betreffenden **Abschreibungen des Geschäftsjahrs** dort vermerkt. Wird die horizontale Gliederung im Anhang dargestellt, so werden hier in einer gesonderten Spalte bei dem entsprechenden Posten auch die Abschreibungen des Geschäftsjahrs angegeben (§ 268 Abs. 2 Satz 3 HGB). **1498**

Kleine Kapitalgesellschaften[1129] sind von der Pflicht zur Aufstellung eines Anlagenspiegels befreit (274 a Nr. 1 HGB). Sie brauchen daher Anlagenspiegel auch nicht im Anhang darzustellen. **1499**

4.1.2.3 Planmäßige Abschreibung des Geschäfts- oder Firmenwerts

Ein aktivierter derivativer Geschäfts- oder Firmenwert ist abzuschreiben **1500**
- entweder in jedem auf die Aktivierung folgenden Geschäftsjahr zu mindestens einem Viertel
- oder planmäßig in den Geschäftsjahren der voraussichtlichen Nutzung (§ 255 Abs. 3 Sätze 2 und 3 HGB).

[1127] ADS 6. Auflage, HGB § 269 Rdn. 20.
[1128] Siehe Rdn. 34 ff.
[1129] Siehe Rdn. 25.

1501 Im Falle der planmäßigen Abschreibung sind die **Gründe für die planmäßige Abschreibung** im Anhang anzugeben (§ 285 Nr. 13 HGB).

Der Geschäfts- oder Firmenwert darf deshalb planmäßig abgeschrieben werden, um ihn auch in der Handelsbilanz den steuerrechtlichen Vorschriften entsprechend abzuschreiben. Hiernach wird eine Nutzungsdauer von 15 Jahren fingiert (§ 7 Abs. 1 Satz 3 EStG). Wird diese Nutzungsdauer auch in der Handelsbilanz zugrunde gelegt, so genügt es, daß als Grund für die planmäßige Abschreibung auf § 7 Abs. 1 Satz 3 EStG verwiesen wird[1130].

4.1.2.4 Unterschiedsbeträge bei Bewertungsvereinfachungsverfahren

1502 Gleichartige Vermögensgegenstände des Vorratsvermögens können nach dem Lifo-, Fifo- oder einem sonstigen den Grundsätzen ordnungsmäßiger Buchführung entsprechenden **Verbrauchs- oder Veräußerungsfolgeverfahren** bewertet werden (§ 256 Satz 1 HGB)[1131].

1503 Außerdem können Vermögensgegenstände des Sachanlagevermögens und Roh-, Hilfs- und Betriebsstoffe des Vorratsvermögens mit einem **Festwert** angesetzt werden (§ 240 Abs. 3 i.V.m. § 256 Satz 2 HGB)[1132].

1504 Ferner können gleichartige Vermögensgegenstände des Vorratsvermögens und andere gleichartige oder annähernd gleichwertige bewegliche Vermögensgegenstände jeweils zu einer **Gruppe** zusammengefaßt und mit dem gewogenen Durchschnittswert angesetzt werden (§ 240 Abs. 4 i. V.m. § 256 Satz 2 HGB)[1133].

1505 Weist die Bewertung unter Zusammenfassung in Gruppen oder nach unterstellten Verbrauchs- oder Veräußerungsfolgen im Vergleich zu einer Bewertung auf der Grundlage des letzten vor dem Abschlußstichtag bekannten Börsenkurses oder Marktpreises einen erheblichen Unterschied auf, so sind für die jeweilige Gruppe die **Unterschiedsbeträge** pauschal im Anhang auszuweisen (§ 284 Abs. 2 Nr. 4 HGB). Kleine Kapitalgesellschaften[1134] brauchen diese Angaben nicht zu machen (§ 288 Satz 1 HGB).

Da nur pauschale Unterschiedsbeträge auszuweisen sind, kann auf volle TDM-Beträge auf- oder abgerundet werden. Erheblich sind die Unterschiede bei Abweichungen von 10%.

4.1.2.5 Aktivierung von Fremdkapitalzinsen

1506 Nach § 255 Abs. 3 HGB dürfen Zinsen für Fremdkapital, das zur Finanzierung eines Vermögensgegenstands verwendet wird, als Herstellungskosten dieses Ver-

---

[1130] ADS 6. Auflage, HGB § 285 Rdn. 245; siehe auch Rdn. 1283 ff.
[1131] Siehe Rdn. 549 ff.
[1132] Siehe Rdn. 440 f. und 544 ff.
[1133] Siehe Rdn. 539 ff.
[1134] Siehe Rdn. 25.

Anhang 633

mögensgegenstands aktiviert werden[1135]. Diese Fremdkapitalzinsen sind gemäß
§ 284 Abs. 2 Nr. 5 HGB im Anhang anzugeben.

4.1.2.6 Antizipative Forderungen

Im Anhang sind gemäß § 268 Abs. 4 HGB Beträge zu erläutern, die **1507**
- unter dem Posten „sonstige Vermögensgegenstände"[1136] ausgewiesen sind,
- erst nach dem Abschlußstichtag rechtlich entstehen und
- einen größeren Umfang haben.

Durch den Ansatz dieses Bilanzpostens werden Erträge im abgelaufenen Geschäftsjahr vorweggenommen, antizipiert. Hierauf beruht die Bezeichnung „antizipative Forderungen".

Erträge werden nach dem Realisationsprinzip erst ausgewiesen, wenn sie reali- **1508**
siert sind. Dann sind die zugrundeliegenden Forderungen i. d. R. auch rechtlich
entstanden. Daher kommt es nach dem Gesetzeswillen nicht auf das rechtliche
Entstehen, sondern auf die Fälligkeit an. Es ist hier an Forderungen gedacht, die
erst nach dem Abschlußstichtag in Rechnung gestellt werden können oder fällig
sind.

Beispiel:
Abgegrenzte Zinserträge, jahresumsatzbezogene Boni, Schadenersatz,
zeitanteilige Mieten und Versicherungsprämien, Steuererstattungsansprüche, die erst mit Ablauf eines vom Geschäftsjahr abweichenden Veranlagungszeitraums entstehen, Forderungen aus Teilleistungen bei langfristiger Fertigung[1137].

Die Beträge sind erst dann zu erläutern, wenn sie einen größeren Umfang haben.
Sind mehrere antizipative Forderungen in den sonstigen Vermögensgegenständen
enthalten, so ist auf deren Gesamtbetrag abzustellen.

4.1.2.7 Disagio/Damnum

Wurde ein Schulddarlehen aufgenommen und bei der Auszahlung ein Disagio[1138] **1509**
einbehalten, so kann handelsrechtlich das Disagio entweder als Aufwand gebucht
oder in den aktiven Rechnungsabgrenzungsposten aufgenommen und planmäßig
abgeschrieben[1139] werden (§ 250 Abs. 3 HGB).

Bei einer **Kapitalgesellschaft** ist das Disagio in der Bilanz gesondert auszuwei- **1510**
sen oder im Anhang anzugeben (§ 268 Abs. 6 HGB).

1135 Siehe Rdn. 295.
1136 Siehe 628 f.
1137 ADS 6. Auflage, HGB § 268 Rdn. 104 ff.
1138 Siehe Rdn. 747 ff.
1139 Siehe Rdn. 1457 ff.

Bei einer Kapitalgesellschaft bestehen folgende Möglichkeiten:
- Entweder wird das Disagio bei den Rechnungsabgrenzungsposten auf der Aktivseite als besonderer Posten „Disagio" ausgewiesen. Das kann auch durch einen „Davon-Vermerk" geschehen.
- Oder das Disagio geht in dem Gesamtbetrag der aktivierten Rechnungsabgrenzungsposten auf. Dann ist das Disagio betragsmäßig im Anhang anzugeben, wobei die Disagios für mehrere Schulddarlehen in einem Betrag angegeben werden können.

4.1.2.8 Aktive latente Steuern

1511 Für aktive latente Steuern kann ein Abgrenzungsposten als Bilanzierungshilfe gesondert unter entsprechender Bezeichnung aktiviert werden[1140]. Wurde von diesem Aktivierungswahlrecht Gebrauch gemacht, ist der Posten im Anhang zu erläutern (§ 274 Abs. 2 HGB).

Es sollten im Anhang Hinweise darauf gegeben werden,
- auf welche **Gewinndifferenzen** sich der Posten bezieht,
- mit welchem **Steuersatz** und nach welcher **Methode** er ermittelt worden ist und
- ob etwa eine **Verrechnung** mit latenten Steuerverpflichtungen erfolgt ist.

4.1.2.9 Gezeichnetes Kapital

1511a Stellen Unternehmen vor Umstellung ihres gezeichneten Kapitals auf Euro den Jahresabschluß in Euro auf, weisen sie das gezeichnete Kapital in der Hauptspalte der Bilanz in Euro und können es statt in der Vorspalte der Bilanz im Anhang in DM angeben (s. Rdn. 64 i).

Weisen sie umgekehrt ihr gezeichnetes Kapital in Euro aus und stellen sie den Jahresabschluß in DM auf, müssen sie das gezeichnete Kapital in der Hauptspalte der Bilanz in DM und können sie es statt in der Vorspalte der Bilanz im Anhang in Euro angeben (s. Rdn. 64 i).

4.1.2.10 Gewinn- oder Verlustvortrag

1512 Die Bilanz kann unter Berücksichtigung der vollständigen oder teilweisen Verwendung des Jahresergebnisses aufgestellt werden. Dann wird nicht der Posten „Jahresüberschuß/Jahresfehlbetrag"[1141], sondern der Posten „Bilanzgewinn/Bilanzverlust" ausgewiesen. Ein vorhandener Gewinn- oder Verlustvortrag ist in den Posten „Bilanzgewinn/Bilanzverlust" einzubeziehen und in der Bilanz oder im Anhang gesondert anzugeben (§ 268 Abs. 1 HGB).

1140 Siehe Rdn. 757.
1141 Siehe Rdn. 865 ff.

Anhang

4.1.2.11 Sonderposten mit Rücklageanteil

Sonderposten mit Rücklageanteil dürfen in der Bilanz einer Kapitalgesellschaft nur passiviert werden, wenn die Passivierung solcher Posten in der Steuerbilanz nach dem umgekehrten Maßgeblichkeitsgrundsatz[1142] von der Passivierung in der Handelsbilanz abhängt. Die steuerrechtlichen Vorschriften, nach denen der Posten gebildet worden ist, sind entweder in der Bilanz oder im Anhang anzugeben (§ 273 HGB).   **1513**

4.1.2.12 Nicht passivierte Pensionsverpflichtungen

Für ab 1987 entstandene Pensionsverpflichtungen sind Rückstellungen auszuweisen. Für vor dem 1.1.1987 entstandene Pensionsverpflichtungen bestand ein Wahlrecht, Rückstellungen zu passivieren. Falls sie in entsprechender Ausübung des Wahlrechts nicht passiviert wurden, sind die Verpflichtungen im Anhang in einem Betrag anzugeben (Art. 28 Abs. 2 EGHGB).   **1514**

4.1.2.13 Passive latente Steuern

Für passive latente Steuern sind nach § 274 Abs. 1 HGB Rückstellungen zu bilden. Sie sind entweder in der Bilanz gesondert als Rückstellungen auszuweisen oder im Anhang gesondert anzugeben.   **1515**

Soweit passive latente Steuern mit aktiven latenten Steueransprüchen verrechnet wurden, entfällt die Angabepflicht im Anhang. Es braucht nicht angegeben zu werden, wie sich die latente Steuerverpflichtung errechnet.

4.1.2.14 Sonstige Rückstellungen

In der Bilanz werden als Rückstellungen folgende Posten ausgewiesen: **1516**
- Rückstellungen für Pensionen und ähnliche Verpflichtungen
- Steuerrückstellungen
- sonstige Rückstellungen

Unter dem Posten „sonstige Rückstellungen" werden also alle übrigen Rückstellungen in einem Betrag ausgewiesen. Sie können im einzelnen bedeutend sein. Haben sie einen nicht unerheblichen Umfang, sind sie im Anhang zu erläutern (§ 285 Nr. 12 HGB). Es wird als ausreichend angesehen, wenn Rückstellungsgrund und die Höhe der einzelnen Rückstellung angegeben werden.   **1517**

4.1.2.15 Verbindlichkeiten

Der Betrag der Verbindlichkeiten mit einer Restlaufzeit bis zu einem Jahr ist bei jedem gesondert ausgewiesenen Posten zu vermerken (§ 268 Abs. 5 Satz 1 HGB).   **1518**

Zusätzlich sind gemäß § 285 Nr. 1 HGB im Anhang anzugeben: **1519**
- der Gesamtbetrag der Verbindlichkeiten mit einer Restlaufzeit von mehr als 5 Jahren

---
[1142] Siehe Rdn. 56.

- der Gesamtbetrag der Verbindlichkeiten, die durch Pfandrechte oder ähnliche Rechte gesichert sind, unter Angabe von Art und Form der Sicherheiten

1520 **Mittelgroße und große Kapitalgesellschaften** haben diese Angaben für jeden in der Bilanz ausgewiesenen Verbindlichkeiten-Posten gesondert zu machen (§ 285 Nr. 2 HGB).

1521 Die Verbindlichkeiten sollten im Anhang wie folgt **gegliedert** werden:

	Restlaufzeit			Gesamtbetrag	Sicherheiten	
	bis 1 Jahr	1 bis 5 Jahre	mehr als 5 Jahre		davon gesichert	Art und Form der Sicherheit
1. Anleihen davon konvertibel						
2. Verbindlichkeiten gegenüber Kreditinstituten						
3. Erhaltene Anzahlungen auf Bestellungen						
4. Verbindlichkeiten aus Lieferungen und Leistungen						
5. Verbindlichkeiten aus der Annahme gezogener Wechsel und der Ausstellung eigener Wechsel						
6. Verbindlichkeiten gegenüber verbundenen Unternehmen						
7. Verbindlichkeiten gegenüber Unternehmen, mit denen ein Beteiligungsverhältnis besteht						
8. Sonstige Verbindlichkeiten						
9. Gesamtsumme						

4.1.2.16 Antizipative Verbindlichkeiten

1522 Sind unter dem Posten „Verbindlichkeiten" Beträge für Verbindlichkeiten ausgewiesen, die erst nach dem Abschlußstichtag rechtlich entstehen, so müssen Beträge, die einen größeren Umfang haben, im Anhang erläutert werden (§ 268 Abs. 5 Satz 3 HGB).

Beispiel:
Verpflichtung aus Miet- oder Pachtvertrag, die einen vor dem Abschluß-
stichtag liegenden Zeitraum umfaßt, aber erst im folgenden Geschäftsjahr
fällig wird.

Kleine Kapitalgesellschaften[1143] sind von dieser Angabepflicht befreit (§ 274 a Nr. 3 HGB).

4.1.2.17 Eventualverbindlichkeiten

Eventualverbindlichkeiten sind: 1523
- Verbindlichkeiten aus der Begebung und der Übertragung von Wechseln
- Verbindlichkeiten aus Bürgschaften, Wechsel- und Scheckbürgschaften
- Verbindlichkeiten aus Gewährleistungsverträgen
- Haftungsverhältnisse aus der Bestellung von Sicherheiten für fremde Verbindlichkeiten

Diese Eventualverbindlichkeiten sind, wenn sie nicht auf der Passivseite der Bilanz auszuweisen sind, unter der Bilanz zu **vermerken** (§ 251 HGB). 1524

Der Vermerk hat zu geschehen
- entweder für jeden einzelnen dieser Posten gesondert unter der Bilanz
- oder als Gesamtvermerk unter der Bilanz und dann für jeden einzelnen der Posten gesondert im Anhang

Die gewährten **Pfandrechte** und sonstigen **Sicherheiten** sind dabei im Anhang anzugeben. Bestehen Eventualverbindlichkeiten gegenüber **verbundenen Unternehmen**, so sind auch diese im Anhang gesondert anzugeben (§ 268 Abs. 7 HGB). 1525

4.1.3 Angaben zur Gewinn- und Verlustrechnung

4.1.3.1 Angaben bei Anwendung des Umsatzkostenverfahrens

Wird das Umsatzkostenverfahren[1144] angewendet, ist der **Personalaufwand** des Geschäftsjahrs nach folgender Gliederung anzugeben: 1526
- Löhne und Gehälter
- soziale Abgaben und Aufwendungen für Altersversorgung

Zusätzlich haben **mittelgroße und große Kapitalgesellschaften** den **Material-** 1527
aufwand des Geschäftsjahrs nach folgender Gliederung anzugeben (§ 285 Nr. 8, § 288 HGB):
- Aufwendungen für Roh-, Hilfs- und Betriebsstoffe und für bezogene Waren
- Aufwendungen für bezogene Leistungen

1143 Siehe Rdn. 25.
1144 Siehe Rdn. 32.

4.1.3.2 Angaben zu Sonderposten mit Rücklageanteil

1528 Werden Sonderposten mit Rücklageanteil **aufgelöst**, wird auf dem Ertragskonto „sonstige betriebliche Erträge" gegengebucht.

1529 Erfolgen **Einstellungen** in Sonderposten mit Rücklageanteil, wird auf dem Aufwandskonto „sonstige betriebliche Aufwendungen" gegengebucht.

1530 Beim **Jahresabschluß** werden die Erträge und Aufwendungen auf den gleichnamigen Posten der Gewinn- und Verlustrechnung ausgewiesen. Entweder sind die Erträge aus Auflösungen von Sonderposten mit Rücklageanteil und die Aufwendungen bei Einstellungen in Sonderposten mit Rücklageanteil gesondert in der Gewinn- und Verlustrechnung auszuweisen oder im Anhang anzugeben (§ 281 Abs. 2 Satz 2 HGB).

1531 Die Ertrags- und Aufwandsposten können in der Gewinn- und Verlustrechnung oder im Anhang wie folgt dargestellt werden:
- Sonstige betriebliche Erträge,
  davon aus der Auflösung des Sonderpostens mit Rücklageanteil
- Sonstige betriebliche Aufwendungen,
  davon aus Einstellungen in Sonderposten mit Rücklageanteil

oder
- Sonstige betriebliche Erträge
  a) aus der Auflösung des Sonderpostens mit Rücklageanteil
  b) übrige sonstige betriebliche Erträge
- Sonstige betriebliche Aufwendungen
  a) aus Einstellungen in Sonderposten mit Rücklageanteil
  b) übrige sonstige betriebliche Aufwendungen

4.1.3.3 Aus steuerlichen Gründen unterlassene Zuschreibungen

1532 Grundsätzlich haben Kapitalgesellschaften gemäß § 280 Abs. 1 HGB folgende Abschreibungen durch Zuschreibungen rückgängig zu machen, wenn sich in einem späteren Geschäftsjahr herausstellt, daß die Gründe für die Abschreibungen nicht mehr bestehen:
- außerplanmäßige Abschreibungen des Anlagevermögens
- Abschreibungen des Umlaufvermögens
- steuerrechtliche Abschreibungen

Von diesen Zuschreibungen kann abgesehen werden, wenn der niedrigere Wertansatz bei der steuerrechtlichen Gewinnermittlung beibehalten werden kann und Voraussetzung hierfür die Beibehaltung des niedrigeren Wertansatzes in der Handelsbilanz ist (§ 280 Abs. 2 HGB)[1145].

1533 Ist nach einer Teilwertabschreibung in der Steuerbilanz der Teilwert wieder gestiegen, so kann der niedrigere Teilwert beibehalten werden oder es kann auch auf den höheren Teilwert zugeschrieben werden bis zur Höhe der Anschaffungs- oder

---

[1145] Siehe Rdn. 1403.

Herstellungskosten, bei abnutzbaren Anlagegegenständen vermindert um planmäßige Abschreibungen (§ 6 Abs. 1 Nr. 1 und 2 EStG).

Voraussetzung der Ausübung dieser Bewertungswahlrechte in der Steuerbilanz ist eine übereinstimmende Wahl der Bewertung in der Handelsbilanz (§ 5 Abs. 1 Satz 2 EStG). Die Beibehaltung des niedrigeren Wertansatzes in der Handelsbilanz ist also Voraussetzung für die Beibehaltung des niedrigeren Teilwerts in der Steuerbilanz. Die Kapitalgesellschaften können daher unter diesen Umständen von der Zuschreibung absehen.

Im **Anhang** ist der Betrag der im Geschäftsjahr aus den genannten steuerrechtlichen Gründen unterlassenen Zuschreibungen anzugeben und hinreichend zu begründen (§ 280 Abs. 3 HGB). **1534**

Es wird der Betrag angegeben, der nach § 280 Abs. 1 HGB im abgelaufenen Geschäftsjahr hätte zugeschrieben werden müssen. Es braucht nur der Gesamtbetrag angegeben zu werden, dieser ist also nicht auf die einzelnen Bilanzposten aufzuteilen. Grund für die Unterlassung der Zuschreibung ist regelmäßig die Absicht, Steuern zu sparen. Die Angabe des Grundes, eine niedrigere Ertragsteuerbelastung zu erreichen, ist daher ausreichend.

4.1.3.4 Steuerrechtliche Abschreibungen

Im Anhang ist der Betrag der im Geschäftsjahr allein nach steuerrechtlichen Vorschriften vorgenommenen Abschreibungen, getrennt nach Anlage- und Umlaufvermögen, anzugeben, soweit er sich nicht aus der Bilanz oder der Gewinn- und Verlustrechnung ergibt. Der Betrag ist ferner im Anhang hinreichend zu begründen (§ 281 Abs. 2 Satz 1 HGB). **1535**

Es werden die Unterschiedsbeträge zwischen den handelsrechtlich möglichen und den nur auf den steuerrechtlichen Abschreibungsbestimmungen (Sonderabschreibungen und erhöhte Abschreibungen) beruhenden Abschreibungen angegeben. Als Begründung reicht es aus, wenn die steuerrechtliche Vorschrift mitgeteilt wird.

4.1.3.5 Außerplanmäßige Abschreibungen der Anlagegegenstände und Abschreibungen beim Umlaufvermögen zur Verhinderung von Wertansatzänderungen wegen Wertschwankungen

Es sind entweder in der Gewinn- und Verlustrechnung oder im Anhang gesondert anzugeben (§ 277 Abs. 3 Satz 1 HGB): **1536**
- Außerplanmäßige Abschreibungen der Vermögensgegenstände des **Anlagevermögens** und
- Abschreibungen auf Vermögensgegenstände des **Umlaufvermögens**, um zu verhindern, daß in der nächsten Zukunft der Wertansatz dieser Vermögensgegenstände aufgrund von Wertschwankungen geändert werden muß.

4.1.3.6 Belastung des Geschäftsergebnisses durch Ertragsteuern

1537 Im Anhang ist anzugeben, in welchem Umfang die Steuern vom Einkommen und vom Ertrag das Geschäftsergebnis der **gewöhnlichen Geschäftstätigkeit** und das **außerordentliche Ergebnis** belasten (§ 285 Nr. 6 HGB).

Es sind hier keine Angaben erforderlich, wenn in der Gewinn- und Verlustrechnung kein außerordentliches Ergebnis ausgewiesen wird. Es brauchen auch keine Beträge mitgeteilt zu werden und der Steueraufwand muß nicht nach Steuerarten differenziert werden. Körperschaftsteuerminderungen infolge Gewinnausschüttungen können proportional auf beide Ergebnisse aufgeteilt werden. Ist ein Ergebnis positiv und das andere Ergebnis negativ, wird der Steueraufwand allein dem positiven Ergebnis zugeordnet.

1538 **Kleine Kapitalgesellschaften**[1146] brauchen diese Angaben nicht zu machen (§ 288 Satz 1 HGB).

4.1.3.7 Außerordentliche Aufwendungen und Erträge

1539 In den Posten „**außerordentliche Erträge**"[1147] und „**außerordentliche Aufwendungen**"[1148] werden Erträge und Aufwendungen ausgewiesen, die außerhalb der gewöhnlichen Geschäftstätigkeit anfallen. Soweit die Beträge für die Beurteilung der Ertragslage nicht von untergeordneter Bedeutung sind, müssen die Posten im Anhang hinsichtlich ihres Betrags und ihrer Art erläutert werden (§ 277 Abs. 4 Sätze 1 und 2 HGB).

1540 Aufwendungen und Erträge, die einem **anderen Geschäftsjahr** zuzurechnen sind, müssen ebenfalls nach Art und Betrag erläutert werden, auch wenn sie nicht zum außerordentlichen Ergebnis gehören und deshalb in anderen Posten der Gewinn- und Verlustrechnung ausgewiesen sind (§ 277 Abs. 4 Satz 3 HGB).

4.1.4 Sonstige Angaben

4.1.4.1 Organkredite

1541 Es sind im Anhang die den Mitgliedern des Geschäftsführungsorgans, eines Aufsichtsrats, eines Beirats oder einer ähnlichen Einrichtung gewährten **Vorschüsse** und **Kredite** jeweils getrennt nach diesen Personengruppen anzugeben. Hierbei sind die Zinssätze, die wesentlichen Bedingungen, die im Geschäftsjahr zurückgezahlten Beträge und die zugunsten dieser Personen eingegangenen Haftungsverhältnisse mitzuteilen (§ 285 Nr. 9 c HGB).

Bei den Vorschüssen brauchen die üblichen Reisekosten- und Auslagenvorschüsse, bei den Krediten die auch fremden Dritten üblicherweise eingeräumten Zahlungsziele, nicht angegeben zu werden. Zur Angabe der Zinssätze reicht es aus,

---

[1146] Siehe Rdn. 25.
[1147] Siehe Rdn. 1475.
[1148] Siehe Rdn. 1476.

wenn die Bandbreite der Zinssätze angegeben wird. Die Haftungsverhältnisse müssen nicht betragsmäßig aufgeführt werden.

4.1.4.2 Anteilsbesitz

Unmittelbare und mittelbare Beteiligungen von 20 % und mehr an anderen Unternehmen sind gemäß § 285 Nr. 11 HGB anzugeben hinsichtlich **1542**
- **Name** und **Sitz** des anderen Unternehmens,
- **Höhe des Anteils** am Kapital,
- **Eigenkapital** und **Ergebnis** des letzten Geschäftsjahrs, für das ein Jahresabschluß vorliegt.

Eigenkapital und Jahresergebnis müssen nicht angegeben werden, wenn das Unternehmen den Jahresabschluß nicht offenlegen muß und die beteiligte Gesellschaft weniger als die Hälfte der Anteile besitzt (§ 286 Abs. 3 Satz 2 HGB). **1543**

Alle Angaben können unterbleiben (§ 286 Abs. 3 Satz 1 HGB), soweit sie **1544**
- für die Darstellung der Vermögens-, Ertrags- und Finanzlage der Kapitalgesellschaft von untergeordneter Bedeutung sind oder
- nach vernünftiger kaufmännischer Beurteilung geeignet sind, der beteiligten Kapitalgesellschaft oder dem anderen Unternehmen einen erheblichen Nachteil zuzufügen.

Wird hiervon Gebrauch gemacht, ist hierauf im Anhang hinzuweisen (§ 286 Abs. 3 Satz 3 HGB) **1545**

Es müssen keine Angaben gemacht werden, wenn kein Anteil am Kapital besteht, wie es z. B. der Fall ist bei der Mitgliedschaft eines Komplementärs ohne Einlageverpflichtung oder einer typischen stillen Beteiligung.

4.1.4.3 Geschäftsführung, Vorstand und Aufsichtsrat

Nach § 285 Nr. 10 HGB sind im Anhang aufzunehmen: **1546**
- alle **Vorstandsmitglieder** (Familienname und mindestens ein ausgeschriebener Vorname) unter Bezeichnung des Vorstandsvorsitzenden
- alle **Geschäftsführer** (Familienname und mindestens ein ausgeschriebener Vorname) unter Bezeichnung des Vorsitzenden
- alle **Aufsichtsratsmitglieder** (Familienname und mindestens ein ausgeschriebener Vorname) unter Bezeichnung des Aufsichtsratsvorsitzenden und seiner Stellvertreter

4.1.5 Zusätzliche Angaben und Erläuterungen für mittelgroße und große Kapitalgesellschaften

Mittelgroße und große Kapitalgesellschaften[1149] müssen im Anhang außer den bereits genannten Angaben noch folgende weitere Angaben machen.

[1149] Siehe Rdn. 25.

4.1.5.1 Zusammengefaßte Posten

1547 Nach § 265 Abs. 7 HGB können in der Bilanz und in der Gewinn- und Verlustrechnung mit arabischen Zahlen bezeichnete Posten zusammengefaßt ausgewiesen werden (wenn nicht besondere Formblätter vorgeschrieben sind), wenn
- sie einen unerheblichen Betrag enthalten oder
- hierdurch die Klarheit der Darstellung vergrößert wird.

Kleinen Kapitalgesellschaften ist diese erleichterte Darstellung ohnehin erlaubt. Die Möglichkeit der Zusammenfassung aufgrund dieser Vorschrift betrifft daher nur mittelgroße und große Kapitalgesellschaften.

1548 Im Fall der zweiten Alternative, wenn also durch die Zusammenfassung die Klarheit der Darstellung vergrößert werden soll, müssen die zusammengefaßten Posten im Anhang gesondert ausgewiesen werden. Es müssen dann auch die Vorjahresbeträge im Anhang angegeben werden.

1549 Üblicherweise fassen mittelgroße und große Kapitalgesellschaften die Posten im Rahmen der durch § 265 Abs. 7 HGB gegebenen Möglichkeiten zusammen, insbesondere beim Anlagevermögen, bei den Forderungen und den Verbindlichkeiten. Es sind aber **stets gesondert auszuweisen**:
- Ausstehende Einlagen
- Ingangsetzungs- und Erweiterungsaufwendungen
- nicht durch Eigenkapital gedeckter Fehlbetrag
- Sonderposten mit Rücklageanteil
- Rückstellungen für latente Steuern

4.1.5.2 Sonstige Rückstellungen

1550 Rückstellungen, die in der Bilanz unter dem Posten „sonstige Rückstellungen" nicht gesondert ausgewiesen werden, sind im Anhang zu erläutern, wenn sie einen nicht unerheblichen Umfang haben (§ 285 Nr. 12 HGB).

4.1.5.3 Sonstige finanzielle Verpflichtungen

1551 Im Anhang ist der Gesamtbetrag der sonstigen finanziellen Verpflichtungen anzugeben, soweit das zur Beurteilung der Finanzlage von Bedeutung ist. Die Verpflichtungen gegenüber verbundenen Unternehmen sind dabei besonders anzugeben (§ 285 Nr. 3 HGB).

4.1.5.4 Ergebnisbeeinflussung durch steuerrechtliche Abschreibungen und Bildung von Sonderposten mit Rücklageanteil

1552 Es ist das Ausmaß der Beeinflussung des Jahresergebnisses im Geschäftsjahr oder in früheren Geschäftsjahren durch Abschreibungen aufgrund von steuerrechtlichen Vorschriften und der Bildung von Sonderposten mit Rücklageanteil anzugeben (§ 285 Nr. 5 HGB).

4.1.5.5 Durchschnittliche Arbeitnehmerzahl

Es ist die durchschnittliche Zahl der während des Geschäftsjahrs beschäftigten Arbeitnehmer getrennt nach Gruppen anzugeben (§ 285 Nr. 7 HGB).

1553

4.1.5.6 Organbezüge

Es sind die **Gesamtbezüge** der Mitglieder der Geschäftsführung, des Aufsichtsrats, der früheren Mitglieder und ihrer Hinterbliebenen **getrennt nach Gruppen** anzugeben (§ 285 Nr. 9 a und b, § 288 Satz 1 HGB).

1554

Diese Angaben können **unterbleiben**, wenn sich hieraus die Bezüge eines Mitglieds der Geschäftsführung oder des Aufsichtsrats feststellen lassen (§ 286 Abs. 4 HGB).

4.1.5.7 Mutterunternehmen

Es sind gemäß § 285 Nr. 14 HGB Name und Sitz des Mutterunternehmens der Kapitalgesellschaft anzugeben, und zwar

1555

- des Mutterunternehmens, das den Konzernabschluß für den größten Kreis von Unternehmen aufstellt (Konzernspitze), und
- des Mutterunternehmens, das den Konzernabschluß für den kleinsten Kreis von Unternehmen aufstellt (im Zweifel die bilanzierende Gesellschaft und ihre Muttergesellschaft).

4.1.5.8 Aufgliederung der Umsatzerlöse

Die Umsatzerlöse sind aufzugliedern nach
- **Tätigkeitsbereichen** und
- geographisch bestimmten **Märkten** (§ 285 Nr. 4 HGB).

1556

Die Aufgliederung kann **unterbleiben**, soweit sie nach vernünftiger kaufmännischer Beurteilung geeignet ist, der Kapitalgesellschaft oder einem Unternehmen, von dem die Kapitalgesellschaft mindestens 20% der Anteile besitzt, einen erheblichen Schaden zuzufügen (§ 286 Abs. 2 HGB).

4.2 Lagebericht

1557 Kapitalgesellschaften haben zusätzlich zum Jahresabschluß, der bei ihnen außer der Bilanz und der Gewinn- und Verlustrechnung einen Anhang enthält[1150], einen **Lagebericht** aufzustellen (§ 264 Abs. 1 Satz 1 HGB).

1558 **Kleine Kapitalgesellschaften**[1151] brauchen den Lagebericht nicht aufzustellen (§ 264 Abs. 1 Satz 3 HGB).

1559 Lagebericht und Anhang **unterscheiden** sich:
- **Lagebericht**: Angaben zum **Geschäftsverlauf** und zur **Lage** des Unternehmens.
- **Anhang**: **Erläuterung** der Bilanz und der Gewinn- und Verlustrechnung durch zusätzliche Angaben.

4.2.1 Inhalt des Lageberichts

1560 Der Lagebericht ergänzt Bilanz, Gewinn- und Verlustrechnung und den Anhang durch zusätzliche Informationen.

Es **müssen** darin wenigstens
- der **Geschäftsverlauf** und
- die **Lage** der Gesellschaft

so dargestellt werden, daß ein den tatsächlichen Verhältnissen entsprechendes Bild vermittelt wird (§ 289 Abs. 1 HGB).

Angaben zum Geschäftsverlauf und zur Lage des Unternehmens gehören daher zum Mindestinhalt eines jeden Lageberichts.

Ferner **soll** der Lagebericht auch eingehen auf (§ 289 Abs. 2 HGB)
- nach dem Schluß des Geschäftsjahrs eingetretene Vorgänge von besonderer Bedeutung,
- die voraussichtliche Entwicklung der Gesellschaft und
- den Bereich Forschung und Entwicklung.

Der Lagebericht enthält also Mußangaben (§ 289 Abs. 1 HGB) und Sollangaben (§ 289 Abs. 2 HGB).

4.2.2 Mußangaben

1561 In jedem Lagebericht müssen zumindest dargestellt werden
- **Geschäftsverlauf** und
- **Lage** der Gesellschaft.

Die Angaben sind so zu machen, daß ein den tatsächlichen Verhältnissen entsprechendes Bild vermittelt wird (§ 289 Abs. 1 HGB).

[1150] Siehe Rdn. 1481.
[1151] Siehe Rdn. 25.

"**Zumindest**" bedeutet, daß es sich um Mindestangaben handelt. Es können also **1562** auch weitere Angaben in den Lagebericht aufgenommen werden.

Ein „den tatsächlichen Verhältnissen entsprechendes Bild" ist nicht nur von der **1563** Vermögens-, Finanz- und Ertragslage zu vermitteln, wie es § 264 Abs. 2 HGB für den Jahresabschluß vorschreibt. Vielmehr bezieht sich dieser Maßstab beim Lagebericht auf die **Gesamtlage** des Unternehmens. Hierbei sind die Grundsätze der Wahrheit, der Vollständigkeit und der Klarheit zu beachten.

Nach dem Grundsatz der **Wahrheit** ist der Lagebericht in seinen Einzelangaben **1564** und in seiner Gesamtdarstellung richtig darzustellen. Soweit darin die Geschäftsführer oder Vorstände ihre subjektive Meinung mitteilen, hat das nach bestem Wissen zu geschehen.

Nach dem Grundsatz der **Vollständigkeit** sind alle Angaben zu machen, die erfor- **1565** derlich sind, um das Unternehmen insgesamt beurteilen zu können. Alle hierfür wesentlichen Tatsachen sind mitzuteilen.

Nach dem Grundsatz der **Klarheit** ist der Lagebericht verständlich, genau, über- **1566** sichtlich und vergleichbar darzustellen.

4.2.2.1 Geschäftsverlauf

Durch die Darstellung des Geschäftsverlaufs wird die Entwicklung des Unterneh- **1567** mens im Laufe des Geschäftsjahrs gezeigt. Zu den Angaben zum Geschäftsverlauf zählen Informationen über
- Marktstellung und Struktur der Gesellschaft
- Entwicklung des Auftragseingangs
- Umsatzverlauf
- Investitionen
- Kostenentwicklung
- Beschäftigungsgrad
- Kapazitätsauslastung
- Finanzierung
- Rationalisierungsmaßnahmen
- Personalentwicklung
- eingegangene Risiken
- Produktionsprogramm

4.2.2.2 Lage

Zur Lage der Gesellschaft gehören Angaben, die sich auf den Stichtag beziehen **1568** und die Entwicklungserwartungen zeigen. Hierzu gehören daher Aussagen über
- Marktstellung
- Auftragsbestand
- Eigen- und Fremdkapitalausstattung
- Rentabilität
- Liquidität

- Bilanzstruktur
- Veränderungen in den Gesellschaftsverhältnissen
- Abschluß oder Beendigung wichtiger Verträge
- Erwerb und Veräußerung von Immobilien und Beteiligungen
- schwebende Geschäfte
- besondere Verluste
- Kurzarbeit

4.2.3 Sollangaben

1569 Nach § 289 Abs. 2 HGB soll der Lagebericht auch eingehen auf
- Vorgänge von besonderer Bedeutung, die nach dem Schluß des Geschäftsjahrs eingetreten sind
- die voraussichtliche Entwicklung der Kapitalgesellschaft
- den Bereich Forschung und Entwicklung

„Soll" bedeutet nicht, daß ein Wahlrecht besteht, diese Angaben zu machen. Sie brauchen lediglich dann nicht zu erfolgen, wenn die genannten Ereignisse unwesentlich sind. Es ist immer dann zu berichten, wenn entsprechende Tatbestände vorliegen.

4.2.3.1 Nach Schluß des Geschäftsjahrs eingetretene Vorgänge von besonderer Bedeutung

1570 Durch Angaben zu nach dem Schluß des Geschäftsjahrs eingetretenen Vorgängen von besonderer Bedeutung soll vermieden werden, daß die Lage falsch beurteilt und deshalb etwa ein Beschluß über die Gewinnverwendung ohne Kenntnis dieser Informationen gefaßt wird.

1571 Vorgänge von besonderer Bedeutung können sein
- erhebliche Umsatzeinbußen
- Beschäftigungsrückgang, z. B. Kurzarbeit, Betriebsstillegung
- erhebliche Verluste
- Kauf oder Verkauf von Grundstücken oder Beteiligungen
- Kapitalerhöhungen oder Kapitalherabsetzungen
- Änderung der Rechtsform
- Schäden durch Brand, Delikte u. a.

Es zählen hierzu positive und negative Ereignisse, welche die Existenz des Unternehmens erheblich beeinflussen.

4.2.3.2 Voraussichtliche Entwicklung

1572 Zur voraussichtlichen Entwicklung sind die **Erwartungen** über die zukünftige Entwicklung des Unternehmens mitzuteilen. Es sind keine Prognoserechnungen, Planbilanzen, Planerfolgsrechnungen oder Finanzpläne mitzuteilen, sondern nur verbale Angaben zu machen.

Es sollte über wesentliche Änderungen in den Bereichen **Produktion, Personal,** **1573**
Fertigungsanlagen, Absatz und **Marktstellung** in den Haupttätigkeitsbereichen
berichtet werden.

Wegen der einer Prognoseentscheidung stets anhaftenden Unsicherheit sind die
Angaben mit einer gewissen **Bandbreite** und nicht mit Punktgenauigkeit zu geben. Die voraussichtliche Entwicklung sollte für einen Zeitraum von etwa zwei
Jahren dargestellt werden. Bei langfristiger Fertigung können auch längere Zeiträume ins Auge gefaßt werden.

4.2.3.3 Forschung und Entwicklung

Über Forschung und Entwicklung wird berichtet, wenn das Unternehmen einen **1574**
eigenen Forschungs- und Entwicklungsbereich unterhält oder **Fremdforschung** und **Fremdentwicklung** in Anspruch nimmt.

Konkrete Forschungs- und Entwicklungsergebnisse und besondere Forschungsziele brauchen nicht mitgeteilt zu werden. Das könnte sogar geschäftsschädigend
für das Unternehmen sein. Es genügt auch hier eine verbale Berichterstattung.

Forschung und Entwicklung umfaßt die Gebiete **1575**
- Grundlagenforschung,
- angewandte Forschung und
- experimentelle Entwicklung.

Grundlagenforschung zielt in erster Linie auf die Gewinnung neuer Erkenntnisse.

Bei der **angewandten Forschung** steht die praktische Anwendung im Vordergrund.

Bei der **experimentellen Entwicklung** kommt es auf die Herstellung neuer Materialien, Produkte und Geräte, auf die Einführung neuer Verfahren, Systeme und
Dienstleistungen und auf deren wesentliche Verbesserung an.

4.3 Offenlegung

1576 Die Kapitalgesellschaften (§ 325 ff. HGB) und andere Unternehmen ab einer bestimmten Größe (§ 9 PublG) haben ihre Jahresabschlüsse (Bilanz, Gewinn- und Verlustrechnung, Anhang) und Lageberichte offenzulegen.

Kleine und mittelgroße Kapitalgesellschaften reichen die Unterlagen zum Handelsregister ein und geben im Bundesanzeiger bekannt, bei welchem Handelsregister und unter welcher Nummer die Unterlagen eingereicht worden sind. Große Kapitalgesellschaften machen die Unterlagen im Bundesanzeiger bekannt und reichen die Bekanntmachung unter Beifügung der Unterlagen zum Handelsregister ein.

4.3.1 Verpflichtete Personen

1577 Zur Offenlegung sind die **gesetzlichen Vertreter** von Kapitalgesellschaften verpflichtet. Das sind bei
- AG der Vorstand (§ 78 Abs. 1 AktG),
- KGaA die persönlich haftenden Gesellschafter (§ 278 Abs. 2 AktG i.V.m. § 125 Abs. 1, § 161 Abs. 2 HGB),
- GmbH die Geschäftsführer (§ 35 Abs. 1 GmbHG).

Die gesetzlichen Vertreter sind insgesamt verpflichtet, auch wenn intern einer der Vorstände, Geschäftsführer oder Gesellschafter verantwortlich ist.

4.3.2 Offenzulegende Unterlagen

1578 Offenzulegen sind nach § 325 Abs. 1 Satz 1 HGB:
- Jahresabschluß, bestehend aus Bilanz, Gewinn- und Verlustrechnung und Anhang, mit Bestätigungsvermerk oder Vermerk über dessen Versagung
- Lagebericht
- Bericht des Aufsichtsrats
- Vorschlag für die Verwendung des Ergebnisses und Beschluß über seine Verwendung, soweit diese sich nicht aus dem Jahresabschluß ergeben, unter Angabe des Jahresüberschusses oder Jahresfehlbetrags

1579 GmbH brauchen keine Angaben über die Verwendung des Ergebnisses zu machen, wenn sich hierdurch die Gewinnanteile natürlicher Personen feststellen lassen, die Gesellschafter sind (§ 325 Abs. 1 Satz 1, letzter Halbsatz HGB).

1580 Die Offenlegung hat **unverzüglich** nach Vorlage der Abschlußunterlagen an die Gesellschafter zu erfolgen. Im übrigen bestehen Unterschiede für große, mittelgroße und kleine Kapitalgesellschaften.

4.3.3 Offenlegungspflichten

4.3.3.1 Umfang

Der Umfang der Offenlegungspflichten richtet sich nach der Größe der Kapitalgesellschaft[1152]. **1581**

Offenlegung bedeutet
- Einreichung zum Handelsregister (Registerpublizität)
- Bekanntmachung im Bundesanzeiger (Bundesanzeigerpublizität)

	Offenlegungspflichten im Überblick		
	große Kapitalgesellschaft	mittelgroße Kapitalgesellschaft	kleine Kapitalgesellschaft
Bilanz	Bundesanzeiger, Handelsregister	Handelsregister, Fassung der Bilanz gem. § 327 HGB	Handelsregister, Fassung der Bilanz gem. § 266 Abs. 1 Satz 2 HGB
Gewinn- und Verlustrechnung	Bundesanzeiger Handelsregister	Handelsregister	–
Anhang	Bundesanzeiger Handelsregister	Handelsregister, verkürzte Fassung gem. §§ 284, 285 HGB, keine Angaben gem. § 285 Nrn. 2, 5, 8 a, 12 HGB	Handelsregister, verkürzte Fassung gem. §§ 284, 285, 288 HGB, keine Angaben zur Gewinn- und Verlustrechnung
Lagebericht	Bundesanzeiger Handelsregister	Handelsregister	–
Bestätigungsvermerk/Vermerk über seine Versagung	Bundesanzeiger Handelsregister	Handelsregister	–

1152 Siehe Rdn. 25.

Jahresergebnis, Vorschlag und Beschluß über Ergebnisverwendung	Bundesanzeiger Handelsregister	Handelsregister	Handelsregister
Bericht des Aufsichtsrats	Bundesanzeiger Handelsregister	Handelsregister	–
Offenlegungsfrist	9 Monate	9 Monate	12 Monate

1582 Die Offenlegungspflichten gelten auch für Einzelunternehmen und Personenhandelsgesellschaften, die unter das **Publizitätsgesetz** fallen.

4.3.3.2 Große Kapitalgesellschaften

1583 Große Kapitalgesellschaften[1153] müssen die Unterlagen zunächst im Bundesanzeiger bekanntmachen. Anschließend müssen sie die Bekanntmachung unter Beifügung der genannten Unterlagen zum Handelsregister des Sitzes der Kapitalgesellschaft einreichen. Das hat spätestens vor Ablauf des neunten Monats nach dem Abschlußstichtag zu geschehen.

4.3.3.3 Mittelgroße Kapitalgesellschaften

1584 Mittelgroße Kapitalgesellschaften[1154] müssen die Unterlagen spätestens innerhalb von 9 Monaten nach dem Abschlußstichtag zum Handelsregister ihres Sitzes einreichen und dann unverzüglich im Bundesanzeiger bekanntmachen, bei welchem Handelsregister und unter welcher Nummer sie die Unterlagen eingereicht haben.

1585 Sie brauchen Bilanz und Anhang nur in verkürzter Form beim Handelsregister einzureichen. Die zum Handelsregister eingereichte **Bilanz** braucht nur folgende Posten zu enthalten:

Auf der Aktivseite
A. Ausstehende Einlagen auf das gezeichnete Kapital
B. Aufwendungen für die Ingangsetzung und Erweiterung des Geschäftsbetriebs
C. Anlagevermögen
    I. Immaterielle Vermögensgegenstände
        1. sonstige immaterielle Vermögensgegenstände
        2. Geschäfts- oder Firmenwert
    II. Sachanlagen
        1. Grundstücke, grundstücksgleiche Rechte und Bauten einschließlich der Bauten auf fremden Grundstücken
        2. technische Anlagen und Maschinen

[1153] Siehe Rdn. 25.
[1154] Siehe Rdn. 25.

3. andere Anlagen, Betriebs- und Geschäftsausstattung
   4. geleistete Anzahlungen und Anlagen im Bau
 III. Finanzanlagen
   1. Anteile an verbundenen Unternehmen
   2. Ausleihungen an verbundene Unternehmen
   3. Beteiligungen
   4. Ausleihungen an Unternehmen, mit denen ein Beteiligungsverhältnis besteht
D. Umlaufvermögen
  I. Vorräte
 II. Forderungen und sonstige Vermögensgegenstände
   1. Forderungen aus Lieferungen und Leistungen
   2. Forderungen gegen verbundene Unternehmen
   3. Forderungen gegen Unternehmen, mit denen ein Beteiligungsverhältnis besteht
   4. sonstige Vermögensgegenstände
 III. Wertpapiere
   1. Anteile an verbundenen Unternehmen
   2. eigene Anteile
   3. sonstige Wertpapiere
 IV. Schecks, Kassenbestand, Bundesbank- und Postgiroguthaben, Guthaben bei Kreditinstituten
E. Rechnungsabgrenzungsposten

Auf der Passivseite
A. Eigenkapital
  I. Gezeichnetes Kapital
 II. Kapitalrücklage
 III. Gewinnrücklagen
 IV. Gewinnvortrag/Verlustvortrag
  V. Jahresüberschuß/Jahresfehlbetrag
B. Sonderposten mit Rücklageanteil
C. Rückstellungen
D. Verbindlichkeiten
   1. Anleihen, davon konvertibel
   2. Verbindlichkeiten gegenüber Kreditinstituten
   3. Verbindlichkeiten gegenüber verbundenen Unternehmen
   4. Verbindlichkeiten gegenüber Unternehmen, mit denen ein Beteiligungsverhältnis besteht
   5. sonstige Verbindlichkeiten
E. Rechnungsabgrenzungsposten

Den **Anhang** dürfen mittelgroße Kapitalgesellschaften zum Handelsregister einreichen ohne die Angaben nach § 285 Nr. 2, 5, 8 Buchstabe a und 12 HGB.

4.3.3.4 Kleine Kapitalgesellschaften

1587 Kleine Kapitalgesellschaften müssen nur ihre gemäß § 266 Abs. 1 Satz 2 HGB verkürzte Bilanz und den die Bilanz betreffenden Teil des Anhangs innerhalb von 12 Monaten nach dem Abschlußstichtag zum Handelsregister ihres Sitzes einreichen.

4.3.4 GmbH & Co.-Richtlinie

1588 Nach der GmbH & Co.-Richtlinie werden Personengesellschaften, bei denen die **Vollhafter Kapitalgesellschaften** sind, in den Geschäftsjahren, die nach dem 31.12.1994 beginnen, den Kapitalgesellschaften hinsichtlich der Offenlegungspflichten gleichgestellt. Unterstehen die unbeschränkt haftenden Gesellschafter einer GmbH & Co. dann dem deutschen Recht, so unterliegt die Gesellschaft nur dann den für Kapitalgesellschaften bestehenden Offenlegungspflichten, wenn alle unbeschränkt haftenden Gesellschafter die Rechtsform einer GmbH, AG oder KGaA haben.

Die Offenlegung kann also dadurch vermieden werden, daß in die KG ein Vollhafter aufgenommen wird, der nach deutschem Recht eine natürliche Person, ein wirtschaftlicher Verein, eine Stiftung oder eine Genossenschaft ist. Das wird auch erreicht, wenn eine ausländische Unternehmung als Komplementär aufgenommen wird, die weder in der 4. EG-Richtlinie noch im EWR-Vertrag aufgelistet ist oder als ausländische Rechtsform außerhalb der EG und des EWR nicht mit einer Kapitalgesellschaft vergleichbar ist oder wenn der Komplementär die Rechtsform der EWIV hat[1155].

[1155] Streim/Klaus, BB 1994 S. 1109.

Stichwortverzeichnis

(Die Zahlen bezeichnen die Randnummmern)

1 %-Regelung 1226

Abbruch bei Gebäuden und Gebäudeteilen, Herstellungskosten 257 ff.
Abfindungen 1229
Abgänge Anlagenspiegel 45
Abschlagszahlungen 1222 f.
Abschreibungen 1239 ff., 1251 ff.
–, Abschreibungsmethode 1263
–, Abschreibungstabelle 1274
–, Absetzung für Abnutzung 1265
–, AfA-Tabelle 1274
–, Anlagenspiegel 47
–, anschaffungsnahe Aufwendungen 1315 ff.
–, Ansparabschreibung 1384 ff.
–, Ansparrücklage 1384 ff.
–, außergewöhnliche technische oder wirtschaftliche Abnutzung 1356 ff.
–, außerplanmäßige – 1345 ff.
–, Bauantrag 1276
–, Baudenkmale 1375
–, Beibehaltungsrecht 1401 ff.
–, Betriebsgebäude 1269
–, Betriebsvorrichtungen 1309
–, Bewertungsvorbehalt 1268
–, Damnum 1457 ff.
–, degressive 1287 ff., 1392 ff.
–, digitale degressive AfA 1293
–, eigenbetrieblich genutzte Gebäudeteile 1313
–, erhöhte – 1368 ff.
–, Erinnerungswert 1258
–, Finanzanlagen 1438 ff.
–, Firmenwerte 1283 ff.
–, Fördergebiet 1376 ff.
–, fremdbetrieblich genutzte Gebäudeteile 1313
–, Gaststätteneinbauten 1310
–, Gebäude 1276 ff.
–, Gebäudeteile 1308 ff.
–, geringwertige Wirtschaftsgüter 1318 ff.
–, Geschäftswerte 1283 ff.
–, immaterielle Vermögensgegenstände des Anlagevermögens 1251 ff.
–, Ingangsetzungs- und Erweiterungsaufwendungen 1242 ff.
–, Konten 1239
–, kurzlebige Anlagen 1326 ff.
–, leistungsbedingte 1305 ff.
–, lineare 1273 ff.
–, Maßgeblichkeitsgrundsatz 1266
–, materielle Vermögensgegenstände des Anlagevermögens 1251 ff.
–, Methodenwahl 1267
–, Mietereinbauten 1312
–, Mieterumbauten 1312
–, modischem Geschmack unterliegende Einbauten 1310
–, Nachholung 1280
–, nachträgliche Herstellungsaufwendungen 1315 ff.
–, niedrigerer Wert 1349 ff.
–, Nutzungsdauer 1254 f.
–, Planberichtigung und Planänderung 1329 ff.
–, planmäßige 1251 ff.
–, Praxiswerte 1283 ff.
–, progressive 1202 ff.
–, Restwert 1259
–, Rolltreppen 1314
–, Sachanlagen 1251 ff.
–, Sanierungsgebiete 1374
–, Schalterhallen von Kreditinstituten 1311
–, Schaufensteranlagen 1311
–, Scheinbestandteile 1309
–, Sonderabschreibung nach § 7g EStG 1384 ff.
–, Sonderabschreibungen 1368 ff.
–, Sprinkleranlagen 1314
–, steuerrechtlich zulässige 1365 ff.
–, steuerrechtliche, Anhang 1535, 1552
–, steuerrechtliche Abschreibungswahlrechte 1270 ff.

–, Teilwert 1360, 1400
–, Übergang von der degressiven zur linearen 1292
–, unübliche auf Umlaufgegenstände 1406 ff., 1436
–, vernünftige kaufmännische Beurteilung 1361 ff.
–, Verpackungsmaterial 1324
–, Vorräte 566 ff.
–, Wertpapiere des Umlaufvermögens 1450 ff.
–, Wirtschaftsgebäude 1276
–, Wohnzwecken dienende Gebäude und Gebäudeteile 1276, 1313
–, Zuschreibung 1401 ff.
Abschreibungen auf aktivierte Aufwendungen für die Ingangsetzung und Erweiterung des Geschäftsbetriebs sowie für die Währungsumstellung auf den Euro 1242 ff.
Abschreibungen auf Finanzanlagen und auf Wertpapiere des Umlaufvermögens, Verluste aus Abgängen und Aufwendungen aus Verlustübernahme 1434 ff.
Abschreibungsmethoden 1263
Abschreibungstabelle, 1274
Absetzung für Abnutzung 1265, s. auch Abschreibungen
Abstandszahlungen, Anschaffungskosten 180
–, Herstellungskosten 263
AfA-Tabelle 1274
Aktivierungswahlrechte, Abweichungen der Steuerbilanz gegenüber der Handelsbilanz 59
Aktivkonten 3
Altersversorgung 1230 ff.
Anbau, Herstellungskosten 233 ff.
Anfangsbilanz 1
Anhang 1481 ff.
Anlagegegenstände und Umlaufgegenstände, Abgrenzung 134 ff.
Anlagekartei, bewegliche Sachanlagen 430 ff.
Anlagengitter, s. Anlagenspiegel

Anlagenspiegel 34 ff.
Anlagevermögen 320 ff.
–, Anlagenspiegel 38, 322
–, Arten 320 f.
–, bewegliche Sachanlagen 421 ff.
–, Finanzanlagen 450 ff.
–, Gruppen 320 f.
–, immaterielle Anlagegegenstände 323 ff.
–, materielle Anlagegegenstände 370 ff.
–, Sachanlagen 370 ff.
Anliegerbeiträge, Anschaffungskosten 193
Anmerkungen, Abweichungen der Steuerbilanz gegenüber der Handelsbilanz 61
Anschaffungsferner Aufwand, Herstellungskosten 248 ff.
Anschaffungskosten 142 ff.
–, Abstandszahlungen 180
–, Anliegerbeiträge 193
–, Anschaffungszeitpunkt 151 ff.
–, Aufteilung auf Gebäude und Grund und Boden 190 ff.
–, Begriff 142 ff.
–, Ersatzmaßnahmen 194
–, Finanzierungskosten 159 f.
–, Flußregulierungszwangsbeitrag 195
–, Grundbuchgebühr 197
–, Grunderwerbsteuer 197
–, Gutachterhonorar 197
–, Hausanschlußkosten 193
–, Kanalanschlußkosten 193
–, Kanalanstichgebühr 193
–, nachträgliche 166
–, Notargebühr 197
–, Reisekosten 181
–, Rente 179
–, Sacheinlagen 176 ff.
–, Tausch 167 ff.
–, Umsatzsteuer 154 ff.
–, unentgeltlicher Erwerb 182 ff.
–, Wegebaubeitrag 196
–, Zuschüsse 161 ff.

Anschaffungsnahe Aufwendungen, Abschreibungen 1315 ff.
–, Herstellungskosten 239 ff.
Ansparabschreibung 1384 ff.
Ansparrücklage 886a ff.
Anteile am eigenen Unternehmen 456
Anteile an verbundenen Unternehmen 469 ff.
Anteilsbesitz, Anhang 1542 ff.
Antizipativa 1079
Antizipative Forderungen, Anhang 1507 f.
Antizipative Posten 643, 1079
Antizipative Verbindlichkeiten, Anhang 1522
Anzahlungen, erhaltene auf Bestellungen 1073 ff.
–, geleistete auf Sachanlagen 444
–, geleistete auf Sachanlagen und Anlagen im Bau 442 ff.
–, geleistete auf Vorräte 501
Arbeitnehmer im Jahresdurchschnitt 25
Arbeitnehmerzahl, durchschnittliche im Anhang 1553
Aufsichtsrat, Anhang 1546
Aufstockung eines Gebäudes 236
Aufwandskonten 7
Aufwendungen aus Euro-Rundungsdifferenzen 1419a
Aufwendungen für bezogene Leistungen 1217
Aufwendungen für die Ingangsetzung und Erweiterung des Geschäftsbetriebs, Anlagenspiegel 34 ff., 46
–, Ausschüttungssperre 85
–, Bilanzierbarkeit 73 ff.
–, Bilanzierungshilfe 74
–, Buchung und Bilanzierung 80 ff.
–, Erweiterungsaufwendungen 79
–, Ingangsetzungsaufwendungen 76 ff.
–, Konten 72
–, steuerliche Behandlung 86
Aufwendungen für die Währungsumstellung auf den Euro 73, 79a ff., 83 a, 85 f., 640 ff., 950 ff., 1242 ff.

Ausgleichsposten, Abweichungen der Steuerbilanz gegenüber der Handelsbilanz 64
Ausleihungen 477 ff.
–, Erträge aus 1427 ff.
Äußerer Betriebsvergleich 1140 f.
Außerordentliche Aufwendungen 1476
Außerordentliche Erträge 1475
Außerordentliche Erträge und Aufwendungen 1471 ff.
–, Anhang 1539 f.
–, Ausweis 1472 ff.
–, Konten 1471
Außerordentliches Ergebnis 1477
Ausstehende Einlagen 65 ff.
–, Bruttoausweis 71
–, Buchung und Bilanzierung 67 ff.
–, Kapitalgesellschaften 67, 69
–, Kommanditgesellschaften 66, 68
–, Konten 65
–, Nettoausweis 71
–, auf das gezeichnete Kapital 631 ff.

Bankguthaben 704 ff.
Barwert, Formel 1447
Bauantrag 1276
Bestandskonten 2 ff.
Bestandsveränderungen 143 ff.
–, Abschreibungen 1150 f.
–, Bestandserhöhung und -minderung 1148
–, fertige Erzeugnisse 1144 ff.
–, Jahresabschlußbuchungen 1152 ff.
–, Konten 1143
–, Mengen- und Wertänderungen 1149 ff.
–, unfertige Erzeugnisse 1144 ff.
Bestandsverzeichnis, bewegliche Sachanlagen 430 ff.
Beteiligungen 457 ff.
–, Erträge aus 1420 ff.
Betriebliche Altersversorgung, Herstellungskosten 294
Betriebsgebäude, Abschreibungen 1269
Betriebsstoffe 496, 498

Betriebsvermögen 120 ff.
–, gemischt genutzte Wirtschaftsgüter 124 f.
–, gewillkürtes 123
–, Kapitalgesellschaften 133
–, notwendiges 121
–, Personengesellschaften 126 ff.
Betriebsvermögensvergleich 11
Betriebsvorrichtungen 408 ff., 425
–, Abschreibungen 1309
Bewegliche Anlagegegenstände 421 ff.
Bewegliche Sachanlagen 421 ff.
Bewertung, Abweichungen der Steuerbilanz gegenüber der Handelsbilanz 60
–, Maßgeblichkeit der Handelsbilanz 54 f.
–, umgekehrte Maßgeblichkeit 57
–, Vorräte 537 ff.
Bewertung nach unterstellten Verbrauchs- oder Veräußerungsfolgen, Vorräte 549 ff.
Bewertungsgebote, Maßgeblichkeit der Handelsbilanz 54
Bewertungsvorbehalt, Abschreibungen 1268
–, Maßgeblichkeit der Handelsbilanz 54
Bezogene Waren 1206 ff.
Bilanz 1
–, Anlagegegenstände 134 ff, 320 ff.
–, Anschaffungskosten 142 ff.
–, Aufwendungen für die Ingangsetzung und Erweiterung des Geschäftsbetriebs 72 ff.
–, ausstehende Einlagen 65 ff.
–, bewegliche Sachanlagen 421 ff.
–, Eigenkapital 767 ff.
–, Finanzanlagen 450 ff.
–, flüssige Mittel 695 ff.
–, Forderungen 589 ff.
–, Forderungen aus Lieferungen und Leistungen 599 ff.
–, Forderungen gegen verbundene Unternehmen und gegen Unternehmen, mit denen ein Beteiligungsverhältnis besteht 620 ff.

–, Gebäude 375 ff., 396 ff.
–, Gebäudeteile 375 ff., 402 ff.
–, Geschäfts- oder Firmenwert 343 ff.
–, Grundstücke 375 ff.
–, Herstellungskosten 198 ff.
–, immaterielle Anlagegegenstände 323 ff.
–, Praxiswert 364 f.
–, Rechnungsabgrenzung 710 ff.
–, Rückstellungen 887 ff.
–, Sachanlagen 370 ff.
–, Sonderposten mit Rücklageanteil 868 ff.
–, sonstige Vermögensgegenstände 589 ff., 627 ff.
–, Teilwert 308 ff.
–, Umlaufgegenstände 134 ff., 492 ff.
–, Verbindlichkeiten 1017 ff.
–, Vermögensgegenstände 87 ff.
–, Verschmelzungsmehrwert 366
–, Vorräte 493 ff.
–, Wertpapiere 683 ff.
Bilanz- und Bestandskonten 15
Bilanzierung, Maßgeblichkeit der Handelsbilanz 51 ff.
–, umgekehrte Maßgeblichkeit 56
Bilanzierungs- und Bewertungswahlrechte, übereinstimmende Ausübung in Handels- und Steuerbilanz 57a
Bilanzierungsgebote, Maßgeblichkeit der Handelsbilanz 51
Bilanzierungshilfen, Abweichungen der Steuerbilanz gegenüber der Handelsbilanz 53, 58
Bilanzierungsverbote, Maßgeblichkeit der Handelsbilanz 51
Bilanzierungswahlrechte, Abweichungen der Steuerbilanz gegenüber der Handelsbilanz 59
Bilanzrichtlinien-Gesetz 14
Bonus 1129
Buchführung und Jahresabschluß 1 ff.
–, Anfangsbilanz 1
–, Bestandskonten 2
–, Betriebsvermögensvergleich 11
–, Bilanz 1

Stichwortverzeichnis

–, Erfolgskonten 7 ff.
–, Privatkonto 10
–, Schlußbilanz 1
Damnum, Abschreibung 1457 ff.
–, Anhang 1509 f.
–, Forderungsdarlehen 1428a ff.
Darlehen, einer Kapitalgesellschaft an Gesellschafter 486b
–, an Arbeitnehmer 1449
–, an Betriebsangehörige 1449
–, Auszahlungsbetrag in fremder Währung 490
–, Barwert 1445
–, einer Personengesellschaft an Gesellschafter 486a
Darlehen s. Ausleihungen
DATEV-Kontenrahmen SKR 04 14 ff.
Dauerschulden 1068 ff.
Depotwechsel 1088
Disagio, Aufwendungen aus 1428a ff.
Disagio s. Damnum
Dritt-AfA 785
Drittaufwand 785
Drohverlustrückstellungen 956 ff.
–, Abgrenzung zu den Rückstellungen für ungewisse Verbindlichkeiten 961 ff.
–, unterschiedliche Bilanzierung in der Steuerbilanz und Übergangsregelung 963a f.

Eigenbetrieblich genutzte Gebäudeteile, Abschreibungen 1313
Eigene Anteile 689 ff.
Eigenkapital 6, 767 ff.
–, Aktiv- und Passivkapital 768 ff.
–, andere Gewinnrücklagen 863 ff.
–, Drittaufwand 785
–, eingeforderte ausstehende Einlagen 845
–, eingefordertes Kapital 846 f.
–, Einlagen 779, 782 ff.
–, Einlagen und Entnahmen 779 ff.
–, Einzelunternehmen 767 ff.
–, Familiengesellschaften 832

–, Gesellschafterdarlehen 834
–, gesetzliche Rücklage 854 ff.
–, Gewinnermittlung 777 ff.
–, Gewinnrücklagen 839, 852 ff.
–, gezeichnetes Kapital 837, 843 ff.
–, Jahresfehlbetrag 840 f., 855, 865 ff.
–, Jahresüberschuß 840 f., 865 ff.
–, Kapitalgesellschaften 835 ff.
–, Kapitalrücklage 838, 848 ff.
–, Konten 767, 835
–, Personengesellschaften 767 ff., 829 ff.
–, Rücklage für eigene Anteile 857 ff.
–, satzungsmäßige Rücklagen 861 f.
–, Sonderbetriebsvermögen 834
–, Veränderungen 770 ff.
–, Verlustvortrag 855
Eigenkapitalbeschaffungsaufwendungen 77
Eigenleistungen 1168 ff.
–, andere aktivierte 1172
–, früheres Geschäftsjahr 1176
–, Ingangsetzungs- und Erweiterungsaufwendungen 1173
–, Konten 1168
–, Korrekturposten zu den Aufwendungen 1169 ff.
–, Roh-, Hilfs- und Betriebsstoffe, selbst erzeugte 1177
Eigentumsvorbehalt 89
Eigenverbrauch 1181 ff.
–, Aufwendungen 1192 ff.
–, Gegenstände 1182 ff.
–, Leistungen 1188 ff.
Eingeforderte ausstehende Einlagen 845
Eingeforderte Nachschüsse 636 ff.
Eingefordertes Kapital 630 ff., 846 f.
Eingruppierung der Kapitalgesellschaften 25
Einkommensteuer Herstellungskosten 296
Einlagen 10, 779, 782 ff.
–, Ansatz mit dem Teilwert 309
–, Dritt-AfA 785
–, Drittaufwand 785

–, Einnahmen-Überschußrechnung 790
–, immaterielle Wirtschaftsgüter 792
–, Nießbrauch 788
–, Nutzungen 785
–, schuldrechtliches Nutzungsrecht 789
–, unentgeltlich erworbenes Wirtschaftsgut 796
–, wesentliche Beteiligung 797
Einzelbewertung, Vorräte 537 f.
Einzelkosten 274 ff.
Einzelunternehmen, Abweichungen der Steuerbilanz gegenüber der Handelsbilanz 63
–, Gliederung des Jahresabschlusses 17 ff.
Entnahmen 10, 798 ff.
–, Ansatz mit dem Teilwert 309
–, Bemessungsgrundlage für Eigenverbrauch 809
–, Bewertung 801
–, Eigenverbrauch 803
–, Entnahmegewinn 813
–, Entnahmehandlung 807 f.
–, Entstrickung 825
–, Erbbaurecht 820
–, Errichtung eines Einfamilienhauses für eigene Wohnzwecke 816
–, Leistungen 828
–, Nießbrauch 821
–, notwendiges Betriebsvermögen 814
–, Nutzungen 826 ff.
–, Sachentnahmen 804
–, Schenkung eines Betriebsgrundstücks 815
–, Wiederbeschaffungskosten 810 f.
Entwicklungskosten, Herstellungskosten 286
Erfolgskonten 7 ff., 16
–, Aufwandskonten 7
–, Ertragskonten 7
–, Gewinn- und Verlustkonto 8
Erhaltungsaufwand 204 ff.
–, Zusammentreffen mit Herstellungsaufwand 205 ff.
Erhöhte Abschreibungen, umgekehrte Maßgeblichkeit 57

Erinnerungswert, Abschreibungen 1258
Ersatzteile 428
Erträge aus Abgängen 1197 f.
Erträge aus anderen Wertpapieren und Ausleihungen des Finanzanlagevermögens 1427 ff.
Erträge aus Auflösungen von Sonderposten mit Rücklageanteil 1199 f.
Erträge aus Beteiligungen 1420 ff.
–, Ausweis der 1421 ff.
–, Konten 1420
Erträge aus Euro-Rundungsdifferenzen 1201a
Erträge aus Herabsetzungen von Rückstellungen 1201
Erträge aus Werterhöhungen 1196
Ertragskonten 7
Ertragsteuern, Anhang 1537
Euro-Rundungsdifferenzen, Aufwendungen aus 1419a
–, Erträge aus 1201 a
Euroumrechnungsrücklage 64 m, 871
Euro-Umstellung 64a ff.
–, Aufwendungen für die Währungsumstellung auf den Euro 73, 79a ff., 83a, 85 f.
–, Bilanzierungshilfe „Aufwendungen für die Währungsumstellung auf den Euro" 64 o ff.
–, Buchführung 64e
–, gezeichnetes Kapital 64i
–, Jahresabschluß 64f ff.
–, Rückstellung für die Währungsumstellung auf den Euro 64r, 924a ff.
–, Rückstellungen 924a ff.
–, Rundungsdifferenzen der Bilanz, Ausgleich 64g
–, Sonderposten aus der Währungsumstellung auf den Euro und Euroumrechnungsrücklage 64k ff. 886i f.
–, Übergangszeit, Rechnungen und Zahlungen 64d
–, Umrechnung 64b
–, Umstellung auf den Euro im Jahresabschluß 64f

–, Vergleichbarkeit 64h
Eventualverbindlichkeiten 1108
–, Anhang 1523 ff.
Fahrtenbuchregelung 1226
Fahrzeuggestellung an Arbeitnehmer 1226
–, 1 %-Regelung 1226
–, Fahrtenbuchregelung 1226
Fehlbetrag 25
Fehlmaßnahme 316 f.
Fertige Erzeugnisse 499
Fertige Leistungen 500
Fertigungskosten, Herstellungskosten 285
Fertigungslöhne, Herstellungskosten 285
Festwert, Anlagenspiegel 41 ff.
–, bewegliche Sachanlagen 440 f.
–, Vorräte 544 ff.
Fifo-Verfahren 552 ff.
Finanzanlagen 450 ff.
–, Abgrenzungen 451 f.
–, Abschreibungen 1438 ff.
–, Anteile am eigenen Unternehmen 456
–, Anteile an verbundenen Unternehmen 469 ff.
–, Arten 456
–, Ausleihungen 477 ff.
–, Begriff 451 f.
–, Beteiligungen 457 ff.
–, Betriebsvermögen 482 ff.
–, Bilanzierung 453 ff.
–, Konten 450
–, Wertpapiere des Anlagevermögens 473 ff.
Finanzierungskosten als Anschaffungskosten 159 f.
Finanzwechsel 618, 1087
Firmenwert, Abschreibungen 1283 ff., s. auch Geschäfts- und Firmenwert
Flüssige Mittel 695 ff.
–, Bankguthaben 704 ff.
–, Bilanzierung 707 ff.
–, Kassenbestand 700 ff.

–, Konten 695
–, Schecks 696 ff.
Flußregulierungszwangsbeitrag, Anschaffungskosten 195
Forderungen, auf langjähriger Übung beruhende 641 ff.
–, s. Forderungen und sonstige Vermögensgegenstände
Forderungen aus Hilfsgeschäften 639 f.
Forderungen aus Lieferungen und Leistungen 599 ff.
–, Abgrenzung von den sonstigen Vermögensgegenständen 600 ff.
–, bestrittene 608
–, Bilanzierungszeitpunkt 604 ff.
–, Buchung und Bilanzierung 681 f.
–, Fälligkeit 605
–, Großobjekte 609
–, Konten 599
–, Lieferungen und Leistungen 600
–, mehrjährige Fertigung 609 ff.
–, Realisationsprinzip 605 ff.
–, Rechnungserteilung 606
–, schwebendes Geschäft 604
–, Wechselforderungen 615 ff.
Forderungen gegen Unternehmen, mit denen ein Beteiligungsverhältnis besteht 626
Forderungen gegen verbundene Unternehmen 621 ff.
Forderungen gegen verbundene Unternehmen und gegen Unternehmen, mit denen ein Beteiligungsverhältnis besteht 620 ff.
Forderungen und sonstige Vermögensgegenstände 589 ff.
–, Abgrenzung von den sonstigen Vermögensgegenständen 600 ff.
–, Abschreibungen 649 ff.
–, Anschaffungskosten 593 ff.
–, Arten 590 ff.
–, Begriff 590 ff.
–, Bewertung 649 ff.
–, Buchung und Bilanzierung 681 f.
–, dubiose 654 ff.

–, Forderungen aus Lieferungen und Leistungen 599 ff.
–, Forderungen gegen verbundene Unternehmen und gegen Unternehmen, mit denen ein Beteiligungsverhältnis besteht 620 ff.
–, fremde Währung 595
–, Kauf auf Probe 598
–, Kauf mit Rücktrittsrecht 597
–, Konten 589
–, Pauschalwertberichtigung 669 ff.
–, Restlaufzeiten 644 ff.
–, sonstige Vermögensgegenstände 627 ff.
–, uneinbringliche 661 ff.
–, Versandhandelsgeschäfte 596 ff.
–, Wertberichtigungen 648 ff.
–, zweifelhafte 654 ff.
Fremdbetrieblich genutzte Gebäudeteile, Abschreibungen 1313

Gaststätteneinbauten 409
Gebäude 396 ff.
–, Abschreibungen 1276 ff.
–, Begriff 396 ff.
–, Gebäudeteile 402 ff.
–, Personenfahrstühle 409
–, Rolltreppen 409
–, s. Grundstücke, Gebäude und Gebäudeteile
Gebäudeanlagen 426
Gebäudeaufwendungen, Herstellungskosten 256
Gebäudeteile 402 ff.
–, Abschreibungen 1308 ff.
–, Betriebsvorrichtungen 408 ff.
–, Gaststätteneinbauten 409
–, Gebäudeanlagen 404
–, Ladeneinbauten 409
–, Mietereinbauten 410 ff.
–, modischem Geschmack unterliegende Einbauten 409
–, s. Grundstücke, Gebäude und Gebäudeteile
–, Schalterhallen 409
–, Schaufensteranlagen 409

–, Scheinbestandteile 408
–, selbständige und unselbständige 402 ff.
–, sonstige selbständige 414 ff.
Gehälter 1219 ff.
Gemeinkosten 274 ff.
Gemischt genutzte Wirtschaftsgüter, Betriebsvermögen 124 f.
Generalüberholung 220 ff.
Geringwertige Wirtschaftsgüter 437 ff.
–, Abschreibungen 1318 ff.
–, Anlagenspiegel 40 ff.
Gesamthandsvermögen 127
–, Grundstücke, Gebäude und Gebäudeteile 387 f.
Gesamtkostenverfahren 30 f.
Geschäfts- oder Firmenwert 343 ff.
–, Abschreibungen 1283 ff.
–, Anhang, Angaben im – bei planmäßiger Abschreibung 1500 f.
–, Begriff 343 f.
–, Bilanzierung 352 ff.
–, Bilanzierungshilfe 358
–, derivativer 353 f.
–, Handelsvertreter 362
–, Konkurrenzverbot 363
–, Kundenkartei 361
–, Kundenstamm 361 f.
–, originärer 352 ff.
–, Unternehmerlohn 348
–, Wertermittlung 345 ff.
–, Wettbewerbsverbot 363
Geschäftsführung, Anhang 1546
Geschäftsvermögen 116 ff.
Geschlossene Anlage 427, 435
Gesetzliche Rücklage 854 ff.
Gewerbeertragsteuer, Herstellungskosten 297
Gewerbekapitalsteuer, Herstellungskosten 297
Gewerbesteuer 1068 ff.
Gewerbliche Schutzrechte 325
Gewinn- oder Verlustvortrag, Anhang 1512
Gewinn- und Verlustkonto 8

Stichwortverzeichnis 661

Gewinn- und Verlustrechnung 8, 16, 1120 ff.
–, Abschreibungen 1239 ff.
–, Abschreibungen auf Finanzanlagen und auf Wertpapiere des Umlaufvermögens 1434 ff.
–, Altersversorgung 1230 ff.
–, andere aktivierte Eigenleistungen 1168 ff.
–, Anhang 1526 ff.
–, außerordentliche Erträge und Aufwendungen 1471 ff.
–, Bestandsveränderungen 1143 ff.
–, Beteiligungserträge 1420 ff.
–, Damnum 1457 ff.
–, Eigenleistungen, andere aktivierte 1168 ff.
–, Eigenverbrauch 1181 ff.
–, Ergebnis der gewöhnlichen Geschäftstätigkeit 1469 f.
–, Erträge aus Abgängen 1197 f.
–, Erträge aus anderen Wertpapieren und Ausleihungen des Finanzanlagevermögens 1427 ff.
–, Erträge aus Auflösungen von Sonderposten mit Rücklageanteil 1199 f.
–, Erträge aus Beteiligungen 1420 ff.
–, Erträge aus Herabsetzungen von Rückstellungen 1201
–, Erträge aus Werterhöhungen 1196
–, Löhne und Gehälter 1219 ff.
–, Materialaufwand 1202 ff.
–, Nebenerlöse 1179 f.
–, Personalaufwand 1218 ff.
–, sonstige betriebliche Aufwendungen 1410 ff.
–, sonstige betriebliche Erträge 1178 ff.
–, sonstige Erlöse 1179 f.
–, sonstige Zinsen und ähnliche Erträge 1430 ff.
–, soziale Abgaben 1230 ff.
–, Steuern 1478 ff.
–, Steuern, betriebliche 1419
–, Teil des Jahresabschlusses 1120
–, Umsatzerlöse 1121 ff.
–, Unterstützungsleistungen 1230 ff.

–, Verluste aus Abgängen 1413 ff., 1434 ff.
–, Verluste aus Wertminderungen 1413 ff.
–, Verlustübernahmeaufwendungen 1434 ff.
–, Zinsen und ähnliche Aufwendungen 1454 ff.
Gewinnermittlung 777 ff.
Gewinnrücklagen 839, 852 ff.
–, andere Gewinnrücklagen 863 ff.
–, gesetzliche Rücklage 854 ff.
–, Jahresfehlbetrag 865 ff.
–, Jahresüberschuß 865 ff.
–, Rücklage für eigene Anteile 857 ff.
–, satzungsmäßige Rücklagen 861 f.
Gewöhnliche Geschäftstätigkeit, Ergebnis der 1469 f
Gezeichnetes Kapital 837, 843 ff.
Gleichartige Gegenstände 436
Gliederung des Jahresabschlusses 17 ff.
–, Anlagenspiegel 34 ff.
–, Einzelunternehmen 17 ff.
–, Gesamtkostenverfahren 30 f.
–, Kapitalgesellschaften 23 ff.
–, Klarheitsgrundsatz 21
–, Mindestgliederung bei Einzelunternehmen und Personengesellschaften 22
–, Mindestgliederung bei Kapitalgesellschaften 26 ff.
–, Personengesellschaften 17 ff.
–, Sonderposten 29
–, Umsatzkostenverfahren 32 f.
–, Vollständigkeitsgrundsatz 20
Gliederungsgrundsätze 24
Going-Concern-Concept 311
Große Kapitalgesellschaften 25
Großobjekte 609
Grundbuchgebühr, Anschaffungskosten 197
Grunderwerbsteuer, Anschaffungskosten 197
Grundlagenforschung, Herstellungskosten 287

Grundstücke, Gebäude und Gebäudeteile 375 ff.
–, Betriebsvermögen 377 ff.
–, eigene 376
–, flächenmäßige Aufteilung 379
–, Gebäude 396 ff.
–, Gebäudeteile 402 ff.
–, Gesamthandsvermögen 387 f.
–, Grundstücke von untergeordnetem Wert 383 ff.
–, Konten 375
–, Sonderbetriebsvermögen 389 ff.
Gründungsaufwendungen 77
Gruppenbewertung, Vorräte 539 ff.
Gutachterhonorar, Anschaffungskosten 197

Hausanschlußkosten, Anschaffungskosten 193
Herabstufung einer Kapitalgesellschaft 25
Herstellung 212 ff.
–, Beginn und Ende 212 ff.
–, Erstherstellung 218
–, Generalüberholung 220 ff.
Herstellungseinzelkosten 278 ff.
Herstellungsgemeinkosten, Herstellungskosten 289 ff., 300 ff.
Herstellungskonto 32
Herstellungskosten 198 ff.
–, Abbruch bei Gebäuden und Gebäudeteilen 257 ff.
–, Abgrenzung zu den Anschaffungskosten 209 ff.
–, Abgrenzung zum Erhaltungsaufwand 204 ff.
–, Abschreibungen 293
–, Abstandszahlungen 263
–, Anbau 233 ff.
–, anschaffungsferner Aufwand 248 ff.
–, Anschaffungskostenerhöhung 282
–, Anschaffungskostenminderungen 281
–, anschaffungsnaher Aufwand 239 ff.
–, Aufstockung eines Gebäudes 236
–, Begriff 198 ff.

–, betriebliche Altersversorgung 294
–, Checkliste zur Ermittlung 307
–, Eigen- und Fremdherstellung 264 ff.
–, Einkommensteuer 296
–, Einzelkosten und Gemeinkosten 274 ff.
–, Entwicklungskosten 286
–, Erweiterung eines Vermögensgegenstands 226 ff.
–, Fertigungskosten 285
–, Fertigungslöhne 285
–, Gebäudeaufwendungen, Abgrenzung 256
–, Gemeinkosten 268 ff.
–, Generalüberholung 220 ff.
–, Gewerbeertragsteuer 297
–, Gewerbekapitalsteuer 297
–, Grundlagenforschung 287
–, Herstellung 212 ff.
–, Herstellungseinzelkosten 278 ff.
–, Herstellungsgemeinkosten 289 ff., 300 ff.
–, immaterielle Anlagegegenstände 267
–, Konstruktionskosten 286
–, Körperschaftsteuer 296
–, Leerkosten 291
–, Materialkosten 279
–, Modellkosten 288
–, nachträgliche 232 ff.
–, Nebenkosten der Anschaffung 281
–, Sonderkosten der Fertigung 286
–, soziale Leistungen 294
–, Spezialwerkzeuge, Aufwendungen 288
–, über das übliche Maß hinausgehende Abwertungen 283 f.
–, Umbau 237
–, Umfang 268 ff.
–, Umsatzsteuer 298
–, Unternehmerlohn 299
–, Verbrauchsteuern 298
–, Vergrößerung der nutzbaren Fläche eines Gebäudes 237
–, Vermögensteuer 296

Stichwortverzeichnis

–, Verschachtelung bei baulichen Verbindungen 234 f.
–, Versuchskosten 286
–, Vertriebskosten 272, 299
–, Verwaltungskosten 294
–, Vorsteuer 298, 304 ff.
–, Wesensänderung 225
–, wesentliche Verbesserung eines Gebäudes 230
–, wesentliche Verbesserung eines Vermögensgegenstands 229 ff.
–, Wiederherstellung 224
–, Zinsen für Fremdkapital 295
–, Zölle 298
Hilfsgeschäfte, Forderungen aus 639 f.
Hilfsstoffe 496 f.
Hochregallager 523
Höherstufung einer Kapitalgesellschaft 25

Immaterielle Anlagegegenstände 323 ff.
–, Abgrenzung von den Sachanlagen 334 ff.
–, Abschreibungen 1251 ff.
–, Anzahlungen auf 367 ff.
–, Bilanzierung immaterieller Einzelanlagen 328 ff.
–, Einlage 324
–, Einzelanlagen 324 ff.
–, entgeltlicher Erwerb 338 ff.
–, Geschäfts- oder Firmenwert 343 ff.
–, gewerbliche Schutzrechte 325
–, Herstellungskosten 267
–, Konten 323
–, Konzessionen 325
–, Lizenzen 325
–, Praxiswert 364 f.
–, Trivialprogramme 335
–, Verschmelzungsmehrwert 366
–, wirtschaftliche Werte 325
Imparitätsprinzip 958
Industriekontenrahmen 14 ff.
Ingangsetzungs- und Erweiterungsaufwendungen 76 ff, 1173
–, Abschreibungen 1242 ff.
–, Anhang 1496

Ingangsetzungsaufwendungen s. Ingangsetzungs- und Erweiterungsaufwendungen
Inventur, bewegliche Anlagegegenstände 429 ff.
–, bewegliche Sachanlagen 429 ff.
–, Einlagerungsinventur 523
–, Inventurstichtag, Inventuraufnahmetag 509 ff.
–, permanente Inventur 515 ff.
–, Stichprobeninventur 532 ff.
–, Stichtagsinventur 513 f.
–, Vorräte 506 ff.
–, zeitverschobene Inventur 524 ff.

Jahresfehlbetrag 840 f. 855, 865 ff.
Jahresüberschuß 840 f., 865 ff.

Kanalanschlußkosten, Anschaffungskosten 193
Kanalanstichgebühr, Anschaffungskosten 193
Kapital 630 ff.
Kapitalgesellschaften, Abweichungen der Steuerbilanz gegenüber der Handelsbilanz 64
–, ausstehende Einlagen 67, 69
–, Betriebsvermögen 133
–, Gliederung des Jahresabschlusses 23 ff.
–, Größenklassen 25
–, Rücklagen, steuerfreie 56
–, umgekehrte Maßgeblichkeit 56
Kapitalrücklage 838, 848 ff.
Kassenbestand 700 ff.
Kauf auf Probe 598
Kauf mit Rücktrittsrecht 597
Kautionswechsel 619, 1088
Klarheitsgrundsatz 20
Kleine Kapitalgesellschaften 25
Kommanditgesellschaften, ausstehende Einlagen 66, 68
Kommissionsgeschäfte 95
Konstruktionskosten, Herstellungskosten 286
Kontenplan 13

Kontenrahmen 12 ff.
Kontokorrentkredit als Dauerschuld 1070 ff.
Konzessionen 325
Körperschaftsteuer, Herstellungskosten 296
Kurzlebige Anlagen, Abschreibungen 1326 ff.

Ladeneinbauten 409
Lagebericht 1557 ff.
Latente Steuern 948 ff.
–, aktive im Anhang 1511
–, Aufwendungen für die Währungsumstellung auf den Euro 950 ff.
–, Ausschüttungssperre 763
–, Bilanzierungshilfe 757
–, Fälle 764
–, passive im Anhang 1515
Leasing 96 ff.
–, Bilanzierung 115
–, Finanzierungs-Leasing über bewegliche Wirtschaftsgüter 99 ff.
–, Finanzierungs-Leasing über unbewegliche Wirtschaftsgüter 108 ff.
–, Operating-Leasing 97
–, Sale and lease back 114
–, Spezial-Leasing 98
Leerkosten, Herstellungskosten 291
Lieferungen und Leistungen 600
Lifo-Verfahren 553 ff.
–, Perioden-Lifo 561 ff.
–, permanentes Lifo 559
Lizenzen 325
Löhne 1219 ff.

Maßgeblichkeit der Handelsbilanz 51 ff.
–, Bewertung 54 f.
–, Bewertungsgebote 54
–, Bewertungsvorbehalt 54
–, Bewertungswahlrechte 54
–, Bilanzierung 51 ff.
–, Bilanzierungsgebote 51
–, Bilanzierungshilfen 53
–, Bilanzierungsverbote 51

–, Bilanzierungswahlrechte 52
–, Methodenwahlrechte 55
–, umgekehrte Maßgeblichkeit 56 ff.
Maßgeblichkeitsgrundsatz, Abschreibungen 1266
–, s. Maßgeblichkeit der Handelsbilanz
–, umgekehrte Maßgeblichkeit im Rahmen der Abschreibung 1365 ff.
Materialaufwand 1202 ff.
–, Abschluß der Konten 1216
–, bezogene Leistungen 1217
–, bezogene Waren 1206 ff.
–, Konten 1202
–, Roh-, Hilfs- und Betriebsstoffe 1206 ff.
–, Zusammensetzung 1203 f.
Materialkosten, Herstellungskosten 279
Materielle Anlagegegenstände s. Sachanlagen
Materielle Vermögensgegenstände des Anlagevermögens s. Sachanlagen
Mehrjährige Fertigung 609 ff.
Methodenwahl, Abschreibungen 1267
Methodenwahlrechte, Maßgeblichkeit der Handelsbilanz 55
Mietereinbauten 410 ff.
–, Abschreibungen 1312
Mieterumbauten 410 ff.
Mietkaufvertrag 93
Mittelgroße Kapitalgesellschaften 25
Modellkosten, Herstellungskosten 288
Modischem Geschmack unterliegende Einbauten 409
–, Abschreibungen 1310
Mutterunternehmen, Anhang 1555

Nachträgliche Herstellungsaufwendungen, Abschreibungen 1315 ff.
Nebenerlöse 1179 f.
Notargebühr, Anschaffungskosten 197
Nutzungsdauer, Abschreibungen 1254 f.

Offenlegung, 1576 ff.
–, GmbH & Co.-Richtlinie 1588

Stichwortverzeichnis

–, Pflichten 1581 ff.
–, Unterlagen 1578 f.
–, verpflichtete Personen 1577
–, Zeitpunkt 1580
Organbezüge, Anhang 1554
Organkredite, Anhang 1541

Partiarische Darlehen 479
Passivierungswahlrechte, Abweichungen der Steuerbilanz gegenüber der Handelsbilanz 59
Passivkonten 4
Pensionsgeschäfte 92
Pensionsverpflichtungen, nicht passivierte im Anhang 1514
Personalaufwand 1218 ff.
–, Abfindungen 1229
–, Abschlagszahlungen 1222 f.
–, Altersversorgung 1230 ff.
–, Gehälter 1219 ff.
–, Konten 1218
–, Löhne 1219 ff.
–, Sachbezüge 1224 ff.
–, soziale Abgaben 1230 ff.
–, Sozialplan 1229
–, Unterstützung 1230 ff.
–, Vorschüsse 1222 f.
Personenfahrstühle 409
Personengesellschaften, Abweichungen der Steuerbilanz gegenüber der Handelsbilanz 63
–, Betriebsvermögen 126 ff.
–, Ergänzungsbilanz 130
–, Gesamthandsvermögen 127
–, Gliederung des Jahresabschlusses 17 ff.
–, Sonderbetriebsvermögen 128 ff.
–, Sonderbilanz 130
Praxiswert 364 f.
–, Abschreibungen 1283 ff.
Privatkonto 10
Privatvermögen, notwendiges 122

Rabatt 1128
Realisationsprinzip 605 ff.

Rechnungsabgrenzung 710 ff.
–, antizipative Rechnungsabgrenzungsposten 734 ff.
–, Arten der Rechnungsabgrenzungsposten 711
–, Damnum 747 ff.
–, Disagio 747 ff.
–, Konten 710
–, Latente Steuern 757 ff.
–, nicht durch Eigenkapital gedeckter Fehlbetrag 765 f.
–, transitorische Rechnungsabgrenzungsposten 712 ff.
–, Umsatzsteuer auf empfangene Anzahlungen 745 f.
–, Verbrauchsteuern 740 ff.
–, Zölle 740 ff.
Rechnungsabgrenzungsposten s. Rechnungsabgrenzung
Reisekosten, Anschaffungskosten 181
Rente, Anschaffungskosten 179
Restwert, Abschreibungen 1259
Roh-, Hilfs- und Betriebsstoffe 1206 ff.
Rohergebnis 33, 1142
Rohstoffe 496
Rollende Ware 94
Rolltreppen 409
–, Abschreibungen 1314
Rücklage für eigene Anteile 691
Rücklagen, Ansparrücklage 886a ff.
–, Euroumrechnungsrücklage 64 m, 871, 886k
–, Sonderposten aus der Währungsumstellung auf den Euro 886i f.
–, steuerfreie 56
–, steuerfreie s. Sonderposten mit Rücklageanteil
Rückstellungen 887 ff.
–, Abgrenzung Rückstellungen für ungewisse Verbindlichkeiten zu den Rückstellungen für drohende Verluste aus schwebenden Geschäften 961 ff.
–, Abzinsung 987
–, Arbeitsverhältnisse 977 ff.
–, Auflösung 1014 ff.

–, Aufwandsrückstellungen 996 f.
–, Ausbildungsverhältnisse 979
–, Ausgleich drohender Verluste 981 ff.
–, Beschaffungsgeschäfte 965 ff.
–, Buchführungsarbeiten, rückständige 924
–, Dauerschuldverhältnisse 971 ff.
–, drohende Verluste aus schwebenden Geschäften 956 ff.
–, Einnahmen von dritter Seite 983 ff.
–, Erfüllungsrückstand 899
–, Euro-Umstellung 924a ff.
–, Garantierückstellungen 998 ff.
–, Gewährleistungen 902
–, Gewerbesteuerrückstellung 952 ff.
–, Grundstücksausbeute 917 ff.
–, Höhe der 906 ff.
–, Imparitätsprinzip 958
–, Jubiläumsverpflichtungen 928 ff.
–, Konten 887
–, latente Steuern 948 ff.
–, Leasingverträge 975 f.
–, Lohn- und Gehaltsfortzahlung 980
–, Lohn- und Gehaltsfortzahlung im Krankheitsfall 932
–, Lohn- und Gehaltsfortzahlung im Todesfall 933 f.
–, Mietverhältnisse 974
–, öffentlich-rechtliche Verpflichtung 900
–, Pachterneuerungsverpflichtung 920
–, Passivierungsgebote 888 ff.
–, Passivierungsverbot 892 f.
–, Passivierungswahlrechte 892
–, Patentverletzungen 912 ff.
–, Pensionsverpflichtungen 925 ff.
–, Produkthaftung 1011 ff.
–, Prozeßkosten 940 ff.
–, Prozeßrisiko 940 ff.
–, Rückstellung für die Währungsumstellung auf den Euro 64r, 924a ff.
–, Rückstellungsgründe 888 ff., 909 ff.
–, schwebende Geschäfte 956, 964 ff.
–, sonstige – im Anhang 1516 f., 1550
–, Standortvorteile 981
–, Steuerberatungskosten 921 ff.
–, unerlaubte Handlungen 911 ff.
–, ungewisse Verbindlichkeiten 894 ff.
–, Ungewißheit 901 f.
–, unterlassene Abraumbeseitigungsaufwendungen 993 ff.
–, unterlassene Instandhaltungsaufwendungen 988 ff.
–, Urlaubsrückstand 935 ff.
–, Veräußerungsgeschäfte 969 ff.
–, Verletzergewinn 915
–, Wahrscheinlichkeit der Inanspruchnahme 904 f.
–, Wechselobligo 947
–, wirtschaftliche Verursachung 903

Sachanlagen 370 ff.
–, Abgrenzungen 370 ff.
–, abnutzbare 372
–, Abschreibungen 1251 ff.
–, Anzahlungen auf 373
–, bewegliche 421 ff.
–, Gebäude 375 ff., 396 ff.
–, Gebäudeteile 375 ff., 402 ff.
–, geleistete Anzahlungen und Anlagen im Bau 442 ff.
–, Grundstücke 375 ff.
–, im Bau 374, 445 ff.
–, nicht abnutzbare 371
Sachbezüge 1224 ff.
Sacheinlagen, Anschaffungskosten 176 ff.
Schalterhallen 409
Schaufensteranlagen 409
–, Abschreibungen 1311
Schecks 696 ff.
Scheinbestandteile 408
–, Abschreibungen 1309
Schlußbilanz 1, 5
Schwebende Geschäfte 604, 956, 964 ff.
Sicherungsübereignung 90
Sicherungswechsel 619, 1088
Skonto 1125 ff.
Skontoabzug bei Verbindlichkeiten 1115 f.
Sonderabschreibung nach § 7g EStG 1384 ff.

Stichwortverzeichnis

Sonderabschreibungen, umgekehrte Maßgeblichkeit 57
Sonderbetriebsvermögen 128 ff.
–, Grundstücke, Gebäude und Gebäudeteile 389 ff.
Sonderkosten der Fertigung, Herstellungskosten 286
Sonderposten 29
Sonderposten aus der Währungsumstellung auf den Euro 64l
Sonderposten aus der Währungsumstellung auf den Euro und Euroumrechnungsrücklage 64k ff., 886i f.
–, Euroumrechnungsrücklage 64m
–, Kursgewinne und -verluste 64k
–, Sonderposten aus der Währungsumstellung auf den Euro 64l
Sonderposten mit Rücklageanteil 56, 868 ff.
–, Anhang 1513, 1528 ff., 1552
–, Arten 871 ff.
–, Auflösung 880 ff.
–, Bilanzierung 874 ff.
–, Einstellungen in den 1418
–, Grund für den Ansatz 869 f.
–, Konten 868
–, Wertberichtigungsposten 883 ff.
Sonstige betriebliche Aufwendungen 1410 ff.
–, Abgrenzungen 1411 f.
–, Konten 1410
–, Steuern, betriebliche 1419
–, Verluste aus Abgängen 1413 ff.
–, Verluste aus Wertminderungen 1413 ff.
Sonstige betriebliche Erträge 1181 ff.
–, Eigenverbrauch 1181 ff.
–, Erträge aus Abgängen 1197 f.
–, Erträge aus Auflösungen von Sonderposten mit Rücklageanteil 1199 f.
–, Erträge aus Herabsetzungen von Rückstellungen 1201
–, Erträge aus Werterhöhungen 1196
–, Konten 1178
–, Nebenerlöse 1179 f.
–, sonstige Erlöse 1179 f.
Sonstige Erlöse 1179 f.
Sonstige selbständige Gebäudeteile 414 ff.
Sonstige Verbindlichkeiten 1092 ff.
Sonstige Vermögensgegenstände 591, 627 ff.
–, Arten 628 f.
–, auf langjähriger Übung beruhende Forderungen 641 ff.
–, Begriff 628 f.
–, eingeforderte Nachschüsse 636 ff.
–, eingefordertes Kapital 630 ff.
–, Forderungen aus Hilfsgeschäften 639 f.
–, Konten 627
Sonstige Zinsen und ähnliche Erträge 1430 ff.
–, Konten 1430
Soziale Abgaben 1230 ff.
Soziale Leistungen, Herstellungskosten 294
Sozialplan 1229
Spezialwerkzeuge, Aufwendungen Herstellungskosten 288
Sprinkleranlagen, Abschreibungen 1314
Steuerbilanz 51 ff.
–, Abweichungen gegenüber der Handelsbilanz 62
–, Bilanzierung 51 ff.
–, Bilanzierungsgebote 51
–, Bilanzierungsverbote 51
–, Bilanzierungswahlrechte 52
–, Maßgeblichkeit der Handelsbilanz 51 ff.
Steuern 1478 ff.
–, betriebliche 1419
–, Einkommen und Ertrag 1479
–, Konten 1478
–, sonstige 1480
Steuerrechtliche Abschreibungswahlrechte, Abschreibungen 1270 ff.
Stille Reserven, Übertragung auf Ersatzwirtschaftsgüter 57

Stille Rücklagen, s. stille Reserven
Stundung, langfristige bei Verbindlichkeiten 1083

Tausch, Anschaffungskosten beim 167 ff.
Teilwert 308 ff.
–, Abschreibungen 1360
–, Anwendungsfälle 309
–, Bestimmung des Wertes 310 ff.
–, Einlagen 309
–, Entnahmen 309
–, Fehlmaßnahme 316 f.
–, Teilwertvermutung 315
–, Widerlegung der Teilwertvermutung 316 ff.
Teilwertvermutung 315
Transitorische Rechnungsabgrenzungsposten, Aufwand und Ertrag nach dem Abschlußstichtag 720 ff.
–, Ausgaben und Einnahmen vor dem Abschlußstichtag 717 ff.
–, bestimmte Zeit nach dem Abschlußstichtag 723 ff.
–, Bilanzierung 712
–, Voraussetzungen 716
Treuhand 91
Trivialprogramme 335
True and fair view 1484 ff.

Umbau, Herstellungskosten 237
Umbuchungen, Anlagenspiegel 48
Umgekehrte Maßgeblichkeit 56 ff.
–, Bewertung 57
–, Bilanzierung 56
–, erhöhte Abschreibungen 57
–, Passivierungswahlrechte 56
–, Sonderabschreibungen 57
–, Sonderposten mit Rücklageanteil 56
Umlaufvermögen 492 ff.
–, Abschreibung 566 ff.
–, Anzahlungen auf Vorräte 581 ff.
–, Arten der Umlaufgegenstände 492
–, Bewertung in der Steuerbilanz 574 ff.
–, flüssige Mittel 695 ff.

–, Forderungen und sonstige Vermögensgegenstände 589 ff.
–, Teilwert 580
–, Vorräte 493 ff.
–, Wertpapiere 683 ff.
Umsatzerlöse 25, 1121 ff.
–, Aufgliederung im Anhang 1556
–, äußerer Betriebsvergleich 1140 f.
–, Bonus 1129
–, gewöhnliche Geschäftstätigkeit 1122 f.
–, Jahresabschlußbuchungen 1132 ff.
–, Konten 1121
–, Preisnachlässe 1124
–, Rabatt 1128
–, Rohergebnis 1142
–, Skonto 1125 ff.
–, zurückgewährte Entgelte 1124, 1131
Umsatzkostenverfahren 32 f.
–, Angaben im Anhang 1526 f.
Umsatzsteuer, Anschaffungskosten 154 ff.
–, Herstellungskosten 298
Unentgeltlicher Erwerb, Anschaffungskosten 182 ff.
Unfertige Erzeugnisse 499
Unfertige Leistungen 500
Unternehmerlohn, Herstellungskosten 299
Unterstützung 1230 ff.

Verbindlichkeiten 1017 ff.
–, Abgeld 1112
–, Angehörige, nahe 1046
–, Anhang 1518 ff.
–, Anleihen 1047 ff.
–, Antizipativa 1079
–, antizipative Posten 1079
–, Anzahlungen auf Bestellungen, erhaltene 1073 ff.
–, Aufgeld 1111
–, Banken 1051 ff.
–, Begebungsagio 1118
–, Bestimmtheit 1027 f.
–, Betriebsaufgabe 1040
–, Betriebsveräußerung 1040

–, Betriebsvermögen 1038 ff.
–, Bewertung 1109 ff.
–, Bilanzierung 1033 ff.
–, Darlehen 1047 ff.
–, Darlehen von Gesellschaftern an die Gesellschaft 1041 ff.
–, Darlehen, Bewertung 1118
–, Dauerschulden 1068 ff.
–, Dauerschuldverhältnis 1031
–, Eigenkapital ersetzende Darlehen 1042
–, Einlagen und Entnahmen 1054 ff.
–, Einrede, aufschiebende 1022
–, Einrede, zerstörende 1021
–, Einzelunternehmen 1040a
–, Einzelunternehmer 1042
–, entnahmebedingte Kredite 1065
–, Erzwingbarkeit 1020 ff.
–, Eventualverbindlichkeiten 1108
–, faktische 1024
–, Fälligkeit 1020
–, gegenseitiger Vertrag 1029 f.
–, gemischt genutzte Wirtschaftsgüter 1040, 1046
–, gemischt genutztes Grundstück 1063
–, Gewerbesteuer 1068 ff.
–, Gliederung 1103 ff.
–, Kapital- und Personengesellschaften 1040 b
–, Kapitalgesellschaften 1043
–, Konten 1017
–, Kontenteilungsverfahren 1064
–, Kontentrennungsverfahren 1064
–, Kontokorrentbankkonto, gemischtes 1063
–, Kontokorrentkontenbeschluß 1064
–, Kontokorrentkredit als Dauerschuld 1070 ff.
–, kreditfinanzierte Entnahmen 1066 f.
–, Kreditinstitute 1051 ff.
–, Kursschwankungen 1114
–, Lieferungen und Leistungen 1080 ff.
–, nach dem Abschlußtag rechtlich entstehende 1078 f.
–, nahe Angehörige 1046
–, Personengesellschaften 1043 f.
–, Saldierungsverbot 1035 ff.
–, Skontoabzug 1115 f.
–, sonstige 1092 ff.
–, Sparkonten 1026
–, Steuerbilanz 1040c
–, Stundung, langfristige 1083
–, Treuhandverbindlichkeiten 1043
–, Treuhandverhältnisse 1045
–, Umschuldung 1039, 1041, 1045
–, Umschuldungsdarlehen 1061
–, Unternehmen, mit denen ein Beteiligungsverhältnis besteht 1091
–, verbundene Unternehmen 1090
–, Voraussetzungen 1018 f.
–, Währung, ausländische 1114
–, Wechselverbindlichkeiten 1086 ff.
–, wirtschaftliche Belastung 1029 ff.
–, Zinsen 1113
–, Zinsstaffelmethode 1064, 1071
–, Zinsverbindlichkeiten 1052
–, Zinszahlenstaffelmethode 1064
–, Zinszahlenstaffelrechnung 1057 ff.
–, Zurechnung nach Betriebsaufgabe und Betriebsveräußerung 1044
–, Zweikontenmodell 1062 ff.
Verbindlichkeiten aus Lieferungen und Leistungen 1080 ff.
–, Anzahlungen 1082
–, Buchung bei Eingang von Vorräten 1084
–, Buchung bei Erhalt sonstiger Leistungen 1085
–, Dauerschuldverhältnisse 1081
–, Stundung, langfristige 1083
–, unterwegs befindliche Vorräte 1081
–, Wechselverbindlichkeiten 1086 ff.
Verbrauchsteuern, Herstellungskosten 298
Verbundene Unternehmen 471
Vergrößerung der nutzbaren Fläche eines Gebäudes 237
Verluste aus Abgängen 1413 ff.
Verluste aus Wertminderungen 1413 ff.

Verlustvortrag 855
Vermögensgegenstände, Anlagevermögen 320 ff.
–, Arten 86a
–, Betriebsvermögen 120 ff.
–, bewegliche Sachanlagen 421 ff.
–, Eigentumsvorbehalt 89
–, Finanzanlagen 450 ff.
–, Gebäude 396 ff.
–, Gebäudeteile 402 ff.
–, Grundstücke, Gebäude und Gebäudeteile 375 ff.
–, immaterielle Anlagegegenstände 323 ff.
–, Kommissionsgeschäfte 95
–, Leasing 96 ff.
–, materielle Anlagegegenstände 370 ff.
–, Mietkaufvertrag 93
–, Pensionsgeschäfte 92
–, personelle Zuordnung 87 ff.
–, rollende Ware 94
–, Sachanlagen 370 ff.
–, sachliche Zuordnung 116 ff.
–, Sicherungsübereignung 90
–, Treuhand 91
–, Umlaufvermögen 492 ff.
–, Unternehmensvermögen/Betriebsvermögen 116
–, Wertansätze 140 ff.
–, wirtschaftliches Eigentum 87 f.
Vermögensteuer, Herstellungskosten 296
Verpackungsmaterial, Abschreibungen 1324
Verpackungsmittel 497
Verpflichtungen, sonstige finanzielle – im Anhang 1551
Versandhandelsgeschäfte 596 ff.
Verschachtelung bei baulichen Verbindungen 234 f.
Verschmelzungsmehrwert 366
Versuchskosten, Herstellungskosten 286
Vertriebskosten, Herstellungskosten 299

Verwaltungskosten, Herstellungskosten 294
Vollständigkeitsgrundsatz 20
Vorräte 493 ff.
–, Abschreibung 566 ff.
–, Anzahlungen auf 581 ff.
–, Anzahlungen, geleistete 501
–, Arten 494 ff.
–, Bewertung 537 ff.
–, Bewertung nach unterstellten Verbrauchs- oder Veräußerungsfolgen 549 ff.
–, Buchung 502 ff.
–, Einzelbewertung 537 f.
–, fertige Erzeugnisse 499
–, fertige Leistungen 500
–, Festwert 544 ff.
–, Fifo-Verfahren 552 ff.
–, Gruppenbewertung 539 ff.
–, Inventur 506 ff.
–, Konten 493
–, Lifo-Verfahren 553 ff.
–, Roh-, Hilfs- und Betriebsstoffe 496 ff.
–, Teilwert 580
–, unfertige Erzeugnisse 499
–, unfertige Leistungen 500
–, Waren 495
Vorschüsse 1222 f.
Vorstand, Anhang 1546
Vorsteuer, Herstellungskosten 298, 304 ff.

Wahlrechte der Bilanzierung und Bewertung, übereinstimmende Ausübung in Handels- und Steuerbilanz 57a
Waren 495
Warenwechsel 1086
Wechselforderungen 615 ff.
Wechselverbindlichkeiten 1086 ff.
–, Bewertung 1117
–, Depotwechsel 1088
–, Finanzwechsel 1087
–, Kautionswechsel 1088
–, Sicherungswechsel 1088

–, Unternehmen, mit denen ein Beteiligungsverhältnis besteht 1089, 1091
–, verbundene Unternehmen 1089 f.
–, Warenwechsel 1086
Wegebaubeitrag, Anschaffungskosten 196
Wertberichtigungsposten 883 ff.
Wertpapiere 683 ff.
–, Abgrenzungen 684 ff.
–, Anlagevermögen 473 ff.
–, Anteile an verbundenen Unternehmen 688
–, Besitzwechsel 693
–, eigene Anteile 685, 689 ff.
–, Erträge aus anderen Wertpapieren 1427 ff.
–, Finanzwechsel 694
–, Konten 683
–, Rücklage für eigene Anteile 691
–, Schecks 686
–, sonstige 692 ff.
–, Wechsel 687
Wertschwankungen, Anhang 1536
Wesentliche Verbesserung eines Gebäudes 230
Wettbewerbsverbot, Geschäfts- oder Firmenwert 363
Wirtschaftliche Werte 325
Wirtschaftliches Eigentum 87 f.
Wirtschaftsgebäude 1276

Wohnzwecke, für – genutzte Gebäudeteile, Abschreibungen 1313
Wohnzwecken dienende Gebäude und Gebäudeteile 1276

Zinsen, Aufwand 1454 ff.
Zinsen für Fremdkapital Herstellungskosten 295
Zinsen und ähnliche Aufwendungen 1454 ff.
–, Ausweis 1455
–, Damnum, Abschreibung 1457 ff.
–, Konten 1454
Zinsstaffelmethode 1064
Zinszahlenstaffelrechnung 1057 ff.
Zölle, Herstellungskosten 298
Zugänge, Anlagenspiegel 39
Zurückgewährte Entgelte 1124, 1131
Zusammengefaßte Posten, Anhang 1547 ff.
Zusätze, Abweichungen der Steuerbilanz gegenüber der Handelsbilanz 61
Zuschreibungen, Anlagenspiegel 49
–, aus steuerlichen Gründen unterlassen, Anhang 1532 ff.
Zuschüsse als Anschaffungskosten 161 ff.
Zweikontenmodell 1062 ff.

Durch Aktualität auf der sicheren Seite

Dieses Standardwerk vermittelt dem Anfänger die Grundlagen der Buchführung und führt ihn Schritt für Schritt in die Feinheiten und Probleme ein. Zahlreiche Beispiele, Übersichten und grafische Darstellungen veranschaulichen den Stoff. Auch in der Praxis hat sich das Handbuch erfolgreich bewährt.

Gesetzgeber, Verwaltung und Gerichte sorgen dafür, daß Buchführung und Bilanzierung in Bewegung bleiben.
Seit der Vorauflage sind maßgebende Gesetze und Richtlinien beträchtlich geändert worden.
Die 5. Auflage dieses Standardwerks wurde daher wesentlich überarbeitet.

Die wichtigsten Änderungen im Überblick:
- Umsatzsteuer-Voranmeldungszeitraum
- steuerliche Erfassung der privaten Nutzung eines betrieblichen Kfz
- Überlassung eines betrieblichen Kfz an Arbeitnehmer
- Sachbezüge nach der Sachbezugsverordnung
- Aktivierung von Nutzungsrechten
- degressive Gebäudeabschreibung
- Gewerbesteuerrückstellung

Harald Schmidt
Buchführungstraining
Soll und Haben sicher im Griff

5. Auflage 1998,
388 Seiten, Broschur
DM 59,80 (sfr 55,50/öS 437,–)
ISBN 3-448-03678-1
Bestell-Nr. 11.27/020

■ **Berücksichtigt zahlreiche Änderungen infolge neuer Gesetze, Richtlinien, BMF-Schreiben und BFH-Urteile**

Zu beziehen über Ihre Buchhandlung oder unter:
Haufe Verlag · 79091 Freiburg · Tel. 07 61 / 47 08-552 · Fax 07 61/47 08-833